Karibik-Handbuch
Kleine Antillen

Wir danken folgenden Personen, die uns freundlicherweise beim *Karibik-Handbuch - Kleine Antillen* unterstützt haben:

Titelbild: Sylvain Grandadam/The Photo Library, Sydney (Tänzerin im Karnevalskostüm auf Guadeloupe)

Illustrationen:
Trudi Canavan, Greg Herriman, Ann Jeffree, Margaret Jung, Peter Morris, Michelle Stamp, Jaqui Saunders, Tamsin Wilson, Sally Woodward

Landkarten und Stadtpläne:
Tamsin Wilson

Ein besonderer Dank gilt den Tropenmedizinern Dr. Sabine Schäfer und Dr. Thimm Furian aus Stuttgart, die den Abschnitt über die Gesundheit im Einführungsteil fachlich durchgesehen haben.

Hinweis:
Die Leser sind herzlich eingeladen, Farbfotos, Dias oder Schwarz-Weiß-Fotos einzusenden. Finden diese dann in der nächsten Auflage vom *Karibik-Handbuch - Kleine Antillen* Verwendung, erhält die Einsenderin oder der Einsender ein Freiexemplar der neuen Ausgabe. Für eingesandte Fotos u.ä. kann keine Haftung übernommen werden.

GLENDA BENDURE UND NED FRIARY

Karibik-Handbuch
Kleine Antillen

VERLAG GISELA E. WALTHER

BREMEN

© für die deutsche Ausgabe:
Verlag Gisela E. Walther, Bremen
1. Auflage 1995

Titel der englischsprachigen Originalausgabe:
Eastern Caribbean - a Lonely Planet travel survival kit,
erschienen im Verlag Lonely Planet Publications, Hawthorn, Victoria 3122, Australien
© Lonely Planet Publications

Übersetzung:
Felicitas Menz

Deutsche Bearbeitung:
Udo Schwark

Satz:
Udo Schwark

Druck: Schintz Druck,
Bremen
Printed in Germany

ISBN 3-923550-48-0

INHALTSVERZEICHNIS

VORWORT

Die Inseln in der östlichen Karibik werden allen herrschenden Vorstellungen von den Tropen gerecht: Strände mit feinem weißen Sand, klares türkisfarbenes Wasser, grüner Regenwald, mildes Klima und einsame Orte. Die Inseln unterscheiden sich jedoch erheblich. Bei einigen handelt es sich um perfekt den Katalogbildern entsprechende Koralleninseln, fast völlig flach und mit von Palmen gesäumten Stränden umgeben, während andere sich hoch über den Meeresspiegel erheben und von Gebirgen, Wasserfällen sowie rauchenden Vulkanen gekennzeichnet sind. Die Kulturen auf den Inseln haben sich aus einer Mischung verschiedener Einflüsse gebildet und gehen zu großen Teilen auf afrikanische, englische und französische Ursprünge zurück, es sind jedoch auch nicht unbedeutende Einflüsse niederländischer und indischer Kultur zu erkennen. Politisch bilden die ostkaribischen Inseln acht unabhängige Nationen, während Großbritannien hier noch zwei Kolonien und Frankreich „Departements" besitzt und ein Land bis heute mit den Niederlanden verbunden ist.

Von Anguilla im Norden bis nach Trinidad im Süden verlaufen die Inseln in einem 1000 km langen Bogen, der die Ostgrenze der Karibik bildet. Auch wenn es sicherlich möglich ist - wenn man keinen festen Reiseplan hat und über genügend Zeit verfügt -, von einer Insel bis zur nächsten vom einen Ende der ostkaribischen Inselgruppe bis zum anderen zu reisen, werden sich doch sicher die meisten Besucher dieser Region für eine Auswahl verschiedener Inseln entscheiden.

Wer sich für bestimmte Freizeitbeschäftigungen oder ein bestimmtes Ambiente interessiert, der sollte sein Reiseziel danach auswählen. In Martinique können Sie Croissants und Espresso in einem Straßencafé bestellen oder einen Einkaufsbummel durch Boutiquen mit französischer Mode unternehmen. In Trinidad werden Sie sicher keine Croissants finden, denn in den Bäckereien dort erhält man statt dessen indische Curry-Spieße und englische Fleischkuchen, und statt Boutiquen findet man hier in den Nebenstraßen *mas camps* (Werkstätten), in denen die aufwendigen Karnevalskostüme hergestellt und verkauft werden.

Taucher können vor den meisten Inseln interessante Unterwasserlandschaften kennenlernen. Saba, Dominica und Tobago sind bekannt dafür, bieten alle unberührtes Terrain sowie eine recht große Vielfalt an Meerestieren und geologischen Formationen.

Auf zahlreichen Inseln gibt es zudem herrliche Strände, von denen ganz besonders schön die auf St. Martin,

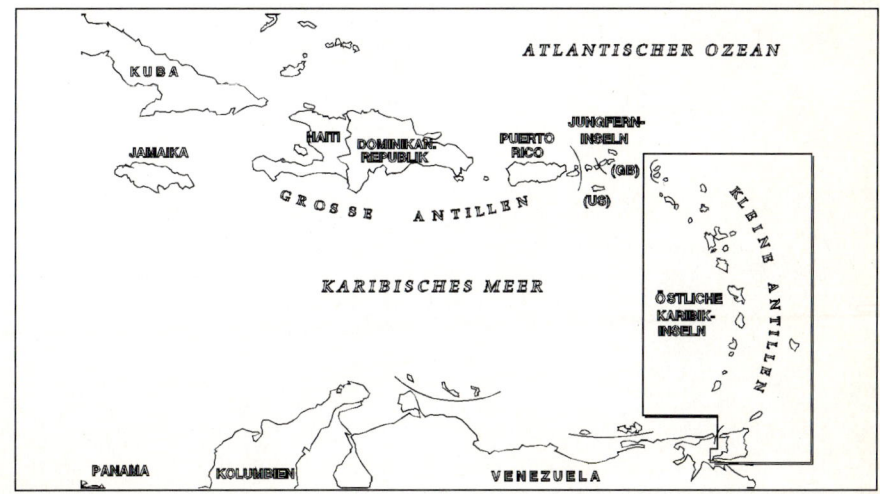

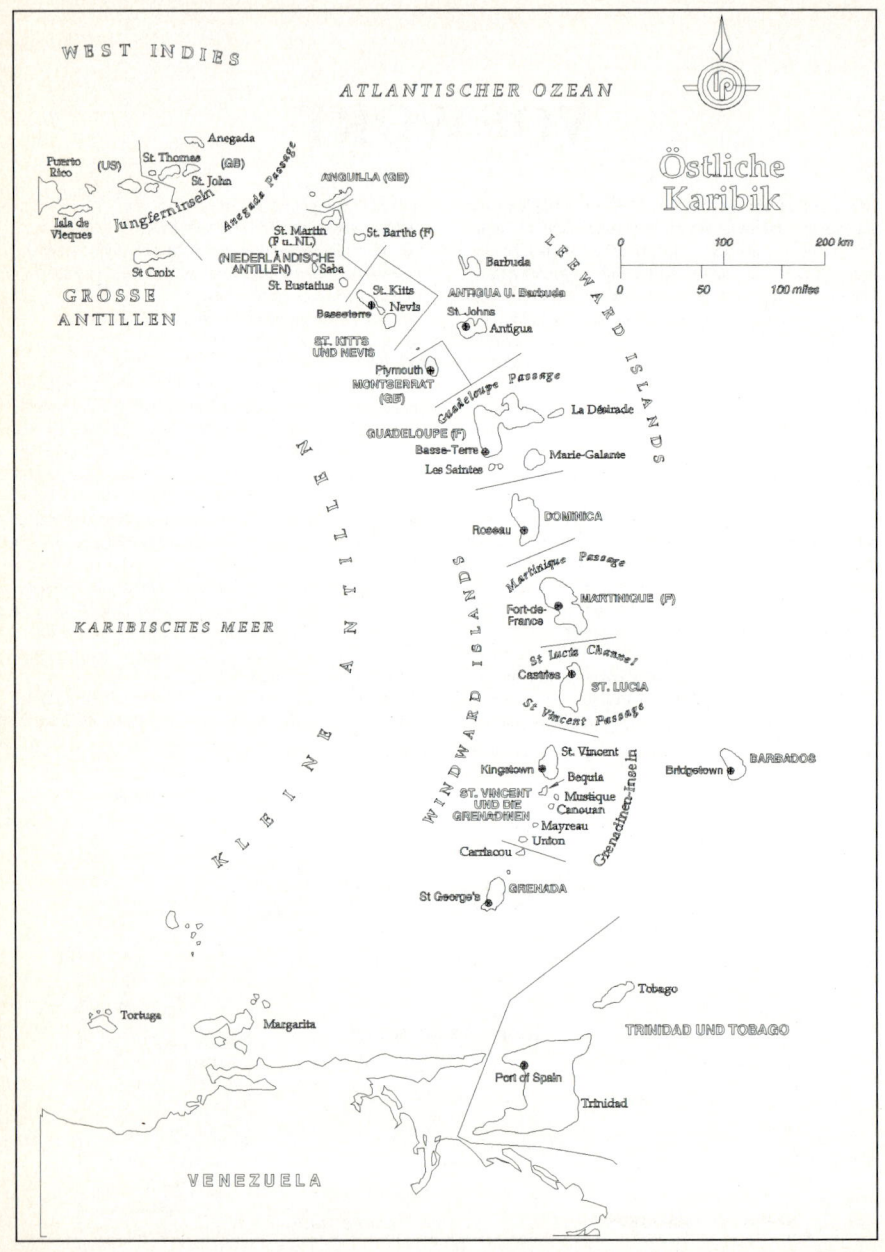

WEST INDIES

ATLANTISCHER OZEAN

Östliche Karibik

Anegada

St. Thomas (GB)

Puerto Rico (US)

St. John

Jungferninseln

Anegada Passage

ANGUILLA (GB)

St. Martin (F u. NL)

St. Barths (F)

Isla de Vieques

St. Croix

(NIEDERLÄNDISCHE ANTILLEN)

Saba

St. Eustatius

Barbuda

GROSSE ANTILLEN

St. Kitts

Nevis

ANTIGUA U. Barbuda

St. Johns

ST. KITTS UND NEVIS

Basseterre

Antigua

Plymouth

MONTSERRAT (GB)

Guadeloupe Passage

LEEWARD ISLANDS

La Désirade

GUADELOUPE (F)

Basse-Terre

Marie-Galante

Les Saintes

Roseau

DOMINICA

KARIBISCHES MEER

KLEINE ANTILLEN

Martinique Passage

Fort-de-France

MARTINIQUE (F)

WINDWARD ISLANDS

St. Lucia Channel

Castries

ST. LUCIA

St. Vincent Passage

St. Vincent

Kingstown

Bequia

BARBADOS

Bridgetown

ST. VINCENT UND DIE GRENADINEN

Mustique

Canouan

Grenadinen-Inseln

Mayreau

Union

Carriacou

St George's

GRENADA

Tortuga

Tobago

Margarita

TRINIDAD UND TOBAGO

Port of Spain

Trinidad

VENEZUELA

0   100   200 km

0   50   100 miles

Anguilla, St. Barts, Antigua, Barbados, Tobago und einigen kleineren Inseln der Grenadinen-Gruppe sind. Besonders gute Wandermöglichkeiten bestehen auf Dominica und Guadeloupe. Hier ziehen sich lange Pfade durch unberührten Regenwald, vorbei an rauchenden Kratern und tosenden Wasserfällen. Vogelfreunde können auf Trinidad und Tobago die größte Bandbreite an Vogelarten in der Karibik kennenlernen. Auf beiden Inseln gibt es auch kleine Schutzhütten im Regenwald, die für Naturliebhaber errichtet wurden.

Wer sich für die Kolonialzeit interessiert, kann die Ruinen der Festungsanlagen von Brimstone Hill auf St. Kitts, Pigeon auf St. Lucia oder Fort Shirley und Nelson's Dockyard auf Antigua besichtigen. Um sich ein noch besseres Bild von der Atmosphäre dieser Zeit zu machen, können Sie in alten Soldatenquartieren in Nelson's Dockyard oder in den Gutshäusern auf den Zuckerrohrplantagen übernachten, die auf St. Kitts, Nevis und Martinique zu Landhotels umgebaut wurden.

Ruhig und westindisch, ländlich geprägt geht es auf Montserrat, wo man den irischen Einfluß merkt, auf St. Eustatius, das zu den Niederlanden gehört, und auf der verschlafenen französischen Insel Marie-Galante zu. Auf Saba fühlt man sich in ein Dorf in den Alpen versetzt, während St. Barts auch im mediterranen Bereich liegen könnte. Ebenfalls unberührt vom Massentourismus sind Tobago, Bequia und Terre-de-Haut.

Wenn man nicht viel Geld ausgeben, aber trotzdem verschiedene Inseln besuchen möchte, dann kann man einige Inseln wählen, die es ohne große Kosten oder Anstrengungen erlauben, ganz verschiedene Gesichter der östlichen Karibik kennenzulernen. Von Guadeloupe bringen schnelle Boote Tagesausflügler zu den nahegelegenen Inseln Terre-de-Haut, Marie-Galante und La Désirade, während von St. Vincent und Grenada kleine Postboote zu den Grenadinen verkehren. Von St. Martin bestehen regelmäßige Schiffsverbindungen nach Anguilla und St. Barts, und mit dem Flugzeug sind es nur 15 Minuten bis nach Saba oder St. Eustatius.

Ein Teil des Charmes der östlichen Karibik liegt in ihrer Vielfalt und den Möglichkeiten, verschiedene Kulturen und Landschaften bei einer einzigen Reise kennenzulernen. Dieses Buch soll bei der Entscheidung helfen, welche der ostkaribischen Inseln man am besten besucht, und beschreibt alle Möglichkeiten, von einer zur anderen Inseln zu reisen, sei es mit einem Schiff, einem eigenen Segelboot oder einem Flugzeug.

IST DIESES BUCH NOCH AKTUELL?

Überall, wo Menschen zusammenleben, herrschen Wandel und Bewegung, insbesondere dort, wo die „Zivilisation" das Zusammenleben bestimmt. Die ständige Veränderung hat auch die Karibik erfaßt. Deshalb sind unseren Bemühungen, dieses Buch so genau wie möglich zu gestalten, Grenzen gesetzt. Denn laufend verändern sich Daten und Fakten, die zwar auf den ersten Blick als Details erscheinen, für den geplanten Reiseverlauf aber doch von großer Bedeutung sind.

Daher möchten wir Sie bitten, uns Veränderungen, die Sie vor oder während Ihrer Reise durch die Karibik bemerken, mitzuteilen. Das werden in erster Linie gestiegene Preise, können aber auch Naturereignisse und Baudenkmäler sein, die in diesem Buch unerwähnt blieben, sowie Einrichtungen, die nicht mehr bestehen oder für Reisende an Wert verloren haben, und Situationen, die insbesondere von weiblichen Reisenden Aufmerksamkeit erfordern. In jedem Fall sind wir für Ihren Hinweis dankbar.

Ihre Briefe aus der Karibik sind uns sehr willkommen, auch Ihre persönlichen Eindrücke und Erlebnisse. Sie können uns auch Fotografien und Dias senden; sollten wir für sie Verwendung finden, werden wir Sie benachrichtigen. Sie helfen uns sehr, wenn Sie Ihre Angaben genau und ausführlich niederschreiben. Tun Sie dies am besten gleich vor Ort, denn schon bei der Aufzeichnung erinnern Sie sich unter der Flut von Eindrücken nur noch ungenau. Am einfachsten verfahren Sie, wenn Sie sich alles sofort in Ihrem *Karibik-Handbuch* notieren und uns später eine Zusammenfassung zusenden.

Da dieses Buch so oft wie möglich überarbeitet und neu aufgelegt wird, kommen Ihre Beiträge in kurzer Zeit vielen Reisenden wieder zugute. Denn so, wie dieses Buch Ihnen - hoffentlich - eine Hilfe war, soll es auch weiterhin eine Unterstützung für die Individualreisenden sein, die zu annehmbaren Preisen reisen und über ihr Gastland über das Übliche hinaus Aufschluß gewinnen möchten.

Wenn Sie Wesentliches zur Ergänzung beitragen, werden Sie von der Neuauflage, in der Sie namentlich genannt sein werden, ein Freiexemplar erhalten.

Ihre Briefe richten Sie bitte an:

Verlag Gisela E. Walther
Oppenheimerstr. 26
D-28307 Bremen

WIR WÜNSCHEN IHNEN EINE GUTE REISE UND EINE GESUNDE HEIMKEHR!

VORWORT

EINFÜHRUNG

GESCHICHTE

Die Karibischen Inseln wurden ursprünglich von Indianern bewohnt, die vom amerikanischen Festland gekommen waren.

Die ersten Europäer, die auf die Inseln kamen, hatten überwiegend die Absicht, die Inseln zu entvölkern, und versklaven, töteten oder verschleppten den Großteil der Indianer, die in der Karibik lebten. Diese Europäer berichteten nur sehr wenig über die Lebensweise der Ureinwohner, die keine geschriebene Sprache besaßen. Vieles, was wir heute über sie wissen, stammt von archäologischen Ausgrabungen. Die Entdeckung von Steinwerkzeugen, Muscheln, Tonscherben und Zeichnungen auf Stein sind die wesentlichsten Grundlagen für eine Rekonstruierung der präkolumbianischen Zeit.

Nicht alle Inseln waren zur gleichen Zeit von den gleichen Völkern besiedelt. Die archäologischen Forschungen in der Region werden noch fortgesetzt, und man diskutiert den Zeitpunkt von Wanderbewegungen, wobei neue Erkenntnisse immer wieder zu Korrekturen führen.

CIBONEY

Die ersten Siedler in der östlichen Karibik waren nomadische Jäger und Sammler der Steinzeit in der archaischen Periode (vor der Verwendung von Ton). Sie werden im allgemeinen Ciboney oder auch Siboney genannt und lebten auf einigen Inseln bereits um das Jahr 4000 v. Chr. Von ihrer Existenz weiß man vorwiegend durch die Bestimmung von Abfallhaufen, Steinäxten und Schabewerkzeugen.

ARAWAK

Der Beginn der Arawak-Periode in der östlichen Karibik wird im allgemeinen vor ca. 2000 Jahren kurz vor Beginn der christlichen Zeitenwende herum angesiedelt.

Bei den Arawak handelte es sich nicht um einen einzigen Stamm, sondern eher um eine Gruppe südamerikanischer Stämme, die die gemeinsame Sprache Arawak sprachen und gewisse kulturelle Parallelen aufwiesen. Es waren freundliche, friedliche Menschen, die Fischfang und Ackerbau betrieben und jagten. Sie bauten Tabak, Baumwolle, Mais, Süßkartoffeln und Ananas an. Ihr wichtigstes landwirtschaftliches Erzeugnis war Kassava, auch Maniok oder Yucca genannt, aus deren knollenförmigen Wurzeln sie den *casareep*, einen bitteren Saft, der als

Konservierungsmittel diente, sowie *tapioca* gewannen, eine nahrhafte Stärke, die die Arawak benutzen, um Kassava-Brot, ihr Hauptnahrungsmittel, zu backen. Die Arawak waren künstlerisch sehr begabt. Die Frauen fertigten Tonwaren aus rotem Lehm an, die häufig mit Einritzungen verziert waren und auf die mit weißer Farbe Bilder aufgetragen wurden. Als Verzierung dienten auch Statuetten, die sogenannten *adornos*.

Die Gesellschaft war gut organisiert. Die Dörfer bestanden aus einer Gruppe von Rundhäusern, in denen jeweils mehrere Familien lebten. Wie die Amerikaner vom Festland hatten die Menschen eine bronzefarbene Haut und lange, schwarze Haare. Sie waren nur wenig oder gar nicht bekleidet.

In der Religion der Arawak war Yocahu, auch Jocahu genannt, der Schöpfer, bekannt ferner als der, „der die Kassava gegeben hat". Die Arawak verzierten Steine und Muscheln mit athopomorphischen Figuren, den sogenannten *zemis*, die in der Nähe der Gebetstätten aufbewahrt wurden.

Man glaubt, daß Ende des 15. Jahrhunderts, als die Europäer die Inseln erreichten, in der östlichen Karibik keine Arawak mehr am Leben waren.

Arawak sprechende Menschen lebten jedoch noch in den nördlichen Regionen der Karibik, in die die Kariben noch nicht vorgedrungen waren. Der Stamm der Taino, der ebenfalls den Arawak zuzurechnen ist, war der erste Stamm, auf den Kolumbus stoßen sollte. Von der Beschreibung der Taino stammen auch die ersten Informationen über die Kultur der Arawak.

KARIBEN

Um das Jahr 1200 n. Chr. kam eine Gruppe von kriegerischen Stämmen aus Südamerika in die östliche Karibik und zog in nördlicher Richtung durch den Archipel. Sie verschleppten oder töteten alle Männer der Arawak, wobei man davon ausgeht, daß sie das Fleisch einiger Opfer aßen (das Wort Kannibale leitet sich von „Karibal" oder „Karib" ab). Einige Frauen der Arawak ließ man als Sklaven für die Männer der Kariben vom Tod verschont. Sie konnten eine Weile noch Teile der Kultur der Arawak bewahren.

Die Kariben betrieben nicht viel Ackerbau, sondern lebten vor allem von der Jagd und vom Sammeln. Sie waren nicht so weit entwickelt oder künstlerisch in ihrer Arbeit wie die Arawak und ihre Tonwaren von minderer Qualität, aber sie verteidigten ihr Land vehement und konnten die Europäer von vielen Inseln über mehr als ein Jahrhundert fernhalten.

CHRISTOPH KOLUMBUS

Der erste Europäer, der die Karibik erkunden sollte, war Christoph Kolumbus, der die Inseln 1492 erreichte, als er eine Verbindung in Richtung Asien nach Westen suchte.

Im Laufe eines Jahrzehnts unternahm Kolumbus vier Reisen in die Neue Welt und öffnete diese Region der Ausbeutung und Kolonisierung. Während seiner ersten Reise, die ihn zu den nördlichen Inseln der Karibik brachte, ließ er einen Teil seiner Soldaten auf Hispaniola und gründete so die erste spanische Siedlung in Amerika. Am 25. September 1493, nur sechs Monate nach seiner Rückkehr nach Portugal von der ersten Reise, stach Kolumbus mit 17 Schiffen erneut in See. Er nahm diesmal einen südlicheren Kurs und hoffte, so auf dem Weg zurück nach Hispaniola neues Land zu entdecken. Bei dieser zweiten Reise „entdeckte" er die meisten Inseln der östlichen Karibik. Die erste Insel, die er am 3. November 1493, einem Sonntag, sichtete, nannte er dementsprechend Dominica. Von Dominica aus segelte er in Richtung Norden weiter und gelangte nach Marie-Galante, einer Insel, die er nach seinem Schiff, der „galanten" Santa Maria, benannte. Danach erreichte er Guadeloupes Basse-Terre und fuhr dann weiter in nordwestliche Richtung die Inselkette hinauf, deren Inseln er Montserrat, Antigua, Redondo, Nevis, St. Kitts, St. Eustatius und Saba nannte, bevor er weiter zu den Jungfern-Inseln und anderen Zielen im Westen segelte.

Auf seiner dritten Reise im Jahre 1498 gelangte Kolumbus noch weiter nach Süden und erreichte erstmals Trinidad. Von hier aus fuhr er in westliche Richtung die Küste von Venezuela entlang und sichtete schließlich Tobago und Grenada, bevor er in Richtung Norden wiederum nach Hispaniola segelte.

Trotz der Bedeutung seiner Reisen sollte Kolumbus nie wirklich begreifen, daß er die Neue Welt und nicht die Inseln vor der Küste Ostasiens entdeckt hatte. Es ist eine Konsequenz seiner geographisch falschen Orientierung, daß die Urbevölkerung Amerikas bis heute als „Indianer" bezeichnet wird.

KOLONIALISMUS

Die Spanier konzentrierten ihr Augenmerk bei der Suche nach Gold auf die größeren Inseln der nördlichen Karibik sowie auf das amerikanische Festland und schenkten den kleineren Inseln, darunter auch denen der östlichen Karibik, nur wenig Beachtung. Sie ließen sich allerdings auf Trinidad gleich vor der Küste des mineralreichen Venezuela nieder.

Im Jahre 1623 sollte jedoch die Kolonialisierung dieser Region schlagartig einsetzen, als die Engländer die ersten Europäer wurden, die (mit Ausnahme von Trinidad) in der östlichen Karibik eine dauerhaft bewohnte Siedlung und auf der Insel St. Kitts eine Kolonie gründeten. 1625 landete Kapitän John Powell mit einer Gruppe Siedler auf Barbados, und bald sollten weitere britische Siedlungen auf Nevis, Antigua und Montserrat entstehen. In den dreißiger Jahren des 17. Jahrhunderts besiedelten Franzosen Martinique und Guadeloupe, während Niederländer sich auf Saba, St. Eustatius und St. Martin niederließen.

Die Niederländer, Franzosen und Engländer erhoben alle Ansprüche und Gegenansprüche auf die östliche Karibik. In einigen Fällen, wie auf St. Martin und St. Kitts, errichteten verschiedene Kolonialmächte Siedlungen auf den gegenüberliegenden Seiten der gleichen Insel. Gelegentlich lebten die Europäer friedlich nebeneinander, insbesondere dann, wenn sie gemeinsam gegen die Kariben vorgingen, aber häufiger waren sie in Kriegen miteinander verwickelt, wobei jede Gruppe versuchte, die Herrschaft über die Kolonien der anderen zu erlangen. In den folgenden beiden Jahrhunderten wechselten die Kolonialherren auf den Inseln der Karibik so häufig, daß sich Gesellschaften mit einer Mischkultur entwickelten, die vor allem britisch-französischen Einfluß aufwiesen.

ZUCKERROHRPFLANZUNGEN

Die Niederländer legten den Schwerpunkt auf den Inseln unter ihrer Herrschaft vor allem auf die Errichtung von Militär- und Handelsstützpunkten. Die Franzosen dagegen sahen den primären Wert ihrer Besitzungen in der Karibik in der landwirtschaftlichen Produktion und gingen bald dazu über, die Wälder abzuholzen und die Flächen landwirtschaftlich zu nutzen. Zuerst produzierte man überwiegend Tabak, Baumwolle und Indigo, aber in der Mitte des 17. Jahrhunderts hatte sich Zucker als am profitbringendsten erwiesen, so daß auf den größeren

Christoph Kolumbus

Inseln wie Barbados und Martinique in großem Umfang Zuckerrohr gepflanzt wurde.

Anders als Tabak, der auf kleinen Feldern angebaut wurde, waren für die Herstellung von Zucker große Flächen und zahlreiche Arbeitskräfte notwendig. Zuckerrohr muß fast sofort, nachdem es geschnitten wurde, zerkleinert werden, da es sonst fault. Die Mühlen dafür waren teuer in Bau und Unterhaltung, so daß sich ihr Betrieb nur lohnte, wenn die Plantagen groß genug waren.

Um der steigenden Nachfrage nach Arbeitskräften zu begegnen, begannen die Pflanzer zahlreiche Sklaven aus Afrika auf die Plantagen zu bringen. Dadurch hatte sich Ende des 17. Jahrhunderts eine fest etablierte Gesellschaft gebildet, die sich aus einer Minderheit freier Weißer und einer Mehrheit schwarzer Sklaven zusammensetzte.

Auf den britischen Inseln waren die Eigentümer zahlreicher Pflanzungen nach England zurückgekehrt und hatten ihre Plantagen in der Hand von Verwaltern gegeben. Sie gehörten zu den reichsten Mitgliedern der britischen Gesellschaft und besaßen großen Einfluß bei der Schaffung einer Protektionsgesetzgebung, die ihrem Zucker den britischen Markt sicherte. Es lassen sich hier Parallelen zu Französisch Westindien ziehen. Anfang des 19. Jahrhunderts war die Blütezeit des Zuckerrohranbaus vorüber. Die Händler waren der wiederholten Unterbrechungen bei der Lieferung während der bewaffneten Auseinandersetzungen zwischen Briten und Franzosen müde und begannen den karibischen Zucker durch Rübenzucker aus Europa zu ersetzen. Der Markt für den karibischen Zucker schwand, und dementsprechend auch der Einfluß der Pflanzer. Gleichzeitig gewann die Bewegung für eine Abschaffung der Sklaverei an Bedeutung. 1807 verbot die britische Gesetzgebung den Sklavenhandel, auch wenn man den Pflanzern erlaubte, die Sklaven, die sie bereits besaßen, bis zum Jahre 1833 zu behalten. Auf den französischen Inseln wurde die Sklaverei 1848 abgeschafft. In den zwei Jahrhunderten, die der Freilassung der Sklaven vorausgegangen waren, hatte man schätzungsweise drei Millionen Afrikaner in die französische und englische Karibik gebracht.

Auch nach dem Niedergang der Zuckerrohrindustrie wurde auf den meisten Inseln weiterhin Zuckerrohr angebaut und spielte eine formende Rolle bei der Bildung der Gesellschaftsstrukturen auf den Inseln. Als die Schwarzen die Plantagen verließen, wurden vertraglich verpflichtete Arbeiter, überwiegend aus Indien, ins Land gebracht, um sie zu ersetzen. So bildeten sich nicht unbedeutende indische Minderheiten insbesondere auf Trinidad, Martinique und Guadeloupe, deren Kultur ein fester Bestandteil der Identität der Inseln wurde.

DAS 20. JAHRHUNDERT

Während der Weltwirtschaftskrise der dreißiger Jahre herrschte in der Karibik überwiegend hohe Arbeitslosig-

keit. Es kam auch zu Arbeiterunruhen und bürgerkriegsähnlichen Auseinandersetzungen. Auf vielen Inseln bildete sich eine konzertierte Arbeiterbewegung, die sowohl wirtschaftliche als auch politische Unabhängigkeit forderte. Die Briten antworteten mit den ersten bedeutungsvolleren Maßnahmen zur internen Selbstverwaltung, die Franzosen, indem sie die Inseln stärker an das Mutterland Frankreich banden, und die Niederländer, indem sie eine Selbstverwaltung in größerem Umfang bei einer gleichzeitigen Assoziierung mit den Niederlanden zuließen.

Die britischen Inseln: In der Zeit nach dem Zweiten Weltkrieg verzichteten die Briten von sich aus auf ihre karibischen Kolonien und versuchten, einen einzigen föderalen Staat zu schaffen, der die gesamten karibischen Inseln, die von den Briten gehalten wurden, umfassen sollte. Ein Vorteil dieser Föderation war es, daß er einen Rahmen für die Dekolonisierung der kleineren Inseln bilden würde, von denen die Briten glaubten, daß sie sonst zu klein seien, um als selbständige Staaten zu existieren.

Nach einem Jahrzehnt der Verhandlungen überzeugten die Briten die Bewohner der karibischen Kolonien (die Britischen Inseln über und unter dem Winde, Jamaika, Barbados und Trinidad) davon, sich zur Westindischen Föderation zusammenzuschließen. Das neue Bündnis trat 1958 in Kraft. Ziel war es, mit der Föderation während einer vierjährigen Probezeit die Schwierigkeiten einer eigenen Regierung zu überwinden, bevor die Inseln 1962 als eigenständige Nation unabhängig werden sollten.

Auch wenn der Westindischen Föderation Dutzende von Inseln angehörten, die auf mehr als 3000 km Ozean verstreut lagen, machten die Briten Trinidad am südlichen Ende der Inselkette zum Regierungssitz der Föderation.

Jahrhundertelang hatten die Inseln fast nur über die britische Verwaltung in Kontakt miteinander gestanden, während die politischen und wirtschaftlichen Beziehungen zwischen ihnen relativ begrenzt waren. Am Ende erwies sich das Fehlen einer gemeinsamen Identität, gekoppelt mit dem Bestreben der einzelnen Inseln nach Unabhängigkeit, als stärker als jeder Vorteil, den eine Union bedeuten würde.

Jamaika war die erste Insel, die es zum Bruch mit der neuen Föderation kommen ließ und sich 1961 dafür entschied, sie zu verlassen. Bald folgte Trinidad. Beide Inseln fühlten sich groß und reich genug an Bodenschätzen, um allein zu existieren. Sie wollten sich zudem aus einer Situation lösen, in der sie gezwungen gewesen waren, die kleineren Inseln zu unterstützen, die in großem Umfang von britischer Hilfe abhängig waren. 1962 wurden Jamaika und Trinidad unabhängige Staaten. Das Konzept einer kleineren Föderation existierte noch einige Jahre, aber nachdem Barbados sich ebenfalls löste und

17

	Haupt-sprache	Währung	Einwohner	Fläche (km²)	Einwohner pro km²
Anguilla	Englisch	Ostkaribischer Dollar	8 000	155	52
Antigua und Barbuda	Englisch	Ostkaribischer Dollar	65 000	442	147
Barbados	Englisch	Barbados-Dollar	254 000	430	591
Dominica	Englisch	Ostkaribischer Dollar	73 000	750	97
Grenada	Englisch	Ostkaribischer Dollar	97 600	344	284
Guadeloupe	Französisch	Französischer Franc	351 600	1 628	216
Martinique	Französisch	Französischer Franc	359 600	1 080	333
Montserrat	Englisch	Ostkaribischer Dollar	11 000	106	104
Saba	Englisch/ Niederländ.	Niederländischer Antillen-Gulden	1 100	13	85
St. Barts	Französisch	Französischer Franc	5 000	21	238
St. Eustatius	Englisch/ Niederländ.	Niederländischer Antillen-Gulden	1 600	21	76
St. Kitts und Nevis	Englisch	Ostkaribischer Dollar	45 000	261	172
St. Lucia	Englisch	Ostkaribischer Dollar	157 000	616	255
St. Martin	Englisch/ Niederländ.	Niederländischer Antillen-Gulden/ Französischer Franc	79 000	88	898
St. Vincent und die Grenadinen	Englisch	Ostkaribischer Dollar	108 000	398	278
Trinidad und Tobago	Englisch	Trinidad- und Tobago-Dollar	1 253 000	5 128	244

	Politischer Status	Geographische Struktur	Besondere Charakteristika
Anguilla	Schutzgebiet von Großbritannien	relativ flach, trocken, sandig	schöne Strände, beliebt bei wohlhabenden Urlaubern
Antigua und Barbuda	unabhängig	beide Inseln sind überwiegend trocken und mit niedrigen Sträuchern bewachsen	Auf Antigua sind zahlreiche Ruinen aus der Kolonialzeit zu sehen; auf Barbuda befindet sich die größte Fregattvögelkolonie in der Karibik
Barbados	unabhängig	niedrige Berge im Innern, weiße Sandstrände an den Küsten	führendes Touristenziel mit günstigen Quartieren, britischer Atmospäre und Häusern aus der Zeit der Plantagen
Dominica	unabhängig	zerklüftete Gebirge mit Regenwald und Wasserfällen	Ziel von Ökotouristen, gute Wander- und Tauchmöglichkeiten sowie die höchsten Berge der östlichen Karibik
Grenada	unabhängig	hohe Berginseln mit tiefen Einschnitten an der Küste	bekannt für Muskatnüsse und andere Gewürze, sehr schöne Hauptstadt und gleichermaßen malerischer Hafen, ruhige, etwas abgelegene Insel
Guadeloupe	Französisches Überseedepartement	zwei benachbarte Hauptinseln sowie mehrere kleinere vorgelagerte Inseln, überwiegend bergig	kreolische Kultur, ausgedehnter Nationalpark, die höchsten Wasserfälle der Region, aktiver Vulkan
Martinique	Französisches Überseedepartement	gebirgig im Innern, der höchste Berg ist der 1379 m hohe Pelée	kosmopolitische Hauptstadt, vorwiegend französische Atmoshäre, Ruinen von St. Pierre, zerstört 1902 durch einen Ausbruch des Pelée
Montserrat	Schutzgebiet von Großbritannien	bergig im Innern, heiße Quellen, heiße Schwefeldämpfe und schwarze Sandstrände	ländlich, friedlich und vom Tourismus erfreulich unberührt
Saba	Teil der Niederländischen Antillen	klein, aber im Verhältnis dazu sehr hoch und gebirgig	malerischer alpiner Charakter, gute Wander- und Tauchmöglichkeiten
St. Barts	Teil von Guadeloupe	hügelig mit tiefen Buchten	elegantes Ferienziel mit schönen weißen Sandstränden und sehr französischer Atmosphäre
St. Eustatius	Teil der Niederländischen Antillen	überwiegend trockene Insel, deren Bild von einem erloschenen Krater dominiert wird	friedliche Insel mit nur einem Ort, einer bewegten Geschichte und Gebäuden aus der Kolonialzeit
St. Kitts und Nevis	unabhängig	beide Inseln sind hoch und besitzen zentrale Vulkangebirge	beide Inseln sind ländlich und ruhig und bieten Übernachtungsmöglichkeiten in Häusern aus der Zeit der Plantagen
St. Lucia	unabhängig	gebirgiges Inneres mit Regenwäldern, brodelnde Schwefelquellen	malerische Landschaft, aufkommendes Ziel beim Pauschaltourismus
St. Martin	der Norden gehört zu Guadeloupe, der Süden zu den Niederländ. Antillen	bergiges Inselinneres, an der Küste finden sich Buchten, Höhlen und kleine Salzseen	schöne Strände, einzigartiger Doppelstatus, zollfreies Einkaufen, gute französische Restaurants mit gemäßigten Preisen
St. Vincent und die Grenadinen	unabhängig	St. Vincent ist bergig, während die Grenadinen teils bergig und teils Sandbänke sind	Staat aus zahlreichen Inseln, die vielen Jachten als Häfen dienen sowie gute Segel-, Tauch- und Schnorchelmöglichkeiten bieten
Trinidad und Tobago	unabhängig	auf beiden Inseln gibt es Gebirgszüge, Regenwälder und Tiefebenen	beide Inseln weisen eine ausgesprochen reiche Vogelwelt auf, im ruhigeren Tobago gibt es schöne Strände und Übernachtungsmöglichkeiten mit bezahlbaren Preisen, der Karneval von Trinidad ist der schönste in der Karibik

1966 unabhängig wurde, sahen sich die Briten gezwungen, eine neue Lösung zu suchen.
Von der verbleibenden Gruppe lösten sich weitere Inseln. Auch Dominica und St. Lucia wurden unabhängige Inselstaaten. Antigua, St. Vincent, Grenada und St. Kitts bildeten zusammen mit einigen kleinen benachbarten Inseln ebenfalls eigenständige Staaten.
Anguilla, das mit St. Kitts und Nevis verbunden war, erhob sich drei Monate nach der Gründung des neuen Staates 1967 und trat in Verhandlungen mit Großbritannien ein, um baldmöglichst seinen Status als Kronkolonie wiederzuerlangen. Montserrat lehnte es ebenfalls ab, so schnell von den Briten in die Unabhängigkeit entlassen zu werden, und ist ebenfalls bis heute Kronkolonie.
In der gleichen Zeit versuchte Barbuda sich von seiner Union mit Antigua zu lösen, aber bei einer Einwohnerzahl von knapp 1000 Menschen scheiterten diese Bemühungen. Auf den Inseln, die mit St. Vincent und Grenada verbunden waren, gab es zuerst ebenfalls Widerstand gegen die Vereinigung, aber die Differenzen konnten überwunden werden.

Die französischen Inseln: Auf den französischen Inseln wurde und wird eher eine Assimilations- als eine Unabhängigkeitspolitik betrieben. Seit 1946 sind Guadeloupe (dessen Verwaltungshoheit St. Barts und den französischen Teil von St. Martin einschließt) und Martinique Departements von Frankreich, die im Senat und in der Nationalversammlung in Paris vertreten werden, auch wenn dies nur zögernd ermöglicht wurde.
Separatistische Strömungen bestehen schon seit langem auf den französischen Inseln, insbesondere auf Guadeloupe, auch wenn die Abhängigkeit von der Wirtschaftshilfe aus Frankreich die Bewegung in den letzten Jahren moderater werden ließ. Es glauben jedoch noch immer viele Inselbewohner, daß es nur eine Frage der Zeit sei, bis die Inseln eine größere Autonomie bei der Regelung ihrer inneren Angelegenheiten erhalten.

Die niederländischen Inseln: Die Niederländer hatten wie die Briten gehofft, eine einzige Föderation ihrer Besitzungen in der Karibik schaffen zu können, zu denen Curacao, Aruba, Bonaire, St. Martin, St. Eustatius und Saba gehörten, die man als Niederländische Antillen zusammenfaßte. 1954 wurde eine Charta in Kraft gesetzt, die diese sechs Inseln zu einer autonomen Region der Niederlande machte, wobei die zentrale Verwaltung auf der südlichen Insel Curacao angesiedelt wurde. Unter dieser Charta wurden die Inseln vorwiegend von einer gewählten Verwaltung regiert, auch wenn die Niederländer die Fäden in der Hand behielten und auf anderem Wege herrschten. Die Inseln sollten in die Lage kommen, sich selbst zu regieren und Schritt für Schritt als eine Einheit in die volle Unabhängigkeit von den Niederlanden entlassen zu werden.
Auf den Inseln stand man dem Konzept einer Union in einem einzigen Staat jedoch nicht positiv gegenüber. Ende der siebziger Jahre bewegte sich Aruba mehr und mehr auf eine Trennung von der Föderation hin und wurde 1986 ein Inselstaat. Seine vollständige Unabhängigkeit soll in 1996 erreichen. Die verbleibenden fünf Inseln haben sich ebenfalls von dem Konzept einer Unabhängigkeit im Rahmen einer Föderation entfernt. St. Martin konzentriert seine Politik nicht weniger auf eine Unabhängigkeit von seiner Union mit Curacao als auf eine Unabhängigkeit von den Niederlanden.

GEOGRAPHIE

Die in diesem Buch behandelten Inseln bilden den östlichsten Teil der Karibischen Inseln, d. h. der Westindischen Inseln. Dazu gehören alle Inseln über dem Wind (von Anguilla bis Dominica) und die Inseln unter dem Wind (von Martinique bis Grenada) sowie Barbados, Trinidad und Tobago.
Alle Inseln mit Ausnahme von Trinidad und Tobago sind Teil der Kleinen Antillen. Geologisch gehört der überwiegende Teil der östlichen Karibik zu einem Doppelbogen von Inseln, die sich von Norden nach Süden ziehen. Die Inseln auf dem inneren Bogen, der sich von Saba nach Grenada erstreckt, sind vulkanischen Ursprungs. Die meisten Vulkane sind zwar inzwischen erloschen, aber es gibt immer noch einige rauchende Krater, brodelnde heiße Quellen und beißende Schwefeldämpfe auf einigen der höheren Inseln. Während der letzten Jahrhunderte ist es zu größeren Ausbrüchen des Mt. Pelée auf Martinique (1922) und des Soufrière auf St. Vincent gekommen.
Der äußere Inselbogen, der sich von Anguilla nach Barbados erstreckt, ist aus dem Meer gewachsen, wobei sich Korallenkalk auf einer Grundlage aus Felsen abgelagert hat.
Trinidad und Tobago sind geologisch einzigartig. Sie waren früher mit dem südamerikanischen Kontinent verbunden und haben sich von diesem abgetrennt. Die südliche Ebene von Trinidad wurde aus Ablagerungen gebildet, die der Orinoco aus Venezuela mit sich geführt hat. Die nördliche Gebirgskette ist ein Ausläufer der Anden.

KLIMA

Die gesamte östliche Karibik liegt in den Tropen, so daß auf den Inseln das ganze Jahr über in etwa gleichbleibende Temperaturen herrschen und ausgeprägte Jahreszeiten mit unterschiedlich langen Tagen und Nächten unbekannt sind. Auch wenn es die meiste Zeit heiß und feucht ist, mäßigen Passatwinde von Nordosten die Feuchtigkeit. Sie wehen fast das ganze Jahr über, sind jedoch von Januar bis April am stärksten.

FLORA UND FAUNA

Die Flora und Fauna in der östlichen Karibik unterscheidet sich je nach der Topographie der Inseln und der Niederschlagsmenge.

Auf den flacheren Inseln besteht die Vegetation im allgemeinen vorwiegend aus Büschen, wobei die Landschaft unterbrochen ist von Salzseen, die Küsten- und Seevögeln Lebensraum bieten. Auf den bergigen Inseln ist das Ökosystem weit vielfältiger, denn dort findet man im Inselinnern grüne Regenwälder mit hohen Bäumen, Farnen, Schlingpflanzen und einer Reihe von farbenprächtigen Waldvögeln. Die hier heimischen Papageien leben in den bergigen Regenwäldern von Dominica, St. Lucia, St. Vincent sowie Trinidad und Tobago. In vielerlei Hinsicht ist die Lage ein genauso bestimmender Faktor für die Arten und die Vielfalt der jeweiligen Fauna, wie es die Niederschlagsmenge und die Topographie sind. Auf der isoliert gelegenen Insel Barbados z. B. sind nur begrenzt hier beheimatete Säugetiere zu finden und beschränken sich auf eine Handvoll Fledermausarten. Auf Trinidad und Tobago dagegen, nur einige Kilometer vor der Küste von Venezuela, gibt es Hunderte von Säugetierarten, wobei enge Parallelen zum nahegelegenen Festland Südamerikas bestehen.

Gleichermaßen haben Trinidad und Tobago von allen Inseln der östlichen Karibik die größte Vielfalt an Vogelarten zu bieten. Mehr als 500 verschiedene Vogelarten leben auf diesen zwei Inseln. Das sind mehr als auf allen anderen ostkaribischen Inseln zusammen.

Importierte Flora und Fauna: Die frühen europäischen Siedler brachten eine Reihe von Tieren mit auf die Inseln, einige als unvermeidbare Folgen ihrer Präsenz, andere mit Absicht. Ratten, die in den Spalten der Laderäume ihrer Schiffe nisteten, kamen mit den ersten Siedlern auf die Inseln. Die Plantagenbesitzer, die sich über die Schäden ärgerten, die die Ratten am Zuckerrohr anrichteten, führten daraufhin den burmesischen Mungo in der Hoffnung ein, er werde die Rattenplage unter Kontrolle bringen. Die Mungos, die am Tag auf Jagd gehen, waren jedoch nur schlecht dafür ausgerüstet, die nachts aktiven Ratten zu jagen. Statt dessen plünderten die Mungos die Nester der einheimischen am Boden nistenden Vögel. Die einheimischen Tierarten, die sich in einem Lebensraum mit begrenzter Konkurrenz und wenigen Raubtieren entwickelt hatten, waren im Kampf gegen aggressive importierte Tierarten im allgemeinen nur schlecht gerüstet. Viele Vogelarten, darunter auch Papageien, sind von einer Reihe von Inseln bereits verschwunden, während andere, darunter alle Papageien, die heute noch in der östlichen Karibik zu finden sind, vom Aussterben bedroht sind. Die nach Futter suchenden Tiere, die von Siedlern eingeführt wurden, insbesondere Ziegen, die noch heute auf

Hurrikane

Hurrikane treten in der Karibik, wie auch im Osten der USA, im allgemeinen in der Zeit von Juni bis November auf, wobei sie am häufigsten im August und im September vorkommen. Sie können sich jedoch auch außerhalb dieser Monate bilden, was allerdings sehr seltener geschieht. Im Durchschnitt kommt es jährlich zu etwa fünf Hurrikanen. Einige wenige Inseln der östlichen Karibik wurden in den letzten Jahrzehnten von einem „Big One" getroffen. Als Hurrikan bezeichnet man einen Sturm, der sich in den Tropen bildet und dessen Geschwindigkeit wenigstens 120 km/h erreicht. Bei einem Hurrikan dreht sich der Wind gegen den Uhrzeigersinn um ein Tiefdruckzentrum. Fällt die Windgeschwindigkeit unter 65 km/h, nennt man ihn ein tropischen Tief, liegt die Windgeschwindigkeit zwischen 65 und 120 km/h handelt es sich um einen Sturm.

vielen Inseln frei weiden, hatten gleichermaßen zerstörerische Auswirkungen auf die einheimische Flora. Dadurch wurden das labile Ökosystem gestört und zahlreiche Pflanzen ausgerottet. Erosion, Entwaldung und Tausende von aus dem Ausland auf die Inseln gebrachte Pflanzen, die mit der einheimischen Vegetation konkurrieren und sie verdrängen, haben ebenfalls ihren Tribut gefordert. Man schätzt, daß alles in allem bereits die Hälfte der einheimischen Flora auf den Inseln ausgestorben oder vom Aussterben bedroht ist. Inzwischen gibt es Anstrengungen, diese Entwicklung zum Stillstand zu bringen. Sie reichen von jüngsten Versuchen, die Anzahl der Ziegen auf den Grenadinen unter Kontrolle zu bringen, bis hin zu intensiven Bemühungen, die Papageien vor dem Aussterben zu bewahren, die recht vielversprechend sind.

REGIERUNGSFORMEN

Die meisten ostkaribischen Inseln, die zuvor von den Briten verwaltet wurden, sind heute unabhängige demokratische Staaten mit einer parlamentarischen Regierungsform und Mitglieder des Commonwealth. Einige Inseln wie Montserrat und Anguilla sind auf Wunsch ihrer Bewohner britische Kolonien geblieben.
Die französischen Inseln wurden als Übersee-Departements Frankreich angegliedert, wobei sie denselben Status besitzen wie die 96 Departements Frankreichs.

Saba, St. Eustatius und der niederländische Teil von St. Martin gehören zu den Niederländischen Antillen, einer Union, die auch die südkaribischen Inseln Curacao und Bonaire einschließt.
Die Regierungsform der Niederländischen Antillen ist eine parlamentarische Demokratie, die mit den Niederlanden verbunden ist. Die Inseln werden von einem Gouverneur verwaltet, der von der Königin ernannt wird.

WIRTSCHAFT

Die Wirtschaft zahlreicher Inseln in der östlichen Karibik ist noch immer in großem Maße vom Westen abhängig, sei es von finanzieller Unterstützung oder von den Märkten in der westlichen Welt.
Auf vielen Inseln ist bis heute die Landwirtschaft der wichtigste Wirtschaftszweig. Ein großer Teil des landwirtschaftlich nutzbaren Landes auf einigen Inseln, wie z. B. auf Barbados und St. Kitts, wird unverändert für den Anbau von Zuckerrohr genutzt, während Bananen das wichtigste Exportgut auf den höheren Inseln mit mehr Niederschlag wie Dominica, St. Vincent und St. Lucia sind.
Teilweise hat der Rückgang der Nachfrage nach landwirtschaftlichen Erzeugnissen aus der Karibik eine Rolle bei der zunehmenden Bedeutung des Tourismus auf den meisten Inseln gespielt. Trinidad, die ressourcenreichste Insel der östlichen Karibik, besitzt Raffinerien, Asphalt und andere Wirtschaftszweige, die vom Erdöl leben.
Überall sonst in der Region, wenn man von den Rumdestillerien und einigen wenigen Fabriken zur Herstellung von Bekleidung und Elektronik absieht, gibt es kaum Industrie.
Die wichtigsten Handelspartner sind die USA und Europa. Auf Grund der langen kolonialen Geschichte ist der Handel zwischen den Inseln in der östlichen Karibik nicht weit genug entwickelt. Hinzu kommt, daß Zollschranken zwischen den einzelnen Inseln die Entwicklung starker regionaler Märkte verhindert haben.

DIE MENSCHEN

Auf den Inseln in der östlichen Karibik leben ca. drei Millionen Menschen, wovon mehr als ein Drittel auf Trinidad entfällt.
Die Bevölkerungsdichte variiert erheblich. Eines der dichtbesiedeltsten Länder der Erde ist Barbados mit 254.000 Einwohnern und einer Bevölkerungsdichte von 591 Menschen pro Quadratkilometer. Auf einigen kleineren Inseln, darunter St. Barts, Saba und St. Eustatius, leben weniger als 5000 Menschen. Daneben gibt es noch einige Inseln, wie z. B. Grenada, bei denen der überwie-

gende Teil der hier geborenen Bevölkerung nicht auf der Insel selbst lebt. Die meisten Auswanderer von den Westindischen Inseln haben sich in Großbritannien, den USA und Frankreich niedergelassen.
Die überwältigende Mehrheit der Bewohner der östlichen Karibik ist afrikanischer Herkunft. Es bestehen jedoch in der Zusammensetzung der Bevölkerung Unterschiede je nach Insel. Daneben gibt es eine große Zahl von Menschen mit europäischen und indischen Vorfahren sowie Mischlinge und Minderheiten aus

dem Nahen Osten, Asien und anderen Ländern Amerikas.
Auch wenn die einheimischen Kariben von den ersten Siedlern fast völlig ausgerottet wurden, findet man noch eine Minderheit von 3000 Angehörigen dieser Ureinwohner an der Ostseite von Dominica. Kleinere Gruppen leben außerdem auf den Inseln St. Vincent und Trinidad.

BILDUNGSWESEN

Auf allen Inseln der östlichen Karibik besteht Schulpflicht, wobei die Anzahl der Schuljahre, die mindestens absolviert werden müssen, differiert. Die meisten Bildungssysteme sind entweder am französischen oder am englischen bzw. niederländischen System ausgerichtet. Die Universität der Westindischen Inseln, die größte Universität in der englischen Karibik, ist auf Trinidad und Barbados angesiedelt. Auf den französischen Inseln gibt es die Université des Antilles Guyane auf Guadeloupe und Martinique.
In Barbados liegt die Alphabetisierungsrate bei 99 % und entspricht demnach jener in Deutschland. Auf den anderen Inseln (die Angaben variieren je nach Quelle) liegt sie zwischen 78 % in St. Lucia und 96 % in Trinidad und Tobago.

KUNST

Zu den bemerkenswerten Persönlichkeiten der Literatur gehören u.a. V. S. Naipaul aus Trinidad, George Lamming aus Barbados, Jamaica Kincaid aus Antigua, Maryse Condé aus Guadeloupe, Jean Rhys aus Dominica sowie der Dramatiker und Lyriker Derek Walcott, der aus St. Lucia stammt und 1992 den Nobelpreis für Literatur erhielt. Der bekannteste Dichter von den französischen Inseln ist Saint-John Perse aus Guadeloupe, dem für seine beschwörenden Bilder 1960 ebenfalls den Literaturnobelpreis verliehen wurde. Aus Martinique stammen zwei weitere bedeutende zeitgenössische Dichter, nämlich Aimé Cesire und Édouard Glissant, die beide über den Kampf der Schwarzen auf der Suche nach ihrer kulturellen Identität unter der Bürde des kolonialen Einflusses schreiben. Der bekannteste Maler, der in der östlichen Karibik gearbeitet hat, ist sicher Paul Gauguin, der 1887 fünf Monate lang auf Martinique lebte.
In der Architektur mischen sich westindische Baustile mit europäischen Traditionen und tropischen Formen. Als europäische Siedler auf die Inseln zogen, legten sie ihre Orte häufig nach einem Gittermuster an, wobei die Häuser in ordentlichen Reihen errichtet wurden. Viele Gebäude in den Innenstädten sind solide, zweistöckige Bauten aus Stein und Holz. Die Häuser sind häufig in leuchtenden Farben wie Türkis, Limonengrün, Pink und Gelb angestrichen. Die spitzen Wellblechdächer, die ein Rostrot annehmen, bilden ein weiteres charakteristisches Element wie auch die verspielte Architektur, die an Pfefferkuchenhäuser erinnert. Ganz typisch sind ferner Veranden und Fensterläden aus Holz.

MUSIK
Die Karibik verfügt über ein reiches musikalisches Erbe. Ein großer Teil der Stile hat seine Wurzeln in der afrikanischen Musik und ihren Trommelrhythmen, wobei sich daneben einige spanische, französische und englische sowie irische Einflüsse erkennen lassen.
In der östlichen Karibik sind Reggae und Calypso die beiden Musikrichtungen, die man am häufigsten hört. Ihre eingängigen Melodien tönen aus den Lautsprechern in Minibussen, Restaurants und Strandbars. Wer Trinidad in den Monaten vor den Karneval besucht, sollte auf keinen Fall die Panyards und Calypso-Zelte in Port of Spain aussparen, wo Steelbands für das größte Fest im Karneval üben.

Calypso: Der Calypso stammt aus dem Trinidad des 18. Jahrhunderts und war ursprünglich ein satirisches Lied in französischem Patois, das, von den Sklaven, die auf den Plantagen arbeiten mußten, gesungen wurde. In vielen Liedern spiegelt sich ihre Unzufriedenheit wider, und sie machen sich über ihre kolonialen Herren lustig. Andere Lieder bestehen aus einem Wettstreit verbaler Beleidigungen. Die Texte der frühen Calypso-Lieder wurden im allgemeinen beim Singen gedichtet.
Der zeitgenössische Calypso wird fast immer in Englisch gesungen. Dabei handelt es sich um ausgearbeitete Kompositionen, die eine bestimmte feste Choreographie besitzen. Am beliebtesten sind Lieder, die beißende Kritik an der Gesellschaft üben, sowie politische Satiren und Texte mit sexuellen Anspielungen, die im allgemeinen mit Doppeldeutigkeiten gespickt sind und lokale Nuancen enthalten. In den meisten Fällen sind Melodie und Rhythmus des Calypso an gut Bekanntes angelehnt, so daß es vor allem der Text ist, der sich ändert.
Calypso und Karneval sind von Beginn an eng miteinander verbunden. Wettbewerbe im Calypso zählen bis heute zu den wichtigsten Bestandteilen der karibischen Feste. Hierbei versucht jeder Sänger den anderen zu schlagen und den Titel des Königs für sich zu gewinnen.

EINFÜHRUNG

Trinidads Calypso-König ist seit langem Mighty Sparrow. Weitere bekannte Calypso-Sänger aus Trinidad sind Shadow, Tretender, Lord Kitchener, David Rudder, Sugar Aloes, Black Stalin, Denyse Plummer and Singing Sandra.

Um relativ neue Stilmischungen handelt es sich beim Rapso, einer Mischung aus Rap und Calypso, und beim Chutney, einer Mischung aus Calypso und indischer Musik.

Soca: Mischen Sie Soul und Calypso, und Sie bekommen Soca, eine Tanzmusik mit klaren Rhythmen und melancholischen Basstönen. Soca wurde Mitte der siebziger Jahre von Ras Shorty I aus Trinidad kreiert. Spitzenstars der Soca-Musik sind zudem Arrow aus Montserrat und Trinidads Super Blue.

Steelband: Die Blechtrommel, auch Pan genannt, ist eine einzigartige Erfindung aus Trinidad. Sie hat ihren Ursprung in den vierziger Jahren, als werdende Musiker alte Ölfässer nahmen, die Böden bearbeiteten und verschiedene Abschnitte mit unterschiedlichen Tonhöhen schufen. Die Trommler von Ölfässern spielen in Bands zusammen, sind draußen auf Panyards zu hören und nehmen an Wettbewerben während des Karnevals teil. Die charakteristischen melodischen Klänge der Steelbands sind in der ganzen Karibik zu hören, aber inzwischen ein Synonym für Trinidad geworden. Panjazz, eine Mischung aus Jazz und Steelband-Musik, wird zunehmend populär.

Ska: Ska, der Vorläufer der Reggae, stammt aus dem Jamaika der fünfziger Jahre. Es handelt sich dabei um eine Mischung aus Calypso, Rhythm and Blues und afrikanisch-jamaikanischer Folklore. Die Texte sind an die Popmusik angelehnt, wobei Jazz-Einflüsse eine Rolle spielen und das Tempo schleppend ist.

Reggae: Der Reggae stammt aus Jamaika und ist aus einer Mischung aus Ska, Blues, Calypso und Rock entstanden. Charakteristisch für diesen Musikstil sind die gesellschaftskritischen Texte und ein zum Tanzen geeigneter, von Synkopen gekennzeichneter Rhythmus. Der verstorbene Bob Marley machte den Reggae populär, dessen ansteckender Rhythmus heute in der ganzen östlichen Karibik zu hören ist.

Zouk: Der Zouk, der im französischen Teil Westindiens entstanden ist, hat seinen Ursprung im *biguine*, einer afrofranzösischen Tanzmusik mit Bolero-Rhythmus, der Swing-Musik des haitianischen *compas*, dem bebopartigen *cadence* und anderen Formen der französisch-karibischen Folklore. Der Rhythmus ist ein schneller Tanzrhythmus, wie er im karibischen Karneval zu hören ist. In den vergangenen Jahren hat der Zouk Paris im Sturm eingenommen und ist heute in Europa so populär wie in der Karibik. Die populäre Zouk-Band Kassav arbeitet inzwischen in Paris und hat dort eine Reihe von sehr gut verkauften Aufnahmen produziert, darunter auch den englischsprachigen Song *Shades of Black*.

KULTUR

Da die Region der östlichen Karibik so unterschiedliche Charakteristika aufweist, gibt es auch zahlreiche verschiedene lokale Bräuche und Lebensstile. Französisch Westindien ist in erster Linie ein Außenposten von Frankreich, wobei die französische Sprache, die französischen Sitten und die Küche Frankreichs eine dominierende Rolle spielen. Einigen Regionen wie auf St. Barts und Terre-de-Haut (vor Guadeloupe) weisen einen französisch-ländlichen Charakter auf, während andere wie Guadeloupe und Martinique eine stärker französisch-kreolische Kultur entwickelt haben, in der afrikanische und westindische Einflüsse bemerkbar sind.

Auf den Inseln mit britischer Vergangenheit ist überwiegend eine Mischung aus afrikanischen und britischen Elementen zu spüren. Letztere dominieren auf dem Gebiet der Institutionen, darunter bei der Regierungsform,

beim Bildungswesen und bei der Gesetzgebung. Afrikanische Einflüsse spielen dagegen eine wichtige Rolle bei der Musik, beim Tanz und beim Familienleben.

In der gesamten Karibik besteht eine strikte Arbeitsteilung zwischen Mann und Frau. Fast nur Frauen stehen an den Hunderten von Marktständen, während die meisten Taxi- und Minibusfahrer Männer sind. Kricket ist der populärste Sport der Region, was zur Folge hat, daß eine Reihe von Kricketspielern der Weltklasse aus der östlichen Karibik stammt. Auch Fußball ist sehr beliebt, insbesondere auf den französischen Inseln.

Die meisten Insulaner sind sauber gekleidet. Die Kleidung der Frauen ist auf einigen Inseln konservativ, schon fast altmodisch, während die Frauen auf anderen Inseln elegant und chic angezogen sind. Viele Marktfrauen kleiden sich matronenhaft und tragen Kopftücher. Die

---

Liming

Das tropische Klima lähmt das Tempo, so daß die meisten Inselbewohner in der östlichen Karibik die Dinge geruhsam angehen. Liming - faulenzen, mit Freunden zusammensein und die Zeit mit einem kleinen Schwätzchen vergehen lassen - ist ein beliebter Zeitvertreib auf allen Inseln. „No problem" ist die häufigste Antwort auf Bitten.

Frauen in den Büros dagegen sieht man mit hohen Absätzen, Lippenstift und modisch auf dem aktuellsten Stand. Im allgemeinen gilt, daß die Kleidung um so lässiger ist, je kleiner und ländlicher eine Insel ist. Auch für Besucher empfehlen sich saubere Kleidung und Höflichkeit. Als Regel gilt, daß Badeanzüge, sehr kurze Shorts und andere knappe Bekleidung nicht in die Stadtmitte und andere Gegenden außerhalb der Strandbereiche gehören. Das trifft sogar auf die französischen Inseln zu, auf denen am Strand „oben ohne" durchaus üblich ist. Bevor Sie sich in ein Gespräch einmischen oder jemanden etwas fragen, sollten Sie immer „Good day" oder „Bonjour" sagen. Viele Menschen, z. B. auch auf Märkten, möchten zudem nicht fotografiert werden. Fragen Sie daher immer erst um Erlaubnis, und respektieren Sie eine negative Antwort.

RELIGION

Die römisch-katholische Kirche ist auf den französischen Inseln vorherrschend, während die meisten Bewohner auf den englisch und niederländisch geprägten Inseln dem protestantischen Glauben angehören.

Es gibt in der östlichen Karibik zudem afro-christliche Traditionen. Die Anhänger des Rastafarianismus beziehen sich auf Äthiopien, wobei seine biblische Bedeutung angeführt wird. Sie glauben, daß sie Reinkarnationen der Propheten des Alten Testamentes seien, die aus ihrem Heimatland wegen der Vergehen ihrer Vorfahren vertrieben wurden. Sie befassen sich mit zahlreichen Themen des Stolzes von Schwarzen, lassen ihr Haar in langen, an Schnüre erinnernden Schillerlocken wachsen und glauben, daß das Rauchen von *ganja* (Marihuana) sakralen Wert habe.

Der Rastafarianismus hat eine wichtige Rolle bei der Entwicklung des jamaikanischen Ska- und Reggae-Musik gespielt, deren Rhythmus von der Akete-Trommel der Rastafa bestimmt wird. Neben der Gesellschaftskritik wird in vielen Liedern des Reggae Ra Tafari gepriesen. Einige Inselbewohner glauben an Obeah, bei dem es sich nicht um eine Religion an sich, sondern um eine Art schwarzer Magie handelt, die dazu dient, Feinde zu verwünschen. Ähnlich wie bei den haitianischen Vodoo-Praktiken wird beim Obeah auf Beschwörungen, Hexerei und magische Rituale zurückgegriffen, um übernatürliche Kräfte zu lenken. Trotz der Jahrhunderte währenden Unterdrückung durch christliche Mächte ist die Praxis des Obeah noch heute auf den meisten Inseln der östlichen Karibik präsent, wenn sie auch häufig im Geheimen ausgeübt wird.

Dem Hinduismus und dem Islam gehören auf Trinidad ca. 30 % der Bevölkerung an. Diese beiden östlichen Religionen haben auch Anhänger auf anderen Inseln (wie Guadeloupe), auf denen größere indische Minderheiten leben.

SPRACHE

Englisch ist die Hauptsprache auf allen Inseln der östlichen Karibik mit Ausnahme von Französisch Westindien (Guadeloupe, St. Barts, dem französischen Teil von St. Martin und Martinique), wo vorwiegend Französisch gesprochen wird.

Wer Englisch spricht, kann durch die Länder der östlichen Karibik ohne größere Probleme reisen. Die Schwierigkeiten, auf die Besucher der französischsprachigen Gebiete treffen, die der Landessprache nicht mächtig sind, werden im allgemeinen überzogen dargestellt. Auch wenn außerhalb der Hotels und Touristenzentren die Menschen kein Englisch sprechen, sollten Sie mit einem deutsch-französischen Wörterbuch, einem Sprachführer und einem gewissen Maß an Geduld und Sinn für Humor

---

Einige häufig benutzte Wendungen der gesprochenen Sprache in der Ostkaribik

boy, girl - von den Inselbewohnern im familiären Sprachgebrauch sowohl für Kinder als auch für Erwachsene verwendet

fire a grog, fire on - Rum trinken

go so, swing so - wird bei der Erklärung einer Richtung verwendet (achten Sie dabei unbedingt auf die Handbewegungen, die gleichzeitig gemacht werden)

limin' (auch *lime, lime about*) - herumlungern, faulenzen

no problem - allgemeingültige Antwort auf alle Bitten

study - sich Zeit nehmen, über etwas nachzudenken

wine - sinnliche Tanzbewegung, bei der die Hüften geschwungen werden, unabdingbar beim Karneval

workin'up - Tanzen im allgemeinen

in der Lage sein, damit in den meisten Situationen fertig zu werden. Niederländisch wird auf Saba, St. Eustatius und St. Martin gesprochen, ist jedoch nur die zweite Sprache nach Englisch, auch wenn es bis heute offiziell Amtssprache ist.

Französisches Kreolisch und Patois hört man ebenfalls auf zahlreichen Inseln der östlichen Karibik. Diese Dialekte werden auch häufig als Muttersprache zu Hause verwendet. Hindi wird innerhalb der Familien auf den Inseln mit großen indischen Minderheiten ebenfalls gesprochen, z. B. auf Trinidad.

PRAKTISCHE HINWEISE

EINREISEBESTIMMUNGEN

Die Regelungen zu Reisepässen und Visa unterscheiden sich von Insel zu Insel, so daß Sie detaillierte Informationen im jeweiligen Kapitel finden.

Bei der Ankunft auf vielen Inseln wird von den Beamten der Ausländerbehörde nach der genauen Aufenthaltsdauer gefragt und die Zahl der Tage entweder im Reisepaß oder auf der Einreisekarte vermerkt. Sie sollten sich dabei reichlich Spielraum lassen, so daß Sie nicht zur Ausländerbehörde oder Polizei müssen, wenn Sie länger bleiben möchten als ursprünglich geplant. Eine weitere übliche Frage bei der Einreise bezieht sich auf die Unterkunft, so daß man bereits ein Hotel im Kopf haben sollte, auch wenn es letztendlich egal ist, wo man wirklich ein Zimmer mietet.

Sie sollten zudem nicht vergessen, daß auf einigen Inseln bei der Einreise ein Flugschein für die Weiter- oder Rückreise nachgewiesen werden muß. Daher lassen LIAT und einige andere Fluggesellschaften nur Personen an Bord ihrer Flugzeuge, die ein derartiges Ticket besitzen.

REISEDOKUMENTE

Bringen Sie bei einer Reise in die östliche Karibik Ihren Reisepaß und die entsprechenden Ausweispapiere, die für die Einreise auf alle Inseln, die Sie besuchen möchten, mit (vgl. Einreisebestimmungen im Kapitel über die jeweilige Insel). Wer ein Auto mieten will, benötigt zudem einen Führerschein aus seinem Heimatland oder einen internationalen Führerschein. Für einen Besuch auf St. Lucia lohnt sich ein internationaler Führerschein, da er es erspart, einen Führerschein auf der Insel neu erwerben zu müssen, aber sonst ist er von wenig Nutzen, solange man seinen Führerschein aus dem Heimatland bei sich hat. Ein internationaler Impfpaß ist nur erforderlich, wenn man aus einem Land einreist, in dem Gelbfieber vorkommt. Taucher sollten ferner ihre Tauchzeugnisse mitbringen.

ZOLLBESTIMMUNGEN

Auf allen Inseln der östlichen Karibik gilt, daß Touristen eine vernünftige Menge an Dingen des persönlichen Bedarfs zollfrei einführen dürfen, wie auch bestimmte Mengen an Alkohol und Tabak. Weitere Einzelheiten dazu finden Sie in den Kapiteln über die jeweiligen Inseln.

Die Benutzung von Harpunen ist an den Küsten vor zahlreichen Inseln verboten. Wer sich für Harpunenfischerei interessiert, sollte sich zuvor diesbezüglich erkundigen. Auf den meisten Inseln, die nicht zu Frankreich gehören, ist das Mitbringen von Schußwaffen ebenfalls verboten. Wer auf seinem Segelboot Waffen mit sich führt, sollte sie bei der Einreise deklarieren. Da auf mehreren Inseln Tollwut unbekannt ist, gelten ferner strenge Regeln für das Mitbringen von Tieren. Das ist besonders für Bootsbesitzer wichtig, denen es möglicherweise nicht erlaubt wird, ihr Haustier mit an Land zu nehmen.

GELD

In der östlichen Karibik sind fünf verschiedene Währungen im Umlauf, was die Dinge recht verwirrend machen kann, wenn man mehrere Inseln besucht. Glücklicherweise gilt der US-Dollar praktisch auf allen Inseln als Zweitwährung. So geben auf einigen Inseln in der östlichen Karibik die Hotels und Autovermietungen ihre Preise gleich in US-Dollar an. Davon abgesehen ist es jedoch vorteilhafter, Geld in die jeweilige Landeswährung zu tauschen. Das britische Pfund und der kanadische Dollar lassen sich in Banken ebenfalls problemlos wechseln, werden jedoch nicht unbedingt von Geschäftsleuten akzeptiert.

Währungen und Wechselkurse: Der Ostkaribische Dollar (EC $) ist die offizielle Währung von Anguilla, Antigua und Barbuda, Dominica, Grenada, Montserrat, St. Kitts und Nevis, St. Lucia sowie St. Vincent und den Grenadinen. Unterteilt ist er in 100 Cents. Im Umlauf sind Münzen im Wert von 1, 2, 10 und 25 Cents sowie 1 EC-Dollar und Banknoten im Wert von 5, 10, 20 und 100 EC-Dollar.

Der EC $ ist mit einem Wechselkurs von 2,70 EC $ für einen US-Dollar an den US-Dollar gebunden. Die Kurse, die von den Banken (auf den Inseln, auf denen der EC $ offizielle Währung ist) beim Wechseln zugrundegelegt werden, sind 2,6882 EC $ für einen EC $ in Reiseschecks und 2,67 EC $ für einen US-Dollar in bar. Wer bei der Weiter- oder Rückreise noch EC-Dollar besitzt, kann sie zu einem Kurs von 2,7169 EC $ für einen US-Dollar zurücktauschen. Andere bedeutende Währungen, darunter auch das britische Pfund und der kanadische Dollar, floaten im Verhältnis zum EC-Dollar entsprechend ihrem jeweiligen Wert zum US-Dollar auf dem Weltmarkt.

Beim Wechseln von anderen Währungen in EC-Dollar bestehen größere Unterschiede zwischen An- und Verkaufskursen.

Der französische Francs (FF) ist die offizielle Währung auf Martinique, Guadeloupe, St. Barts und dem französischen Teil von St. Martin. Ein Franc entspricht 100 Centimes. Verwendet werden Münzen zu 5, 10, 20 und 50 Centimes sowie 1, 5 und 10 Francs. Die Banknoten lauten auf 20, 50, 100, 200 und 500 Francs, wobei die Scheine vom Format her um so größer sind, je höher ihr Wert ist.

Der Kurs des französischen Franc wird täglich im Verhältnis zu den anderen Währungen je nach Weltmarktlage festgesetzt. Als dieses Buch gedruckt wurde, entsprach
1 US $ = 5,83 Francs
1 DM = 3,34 Francs.

Der Gulden der Niederländischen Antillen, der bei den Banken im allgemeinen mit NAF und in den Geschäften mit FLS abgekürzt wird, ist die offizielle Währung auf Saba, St. Eustatius und dem niederländischen Teil von St. Martin.

Der Gulden der Niederländischen Antillen, der im Wert nicht dem niederländischen Gulden entspricht, ist in Münzen zu 1,5,10 und 25 Cents sowie 1 NAF in Umlauf. Banknoten gibt es zu 5, 10, 25, 50, 100 und 250 Gulden. 10,50 Gulden werden wie bei der Deutschen Mark 10 Gulden 50 gesprochen.

Die Inselbewohner selbst haben meistens sowohl Gulden als auch US-Dollar bei sich. Da es keinerlei Vorteil mit sich bringt, in Gulden zu bezahlen und beim Tausch zudem ein geringer Betrag verloren geht, greifen ist meisten Touristen ausschließlich auf US-Dollar zurück. Der NAF ist an den US-Dollar gebunden. Dabei gilt ein Wechselkurs von 1,77 NAF für einen US-Dollar. Die Wechselkurse für andere bedeutende Währungen werden entsprechend dem Weltmarktpreis für US-Dollar festgesetzt.

Der Barbados-Dollar (B $) ist die offizielle Währung auf Barbados. Einzelheiten dazu finden Sie im Kapitel über diese Insel.

Der Trinidad- und Tobago-Dollar (TT $) ist das gültige Zahlungsmittel im Zwei-Insel-Staat. Einzelheiten können Sie dem Kapitel über Trinidad und Tobago entnehmen.

Reisekosten: Die östliche Karibik ist nicht billig, so daß man schon einen recht beträchtlichen Betrag benötigt, um ausgiebigere Reise hierhin zu unternehmen. Die Kosten unterscheiden sich jedoch erheblich je nach Insel, Art der Unterkunft und Verkehrsmittel, mit dem man reist.

Den größten Teil der Reisekasse werden wahrscheinlich die Übernachtungskosten ausmachen. Auf Inseln wie Barbados, auf denen es eine ganze Reihe von Hotels der unteren und mittleren Preisklasse gibt, können die Kosten

für ein Hotelzimmer oder Apartment noch im vernünftigen Rahmen liegen, während man auf teureren Inseln wie Antigua für ein gleichwertiges Zimmer locker das Doppelte bezahlen muß. Natürlich spielt dabei auch die Hotelkategorie eine Rolle. Die täglichen Kosten für ein Zimmer können von 25 US $ in einer einfachen Pension bis 100 US $ in einer exklusiven Ferienanlage variieren. Auch das Essen in der östlichen Karibik ist relativ teuer. Das ist teilweise darauf zurückzuführen, daß ein Teil der Lebensmittel importiert werden muß. Die Preise liegen um gut 50 % höher als in Deutschland, Österreich und der Schweiz.

Große Unterschiede bestehen bei den Kosten für das Reisen. Für einen Mietwagen zahlt man je nach Insel zwischen 30 und 70 US $ pro Tag. Auf den stärker erschlossenen Inseln fahren allerdings auch öffentliche Busse, die dazu eine ausgesprochen preiswerte Alternative darstellen.

Zwischen den Inseln verkehren einige relativ preiswerte Fähren, die meisten davon am Gebiet der Grenadinen und zwischen den französischen Inseln. Die Preise für Flüge von einer Insel zur anderen sind teils sehr hoch, teils gibt es jedoch auch sehr preiswerte Angebote, darunter die Rundflugscheine von LIAT (der größten regionalen Fluggesellschaft), mit denen man für nur 200 US $ vom einen Ende der Karibik ins andere gelangen kann. Nähere Einzelheiten dazu finden Sie im Abschnitt über das Reisen in der östlichen Karibik.

Es gibt zudem noch eine Reihe von geringeren Ausgaben, die sich jedoch schnell summieren können, insbesondere dann, wenn man mehrere Inseln besucht. Auf den meisten englischsprachigen Inseln ist der Erwerb eines einheimischen Führerscheins Voraussetzung für das Mieten eines Wagens. Die Kosten dafür liegen zwischen 7 und 15 US $. Auf fast allen Inseln muß zudem bei der Ausreise eine Flughafengebühr in Höhe von 10 bis 15 US $ gezahlt werden. Daneben werden noch zahlreiche zusätzliche Steuern und Gebühren (bis zu 25 %) erhoben, die z. B. auf Hotelrechnungen und gelegentlich auch auf Rechnungen in Restaurants aufgeschlagen werden.

Wer Flugtickets in der Karibik kauft, sollte dies auf den Inseln tun, auf denen Zollfreiheit herrscht, z. B. auf St. Martin, da auf vielen anderen Inseln zwischen 5 und 20 % oder eine Mehrwertsteuer auf den Preis für Flugtickets erhoben werden.

Kreditkarten und Trinkgeld: Die bedeutendsten Kreditkarten werden in der östlichen Karibik weithin, wenn auch nicht überall, akzeptiert. Visa und Eurocard/Mastercard, gefolgt von American Express, werden am häufigsten angenommen. Kreditkartenautomaten, an denen man Bargeld erhält, gibt es auf Barbados und den größeren französischen Inseln.

Das Geben von Trinkgeld wird unterschiedlich gehandhabt. Auf einigen Inseln wird es automatisch auf die

EINFÜHRUNG

Rechnung aufgeschlagen, auf anderen wird es gesondert erwartet.

Weitere Einzelheiten dazu können Sie den Kapiteln über die einzelnen Länder entnehmen.

REISEZEIT

Die Hochsaison in der Karibik dauert vom 15. Dezember bis zum 15. April, dem sogenannten Winter. Auch wenn es in dieser Zeit trockener und geringfügig kälter ist, ist der wichtigste Faktor für die Hochsaison das Wetter in den anderen Ländern, da der überwiegende Teil der Touristen aus „Schneevögeln" besteht, die aus den kälteren Gefilden Europas und Nordamerikas fliehen.

Wer außerhalb der Hochsaison in der Zeit von Mitte April bis Mitte Dezember in die Karibik reist, kann in den Hotels von den erheblich günstigeren Sommerpreisen profitieren. Zusätzlich liegen die Flugpreise in dieser Zeit bei vielen Gesellschaften niedriger, die Strände sind weniger voll, und die Atmosphäre in den Touristenzentren ist ruhiger. Darüber hinaus sind dann Last-Minute-Buchungen bei Autovermietungen, Flügen und Hotels nur selten ein Problem.

Gegen diese Zeit spricht, daß die Passatwinde im Sommer nicht so häufig wehen, so daß es eher unangenehm schwül werden kann. Der Sommer ist auch die Zeit der Hurrikane, obwohl die Wahrscheinlichkeit, daß ein Hurrikan eine der Inseln trifft, weit geringer ist als an der Ostküste der USA.

November und Anfang Dezember sind eine schöne Zeit für eine Reise in die Karibik. Viele Hotels holen dann sozusagen noch einmal Luft vor dem großen Ansturm, so daß die Hotelzimmer in dieser Zeit am schönsten sind, es langsam voll wird und die Preise noch relativ niedrig sind.

WAS MAN MITNEHMEN SOLLTE

Reisen mit leichtem Gepäck, eine Devise, die überall zu empfehlen ist, kann in den Tropen problemlos verwirklicht werden, da warme Jacken und dicke Kleidung völlig überflüssig sind.

Die ideale Kleidung besteht aus Baumwolle, die bei der Schwüle atmet. Sie sollte locker sowie mit der Hand waschbar sein und nicht gebügelt werden müssen.

In der Karibik trägt man lässige Kleidung. Sportsachen, auch Shorts und ordentliche T-Shirts, sind an den meisten Orten am Tag angebracht. Wenn man abends in ein nettes Restaurant geht, sind für Frauen Baumwollkleider und für Männer leichte lange Hosen ausreichend. Nur in wenigen Restaurants der Spitzenklasse auf einigen Inseln werden von den Herren Krawatte und Sakko erwartet. Ein langärmliges Hemd und eine leichte Baumwoll- oder Windjacke können bei stark klimatisierten Innenräumen gute Dienste leisten und auch gegen die Mücken schützen, wenn man draußen sitzt. Wahrscheinlich werden Sie meistens Sandalen tragen, sollten jedoch auch ein

Paar feste Schuhe mitnehmen, um die Möglichkeit zu haben, eine Wanderung abseits der Straßen zu unternehmen.

Eine Taschenlampe ist bei den gelegentlichen Stromausfällen sowie in einigen Gegenden nachts von Nutzen. Vogelfreunde sollten vielleicht auch ein Fernglas mitbringen. Ein Schweizer Taschenmesser ist ebenfalls Gold wert. Wer häufiger schnorcheln möchte, spart Geld, wenn er dafür seine eigene Ausrüstung bei sich hat. Denken Sie vielleicht auch an einen Brustbeutel oder Geldgürtel für Ihren Reisepaß und Ihr Geld.

Einfach unentbehrlich sind wasserdichte Plastiktaschen mit Reißverschluß in verschiedenen Größen, um Sachen trocken zu halten. Die können Sie dazu verwenden, Ihre Filme und die Kamera sicher aufzubewahren, Flugtickets und den Reisepaß zu verwahren sowie nasses Badezeug von den anderen Sachen zu trennen.

Ein Tauchsieder für eine Tasse, der im allgemeinen für ein paar Mark in Haushaltswarengeschäften und Kaufhäusern erhältlich ist, sowie eine haltbare leichte Tasse können praktische Dienste leisten. Man kann darin nicht nur Wasser erhitzen und Kaffee kochen, sondern auch Fertiggerichte wie Suppen, Nudeln usw. aufwärmen.

Medikamente und Toilettenartikel sind fast überall erhältlich, wenn auch die Auswahl auf den kleineren Inseln begrenzt ist. Im Abschnitt über die Gesundheit finden Sie einige Vorschläge für die Mitnahme von Medikamenten. Wer nicht Französisch spricht und Martinique, Guadeloupe oder St. Barts besuchen möchte, sollte zudem ein deutsch-französisches Wörterbuch und einen Sprachführer mitnehmen.

INFORMATIONEN

In den meisten Fremdenverkehrsbüros erhält man allgemeine Auskünfte über die jeweilige Insel. Die Adressen und Telefonnummern im Abschnitt mit den praktischen Hinweisen jedes Kapitels aufgeführt. Das Fremdenverkehrsbüro für Französisch Westindien befindet sich auf Martinique.

ÖFFNUNGSZEITEN

Auf den meisten Inseln sind Büros montags bis freitags von 8 oder 9 Uhr bis 16 oder 17 Uhr geöffnet. Die Ge-

---

Sonntags nie

Auf unserer ersten Reise in die Karibik fragten wir eine Ladenbesitzerin auf Grenada nach den Öffnungszeiten. Sie antwortete uns: „Wir öffnen täglich." „Täglich?", fragten wir. „Jeden Tag in der Woche" betonte sie. „Selbst sonntags?", fragten wir. „Oh nein, sonntags nicht", antwortete sie daraufhin. So verstanden wir schließlich, daß das Wort „täglich" in der östlichen Karibik, sei es gesprochen oder auf Plakaten, Ladenschildern usw. zu finden, sehr häufig „täglich außer sonntags" bedeutet.

schäfte öffnen normalerweise montags bis freitags von ca. 9 bis 17 oder 18 Uhr und samstags bis 12 Uhr. Dabei gibt es jedoch Unterschiede zwischen den einzelnen Inseln.

Im Abschnitt mit den praktische Hinweisen jedes Kapitels über eine Insel finden Sie nähere Informationen über Öffnungszeiten sowie Feiertage und kulturelle Veranstaltungen. Denken Sie daran, daß die Banken auf einigen Inseln am Tag vor einem Feiertag nur bis 12 Uhr zugänglich sind.

FEIERTAGE UND KULTURELLE VERANSTALTUNGEN

Der Karneval ist das wichtigste Fest in der gesamten östlichen Karibik. Wie überall handelt es sich auch hier traditionell um ein Fest vor der Fastenzeit - einer Zeit des Feierns vor der Enthaltsamkeit, die viele Christen, insbesondere Katholiken, während der Fastenwochen befolgen.

Auf Trinidad und auf allen Inseln mit französischem Einfluß wird Karneval noch immer streng sechs Wochen vor Ostern gefeiert, während auf den anderen Inseln unter britischem Einfluß dieser Zeitpunkt nicht unbedingt eingehalten wird.

Die Änderung des Zeitpunktes der Feiern kam vor allem aus praktischen Gesichtspunkten zustande. Die kleineren Inseln konnten nicht mit den großen Inseln konkurrieren, insbesondere nicht mit Trinidad, das die besten Tänzer usw. und die meisten Besucher anzog. Deshalb können Besucher der Inseln in der östlichen Karibik inzwischen Karnevalsfeste auf der einen oder anderen Inseln das ganze Jahr über erleben.

Zum Karneval gehören im allgemeinen Wettbewerbe und Darbietungen von Calypso-Sängern, Steelbands, die Wahl eines „Karnevalskönigs" und einer „Karnevalskönigin", Straßentanz, genannt jump-ups, Kostüme und Tanzwettbewerbe sowie ein Umzug mit Wagen, Musik und Feiernden in Kostümen.

Nachfolgend finden Sie eine Liste der wichtigsten Feste und sonstigen Veranstaltungen in der östlichen Karibik. In den Kapiteln über die einzelnen Inseln sind zudem noch zahlreiche kleinere Feste usw. aufgeführt.

Januar

Auf Barbados wird der Barbados Windsurfing World Cup veranstaltet.

Das zweiwöchiges St. Barts Music Festival mit Jazz, Kammermusik und Tanz findet auf St. Barts statt.

Der St. Barth's Cup, eine dreitägige Segelregatta Ende Januar, wird bei St. Barts ausgetragen.

Februar

Karneval wird an den Tagen vor Aschermittwoch (d. h. im Februar oder März) auf Trinidad, Dominica, St. Lucia, Martinique, Guadeloupe, St. Barts und im französischen Teil von St. Martin gefeiert.

St. Barts ist Schauplatz der viertägigen, Mitte Februar stattfindenden St. Barth Regatta.

Zwei Wochen feiert man auf Barbados beim Holetown Festival die Ankunft der ersten englischen Siedler auf der Insel am 17. Februar 1627.

Ebenfalls im Februar findet ein kleinerer Karneval auf Carriacou statt.

März

Montserrat begeht am 17. März den St. Patrick's Day.

Auf Bequia findet am Osterwochenende (März oder April) die Bequia Regatta statt.

Das Oistins Fish Festival wird ebenfalls am Osterwochenende auf Barbados veranstaltet.

April

Die Antigua Sailing Week mit Segelregatten beginnt am letzten Sonntag im April und dauert eine Woche.

Karneval wird zwei Wochen lang im niederländischen Teil von St. Martin gefeiert. Beginn ist im allgemeinen die zweite Woche nach Ostern.

Mai

In Saint Pierre auf Martinique wird mit einem Jazz-Konzert und einer Kerzenprozession an den Ausbruch des Mont Pelée am 8. Mai 1902 erinnert.

Die International Regatta of St. Barthélemy zieht sich Mitte Mai über drei Tage hin.

Das St. Lucian Jazz Festival findet Ende Mai auf St. Lucia statt.

Juni

Am oder um den 29. Juni herum wird auf Dominica die Fête La St. Pierre mit einer feierlichen Segnung der Schiffe gefeiert.

Juli

Das Crop-Over Festival, ein karnevalsähnliches Fest, feiert man auf Barbados von Mitte Juli bis zum ersten Montag im August.

Auf Martinique, Guadeloupe, St. Barts und im französischen Teil von St. Martin wird am 14. Juli der Tag des Sturms auf die Bastille begangen.

Die Tour de la Martinique, ein eine Woche dauerndes Fahrradrennen, findet Mitte Juli auf Martinique statt.

Vincy Mas, wie der Karneval auf St. Vincent genannt wird, feiert man üblicherweise in den ersten beiden Juliwochen.

Sabas Karnevalsfeiern, das einwöchige Saba Summer Festival, wird Ende Juli veranstaltet.

Auf Antigua feiert man den Karneval von Ende Juli bis zum Umzug am ersten Dienstag im August.

Die Carriacou Regatta findet Ende Juli oder Anfang August mit Regatten und anderen Sportveranstaltungen statt.

Auf St. Eustatius feiert man Ende Juli Karneval.

A Heritage Festival, eine Fest im traditionellen Stil, wird zwei Wochen lang Ende Juli auf Tobago ausgerichtet.

August

Zwei Wochen lang dauern die Karnevalsfeiern auf Anguilla an und beginnen am ersten Montag im August.

Die Tour des Yoles Rondes, eine einwöchige Regatta traditioneller Segelboote, können Sie Anfang August auf Martinique sehen.

Bei der Fête des Cuisinères Anfang August auf Guadeloupe ehrt man die besten Köchinnen.

Die Tour de la Guadeloupe, ein zehntägiges Fahrradrennen, findet Anfang August ebenfalls auf Guadeloupe statt.

Auf Grenada beginnt der Karneval am zweiten Wochenende im August und endet am folgenden Dienstag.

Beim Festival of St. Barthélemy (24. August) wird der Tag des Schutzpatronen der Insel begangen.

Ende August findet auf Barbados das Banks Field Hockey Festival statt.

November

Beim Creole Day auf Dominica am Freitag vor dem 3. November werden Tanz, Folklore und Musik geboten.

Anfang November wird auf Barbados die Barbados International Surfing Championship ausgerichtet.

Ein dreitägiges Pan Jazz Festival mit Steelbands und Jazz-Musik findet auf Trinidad ebenfalls im November statt.

Das National Independence Festival of Creative Arts wird den ganzen November über auf Barbados mit Tanz, Theater und Musik begangen.

Dezember

Die Atlantic Ralley for Cruiser, eine Transatlantik-Regatta, endet im Dezember auf St. Lucia.

Bei den Saba Days handelt es sich um eine mehrtägige Festveranstaltung Anfang Dezember auf Saba.

Ebenfalls Anfang Dezember findet auf Barbados der Run Barbados, ein Marathonwettbewerb, statt.

La Route du Rosé, eine Transatlantik-Regatta großer Schiffe, endet Mitte Dezember auf St. Barts.

Das Martinique Jazz-Festival wird in Jahren mit ungerader Endzahl im Dezember veranstaltet, während in den Jahren mit gerader Endzahl das Martinique Gitarren-Festival stattfindet. Beide dauern eine Woche.

Auf Montserrat feiert man von Mitte Dezember bis Neujahr Karneval. Höhepunkt ist der 31. Dezember.

Auf St. Kitts fällt der Karneval in die Zeit vom 26. Dezember bis zum 2. Januar.

POST

Die Laufzeiten von Postsendungen aus der östlichen Karibik ins Ausland variieren erheblich. Von den französischen Inseln aus benötigt Post nach Europa im allgemeinen ca. eine Woche bis zum Empfänger. Von den kleineren, unabhängigen Staaten aus, wie z. B. von St. Vincent und den Grenadinen, können es vom Tag des Poststempels aus ohne weiteres zwei bis drei Wochen sein.

Die Hotels und Geschäfte auf den kleineren Inseln besitzen häufig weder eine vollständige Postanschrift noch ein Postfach. Sollte in diesem Buch keine Adresse angegeben sein, können Sie Korrespondenz einfach mit dem Hotelnamen, der Stadt, dem Land und dem Zusatz „Westindische Inseln" adressieren.

Es besteht die Möglichkeit, sich Sendungen postlagernd an das jeweilige Hauptpostamt (GPO) auf den einzelnen Inseln schicken zu lassen. Nähere Informationen über die Postämter, darunter auch über Öffnungszeiten und Postwertzeichen, finden Sie im jeweiligen Kapitel über die einzelnen Inseln.

TELEKOMMUNIKATION

Auf den meisten Inseln in der östlichen Karibik gibt es sowohl Münzfernsprecher als auch Kartentelefone, von denen Inlands- und Auslandsgespräche geführt werden können. Von den Büros der Telefongesellschaften, die in den einzelnen Kapiteln über die entsprechenden Inseln aufgeführt sind, können Sie zudem telefonieren sowie Telex- und Faxmitteilungen versenden.

Telefonkarten: In der Ostkaribik gibt es zahlreiche Kartentelefone. Dabei werden Telefonkarten aus Plastik in der Größe von Scheckkarten verwendet. Die Telefonkarten haben einen bestimmten Wert, wobei die Gebühr für jedes Gespräch automatisch abgebucht wird, während man telefoniert, bis der Wert verbraucht ist.

Die Kartentelefone sind bei Ferngesprächen und für eine Reihe von Ortsgesprächen praktisch, so daß man keine Unmengen an Münzen benötigt. Auf den wenigen Inseln, auf denen es fast keine Münzfernsprecher mehr gibt, kann dies jedoch wirklich ärgerlich werden, wenn man dringend telefonieren möchte, so schnell keine Verkaufsstelle für die Karten findet und dann auch noch eine Karte kaufen muß, die man von diesem einen Gespräch abgesehen gar nicht benötigt!

Es hat kaum einen Vorteil, Telefonkarten mit einem höheren Wert zu kaufen, da die Kosten pro Einheit auf allen Karten fast gleich sind. Zwei der zwölf Telefonkarten, die wir gekauft haben, funktionierten zudem nicht mehr, obwohl noch nicht entsprechend viele Einheiten verbraucht waren.

Telefonsystem: Es gibt auf den Inseln der östlichen Karibik drei große Telefonsysteme.

Wer von einer der französischen Inseln ein Gespräch zu einer anderen Insel Französisch Westindiens führen will, muß lediglich die sechsstellige Anschlußnummer wählen. Nach Paris kann man mit der Vorwahl 16-1 sowie der achtstelligen Anschlußnummer telefonieren. Alle anderen Orte in Frankreich sind mit der Vorwahl 16 gefolgt von einer achtstelligen Rufnummer zu erreichen. Bei Gesprächen in alle anderen Länder müssen erst die 19, dann die Vorwahl des Landes sowie der Stadt und schließlich die Anschlußnummer gewählt werden.

Wenn Sie nach Französisch Westindien telefonieren wollen, müssen Sie für Martinique die Vorwahl 596 und für die anderen französischen Inseln die Vorwahl 590 benutzen, gefolgt von der sechsstelligen Anschlußnummer.

Für ein Telefongespräch innerhalb von Französisch Westindien und nach Frankreich bezahlt man den niedrigsten Tarif zwischen 21.30 und 5.00 Uhr. Am teuersten sind Telefonate montags bis freitags zwischen 7.00 und 13.00 Uhr sowie zwischen 14.00 und 17.00 Uhr und samstags zwischen 7.00 und 13.30 Uhr. In der übrigen Zeit gilt ein Zwischentarif. Die Tarife außerhalb des Geschäftszeiten sind zwischen 30 und 65 % preiswerter als in dieser Zeit.

Die französischen Telefonkarten (*télécartes*) werden mit 50 oder 120 Einheiten verkauft. Sie kosten 36 bzw. 87 Francs. Bei Ortsgesprächen reicht eine Einheit für mehrere Minuten. Eine Einheit entspricht zudem einer Gesprächsdauer von 7 Sekunden bei Telefonaten mit den benachbarten Karibikinseln, von 3,6 Sekunden mit entfernteren Karibikinseln, den USA und Kanada sowie von 3,0 Sekunden mit den meisten europäischen Ländern. Telefonate innerhalb der französischen Inseln sind erheblich preiswerter als von französischen Inseln zu französischen Inseln der östlichen Karibik.

Die Niederländischen Antillen, d. h. Saba, St. Eustatius und der niederländische Teil von St. Martin, sind mit der Vorwahl 599 zu erreichen. Vom Ausland muß man 599-3 (St. Eustatius), 599-4 (Saba) bzw. 599-5 (Niederländisch St. Martin), gefolgt von der Anschlußnummer, wählen.

Landsradio, die niederländische Telefongesellschaft, verkauft Telefonkarten für 9,85 US $ (17,35 Gulden) mit 60 Einheiten sowie für 16,75 US $ (29,60 Gulden) mit 120 Einheiten. Der Preis pro Einheit ist dem auf den französischen Inseln vergleichbar.

Die englischsprachigen Inseln Anguilla, Antigua und Barbuda, St. Kitts und Nevis, St. Vincent und die Grenadinen, Grenada, Barbados sowie Trinidad und Tobago besitzen die Vorwahl 809. Auf diesen Inseln gelten auch vergleichbare Telefonsysteme, wobei auf diesen Inseln die Cable & Wireless Company vertreten ist.

Bei Direktgesprächen aus Deutschland müssen die Vorwahl 00809 und dann die siebenstellige Anschlußnummer wählen.

EINFÜHRUNG

Die Preise für Ferngespräche von diesen Inseln aus sind ähnlich wie von den anderen, jedoch nicht genau gleich.

Die durchschnittlichen Kosten für ein einminütiges Telefongespräch zu einer der benachbarten Inseln liegen zwischen 1,50 und 2 EC $, während es zu den weiter entfernteren karibischen Inseln zwischen 2,75 und 3,75 EC $ sind. Ein Telefongespräch nach Europa kostet pro Minute ca. 8 EC $. Die genannten Preise gelten für die höchste Tarifstufe am Tag. Abends, ab ca. 18 oder 19 Uhr bis morgens 6 oder 7 Uhr, zahlt man ca. 20 % weniger. Das gilt auch sonntags und an Feiertagen.

Caribbean Phone Cards, die auf allen englischsprachigen Inseln der östlichen Karibik (sowie auf den Britischen Jungferninseln, den Cayman-Inseln sowie den Turks- und Caicos-Inseln) benutzt werden können, gibt es zu Preisen von 10, 20, 40 und 60 EC $. Damit kann man verschiedenen Telefonkarten bei einem einzigen Gespräch verwenden. Kurz bevor eine Telefonkarte verbraucht ist, ertönt nämlich ein Signal. Dann muß man die Taste mit dem Stern unten links drücken, die alte Karte herausnehmen und eine neue einschieben, ohne daß die Verbindung unterbrochen wird.

ZEIT

Auf allen Inseln der östlichen Karibik gilt die Atlantikzeit, d. h. es ist dort fünf Stunden früher als in der Gegend, in der die Mitteleuropäische Zeit gilt. Eine Sommerzeitregelung gibt es nicht.

Wenn es in der östlichen Karibik 12.00 Uhr ist (und in den anderen Ländern keine Sommerzeit gilt), zeigen die Uhren in Jamaika, New York und Montreal 11.00 Uhr, in Los Angeles und Vancouver 8.00 Uhr, in London 16.00 Uhr und in Berlin, Zürich sowie Wien 17.00 Uhr an.

Wenn die Sommerzeit gilt, ist es in Deutschland, Österreich und der Schweiz vier Stunden später.

STROM

Eine einheitliche Stromspannung gibt es in der östlichen Karibik nicht.

Auf den französischen Inseln ist eine Stromspannung von 220 Volt mit einer Frequenz von 50 oder 60 Hertz üblich. Die Steckdosen sind für runde Stecker vorgesehen und haben zwei Löcher. Sie entsprechen denen in Frankreich.

Auf den niederländischen Inseln beträgt die Spannung 110 Volt mit einer Frequenz von 60 Hertz, wobei die Stecker flach sind und zwei Kontakte haben. Sie entsprechen dem System in den USA.

Auf den früher britischen Inseln ist das System nicht einheitlich. Meistens findet man Steckdosen mit einer Stromspannung von 220 Volt, einige jedoch auch mit nur 110 Volt.

Unabhängig davon, welches System gilt, sollten Sie einen kleinen Zwischenstecker (Adapter) mitbringen. In den meisten Hotels findet man im Bad jedoch auch Doppelsteckdosen für Rasicrapparate. Gelegentlich stehen Adapter ebenfalls zur Verfügung.

WÄSCHE WASCHEN

Auf einigen Inseln gibt es Waschsalons, auf anderen Wäschereien, wobei der Preisunterschied gering ist. Man hat manchmal aber auch nur die Möglichkeit, die Wäscherei eines Hotels in Anspruch zu nehmen. Es ist deshalb ratsam, aus praktischen Gründen und um nicht zuviel Geld auszugeben ein Waschmittel mitzunehmen und einen Teil der Wäsche im Handwaschbecken selbst zu waschen.

MASSE UND GEWICHTE

Auf einigen Inseln wird das metrische System angewendet, auf verschiedenen Inseln das englische System, während man auf einigen wenigen Inseln zur Zeit dabei ist, das System auf das metrische umzustellen.

In diesem Buch wird das metrische System benutzt (Meter und Kilometer), um Höhen, Flächen usw. anzugeben. Bei Entfernungen auf Straßen und Wegen greifen wir auf die jeweils auf der Insel geltenden Maße zurück. Da Straßen und Orte usw. meist (nicht immer) sehr schlecht beschildert sind, soll es damit Fahrern von Mietwagen möglich gemacht werden, anhand der Kilometer- oder Meilenanzeige im Auto festzustellen, wo man sich ungefähr befindet. Bei Angaben in Meilen usw. haben wir die entsprechende Entfernung in Kilometern in Klammern zusätzlich angegeben.

Im Kapitel über Antigua, wo das englische System gilt, kann es demnach heißen: Biegen Sie hinter der verlassenen Windmühle nach links ab und fahren Sie 1,25 Meilen (2 km), und nehmen Sie dann rechts die nicht gekennzeichnete Straße, auf der es weitere 2,75 Meilen (4,4 km) sind. Bei der Beschreibung von St. Martin, einer Insel mit metrischem System, wird der Weg über die zahlreichen unbefestigten Straßen zur abgelegenen Plum Bay in Kilometern angegeben.

BÜCHER

Informationen über Landkarten, Buchhandlungen und Bücher einzelner Inseln finden Sie im jeweiligen Kapitel. Die folgenden Bücher beziehen sich auf die gesamte östliche Karibik.

Geschichte und Kultur: Einen Bogen über die Entdeckung durch Kolumbus bis zur Invasion amerikanischer Soldaten auf Grenada spannt Frauke Gewecke in ihrem Buch *Die Karibik - Zur Geschichte, Politik und Kultur einer Region* (Vervuert, 1984). Auch wenn die Ereignisse im letzten Jahrzehnt nicht mehr berücksichtigt sind, eignet sich dieses Buch dennoch gut als Hintergrundlektüre. Geschichte und Gegenwart der Karibik hat auch Hermann Teifer in seinem Buch *Die Herren der Karibik - Auf den Spuren der Korsaren* (List, 1988) aufgearbeitet.

Belletristik: Erzählungen aus der Karibik enthält das Buch *Das Mädchen aus La Guaria* von Juan Bosch (Dipa, 1990).

Ebenfalls Erzählungen aus der Karibik hat der Herausgeber Peter Schultze-Kraft unter dem Titel *Der böse Blick des Mondes* zusammengestellt. In der Karibik angesiedelt ist zudem die Handlung von zwei Romanen, beide mit dem Titel *Karibik*, und zwar von Thomas Hoover (Lübbe, 1986, auch als Bastei-Lübbe-Taschenbuch) und von James A. Michener (Econ, 1990, ebenfalls als Bastei-Lübbe-Taschenbuch).

Natur: Zum besseren Verständnis dessen, was man alles unter Wasser sehen kann, empfiehlt es sich, das Buch *Fische der Karibik - Bestimmungsbuch für Taucher und Schnorchler* von Petra Lachmann und Otto Gremblewski-Strate (BLV, 1995) mitzunehmen.

Reisebeschreibungen: Mehrere Autoren haben über ihre Erlebnisse bei Reisen in der Karibik Bücher geschrieben. Dazu gehören *Und dann morgen auf Trinidad - Eine beschwingte Reise durch die Karibik* von Zenga Longmore (Edition Erdmann, 1990, auch als Heyne-Taschenbuch), *Inseln über dem Wind - Die Karibik zwischen Siesta und Fiesta* (rororo-Taschenbuch, 1994), *Wir schenken uns ein Stückchen Zeit - Mit Kindern und Klabautermann in die Karibik* von Gaby Scheurer (Ullstein-Taschenbuch, 1993), *Kokosnüsse satt - Ein Seglerleben in der Karibik* von Rudolf Wagner (Ullstein-Taschenbuch, 1993) und *Segelabenteuer Karibik* von Hans Georg Isenberg (Pietsch, 1984).

Bildbände: Aus der fast schon unübersehbaren Zahl von Bildbänden über die Karibik verdienen zwei der Erwähnung: *Tauchparadies Karibik - Die 80 schönsten Tauchplätze* von Patrick Mioulane (BLV, 1992) mit wunderschönen Farbfotos von der Unterwasserwelt sowie *Wohnkultur und Lebensstil in der Karibik* von Suzanne Slesin, Stafford Cliff und Jack Berthelot (DuMont, 1992), in dem auf unzähligen Bildern viel von der Architektur und Lebensart in der Karibik eingefangen worden ist.

Segelführer: Für Segeltörns in der Karibik sind einige Segelführer veröffentlicht worden. Das sind die Bände *Segeln in der Karibik I - Martinique bis Grenada* und *Segeln in der Karibik II - Anguilla bis Dominica sowie Virgin Islands - Pläne und Luftbilder von Häfen und Ankerplätzen in der Karibik*, beide erschienen in der Edition Maritim.

Zeitschriften: Das *Karibik-Magazin* (Licence Verlag, Postfach 22 11 08, 80501 München, Tel. 089/2 91 33 88) ist ein vierfarbiges, vierteljährlich erscheinendes Magazin über das Reisen in die und das Leben in der Karibik. Es enthält Artikel über einzelne Reiseziele sowie regelmäßig Kolumnen über neue Ferienzentren, Restaurants, Einkaufsmöglichkeiten usw.

LANDKARTEN

Sie haben die Wahl, sich Landkarten nach der Ankunft auf den Inseln zu kaufen oder bereits zuvor zu besorgen. Die Landkarten von Ordnance Survey sind im allgemeinen die besten für den englischsprachigen Bereich der östlichen Karibik. Für die französischen Inseln hat das Institut Géographique National (IGN) ganz gute Landkarten veröffentlicht.

In Deutschland können diese Landkarten über eine Buchhandlung vom Internationalen Landkartenhaus in Stuttgart (Postfach 80 08 30, 70508 Stuttgart) bezogen werden. Nähere Informationen über Seekarten finden Sie im Abschnitt über das Reisen in der östlichen Karibik.

MEDIEN

Zeitungen: Auf den meisten karibischen Inseln wird eine eigene Zeitung veröffentlicht, sei es eine Tageszeitung oder eine Wochenzeitung. Sie alle sind lesenswert, um Informationen über die Lokalpolitik und lokale Kulturveranstaltungen zu erhalten. Ausländische Zeitungen sind meist in Buchhandlungen und Geschenkartikelläden der Hotels erhältlich.

Die *Caribbean Week* (Caribbean Communicaton, Lefferts Place, River Road, St. Michael, Barbados) ist die wichtigste Wochenzeitung in den englischsprachigen Gegenden der östlichen Karibik. Sie enthält Informationen über die Geschehnisse auf den Inseln sowie Politik, Wirtschaft, Sport und Kultur in der gesamten Karibikregion. Die Zeitschrift, auf Barbados geschrieben und in Florida gedruckt, wird von den inzwischen außerhalb der Karibik lebenden ehemaligen Inselbewohnern ebenso gelesen wie von denen, die hier beheimatet sind. Für ein Abonnement zahlt man 26 US $ im Jahr.

Rundfunk und Fernsehen: Auf den meisten Inseln gibt es einen eigenen Rundfunksender. Das Radio bietet eine ausgezeichnete Möglichkeit, sich die neueste Calypso-, Reggae-, Soca- und Steelband-Musik anzuhören. Die lokalen Radiosender sind zudem gute Informationsquellen über die regionalen Neuigkeiten und bieten gelegentlich interessante Einblicke in das Inselleben, zum Beispiel beim Verlesen von Todesanzeigen, das von entsprechend düsterer Musik untermalt wird.

Auf fast allen Inseln besteht zudem die Möglichkeit, sich Fernsehprogramme anzusehen, häufig per Satellit oder Kabel. Nicht in allen Hotels (noch nicht einmal in allen Hotels der Spitzenklasse) gibt es jedoch Fernsehgeräte in den Zimmern.

FILMEN UND FOTOGRAFIEREN

Filme sind auf den großen Inseln erhältlich, wobei es häufig etwas schwerer ist, Diafilme zu bekommen. Entwickeln lassen kann man Filme in einigen Sofortlabors auf den französischen Inseln und in den Touristenzentren auf anderen großen Inseln.

Die hohen Temperaturen in den Tropen zusammen mit hoher Feuchtigkeit führen zu einer schnelleren Zerstörung des Filmmaterials, so daß es von Vorteil ist, Filme so schnell wie möglich entwickeln zu lassen, um die besten Ergebnisse zu erzielen. Wer nur für ein bis zwei Wochen in die Karibik reist, kann dies ruhig zu Hause erledigen, wer jedoch länger in der Region unterwegs ist, sollte eine andere Lösung suchen. Sie können z. B. frankierte Pakkungen mitnehmen und ihre Filme in Abständen nach Hause schicken. Wir haben das so mit unseren Diafilmen gehandhabt, und es ist nicht ein einziger Film verlorengegangen, wobei wir die Sendungen immer auf den größe-ren Inseln aufgegeben haben, und zwar in der Hoffnung, daß sie von dort aus weniger Zeit benötigen würden.

Lassen Sie Ihre Kamera nie länger in der Sonne als unbedingt nötig. In einem verschlossenen Auto kann es innerhalb weniger Minuten so heiß wie in einem Ofen werden. Sand und Wasser sind ausgezeichnete Reflektoren des Sonnenlichts und lassen häufig Motive im Vordergrund dunkel erscheinen. Sie können dies kompensieren, indem Sie die Blende etwas verstellen oder aber einen Filter verwenden. Die beste Technik ist es jedoch, im sanfteren Licht am frühen Morgen oder am späten Nachmittag zu fotografieren.

GESUNDHEIT

Im allgemeinen ist die östliche Karibik gesundheitlich relativ unproblematisch. Gefahren durch Infektionen, Sonnenbrand, Durchfall und Parasiten machen jedoch Vorsichtsmaßnahmen erforderlich.

Wer aus einem kälteren und trockeneren Klima in die Hitze und die Feuchtigkeit der Karibik kommt, fühlt sich wahrscheinlich zunächst schneller müde und nicht ganz wohl. Tragen Sie zur besseren Akklimatisierung dadurch bei, daß Sie in den ersten Tagen alles ein wenig langsamer angehen lassen.

HANDBÜCHER FÜR DIE GESUNDHEIT UNTERWEGS

Zu diesem Thema ist eine Reihe von Veröffentlichungen erschienen. Dazu gehören:

Ratgeber für Reisen in die Tropen von John Hatt (Verlag Gisela E. Walther, Bremen, 2. Auflage 1987). Dieses Buch ist wahrscheinlich das beste allgemeine Handbuch zum Mitnehmen, denn es ist kompakt, aber gleichzeitig sehr detailliert, gut gegliedert und enthält auch zahlreiche Tips für Situationen, die man in Deutschland, Österreich oder der Schweiz kaum erlebt.

Wo es keinen Arzt gibt von David Werner (Rump-Verlag, Bielefeld, 1985) ist ein sehr detailliertes Handbuch, dessen Zielgruppe eigentlich eher Menschen sind, die in ein Entwicklungsland gehen, um dort zu arbeiten (z. B. als Entwicklungshelfer), als Durchschnittsreisende.

Gesund unterwegs - Medizinisches Reisehandbuch von Johannes Müller und Peter Müller (rororo Taschenbuch Band 7583, 1989) eignet sich als Ergänzung zu dem Buch von David Werner und enthält auch etliche Ratschläge für die Behandlung von Erkrankungen und Verletzungen, die man sich beispielsweise auf einer Wanderung zuziehen kann.

Reisen mit Kindern von Angelika Tausch-Fiedler und Roland Fiedler (Ullstein-Taschenbuch Band 34461, 1988) enthält grundlegende Ratschläge für Gesundheitsfragen bei kleineren Kindern auf Reisen.

MASSNAHMEN VOR DER REISE

Krankenversicherung: Es ist ratsam, eine Reiseversicherung für Diebstahl, Verlust und die Behandlungskosten bei Krankheit abzuschließen. Es gibt eine Vielzahl von derartigen Versicherungen, über die man in Reisebüros beraten wird. Einige Versicherungen bieten Policen mit niedrigerem und höherem Versicherungsschutz für die Kosten einer medizinischen Behandlung an. Die Policen mit einem höheren Versicherungsschutz sind hauptsächlich für Länder wie die USA gedacht, wo die medizinische Versorgung im allgemeinen sehr teuer ist.

Bevor Sie eine Reiseversicherung abschließen, lesen Sie genau das Kleingedruckte. Wichtig sind folgende Gesichtspunkte:

Einige Versicherungen schließen Versicherungsschutz für „gefährliche Aktivitäten" ausdrücklich aus. Dazu können das Tauchen, das Motorradfahren und auch das Wandern oder das Bergwandern gehören. Wenn Sie derartige Aktivitäten beabsichtigen, ist eine solche Versicherung für Sie nicht geeignet.

Achten Sie darauf, ob die Krankenversicherung bei einer Erkrankung die Ärzte und Krankenhäuser direkt bezahlt, so daß Sie nicht erst das Geld auslegen und hinterher von der Versicherung zurückfordern müssen. Bei einigen Versicherungen müssen Sie zudem in einer Zentrale in Ihrem Heimatland anrufen, wo eine sofortige Einschätzung des Problems vorgenommen und geprüft wird, ob und inwieweit Versicherungsschutz besteht.

Klären Sie ferner, ob die Versicherung die Kosten für den Krankentransport nach Hause, im Notfall auch mit einem Flugzeug, trägt. Wenn Sie sich auf der Rückreise in einem öffentlichen Verkehrsmittel ausstrecken müssen (Flugzeug, Bus, Eisenbahn), brauchen Sie zwei Sitze, und die muß jemand bezahlen!

Reiseapotheke: Es empfiehlt sich, eine kleine Reiseapotheke mitzunehmen, die folgendes enthalten sollte:

Fieber und Schmerzen

Acetylsalicylsäure (z. B. Aspirin) oder Paracetamol (z. B. Ratiopharm)

Butylscopolaminiumbromid (z. B. Buscopan) bei Koliken

Fieberthermometer

Antibiotika

Chinolon, z. B. Ciprofloxacon (Ciprobay), u. a. gegen schweren Durchfall und Lungenentzündung

Penizillin-Kombinationspräparat, z. B. Amoxicillin und Clavulansäure (Augmentan)

Durchfall

Elektrolytlösung

Loperamidhydrochlorid (z. B. Immodium)

Übelkeit, Erbrechen und Reisekrankheit

Metoclopramid (z. B. Paspertin)

Elektrolytlösung (z. B. Sanlalyt)

Erste Hilfe

Pflaster

Kompressen

Mullbinden

Elastische Binde

Klebestreifen

Schere

Pinzette

Desinfektionsmittel

Mittel zur Vorbeugung

Wasserdesinfektionsmittel auf Silberbasis (z. B. Micropur)

Wasserfilter (z. B. von Katadyn)

Sonnenschutzmittel

Mückenschutz (auf chemischer Basis oder Moskitonetz)

Sonstiges

Augentropfen (z. B. Otriven)

Nasentropfen (z. B. Otriven)

Weitere Vorbereitungen: Stellen Sie sicher, daß Sie bei Reiseantritt gesund sind. Wer mehrere Monate auf Reisen geht, der sollte unbedingt seine Zähne überprüfen lassen, denn es gibt zahlreiche Orte, an denen man bestimmt alles andere gerne tun würde, als zu einem Zahnarzt zu gehen. Wer Brillenträger ist, dem wird geraten, eine Ersatzbrille sowie das Rezept für seine Brille mitzunehmen. Der Verlust einer Brille kann zu einem Problem führen, auch wenn man an den meisten Orten schnell, preiswert und gut eine neue Sehhilfe erhält.

Falls Sie über eine längere Zeit oder ständig bestimmte Medikamente einnehmen müssen, sind Sie gut beraten, diese in ausreichender Menge mitzunehmen, da sie häufig vor Ort nicht erhältlich sind. Es empfiehlt sich, auch den Beipackzettel bei sich zu haben, da die Wirkstoffe im Ausland eher bekannt sind als die Markennamen und die Kenntnis der Wirkstoffe es erleichtert, einen gleichwertigen Ersatz zu finden. Es ist zudem eine gute Idee, ein

Rezept mitzunehmen, um nachweisen zu können, daß Sie ein bestimmtes Medikament legal benötigen, da überraschend viele Medikamente, die in einem Land rezeptfrei erhältlich sind, in einem anderen Land nur auf Rezept ausgegeben werden dürfen oder sogar verboten sind.

Impfungen: Auf keiner Insel der östlichen Karibik sind bestimmte Impfungen für die Einreise vorgeschrieben. Wer jedoch in den letzten Monaten vor der Ankunft in einem Land war, in dem Gelbfieber auftritt, muß eine Impfbescheinigung vorweisen, aus der hervorgeht, daß man gegen Gelbfieber immun ist. Gelbfieber ist in zahlreichen Ländern Südamerikas und Afrikas zwischen dem 15. Grad nördlich und dem 15. Grad südlich des Äquators verbreitet. Zu den Ländern, die üblicherweise als Gelbfiebergebiete gelten, gehören Bolivien, Brasilien, Kolumbien, Ecuador, Französisch Guayana, Guyana, Panama, Peru, Surinam, Venezuela und zahlreiche Länder in Zentralafrika.

Alle Impfungen sollten in einen internationalen Impfpaß eingetragen werden, der beim Arzt oder beim Gesundheitsamt erhältlich ist.

GRUNDREGELN

Die wichtigste Gesundheitsregel bei der Verpflegung ist es, beim Essen und Trinken Vorsicht walten zu lassen. Magenverstimmungen sind die häufigsten Erkrankungen auf Reisen, zumeist jedoch relativ harmlos. Werden Sie deshalb nicht übervorsichtig, denn das Probieren der typischen Speisen eines Landes ist schließlich Teil der auf einer Reise gesammelten Erfahrungen.

Wasser: Die Wasserqualität ist auf den einzelnen Inseln unterschiedlich. Meistens ist das Leitungswasser trinkbar, jedoch sollte man, wenn man sich nicht sicher ist, immer vom ungünstigsten Fall ausgehen.

Allgemein gilt, daß auf den bergigeren Inseln, auf denen Süßwasser aus den Regenwäldern in großen Mengen zur Verfügung steht, das Trinkwasser ausgezeichnet ist. Auf einigen der stärker erschlossenen niedrigeren Inseln, wie z. B. St. Martin, gibt es Entsalzungsanlagen, mit denen aus dem Meer trinkbares, wenn auch nicht sehr schmackhaftes Wasser gewonnen wird.

Auf den weniger entwickelten flacheren Inseln sammelt man Trinkwasser fast ausschließlich, indem man Regenwasser auffängt. Hier sollte man es ausprobieren, da hinsichtlich der Reinheit und der Verunreinigung mit Bakterien sehr große Unterschiede auftreten können.

In Flaschen abgefülltes Trinkwasser ist fast überall erhältlich. Kokosnußmilch, alkoholfreie Erfrischungsgetränke und Bier sind weitere Alternativen. Tee oder Kaffee sind ebenfalls unproblematisch, weil das Wasser dafür gekocht haben sollte.

EINFÜHRUNG

Wasseraufbereitung: Die einfachste Art, um Wasser ungefährlich zu machen, ist das Abkochen. Theoretisch bedeutet das eine Brodeldauer von 10 Minuten, was allerdings nur selten geschieht.

Einfaches Filtern entfernt nicht alle gefährlichen Substanzen aus dem Wasser, so daß man in Gegenden, in denen das Abkochen des Wassers nicht möglich ist, das Wasser am besten auf chemischem Wege reinigt. Chlortabletten (Micropur und andere Marken) töten einige, aber nicht alle Krankheitserreger (z. B. die der Amöbenruhr) ab. Jod ist zwar ziemlich zuverlässig beim Reinigen von Wasser und in Form von Tabletten erhältlich, aber bei der Benutzung müssen Sie genauestens die Gebrauchsanweisung befolgen und daran denken, daß die Einnahme von zu viel Jod schädlich sein kann.

Wenn Ihnen keine Jodtabletten zur Verfügung stehen, können Sie auch eine Tinktur mit 2 % Jod oder Jodkristalle verwenden. Zwei Tropfen Jodtinktur pro Liter klaren Wassers sind die empfohlene Dosierung. Die Verwendung von Jodkristallen ist hingegen weitaus komplizierter, denn man muß daraus erst eine Jodlösung herstellen. Jod verliert seine Wirkung, wenn es in Kontakt mit Luft oder Feuchtigkeit kommt. Bewahren Sie es also in einem dicht verschlossenen Behälter auf. Geschmackspulver überdecken den Geschmack von chemisch behandeltem Wasser, was insbesondere beim Reisen mit Kindern ganz günstig ist.

Essen: In der östlichen Karibik wird das Essen im allgemeinen so zubereitet, daß es für die Gesundheit unbedenklich ist. Auch wenn es am sichersten ist, gekochte Nahrungsmittel zu sich zu nehmen, gilt dies nicht mehr, wenn das Essen bereits wieder abgekühlt ist oder aufgewärmt wurde. Seien Sie zudem sehr vorsichtig beim Genuß von Fisch und Meeresfrüchten (auch bei eleganten Buffets), und meiden Sie rohes Fleisch. Wenn Gaststätten sauber und gut geführt sowie die Mitarbeiter ebenfalls sauber und gesund aussehen, sind die Gerichte wahrscheinlich unbedenklich. Im allgemeinen sind Lokale, die sowohl von Ausländern als auch von Einheimischen gut besucht werden, in Ordnung, während bei leeren Restaurants Zweifel anzumelden sind.

Ernährung: Achten Sie auf eine ausgewogene Ernährung und eine genügende Eiweißzufuhr. Essen Sie zudem viel Obst. Es gibt überall immer Früchte, die gesund und preiswert sind, denn Bananen, Papayas und Kokosnüsse sind gute und leicht erhältliche Vitaminquellen.

Da es in der Karibik heiß ist, sollten Sie unbedingt genug trinken. Verlassen Sie sich nicht auf Ihr Durstgefühl. Das Fehlen des Drangs, Wasser zu lassen, oder dunkelgelber Urin sind Warnzeichen. Nehmen Sie immer eine Flasche Wasser mit, wenn Sie eine längere Strecke zurücklegen. Ausgiebiges Schwitzen kann zu einem großen Verlust von Salz und damit zu Muskelkrämpfen führen. Salztabletten sind als vorbeugende Maßnahme jedoch nicht zu empfehlen, können an Orten, an denen nur wenig gesalzen wird, aber helfen, das Essen nachzusalzen.

Gesundheit: Die normale Körpertemperatur beträgt 37° C. Mehr als zwei Grad darüber sind bereits „hohes Fieber". Der normale Puls eines Erwachsenen beträgt zwischen 60 und 80 Schlägen (bei Kindern 80 bis 100 und bei Kleinkindern 100 bis 140 Schläge). Sie sollten in der Lage sein, Ihren Puls und Ihre Temperatur zu messen. Eine allgemeine Regel besagt, daß der Puls um 20 Schläge pro Minute bei jedem Grad Fieber mehr ansteigt.

Auch die Atmung kann ein Indikator für Krankheiten sein. Zählen Sie deshalb bei einer Erkrankung die Atemzüge pro Minute. Zwischen 12 und 20 Atemzüge liegen bei Erwachsenen und älteren Kindern im Normalbereich, bei kleineren Kindern bis zu 30 und bei Säuglingen bis zu 40. Menschen mit hohem Fieber oder einer ernsten Erkrankung der Atemwege, z. B. einer Lungenentzündung, atmen schneller als ein gesunder Mensch. Mehr als 40 Atemzüge pro Minute sind im allgemeinen ein Anzeichen für eine Lungenentzündung.

Zahlreiche gesundheitliche Probleme können durch einfache Hygienemaßnahmen vermieden werden. Waschen Sie häufig Ihre Hände, denn es ist recht einfach, das eigene Essen mit gesundheitsgefährdenden Bakterien und Parasiten zu infizieren. Putzen Sie auch Ihre Zähne lieber mit gereinigtem Wasser statt mit Leitungswasser. Vermeiden Sie zudem klimatische Extreme. Bleiben Sie der Sonne fern, wenn es heiß ist, und ziehen Sie sich warm an, wenn es kalt ist.

Es ist auch wichtig, sich vernünftig anzuziehen. Wer barfuß läuft, kann sich eine Wurminfektion zuziehen, und wer ohne Fußbekleidung über Korallen geht, gefährliche Korallenschnitte. Man kann Insektenstiche vermeiden, wenn man beim Auftreten von Insekten die nackte Haut bedeckt, die Fenster oder Bett mit einem Netz schützt und Insektenschutzmittel verwendet. Holen Sie sich auch Rat bei den Einheimischen. Wenn man Ihnen sagt, ein Gewässer sei aufgrund von Quallen oder Bilharziose unsicher, ist es vorzuziehen, es nicht zu betreten. In Situationen, in denen keine Informationen erhältlich sind, empfiehlt es sich, auf Nummer Sicher zu gehen.

ÄRZTLICHE BEHANDLUNG

Informationen über Krankenhäuser und Notrufnummern sind in den Kapiteln über die einzelnen Inseln enthalten. Bei ernsthaften Erkrankungen sollten Sie nicht zögern, sie in Anspruch zu nehmen. Bei weniger bedrohlichen Krankheiten kann man sich in seiner Unterkunft oder im jeweiligen Fremdenverkehrsamt einen Arzt oder eine Ärztin empfehlen lassen.

ERKRANKUNGEN AUFGRUND KLIMATI-SCHER UND GEOGRAPHISCHER GEGEBEN-HEITEN

Sonnenbrand: In der östlichen Karibik ist die Möglichkeit, sich einen Sonnenbrand zuzuziehen, deshalb besonders groß, weil die Inseln in den Tropen liegen, wo weniger Sonnenstrahlen von der Atmosphäre abgehalten werden. Lassen Sie sich auch nicht dadurch irritieren, daß der Himmel gerade einmal bedeckt ist, denn die Sonnenstrahlen dringen auch durch Wolken. Am gefährlichsten ist die Sonne von 10 bis 14 Uhr. Hellhäutige Menschen können sich in der heißen Sonne der Karibik Verbrennungen ersten und zweiten Grades zuziehen, so daß es erforderlich ist, sich insbesondere in den ersten Tagen nicht zu lange der Sonne auszusetzen.

Wenn man nicht schon ziemlich braun ist, empfiehlt sich die Benutzung eines Sonnenschutzmittels mit dem Lichtschutzfaktor 10 bis 15. Wenn man recht häufig baden will, sollte man zudem eines verwenden, das wasserbeständig ist. Ferner muß man darauf achten, daß die Körperpartien besonders geschützt werden, die normalerweise der Sonne nicht ausgesetzt werden, beispielsweise die Füße und Schenkel. Als zusätzlicher Schutz bietet sich das Tragen einer Kopfbedeckung und bei einem hellen Teint auch das Auftragen einer Zinkcreme auf Nase und Lippen an. Wenn man all das berücksichtigt, schützt man sich nicht nur vor Sonnenbrand, sondern verringert auch die Gefahr, an Hautkrebs zu erkranken und zum vorzeitigen Altern der Haut beizutragen. Im übrigen mildert Kalkspatsalbe die Folgen eines leichten Sonnenbrandes.

Zu viel Sonnenschein kann auch das Augenlicht beeinträchtigen, und zwar unabhängig davon, ob er direkt in die Augen eindringt oder reflektiert wird. Davor schützen gute Sonnenbrillen. Bei der Auswahl einer Sonnenbrille muß man aber darauf achten, ob sie ultraviolette Strahlung abhält. Wenn das nicht der Fall ist, schädigt sie die Augen mehr, als daß sie nützt, denn dann erweitern sich die Pupillen, was zur Folge hat, daß ultraviolettes Licht leichter in die Netzhaut eindringen kann.

Hitzepickel: Hitzepickel sind ein juckender Ausschlag, der durch einen Schweißstau in den Poren entsteht. Anfällig für Hitzepickel sind meist Neuankömmlinge in einem warmen Land, deren Poren sich noch nicht auf das verstärkte Schwitzen umgestellt haben. Sich kühl halten und gelegentliches Baden oder Duschen hilft, ebenso Körperpuder oder der Aufenthalt in Räumen mit Klimaanlage.

Hitzekollaps: Flüssigkeits- oder Salzmangel können zu einem Hitzekollaps führen. Nehmen Sie sich beim Akklimatisieren an hohe Temperaturen Zeit und achten Sie darauf, daß Sie immer ausreichend Flüssigkeit zu sich nehmen. Salzmangel macht sich durch Symptome wie Müdigkeit, Abgespanntheit, Kopfschmerzen, Schwindelgefühle und Muskelkrämpfe bemerkbar. Salztabletten können dann Abhilfe schaffen. Erbrechen oder Durchfall können den Salz- und Flüssigkeitsgehalt des Körpers sehr verringern.

Eine andere, seltene Form von Hitzekollaps wird durch die Unfähigkeit des Körpers zu schwitzen hervorgerufen. Im Gegensatz zu den anderen Formen von Hitzebeschwerden trifft die Anhidrose eher Menschen, die sich schon lange in heißem Klima aufhalten, und nicht die Neuankömmlinge.

Hitzschlag: Lange, anhaltende Perioden in der Hitze können anfällig für einen Hitzschlag machen. Diese ernste, gelegentlich sogar tödliche Krankheit kann auftreten, wenn das Vermögen des Körpers, seine Temperatur zu regeln, zusammenbricht und die Körpertemperatur auf gefährliche Höhen ansteigt. Man sollte, um dem vorzubeugen, u. a. exzessiven Alkoholgenuß und anstrengende Tätigkeiten vermeiden, wenn man gerade erst in einem heißen Klima angekommen ist.

Die Symptome sind Unwohlsein und eine hohe Körpertemperatur bei mäßigem oder fehlendem Schwitzen (39 bis 41° C). Hört das Schwitzen auf, wird die Haut stark durchblutet und rot. Schwere, dröhnende Kopfschmerzen und ein Mangel an Koordinationsvermögen treten ebenfalls auf. Zum Krankheitsbild können zudem Verwirrung oder Aggressivität gehören. Möglicherweise kommt es sogar zu einem Delirium und zu Krämpfen. Eine Einweisung in ein Krankenhaus ist bei solchen Symptomen unbedingt notwendig. In der Zwischenzeit sollte der oder die Betroffene sofort aus der Sonne gebracht, ausgezogen, mit einem nassen Tuch oder Handtuch bedeckt und ständig mit frischer Luft versorgt werden.

Pilzinfektionen: Pilzinfektionen bei Hitze treten am häufigsten zwischen den Zehen oder Fingern, in der Leistengegend sowie manchmal sogar am ganzen Körper auf (Scherpilzflechte). Die Scherpilzflechte wird durch infizierte Tiere oder beim Gehen über feuchten Boden, z. B. in Duschen, übertragen.

Um Pilzinfektionen zu vermeiden, empfiehlt sich das Tragen von loser, bequemer Kleidung aus Naturfasern, die man häufig waschen und sorgsam trocknen sollte. Wer sich infiziert hat, sollte die betroffene Hautfläche täglich mit einer desinfizierenden oder medizinischen Seife reinigen und sehr gut abspülen. Dann sollte auf die Haut ein pilzabtötendes Mittel (Creme oder Spray) aufgetragen werden. Versuchen Sie die infizierten Hautflächen so oft wie möglich der Luft oder der Sonne auszusetzen. Waschen Sie alle Handtücher und die Unterwäsche in heißem Wasser und wechseln Sie sie häufig.

Reisekrankheit: Leichte Mahlzeiten vor und während einer Reise können die Wahrscheinlichkeit mindern,

EINFÜHRUNG

reisekrank zu werden. Suchen Sie sich einen Platz mit möglichst wenigen Schwankungen, z. B. in der Nähe einer Tragfläche, wenn Sie fliegen, unweit der Mitte eines Schiffes oder ungefähr in der Mitte eines Busses. Im allgemeinen hilft frische Luft, während Lesen oder Zigarettenrauch zu vermeiden sind. Medikamente gegen die Reisekrankheit, die Müdigkeit verursachen können, müssen vor Antritt der Fahrt eingenommen werden. Wenn Sie sich bereits krank fühlen, ist es zu spät. Ingwer ist ein natürliches Mittel gegen die Reisekrankheit und in Kapseln erhältlich.

ERKRANKUNGEN AUFGRUND MANGELNDER HYGIENE

Durchfall: Unterschiedliches Wasser, eine andere Nahrung oder ein Klimawechsel können bereits einen Durchfall verursachen. Schwerwiegender sind Durchfälle aufgrund von infizierter Nahrung und verunreinigten Wassers. Trotz aller Vorkehrungen können Sie einen leichten „Reisedurchfall" erleiden, der jedoch bei Fremden typisch ist. Einige schnelle Gängen zur Toilette ohne andere Symptome sind jedoch kein Grund zur Beunruhigung.

Ein mittlerer Durchfall mit einem halben Dutzend Darmentleerungen pro Tag ist schon ernster zu nehmen. Der Wasserverlust ist dabei das gefährlichste Problem, insbesondere bei Kindern, so daß die Wiederzufuhr von Flüssigkeit bei der Behandlung an erster Stelle zu nennen ist. Schwacher schwarzer Tee mit ein wenig Zucker, Sodawasser oder Limonaden, denen man die Kohlensäure genommen hat und die mit Wasser verdünnt worden sind, leisten gute Dienste. Kokosnüsse, auf vielen Inseln leicht erhältlich, sind nicht nur eine gute Quelle für nicht verunreinigte Flüssigkeit, sondern ihre Milch ist auch ein ausgezeichnetes Getränk als Ersatz für Flüssigkeitsverlust und reich an Vitaminen sowie Mineralstoffen.

Bei schweren Durchfällen ist eine besondere Lösung notwendig, um die verlorenen Mineralien und das Salz zu ersetzen. Es empfiehlt sich außerdem, bei der Genesung zu einer gewürzarmen Kost überzugehen.

Lomotil oder Immodium können Erleichterung von den Symptomen schaffen, auch wenn sie das Problem an sich nicht lösen. Sie sollten diese Medikamente nur verwenden, wenn es absolut notwendig ist, beispielsweise wenn Sie gezwungen sind zu reisen. Für Kinder ist Immodium vorzuziehen, aber die Medikamente dürfen nicht bei hohem Fieber oder bei starken Flüssigkeitsverlusten angewendet werden.

Antibiotika können bei der Behandlung von ernsten Durchfällen sehr hilfreich sein, insbesondere dann, wenn Übelkeit, Erbrechen, Magenkrämpfe oder leichtes Fieber Begleiterscheinungen sind. Ampicillin, ein Breitband-Antibiotikum, wird hierfür im allgemeinen empfohlen. Die übliche Dosis für Erwachsene beträgt viermal täglich zwei Kapseln mit je 250 mg. Kinder zwischen 8 und 12

Jahren sollten die Hälfte der Dosis einnehmen, kleinere Kinder eine halbe Kapsel viermal täglich. Falls beim Kranken eine Penizillin-Allergie vorliegt, sollte Ampicillin nicht verabreicht werden. Im allgemeinen reicht eine dreitägige Behandlung aus, wobei eine deutliche Besserung schon nach 24 Stunden zu verzeichnen sein sollte. Im übrigen ist Ampicillin verschreibungspflichtig und sollte nur nach ärztlichem Rat eingenommen werden.

Ruhr: Diese ernste Krankheit wird durch infizierte Nahrung oder infiziertes Wasser übertragen und ist durch schweren Durchfall, häufig mit Blut oder Schleim im Stuhl, gekennzeichnet. Es gibt zwei Arten der Ruhr. Für die durch Bakterien verursachte Form sind hohes Fieber sowie ein rasches Fortschreiten der Krankheit, Kopfschmerzen, Erbrechen und Magenschmerzen charakteristisch. Sie dauert im allgemeinen nicht länger als eine Woche, ist aber hochgradig ansteckend.

Die Amöbenruhr entwickelt sich im allgemeinen schleichender. Bei ihr treten zwar Fieber und Erbrechen auf, aber sie ist ernster zu nehmen. Sie ist nicht zeitlich begrenzt, besteht fort, wenn sie nicht behandelt wird, kann auch erneut auftreten und lang andauernde gesundheitliche Schädigungen hervorrufen.

Zur Feststellung der Art der Ruhr ist eine Stuhluntersuchung notwendig, so daß schnellstens medizinischer Rat eingeholt werden sollte. Für den Notfall sollten Sie sich merken, daß Tetracyclin gegen die von Bakterien verursachte Ruhr und Metronidazol gegen Amöbenruhr verschrieben wird.

Cholera: In der östlichen Karibik kommt Cholera derzeit nicht vor, aber weil sie in Südamerika weit verbreitet ist, befürchten Fachleute, daß sie bald auch in der Karibik auftreten wird.

Impfungen gegen Cholera führen nicht zu einem zuverlässigen Schutz gegen diese Krankheit. Weil jedoch häufig über den Ausbruch von Cholera berichtet wird, ist es am besten, solche Gegenden zu meiden. Cholera-Anfälle sind durch einen plötzlichen Durchfall mit sogennantem „Reiswasserstuhl", Erbrechen, Muskelkrämpfen und extremer Schwäche gekennzeichnet. Bei solchen Symptomen ist auf jeden Fall ärztliche Hilfe erforderlich. Aber vorab sollte man den hohen Wasserverlust behandeln, denn der ist erheblich.

Gelbsucht (Hepatitis): Die häufigere Form der Gelbsucht ist die Hepatitis A, die durch infizierte Nahrung und infiziertes Wasser übertragen wird.

Die ersten Anzeichen für eine Erkrankung an Gelbsucht sind Fieber, Frösteln, Kopfschmerzen, Müdigkeit und Schwächegefühl, manchmal auch Durchfall. Später folgen Appetitlosigkeit, Übelkeit, Erbrechen, dunkler Urin, heller Stuhl und eine gelbliche Haut. Im allgemeinen verfärbt sich zuerst das Weiße der Augäpfel gelblich. In einigen Fällen tritt nur ein Gefühl des Unwohlseins oder der Müdigkeit auf, begleitet von Appetitverlust, Schmerzen und einer gelben Verfärbung der Haut. Es ist empfehlenswert, ärztlichen Rat einzuholen, aber im allgemeinen kann man nicht viel unternehmen, wenn man von Ruhe, vermehrter Flüssigkeitsaufnahme, leichter Kost und dem Vermeiden von fetten Nahrungsmitteln absieht. Durch eine Impfung mit aktivem Impfstoff kann man sich gegen Gelbsucht wirkungsvoll schützen. Wer einmal an einer Gelbsucht erkrankt war, sollte einige Monate danach keinen Alkohol trinken, da die Gelbsucht die Leber angreift und diese eine Zeit zur Regenerierung benötigt. Die Hepatitis B, die früher auch Serumhepatitis genannt wurde, verbreitet sich durch Sexual- oder Blutkontakte. Eine Infektion ist z. B. auch über unsaubere Spritzen bei Bluttransfusionen möglich. Daher sollte man Spritzen, das Durchstechen der Ohrläppchen oder auch Tätowierungen meiden, wenn man Zweifel an den hygienischen Zuständen hat. Auch gegen diese Art der Gelbsucht ist vorbeugend eine Impfung mit aktivem Impfstoff möglich.

Vor kurzem hat man auch noch eine Variante der Hepatitis B festgestellt, die Hepatitis C genannt wird. Sie wird ähnlich wie die Hepatitis B übertragen und ist an vergleichbaren Symptomen zu erkennen, läßt sich allerdings nicht durch eine Impfung vermeiden. Glücklicherweise kommt die Hepatitis C nicht häufig vor, so daß man sich darüber während einer Reise durch die östliche Karibik keine großen Sorgen zu machen braucht.

KRANKHEITEN, DIE DURCH MENSCHEN UND TIERE VERBREITET WERDEN

Tollwut: Alle Inseln der Karibik von St. Vincent und den Grenadinen nach Norden sollen Berichten zufolge frei von Tollwut sein. Die Tollwut entsteht bei Bissen oder Kratzwunden durch infizierte Tiere. Insbesondere Mungos und Hunde sind als Überträger von Tollwut bekannt. Jeder Biß und Kratzer eines Säugetieres sollten sofort und sorgfältig gereinigt werden. Waschen Sie die Stelle mit Desinfektionsmittel (notfalls nur Seife) aus und spülen Sie die Wunde dann mit sauberem Wasser ab, um sie schließlich mit einer alkoholischen Lösung zu reinigen. Da praktisch immer die Möglichkeit besteht, daß das Tier, das gebissen oder gekratzt hat, infiziert ist, muß sofort ein Arzt aufgesucht werden. Selbst wenn das Tier nicht tollwütig ist, müssen Bisse gründlich behandelt werden, da sie sich infizieren und auf diesem Weg einen Wundstarrkrampf auslösen können. Eine Tollwutimpfung ist heute möglich und sollte in Betracht gezogen werden, falls Sie in ein Gebiet mit einer höheren Tollwutgefahr reisen.

Bilharziose: Die Bilharziose, auch als Schistosomiasis bekannt, ist auf Guadeloupe, Martinique sowie St. Lucia verbreitet und kann gelegentlich auch auf den anderen Inseln der östlichen Karibik vorkommen, darunter auf Antigua und Montserrat.

Bilharziose wird durch winzige Würmer im Wasser übertragen. Die Larve infiziert verschiedene Arten von Süßwasserschnecken, die in Flüssen, Seen und insbesondere hinter Dämmen leben. Die Eier, aus denen die Larven schlüpfen, gelangen durch menschliche Exkremente in die Gewässer.

Die erwachsenen Würmer setzen sich paarweise im Venengeflecht der Leber, des Darms oder der Blase fest, wo sie große Mengen von Eiern ablegen. Dabei tritt gelegentlich ein leichter Ausschlag auf. Die Wurmlarven gelangen durch die Haut in den Körper. Wochen später können ein hohes Fieber und ein allgemeines Krankheitsgefühl auftreten. Sehr häufig bleibt die Infektion aber auch über Jahre ohne jedes Symptom. In einem späteren Stadium der Krankheit können jedoch Schmerzen im Unterleib und Blut im Urin auftreten. Zeigen sich die ersten dieser Krankheitszeichen, ist eine effektive und komplikationslose Behandlung wie im Frühstadium häufig nicht mehr so erfolgversprechend.

Wer eine Infektion vermeiden möchte, sollte nicht in Süßwasser baden oder schwimmen, das mit dem Wurm verseucht ist. Selbst tiefe Gewässer können infiziert sein. Falls Sie naß werden, ist es ratsam, sich schnell abzutrocknen und die Kleidung zu trocknen. Wenn Sie den Verdacht hegen, an Bilharziose erkrankt zu sein, sollten Sie ärztlichen Rat einholen, damit nach der Diagnose die entsprechende Therapie veranlaßt werden kann. Da eine Selbstbehandlung unterwegs im allgemeinen nicht notwendig ist, genügt nach der Rückkehr eine ambulante Untersuchung in einem Tropeninstitut.

Leptospirosis: Besucher der östlichen Karibik sollten sich vor der Leptospirosis hüten, einer Bakterienerkrankung, die man sich in einigen Flüssen und Seen zuziehen kann. Die Krankheit wird durch Tiere wie Ratten und Mungos übertragen.

Menschen ziehen sich dieses Krankheit häufig dadurch zu, daß sie in Gewässern baden oder waten, die durch infizierten Urin von Tieren verseucht sind. Die Erreger von Leptospirosis gelangen dann durch Nase, Augen, Mund oder Hautverletzungen in den Körper. Die Symptome, die an eine Grippe erinnern, können innerhalb von 20 Tagen nach der Infektion auftreten und aus Fieber, Schüttelfrost, Schwitzen, Kopfschmerzen, Muskelschmerzen, Erbrechen und Durchfall bestehen. Ernstere Symptome sind Blut im Urin und Gelbsucht. Die Symptome können mehrere Tage bis etliche Wochen andauern und in seltenen Fällen bis zum Tode führen. Als Vorsichtsmaßnahme sollte man das Schwimmen und Waten in Süßwasser vermeiden, insbesondere mit offenen Wunden.

EINFÜHRUNG

Geschlechtskrankheiten: Diese Krankheiten werden beim sexuellen Kontakt mit einem infizierten Partner oder einer infizierten Partnerin übertragen. Vollständige Sicherheit bietet nur Abstinenz, aber auch Kondome vermindern das Risiko einer Ansteckung deutlich. Die Gonorrhöe (Tripper) und die Syphilis sind unter dieser Krankheitsgruppe am verbreitetsten, bei denen häufige Symptome Entzündungen, Bläschen oder Ausschlag im Genitalbereich, Ausfluß oder Schmerzen beim Wasserlassen sind. Bei Frauen können die Anzeichen weniger ausgeprägt oder gar nicht erkennbar sein. Die Symptome der Syphilis können schließlich völlig verschwinden, aber die Infektion bleibt bestehen und kann in späteren Jahren zu schwerwiegenden Gesundheitsstörungen führen. Syphilis und Gonorrhöe werden mit Antibiotika behandelt.

Es gibt zahlreiche andere Geschlechtskrankheiten, für die in den meisten Fällen effektive Behandlungsmöglichkeiten zur Verfügung stehen. Das gilt jedoch leider zur Zeit noch nicht für Bläschenausschlag (Herpes) und AIDS. Der beste Schutz dagegen ist die Benutzung von Kondomen. AIDS kann aber auch bei der Transfusion von infiziertem Blut und bei der Benutzung nicht steriler Nadeln übertragen werden. Impfungen, Akupunktur, Tätowierungen und das Durchstechen von Ohren und Nase zum Anbringen von Schmuck sind daher ebenfalls potentielle Gefahren wie auch der intravenöse Drogenmißbrauch, wenn die verwendeten Spritzen und Nadeln nicht sauber sind.

Wer eine Injektion benötigt, sollte in einer Apotheke eine neue Spritze kaufen und sie in die Arztpraxis mitbringen. Vielleicht nimmt man für Notfälle aber auch schon einige sterile Spritzen von zu Hause mit.

DURCH INSEKTEN VERURSACHTE KRANKHEITEN

Malaria kommt in der östlichen Karibik nicht vor. Allerdings ist das Dengue-Fieber im größten Teil dieser Gegend verbreitet.

Dengue-Fieber: Für diese von Moskitos verbreitete Viruserkrankung stehen keine Mittel zur Prophylaxe zur Verfügung. Die wichtigste Vorsichtsmaßnahme ist die Vermeidung von Moskitostichen. Daher sollte man in Gegenden, in denen das Dengue-Fieber vorkommt, ein Insektenschutzmittel verwenden und ein Moskitonetz benutzen. Vielleicht lohnt es sogar, selbst eines mitzunehmen.

Ein plötzliches Auftreten von Fieber, Kopfschmerzen und schweren Gelenk- und Muskelschmerzen stellen die ersten Anzeichen dar. Gelegentlich tritt auch am Rumpf ein Ausschlag auf, der sich bis zu den Gliedmaßen und zum Gesicht ausdehnt. Nach wenigen Tagen klingt das Fieber ab, und die Genesung beginnt. Komplikationen treten im allgemeinen nicht auf.

SCHNITTE, BISSE UND STICHE

Schnitte und Kratzer: Hautverletzungen können sich in heißem Klima leicht entzünden und heilen dann nur langsam. Behandeln Sie daher jede Verletzung mit einer antiseptischen Lösung. Vermeiden Sie nach Möglichkeit Verbände oder Pflaster, weil die Wunde sonst nicht richtig trocknen kann. Schnitte durch Korallen heilen allerdings schlecht, da die Korallen ein schwaches Gift in die Wunde abgeben. Verletzungen durch Korallen lassen sich jedoch vermeiden, wenn man bei Spaziergängen über die Riffe Schuhe trägt. Wenn man sich dennoch einmal Schnitte zugezogen hat, sollten sie sorgfältig gereinigt werden.

Schlangenbisse: Die giftige Lanzenotter kommt auf Martinique, St. Lucia und Trinidad vor. Das Gift ist tödlich, weil es gerinnungshemmende Bestandteile enthält. Allerdings sind Bisse durch Lanzenottern glücklicherweise sehr selten.

Um die Gefahr, von einer Schlange gebissen zu werden, soweit wie möglich zu verringern, sollten Sie immer Stiefel, Strümpfe und lange Hosen tragen, wenn Sie durch Gestrüpp gehen, in dem sich Schlangen aufhalten könnten. Stecken Sie Ihre Hände auch nicht in Löcher oder Spalten.

Vom Biß einer Giftschlange stirbt man oft nicht sofort. Zu einem Problem kann jedoch das rechtzeitige Verabreichen eines Gegengiftes werden, denn solche Seren sind oft nicht überall verfügbar. Wichtig ist, das Opfer zunächst ruhig zu halten. Der Körperteil mit dem Biß sollte mit einer Schiene versehen werden, um ihn ruhigzustellen. Dann sollte man so schnell wie möglich ärztliche Hilfe in Anspruch nehmen. Bringen Sie, wenn möglich, die tote Schlange mit, damit der Arzt oder die Ärztin das entsprechende Gegengift finden kann. Aber versuchen Sie nicht, die Schlange zu fangen, wenn auch nur die geringste Möglichkeit besteht, daß sie nochmals beißt. Aderpressen und Giftaussaugen werden heute aus guten Gründen nicht mehr empfohlen.

Quallen: Quallen treten in den Gegenden, in denen vorkommen, nur von Zeit zu Zeit auf. Der Rat von Einheimischen ist der beste Schutz vor diesen Meerestieren mit ihren stechenden Tentakeln. Die Stiche der meisten Quallen sind schmerzhaft. Das Eintauchen der betroffenen Stellen in Essig setzt das Stechen häufig vermindern. Kalkspatsalbe, Antihistamine und andere schmerzlindernde Salben können die Reaktionen ebenfalls verringern und Erleichterung von den Schmerzen verschaffen.

FRAUENKRANKHEITEN

Gynäkologie: Schlechte Ernährung, geringere Abwehrkräfte aufgrund von Antibiotika gegen Magenverstimmungen und selbst die Anti-Babypille können bei Reisen in heiße Länder eine vaginale Infektion begünstigen. Es empfiehlt sich deshalb, den Genitalbereich sauberzuhalten. Baumwollunterwäsche sowie Röcke oder weite Hosen helfen zudem, Infektionen zu vermeiden.

Pilzinfektionen, die durch einen juckenden Ausschlag und einen manchmal nach Hefe riechenden Ausfluß gekennzeichnet sind, lassen sich mit Essig- oder Zitronensaftduschen oder mit Joghurt beheben. Die medikamentöse Behandlung besteht beispielsweise aus der Verabreichung von Nystatin-Zäpfchen. Ernster zu nehmen ist eine Trichomonaden-Infektion. Die Symptome hierfür sind Ausfluß und Brennen beim Wasserlassen. Der Sexualpartner muß bei solchen Symptomen ebenfalls behandelt werden. Dabei besteht die Therapie aus der Einnahme von Antibiotika.

Schwangerschaft: Die meisten Fehlgeburten treten während der ersten drei Monate einer Schwangerschaft auf, so

daß die bei Schwangeren die gefährlichste Zeit für eine Reise sind. In den letzten drei Monaten sollte man sich nur in vernünftiger Entfernung zu einer guten ärztlichen Versorgung aufhalten. Schwangere sollten die Einnahme aller unnötigen Medikamente vermeiden, sich jedoch, wenn möglich, impfen lassen. Auf die Verhütung von Krankheiten sowie auf eine gute Ernährung sollten sie besonders achten.

Frauen auf Reisen stellen häufig fest, daß ihre Periode unregelmäßig eintritt oder sogar ganz ausbleibt. Dabei muß man sich im klaren sein, daß eine ausbleibende Periode auf Reisen nicht unbedingt eine Schwangerschaft bedeutet. Auch in der östlichen Karibik gibt es in vielen kleinen Orten und größeren Städten Gesundheitsstationen und Familienplanungskliniken, in denen man Rat einholen und seinen Urin untersuchen lassen kann, um festzustellen, ob eine Schwangerschaft vorliegt oder nicht.

FRAUEN AUF REISEN IN DER KARIBIK

Auch wenn in der östlichen Karibik alleinreisende Frauen nicht unbedingt auf Schwierigkeiten stoßen müssen, können sie doch ungewollte Aufmerksamkeit erregen, die sich in Pfiffen, Zurufen oder ähnlichem äußert.

Potentiell gefährlich kann es sein, als Frau allein in die Wildnis zu reisen, nachts auf den meisten Inseln spazieren zu gehen, zu trampen oder männliche Tramper mitzunehmen.

GEFAHREN UND ÄRGERNISSE

Bei der Sicherheit und der Kriminalität gibt es in der östlichen Karibik große Unterschiede. So kann man sich z. B. kaum ein ruhigeres Gebiet als Saba vorstellen, eine Insel, auf der die meisten Bewohner nicht einmal die Türen abschließen, während ein Spaziergang durch die Straßen von Port of Spain auf Trinidad nach Einbruch der Dunkelheit ein riskantes Unternehmen sein kann. Dementsprechend hängen die Vorsichtsmaßnahmen, die man treffen sollte, in großem Umfang von der Insel ab, auf der man sich gerade aufhält. Nähere Informationen erhalten Sie deshalb in den einzelnen Kapiteln über die Inseln.

Was lästige Insekten betrifft, so müssen Sie in der gesamten Region mit Moskitos und Sandfliegen rechnen. Beide können sehr angriffslustig sein, so daß ein Mückenschutzmittel angebracht ist. Zudem gibt es auf einigen Inseln Milben und giftige Schlangen (vgl. Abschnitt über die Gesundheit) sowie Hundertfüßler.

Jeder, der auf die Inseln der östlichen Karibik reist, sollte lernen, den Manzanillo-Baum zu erkennen, der überall in der östlichen Karibik an den Stränden zu finden ist. Die Früchte des Baumes, die an kleine grüne Äpfel erinnern, sind sehr giftig. Die Blätter können große Blasen auf der Haut verursachen, die denen der Reaktion auf die Gifteiche vergleichbar sind. Wenn der Saft des Baumes in die Augen kommt, kann er zu vorübergehender Blindheit führen. Suchen Sie bei einem Regenguß nie Schutz unter einem Manzanillo-Baum, da der Saft vom Baum auf jeden, der darunter sitzt, gespült werden kann. Manzanillo-Bäume können mit einer Höhe von ca. 12 m relativ groß werden und besitzen eine breite Krone. Die Blätter sind grün, glänzend und elliptisch geformt. An vielen der Strände, die von zahlreichen Menschen besucht werden, sind einige dieser Bäume mit roter Farbe oder Warnschildern gekennzeichnet. Der Manzanillo-Baum heißt auf den französischen Inseln *macenilla* sowie auf Trinidad und Tobago *anjenelle*.

ARBEIT

Die Arbeitslosenrate in der östlichen Karibik ist hoch, und die Löhne sind niedrig. Zudem gibt es eine strenge Ausländerpolitik, die es verhindern soll, daß Ausländer

im jeweiligen Land eine Arbeit annehmen. Die beste Möglichkeit zu arbeiten ist es, auf einem Boot anzuheuern. Da Bootsbesatzungen im allgemeinen nicht auf einer

EINFÜHRUNG

bestimmten Insel arbeiten, ist die Situation flexibler, und man vermeidet Ärger mit den Ausländerbehörden. Jachthäfen sind gute Orte, um nach einem Job Ausschau zu halten. Werfen Sie einen Blick auf die Schwarzen Bretter, versuchen Sie mit den Skippern ins Gespräch zu kommen oder fragen Sie in der nächsten Bar herum. In den meisten Jachthäfen gibt es zudem eine Wasserstelle, an der man Matrosen findet.

FREIZEITBESCHÄFTIGUNGEN

Es gibt eine ganze Reise von Aktivitäten, denen man in der östlichen Karibik nachgehen kann, darunter Tauchen, Windsurfen, Wandern, Reiten, Golf, Tennis, endlose Katamaranfahrten sowie Segeltörns bei Sonnenuntergang. In den Kapiteln über die einzelnen Inseln finden Sie hierzu nähere Informationen.

Auf den meisten Inseln in der östlichen Karibik bestehen zudem gute Tauchschulen. Im allgemeinen werden kaum zwei Taucher eine einhellige Meinung über den besten Platz zum Tauchen haben, aber zur Zeit sind Dominica, Saba, Tobago, St. Kitts sowie St. Vincent und die Grenadinen dafür besonders beliebt.

Zum Windsurfen findet man vor Guadeloupe, St. Barts und Barbados besondere Reviere. Wettbewerbe im Windsurfen werden ebenfalls veranstaltet. Sogar speziell auf Windsurfer eingestellte Hotels sind vorhanden. Die besten Wellen zum Surfen nur mit einem Brett gibt es rund um Barbados, das am weitesten im Atlantik liegt.

Wanderfreunde finden auf Dominica, Guadeloupe und Martinique großartige Wege durch die Regenwälder und über die Berge. Wer dagegen eher ein Vogelfreund ist, wird die größte Artenvielfalt auf Trinidad und Tobago genießen.

UNTERKUNFT

In der östlichen Karibik findet man eine breite Palette an Hotelzimmern. Das reicht von preiswerten Pensionen über moderate Apartments bis hin zu luxuriösen Ferienanlagen. Es gibt jedoch nicht auf allen Inseln Zimmer in allen Preisklassen, denn auf einigen von ihnen fehlen z. B. preiswerte Zimmer völlig. Einzelheiten hierzu finden Sie wiederum in den Kapiteln über die entsprechenden Inseln.

Dort, wo in diesem Buch der Begriff „Sommer" benutzt wird, ist damit die Zeit außerhalb der Saison gemeint, während als „Winter" die Hochsaison bezeichnet wird. In fast allen Hotels gelten vom 15. April bis zum 14. Dezember Sommerpreise und vom 15. Dezember bis zum 14. April Winterpreise. Bei ca. 10 % der Hotels gibt es geringere Abweichungen von diesen Zeiträumen, wobei meistens noch eine Nebensaison im Frühling und Herbst eingerichtet wird und/oder besonders hohe Preise um Weihnachten und Anfang Januar gelten.

Ende des Sommers, im allgemeinen um den September herum, werden zudem zahlreiche Hotels für einen Monat geschlossen. Wenn die Zahl der Touristen nicht vielversprechend ist, dann schließen einige kleinere Hotels und Pensionen sogar den gesamten Sommer über.

Wenn ein Zimmer mit eigenem Bad vermietet wird, bedeutet das mit eigener Toilette und Dusche, jedoch nicht unbedingt auch mit einer Badewanne, die eher selten vorhanden ist.

Wer ein Hotel sucht, sollte dabei im Sinn haben, daß in einigen der neuen Hotels, insbesondere den Häuser der Spitzenklasse, in den ersten Jahren nach ihrer Eröffnung häufig Werbepreise berechnet werden, um sich einen festen Gästekreis aufzubauen. Daher sind einige der schon länger bestehenden Hotels vergleichsweise teuer, haben sich jedoch im Laufe der Jahre einen Namen gemacht.

Die Möglichkeiten zum Zelten sind in der östlichen Karibik sehr begrenzt. Es gibt lediglich eine Handvoll offizieller kleiner, privater Campingplätze auf Guadeloupe und Martinique.

Im Nationalpark von Grenada ist das Zelten zwar offiziell erlaubt, aber Einrichtungen dafür sind nicht vorhanden. In der englischsprachigen Karibik findet man überhaupt keine Campingplätze. Hinzu kommt, daß das wilde Zelten entweder illegal ist oder nicht gern gesehen wird.

RESERVIERUNGEN

Zimmer in einigen Pensionen und Hotels können Sie über Reisebüros im Ausland buchen. Reiseagenturen, die nur Zimmer auf einer Insel vermitteln, sind im entsprechenden Kapitel aufgeführt. Über die nachfolgenden Organisationen können Sie auf verschiedenen Inseln in mehreren Hotels Zimmer buchen. Das ist einfacher und kann preiswerter sein, als erst bei zahlreichen Häusern anzurufen.

International Travel & Resorts
   ITR, die größte Organisation auf dem Gebiet der Zimmerreservierung in der Karibik, hat Zimmer in zahlreichen Hotels der mittleren und oberen Preisklassen zur Verfügung. ITR sendet auf Wunsch

42

auch Broschüren über die einzelnen Hotels wie auch einen jährlichen Hotelführer zu. In Deutschland wird ITR von Inter-Connect (Arnulfstr. 44, 80335 München, Tel. 089/55 53 39) vertreten.

ResinTer
Über ResinTer können Sie Zimmer in Hotels von PLM Azur, Marine, Novotel, Pullman und Sofitel buchen. Diese Ketten verfügen über ca. ein Drittel aller Hotelzimmer auf Martinique und Guadeloupe sowie einige Häuser auf St. Martin, St. Barts und St. Lucia. ResinTer ist in Deutschland in der Mergenthaler Allee 77 in 65760 Eschborn (Tel. 06196/48 38 00) zu erreichen und in der Schweiz unter der Rufnummer (01) 3 02 09 48.

WIMCO
Die West Indies Management Company - WIMCO (PO Box 1461, Newport, RI 02840, USA) hat sich auf die Vermietung exklusiver Villen und Gutshäuser spezialisiert.
In dem umfangreichen Angebot befinden sich Villen auf Mustique, St. Martin, St. Barts, Montserrat, Anguilla, Nevis und Barbados.
Von Deutschland aus ist die WIMCO telefonisch unter der Rufnummer (0130) 81 57 30 gebührenfrei zu erreichen.

ESSEN

Die Küche in der östlichen Karibik spiegelt die kulturelle Vielfalt wider. In der gesamten Region sind westindische Gerichte verbreitet, die von den einheimischen Knollenfrüchten, Gemüse, frischem Fisch und Ziegen-fleisch dominiert werden, wobei aber auch afrikanische und westliche Einflüsse nicht zu übersehen sind. Ebenfalls auf fast allen Inseln findet man die kreolische Küche, die recht scharf ist und bei der sich französische und westindische Traditionen mischen. Auf den französischen Inseln sind Pâtisserien, Crêperien und Straßencafés ebenso verbreitet wie z. B. in Paris.

Ostindische, britische und nordamerikanische Einflüsse lassen sich in unterschiedlichem Umfang in der gesamten Region ebenfalls erkennen. Auf Barbados gibt es zahlreiche Restaurants, in denen Fisch & Chips im englischen Stil angeboten werden. Auf St. Eustatius bekommt man ein niederländisches Smorgebroad-Frühstück mit Schinken und Käse, und auch Pizzen sowie andere italienische Gerichte sind auf den meisten Inseln erhältlich und nicht teuer.

Einige Restaurantketten wie Kentucky Fried Chicken sind auf den größeren Inseln vertreten, aber der wichtigste Schnellimbiß in dieser Region ist eine westindische Kreation, das *roti*. Es besteht aus einer zerkleinerten Füllung, meistens aus Hähnchenfleisch und Kartoffeln, und wird in eine Art Tortilla gewickelt und ähnlich wie ein *burrito* gegessen. Es ist preiswert und so sättigend wie ein mittlerer Sandwich.

Auf den Märkten können Sie frisches Obst und andere Lebensmittel kaufen. Hier ist alles am frischesten. Durch Einkäufe auf den Märkten trägt man zudem hundertprozentig zur einheimischen Wirtschaft bei. Auf den größeren Inseln gibt es in den Hauptstädten auch Warenmärkte, die täglich außer sonntags geöffnet sind. Auf den anderen Inseln wird mehrmals wöchentlich Markt abgehalten. Dabei ist samstags überall Hauptmarkttag mit den meisten Anbietern. Die Fischer verkaufen ihre Fänge häufig direkt am Strand, wobei sie dies durch Blasen in ein Muschelhorn bekanntmachen.

Typische Gerichte in der östlichen Karibik

accras: Kabeljau auf kreolische Art oder Gemüsepfannkuchen

bake: ein Sandwich, der mit geröstetem Brot zubereitet wird und im allgemeinen mit dem Fleisch von Haien oder anderen Fischen belegt wird

blaff: Fischgericht in einer scharfen Brühe

callaloo soup: wichtigste Suppe in der östlichen Karibik, bestehend aus zerstoßenen Blättern und häufig auch mit Kokosnußmilch; erinnert an eine Spinatcremesuppe

christophene: auch *chayote* genannt, ein häufig zubereitetes Gemüse in der Karibikregion, das an große Erbsen erinnert und roh im Salat, in der Suppe oder auch wie Kürbis gekocht gegessen werden kann

colombo: ein scharfes, indisch beeinflußtes Gericht, das an Curry erinnert

conch: auch *lambi* genannt, das zähe Fleisch eines großen Bauchfüßlers, das in der gesamten Karibikregion weit verbreitet ist und häufig mit einer scharfen Soße zubereitet wird

conkies: eine Mischung aus Maismehl, Kokosnuß, Kürbis, Süßkartoffeln, Trauben und Gewürzen, die in einem Plantanenblatt gedünstet wird

cou-cou: ein cremiger Brei aus Maismehl und Okra, der im allgemeinen mit gesalzenem Fisch serviert wird

crabes farcis: scharf gewürzte und gefüllte Landkrebse

cutter: eine Rolle aus gesalzenem Brot, die für Sandwiches mit Fleisch und Fisch verwendet wird, auch der Name eines solchen Sandwiches

dasheen: eine Art Taro, deren Blätter *callaloo* heißen und ähnlich wie Spinat oder Rübenblätter gekocht werden, während die stärkehaltige Knollenwurzel gekocht und wie eine Kartoffel gegessen wird

dolphin: ein verbreiteter Fisch mit weißem Fleisch, auch *mahimahi* genannt, ohne Beziehung zu dem Meeressäugetier Delphin

flying fish: Fisch mit grauem Fleisch, der für seine Fähigkeit bekannt ist, aus dem Wasser herauszuspringen, und in besonders großer Zahl vor Barbados vorkommt

goat water: ein scharfer Eintopf aus Ziegenfleisch, der häufig mit Nelken und Rum gewürzt wird

jambayala: ein kreolisches Gericht aus Reis mit Schinken, Hähnchen oder Muscheln, Gewürzen, Tomaten, Zwiebeln und Pfeffer

johnnycake: Blechkuchen aus Maismehl

jug-jug: eine Mischung aus Guinea-Maismehl, grünen Erbsen und gesalzenem Fleisch

mahimahi: siehe *dolphin*

mauby: bittersüßes Getränk aus der Rinde des Mauby-Baumes, das mit Zucker gesüßt und gewürzt wird

mountain chicken: Schenkel des *crapaud*, einer Froschart

oil down: eine Mischung aus Brotfrucht, Schweinefleisch, *callaloo* und Kokosnußmilch

pepperpot: ein scharfer Eintopf, der aus verschiedenen Fleischsorten sowie Pfefferschoten und *cassareep* zubereitet wird

pigeon peas: die braunen, erbsenähnlichen Samen eines tropischen Busches, die wie Erbsen gekocht und mit Reis gemischt serviert werden

raw bar: ein Ort, an dem rohe Meeresfrüchte verkauft wird, insbesondere Venusmuscheln und Austern in der halben Schale

roti: Curry-Füllung, meistens aus Kartoffeln und Hähnchenfleisch, die in ein flaches Brot wie eine Tortilla gehüllt wird

souse: Gericht aus eingelegten Schweinekopf und -magen, Gewürzen und einigen wenigen Gemüsesorten, im allgemeinen mit einer Schweinsblutsoße, die *pudding* genannt wird, serviert

GETRÄNKE

Wegen der vom Zuckerrohr geprägten Geschichte ist es nur natürlich, daß Rum das beliebteste alkoholische Getränk in der gesamten östlichen Karibik ist. Auf den meisten größeren Inseln gibt es eigene Brennereien. Einige davon wie die auf Martinique und Guadeloupe verwenden frisch geerntetes Zuckerrohr, während andere Brennereien, z. B. auf Grenada, Molasse importieren, um daraus Rum herzustellen. Daraus entstehen Dutzende von

Rumsorten, die von international anerkannten Marken wie dem Mount Gay auf Barbados bis hin zu Erzeugnissen dunkler Destillen reichen, die nur auf den Konsum der Einheimischen abzielen. Rum ist auf allen Inseln preiswert.

Das beliebteste Bier in der östlichen Karibik ist sicherlich Carib. Es wird seit 1951 auf Trinidad und inzwischen auch auf St. Kitts und Grenada gebraut. Man findet überall in der Region Reklame für dieses Bier, auf der zu

Tropische Früchte

Auf vielen ostkaribischen Inseln wächst eine Vielzahl von tropischen Früchten, die auf den Märkten verkauft werden. Am häufigsten findet man die folgenden:

Brotfrucht: eine große, runde, grüne Frucht und ein karibisches Grundnahrungsmittel, das von seinem Gehalt an Kohlehydraten der Kartoffel vergleichbar ist und auch ähnlich wie diese zubereitet wird

Guave: eine runde, gelbe Frucht mit einem Durchmesser von ca. 6 cm mit saftigem, pinkfarbigem und samenhaltigem Fleisch, die ganz eßbar ist. Guaven können ein wenig säuerlich schmecken, sind, wenn sie reif sind, jedoch meistens süß. Diese Frucht ist reich an Vitamin C und Niacin

Mango: große, alte Mango-Bäume findet man in der Karibik an zahlreichen Stellen. Die saftigen, länglichen Früchte messen ca. 8 cm im Durchmesser und sind ca. 12 cm lang. Mangos sind anfangs grün, werden dann jedoch, wenn sie reifen, immer dunkler, wobei die Färbung von rötlich bis apricot reicht. Mangos schmecken süß und sind eine gute Quelle für Vitamin A und Vitamin C. Die Frucht wird vor allem im Sommer geerntet.

Papaya: in der Ostkaribik meistens *paw paw* genannt, wird diese süße, orange Frucht das ganze Jahr über geerntet und ist reich an Kalzium, Vitamin C und Vitamin A

Passionsfrucht: eine Schlingpflanze mit schönen Blüten, die zu kleinen, runden Früchten werden. Die dicke Schale der Frucht ist im allgemeinen purpurfarben oder gelb und wird mit zunehmender Reife runzelig. Das Fruchtfleisch ist saftig, kernhaltig und schmeckt ein wenig säuerlich.

Ananas: es gibt verschiedene Ananassorten in der Karibik, von denen die kleineren, die man *black pineapples* nennt, zu den süßesten gehören

Plantanen: eine stärkehaltige Bananensorte, die im allgemeinen wie ein Gemüse gebraten oder gegrillt wird

Soursop: eine große grüne Frucht mit einem fleischigen Innern, die ein wenig säuerlich schmeckt und häufig zu einem vitaminreichen Getränk verarbeitet wird

Sternfrucht: auch *carambola* genannt, erinnert diese durchscheinende grüne Frucht an einen fünfzackigen Stern. Das Fruchtfleisch ist knackig und saftig. Die Schale muß nicht entfernt werden.

Tamarinden: Schoten eines großen tropischen Baumes der Gemüsefamilie, dessen saftiges, säuerliches Fruchtfleisch der Samen in Getränken verwendet wird

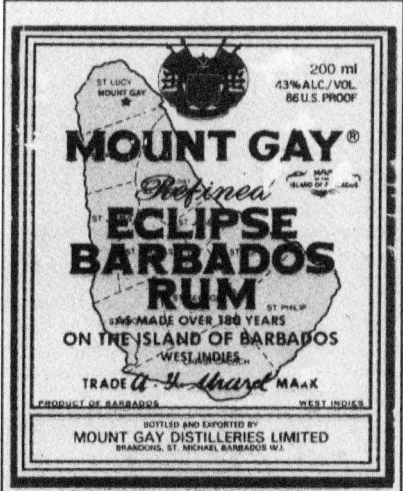

Etikett des Mount-Gay-Rums

lesen ist: „In This Country a Beer ist a Carib". Auf den niederländischen Inseln und den Nachbarinseln ist Heineken eine Alternative.

Wer nicht gern die reich gezuckerten Limonaden trinkt, kann auf die preiswerte Kokosnußmilch zurückgreifen, die vielerorts von Straßenverkäufern angeboten wird. Ebenfalls zu empfehlen und häufig erhältlich ist Sorrel, ein etwas säuerliches, leuchtend rotes Getränk aus Sauerampfer, das reich an Vitamin C ist.

In Flaschen abgefülltes Wasser bekommen Sie auf allen Inseln in den Geschäften. Das Leitungswasser ist auf vielen, aber nicht auf allen Inseln trinkbar. Einzelheiten hierzu können Sie den Kapiteln über die einzelnen Inseln entnehmen.

UNTERHALTUNG

Ob Sie es vorziehen, der traditionellen Musik auf Anguilla zuzuhören, oder die besten Bars auf Barbados besuchen wollen, das reiche musikalische und kulturelle Erbe der östlichen Karibik stellt sicher, daß Sie keine Probleme haben werden, die Zeit nach Sonnenuntergang auszufüllen. Nähere Informationen über Unterhaltungsmöglichkeiten finden Sie wiederum in den Kapiteln über die einzelnen Inseln.

EINKÄUFE

St. Martin ist die beliebteste Insel für zollfreie Einkäufe, aber auf praktisch jeder Insel, auf der große Kreuzfahrtschiffe anlegen können, gibt es wenigstens einige Läden mit zollfreien Waren, in denen Alkoholika, Parfüm, Schmuck und Designer-Kleidung günstig verkauft werden. Des weiteren findet man zahlreiche Schnitzereien aus Bali, farbenfroh bemalte Keramikbusse und Marktszenen aus Kolumbien sowie folkloristische Gemälde aus Haiti

- einige recht schön, aber nicht aus der östlichen Karibik. Zum Kunstgewerbe von hoher Qualität aus der Region gehören handgearbeitete Puppen in kreolischer Kleidung, Körbe und Baumwollkleidung. Von Caribelle-Batik gibt es schöne Batikkleidung sowie Wandteppiche mit Szenen aus der Karibik. Sie werden auf mehreren Inseln verkauft. Gewürze aus der Region sind ein leichtgewichtiges Andenken. Und natürlich können Sie auch Rum mitnehmen.

Was man nicht kaufen sollte

Panzer von Meeresschildkröten werden zu schönem Schmuck verarbeitet - zu schön für die Schildkröten, die weltweit gefährdet sind. Der Kauf von Erzeugnissen aus Schildkrötenpanzern führt zu einer vermehrten Jagd auf die Tiere. Schmuck aus Schildkrötenpanzer darf in zahlreiche Länder nicht eingeführt werden. Auch die Einfuhr von schwarzen Korallen ist in mehr als 100 Länder verboten. Der Kauf anderer Korallen, die häufig noch lebend aus dem labilen Ökosystem der Riffe genommen und als Ganzes oder zu Schmuck verarbeitet verkauft werden, sollte von Umweltbewußten ebenfalls vermieden werden.

ANREISE

FLUG

In diesem Abschnitt erhalten Sie einen Überblick über internationale Flüge aus anderen Regionen in die östliche Karibik. Einzelheiten, darunter auch Informationen über die Preise usw., können Sie dem Abschnitt über die Anreise im Kapitel über die jeweilige Insel entnehmen. Informationen über LIAT sowie weitere regionale Fluggesellschaften, die Flugverbindungen innerhalb der östlichen Karibik unterhalten, sind im Abschnitt über das Reisen in der östlichen Karibik enthalten.

Linienflüge: Aus dem deutschsprachigen Raum bestehen Direktverbindungen in die östliche Karibik mit Linienmaschinen von Condor zwischen Frankfurt und Antigua, Barbados sowie St. Lucia. Mit LTU kommt man von Düsseldorf und München nach Barbados. Außerdem fliegt BWIA von Frankfurt und Zürich nach Antigua, Barbados, St. Lucia, Port of Spain und Tobago. Mit Umsteigen kann man von allen Flughäfen in Deutschland, Österreich und der Schweiz mit British Airways

über London nach Antigua, Barbados, Grenada, St. Lucia und Port of Spain fliegen. Flugzeuge von KLM bringen Passagiere ebenfalls von allen Flughäfen in Deutschland über Amsterdam nach St. Martin, während man mit Air France über Paris nach Antigua, Guadeloupe, Martinique und St. Martin fliegen kann.

Auch über die USA gelangt man in die östliche Karibik, und zwar mit American Airlines von Düsseldorf und Frankfurt über Chicago oder Miami nach Anguilla, Antigua, Barbados, Grenada, Guadeloupe, Martinique, St. Martin, St. Kitts, St. Lucia und Port of Spain. Continental Airlines bietet Flugverbindungen von Frankfurt über New York nach Antigua und St. Martin an. Mit der französischen Gesellschaft AOM kann man außerdem von Paris nach Guadeloupe, Martinique, St. Martin und St. Lucia fliegen. Von Südamerika bieten LIAT, Aerotuy und Air France Linienflüge in die östlichen Karibik an.

Charterflüge: Charterflüge sind eine Alternative, um zu den Inseln der östlichen Karibik zu gelangen. Häufig sind sie billiger als Linienflüge, man muß jedoch im allgemeinen einen bestimmten Flug zurück nehmen, wobei im allgemeinen ein mindestens einwöchiger Aufenthalt vorgesehen ist, und man hat normalerweise keine Möglichkeit, den Rückflug zu verschieben.

In der Hochsaison verkehren häufig derart viele Chartermaschinen, daß damit mehr Passagiere zu einigen Inseln gelangen als mit Linienmaschinen.

Auch wenn die Charterflüge überwiegend für Pauschalreisende vorgesehen sind, wobei Hotel und Flug gemeinsam gebucht werden, werden häufig auch Plätze für Passagiere verkauft, die nur an dem Flug mit einer Chartermaschine interessiert sind.

Flüge in die östliche Karibik kann man preiswert allerdings nicht bei der jeweiligen Fluggesellschaft und auch nicht in jedem Reisebüro buchen. Die Flugscheine sind jedoch zu günstigen Preisen bei unserer Schwesterfirma Walther-Weltreisen Udo Schwark in Bonn (Hirschberger Straße 30, D-53119 Bonn) erhältlich. Dort sind in einer Datenbank Zehntausende von Flugmöglichkeiten mit allen Einzelheiten (Saisonzeiten, Gültigkeit der Flugscheine, Flugtage usw.) gespeichert, aus der Sie gegen einen großen, frankierten Rückumschlag eine aktuelle Preisliste für alle Flüge zum gewünschten Reiseziel in der östlichen Karibik anfordern und sich daraus die für Sie passende Verbindung heraussuchen können.

In der Schweiz wendet man sich wegen eines preiswerten Fluges in die östliche Karibik am besten an den Globetrotter Travel Service, Rennweg 35, 8001 Zürich, Tel. (01) 2 11 77 80 (mit weiteren Büros in Baden, Basel, Bern, Luzern, St. Gallen und Winterthur), und in Österreich an den Reiseladen, Dominikanerbastei 4, 1010 Wien, Tel. (01) 5 13 89 36.

Restplätze: Wer risikobereit ist, kann auch versuchen, kurzfristig einen Platz in einer Chartermaschine zu buchen und dabei einige hundert Mark zu sparen. Denn frei gebliebene Plätze werden etwa eine Woche vor Abflug mit deutlicher Ermäßigung verkauft. Solche „Restplätze" bietet u.a. L'Tur an. Ob gerade freie Plätze zum Discountpreis in einem Charterflugzeug mit dem Ziel östliche Karibik zu haben sind, kann man telefonisch unter den Telefonnummern (0211) 1 97 06, (030) 1 97 06, (040) 1 97 06, (07221) 1 97 01 und (089) 1 97 02 erfahren. Man kann Last-Minute-Angebote von L'Tur auch mit einem Faxgerät abrufen, indem man es auf Abruf einstellt und dann die Rufnummer (0190) 57 57 07 wählt. Bei LTU kann man, wenn noch Plätze frei sind, kurzfristig Flüge nach Barbados mit Ermäßigung ebenfalls buchen. Ob das gerade möglich ist, läßt sich telefonisch für Anflüge ab Berlin unter der Rufnummer (030) 1 97 28, ab Düsseldorf unter (0211) 1 97 25, ab Frankfurt unter (069) 1 97 45, ab Hamburg unter (040) 1 97 29, ab München unter (089) 1 97 25, bundesweit unter (0190) 21 17 67 und mit einem Faxgerät für Flüge ab Düsseldorf unter der Rufnummer

(0211) 9 27 00 00 sowie für Flüge ab Frankfurt unter (069) 50 04 00 00 abrufen.

SCHIFF
In diesem Abschnitt erhalten Sie Informationen über die Anreise mit Schiffen aus anderen Regionen. Einzelheiten über das Chartern von Booten und über Fährverbindungen zwischen den Inseln der östlichen Karibik finden Sie im Abschnitt über das Reisen in der östlichen Karibik.

Bananendampfer: Mehrere Reedereien mit Frachtschiffen nehmen auch Passagiere mit auf die Fahrt über den Atlantik in die östliche Karibik mit. Die Kabinenplätze sind jedoch sehr rar, so daß es sich empfiehlt, weit im voraus zu buchen. Die Überfahrten sind auch nicht gerade billig, denn für die Hin- und Rückfahrt muß man mit rund 5000 DM rechnen.

Mitfahrten in die östliche Karibik auf Frachtschiffen kann man nicht direkt bei der jeweiligen Reederei buchen, sondern nur bei Agenturen, die solche Passagen vermitteln. Wer interessiert ist, kann nähere Informationen bei folgenden Buchungsstellen anfordern:

Frachtschiff-Touristik Kapitän Zylmann,
Exhöfter Damm 12, D-24404 Maasholm, Tel. (04642) 62 02,
Hamburg-Süd Reiseagentur,
Ost-West-Str. 59, D-20457 Hamburg, Tel. (040) 3 70 55 91,
Internationale Frachtschiffreisen,
Friedrich-Storck-Weg 18a, D-42107 Wuppertal, Tel. (0202) 45 23 79,
Margis Reiseagentur,
Stahltwiete 11, D-22761 Hamburg, Tel. (040) 8 51 28 60.

Kreuzfahrtschiffe: Rund zwei Millionen Passagiere reisen jährlich auf Kreuzfahrtschiffen in die Karibik, das bedeutendste Ziel für Kreuzfahrtschiffe weltweit. Die Schiffe laufen im allgemeinen vier bis fünf Häfen an, was zu weiteren neun Millionen „Passagierbesuchen" in der Region führt.

Die am häufigsten angelaufenen Häufen sind St. Martin mit 500.000 Gästen sowie Barbados und Martinique mit jeweils 400.000, gefolgt von Antigua, Guadeloupe, Grenada, St. Lucia, Dominica, St. Kitts, St. Vincent und den Grenadinen sowie Trinidad und Tobago.

Bei einer typischen Kreuzfahrt handelt es sich um eine Pauschalreise. Wenn man von der Mühe absieht, die es kostet, eine Kreuzfahrt auszuwählen, ist nur minimale Planung notwendig - bezahlen und an Bord gehen -, worin für viele ein großer Teil des Reizes liegt.

Auf einigen Kreuzfahrtschiffen liegt die Betonung stärker darauf, auf See zu sein, wobei es sich um schwimmende Ferienanlagen handelt, als darum, zu einem Ziel zu gelangen. Wem es mehr darum geht, „da zu sein", als

„da hinzukommen", sollte seine Kreuzfahrt dementsprechend auswählen.

In den meisten Fällen liegt bei den kleineren „unkonventionellen" Schiffen das Schwergewicht auf den lokalen Aspekten der Reise, sowohl was die Zeit anbetrifft, die man an Land verbringt, als auch beim Kontakt mit Insulanern und bei der Umwelt, in der sie leben. Auch wenn die Mehrheit der Kreuzfahrten einen Blick auf die schönen Küsten ermöglicht, sind doch die Zeit auf den Inseln relativ kurz und die Möglichkeiten, etwas über das Leben auf den Inseln zu erfahren, recht begrenzt. Die Tatsache, daß die meisten Kreuzfahrtschiffe auf zahlreichen Inseln kurz anlegen, kann für jene recht nützlich sein, die nochmals in die Region reisen wollen und durch diesen Überblick besser entscheiden können, welche Inseln sie noch einmal besuchen wollen.

Da die Karibik im allgemeinen ein teures Reiseziel ist und im Preis für Kreuzfahrten die Unterkunft, die Verpflegung, die Unterhaltung und der Transport enthalten sind, können sie vergleichsweise relativ preisgünstig sein. Alle Kreuzfahrten kosten zwar mehr als eine preiswerte Reise auf eigene Faust, aber trotzdem muß die preiswerteste Kreuzfahrt nicht unbedingt teurer sein als eine Pauschalreise, bei der im Preis der Flug und die Unterbringung in einem Hotel enthalten sind, oder ein privat gebuchter Urlaub in einer Ferienanlage.

Bei Kreuzfahrten gibt es keine Reisenden verschiedener Kategorien, sondern auf dem jeweiligen Schiff erhalten alle Passagiere im allgemeinen dieselben Mahlzeiten und Annehmlichkeiten.

Praktisch alle Kreuzfahrtschiffe bieten jedoch eine Reihe von unterschiedlichen Preisklassen, die sich vor allem nach Größe, Art und Lage der Kabine richten. Die billigsten Kabinen können unangenehm eng und schlecht gelegen sein, während es sich bei den teuersten häufig um geräumige, luxuriöse Suiten handelt. Der Preis hängt zudem von der Jahreszeit und dem Zeitpunkt der Kreuzfahrt ab, der Zahl der Personen pro Kabine, den Kosten für die Fahrt vom Heimatort bis zum Hafen, in dem das Schiff ablegt, und natürlich von der Reederei, die man wählt. Häufig werden Ermäßigungen auf die Prospektpreise gewährt.

Die Standardpreise gelten im allgemeinen pro Person in einer Doppelkabine. Eine dritte und vierte Person zusätzlich (Kind oder Erwachsener) in derselben Kabine zahlt im allgemeinen wesentlich weniger.

Der Zuschlag, den Einzelpersonen bezahlen müssen, wenn sie eine Doppelkabine allein belegen, variiert sehr. Bei einigen wenigen Reedereien wird kein Zuschlag erhoben, während bei den meisten anderen 110 bis 120 % des Standardpreises zu zahlen sind. Auf einigen Schiffen gibt es sogar richtige Einzelkabinen, während auf verschiedenen anderen Schiffen sich zwei Einzelreisende eine Kabine teilen können, wobei man versucht, Personen desselben Geschlechts zusammenzulegen.

Einige Reedereien mit Kreuzfahrtschiffen schließen bei ihren Tarifen den Flug ein oder bieten ermäßigte Preise (und bieten einen Preisnachlaß bei eigener Anreise), andere dagegen nicht.

Bei den meisten Kreuzfahrten in die östlichen Karibik zahlt man ca. 125 bis 350 US $ pro Tag und Person einschließlich der Anreise von einer größeren Stadt in den USA.

Das Essen ist meistens gut und wird bei zahlreichen Mahlzeiten angeboten, die im Preis inbegriffen sind. Alkoholische Getränke sind im allgemeinen nicht im Preis enthalten und von den Preisen her mit denen in den Bars in der Heimat vergleichbar. Auf einigen Schiffen müssen auch nichtalkoholische Getränke gesondert bezahlt werden.

In fast jedem Hafen werden Landausflüge angeboten, wofür der Preis zwischen 25 und 100 US $ liegt. Wer sich dafür entscheidet, auf eigene Faust loszugehen, muß Geld für Taxi, Eintritt usw. einkalkulieren.

Unterhaltungsveranstaltungen und die meisten Aktivitäten an Bord sind im Preis inbegriffen, Dienstleistungen wie der Frisör, die Reinigung usw. müssen jedoch üblicherweise separat bezahlt werden, wie auch die meisten Freizeitbeschäftigungen außerhalb des Schiffes, wie Tauchen oder Windsurfen.

Bei mehreren Reedereien ist das Trinkgeld im angegebenen Preis inbegriffen, aber bei den meisten wird mit 3 US $ pro Tag für den Kabinensteward, mit 3 US $ für den Ober im Speisesaal und mit 1,50 US $ für den Tischkellner gerechnet, die am letzten Abend in einem Betrag zu bezahlen sind. An der Bar sind teils 15 % Trinkgeld im Preis inbegriffen. Ist dies nicht der Fall, wird im allgemeinen sofort ein Trinkgeld gegeben.

Die Hafengebühren, die üblicherweise zwischen 2 und 6 US $ pro Hafen liegen, werden teils extra berechnet. Wenn Sie eine Kreuzfahrt buchen wollen, dann lesen Sie unbedingt erst das Kleingedruckte über Pfandbestimmungen, Stornierung, Rückerstattungsbedingungen und Reiseversicherung. Wenn man sich etwas bemüht, muß man nur selten den in den Prospekten genannten Preis bezahlen.

Viele Reedereien bieten Ermäßigungen bei früher Buchung an oder gewähren Last-Minute-Preisnachlässe. Vor nur wenigen Jahren waren die Last-Minute-Buchungen die billigste Möglichkeit, an einer Kreuzfahrt teilzunehmen, wobei es sich im allgemeinen um Stand-By-Buchungen handelte, wenn nicht alle Kabinen vorher vergeben waren. Ein gemeinsamer Versuch der Reedereien, diese Tendenz umzukehren, war zu großen Teilen erfolgreich. Heute ist die allgemeine Regel, daß um so größere Preisnachlässe gewährt werden, je früher man bucht (und natürlich ist dann die Auswahl besser). Holland America Lines z. B. gewährt Preisnachlässe auf frühe Buchungen von bis zu 43 %. Je näher der Abfahrtstermin rückt, desto geringer werden die Ermäßigungen.

Da die Kreuzfahrtschiffe natürlich trotzdem ausgebucht sein sollen, werden für nicht belegte Kabinen kurz vor der Abfahrt doch noch Ermäßigungen gewährt. Zudem gibt es noch weitere Möglichkeiten, bei einer Kreuzfahrt Geld zu sparen. Einige Reedereien bieten bei bestimmten Fahrten für die zweite Person eine 50%ige Ermäßigung, Kabinen einer besseren Preisklasse zum niedrigeren Preis bei bestimmten Bedingungen, Fahrten für zwei Personen zum Preis für eine Person und Ermäßigungen für Senioren an.

Ein gutes Reisebüro sollte in der Lage sein, den Berg von Angeboten zu selektieren und Vergleiche zwischen den einzelnen Reedereien, den Routen, der Ausstattung sowie den Preisen und Ermäßigungen zu ziehen. Sie sollten jedoch daran denken, daß das Geschäft mit Kreuzfahrten auch Betrüger angezogen hat, die erst einen Werbefeldzug starten, dann das Geld der Kunden entgegennehmen und sich anschließend aus dem Staub machen. Vergewissern Sie sich also vor der Buchung einer Kreuzfahrt, daß es sich um eine vertrauenswürdige Agentur handelt.

Ein Reisebüro am Heimatort ist vielleicht in der Lage, für die Buchung einer Kreuzfahrt alles Nötige zu erledigen. Sollte dies nicht der Fall sein, gibt es zahlreiche Reiseagenturen, die sich auf Kreuzfahrten spezialisiert haben und deshalb im allgemeinen auch über die aktuellsten Angebote und andere Ermäßigungen besser informiert sind.

Neben der Suche nach einer Kreuzfahrt, die zum Budget paßt, sollten noch einige andere Dinge beachtet werden. Bei der Dauer einer Kreuzfahrt muß man berücksichtigen, daß die meisten zwischen einer und zwei Wochen dauern, auch wenn einige kürzere und längere ebenfalls angeboten werden. Der beliebteste und teuerste Zeitraum für eine Kreuzfahrt ist der tiefe Winter in der nördlichen Hemisphäre (Spitzenzeit für Buchungen sind dabei die freien Tage um Weihnachten und Neujahr). Am seltensten wird im Herbst gebucht, während Frühling und Sommer in der Mitte liegen.

Ausgangspunkte für viele Kreuzfahrten in die östliche Karibik sind Miami und Fort Lauderdale in Florida, San Juan auf Puerto Rico, St. Thomas auf den US-Jungferninseln und Häfen in der östlichen Karibik selbst. Die Kosten und die Bequemlichkeit der Anreise zum Ausgangspunkt sollten bei der Wahl der Kreuzfahrt berücksichtigt werden. Ebenso von Bedeutung sind das Interesse an dem jeweiligen Hafen und den benachbarten Inseln, wenn man plant, die Ferien auf einen Besuch von ihnen vor oder nach der Kreuzfahrt auszudehnen. Berücksichtigen Sie auch, welche Inseln Sie besuchen möchten. Die größten Schiffe legen im allgemeinen nur auf Inseln an, die einen Tiefwasserhafen besitzen, wie z. B. St. Martin, Antigua, Guadeloupe, Martinique, Dominica, St. Lucia und Grenada, während auf einigen kleineren Inseln wie Saba, Montserrat und den Grenadinen auch „unkonventionellere" Schiffe anlegen können.

Bei den konventionellen Kreuzfahrtschiffen handelt es sich eigentlich um schwimmende Ferienanlagen. Einige Schiffe können bis zu 2500 Passagieren aufnehmen, besitzen mehrere Schwimmbäder und verfügen über Unterhaltungsmöglichkeiten im Stil von Las Vegas, Kasinos und Diskotheken.

Kleinere Schiffe, die zwischen 50 und 250 Passagieren Platz bieten, warten mit weniger verschwenderischen Unterhaltungsangeboten auf, sind jedoch persönlicher und können kleinere Häfen, Jachthäfen sowie Buchten anlaufen, in denen man schnorcheln kann.

Es gibt bei den Kreuzfahrten zudem eine riesige Brandbreite an Stilen. Einige Reedereien haben sich auf Sporturlauber eingestellt, die Wassersport betreiben, wandern und die Gegend erkunden möchten. Bei anderen Schiffen handelt es sich um Luxusdampfer mit elegantem Ambiente und Preisen, die dazu passen. Auf einigen Schiffen dürfen keine kleinen Kinder an Bord gehen.

Andere sind eher der Mittelklasse zuzurechnen, die junge Familien, Rentner, Singles und Paare gleichermaßen ansprechen wollen, wobei Aktivitäten für alle Altersgruppen und Interessen vorgesehen sind. Dabei unterscheiden sich auch Kleiderordnung, die Qualität des Essens und die Art der Ausflüge an Land.

Auf einigen Schiffen kann nach Vorbestellung zudem Diät-Essen bereitgestellt werden. Viele Schiffe sind auch Behinderten zugänglich, auch wenn die Maße der Badezimmer-Zugänge für Rollstuhlfahrer sorgfältig geprüft werden sollten, da Probleme mit den Kabinen für Behinderte nicht selten sind. In allgemeinen gilt, daß auf den neueren Schiffe weniger Probleme bestehen, weil auf ihnen weniger Hindernisse, größere Kabinen in der Nähe von Aufzügen sowie breite Türen und Flure vor-handen sind. Auch insoweit kann ein gutes Reisebüro behilflich sein, das jeweils passende Schiff zu finden.

Bei den Kabinen ist zu berücksichtigen, daß Außenkabinen die besten sind und weniger Platzangst einjagen, weil man aus ihnen nach draußen schauen kann. Ferner sind die höheren Decks vorzuziehen, da dort natürlich die schönsten und elegantesten Kabinen sind, wobei die Preise der Ausstattung entsprechen. Auch wenn bei den neueren Schiffen Stabilisatoren vorhanden sind, um das Schlingern zu verhindern, sind Anfälligen für Seekrankheit Kabinen in der Mitte des Schiffes zu empfehlen. Hier ist die Lage des Schiffes stabiler und es ist bei schlechtem Wetter weniger vom Seegang betroffen.

Die innen gelegenen Kabinen (ohne Bullaugen) auf den untersten Decks sind am wenigsten zu empfehlen, aber auch am billigsten. Die preiswertesten Kabinen sind häufig mit Betten wie Kojen und winzigen Badezimmern ausgestattet, in denen es unbequem eng sein kann. Meiden Sie ferner die Kabinen in der Nähe des Maschinenraumes, da es dort wahrscheinlich am laut ist.

EINFÜHRUNG

Alle Kreuzfahrtschiffe, die Häfen in den USA anlaufen - und das ist bei den meisten Kreuzfahrtschiffen, die in der Ostkaribik eingesetzt werden, der Fall -, sind unangekündigten Inspektionen durch Beamte der USA unterworfen. Dabei werden vier Kategorien geprüft: Trinkwasserversorgung, Essenszubereitung und Lagerung von Lebensmitteln, mögliche Verseuchung von Lebensmitteln sowie allgemeine Sauberkeit, Lagerung und Zustand. Ein knapper Überblick über Schiffe, das letzte Datum der Inspektion und ihre Beurteilung wird wöchentlich veröffentlicht und ist auf Anfrage kostenlos beim Chief, Vessel Sanitation Programm, National Center for Environmental Health, 1015 North American Way, Miami, FL 33132, USA, erhältlich.

Bei der Umweltverträglichkeit darf man nicht vergessen, daß nicht auf allen Kreuzfahrtschiffen gleichermaßen umweltbewußt gehandelt wird. Dies sollte bei der Auswahl der Kreuzfahrt berücksichtigt werden. Wenn Sie eine Kreuzfahrt buchen, dann erkundigen Sie sich unbedingt im Reisebüro nach dem Vorgehen der Reederei bei der Entsorgung von Abfällen und ob die Gesellschaft bereits für Verstöße gegen Umweltgesetze bekannt ist.

Während einer Kreuzfahrt sollten Sie sich nach dem Recycling-Programmen und nach dem Umgang mit dem Abfall und seiner Entsorgung erkundigen. Auf diese Weise können Sie einen Beitrag zur Steigerung des Umweltbewußtseins leisten. Wer Zeuge irgendwelcher Verstöße gegen Umweltschutzgesetze wird, sollte dies dem Center for Marine Conservation (vgl. den folgenden Abschnitt) sowie seinem Reisebüro im Heimatland mitteilen, damit diese Information Reisenden zugute kommt, die nach Ihnen eine Kreuzfahrt buchen.

Als Ratschlag zum Umweltschutz ist sicher interessant zu wissen, daß die staatliche National Oceanic and Atmospheric Administration (NOAA) der USA dafür zuständig ist, Schiffe auszumachen, die innerhalb der 200-Meilen-Zone der Vereinigten Staaten illegal Abfälle in das Meer ablassen. Dabei konzentriert man sich auf Kreuzfahrtschiffe, auf denen im allgemeinen mehr Müll anfällt als auf anderen Schiffen.

Wichtigstes Organ der NOAA bei der Suche nach Schiffen und bei Ausbildungsmaßnahmen ist das Center for Marine Conservation (CMC), das Zentrum für Meeresschutz, eine gemeinnützige Organisation, die sich für den Schutz der Tierwelt im Meer einsetzt. Das CMC sammelt Informationen über Verletzungen der Umweltschutzgesetze, aber da diese Institution nicht die Möglichkeit hat, Mitarbeiter an Bord der Kreuzfahrtschiffe einzusetzen, ist sie fast ausschließlich auf Informationen von Passagieren über die Verschmutzung des Meeres angewiesen. Das CMC sendet jedem, der eine Kreuzfahrt plant (oder der daran interessiert ist), auf Wunsch kostenlos Material zu, das sowohl Informationen über das Problem an sich wie auch eine Liste aller Reedereien mit Kreuzfahrtschiffen umfaßt, die seit 1988 bei der illegalen Müllentsorgung erwischt worden sind. Beigefügt ist auch ein Formular zur Berichterstattung von unerlaubter Müllabladung.

Die Regierung der USA gewährt zudem einen finanziellen Anreiz für Passagiere, die mit Informationen dienen. Wenn die zu einem Bußgeld führen, kann das Gericht dem Informanten das halbe Bußgeld zukommen lassen, was sich auf bis zu 250.000 US $ belaufen kann.

Das Materialpaket ist beim Center for Marine Conservation, 1725 DeSales Street NW, Washington DC 20036, USA (Tel. 202/4 29 56 09), erhältlich.

Teilnehmer an Kreuzfahrten, die sich für die Kultur in der östlichen Karibik interessieren und ihr Geld bei den kleinen Händlern vor Ort ausgeben, sind bei den Inselbewohnern beliebter als jene, die nur organisierte

MARPOL, Anhang V

Die Verschmutzung des Meeres ist ein ernstes Problem in der Karibik, bei dem Kreuzfahrtschiffe, von denen Abfälle über Bord geworfen werden, schon lange eine entscheidende Rolle spielen. Anhang V von MARPOL 73/ 78, ein internationaler Vertrag, der aus der Konvention über die Prävention von Verschmutzung durch Schiffe aus dem Jahr 1973 hervorgegangen ist, macht es unzulässig, Plastikgegenstände irgendwo auf See ins Meer zu werfen, und schränkt zudem die Entsorgung von anderen festen Abfällen in Küstennähe ein. Es ist jedoch noch immer möglich, bestimmten Müll ins Meer zu schütten, solange dies wenigstens drei Meilen (4,8 km) von der Küste entfernt geschieht. Flaschen und Dosen dürfen nur mindestens 12 Meilen (19,3 km) von der Küste entfernt ins Meer geschüttet werden.

Trotz der Grenzen dieses Vertrags, der 1988 in Kraft trat, haben die meisten Länder wenig dazu unternommen, um die Regelungen auch durchzusetzen, so daß von vielen Kreuzfahrtschiffen weiterhin Müll wahllos ins Meer geworfen wird.

Die USA, aus deren Häfen die meisten Kreuzfahrtschiffe in die Karibik ablegen, haben in jüngster Vergangenheit damit begonnen, Verletzungen des Vertrages innerhalb der 200-Meilen-Zone (322 km) nachzuspüren.

1993 wachte die Kreuzschiffahrt auf, als der Kapitän der *Regal Princess* von Princess Cruises zum höchstmöglichen Bußgeld von 500.000 US $ verurteilt wurde, weil Besatzungsangehörige 20 Plastiksäcke voll Müll vor den Keys von Florida ins Wasser geworfen hatten. Der erfolgreiche Prozeß war der Videoaufnahme eines Passagiers zu verdanken, auf der der Vorgang zu sehen war.

Inselrundfahrten unternehmen oder nur die Läden mit zollfreien Waren besuchen.

Die Besichtigungsfahrten, die von den Schiffen aus angeboten werden, sind im allgemeinen praktisch, um alle Sehenswürdigkeiten der Inseln zu sehen, das Tempo ist jedoch schnell, und Kontakte zu den Einheimischen sind kaum möglich. Zudem verbleibt ein großer Teil des Geldes für solche Ausflugsfahrten bei den Organisatoren der Kreuzfahrt und kommt der Wirtschaft auf den Inseln kaum zugute.

Vielleicht möchten Sie sich jedoch auf einigen Inseln eine bestimmte Region näher ansehen, anstatt im Eiltempo über die ganze Insel zu jagen. Es kann eine schöne Alternative sein, durch die Straßen der Hauptstadt zu spazieren, in kleine Läden hineinzuschauen, in den dortigen Restaurants zu essen und Andenken von Straßenverkäufern oder in den kleinen Läden zu erwerben, in denen man mit dem jeweiligen Besitzer noch ein Schwätzchen halten kann. Kaufen Sie zudem den einheimischen Rum in kleinen Läden und nicht an Bord, zumal Sie dann vielleicht sogar noch Geld sparen.

Die meisten Reisebüros bieten eine ganze Reihe von Prospekten der einzelnen Reedereien sowie Kataloge von Veranstaltern von Kreuzfahrten zum Mitnehmen an. Die kann man aber auch bei den Reedereien und sonstigen Veranstaltern von Kreuzfahrten selbst erhalten.

Die folgenden Reedereien veranstalten Kreuzfahrten zu einer oder mehreren Inseln in der östlichen Karibik. In einigen Fällen sind nicht alle Häfen aufgeführt, die bei einer Fahrt angelaufen werden. Zudem finden Sie hier nur die Häfen in der östlichen Karibik, auch wenn das Schiff bei derselben Fahrt weitere Häfen in anderen Teilen der Karibik anläuft.

Konventionelle Kreuzfahrten werden von folgenden Reedereien veranstaltet:

American Canadian Caribbean Line
PO Box 368, Warren, RI 02885, USA (Tel. 800-5 56 74 50 und 401-2 47 09 55)
Von Antigua aus werden Guadeloupe, Dominica, Martinique, St. Lucia, St. Vincent, Bequia, Canouan, Mayreau, Carriacou und Grenada angelaufen

Carnival Cruise Lines
Vertretung durch Air Maritime Seereisen, Goethestr. 12, 80336 München, Tel. (089) 59 60 61
Von Miami, Ocho Rios und San Juan aus werden Dominica, Grenada, Guadeloupe, Martinique, Mayreau und St. Lucia angelaufen

Costa Cruise Line
Rüsterstr. 1, 60325 Frankfurt/Main, Tel. (069) 97 20 08-0
Von San Juan aus werden Barbados, Martinique und St. Martin angelaufen

Crystal Cruises
Vertretung durch Hanseatic Tours, Nagelsweg 55, 20097 Hamburg, Tel. (040) 2 39 11 01

Von San Juan, New York und Fort Lauderdale sowie von Acapulco und Los Angeles durch den Panamakanal werden St. Martin, Antigua, St. Barts, Martinique, Barbados und Grenada angelaufen

Cunard Line
Neue Rabenstr. 3, 20354 Hamburg, Postfach 30 36 21, 20312 Hamburg, Tel. (040) 4 15 33-400
Von Barbados, Fort Lauderdale, New York, San Juan und St. Thomas werden Grenada, Martinique, St. Martin und Trinidad angelaufen

Dolphin Cruise Line
901 S America Way, Miami, FL 33132, USA (Tel. 800-2 22 10 03 und 305-3 58 51 22)
Von Aruba aus werden Martinique, Barbados und Dominica angelaufen

Holland America Line
Vertretung durch Seetours, Seilerstr. 23, 60313 Frankfurt/Main, Tel. (069) 13 33-0
Von Fort Lauderdale, Tampa, New York und Newport News in Virginia werden Barbados, Dominica, Grenada, Martinique, St. Kitts, St. Lucia und St. Martin angelaufen

Norwegian Cruise Line
Pfingstweidstr. 4, 60316 Frankfurt/Main, Tel. (069) 94 31 00-0
Von Miami und San Juan werden Antigua, Barbados, Martinique, St. Lucia und St. Martin angelaufen

Princess Cruises
Vertretung durch Star Tours, Nagelsweg 55, 20097 Hamburg, Tel. (040) 2 39 11 02
Von Fort Lauderdale und San Juan aus werden Barbados, Martinique, Mayreau und St. Martin angelaufen

Regency Cruises
Vertretung durch Transocean Tours, Bredenstr. 11, 28195 Bremen, Tel. (0421) 33 36-0
Von San Juan und New York aus werden St. Martin, Antigua, St. Barts, St. Kitts, Martinique, St. Lucia, Grenada, Barbados und Trinidad angelaufen

Renaissance Cruises
PO Box 350307, Fort Lauderdale, FL 33335, USA (Tel. 800-5 25 53 50 und 305-4 63 09 82)
Von Antigua aus werden St. Martin, Guadeloupe, St. Barts, Dominica, Grenada, Union Island, Bequia, Martinique und außerdem Montserrat angelaufen

Royal Caribbean Cruise Line
Am Hauptbahnhof 10, 60329 Frankfurt/Main, Tel. (069) 23 20 40
Von San Juan aus werden Antigua, Barbados, Guadeloupe, Martinique, St. Barts und St. Martin angelaufen

Royal Viking Line
Vertretung durch Hanseatic Tours, Nagelsweg 55, 20097 Hamburg, Tel. (040) 2 39 11 01

EINFÜHRUNG

Von Fort Lauderdale werden Barbados, Grenada, St. Lucia und Tobago angelaufen

Seabourn Cruise Line
Vertretung durch Acco Direct, Neuer Wall 54, 20354 Hamburg, Tel. (040) 3 76 00 30
Von Fort Lauderdale und St. Thomas werden St. Martin, Antigua, St. Barts und Mayreau angelaufen

Seawind Cruise Line
1750 Coral Way, Miami, FL 33145, USA (Tel. 800-8 54 98 76 und 305-2 85 94 94)
Von Aruba aus werden Grenada, Barbados und St. Lucia angelaufen

Silversea Cruises
Postfach 1330, 63749 Alzenau, Tel. (06023) 3 00 25.
Von Nassau und San Francisco durch den Panamakanal werden Antigua, Martinique, Barbados, Grenada und Bequia angelaufen

Sun Line Cruises
1 Rockefeller Plaza, New York, NY 10020, USA (Tel. 212-3 97 64 00 und 800-8 72 64 00)
Von Fort Lauderdale aus werden Antigua, Barbados, Bequia, Guadeloupe, Martinique, St. Martin, St. Vincent, Tobago und Trinidad in Verbindung mit einer Fahrt auf dem Amazonas angelaufen

Unkonventionelle Kreuzfahrten werden von den folgenden Reedereien angeboten. Daneben finden Sie im Abschnitt über das Segeln Informationen über Segeltörns und im Abschnitt über das Tauchen Hinweise zum Leben an Bord von Tauchbooten.

Clipper Cruise Line
7711 Bonhomme Avenue, St. Louis, MO 63105, USA (Tel. 800-3 25 00 10 und 314-7 27 29 29)
Die *Yorktown Clipper* dieser Reederei ist zwar ein konventionelles Kreuzfahrtschiff, nimmt jedoch nur 138 Passagiere an Bord und hat einen relativ geringen Tiefgang, so daß sie auch weniger tiefe Wasserstraßen befahren kann. Eine der Fahrten mit der *Yorktown* führt von Grenada über Anguilla, Antigua, Bequia, Dominica, die Îles des Saintes, Saba, St. Eustatius, St. Kitts, St. Lucia und Union Island. Eine andere Route verläuft von Curacao über Tobago und Trinidad zum Orinoco in Venezuela und dort flußaufwärts.

Club Med
Königstr. 98a, 40215 Düsseldorf, Postfach 10 18 51, 4009 Düsseldorf, Tel. (0211) 3 80 50.
Die 188 Meter lange *Club Med 1* ist mit computergesteuerten Segeln ausgestattet und sieht hochtechnisiert aus. Sie kann bis zu 386 Passagieren aufnehmen und funktioniert überwiegend wie jede andere Ferienanlage des Club Med, wenn man davon absieht, daß sie sich auf See befindet. Die *Club Med I* legt von Martinique ab und auf Marie-Galante, St. Kitts, Nevis, St. Martin, Tintamarre, Dominica, Les Saintes, St. Barts und Antigua an.

Le Ponant
Eine Mitfahrt auf diesem Schiff können Sie über Elte Travel International, 208 East 58th Street, New York, NY 10022, USA (Tel. 212-7 52 54 40, Fax 212-7 52 55 07), buchen.
Dieses französische Segelschiff ist 88 Meter lang und kann 64 Passagiere aufnehmen. Es legt von Guadeloupe aus ab und auf Anguilla, Antigua, Dominica, den Îles des Saintes, Martinique, St. Barts, St. Lucia, St. Martin, Bequia, Mayreau und den Tobago Cays an.

Sea Cloud
Vertretung durch Hanseatic Tours, Nagelsweg 55, 20097 Hamburg, Tel. (040) 2 39 11 01
Es handelt sich um einen Viermaster von 110 m Länge mit Luxusausstattung. Er fährt von Antigua nach Bequia, Palm Island, Grenada, Carriacou, St. Kitts, Nevis, St. Lucia, Martinique, Dominica, Barbuda, St. Barts, Anguilla und St. Martin.

Star Clippers
Vertretung durch Seetours, Seilerstr. 23, 60313 Frankfurt/Main, Tel. (069) 13 33-0
Die modernen Klipper der Reederei mit vier Masten sehen aus wie Großsegler und verfügen über Platz für 180 Passagiere. Sie fahren von Antigua und St. Martin nach Anguilla, Dominica, den Îles des Saintes, Martinique, Saba, St. Barts, St. Eustatius, St. Kitts und Nevis, St. Lucia, St. Vincent, Mayreau, Union Island und den Tobago Cays.

Tall Ship Adventures
Vertretung durch Seetours, Seilerstr. 23, 60313 Frankfurt/Main, Tel. (069) 13 33-0
Bei der *Sir Francis Drake*, einem 50 m langen Schoner mit drei Masten, handelt es sich um einen richtigen Großsegler aus dem Jahre 1917. Die Fahrten mit der *Sir Francis Drake* führen vor allem in die Umgebung der Jungferninseln, aber im Sommer wird auch eine einwöchige Reise von St. Martin nach Tintamarre, St. Barts und Anguilla veranstaltet. Das Schiff kann 34 Passagiere aufnehmen.

Windjammer Barefoot Cruises
PO Box 120, Miami Beach, FL 33119, USA (Tel. 800-3 27 26 01 und 305-6 72 64 53)
Zu den Schiffen dieser Reederei gehören ein restaurierter 86 Meter langer Schoner mit Stagsegeln und Takelage sowie andere Großsegler, die zwischen 65 und 126 Passagiere an Bord aufnehmen können. Auf den Schiffen fahren vorwiegend jüngere, aktivere und preisbewußtere Urlauber mit. Die Schiffe legen von Freeport, Antigua, Grenada und St. Martin aus ab. Dann werden Anguilla, Dominica, Guadeloupe, die Îles des Saintes, Martinique, Montserrat, Saba, St. Barts, St. Eustatius, St. Kitts, Nevis, St. Lucia, St.

Vincent, Bequia, Canouan, Mayreau, Union Island, Palm Island, die Tobago Cays und Carriacou angelaufen.

Windstar Cruises
Thomas Wimmer-Ring 17, 80539 München, Tel. (089) 29 27 92
Die luxuriösen Viermaster von 134 m Länge sind hochtechnisiert, besitzen computergesteuerte Segel und können 148 Passagiere aufnehmen. Ausgangshafen ist Barbados, von wo aus Grenada, Carriacou, Bequia, die Tobago Cays, die Îles des Saintes, Martinique, St. Kitts, St. Barts, St. Lucia und St. Martin angelaufen werden.

PAUSCHALREISEN

Es gibt von Deutschland, Österreich und der Schweiz aus Dutzende von konventionellen Pauschalreisen in die östliche Karibik. Die meisten dauern eine, zwei oder drei Wochen, gelegentlich ist auch eine Verlängerung möglich. Wer nur einen Kurzurlaub in der Karibik plant, kann bei Pauschalreisen relativ preiswerte Möglichkeiten finden. Bei einer getrennten Buchung von Flug und Hotel kann der Preis weit höher liegen. Die Werbeanzeigen in den Reiseteilen der großen Tageszeitungen sind gute Informationsquellen über diese Angebote. Zudem sind ein großer Teil der Angebote in den Reisebüros Pauschalreisen, so daß Sie sich dort im allgemeinen mit ganzen Stapeln von Katalogen und Broschüren für Reisen in die östliche Karibik eindecken können.

Wer auf der Suche nach einer billigen Reise in die östliche Karibik ist, kann gelegentlich preisgünstige Last-Minute-Angebote nutzen, da die Reiseveranstalter, die Hotelzimmer und Plätze im Flugzeug fest reserviert haben, häufig dafür bezahlen müssen, auch wenn sie nicht genutzt werden. Es ist für sie daher günstiger, sie eine oder zwei Wochen vor Beginn zu Dumping-Preisen anzubieten (selbst unter den eigenen Kosten), als gar kein Geld einzunehmen und trotzdem für die Plätze im Flugzeug und die Hotelzimmer bezahlen zu müssen. Wer flexibel genug ist und ein ermäßigtes Pauschalangebot relativ kurzfristig buchen kann, sollte sich nach solchen Last-Minute-Angeboten erkundigen.

Vogelkundliche und naturkundliche Reisen: Die National Audubon Society der USA (700 Broadway, New York, NY 10003, USA, Tel. 212-9 79 30 00, Fax 212-9 79 31 88) bietet Touren mit naturkundlichem Schwerpunkt unter Führung von Mitarbeitern der Audubon Society an. Bei den meisten Karibikreisen dieser Gesellschaft handelt es sich um Fahrten an Bord von Kreuzfahrtschiffen wie die zehntägige Reise durch die Inseln über und unter dem Winde an Bord der *Yorktown Clipper* der Clipper Cruise Line, die 138 Passagieren Platz bietet (ab 2400 US $) oder die achttägige vogelkundliche Reise nach Trinidad und Venezuela an

Bord der *Polaris* mit Platz für 80 Passagiere (ab 2890 US $). In den Preisen sind die Kosten für den Flug nicht eingeschlossen.

Die Audubon Society von Massachusetts (Lincoln, MA 01773, USA, Tel. 617-2 59 95 00 und 800-2 89 95 04) veranstaltet jeden Winter eine Reihe von zehntägigen vogelkundlichen Fahrten unter Führung eines Ornithologen nach Trinidad und Tobago. Dabei wohnt man auf Trinidad im Asa Wright Nature Center und auf Tobago im Blue Waters Inn. Das Ganze kostet einschließlich Flug von Miami und zurück ca. 2300 US $.

Caligo Ventures (156 Bedford Road, Armonk, NY 10504, USA, Tel. 914-2 73 63 33 und 800-4 26 77 81) bietet ebenfalls naturkundliche Reisen nach Trinidad und Tobago mit Übernachtung im Asa Wright Nature Centre und im Blue Waters Inn an. Außerhalb der Saison zahlt man einschließlich Flug von und bis Miami oder New York für eine einwöchige Reise nach Trinidad ca. 1000 US $ und für ein zehntägige Tour nach Trinidad und Tobago 1345 US $.

Die Smithsonian Institution (1100 Jefferson Drive SW, Washington, DC 20560, USA, Tel. 202-3 57 47 00) organisiert naturkundliche Reisen und Kreuzfahrten in die östliche Karibik nach Dominica, Trinidad und Tobago.

Programme für ehrenamtliche Helfer: Die Foundation for Field Research (PO Box 910078, San Diego, CA 92191, USA, Tel. 619-6 87 35 84) veranstaltet Reisen nach dem Prinzip Arbeiten und Studieren in Grenada, bei denen Primatenforschung sowie die kartographische Erfassung der heute im Hafen von St. George's Harbour unter der Wasseroberfläche liegenden ersten französischen Siedlung auf dem Programm stehen. Für den bis zu zweiwöchigen Aufenthalt zahlt man je nach Projekt zwischen 105 und 130 US $ pro Tag. Darin sind die Unterkunft und die Verpflegung inbegriffen, aber nicht der Flug nach Grenada.

Caribbean Volunteer Expeditions (PO Box 388, Corning, NY 14830, USA, Tel. 607-9 62 78 46). schickt ehrenamtliche Mitarbeiter zu historischen Stätten in Zusammenarbeit mit den Ämtern für Denkmalschutz oder den Nationalparkverwaltungen. Durchschnittlich zahlt man dafür zwischen 300 und 800 US $ pro Woche einschließlich Unterkunft, Verpflegung und Verkehrsmitteln auf dem Land, jedoch ohne Flug.

Tauchreisen: PADI International bietet Pauschalreisen zum Tauchen nach St. Vincent, Bequia und Anse Chastanet auf St. Lucia an. Die Preise für Hotel und Tauchen bei Übernachtung im Doppelzimmer für eine Woche beginnen mit dem Tarif außerhalb der Saison auf Bequia bei 724 US $, auf St. Vincent bei 747 US $ und auf St. Lucia bei 1073 US $. Der Flug zur jeweiligen Insel ist im Preis nicht enthalten. Zu diesen Reisen kann man sich bei jedem beliebigen PADI-Zentrum weltweit und in den USA unter der Telefonnummer 800-7 29 72 34 anmelden. Über Explorer Ventures (10 Fencerow Drive, Fairfield, CT 06430, USA, Tel. 203-2 59 93 21, Fax 203-2 59 98 69, in den USA und Kanada auch Tel. 800-3 22 35 77) kann man sich auch zu einer Mitfahrt auf der *Caribbean Explorer*, einem Tauchschiff für 18 Passagiere, auf dem man auch übernachtet, anmelden. Mit diesem Schiff werden einwöchige Touren angeboten, die samstags auf St. Martin beginnen, zwei Tage Tauchen vor St. Kitts und vier Tage Tauchen vor Saba vorsehen, bevor es zurück nach St. Martin geht. Die Kosten liegen bei 1395 US $ pro Person in einer Doppelkabine. Im Preis inbegriffen sind die Kosten für Unterkunft und Verpflegung, fünf Tauchgänge täglich, die Benutzung von Preßluftflaschen, Gewichte und Gürtel. Die Kosten für die Anreise sind im Preis jedoch noch nicht enthalten. Bei frühzeitiger Buchung wird im allgemeinen ein Preisnachlaß von 300 US $ gewährt.

Caribbean Adventures (328 Cox Creek Parkway, Florence, AL 35630, USA, Tel. 205-7 57 42 22 und 800-9 34 34 83, Fax 205-7 64 63 88) bietet Tauchfahrten nach Dominica für 800 US $ an. Im diesem Preis sind sieben Übernachtungen, 10 Tauchgänge, Frühstück und Abendessen enthalten. Dieses Unternehmen hat auch Touren nach Saba, St. Eustatius, St. Vincent und den Grenadinen sowie Fahrten mit der bereits erwähnten *Caribbean Explorer* im Programm.

Zudem können Sie bei fast allen Tauchschulen, die in diesem Buch genannt werden, Pauschalangebote buchen, die Übernachtung und Kosten für das Tauchen einschließen, so daß Sie sich, wenn Sie sich für eine bestimmte Insel interessieren, direkt an die entsprechenden Tauchschulen wenden sollten.

Surfreisen: Pauschalurlaub für Surfer auf Barbados wird von Morris Overseas Tours (400 Avenue B, Melbourne Beach, FL 32951, USA, Tel. 407-7 25 48 09 und 800-7 77 68 53, Fax 407-7 25 79 56) angeboten. Die Preise beginnen bei 499 US $ pro Person (außerhalb der Saison und Anreise in der Mitte einer Woche). Im Preis enthalten sind sechs Übernachtungen in einem Dreibettzimmer im Edgewater Inn an der Ostküste von Barbados sowie der Flug ab Miami (mit Transport des Surfbrettes ohne Zusatzkosten).

FKK: Einige Veranstalter haben sich auf Urlauber spezialisiert, die ihre Ferien verbringen möchten, wie Gott sie schuf. Die bekanntesten Ziele für FKK-Anhänger in der östlichen Karibik sind der Orient Beach auf St. Martin und das Hawksbill Beach Resort auf Antigua. FKK-Kreuzfahrten auf der *Star Clipper* sind ebenfalls möglich.

Pauschalreisen mit Unterbringung im Hawksbill Beach Resort werden in Deutschland unter anderem von Airtours, DER, ITS und TUI angeboten.

REISEN IN DER ÖSTLICHEN KARIBIK

FLUG

LIAT ist die wichtigste Fluggesellschaft für Verbindungen zwischen den einzelnen Inseln der östlichen Karibik. Sie fliegt insgesamt 25 verschiedene Ziele zwischen Puerto Rico und Caracas an, von denen die meisten in der östlichen Karibik liegen. LIAT bietet ca. 150 Flüge täglich an, was rund die Hälfte aller Flüge zwischen den Inseln in der Region ausmacht.

BWIA, eine Fluggesellschaft mit Sitz auf Trinidad, unterhält zwar auch Flugverbindungen zwischen einigen größeren Inseln der östlichen Karibik, der Schwerpunkt liegt bei BWIA jedoch auf Langstreckenflügen, so daß das Angebot an Verbindungen mit dieser Airline zwischen den Inseln in der östlichen Karibik weit geringer ist als das von LIAT.

Einige weitere Fluggesellschaften decken nur bestimmte Gebiete der östlichen Karibik ab. Winair fliegt die Inseln in der Umgebung von St. Martin von Anguilla bis nach St. Kitts an. Die Airlines of Carriacou sind eine kleine Gesellschaft, die die Inseln der Grenadinen zwischen St. Vincent und Grenada miteinander verbindet. In Französisch Westindien sind Air Guadeloupe und Air Martinique

die beiden wichtigsten Linien. Daneben gibt es noch die winzige Air Saint-Barthelemy.

Es sind auch noch einige weitere kleinere Fluggesellschaften tätig, die zwischen einer Reihe von Inseln Linienflüge anbieten, überwiegend jedoch als Chartergesellschaften in Anspruch genommen werden. Genauere Informationen über die Flugzeiten und Flugpreise finden Sie in den einzelnen Kapiteln. Wie alles andere auch, sind sie Änderungen unterworfen. Es ist zu empfehlen, sich gleich nach der Ankunft in der östlichen Karibik am Schalter einen aktuellen LIAT-Flugplan zu besorgen.

LIAT

LIAT, früher Leeward Islands Air Transport, ist Eigentum von ca. 12 Inselstaaten in der Karibik und hat seinen Hauptsitz in Antigua.

Neben den normalen Flugscheinen und sogenannten „Excursion-Tickets" (Ausflugstickets) bietet LIAT ein vielfältiges, aber auch verwirrendes Angebot an ermäßigten Tickets und Rundflugscheinen. Da es, wenn man viel in der Karibik umherreisen möchte, fast unumgänglich ist, manchmal mit LIAT zu fliegen, kann man viel Geld sparen, wenn man sich vorher über die verschiedenen Möglichkeiten informiert und sich dann die passende aussucht.

LIAT bietet eine Reihe von Flugscheinen zum Ausflugstarif an, darunter auch den Standardtyp, der entweder 21 oder 30 Tage gültig ist und zwei Flugunterbrechungen zuläßt. Solche Tickets kosten im allgemeinen ca. 50 % mehr als ein normaler Flugschein für einen einfachen Flug. Die Tickets zum Ausflugstarif sind für die meisten, jedoch nicht für alle Strecken erhältlich. Man kann sie entweder vor der Ankunft in der Karibik kaufen oder erst dort, denn es bestehen keine Vorschriften, daß sie eine bestimmte Zeit vor Antritt des Fluges gekauft werden müssen. Bei Nichtinanspruchnahme wird der Flugpreis vollständig erstattet.

Daneben bietet LIAT auf bestimmten Routen einige erheblich ermäßigte Flüge zum Ausflugstarif an, die für den Rückflug entweder am gleichen Tag oder innerhalb von sieben Tagen nach Ankunft gültig sind. Diese Flugscheine sind häufig billiger als Tickets für einen einfachen Flug. Einige dieser Flugscheine zum Sondertarif mit Rückflügen am gleichen Tag oder innerhalb von sieben Tagen können nur auf der Insel erworben werden, von der aus man fliegt. Zudem ist es schwer, Informationen darüber zu erhalten, wenn man nicht vor Ort ist. Tickets für Kurzaufenthalte am Ziel sind vor allem für die Inselbewohner bestimmt und bieten ihnen die Möglichkeit, zum Einkaufen oder für einen Kurzurlaub auf eine andere Insel zu fliegen. Man muß jedoch kein Bürger der jeweiligen Insel sein, um sie kaufen zu können.

LIAT bietet auch einen Seniorentarif sowie einen Jugendtarif an, die normalerweise 50 % des Normaltarifs ausmachen. Für Rundflugscheine werden jedoch keine weiteren Ermäßigungen eingeräumt.

In Deutschland, Österreich und der Schweiz hat LIAT eigene Büros nicht eröffnet, wird in Deutschland jedoch von Lufthansa vertreten, so daß man Flüge mit LIAT in jedem Reisebüro mit Lufthansa-Agentur buchen kann.

Langstreckenflüge: Langstreckenflüge (YD-Tarif) sind sowohl das bestgehütete Geheimnis als auch das billigste Angebot von LIAT. Flugscheine zu diesem Tarif werden für einige ausgewählte längere Strecken angeboten, beispielsweise von Barbados nach St. Martin. Wer einen Gabelflug in die Karibik gebucht hat (z. B. über Trinidad anreist und von St. Martin aus zurückfliegt), der hat mit einem Ticket zum YD-Tarif die Möglichkeit, eine ganze Reihe von Inseln für wenig Geld zu besuchen. Die YD-Tarife sind preiswerter (ca. ein Drittel) als Tickets zum normalen Tarif für einen einfachen Flug, erlauben jedoch unbegrenzt viele Flugunterbrechungen, wobei praktisch keinerlei Beschränkungen zu beachten sind. Sie gelten ein Jahr, wobei es möglich ist, die Termine für die Teilstrecken zu ändern, das Ticket umschreiben oder annullieren oder zusätzliche Inseln aufnehmen zu lassen, ohne daß dafür eine gesonderte Gebühr erhoben wird. Schwierig ist es, Informationen über die YD-Tarife zu erhalten, da man selbst in einigen Büros von LIAT nichts über ihre Existenz zu wissen scheint. Sollten Sie in Ihrem Reisebüro in der Heimat keine Informationen darüber erhalten, können Sie sich direkt an die LIAT-Büros auf Barbados (Tel. 809-6 23 18 37) oder Trinidad (Tel. 809-4 36 62 24) wenden, um eine Buchung vorzunehmen.

Rundflugscheine: Die folgenden Rundflugscheine von LIAT können jenen sehr gute Dienste leisten, die sich zahlreiche Inseln anschauen wollen.
Der König der Rundflugscheine ist der „LIAT Super Explorer". Er kostet 367 US $ und ermöglicht es, inner-

---

Widersprüchliche Informationen

Die zahlreichen Tarife von LIAT können verwirrend sein. So scheinen selbst die Mitarbeiter in einigen Büros dieser Fluggesellschaft Schwierigkeiten damit zu haben, so daß man nicht erstaunt sein darf, wenn auf verschiedenen Inseln verschiedene Auskünfte erteilt werden.

Vor einem unserer Besuche in der Karibik riefen wir, nachdem wir einen Flug für die Einreise über Trinidad und die Ausreise über St. Kitts mit einer ausländischen Fluggesellschaft gebucht hatten, das Büro von LIAT in den USA an, um ein Landstreckenticket (YD-Tarif) zu buchen, mit dem wir auf allen Inseln zwischen Trinidad und St. Kitts Flugunterbrechungen vornehmen konnten. Daraufhin sagte man uns, diese Möglichkeit bestehe nicht mehr. Nach dieser Auskunft riefen wir im Büro auf Trinidad an. Dort teilt man uns mit, das sei kein Problem, und stellte uns ein Ticket aus, mit dem wir den Flug auf allen Inseln zwischen Trinidad und St. Kitts unterbrechen konnten: Tobago, Grenada, Carriacou, Union Island, Bequia, St. Vincent, St. Lucia, Martinique, Dominica, Guadeloupe und Antigua. Der Preis des Tickets war um die Hälfte niedriger als der für einen „Super Explorer Pass", den man uns im Büro in den USA empfohlen hatte.

Auf dem internationalen Flug nach Trinidad landeten wir auf Barbados zwischen. Im Büro von LIAT am Flughafen verkaufte man uns das Ticket zum YD-Tarif, das wir gebucht hatten, ohne Schwierigkeiten, man bestand jedoch darauf, daß die drei Grenadinen-Inseln zwischen Grenada und St. Vincent nicht eingeschlossen werden könnten.
Als wir in Trinidad ankamen, änderte man im dortigen Büro von LIAT umgehend unsere Tickets und schloß ohne zusätzliche Kosten die drei genannten Inseln mit ein.

halb der Gültigkeitsdauer von 30 Tagen eines oder alle der 25 Ziele zu erreichen, die LIAT anfliegt. Jedes Ziel darf jedoch nur einmal besucht werden. Es ist allerdings erlaubt, einen Flughafen zum Umsteigen mehrmals zu nutzen, wenn dies unumgänglich ist.

Der Rundflugschein muß nicht im voraus erstanden werden, kann jedoch mit Ausnahme von Venezuela im Heimatland oder auch noch nach der Ankunft in der Karibik gekauft werden. Beim Kauf muß die Reiseroute festgelegt werden, für deren nachträgliche Änderung eine Gebühr von 25 US $ erhoben wird.

Auch wenn in einigen wenigen Büros von LIAT in der Karibik darauf bestanden wird, daß jeder einzelne Flug bereits beim Kauf festgelegt wird, konnten einige den Rundflugschein erwerben, ohne dies zu tun, und hatten die Möglichkeit, jeden Flug erst einige Tage zuvor zu buchen. Wenn dieser Rundflugschein bereits benutzt wurde, kann er nicht mehr zurückgegeben und sein Preis auch nicht mit den Kosten für ein anderes Ticket verrechnet werden.

Der „LIAT Explorer" leistet gute Dienste, wenn man nur einige Inseln besuchen möchte, vor allem, wenn es sich um lange Strecken handelt. Er berechtigt zum Flug zu drei Inseln innerhalb des Streckennetzes der LIAT, kostet 199 US $ und ist 21 Tage gültig. Dieser Rundflugschein muß vor der Ankunft in der Karibik gekauft werden. Reisebeginn und Reiseende müssen auf derselben Inseln sein. Wenn der Paß erst einmal ausgestellt wurde, sind keine Änderungen mehr möglich.

Der Rundflugschein mit der Bezeichnung „LIAT Eastern Caribbean Airpass" wird nur in Europa in Verbindung mit einem Transatlantik-Ticket ausgestellt. Dabei können maximal sechs Tickets für Flüge innerhalb des gesamten Streckennetzes von LIAT in der Karibik gekauft werden. Die einzelnen Flugscheine kosten 60 US $ für einen Flug an einem Werktag und 70 US $ pro Flug an einem Wochenende. Auch hierbei sind Änderungen nach der Ausstellung nicht mehr möglich.

Whenever It Arrives

Die Fluggesellschaften in der Karibik, die nur nach den Initialen benannt werden, haben sich eine Menge Spott der Insulaner zugezogen.

BWIA wird als „But Will It Arrive?" (Wird es wohl ankommen?) bezeichnet. LIAT soll für „Luggage in Another Terminal" (Gepäck in einem anderen Terminal) oder „Leave Island Any Time" (Verlasse die Insel jederzeit) stehen, und WIA (Winair) wird zu „Whenever It Arrives" (Wann immer es ankommt).

Trotz dieses nicht bösgemeinten Spottes haben wir bei Dutzenden von Flügen nie unser Gepäck verloren und wurden von allen Gesellschaften an unser Ziel gebracht. Es gibt jedoch eine seltsame Besonderheit: Die Maschinen fliegen häufig gute 20 Minuten zu früh ab, und das ohne Vorwarnung!

BWIA

BWIA bietet einen Flugschein zum „Butterfly-Tarif" für 356 US $ an, der dreißig Tage gültig ist und es erlaubt, alle Ziele, die von BWIA in der Karibik angeflogen werden, zu besuchen. BWIA fliegt mit großen Maschinen auf diesen Strecken, da es sich immer nur um Teilstrecken von Langstreckenflügen handelt. Die Fluggesellschaft hat jedoch in letzter Zeit erheblich Kürzungen ihres Streckennetzes vorgenommen und zumindest vorübergehend einen Teil ihrer Karibikflüge eingestellt. Zur Zeit fliegt sie noch Barbados, Antigua, Grenada, St. Lucia, Trinidad, Tobago, Jamaika, Georgetown und Guyana an. Bei dem 30 Tage gültigen Rundflugschein müssen die Flugziele und Flugzeiten beim Kauf festgelegt werden. Für spätere Änderungen wird jeweils eine Gebühr von 20 US $ erhoben. Jedes Ziel kann nur einmal angeflogen werden, es sei denn, es ist zum Umsteigen notwendig. BWIA unterhält auch ein Büro in Deutschland (Walter-Kolb-Str. 9-11, 60594 Frankfurt/Main, Tel. 069/62 80 25).

BUS

Auf den meisten Inseln kostet es wenig, mit einem Bus zu fahren, auch wenn das Wort „Bus" recht unterschiedliche Bedeutung haben kann. Auf einigen Inseln verkehren richtige Busse, während auf anderen einfach offene Lieferwagen mit Holzbänken eingesetzt werden.

Am häufigsten sind Toyota-Minibusse vertreten, die sonst überall für sechsköpfige Familien genutzt würden. In der östlichen Karibik sind diese Minibusse jedoch mit vier bis fünf Sitzreihen sowie mit Klappsitzen im Gang ausgestattet, die ausgeklappt werden, wenn sich die Reihen gefüllt haben. Je mehr Menschen sich in den Bus drängen, desto mehr entwickelt er sich zu einer geschlossenen Menschenmasse, bei der Kinder auf den Schoß der Eltern kommen, Schulkinder sich Plätze teilen, die Erwachsenen sich aneinander drängen und im allgemeinen jeder das Gedränge mit guter Miene akzeptiert. Wenn jemand hinten aus einem überfüllten Minibus aussteigen will, erinnert das an den Zauberwürfel. Dann werden die Klappsitze hoch und runter geklappt, und jeder sucht sich einen neuen Platz. In einigen Bussen fährt auch ein „Schaffner" mit, der für die Platzorganisation zuständig ist. Häufig sind Busse die wichtigsten Verkehrsmittel, um zur Schule oder zur Arbeit zu gelangen, so daß sie oft am Morgen und am Nachmittag bis zum frühen Abend fahren. Gute Busverbindungen bestehen im allgemeinen auch samstags, da dies der Hauptmarkttag ist. Sonntags wird auf vielen Inseln der Busverkehr praktisch ganz eingestellt.

TAXI

Auf so gut wie allen bewohnten Inseln fahren Taxis, wenn man von jenen wenigen Inseln ohne Straßen absieht! Einzelheiten finden Sie in den entsprechenden Kapiteln über die einzelnen Inseln.

AUTO UND MOTORRAD

Verkehrsregeln: Auf den Inseln, die früher britisch waren, fährt man auf der linken Seite, auf den französischen und niederländischen Inseln dagegen auf der rechten Seite.

Auf den französischen Inseln müssen Sie zudem auf die eher verwirrende *priorité à droite* achten, d. h. es gilt der Grundsatz, daß rechts immer Vorfahrt hat.

Mietwagen: Autovermietungen gibt es auf fast allen Inseln, wenn man von einigen wenigen kleineren Inseln absieht.

Auf den meisten Inseln finden Sie Filialen einer oder mehrerer internationaler Ketten wie Hertz, Avis, Budget und National/Europcar.

Sie können häufig Geld für einen Mietwagen sparen, wenn Sie ein Auto vor der Abreise buchen. Auf St. Lucia z. B. liegt der niedrigste Mietpreis, wenn man sich nicht vorher angemeldet hat, bei 46 US $ plus Zuschlag für die gefahrenen Kilometer. Bei einer vorherigen Buchung vom Ausland aus zahlt man für denselben Wagen mit unbegrenzter Kilometerzahl 30 US $.

Selbst auf Inseln wie Martinique und Guadeloupe, auf denen sich die Preise bei vorheriger Reservierung und Direktanmietung entsprechen, ist es günstig, sich vorher anzumelden. Sonst kann es einem passieren, daß man am Flughafen steht und alle preiswerteren Wagen bereits vermietet sind. Das ist im Winter nicht selten der Fall.

Die Autovermietungen insbesondere auf den kleineren Inseln arbeiten mit internationalen Ketten zusammen oder trennen sich wieder davon, so daß es sich, selbst wenn es auf den ersten Blick keine Tochterfirma der großen Firmen zu geben scheint, lohnt, bei diesen selbst anzurufen und nachzufragen.

Auf vielen Inseln ist ein Mindestalter von 25 Jahren notwendig, um ein Auto mieten zu können. Außerdem lehnen einige Autovermietungen es ab, Wagen an Personen über 70 Jahren zu vermieten.

FAHRRAD

Auf mehreren Inseln besteht die Möglichkeit, Fahrräder zu mieten. Hinweise darauf finden Sie in den jeweiligen Kapiteln über die Inseln. Beim Fahrradfahren gelten dieselben Verkehrsregeln über rechts bzw. links fahren wie für Autos.

TRAMPEN

Trampen ist auf einigen Inseln bei den Inselbewohnern selbst durchaus üblich, während Fremde insbesondere außerhalb der französischen Inseln nur selten per Anhalter fahren.

In keinem Land der Welt ist es wirklich sicher, Strecken per Anhalter zurückzulegen, und wir empfehlen es auch nicht. Wer dennoch trampt, sollte sich darüber im klaren sein, daß er dabei ein wenn auch relativ seltenes, jedoch potentiell großes Risiko auf sich nimmt. Wer trampt, ist

gut beraten, dabei zu zweit unterwegs zu sein und zudem vorher jemandem mitzuteilen, wohin er möchte.

SCHIFF

Fähren: Täglich oder fast täglich bestehen Fährverbindungen zwischen St. Martin und Anguilla, St. Kitts und Nevis, St. Vincent und Bequia, Grenada und Carriacou, Trinidad und Tobago sowie vom Hauptteil Guadeloupes zu den äußeren Inseln von Terre-de-Haut, nämlich Marie Galante und La Désirade. Im Grenadinen-Archipel besteht außerdem dreimal wöchentlich eine Verbindung zwischen St. Vincent und Bequia sowie Mayreau, Canouan und Union Island. Mit einem Katamaran kann man einen Tagesausflug von St. Martin nach St. Barts unternehmen, wobei auch Passagiere für nur eine Überfahrt mitgenommen werden, so daß im Prinzip ein Fährbetrieb besteht.

Die beiden schnellen Katamaran-Fähren *Caribbean Express* und *Madikera* verkehren mehrmals wöchentlich zwischen Guadeloupe, Dominica und Martinique. Einzelheiten über alle diese Schiffe finden Sie in den Kapiteln über die einzelnen Inseln.

Windward Lines: Windward Lines betreibt eine Fährverbindung mit der 55 m langen *Windward*, einem Personen- und Frachtschiff, das von St. Lucia (Castries), nach Barbados (Bridgetown), St. Vincent (Kingstown), Trinidad (Port of Spain) und Venezuela (Guiria) fährt. Da es in erster Linie als Frachtschiff eingesetzt wird, liegt es in jedem Hafen mehrere Stunden. Es ist zwar sicher nicht das schnellste Verkehrsmittel, gibt jedoch Reisenden die Möglichkeit, sich etwas umzusehen.

In Richtung Süden sieht der Fahrplan wie folgt aus:

Abfahrt St. Lucia	7.00 Uhr	(Sonntag)
Ankunft Barbados	19.00 Uhr	(Sonntag)
Abfahrt Barbados	22.00 Uhr	(Sonntag)
Ankunft St. Vincent	7.00 Uhr	(Montag)
Abfahrt St. Vincent	17.00 Uhr	(Montag)
Ankunft Trinidad	8.00 Uhr	(Dienstag)
Abfahrt Trinidad	20.00 Uhr	(Dienstag)
Ankunft Venezuela	7.00 Uhr	(Mittwoch)

In Richtung Norden verkehrt das Schiff wie folgt:

Abfahrt Venezuela	23.00 Uhr	(Mittwoch)
Ankunft Trinidad	7.00 Uhr	(Donnerstag)
Abfahrt Trinidad	16.00 Uhr	(Donnerstag)
Ankunft St. Vincent	7.00 Uhr	(Freitag)
Abfahrt St. Vincent	10.00 Uhr	(Freitag)
Ankunft Barbados	19.00 Uhr	(Freitag)
Abfahrt Barbados	23.00 Uhr	(Freitag)
Ankunft St. Lucia	7.00 Uhr	(Samstag)

Für eine Hin- und Rückfahrt ab St. Vincent zahlt man bis nach St. Lucia 60 US $, nach Barbados 71 US $, nach Trinidad 90 US $ und nach Venezuela 138 US $. Von St. Lucia nach Barbados und zurück beträgt der Fahrpreis 60 US $, von Trinidad nach Venezuela und zurück 60 US $,

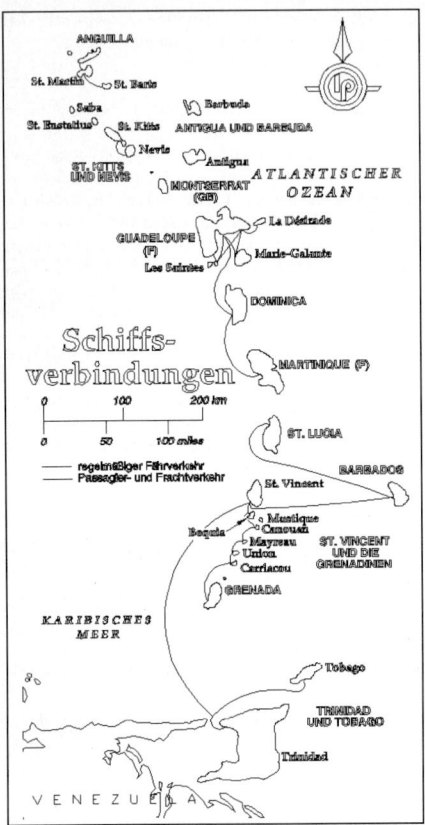

Barbados
Windward Agencies, 7 James Fort, Hincks Street, Bridgetown (Tel. 809-4 31 04 49, Fax 809-4 31 04 52)

St. Vincent
Perry's Custom & Shipping Agency, Sharpe Street, PO Box 247, Kingstown (Tel. 809-4 57 29 20, Fax 809-4 56 26 19)

Trinidad
Global Steamship Agencies, Mariners Club, Wrightson Road, Port of Spain (Tel. 809-6 24 22 79, Fax 809-6 27 50 91)

Venezuela
Acosta Asociados, Calle Bolivar 31, Guiria (Tel. 58-9 48 16 79, Fax 58-9 48 11 12).

Segelboot: Die Karibik ist eine der Regionen in der Welt mit den meisten Jachten, da sie Vielfalt, warmes Wetter und eine schöne Landschaft bietet. Es macht nicht nur Spaß, die zahlreichen kleinen Inseln, die eng beieinander liegen, zu erkunden, sondern sie bilden auch eine Barriere gegen den stürmischen Atlantik, so daß das Wasser in der Karibik relativ ruhig ist.

In der östlichen Karibik befinden sich die wichtigsten Jachthäfen auf St. Martin, Antigua, Guadeloupe, Martinique, St. Lucia, St. Vincent und Grenada.

Am einfachsten ist es, von Norden nach Süden von Insel zu Insel zu segeln, da in Gegenrichtung gekreuzt werden muß. Aus diesem Grund erlauben einige Charterunternehmen es nur, in einer Richtung zu segeln, und lassen ihre Boote von eigenen Leuten zurückbringen.

Informationen über die Häfen und die Formalitäten bei den Ausländerbehörden finden Sie in den Kapiteln über die jeweiligen Inseln.

Beim Chartern von Segelbooten gibt es zwei grundlegende Möglichkeiten: das Mieten eines Bootes mit oder ohne Besatzung. Daneben bieten einige Unternehmen noch Segelkurse, wobei man auf dem Schiff auch wohnt, Touren zu Land und zu See, Segeln im Verbund (eine Gruppe von Booten, die von einem Boot mit einer erfahrenen Crew geleitet wird) sowie verschiedene andere Kombinationen an.

Bei Booten ohne Besatzung mietet man nur das Boot, ist selbst der Kapitän und segelt, wohin man möchten und wann man möchte auf eigene Faust (fast überall hin, da bestimmte Vorschriften über das Segelrevier zu beachten sind und das Segeln nachts verboten sein kann).

Man muß allerdings schon ein erfahrener Segler sein, um ein Boot ohne Besatzung chartern zu können. Auch wenn man in den meisten Fällen wahrscheinlich keinen Segelschein oder etwas ähnliches vorlegen muß, ist wahrscheinlich ein Fragebogen auszufüllen, der das Charterunternehmen hinsichtlich der Kenntnisse im Segeln zufriedenstellt. Man sollte bereits mit einem Boot gleicher Größe gesegelt sein sowie Erfahrungen mit dem Ankern

von Trinidad nach Barbados 90 US $, von Trinidad nach St. Lucia 95 US $ und von Venezuela nach Barbados 148 US $ sowie von Venezuela nach St. Lucia 158 US $. Die Preise für eine einfache Fahrt betragen 65 % der Kosten für eine Hin- und Rückfahrt. Kleinkinder unter zwei Jahren werden kostenlos mitgenommen, während für Kinder von zwei Jahren bis zwölf Jahren der halbe Fahrpreis gilt. Senioren über 70 Jahre erhalten eine Ermäßigung von 25 %. Das Schiff verfügt über Kabinen, in denen insgesamt 70 Personen Platz finden. Der Zuschlag für eine Übernachtung in einer Kabine beträgt 10 US $ pro Tag und Person in der Zweierkabine.

An Bord befinden sich auch ein Restaurant und ein Laden mit zollfreien Waren. Wenn man auf diesem Schiff mitfahren möchte, sollte man sich eine Stunde vor der geplanten Abfahrt an Bord einfinden.

Nachfolgend finden Sie die Adressen verschiedener Büros und Agenturen von Windward Lines:

und dem Kartenlesen besitzen. Einige Unternehmen lassen Interessenten erst vor dem Anleger zur Probe segeln, bevor sie es erlauben, mit einem ihrer Segelboote zu einem längeren Törn aufzubrechen.

Boote, die ohne Besatzung vermietet werden, sind im allgemeinen mit Bettwäsche, Küchenausstattung, Treibstoff, Wasser, Rettungsboot, Außenbordmotor, Karten, Führern, Telefon usw. ausgerüstet. Für Proviant ist im allgemeinen nicht gesorgt, wenn man Verpflegung nicht gegen einen Zuschlag ausdrücklich angefordert hat.

Die Chartergesellschaften können zudem einen lizensierten Skipper (100 bis 140 US $ pro Tag) und einen Koch (zwischen 85 und 100 US $ pro Tag) zur Verfügung stellen, wenn man nicht alles allein machen möchte, aber auch dann bleibt die Verantwortung beim Mieter des Bootes.

Beim Chartern eines Bootes ohne Besatzung wird im allgemeinen eine Kaution verlangt, so daß es sich empfiehlt, das Kleingedruckte des Mietvertrages über Erstattung, Versicherung und Gebühren für Stornierung zu lesen. Wer eine Jacht mit Besatzung mietet, dem stehen ein Kapitän, eine Crew und ein Koch zur Verfügung. Dann sind bei einem selbst weder Segelkenntnisse von Nöten noch irgendwelche anderen Kenntnisse über Schiffe. Man kann mit einem solchen Segelboot entweder ein genaues Programm festlegen oder aber dem Kapitän einige grobe Vorgaben machen und ihn die Route festlegen lassen.

Die Mietpreise für Segelboote variieren in hohem Maß. Die etablierten Unternehmen sind im allgemeinen teurer als die kleinen, weniger bekannten Unternehmen. Zudem sind große, elegante Jachten natürlich kostspieliger als kleinere, weniger luxuriöse Segelboote. Heutzutage sind viele Jachten mit Fernsehgerät, Videorekoder, CD-Player, Eismaschine, Schnorchelausrüstung usw. an Bord ausgestattet, wobei dieses Spielzeug die Kosten steigen läßt.

Auch wenn man ein ganzes Buch über die Preise der verschiedenen Charterunternehmen schreiben könnte, finden Sie im folgenden Anhaltspunkte für die mittleren Preisklassen. ATM, eine der größeren Firmen, besitzt ca. 200 Boote auf vier Inseln. Für ein 9,8 m langes Segelboot vom Typ Prestige zahlt man ohne Besatzung in den Monaten Mai bis Oktober 1346 US $ und von Januar bis Mai 1888 US $. Das Boot bietet bequem vier Personen Platz, kann man etwas zusammenrückt auch sechs. Für ein 15,8 m langes Boot mit Platz für acht bis elf Personen werden 3911 bzw. 5444 US $ berechnet. Dabei muß man aber auch noch berücksichtigen, daß zwischen November und Mitte Dezember Hochsaison herrscht und die Preise um Weihnachten und Neujahr herum noch einmal steil in die Höhe schnellen. ATM verlangt übrigens keine Zusatzgebühren, wenn man mit einem Boot nur in eine Richtung segelt, solange man es in einem Hafen abgibt, in dem das Unternehmen vertreten ist.

Für ein Schiff mit voller Besatzung, d. h. einem Skipper, Bedienung/Koch und „Gourmet-Mahlzeiten", beträgt der Tagespreis von ATM für acht Personen an Bord eines 14,6 m langen Katamarans in der Zeit von Mai bis Mitte Dezember 1160 US $ und von Januar bis April 1360 US $. Am unteren Ende der Preisskala liegen einige kleinere Jachten in der Karibik, die man mit Besatzung bereits für ca. 2500 US $ pro Woche mieten kann.

Die folgenden Charterunternehmen bieten Segelboote in der östlichen Karibik sowohl mit als auch ohne Besatzung an. Die Aufstellung beginnt mit Büros in Europa und den USA, gefolgt von den Adressen der Büros auf den Inseln, auf denen die Boote liegen.

ATM/Stardust
    Vertretung durch das Charterzentrum Heiligenhafen, Am Yachthafen 1, 23774 Heiligenhafen, Tel. (04362) 73 23
    BP 615, 97150 Anse Marcel, St. Martin (Tel. 590-74 98 17, Fax 590-74 88 12),
    Blue Lagoon, 97190 Gosier, Guadeloupe (Tel. 590-92 92 02, Fax 590-90 97 99),
    Le Marin, 97290 Marin, Martinique (Tel. 596-74 98 17, Fax 596-74 88 12),
    Clifton, Union Island, St. Vincent und die Grenadinen (Tel. und Fax 809-4 58 85 81),

Barefoot Yacht Charters
    2550 Stag Rum Boulevard, Nr. 519, Clearwater, FL 35625, USA (Tel. 813-7 99 18 58 und 800-6 77 31 95, Fax 813-7 97 31 95),
    PO Box 39, Blue Lagoon, St. Vincent und die Grenadinen (Tel. 809-4 56 93 34, Fax 809-4 56 92 38),

First Class Yachting (FCY)
    PO Box 2012, Gros Islet, Rodney Bay Marina, St. Lucia (Tel. 809-4 52 03 67),

The Moorings
    Kaiser-Ludwig-Str. 17, Postfach 366, 82027 Grünwald, Tel. (089) 69 35 08-0
    Port de Plaisance du Marin, Martinique (Tel. 596-74 75 39, Fax 596-74 76 44),
    Marigot Bay, St. Lucia (Tel. 809-4 53 43 57),
    Secret Harbour, St. George's, Grenada (Tel. 590-4 44 49 24),
    Bas du Fort Marina, Point-à-Pitre, Guadeloupe (Tel. 590-90 81 81),
    Captain Oliver's Marina, Oyster Pond, St. Martin (Tel. 590-87 32 55),

Swan Charters
    Georg-Gröning-Str. 22, 28209 Bremen, Tel (0421) 3 46 96 50,
    Port Lonvilliers, Anse Marcel, BP 335, F-97150 Marigot, St. Martin (Tel. 590-97 35 48, Fax 590-87 35 50),

Privilege Charters
    1650 SE 17th Street, Suite 204, Fort Lauderdale, FL 33316, USA (Tel. 305-4 62 67 06, Fax 305-4 62 61 04),

Marigot, St. Martin (Tel. 590-87 02 82, Fax 590-87 01 55),

Marina Bas du Fort, Guadeloupe (Tel. 590-90 71 89, Fax 590-90 72 93),

Star Voyage
5 rue Lincoln, F-75008 Paris, Frankreich (Tel. 42 56 15 62)

Pointe du Bout Marina, Trois-Ilets, Martinique (Tel. 596-66 00 72, Fax 596-66 02 11),

Marina du Marin, Martinique (Tel. 596-74 70 92),

Sun Yacht Charters
PO Box 737, Camden, ME 04838, USA (Tel. 207-2 36 96 11, Fax 207-2 36 39 72),

Captain Oliver's Marina, Oyster Pond, St. Martin (Tel. 590-87 30 49),

English Harbour, Antigua (Tel. 809-4 60 26 15),

Sunsail
Vertretung durch Kuhnle Tours, Nagelstr. 4, 70182 Stuttgart, Tel. (0711)1 64 82-0

Marina Bas du Fort, Guadeloupe (Tel. 590-90 82 80), Marigot, St. Martin (Tel. 590-87 83 41),

Rodney Bay Marina, St. Lucia (Tel. 809-4 52 86 48),

Marina du Marin, Martinique (Tel. 596-74 77 61),

Trade Wind,
PO Box 1186, Court Circle, Gloucester, VA 23061, USA (Tel. 804-6 94 08 81 und 800-8 25 72 45, Fax 804-6 93 72 45),

Marina Bas du Fort, Guadeloupe (Tel. 590-90 76 77), Box 2158, Rodney Bay Marina, St. Lucia (Tel. 809-4 52 84 24, Fax 809-4 52 84 42),

Blue Lagoon, St. Vincent (Tel. 809-4 56 97 36, Fax 809-4 56 97 37).

Wer sich nicht die Mühe machen möchte, überall herumzufragen, kann einen Jachtmakler mit der Suche nach einem geeigneten Segelboot beauftragen. Die arbeiten auf Provision wie Reisebüros, wobei die Kunden keinen Zuschlag bezahlen müssen. Wenn Sie einem Makler mitteilen, wieviel Geld Sie ausgeben möchten und was Sie benötigen, dann hilft er Ihnen bei der Suche. Einige bekanntere Jachtmakler in Deutschland sind:

Agentur für Mitsegler
Geiselgasteig 108, 81545 München, Tel. (089) 64 40 12,

Bodingbauer Yachtcharter
Zapfweg 18, 81241 München, Tel. (089) 83 06 91-92,

Brenneisen Yachtcharter
Gottenheimer Str. 19, 79224 Umkirch, Tel. (07665) 73 47 und 5 12 80,

Freimmo Yachtcharter
Breslauer Str. 4, 48599 Gronau, Tel. (02562) 9312-0 und (0130) 11 93 23

Scansail
Palmaille 124 b, 22767 Hamburg, Tel. (040) 38 84 22

Schoenicke Skipperteam
Grubesallee 27 a, 22143 Hamburg, Tel (040) 6 75 40 44

Eine Alternative ist es, eine Pauschaltour an Bord einer Jacht zu buchen. Eine solche Reise entspricht schon fast einer Kreuzfahrt. Das Programm, die Termine und der Preis sind bereits zuvor festgelegt. Man segelt zusammen mit einigen anderen Personen, die einen Törn auf derselben Jacht gebucht haben. Viele Jachtvermietungen, darunter The Moorings, bieten derartige Pauschalangebote an.

Wer nur einige Tage segeln will, nachdem er in der Karibik angekommen ist, findet wahrscheinlich etwas vor Ort. Auf vielen Inseln gibt es Besitzer von nur einem Boot, die Ausflüge zu benachbarten Inseln anbieten. Sehen Sie sich bei Interesse nach Werbezetteln um und erkundigen Sie sich in den einheimischen Reisebüros oder in den Fremdenverkehrsämtern.

Wer sich für eine Reise auf einem großen Segelschiff, z. B. einem Windjammer, interessiert, der findet hierzu Hinweise im Abschnitt über unkonventionelle Kreuzfahrten weiter oben.

Wenn Sie auf einer Jacht mitfahren wollen, dann sehen Sie sich in den Jachthäfen um, denn dort hängen im allgemeinen Schwarze Bretter, auf denen gelegentlich jemand einen Passagier oder ein Besatzungsmitglied sucht. Sollten Sie nichts Vielversprechendes auf dem Schwarzen Brett finden, dann können Sie selbst eine Notiz hinterlassen. Sie sollten schreiben, wann Sie mitfahren wollen, was Sie bereit sind, als Gegenleistung anzubieten, z. B. Kochen oder Saubermachen, und wo man Sie erreichen kann.

Außer den Schwarzen Brettern gibt es immer auch noch Bars oder Restaurants am oder in der Nähe der Jachthäfen, die als beliebte Treffpunkte von Seglern gelten. Hier kann man schnell Kontakte schließen.

Reiseführer für Segeltörns in der östlichen Karibik sind im Abschnitt über Programm und praktische Hinweisen aufgeführt.

Wer mit einem Segelboot durch die Inselwelt der östlichen Karibik fährt, benötigt Seekarten entweder von Imray, der US Defence Mapping Agency oder der British Admiralty. Die Karten sind auf allen Inseln erhältlich, insbesondere in Geschäften für Segelbedarf in den Jachthäfen sowie in einigen Buchhandlungen. Es ist zudem möglich, sie unter folgender Adresse zu bestellen: Bluewater Books & Charts, 1481 SE 17th Street Causeway, Fort Lauderdale, FL 33316, USA (Tel. 305-7 63 65 33 und 800-9 42 2583).

Es werden zudem mehrere Zeitschriften für Segler herausgegeben. Die folgenden Magazine enthalten auch Artikel und Tips für Segeltörns in der östlichen Karibik, Werbung von Bootsvermietungen und Bootsmaklern sowie gelegentlich einige Stellenanzeigen für Bootsbesatzungen: *Der Blaue Peter, Boote, Der Segler, Yacht, Stander, Segler-Zeitung* und *Skipper.*

ANGUILLA

Die wichtigsten Anziehungspunkte für Besucher sind die schönen Strände - lange, einsame Strände mit pudrigem weißen Sand aus Korallenkalk und klarem türkisfarbenen Wasser.

Auch wenn Anguilla nur einige Kilometer entfernt auf der anderen Seite der Meerenge gegenüber vom geschäftigen St. Martin liegt, hat die Insel ihren verschlafenen, provinziellen Charakter bewahrt. Anguilla ist klein und nur dünn besiedelt. Die Bewohner sind freundlich und nehmen das Leben leicht.

Noch vor einem Jahrzehnt gab es hier so gut wie keine touristische Infrastruktur. In den achtziger Jahren entschied man sich jedoch, den Tourismus anzukurbeln, und baute Luxushotels sowie Villen. Seitdem ist Anguilla eines der beliebteren Ziele der Reichen in der östlichen Karibik geworden.

Auch wenn sich das Augenmerk vor allem auf die neuen, exklusiven Ferienanlagen richtet, die an einigen der schönsten Strände der Insel liegen, gibt es auch noch eine Reihe von kleinen Pensionen und Apartments in der Hand von Ortsansässigen, die Anguilla für Urlauber mit kleinerer Reisekasse ebenfalls zugänglich machen.

Das Binnenland von Anguilla ist flaches, trockenes Buschland mit Salzteichen und bar jeder großartigen Naturschönheit. Anguillas größte Attraktion sind die Strände, aber man kann zudem von einigen vorgelagerten Koralleninseln Gebrauch machen, die gute Möglichkeiten zum Baden, zum Schnorcheln und zum Tauchen bieten.

Preiswerte Fährverbindungen bestehen zweimal stündlich zwischen Anguilla und St. Martin, die es ermöglichen, die Insel im Rahmen eines Tagesausflugs zu besuchen.

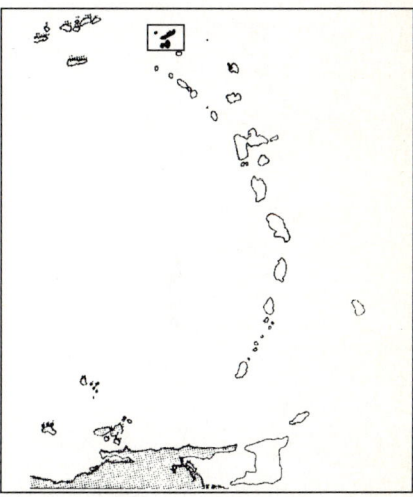

ORIENTIERUNG

Der Flughafen befindet sich in The Valley, der Hauptstadt in der Mitte der Insel. Der Fähranleger ist vier Meilen (6,4 km) westlich von The Valley bei dem kleinen Dorf Blowing Point gelegen.

Von The Valley führt eine einzige Straße zum Westende der Insel, während sich zwei weitere Straßen zum östlichen Ende ziehen. Alle anderen Straßen, darunter auch die Wege zu den Stränden, zweigen von diesen ab.

EINFÜHRUNG

GESCHICHTE

Die ersten Indianer ließen sich auf Anguilla vor ca. 3500 Jahren nieder. Archäologische Funde zeigen, daß es sich um ein wichtiges regionales Zentrum der Arawak-Indianer handelte, die bei Sandy Ground, an der Meads Bay, an der Rendezvous Bay und bei Island Harbour größere Orte unterhielten. Die Kariben, die schließlich die Arawak besiegten, nannten die Insel Maliouhana. Frühe spanische Forscher gaben der Insel den Namen Anguiall, was soviel heißt wie Aal und was wahrscheinlich auf die längliche Form der Insel zurückzuführen ist.

Die Briten gründeten 1650 die erste dauerhaft bewohnte Siedlung auf Anguilla. Trotz einiger Versuche der Franzosen, Anguilla einzunehmen, ist die Insel seither britische Kronkolonie. Auch wenn das trockene Klima

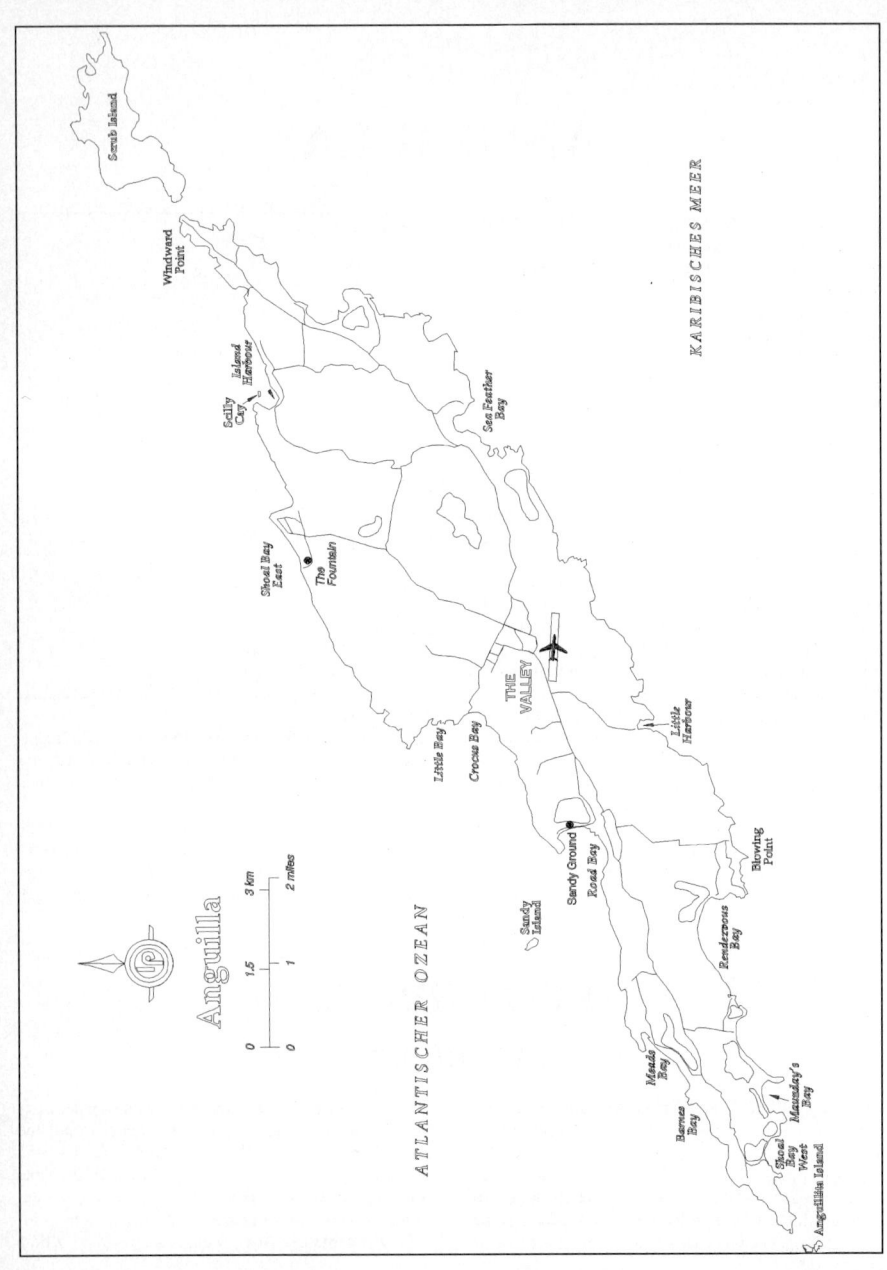

Versuchen, große Plantagen anzulegen, entgegenstand, wurde die Insel zum Exporteur von Tabak, Baumwolle und Salz. Anfang des 19. Jahrhunderts war die Bevölkerungsspitze mit ca. 10.500 Menschen erreicht, worauf Anguilla einen langsamen Abstieg begann, größtenteils vergessen vom Rest der Welt.

1967 entließen die Briten in dem Versuch, die kolonialen Bande zu lockern, Anguilla in einen Verbund mit den Inseln St. Kitts und Nevis, den nahegelegensten britischen Kolonien. Die drei Inseln sollten einen neuen karibischen Staat bilden, den Staatenbund St. Kitts-Nevis-Anguilla, wobei Großbritannien weiterhin die Außenpolitik und die Verteidigungspolitik bestimmen sollte. Die Einwohner von Anguilla wollten jedoch kein Teil dieses neuen Staates werden, den Sie als eine Unterwerfung unter das stärkere St. Kitts betrachteten. Innerhalb weniger Monate hatten die Bewohner der Insel sich bewaffnet und einen Aufstand begonnen, vertrieben Polizisten aus St. Kitts von der Insel und blockierten den Flugplatz um eine „erneute Invasion seitens St. Kitts" zu verhindern.

Die Briten, die sich sorgten, daß es zu Blutvergießen kommen könnte, falls St. Kitts versuchen würde, Anguilla seinen Willen aufzuzwingen, stationierten daraufhin Einheiten der Marine vor Anguilla. Nach zwei Jahren letztlich gescheiterter Verhandlungen für eine Lösung marschierten die Briten 1969 auf Anguilla ein. Die Insulaner, die kaum Widerstand leisteten und eher zufrieden waren, daß etwas in Bewegung kam, hießen die ersten Fallschirmspringer willkommen, was dem Ganzen die bizarre Aura einer Feier des Unabhängigkeitstages gab.

Die Bewohner Anguillas setzten sich schließlich durch. Die Briten gaben das Konzept einer Union mit St. Kitts auf und führten die britische Verwaltung der Insel unter einem veränderten kolonialen Status fort, der Anguilla ein hohes Maß an Selbstverwaltung einräumte.

In den zwei Jahren der Rebellion, auch in den ersten Tagen des Aufstands, als Schüsse auf die Polizisten von St. Kitts abgefeuert wurden, war allerdings kein einziger Todesfall zu beklagen.

DAS LAND

Anguilla, 8 km nördlich von St. Martin gelegen, ist die nördlichste der Inseln unter dem Winde. Sie ist 26 km lang, 5 km breit und besitzt eine buchtenreiche Küste mit zahlreichen weißen Sandstränden.

Die Insel ist relativ flach, denn der höchste der sanften Hügel auf Anguilla, der Crocus Hill, erreicht nur eine Höhe von 65 m über dem Meeresspiegel. Zu Anguilla gehört auch eine Reihe von unbewohnten Inseln vor der Küste, darunter Scrub Island, Dog Island, Prickly Pear Cays und das entfernter gelegene Sombrero Island. Mit ihnen zusammen beläuft sich die Gesamtfläche von Anguilla auf 155 km².

KLIMA

Die durchschnittliche Jahrestemperatur beträgt 27° C. Am heißesten ist es in der Zeit der Hurrikane zwischen Juni und Oktober. Der durchschnittliche jährliche Niederschlag liegt bei 89 cm, wobei jedoch von Jahr zu Jahr große Unterschiede zu verzeichnen sind. Am wenigsten Niederschlag fällt im allgemeinen zwischen Februar und April, am meisten zwischen August und November.

FLORA UND FAUNA

Auf Anguilla wächst überwiegend Trockenvegetation, wobei es zur Überweidung kommt, insbesondere durch freilaufende Ziegen. Strandtrauben und Kokospalmen wachsen in der Nähe der Strände, wie auch die giftigen Manzanillo-Bäume. Die vielen Salztümpel auf der Insel ziehen zahlreiche wandernde Wasservögel an, darunter auch eine ganze Reihe von Reihern und Stelzvögeln.

STAAT UND VERWALTUNG

Als Folge des Aufstandes gegen St. Kitts ist Anguilla eine britische Kolonie geblieben. Nach der neuen Verfassung der Insel, die 1982 in Kraft getreten ist, benennen die Briten, die durch einen Gouverneur vertreten werden, einen Exekutivrat, neben dem noch eine gewählte Kammer eines Parlaments besteht.

WIRTSCHAFT

Noch immer leben viele Inselbewohner vom Langusten- und Fischfang, auch wenn seit den achtziger Jahren eine drastische Wende zum Tourismus hin zu verzeichnen ist.

Es kommen jährlich rund 90.000 Touristen auf die Insel, von denen allerdings etwa 60.000 Tagesgäste sind und auf Anguilla nicht übernachten.

DIE MENSCHEN

Auf Anguilla leben ca. 8000 Menschen. Die Mehrheit der Insulaner ist afrikanischer Herkunft, auch wenn es,

vor allem am östlichen Ende, einige irische Einflüsse gibt.

KULTUR

Die Kultur ist typisch westindisch, wobei sich britische und afrikanische Einflüsse mischen. Aufgrund der trok-kenen, kargen Landschaft war es nie einfach für die Bewohner, Fleisch zu produzieren, so daß man sich zum Meer hin orientierte und vom Fischfang sowie Bootsbau lebte. Darauf geht auch die Begeisterung für Regatten zurück.

Kleidung: Die Kleidung auf der Insel ist praktisch. Einfach Baumwollkleidung ist passend für alle Anlässe. In den Restaurants der oberen Preisklasse sollten die Männer lange Hosen tragen, aber Krawatte und Jackett sind nicht notwendig. Um Probleme zu vermeiden, sollte man Badekleidung allerdings nur an den Stränden tragen.

RELIGION

Auf Anguilla sind als bedeutendste Glaubensge-meinschaften Anglikaner, Methodisten, Katholiken,

Mormonen, Baptisten und Anhänger der Kirche Gottes vertreten.

SPRACHE

Amtssprache ist Englisch, das von den Insulanern mit

einem charakteristischen Akzent gesprochen wird.

PRAKTISCHE HINWEISE

EINREISEBESTIMMUNGEN
Bürger Deutschlands, Österreichs, der Schweiz und vie-ler anderer Länder brauchen für die Einreise nach Anguilla einen Reisepaß, aber kein Visum.

ZOLLBESTIMMUNGEN
Nach Anguilla können eine Stange Zigaretten, eine Fla-sche eines alkoholischen Getränks und vier Unzen Par-füm zollfrei eingeführt werden.

GELD
Der Ostkaribische Dollar (EC $) ist die offizielle Wäh-rung. Im allgemeinen geben Hotels, Autovermietungen und Restaurants ihre Preise in US $ an, während man in den Geschäften mit EC-Dollar zahlt. Man kann aber

praktisch beide Währungen benutzen, wobei meistens ein fairer Wechselkurs eingeräumt wird.
In The Valley finden Sie Filialen der Barclays Bank, der Scotia Band und einiger örtlicher Banken. Barclays ist montags bis donnerstags von 8.00 bis 13.00 Uhr sowie freitags von 15.00 bis 17.00 Uhr geöffnet. Die meisten anderen Banken haben längere Öffnungszeiten.
Kreditkarten von Visa, Eurocard/Mastercard und American Express werden von vielen (aber nicht allen) Hotels sowie Restaurants der mittleren bis hohen Preisklasse akzeptiert.
In den meisten Restaurants werden für Bedienung 15 % auf den Rechnungsbetrag aufgeschlagen, so daß ein weiteres Trinkgeld nicht notwendig ist. Eine Steuer von 8 % sowie 10 % für die Bedienung werden auf Hotel-

rechnungen aufgeschlagen. In einigen wenigen Hotels und Restaurants, insbesondere im Gebiet der Shoal Bay East, berechnet man noch weitere 4 bis 5 %, wenn mit einer Kreditkarte gezahlt wird.

INFORMATIONEN

Das zentrale Fremdenverkehrsbüro befindet sich im Komplex der Inselverwaltung in The Valley.
Wer schriftlich Informationen anfordern will, muß sich an folgende Adresse wenden: The Anguilla Department of Tourism (Tel. 27 59, Fax 33 89), The Valley, Anguilla, British West Indies.
Am Flughafen und beim Anleger der Fähre in Blowing Point gibt es zudem Informationsschalter. Es handelt sich dabei jedoch eigentlich nur um Stellen, an denen man Broschüren und Handzettel erhalten kann. Nehmen Sie unbedingt *What We Do In Anguilla* und *Anguilla Life* mit. Im deutschsprachigen Raum ist Anguilla mit einem Fremdenverkehrsamt nicht vertreten.

ÖFFNUNGSZEITEN

Die Geschäfte sind montags bis freitags im allgemeinen zwischen 8.00 und 12.00 Uhr sowie zwischen 13.00 und 16.00 Uhr geöffnet.

FEIERTAGE

Gesetzliche Feiertage in Anguilla sind

Neujahr	1. Januar
Karfreitag	Ende März/Anfang April
Ostermontag	Ende März/Anfang April
Tag der Arbeit	1. Mai
Pfingstmontag	achter Montag nach Ostern
Anguilla-Tag	30. Mai
Geburtstag der Königin	11. Juni
August-Montag (Tag der Emanzipation)	erster Montag im August
August-Donnerstag	erster Donnerstag im August
Tag der Verfassung	6. August
Tag der Separation	19. Dezember
Weihnachten	25. und 26. Dezember

Fällt ein Feiertag auf einen Sonntag, wird er häufig am folgenden Montag nachgeholt.

KULTURELLE VERANSTALTUNGEN

Das wichtigste Fest auf der Insel ist der Karneval, der am Wochenende vor dem August-Montag beginnt und eine Woche dauert. Zum Karneval gehören Regatten, Umzüge in Kostümen, Wettbewerbe, Musik und Tanz.

POST

Das Postamt von Anguilla befindet sich in The Valley. Es ist montags bis freitags von 8.00 bis 12.00 Uhr und von 13.00 bis 15.30 Uhr geöffnet.

Wer Post nach Anguilla schicken will, muß hinter dem Firmen- oder Familiennamen lediglich das Postfach oder den Ort sowie „Anguilla, British West Indies" angeben.

TELEKOMMUNIKATION

Auf der Insel sind sowohl Münz- als auch Kartenfernsprecher zu finden. Außerdem kann man im Büro von Cable & Wireless in The Valley montags bis freitags zwischen 8.00 und 18.00 Uhr, samstags von 9.00 bis 13.00 Uhr und sonntags von 10.00 bis 14.00 Uhr telefonieren, Sendungen per Fax verschicken und Telegramme aufgeben.
Telefonkarten sind bei Cable & Wireless, am Flughafen, beim Fähranleger sowie in mehreren Geschäften erhältlich. Bei Ortsgesprächen ist lediglich die vierstellige Rufnummer zu wählen. Wenn man vom Ausland nach Anguilla telefoniert, müssen die Vorwahl 809 sowie 479 gewählt werden, bevor die vierstellige Rufnummer folgt.

STROM

Die Stromspannung beträgt 110 Volt bei einer Frequenz von 60 Hertz. Auf der Insel werden Steckdosen mit zwei flachen Kontakten verwendet, wie sie auch in den USA gebräuchlich sind.

MASSE UND GEWICHTE

Auf Anguilla ist das imperiale System üblich. Die Entfernungen werden daher in Meilen angegeben. Auf Meilen sind auch die meisten Zähler in den Autos eingestellt.

MEDIEN

Die Monatszeitschrift *What We Do In Anguilla* enthält Informationen für Touristen, eine Liste der Restaurants, einige örtliche Informationen sowie viel Werbung.
Anguilla Life, ein Magazin, das dreimal jährlich herausgegeben wird, umfaßt Artikel über die verschiedensten Themen von Archäologie bis hin zu kulturellen Ereignissen und Veranstaltungen auf der Insel. Beide Zeitschriften sind kostenlos und können am Flughafen, am Fähranleger und in einigen Hotels mitgenommen werden.
Der einheimische staatliche Rundfunksender ist Radio Anguilla und strahlt sein Programm auf der Frequenz 1505 AM aus.

GESUNDHEIT

Das Krankenhaus mit 36 Betten (Tel. 25 51) befindet sich in The Valley. Einzelheiten zur Gesundheitsvorsorge finden Sie im Abschnitt über die Gesundheit im Einführungsteil.

GEFAHREN UND ÄRGERNISSE

Auf Anguilla kommt nur wenig Kriminalität vor, so daß im allgemeinen keine besonderen Vorsichtsmaßnahmen notwendig sind.

ANGUILLA

NOTFÄLLE

Die Polizei, die Feuerwehr und der Notarzt sind unter der Telefonnummer 911 zu erreichen.

FREIZEITBESCHÄFTIGUNGEN

Strände und Schwimmen: Auf Anguilla gibt es zahlreiche schöne weiße Sandstrände, so daß man niemals zu lange gehen muß, um an einen Strand zu gelangen. Sandy Ground bietet ruhiges, türkisfarbenes Wasser. Das gilt auch für die schön geschwungene Shoal Bay East und die Rendezvous Bay sowie die Shoal Bay West.

Tauchen und Schnorcheln: Vor Anguilla ist das Wasser klar und enthält schöne Rifformationen. Zudem hat man seit 1985 fünf Schiffe sinken lassen, um Tauchern mehr Möglichkeiten zu bieten. Sie liegen auf Sandboden in Tiefen von 12 bis 25 Metern und ziehen zahlreiche Fische an. Anguilla vorgelagerte Inseln, als Ausgangspunkte für Taucher beliebt, sind Prickly Pear Cays mit Riffen, Höhlen, Barracudas sowie Haien. Vor Dog Island kann man entlang einer Felswand mit einer reichen Tierwelt tauchen und sich bei Sandy Island Weichkorallen und Seefächer ansehen.

Beim Tamariain Dive Shop (Tel. 20 20, Fax 51 25, PO Box 147), der auf den Schutz des Meeres bedacht ist, handelt es sich um eine PADI-Einrichtung mit fünf Sternen in Sandy Ground. Für einen Tauchgang vom Boot aus mit einer Flasche Preßluft zahlt man 35 US $, für einen Tauchgang mit zwei Flaschen Preßluft 60 US $. Für das Nachttauchen werden bei einem Minimum von zwei Tauchern 45 US $ berechnet. Es werden zudem Tauchkurse innerhalb des Gebietes der Ferienanlage für 80 US $ angeboten, während Kurse auf offener See 375 US $ kosten. 200 US $ werden für einen Fortgeschrittenen-Kurs auf offener See verlangt. Eine Schnorchelausrüstung können Sie für 6 US $ pro Tag mieten. Die Tauchschule ist täglich von 8.00 bis 16.30 Uhr geöffnet.

Die Shoal Bay East, Sandy Island und die Lite Bay sind bei Tauchern besonders beliebt.

HÖHEPUNKTE

Strände, Strände, Strände - Anguilla besitzt einige der schönsten Strände der Region. Wer nicht taucht, sollte zumindest eine Schnorcheltour ins Auge fassen und eine der Anguilla vorgelagerten Inseln besuchen.

UNTERKUNFT

Anguilla steht in dem Ruf, ein teures Ferienziel zu sein, und in der Tat sind die meisten Unterkünfte nicht gerade billig.

Vermietet werden aber auch einige wenige sehr einfache Zimmer für 30 US $. Dabei handelt es sich um Zimmer in Pensionen in The Valley, die eher kärglich ausgestattet sind. In der Mittelklasse bestehen große Unterschiede, die von Apartments für 75 US $ bis hin zu Zimmern für 250 US $ in den kleinen Hotels am Strand reichen. Am oberen Ende sind einige schöne Luxushotels angesiedelt, in denen die Übernachtungspreise im allgemeinen bei ca. 500 US $ beginnen.

Im Sommer senken viele Hotels der Spitzen- und Mittelklasse ihre Preise erheblich. Einige Häuser der Mittelklasse und der unteren Preisklasse schließen dann bei schlechter Belegung sogar völlig.

Trotz der hohen Preise kann es in vielen Hotels der Mittelklasse sogar an einem Fernsehgerät und einer Klimaanlage im Zimmer fehlen. Letzteres ist vor allem im Sommer von Bedeutung, da es in vielen Orten auf der Insel (insbesondere z.B. in Sandy Ground) nicht selten Zeiträume gibt, in denen die Luft geradezu schwül ist und es dann nachts fast schon unerträglich schwül werden kann.

ESSEN

Hummer und Langusten sind zwei Spezialitäten, die beide vor Ort gefangen werden. Langusten, kleiner als Hummer, sind von mittlerer Größe, haben süßes, saftiges Fleisch und werden im allgemeinen jeweils mit drei Stück davon serviert.

Auch wenn noch einige traditionelle Grundnahrungsmittel auf Anguilla angebaut werden, so wie Mais und Taubenerbsen, wird der überwiegende Teil der Nah-

rungsmittel eingeführt, was zur Folge hat, daß die Preise dafür höher sind als auf den Nachbarinseln.

GETRÄNKE

Das Leitungswasser stammt aus Systemen, mit denen Regenwasser aufgefangen wird, und sollte vor dem Genuß abgekocht werden. In den Lebensmittelläden ist Trinkwasser in Flaschen erhältlich.

UNTERHALTUNG

Uncle Ernie's an der Shoal Bay East, Johnno's Beach Bar in Sandy Ground, Smitty's in Island Harbour und Scilly Cay gleich vor Island Harbour bieten sonntags am Nachmittag Live-Musik. In Johnno's Beach Bar gibt es samstags ab 20.00 Uhr Live-Musik und Tanz. In der Diskothek Red Dragon legt samstags und gelegentlich auch freitags ab 23.00 Uhr entweder ein Diskjockey Platten auf oder tritt eine Band auf. Donnerstags wird im Hotel La Sirena an der Meads Bay ein abendliches Programm mit Volksmusik und Tänzen aus Anguilla geboten.

In mehreren größeren Hotels und Restaurants können Sie an einigen Tagen in der Woche Steelbands, Gitarrenmusik oder andere Bands live erleben. Den aktuellen Veranstaltungskalender finden Sie in der Zeitschrift *What We Do In Anguilla*.

EINKÄUFE

In The Valley gibt es eine Reihe von Galerien mit einem hochwertigen Angebot. In der New World Gallery, geführt von dem Künstler Penny Singer, der die Wandgemälde mit traditionellen Themen am Flughafen gemalt hat, sind Arbeiten einheimischer Künstler sowie wechselnde Ausstellungen von internationalem Niveau zu sehen. Neben der New World Gallery liegt die Devonish Cotton Gin Gallery. Dabei handelt es sich um den interessanten Ausstellungsraum von Courtney Devonish, einem Künstler aus Barbados, der einige hübsche Tonwaren und Holzskulpturen zu durchaus moderaten Preisen verkauft.

Das Anguilla Arts & Crafts Center in der Nähe des Museums führt vor Ort hergestellte Kleidung aus bemalter Seide, T-Shirts, Tonwaren, Drucke, Lederwaren, Körbe und andere Waren.

ANREISE

FLUG
Direkte Flugverbindungen von Europa über den Atlantik nach Anguilla bestehen nicht. Es ist jedoch möglich, innerhalb eines Tages über San Juan oder St. Martin anzureisen.
American Eagle (Tel. 31 31) fliegt zweimal täglich von San Juan nach Anguilla. Der preiswerteste Tarif hin und zurück liegt bei einer Aufenthaltsdauer von längstens 30 Tagen, wenn man mindestens sieben Tage vorher bucht, bei 120 US $. Für einen einfachen Flug zahlt man 110 US $. Ein Flugschein zum Ausflugstarif von American Airlines für die Strecke von New York nach Anguilla (über San Juan), der ebenfalls dreißig Tage gilt, kostet 500 US $. Er muß mindestens 14 Tage vor dem Abflug gekauft werden. Gelegentlich gibt es auch Sonderangebote für Flüge zwischen den USA und San Juan, wodurch es preiswerter werden kann, die Strecken von New York nach San Juan und von San Juan nach Anguilla getrennt zu buchen. Winair (Tel. 27 48) fliegt mehrmals täglich von St. Martin nach Anguilla und zurück. Ein solcher Flug kostet 25 US $. LIAT (Tel. 22 38) fliegt von St. Martin, St. Thomas, St. Kitts und Antigua direkt nach Anguilla. Für einen einfachen Flug von St. Martin nach Anguilla muß man 26 US $ sowie hin und zurück 50 US $ bezahlen, während es von

St. Thomas nach Anguilla für einen einfachen Flug 76 US $ sowie hin und zurück 121 US $ sind. Der Preis für den Flug von St. Kitts nach Anguilla liegt für eine Strecke bei 56 US $ und für einen Hin- und Rückflug bei 105 US $. Für die Strecke von Antigua nach Anguilla zahlt man 79 US $, hin und zurück 149 US $.
Tyden Air (Tel. 27 19) fliegt nachmittags von Anguilla nach St. Martin und bietet dort Anschluß an Flüge amerikanischer und europäischer Fluggesellschaften. Die Kosten liegen bei 25 US $ für einen einfachen Flug. Tyden ermöglicht zudem montags, mittwochs und freitags um 9.00 Uhr Tagesausflüge nach St. Barts (Rückflug ab St. Barts 16.30 Uhr). Für einen einfachen Flug werden 75 US $ berechnet, hin und zurück 100 US $.
Air Anguilla (Tel. 26 43) ist eine reine Charterfluggesellschaft.

Flughafeninformation: Wallblake, der Flughafen von Anguilla, ist klein und modern. Hier gibt es Schalter von LIAT, Winair, American Eagle, Air Anguilla und Tyden Air. Täglich von 7.30 bis 17.00 Uhr ist auch ein Schalter des Fremdenverkehrsamtes geöffnet. In der Nähe des Ankunftsterminals befinden sich zudem öffentliche Fernsprecher.

Am Flughafen selbst gibt es keine Autovermietung, die nächste Gesellschaft, Island Car Rentals, ist jedoch nur fünf Minuten zu Fuß vom Flughafen entfernt.

Flughafentransfer: Im Abschnitt über das Reisen auf der Insel finden Sie Informationen über die Möglichkeit, vom Flughafen zu verschiedenen Orten auf der Insel zu gelangen.

SCHIFF
Fähre: Zwischen 8.00 und 17.30 Uhr verkehren alle dreißig Minuten Fähren auf der zwanzig Minuten langen Strecke von Marigot Bay auf St. Martin bis nach Blowing Point auf Anguilla. Von Anguilla fährt die erste Fähre um 7.30 Uhr und die letzte um 17.00 Uhr ab.
Daneben werden noch Nachtfähren eingesetzt, die in Marigot um 19.00 und 22.45 Uhr und in Blowing Point um 6.15 sowie 22.00 Uhr ablegen.

Für eine einfache Fahrt zahlt man tagsüber 9 US $ und nachts 11 US $. Tragen Sie sich, sobald Sie am Anleger ankommen, in die Passagierliste ein und zahlen Sie die 2 US $ Abfahrtsgebühr, ganz gleich, in welcher Richtung Sie unterwegs sind. Den Fahrpreis für die Überfahrt entrichtet man an Bord.

Segelboot: Der wichtigste Hafen befindet sich in Sandy Ground an der Road Bay. Die Ausländerbehörde und der Zoll sind dort täglich von 8.30 bis 12.00 Uhr und von 13.00 bis 16.00 Uhr geöffnet. Samstags am Morgen ist allerdings geschlossen.

AUSREISE AUS ANGUILLA
Bei der Ausreise wird am Flughafen eine Steuer von 6 US $ und am Hafen von 2 US $ erhoben. Das gilt jedoch nicht für Kinder unter 11 Jahren.

REISEN AUF ANGUILLA

Auf Anguilla verkehren keine Linienbusse, so daß es schwierig ist, ohne einen Mietwagen von der Stelle zu kommen. Lesen Sie daher den Abschnitt über Mietwagen weiter unten.

Umleitung
Die meisten Straßen auf Anguilla sind weder mit Namen noch mit Nummern versehen, auch wenn Schilder an Hotels und Restaurants den Weg zu zahlreichen Stränden markieren. Sie sollten sich jedoch vor gelegentlich auftauchenden Schildern hüten, die den Weg zu einem Restaurant anzeigen. Sie scheinen auf ein Ziel in der Nähe zu weisen, sind jedoch in Wirklichkeit ein Versuch, Besucher einen Umweg über die halbe Insel machen zu lassen.

TAXI
Taxis lassen sich am Flughafen und am Fähranleger problemlos finden. Der Grundpreis für eine Taxifahrt beträgt 5 US $. Vom Flughafen nach Sandy Ground sind es 8 US $, zur Shoal Bay East 10 US $ und zur Meads Bay 14 US $. Von Blowing Point bis nach Sandy Ground oder The Valley zahlt man 10 US $ und zur Shoal Bay East 15 US $. Die Preise gelten jeweils für zwei Personen. Für jede weitere Person werden 3 US $ mehr erhoben.

AUTO UND MOTORRAD
Auf Anguilla fährt man an der linken Straßenseite. Dennoch haben praktisch alle Mietwagen das Lenkrad an der linken Seite, was sich sehr verwirrend auswirken kann!
Um einen Wagen zu mieten, muß eine zeitlich begrenzte Fahrerlaubnis für Anguilla zum Preis von 7

US $ erworben werden, die im allgeinen bei den Autovermietungen ohne längere Wartezeit ausgestellt wird.
Die Straßen sind im allgemeinen in gutem Zustand und für karibische Verhältnisse relativ breit. Achten Sie aber auf wilde Ziegen, die gelegentlich auf die Fahrbahn gelangen. Tankstellen gibt es in The Valley, in Island Harbour und an der Straße nach Blowing Point. Die Tankstelle in The Valley ist montags bis samstags von 7.00 bis 21.00 Uhr und sonntags von 9.00 bis 13.00 Uhr geöffnet.

Mietwagen: Kompaktwagen mit Klimaanlage kosten ohne Kilometerbegrenzung ca. 35 US $ pro Tag. Für Jeeps zahlt man nur wenig mehr.
Triple K Car Rental (Tel. 29 34, Fax 25 03), die Hertz-Vertretung auf Anguilla, ist ein freundliches Unternehmen, dessen Kunden kostenlos am Fähranleger oder Flughafen abgeholt werden und dort den Wagen wieder abgeben können. Das Büro in The Valley ist täglich von 8.00 bis 17.00 Uhr geöffnet (sonntags ab 12.00 Uhr). Bei vorheriger Anmeldung kann man einen Mietwagen aber auch zu anderen Zeiten übernehmen oder zurückgeben.
Weitere große Autovermietungen auf der Insel sind Island Car Rental an der Airport Road (Tel. 27 23, nach 17.00 Uhr Tel. 43 30) und Budget an der Stoney Ground Road (Tel. 22 17), beide in The Valley, sowie Connor's Car Rental an der Kreuzung am nördlichen Ende der Blowing Point Road (Tel. 64 33).
Boo's Cycle Rental an der Straße zwischen The Valley und Sandy Ground (Tel. 23 23) vermietet Mopeds für 16 US $, Motorroller für 20 US $ und Motorräder vom Typ Yamaha 135 RX für 22 US $ pro Tag. Angeboten werden auch Wochentarife.

FAHRRAD

Bei Island Tours an der Hauptstraße in der Nähe der Ampel an der Island Harbour Road (Tel. 58 10) können Sie Mountain Bikes mieten.

AUSFLUGSFAHRTEN

Die Taxifahrer bieten Inselrundfahrten zum Preis von 40 US $ für ein bis zwei Personen an. Für jede weitere Person werden 5 US $ zusätzlich berechnet.

Von den Anguilla vorgelagerten Inseln ist eines der beliebtesten Ziele Prickly Pear Cays mit ausgezeichneten Möglichkeiten zum Schnorcheln. Die Boote dorthin legen bei Sandy Ground gegen 10.00 Uhr ab und kehren gegen 16.00 Uhr zurück. Die Kosten einer Mitfahrt liegen bei 70 US $ für Erwachsene und bei 45 US $ für Kinder (einschließlich Mittagessen, Getränke und Schnorchelausrüstung).

Ebenfalls beliebt und ein wenig preiswerter sind Fahrten zu der abgelegenen Little Bay an Anguillas Ostküste, bei der es sich um eine schöne, von Klippen umgebene Bucht mit einem kleinen weißen Sandstrand und guten Schnorchelmöglichkeiten handelt.

Folgende Unternehmen bieten Fahrten zu beiden Zielen an: Suntastic Yacht Cruises (Tel. 34 00), Princess Soya Cruises (Tel. 26 71) und Enchanted Island Cruises (Tel. 31 11). Es kann inzwischen auch noch einige neuere Firmen geben, die die gleichen Ausflüge zu niedrigeren Preisen veranstalten - erkundigen Sie sich.

Informationen über Bootsfahrten nach Sandy Island finden Sie im Abschnitt über Sandy Ground.

THE VALLEY

The Valley ist die einzige richtige Stadt auf Anguilla und das geographische, geschäftliche sowie politische Zentrum der Insel. Es ist keine große Stadt, jedoch weitgestreckt und geschäftig. Teils weil die Briten die Verwaltung der Insel 1825 zurück nach St. Kitts verlagerten, gibt es hier keine großartigen kolonialen Gebäude. Es fehlt selbst an einem zentralen Platz. Die meisten Bauten sind funktional und erinnern an kleine Einkaufszentren. In der Stadtmitte zwischen der Wallblake- und der Flughafenstraße wurde ein neues Museum errichtet. Hier findet man von indianischen Gebrauchsgegenständen bis hin zu naturkundlichen Ausstellungsstücken und Zeugnissen des Aufstands von 1967 so gut wie alles.

Das interessanteste Gebäude in The Valley ist das Wallblake House aus dem Jahre 1787, das zu den ältesten Bauten auf der Insel zählt. Es kann nur von außen besichtigt werden, weil es als Pfarrei der angrenzenden katholischen Kirche genutzt wird. Sie können sich jedoch das Innere der benachbarten katholischen Kirche ansehen, eines einzigartigen Bauwerks mit einer schönen Front aus Stein, nicht überdachten Seitenwänden und einer Decke, die an einen Schiffsrumpf erinnert.

UNTERKUNFT

Das Casa Nadine Guest House (Tel. 23 58, PO Box 10) ist eine Pension mit einem freundlichen Geschäftsführer und 11 sehr einfachen Zimmern, die alle mit eigener Dusche und Toilette ausgestattet sind. Hier muß man für ein Einzelzimmer 20 US $ und für ein Doppelzimmer 30 US $ bezahlen.

Beim Lloyd's Guest House (Tel. 23 51, PO Box 52) handelt es sich um eine altmodische Pension mit einem Dutzend Zimmer. Alle sind sehr einfach, jedoch mit eigenem Bad ausgestattet. Hier gilt das ganze Jahr über ein Preis von 50 US $ pro Übernachtung mit Frühstück. Zum Lloyd's gehören auch einige Apartments mit Küchenzeile unten an der Crocus Bay, die gelegentlich zum gleichen Preis vermietet werden.

Die Paradise Apartments (Tel. 21 68, Fax 53 81) liegen gegenüber der zentralen Baptistenkirche im Viertel Rey Hill nicht weit vom Flughafen entfernt. In dem zweistöckigen Gebäude gibt es vier moderne Apartments, die alle mit einem großen Schlafzimmer, Bad, separater Küche sowie einem Deckenventilator ausgestattet sind und einen schönen Blick über The Valley bieten. Hier werden für eine Übernachtung im Sommer 60 US $ und im Winter 85 US $ berechnet.

ESSEN

Im Pepper Pot westlich der Barclays Bank erhält man gute Hähnchen-Rotis für 8 EC $ und preiswerte Burger sowie Sandwiches. Es ist montags bis samstags zum Frühstück und Mittagessen geöffnet und wird gegen 17.00 Uhr geschlossen.

Das Yabba Pot in der Wallblake Road führt vegetarische Küche im Rastafari-Stil, darunter Suppen, Salate, Reisgerichte und Fruchtsäfte. Es ist im allgemeinen täglich außer sonntags zum Mittag- und Abendessen geöffnet.

Im Restaurant Crossroads in der Stadtmitte gegenüber vom Supermarkt Galaxy wird traditionell westindisches Essen wie *goat water*, Rotis und Hähnchen mit Pommes Frites angeboten. Die Preise variieren von einigen Dollar für Sandwiches bis zu 12 US $ für ein Gericht mit frischem Fisch. Geöffnet ist täglich von 12.00 bis 22.00 Uhr.

Das Old House, ein sehr beliebtes Lokal an der Straße nach Sandy Ground an der Südseite der Stadt, besitzt eine vielfältige Speisekarte mit moderaten Preisen. *Potfish* im Stil von Anguilla mit Erbsen und Reis ist die Spezialität

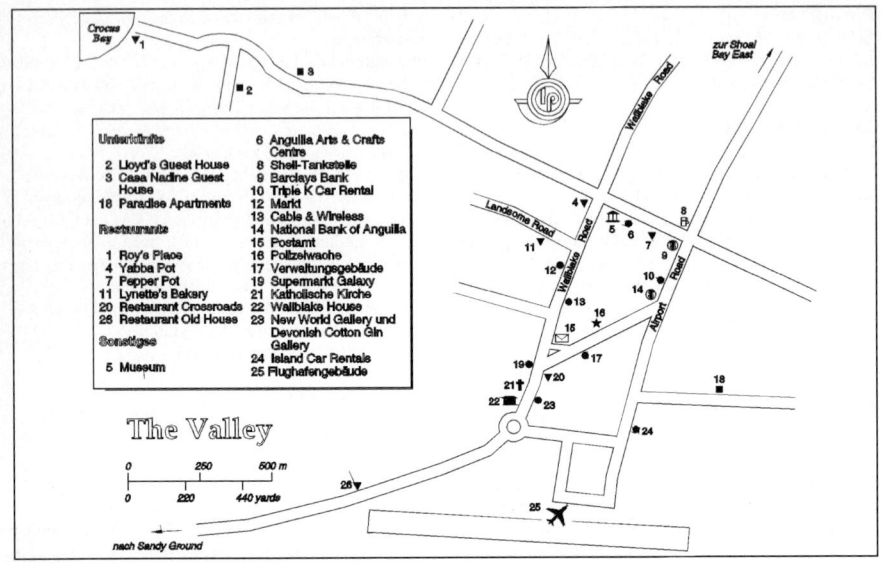

Crocus
Bay ▼1

■ 2   ■ 3

zur Shoal
Bay East

Unterkünfte
2 Lloyd's Guest House
3 Casa Nadine Guest House
18 Paradise Apartments

Restaurants
1 Roy's Place
4 Yabba Pot
7 Pepper Pot
11 Lynette's Bakery
20 Restaurant Crossroads
26 Restaurant Old House

Sonstiges
5 Museum

6 Anguilla Arts & Crafts Centre
8 Shell-Tankstelle
9 Barclays Bank
10 Triple K Car Rental
12 Markt
13 Cable & Wireless
14 National Bank of Anguilla
15 Postamt
16 Polizeiwache
17 Verwaltungsgebäude
19 Supermarkt Galaxy
21 Katholische Kirche
22 Wallblake House
23 New World Gallery und Devonish Cotton Gin Gallery
24 Island Car Rentals
25 Flughafengebäude

The Valley

0   250   500 m
0   220   440 yards

nach Sandy Ground

---

des Hauses. Das Restaurant ist zu allen drei Mahlzeiten am Tag von 7.00 bis 23.00 Uhr geöffnet.

Das Roy's Place, ein Restaurant im Pub-Stil am Strand an der Crocus Bay, ist für sein sonntägliches Mittagessen mit Roast Beef und Yorkshire-Pudding (15 US $) bekannt. Zum üblichen Mittagessen gehören Sandwiches ab 5 US $, während zum Abendessen Fischgerichte ab 15 US $ (Fish and Chips) und Langusten für das Doppelte angeboten werden. In diesem Lokal kann man von 12.00 bis 14.00 Uhr und von 18.30 bis 21.00 Uhr essen. Montags ist

Ruhetag. Zum Frühstück versuchen Sie es am besten in Lynette's Bakery an der Landsome Road, in der man eine große Scheibe warmen Brotpudding für nur 1,25 EC $ bekommt. Sonntags ist geschlossen.

Der Supermarkt Galaxy in der Wallblake Road ist ein recht großer Lebensmittelladen, in dem man montags bis freitags bis 19.30 Uhr und samstags bis 21.00 Uhr einkaufen kann. Nicht weit von der Ecke der Wallblake Road und der Landsome Road findet ein Warenmarkt statt, wo die Preise jedoch hoch sind.

MITTEL- UND WEST-ANGUILLA

SANDY GROUND UND ROAD BAY

Sandy Ground, ein kleines Dorf an der Road Bay, ist am ehesten ein Traveller-Ziel auf Anguilla. Es gibt hier einen schönen weißen Sandstrand, der von guten Strandlokalen gesäumt ist, eine Tauchschule und einige wenige preiswertere Unterkünfte. Die fischflossenförmige Bucht gehört zu den geschütztesten Buchten der Insel und ist gleichzeitig der wichtigste Hafen für Segelboote.

Hinter Sandy Ground befindet sich ein großer Salzsee, der bis vor wenigen Jahren kommerziell genutzt wurde, bis die Kosten für die Verschiffung den Gewinn aus dem Salzverkauf überstiegen. Die alten hölzernen Salzgewin-

nungsanlagen und ein Hügel aus grauem Salz liegen nun unbenutzt am Nordende des Dorfes. Das ruhigere Nordende des Salzsees zieht Reiher und Stelzvögel an.

SANDY ISLAND

Auf Sandy Island, einer kleinen Insel 2 km vor Sandy Ground, finden Sie leuchtend weißen Sand und ein Dutzend Kokospalmen. In nur zehn Minuten kann man die gesamte Insel umrunden. Ihr vorgelagert sind seichte Riffe, die recht ordentliche Schnorchelmöglichkeiten mit ihren sich im Wasser hin und her wiegenden Finger-

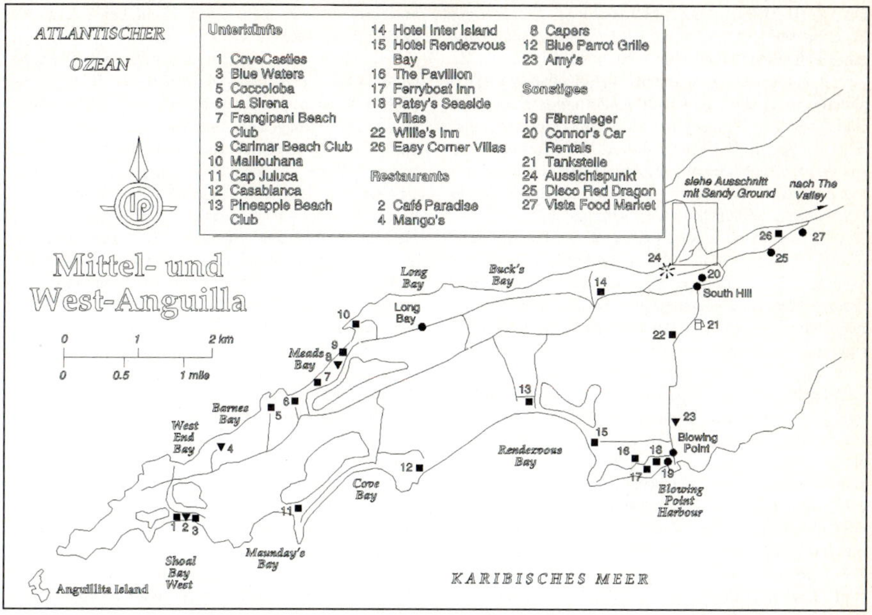

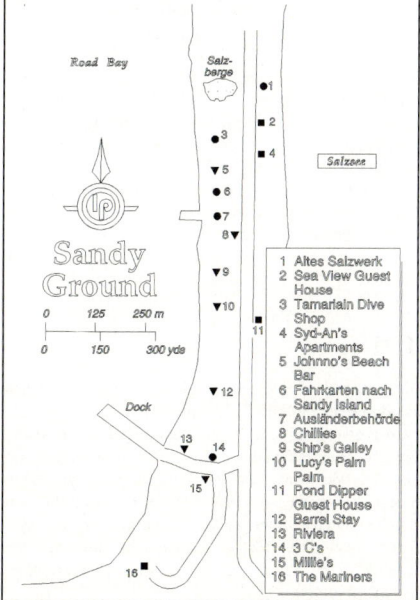

ATLANTISCHER OZEAN
Mittel- und West-Anguilla
Unterkünfte
1 CoveCastles
3 Blue Waters
5 Coccoloba
6 La Sirena
7 Frangipani Beach Club
9 Carimar Beach Club
10 Malliouhana
11 Cap Juluca
12 Casablanca
13 Pineapple Beach Club
14 Hotel Inter Island
15 Hotel Rendezvous Bay
16 The Pavillion
17 Ferryboat Inn
18 Patsy's Seaside Villas
22 Willie's Inn
26 Easy Corner Villas
Restaurants
2 Café Paradise
4 Mango's
8 Capers
12 Blue Parrot Grille
23 Amy's
Sonstiges
19 Fähranleger
20 Connor's Car Rentals
21 Tankstelle
24 Aussichtspunkt
25 Disco Red Dragon
27 Vista Food Market
siehe Ausschnitt mit Sandy Ground
nach The Valley
Long Bay
Buck's Bay
South Hill
Meads Bay
Barnes Bay
West End Bay
Rendezvous Bay
Blowing Point
Blowing Point Harbour
Cove Bay
Maunday's Bay
Shoal Bay West
Anguillita Island
KARIBISCHES MEER
0 1 2 km
0 0.5 1 mile

Road Bay
Salzberge
Salzsee
Dock
Sandy Ground
0 125 250 m
0 150 300 yds
1 Altes Salzwerk
2 Sea View Guest House
3 Tamariain Dive Shop
4 Syd-An's Apartments
5 Johnno's Beach Bar
6 Fahrkarten nach Sandy Island
7 Ausländerbehörde
8 Chillies
9 Ship's Galley
10 Lucy's Palm Palm
11 Pond Dipper Guest House
12 Barrel Stay
13 Riviera
14 3 C's
15 Millie's
16 The Mariners

korallen, Seefächern und kleinen tropischen Fischen bieten.

Vom Anleger vor der Ausländerbehörde legen zwischen 10.00 und 15.00 Uhr stündlich Boote zur fünfminütigen Überfahrt nach Sandy Island ab. Die Boote sind jedoch auch für längere Fahrten geeignet und werden häufig für andere Strecken gemietet. Die Fahrkarten (hin und zurück 8 US $) können Sie an der Bude neben Johnno's Beach Bar kaufen.

Auf der Insel gibt es eine Bar, in der Bier für 2 US $ und Tellergerichte von 10 US $ (Hähnchen) bis 25 US $ (Langusten) verkauft werden.

UNTERKUNFT

Zu den Syd-An's Apartments an der Strandstraße in der Dorfmitte (Tel. 31 80, Fax 53 81) gehören sechs Apartments, die nicht mehr ganz neu, aber akzeptabel und jeweils mit Küchenzeile und Ventilator ausgestattet sind. Als Einzelzimmer werden sie im Sommer für 45 US $ und im Winter für 60 US $ sowie als Doppelzimmer im Sommer für 60 US $ und im Winter für 75 US $ vermietet.

Beim Sea View Guest House an der Strandstraße gegenüber der Tauchschule (Tel. 24 27) handelt es sich um ein sauberes zweistöckiges Gebäude mit drei von Ventilatoren gekühlten Apartments. Für ein Apartment mit einem Schlafraum zahlt man 48 US $ und für ein Apartment mit drei Schlafräumen 90 US $.

Das Pond Dipper Guest House im 2. Stock eines Privathauses (Tel. 23 15) verfügt über drei Schlafräume mit Küchenbenutzung und einen Aufenthaltsraum. Zu zwei der Schlafräume, einer mit drei Einzelbetten und ein anderer mit einem Doppelbett, gehört ein gemeinsames Bad. Das dritte Zimmer ist mit einem Doppelbett und einem eigenen Bad ausgestattet. Die Zimmer sind spartanisch, wobei Standventilatoren den größten Komfort darstellen. Im Sommer werden alle Zimmer für 50 US $ und im Winter für 60 US $ vermietet.

Das einziges Hotel in Sandy Ground, das The Mariners (Tel. 26 71, Fax 29 01), liegt am ruhigeren Südende des Strandes. Die meisten Zimmer befinden sich in einer Gruppe von schönen Bungalows im westindischen Stil mit in leuchtenden Farben gestrichenen Fensterläden und zahlreichen Verzierungen. Die Innenräume sind schlicht, aber angenehm mit Jalousien vor den Fenstern, Deckenventilator und Telefon ausgestattet. An den Palmen am Strand hat man Hängematten befestigt, und die Gäste des Hauses können kostenlos Schnorchelausrüstungen leihen sowie Sunfish-Boote, Ausrüstungen zum Windsurfen und den Tennisplatz benutzen. Einzelzimmer werden in dieser Anlage im Sommer ab 135 US $ und im Winter ab 210 US $ angeboten, Doppelzimmer im Sommer ab 145 US $ und im Winter ab 235 US $. Zur Anlage gehören zudem noch klimatisierte Zimmer in einem zweistöckigen Block an den Klippen mit weniger Atmosphäre, für die dieselben Preise gelten.

ESSEN

Bei Johnno's Beach Bar handelt es sich um ein einfaches Restaurant unter freiem Himmel am Strand mit Picknicktischen und einer simplen Speisekarte. Für einen Burger mit Pommes Frites zahlt man hier 5,50 US $, für Hähnchen oder Ribs 8,50 US $ und für den Fisch, der an diesem Tag gefangen wurde, 12 US $. Die Bar ist täglich zum Mittagessen sowie zum Abendessen geöffnet und insbesondere samstags am Abend und sonntags gut besucht, wenn Live-Musik zu hören ist.

Das Chillies in der Dorfmitte ist ein einfaches mexikanisches Restaurant mit recht ordentlicher Küche und großen Portionen. Zwei Hähnchen-Tacos oder Enchiladas mit Reis und Bohnen kosten hier 8,50 US $. Auf der Speisekarte finden Sie zudem Burritos, Tostadas, Quesadillas und Faijitas. Die meisten Gerichte können auch für Vegetarier zubereitet werden. Das Chillies öffnet täglich zum Mittag- und Abendessen.

Das beliebte Barrel Stay am Strand (Tel. 28 31), das seinen Namen von den alten Stützen für Rumfässer erhalten hat, die die Geländer des Restaurants bilden, besitzt die wohl romantischste Lage. Frischer Fisch wird hier auf verschiedene phantasievolle Arten zubereitet, darunter auch mit Mandeln und auf vietnamesische Art. Er kostet 23 US $, während man für Seemuscheln auf kreolische Art 20 US $ und für gegrillten Hummer 30 US $ bezahlen muß. Alle Preise sind à la carte. Probieren Sie unbedingt die Fischsuppe, die als die beste auf Anguilla gilt. Das Barrel Stay ist zum Mittag- und zum Abendessen geöffnet.

Zum Riviera gehört eine schöne Veranda mit Blick über den Strand. Hier ißt man recht ordentlich französisch. Der gegrillte Hummer für 30 US $ ist sehr lecker. Weitere Hauptgerichte wie Hähnchen oder Roter Schnäpper kosten ab 20 US $. Häufig werden zudem einige wenige günstige Tagesgerichte angeboten, die im allgemeinen auch eine Vorspeise und einen Nachtisch umfassen und nicht teurer sind als soeur ein Hauptgericht allein. Das Riviera ist täglich zur Mittagszeit und abends geöffnet. Ebenfalls am Strand liegen das Lucy's Palm Palm und das nicht weit entfernte Ship Galley, in denen man zu moderaten Preisen Fisch essen kann.

Abends erhält man im Millie's, einem einfachen Imbiß an der Straße zum Anleger, draußen gegrillte Hähnchenschenkel. Gegenüber befindet sich das 3 C's, ein kleiner Lebensmittelladen, der montags bis samstags von 8.00 bis 16.00 Uhr und von 17.00 bis 20.00 Uhr sowie sonntags von 8.00 bis 10.00 Uhr geöffnet ist. Größere Einkäufe sind im Vista Food Market möglich, eine Meile (1,6 km) entfernt am Kreisverkehr. Das ist der Supermarkt auf der Insel, der am besten sortiert und montags bis samstags von 8.00 bis 18.00 Uhr geöffnet ist.

SOUTH HILL

South Hill, ein Dorf am südlichen Ende der Road Bay auf einer Anhöhe, ist in erster Linie ein Wohngebiet, auch wenn es hier einige Hotels und Pensionen ebenfalls gibt. In South Hill ist nichts zu sehen, aber Sie können die einspurige Straße nehmen, die sich von Westen nach Osten über die Klippen zieht, von der aus sich ein schöner Blick über Sandy Ground, die Road Bay und Sandy Island bietet.

UNTERKUNFT

Die Easy Corner Villas (Tel. 64 33, Fax 64 10, PO Box 65), gelegen auf einem Hügel gleich westlich vom Vista Food Market, bestehen aus 12 modernen Apartments zur Selbstversorgung mit Balkon und Blick über Sandy Ground. Hier muß man im Winter für ein Apartment mit ein, zwei oder drei Schlafzimmern 160, 195 bzw. 240 US $ und im Sommer 40 US $ weniger bezahlen. Für ein Studio werden im Sommer 90 US $ und im Winter 110 US $ berechnet. Das Büro der Anlage befindet sich bei Connor's Car Rental, eine Meile (1,6 km) westlich an derselben Straße.

Zum Hotel Inter Island (Tel. 62 59, Fax 53 81), einem älteren, zweistöckigen Gasthaus an der Hauptstraße, gehören 14 recht einfache Unterkünfte. Viele Zimmer besitzen keinen besonderen Ausblick, zu einigen gehört jedoch ein Balkon, von dem aus man in der Ferne das Meer sehen kann. Das Hotel liegt eher einsam, aber mehrere Strände sind motorisiert innerhalb von zehn Minuten zu erreichen. Das große Plus sind die Preise, denn hier zahlt man 35 bzw. 60 US $ für eine oder zwei Personen in einem Standardzimmer, während ein Apartment mit einem Schlafraum 70 US $ und ein Apartment mit zwei Schlafräumen für bis zu vier Personen 95 US $ kosten.

BLOWING POINT

Blowing Point, der Ort, in dem auch die Fähre von St. Martin anlegt, ist in erster Linie ein Wohngebiet und kein besonders touristisches Zentrum. Westlich der Ausländerbehörde befindet sich ein akzeptabler Strand, und es gibt hier auch einige wenige Apartmenthotels mit moderaten Preisen. Die meisten Besucher, die bei einem Tagesausflug hier ankommen, machen sich jedoch auf den Weg zu besseren Stränden der Insel.

UNTERKUNFT

Die ersten drei Häuser liegen nicht mehr als zehn Minuten zu Fuß vom Anleger entfernt an der ersten Straße links, wenn man den Anleger verlassen hat.

Das Ferryboat Inn (Tel. 66 13, Fax 33 09) besteht aus sechs Apartments am Strand. Die Unterkünfte sind groß und modern und mit Rattan-Möbeln sowie einer Glasschiebetür zu einer Veranda hin, Deckenventilator und Fernsehgerät ausgestattet. Dafür zahlt man im Sommer 75 US $ und im Winter ab 125 US $.

Das The Pavillon direkt gegenüber vom Ferryboat Inn (Tel. 63 95, Fax 62 34) ist ebenfalls ein modernes, dreistöckiges Gebäude mit acht Apartments mit einem Schlafraum für 60 US $ im Sommer und 80 US $ im Winter sowie einem Apartment mit zwei Schlafzimmern für 90 bzw. 120 US $. Die Unterkünfte sind jeweils mit kompletter Küche, Balkon, Deckenventilator und Fernsehgerät ausgestattet.

In den nahegelegenen Patsy's Seaside Villas (Tel. 62 97, Fax 53 81) stehen ebenfalls einige Unterkünfte am Strand mit Küche, Deckenventilator und Fernsehgerät zur Verfügung. Hier zahlt man im Sommer 70 US $ und im Winter 100 US $.

Das Willie's Inn (Tel. 62 25, Fax 53 81), eine Meile (1,6 km) vom Fähranleger entfernt, ist ein zweistöckiges Gebäude mit 16 preisgünstigen Apartments. Sie sind ventilatorgekühlt und besitzen Küchenzeilen mit Kochplatten, Kühlschrank und Toaster. Für ein bzw. zwei Personen werden im Sommer 40 bzw. 50 US $ und im Winter 50 bzw. 75 US $ berechnet.

ESSEN

Es gibt am Fähranleger weder etwas zu essen noch Wasser, aber an der Straße, die vom Anleger zum Dorf führt, finden Sie einige kleine Imbisse. Am nettesten davon ist das Amy's, eine kleine Bäckerei mit einem halben Dutzend Tischen im Stil eines Cafés. Neben preiswerten Bananenbrot-Scheiben und Möhrentorte können Sie dort Pfannkuchen zum Frühstück und Sandwiches zum Mittagessen für 5 bis 7 US $ essen. Das Amy's ist täglich außer sonntags von 7.30 bis 14.30 Uhr geöffnet.

An der rechten Seite der Straße gleich hinter dem Anleger steht gelegentlich ein Mann mit einem Holzkohlegrill, dessen Ribs und Fische zu den besten auf der Insel gehören.

Im Ferryboat Inn, einige Minuten westlich des Anlegers, gibt es ein simples Strandrestaurant. Für Burger und Pommes Frites zahlt man hier 6,50 US $, für ein Grillhähnchen 12 US $ und für frischen Fisch einige Dollar mehr. Das Restaurant ist mittags und abends geöffnet. Dort werden auch Kreditkarten akzeptiert.

RENDEZVOUS BAY

Die Rendezvous Bay ist ein großartiger weißer Sandstrand, der sich in einem großen Bogen über 1,2 Meilen (2 km) zieht. An jedem Ende und in der Mitte befindet sich ein Hotel, aber davon abgesehen ist der Strand angenehm wenig erschlossen. Das Wasser der geschützten Bucht ist türkisfarben, der Untergrund sandig. Von hier hat man einen freien Blick auf das hügelige St. Martin im Süden. Die Rendezvous Bay ist in der Geschichte der Insel berühmt, da hier 1796 französische Truppen landeten und in Hast die Insel plünderten, bevor den Insulanern britische Soldaten von St. Kitts zur Hilfe kamen.

Der Zugang zum öffentlichen Strand befindet sich an der Ostseite des Pineapple Beach Club. Wenn man von der Hauptstraße nach Süden zum Hotel abbiegt, genügt es, einfach der unbefestigten Straße zu folgen, die sich am Salzsee entlang zieht, bis man den Strand erreicht. Bei Upwinds Water Sports neben dem Hotelrestaurant können Sie eine Ausrüstung zum Windsurfen mieten.

UNTERKUNFT

Das Hotel Rendezvous Bay (Tel. 65 49, Fax 60 26, PO Box 31) ist am Ostende der Rendezvous Bay gelegen und über Blowing Point zu erreichen. Hier gibt es 20 einfache, an ein Motel erinnernde Zimmer mit Ventilator, die im Sommer 75 US $ und im Winter 100 US $ kosten, sowie 24 schickere Bungalows mit Klimaanlage, Ventilator, Kühlschrank und Veranda, für die ab 100 bzw. 175 US $ berechnet werden. Daneben werden noch Studios mit Küche für 125 bzw. 200 US $ vermietet. Zum Hotel gehören ein Restaurant, ein Swimming Pool, Tennisplätze und ein Gemeinschaftsraum mit Fernsehgerät.

Der Pineapple Beach Club (Tel. 60 61, Fax 60 19) liegt einsam an einem ruhigen Strand in der Rendezvous Bay. Er besteht aus einer Reihe von Hütten im traditionellen westindischen Stil, die geschmackvoll mit Mobiliar aus der Kolonialzeit ausgestattet sind. Hier kann man gut von allem abschalten. Die Zimmer sind komfortabel und die Mitarbeiter freundlich. Zum Hotel gehören auch ein Restaurant und eine Bar sowie ein Schwimmbecken. Für eine Übernachtung mit Vollpension und Wassersportmöglichkeiten zahlt man hier im Sommer allein 220 US $ und zu zweit 340 US $ sowie im Winter 320 bzw. 400 US $.

Das Casablanca (Tel. 69 99, Fax 68 99) ist eine neue Ferienanlage mit 76 Zimmern im marokkanischen Stil am Westende der Rendezvous Bay. Mit seinen pinkfarbenen Innenräumen und exotischen Bögen würde es sicher gut in die Wüste passen, nur nicht unbedingt nach Anguilla. Die gesamte Anlage ist geprägt von Fantasy-Elementen, von komplizierten Kachelmosaiken in der Lobby bis hin zur Bar Café American als Reminiszenz an Bogart. Die Zimmer sind geräumig und im maurischen Stil eingerichtet, besitzen Bäder mit italienischem Marmor und Fernsehgeräte für Satellitenprogramme. Vorhanden sind auch ein großes Schwimmbad, Tennisplätze sowie ein Fitness-Raum. Pro Tag zahlt man hier zu zweit alles inklusive im Sommer ab 700 US $ und im Winter ab 800 US $. Im Casablanca gibt es auch eine Reihe von Restaurants. Beim Blue Parrot Grille handelt es sich um ein nettes Café der oberen Klasse am Swimming Pool, in dem Fischgerichte wie Roter Schnäpper (25 US $) und Hummer oder Langusten (32 US $) serviert werden. Formeller und teurer ist das Casablanca mit klassischer französischer und kontinentaler Küche. Der Sonntagsbrunch für 25 US $ lohnt einen Versuch (Kinder zahlen die Hälfte). Er wird von 11.30 bis 15.00 Uhr angeboten, wobei es verschiedene Salate, Kuskus, Lachs, Roastbeef, frisches Obst und Gebäck gibt. Beim Brunch ist Live-Musik zu hören und die Benutzung des Swimming Pools für Gäste kostenlos.

MEADS BAY

Die Meads Bay bietet einen schönen, rund eine Meile langen geschwungenen weißen Sandstrand mit ruhigem türkisfarbenen Wasser sowie gute Möglichkeiten zum Schwimmen. Das ist ein ausgezeichnetes Ziel zum Spazierengehen.

Auch wenn einige der schicksten Hotels sowie einige wenige kleine Apartmentkomplexe am Strand erbaut wurden, gehört die Meads Bay sicher nicht zu den überfüllten Stränden. Einige Hotels sind gut fünf Minuten zu Fuß vom nächsten Hotel entfernt. Fast auf der gesamten Länge wird die Bucht von einem Salzsee begrenzt. Alljährlich am ersten Donnerstag im August findet hier eine Regatta statt.

UNTERKUNFT

Das La Sirena (Tel. 68 27, PO Box 200) ist am Westende der Meads Bay gelegen. Es besteht aus 27 Zimmern in niedrigen, weißgekalkten Bauten mit roten Ziegeldächern. Alle Zimmer sind mit einem Deckenventilator, einem Telefon und einer Minibar ausgestattet. Selbst wenn es sich um das preiswerteste Hotel in dieser Gegend handelt, ist es ein angenehmes Quartier. Für ein bis zwei Personen zahlt man hier im Sommer 95 bzw. 120 US $ und im Winter 140 bzw. 190 US $.

Der Carimar Beach Club (Tel. 68 81, Fax 60 71, PO Box 327) ist eine hübsche, zweistöckige Apartmentanlage an der Ostseite der Meads Bay. Die 23 Unterkünfte sind jeweils mit einer kompletten Küche ausgestattet und besitzen ein Wohn-/Eßzimmer und einen Balkon oder eine Terrasse. Apartments mit einem Schlafzimmer werden im Sommer ab 225 US $ und im Winter ab 300 US $ vermietet, Apartments mit zwei Schlafzimmern ab 280 bzw. 400 US $. Von April bis zum 15. Dezember gilt ein Sonderpreis, wenn man fünf Tage oder länger bleibt, der bei 120 US $ pro Tag beginnt.

Das Cocoloba (Tel. 68 71, Fax 63 32) liegt auf dem Gebirgsausläufer, der die Meads Bay von der benachbarten Barnes Bay trennt. Dieses im Trend liegende Hotel der oberen Klasse hat Standardzimmer für 195 bis 360 US $ zu bieten, wobei die Preise sich nach der Saison richten, sowie Bungalows im Stil von Lebkuchenhäusern, die im Sommer ab 295 US $, im Frühling und Herbst ab 350 US $ und im Winter 460 US $ kosten.

Das Hotel Malliouhana auf einer niedrigen Klippe am Ostende der Meads Bay (Tel. 61 11, Fax 60 22, PO Box 173) gehört zu den elegantesten Luxushotels auf der Insel. Die große Lobby unter freiem Himmel ist mit haitianischen und ostindischen Kunstwerken dekoriert. Die Zimmer sind klimatisiert, mit Kacheln gefliest, besitzen Marmorbäder, Rattanmöbel, echte Kunstwerke sowie große Patios. Die Übernachtungspreise beginnen im Sommer bei 240 US $, im Frühjahr und Herbst bei 320 US $ sowie im Winter bei 480 US $. Kreditkarten werden nicht akzeptiert.

Beim Frangipani Beach Club an der ruhigen Westseite der Meads Bay (Tel. 64 42, Fax 64 40) handelt es sich um einen kleinen Apartmentkomplex im spanischen Stil. Die großen Suiten sind klimatisiert sowie mit Deckenventilatoren, kompletten Küchen, eigener Wasch- und Trockenmaschine sowie Bädern aus Marmor, riesigen Betten und Terrassen zum Meer hin ausgestattet. Für ein Apartment mit einem Schlafzimmer werden im Sommer 250 US $ und im Winter 450 US $ berechnet, während für ein Apartment mit zwei Schlafzimmern pro Übernachtung 390 bzw. 765 US $ anfallen. Vermietet werden zudem einige Hotelzimmer, die ab 165 bzw. 325 US $ kosten.

ESSEN

Das Capers (Tel. 63 69) ist ein einfaches Restaurant unter freiem Himmel am Strand zwischen den Anlagen des Frangipani und des Carimar. Das Essen ist gut und die Speisekarte reichhaltig. Die Spezialität des Hauses, vietnamesische Frühlingsrollen (8 US $), bilden eine gute Vorspeise. Zu den Hauptgerichten gehören gegrillter Mahimahi mit Ananas-Salsa für 21 US $, Langusten für 28 US $ und Pasta des Tages für 18 US $. Geöffnet ist es nur abends von 18.00 bis 22.00 Uhr. Montags ist Ruhetag.

Am Westende der Barnes Bay, die an die Meads Bay grenzt, ist das sehr schöne und beliebte Strandrestaurant Mango's gelegen. Unter den Hauptgerichten befindet sich auch eine vegetarische Kuskus-Platte für 13 US $, während Hähnchen in leckerer Mangosoße 17 US $ kostet und man für Langusten 30 US $ bezahlen muß. Vorspeisen wie z. B. Gazpacho-Suppe oder Cäsar-Salat kosten 5 US $. Das gilt auch für viele der hausgemachten Nachspeisen. Das Mango's ist jedoch nur abends geöffnet, wobei die Gäste in zwei Gruppen nacheinander essen können. Reservierungen werden unter der Telefonnummer 64 97 vorgenommen. Im Winter ist das Mango's auch mittags geöffnet.

Es gibt zudem noch die teuren Restaurants in den Hotels. Im Malliouhana, das einen ausgezeichneten Ruf hat, zahlt man für die französische Küche bei einem Abendessen und den schönen Blick über den Ozean zu zweit gut 100 US $.

SHOAL BAY WEST

Die Shoal Bay West, eine halbmondförmige Bucht, ist von einem schönen weißen Sandstrand gesäumt. Das Wasser hier ist klar und geschützt. Es handelt sich um eine recht abgelegene Gegend mit nur zwei kleinen Ferienanlagen und einem pinkfarbenen Strandhaus, das Chuck Norris gehört. Der Salzsee hinter der Bucht wurde noch bis vor wenigen Jahrzehnten kommerziell genutzt.

Die Maunday's Bay im Osten ist ebenfalls von einem strahlend weißen Sandstrand gesäumt, der jedoch zu großen Teilen zum Cap Juluca, einer exklusiven Ferienanlage im maurischen Stil, gehört.

UNTERKUNFT

Das Cove Castles (Tel. 68 01, Fax 60 51, PO Box 248) ist ein Komplex mit 12 kompromißlos weißen Bungalows und einem futuristischen Design, mit denen in Architektenkreisen Bekanntheit erworben wurde. Die Bungalows sind ansprechend eingerichtet, wobei alle Zimmer zum Meer hin liegen. Sie sind mit Kabelferngerät, Telefon, Hängematten auf den Terrassen und kompletter Küche bis hin zum Kristall eingerichtet. Die Preise beginnen im Sommer bei 320 US $ und im Winter bei 590 US $.

Das Blue Waters (Tel. 62 92, Fax 33 09, PO Box 69) ist nur ein kleines Stück den Strand hinunter vom Cove Castles entfernt. Der Baustil ist hier ein wenig konventioneller. In dem zweistöckigen Gebäude sind neun Apartments untergebracht, von denen jedes einen Balkon mit Blick zum Meer oder eine Terrasse besitzt und einer Küche, Deckenventilatoren und Fernsehgerät ausgestattet ist. Im Sommer bezahlt man für ein Apartment mit einem Schlafzimmer 100 US $ sowie im Winter 165 US $ und 145 bzw. 240 US $, wenn man zwei Schlafräume benötigt.

ESSEN

Das Café Paradise in der Nähe des Blue Waters (Tel. 60 10) ist ein schönes Strandcafé und täglich außer montags geöffnet. Mittags (von 12.00 bis 14.30 Uhr) können Sie hier Pizza oder Steak-Sandwiches mit Pommes Frites für ca. 10 US $ bestellen. Abends sieht die Speisekarte exotischer aus und enthält Hauptgerichte wie Thai-Curry, Sichuan-Filet, indonesische Langusten sowie westindische Bouillabaisse in der Preisklasse zwischen 17 und 24 US $.

OST-ANGUILLA

SHOAL BAY EAST

Die Shoal Bay, häufig auch Shoal Bay East genannt, um sie von der Shoal Bay West zu unterscheiden, gilt für viele als der schönste Strand Anguillas. Er liegt an der Nordostseite der Insel und ist breit und lang, wo der strahlend weiße Sand und das türkisfarbene Meer ideale Möglichkeiten zum Schwimmen und Schnorcheln oder auch nur zum Faulenzen bieten. Es gibt am Strand zwar eine Reihe von Hotels und Restaurants, die Gegend ist sonst jedoch in Sichtweise praktisch unberührt.

An einem Wohnwagenanhänger hinter Uncle Ernie's Beach Bar können Sie eine Schnorchelausrüstung (19 US $ pro Tag) sowie Liegestühle und Sonnenschirme mieten.

THE FOUNTAIN

Die wichtigste archäologische Stätte auf der Insel ist The Fountain, eine riesige unterirdische Höhle, die an einem felsigen Weg einige hundert Meter südöstlich des Hotels Fountain Beach gelegen ist.

Die Höhle, die ihren Namen nach ihrer früheren Bedeutung als Süßwasserquelle erhalten hat, enthält zahlreiche Steininschriften indianischer Herkunft, darunter auch eine seltene Darstellung von Jocahu, dem Arawak-Gott der Schöpfung, aus einem Stalagmiten. Man glaubt, daß die Höhle früher eine Gebetsstätte von regionaler Bedeutung und Pilgerort für die Indianer war. Es ist bereits vorgeschlagen worden, in dieser Gegend einen Nationalpark einzurichten, dessen Kernstück The Fountain sein soll. In der Zwischenzeit ist die Stätte einzig und allein die Domäne von Archäologen, weshalb die Leiter, die in die Höhle führt, unzugänglich gemacht wurde, um die Stätte vor Schaden zu schützen.

UNTERKUNFT

Das Hotel Fountain Beach am abgelegenen Westende der Shoal Bay (Tel. und Fax 349) ist ein modernes, kleines Gebäude mit einem halben Dutzend Unterkünften sowie recht schicker italienischer Einrichtung. Neben dem Swimming Pool werden ein Zimmer ohne Küche für 90 US $ im Sommer und 150 US $ im Winter, eine Junior-Suite für 155 bzw. 225 US $ sowie größere Apartments mit ein bis zwei Schlafzimmern für ca. 25 bis 50 % mehr vermietet. Die Apartments sind jeweils mit kompletter Küche, einem modernen Wohnzimmer mit Sofabetten sowie einer Veranda zum Meer hin ausgestattet. Im September wird das Haus jedoch geschlossen.

Das Hotel Shoal Bay Resort (Tel. 20 11, Fax 33 55, PO Box 51) besteht aus 26 Apartmentwohnungen in zwei- oder dreistöckigen Gebäuden, die nur ein ganz kurzes Stück vom Strand entfernt liegen. Die Apartments sind modern und komfortabel und mit einem Schlafzimmer, einer Küche, einem Wohnzimmer mit großen Schlafsofas, einem Patio oder Balkon, Telefon sowie Deckenventilatoren ausgestattet. Hier muß man für zwei Personen im Sommer 130 US $ und im Winter 195 US $ züglich 40 US $ für jede weitere Person bezahlen. Trotz der Bezeichnung als Hotel sind allerdings weder ein Restaurant noch ein Swimming Pool oder andere gemeinschaftlich nutzbare Einrichtungen vorhanden.

Bei den Shoal Bay Villas (Tel. 20 51, Fax 36 31, PO Box 81) handelt es sich um 13 komfortable Unterkünfte im tropischen Stil. Für zwei Personen zahlt man hier im Sommer im Studio 125 US $ und im Winter 210 US $ sowie in einem Apartment mit einem Schlafraum 150 bzw. 230 US $. Wer zwei Schlafzimmer wünscht, muß für bis zu vier Personen mit 240 bzw. 360 US $ rechnen. Zur Ausstattung gehören in jedem Fall Deckenventilatoren, eine Küche und eine Terrasse oder ein Balkon. In der Anlage befindet sich auch ein schönes Schwimmbecken. Im Winter gilt eine Mindestmietdauer von sieben Tagen.

An der Ostseite der Shoal Bay gibt es zwei weitere Hotels mit Apartments in Fußwegentfernung vom Strand. Das Milly's Inn (Tel. 34 65, Fax 55 91) liegt etwa fünf Minuten vom Strand entfernt und ist ein modernes zweistöckiges Gebäude mit nur vier Unterkünften, die jeweils mit einer kompletten Küche, Deckenventilatoren, gekachelten Fußböden und einem großen Balkon mit Blick auf das Meer ausgestattet sind. Im Sommer werden hier 100 US $ berechnet, im Winter 150 US $.

Das Allamanda (Tel. 52 17), rund zehn Minuten zu Fuß vom Strand entfernt, verfügt über 16 Apartments mit jeweils einem Schlafzimmer in einem dreistöckigen Gebäude. Die recht einfachen Wohneinheiten sind alle mit einer kleiner separaten Küche, einem Wohnzimmer, einem Fernsehgerät sowie Deckenventilatoren ausgestattet und kosten 80 bzw. 100 US $, und zwar je nachdem, ob ein oder zwei Betten vorhanden sind.

ESSEN

Bei Uncle Ernie's, einem beliebten Strandlokal gleich westlich der Shoal Bay Villas, bekommt man Grillhähnchen, Ribs oder Cheeseburger für 6 US $. Dazu kann man sich für einen weiteren Dollar ein Heineken-Bier genehmigen. Das Lokal ist täglich von 10.00 bis 20.00 Uhr geöffnet. In der benachbarten Strandbar Trader's Vic gibt es eine vergleichbare Speisekarte.

Im Ristorante La Fontana (Tel. 34 92) im Hotel Fountain Beach wird original italienische Küche in romantischer Lage am Strand serviert. Für leichte, leckere Pasta oder Fisch- und Fleischgerichte als Hauptgang zahlt man 13 bis 20 US $. Angeboten werden auch eine gute Auswahl an italienischen Weinen und hausgemachte Sorbets sowie Eiscreme. Das La Fontana ist zum Frühstück, Mittagessen und Abendessen geöffnet. Allerdings ist mittwochs Ruhetag und außerhalb der Saison meistens ganz geschlossen.

Im Restaurant Reefside bei den Shoal Bay Villas können Sie ebenfalls zu drei Mahlzeiten am Tag einkehren. Mittags besteht bis 15.30 Uhr die Möglichkeit zu essen, z. B. Hähnchen-Rotis und Burger zu moderaten Preisen. Zum Abendessen gibt es frischen Fisch und Fleischgerichte zu Preisen von 16 bis 26 US $. Von 18.30 bis 19.30 Uhr ist Happy Hour.

ISLAND HARBOUR

Island Harbour ist ein noch intaktes Fischerdorf und kein reiner Ferienort. Der Strand ist von in leuchtenden Farben gestrichenen Fischerbooten gesäumt und nicht von Liegestühlen. Es gibt hier jedoch auch einige wenige Hotels und Restaurants, so daß einige Urlauber im Ort ebenfalls wohnen.

Eine Stätte historischer Bedeutung, die jedoch kaum beachtet wird, ist die Big Spring, eine teilweise eingefallene Höhle zehn Meter westlich des Supermarktes Island Pub. Hier befinden sich noch alte indianische Inschriften sowie eine unterirdische Quelle, die einst das Dorf mit Wasser versorgte. Die Höhle kann jedoch nicht besichtigt werden, da ein Disput zwischen Staat und Supermarktbesitzer um den Anspruch auf dieses Land besteht.

Gleich vor Island Harbour liegt in der Mitte der Bucht das winzige, in Privatbesitz befindliche Eiland Scilly Cay mit einem Restaurant und einer Bar sowie einem weißen Sandstrand.

SCRUB ISLAND

Scrub Island, eine 4 km lange Insel, erstreckt sich direkt vor der Nordostspitze von Anguilla. Wie der Name andeutet, besteht die Vegetation vorwiegend aus Büschen mit der Folge, daß die einzigen Bewohner Ziegen sind. An der Westseite der Insel befinden sich ein Strand, eine inzwischen gesperrte Landebahn, die einst von Kokainhändlern genutzt worden sein soll, sowie einige gute Möglichkeiten zum Schnorcheln. Wer kein eigenes Boot besitzt, kann über Smitty's Strandbar (Tel. 43 00) eine Überfahrt für 40 US $ buchen. Es gibt hier allerdings keinerlei Infrastruktur. Bringen Sie also eigenen Proviant mit.

UNTERKUNFT

Das Ocean View Inn gegenüber vom Anleger für die Schiffe nach Scilly Cay (Tel. 44 77, Fax 31 80) bietet zwei moderne Apartments im zweiten Stock, eines mit zwei Schlafzimmern und das andere mit drei. Zu jeder Unterkunft gehören ein großer Wohn- und Eßbereich, eine komplette Küche, Fenster mit Läden und Deckenventilatoren. Die Übernachtungspreise beginnen bei 100 US $.

Die Harbour Villas (Tel. 44 33, Fax 21 49) liegen auf einem Hügel eine halbe Meile (800 m) nördlich des Ocean View Inn. Die 16 geräumigen Ferienwohnungen wurden

in einem zweistöckigen Gebäude eingerichtet. Die Apartments werden mit kompletter Küche, Ventilatoren in den Schlafräumen und Balkon mit Blick auf Scilly Cay vermietet. Im Sommer zahlt man hier für ein Quartier mit einem Schlafraum 65 US $ und im Winter 110 US $, während die Apartments mit zwei Schlafzimmern für 95 bzw. 125 US $ vermietet werden. Bei schlechter Buchungslage ist es manchmal möglich, den Preis ein wenig herunterzuhandeln.

Zum Arawak Beach Resort an der Westseite des Hafens (Tel. 48 88, Fax 48 98, PO Box 98) gehören 14 Unterkünfte in zweistöckigem Baustil, der angeblich Einflüsse der Architektur der Arawak, die einst hier siedelten, aufweisen soll. Im Sommer zahlt man in dieser Anlage von 180 US $ an aufwärts, im Winter ab 250 US $.

ESSEN

Beim Smitty's handelt es sich um eine Strandbar und ein Restaurant mit einer einfachen Speisekarte. Hamburger kosten 5 US $, Ribs, Hähnchen oder Fisch mit Pommes Frites 10 US $ und Langusten ca. 20 US $. Donnerstags ab 19.30 Uhr sowie den ganzen Sonntag über spielt hier eine Band live.

Das Hibernia (Tel. 42 90), etwa eine halbe Meile (800 m) östlich von Island Harbour im Wohnviertel Harbour View, gehört zu den besten Restaurants auf der Insel. Hier wird karibische Nouvelle Cuisine mit asiatischen Einflüssen geboten. Man kann auf der Veranda essen und von dort wegen der Lage auf einem Hügel einen großartigen Blick über das Meer genießen. Für die Vorspeisen zahlt man zwischen 6 und 9 US $. Die Preise für Hauptgerichte beginnen bei 17 US $ (Hähnchen) und reichen bis 28 US $ für phantasievolle Fischgerichte wie Bouillabaisse im Thai-Stil oder gegrillte Langusten in einer Vanille-Ingwer-Soße. Das Hibernia ist das ganze Jahr über dienstags bis sonntags am Abend geöffnet, aber im Winter kann man hier auch zu Mittag essen.

Auf Scilly Cay (Tel. 51 23) gibt es auch ein einfaches Restaurant, in dem Hähnchen 20 US $ und Langusten 35 US $ kosten. Die Bar ist von 11.00 bis 18.00 Uhr geöffnet. Gäste können kostenlos die Fähre benutzen, die tagsüber zwischen der Insel und Island Harbour pendelt. Sonntags spielt eine Band mit Saiteninstrumenten (Stringband), während mittwochs Gitarrenmusik zu hören ist. Montag ist Ruhetag.

ANTIGUA UND BARBUDA

Antiguas größte Trümpfe sind die schönen Strände und die zahlreichen historischen Stätten aus der Kolonialzeit.

Man findet hier so viele alte Windmühlen aus Stein, die zu längst aufgegebenen Zuckerrohrplantagen gehörten, daß sie heute als Wahrzeichen und Orientierungspunkte auf der Insel gelten. Nelson's Dockyard, der restaurierte Marinestützpunkt aus der Kolonialzeit, zieht heute Jachten aus aller Welt an. Auf einem Hügel sind darüber hinaus die Ruinen einer ausgedehnten Festungsanlage im benachbarten Shirley Heights zu besichtigen.

Die Hotels auf Antigua liegen vorwiegend an den Sandstränden. Die Dickenson Bay und die benachbarte Runaway Bay bieten die meisten Übernachtungsmöglichkeiten, aber es gibt auch noch verschiedene abgelegene Ferienanlagen in anderen Teilen der Insel.

Während der Blick über das Meer vom Strand aus im allgemeinen recht schön ist, kann man das vom Inland nicht unbedingt sagen. Vielerorts ist es wenig ansprechend und von herumliegendem Müll verschmutzt.

Barbuda, 40 km weiter nördlich, bildet den zweiten Teil des Inselstaates Antigua und Barbuda. Die ruhige Insel mit nur einem Dorf und weniger als 2 % der Bevölkerung des Staates wird nur selten besucht. Dorthin kommen in erster Linie Vogelkundler, um die Fregattvögelkolonie zu besuchen, sowie einige wenige Jachtbesitzer wegen des klaren Wassers und der abgelegenen Strände. Informationen über Barbuda finden Sie am Ende dieses Kapitels.

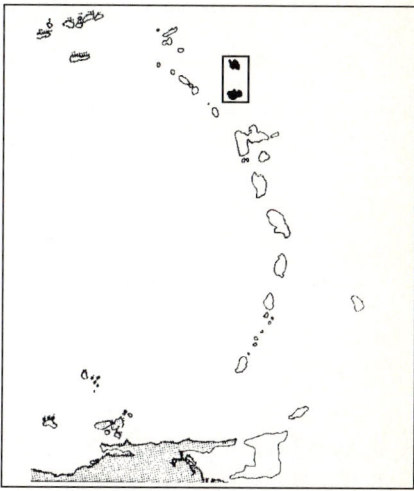

ORIENTIERUNG

Der Flughafen liegt an der Nordostseite der Insel und ist nicht viel mehr als ca. 15 Minuten Fahrt mit einem Auto von der Hauptstadt St. John's und der Dickenson Bay entfernt.

EINFÜHRUNG

GESCHICHTE

Die ersten dauerhaften Siedlungen auf der Insel sollen von Arawak-Indianern errichtet worden sein, die sich vor ca. 2000 Jahren als Bauern auf Antigua und Barbuda niederließen. Um das Jahr 1200 n. Chr. wurden die Arawak von den Kariben vertrieben, die die Inseln als Ausgangspunkte für ihre Überfälle in der Region nutzen, sie jedoch nicht richtig besiedelten.

Kolumbus sichtete Antigua 1493 und gab ihm seinen heutigen Namen nach einer Kirche in Sevilla. Im Jahre 1632 kolonisierten die Briten Antigua und gründeten eine Siedlung bei Parham an der Ostseite der Insel. Die Siedler pflanzten Indigo und Tabak an, aber eine

Übersättigung des Marktes führte bald zu einem Preisverfall.

1674 kam Sir Christopher Codrington nach Antigua und gründete die erste Zuckerrohrplantage, die er Betty's Hope nannte. Am Ende des Jahrhunderts hatte sich eine Plantagenwirtschaft entwickelt, für die Sklaven herangeschafft und die Täler in der Inselmitte abgeholzt und mit Zuckerrohr bepflanzt wurden. Um die Sklaven zu ernähren, pachtete Codrington die Insel Barbuda von der britischen Krone und baute dort Nahrungsmittel an.

Als Antigua zu Reichtum gelangte, errichteten die Briten zahlreiche Festungen auf der Insel, was sie schließlich zu

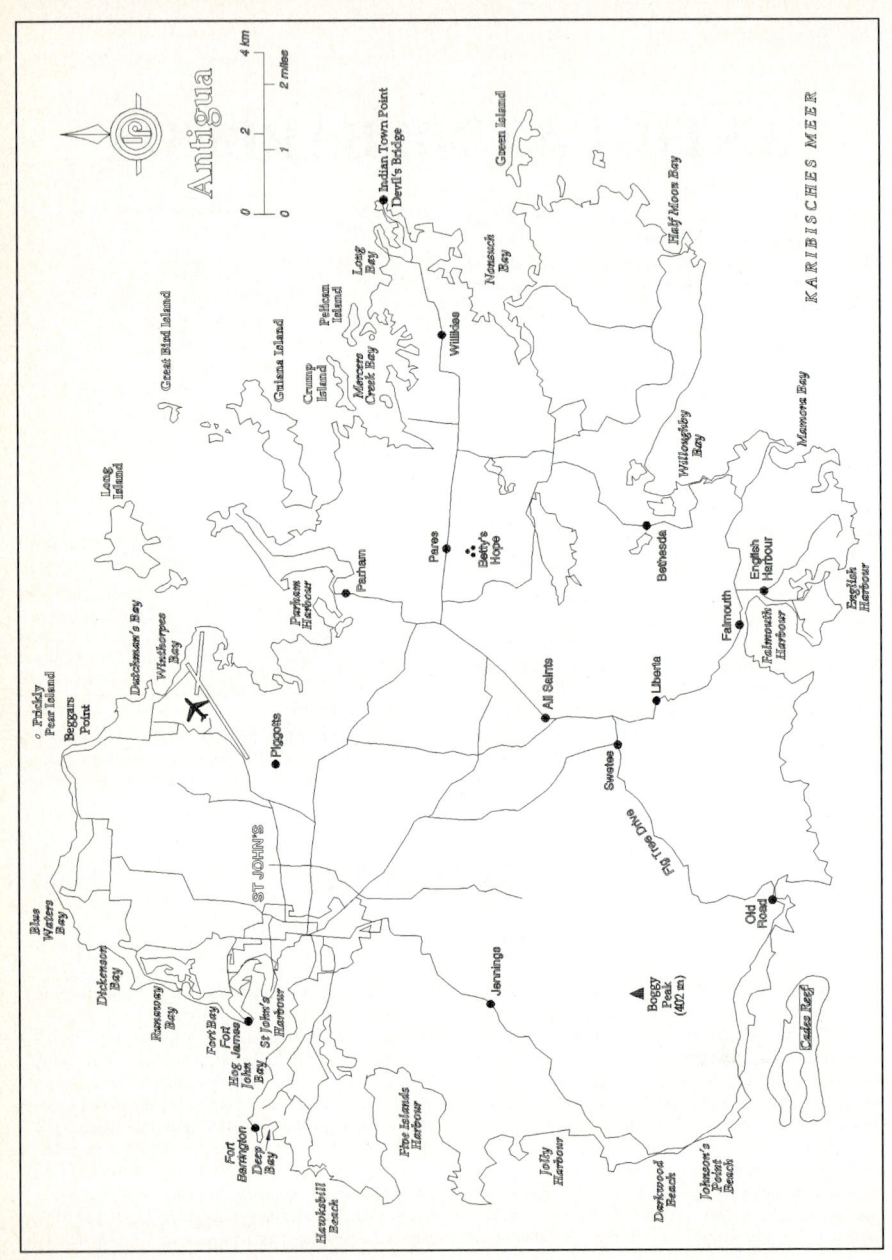

einem der sichersten Stützpunkte in der Karibik werden ließ. Das Militär konnte jedoch die Wirtschaft nicht sichern, was zur Folge hatte, daß Anfang des 19. Jahrhunderts der Zuckermarkt seinen Niedergang nahm. Mit dem Verbot der Sklaverei im Jahre 1834 ging es auf den Plantagen stetig weiter bergab.

Anders, als auf einigen der übrigen karibischen Inseln, gingen die Plantagen allerdings nicht in die Hand der früheren Sklaven über, sondern wurden Eigentum von einigen wenigen Landbesitzern. Konsequenterweise verschlechterte sich das Schicksal vieler Menschen nur noch. Viele frühere Sklaven verließen die Plantagen und zogen in Slumviertel, während sich andere auf den Besitzungen der Kirche drängten.

Ein mit dem Militär in Verbindung stehender Bauboom während des Zweiten Weltkrieges und die Entwicklung des Tourismus in der Nachkriegszeit haben zum Wirtschaftswachstum beigetragen, aber die Slumviertel in den Außenbezirken von St. John's beweisen, daß nicht jeder davon profitiert hat.

Nach mehr als 300 Jahren der Kolonialherrschaft erlangte Antigua 1967 ein gewisses Maß an Autonomie als assoziierter Staat von Großbritannien und am 1. November 1981 die völlige Unabhängigkeit.

DAS LAND

Antigua mißt 280 km². Die Insel ist in etwa rund, wobei ihr Durchmesser 18 km beträgt. Die stark zerklüftete Küste wird von zahlreichen Buchten unterbrochen, von denen viele von weißen Sandstränden gesäumt sind. Die südwestliche Ecke der Insel ist vulkanischen Ursprungs und relativ bergig. Höchste Erhebung ist der 402 m hohe Boggy Peak. Der übrige Teil der Insel, die sich überwiegend aus Kalkstein und Korallenformationen gebildet hat, wird durch sanfteres Hügelland, offene Ebenen und Buschland geprägt.

Barbuda, 40 km nördlich von Antigua, umfaßt eine Gesamtfläche von 161 km². Der höchste Punkt dieser tiefliegenden Koralleninsel mißt ganze 44 m. An der Westseite von Barbuda erstreckt sich die ausgedehnte Codrington-Lagune, die von einem langen, nicht erschlossenen Barriere-Strand begrenzt wird. Innerhalb der Landesgrenze liegt auch Redonda, eine unbewohnte Felseninsel von ca. einem Quadratkilometer Größe, und zwar 40 km südwestlich von Antigua.

KLIMA

Der Januar und der Februar sind die kühlsten Monate mit täglichen Höchsttemperaturen von 27 ° C. Nachts fällt die Tiefsttemperatur auf durchschnittlich 22° C. Im Juli und August, den heißesten Monaten, erreicht die mittlere Höchsttemperatur 30° C und die Tiefsttemperatur 25° C. Auf Antigua herrscht ein relativ trockenes Klima mit einer durchschnittlichen Niederschlagsmenge von jährlich 115 cm. Am feuchtesten sind die Monate September bis November, wenn meßbarer Niederschlag an durchschnittlich acht Tagen im Monat verzeichnet wird. Von Februar bis April ist es mit durchschnittlich drei Regentagen pro Monat am trockensten.

FLORA UND FAUNA

Als Folge der Entwaldung während der Kolonialzeit besteht ein großer Teil der Vegetation auf Antigua aus Buschgewächsen. Die Marschen und Salzseen auf der Insel ziehen eine recht große Zahl von Stelzvögeln, Reihern, Enten und Pelikanen an, während in den Gärten Kolibris zu sehen sind. In der Codrington-Lagune auf Barbuda befindet sich die größte Kolonie von Fregattvögeln auf den gesamten Kleinen Antillen.

STAAT UND VERWALTUNG

Der Staat Antigua und Barbuda ist Mitglied im Commonwealth. Er wird durch ein parlamentarisches System regiert, wobei an der Spitze der Premierminister steht und man sich am britischen System orientiert. Gesetzgebungsorgane sind ein gewähltes Repräsentantenhaus mit 17 Mitgliedern sowie ein Senat mit 17 ernannten Mitgliedern. Wenigstens alle fünf Jahre wird gewählt.

Die britische Monarchie ist durch einen Generalgouverneur vertreten, der zu den ernannten Senatsmitgliedern gehört, sonst jedoch überwiegend beratende Funktion hat.

Der Premierminister Vere Cornwall Bird hatte, obwohl er eine Regierung führte, die von politischen Skandalen gekennzeichnet war, das höchste Amt der Nation seit der Unabhängigkeit inne. Da er sich inzwischen in den Achtzigern befindet, haben die Bürger des Staates im März 1994 seinen jüngeren Sohn Lester Bryant Bird zum Regierungschef gewählt.

Der älteste Sohn, Vere Bird jr., zog 1991 internationale Aufmerksamkeit auf sich, als er einer juristischen Untersuchung wegen einer Verwicklung in Waffenschmuggel von Israelis an das Drogenkartell von Medellin unterworfen wurde. Seine Unterschrift auf Dokumenten, die von offiziellen israelischen Stellen gefordert wurde, um si-

cherzustellen, daß die Waffen an einen legitimen Käufer geliefert werden, erlaubte es, daß die Waffen zu einem Angehörigen der Armee von Antigua gesandt wurden, den es gar nicht gibt. Nach acht Stunden im Hafen wurden die Waffen auf ein kolumbianisches Schiff umgeladen und ohne Eingreifen des Zolls zum Kartell verschifft. Als Folge der Untersuchung sah sich Vere Bird jr. gezwungen, sein Amt als Minister im Kabinett aufzugeben, blieb aber Mitglied des Parlaments.

WIRTSCHAFT

Der wichtigste Wirtschaftszweig der Insel ist der Tourismus, in dem etwa die Hälfte der Arbeitskräfte des Landes beschäftigt ist. Landwirtschaft und Fischfang bringen es auf ca. 10 % der Arbeitsplätze.

Daneben besteht in kleinem Umfang etwas Leichtindustrie, in der einige Insulaner insbesondere auf dem Gebiet der Bekleidung und des Zusammenbaus von elektronischen Geräten tätig sind.

DIE MENSCHEN

Rund 65.000 Menschen leben auf Antigua, von denen ca. 90 % afrikanischer Abstammung sind. Zudem bestehen kleinere Minderheiten britischer, portugiesischer

und libanesischer Abstammung. Auf Barbuda sind insgesamt nicht mehr als etwa 1100 Menschen beheimatet.

KUNST UND KULTUR

Außerhalb der Ferienzentren hat sich Antigua einen traditionellen westindischen Charakter bewahrt. Er manifestiert sich in der typischen, verschnörkelten Architektur, die man in der Hauptstadt findet, der Beliebtheit der Steelbands, der Calypso- und Reggae-Musik sowie Festen wie dem Karneval. Englische Traditionen spielen ebenfalls eine Rolle, wie sich im Nationalsport Kricket zeigt. Antigua hat auch den bekannten Romancier Jamaica

Kincaid hervorgebracht (Einzelheiten dazu finden Sie im Abschnitt über Bücher).

Kleidung: Man kleidet sich leger und kann Baumwollsachen bei jedem Anlaß tragen. In einigen der eleganteren Restaurants in den Ferienzentren werden von den Herren Jackett und Krawatte gefordert. Um Probleme zu vermeiden, sollten Sie Badesachen nur am Strand tragen.

RELIGION

Fast die Hälfte aller Bewohner Antiguas sind Angehörige der anglikanischen Kirche. Daneben gibt es in diesem

Land auch noch Katholiken, Methodisten, Mormonen und Rastafarians.

SPRACHE

Englisch ist Amtssprache, wobei es meistens mit einem

charakteristischen Akzent gesprochen wird.

PRAKTISCHE HINWEISE

EINREISEBESTIMMUNGEN
Bürger der Länder Westeuropas benötigen für die Einreise einen Paß, jedoch kein Visum.

Offiziell ist zudem ein Ticket für die Rück- oder Weiterreise erforderlich, um nach Antigua einzureisen zu dürfen.

ZOLLBESTIMMUNGEN

Es ist gestattet, eine Stange Zigaretten, einen Viertelliter Alkohol und sechs Unzen Parfüm zollfrei einzuführen.

GELD

Landeswährung in Antigua und Barbuda ist der Ostkaribische Dollar (EC $), dessen Wechselkurs bei 2,7 EC $ für einen US-Dollar liegt.

US-Dollar werden jedoch weithin akzeptiert Solange eine Rechnung aber nicht in US-Dollar ausgestellt ist, wie dies in Hotels häufig der Fall ist, steht man sich besser, wenn man in EC-Dollar bezahlt.

Kreditkarten von Eurocard/Mastercard, Visa und American Express werden vielerorts angenommen.

Kreditkarten werden auf der Grundlage von US-Dollar akzeptiert, so daß in Geschäften, die ihre Preise in EC-Dollar angeben, die Rechnung erst in US-Dollar umgerechnet werden muß. Wenn Sie mit einer Kreditkarte bezahlen wollen, sollten Sie immer erst nach dem Wechselkurs fragen, da man teilweise 2,60-2,65 EC-Dollar für einen US-Dollar erhält, teils jedoch auch nur 2,50 EC-Dollar, was einem Kursverlust von 8 % entspricht.

Bei den meisten Restaurantrechnungen wird ein Zuschlag von 10 % für die Bedienung erhoben. Dann ist es nicht notwendig, zusätzlich auch noch Trinkgeld zu geben.

INFORMATIONEN

Die Hauptstelle des Fremdenverkehrsamtes befindet sich in der Thames Street in St. John's. Schriftlich können Sie sich an das Antigua Department of Tourism, PO Box 363, St. John's, Antigua (Tel. 4 62 04 80), wenden. Daneben gibt es einen Informationsschalter am Flughafen.

Im deutschsprachigen Raum ist Antigua mit einem Fremdenverkehrsamt in Bad Homburg vertreten (Thomasstr. 11, D-61348 Bad Homburg, Tel. 06172/2 15 04, Fax 06172/2 15 13).

ÖFFNUNGSZEITEN

Die Geschäfte und Büros sind überwiegend montags bis freitags von 8.00 bis 12.00 Uhr und von 13.00 bis 16.00 Uhr geöffnet.

FEIERTAGE

Feiertage in Antigua und Barbuda sind:

Neujahr	1. Januar
Karfreitag	Ende März/Anfang April
Ostermontag	Ende März/Anfang April
Tag der Arbeit	erster Montag im Mai
Pfingstmontag	achter Montag nach Ostern
Geburtstag der Königin	zweiter Samstag im Juni
Karnevalsmontag	erster Montag im August
Karnevalsdienstag	erster Dienstag im August
Händlertag	erster Montag im Oktober (nur Läden geschlossen)

Unabhängigkeitstag	1. November
Weihnachten	25. und 26. Dezember

KULTURELLE VERANSTALTUNGEN

Karneval, das große jährliche Fest auf Antigua, beginnt Ende Juli und hat seinen Höhepunkt in einer Parade am ersten Dienstag im August. Calypso-Musik, Auftritte von Steelbands, Kostüme, Festwagen und *Jump-ups* (Tanz und Spaßmachen) auf den Straßen gehören dann zu den Feiern.

Die Antigua Sailing Week ist eine größere, einwöchige Segelregatta, die am letzten Sonntag im April beginnt. Daran nehmen im allgemeinen ca. 150 Boote aus Dutzenden von Ländern teil. Insgesamt werden fünf Regatten veranstaltet, überwiegend an der Süd- und der Westseite dcr Insel.

POST

Das Hauptpostamt befindet sich in St. John's. Nebenstellen finden Sie in English Harbour (am Eingang zum Nelson's Dockyard) und am Flughafen. Für eine Postkarte nach Europa muß man 0,40 EC $ Porto bezahlen, für einen Brief von einer halben Unze Gewicht 1 EC $.

Wer Post nach Antigua senden lassen will, kann sie unter Angabe des Empfängers, des Postfachs, gefolgt von St. John's, Antigua, Westindien, auf den Weg bringen.

TELEKOMMUNIKATION

Fast alle Münztelefone wurden in Kartentelefone umgewandelt, an denen das System mit der Caribbean Phone Card gilt. Telefonkarten erhalten Sie in den Läden in der Nähe der Fernsprecher und in den Büros von Cable & Wireless in St. John's und English Harbour. Sie werden im Wert von 10 EC $ oder 60 EC $ je nach der Anzahl der Einheiten verkauft.

Meiden Sie die Kreditkartentelefone, die man am Flughafen und in einigen Hotels findet, da an ihnen 2 US $ pro Minute für ein Ortsgespräch, 4 US $ für Gespräche mit anderen karibischen Inseln und den USA sowie sogar 8 US $ für Ferngespräche in andere Länder berechnet werden.

Die Vorwahlnummer von Antigua lautet 809, für die siebenstelligen Rufnummern folgen.

Weitere Informationen über Telefonkarten und Ferngespräche können Sie dem Abschnitt über Telekommunikation im Kapitel mit den praktische Hinweisen im Einführungsteil dieses Buches entnehmen.

STROM

In den meisten Hotels ist eine Spannung von 110 Volt Wechselstrom bei einer Frequenz von 60 Hertz üblich. Gelegentlich findet man jedoch auch Stromanschlüsse mit 220 Volt. Erkundigen Sie sich daher, bevor Sie ein elektrisches Gerät anschließen.

ANTIGUA UND BARBUDA

MASSE UND GEWICHTE

Auf Antigua gilt das imperiale System. Die Entfernungen werden in den Autos in Meilen gemessen, Geschwindigkeitsbegrenzungen in Meilen pro Stunde angegeben und Benzin pro Gallone verkauft.

BÜCHER UND LANDKARTEN

Der bekannteste Autor aus Antigua ist Jamaica Kincaid, der eine Reihe von Romanen und Essays verfaßt hat, darunter auch *Nur eine kleine Insel* (1988), in dem er die Auswirkungen des Tourismus auf Antigua beschreibt. Kincaids Sammelband *Am Grunde des Flusses* und der Roman *Annie John* gehören ebenfalls zu den auch im Ausland bekannteren Werken des Autors.

Desmond Nicholson, der Direktor des Inselmuseums bei Nelson's Dockyard, hat mehrere Bücher über die Geschichte der Insel herausgegeben, darunter auch *Antigua, Barbuda & Redonda - A Historical Sketch*, das für 10 US $ im Museum verkauft wird.

Die beste Straßenkarte von Antigua ist jene vom British Ordnance Survey mit dem Titel *Tourist Map of Antigua* im Maßstab 1:50.000, die 1992 neu aufgelegt wurde. Zu erhalten ist sie im Map Shop in St. John's (20 EC $) sowie in einigen anderen Läden auf der Insel.

MEDIEN

Eigene Tageszeitungen werden auf Antigua nicht veröffentlicht, jedoch einige Wochenzeitungen. Die beste Informationsquelle, was touristische Aktivitäten anbelangt, ist das schön aufgemachte, kostenlose und 100 Seiten starke Magazin *Antigua & Barbuda Adventure*, das im Frühjahr und im Herbst herausgegeben wird, Informationen über die Insel enthält, eine Reihe von Themen behandelt sowie eine Übersicht über die Preise der meisten Hotels und Pensionen gibt. Weniger verständlich, aber von der Art her vergleichbar, ist *The Antiguan*, das im Taschenbuchformat publiziert wird. Beide Zeitschriften können Sie im Fremdenverkehrsbüro sowie in einigen Hotels beziehen.

GESUNDHEIT

Das Holberton Hospital mit 225 Betten befindet sich am östlichen Stadtrand von St. John's ganz in der Nähe des Queen Elizabeth Highway (Tel. 4 62 02 51). Weitere Hinweise zur Gesundheit finden Sie im Einführungsteil.

GEFAHREN UND ÄRGERNISSE

Sie sollten keine Wertsachen unbeaufsichtigt lassen und nach Einbruch der Dunkelheit nicht an einsamen Orten spazierengehen.

NOTFÄLLE

Das Polizeipräsidium befindet sich in der American Road am östlichen Stadtrand von St. John's (Tel. 4 62 01 25). Polizeiwachen finden Sie in der Nähe von Nelson's Dockyard in English Harbour sowie in der Mitte von St. John's in der Newgate Street.

FREIZEITBESCHÄFTIGUNGEN

In den wichtigsten Ferienzentren, darunter auch an der Dickenson Bay, werden an Hütten am Strand kleine Segelboote sowie Windsurfbretter und weitere Ausrüstungsgegenstände zum Windsurfen für ca. 20 US $ pro Stunde vermietet. Eine Schnorchelausrüstung kann man zum Preis von 20 US $ für zwei Stunden mieten.

Strände und Schwimmen: Das Fremdenverkehrsbüro von Antigua behauptet, es gebe 365 Strände auf der Insel, also „einen für jeden Tag des Jahres". Auch wenn diese Rechnung ein wenig übertrieben scheint, mangelt es nicht an schönen Stränden. An den meisten von ihnen findet man weißen oder hellgold wirkenden Sand vor. Zahlreiche Strände sind durch Korallenriffe geschützt und offiziell alle öffentlich zugänglich. Man findet überall auf der Insel schöne Sandstrände, so daß man im allgemeinen davon ausgehen kann, daß dort, wo sich ein Ferienzentrum befindet, auch ein schöner Strand nicht weit ist. Zu den schönsten Stränden an der Ostküste gehören die benachbarten Dickenson Beach und Runaway Beach, Deep Bay und Hawksbill Beach im Westen von St. John's sowie der Darkwood Beach im Süden. An der Ostküste ist die Half Moon Bay ausgesprochen schön. Wer in English Harbour wohnt, kann sich auf den Weg zum Galleon Beach und zum abgelegenen Pigeon Beach begeben.

Die Ränder einiger öffentlicher Strände, darunter auch die Nordseite des Dickenson Beach, werden von Oben-ohne-Badenden in Anspruch genommen, während FKK an einem Teil des Hawksbill Beach üblich ist.

Tauchen: Vor Antigua gibt es einige ausgezeichnete Möglichkeiten zum Tauchen mit Korallenschluchten, Felswänden und Unterwasserhöhlen, die zahlreichen Meerestieren, darunter auch Schildkröten, Haien, Barracudas und den farbenprächtigen Fischen der Riffe Lebensraum bieten. Bei Tauchern beliebt ist das drei Kilometer lange Cades-Riff mit klarem, ruhigem Wasser, unzähligen Fischen und zahllosen weichen und harten Korallen, sowie Ariadne Shoal, das Riffe mit großen Fischen, Hummern und kleinen Haien zu bieten hat. Spaß für Taucher und Schnorchler bietet auch die *Jettias*, ein 310 Fuß langer Dampfer, der 1917 gesunken ist und heute Lebensraum von Fischen und Korallen ist. An der tiefsten Stelle liegt das Wrack ca. 10 m unter dem Wasserspiegel, während es an den flachsten Stellen fast die Wasseroberfläche berührt.

Auf Antigua haben sich folgende Tauchschulen angesiedelt:

Dive Runaway, Runaway Beach Club, Runaway Beach (PO Box 1603, Tel. 4 62 26 26, Fax 4 62 34 84),

Ausflugszielen zählt. Dockyard Divers bietet Ausflüge für Schnorchler zum Preis von 16 US $ einschließlich Ausrüstung an, Dive Antigua für 20 US $. Wer vor der Küste schnorcheln möchte, findet im Wrack der *Andes* in der Nähe des Hotels Royal Antiguan und am Riff vor dem nicht weit entfernten Hawksbill Beach beliebte Ziele. Informationen über Schnorchelfahrten mit Glasbodenbooten finden Sie im Abschnitt über Ausflüge weiter unten in diesem Kapitel.

Windsurfen: Die geschützte Westküste bietet die besten Möglichkeiten für Anfänger, während die offene Ostküste eher für fortgeschrittene Windsurfer geeignet ist.

In der Dickenson Bay befindet sich vor dem Halcyon Cove Beach Resort die Patrick's Windsurfing School (Tel. 4 62 02 56 und 4 62 02 17), bei der eine zweistündige Einführung 40 US $ kostet.

Zum Lord Nelson Beach Hotel an der Dutchman's Bay an der Nordostküste von Antigua (Tel. 4 62 30 94) gehört eine Windsurf-Schule für fortgeschrittene Surfer.

Angeln: Shorty's Water Activities in der Dickenson Bay (Tel. 4 62 36 26) veranstaltet Fahrten zum Hochseeangeln von 8.00 bis 12.00 Uhr für 180 US $. Im Fremdenverkehrsbüro können Sie ferner eine Liste mit anderen Boote erhalten, mit denen man zum Hochseeangeln fahren kann, wobei die Preise normalerweise bei 450 US $ für einen halben Tag liegen.

Tennis: Viele der größeren Hotels in den Ferienzentren verfügen über Tennisplätze. Gelegentlich finden an der Half Moon Bay in den Hotels St. James Club und Curtain Bluff Turniere statt. Zum Temo Sport-Komplex an der Südseite von Falmouth Harbour gehören zwei beleuchtete Tennisplätze sowie Squashplätze.

Golf: Der Cedar Valley Golf Club (Tel. 4 62 01 61), zehn Minuten mit einem Auto von St. John's entfernt, verfügt über einen Platz mit 18 Löchern (par 70). Zum Hotel Half Moon Bay (Tel. 4 60 43 00) gehört ein schöner Platz mit neun Löchern. Auf beiden Plätzen besteht die Möglichkeit, Golfwagen und weitere Ausrüstungsgegenstände zu mieten.

Unternehmungen: Es gibt eine Reihe von Orten auf Antigua, die voller kolonialer Atmosphäre stecken, darunter Nelson's Dockyard, das man sich unbedingt ansehen sollte. Das sonntägliche Barbecue bei Shirley Heights bringt viel Spaß und der Ausblick ist großartig. Daneben gibt es natürlich noch die schönen Strände und Möglichkeiten zum Schnorcheln sowie zum Tauchen.

Dive Antigua, Halcyon Cove Beach Resort, Dickenson Beach (PO Box 251, Tel. 4 62 34 83, Fax 4 62 77 87), Dockyard Divers, Nelson's Dockyard (PO Box 184, Tel. 4 60 11 78, Fax 4 60 11 79), Jolly Dive, Jolly Harbour (PO Box 744, Tel. und Fax 4 62 83 05).

Der durchschnittliche Preis für einen Tauchgang mit einer Flasche Preßluft liegt bei 40 US $, während man für zwei Flaschen Preßluft 60 US $ und für nächtliches Tauchen 50 US $ bezahlen muß. Bei allen vier Tauchschulen kann man einen Tauchkurs mit Zertifikat für ca. 375 US $ absolvieren. Angeboten werden zudem eintägige Kurse, bei denen ein Tauchgang am Riff eingeschlossen ist. Sie kosten bei Dive Runaway 65 US $, bei Dockyard Divers 99 US $ und bei den beiden anderen Schulen 75 US $.

Schnorcheln: Bei Dive Runaway kann man für 10 US $ schnorcheln, wobei die Miete für die Schnorchelausrüstung, wenn man keine eigene besitzt, 10 US $ zusätzlich kostet. Am besten ist es, einen Tag zu wählen, wenn das Wrack der *Jettias* auf dem Programm steht, was nicht selten der Fall ist, da es zu den beliebtesten

UNTERKUNFT

Groß ist die Auswahl an preiswerten Hotels auf Antigua nicht. Einige düstere Pensionen in St. John's stellen den größten Teil der einfachen Unterkünfte dar. Daneben kann man in einigen wenigen Häusern der Mittelklasse mit gutem Preis-Leistungsverhältnis unterkommen, in denen man für eine Übernachtung im Sommer ab ca. 60 US $ und im Winter um die 100 US $ bezahlen muß. In den meisten anderen Hotels auf Antigua wird gut das Doppelte verlangt. In den Ferienanlagen der Spitzenklasse zahlt man im Winter ca. 300 US $ für ein „Standardzimmer", wobei viele dieser Zimmer tatsächlich trotz des Preises recht durchschnittlich sind. Wer mehr Annehmlichkeiten, mehr Platz oder einen Blick auf das Meer wünscht, muß häufig ein noch teureres Zimmer wählen.

Falls Sie Ende des Sommers nach Antigua reisen wollen, sollten Sie nicht vergessen, daß viele der Hotels im September schließen und einige noch länger, sei es vorher oder danach.

Zu den Preisen, die in diesem Kapitel angegeben sind, kommen noch 7 % Steuern sowie bei den Hotelrechnungen 10% für Bedienung.

ESSEN

Es gibt eine relativ gute Auswahl an westindischer, französischer, italienischer, englischer und nordamerikanischer Küche auf der Insel.

In den meisten Restaurants bekommt man frischen Fisch, wobei je nach Fang ein entsprechendes, im Verhältnis recht preisgünstiges Tagesgericht angeboten wird.

Gute, preiswerte Imbisse sind zum Beispiel Rotis, die westindischen Versionen von *burritos*, die mit kleingeschnittenen Kartoffeln sowie Hähnchen- oder Rindfleisch gefüllt werden. Probieren Sie auch die heimischen schwarzen Ananas, die recht süß, eher klein und trotz des Namens nicht schwarz sind.

GETRÄNKE

Wenn keine Probleme auftreten, stellt die Entsalzungsanlage den überwiegenden Teil des Wasserbedarfs zur Verfügung. Wird in Ihrer Unterkunft das Wasser aus Regenwasser gewonnen, sollten Sie es vor dem Trinken aufbereiten.

Rum der Marken Cavalier und English Harbour wird auf Antigua hergestellt.

UNTERHALTUNG

Zwei der schönsten Musiklokale sind das Mittler's by the Sea an der Dickenson Bay, wo Jazz und Reggae live zu hören sind, sowie das Shirley Heights Lookout oberhalb von English Harbour mit Steelbands und Reggae. Viele Restaurants und Hotels bieten an einigen Tagen in der Woche ebenfalls Live-Musik. Erkundigen Sie sich beim Fremdenverkehrsamt nach der letzten Ausgabe des *Antigua Nightes*, einer wöchentlich erscheinenden Veranstaltungsübersicht. Es gibt zudem drei Kasinos auf Antigua, eines am Heritage Quay in St. John's, eines im Hotel Royal Antiguan westlich von St. John's und eines im St. James Club an der Südostseite der Insel.

EINKÄUFE

In St. John's kann man sich ein kleines Kunsthandwerkszentrum in der Nähe des Fremdenverkehrsbüros ansehen. Caribelle Batiks in St. John's führt qualitative gute Wandbehänge und Kleidung aus der Karibik. Im Art Centre in der Nähe von Limey's bei Nelson's Dockyard sind Werke einheimischer Künstler sowie preiswerte Drucke erhältlich. T-Shirts, Schmuck und andere Andenken werden von den Verkäufern an der Dickenson Bay, am Eingang zum Nelson's Dockyard sowie in St. John's an der Straße zwischen den beiden Kais angeboten. Am Heritage Quay und im Flughafengebäude besteht die Möglichkeit, zollfrei Alkohol einzukaufen, wobei man für einen Johnny Walker Red 13 US $ und für Rum aus Antigua 5 US $ bezahlen muß. Rum bekommt man allerdings auch in den Läden auf der Insel für denselben Preis.

ANREISE

FLUG

Von Europa: Direktverbindungen aus dem deutschsprachigen Raum nach Antigua bestehen mit BWIA und Condor ab Frankfurt sowie mit BWIA ab Zürich. Für einen Flug mit Condor von Frankfurt nach Antigua und zurück muß man je nach Saison 1400 bis 1800 DM bezahlen, während man mit BWIA von Frankfurt nach Antigua und zurück bereits für 1300 bis 1500 DM kommt.

Außerdem kommt man mit British Airways von allen Flughäfen in Deutschland, Österreich und der Schweiz über London nach Antigua und muß auf diesem Wege für einen Hin- und Rückflug je nach Saison rund 1350 bis 1500 DM bezahlen.

Auch mit Continental Airlines kann man nach Antigua fliegen, und zwar von Frankfurt über New York. Für diese Verbindung muß man hin und zurück mit 1650 bis 1800 DM rechnen.

Bleibt noch die Flugverbindung mit American Airlines von Düsseldorf und Frankfurt über Chicago oder Miami nach Antigua zu erwähnen, für die Tickets hin und zurück etwa 1700 DM kosten.

Alle diese Flüge kann man preiswert nicht bei der jeweiligen Fluggesellschaft und auch nicht in jedem Reisebüro buchen. Die Flugscheine sind jedoch zu günstigen Preisen bei unserer Schwesterfirma Walther-Weltreisen Udo Schwark in Bonn (Hirschberger Straße 30, D-53119 Bonn) erhältlich. Dort sind in einer Datenbank Zehntausende von Flugmöglichkeiten mit allen Einzelheiten (Saisonzeiten, Gültigkeit der Flugscheine, Flugtage usw.) gespeichert, aus der Sie gegen einen großen, frankierten Rückumschlag eine aktuelle Preisliste für alle Flüge nach Antigua anfordern und sich daraus die für Sie passende Verbindung heraussuchen können.

In der Schweiz wendet man sich wegen eines preiswerten Fluges nach Antigua am besten an den Globetrotter Travel Service, Rennweg 35, 8001 Zürich, Tel. (01) 2 11 77 80 (mit weiteren Büros in Baden, Basel, Bern, Luzern, St. Gallen und Winterthur), und in Österreich an den Reiseladen, Dominikanerbastei 4, 1010 Wien, Tel. (01) 5 13 89 36.

Wer risikobereit ist, kann auch versuchen, kurzfristig einen Platz in einer Maschine nach Antigua zu buchen und dabei einige hundert Mark zu sparen. Denn frei gebliebene Plätze werden etwa eine Woche vor Abflug mit deutlicher Ermäßigung verkauft. Solche „Restplätze" bietet u.a. L'Tur an. Ob gerade freie Plätze zum Discountpreis in einem Flugzeug mit dem Ziel Antigua zu haben sind, kann man telefonisch unter den Telefonnummern (0211) 1 97 06, (030) 1 97 06, (040) 1 97 06, (07221) 1 97 01 und (089) 1 97 02 erfahren. Man kann

Last-Minute-Angebote von L'Tur auch mit einem Faxgerät abrufen, indem man es auf Abruf einstellt und dann die Rufnummer (0190) 57 57 07 wählt.

Von anderen Karibikinseln: Da LIAT seinen Hauptsitz auf Antigua hat, bestehen zu der Insel direkt oder mit Anschluß Flugverbindungen von allen Zielen, die von der Gesellschaft angeflogen werden.

Ein Flug mit LIAT nach Antigua kostet von Montserrat und zurück 66 US $, von St. Kitts 53 US $ (hin und zurück 97 US $), von St. Martin 80 US $ (hin und zurück am gleichen Tag 94 US $ sowie hin und zurück innerhalb von 21 Tagen 144 US $). Für einen Flug von Martinique und zurück innerhalb von 30 Tagen (Flugunterbrechungen auf Dominica und Guadeloupe möglich) werden 204 US $ berechnet. Die Preise für Tagesausflüge finden Sie im Abschnitt über Ausflüge weiter unten.

Das Büro von LIAT für den Verkauf von Flugscheinen und für Reservierungen (Tel. 4 62 07 00) befindet sich am Flughafen versteckt hinter dem Schalter von American Airlines. Es ist täglich von 6.15 bis 18.00 Uhr geöffnet.

Flughafeninformation: Wer von einer Insel in der östlichen Karibik zur anderen fliegt, muß damit rechnen, häufiger Flugunterbrechungen auf dem internationalen Flughafen VC Bird auf Antigua einzulegen, der nur schlecht beschildert ist.

Obwohl es eine Transittür direkt vom Flugplatz zur Wartehalle für Abflüge gibt, sind Transitpassagiere gezwungen, daran vorbeizugehen, erneut an einem Transitschalter einzuchecken und dann die Sicherheitskontrolle zu durchlaufen (wie auch das Gepäck durchleuchten zu lassen), bevor sie in die Wartehalle dürfen.

In der Wartehalle gibt es eine Reihe von Andenkenläden und Geschäften mit zollfreien Waren sowie Münz- und Kartenfernsprecher. In der Bar erhält man etwas zu trinken, jedoch nichts zu essen, und aus Sicherheitsgründen ist es im allgemeinen Transitpassagieren nicht erlaubt, das Restaurant im 2. Stock zu besuchen. Das ist deshalb erwähnenswert, weil bei Anschlußflügen mit LIAT häufig lange Wartezeiten in Kauf zu nehmen sind. Wer am Flughafen nicht nur umsteigt, kann sich an einen Schalter des Fremdenverkehrsbüros zwischen der Ausländerbehörde und dem Zoll wenden. Dort erhält man Landkarten und Broschüren und ist bei der Buchung von Zimmern behilflich. Vor dem Ankunftshalle befinden sich Schalter von einem Dutzend Autovermietungen. In der Nähe sind zudem ein Postamt sowie eine Bank, bei der man montags bis freitags von 9.00 bis 15.00 Uhr und samstags von 13.30 bis 19.30 Uhr Geld wechseln kann.

ANTIGUA UND BARBUDA

Bei einem der drei Fernsprecher rechts von den Schaltern für den Verkauf von Flugscheinen, auf dem Kartentelefon steht, handelt es sich in Wirklichkeit um einen Münzfernsprecher.

Flughafentransfer: Am Flughafen befinden sich Taxihaltestellen und Autovermietungen (vgl. weiter oben), es fährt jedoch kein Bus zum Flughafen.

SCHIFF
Segelboot: Jachten können die Zollabfertigung am Nelson's Dockyard in English Harbour (VHF-Kanal 16, weitere Informationen vgl. Abschnitt über English Harbour), beim Deep Water Harbour an der Nordseite von St. John's oder in der Carbbs Marina in Parham Sound vornehmen lassen. In Zukunft soll dies auch im Jolly Harbour möglich sein. Wer nach Barbuda fährt, sollte sich eine Genehmigung besorgen, die es erlaubt, auf der Insel ohne weitere Formalitäten an Land zu gehen.

Auf Antigua gibt es zahlreiche geschützte Häfen und Buchen sowie gute Ankerplätze. Komplett ausgestattete Jachthäfen finden Sie in English Harbour, Falmouth Harbour, Jolly Harbour und Parham Sound.

Wer mit einem Boot anreist, kann über den VHF-Kanal 68 bei zahlreichen Restaurants in der Nähe von Falmouth Harbour und English Harbour einen Tisch reservieren.

Boote können über Sun Yacht Charters in English Harbour (Tel. 4 60 26 15) gechartert werden.

Kreuzfahrt: Auf Antigua legen zahlreiche Kreuzfahrtschiffe an. Der neue Anleger dafür befindet sich am Heritage Quay in St. John's Harbour und ist mit einem Einkaufszentrum für zollfreie Waren sowie einem Kasino ausgestattet. Vom Heritage Quay gelangt man problemlos zu Fuß zu allen Sehenswürdigkeiten von St. John's, zum Museum, zur Kathedrale und zum historischen Redcliffe Quay.

AUSREISE AUS ANTIGUA UND BARBUDA
Beim Verlassen der Inseln wird eine Gebühr von 25 EC $ erhoben.

REISEN AUF ANTIGUA

Es ist nicht einfach, sich auf Antigua zurechtzufinden, denn wenn man von den privaten Hinweisschildern absieht, die den Weg zu Restaurants, Hotels und einigen klassischen Touristenattraktionen anzeigen, gib praktisch keinerlei Schilder auf den Straßen. Davon abgesehen sind die Windmühlen die besten Orientierungshilfen. Sie sind auch auf der Landkarte des Ordnance Survey von Antigua verzeichnet - einer sehr praktischen Hilfe, wenn man sich ein wenig auf der Insel umsehen will.

BUS
Die Busse auf Antigua sind im Besitz privater Unternehmen. Eingesetzt werden überwiegend Kleintransporter sowie einige wenige mittelgroße Busse. Die Busse von St. John's nach Falmouth und English Harbour verkehren in kurzen Abständen, wobei eine Fahrt eine halbe Stunde dauert und 2 EC $ kostet. Der erste Bus fährt früh, der letzte gegen 19.00 Uhr. In der Hauptverkehrszeit zwischen 16.00 und 17.00 Uhr fahren besonders viele Busse, sonntags dagegen nur wenige.

Der zentrale Busbahnhof in St. John's liegt gegenüber vom Markt. Dort reihen sich immer zwei bis drei Busse nebeneinander auf, deren Fahrer miteinander konkurrieren, indem sie ihre Motoren aufheulen lassen und so tun, als ob sie gleich abführen, damit die Leute einsteigen. Tatsächlich fahren die meisten Busse erst ab, wenn sie voll besetzt sind.

Die Busse nach Old Road beginnen ihre Fahrt ebenfalls am Markt in St. John's.

Wenn Sie zur Ostseite der Insel möchten, müssen Sie zur East Bus Station in der Nähe der Ecke der Independence Avenue und der High Street gehen und können dann nach Piggots und Willikies fahren.

Busverbindungen zum Flughafen, zur Dickenson Bay oder zu anderen Ferienzentren im Norden der Insel bestehen nicht.

TAXI
Die Taxipreise sind staatlich festgelegt, man sollte sie sich jedoch vom Fahrer bestätigen lassen, bevor er losfährt. Folgende Preise gelten vom Flughafen aus: 7 US $ nach St. John's, 11 US $ zur Runaway Bay oder zur Dickenson Bay, 16 US $ nach Jolly Harbour und 21 US $ nach English Harbour.

Von Nelson's Dockyard in English Harbour nach St. John's beträgt der Fahrpreis 20 US $ und zur Runaway Bay 25 US $.

In St. John's gibt es eine Taxihaltestelle gegenüber vom Markt, während weitere Taxis am Heritage Quay zu finden sind. Die meisten Hotels arbeiten mit bestimmten Taxis zusammen. Sollten Sie keines finden, können Sie eines an der Rezeption bestellen.

AUTO UND MOTORRAD
Verkehrsregeln: Um auf Antigua mit einem Auto fahren zu können, benötigt man eine 90 Tage gültige Fahrerlaubnis, die man im allgemeinen bei den Autovermietungen erhält, sich jedoch auch beim Inland Revenue Department in der Newgate Street in St. John's

besorgen kann. Man benötigt dafür nur seinen nationalen Führerschein sowie 30 EC $.

Auf Antigua und Barbuda wird an der linken Seite gefahren. Bei vielen Wagen, die man in den Autovermietungen erhält, befindet sich das Lenkrad jedoch ebenfalls auf der linken Seite, was verwirrend sein kann.

Auf Antigua stößt man auf einige der Straßen mit den meisten Schlaglöchern in der ganzen östlichen Karibik. Selbst die neueren Straßen werden nicht instandgesetzt, so daß man auch auf ihnen mit unerwarteten Kratern rechnen muß.

Hüten Sie sich vor Ziegen, die über die Straße wandern, und seien Sie vorsichtig auf engen Straßen in bebauten Gebieten, die sich nach der Schule mit Kindern füllen können.

Die Geschwindigkeit ist im allgemeinen auf 20 Meilen/ Stunde in Dörfern und 40 Meilen/Stunde in ländlichen Gegenden begrenzt. Es gibt zahlreiche Tankstellen auf der Insel, darunter auch eine vor dem Flughafen. Benzin kostet 5,70 EC $ pro Gallone.

Mietwagen: Auf Antigua ist mehr als ein Dutzend Autovermietungen vertreten, die meisten davon auch am Flughafen. Avis und Budget vermieten Autos für ca. 40 US $ pro Tag, Hertz und Dollar für ca. 50 US $. Die einheimischen Autovermietungen haben vergleichbare Tarife. Teils aufgrund der schlechten Straßenverhältnisse sind alle bis auf die neuesten Autos im allgemeinen recht mitgenommen. Am besten ist es normalerweise (wenn auch nicht hundertprozentig sicher), sich an eine internationale Firma zu wenden, wenn man ein verkehrstüchtiges Fahrzeug haben möchte. Die meisten Firmen bringen die Wagen ohne Zusatzkosten auch zum Hotel.

Sie sind unter folgenden Telefonnummern zu erreichen:

Avis	4 62 28 40
Budget	4 62 30 09
Capital Rentals	4 62 30 09
Dollar	4 62 03 62
in Jolly Harbour	4 62 10 48 und VHF 14
Hertz	4 62 03 99
Jacobs Rent-A-Car	4 61 03 99
National Car Rental	4 62 21 13
United Rent-A-Car	4 62 30 21

FAHRRAD

Sun Cycles am Nelson Drive in Hodges Bay (Tel. 4 61 03 24) vermietet Mountain Bikes für 15 US $ am ersten Tag und für 10 US $ an jedem weiteren Tag. Die Fahrräder werden gebracht und abgeholt. Am Hafenbüro in Jolly Harbour kann man ebenfalls Fahrräder mieten.

AUSFLÜGE

Flug: LIAT (Tel. 4 62 08 18) bietet Tagespauschaltouren von Antigua nach Montserrat oder Nevis für 125 US $, nach St. Kitts für 130 US $, nach Dominica für 165 US $ sowie nach Guadeloupe für 175 US $ an. Inbegriffen sind jeweils der Flugpreis, eine Führung und das Mittagessen.

Landweg: Eine halbtägige Tour mit einem Taxi über die Insel kostet 75 US $ (Preis pro Wagen). Inbegriffen sind Nelson's Dockyard und Shirley Heights. Für eine Ganztagsfahrt muß man 140 US $ bezahlen.

Schiff: Tony's Glass Bottom Boat am Strand vor dem Halcyon Cove Beach Resort in der Dickenson Bay (Tel. 4 61 57 05 und 4 62 02 56/217) bietet zweistündige Schnorcheltouren zum seichten Wasser des Paradise-Riffes um 10.00, 12.00 und 14.00 Uhr an. Einschließlich Ausrüstung und Getränke zahlt man dafür 39 US $.

Shorty's Water Activities in der Nähe von Millers by the Sea in der Dickenson Bay (Tel. 4 62 36 26) veranstaltet vergleichbare Ausflüge ebenfalls mit einem Glasbodenboot zu vergleichbaren Preisen und Zeiten.

Shorty's bietet zudem dienstags und freitags um 10.00 Uhr für 55 US $ einen Ausflug nach Bird Island an, einer kleinen vulkanischen Insel einige Kilometer vor der Nordostküste von Antigua.

Mit Wadadli Watersports (Tel. 4 62 29 80) können Sie eine Reihe von Katamaranfahrten unternehmen, darunter auch eine, die Ihnen Zeit zum Schnorcheln beim Cades-Riff läßt, und eine andere, die Gelegenheit dazu vor Bird Island gibt. Bei beiden Touren ist im Preis von 60 US $ ein Mittagessen enthalten. Außerdem hat man die Wahl, sich an der Dickenson Bay, beim Hotel Royal Antiguan oder beim Jolly Beach abholen zu lassen.

Das „Piratenschiff" *Jolly Roger* (Tel. 4 62 20 64) ist ein Party-Schiff, daß von der Buccaneer Cove an der Dickenson Bay ablegt und Tagesausflüge zum Schnorcheln, zum über die Planken Spazieren und zum Taue Schwingen für 45 US $ ermöglicht.

Daneben gibt es eine ganze Reihe von kleinen Unternehmen, die verschiedene Tagestouren im Programm haben, wobei die Preise bei 50 bis 75 US $ liegen. Sie werben für ihr Angebot mit Handzetteln und in den Tourismusmagazinen.

ST. JOHN'S

In St. John's, der Hauptstadt von Antigua und dem Handelszentrum der Insel, leben ca. 30.000 Menschen und damit rund ein Drittel der Insulaner. Die meisten touristischen Aktivitäten der Stadt konzentrieren sich auf zwei Komplexe am Hafen: den Heritage Quay und den Redcliffe Quay, einige Minuten zu Fuß voneinander entfernt an einer Straße, die von Verkäufern gesäumt ist. Heritage Quay, wo die Passagiere der Kreuzfahrtschiffe an Land gehen, ist ein moderner Komplex mit einem Kasino, einem Hotel, einer Reihe von Restaurants sowie einem Dutzend Geschäften mit zollfreien Waren, die Designer-Mode, Parfüms, Kameras und Alkoholika führen.

Redcliffe Quay ist weit ansprechender. Hier wurde eine Reihe von Häusern im Kolonialstil sowie Holzhütten restauriert, um Geschenkartikelläden, Kunstgalerien und Restaurants Platz zu bieten. Redcliffe Quay spricht sowohl die Inselbewohner als auch die Touristen an und ist ein beliebter Ort zum Mittagessen.

Der überwiegende Rest von St. John's ist relativ unberührt vom Tourismus und hat sich seinen westindischen Charakter bewahrt. Die Stadtmitte vermittelt einen geschäftigen Eindruck, denn dort geht man einkaufen, dort drängen sich Taxis durch enge Straßen, und dort eilen Geschäftsleute zur Arbeit und wieder nach Hause. Es gibt jedoch auch Elendsviertel in St. John's, in denen tiefe Armut herrscht.

PRAKTISCHE HINWEISE

Informationen: Das Fremdenverkehrsbüro in der Thames Street ist montags bis donnerstags von 8.00 bis 16.30 Uhr und freitags bis 15.00 Uhr geöffnet.

Geld: Im Bureau de Chance am Heritage Quay werden US-Dollar und Reiseschecks zu denselben Kursen wie in den Banken gewechselt, aber dort werden keine Gebühren verlangt. Es ist montags bis freitags von 9.00 bis 16.00 Uhr und samstags bis 14.00 Uhr geöffnet.

In der Royal Bank of Canada in der Market Street wird keine Provision auf Reiseschecks in US-Dollar berech-

net, wenn ein Betrag von über 1000 EC $ gewechselt wird. Für Beträge, die darunter liegen, werden 5 EC $ erhoben. Die Bank ist montags bis donnerstags von 8.00 bis 15.00 Uhr und freitags bis 17.00 Uhr zugänglich.

Post: Das Postamt am Westende der Long Street ist werktags von 8.15 bis 12.00 Uhr und von 13.00 bis 16.00 Uhr geöffnet. Eine Ausnahme bildet der Freitag, wenn erst um 17.00 Uhr geschlossen wird.

Unterkünfte
23 Palm View Guest House
24 Spanish Main Inn
26 Hotel Heritage
32 Joe Mike's Hotel Plaza

Restaurants
2 Galstron's Bakery
10 Lemon Tree
14 Kentucky Fried Chicken
17 Golden Crust Bakery
27 Hemingway's
30 China-Restaurant
35 Chez Pascal

Sonstiges
1 Food City
3 Inland Revenue Department
4 Polizeiwache
5 Wadadli Travel & Tours
6 Anglikanische Kathedrale St. John's
7 Supermarkt Brysons
8 Supermarkt Dew's
9 American Express und BWIA
11 Museum von Antigua und Barbuda
12 Postamt
13 Fremdenverkehrsamt und Kunsthandwerkszentrum
15 Barclays Bank
16 Scotia Bank
18 Heritage Quay
19 The Map Shop
20 Royal Bank of Canada
21 Cable & Wireless
22 Kino
25 Busbahnhof East
28 Caribelle Batiks
29 Barclays Bank
31 Redcliffe Quay
33 Bibliothek
34 Dollar Rent-A-Car und American Airlines
36 Tankstelle
37 Taxihaltestelle
38 Busbahnhof West
39 Markt

Telekommunikation: Bei Cable & Wireless in der St. Mary's Street können Sie Telefonkarten erhalten. Das ist montags bis freitags von 8.00 bis 18.00 Uhr und samstags bis 12.00 Uhr möglich.

Buchhandlungen: Im The Map Shop in der St Mary's Street erhält man Seekarten der Karibik, Landkarten von Antigua und Barbuda oder anderen karibischen Inseln, wie auch Bücher über die Geschichte der Karibik, ihre Kultur, die Vögel und Pflanzen usw. Der Laden ist montags bis freitags von 9.00 bis 17.00 Uhr und samstags bis 14.00 Uhr geöffnet.

SEHENSWÜRDIGKEITEN

Museum von Antigua und Barbuda: Das Museum von Antigua und Barbuda an der Ecke der Market Street und der Long Street wurde in einem früheren Gerichtsgebäude aus dem Jahre 1750 eingerichtet. Ansehen kann man sich hier eine nicht sehr umfangreiche Sammlung an Ausstellungsstücken über die Geschichte der Inseln. Vorhanden sind auch eine Abteilung mit Stücken zum Anfassen, in der sich Steinmörser und Werkzeuge aus Muschelschalen befinden, ein Modell eines Arawak-Hauses und eine bescheidene naturkundliche Abteilung, einige Ausstellungsstücke zur Kolonialzeit sowie zum Befreiungskampf.
Das Museum ist montags bis donnerstags von 8.30 bis 16.00 Uhr, freitags bis 15.00 Uhr und samstags von 10.00 bis 14.00 Uhr zugänglich. Der Eintritt ist eigentlich kostenlos, aber eine Spende von 5 EC $ wird dennoch erwartet.

Anglikanische Kathedrale St. John's: Die anglikanische St. John's Cathedral mit ihren zwei Türmen gehört zu den Wahrzeichen der Stadt. Die erste Kirche an dieser Stelle wurde 1682 errichtet, der jetzige Bau geht jedoch auf das Jahr 1843 zurück, nachdem ein Erdbeben das ursprüngliche Gotteshaus zerstört hatte. Das Innere der Kathedrale kann besichtigt werden, wenn man den Küster erreicht. Das ist im allgemeinen gegen 17.00 Uhr möglich. An ihrer Südseite befinden sich interessante alte Grabsteine, die aus dem 18. Jahrhundert stammen.

Fort James: Fort James, eine kleine Festung an der Nordseite des Hafens von St. John's, wurde erstmals im Jahre 1675 erbaut, auch wenn der überwiegende Teil der heutigen Anlage aus dem Jahre 1739 stammt. Zu sehen sind noch einige der ursprünglich 36 Kanonen, ein Pulvermagazin sowie ein recht umfangreicher Teil der Mauern. Einige Inselbewohner sind dabei, einen Teil am Nordende der Festung in ein einfaches Restaurant mit einer Bar umzubauen.
Fort Bay im Norden von Fort James ist der am nächsten an St. John's gelegene Strand und wird deshalb von den Bewohnern der Stadt häufig besucht.

ANTIGUA UND BARBUDA

UNTERKUNFT

Das Palm View Guest House in der St. Mary's Street 47 (Tel. 4 62 12 99) besteht aus drei einfachen, sauberen Zimmern in dem Wohnhaus eines älteren Ehepaares. Die Zimmer sind groß, haben ein eigenes Bad und sind mit Moskitonetzen über den Betten ausgestattet. Vorhanden sind auch ein Aufenthaltsraum sowie eine Gemeinschaftsküche. Für 15 US $ pro Person bietet es ein gutes Preis-Leistungsverhältnis und außerdem die Gelegenheit, sein Geld direkt der einheimischen Wirtschaft zukommen zu lassen.

Ebenfalls eine Pension ist das Roslyn's Guest House mit vier Zimmern, gelegen rund fünfzehn Minuten zu Fuß von der Innenstadt entfernt in der Fort Road (Tel. 4 62 07 62). Für ein Einzelzimmer werden hier 35 US $ und für ein Doppelzimmer 45 US $ berechnet.

Das Joe Mike's Hotel Plaza an der Ecke der Corn Alley und der Nevis Street (Tel. 4 62 11 42, Fax 4 62 11 87, PO Box 136) ist ein älteres Hotel in der Stadtmitte. Die Zimmer sind recht einfach, aber sauber und klimatisiert sowie mit Telefon und teils mit Doppelbetten, teils mit zwei Einzelbetten ausgestattet. Hier zahlt man das ganze Jahr über allein 45 US $ und zu zweit 50 US $.

Eine Alternative kann das Spanish Main Inn sein, ein älteres, zweistöckiges Holzhaus an der verkehrsreichen Independence Avenue (Tel. 4 62 06 60). Es wird zur Zeit renoviert, soll aber bald wieder eröffnet werden, wobei es der mittleren Preisklasse zuzurechnen sein wird.

Die besten Zimmer in der Stadt bietet das Hotel Heritage am Heritage Quay (Tel. 4 62 12 47, Fax 4 62 22 62). Die 22 riesigen, modernen Apartments sind alle mit einer kompletten Küche, Kabelfernsehgerät, Telefon, regulierbarer Klimaanlage, Bad mit Badewanne, einem Schlafzimmer mit zwei Doppelbetten und einem Wohnraum mit zwei Sofas, eines davon zur Schlafgelegenheit umbaubar, ausgestattet. Einige Apartments besitzen zudem eine Veranda mit malerischem Blick auf den Hafen, wobei jedoch wegen der Wasserverschmutzung der Blick durch den Geruch getrübt werden kann. Das Hotel zielt eigentlich auf Geschäftsleute ab, ist jedoch auch für Familien geeignet. In diesem Haus werden das ganze Jahr über pro Tag für ein Einzelzimmer 90 US $ und für ein Doppelzimmer 120 US $ verlangt.

ESSEN

Redcliffe Quay: Das Curry House ist eine der Hütten an der Westseite des Redcliffe Quay, wo sehr leckere vegetarische Rotis sowie Hähnchen- oder Rindfleisch-Rotis für 9 EC $ angeboten werden, während Rotis mit Garnelen oder Muscheln einen Dollar mehr kosten. Es ist montags bis samstags von 10.00 bis 18.00 Uhr geöffnet. Ebenfalls in einer kleinen Hütte befindet sich das The Quencher mit Burgern, einheimischen Gerichten wie Salzfisch und Brot für 6 EC $ sowie einem Tagesgericht für 10 EC $.

Die Redcliffe Tavern, ein schön restauriertes Ziegelgebäude, ist ein mehr im Trend liegendes Eßlokal. Auf der vielfältigen Speisekarte finden Sie Quiche und Salat oder eine Grillhähnchenplatte für 22 EC $ sowie Salat mit geräucherten Lachs für 38 EC $. Es gibt hier zudem einen Außenverkauf im Stil der Delikatessenläden an der Rückseite des Restaurants, der montags bis samstags von 8.00 bis 23.30 Uhr geöffnet ist.

Im Pizzas on the Quay, einem bei den Einheimischen beliebten Lokal, werden recht simple Pizzen für 34 bis 56 EC $ sowie Salate und Sandwiches angeboten. Davon kann man montags bis samstags bis 23.00 Uhr Gebrauch machen.

Innenstadt: Das Pizza House am Heritage Quay, direkt am Wasser, bietet Hähnchen-Curry und gegrillten Fisch für ca. 20 EC $ an, während man Sandwiches für etwa den halben Preis erhält, eine Scheibe Pizza ebenfalls.

Im China-Restaurant in der St. Mary's Street kosten vegetarische Gerichte 15 EC $ und die üblichen chinesischen Fleischgerichte ca. 25 EC $. Geöffnet ist montags bis samstags von 11.30 bis 14.30 Uhr sowie von 18.00 bis 23.00 Uhr.

Im Hemingway's am Westende der St Mary's Street sitzt man draußen auf einer Veranda im 2. Stock eines schönen westindischen Hauses aus dem 19. Jahrhundert. Mittags kann man hier Sandwiches für ca. 17 EC $ bestellen und bezahlt für das Tagesgericht mit Fisch etwa das Doppelte. Abends haben Sie die Auswahl von vegetarischen Pasta-Gerichten für 24 EC $ bis zu Garnelen in Kokosnuß oder Hummer für 60 US $. Es montags von 8.00 bis 17.00 Uhr und dienstags bis samstags von 8.00 bis 23.00 Uhr geöffnet.

Das Lemon Tree in der Long Street, gleich westlich des Museums, ist ein recht elegantes Lokal, das relativ gut besucht, wenn auch nicht immer voll ausgelastet ist. Auf der vielfältigen Speisekarte finden Sie *burritos* oder vegetarische Crêpes für 18 EC $ zum Mittag- oder Abendessen. Daneben wird Fliegender Fisch für 25 EC $ bis zu gekochtem Hummer für 66 EC $ angeboten. Gelegentlich ist hier am Abend auch Jazz-Musik zu hören. Auf der anderen Straßenseite befindet sich das Brother B's mit Soul-Food und Säften.

Französische Küche gibt es im Chez Pascal an der Ecke der Cross Street und der Tanner Street (Tel. 4 62 32 32), das von einer Familie aus Lyon geführt wird. Die Gerichte auf der Speisekarte umfassen eine Reihe von Fischgerichten für ca. 65 EC $, wie auch Lammkeule oder Chateaubriand für zwei zum Preis von 180 EC $. Traditionelle französische Vorspeisen wie Suppe und Salat bekommt man für ca. 20 EC $. Geöffnet ist es im Sommer dienstags bis samstags von 18.00 bis 23.00 Uhr, im Winter auch mittags.

Kentucky Fried Chicken finden Sie gegenüber vom Fremdenverkehrsbüro. Dort kann man werktags von 10.30

bis 23.00 Uhr und an den Wochenenden bis Mitternacht etwas essen.

In der Golden Crust Bakery in der Long Street werden alle Backwaren ohne tierische Fette, chemische Zusätze oder Konservierungsstoffe zubereitet. In der Galstron's Bakery in der Popeshead Street erhält man einfaches Brot und Backwaren von 6.00 bis 22.00 Uhr.

Nördlich des Postamtes kommt man zu zwei benachbarten Supermärkten. Davon ist der Brysons besser sortiert, während Dew's länger geöffnet ist (montags bis donnerstags von 8.00 bis 18.00 Uhr und freitags sowie samstags bis 22.00 Uhr). Der größte und modernste Supermarkt auf Antigua ist Food City in der Dickenson Bay Street, auf halbem Weg zum Deep Water Harbour. Er ist täglich von 7.00 bis 23.00 Uhr geöffnet, besitzt eine komplette Delikatessenabteilung sowie eine Bäckerei, in der auch leckere Zimtrollen verkauft werden.

Auf dem Markt am Südende der Market Street kann man montags bis samstags von 6.00 bis 18.00 Uhr einkaufen.

WEITERE ORTE

RUNAWAY BAY

Die Runaway Bay ist ein relativ ruhiger, weißer Sandstrand mit ruhigem Wasser, einer Tauchschule sowie einigen kleinen Hotels und Restaurants. Wer hier wohnt und mehr Unterhaltung sucht, kann zur benachbarten Dickenson Bay wandern. Ein Kanal, der von einigen Jahren für einen geplanten Jachthafen gegraben wurde (das Projekt wurde eingestellt, als man auf Felsen stieß), trennt die Runaway Bay von der Dickenson Bay, so daß man nicht am Strand entlanggehen kann, aber über die Straße ist es ebenfalls nur ein kurzes Stück.

Pelikane tauchen in der kleinen Bucht, die durch den Kanal gebildet wurde, nach Nahrung. Man findet sie auch am Corbinson Point, einem kleinen Felsvorsprung am Nordende der Bucht. Hier stand einst eine Festung, von der nur noch wenig zu sehen ist. Ein Salzsee zieht sich auf der Rückseite der Runaway Bay entlang. Abends halten sich an seinem Südende Reiher auf.

UNTERKUNFT

Die günstigste Wahl trifft man mit dem Sunset Cove Resort (Tel. 4 62 37 62, Fax 4 62 26 84, PO Box 1262). Diese schlichte Anlage besteht aus 33 modernen Quartieren in zwei- bis dreistöckigen Gebäuden. Für ein Standard-Hotelzimmer mit Kachelfußböden, Rattan-Möbeln, einer winzigen Küchenzeile und einem netten Balkon, Fernsehgerät, Klimaanlage und Deckenventilator zahlt man im Sommer 65 US $ und im Winter 90 US $. Wenn Sie hier übernachten wollen, dann bitten Sie um ein Zimmer im obersten Stock, weil dort die Räume hohe Decken haben. Für ein Studio werden im Sommer 85 US $ und im Winter 110 US $ verlangt. Es bietet bis zu vier Personen Platz und ist mit kompletter Küche und einem Wohnzimmer, das auch als Schlafzimmer dient, ausgestattet. Vorhanden sind ein Doppelbett zum Ausziehen und eine großzügige Schlafcouch. Unterkünfte mit einem oder und zwei Schlafzimmern sind ebenfalls erhältlich. Zur Anlage gehört auch ein Swimming Pool.

Der Barrymore Beach Club (Tel. 4 62 41 01, Fax 4 62 41 01, PO Box 1774) ist ein kleinerer Komplex mit 36 Zimmern, der an einem schönen Teil des Strandes liegt. Die preiswertesten Zimmer im Hotelstil sind immer noch hübsch, aber mit 70 US $ im Sommer und 115 US $ im Winter auch schon ganz schön teuer. Für ein Apartment mit einem Schlafzimmer und Küche zahlt man im Sommer sogar 105 US $ und im Winter 175 US $, mit zwei Schlafräumen 150 bzw. 295 US $. Vorhanden sind Fensterläden, Deckenventilatoren, jedoch keine Klimaanlage und kein Telefon. Am schönsten sind die Zimmer im zweiten Stock mit hohen Holzdecken.

Das größte Hotel an der Runaway Bay ist der Runaway Beach Club (Tel. 4 62 13 18, Fax 4 62 41 72, PO Box 874) mit 52 Unterkünften. Die Standardzimmer sind nicht zu klein, aber einfach und mit zwei Einzelbetten oder einem Doppelbett sowie Deckenventilatoren, Dusche und Fenstern mit Fensterläden ausgestattet. Sie kosten im Sommer ab 69 US $ und im Winter ab 80 US $. Für ein Studio mit Küchenzeile und Balkon zahlt man 95 bzw. 170 US $ und für ein Apartment mit zwei Schlafzimmern 150 bzw. 350 US $.

14 Quartiere werden im Hotel Sand Haven Beach (Tel. 4 63 44 91, PO Box 405) vermietet, das einsam am Südende der Runaway Bay gelegen ist. Da es ein wenig abgelegen liegt, ist es keine sehr gute Wahl, wenn man nicht über ein Auto verfügt, selbst wenn es hier ein kleines Restaurant gibt. 60 US $ zahlt man für ein Standardzimmer mit zwei Einzelbetten und 80 bzw. 100 US $ für eines der größeren Familienzimmer. Alle Zimmer besitzen einen Balkon oder eine Terrasse, Deckenventilatoren und eine Kaffeemaschine.

ESSEN

Das French Quarter ist ein etwas anspruchsvolleres kreolisches Restaurant mit einer Inneneinrichtung, die an den Ballsaal eines Hotels der zwanziger Jahre erinnert.

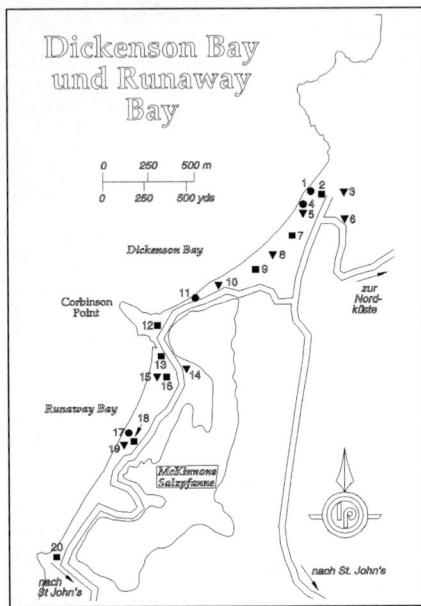

Unterkünfte
2 Halycon Cove Beach Resort
7 Sandals Antigua
9 Antigua Village
12 Marina Bay Beach Resort
13 Sunset Cove Resort
16 Barrymore Beach Club
18 Runaway Beach Club
20 Hotel Sand Haven Beach

Restaurants
2 Warri Pier und Arawak Terrace
3 Clouds
5 Millers by the Sea
6 Pari's Pizza
8 Spinnaker's
10 Coconut Grove
14 French Quarter
15 Frank's Strand Café
19 Lobster Pot

Sonstiges
1 Hütten mit Wassersportausrüstungen
4 Shorty's Water Activities
11 Buccaneer Cove
17 Dive Runaway

Am preiswertesten ist hier das sogenannte „Zwielicht-Dinner", das von 17.30 bis 19.00 Uhr angeboten wird und zu dem eine Vorspeise, ein Hauptgericht und eine Nachspeise gehören. Der Preis hängt vom Hauptgericht ab, wobei es sich um Pasta Jambalaya (ein gut gewürztes Gericht mit gemischtem Gemüse, Fisch und Pasta) für 26 EC $ oder Lammkeule für 50 EC $ handeln kann. Das Restaurant ist nur abends geöffnet, wird aber erst um 1.00 Uhr geschlossen. Allabendlich außer dienstags kann man hier auch Jazz live hören.

Das Lobster Pot im Runaway Beach Club (Tel. 4 62 28 55) bietet eine schöne Lage am Strand sowie eine gute Küche, auch wenn die Bedienung auf sich warten läßt. Die frischen Salate (18 EC $) sind sehr gut und die Hähnchencurry in Kokosnuß mit Garnelen (55 EC $) leckere Hauptgerichte. Frischen Fisch können Sie hier ab 45 EC $ essen (mittags 30 EC $). Er wird auf vielerlei Art zubereitet. Lassen Sie allerdings die Salsa-Soße aus, eine Mischung aus Dosenmais und in Würfel geschnittenen Tomaten. Im Lobster Pot besteht auch die Möglichkeit, recht teuer zu frühstücken, während die Preise mittags eher moderat sind. Wenn Sie hier abends essen wollen, sollten Sie zuvor anrufen, damit Sie dann einen Tisch mit Blick auf das Meer erhalten.

Im Frank's Strand Café des Barrymore Beach Club sitzt man draußen. Hier erhält man das übliche Frühstück und Mittagessen zu gemäßigten Preisen sowie relativ teure Abendessen, die von Spareribs für 23 EC $ bis hin zu Hummern (62 EC $) reichen. Hähnchencurry und Wiener Schnitzel zählen zu den gut zubereiteten Mittagsgerichten der mittleren Preisklasse. Mittwochs wird abends zusätzlich eine Salatbar angeboten. Von 16.30 bis 18.30 Uhr ist täglich Happy Hour, und an einigen Abenden wird auch ein Unterhaltungsprogramm geboten.

DICKENSON BAY

Die Dickenson Bay ist das wichtigste Feriengebiet für den Mittelklasse-Tourismus. Wie die benachbarte Runaway Bay besitzt sie einen langen Sandstrand mit türkisfarbenem Wasser und guten Möglichkeiten zum Schwimmen. Zentrum des Geschehens ist der Strand. Hier besteht die Möglichkeit, Wassersport zu betreiben, Strandlokale aufzusuchen sowie in einem halben Dutzend Hotels sowie Ferienwohnungen zu übernachten.

Auch wenn der Tourismus an dieser Bucht weit ausgeprägter ist als an der Runaway Bay, ist es keine überlaufene Gegend, sondern hier kann es mit Reggae-Musik live, T-Shirt- und Schmuckverkäufern sowie Frauen, die Haare flechten, recht schön sein.

UNTERKUNFT

Das Marina Bay Beach Resort (Tel. 4 62 32 54, Fax 4 62 21 51) ist ein Komplex aus zwei- und dreistöckigen Gebäuden mit Ferienwohnungen an der Landspitze, die die beiden Buchten voneinander trennt. Die 27 geräumigen Unterkünfte mit einem Schlafzimmer sind mit Küche, Klimaanlage, Kabelfernsehgerät, Telefon und Balkon oder Terrasse ansprechend und modern ausgestattet. Für eine oder zwei Personen zahlt man im Sommer 75 bzw. 125 US $ und im Winter 120 bzw. 175 US $ pro Tag. Bis zu zwei Kinder unter 12 Jahren können im Apartment der Eltern ohne Zusatzkosten mit übernachten.

Das Antigua Village (Tel. 4 62 29 30, Fax 4 62 03 75, PO Box 649) ist ein großes Ferienzentrum mit 100 Ferienwohnungen, das innerhalb einer schön gestalteten Anlage liegt. Die einzelnen Wohnungen sind recht hübsch und besitzen eine Kochgelegenheit, Klimaanlage, Deckenventilatoren und eine Terrasse oder einen Balkon. Im Sommer, wenn die Studios 95 US $, die Apartments mit einem Schlafraum 115 US $ und die Wohnungen mit zwei Schlafräumen 210 US $ kosten, sind die Preise günstig. Im Winter ist es jedoch teurer. Dann zahlt man für ein Studio 170 US $, für ein Apartment mit einem Schlafzimmer 210 US $ und für eine Wohnung mit zwei Schlafzimmern 380 US $. Wer direkt am Strand wohnen möchte, muß 20 % mehr ausgeben. Zur Anlage gehört auch ein Swimming Pool.

Das Halcyon Cove Beach Resort mit 209 Zimmern (Tel. 4 62 02 56, Fax 4 62 02 71, PO Box 251) ist ein nettes, preiswertes Ferienhotel am Nordende der Dickenson Bay. Hier werden Zimmer in fünf Kategorien von Standardzimmern mit Ventilatoren in Sommer für 84 US $ und im Winter für 164 US $ bis zu klimatisierten Zimmern mit Blick auf das Meer für 198 bzw. 282 US $ vermietet. Im November und im Januar wird hier ein mittlerer Tarif verlangt, während die Preise über Weihnachten nochmals in die Höhe schnellen. Selbst innerhalb der einzelnen Kategorien variieren die Zimmer noch ein wenig, sind jedoch alle ausgesprochen sauber und die meisten recht hübsch. Zur Anlage gehören zudem ein Swimming Pool und Tennisplätze. Die Gäste können ferner kostenlos Ausrüstungen zum Schnorcheln und Windsurfen sowie Tretboote ausleihen.

Das Sandals Antigua (Tel. 4 62 02 67) ist im Vergleich zum nicht weit entfernten Halcyon Cove ein geschäftiges Ferienzentrum nur für Paare mit einer recht übertriebenen Szene. Hier stehen 149 Zimmer, vier Schwimmbecken, eine Sauna und ein Fitness-Raum, drei Restaurants, Tennisplätze sowie verschiedene Wassersportmöglichkeiten zur Verfügung. Der Pauschalpreis pro Paar für drei Nächte beginnt im Sommer bei 1485 US $ und im Winter bei 1760 US $. Für 450 EC $ ist es auch

anderen als Hausgästen möglich, die Anlage (darunter die Bar und das Gartenrestaurant) von 10.00 bis 18.00 Uhr und für 250 EC $ von 18.00 bis 2.00 Uhr morgens zu benutzen.

ESSEN

Zum Halcyon Beach Resort gehören zwei Restaurants mit Blick auf das Meer, die beim Abendessen oder zu einem Drink herrliche Ausblicke bieten. Das Warri Pier wurde in wunderschöner Lage am Ende eines privaten Anlegers errichtet, der sich vom Strand aus gegenüber dem Hotel ins Meer erstreckt. Von 12.00 bis 22.00 Uhr bekommt man hier eine Tasse Callaloo-Suppe oder ein Sandwich für 12 EC $ oder ein *warri*, d. h. westindisches Curry oder Fisch des Tages, für 26 EC $. In diesen Preisen sind die Bedienung und Steuern inbegriffen.

Das Clouds auf einem steilen Hang oberhalb des Hotels wird um 17.30 Uhr für Cocktails und um 19.30 Uhr zum Abendessen geöffnet. In diesem Restaurant der oberen Klasse ist die Küche durchgängig auf. Vom Hotel aus, in dem in der Lobby auch das Tagesmemü (um 32 US $) ausgehängt ist, wird ein Pendelverkehr zum Restaurant organisiert.

Das dritte Restaurant im Halcyon Cove ist das Arawak Terrace mit einem täglichen Frühstücksbuffet (von 7.00 bis 11.00 Uhr), wobei man für 22 EC $ den Tag mit einem kontinentalen Frühstück beginnen oder für 32 EC $ das Buffet nutzen kann, zu dem auch warme Gerichte gehören.

Beim Millers by the Sea (Tel. 4 62 23 93) handelt es sich um ein Strandlokal mit guter Küche, freundlicher Bedienung und Live-Musik (häufig Reggae oder Jazz) mittags und abends. Für ein Frühstück im westlichen Stil zahlt man hier ca. 15 EC $. Der kreolische Fisch ist mittags (18 EC $) oder abends (25 EC $) ebenfalls nicht zu verachten. Daneben erhält man hier Burger, Muschelragout, Garnelen, Scampi und gegrillten Hummer. Jeden Donnerstag wird außerdem ein Grillbuffet mit Steaks, Ribs und Hummer für 65 EC $ angeboten. Werktags zwischen 17.00 und 19.00 Uhr ist Happy Hour, wobei man zwei Getränke zu den Preis von einem erhält.

Das Pari's Pizza (Tel. 4 62 15 01), ca. 200 Meter östlich vom Halcyon Cove an der Straße landeinwärts gelegen, ist vor allem wegen seiner Pizza zum Mitnehmen beliebt. Für eine Pizza nur mit Käse zahlt man hier 22 EC $ (klein) bzw. 36 EC $ (groß). Für jeden weiteren Belag werden einige Dollar mehr berechnet. Es besteht auch die Möglichkeit, im Restaurant zu essen oder sich die Pizza liefern zu lassen. Das Pari's ist täglich außer montags von 17.30 bis 22.30 Uhr geöffnet.

Beim Spinnaker's in der Nähe vom Sandals handelt es sich um ein nettes Restaurant am Strand, in dem man bis 10.30 Uhr frühstücken kann. Erhältlich ist hier das übliche Angebot zu vernünftigen Preisen sowie ein Riesenpott Kaffee für 3 EC $. Zwischen 11.00 und 17.30

Uhr bekommt man in diesem Lokal Salate, Sandwiches und *melettes* für ca. 20 EC $ sowie einige warme Fischgerichte für etwa 35 EC $. Abends (von 18.30 bis 22.30 Uhr) haben Sie die Wahl zwischen drei vegetarischen Menüs für 30 EC $ sowie Steak, Rotem Schnäpper und Riesengarnelen, die jeweils mit Salat serviert werden und das Doppelte kosten. Das Coconut Grove ist ein weiteres einfaches Strandlokal mit moderaten Frühstückspreisen sowie Sandwiches zur Mittagszeit. Abends zahlt man hier für Fisch vom Tag 50 EC $, während für Hummer 70 EC $ berechnet werden. An einigen Abenden in der Woche ist hier Klaviermusik live zu hören.

Im Antigua Village gibt es auch einen sehr kleinen Lebensmittelladen, der von 8.30 bis 19.00 Uhr geöffnet ist.

NORDKÜSTE

Der nördliche Teil der Insel zwischen der Dickenson Bay und dem Flughafen ist die Gegend mit den wohlhabendsten Wohnvierteln der Insel, einem Golfplatz, einigen exklusiven Ferienhausanlagen sowie zwei kleinen Ferienzentren.

UNTERKUNFT
Das abgelegene, von Briten geführte Hotel Blue Waters Beach (Tel. 4 62 02 90, Fax 4 62 02 93, PO Box 256) ist an einem schönen, kleinen Sandstrand an der Blue Waters Bay gelegen. Vorhanden sind hier 46 Zimmer sowie acht zweistöckige Ferienhäuser mit Balkon, Minibar, Telefon und Zimmersafe. Allein oder zu zweit zahlt man hier für ein Standardzimmer im Sommer 120 bzw. 140 US $ und im Winter 200 bzw. 235 US $ sowie für eines der geräumigen Ferienhäuser mit einem Schlafraum im Sommer 270 US $ und im Winter 340 US $. Im Preis enthalten sind Ausrüstungen zum Windsurfen und zum Schnorcheln, das Ausleihen von Segelbooten und die Benutzung der Tennisplätze.

Der Hodges Bay Club (Tel. 4 62 23 00, Fax 4 62 19 62, PO Box 1327) ist eine Ferienanlage der oberen Preisklasse an einem Sandstrand in der Nähe von Beggars Point. Die Unterkünfte sind modern, mit kompletter Küche ausgestattet, haben sehr hohe Decken, sind klimatisiert und bieten Telefon, Kabelfernsehgerät und eine Terrasse oder einen Balkon. Bei einem Schlafraum bezahlt man für eine Wohnung mit Blick auf das Meer im Sommer 170 US $ und im Winter 300 US $, während bei zwei Schlafzimmern die Preise im Sommer bei 225 US $ und im Winter bei 400 US $ beginnen. Wegen der ungenügenden Auslastung im Sommer wird in dieser Zeit häufiger eine Ermäßigung von 50 % für Gäste angeboten, die mindestens drei Tage bleiben. Der Club bietet seinen Gästen einen Swimming Pool, Tennisplätze sowie die kostenlose Benutzung von Ausrüstungsgegenständen zum Segeln, Windsurfen und Schnorcheln.

ESSEN
Das Le Bistro (Tel. 4 62 38 81) ist ein gut geführtes Restaurant mit traditioneller französischer Küche. Schnäpper, gegrillter Hummer und eine Reihe von Fleischgerichten werden für 65 EC $ angeboten, während Vorspeisen etwa die Hälfte kosten. Das Bistro ist nur abends geöffnet und bleibt montags geschlossen. Im Juni und Juli ist es ebenfalls ganz geschlossen. Wenn man in diesem Lokal essen will, ist eine Reservierung erforderlich. Es liegt ca. 500 m südlich vom Beggars Point und von der Straße aus ein wenig landeinwärts. Ein Schild markiert die Zufahrt zum Restaurant.

Das Garden Restaurant im Hotel Blue Waters Beach bietet einen schönen Blick über das Meer. Für 16 EC $ kann man hier kontinental frühstücken, während das recht ordentliche Frühstück vom Buffet mit Schinken, Eiern, Obst, Joghurt, Croissants und Saft usw. 32 EC $ kostet. Dienstags am Abend gibt es Barbecue, freitags ein westindisches Buffet und an den übrigen Abenden ein table d'hôte-Gericht zum Festpreis von 95 EC $.

Der Pelican Club ist sehr schön direkt am Meer gelegen. Er gehört zum Hodges Bay Club. Ein komplettes Frühstück oder Salate, Sandwiches und Burger kosten ca. 30 EC $. Abends zahlt man für Pasta, Fisch oder Hähnchengerichte ab 40 EC $ und muß für *surf and turf* 74 EC $ einkalkulieren.

UMGEBUNG DES FLUGHAFENS

Viel zu sehen ist in der Umgebung des Flughafens nicht. Viel vom Tourismus merkt man in der Gegend ebenfalls nicht, aber es gibt hier vier preiswertere Hotels, zwei davon direkt am Flughafen, die anderen an kleinen Stränden rund eine Meile (1,6 km) nördlich der Start- und Landebahn.

UNTERKUNFT
Das Hotel Airport (Tel. 4 62 21 92, Fax 4 62 09 62, PO Box 700), ein Betonbau im Stil eines Motels neben der Tankstelle von West Indies, ist ca. zehn Minuten zu Fuß vom Flughafen entfernt. Die Zimmer sind recht einfach, jedoch mit Fernsehgeräten ausgestattet. Zudem bietet das Hotel den kostenlos Transport vom und zum Flughafen an. Hier zahlt man für eine Übernachtung das ganze Jahr über allein 45 US $ und zu zweit 65 US $. Ebenfalls im Stil eines Motels gehalten, jedoch etwas schicker, ist das

Hotel Antigua Sugar Mill (Tel. 4 62 30 44, Fax 4 62 15 00, PO Box 319), eine halbe Meile (800 m) vom Flughafen entfernt, wenn man der Hauptstraße folgt. Im Haus befinden sich 22 klimatisierte Zimmer mit Kabelfernsehgerät und Telefon. Zur Anlage gehören ein Swimming Pool sowie die Ruinen einer Zuckerfabrik. Für ein Einzelzimmer werden im Sommer 50 US $ und im Winter 70 US $ berechnet, für ein Doppelzimmer 60 bzw. 80 US $.

Das Lord Nelson Beach Hotel (Tel. 4 62 30 94, Fax 4 62 07 51, PO Box 155), ein unkompliziertes Hotel im Familienbetrieb, besteht aus 16 einfachen Zimmern zum Meer hin direkt am Strand der Dutchman's Bay. Hier gibt es eine Schule, in der man das Windsurfen lernen kann, und die Möglichkeit zum Tauchen. Im Sommer kostet eine Übernachtung für eine Person 55 US $ und für zwei Personen 65 US $, im Winter 72 bzw. 95 US $.

Das Hotel Antigua Beachcomber (Tel. 4 62 31 00, PO Box 10, Winthorpes Bay) liegt 500 m südlich des Lord Nelson Beach Hotels, wird von diesem jedoch durch eine kleine Landzunge, auf der sich ein Öldepot befindet, getrennt. Die Zimmer liegen in einer Reihe zweistöckiger Gebäude im Motelstil und entsprechen denen eines Motels der Mittelklasse. Die Übernachtungspreise betragen im Sommer für eine Person 60 US $ und für zwei Personen 80 US $, im Winter 80 bzw. 100 US $. Das Haus liegt zwar nicht in unberührter Natur, vorhanden ist jedoch ein kleiner Sandstrand.

ESSEN

Die Möglichkeiten, auswärts zu essen, beschränken sich auf die vier Hotelrestaurants, wobei im Antigua Beachcomber die Speisekarte am umfangreichsten ist. Sandwiches, Omelettes und andere einfache Imbisse zu moderaten Preisen sind täglich von 7.00 bis 22.00 Uhr auch im Restaurant Lord Nelson im zweiten Stock des Flughafengebäudes erhältlich.

DEEP BAY

Die Deep Bay ist eine kleine, schöne Bucht westlich von St. John's mit einem Sandstrand und geschütztem Wasser. Ein Stück oberhalb des Strandes liegt das Hotel Royal Antiguan. Davon abgesehen werden noch recht viele weitere touristische Aktivitäten geboten, es ist aber ein großer Strand und ein schönes Ziel zum Baden.

In der Mitte der Bucht liegt das von Korallen überzogene Wrack der *Andes*. Ihre Masten ragen fast einen Meter über die Wasseroberfläche hinaus. Fast 100 Jahre sind vergangen, seit das Schiff in Brand geriet und zusammen mit seiner Ladung Pech aus Trinidad sank. Das Wasser ist seicht genug zum Schnorcheln, aber Taucher umgehen es im allgemeinen, da vom Schiffsboden noch immer schnell Schlamm hochgewirbelt wird.

Die Ruinen von Fort Barrington, der Festung, die einst den südlichen Zugang zum Hafen von St. John's schützte, befinden sich auf der Anhöhe, die sich am nördlichen Ende der Bucht erhebt. Die erste Festung wurde hier in der Mitte des 17. Jahrhunderts errichtet, der überwiegende Teil der Anlage, die man heute sieht, stammt jedoch aus dem Jahre 1779. Um zur Festung zu gelangen, folgt man am besten einfach dem Strand in Richtung Norden die Deep Bay entlang. Der Weg dauert ca. zehn Minuten.

UNTERKUNFT

Das Pillar Rock in der Hog John Bay (Tel. 4 62 23 26, Fax 4 62 23 27, PO Box 1226), ein Komplex mit 30 Quartieren, bietet ein wenig mediterrane Atmosphäre. Vermietet werden hier Ferienhäuser mit Küche, Wohnzimmer und separatem Schlafraum für 200 US $ im Sommer und für 250 US $ im Winter sowie Standardzimmer für 100 bzw. 130 US $. Alle Zimmer sind mit Deckenventilatoren sowie Klimaanlage ausgestattet.

Das Yepton Beach Resort in der Hog John Bay (Tel. 4 62 25 20, PO Box 1427) besteht aus 38 modernen, klimatisierten Unterkünften mit Balkonen oder Terrassen zum Meer hin. Die geräumigen Studios mit kompletter Küche und Wohnzimmer kosten im Sommer 150 US $ und im Winter 220 US $. Für ein Hotelzimmer zahlt man im Sommer 110 US $ und im Winter 170 US $. Daneben sind auch noch Ferienwohnungen mit einem oder zwei Schlafzimmern vorhanden. Die kleine und hübsche Anlage bietet zudem die Möglichkeit zum Windsurfen, Segeln, Schnorcheln und Tennis spielen.

Mit neun Stockwerken und 282 Zimmern ist das Royal Antiguan (Tel. 4 62 37 33, Fax 4 62 37 32, PO Box 1322, Deep Bay), das zur Kette von Ramada Renaissance gehört, das einzige Hochhaus unter den Hotels auf der Insel. Zum Hotel gehören ein Swimming Pool, acht Tennisplätze, ein Laden und eine Tauchschule. Windsurfausrüstungen, Kajaks und Schnorchelausrüstungen werden den Gästen kostenlos zur Verfügung gestellt. Die Zimmer sind komfortabel und mit Fernsehgeräten, Videorekordern, Telefon, Minibar und zentraler Klimaanlage gut ausgestattet. In den Bädern befinden sich sogar Wannen. Für ein Standardzimmer werden im Sommer 110 US $ und im Winter 175 US $ berechnet, mit Blick auf das Meer und Balkon 160 bzw. 250 US $. Von diesem Hotel besteht täglich eine Verbindung nach St. John's (6 US $). Zimmer in diesem Haus kann man weltweit über die Büros von Ramada reservieren lassen.

Weniger als zwei Meilen (3,2 km) südlich des Royal Antiguan liegt das Hawksbill Beach Resort (Tel. 4 62 03 01, Fax 4 62 15 15, PO Box 108), eine recht exklusive Anlage, zu der einige schöne, abgelegene Strände gehören. Charakteristisches geologisches Kennzeichen ist ein der

Küste vorgelagerter Fels mit der Form eines Falkenkopfes, nach dem Strand und Ferienanlage benannt wurden. Zur Anlage gehören 88 Zimmer, teils in hübschen Bungalows, teils in traditionelleren zwei-stöckigen Gebäuden. Die Übernachtungspreise für eine Person oder zwei Personen beginnen im Sommer bei 131 bzw. 168 US $ und im Winter bei 247 bzw. 299 US $, wobei Frühstück im Preis enthalten ist. Zur Anlage gehören auch ein teures Restaurant, ein Swimming Pool, ein Tennisplatz und die üblichen Wassersportmöglichkeiten.

ESSEN

Das Pavillon am Pillar Rock (Tel. 4 62 23 25) gehört zu den preisgünstigeren Lokalen in dieser Gegend, wo man für eine Auswahl an Pasta-Gerichten und Pizzen zwischen 10 und 13 US $ bezahlt.

Im Patio Caribe, das dem Yepton Beach Resort angeschlossen ist, werden in der Zeit von 12.00 bis 14.00 Uhr Burger, Salat und Fisch sowie Pizza für 7 bis 10 US $ angeboten.

Im Royal Antiguan hat man verschiedene Möglichkeiten zu essen. Das Andes am Strand ist insbesondere mittags gut besucht, wobei Burger und ähnliches um die 10 US $ kosten. Im Café Lagoon finden Sie die übliche Speisekarte von Hotels mit Sandwiches für 7 US $ und warmen Gerichten für etwa das Doppelte. Daneben gibt es noch ein eleganteres Eßlokal, das abends geöffnet wird.

JOLLY HARBOUR

Jolly Harbour ist ein neuer Jachthafen mit einer Ferienanlage an der Westküste Antiguas. Am Hafen finden Sie eine Apotheke, einen Supermarkt, ein Spirituosengeschäft, ein kleines Fotogeschäft, die Bootsvermietung La Marine, Restaurants, Kunstgewerbegeschäfte sowie Strandkleidungs- und Andenken-läden. Bei der Swiss American Bank kann man Telefonkarten kaufen und Reiseschecks gebührenfrei einlösen. Die Bank ist werktags von 9.00 bis 12.30 Uhr und von 13.30 bis 15.00 Uhr geöffnet. Ausländische Zeitungen und Magazine sind bei The Flower Basket erhältlich. Hier besteht auch die Möglichkeit, Videofilme auszuleihen. Im Hauptkomplex stehen gebührenfreie Duschen zur Verfügung.

Ferner sind 150 Hellings (einige, die für Schiffe von bis zu 60 Meter Länge geeignet sind), die Möglichkeit zu tanken, Stromanschlüsse mit 110 und 220 Volt sowie 39, 50 und 100 Ampere und eine Werft vorhanden, auf der Schiffe bis 70 Tonnen angenommen werden können.

Ein schöner weißer Sandstrand liegt südlich des Hafens beim Club Antigua.

UNTERKUNFT

Das Jolly Harbour Beach Resort (Tel. 4 62 61 66, Fax 4 62 61 67, PO Box 1793) ist ein großer Komplex mit Apartmentwohnungen in Reih und Glied, die auf einem künstlichen Wellenbrecher errichtet wurden. Jede Einheit ist im Stil eines Stadthauses erbaut, bei dem sich unten eine komplett ausgestattete Küche, ein Wohn- und Eßzimmer sowie eine Terrasse, von der aus man auf einen privaten Ankerplatz blickt, befinden. Oben wurden zwei Schlafzimmer (eines mit einem Doppelbett, eines mit zwei Einzelbetten), zwei Badezimmer und ein Balkon eingerichtet. Es ist geplant, mehr als 100 solcher Wohnungen zu bauen und an Privatleute zu verkaufen, die sie über eine Organisation vermieten können. Da die Anlage noch neu ist und die Bautätigkeit noch fortgesetzt wird, liegen die Preise mit 60 US $ für bis zu zwei Personen und 15 US $ für jede weitere Person niedrig. Es gibt zudem einen Monatstarif von 700 US $. Zur Anlage gehören ein Swimming Pool und Tennisplätze, während ein Golfplatz mit 18 Löchern erst in Planung ist.

Der Club Antigua (Tel. 4 62 00 61, Fax 4 62 18 27, PO Box 744) ist eine von Leben erfüllte Ferienanlage am Meer mit 427 Zimmern, bei der im Preis alles enthalten ist. Hier muß man im Sommer allein 105 US $ und zu zweit 210 US $ sowie im Winter 209 bzw. 286 US $ einschließlich Verpflegung, Getränke, Wassersport, Tennis und Unterhaltung (abgesehen von den Spielautomaten) bezahlen.

Für 70 US $ können auch andere als Hausgäste die Anlagen von 10.00 Uhr bis zum Schließen der Diskothek oder für 40 US $ einen halben Tag lang nutzen (Getränke und Essen inbegriffen).

ESSEN

Das beliebteste Lokal am Jachthafen ist das Al Porto, ein gut besuchtes Restaurant mit guter Pizza und Pasta für 20 bis 30 EC $ und teurere Fleischgerichten. Täglich von 12.00 bis 15.00 Uhr kann man hier zu Mittag und von 19.00 bis 22.00 Uhr zu Abend essen. Happy Hour ist von 18.00 bis 19.00 Uhr. Das Harbour Café wartet mit einer vielfältigen Speisekarte auf, auf der französische, spanische und brasilianische Gerichte zu Preisen von 35 bis 65 US $ stehen. Mittags bekommt man hier Sandwiches zu moderaten Preisen. In beiden Restaurants besteht die Möglichkeit, draußen am Hafen oder im Speiseraum zu sitzen.

In PJ's Supermarket & Deli am Hafen zahlt man für Sandwiches oder ein halbes Grillhähnchen 10 EC $. Er ist, auch zum Einkaufen, montags bis samstags von 9.00 bis 18.00 Uhr sowie sonntags von 12.00 bis 16.00 Uhr geöffnet.

DARKWOOD BEACH

Darkwood Beach, ein Strand ohne ausgeprägte touristische Infrastruktur an der Straße zwei Meilen (3,2 km) südlich von Jolly Harbour, ist ein schöner Strand mit hellen Dünen, die voller Muschelschalen und Korallen sind.

Es gibt hier nur eine Strandbar mit Picknicktischen, bei der man zu recht gemäßigten Preisen frühstücken kann oder Burger sowie einige wenige warme Gerichte erhält.

JOHNSON'S POINT BEACH

An Johnson's Point Beach an der Südwestecke der Insel, einem schönen weißen Sandstrand, stehen einige preiswerte Hotels. Auf halbem Weg zwischen St. John's und English Harbour gelegen, ist diese Gegend für jene geeignet, die die stärker vom Tourismus geprägten Teile der Insel meiden möchten, ohne völlige Abgeschiedenheit zu suchen. Man ist hier nicht so weit ab von allem, wie es auf den ersten Blick scheinen mag, da alle halbe Stunde (außer sonntags) ein Bus nach St. John's fährt (1,50 EC $).

UNTERKUNFT
Das Hotel Blue Heron (Tel. 4 62 85 64, Fax 4 62 80 05, PO Box 1715), ein ruhiges Haus mit 40 Zimmern, liegt direkt am Strand. Die meisten Zimmer sind zum Meer hin erbaut worden und in den oberen Stockwerken mit Balkonen sowie im Erdgeschoß mit Terrassen ausgestattet. Die Zimmer sind schlicht und enthalten großen Betten sowie Fernsehgeräte. Für eines der zehn Standardzimmer bezahlt man im Sommer 57 US $ und im Winter 77 US $, während die klimatisierten schöneren Zimmer 77 bzw. 102 US $ kosten. In der Zeit um Weihnachten steigen die Preise allerdings auf das Doppelte.
Gäste des Hauses können Segelboote sowie Ausrüstungen zum Windsurfen und Schnorcheln kostenlos ausleihen.

Die Golden Rock Beach Apartments (Tel. 4 62 14 42), ein nettes, als Familienbetrieb geführtes zweistöckiges Hotel, liegen direkt gegenüber vom Strand. Hier werden sechs einfache Zimmer vermietet, wobei die Preise im Sommer für eine Person bei 35 US $ und für zwei Personen bei 45 US $ beginnen und man im Winter 45 bzw. 60 US $ bezahlen muß. Am größten ist ein relativ geräumiges Apartment, für das im Sommer 55 US $ berechnet werden, wenn man die Küche nicht in Anspruch nimmt, und 75 US $ bei Küchenbenutzung verlangt werden. Im Winter zahlt man dafür in jedem Fall 90 US $.

ESSEN
In der Vienna Beach Bar der Golden Rock Beach Apartments, einem winzigen Restaurant, können Sie frühstücken sowie zu Mittag und zu Abend essen. Für Schinken und Eier zum Frühstück zahlt man hier 8 EC $, für Fisch vom Tagesfang 27 EC $ und für Hummer 54 EC $. Daneben wird noch eine Reihe von österreichischen und griechischen Spezialitäten angeboten.
Im Restaurant des Hotels Blue Heron muß man für ein kontinentales Frühstück 22 EC $ und für ein amerikanisches Frühstück 32 EC $ bezahlen. Zum Mittagessen haben Sie die Wahl zwischen Burgern, Salat und Sandwiches ab ca. 15 EC $. Abends bekommt man Fischgerichte ab 50 EC $.

FIG TREE DRIVE

Hinter Johnson's Point Beach führt die Straße vorbei an Ananaspflanzen, hohen Agaven und Weiden mit grasenden Rindern und Eseln. Auf der Seite der Straße vom Meer weg erhebt sich ein Mittelgebirge mit dem höchsten Berg der Insel, dem 402 m hohen Boggy Peak.
Old Road, ein Dorf, in dem sowohl genügend Armut als auch das luxuriöse Hotel Curtain Bluff zu finden sind, bildet den Anfang des Fig Tree Drive. Von hier an wird es zunehmend grüner, während sich die Straße die Berge hochzieht. Die schmale Straße ist gesäumt von Bananenbäumen (auf Antigua *fig* genannt), Kokospal-

men sowie großen alten Mangobäumen. Das ist zwar kein Dschungel oder Regenwald, aber die Landschaft ist erfrischend grün und läßt die Fahrt zu einem angenehmen Ausflug werden. Auf dieser Strecke kommt man an einigen Imbißbuden vorbei, an denen frisches Obst und Säfte verkauft werden.
Der Fig Tree Drive endet in dem Dorf Swetes. Auf dem weiteren Weg nach Falmouth Harbour kommt man noch an dem Dorf Liberta und der anglikanischen St.-Barnabus-Kapelle vorbei, einer schönen Kirche aus grünem Stein und Ziegeln, die 1842 erbaut worden ist.

FALMOUTH HARBOUR

Falmouth Harbour ist eine große, geschützte Bucht in Form eines Hufes. An der Bucht haben sich zwei Mittelpunkte für die Aktivitäten gebildet: die Nordseite mit dem kleinen Dorf Falmouth sowie die eher durch den Tourismus geprägte Ostseite des Hafens, an der sich die meisten Restaurants befinden. Die Ostseite des Hafens ist ca. 15 Minuten zu Fuß von Nelson's Dockyard entfernt.

SEHENSWÜRDIGKEITEN

St Paul's Church: Diese anglikanische Kirche an der Hauptstraße zum Ortskern von Falmouth ist die älteste Kirche von Antigua und stammt aus dem Jahre 1676. Anfangs diente sie gleichzeitig als Gerichtshof der Insel. Wer sich auf dem überwachsenen Kirchhof umsieht, wird einige interessante und relativ gut lesbare alte Grabsteine entdecken. Charles Pitt, der Bruder des englischen Premierministers, wurde hier 1780 begraben. Neben seinem Grab befindet sich die ausgesprochen wortreiche Gedenkstätte für Brigadegeneral Andrew Dunlop, der an Gelbfieber starb.

UNTERKUNFT

Die Falmouth Harbour Beach Apartments (Tel. 4 60 10 27, Fax 4 60 15 34) an der Ostseite von Falmouth Harbour bestehen aus über 28 Studios in einem halben Dutzend zweistöckiger Gebäude. Sie haben eine Veranda oder einen Patio, eine komplett ausgestattete Küche, zwei Einzelbetten und Deckenventilatoren zu bieten, sind jedoch nicht klimatisiert. Es gibt auch keine Fernsehgeräte in den Apartments. Auch wenn der Strand vor dem Hotel nichts Besonderes ist, hat man doch die Möglichkeit, zu einem schönen Stand nur zehn Minuten weiter östlich zu gehen. Die meisten Zimmer kosten im Sommer für eine Person 60 US $ und für zwei Personen 78 US $ sowie im Winter 92 bzw. 114 US $. Für ein Zimmer mit Blick zum Strand zahlt man zwischen 6 und 12 US $ mehr. Der Komplex wird von derselben Geschäftsleitung geführt wie das Admiral's Inn.

Das Catamaran Hotel & Marina (Tel. 4 60 10 36, Fax 4 60 15 06, PO Box 958) liegt an einem kleinen Strand an der Nordseite von Falmouth Harbour und besitzt seinen eigenen Jachthafen mit 30 Liegeplätzen. Das schöne Haus mit 16 Zimmern gehört zu den preisgünstigeren Hotels in dieser Gegend. Für ein Luxuszimmer im 2. Stock mit großzügig bemessenen Betten und Bad (mit Badewanne) werden im Sommer 85 US $ sowie im Winter 120 US $ verlangt. Vorhanden sind zudem noch vier Unterkünfte mit Küchenzeile im Erdgeschoß, die im Sommer 70 US $ und im Winter 80 US $ kosten, sowie vier einfachere Standardzimmer mit Tischventilatoren für 55 bzw. 65 US $.

Alle Preise gelten für zwei Personen, während man allein 10 US $ weniger bezahlt. Die Harbour View Apartments (Tel. 4 60 17 62, Fax 4 60 18 71, PO Box 20) sind ein moderner Komplex am Strand ein wenig östlich des Bootshafens vom Hotel Catamaran, der aus sechs Ferienwohnungen mit jeweils zwei Schlafräumen besteht. Jede Wohnung ist über zwei Etagen angelegt, wobei sich im zweiten Stock zwei Schlafzimmer sowie ein Bad befinden und im Erdgeschoß eine komplett eingerichtete Küche, ein Wohnzimmer und ein Eßzimmer liegen. Pro Wohnung (bis zu vier Personen) muß man in dieser Anlage im Sommer 85 US $ und im Winter 150 US $ bezahlen.

ESSEN

Die folgenden Restaurants liegen nur einige Minuten zu Fuß voneinander entfernt an der Ostseite von Falmouth Harbour und überwiegend an der Straße nach Nelson's Dockyard.

Naturkost erhält man im Maracuja. Hier stehen einige preiswerte Salate, Crêpes, frische Säfte sowie verschiedene Tagesgerichte wie Parmesan mit Auberginen für ca. 20 EC $ auf der Speisekarte. Außer montags ist dieses Lokal täglich von 8.30 bis 14.30 Uhr sowie von 17.30 bis 21.00 Uhr geöffnet. Im Kwik Stop gleich daneben bekommen Sie ein einfaches Frühstück, Mittagessen oder Abendessen wie Sandwiches, Burger und Rotis für ca. 10 EC $. Das Restaurant im Temo Sport-Komplex erinnert an einen Country Club. Hier gibt es preiswerte Sandwiches sowie besondere Mittagessen wie Muschelsalat oder gegrillte Rippchen für 25 EC $. Im beliebten G & T Pizza unten im Antigua Yacht Club zahlt man für eine gute Pizza zwischen 31 und 52 EC $. Daneben werden hier einfache Salate angeboten. Die Lage am Wasser sowie die Picknicktische geben der Pizzeria eine nette Atmosphäre. Die Küche ist von 12.00 bis 22.30 Uhr geöffnet, während Getränke bis Mitternacht ausgeschenkt werden. Happy Hour ist von 17.00 bis 18.00 Uhr. Dienstags ist Ruhetag. Das Le Cap Horn (Tel. 4 60 33 36) ist zweigeteilt. Auf der einen Seite befindet sich eine Pizzeria, auf der anderen ein französisches Restaurant. In der Pizzeria gibt es Steinofenpizza, die mit Käse und Tomaten ab 26 EC $ und mit Meeresfrüchten bis 34 EC $ kosten. In derselben Preislage sind auch die Pasta-Gerichte und das Tagesgericht angesiedelt. Montags bis freitags von 18.00 bis 19.00 Uhr kostet Pizza jedoch nur die Hälfte. Das französische Restaurant, das täglich von 18.30 bis 23.00 Uhr geöffnet ist, hat einen guten Ruf. Für das Tagesgericht werden hier um die 50 EC $ verlangt.

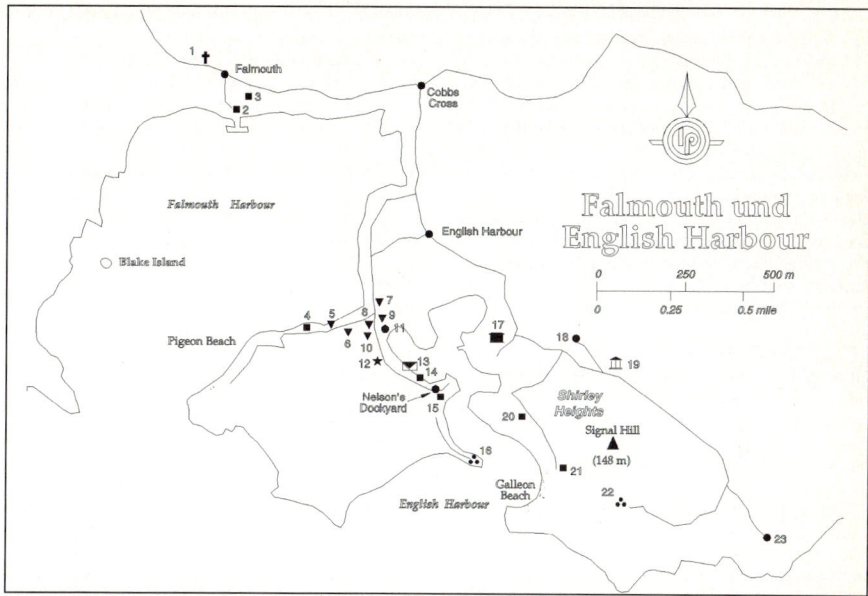

Unterkünfte

2 Catamaran Hotel & Marina
3 Harbour View Apartments
4 Falmouth Harbour Beach Apartments
14 Admiral's Inn
15 Hotel Copper & Lumber Store
20 Inn at English Harbour
21 Galleon Beach Club

Restaurants

5 G & T Pizza
6 Temo Sport-Komplex
7 Kwik Stop
8 La Perruche
9 Maracuja

10 Le Cap Horn
11 Lebensmittelladen Carib Marine
22 Shirley Heights Lookout

Sonstiges

1 Anglikanische Kirche St. Paul's
5 Antigua Yacht Club
12 Polizeiwache
13 Postamt und Eingang zu Nelson's Dockyard
16 Fort Berkley
17 Clarence House
18 Dow's Hill Interpretation Centre
19 Shirley Heights Museum
22 Fort Shirley
23 Blockhouse Hill

Eines der kreativeren Restaurants auf der Insel ist das La Perruche (Tel. 4 60 30 40), dessen Küche eine Mischung aus französischen und westindischen Einflüssen darstellt. Man hat sich hier auf die Zubereitung frischer einheimischer Speisen sowie auf Fischgerichte spezialisiert. Die Hauptgerichte für ca. 60 EC $ wechseln täglich. Das sind zum Beispiel geräucherter Thunfisch mit einem Chutney aus Passionsfrucht oder Hummer auf Spinat. In diesem Restaurant kann man montags bis samstags ab 19.00 Uhr essen.

ENGLISH HARBOUR

English Harbour bietet die reichste Ansammlung von historischen Bauten auf der ganzen Insel. Sie bilden das Kernstück der Nationalparks von Antigua und Barbuda.

An erster Stelle ist Nelson's Dockyard zu nennen, ein britischer Marinestützpunkt aus dem 18. Jahrhundert, benannt nach dem englischen Kapitän Horatio Nelson, der die frühen Jahre seiner Karriere hier verbrachte. Heute zieht es Segler hierher, da es sich um den bekanntesten Jachthafen von Antigua handelt.

Auf Anhöhen am Eingang zum Hafen erheben sich zwei Festungen, aber daneben kann man auch noch eine Reihe von Museen und ein Informationszentrum besuchen. Es läßt sich ohne weiteres der Großteil eines Tages damit zubringen, sich die alten Bauten anzusehen. Von St. John's aus fahren Busse direkt bis zu Nelson's Dockyard, aber man benötigt ein Auto, um sich Shirley Heights auf der gegenüberliegenden Seite des Hafens anzusehen. English Harbour wird von Falmouth Harbour durch eine Landzunge getrennt, die an ihrer schmalsten Stelle nur einige hundert Meter breit ist.

PRAKTISCHE HINWEISE

Geld: Die Swiss American Bank gegenüber vom Admiral's Inn löst gebührenfrei Reiseschecks in US-Dollar ein. Sie ist montags bis freitags von 9.15 bis 13.00 Uhr und von 14.00 bis 16.00 Uhr (freitags bis 17.00 Uhr) sowie samstags von 9.15 bis 13.00 Uhr geöffnet.

Post und Telekommunikation: Das Postamt am Eingang zu Nelson's Dockyard kann man montags bis freitags von 8.15 bis 12.00 Uhr und von 13.00 bis 15.45 Uhr in Anspruch nehmen. Telefonkarten lassen sich bei Cable & Wireless gleich daneben kaufen. Kartentelefone und Münzfernsprecher kann man zudem vor dem Postamt benutzen.

Für Skipper: Alle folgenden Einrichtungen befinden sich innerhalb von Nelson's Dockyard. Das Zollbüro im Erdgeschoß des alten Offiziersquartiers an der Südostseite des Hafens ist täglich von 8.30 bis 15.30 Uhr geöffnet, wobei jedoch eine Mittagspause gilt. Bei Locker's südlich des Zollbüros erhalten Sie Seekarten. Bei Limey's findet man ein Schwarzes Brett, auf dem Stellengesuche und Stellenangebote aushängen. Die Duschen (1 US $) und Waschmaschinen (8 EC $ pro Maschine) können von 6.00 bis 18.00 Uhr benutzt werden.

SEHENSWÜRDIGKEITEN

Nelson's Dockyard: Die historische Werft aus dem Jahre 1743 wurde 1899 in Folge des wirtschaftlichen Niedergangs Antiguas und seiner verminderten strategischen Bedeutung für die britische Krone aufgegeben.
Die Restaurierung der Anlage begann in den fünfziger Jahren und hatte zur Folge, daß der frühere königliche Marinestützpunkt heute so lebendig ist wie in seiner früheren Zeit als aktive Werft.
Der schöne alte Ziegelbau und die Steingebäude wurden in Einrichtungen für die Jachtbesatzungen und den Tourismus umgewandelt. Häufig entspricht ihre neue ihrer alten Funktion. Die Bäckerei z. B. war ursprünglich die Offiziersküche. Hier steht immer noch der alte Steinherd,

während einige der Hotelzimmer, die heute Urlauber beherbergen, einst die Quartiere von Matrosen der Schiffe waren, die hier auf Kiel gelegt wurden.
Die Werft ist das Zentrum der Aktivitäten in English Harbour. Es gibt hier einen kleinen Markt, auf dem T-Shirts und Andenken verkauft werden, eine Handvoll Restaurants, zwei Gästehäuser, eine Reihe von Banken, eine Tauchschule, ein Reisebüro, eine Apotheke und zahlreiche Einrichtungen für Segler. All dies wurde in den alten Marinebauten untergebracht. Nehmen Sie sich Zeit, bei den zahlreichen Schildern haltzumachen, die über die Geschichte der einzelnen Gebäude Aufschluß geben.
Am Eingang zur Anlage können Sie einen kostenlosen Plan mitnehmen, in dem die Sehenswürdigkeiten und die einzelnen Läden usw. verzeichnet sind. Der Eintritt kostet für Erwachsene 4 US $ und für Kinder unter 12 Jahren 3 US $.

Museum: Das kleine Museum auf dem Werftgelände wurde in einem früheren Offiziershaus untergebracht. Es umfaßt eine Reihe von Ausstellungsstücken aus der Seefahrt, darunter auch Uniformknöpfe, Tonpfeifen, rostige Schwerter, Musketen sowie Kanonenkugeln. Zudem sind hier Modelle eines Schoners aus dem der Mitte des 19. Jahrhunderts sowie einer Brigg zu sehen. In dem kleinen Andenkenladen des Museums werden Bücher und Karten verkauft. Der Eintritt ist frei.

Fort Berkley: Vom Hotel Copper & Lumber Store führt ein schöner zehnminütiger Spaziergang zu dieser kleinen Festung, von der aus den westlichen Zugang nach English Harbour überblickt. Die Festung aus dem Jahre 1704 diente als erste Verteidigungslinie des Hafens. Heute sind hier noch intakte Mauern zu besichtigen, ein Pulvermagazin, ein kleines Wachhaus und eine einsame Kanone, die letzte von 25 Kanonen, die einst die Mauern der Festung säumten. Von oben bietet sich ein schöner Blick über den Hafen. Der unbefestigte Weg nach oben ist gut unterhalten. Er führt an zahlreichen Yucca-Pflanzen und Kakteen vorbei, darunter auch am großen Dildo-Kaktus sowie am kurzen Türkenkopfkaktus, den man leicht an seinem runden, roten Kopf erkennen kann.

Clarence House: Das Clarence House an der Straße nach Shirley Heights wurde 1786 vom Herzog von Clarence erbaut, der später König William IV. werden sollte. Die vom Alter gekennzeichnete Residenz im georgischen Stil ist mit Stilmöbeln eingerichtet und dient heute dem Gouverneur als Landsitz. Wenn der Gouverneur nicht im Haus ist, werden Führungen veranstaltet, im allgemeinen montags bis freitags zwischen 9.00 und 15.30 Uhr und samstags am Morgen. Der Eintritt ist offiziell frei, eine Spende nach der Führung jedoch angemessen.

Shirley Heights: Es macht Spaß, die Ruinen der Festung aus dem 18. Jahrhundert zu erkunden, die einen wunderbaren Blick oben vom Berg aus bieten. Wenn man der Abzweigung nach Shirley Heights ca. eine Meile (1,6 km) folgt, gelangt man zu einem bescheidenen Museum im alten Quartier der königlichen Artillerie sowie einem Informationszentrum, in dem eine audiovisuelle Informationsveranstaltung angeboten wird (4 US $).

Den schönsten Blick und den Großteil der Ruinen erreicht man jedoch erst hinter dem Museum. Die Straße gabelt sich nach ca. einer halben Meile (800 m). Links gelangt man nach einem kurzem Weg zum Blockhouse Hill, auf dem sich die Überreste der Offiziersquartiere aus dem Jahre 1787 befinden. Von hier aus hat man einen schönen Blick auf die geschützte Mamora Bay im Osten. Rechts gelangt man nach Fort Shirley. Dort stehen weitere Ruinen, wobei man einen Teil zu einem einfachen Restaurant und einer Bar umgebaut hat. Von der Rückseite des Restaurants aus blickt man über English Harbour, während man von der Spitze des Signal Hill (148 m), nur eine Minute vom Parkplatz entfernt, Montserrat 45 km weiter südwestlich sowie Guadeloupe 64 km weiter südlich sehen kann.

UNTERKUNFT

Das Admiral's Inn (Tel. 4 60 10 27, Fax 4 60 15 34, PO Box 713), das 1788 als Lagerhaus erbaut wurde, verfügt über 10 Zimmer oberhalb des Restaurants in dem alten Ziegelbau sowie über vier Zimmer in einem separaten Anbau. Die Zimmer variieren in Größe und Einrichtung und sind teilweise recht klein. Das Zimmer Nr. 5 ist größer und in der mittleren Preisklasse eine gute Wahl, während in der oberen Kategorie das Zimmer Nr. 3, ein ruhiges Eckzimmer mit Deckenventilator und schönem Blick auf den Hafen, zu empfehlen ist. Beide Räume sind klimatisiert und haben Decken mit handgezimmerten Balken. Im Sommer zahlt man hier für ein Zimmer der mittleren Preisklasse allein 62 US $ und zu zweit 76 US $, während man für eines der teureren Zimmer 66 bzw. 84 US $ einkalkulieren muß. Im Winter liegen die Preise bei 88 bzw. 112 US $ und bei 94 bzw. 124 US $. In den Preisen enthalten ist die Benutzung von Sunfish-Segelbooten und von Schnorchelausrüstungen sowie die Hin- und Rückfahrt zu nahegelegenen Stränden.

Das Hotel Copper & Lumber Store (Tel. 4 60 10 58, Fax 4 60 15 29) wurde um die achtziger Jahre des 18. Jahrhunderts erbaut, um Kupfer und Holz zu lagern, die für die Reparatur von Schiffen benötigt wurden. Heute befinden sich in dem Gebäude 13 Ferienwohnungen, allesamt mit Küche und Deckenventilatoren ausgestattet. Die Preise reichen von 160 bis 280 US $ im Winter und von 80 bis 140 US $ im Sommer. Wer alte Möbel im Zimmer wünscht, muß einen höheren Preis in Kauf nehmen.

Der Galleon Beach Club (Tel. 4 60 10 24, Fax 4 63 14 50, PO Box 1003) ist eine ruhige Ferienanlage am Galleon Beach an der Südostseite von English Harbour. Er besteht aus am Strand verstreuten Bungalows. Alle 36 Unterkünfte sind mit einer Küche ausgestattet und besitzen eine Veranda. Für ein Bungalow mit einem Schlafraum zahlt man im Sommer 135 US $ und im Winter 230 US $, während der Preis für zwei Schlafräume bei 170 bzw. 290 US $ liegt. In jedem Schlafzimmer können zwei Personen übernachten, aber für zwei weitere Personen ist auch noch Platz auf einem Sofabett, ohne daß dafür ein Zuschlag erhoben wird. Zur Anlage gehören ein italienisches Restaurant und einige Tennisplätze. Gäste haben die Möglichkeit, auch mehrere Wassersportarten zu betreiben.

Das Inn at English Harbour (Tel. 4 60 10 14, Fax 4 60 16 03, PO Box 187) ist ebenfalls eine kleine Ferienanlage an der Südostseite von English Harbour. Die Zimmer in dem zweistöckigen Gebäude sind ein wenig klein, besitzen jedoch überwiegend einen Balkon zum Meer hin. Einschließlich Frühstück, Abendessen und Wassersport muß man hier im Sommer allein ab 150 US $ und zu zweit ab 200 US $ sowie im Winter 270 bzw. 340 US $ bezahlen.

ESSEN

Die Dockyard Bakery hinter dem Museum in Nelson's Dockyard führt gutes Brot, Karottenkuchen und anderes Gebäck zu vernünftigen Preisen. Sie können hier auch einen Kaffee im Becher mitnehmen (1,50 EC $) und ihn unter dem über 300 Jahre alten Baum trinken, der vor der Bäckerei steht. Die Bäckerei ist montags bis donnerstags von 7.30 bis 16.00 Uhr und freitags bis 15.00 Uhr geöffnet.

Das Limey's ist das preiswerteste Eßlokal in Nelson's Dockyard, wobei das Essen gut und preiswert ist. Es ist zwar auch ein Speiseraum vorhanden, eine bessere Wahl ist es jedoch, sich an einen der Picknicktische draußen auf dem Balkon zu setzen und sich am Blick über den Hafen zu erfreuen. Für ein Sandwich zahlt man hier 8 EC $, während Hähnchen und Pommes Frites 12 EC $ kosten und für frischen Fisch ab 25 EC $ berechnet werden. Im Sommer ist bis 18.00 Uhr geöffnet, im Winter bis 22.00 Uhr.

Das Carib Marine, ein guter, kleiner Lebensmittelladen, ist fünf Minuten zu Fuß vom Eingang zu Nelson's Dockyard entfernt. Man bekommt hier knuspriges Brot aus dem Steinofen, das täglich frisch gebacken wird. Mit einer Scheibe Käse ist dies ein gutes, preiswertes Mittagessen. Vor dem Laden stehen Picknicktische, an denen man essen kann. In der kleinen Delikatessenabteilung werden auch Sandwiches für 5 EC $ angeboten. Einkaufen kann man in dem Laden montags bis samstags von 8.30 bis 17.00 Uhr. Sie bekommen hier auch Alkoholika und Eis. Zum Geschäft gehört ein eigener Dingi-Anleger.

Im Admiral's Inn kann man zu allen drei Mahlzeiten essen. Die wechselnde Tageskarte auf der schwarzen

Anschlagtafel für mittags umfaßt normalerweise Salate, Cheeseburger, Muschelragout und Reis für ca. 30 EC $, während man abends im allgemeinen etwas anspruchsvollere Gerichte essen kann. Es besteht die Möglichkeit, entweder im Speiseraum oder an den Tischen draußen am Hafen zu essen.

Im Hotel Copper & Lumber Store gibt es einen Pub, in dem man Shepherds Pie, Hähnchensalat, gegrillte Rippchen mit Pommes Frites usw. für ca. 25 EC $ bekommt. Happy Hour ist von 18.00 bis 20.00 Uhr, in der zwei Getränke für den Preis von einem ausgeschenkt werden. Im Hotel befindet sich zudem noch ein formelleres Restaurant, nämlich das The Wardroom mit einem englischem Frühstück für 28 EC $ sowie einer teureren Abendkarte.

Das Shirley Heights Lookout (Tel. 4 60 17 85) in einem Wachhaus von 1791 bei Fort Shirley bietet einen phantastischen Blick über English Harbour. Frühstück sowie Mittag- und Abendessen werden hier zu moderaten Preisen angeboten. Am bekanntesten sind die sonntäglichen Barbecues, die von 15.00 bis 18.00 Uhr sowie von 18.00 bis 21.00 Uhr von Steelbands begleitet werden, wobei Ende des Abends viel getanzt wird. Der Eintritt ist frei, und die Preise für die Getränke sind vertretbar. Für einen einfachen Hamburger oder einen Hähnchenteller mit Salat zahlt man 20 EC $ und für einen Teller mit Rippchen 38 EC $. Das Barbecue und die Musik einer Steelband gibt es jetzt versuchsweise auch donnerstags von 15.30 bis 20.00 Uhr. Alles in allem ist es eines der nettesten Lokale auf der Insel.

HALF MOON BAY

Die Half Moon Bay an der Südostseite der Insel hat die Form eines C. Der weiße Sandstrand ist hier sehr schön und das Wasser türkisblau. Wenn man von einem Hotel an der Südseite und einem Imbiß am Strand absieht, ist die Bucht bisher touristisch kaum erschlossen.

UNTERKUNFT
Das Hotel Half Moon Bay (Tel. 4 60 43 00, Fax 4 60 43 06, PO Box 144), gelegen auf einer Anhöhe mit Blick über

den Strand, verfügt über 100 Zimmer. Zum Hotel gehören auch ein Swimming Pool, Tennisplätze sowie ein Golfplatz mit neun Löchern. Mit Vollpension zahlt man hier als Einzelperson im Sommer 150 US $ und im Winter 260 US $ und für ein Doppelzimmer 210 bzw. 340 US $.

Weil das Hotel so abgelegen liegt, hat man hier ernste Buchungsprobleme, so daß die Zukunft der Anlage unsicher ist und nicht sehr rosig aussieht.

LONG BAY

Die Long Bay an der Ostseite von Antigua bietet klares, blaues Wasser sowie einen recht schönen weißen Sandstrand. Sie ist von einem Riff geschützt, an dem sich gut schnorcheln läßt. An jedem Ende des Strandes befindet sich eine exklusives Ferienanlage und in Fußwegentfernung ein Apartmenthotel der mittleren Preisklasse. Von einigen wenigen Wohnhäusern abgesehen, gibt es sonst nicht viel in der Gegend, so daß, wer nicht die völlige Abgeschiedenheit sucht, viel Geld für Taxifahrten aufwenden muß, wenn er sich ein wenig die Umgebung ansehen will.

SEHENSWÜRDIGKEITEN
Devil's Bridge: Die Devil's Bridge ist ein kleiner Bogen, den das Meer in die Klippen gegraben hat. Er befindet sich bei Indian Town Point. Hier soll sich eine frühe Arawak-Siedlung befunden haben. Sie erreichen den Bogen, wenn Sie in östliche Richtung der befestigten Straße bis ca. eine Drittelmeile (500 m) vor die Abzweigung zum Hotel Long Beach Hotel folgen. Von hier aus ist es etwa noch eine Minute zu Fuß in Richtung Osten. Seien Sie unmittelbar beim Bogen sehr vorsichtig, da die Wellen des Atlantik, die diesen Bogen aus den

Kalkklippen geformt haben, gelegentlich bis ganz nach oben schlagen.

UNTERKUNFT UND ESSEN
Das Banana Cove at Dian Bay (Tel. 4 63 20 04, Fax 4 63 24 25, PO Box 321), eine hübsche Anlage mit 30 Ferienwohnungen, liegt auf einer ruhigen Halbinsel ca. 500 Meter östlich vom Long Bay Beach. Die Wohnungen mit einem Schlafraum bestehen aus einer großen Küche, einem Wohn- und Eßzimmer sowie einem separaten Schlafzimmer sowie einem Bad mit Badewanne und besitzen einen großen Balkon. Von den meisten der oberen Wohnungen zum Swimming Pool hin kann man das Meer nicht sehen. Sie gehören zu den im Verhältnis preisgünstigen Wohnungen für 60 US $ im Sommer und 90 US $ im Winter. Für eine Wohnung mit Blick auf das Meer zahlt man 20 US $ mehr, während für eine Wohnung mit zwei Schlafzimmern im Sommer 120 US $ und im Winter 175 US $ in Rechnung gestellt werden. Zum Hotel gehört ein kleines Restaurant mit dem üblichen Frühstücksangebot, Sandwiches und Salaten zu gemäßigten Preisen. Gäste können sich einen Gutschein für 40 US $ ausstellen lassen und dafür im Pineapple Club ein

komplettes Abendessen mit mehreren Gängen und Getränken bestellen. Die Benutzung der hoteleigenen Schnorchel- und Windsurfausrüstungen ist kostenlos.

Beim Hotel Long Bay am Ostende der Long Bay (Tel. 4 63 20 05, Fax 4 63 24 39, PO Box 442) handelt es sich um ein von einer Familie geführtes Hotel der oberen Preisklasse, das viele Stammgäste hat. Die zwanzig Zimmer kosten mit Halbpension im Sommer für eine Person ab 150 US $ und für zwei Personen ab 250 US $ und im Winter 270 bzw. 350 US $. Daneben werden noch sechs Bungalows mit Küche, jedoch ohne Verpflegung, im Sommer für 165 US $ und im Winter für 220 US $ vermietet. Tennis und Wassersportmöglichkeien sind im Preis inbegriffen. Im Hotelrestaurant können Sie bei Kerzenlicht mit Blick auf das Meer zu Abend essen. Dort werden ein dreigängiges Tagesgericht für 90 EC $ und eine Auswahl von anderen Hauptgerichten angeboten, die zwischen 40 und 70 EC $ kosten.

Der Pineapple Beach Club (Tel. 4 63 20 06, Fax 4 63 24 52, PO Box 54), eine Ferienanlage für Pauschalurlauber, wurde am Westende der Long Bay errichtet. Der Besitzer stammt aus Kalifornien und hat dafür gesorgt, daß die Atmosphäre ungezwungen ist. Im Sommer werden hier für eine Person 200 US $ und für zwei Personen im Doppelzimmer 300 US $ berechnet, im Winter 270 bzw. 370 US $. Im Preis inbegriffen sind Vollpension, die Getränke, Wassersportmöglichkeiten, Unterhaltung, Trinkgeld sowie die Steuern.

BETTY'S HOPE

Betty's Hope gleich östlich des Dorfes Pares war die erste Zuckerrohrplantage auf der Insel, die von Christopher Codrington 1674 angelegt und nach seiner Tochter Betty benannt wurde. Die Ruinen von zwei alten Zuckerfabriken aus Stein stehen noch, wie auch ein Destillierhaus sowie einige weitere Steinbauten, die heute dem Museum von Antigua und Barbuda unterstellt sind. Ehrgeizige Pläne sehen eine umfangreiche Restaurierung der Plantage und ihre Umwandlung in ein Museum der „lebendigen Geschichte" vor. Die nicht sehr gute Straße nach Betty's Hope ist ausgeschildert. Die Anlage kann dienstags bis samstags von 9.00 bis 17.00 Uhr besichtigt werden.

BARBUDA

Barbuda, 40 km nördlich von Antigua, ist eine der bis heute am seltensten von Touristen besuchten Inseln der östlichen Karibik. Abgesehen von seiner Fregattvögelkolonie und seinen schönen Stränden, von denen die meisten am besten mit einem Boot zu erreichen sind, gibt es für Touristen nicht viele Sehenswürdigkeiten auf dieser flachen Insel, die von Buschland überzogen ist.

In Codrington, dem einzigen Dorf auf Barbuda, leben die meisten Einwohner der Insel. Hier befindet sich auch der Flugplatz. Es gibt auf Barbuda zwei kleine, exklusive Ferienanlagen, die sich am Südende der Insel befinden. Sie sind so abgelegen, daß sie über eine eigene Landepiste verfügen und nicht viel dazu beigetragen haben, Barbuda aus der Isolation zu bringen.

Die meisten der 1100 Inselbewohner tragen einen von einem halben Dutzend Familiennamen und können ihre Abstammung auf eine kleine Gruppe von Sklaven zurückführen, die von Sir Codrington, der die Insel 1685 von der Krone pachtete, hierhergebracht worden waren. Die Sklaven betrieben Rinderzucht und Ackerbau, so daß Barbuda zum Brotkorb für die Arbeiter auf den Zuckerrohrplantagen von Antigua wurde.

Die Familie Codrington konnte die Pacht der Insel zwei Jahrhunderte lang auf der Basis der jährlichen Zahlung eines „fetten Schafes" aufrechterhalten. Dieses Erbe hat seine Spuren weit über den Namen des Dorfes hinaus hinterlassen, so z. B. bei den kommunalen Landnutzungspolitik, die auf Barbuda noch immer betrieben wird und sich auf die eingeführten Ziegen, Schafe und Esel bezieht, die frei auf der Insel weiden und damit einen großen Teil der Verantwortung für die Zerstörung der Inselflora tragen.

Barbuda verfügt nicht nur über die größte Fregattvögelkolonie in der Karibik, sondern hier sind auch tropische Spottdrosseln, Singvögel, Pelikane, Ibisse, Austernfischer, Reiher und zahlreiche Enten beheimatet. Auf der Insel leben auch Wildschweine und Weißschwanzrotwild, die beide legal gejagt werden.

CODRINGTON

Codrington ist ein bescheidener, preiswerter Ort. Er beginnt am Flugplatz, von wo aus man einfach in Richtung Norden zu gehen braucht und dann zum Zentrum kommt. Hier gibt es das Postamt von Barbuda, eine Bank und eine Polizeiwache sowie ein Verwaltungsgebäude aus dem Jahre 1743.

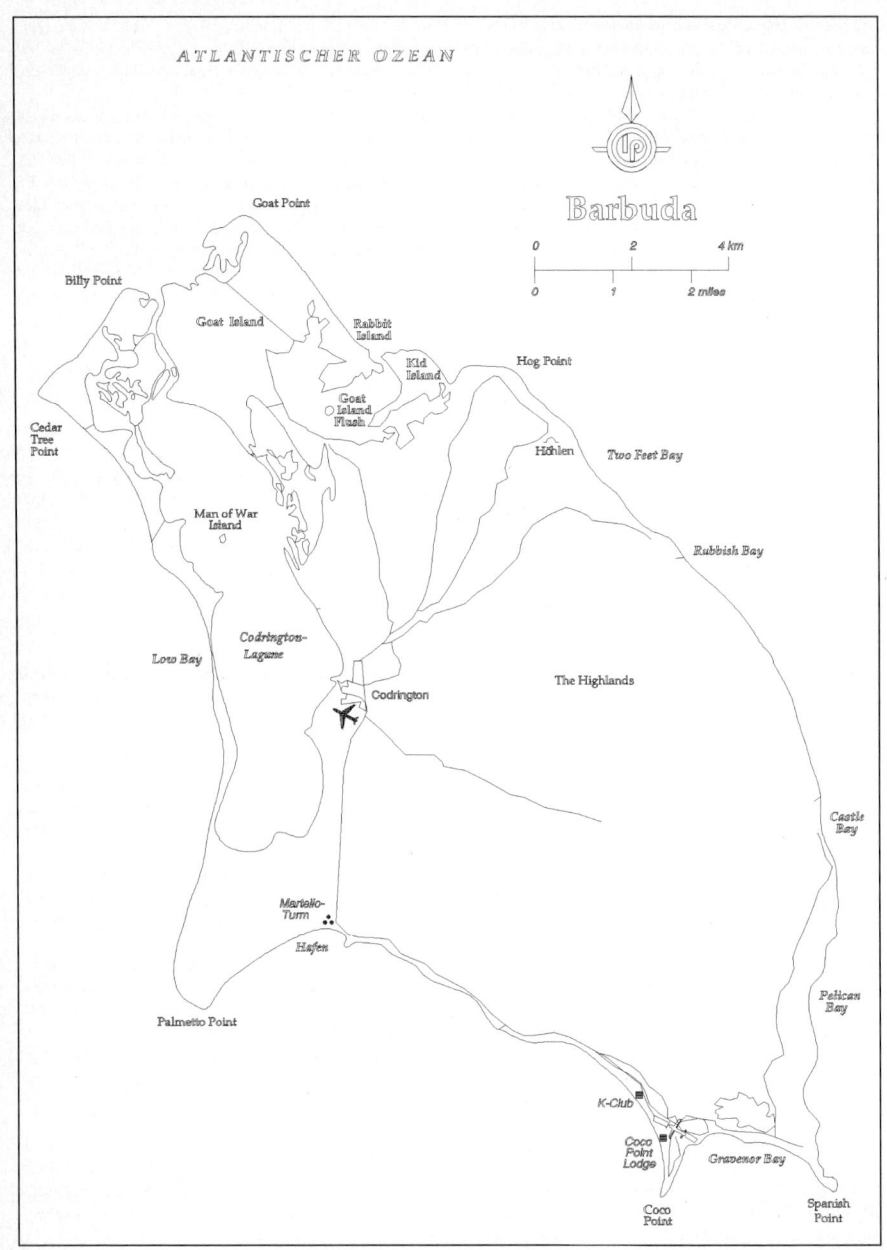

Der Ort wurde nicht für Touristen erbaut. Nur an einem der Häuser, in denen Zimmer vermietet werden, sieht man ein entsprechendes Schild. Man findet auch kein Restaurant mit festen Öffnungszeiten. Sandwiches bekommen Sie bei zwei Imbissen. Einer davon befindet sich neben der Bäckerei, der andere ein kleines Stück weiter auf derselben Straße. Codrington liegt an der landeinwärts gelegenen Seite der Codrington-Lagune, gute 3,5 Meilen (5,6 km) nördlich des nächsten Strandes.

UNTERKUNFT

Das Thomas Guest House (Tel. 4 60 00 04), einen Block vom Flugplatz entfernt, verfügt über vier Zimmer mit Bad und Deckenventilator, die für 25 US $ an eine bis zwei Personen vermietet werden.

Wenn die Pension ausgebucht ist, kann Herr Thomas Besucher im allgemeinen an jemand anderen verweisen, der ein Zimmer oder ein kleines Haus vermietet, wobei der Preis für ein solches Quartier bei ca. 30 bis 70 US $ liegen dürfte.

Eine Alternative ist MacArthur Nedd (Tel. 4 60 00 59), der eine Handvoll Zimmer mit Bad und Ventilator an eine Person für 35 US $ und an zwei Personen für 60 US $ vermietet.

CODRINGTON-LAGUNE

Die Codrington-Lagune, ein langgestreckter salzwasserhaltiger Meeresarm, der sich entlang der Westküste von Barbuda zieht, ist das Ziel von Vogelkundlern und Vogelfreunden. Tausende von Fregattvögeln nisten in den flachen Mangroven der Lagune, wobei man bis zu ein Dutzend Vögel auf einem einzigen Busch findet. Aufgrund der Dichte ist das Geschrei an den Nistplätzen unaufhörlich.

Die beste Zeit für einen Besuch der Kolonie ist die Paarungszeit, die im September beginnt und bis Januar andauert. Die Männchen zeigen dann ein prachtvolles Federkleid und blähen ihren roten Kehlsack als Teil eines komplizierten Werberituals auf. Während sich die Männchen in den Büschen aufreihen und ihre Kehlsäcke mit einem Ausdruck von Machismus blähen, fliegen die Weibchen hoch am Himmel. Wenn sie einen Bewerber ausmachen, der ihnen gefällt, landen sie, so daß das Paarungsritual beginnen kann.

Nach der Paarung wird ein Nest aus Zweigen gebaut, die die Männchen sammeln. Die Weibchen legen ein einziges Ei, das von beiden ausgebrütet wird. Nach etwa sieben Wochen schlüpft das Küken, lernt nach rund sechs Monaten fliegen und verläßt dann das Nest.

Die Nistplätze am oberen Teil der Lagune sind als Man of War Island bekannt und können nur mit einem Boot erreicht werden. Es gibt einige Boote mit Außenbordmotoren, mit denen Besucher dorthin gelangen können, wobei jedoch im allgemeinen einen Tag vorher ein Termin ausgemacht werden muß. Wer auf Barbuda übernachtet, kann dies über seine Pension tun. Für ein Boot,

Fregattvögel

Fregattvögel kämmen die Wasseroberfläche nach Fischen durch, aber da ihren Federn die wasserabweisenden Öle fehlen, die bei Wasservögeln üblich sind, können sie nicht tauchen. Der Fregattvogel, der auch als „Mann des Krieges" bezeichnet wird, hat sich zudem zum Luftpiraten entwickelt, da er die Ergebnisse seiner eigenen Fischerei noch dadurch ergänzt, daß er andere Vögel so lange attackiert, bis sie ihren Fang fallen lassen, den der Fregattvogel dann im Fluge auffängt.

Während der Fregattvogel mit seinem charakteristischen gespaltenen Schwanzfedern und seinen Flügeln von zwei Metern Spannweite am Boden unbeholfen wirkt, bietet er in der Luft ein großartiges Bild. Er ist der leichteste Vogel im Verhältnis zu seiner Flügelspannweite und kann in großen Höhen stundenlang ohne Ende am Himmel schweben. Das macht es ihm möglich, entlang der Küste zu entfernten Inseln zu fliegen und bei Sonnenuntergang zum Nest zurückzukehren, ohne in der Zwischenzeit irgendwo gelandet zu sein.

das bis zu vier Personen aufnehmen kann, werden im allgemeinen 40 US $ berechnet, wobei man ungefähr 75 Minuten unterwegs ist. Wer Barbuda im Rahmen eines Tagesausflugs besucht, kann eine Tagestour buchen, bei der eine Fahrt zu den Nistplätzen eingeschlossen ist (vgl. Abschnitt über Ausflüge am Ende dieses Kapitels).

WESTKÜSTE

Die Westküste von Barbuda ist von schönen weißen Sandstränden gesäumt, an denen das Meer eine azurblaue Farbe hat. Nördlich von Palmetto Point befindet sich ein großartiger, leicht rosafarbener Strand, der sich über fast 18 km erstreckt und der sich überwiegend entlang des schmalen Landstreifens zieht, der die Codrington-Lagune vom Meer trennt. Aufgrund der abgeschiedenen Lage blieb er jedoch überwiegend die Domäne vereinzelter Bootsbesitzer. Besser zu erreichen sind da schon die Strände an der Küste südlich des Hafens, wobei die zwischen den beiden Ferienanlagen mit am schönsten sind.

Im Hafen befinden sich ein Zollbüro und eine Vorrichtung zum Verladen von Sand. Sand aus Barbuda glänzt auch an einigen Stränden Antiguas. Im Nordwesten des Hafens steht der Martello Tower, ein früher Ausguck, der aus der Entfernung an eine Zuckerfabrik erinnert. Etwa 0,6 Meilen (ein Kilometer) nördlich von Coco Point liegt ein schöner weißer Sandstrand, vor dem sich in geringer Entfernung Korallenformationen befinden, die gute Möglichkeiten zum Schnorcheln bieten.

Das kristallklare Wasser der Gravenor Bay zwischen Coco Point und Spanish Point ist mit seinen Riffen und ausgezeichneten Schnorchelmöglichkeiten ein beliebter Ankerplatz für Jachten. Nicht weit von der Buchtmitte befindet sich eine alte verfallende Mole, und 0,6 Meilen (einen Kilometer) weiter östlich stehen noch die Ruinen eines kleinen Turms.

Archäologen gehen davon aus, daß sich auf der unbewohnten Halbinsel, die nach Spanish Point führt, einst eine bedeutendere Siedlung der Arawak befunden hat. Ein unbefestigter Weg verbindet die beiden Enden der Bucht, ein weiterer Weg führt vom Salzsee aus in Richtung Norden.

UNTERKUNFT

Der K-Club (Tel. 4 60 03 01, Fax 4 60 03 05) trägt die Handschrift des italienischen Mode-Designers Mariuccia „Krizia" Mandelli. Dieses neue Ferienzentrum am Strand verfügt über 33 anspruchsvolle, moderne Bungalows. Zur Anlage gehört auch ein Golfplatz mit neun Löchern. Der Preis ist allerdings mit 1000 US $ pro Tag (alles inklusive) ebenfalls eindrucksvoll. Für etwa 100 US $ können andere als Hausgäste im Restaurant mittags oder abends ebenfalls essen.

Die Coco Point Lodge (Tel. 4 62 38 16), rund eine Meile (1,6 km) südlich vom K-Club, ist so gut wie vollständig in amerikanischer Hand. Das ist ein Club nur für Mitglieder an einem schönen Strand. Für das preiswerteste der 36 Zimmer und Suiten zahlt man pro Tag ca. 500 US $. Hinzu kommt noch der Mitgliedsbeitrag für den Club. Die Anlage ist von November bis April geöffnet. Wer nicht Mitglied im Club ist, ist in dieser Anlage nicht willkommen.

HÖHLEN

Wenn man einen Blick unter die Erdoberfläche werfen will, hat dazu in einigen Höhlen ca. fünf Meilen (8 km) nordöstlich von Codrington Gelegenheit. Sollte es allerdings kurz zuvor geregnet haben, kann die Besichtigung aufgrund von Schlammlöchern ins Wasser fallen. Bei der Dark Cave handelt es sich um eine eindrucksvolle unterirdische Höhle mit tiefen Seen.

Eine andere Höhle in der Nähe der Two Feet Bay soll verblaßte Zeichnungen von Arawak-Indianern enthalten.

AN- UND WEITERREISE

FLUG

Linienflugzeuge verkehren nur zum Flugplatz von Codrington. LIAT bietet zwei Flugverbindungen täglich auf der 20minütigen Strecke zwischen Antigua und Barbuda an. Die Maschine startet auf Antigua um 8.35 und um 15.30 Uhr und beginnt dreißig Minuten später den Rückflug von Barbuda nach Antigua. Für einen einfachen Flug zahlt man 27 US $, während ein Flugschein für einen Hin- und Rückflug zum Ausflugstarif 38 US $ kostet.

Carib Aviation (Tel. 4 62 31 47), vorwiegend eine Chartergesellschaft, nimmt bei ihren Flügen für die Bank zweimal in der Woche auf dem Rückflug auch Passagiere an. So kann man am Donnerstag nachmittags nach Barbuda und am Mittwoch morgens nach Antigua fliegen und muß dann für einen einfachen Flug 55 EC $ bezahlen.

SCHIFF

Barbudas Riffen, die sich viele Kilometer lang vor der Küste erstrecken, sollen in der Kolonialzeit 200 Schiffe zum Opfer gefallen sein - eine beeindruckende Zahl, wenn man berücksichtigt, daß es auf Barbuda keinen bedeutenderen Hafen gegeben hat. Einige Riffe sind noch immer unzureichend kartographiert, so daß die Schwierigkeit, sie zu umschiffen, einer der Gründe ist, warum Barbuda bis heute nicht abgelegen ist. Wenn Sie zur Insel segeln, sollten Sie alles, was Sie benötigen, mitbringen, da auf Barbuda keine entsprechende Infrastruktur vorhanden ist.

Es bestehen auch keine Fährverbindungen nach Barbuda. Wer jedoch sein Glück auf einem privaten Boot versuchen will, sollte sich in den Jachthäfen von Antigua umhören.

AUSFLUGSFAHRTEN

Barbuda steht in dem Ruf, daß hierher viele Touren nicht zustande kommen, sei es deshalb, weil ein Fahrer am Flugplatz nicht erscheint, oder aus anderen Gründen. Bestätigen Sie daher alle Buchungen. Wer eine Tour mit LIAT bucht, sollte unbedingt über die Telefonnummer des Veranstalters auf Barbuda verfügen, um sich von diesem die Buchung erneut bestätigen zu lassen. Für einen Tagesausflug mit LIAT muß man 125 US $ bezahlen. In diesem Preis sind der Flug, eine Bootsfahrt zu den Nistplätzen der Fregattvögel, ein Besuch der Höhlen, einige Zeit am Strand sowie ein Mittagessen enthalten. Zu den Reiseveranstaltern, die Ausflüge nach Barbuda anbieten, gehören auf Antigua Caribrep (Tel. 4 62 08 18) sowie Wadadli Travel & Tours (Tel. 4 62

22 27), die das gleiche Programm in ihrem Angebot haben. Auf Barbuda veranstalten die Leute, die früher für das jetzt geschlossene Hotel Sunset View gearbeitet haben, noch immer eine Tour, die aus einer Führung durch den Ort, einem Besuch der Nistplätze sowie einem Besuch des Strandes besteht. Im Preis von 60 US $ inbegriffen ist auch ein Mittagessen mit Hummer, jedoch nicht der Flug nach Barbuda. Dafür müssen sich mindestens zwei Personen anmelden (Tel. 4 60 02 66).

REISEN AUF BARBUDA

Auf der Insel fahren keine öffentlichen Verkehrsmittel. Um zu Fuß zu gehen, sind die Entfernungen und die Hitze auf den staubigen, unbefestigten Straßen zu groß. Es werden auch keine Taxis eingesetzt, aber es sollte dennoch möglich sein, einen Wagen mit Fahrer zu mieten. Fragen Sie bei Interesse danach im Büro von LIAT oder erkundigen Sie sich in Ihrer Pension.

Eine Alternative ist es, ein Auto zu mieten, auch wenn die Personen, die Autos anbieten, gelegentlich wechseln und es schwierig sein kann, sie zu finden. Fangen Sie am besten bei Netta Williams an (Tel. 4 60 00 47), der einige kleine Suzukis mit Allradantrieb für 120 EC $ pro 24 Stunden vermietet. Wer am selben Tag mit einem Flugzeug an- und abreist, zahlt 100 EC $.

ANTIGUA UND BARBUDA

BARBADOS

Barbados, eine der östlichsten Insel in der Karibik, gehört zu den erfolgreichsten unter ihnen, wenn es darum geht, Urlauber an ihre Küste zu ziehen. Barbados bietet lange Strände mit weißem Sand, eine gute Auswahl an Hotels und Restaurants sowie ein ausreichendes Angebot an organisierten Freizeitbeschäftigungen, um es zu einem beliebten Urlaubsziel zu machen.

Die West- und die Südküste, an denen sich die Ferienanlagen konzentrieren, sind relativ zugebaut mit Hotels und Wohnhäusern. Das Binnenland der Insel dagegen ist vorwiegend ländlich geprägt, wobei seine Hügel bewachsen sind mit Zuckerrohr, auf den Wiesen Schafe weiden und überall verstreut Dörfer liegen.

Auf vielleicht keiner anderen Insel in der Karibik ist der Einfluß der Briten so sichtbar wie auf Barbados. Da sind die ins Auge springende Begeisterung für Kricket, die alten anglikanischen Steinkirchen, die man in jeder Gemeinde findet, die gepflegten Vorgärten und die samstäglichen Pferderennen.

Die Parallelen des „Klein-England" mit seiner großen Schwester sind damit jedoch erschöpft. Die Bajans, wie sich die Inselbewohner selbst nennen, sind gleichermaßen stark westindisch geprägt. Einige der besten Calypso-Musiker in der Karibik stammen von Barbados. Die Insel ist zudem von Rumläden überzogen und nicht von Pubs, und die westindische Küche und nicht Kidney Pie bestimmt die Mahlzeiten.

Für viele Besucher kann Barbados eine angenehme Mischung aus Bekanntem mit der richtigen Menge an Exotik sein. Man geht hier mit dem Tourismus gut um, die Menschen sind freundlich, und die Insel eine gute Wahl, wenn man ein Urlaubsziel ohne Komplikationen sucht.

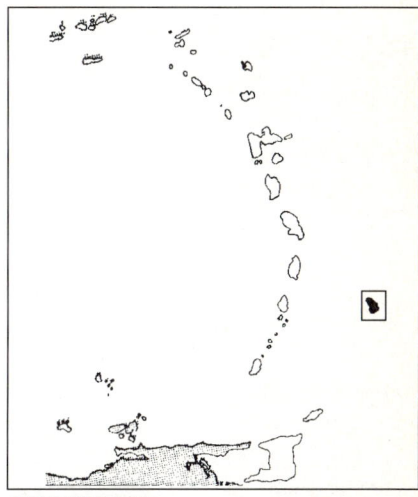

ORIENTIERUNG

Barbados gliedert sich in elf Gemeinden. Der Flughafen und die Ferienzentren an der Südküste gehören zur Gemeinde Christ Church, während die meisten der westlichen Ferienzentren in der Gemeinde St. James liegen. Bei Adressen werden im allgemeinen sowohl der Name des Ortes als auch der der Gemeinde angegeben.

Die wichtigsten Straßen (Highways) der Insel sind von Norden nach Süden von 1 bis 7 durchnumeriert. Alle beginnen in Bridgetown. Der Flughafen befindet sich an der Südostseite der Insel, 16 km von Bridgetown entfernt. Der Highway 7 zieht sich vom Flughafen durch das Feriengebiet an der Südküste. Wer jedoch nach Bridgetown oder zur Westküste möchte, erreicht sein Ziel auf der neuen Umgehungsstraße, dem ABC Highway, weit schneller. Der ABC Highway ist eine Kombination aus dem Adams, Barrow und Cummings Highway.

Die meisten Orte im Landesinnern, die einen Besuch lohnen, d.h. die Plantagen mit ihren Villen, die Gärten und Parks, sind über die ganze Insel verstreut. Mit einem Auto ist es möglich, sich alles in einem hektischen Tag anzuschauen, aber wer sich Zeit läßt, benötigt dazu einige Tage.

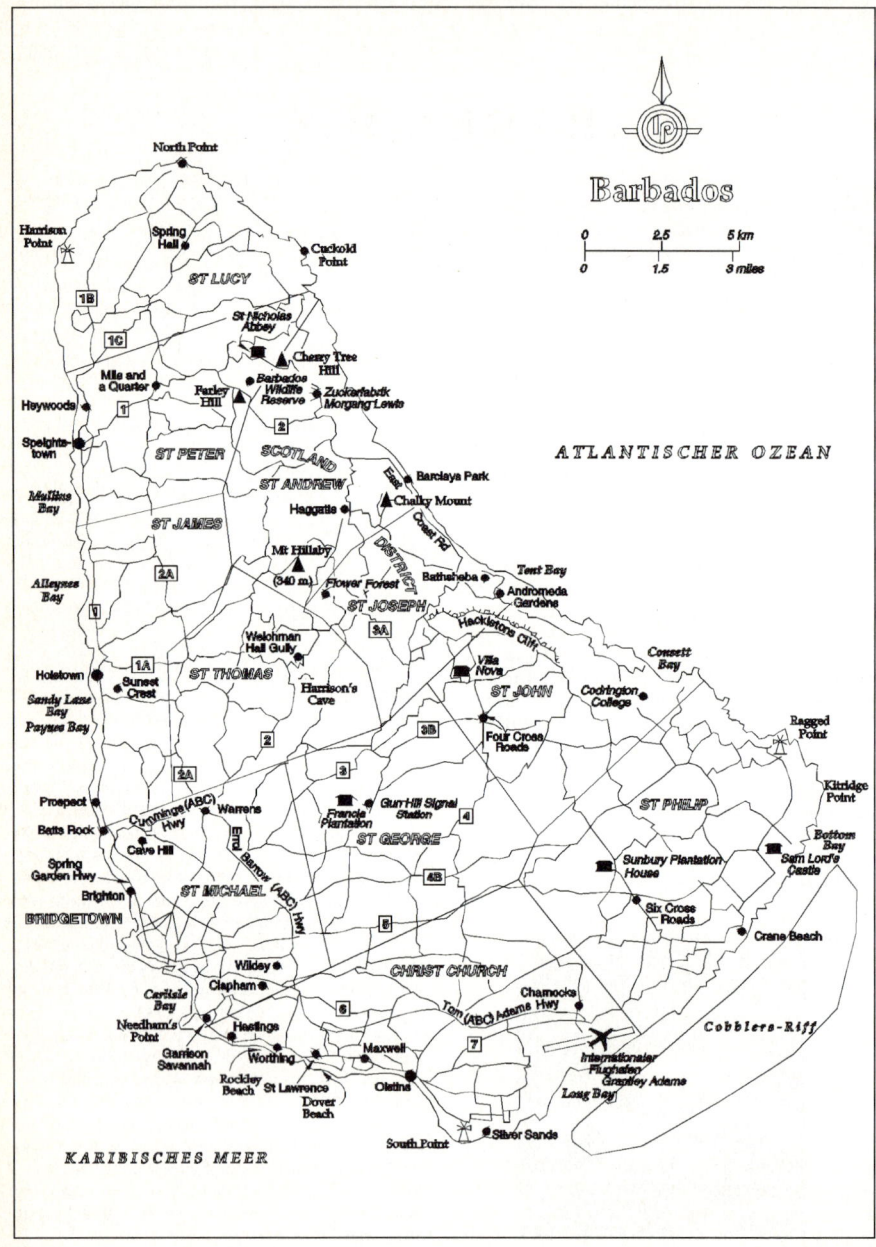

Barbados

EINFÜHRUNG
GESCHICHTE

Die ersten Siedler auf Barbados waren Arawak-Indianer, die um das Jahr 1200 n. Chr. von Kariben, die aus Venezuela hierhergezogen waren, vertrieben wurden. Die Kariben verließen jedoch Barbados etwa zu dem Zeitpunkt wieder, als die ersten Europäer in diese Region kamen. Auch wenn die Gründe für den Abzug der Kariben noch unklar sind, glauben einige Historiker, daß die Spanier Anfang des 16. Jahrhunderts hier an Land gingen, einige Kariben als Sklaven nahmen und dadurch den Rest des Stammes dazu veranlaßten, sich auf geschützteren, gebirgigen Inseln wie St. Lucia in Sicherheit zu bringen. Der Portugiese Pedro a Campos kam auf seiner Fahrt nach Brasilien 1536 nach Barbados. Auch wenn er kein Interesse daran hatte, die Insel zu besiedeln, brachte er Schweine nach Barbados, um so einen Nahrungsmittelvorrat bei den weiteren Reisen zu haben. Es war Campos, der die Insel Los Barbados nannte (Die Bärtigen), wahrscheinlich aufgrund der Feigenbäume auf der Insel mit ihren langen, hängenden Luftwurzeln, die an einem Bart erinnern. 1625 kam Kapitän John Powell nach Barbados und beanspruchte die unbewohnte Insel für England. Zwei Jahre später landete sein Bruder Kapitän Henry Powell mit 80 Siedlern und zehn Sklaven, die man auf dem Weg von einem Handelsschiff genommen hatte, auf Barbados. Die Gruppe errichtete die erste europäische Siedlung an der Westküste und nannte sie Jamestown, das heutige Holetown. Weitere Siedler folgten, und Ende 1628 war die Bevölkerung der Insel bereits auf 2000 Personen angewachsen.

Innerhalb weniger Jahre hatten die Siedler einen Großteil des Urwaldes abgeholzt und bauten zunächst Tabak sowie Baumwolle an. In den vierziger Jahren des 17. Jahrhunderts pflanzten sie statt dessen Zuckerrohr. Die neuen Zuckerrohrplantagen waren allerdings arbeitsintensiv, so daß die Pflanzer, die sich zuvor auf die Arbeit von vertraglich verpflichteten Arbeitern verlassen hatten, begannen, eine große Zahl afrikanischer Sklaven auf die Insel zu holen. Ihre Besitzungen, die ersten großen Zuckerrohrplantagen in der Karibik, erwiesen sich als immens profitbringend, was zur Folge hatte, daß Mitte des 17. Jahrhunderts die Inselbewohner - oder zumindest die weißen Plantagenbesitzer und Kaufleute - zu blühendem Wohlstand gelangt waren.

1639 bildeten die Grundeigentümer der Insel eine gesetzgebende Versammlung, bei der es sich um das zweite Parlament dieser Art in einer britischen Kolonie handelte (Bermuda war die erste Kolonie mit einer derartigen Einrichtung). Nachdem Barbados sich in den britischen Bürgerkriegen loyal zur Krone verhalten hatte, entschloß sich Oliver Cromwell nach der Enthauptung von König Karl I. im Jahre 1649 dazu, Truppen zu entsenden, um die Herrschaft über Barbados zu übernehmen. Die Flotte erreichte die Insel 1651. Im folgenden Jahr mußte Barbados aufgeben und unterzeichnete den Kapitulationsvertrag, der die Basis für die Charta von Barbados bildete. Die Charta garantierte die Regierung durch einen Gouverneur und ein frei gewähltes Parlament, wie auch Steuerfreiheit ohne Zustimmung auf lokaler Ebene. Als im Jahre 1660 die britische Krone wieder an die Macht gelangte, sollte diese Charta ironischerweise Barbados ein größeres Maß an Unabhängigkeit von der englischen Monarchie gewähren als anderen britischen Kolonien.

Die Zuckerindustrie blühte auch im folgenden Jahrhundert, und selbst nach der Abschaffung der Sklaverei blieben die Pflanzer auf Barbados wohlhabend. Als die Sklaven 1834 frei wurden, blieben ihre schwierigen Lebensbedingungen allerdings nahezu unverändert. Praktisch das gesamte landwirtschaftlich nutzbare Land gehörte weiterhin zu einigen großen Plantagen, so daß den meisten schwarzen Inselbewohnern nicht viel mehr blieb, als weiter auf den Plantagen zu arbeiten. Jene, die die Pflanzungen verließen, endeten häufig in den Slums der Städte in tiefer Armut.

Während der Wirtschaftskrise in den dreißiger Jahren stieg die Arbeitslosigkeit rapide an. Dadurch verschlechterten sich die Lebensbedingungen, was zu Straßenkämpfen führte. Daraufhin wurde das Britische Koloniale Wohlfahrts- und Entwicklungsamt eingerichtet, durch das große Summen für Barbados und andere karibische Kolonien aufgewendet wurden. Um der wachsenden politischen Unruhe zu begegnen, gaben die Briten widerstrebend schwarzen Reformern eine Rolle im politischen Prozeß. Einer dieser Reformer, Grantley Adams, sollte ein Jahrzehnt später der erste Premierminister von Barbados und schließlich von der Königin geadelt werden. Barbados lag nie weit genug entfernt, um nicht von der britisch-französischen Rivalität betroffen gewesen zu sein, die sich um die Inseln über und unter dem Winde entwickelt hatte. Statt dessen dauerte hier ohne Unterbrechung fast 350 Jahre lang die britische Herrschaft an. Die Autonomie in den inneren Angelegenheiten erlangte Barbados 1961. Am 30. November 1966 wurde die Insel ein unabhängiger Staat, dessen erster Premierminister Errol Barrow sein sollte.

DAS LAND

Barbados liegt 160 km östlich der Inseln über dem Winde. Ihre Form erinnert an eine Birne. Sie mißt von Norden nach Süden 34 km sowie an der breitesten Stelle 22 km und umfaßt insgesamt eine Fläche von 430 km². Barbados besteht überwiegend aus Korallen, die sich auf Felsen, aus Ablagerungen gebildet, festgesetzt haben. Durch die weiche Korallenoberfläche dringt Wasser und läßt unterirdische Bäche, Quellen und Kalksteinhöhlen entstehen. Die bemerkenswerteste Höhle auf der Insel, die Harrison's Cave, ist eines der wichtigsten Ziele der Touristen.

Ein Großteil der Insel ist relativ flach, wobei in der Inselmitte eine sanfte Hügellandschaft vorherrscht. Im Nordosten, dem sogenannten Bezirk Scotland, erhebt sich jedoch ein Mittelgebirge mit dem höchsten Berg von Barbados, dem Mount Hillaby, der 340 m hoch ist. Die Westküste ist von weißen Sandstränden und ruhigem, türkisblauem Wasser gekennzeichnet. Der Atlantik an der Ostseite der Insel ist stürmisch und die Küste durch Klippen geprägt. Der größte Teil von Barbados ist von Korallenriffen umgeben.

KLIMA

Die durchschnittliche Tageshöchsttemperatur im Januar liegt bei 28° C, der durchschnittliche niedrigste Wert bei 21° C. Im Juli betragen die durchschnittliche Tageshöchsttemperatur etwa 30° C und der entsprechende Tiefstwert rund 23° C.

Der Februar und der Mai sind die trockensten Monate, wobei die relative Luftfeuchtigkeit bei 68 % liegt. Das übrige Jahr über liegt dieser Wert zwischen 74 und 79 %. Im Juli, dem niederschlagsreichsten Monat, fällt durchschnittlich an 18 Tagen meßbarer Niederschlag, im April, dem niederschlagsärmsten Monat, ist dies an durchschnittlich sieben Tagen der Fall.

Die jährliche Niederschlagsmenge liegt bei 1275 mm.

FLORA UND FAUNA

Der überwiegende Teil des Urwaldes auf Barbados wurde von den frühen Siedlern abgeholzt, um Farmland zu gewinnen, so daß heute Zuckerrohrpflanzungen, Weiden und Buschland das Bild beherrschen. Ein kleiner Teil des ursprünglichen Waldes existiert noch, überwiegend in Schluchten und auf Berghängen, die für eine landwirtschaftliche Nutzung zu steil sind.

Einer der bemerkenswerten Bäume auf der Insel ist der „bärtige" Feigenbaum (*Ficus citrofolia*), nach dem die Insel benannt wurde. Ebenfalls auf der Insel weit verbreitet sind Palmen, Kasuarinen, unechte Akazien, weiße Zedern, Poinciana und Mahagoni. Es gibt zudem eine Reihe von blühenden Pflanzen auf der Insel sowie einige schöne Gärten, die Besuchern offenstehen.

Grüne Affen

Die Grünen Affen, die auf Barbados leben, wurden als Haustiere vor ca. 350 Jahren aus Westafrika eingeführt. Die Affen zogen sich schnell in die Wildnis zurück, wo es ihnen ohne natürliche Feinde außer den Menschen ausgesprochen gut ging.

Heute schätzt man die Zahl der Affen auf 5000 bis 10 000 Tiere. Sie sind menschenscheu und leben vorwiegend in den bewaldeten Schluchten, die sie in Horden von rund einem Dutzend Tiere durchstreifen. Wie die meisten anderen Primaten sind sie von der Morgen- bis zur Abenddämmerung aktiv und schlafen nachts.

Die Grünen Affen sind weder auf Barbados noch sonst in der Welt selten oder bedroht. Da sie die teils die gleichen Vorlieben für bestimmte Nahrungsmittel haben wie die Menschen, werden sie von den Farmern als Plage betrachtet. Tatsächlich kann bis zu einem Drittel einer Bananen-, Mango- und Papaya-Ernte durch die Affen verlorengehen. Deshalb hat die Regierung lange Zeit zur Jagd auf die Affen ermutigt. Die ersten Prämien wurden Ende des 17. Jahrhunderts eingeführt, wobei fünf Schilling für jeden in der Pfarrkirche abgelieferten Affenkopf gezahlt wurden. 1975 hat der Landwirtschaftsminister eine neue Prämie von 5 B $ für jeden abgelieferten Affenschwanz ausgesetzt. Nach der Gründung des Primate Research Center im Jahr 1982 hat dieses eine reizvollere Belohnung von 50 B $ für jeden lebend gefangenen und unversehrt im Zentrum abgelieferten Affen eingeführt. Deshalb fangen viele Farmer die Affen jetzt und erschießen sie nicht mehr.

In der Fauna kommen einige wild lebende Säugetiere vor, die nach Barbados eingeführt wurden, darunter auch die Grünen Affen, Mungos, europäische Hasen, Mäuse und Ratten. Nur auf Barbados beheimatet ist die nicht giftige und scheue Grasschlange (*Liophis perfuscus*). Auf der Insel leben zudem die kleinen, harmlosen Blindschleichen, man findet hier aber auch Pfeiffrösche, Eidechsen, Rotfußschildkröten sowie acht Arten von Fledermäusen. Karettschildkröten kommen regelmäßig an die Sand-

stände von Barbados, um hier ihre Eier abzulegen, gelegentlich auch Lederschildkröten. Außerdem wurden mehr als 180 Vogelarten auf Barbados gezählt. Bei den meisten davon handelt es sich um Zugvögel, Küstenvögel sowie Watvögel, die in Nordamerika brüten und auf dem Weg nach Süden auf Barbados eine Pause einlegen. Nur 28 Vogelarten nisten auf Barbados, darunter die Waldtaube, Amseln, Bananenquits, Guineahühner, Kuhreiher, Finken und drei Arten von Kolibris.

STAAT UND VERWALTUNG

Barbados ist ein unabhängiger Staat im Commonwealth. Das Parlament besteht aus zwei Kammern, nämlich dem Versammlungshaus mit 28 gewählten Mitgliedern, deren Amtszeit maximal fünf Jahre betragen kann, sowie dem Senat mit 21 ernannten Mitgliedern. Die Exekutive ist dem Premierminister übertragen, der im allgemeinen der Führer der Regierungspartei ist. Ein Generalgouverneur, der die Königin vertritt, ist das offizielle Staatsoberhaupt,

hat jedoch vorwiegend repräsentative Aufgaben. Das allgemeine Wahlrecht besteht seit 1951.

Die beiden wichtigsten politischen Parteien sind die Barbados Labour Party (BLP), die 1938 von Grantley Adams gegründet wurde, sowie die Democratic Labour Party (DLP), die sich 1955 von der BLP abspaltete. Beide Parteien zählen zu den gemäßigten Sozialdemokraten.

WIRTSCHAFT

Der Zucker, der 300 Jahr lang die Grundlage der Wirtschaft von Barbados war, wurde 1970 vom Tourismus auf den zweiten Platz verdrängt. Seither ist der Tourismus weiter gewachsen und heute mit 50 % am Bruttosozialprodukt beteiligt.

Zucker sowie die daraus gewonnenen Produkte wie Rum und Melasse sind noch immer führende Exportgüter, aber die Fläche des für den Zuckerrohranbau genutzten Landes nimmt im Rahmen einer Politik der landwirtschaftlichen Diversifikation nach und nach ab. Weitere Agrargüter sind Yams, Süßkartoffeln, Mais sowie Baumwolle. Insgesamt sind 10 % der Arbeitskräfte in der Landwirtschaft beschäftigt, weitere 5 % entfallen auf die Fischerei. Es gibt zudem in geringem Umfang eine Leichtindustrie in den Bereichen Bekleidung, Pharmazeutika und Computerteile. Barbados deckt ca. die Hälfte seines Energiebedarfs aus inländischen Erdöl- und Erdgasvorkommen. In Bridgetown gibt es auch eine Ölraffinerie.

Der Beginn des Tourismus

1751 kam der 19jährige George Washington, 38 Jahre vor seiner Ernennung zum ersten Präsidenten der Vereinigten Staaten, als Begleiter seines Halbbruders Lawrence, der an Tuberkulose litt, nach Barbados. Man hoffte, das tropische Klima würde diesem Besserung bringen.

Die beiden mieteten ein Haus in der Gegend von Garrison südlich von Bridgetown (an einer Stelle, an der heute das Bush Hill House steht) und blieben sechs Wochen auf der Insel. George infizierte sich auf Barbados mit Pocken, die sein Gesicht für immer zeichnen sollten, und sein Bruder Lawrence starb im folgenden Jahre. Die Reise nach Barbados war die einzige Auslandsreise, die George Washington je unternahm.

DIE MENSCHEN

Auf Barbados leben ca. 240.000 Menschen. Über 90 % von ihnen sind Schwarze afrikanischer Abstammung. Die übrigen Bewohner der Insel sind außer einer kleinen indischen Minderheit überwiegend englischer und schottischer Herkunft. Auch wenn es zahlreiche kleine Dörfer

verstreut auf Barbados gibt, lebt der überwiegende Teil der Bevölkerung auf der dem Wind abgewandten karibischen Seite der Insel in dem urbanen Gebiet, da sich von Speightstown im Nordwesten bis nach Oistins im Süden zieht.

KUNST UND KULTUR

Der Nationalsport auf Barbados, wenn nicht sogar die nationale Besessenheit, ist Kricket. Aus Barbados stammen mehr Weltklassespieler als aus jeder anderen Nation, zumindest gemessen an der jeweiligen Einwohnerzahl. Dazu gehörten auch Garfield Sobers, der von Königin Elisabeth II. während ihres Besuches auf der Insel 1975 geadelt wurde, und Sir Frank Worrell, der auf der Fünf-Dollar-Note abgebildet ist.

Die architektonischen Stile auf der Insel haben ihre Wurzeln in der Kolonialzeit, als praktisch das gesamte Land zu großen Plantagen gehörte. Es gibt noch immer einige große Gutshäuser auf Pflanzungen wie auch zahlreiche sogenannte Chattel-Häuser, bei denen es sich um einfache rechteckige Holzhäuser auf einem Zement- oder Steinblock handelt, was es erlaubt, sie von einem Platz zum anderen zu transportieren.

Trotz des britischen Einflusses spielt die westindische Kultur eine starke Rolle im Hinblick auf das Familienleben, die Küche und die Musik. Der Beitrag von Barbados zur westindischen Musik ist in der Region anerkannt, denn die Insel hat so großartige Calypso-Musiker wie Mighty Gabby hervorgebracht, dessen Lieder über die kulturelle Identität und politischen Protest zur Entwicklung des „Schwarzen Stolzes" in der Karibik beigetragen haben.

Sir Frank Worrell

Kleidung: In Nachtclubs oder abends in Restaurants sind Shorts nicht angebracht. Oben-ohne-Baden ist nicht gestattet.

RELIGION

Die Mehrheit der Bevölkerung hängt der anglikanischen Kirche an. Daneben leben Methodisten, Moravier, Katholiken, Wissenschaftler der ersten Kirche Christi, Zeugen Jehovas, Mormonen, Anhänger des Baha'i, Muslime und Juden auf Barbados. In der kostenlosen Broschüre für Touristen *The Visitor* finden Sie eine Übersicht über die Gottesdienste aller dieser verschiedenen Glaubensgemeinschaften.

SPRACHE

Auf der Insel wird Englisch mit einem charakteristischen Bajan-Akzent gesprochen.

PRAKTISCHE HINWEISE

EINREISEBESTIMMUNGEN

Für die Einreise ist ein gültiger Reisepaß erforderlich. Daneben brauchen Deutsche, Österreicher, Schweizer und Bürger vieler anderer westlicher Länder ein Visum nicht.
Offiziell ist bei der Einreise auch ein Ticket für die Ausreise nachzuweisen, auch wenn man es nicht immer auch wirklich vorzeigen muß.

Diplomatische Vertretungen auf Barbados unterhalten:
Deutschland (Honorarkonsulat)
    Banyan Court 37, Bay Street, Bridgetown (Tel. 4 27 18 76)
Österreich (Honorarkonsulat)
    Life of Barbados Building, Wildey Street, Bridgetown (Tel. 4 36 69 60)

Trinidad und Tobago (Hochkommissariat)
Cockspur House, Nile Street, Bridgetown (Tel. 4 29
96 00)
Venezuela (Botschaft)
Hastings, Christ Church (Tel. 4 35 76 19)

ZOLLBESTIMMUNGEN
Touristen können einen Liter Spirituosen oder Wein, 200
Zigaretten (oder 100 Zigarren) und eine normale Menge
von Dingen des eigenen Bedarfs einführen. Auf die
meisten Gegenstände, die als Geschenke für Bewohner
der Insel vorgesehen sind, wird eine Steuer von 30 %
erhoben.

GELD
Die Banken wechseln US-Dollar in Barbados-Dollar bei
Bargeld zu einem Kurs von 1,98 B $ für einen US-Dollar
und bei Reiseschecks zum Kurs von 1,99 B $ für einen
US-Dollar. Beim Rücktausch bekommt man für 2,04 B $
einen US-Dollar. Es können zudem britische Pfund,
kanadische Dollar und Deutsche Mark problemlos in bar
oder Reiseschecks getauscht werden, wobei der Tageskurs
gemäß der Lage auf den internationalen Währungsmärkten
festgesetzt wird.
Die Banken nehmen für jeden Reisescheck bis zu einer
Höhe von 50 B $ eine Gebühr von 10 Cents, während bei
höheren Beträgen eine Gebühr von 50 Cents fällig wird.
Dazu kommt je nach Betrag im allgemeinen eine Provision von 1 bis 3 B $. Im Büro von American Express in
Bridgetown werden Reiseschecks von American Express
ohne Provision eingelöst.
Sicher möchten Sie einige Barbados-Dollar für alle Fälle
tauschen, aber in den meisten Fällen können Sie auch mit
US-Dollar oder einer Kreditkarte bezahlen. In Hotels und
Pensionen werden die Preise in US-Dollar festgesetzt,
man kann jedoch in beiden Währungen bezahlen. Im
allgemeinen wird dabei mit einem Wechselkurs von 2 B $
für einen US-Dollar auf Reiseschecks und Bargeld ge-
rechnet. Bei Zahlung mit Kreditkarte wird der Betrag
zunächst in Barbados-Dollar berechnet und von der Bank
ein Wechselkurs von 1,97 B $ für einen US-Dollar
zugrundegelegt.
In den meisten Restaurants, Hotels und Geschäften akzeptiert man Kreditkarten von Visa, Eurocard/Mastercard
und American Express, gelegentlich auch von Discover
Card.
In den größeren Orten und in den Tourismuszentren
finden Sie ohne weiteres eine Bank. Wer eine Kreditkarte
von Visa besitzt, kann in vielen Filialen der Royal Bank
of Canada sowie der Barclays Bank Bargeld aus Automaten erhalten. Ein Automat befindet sich auch am Flughafen.

Banknoten und Münzen: Im Umlauf sind Banknoten
über 2 B $ (blau), 5 B $ (grün), 10 B $ (braun), 20 B $
(purpur), 50 B $ (orange) und 100 B $ (grau).

Münzen werden im Wert von 1 Cent (Kupfer), 5 Cent
(Bronze) sowie 10 und 25 Cent sowie 1 B$ (silberfarben)
verwendet. Alle Münzen mit Ausnahme des siebeneckigen
Dollars sind rund.

INFORMATIONEN
Die Zentrale des Barbados Board of Tourism befindet
sich in der Harbour Road in Bridgetown (Tel. 4 27 26 23,
Fax 4 26 40 80), eine Filiale am Flughafen (Tel. 4 28 09
37). Wer schriftlich Informationen anfordern will, kann
sich an folgende Anschrift wenden: Barbados Board of
Tourism, PO Box 242, Bridgetown, Barbados, Westindische Inseln.
Eine Vertretung des Fremdenverkehrsbüros wurde in
Deutschland in Frankfurt am Main (Neue Mainzer Straße
22, 60311 Frankfurt, Tel. 069/23 33 66, Fax 069/23 00 77)
eröffnet.

ÖFFNUNGSZEITEN
Die meisten Banken sind montags bis donnerstags von
8.00 bis 15.00 Uhr, freitags bis 17.00 Uhr sowie samstags
bis 12.00 Uhr zugänglich.
Fast alle Geschäfte sind montags bis freitags von 8.00 bis
16.00 Uhr und samstags bis 12.00 Uhr geöffnet.
Zahlreiche Restaurants und Sehenswürdigkeiten sind an
Feiertagen geschlossen.

FEIERTAGE
Feiertage in Barbados sind:

Neujahr	1. Januar
Errol-Barrow-Tag	21. Januar
Karfreitag	Ende März/Anfang April
Ostermontag	Ende März/Anfang April
Maitag	1. Mai
Pfingstmontag	achter Montag nach Ostern
Kadooment-Tag	erster Montag im August
Tag der Vereinten Nationen	erster Montag im Oktober
Unabhängigkeitstag	30. November
Weihnachten	25. und 26. Dezember

KULTURELLE VERANSTALTUNGEN
Das wichtigste Fest der Insel ist das Erntedankfest, das
auf die Kolonialzeit zurückgeht und nach der Zucker-
rohrernte gefeiert wurde. Die Feierlichkeiten erstrek-
ken sich ab Mitte Juli über einen Zeitraum von drei
Wochen. Dazu gehören Calypso-Wettbewerbe, ein Jahr-
markt und andere Aktivitäten auf der Insel. Höhepunkt
bildet ein Umzug in Kostümen, der an Karneval erinnert
und am Kadooment-Tag, einem Feiertag, veranstaltet
wird.
Im Februar wird mit dem Holetown Festival die Ankunft
der ersten englischen Siedler auf Barbados am 17. Februar 1627 gefeiert. Zu dem einwöchigen Fest gehören ein
Straßenjahrmarkt, ein Musikfestival in der historischen
Pfarrkirche sowie ein Straßenrennen.

BARBADOS

Das Oistins Fish Festival am Osterwochenende erinnert an die Unterzeichnung der Charta of Barbados. Es handelt sich um ein Fest am Meer, bei dem Regatten, Wettbewerbe im Entgräten von Fischen stattfinden und getanzt und gegessen sowie Kunstgewerbe zum Verkauf angeboten wird.

Beim Nationalen Unabhängigkeitsfestival der Kreativen Kunst im November werden Wettbewerbe in den Disziplinen Tanz, Theater, Gesang usw. ausgerichtet. Am Unabhängigkeitstag am 30. November geben die Teilnehmer an der Endausscheidung Vorstellungen.

Es finden auch einige internationale Sportveranstaltungen auf Barbados statt, darunter der Barbados Windsurfing Weltcup, der im Januar in Silver Sands ausgetragen wird, die Barbados International Surfing Championship Anfang November in Bathsheba, das Banks Field Hockey Festival Ende August sowie der Run Barbados, ein Marathonlauf Anfang Dezember.

POST

Das Hauptpostamt in Cheapside, Bridgetown, öffnet montags bis freitags von 8.00 Uhr bis 17.00 Uhr. In jeder Gemeinde gibt es zudem eine Nebenstelle, die werktags von 8.00 bis 12.00 Uhr und von 13.00 bis 15.15 Uhr (montags bis 15.00 Uhr) geöffnet ist.

Eine Postkarte per Luftpost in andere karibische Länder zu senden kostet 45 Cents und nach Europa 70 Cents. Für einen Brief bis zu 10 Gramm zahlt man 70 Cents in die anderen Staaten der Karibik und nach Europa 1,10 B $.

Die Post arbeitet relativ zuverlässig und verschickt täglich Sendungen nach London.

Wer aus dem Ausland Post nach Barbados sendet, sollte erst den Ort und die Gemeinde angeben und dann Barbados, Westindische Inseln, vermerken.

TELEKOMMUNIKATION

Die Rufnummern auf Barbados bestehen aus sieben Ziffern. Barbados hat die Vorwahl 809.

Verwendet werden auf der Insel sowohl Münz- als auch Kartentelefone. Für 25 Cent können Sie von einem Münzfernsprecher 5 Minuten mit jedem beliebigen Anschluß auf der Insel sprechen. Dabei lassen sich Münzen im Wert von 5, 10 und 25 Cents verwenden.

Kartentelefone findet man am Flughafen und in Bridgetown Harbour, in größeren Einkaufszentren und an öffentlichen Plätzen, die häufig besucht sind, obwohl es bisher noch mehr Münzfernsprecher als Kartentelefone gibt.

Telefonkarten sind im Wert von 10, 20, 40 und 60 B $ erhältlich. Sie werden u.a. am Flughafen, bei der Telefongesellschaft (Bartel), in Filialen von Cave Shephard, '99'-Läden und Supermärkten der Kette Super-Centre verkauft.

Weitere Informationen über Telefonkarten und Ferngespräche finden Sie im Abschnitt über Telekommunikation unter den praktischen Hinweisen am Anfang dieses Buches.

STROM

Die Stromspannung beträgt auf Barbados 110 Volt Wechselstrom bei einer Frequenz von 50 Hertz. Man benutzt flache Stecker mit zwei Kontakten. In vielen Hotels sind aber auch 240-Volt-Adapter im Bad vorhanden.

MASSE UND GEWICHTE

Trotz des britischen Erbes gilt auf Barbados das metrische System. Auf Straßenschildern und Zählern in Autos werden Entfernungen in Kilometern angegeben, während man Gewichte in Gramm und Kilogramm mißt. Die Umstellung auf das metrische System ist jedoch erst vor kurzem geschehen, so daß viele Inselbewohner noch Meilen und Fuß verwenden.

BÜCHER

Bücher über Barbados in deutscher Sprache sind derzeit nicht erhältlich. In Englisch kann man das gut geschriebene Buch *Barbados Garrison and its Buildings* von Warren Alleyne und Jill Sheppard lesen, in dem viele historische Bauwerke im Garnisonsviertel beschrieben sind.

Weitere Bücher in englischer Sprache über Barbados sind *Barbados - Portrait of an Island*, ein ganz hübscher Bildband über die Insel von Dick Scoones, *Treasures of Barbados*, ein gebundenes Buch mit 96 Seiten über die Architektur von Henry Fraser, den Präsidenten des Barbados National Trust, sowie Biographien über Politiker der Insel wie *Tom Adams - A Biography* und *Grantley Adams and the Social Revolution*, beide von den einheimischen Historiker F. A. Hoves.

Der vielfach gelobte Roman *The Castle of My Skin* des einheimischen Autors George Lamming vermittelt ein gutes Gefühl dafür, wie es war, als man in der Kolonialzeit als Schwarzer aufwuchs.

Buchhandlungen: In Bridgetown bietet der Cloister Bookstore in der Hincks Street, unweit der Ausländerbehörde, eine gute Auswahl an Büchern. Im Kaufhaus Cave Shephard in der Broad Street gibt es ebenfalls ein recht gutes Angebot, wie auch im Brydens Bookshop hinter Cave Shepherd an der Ecke der Victoria Street und der Bolton Lane. In anderen Cave-Shephard-Warenhäusern auf der Insel findet man ebenfalls eine Buchabteilung.

Büchereien: Die Zentralbücherei befindet sich in der Coleridge Street in Bridgetown. Von den sieben Zweigstellen finden Sie auch eine in Holetown, in Oistins und in Speightstown. Touristen können sich Bücher gegen Hinterlegung eines Pfandes von 20 B $ ausleihen. Die Büchereien sind in Bridgetown montags bis samstags von 9.00 bis 17.00 Uhr geöffnet, die Filialen von 10.00 bis 18.00 Uhr.

LANDKARTEN

Wer die Insel auf eigene Faust erkunden will, dem kann eine ordentliche Karte sicher gute Dienste leisten. Die beste Karte der gesamten Insel ist die von Ordnance Survey im Maßstab 1:50.000. Sie kostet 26 B $ und ist im Barbados Museum sowie in größeren Buchhandlungen erhältlich.

Auch wenn sie keine topographischen Details enthalten, gibt es doch eine Reihe von akzeptablen kostenlosen Karten, darunter auch die Straßenkarte, die vom Fremdenverkehrsbüro ausgegeben wird.

MEDIEN

Auf Barbados werden zwei Tageszeitungen verlegt, die *Barbados Advocate* und die *Nation*. Britische und amerikanische Zeitungen sind in den auf Urlauber eingestellten Läden in zahlreichen Tourismuszentren erhältlich. Es lohnt sich zudem, den wöchentlich erscheinenden *The Visitor* mitzunehmen, den zweimal im Monat herausgegebenen *Sunseeker* und das Monatsblatt *What's on*, bei denen es sich um kostenlose Publikationen für Touristen mit viel Reklame und allgemeinen Informationen handelt.

Neben dem staatlichen Fernsehsender CBC, der auf Kanal 8 sendet, kann eine Reihe von internationalen Fernsehsendern, darunter CNN, ESPN und TNT, über Satellit empfangen werden. Auf Barbados haben Sie zudem die Wahl zwischen sieben einheimischen Rundfunksendern.

GESUNDHEIT

Das staatliche Krankenhaus, das Queen Elizabeth Hospital in Bridgetown in der Martindales Road (Tel. 4 36 64 50), verfügt über 600 Betten. Daneben gibt es noch mehrere weitere Kliniken auf der Insel.

Taucher, die Probleme mit dem Druckausgleich bekommen haben, können in der Druckkammer im Garnisonsviertel von Bridgetown behandelt werden.

Die Leptospirosis, die von Mungos übertragen werden kann, ist auf Barbados in Süßwassergewässern verbreitet. Weitere Informationen darüber finden Sie im Abschnitt über die Gesundheit im Einführungsteil am Anfang dieses Buches.

GEFAHREN UND ÄRGERNISSE

Kriminalität, darunter auch Überfälle auf Touristen, sind auf Barbados sicher nicht unbekannt. Die Verbrechensstatistik ist jedoch noch nicht alarmierend, und die üblichen Vorsichtsmaßnahmen sollten genügen.

Der „Portugiesische Krieger", eine giftige Quallenart, kann gelegentlich vor Barbados auftauchen. An einigen Stränden findet man zudem den giftigen Manzanillo-Baum.

NOTFÄLLE

24 Stunden am Tag ist der ärztliche Notdienst von Air Ambulance America (Tel. 800-2 22 35 64) sowie des Air Ambulance Network (Tel. 800-7 62 70 22, in Miami Tel. 305-4 47 04 58) erreichbar.

Notrufnummern in Barbados sind

Krankenwagen:	Tel. 115
Feuerwehr:	Tel. 113
Polizei:	Tel. 112

(bei Routinefällen Tel. 4 36 66 00).

FREIZEITBESCHÄFTIGUNGEN

Auf Barbados gibt es unzählige Clubs und spezielle Interessengruppen, die alle Gebiete von Blumenarrangements bis zu schottischem Tanz, Taekwondo und transzendentaler Meditation abdecken. Viele sind auch für Urlauber zugänglich. Die Zeiten und die Kontaktadressen sind im *Sunseeker* und im *The Visitor*, zwei Publikationen für Touristen, abgedruckt.

Strände und Schwimmen: Einige der schönen Strände mit dem ruhigsten Wasser findet man an der Westküste. Zu den teuren Zielen zählen die Paynes Bay, Sandy Bay und Mullins Bay, allesamt schöne weiße Sandstrände, die gut zugänglich sind.

An der Südwestseite der Insel befinden sich ebenfalls mehrere herrliche Strände, darunter Sandy Beach in Worthing und Dover Beach. An der Südostseite von Barbados liegt der Crane Beach, ein malerischer Strand mit leicht rosafarbenem Sand, der bei den Body-Surfern beliebt ist. Die Wellen sind jedoch zum Schwimmen zu hoch.

Die Ostküste ist zum Schwimmen gefährlich. Es gibt hier felsige Klippen in der Nähe der Küste und starke Strömungen, so daß an dieser Seite nur ausgezeichnete Schwimmer ins Wasser gehen sollten. Insbesondere bei Bathsheba haben schon mehrere Urlauber den Tod gefunden.

Tauchen und Schnorcheln: An der Westküste von Barbados bieten sich Riffe mit weichen Korallen, Gorgonien und farbenprächtigen Schwämmen zum Tauchen an. Hier liegt zudem ca. ein Dutzend Wracks. Das größte, ein 11 m langer Frachter, die *Starvronikita*, wurde von der Regierung 1978 versenkt, um ein künstliches Riff zu bilden. Sie liegt vor der Westküste in 42 m tiefem Wasser, wobei die Takelage bis ca. 6 m unterhalb der Wasseroberfläche reicht. Die von Korallen bedeckte *Berwyn*, die 1919 bei Carlisle Bay sank, liegt in nur sieben Meter tiefem Wasser und bietet gute Bedingungen sowohl für Schnorchler als auch für Taucher.

Für einen Tauchgang mit einer Flasche Preßluft zahlt man bei Bereitstellung der Ausrüstung durch die Tauchschule ca. 40 US $ und mit zwei Flaschen Preßluft 70 US $. Für Anfänger bieten die folgenden Schulen einen kurzen Einführungskurs sowie einen Tauchgang im flachen Wasser für 45 US $ an. Daneben sind auch Zertifikatskurse mit PADI- oder NAUI-Zeugnis möglich.

BARBADOS

Dive Boat Safari im Barbados Hilton, Aquatic Gap, St. Michael (Tel. 4 27 43 50, Fax 4 36 89 46),
The Dive Shop, Aquatic Gap, St. Michael (Tel. 4 26 99 47),
Exploresub Barbados, St. Lawrence Gap, Christ Church (Tel. 4 35 64 25),
Underwater Barbados, Hastings, Christ Church (Tel. 4 26 06 55),
Willie's Watersports, Heywoods Resort, St. Peters (Tel. 4 22 49 00 und 4 22 28 31).
Dive Boat Safari bietet eine einstündige Schnorcheltour zur *Berwyn* für 15 US $ an.

Windsurfen: Auf Barbados herrschen gute Bedingungen zum Windsurfen, wobei Wind und Wellen am besten von November bis Juni sind. Maxwell ist ein beliebtes Ziel mittlerer Schwierigkeit für Windsurfer. Silver Sands an der Südspitze der Insel dagegen bietet ausgezeichnete Bedingungen für fortgeschrittene Windsurfer.
Der Club Mistral vermietet täglich und das ganze Jahr über Windsurfausrüstungen beim Windsurfing Club in Maxwell (Tel. 4 28 72 77), von November bis Mai auch im Silver Sands Resort (Tel. 4 28 60 01).
In Maxwell wird eine ganze Reihe von Brettern und Wellen- oder Slalomsegeln für 18, 20 bzw. 200 US $ pro Stunde, Tag bzw. Woche vermietet. In Silver Sands stehen dagegen nur Kurzbretter (Slinkers) und Wellensegel für 20, 60 bzw. 230 US $ zur Verfügung.
Wenn es das Wetter erlaubt, was vor allem im Sommer der Fall ist, bietet der Club Mistral auch Kurse für Anfänger an. Eine Gruppenstunde kostet 25 US $, Einzelunterricht einschließlich Ausrüstung 55 US $.
Silver Rock Windsurfing im Hotel Silver Rock in Silver Sands (Tel. 4 28 28 66) vermietet Windsurfausrüstungen für Fortgeschrittene.
Daneben können Sie noch bei Jolly Roger Watersports in Sunset Crest, Gemeinde St. James (Tel. 4 32 13 11), und im Barbados Hilton in Bridgetown (Tel. 4 36 35 49) Bretter usw. mieten.

Surfen: Vor Barbados bestehen teilweise ausgezeichnete Möglichkeiten zum Surfen. Die größten Wellen gibt es an der Ostküste, wobei Soup Bowl vor Bathsheba die besten Konditionen bietet.
South Point und Rockley Beach an der Südküste sind gelegentlich ebenfalls gut zum Surfen geeignet, und auch an der Westküste ist das Surfen zeitweise möglich.
Im Winter sind die Wellen zwar am höchsten, aber auf Barbados findet man das ganze Jahr über relativ gute Möglichkeiten zum Surfen vor. Am ruhigsten ist das Wasser im allgemeinen im Mai und Juni.

Wandern: Jeden Sonntag um 6.00 Uhr und um 15.00 Uhr bietet der Barbados National Trust (Tel. 4 26 24 21) geführte Wanderungen an. Die Wanderer werden in drei Gruppen dem Tempo entsprechend aufgeteilt: schnell, mittel und langsamer mit Pausen. Die Führer geben Einblick in die Ortsgeschichte, Geologie, Flora und Fauna. Die Orte wechseln, aber alle Wanderungen enden dort, wo sie begonnen haben, nach ca. drei Stunden. Informationen über die einzelnen Wanderungen erhalten Sie in den kostenlosen Tourismuszeitungen oder unter der oben angegebenen Telefonnummer.

Reiten: Der Reitstall Wilcox (Tel. 4 28 36 10) in der Nähe vom Flughafen, der Brighton Riding Stables (Tel. 4 25 93 81) in Black Rock nördlich von Bridgetown und Tony's Riding Stables (Tel. 4 22 15 49) in der Nähe der Millins Bay veranstalten einstündige Ausritte am Strand einschließlich Anfahrt für 55 bis 60 B $.
Ausritte über die Insel werden von der Beau Geste Farm (Tel. 4 29 01 39) in der Nähe vom Gun Hill und vom Caribbean International Riding Centre (Tel. 4 33 14 53), Auburn, St. Joseph, angeboten. Die meisten Ställe sind sonntags geschlossen.

Tennis: Es gibt Tennisplätze in mehreren Hotels, darunter im Casuarina Beach Club in Dover, im Southern Palms Beach Club in St. Lawrence, im Barbados Hilton in Bridgetown und im Marriott Sam Lord's Castle sowie im Crane Beach Hotel an der Ostküste. Öffentliche Tennisplätze finden Sie im Folkestone Park in Holetown und im Garnisonsviertel südlich der Stadtmitte von Bridgetown.

Golf: Über einen Golfplatz mit 18 Löchern verfügt das Sandy Lane Hotel & Golf Club in St. James (Tel. 4 32 11 45). Andere als Hausgäste müssen für die Benutzung der Anlage im Sommer 60 US $ und im Winter 75 US $ zuzüglich 50 US $ für einen Wagen bezahlen. Schläger, Golfjungen, Handwagen und Unterricht sind ebenfalls erhältlich.
Der Heywoods Golf Club (Tel. 4 35 78 80) gleich nördlich von Speightstown und der Rockley Resort Golf Club (Tel.

Barbados National Trust

Der Barbados National Trust ist eine gemeinnützige Organisation, die sich der Erhaltung der historischen Stätten sowie dem Schutz von für die Umwelt bedeutenden Gebieten verschrieben hat. Er wurde 1961 gegründet und verwaltet heute eine Reihe der wichtigsten touristischen Sehenswürdigkeiten auf der Insel. In einigen Fällen ist die Organisation der Besitzer, aber häufig, wie z. B. bei den großen Gutshäusern, trägt sie nur dazu bei, den Zugang der Besucher zu organisieren, was sonst in privater Hand läge.

Der National Trust ist auf diese Weise im Barbados Museum, in der Synagoge von Barbados, in der Signalstation auf dem Gun Hill, in der Walchman-Hall-Schlucht, im Francia-Plantagenhaus, in der Villa Nova, im Sunbury-Pflanzerhaus, in der St. Nicholas Abbey, in der Zuckerfabrik Morgan Lewis, im Botanischen Garten Andromeda und im Codrington College engagiert.

Vom National Trust werden ein Ausweis für 50 B $, der Zugang zu allen elf genannten Orten gewährt, sowie ein Mini-Paß ausgegeben, mit dem man fünf der Sehenswürdigkeiten besichtigen kann. Letzterer kostet 24 B $.

Erhältlich sind die Ausweise bei allen Sehenswürdigkeiten, die man davon abgesehen auch einzeln gegen den üblichen Eintrittspreis besichtigen kann. Wer sich nur einige der genannten Orte ansehen möchte, wählt damit im allgemeinen die wirtschaftlichste Möglichkeit.

4 35 78 80) an der Nordküste verfügen beide über Plätze mit neun Löchern. Die Benutzungsgebühr liegt bei 20 US $. Auch hier besteht die Möglichkeit, Schläger und Wagen zu mieten.

Der Belair Par 3 Golf Course an der Ostküste in der Nähe von Sam Lord's Castle (Tel. 4 23 46 53) kann täglich von 7.00 bis 16.00 Uhr benutzt werden. Die Gebühren für die Benutzung des Platzes mit neun Löchern belaufen sich auf 12,50 US $, während die Schlägermiete 2,50 US $ kostet.

HÖHEPUNKTE

Die schönen weißen Sandstrände, die die West- und Südküste der Insel säumen, die eindrucksvolle unterirdische Harrison's Cave und die Plantagenhäuser aus dem 17. Jahrhundert zählen zu den Schönsten, was die Insel zu bieten hat. Ebenfalls lohnend ist ein Besuch im Barbados Museum sowie ein Spaziergang durch das Garnisonsviertel. Einen Nachmittag kann man auf schöne Weise verbringen, indem man sich der Menge anschließt, die sich ein Kricketspiel oder samstags ein Pferderennen ansieht.

UNTERKUNFT

Auf Barbados gibt es eine ganze Reihe von Hotels der mittleren Preisklasse. Einige von ihnen könnten einen neuen Anstrich vertragen, aber die meisten sind relativ komfortabel und für karibische Verhältnisse preisgünstig. Darüber hinaus finden Sie auf der Insel auch einige schöne Ferienzentren der Spitzenklasse.

Die meisten der teureren Hotels und Clubs befinden sich an der Westküste in der Gemeinde St. James, einem relativ ruhigen und gesetzten Gebiet. Die Südküste, die im allgemeinen ein jüngeres Publikum anzieht, verfügt über die meisten Hotels der mittleren und unteren Preisklasse. Es gibt zudem noch verstreut Hotels an anderen Stellen der Insel, darunter auch einige abgelegene Häuser an der Südostküste.

In den letzten Jahren waren viele Quartiere nicht ausgebucht, so daß sich die Besitzer gezwungen sahen, die in den Broschüren aufgeführten astronomischen Preise um eine Drittel oder mehr zu senken. Aus diesem Grund findet man auf Barbados selbst in der Hochsaison einige ausgezeichnete Angebote.

In den meisten Hotels ist das Frühstück im Preis nicht enthalten. Überwiegend bezahlt man allein oder zu zweit im Doppelzimmer den gleichen Preis. In einigen Häusern gelten drei verschiedene Tarife, wobei es am preiswertesten im Sommer, etwas teurer im Frühling und im Herbst und am teuersten im Winter ist.

Wer ohne Reservierung eines Quartiers nach Barbados reist, kann über das Fremdenverkehrsbüro am Flughafen ein Zimmer buchen. Der Service ist kostenlos, und im allgemeinen bekommt man immer etwas in allen Preisklassen. Das Fremdenverkehrsbüro verfügt auch über eine kurze Übersicht über Privatzimmer, die für ca. 25 bis 50 US $ pro Tag vermietet werden. In den meisten Hotels werden 5 % Steuern und 10 % für die Bedienung auf die Preise aufgeschlagen.

Das Zelten ist auf Barbados außer für organisierte Jugendgruppen nicht gestattet.

Reservierungsstellen: Die Barbados Hotel Association (Tel. 402- 3 98 32 17) unterhält eine Zimmervermittlung, über die ca. 75 % der Hotels gebucht werden können. Nicht angeschlossen sind die preiswertesten Hotels und Pensionen, davon abgesehen wird jedoch ein breites Spektrum geboten, und zwar von kleinen Hotels und Apartments bis hin zu luxuriösen Clubs. Die Mitglieder in dem Verband wechseln jedes Jahr geringfügig, aber die meisten Häuser, die hier genannt werden, sind der Vereinigung angeschlossen.

BARBADOS

Für Reservierungen werden keine Gebühren erhoben (auch wenn im allgemeinen eine Garantie durch eine Kreditkarte verlangt wird). Dabei werden die Buchungen zu den üblichen Preisen vorgenommen. Das einzige, was man bedenken sollte, ist, daß die Hotels gelegentlich Preisnachlässe gewähren, die nur bei der Buchung im Hotel selbst genutzt werden können.

Ferienhäuser: Es gibt auf Barbados zahlreiche Ferienhäuser im Privatbesitz, die vermietet werden, wobei es sich im allgemeinen um recht exklusive Häuser handelt. In allen stehen ein Dienstmädchen, überwiegend auch ein Koch und in einigen sogar ein Butler zur Verfügung. Zu etwa der Hälfte der Villen gehört ein Schwimmbad.
Über WIMCO werden ca. 150 dieser Häuser vermietet, wobei pro Woche ein Preis von ca. 1200 US $ für ein Häuschen mit einem Schlafraum berechnet wird, 25.000 US $ zahlt man für eine Villa mit acht Zimmern. Die Sommerpreise liegen ca. 30 bis 60 % niedriger. Reservieren können Sie über die WIMCO, PO Box 1461, Newport, RI 02840, USA (Tel. 401-8 49 80 12).

ESSEN

Auf Barbados haben Sie bei westlichen Gerichten die Auswahl von Fast-Food-Pizzen und Grillhähnchen bis zu guter europäischer Küche. Daneben gibt es jedoch noch die würzigeren Küche der Bajan und der Karibik. Zu den beliebteren Gerichten, die teils starken afrikanischen oder indischen Einfluß aufweisen, gehören Conkies, Cutter, Flying Fish, Jug Jug und Souse. Näheres hierzu finden Sie im Abschnitt über das Essen im Einführungsteil.
Ebenfalls verbreitet sind Taubenerbsen und Reis, Kürbispfannkuchen, gebratene Plantanen und Kokoskuchen.

GETRÄNKE
Das Leitungswasser auf Barbados ist trinkbar. Es stammt aus unterirdischen Reservoirs und ist auf natürliche Weise durch Versickern in den dicken Kalksteinfelsen gefiltert worden.
Der Rum aus Barbados zählt zu den besten Sorten der Karibik. Am bekanntesten ist Mount Gay, die gleichzeitig größte Marke. Für einen Liter Rum zahlt man ca. 12 B $. Auch das auf der Insel gebraute Bier ist recht ordentlich.

UNTERHALTUNG

Das Nachtleben an der Südküste von Barbados ist lebendig. Die meisten Clubs öffnen gegen 21.30 Uhr und schließen erst am frühen Morgen, häufig erst um 3.00 Uhr. Die Musik ist üblicherweise eine Mischung aus Reggae, Calypso und Rock.
Harbour Lights, ein Nachtclub unter freiem Himmel in der Bay Street (Highway 7) am Südende von Bridgetown, bietet täglich außer dienstags und mittwochs, wenn sich ein Disk Jockey sich um die Musik kümmert, Live-Bands und Tanz. Der Eintritt kostet zwischen 10 und 15 B $. Mittwochs zahlt man 18 B $, die Getränke sind jedoch frei. Mittwochs, freitags und samstags ist hier am meisten los.
In Bridgetown gibt es zudem das Warehouse in der Cavans Lane unweit des Careenage (einem Anlegeplatz für Boote), das bei Leuten zwischen 18 und 25 Jahren sowie bei Heimkehrern aus anderen Clubs beliebt ist.
In St. Lawrence ist im Ship Inn am meisten los, wobei dienstags der beliebteste Tag ist. 9 B $ kostet der Eintritt, wovon 6 B $ als Getränke- oder Essensgutschein gelten. Bei Einheimischen und Touristen beliebt ist auch das After Dark, in dem sich freitags und samstags am meisten abspielt.
Jazz live können Sie mittwochs bis samstags von 20.00 bis 23.30 Uhr im Waterfront Cafe im Careenage in Bridgetown hören. Der Eintritt ist frei. Der Saxophonist

Arturo Tappin, einer der besten Jazz-Musiker in der Karibik, spielt hier an den Wochenenden.
,,1627 and All That", eine farbenprächtige Inszenierung der Geschichte der Insel durch Musik und Folkloretanz, ist sonntags und donnerstags abends im Barbados Museum zu sehen. Der Preis von 85 B $ für Erwachsene und 40 B $ für Kinder schließt die Show, einen Buffet mit Bajan-Spezialitäten, Getränke, eine Führung durch das Museum sowie die Anfahrt ein. Reservierungen sind unter der Telefonnummer 4 35 69 00 möglich.

Musiker einer Steelband

Das Restaurant Plantation am Highway 7 in St. Lawrence (Tel. 4 28 50 48) bietet montags, mittwochs und freitags eine farbenprächtige Kabarett-Show in Kostümen mit Tanz, Feuerschluckern und Steelband-Musik. Show und Getränke allein kosten 35 B $, einschließlich Buffet und Anfahrt 84 B $. Informationen über Abendveranstaltungen, Unterhaltung usw. finden Sie auch in den Touristenzeitschriften Sunseeker und The Visitor.

EINKÄUFE

In Bridgetown finden Sie im staatlichen geförderten Pelican Village gegenüber vom Fremdenverkehrsbüro eine Reihe von Kiosken, an denen einheimisches Kunsthandwerk verkauft wird. Eine Selbsthilfeorganisation von Frauen mit der Bezeichnung „The Women's Self Help Association" in der Broad Street führt ebenfalls Kunstgewerbe von der Insel, darunter hübsche handgemachte Puppen. In der Verandah Art Gallery direkt darüber finden Sie Gemälde einheimischer Künstler.

Sie können zollfrei (bei Vorlage Ihres Passes) in einer Reihe von Geschäften einkaufen, darunter auch bei Cave Shephard, der größten Warenhauskette auf Barbados. Eine Filiale der Kette befindet sich auch in der Broad Street, der wichtigsten Einkaufsstraße von Bridgetown.

Ein unübliches Souvenir wäre z.b. eine Packung gefrorener Fliegender Fisch, den man in der Wartehalle vor dem Abflug im Flughafen kaufen kann.

ANREISE

FLUG

Fluggesellschaften: Die meisten Fluggesellschaften mit Verbindungen nach und von Barbados unterhalten Büros in Bridgetown. American Airlines finden Sie oben im Warenhaus Cave Shephard in der Broad Street, Britisch Airways in der Fairchild Street, BWIA an der Ecke der Fairchild Street und der Probyn Street, LIAT in der St. Michaels Row gegenüber der St. Michael's Cathedral. Alle sind montags bis freitags von 8.00 bis 16.00 Uhr geöffnet.

Tickets kann man allerdings auch an den Schaltern im Flughafengebäude kaufen, es ist jedoch zu empfehlen, die Zeiten zu meiden, in denen viel Betrieb herrscht. Bei der LIAT ist dies üblicherweise früh am Morgen und spät nachmittags der Fall.

Reservierungen bei den Fluggesellschaften können unter den folgenden Telefonnummern vorgenommen werden:

Aeropostal	Tel. 4 27 77 81
Air Canada	Tel. 4 28 50 77
Air Martinique	Tel. 4 36 18 58
American Airlines	Tel. 4 28 41 70 und 4 28 16 84
BWIA	Tel. 4 26 21 11
am Flughafen	Tel. 4 28 16 50
British Airways	Tel. 4 36 64 13
am Flughafen	Tel. 4 28 16 60
LIAT	Tel. 4 36 62 24
am Flughafen	Tel. 4 26 09 86
LTU	Tel. 4 28 14 90
Mustique Airways	Tel. 4 28 16 38.

Von Europa: Aus dem deutschsprachigen Raum bestehen Direktverbindungen nach Barbados mit BWIA und Condor ab Frankfurt, mit LTU ab Düsseldorf und München sowie mit BWIA ab Zürich. Für einen Hin- und

Rückflug mit Condor oder LTU nach Barbados muß man je nach Saison zwischen 1500 und 1900 DM bezahlen, während man mit BWIA bereits für 1300 bis 1500 DM nach Barbados und wieder zurück kommt.

Von allen Flughäfen in Deutschland, Österreich und der Schweiz kann man auch mit British Airways über London nach Barbados fliegen. Auf diesem Wege muß man für einen Hin- und Rückflug zwischen 1300 und 1600 DM bezahlen.

Mit American Airlines kann man Barbados ebenfalls erreichen, und zwar von Düsseldorf über Chicago und von Frankfurt über Miami. Für einen Hin- und Rückflug mit American Airlines muß man rund 1700 DM ausgeben.

Recht günstig sind die Charterflüge mit Martinair von Amsterdam nach Barbados, für die man bei einer Aufenthaltsdauer von bis zu vier Wochen zwischen 950 und 1350 DM bezahlen muß (bei einer Aufenthaltsdauer von über vier Wochen 100 DM mehr). Einen Buszubringer von vielen Städten in Nordrhein-Westfalen nach Amsterdam und zurück kann man für 30 DM Zuschlag in Anspruch nehmen.

Flüge nach Barbados kann man preiswert allerdings nicht bei der jeweiligen Fluggesellschaft und auch nicht in jedem Reisebüro buchen. Die Flugscheine sind jedoch zu günstigen Preisen bei unserer Schwesterfirma Walther-Weltreisen Udo Schwark in Bonn (Hirschberger Straße 30, D-53119 Bonn) erhältlich. Dort sind in einer Datenbank Zehntausende von Flugmöglichkeiten mit allen Einzelheiten (Saisonzeiten, Gültigkeit der Flugscheine, Flugtage usw.) gespeichert, aus der Sie gegen einen großen, frankierten Rückumschlag eine aktuelle Preisliste für alle Flüge nach Barbados anfordern und sich daraus die für Sie passende Verbindung heraussuchen können.

BARBADOS

In der Schweiz wendet man sich wegen eines preiswerten Fluges nach Barbados am besten an den Globetrotter Travel Service, Rennweg 35, 8001 Zürich, Tel. (01) 2 11 77 80 (mit weiteren Büros in Baden, Basel, Bern, Luzern, St. Gallen und Winterthur), und in Österreich an den Reiseladen, Dominikanerbastei 4, 1010 Wien, Tel. (01) 5 13 89 36.

Restplätze: Wer risikobereit ist, kann auch versuchen, kurzfristig einen Platz in einer Chartermaschine zu buchen und dabei einige hundert Mark zu sparen. Denn frei gebliebene Plätze werden etwa eine Woche vor Abflug mit deutlicher Ermäßigung verkauft. Solche „Restplätze" bietet u.a. L'Tur an. Ob gerade freie Plätze zum Discountpreis in einem Charterflugzeug mit dem Ziel Barbados zu haben sind, kann man telefonisch unter den Telefonnummern (0211) 1 97 06, (030) 1 97 06, (040) 1 97 06, (07221) 1 97 01 und (089) 1 97 02 erfahren. Man kann Last-Minute-Angebote von L'Tur auch mit einem Faxgerät abrufen, indem man es auf Abruf einstellt und dann die Rufnummer (0190) 57 57 07 wählt. Bei LTU kann man, wenn noch Plätze frei sind, kurzfristig Flüge nach Barbados mit Ermäßigung ebenfalls buchen. Ob das gerade möglich ist, läßt sich telefonisch für Anflüge ab Berlin unter der Rufnummer (030) 1 97 28, ab Düsseldorf unter (0211) 1 97 25, ab Frankfurt unter (069) 1 97 45, ab Hamburg unter (040) 1 97 29, ab München unter (089) 1 97 25, bundesweit unter (0190) 21 17 67 und einem Faxgerät für Flüge ab Düsseldorf unter der Rufnummer (0211) 9 27 00 00 sowie für Flüge ab Frankfurt unter (069) 50 04 00 00 abrufen. Ob kurzfristig Flüge mit Condor von Frankfurt nach Barbados mit Ermäßigung angeboten werden, erfährt man von einem Ansagedienst unter der Telefonnummer (06107) 94 00.

Von Südamerika: Aeropostal fliegt von Porlamar auf der Insel Margarita in Venezuela montags und freitags nach Barbados (100 US $ für einen einfachen Flug). Aeropostal bietet zudem einen Flugschein zum Ausflugstarif für die Strecke von Caracas nach Barbados mit einer Flugunterbrechung auf Margarita an. Er kostet hin und zurück 285 US $ und gilt für eine Mindestaufenthaltsdauer von sieben Tagen und einer maximalen Aufenthaltsdauer von 17 Tagen.

BWIA fliegt täglich von Georgetown in Guyana über Trinidad nach Barbados. Für einen einfachen Flug kostet 72 US $, während man für ein 30-Tage-Exkursionsticket 193 US $ bezahlen muß. Darüber hinaus fliegt auch LIAT viermal in jeder Woche von Georgetown nach Barbados.

Von anderen Karibikinseln: LIAT unterhält direkte tägliche Flugverbindungen von Antigua, St. Lucia, Grenada und St. Vincent nach Barbados. Die Häufigkeit der Flüge reicht von zwei Flügen täglich ab Grenada bis zu fast einem Dutzend Flügen ab St. Vincent.

Anschlußflüge bestehen von und nach weiteren Inseln in der Karibik.

Für einen einfachen Flug zwischen Barbados und St. Lucia zahlt man 78 US $, für einen Hin- und Rückflug zum Ausflugstarif (Ticketgültigkeit 30 Tage) 124 US $. Der Preis für einen Flug nach Barbados von Grenada beträgt einfach 116 US $ sowie hin und zurück zum Ausflugstarif 152 US $, von St. Vincent 110 bzw. 145 US $ und von Antigua 204 bzw. 268 US $.

LIAT bietet zudem preiswerte Fernflüge (YD) von weiter nördlichen Inseln an, bei denen man beispielsweise für die Strecke von St. Martin nach Barbados 209 US $ (einfacher Flug mit beliebig vielen Zwischenstopps) bezahlen muß. Wenn Sie diese Verbindung benutzen wollen, dann bestehen Sie auf den Preis zum YD-Tarif, da der reguläre Preis ca. 15 % höher liegt und nur einen Zwischenstopp erlaubt. Angeboten wird zudem ein Tikket von St. Martin nach Barbados und zurück zum Ausflugstarif innerhalb von 21 Tagen mit zwei Flugunterbrechungen für 304 US $.

Air Martinique bietet Exkursionstickets von Martinique nach Barbados für einen Aufenthalt zwischen 4 und 21 Tagen zum Preis von 210 US $ an.

Auch wenn es sich hauptsächlich um eine Chartergesellschaft handelt, können Sie mit Mustique Airways einmal täglich nach St. Vincent und auf die Grenadinen fliegen. Für einen einfachen Flug zahlt man von Barbados nach St. Vincent 80 US $, nach Mustique oder Bequia 85 US $ und nach Union Island 110 US $. Für einen Hin- und Rückflug wird das Doppelte berechnet.

BWIA unterhält tägliche Direktflüge von Barbados nach Antigua, Grenada und Trinidad. Diese Gesellschaft fliegt zudem donnerstags von Tobago und freitags von St. Lucia nach Barbados. Für einen Flug mit BWIA nach Barbados zahlt man ab St. Lucia nur hin 78 US $ sowie hin und zurück 124 US $, ab Grenada nur hin 116 US $ sowie hin und zurück 152 US $, ab Tobago oder Trinidad nur hin 123 US $ sowie hin und zurück 155 US $ und ab Antigua nur hin 204 US $ sowie hin und zurück 268 US $. Bei den Flugscheinen für Hin- und Rückflug gibt es keine Mindestaufenthaltsvorschrift. Sie gelten 30 Tage. Wer in Barbados ein Ticket für einen Flug ab Barbados kauft, muß über den Preis hinaus eine Steuer von 20 % bezahlen. Diese Steuer wird jedoch nicht auf Flüge von anderen Inseln erhoben.

Flughafeninformation: In der Hauptsaison findet eine Begrüßung der ankommenden Passagiere durch eine Steelband und ein Glas Rumpunch statt.

Am Schalter des Fremdenverkehrsamtes, von 8.00 Uhr bis Mitternacht oder bis zur Ankunft des letzten Flugzeuges geöffnet, ist man bei der Buchung eines Zimmers behilflich. Zudem sind hier Touristenbroschüren erhältlich. Gegenüber befindet sich ein Schalter der Wechselstube der Barbados National Bank, die ebenfalls von 8.00 Uhr bis Mitternacht geöffnet ist. Vor dem Zoll finden Sie zudem Karten- und Münzfernsprecher, ein Postamt sowie einige Gelegenheiten, etwas zu essen zu kaufen.

In der Abflughalle gibt es mehrere Geschäften, in denen zollfreie Alkoholika, Uhren und Schmuck verkauft werden, sowie ebenfalls einen Wechselschalter.

Flughafentransfer: Wer mit ausgesprochen leichtem Gepäck reist, kann auf die Straße hinausgehen und auf einen Bus warten. Anderenfalls empfiehlt es sich, entweder ein Auto zu mieten oder eines der Taxis nehmen, die vor dem Flughafenausgang warten.

Für die Fahrt mit einem Taxi zahlt man vom Flughafen nach St. Lawrence 20 B $, zur Stadtmitte von Bridgetown 30 B $, nach Holetown 38 B $ sowie nach Speightstown 48 B $.

SCHIFF

Wegen der östlichen Lage von Barbados und der schwierigen Verhältnisse vor der Küste liegt die Insel für die meisten Boote zu ungünstig, so daß hier keine spezielle Infrastruktur für Jachten entstanden ist.

Es verkehrt aber ein Passagier- und Frachtschiff, die *Windward*, mit der man von Barbados nach St. Lucia, St. Vincent, Trinidad und Venezuela fahren kann. Einzelheiten dazu finden Sie im Abschnitt über das Reisen in der östlichen Karibik im Einführungsteil dieses Buches.

Kreuzfahrt: Rund 450.000 Passagiere von Kreuzfahrtschiffen gehen jedes Jahr auf Barbados an Land. Die Kreuzfahrtschiffe laufen Bridgetown Harbour, etwa einen Kilometer westlich der Stadtmitte, an. Am Hafen wurde ein neues Einkaufszentrum mit ca. 20 Geschäften, in denen zollfreie Waren verkauft werden, errichtet.

AUSREISE AUS BARBADOS

Bei der Ausreise aus Barbados wird eine Gebühr von 25 B $ erhoben.

REISEN AUF BARBADOS

BUS

Auf Barbados verkehren drei Arten von Bussen. Die staatlichen öffentlichen Busse sind blau mit einem gelben Streifen und fahren die längsten Strecken. Daneben besteht ein privates Minibussystem aus mittelgroßen gelben Bussen mit einem blauen Streifen. Außerdem sind Sammeltaxis im Einsatz. Bei letzeren handelt es sich um Minitransporter im Besitz von Privatpersonen, die an den Buchstaben ZR auf ihren Nummernschildern zu erkennen sind und auf kürzeren Strecken mit starkem Verkehr pendeln. Einige Inselbewohner ziehen die Minibusse vor, weil sie in besserem Zustand sind als die staatlichen Busse und weil man in ihnen nicht wie Sardinen übereinandergestapelt wird, was in den Sammeltaxis häufig passiert.

Der Fahrpreis ist bei allen drei Arten von Verkehrsmitteln der gleiche: 1,50 B $ zu jedem Ziel auf der Insel.

Die meisten Busse fahren über Bridgetown, auch wenn einige wenige Busse auf dem Weg von Norden nach Süden eine andere Strecke benutzen. Die Busse zum Südosten der Insel nehmen im allgemeinen den Weg über Oistins, während die Fahrt nach Bathsheba an der Ostküste normalerweise über Speightstown führt. Von Speightstown fährt ab 9.00 Uhr alle zwei Stunden ein Bus nach Bathsheba und von dort eine Stunde versetzt in Gegenrichtung. Nähere Informationen erhalten Sie beim Transport Board (Tel. 4 36 68 20).

An den Bushaltestellen auf der Insel befinden sich rote und weiße Schilder, auf denen die Fahrtrichtung zu lesen ist (im allgemeinen „To City" oder „Out of City"). Bei den Bussen selbst ist das Fahrtziel üblicherweise auf oder oberhalb der Windschutzscheibe zu lesen.

Auf den wichtigsten Strecken, z. B. von Bridgetown nach Oistins oder Speightstown, fahren die Busse in kürzeren Abständen vom frühen Morgen bis gegen Mitternacht.

Busbahnhöfe in Bridgetown: In Bridgetown fahren die öffentlichen Busse in Richtung Süden und Osten vom Busbahnhof an der Ecke der Fairchild Street und der Bridge Street ab. Die öffentlichen Busse nach Norden zur Westküste beginnen ihre Fahrt am Jubilee (Lower Green) Terminal am Westende der Lower Broad Street.

Die Minibusse auf den Strecken zur Inselmitte und nach Osten halten am River Bus Terminal an der Ostseite des Marktes in der Fairchild Street. Minibusse zum Süden können Sie an der Ecke der Probyn Street und der Jordan's Lane besteigen, während jene in Richtung Norden die Westküste entlang in der Nähe des Hauptpostamtes in Cheapside abfahren.

Die Haltestelle für Sammeltaxis befindet sich in der River Road an der Ostseite des Marktes in der Fairchild Street.

TAXI

Taxis sind an einem Z auf dem Nummernschild und im allgemeinen an einem Schild auf dem Dach mit der Aufschrift „Taxi" zu erkennen. Es ist nicht schwer, ein Taxi zu besteigen, denn deren Fahrer warten häufig in den Gegenden mit zahlreichen Touristen am Straßenrand. Auch wenn die Fahrpreise staatlich festgesetzt sind, gibt es in Taxis keine Zähluhren, so daß Sie sich vor einer Taxifahrt mit dem Fahrer einen Preis einigen sollten. Pro Kilometer werden im allgemeinen 1,50 B $ und pro Stunde 32 B $ verlangt.

BARBADOS

AUTO UND MOTORRAD

Verkehrsregeln: Auf Barbados wird auf der linken Seite gefahren. Dafür ist ein befristet gültiger Führerschein erforderlich, der 10 B $ kostet und bei den Autovermietungen erhältlich ist.

Die Straßenbeschilderung auf der Insel ist nicht sehr gut, auch wenn sich an wichtigen Verkehrskreiseln und Kreuzungen üblicherweise Hinweisschilder befinden. Die häufigsten Kennzeichnungen an den Landstraßen sind die gelben Zementblöcke am Straßenrand, die die Nummer der Landstraße und darunter die Entfernung nach Bridgetown anzeigen.

Es ist dennoch nicht allzu schwer, touristische Ziele an Landstraßen zu finden, da die überwiegend ausgeschildert sind. Wer sich verfahren hat, sollte nicht zögern anzuhalten und nach dem Weg zu fragen. Das ist durchaus üblich, und die Bajan sind im allgemeinen sehr hilfsbereit.

Alle Hauptstraßen und größeren Nebenstraßen sind befestigt, wenn auch teilweise ein wenig schmal. Auf der ganzen Insel gibt es zahlreiche Tankstellen, darunter auch eine vor dem Flughafen. Einige Tankstellen in Bridgetown sind sogar 24 Stunden am Tag geöffnet.

Mietwagen: Auf Barbados sind keine Autovermietungsfirmen vertreten, die einer der internationalen Ketten angeschlossen sind. Es gibt statt dessen eine ganze Reihe von kleinen Autovermietungen, einige davon so klein, daß es sich bei der Telefonnummer um eine Privatnummer handelt. Man ruft an und sagt Bescheid, daß man ein Auto mieten will, und schon kommt jemand im Hotel vorbei, um den Kunden abzuholen.

Trotz der Zahl der Autovermietungen scheinen sich die Preise nicht sehr zu unterscheiden. Für einen Kleinwagen zahlt man um die 120 B $ pro Tag, rund 300 B $ für drei Tage und 500 B $ für eine Woche, jeweils ohne Kilometerbegrenzung und mit Versicherung. Auf den Nummernschildern von Mietwagen steht ein H.

Auch wenn der überwiegende Teil der Mietwagenfirmen nicht direkt am Flughafen vertreten ist, gibt es eine Reihe von Autovermietungen in der Nähe, die ihre Kunden am Flughafen abholen. Sie können auch direkt am Flughafen einen Wagen reservieren. Dafür steht das kostenlose Telefon zwischen dem Büro der Ausländerbehörde und dem Zoll zur Verfügung.

Courtesy Rent-A-Car (Tel. 4 31 41 60, Fax 4 26 22 76) ist eine der größeren Autovermietungen, die über eine Filiale am Flughafen verfügt.

Weitere Autovermietungen sind:
A R Auto Rentals, Top Rock, Christ Church (Tel. 4 28 90 85, Fax 4 20 68 44),
Barbados Rent-A-Car, Tudor Bridge, St. Michael (Tel. 4 25 13 88),
Direct Rentals, Enterprise, Christ Church (Tel. 4 28 31 33, Fax 4 20 81 90),
Hill's Car Rentals, Mason Hall Street, St. Michael (Tel. 4 26 52 80),
P & S Car Rentals, Cave Hill, St. Michael (Tel. 4 24 20 52, Fax 4 24 75 1),
Rayside Car Rental, Charnocks, Christ Church (Tel. 4 28 02 64),
Sunny Isle Motors, Worthing, Christ Church (Tel. 4 28 02 64),
Sunset Crest Rent-A-Car, Sunset Crest, St. James (Tel. 4 32 14 82, Fax 4 32 16 19).

FAHRRAD

M A Williams Rentals in Hastings (Tel. 4 27 39 55) vermietet Mountain Bikes mit 12 Gängen zum Preis von 25 B $ für 24 Stunden bzw. 150 B $ pro Woche. Um ein solches Rad zu mieten, ist ein Pfand von 100 B $ zu hinterlegen oder ist eine der bekannten Kreditkarten erforderlich. Der Fahrradverleih ist montags bis freitags von 9.00 bis 16.00 Uhr sowie samstags und sonntags bis 15.00 Uhr geöffnet. Im Club Mistral in Maxwell (Tel. 4 28 72 77) können Sie Mountain Bikes für 30 B $ pro Tag mieten.

TRAMPEN

Trampen ist auf Barbados zwar erlaubt, jedoch nicht sehr verbreitet, teilweise deshalb, weil die Busverbindungen gut und die Fahrpreise niedrig sind. Wenn man dennoch per Anhalter fährt, sollten die üblichen Vorsichtsmaßnahmen getroffen werden.

AUSFLUGSFAHRTEN

L E Williams Tour Co (Tel. 4 27 10 43) und Sunflower Tours (Tel. 4 29 89 41) bieten Tagestouren für 100 B $ an, die vor allen zu den Küsten der Insel führen, sowie kürzere Touren ins Binnenland von Barbados, darunter auch eine Tour zur Harrison's Cave und zum Flower Forest für 70 B $. Im Preis inbegriffen sind die Eintrittsgebühren. In den Broschüren des Fremdenverkehrsamtes finden Sie daneben auch Werbeanzeigen anderer, kleiner Veranstalter von Ausflugsfahrten. Der übliche Preis für eine Rundfahrt mit einem Taxi liegt bei 32 B $ pro Stunde. Im allgemeinen ist es jedoch möglich, mit dem Fahrer einen günstigeren Preis auszuhandeln.

Besichtigung von Häusern im Privatbesitz und Gärten: Von Januar bis April ist es im Rahmen eines Programms der offenen Tür, das vom Barbados National

Trust (Tel. 4 36 90 33) organisiert wird, möglich, einige der größeren Privathäuser auf der Insel kennenzulernen. Jeden Mittwoch zwischen 14.30 und 17.30 Uhr kann ein anderes Haus gegen eine Gebühr von 12 B $ (einschließlich einem Getränk) besichtigt werden. Die Barbados Horticultural Society (Tel. 4 28 58 89) sorgt dafür, daß auch einige der eindrucksvolleren Privatgärten besichtigt werden können. Diese Besichtigungen finden sonntags von 14.00 bis 18.00 Uhr statt und kosten 5 B $.

Einzelheiten zu den beiden Programmen finden Sie in den kostenlosen Broschüren für Touristen.

Destillerien und Brauereien: „Where the Rum Come From" (Woher der Rum kommt) ist eine recht ausführliche Führung der Rumfabrik West India (Tel. 4 35 69 00), in der Cockspur-Rum gebrannt wird. Die Führung findet mittwochs statt und schließt bei einem Preis von 55 B $ ein Mittagsbuffet, Musik einer Steelband sowie die Hin- und Rückfahrt vom Hotel ein.

Die Rumbrennerei Mount Gay hat ein neues Besucherzentrum (Tel. 4 25 87 57) eröffnet, das auf dem Gelände der Firma in Bridgetown im Stil der Chattel-Häuser gebaut wurde. Es ist montags bis freitags von 9.00 bis 17.00 Uhr sowie samstags von 10.00 bis 13.00 Uhr geöffnet. Die hier angebotenen Führungen mit einer Rumprobe dauern 30 Minuten und kosten 8 B $.

Das Besucherzentrum von Mount Gay befindet sich an der Küstenstraße rund 8 km nördlich von Bridgetown Harbour, während die Anlage von West India noch einen Kilometer weiter nördlich gelegen ist.

Führungen durch die Bierbrauerei Banks in Wildney (Tel. 4 29 21 13), etwa 3 km östlich der Stadtmitte von Bridgetown, werden dienstags und donnerstags angeboten (vorherige Anmeldung erforderlich).

Fahrten mit einem Schiff oder U-Boot: Auf der *Jolly Roger* (Tel. 436-6424), einem Party-Boot in Form eines alten Piratenschiffes, kann man an einer vierstündigen Ausflugsfahrt einschließlich Mittagessen, einer offenen Bar und Möglichkeiten zum Schnorcheln teilnehmen. Die Fahrt beginnt im Tiefwasserhafen von Bridgetown. Mittags wird vor Holetown geankert. Zweimal pro Woche wird auch eine Fahrt am Abend mit Calypso-Musik angeboten. Der Preis beträgt jeweils 105 B $. Auf der gleichen Strecke fährt mittwochs und samstags zudem die *Bajan Queen* (Tel. 4 36 21 49), ein Nachbau eines Mississippi-Dampfers, und zwar bei Sonnenuntergang mit Bar und Live-Musik (Fahrpreis ebenfalls 105 B $).

Wer es ruhiger wünscht, kann einen Ausflug auf einem kleinen Segelboot mit Mittagessen, Schnorcheln und Getränken zum selben Preis unternehmen. Dabei hat man die Wahl zwischen den Katamaranen *Irish Mist* (Tel. 4 36 92 01), *Tiami* und *Windwarrior* (beide Tel. 4 25 58 00) sowie dem Segelboot *Secret Love* (Tel. 4 37 74 98). Die meisten Boote legen in Bridgetown um 10.00 Uhr ab und kehren gegen 14.30 Uhr zurück.

Die *Atlantis* (Tel. 4 36 89 29), ein Unterseeboot mit 28 Plätzen, das auf beiden Seiten Bullaugen hat, ermöglicht Unterwassertouren für Besucher zu den Korallenriffen vor der Westküste von Barbados. Das Boot legt mehrmals täglich von Bridgetown ab. Für Erwachsenen kostet eine solche Fahrt 139 B $, während für Kinder bis zu 12 Jahren die Hälfte zu bezahlen ist. Kinder unter vier Jahren dürfen nicht mitfahren. Das Büro befindet sich im Horizon House in der McGregor Street in Bridgetown.

Ausflüge zu anderen Inseln: Die beliebteste Tagestour von Barbados aus führt zu den Grenadinen. Normalerweise beginnt sie mit einem Flug am frühen Morgen nach Mustique und anschließendem Frühstück im Cotton House, gefolgt von einem Flug nach Union Island und einer Segeltour um die großartigen Tobago Cays, Palm Island und Mayreau. Im Preis von 285 US $ sind ein Picknick am Mittag und Getränke enthalten. Es bleibt auch noch ein wenig Zeit am Strand und zum Schnorcheln. Gegen 18.30 Uhr ist man wieder in Barbados.

Daneben werden Tagestouren mit Flugzeugen von LIAT nach Grenada, St. Lucia, Martinique und Dominica für ungefähr denselben Preis angeboten.

Mit dem Personen- und Frachtschiff *Windward* hat man die Möglichkeit, einen schönen und preiswerten Wochenendtrip von Barbados nach St. Lucia zu unternehmen. Das Schiff legt auf Barbados freitags um 23.00 Uhr ab, so daß ein voller Tag in St. Lucia zur Verfügung steht, bevor man am Sonntag morgens um 7.00 Uhr wieder von St. Lucia zurückfährt. Die Überfahrt dauert zwischen acht und zwölf Stunden pro Strecke und kostet hin und zurück ab 116 US $. Im Preis enthalten sind eine Koje, das Frühstück und die Hafengebühren. Die Fahrt kann über die Reisebüros oder Reiseveranstalter gebucht werden. Drei der größten Reiseveranstalter auf Barbados sind Caribbean Safari Tours, Ship Inn Complex, St. Lawrence Gap (Tel. 4 27 51 00), Grenadines Tours, Hastings Plaza 26, Hastings, Christ Church (Tel. 4 35 84 51), sowie Chantours, Sunset Crest Plaza 2, St. James (Tel. 4 32 55 91).

BRIDGETOWN

Bridgetown, die Hauptstadt von Barbados, ist ein geschäftiges Handelszentrum an der Carlisle Bay, dem einzigen natürlichen Hafen der Insel.

Unter architektonischen Gesichtspunkten ist die Stadt eine Mischung aus alt und neu. Die meisten Hauptstraßen sind relativ modern und die Geschäftsvierteln entsprechend, zu sehen sind jedoch auch eine Handvoll von schön restaurierten Bauten aus der Kolonialzeit sowie Seitenstraßen zu Wohnvierteln, die mit Rum-Shops und Chattel-Häusern durchsetzt sind.

Die Careenage, eine an einen Finger erinnernde Bucht mit Ferienbooten, zieht sich bis zum Stadtzentrum. An der Südseite der Chamberlain Bridge, die über die Careenage zum Trafalgar Square führt, steht der Independence Arch, eine Bogen, der an die Unabhängigkeit der Bajan erinnert und auf dem sich Schilder befinden, die des ersten Premierministers der Insel, Errol Barrow, gedenken.

In der Stadtmitte von Bridgetown findet man nicht viele großartige Sehenswürdigkeiten, aber man kann hier einen interessanten halben Tag mit einem Spaziergang durch das Zentrum verbringen. Es gibt insbesondere an der Broad Street und im Kunstgewerbezentrum Pelican Village einige gute Einkaufsmöglichkeiten sowie eine Reihe von guten Restaurants am Meer.

PRAKTISCHE HINWEISE

Informationen: Das Fremdenverkehrsamt befindet sich in der Harbour Road gegenüber vom Pelican Village an der Westseite der Stadt. Es ist montags bis freitags von 8.30 bis 16.30 Uhr geöffnet.

Geld: In der Stadt sind zahlreiche Banken vertreten, darunter auch die Barbados National Bank und die Scotiabank in der Nähe des Busbahnhofs in der Fairchild Street sowie die Royal Bank of Canada und die Barclays Bank in der Broad Street in der Nähe des Trafalgar Square. Das Büro von American Express bei BITS Travel in der McGregor Street (Tel. 4 31 24 23) ist montags bis freitags von 8.00 bis 16.30 Uhr und samstags bis 12.00 Uhr geöffnet.

Post: Das Hauptpostamt befindet sich in Cheapside und ist montags bis freitags von 8.00 bis 17.00 Uhr zugänglich.

Apotheken: In der Broad Street liegt die Collins Pharmacy (Tel. 4 26 45 15).

SEHENSWÜRDIGKEITEN

Trafalgar Square: Der dreieckige Trafalgar Square ist der Mittelpunkt des geschäftigen Zentrums der Stadt. Auf dem Platz, an dem auch die Parlamentsgebäude stehen, befinden sich ein Obelisk, der die Toten des Ersten Weltkrieges ehrt, sowie ein Springbrunnen, der an die Einführung der Wasserversorgung durch Leitungen in Bridgetown im Jahre 1861 erinnert. An der Westseite des Platzes steht eine Bronzestatue von Lord Horatio Nelson, der 1805 nach Barbados segelte, nur einige Monate bevor er in der Schlacht von Trafalgar sterben sollte. Das Standbild wurde 1813 aufgestellt, drei Jahrzehnte vor seinem großen Gegenstück in London.

Parlamentsgebäude: An der Nordseite des Trafalgar Square stehen die Parlamentsgebäude, zwei große

> **Lord Nelson**
>
> Die Statue von Lord Nelson, die auf dem Trafalgar Square gegenüber vom Parlament steht, gibt seit Jahren Anlaß zu Kontroversen zwischen den Inselbewohnern. Viele sind der Ansicht, daß Nelson zu eng mit der kolonialen Vergangenheit der Insel verbunden sei. 1970 veröffentlichte Mighty Gabby, der führende Calypso-Sänger auf Barbados, einen Song mit dem Titel „Take Down Nelson" (Nehmt Nelson herunter), der immensen Erfolg hatte. Er rief darin dazu auf, die Statue durch ein Standbild eines Bajan zu ersetzen.

Steinbauten im gotischen Stil aus dem Jahre 1871. Im Gebäude an der Westseite mit der Turmuhr sind Behörden untergebracht, während an der Ostseite das Gebäude für den Senat und das House of Assembly mit seinen Buntglasfenstern errichtet wurde, auf denen die britischen Monarchen und Oliver Cromwell zu sehen sind. Das Parlamentsgebäude ist nicht immer der Öffentlichkeit zugänglich, sondern nur gelegentlich in den Zeiten der Parlamentsferien. Weitere Informationen können Sie während der Bürozeiten unter der Telefonnummer 4 27 20 19 erhalten.

St. Michael's Cathedral: St. Michael's Cathedral, die anglikanische Kathedrale der Insel, ist fünf Minuten zu Fuß östlich vom Trafalgar Square zu erreichen. Die erste Kirche an dieser Stelle wurde 1665 erbaut und gab ca. 3000 Gläubigen Raum. Sie hielt jedoch einem Hurrikan ein Jahrhundert später nicht stand. Der heutige Bau stammt aus dem Jahre 1789 und ist für 1600 Gläubige konzipiert. In der Zeit ihrer Errichtung soll sie die breitesten Bogendecke ihrer Art in der Welt besessen haben. Ebenfalls von Interesse ist der angrenzende Friedhof, auf dem viele führende Persönlichkeiten der Insel begraben liegen. Unter den großen Brotfruchtbaum finden Sie die Grabstätte der Familie Adams, wo auch Sir Grantley Adams, der erste Premierminister von Barbados und Vorsitzender der Westindischen Föderation von 1958-1962, begraben liegt. Sein Sohn Tom, der von 1976 bis 1985 als Premierminister amtierte, wurde ganz in der Nähe beigesetzt.

Synagoge von Barbados: Die kleine Synagoge, die 1833 erbaut und 1929 aufgegeben wurde, ist vor kurzem mit Mitteln der einheimischen Gemeinde und internationaler jüdischer Organisationen vollständig restauriert worden. Das charakteristische weiße Gebäude ist innen schlicht, aber mit Messingleuchtern, einem im Schachbrettmuster gekachelten Fußboden und einem mit Säulen versehenen Balkon für die Frauen dennoch schön.

Die erste Synagoge wurde an dieser Stelle im 17. Jahrhundert erbaut, als die jüdische Gemeinde auf Barbados mehr als 300 Anhänger hatte. Viele waren Flüchtlinge, die unter dem Druck der Portugiesen und Holländer aus

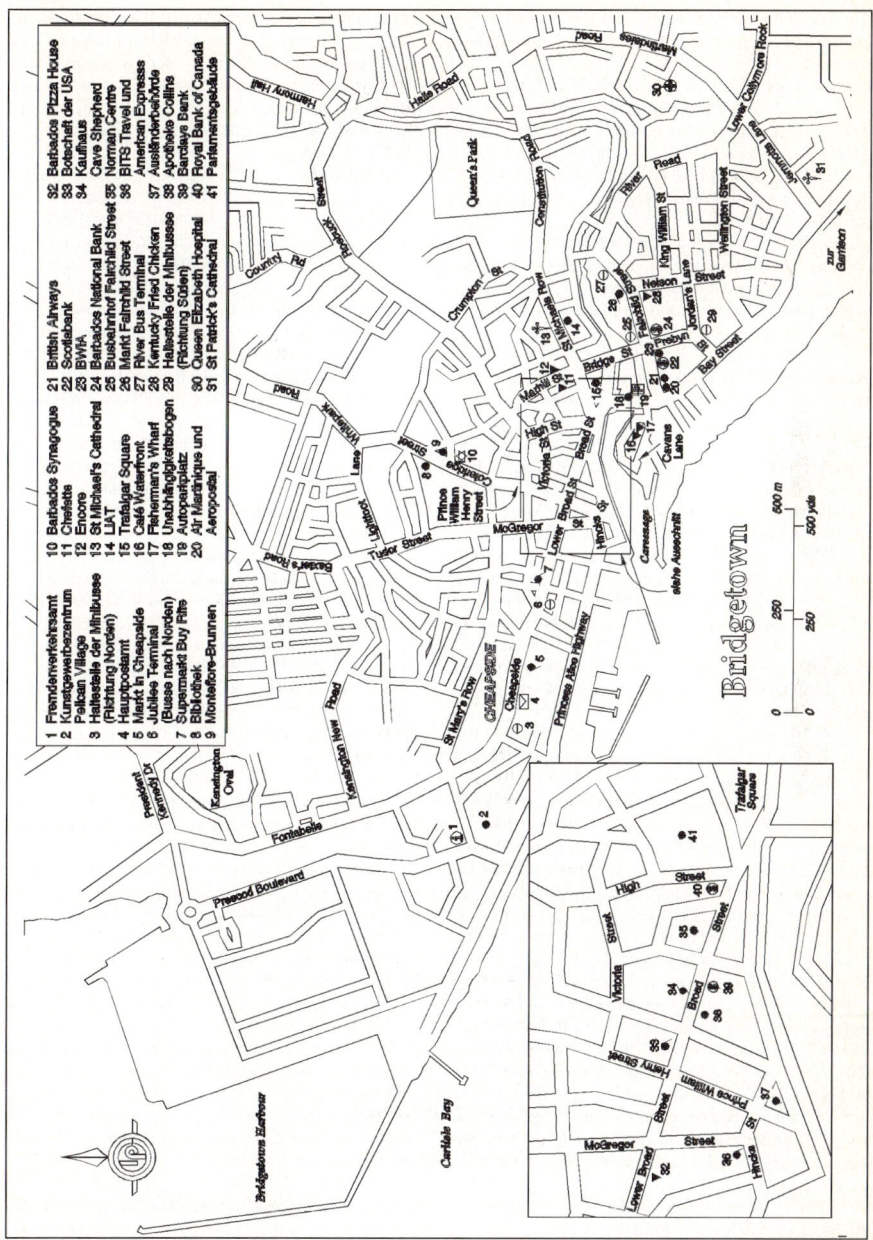

Bridgetown

1 Fremdenverkehrsamt
2 Kunstgewerbezentrum Pelican Village
3 Haltestelle der Minibusse (Richtung Norden)
4 Hauptpostamt
5 Markt in Cheapside
6 Jubilee Terminal
7 Supermarkt Buy Rite (Busse nach Norden)
8 Bibliothek
9 Montefiore-Brunnen
10 Barbados Synagogue
11 Chefette
12 Encore
13 St Michael's Cathedral
14 LIAT
15 Trafalgar Square
16 Café Waterfront
17 Fisherman's Wharf
18 Unabhängigkeitsbogen Autoparkplatz
19 Air Martinique und Aeropostal
20
21 British Airways
22 Scotiabank
23 BWIA
24 Barbados National Bank
25 Busbahnhof Fairchild Street
26 Markt Fairchild Street
27 River Bus Terminal
28 Kentucky Fried Chicken
29 Haltestelle der Minibusse (Richtung Süden)
30 Queen Elizabeth Hospital
31 St Patrick's Cathedral
32 Barbados Pizza House
33 Botschaft der USA
34 Kaufhaus
35 Cave Shepherd Norman Centre
36 BITS Travel und American Express
37 Ausländerbehörde
38 Apotheke Collins
39 Barclays Bank
40 Royal Bank of Canada
41 Parlamentsgebäude

500 m
250
0

500 yds
250
0

siehe Ausschnitt

Südamerika geflohen waren und auf Barbados zu Plantagenbesitzern wurden. Heute gehören der jüdischen Gemeinde ca. 60 Gläubige an.

Die Synagoge, die nun wieder zum Gebet genutzt wird, steht an der Coleridge Street, und zwar etwa zehn Minuten zu Fuß vom Trafalgar Square entfernt. Unter der Leitung des Barbados National Trust ist sie montags bis freitags von 9.00 bis 12.00 Uhr und von 13.00 bis 16.00 Uhr Besuchern zugänglich. Neben der Synagoge liegt ein alter jüdischer Friedhof.

Ganz in der Nähe, gegenüber der öffentlichen Bücherei, befindet sich der Montefiore Fountain, ein schönes kleines Denkmal, das der Stadt 1865 von John Montefiore, einem wohlhabenden jüdischen Bürger, vermacht wurde.

Baxter's Road: Die Baxter's Road an der Nordseite der Innenstadt von Bridgetown weist ein derart lebhaftes Nachtleben auf, daß man sie auch „Straße, die nie schläft" genannt hat. Nach Sonnenuntergang füllt sie sich mit Frauen in Schürzen, die Fisch in „Buck Pots" über dem offenen Feuer kochen. Sie verkaufen auch Hähnchen, Yams und gerösteten Mais. Je später es wird, desto lebendiger wird es. Dann strömen die Gäste der Rum-Shops und Bars auf die Straßen und wiegen sich zur Calypso- und Reggae-Musik. So urig und farbenprächtig es auch ist, die Baxter's Road zieht eine breite Palette von Menschen an, darunter auch einige weniger erwünschte Elemente. Lassen Sie Vorsicht und Vernunft walten. Am besten ist es, in kleinen Gruppen hierherzukommen und sich innerhalb der gut beleuchteten Teile der Straße aufzuhalten.

Queen's Park: Der Queen's Park ist eine schöne Parkanlage mit Rasenflächen, die bei den Familien auf der Insel beliebt zum Picknicken und Entspannen am Sonntag nachmittag ist.

Auf einer Anhöhe am Ende des Parks steht ein relativ großes, zweistöckiges Gebäude, das einst der Wohnsitz des Kommandanten der britischen Streitkräfte auf den Westindischen Inseln war. Der Bau aus dem Jahre 1786 wurde 1973 restauriert und beherbergt heute ein Theater und eine Galerie für einheimische Kunst. In der Nähe des Hauses befinden sich einige Käfige mit grünen Affen und exotischen Vögeln sowie ein Restaurant, in dem man mittags preiswerte Gerichte der lokalen Küche erhält.

Zu den Besonderheiten des Parks zählt ein riesiger Baobab-Baum von 18 m Durchmesser am Ende eines Spielplatzes. Auf einem Schild ist zu lesen, daß das Alter des Baumes auf 1000 Jahre geschätzt wird, was ein wenig sonderbar ist, da diese Baumart aus Afrika stammt, einem Kontinent, der bis Anfang des 17. Jahrhunderts keinen Kontakt zu Barbados hatte.

Der Eintritt zum Park und zur Galerie ist frei. Zu erreichen ist die Anlage über die Constitution Road.

Observatorium: Das Harry-Bayley-Observatorium (Tel. 4 26 13 17) östlich der Stadtmitte von Bridgetown im Stadtteil Clapham, nicht weit von der Rendezvous Road, ist Sitz der Astronomischen Gesellschaft von Barbados (Barbados Astonomical Society). Es ist freitags von 8.30 bis 23.30 Uhr der Öffentlichkeit zugänglich.

Garnisonsviertel: Etwa 2 km südlich der Zentrums von Bridgetown liegt das Garnisonsviertel. Es erstreckt sich von der Südseite der Carlisle Bay aus landeinwärts. Die Garnison war einst im 19. Jahrhundert der Stützpunkt des britischen Kommandos für die Inseln über und unter dem Winde. Das Kernstück bildet die ovalförmige Savannah, einst der Paradeplatz, der nun für Kricketspiele, zum Joggen und für die samstäglichen Pferderennen genutzt wird. Einige der reicher verzierten Gebäude aus der Kolonialzeit befinden sich an der Westseite der Savannah, insbesondere die lachsfarbene Hauptwache mit ihrem viereckigen Uhrturm. Vor der Hauptwache steht eine beeindruckende Zahl von Kanonen, so daß Barbados den Anspruch erhebt, über die größte Ansammlung an Kanonen aus dem 17. Jahrhundert zu verfügen, darunter auch über die beiden einzigen noch existierenden Exemplare der Republikanischen Armee von Cromwell.

Wer sich für die britische Militärgeschichte interessiert, wird im Garnisonsviertel ein faszinierendes Terrain finden. Die ersten Festungen in diesem Gebiet wurden bereits 1650 errichtet, auch wenn zahlreiche der heutigen Bauten aus der Mitte des 19. Jahrhunderts stammen, nachdem ein Hurrikan 1831 praktisch alles, was nicht aus Stein oder Eisen bestand, vernichtet hatte. Auf dem Gelände von Hilton am Needham's Point finden Sie die Ruinen von Fort Charles, von dem aus sich ein schöner Blick bietet.

Museum von Barbados: Das Museum von Barbados an der Nordostseite der Savannah wurde in einem Militärgefängnis aus dem frühen 19. Jahrhundert eingerichtet. Hier sind engagierte Ausstellungen zu allen Aspekten der Geschichte der Insel von den ersten indianischen Einwohnern an zu sehen. Es ist nicht überraschend, daß die größte Sammlung mit Dokumentationen zur Sklaverei, zur Freilassung der Sklaven, zur Militärgeschichte sowie mit Mobiliar aus den Häusern der Plantagenbesitzer der Kolonialzeit gewidmet ist. Alle Ausstellungsstücke sind mit Erläuterungen versehen.

Im Museum können Sie zudem eine Zelle besichtigen, die einer Zelle im 19. Jahrhundert entspricht, sich eine afrikanische Kulturgalerie, eine Kindergalerie, naturkundliche Ausstellungsstücke sowie wechselnde Ausstellungen zeitgenössischer Kunst ansehen und einen Andenkenladen sowie ein kleines Café besuchen.

Einen schnellen Einblick in die Geschichte der Insel erhalten Sie am besten, wenn Sie hier ein oder zwei Stunden verbringen. Das Museum ist montags bis samstags von 10.00 bis 18.00 Uhr geöffnet. Der Eintritt beträgt für Erwachsenen 7 B $ und für Kinder 1 B $. Im Museum wird zudem eine Abendshow veranstaltet, zu der Sie Einzelheiten im Abschnitt über die Unterhaltung weiter oben in diesem Kapitel finden.

UNTERKUNFT

Das Barbados Hilton (Tel. 4 26 02 00, Fax 4 36 89 46, PO Box 510, Bridgetown) liegt an der Spitze von Needham's Point auf dem Gelände des früheren Fort Charles. Das ist ein typisches Hilton-Hotel mit einem Swimming Pool, einem Fitness-Club, Tennisplätzen, Restaurants und 185 klimatisierten Zimmer, die alle über Telefon, Fernsehgerät, Minibar und Balkon verfügen. Die Gegend ist hübsch, und wenn man die Nähe zur Hauptstadt berücksichtigt, ist der Strand ebenfalls recht schön. Hinter dem Hotel stehen noch einige Überreste der Festung, darunter auch ein Wall mit Nachbildungen von alten Kanonen. Im Sommer zahlt man hier für eine Übernachtung 137 US $ und im Winter 218 US $.

An der Straße zum Hilton neben dem Restaurant Brown Sugar finden Sie das Hotel Island Inn (Tel. 4 36 63 93, Aquatic Gap, St. Michael). Zum Hotel gehört ein restauriertes Garnisonsgebäude aus dem Jahre 1804, das ursprünglich als Rumladen diente. Die 25 Zimmer mit großen bis sehr großen Betten, Klimaanlage und Telefon kosten im Sommer für eine Person 125 US $ und für zwei Personen 175 US $, im Winter 165 bzw. 225 US $. Zum Haus gehören auch eine Bar, ein Restaurant und ein Schwimmbecken.

ESSEN

Die besten Stellen, um Obst und Gemüse zu kaufen, sind die Märkte in der Fairchild Street und in Cheapside, die montags bis samstags vom frühen Morgen bis zum späten Nachmittag geöffnet sind. Aber auch an den Straßen in der Nähe des Trafalgar Square werden Waren feilgeboten. Es gibt zudem eine Reihe von großen Supermärkten in der Stadt, darunter auch den Supermarkt Buy Rite in der Lower Broad Street.

Im Merle's Health Food oben im Norman Centre in der Broad Street können Sie montags bis samstags von 11.00 Uhr bis zum Nachmittag für 10 B $ vegetarisch essen. Die Portionen sind groß, und das Essen ist gut, wobei üblicherweise brauner Reis, Bohnen, einheimisches Gemüse und Salat serviert werden. Im Merle's bekommen Sie auch Erdnußbutterpunch sowie gutes Mauby. Außerdem werden hier Kräuter und Ginseng sowie verschiedene Reformhaus-Nahrungsmittel verkauft. Im selben Stock befindet sich auch ein Stand mit hausgemachtem Eis und Süßigkeiten.

Das Chefette in der Marhill Street, 100 m nördlich vom Trafalgar Square, ist ein immer gut besuchtes Schnellrestaurant mit preiswerten Rotis, Burgern und Grillhähnchen. Im Encore, einem Restaurant im Stil einer Cafeteria, wird preiswerte Bajan-Küche geboten. Hier gibt es auch einen schönen Speiseraum.

Im Restaurant Ideal kehren viele Leute ein, die gerade einkaufen waren oder in den Büros der Umgebung arbeiten. Es handelt sich um eine Cafeteria mit preiswertem Essen oben im Warenhaus Cave Shephard. Für eine Portion Fliegenden Fisch oder Erbsen und Reis zahlt man hier 2,65 B $. Angeboten wird aber auch ein Tagesmenü für 10 B $. Das Restaurant ist montags bis freitags von 9.00 bis 15.00 Uhr geöffnet.

Eine Pizza im Barbados Pizza House in der Broad Street (Tel. 4 31 05 00) kostet je nach Größe zwischen 14 und 27 B $ zuzüglich einen Dollar für jeden Belag. Man bekommt hier auch Stücke Pizza für 4 B $ und das typisch englische Fish & Chips für 15 B $.

Am vollsten ist es um die Mittagszeit immer im Fisherman's Wharf gegenüber vom Unabhängigkeitsbogen (Tel. 4 36 77 78). Hier sitzt man schön im 2. Stock mit Blick auf die Careenage. Mittags hat man in diesem Lokal eine Reihe von preisgünstigen Gerichten zur Auswahl, darunter auch guten, würzigen Fliegenden Fisch mit Pommes Frites und Salat (15 B $) sowie Rinderkebab mit Joghurt und Chutney-Soße (19 B $). Kokos-Garnelen und verschiedene andere Gerichte kosten 26 B $. Abends können Sie hier à la carte essen, wobei die meisten Hauptgerichte zwischen 30 und 35 B $ kosten. Der Rumpunch wird in diesem Lokal großzügig bemessen. Geöffnet ist montags bis freitags von 11.30 bis 15.00 Uhr und von 18.30 bis 22.00 Uhr.

Im Café Waterfront im Erdgeschoß desselben Gebäudes (Tel. 4 27 00 93) können Sie sowohl auf der Terrasse am Wasser als auch drinnen im Speiseraum sitzen. Für den Pepperpot (Pfeffertopf) zahlt man hier 14 B $. Hähnchen-Satay oder Garnelen mit Knoblauch kosten ca. 25 B $. Auf der Karte finden Sie zudem Gazpacho, gute Salate und ein täglich wechselndes vegetarisches Gericht für 20 B $. Vorhanden ist auch eine kleine Tanzfläche. Außerdem wird gelegentlich abends Jazz live geboten. Das Café Waterfront ist montags bis samstags von 10.00 bis 24.00 Uhr geöffnet.

Das Brown Sugar am Aquatic Gap des Garnisonsviertels (Tel. 4 26 76 84) ist praktisch ein Gewächshaus mit zahlreichen Hängepflanzen sowie einem kleinen Wasserfall und quakenden Fröschen. Montags bis freitags von 11.30 bis 14.30 Uhr wird hier ein beliebtes westindisches Buffet mit Suppen, Salaten, Fliegendem Fisch, Souse, Erbsen und Reis, eingelegte Bananen und Nachtisch für 29 B $ angeboten. Es ist täglich von 6.00 bis 22.00 Uhr geöffnet. Abends kann man à la carte bestellen. Viele Gerichte, wie z. B. Meeresfrüchte-Fettucini, der auf Luft getrockneten Schweinefleisch und Garnelen mit Kokos- und Biersauce, kosten zwischen 25 und 38 B $. Für gekochten Hummer werden 60 B $ berechnet. Wenn man hier abends essen möchte, ist es besser, vorher einen Tisch zu reservieren.

DIE SÜDKÜSTE

An der Südküste zwischen Hastings und Maxwell haben sich die meisten Hotels der unteren bis mittleren Preisklasse angesiedelt. Praktisch die gesamte Küste ist von weißen Sandstränden gesäumt, vor denen das Meer eine türkisblaue Farbe hat.

Der Highway 7, eine zweispurige Straße, verbindet die Dörfer der Südküste miteinander. Busse und Sammeltaxis (Nr. 11) verkehren auf dem Weg zwischen Bridgetown und Oistins in kürzeren Abständen auf dieser Strekke. Auch wenn die Südküste relativ zugebaut ist, herrscht auf einigen Abschnitten, so z. B. auf den Küstenstraßen zwischen St. Lawrence und Maxwell, weniger Verkehr, da diese Gegenden ein wenig abgelegen sind. Man kann die grobe Regel aufstellen, daß die Region um so weniger erschlossen ist, je weiter man nach Osten kommt.

Alle Orte, die in diesem Abschnitt geschrieben sind, gehören zur Gemeinde Christ Church, die am Flughafen endet. Informationen über die Region östlich des Flughafens finden Sie im Abschnitt über den Südosten.

HASTINGS UND ROCKLEY

Die Gegend um Hastings und Rockley ist das erste bedeutendere Urlaubsgebiet östlich von Bridgetown. Zentrum des Tourismus bildet der Rockley Beach, ein an einer Straße gelegener weißer Sandstrand mit schattenspendenden Bäumen, Imbißwagen, Kleiderverkäufern sowie Frauen, die Haare flechten. Die Besucher des Strandes sind teils Einheimische, teils Touristen, denn da Rockley Beach nur ca. 10 Minuten mit einem Bus von Bridgetown entfernt ist, kommen vor allem an den Wochenenden viele Leute aus der Stadt hierher.

UNTERKUNFT

Das Hotel Abbevillel in Rockley, Gemeinde Christ Church (Tel. 4 35 79 24, Fax 4 35 85 02), liegt an der dem Meer abgewandten Seite des Highway 7, einige Minuten zu Fuß vom Rockley Beach entfernt. In diesem älteren Hotel mit 18 einfachen Zimmern mit Bad zahlt man für ein Quartier mit Klimaanlage allein 45 US $ und zu zweit 50 US $, ohne Klimatisierung 35 bzw. 40 US $. Im Sommer wird ein Preisnachlaß von 5 US $ gewährt. Die bekannten Kreditkarten werden akzeptiert. Die Bert's Bar des Hauses ist auch von Einheimischen immer gut besucht, und zwar sowohl zum Essen als auch um hier etwas zu trinken. Die 24 klimatisierten Suiten des Hotels Sichris in Worthing, Gemeinde Christ Church am Highway 7 (Tel. 4 53 79 30, Fax 4 35 82 32), und zwar gegenüber vom Hotel Abbeville, sind etwas weniger abgewohnt als in den meisten anderen Hotels der mittleren Preisklasse. Alle Zimmer sind mit Küchenzeile und Telefon ausgestattet, enthalten jedoch kein Fernsehgerät. Zum Hotel gehört auch ein Swimming Pool. Für ein Studio zahlt man im Sommer 75 US $ und im Winter 85 US $, für eine Ferienwohnung mit einem Schlafzimmer und Balkon im Sommer 85 US $ und im Winter 100 US $.

Das fünfstöckige Hotel Coconut Court in Hastings, Gemeinde Christ Church (Tel. 4 27 16 55, Fax 4 29 81 98), ist ein günstiges Quartier für Pauschalreisende, in dem zahlreiche Kanadier wohnen. Vermietet werden 30 Zimmer mit Blick auf das Meer, die mit einem kleinen Kühlschrank, einer Kaffeemaschine und einem Toaster ausgestattet sind. Im Sommer beträgt der Übernachtungspreis hier 46 US $ und im Winter 79 US $. Daneben stehen noch 60 geräumige Ferienwohnungen mit kompletter Küche zur Verfügung, die für man als Studio im Sommer 46 US $ und im Winter 79 US $, als Quartier mit einem Schlafraum 50 bzw. 89 US $ und als Wohnung mit drei Schlafzimmern, in der bis zu vier Personen unterkommen können, 86 bzw. 159 US $ bezahlen muß. Die Zimmer sind mit Deckenventilatoren ausgestattet und haben einen Balkon. In einigen befindet sich im Wohnzimmer ein Sofabett für zwei Personen. Eine Mindestmietdauer ist nicht vorgeschrieben. An den Strand angrenzend gibt es auch einen schönen Swimming Pool, ein Restaurant und eine Bar. Zudem besteht die Möglichkeit, das Notwendige zu mieten, um verschiedene Wassersportarten zu betreiben.

Das Hotel Ocean View in Hastings, Gemeinde Christ Church (Tel. 4 27 78 21, Fax 4 27 78 26), zählt zu den ältesten Hotels auf der Insel und vermittelt etwas von einem klassischen Touch, z. B. durch die Lobby, in der sich zahlreiche Antiquitäten befinden, sowie den Nachtclub mit Kabarett und Musicals aus den fünfziger Jahren. Angeboten werden 31 Zimmer mit unterschiedlicher Einrichtung. In einigen stehen Himmelbetten, während die Fußböden aus Hartholz sind, andere Zimmer sind recht schlicht, alle jedoch mit Telefon und eigenem Bad ausgestattet. Das Ocean View liegt zwischen Strand und Straße, so daß, wer lärmempfindlich ist, die Zimmer zur Straße hin meiden sollte. Im Sommer zahlt man für ein Zimmer an der Straße allein 40 US $ und zu zweit 50 US $ sowie für ein Zimmer mit Blick auf das Meer 55 bzw. 65 US $, im Winter 65 bzw. 75 US $ oder 95 bzw. 120 US $.

ESSEN

Am Ostende des Rockley Beach am Highway 7 liegt das Barbados Pizza House, dem das Shakey's Pizza folgt. Beide sind von 11.00 bis 23.00 Uhr (an den Wochenenden noch länger) geöffnet und bieten das übliche Angebot an Pizzen und anderen Imbissen, wie auch spezielle Tagesgerichte. An derselben Straße, 300 m westlich vom Shakey's, kommt man zu einer Filiale von Kentucky Fried Chicken. Beim Barbecue Barn gegenüber vom Rockley Beach handelt es sich um ein modernes Steakhaus, in dem man für Grillhähnchen 15 B $ zahlt und die Steaks (17 B $) mit Backkartoffel und Knoblauchbrot serviert werden. Hier gibt es auch eine kleine, jedoch recht ordentliche Salatbar. Für eine Portion Salat zu einem anderen Gericht muß man 5 B $ bezahlen. Möchte man nur Salat essen, kostet es 8 B $. Im selbem Komplex befindet sich auch eine Filiale der Schnellimbiß-Kette Chefette mit Burgern, Rotis und Grillhähnchen. Beide Restaurants sind täglich von 11.00 bis 23.00 Uhr geöffnet.

Die Bar und das Restaurant Sugar Reef an der Westseite von Rockley Beach (Tel. 4 35 80 74) kann mit einer schönen Lage am Meer aufwarten. Das Essen hier ist gut und preiswert. Die Auswahl auf der Speisekarte reicht von preiswerten Kebabs und gegrillten Rippchen bis zu Hummer. Wer sich an die einfachen Gerichte hält, kann hier für ca. 25 B $ ordentlich essen. Das Restaurant ist mittags bis 15.00 Uhr und abends bis 22.00 Uhr geöffnet. Im Da Luciano in einem schönen alten Haus am Highway 7 gegenüber vom Hotel Ocean View (Tel. 4 27 55 18) kann man in einer herrlichen Umgebung essen, wobei die italienische Küche ausgezeichnet ist. Die Vorspeisen, darunter auch *misto mare* (gemischte Meeresfrüchte) und Antipasto kosten zwischen 10 und 20 B $. Die große Auswahl an Hauptgerichten umfaßt Pasta und einige Dutzend Fisch- und Fleischgerichte für 30 bis 50 B $. Das Da Luciano ist täglich von 18.30 bis 22.00 Uhr geöffnet. Im Hotel Ocean View (Tel. 4 27 78 21) gibt es einen Speiseraum mit Blick über das Meer und einer traditionellen westindischen Küche. Zum Frühstück zahlt man für französischen Toast und Kaffee 10 B $. Mittags liegt der Preis für Lamm-Curry oder Omelette mit Salat ungefähr doppelt so hoch. Donnerstags bis samstags wird ein Bajan-Abendbuffet mit Kabarett für 75 B $ und während der Hochsaison sonntags ein Mittagsbuffet begleitet von einer Jazzband für 55 B $ angeboten.

WORTHING

Worthing ist ein schöner Urlaubsort, insbesondere wenn man nicht viel Geld hat und trotzdem nicht die Abgeschiedenheit sucht. Man findet hier preiswerte Restaurants und eine Reihe von ebenfalls preiswerten Pensionen am Strand oder nur ein paar Schritte davon entfernt. Sandy Beach, der an Worthing grenzt, ist ein herrlicher, breiter Strand mit pudrigem, weißem Sand. Er bietet gerade genug Leben, um interessant zu sein, und wenig genug, um nicht als überfüllt empfunden zu werden. Von Worthing sind es nur fünf Minuten zu Fuß nach St. Lawrence. Man kann die Strecke bei Niedrigwasser am Strand zurücklegen.

PRAKTISCHE HINWEISE

Am Highway 7 vor dem Hotel Sandy Beach finden Sie eine Filiale der Scotiabank. Die CIBC Bank liegt gegenüber der Scotiabank.
Im Waschsalon Southshore Laundermat am Highway 7 gegenüber vom Summer Place by Sea (Tel. 4 35 74 38) kostet das Waschen einer Maschinenfüllung Wäsche 4 B $, während man für das Trocknen 2,5 B $ ausgeben muß.

UNTERKUNFT

Pensionen: Das Summer Place on Sea in Worthing, Gemeinde Christ Church (Tel. 4 35 417 und 4 35 74 24),

ist ein nettes, lustiges Haus, das durch seine Lage direkt am Meer an einen Strandbungalow erinnert. Angeboten werden hier sieben einfache, aber saubere Zimmer mit eigenem Bad, heißem Wasser und Ventilator. Zwei Zimmer sind auch mit Küchenzeile ausgestattet. Ein Fernsehgerät und ein Telefon stehen im Aufenthaltsraum zur Verfügung. Der Besitzer George de Mattos ist ein freundlicher Wirt, der aus Trinidad stammt, jedoch bereits seit 25 Jahren Pensionen auf Barbados leitet. Ein Zimmer mit Küchenzeile kostet mit 35 US $, während man für eines der anderen Zimmer allein 20 US $ und zu zweit 30 US $ bezahlen muß. Da hier viele Stammgäste wohnen, ist es nicht einfach, in der Hauptsaison von Januar bis März sowie im Juli und August ein Zimmer zu erhalten, ein Versuch lohnt sich jedoch immer.
In der Nähe liegt das Rydal Waters Guest House (Tel. 4 35 74 33), das in einem älteren Privathaus eingerichtet wurde. Die sechs Zimmer, alle im oberen Stockwerk, sind mit eigenem Bad, zwei Einzelbetten und Tischventilatoren ausgestattet. Die Pension liegt nicht direkt am Strand, ist jedoch kaum eine Minute zu Fuß zum Meer. Für ein Zimmer zahlt man hier im Winter allein 20 US $ und zu zweit 30 US $, im Sommer fünf Dollar weniger.
Das Shells Guest House in der 1st Avenue in Worthing (Tel. 4 35 72 53) wird von einem skandinavischen Mana-

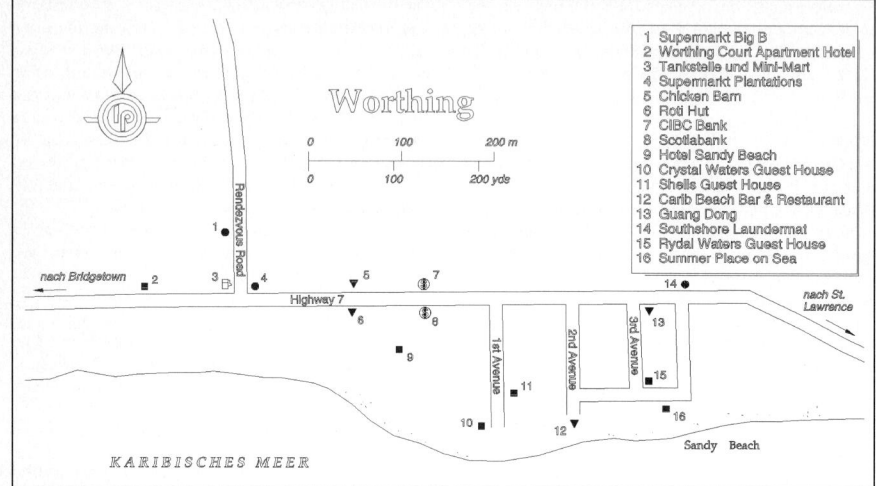

Worthing

1	Supermarkt Big B
2	Worthing Court Apartment Hotel
3	Tankstelle und Mini-Mart
4	Supermarkt Plantations
5	Chicken Barn
6	Roti Hut
7	CIBC Bank
8	Scotiabank
9	Hotel Sandy Beach
10	Crystal Waters Guest House
11	Shells Guest House
12	Carib Beach Bar & Restaurant
13	Guang Dong
14	Southshore Laundermat
15	Rydal Waters Guest House
16	Summer Place on Sea

nach Bridgetown

Highway 7

Rendezvous Road

1st Avenue

2nd Avenue

3rd Avenue

nach St. Lawrence

Sandy Beach

KARIBISCHES MEER

ger geführt und ist bei europäischen Gästen mit wenig Geld sowie bei Schwulen beliebt. Die acht einfachen Zimmer sind mit Deckenventilatoren, einer Kommode und einer Lampe ausgestattet. In den Doppelzimmern mit Bad steht ein Doppelbett, während die Doppelzimmer mit Badbenutzung mit zwei Einzelbetten ausgestattet sind. Die Einzelzimmer sind klein und enthalten außer dem Bett nur ein Waschbecken. In diesem Quartier kosten im Sommer Einzelzimmer 15 US $ und Doppelzimmer 25 US $, im Winter 20 bzw. 35 US $. Im Preis ist auch ein kontinentales Frühstück enthalten. Zum Haus gehören zudem ein Fernsehzimmer und eine Bar.
Beim Crystal Waters Guest House (Tel. 4 35 75 14) handelt es sich um ein älteres Hotel am Strand mit verblaßtem Charakter der Kolonialzeit. Die Zimmer mit Böden aus Hartholz sind sauber und mit Einzelbetten mit bequemen Matratzen, einer Kommode und privatem Bad ausgestattet. Im 2. Stock befindet sich ein geräumiger Aufenthaltsraum mit Blick auf das Meer und Fernsehgerät. Zum Haus gehört auch eine einfache Bar am Strand. Das ganze Jahr über werden hier für ein Einzelzimmer 25 US $ und für ein Doppelzimmer 35 US $ berechnet.

Hotels und Apartments: Das Worthing Court Apartment Hotel an der dem Meer abgewandten Seite des Highway 7 (Tel. 4 35 79 10, Fax 4 35 73 74) ist ein dreistöckiger Komplex mit 24 alten, aber sauberen Unterkünften. Die Zimmer sind mit Rattanmöbeln, Küchenzeile, Telefon, Klimaanlage sowie Radio ausgestattet und haben einen kleinen Balkon, die meisten davon allerdings ohne besonders schönen Ausblick. Für ein Studio werden in dieser Anlage im Sommer 55 US $ sowie im Winter 80 US $ und

für eine Ferienwohnung mit einem Schlafzimmer 75 bzw. 100 US $ berechnet. Alleinreisende zahlen 5 bis 10 US $ pro Tag weniger. Kinder unter 10 Jahren werden ohne zusätzliche Kosten mit aufgenommen. Zur Anlage gehört auch ein Swimming Pool.
Das Hotel Sandy Beach (Tel. 4 35 80 00, Fax 4 35 80 53) ist ein moderner und eher nichtssagender vierstöckiger Bau am Strand und gehörte früher zur Kette der Best-Western-Hotels. Alle 89 Unterkünfte in diesem Haus sind Apartments mit Küchenzeile, Eßbereich, Telefon, Klimaanlage und Terrasse oder Balkon. Zum Hotel gehören auch ein Schwimmbecken und ein Restaurant. Im Winter sind die Übernachtungspreise mit 185 US $ für eine Wohnung mit einem Schlafzimmer und 270 US $ mit zwei Schlafräumen und zwei Bädern hoch. Zudem muß man 50 US $ mehr bezahlen, wenn man ein Zimmer mit Blick auf das Meer wünscht. Im Sommer wird jedoch ein Preisnachlaß von 50 % gewährt.

ESSEN

Das beliebte Carib Beach Bar & Restaurant direkt am Sandy Beach besteht aus einer Bar im Erdgeschoß und einem einfachen Restaurant im oberen Stock. Die Speisekarte ist vielfältig, wobei die Fischkutter-Sandwiches für 6 B $ ausgesprochen preisgünstig sind. Hauptgerichte mit frischem Fisch kosten zwischen 14 und 16 B $ und sind von den Portionen her großzügig bemessen. Sonntags von 15.30 bis 19.30 Uhr wie auch mittwochs am Abend ist Live-Musik zu hören, wozu gebratener Fisch angeboten wird. Freitag am Abend findet ein Bajan-Barbecue statt. Beginn ist jeweils um 19.30 Uhr. Der Preis liegt bei 25 B $. Das Restaurant ist von 11.30 bis etwa 22.00 Uhr (sonntags bis 19.30 Uhr) geöffnet, aber die Bar schließt erst später. Happy Hour ist werktags von 17.00 bis 18.00 Uhr.

Im Roti Hut am Highway 7, westlich vom Hotel Sandy Beach, erhält man gute Rotis zum Preis von 3,20 B $ mit Kartoffeln bis zu 8 B $ für ein Roti mit Garnelen. Das Lokal ist montags bis donnerstags von 11.00 bis 22.00 Uhr und freitags sowie samstags bis 23.00 Uhr geöffnet.

Das Chicken Barn am Highway 7, gegenüber vom Roti Hut, ist ein modernes Hähnchenrestaurant, in dem die Gerichte auch außer Haus verkauft werden. Erhältlich sind hier einfache Salate und Burger für 3 B $ oder Brathähnchen und Pommes Frites für 10,50 B $. In diesem Restaurant kann man montags bis samstags von 10.00 bis 22.30 Uhr essen.

Im Guang Dong an der Ecke des Highway 7 und der 3rd Avenue (Tel. 4 35 73 87) können Sie mittags für 16 B $ süßsaures Schweinefleisch mit Chop Suey und gebratenem Reis essen oder zwischen drei anderen Tagesgerichten wählen. Davon abgesehen wird noch eine ganze Reihe

von Standardgerichten der kantonesischen Küche angeboten, die überwiegend zwischen 16 und 25 B $ kosten. Geöffnet ist täglich von 11.00 bis 14.00 Uhr und von 18.00 bis 22.00 Uhr.

Ein kontinentales Frühstück mit Saft, Kaffee, Toast und Bananen bekommt man bis 10.30 Uhr im Shells Guest House für 5 B $.

Der Supermarkt Big B, 100 m weiter die Rendezvous Road hoch, bietet eine breite Auswahl an importierten Lebensmitteln sowie eine Abteilung mit preiswerten einheimischen Spezialitäten wie Eintopf, Souse usw. und eine große Spirituosenabteilung. Er ist montags und dienstags von 8.00 bis 19.00 Uhr sowie mittwochs bis samstags bis 20.00 Uhr geöffnet. Der nahegelegene Supermarkt Plantations an der Ecke des Highway 7 und der Rendezvous Road ist eher ein großer Laden für den täglichen Bedarf, jedoch auch sonntags geöffnet. In einigen der 24 Stunden am Tag geöffneten Tankstellen am Highway 7 gibt es auch Mini-Märkte.

ST. LAWRENCE UND DOVER

St. Lawrence verfügt über das aktivste Nachleben und zahlreiche preiswerte Restaurants und Hotels der mittleren Preisklasse. Die meisten davon liegen direkt am Meer. Das westliche Ende von St. Lawrence bildet der Schnittpunkt von Little Bay und Highway 7, aber der überwiegende Teil des Ortes zieht sich entlang der St. Lawrence Coast Road. Dieses Viertel wird auch Gap genannt. Obwohl im Gap ausgesprochen viel los ist, erstreckt sich die Küstenstraße über fast zwei Kilometer, so daß keine Hektik herrscht.

Dover Beach, gelegen ungefähr in Höhe der Mitte der Küstenstraße, ist ein schöner, breiter Sandstrand, an dem sich je nach dem Wasser Schwimmer, Bodysurfer, Segler und Surfer einfinden. Am Strand gibt es eine Reihe von Ständen, an denen mit tropischen Motiven bedruckte T-Shirts und Kleider verkauft werden.

PRAKTISCHE HINWEISE
In der St. Lawrence Coast Road finden Sie neben dem Ship Inn die Royal Bank of Canada. Eine Filiale der Barclays Bank ist neben dem Shakey's Pizza. Ebenfalls ganz in der Nähe vom Shakey's gibt es auch eine Drogerie.

Am Highway 7, ca. 100 m östlich des Hotels Little Bay, kommt man zu einem kleinen Lebensmittel- und Spirituosenladen. Der '99'-Laden gegenüber vom Boomers in der St. Lawrence Coast Road ist von 8.00 bis 22.00 Uhr geöffnet.

UNTERKUNFT
Einfache Unterkünfte: Am unteren Ende der Preisskala bietet das Apartment-Hotel Salt Ash (Tel. 4 28 87 53) ein

gutes Preis-Leistungsverhältnis. Das ist ein kleines Haus im Familienbetrieb, in dem sowohl Gäste aus der Karibik als auch aus Übersee absteigen. Die acht Zimmer sind geräumig und klimatisiert. Sie haben ein eigenes Bad mit Badewanne, Küchenzeile und Balkon, teils mit schönem Blick auf das Meer. Man wohnt hier sicherlich nicht elegant, direkt am Strand für 35 US $ im Sommer und 58 US $ im Winter aber auch nicht schlecht. In der Eingangshalle und im Imbiß am Strand befinden sich Telefone.

Gleich daneben, ebenfalls direkt am Strand, liegen die White Sands Apartments (Tel. 4 28 74 84), ein älterer Komplex mit zehn einfachen Studios zum Preis von 40 US $ im Sommer und 57 US $ im Winter.

Das Hotel Little Bay (Tel. 4 35 85 74, Fax 4 35 85 86) ist ein schönes, kleines Hotel an der Little Bay. Alle zehn Zimmer und Apartments sind komfortabel, besitzen Balkons mit Blick direkt auf das Meer, Deckenventilatoren, einen Kühlschrank und ein eigenes Bad. Zu den Apartments gehört zudem eine eigene Küche. In diesem Hotel, das von einem kanadischen Ehepaar geführt wird, zahlt man im Sommer für ein Zimmer 45 US $ sowie für ein Apartment 55 US $ und im Winter 70 bzw. 90 US $. Wenn die Buchungen dürftig sind, werden die Winterpreise um ca. 15 % gesenkt und sind dann wirklich sehr günstig.

Die St. Lawrence Apartments (Tel. 4 35 69 50) bestehen aus zwei nicht weit voneinander entfernten Apartmenthotels mit insgesamt 75 Ferienwohnungen. Im St. Lawrence West werden große Studios mit Deckenventilatoren, Klimaanlage, Telefon, Bad mit Badewanne, Küche und großem Balkon zum Meer hin im Sommer für 60 US $ und im Winter für 100 US $ vermietet. Das St. Lawrence

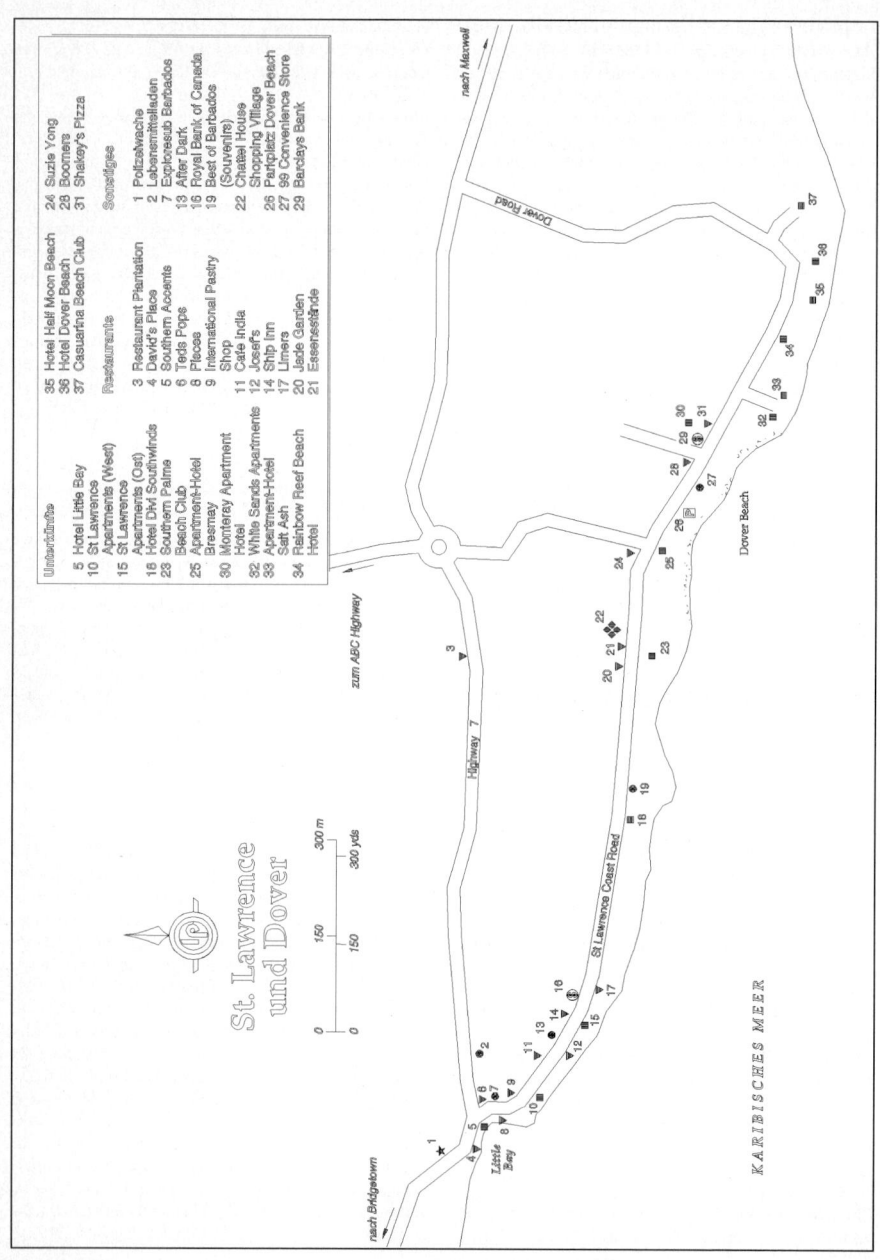

St. Lawrence und Dover

Unterkünfte

5 Hotel Little Bay
10 St Lawrence Apartments (West)
15 St Lawrence Apartments (Ost)
16 Hotel Divi Southwinds
23 Southern Palms Beach Club
25 Apartment-Hotel Bresmay
30 Monterey Apartment Hotel
32 White Sands Apartments
33 Apartment-Hotel Salt Ash
34 Rainbow Reef Beach Hotel
35 Hotel Half Moon Beach
36 Hotel Dover Beach
37 Casuarina Beach Club

Restaurants

3 Restaurant Plantation
4 David's Place
5 Southern Accents
6 Teds Pops
8 Pieces
9 International Pastry Shop
11 Café India
12 Josefs
14 Ship Inn
17 Liners
20 Jade Garden
21 Essensstände

Sonstiges

1 Polizeiwache
2 Lebensmittelladen
7 Explorecub Barbados
13 After Dark
16 Royal Bank of Canada
19 Best of Barbados (Souvenirs)
22 Chattel House Shopping Village
26 Parkplatz Dover Beach
27 99 Convenience Store
29 Barclays Bank

24 Suzie Yong
28 Boomers
31 Shakey's Pizza

nach Maxwell

Dover Road

Dover Beach

zum ABC Highway

Highway 7

St Lawrence Coast Road

nach Bridgetown

Little Bay

KARIBISCHES MEER

0 — 150 — 300 m
0 — 150 — 300 yds

Ost ist mit dem St. Lawrence West im Prinzip vergleichbar, nur sind die Wohnungen ein wenig kleiner. Die Studios für 55 bzw. 80 US $ sind dort mit einer Küchenzeile ausgestattet (ohne Backofen). Daneben gibt es auch noch Ferienwohnungen mit einem Schlafraum und komplett eingerichteter Küche für 60 bzw. 90 US $. Beide Anlagen verfügen über jeweils einen Swimming Pool und sind im Verhältnis zu vergleichbaren Anlagen günstig.

Die geräumigen Apartments mit einem Schlafraum vom Monteray Apartment Hotel (Tel. 4 28 91 52, Fax 4 28 77 22) sind mit einer kompletten Küche, einem Wohnzimmer mit einem Eßtisch, einer Couch und Stühlen sowie einem separaten Schlafzimmer mit zwei Einzelbetten und einem Schreibtisch eingerichtet. Sie kosten im Sommer 60 US $ und im Winter 95 US $. Vorhanden sind auch Studios, die vergleichbar ausgestattet, jedoch auf weniger Raum kompakter und 5 US $ preiswerter sind. Zu den Wohnungen im Untergeschoß gehört jeweils eine Terrasse, zu jenem im Obergeschoß ein kleiner Balkon. Alle 22 Unterkünfte sind klimatisiert und haben Telefon. Zur Anlage gehört auch ein Schwimmbecken. Die Lage hinter dem Shakey's Pizza ist nicht sehr romantisch, aber das Haus ist sauber und vergleichsweise günstig.

Das Rainbow Reef Beach Hotel (Tel. 4 28 51 10, Fax 4 28 53 95) läßt sich als modernes Strandhotel mit 45 Unterkünften bezeichnen. Die Standardzimmer sind klein, aber recht komfortabel mit Klimaanlage und Telefon, Fernsehgerät sowie stabilen Doppelbetten eingerichtet und kosten im Sommer 50 US $ und im Winter 70 US $. Außerdem stehen größere Studios mit Küche und Balkon sowie Blick auf den Garten für 60 bzw. 105 US $ und mit Blick auf das Meer für 75 bzw. 130 US $ zur Verfügung. Für eine Ferienwohnung mit einem Schlafraum zahlt man im Sommer 95 US $ und im Winter 160 US $, und wer zwei Schlafräume wünscht, muß dafür 130 bzw. 225 US $ bezahlen. Alle hier angegebenen Preise gelten für zwei Personen. Für jeden zusätzlichen Erwachsenen kommen 25 US $ hinzu, während für Kinder unter 12 Jahren nichts zu bezahlen ist. Zum Hotel gehören auch ein Swimming Pool, ein Restaurant und ein schöner Strand.

Luxushotels: Das Apartment-Hotel Bresmay (Tel. 4 28 61 31, Fax 4 28 77 22) ist in zwei Teile gegliedert. Im Neubau am Strand muß man für ein Studio im Sommer 125 US $ und im Winter 150 US $ sowie für ein Apartment mit einem Schlafraum 165 bzw. 190 US $ bezahlen. Im älteren Teil, einem dreistöckigen Block auf der gegenüberliegenden Straßenseite, sind die Studios ebenfalls nicht schlecht, liegen jedoch zum Swimming Pool und zum chinesischen Restaurant des Hotels und nicht zum Meer hin. Hier zahlt man im Sommer 65 US $ und im Winter 105 US $, wobei jedoch gelegentlich Rabatte bis zu 20 % gewährt werden. Alle Unterkünfte werden mit Küche, Telefon, Klimaanlage und Balkon oder Terrasse vermietet.

Das Hotel Half Moon Beach (Tel. 4 28 71 31, Fax 4 28 60 89) ist schön am Strand gelegen. Die hübschen Studios sind mit Klimaanlage, Deckenventilatoren, Radio und Telefon ausgestattet. In ihnen sind die Wohnzimmer, vom Schlafzimmer durch einen Vorhang getrennt, mit Rattanmöbeln eingerichtet. Hier befindet sich auch eine Küchenzeile. Zu den meisten Quartieren gehören auch Balkons mit Blick auf das Meer. Im Sommer werden hier 79 US $ und im Winter 135 US $ berechnet. Im Haus sind auch noch einige preiswertere Zimmer vorhanden, die jedoch im allgemeinen nur für längere Zeit vermietet werden. Zum Hotel gehört ebenfalls ein Schwimmbecken.

Der Casuarina Beach Club (Tel. 4 28 36 00, Fax 4 28 19 70) wird vorwiegend von Pauschalreisegruppen und Familien mit Kindern gebucht. Das Hotel liegt an einem schönen Strand und ist von Kokospalmen und Kasuarinen umgeben. Die 129 Unterkünfte sind mit Deckenventilatoren, Klimaanlage und Telefon ausgestattet. Ein Zimmer mit Blick auf den Garten kostet hier im Sommer 85 US $ und im Winter 150 US $. Für ein Studio zum Strand hin muß man zehn Dollar mehr bezahlen. Für eine Ferienwohnung mit einem Schlafraum werden im Sommer 115 US $ und im Winter 180 US $ berechnet, mit zwei Schlafräumen 160 bzw. 280 US $. Kinder unter 12 Jahren werden kostenlos mit aufgenommen, ein dritter Erwachsener für nur 10 US $ mehr. Zur Anlage gehören ein Tennisplatz, ein Restaurant, eine Minibar und ein Mini-Markt.

Das benachbarte Hotel Dover Beach (Tel. 4 28 80 75, Fax 4 28 21 22) ist ein wenig schicker und preiswerter. Die 39 klimatisierten Studios und Ferienwohnungen mit einem Schlafraum bieten Telefon, Radio, Küche und Terrasse oder Balkon. Das Hotel liegt am Strand. Vorhanden sind ferner ein Swimming Pool, ein Restaurant, eine Bar und ein Cocktailzimmer. Im Sommer zahlt man hier zwischen 78 und 98 US $, im Winter zwischen 100 und 135 US $. Am preiswertesten sind die Studios zum Garten hin.

Der Southern Palms Beach Club (Tel. 4 28 71 71, Fax 4 28 71 75) ist ein modernes Ferienhotel mit 100 Zimmern, das schön am Strand gelegen ist. Die klimatisierten Zimmer weisen die übliche Standardeinrichtung mit Minibar auf, wobei die Böden gefliest sind, aber die preiswerteren Räume (ab 100 US $ im Sommer und ab 160 US $ im Winter) sind recht klein. In den geräumigeren Apartments mit auch Küchenzeilen schlafen. Diese Quartiere werden im Sommer für 135 US $ und im Winter für 250 US $ vermietet. Zur Anlage gehören zwei Restaurants, eine Bar, zwei Swimming Pools und Tennisplätze. Boote und Ausrüstung zum Windsurfen werden den Gästen kostenlos zur Verfügung gestellt.

Ebenfalls in dieser Gegend liegt das Hotel Divi Southwinds, eine weitläufige Anlage mit Eigentumswohnungen auf der Grundlage von Time Sharing.

ESSEN

Preiswerte Restaurants: Im International Pastry Shop, einer wunderbaren kleinen Bäckerei im englischen Stil, gibt es Vollweizen-Rosinenbrötchen, Kokoskuchen, knuspriges französisches Brot, Backwaren und andere Gaumenfreuden. Die Bäckerei wird um 8.00 Uhr geöffnet. Ein halbes Dutzend Cafétische bietet die Gelegenheit zum Frühstücken, wobei immer etwas gerade warm aus dem Ofen kommt. Zwischen 15.00 und 16.00 Uhr ist der Pastry Shop geschlossen.

Das Teds Pops, ein kleiner Eissalon, bietet eine große Auswahl an Eis und Sorbets zu vernünftigen Preisen. Hier bekommt man außerdem Säfte, Bier, Espresso sowie preiswerte Sandwiches. Das Ted Pops ist dienstags bis freitags von 11.00 bis 24.00 Uhr und an den Wochenenden von 14.00 bis 24.00 Uhr geöffnet.

Eine Sammlung von sieben kaugummifarbenen Chattel-Häusern gegenüber vom Southern Palms wurde in ein kleines Einkaufszentrum umgewandelt. In einem der Häuser befindet sich das Friendly's, ein Feinkostladen, in dem man Backwaren, Fleischkuchen und Sandwiches kaufen kann. In einem der anderen Häuser wurde ein Eissalon eingerichtet. Tacos und Burritos (8 B $) bekommen Sie an verschiedenen Essensständen in der Nähe.

Im Ship Inn an der St. Lawrence Coast Road gibt es mehrere Restaurants. Im The Courtyard bekommt man kleine Gerichte für 12 bis 25 B $, während im Captain's Carvery ein recht durchschnittliches Abend-Buffet mit Salatbar und Fleisch vom Grill angeboten wird.

Das Limers gehört zu den preiswerteren einfachen Restaurants in St. Lawrence. Hier stehen Gerichte der Bajan-Küche auf der Speisekarte. Für ein Grillhähnchen zahlt man 15 B $, für Fischfilet oder Pepperpot 18 B $ und für ein Sirloin-Steak oder gebratene Garnelen 28 B $. Alle Gerichte werden mit Reis oder Kartoffeln und Salat serviert. Das Limers ist täglich ab 18.00 Uhr geöffnet. Von 18.00 Uhr bis 19.00 Uhr ist hier Happy Hour.

Das Boomers an der Straße im Gebiet vom Dover Beach ist eine gut besuchte Bar, die bei hier lebenden Ausländern und Urlaubern gleichermaßen sehr beliebt ist. Man bekommt in diesem Lokal von 8.30 bis 11.30 Uhr ein nicht allzu teures Frühstück mit französischem Toast oder ein Käseomelette, beide mit Saft und Kaffee für 8,50 B $. Ungefähr dasselbe kosten mittags (11.30 bis 15.00 Uhr) ein Sandwich mit Fliegendem Fisch oder ein Hamburger, während man zum Abendessen einen vegetarischen Teller für 16 B $, Fliegenden Fisch oder kreolisches Hühnchen für 19 B $ und Garnelen oder Roastbeef für 28 B $ bestellen kann. Alle Gerichte werden mit Gemüse und Backkartoffel oder Bajan-Reis nach Wahl serviert. Die letzte Bestellung kann gegen 21.45 Uhr aufgegeben werden, aber die Bar bleibt im allgemeinen bis Mitternacht geöffnet.

Im Shakey's Pizza nicht weit vom Boomers entfernt gibt es die übliche Pizza, Pasta, Sandwiches und Burger.

Etwas reizvoller ist das Business-Lunch von 11.00 bis 15.00 Uhr mit Mahimahi-Sandwiches oder Sandwiches mit Fliegendem Fisch und Pommes Frites sowie Coca Cola für 8,50 US $.

Das Jade Garden gegenüber vom Southern Palm Beach Club (Tel. 4 28 27 59) ist ein klimatisiertes chinesisches Restaurant mit kantonesischen Gerichten und Sechuan-Küche. Die meisten Speisen mit Hähnchen, Rindfleisch, Fisch, Schweinefleisch sowie einige vegetarische Gerichte kosten 16 B $. Für eine Schüssel Reis zahlt man 4 B $. Zum Mittagessen gibt es mit Suppe, einer Auswahl an Hauptgerichten sowie Reis oder Chow Mein für 17 B $ ein besonderes Angebot. Für den halben Preis kann man sich mittags etwas zu essen mitnehmen. Das Restaurant ist täglich mittags von 11.00 bis 14.30 Uhr und abends von 18.00 bis 22.30 Uhr geöffnet.

Im Suzie Yong (Tel. 4 28 18 65), einem chinesischen Restaurant im Apartment-Hotel Bresmay, besteht die Möglichkeit, draußen zu sitzen. Die Preise entsprechen denen vom Jade Garden. Für das Tagesgericht mittags zahlt man zwischen 13 und 18 B $. Es besteht aus einem Hauptgericht und gebratenem Reis oder Chow Mein. Das Lokal ist dienstags bis sonntags von 12.00 bis 14.30 Uhr und von 18.00 bis 22.00 Uhr geöffnet.

Teure Restaurants: Im Southern Accents (Tel. 4 35 85 74) sitzt man draußen im Hof mit Blick über die Little Bay. Die Bedienung ist freundlich, das Essen gut, wenn auch nicht unbedingt etwas Besonderes. Die Preise sind jedoch ganz vernünftig. Vorspeisen wie Muschelpfannkuchen und Satays kosten ca. 12 B $. Bei den Hauptgerichten wie Brathähnchen, Bajan-Fisch und würzigen Thai-Nudeln liegen die Preise bei ca. 25 B $, und für Fischgerichte muß man ca. 30 B $ bezahlen. Auf der Mittagskarte finden sich einfache Gerichte wie Käseomelette, Burger oder Fliegender Fisch mit Salat oder Pommes Frites für ca. 15 B $.

Das Pisces am Westende der St. Lawrence Coast Road (Tel. 4 35 65 64) ist ein geräumiges und sehr beliebtes Restaurant am Meer mit einem Speiseraum voller hängender Philodendrons. Auf der abwechslungsreichen Speisekarte finden Sie jamaikanische luftgetrocknete Hühnchen und geräucherten Fisch für ca. 30 B $ sowie eine vegetarische Platte und Pasta des Tages für etwas weniger. Das teuerste Gericht ist Hummer für 60 B $. Einen kleiner Salatteller oder Gazpacho bekommt man für 6 B $. Das Restaurant wird täglich um 18.00 Uhr geöffnet.

Im David's Place (Tel. 4 35 65 50), einem Abendlokal der gehobenen Preisklasse am Meer, stehen Gerichte der Bajan-Küche auf der Speisekarte. Viele davon, wie z. B. das scharfe Brathähnchen oder Pepperpot für 35 B $ oder Kaninchen für 48 B $, werden mit Erbsen und Reis oder Pommes Frites und Gemüse serviert. Für 12 B $ bekommen Sie dazu einen Gartensalat. Essen kann man in diesem Restaurant von 18.00 bis 22.00 Uhr. Dabei gilt eine lockere Kleiderordnung, die sich im wesentlich darauf beschränkt, daß man nicht in Shorts erscheint. Im Café India (Tel. 4 35 65 31), dem neuen indischen Restaurant im Gap, ist die Atmosphäre ein wenig gehoben. Auf der umfangreichen Speisekarte findet man die traditionellen indischen Gerichte, darunter verschiedene Curry, Korma und Biryani, sowie ein Dutzend vegetarischer Speisen für ca. 30 B $. Für die Tandooris wie Hähnchen-Tikka und Shish Kebab mit Reis und Salat sowie einige wenige europäische Gerichte wie Steak und Pommes Frites zahlt man um die 35 B $. Mittags wird ein Tagesgericht aus Vorspeise, Hauptgericht und Kaffee oder Tee für 19 B $ angeboten. Davon kann man von 12.00 bis 14.00 Uhr Gebrauch machen, während Abendessen von 18.00 bis 22.30 Uhr serviert werden.

Im Josef's, einem schicken, aber nicht förmlichen Restaurant, in dem man draußen sitzen kann, werden gut zubereitete Fischgerichte offeriert. Zu den Vorspeisen gehören z. B. Schnecken, geräucherter Lachs oder pikante Crêpes mit Meeresfrüchten, die zwischen 14 und 22 B $ kosten. Unter den Hauptgerichten, die mit Reis und Gemüse gereicht werden, finden Sie geschwärzten Fisch im Cajun-Stil, Königsfisch in Curry-Früchte-Soße oder Garnelen-Pernod, alles für ca. 40 B $. Daneben wird noch ein halbes Dutzend Fleischgerichte wie Lammkeule und Pfeffersteak angeboten. Mittags ist das Lokal an Werktagen von 12.00 bis 15.00 Uhr geöffnet, wobei spezielle Angebote wie z. B. Chefsalat für 18 B $ oder gegrilltes Sirloin-Steak für 24 B $ auf der Speisekarte stehen. Abends kann man das Josef's von 18.30 bis 21.30 Uhr besuchen (Reservierung ratsam).

MAXWELL

Maxwell gliedert sich in zwei charakteristische, aneinander grenzende Ortsteile. An der Maxwell Road stehen vorwiegend Wohnhäuser und einige wenige kleine Geschäfte sowie eine Reihe älterer Hotels. Dagegen ist die Maxwell Coast Road, die vom Highway aus einen Halbkreis nach Süden beschreibt, stärker vom Tourismus geprägt.

Maxwell ist im allgemeinen ruhiger und preiswerter als St. Lawrence, obwohl einige seiner Strände genauso schön sind. Die Möglichkeiten im Ort, abends essen zu gehen, sind jedoch schnell ausgeschöpft. Viel Nachtleben darf man ebenfalls nicht erwarten. Je nachdem, wo man wohnt, ist St. Lawrence zwischen 15 und 30 Minuten zu Fuß entfernt. Mit einem Bus ist man auch in ca. 20 Minuten in Bridgetown.

PRAKTISCHE HINWEISE
Im Winkles Washing Club neben den China Gardens werden 12 B $ für das Waschen, Trocknen und Zusammenlegen einer kleinen Maschinenfüllung von Wäsche berechnet.

UNTERKUNFT
Im Hotel Fairholme (Tel. 4 28 94 25), etwa 150 m abseits der Maxwell Road, wohnt man einfach und preiswert. Die Studios in diesem Haus sind mit Kochgelegenheit, zwei Einzelbetten, einem eigenen Bad und abgenutzten Möbeln ausgestattet. Im 2. Stock gehört ein Balkon dazu, wo allerdings die Wellblechdächer bei Regen recht laut sein können. Hier werden für eine Übernachtung im Sommer 35 US $ und im Winter 60 US $ berechnet. Wer möchte, daß die Klimaanlage eingeschaltet wird, muß dafür weitere 3 B $ pro acht Stunden zahlen. Eine bessere Wahl sind insbesondere im Winter die 11 ventilatorgekühlten Zimmer im Haupthaus. Sie sind einfach, aber sauber, auch

wenn nur ein Plastikvorhang und nicht eine Tür die Toilette und die Dusche vom Schlafbereich trennt. Allein oder zu zweit zahlt man hier im Sommer 22 bzw. 26 US $ und im Winter 25 bzw. 30 US $. Es ist ein ruhiges Haus mit einem kleinen, aber tiefen Swimming Pool im hinteren Hof. Rund fünf Minuten zu Fuß sind es bis zum nächsten Strand und ebenfalls fünf Minuten ein Bus nach St. Lawrence.

Das Shangri-la Apartment Hotel in der Maxwell Coast Road (Tel. 4 28 91 12, Fax 4 28 34 29) hat schöne, geräumige Studios sowie Apartments mit einem oder zwei Schlafzimmern zu bieten. Alle verfügen über große Badezimmer, eine komplett eingerichtete Küche, Deckenventilatoren, einen großen Balkon sowie ein schmaleres Doppelbett oder zwei Einzelbetten. Einige Apartments im Erdgeschoß sind auch klimatisiert. Das Hotel ist immer fast vollständig von Reisegruppen ausgebucht und wurde daher in Reservierungssystemen für Einzelpersonen ausgenommen. Wenn man sich jedoch direkt ans Hotel wendet und ein Zimmer frei ist, zahlt man im allgemeinen den gleichen Preis wie die Gruppenreisenden. Wer hier anfragt, wenn das Hotel nicht ausgebucht ist, trifft eine sehr günstige Wahl, denn für ein Studio zahlt man in diesem Haus im Sommer 40 US $ und im Winter 60 US $, während für eine Ferienwohnung mit einem Schlafzimmer im Sommer 60 US $ und im Winter 70 US $ und mit zwei Schlafräumen 70 bzw. 90 US $ verlangt werden. Zum Haus gehören ferner ein Swimming Pool, eine Bar neben dem Schwimmbecken sowie ein Restaurant. Ein Büro einer Autovermietung befindet sich ebenfalls im Hotel.

Das Windsurfing Club Hotel (Tel. 4 28 90 95) ist ein einfaches und sehr zwangloses Hotel am Meer, das sich vor allem auf Windsurfer eingestellt hat. Die 14 schlichten Zimmer haben ein eigenes Bad und sind mit einem

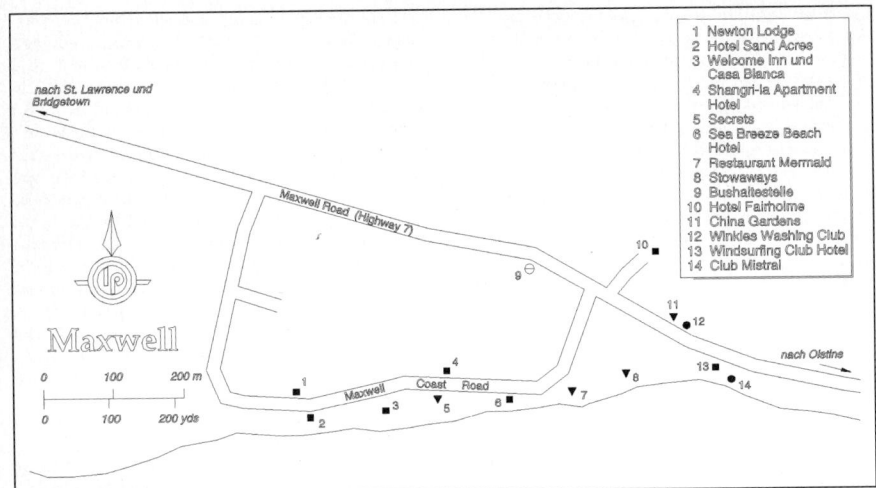

1 Newton Lodge
2 Hotel Sand Acres
3 Welcome Inn und
   Casa Blanca
4 Shangri-la Apartment
   Hotel
5 Secrets
6 Sea Breeze Beach
   Hotel
7 Restaurant Mermaid
8 Stowaways
9 Bushaltestelle
10 Hotel Fairholme
11 China Gardens
12 Winkies Washing Club
13 Windsurfing Club Hotel
14 Club Mistral

nach St. Lawrence und
Bridgetown

Ventilator ausgestattet. Zu zwei Zimmern, die zum gleichen Preis vermietet werden, gehört jeweils auch eine Küchenzeile. Das Publikum ist international. Dem Haus ist ferner ein Restaurant angeschlossen. Hier hat auch der Club Mistral sein Büro. Im Sommer kosten die Zimmer 45 bzw. 50 US $, im Winter 5 $ mehr. Häufig ist das Hotel allerdings von Pauschalreisenden ausgebucht.

Das Sea Breeze Beach Hotel in der Maxwell Coast Road (Tel. 4 28 28 25, Fax 4 28 28 72) ist eine recht hübsche Ferienanlage am Strand. Die 30 Studios mit Küchenzeile, zwei Einzelbetten, Deckenventilatoren, Klimaanlage, Telefon und Bad mit Badewanne im dreistöckigen Hauptgebäude sind allerdings recht klein. Die Unterkünfte in den oberen Stockwerken besitzen jedoch schöne kleine Balkone, überwiegend zum Meer hin. Hier muß man im Sommer 65 US $ und im Winter 125 US $ bezahlen, für ein Zimmer mit Blick auf das Meer 10 US $ mehr. Es gibt darüber hinaus noch ein älteres Nebengebäude mit einfachen, ventilatorgekühlten Studios, die im Sommer für 50 US $ und im Winter für 90 US $ vermietet werden. In den Zimmern sind zwar keine Fernsehapparate vorhanden, man kann jedoch den Fernsehraum nutzen. Zum Hotel gehört auch ein Swimming Pool.

Im Hotel Sand Acres in der Maxwell Coast Road (Tel. 4 28 71 41, Fax 4 28 25 24) werden 37 geräumige, moderne Studios mit Küchenzeile, Balkon mit Meerblick, Klimaanlage, Fernsehgerät und Telefon angeboten. Zum Hotel gehören auch ein Restaurant, eine Bar, Tennisplätze, ein Swimming Pool und ein schöner Strand. Im Juni, September und Oktober beträgt der Preis für ein Studio 70 US $, vom 17. April bis zum 28. Mai sowie im Juli und August 80 US $ und von Mitte Dezember bis Ende März

150 US $. In der übrigen Zeit zahlt man 105 US $. Rund 20 % mehr kosten die größeren Apartments mit einem Schlafraum. Für die 3. und die 4. Person in jeder Unterkunft sind 15 US $ mehr zu bezahlen. Kinder unter 15 Jahren werden ohne Zusatzkosten aufgenommen.

Die Newton Lodge gegenüber vom Hotel Sand Acres ist ein reizvolles altes Haus mit knarrenden Holzdielen, einem formellen Speiseraum und einem Aufenthaltsraum voller Polstersofas und Polstersessel. Vermietet werden fünf Zimmer, alle mit Charakter, jedoch voneinander verschieden. Am schönsten sind das Zimmer Nr. 3, ein geräumiger Raum mit einem großen Bett, sowie das Zimmer Nr. 2 mit einem alten Himmelbett. Zu beiden Zimmern gehört jeweils ein Bad mit Badewanne. Die Gäste dürfen auch die Küche, die Waschmaschine und den Trockner mitbenutzen. Die Preise sind mit 35 US $ im Sommer und 50 US $ im Winter für alle Zimmer sehr vernünftig. Ein Zimmer in der Newton Lodge kann man über das Hotel Sand Acres reservieren lassen. Am besten ist es, dies tagsüber zu tun. Wenn man am Empfang mit dem Haus nicht vertraut zu sein scheint, fragen Sie am besten nach Herrn Yarde. Da sich alles Leben auf der anderen Straßenseite abspielt und dort auch die Mitarbeiter tätig sind, mag sich hier vielleicht der eine oder andere ein wenig isoliert vorkommen.

Das Welcome Inn in der Maxwell Coast Road (Tel. 4 28 99 00, Fax 4 28 89 05) ist mit sieben Stockwerken das größte Hotel am Strand. Dieses Haus ist ein typisches Hotel für den Pauschaltourismus mit durchschnittlich großen und durchschnittlich ausgestatteten Unterkünften mit Küchenzeile, Klimaanlage, Telefon, einfachen Rattanmöbeln und Balkon. Für ein Standardstudio mit Blick auf den Garten zahlt man im Sommer 60 US $ und im

Winter 105 US $, es lohnt jedoch, 10 US $ mehr für einen Blick auf das Meer auszugeben. Schöner noch sind die Luxuszimmer an den Ecken mit großen Betten und weitem Blick auf den Ozean. Sie kosten im Sommer 85 US $ und im Winter 125 US $. Zur Anlage gehören außerdem ein Fernsehraum sowie ein großer Swimming Pool.

Wer länger in Maxwell bleiben möchte, findet am Nordende der Maxwell Coast Road mehrere Schilder, auf denen Ferienwohnungen zur Miete angeboten werden.

ESSEN

Im Speiseraum des Hotels Fairholme bekommt man ein kontinentales Frühstück mit Toast, Orangensaft und Kaffee für 5 B $. Wer dazu noch ein Käseomelette möchte, zahlt 10 B $. Bei vorheriger Anmeldung ist es auch möglich, hier mittags und abends eine Kleinigkeit zu essen. Frühstücken kann man zwischen 8.00 und 9.30 Uhr sowie zu Mittag zwischen 12.00 und 14.00 Uhr essen. Im China Gardens in der Maxwell Road (Tel. 4 28 81 79), nur einige Minuten zu Fuß östlich des Hotels Fairholme gelegen, bekommt man großzügig bemessene Portionen der üblichen chinesischen Gerichte zu unterdurchschnittlichen Preisen. Die meisten Gerichte, darunter auch ein gutes Tellergericht mit Rindfleisch und Gemüse, kosten zwischen 13 und 19 B $. Das Restaurant ist von 11.00 bis 14.00 Uhr und von 18.00 bis 22.00 Uhr geöffnet. Es besteht auch die Möglichkeit, die Gerichte mitzunehmen. Im Windsurfing Club Hotel gibt es ein einfaches Restaurant mit Bar, in dem man die Wahl hat, sich in den Speiseraum oder draußen an die Picknicktische am Meer zu setzen. Burger, Sandwiches und Salate kosten hier zwischen 10 und 12 B $. Die Tagesangebote wie Hähnchen oder Fish & Chips sind etwas teurer.

Das Stowaways am Strand gegenüber vom Hotel Fairholme ist ein Café, auf das man im Notfall zurückgreifen kann. Die Karte ist einfach und umfaßt Sandwiches und Burger für 7 B $. Es gibt hier auch warme Gerichte für 15 B $, man sollte jedoch lieber von den Sandwiches Gebrauch machen.

Das Restaurant Mermaid am Ostende der Maxwell Coast Road (Tel. 4 28 41 16) vermittelt die Atmosphäre eines gediegeneren Strandrestaurants und bietet einen großartigen Blick über das Meer. Für ein einfaches Frühstück vom Buffet mit Eiern, Schinken, Pfannkuchen, Saft und Obst werden 20 B $ verlangt, während mit 25 B $ der sonntägliche Brunch sowie das Bajan-Barbecue-Buffet am Dienstag abend für 30 B $ schon ein wenig teurer sind. Beim Barbecue, das um 19.00 Uhr beginnt und von Musik einer Steelband begleitet wird, gibt es Steaks, Fisch, Hähnchen sowie einige Gemüesorten und Salate sowie einen Nachtisch und Kaffee. An den anderen Abenden kann man à la carte essen, wobei die Hauptgerichte ab 25 B $ kosten.

Das Bajan-Buffet im Casa Blanca des Welcome Inn ist mit einer Show mit Feuerschluckern, Limbo-Tänzern und Calypso-Musik auf Touristen ausgerichtet. Das Essen ist recht einfach, angeboten werden jedoch Obst und Salate. Das Buffet beginnt dienstags abends um 19.30 Uhr und kostet 28 B $.

Eine Alternative bildet das Secrets (Tel. 4 28 95 25), ein kleines Restaurant an der Maxwell Coast Road. Man bestellt hier à la carte, wobei sich das Lokal auf Fischgerichte spezialisiert hat, z. B. Garnelen mit Knoblauch und Basilikumsauce auf Fettucine für 30 B $. Das Secrets ist täglich außer sonntags von 18.00 bis 22.00 Uhr geöffnet.

OISTINS

Oistins, 2 km östlich von Maxwell, ist ein Ort, der nicht vom Tourismus geprägt ist, sondern als Zentrum der Fischereiwirtschaft der Insel gilt. Der große, geschäftige Markt ist täglich vom Morgen bis zum Abend geöffnet, bis der letzte Fang hierhergebracht wurde.

Die Charta von Barbados, das Dokument, das der Insel den ersten verfassungsrechtlichen Schutz einräumte, wurde in Oistins im Jahre 1652 unterzeichnet.

ESSEN

Am beliebtesten ist das Granny's, ein einfaches Restaurant im Stil einer Cafeteria 200 m östlich des Fischmarktes. Fisch und Rotis bekommen Sie hier für 3 B $, während für Fliegenden Fisch mit Reis und Erbsen oder Coucou und Salzfisch 8 B $ berechnet werden. Da das Essen warmgehalten wird, ist es zu den Mahlzeiten am frischesten. Man kann es mitnehmen, sich aber auch an die Tische vor der Tür setzen.

SILVER SANDS

An der Südspitze von Barbados zwischen Oistins und dem Flughafen liegt das windige Silver Sands, ein Mekka der Windsurfer. Wer nicht zum Windsurfen hierhergekommen ist, findet an dem Ort vielleicht etwas zu abgelegen. Außerdem sind die Strände an der Westküste für ruhigere Freizeitbeschäftigungen besser geeignet.

UNTERKUNFT UND ESSEN

Die Round Rock Apartments (Tel. 4 28 75 00), zwei Minuten vom Strand entfernt, bestehen aus sieben Unterkünften für Selbstversorger. Die Studios werden im Sommer für 40 US $ und im Winter für 65 US $ vermietet, die Ferienwohnungen mit zwei Schlafräumen für 50 bzw. 90 US $.

Nicht weit von Silver Sands entfernt liegt das Hotel Peach and Quiet mit 22 luftigen Zimmern, alle mit eigenem Bad und kleinem Wohnbereich, die das ganze Jahr über 69 US $ kosten. Zum Hotel gehört auch ein Swimming Pool am Meer. Für ein Frühstück vom Buffet mit Saft, Müsli, Eiern und Toast zahlt man weitere 15 B $.

Das Silver Sands Resort (Tel. 4 28 60 01 und 4 28 37 58), eine Ferienanlage mit 106 Zimmern, ist an einem Sandstrand gelegen und von Kasuarinen umgeben. Alle Zimmer sind mit Klimaanlage, Telefon und Radio ausgestattet. In einigen gibt es auch Küchenzeilen. Zur Anlage gehören zwei Swimming Pools, zwei Tennis-

plätze, zwei Restaurants, ein Minimarkt und ein Filiale vom Club Mistral. Die Übernachtungspreise beginnen hier im Sommer bei 60 US $ und im Winter bei 120 US $.

Das Hotel Silver Rock (Tel. 4 28 28 66) bietet 33 Ferienwohnungen für Selbstversorger. Hier muß man im Winter für ein Studio 85 US $ und für eine Wohnung mit einem Schlafzimmer 115 US $ bezahlen, im Sommer 30 US $ weniger. Vorhanden sind auch ein Swimming Pool und ein Restaurant mit vernünftigen Preisen, in dem mittags und abends Fisch und Gerichte der lokalen Küche auf der Speisekarte stehen.

DER SÜDOSTEN

St. Philip, die rhombusförmige Gemeinde östlich vom Flughafen, ist mit seinen verstreuten kleinen Dörfern, jedoch ohne große Städte, relativ dünn besiedelt. Gekenn-

zeichnet ist die Gegend von einer Reihe von Ferienhotels an der Küste und im Inland, gleich nördlich der Six Cross Road, von einem der ältesten Plantagenhäuser der Insel.

CRANE BEACH

Crane Beach, 7 km nordöstlich des Flughafens, ist ein breiter weißer Sandstrand, dessen Rückseite von Klippen begrenzt wird und vor dem das Meer eine aquamarinblaue Farbe hat. Obwohl die Stürme hier Erosionen an den Klippen verursacht haben, gehört der Crane Beach zu den schönsten Stränden an der Atlantikküste. Zugang zum Strand hat man über eine der Seitenstraßen nördlich des Hotels Crane Beach.

Den großartigsten Blick über die Umgebung hat man vom Hotel Crane Beach, das hoch auf einer Klippe am Südende des Strandes gelegen ist. Die Lage ist so malerisch, daß das Hotel selbst zu einer Art Touristenattraktion geworden ist. Daher kostet ein Rundgang auf dem Hotelgelände 10 B $. In den meisten Fällen ist jedoch vor 10.00 Uhr niemand da, um das Geld einzukassieren. Außerdem kann der Betrag im Restaurant oder in der Bar umgesetzt werden.

UNTERKUNFT UND ESSEN
Das Hotel Crane Beach (Tel. 4 23 62 20, Fax 4 23 53 43) wurde in einer Villa aus dem 18. Jahrhundert eingerichtet. Die 19 geräumigen Zimmer und Ferienwohnungen sind

mit Mahagonimöbeln eingerichtet, die Fußböden aus Hartholz und die Badezimmer mit einer Badewanne ausgestattet. Die Ferienwohnungen enthalten eine Küche sowie große Betten und liegen zum Meer oder zum Swimming Pool hin. Jede Unterkunft ist in Größe und Einrichtung unterschiedlich, so daß die Räume zu jenen gehören, die auf der Insel am meisten Atmosphäre ausstrahlen. Für ein Zimmer zahlt man hier im Sommer 100 US $ und im Winter 160 US $, für eine Wohnung 140 bzw. 250 US $. Zum Hotel gehört auch ein Haus mit vier Schlafzimmern am gegenüberliegende Ende des Strandes, das im Sommer für 850 US $ und im Winter für 1250 US $ vermietet wird.

Der Speiseraum des Hotels bietet einen herrlichen Blick über den Strand. Hier bekommt man ein kontinentales Frühstück für 14 B $, ein Bajan-Frühstück mit Fliegendem Fisch und Kartoffeln für 20 B $ und ein Frühstück im amerikanischen Stil für 23 B $. Die Mittags- und Abendkarte ist nur kurz, jedoch ausgewählt, wobei z. B. Hummer Thermidor und Kalb á la Hamlet zu gemäßigt hohen Preisen zur Wahl stehen. Häufig wird zum Essen auch Live-Musik geboten.

SAM LORD'S CASTLE

Sam Lord's Castle, das Herzstück des Marriott-Hotels an der Long Bay, ist ein Gebäude aus Korallenkalkstein mit einer interessanten, jedoch stark ausgeschmückten Geschichte. Das Haus wurde 1820 von Samuel Lord erbaut,

der der Legende nach „Strandräuber"-Laternen vor der Landspitze anbrachte, um Schiffe auf das nahegelegene Cobblers-Riff auflaufen zu lassen. Nachdem die Schiffe, deren Kapitäne glaubten, sie seien in einen sicheren

Hafen eingelaufen, auf dem Riff zerschellt waren, soll der besagte Lord hinuntergegangen sein, um die Ladung einzusammeln. Auch wenn der Lord ohne Zweifel ein Schurke gewesen ist, halten doch viele die Geschichte von den Laternen für eine Legende. Das frühere Haus des Lords, das eher an eine prächtige Residenz als an eine Burg erinnert, beherbergt die Hotelrezeption sowie eine an ein Museum erinnernde Sammlung von alten Möbeln und Gemälden. Das Haus ist nicht uninteressant, lohnt jedoch keine weite Anreise. Andere als Hausgäste müssen 7 B $ bezahlen, um sich das Haus ansehen zu dürfen.

UNTERKUNFT
Im Marriott's Sam Lord's Castle (Tel. 4 23 73 50, Fax 4 23 59 18) stehen 248 Zimmer zur Verfügung. Einige wenige davon befinden sich im 2. Stock des „Castle" und sind mit Möbeln aus der Kolonialzeit eingerichtet. Die übrigen Zimmer entsprechen eher dem typischen Marriott-Stil. Sie liegen in kleineren Gebäuden verstreut auf dem Hotelgelände. Zum Hotel gehört auch ein Stück eines breiten weißen Sandstrandes, der von Palmen gesäumt ist. Das Meer ist hier jedoch nicht ungefährlich. Ebenfalls zur Anlage gehören Tennisplätze und Swimming Pools. Im Sommer zahlt man hier für eine Übernachtung ab 105 US $, im Winter ab 195 US $. Außerhalb der Saison werden häufig einwöchige Pauschalreisen von der Ostküste der USA für rund 600 US $ pro Person in das Hotel angeboten.

SUNBURY PLANTATION HOUSE

Das Sunbury Plantation House wurde zwischen 1660 und 1670 von dem irischen Plantagenbesitzer Mathew Chapman errichtet. Das stattliche Haus hat seitdem jedes Jahrhundert seinen Besitzer gewechselt. 1775 gaben ihm Eigentümer aus Sunbury-on-Thames seinen jetzigen Namen. 1888 kaufte ein schottischer Pflanzer das Haus, und nach dem Tod seiner beiden unverheirateten Töchter im Jahr 1981 wurde es von der Plantage abgetrennt und bei einer Auktion verkauft. Zum Nutzen der Besucher leben die jetzigen Besitzer nicht hier. Aus diesem Grund ist es das einzige Plantagenhaus auf Barbados, das vollständig besichtigt werden kann. Die Führungen werden von sprachgewandten Führern vorgenommen, die in der Ortsgeschichte versiert sind und zu den besten ihrer Art auf der Insel gehören.
Die dicken Mauern des Hauses wurden aus Korallenblöcken von der Insel und Ballaststeinen von den Schiffen, die von England nach Barbados fuhren, um dort Zucker zu laden, erbaut. Die Innenräume haben den Charakter in der Zeit der Plantagen bewahrt und sind mit Antiquitäten möbliert, von denen viele aus Mahagoniholz von der Insel gearbeitet wurden. Im Keller sind eine Kutsche, Zaumzeug usw. sowie alte Küchenutensilien zu sehen.
Das Haus kann täglich außer an Weihnachten zwischen 10.00 und 16.30 Uhr besichtigt werden. Der Eintritt beträgt für Erwachsene 8 B $ und für Kinder unter 12 Jahren 4 B $. Von Oistins fährt ein Bus bis zum Eingangstor.

ESSEN
An der Rückseite vom Hauptgebäude des Sunbury Plantation House (Tel. 4 23 62 70) befindet sich ein schönes, kleines Gartencafé. Hier sind englische Brötchen und ein Becher Tee für 8 B $ oder Quiche und Salat oder Steak und Kidney-Pie für 12 B $ erhältlich. Zweimal wöchentlich wird ein ausgiebiges Abendessen im Stil der Kolonialzeit für bis zu 14 Gäste im Plantation House veranstaltet. Das viergängige Menü, die Getränke und eine breite Führung kosten zusammen 60 US $.

DIE WESTKÜSTE

An der Westküste von Barbados finden Sie schöne weiße Sandstrände sowie den Großteil der Luxushotels. Die meisten gehören zur Gemeinde St. James, die in der Kolonialzeit ein beliebtes Feriengebiet für die Oberschicht der britischen Gesellschaft war. Mit den Zeit wurden die Strandhäuser von den Ferienclubs und Ferienanlagen verdrängt, von denen sich viele immer noch auf gut betuchte Gäste eingestellt haben.
Der Highway 1, die zweispurige Straße, die von Bridgetown in Richtung Speightstown führt, ist zu großen Teilen von einer Mischung aus Ferienanlagen und Wohngegenden gesäumt.

PAYNES BAY

Die Paynes Bay, eine sanft geschwungene Bucht mit schönem weißen Sand, bietet gute Möglichkeiten zum Schwimmen und Schnorcheln. Am Strand kann geparkt werden. Zugänge zum Strand befinden sich am Südende der Bucht in der Nähe der Bamboo Beach Bar und am Nordende gegenüber vom Restaurant Coach House.

UNTERKUNFT

Die Angler Apartments in der Clark's Road 1 in Derricks (Tel. 4 32 08 17) liegen an der dem Meer abgewandten Straßenseite rund 200 m südöstlich vom Hotel Coconut Creek. Der Eigentümer der 13 schlichten, älteren, aber sauberen Apartments stammt aus Barbados. Zu den acht Unterkünften mit einem Schlafraum gehören eine Küche, ein Wohnzimmer mit Deckenventilator und einem schmalen Bett, ein Schlafzimmer mit entweder einem Doppelbett oder zwei Einzelbetten, ein Bad und ein Radio. Den fünf Studios fehlt das Wohnzimmer. Kinderbetten können auf Wunsch bereitgestellt werden. Die Studios kosten im Sommer 45 US $ und im Winter 75 US $, während man für ein Apartment mit einem gesonderten Schlafraum 55 bzw. 85 US $ bezahlen muß. Die Gäste können den Strand und den Swimming Pool des Hotels Coconut Creek mitbenutzen.

Das Hotel Coconut Creek (Tel. 4 32 08 03, Fax 4 22 17 26, PO Box 429, Bridgetown), einen Kilometer südlich der Paynes Bay, ist eine unauffällige, teurere Ferienanlage an einem eigenen Küstenstreifen mit einigen kleinen Buchten und Sandstrand. Die 50 Zimmer sind in verschiedenen Gebäuden im mediterranen Stil mit weißgekalkten Wänden und roten Ziegeldächern eingerichtet worden. Die Zimmer sind hübsch und mit Rattanmöbeln, Deckenventilatoren, Klimaanlage sowie Balkon ausgestattet. Zur Anlage gehören auch ein Swimming Pool und ein Restaurant. Boote und Ausrüstungen zum Windsurfen werden den Gästen vom Hotel kostenlos bereitgestellt. Die Übernachtungspreise betragen im Sommer für eine Person 155 US $ sowie für zwei Personen 195 US $ und im Winter 230 bzw. 270 US $, und zwar einschließlich Frühstück und Abendessen.

Das Treasure Beach Hotel (Tel. 4 32 13 46, Fax 4 32 10 94), ein Haus mit 25 Zimmern, liegt direkt am Strand an der Paynes Bay. Die Anlage, die kleiner und persönlicher

ist, als es die großen Ferienhotels sind, wird häufig von Stammgästen bewohnt. Die Zimmer sind mit Deckenventilatoren, Telefon, Kühlschrank, Klimaanlage, Rattanmöbeln sowie zwei Betten ausgestattet und verfügen über eine Terrasse. Ein Schwimmbecken ist ebenfalls vorhanden. Mit Frühstück zahlt man hier zu zweit im Sommer ab 150 US $ und im Winter ab 325 US $.

ESSEN

Das Fathom's am Highway 1 in der Nähe vom Südende der Paynes Bay (Tel. 4 32 25 68) ist ein schönes Strandrestaurant, um draußen zu sitzen. Es bietet sowohl vom Essen her als auch seiner Lage wegen ein ausgesprochen günstiges Preis-Leistungsverhältnis. Die Vorspeisen reichen mittags von grünem Salat für 7 B $ über Tintenfisch-Ceviche (rohen, in Zitronensaft marinierten Tintenfisch) für 12 B $ über Sandwiches mit Fliegendem Fisch, Hähnchenspieße bis zu würzigen Crêpes mit Schweinefleisch für 12 bis 16 B $. Die Vorspeisen auf der Abendkarte liegen in derselben Preisklasse wie mittags, während man für die meisten Hauptgerichte wie Jumbo-Garnelen, Thunfischsteak oder Lammkeule 32 B $ bezahlen muß. Das Restaurant ist täglich von 11.00 bis 15.00 Uhr und von 18.30 bis 21.30 Uhr geöffnet. Wer hier abends essen will, sollte früh am Morgen einen Tisch reservieren.

Im Treasure Beach Hotel an der Paynes Bay (Tel. 4 32 13 46) befindet sich eines der besseren Hotelrestaurants. Der Geschäftsführer Graham Newbould war früher Personalchef des Prinzen von Wales. Auf der Speisekarte finden Sie eine vielfältige Auswahl kontinentaler Gerichte, wobei man für ein Mittagessen ca. 30 B $ und für ein Abendessen mit Wein ca. 85 B $ einkalkulieren muß. Mittags können Sie hier zwischen 12.00 und 14.00 Uhr essen, abends zwischen 19.00 und 21.00 Uhr. Die Kleiderordnung ist nicht allzu formell, so daß lange Hosen und ein Hemd für Herren als Kleidung durchaus angemessen sind. Für ein Abendessen ist eine vorherige Reservierung erforderlich.

SANDY LANE BAY

Die Sandy Lane Bay ist von einem wunderschönen weißen Sandstrand gekennzeichnet, der von schattenspendenden Bäumen gesäumt ist und an dem das Meer türkis schimmert. Der Strand ist sowohl zum Schwimmen als auch zum Sonnenbaden beliebt. Ein Großteil der Aktivitäten spielt sich in der Nähe des Hotels Sandy Lane ab, wo man häufig auf einige Schmuckverkäufer, Frauen, die Haare flechten, und jemanden, der einen Ausritt am Strand anbietet, stößt. Wenn die Wellen hoch genug sind, findet man zudem einige Surfer am ruhigeren Südende des Strandes. An beiden Seiten des Hotels Sandy Lane befinden sich öffentliche Zugänge zum Strand.

UNTERKUNFT UND ESSEN

Das Hotel Sandy Lane mit 121 Zimmern (Tel. 4 32 13 11, Fax 4 32 29 54) ist das exklusivste Hotel der Insel mit einer Lobby voller Marmor und eindrucksvoller Fassade. Es wurde von dem früheren britischen Parlamentarier Ronald Tree im Jahre 1961 erbaut und gehört heute zur Gruppe der Forte-Hotels, einer Kette mit teuren Häusern. Die Zimmer sind von feinsten, wobei eine Übernachtung einschließlich Frühstück und Abendessen zu zweit 720 US $ (im Sommer 500 US $) bezahlen muß. Gäste des Hauses können kostenlos das Fitness-Zentrum, die Tennisplätze und den Golfplatz mit 18 Löchern benutzen.

Im Restaurant Sea Shell vom Sandy Lane wird täglich ein Lunch-Buffet für 55 B $ angeboten. Das Abendessen im Speisesaal, dem Restaurant Sandy Bay, ist

schon eine formellere Angelegenheit, bei der man für ein Menü nicht weniger als 130 B $ einkalkulieren muß.

HOLETOWN

Die ersten englischen Siedler erreichten Barbados an der Stelle des heutigen Holetown im Jahre 1627 an Bord der *Olive Blossom*. Ein Obelisk und eine Gedenkmauer an der Hauptstraße in der Ortsmitte erinnern daran, auch wenn der angegebene Zeitpunkt der Landung auf dem Denkmal, Juli 1605, um zwei Jahrzehnte zu früh liegt.

Obwohl es sich um den ältesten Ort der Insel handelt, bietet Holetown eher ein modernes als ein traditionelles Erscheinungsbild. Es ist eine geschäftige Stadt inmitten des expandierenden Tourismussektors von St. James. Die St. James Church am Highway 1, gleich nördlich der Stadtmitte, ist die älteste Kirche der Region. Die erste Kirche, die hier 1660 erbaut worden war, wurde durch einen stabileren Bau in der Mitte des 19. Jahrhunderts ersetzt. Einige wenige Stücke des alten Gotteshauses sind noch erhalten, darunter die Glocke, die Ende des 17. Jahrhunderts gegossen wurde und auf der der Name von König William verewigt ist.

An der Nordseite von Holetown liegt der Folkstone Park, ein öffentlicher Park mit einem recht schmalen Strand. Wenn genug Wellengang ist, sind die Surfmöglichkeiten hier nicht schlecht. Gleiches gilt bei ruhigem Wasser für das Schnorcheln. Ein unter der Wasseroberfläche befindlicher Weg, der einst existierte, ist zwar längst nicht mehr vorhanden, aber Schnorchler finden dafür Korallen, einige kleine tropische Fische wie den Engelfisch sowie eine versunkene Barke an der Südseite des Strandes. Im Park gibt es einige Picknicktische, einen Bademeister und im allgemeinen einige Kleiderverkäufer. Ein neues Informationszentrum mit Ausstellungsstücken zur Seefahrt soll demnächst eröffnet werden. Wer jedoch nur einen schönen Strand sucht und schwimmen möchte, der findet dazu bessere Möglichkeiten in der Gegend, darunter am Strand vor dem Barbados Pizza House.

PRAKTISCHE HINWEISE

Geld wechseln kann man in einer Filiale der Scotiabank neben dem Barbados Pizza House. Gegenüber befindet sich der Komplex des Supermarktes Super-Centre mit einer CBIC Bank, einem Reisebüro und einer Texaco-Tankstelle. Zum Einkaufszentrum Sunset Crest im Südteil der Stadt gehören auch ein Laden von '99' sowie zwei Banken, eine Wäscherei und ein Obststand.

UNTERKUNFT

Das Tropicana Beach Hotel in Lower Carlton (Tel. 4 22 22 77), 3 km nördlich von Holetown, ist ein älterer, dreistöckiger Bau am Strand. Die 20 Studios und

Ferienwohnungen sind jedoch mit einer Küche ausgestattet, alle bis auf eine Unterkunft auch mit einem Balkon oder einer Terrasse mit Blick über das Meer. Die Anlage ist nicht elegant, aber akzeptabel, zumal die Übernachtungspreise mit 35 US $ das ganze Jahr über zu den niedrigsten auf der ganzen Insel gehören. Es kann jedoch zu Preisänderungen kommen, da die Preise erst vor kurzem gesenkt wurden.

Beim Traveller Palm in der Palm Avenue 265 in Sunset Crest (Tel. 4 32 77 22) handelt es sich um ein ruhiges Apartment-Hotel im Süden von Holetown, ca. 500 m landeinwärts von der Küste. Die 16 hübschen Apartments bestehen aus einer komplett eingerichteten Küche, einem gesonderten Schlafraum mit zwei Einzelbetten sowie einem Eßzimmer mit vier Sitzgelegenheiten. Die Klimaanlage im Schlafzimmer funktioniert mit dem Einwurf von Münzen. Für acht Stunden zahlt man dann 5 US $. Zum Hotel gehören auch ein Swimming Pool und eine kleine Bar. Es sind zwar zehn Minuten zu Fuß bis zum Strand, aber das Hotel ist recht nett gelegen. Auch die Preise sind mit 35 US $ im Sommer und 65 US $ im Winter nicht zu hoch. Das Haus wird von Marilyn und Keith Rippingham, einem Ehepaar aus Manchester, geführt. Bis Dezember ist es recht konstant mit englischen Touristen belegt, aber den Rest des Winters üblicherweise nicht voll. Wenn nicht viele Buchungen vorliegen, vermieten die Rippinghams die Apartments häufig im Winter für nur 45 US $.

Im gleichen Viertel, ebenfalls in der Palm Avenue in Sunset Crest, liegen die Halcyon Apartments (Tel. 4 32 67 50, Fax 4 32 72 29), ein relativ weitläufiger Komplex mit 73 Ferienwohnungen. Die Unterkünfte hier bestehen aus einer Küchenzeile, einem Wohnraum, einem großen Schlafzimmer mit zwei Betten und einem Bad mit Badewanne. Sie sind mit Deckenventilatoren sowie mit einer Klimaanlage ausgestattet (8 B $ für zehn Stunden). Einige Zimmer sind jedoch ein bißchen abgewohnt, und alles in allem ist das Preis-Leistungsverhältnis bei 45 US $ im Sommer und 70 US $ im Winter eher mittelmäßig. Zur Anlage gehören zudem ein Swimming Pool, Tennisplätze und ein Restaurant.

Das Golden Palm am Strand von Holetown (Tel. 4 32 66 66, Fax 4 32 13 35) ist ein gutes, dreistöckiges Apartmenthotel. Die Quartiere sind geräumig und bestehen aus Küche, Eßbereich, separatem Schlafraum sowie Badezimmer mit Badewanne und haben einen Balkon mit Blick auf das Meer. Alles in allem stimmt in dieser Anlage das Preis-Leistungsverhältnis für ein Mittelklassehotel

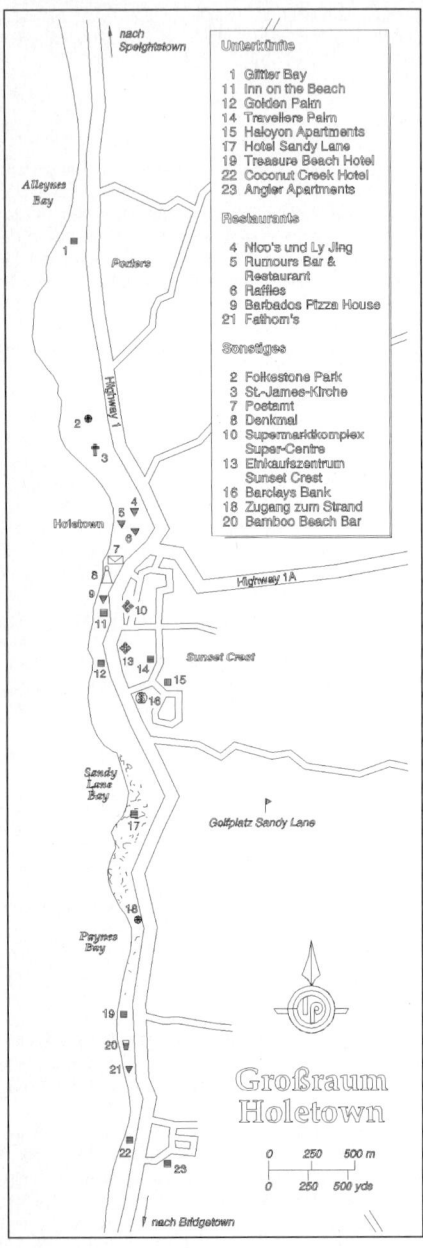

Unterkünfte

1 Glitter Bay
11 Inn on the Beach
12 Golden Palm
14 Travellers Palm
15 Halcyon Apartments
17 Hotel Sandy Lane
19 Treasure Beach Hotel
22 Coconut Creek Hotel
23 Angler Apartments

Restaurants

4 Nico's und Ly Jing
5 Rumours Bar & Restaurant
6 Raffles
9 Barbados Pizza House
21 Fathom's

Sonstiges

2 Folkestone Park
3 St.-James-Kirche
7 Postamt
8 Denkmal
10 Supermarktkomplex Super-Centre
13 Einkaufszentrum Sunset Crest
16 Barclays Bank
18 Zugang zum Strand
20 Bamboo Beach Bar

Golfplatz Sandy Lane

Großraum Holetown

0   250   500 m
0   250   500 yds

am Strand, auch wenn die Klimaanlage auf Münzbasis (12 B $) für diese Preisklasse nicht ganz passend ist. Hier muß man für bis zu zwei Personen im Sommer 65 US $ und im Winter 115 US $ bezahlen. Kinder unter zwölf Jahren werden ohne zusätzliche Kosten mit aufgenommen. Zur Anlage gehören auch ein Swimming Pool und ein Restaurant. Das nächste Einkaufszentrum ist nur 300 m entfernt.

Das Inn on the Beach (Tel. 4 32 03 85, Fax 4 32 24 40), gleich südlich vom Barbados Pizza House, ist, wenn man seine Lage in der Stadtmitte berücksichtigt, ein sehr ruhiges Hotel. Zu den 20 schönen, klimatisierten Studios gehören jeweils eine Küche, ein Wohnbereich, ein Balkon zum Meer hinaus und ein Bad mit Badewanne. Im Sommer werden hier für eine Person 60 US $ und für zwei Personen 75 US $ berechnet, im Winter 125 bzw. 140 US $.

Das Glitter Bay in Porters (Tel. 4 22 41 11, Fax 4 22 39 40) ist ein schöner Komplex mit 87 Zimmern einen Kilometer nördlich von Holetown. Er besteht aus drei- und vierstöckigen Gebäuden im mediterranen Stil mit roten Ziegeldächern und Balkonen, auf denen Hängepflanzen wachsen. Die Zimmer sind mit Deckenventilatoren, Klimaanlage, Minibar und großen Betten ausgestattet. Pro Zimmer werden im Sommer 175 US $ und im Winter 345 US $ berechnet, während die Apartments mit einem Schlafraum 195 bzw. 445 US $ kosten. Zur Anlage gehören zudem ein großer Swimming Pool und ein schöner Strand. Gäste können kostenlos verschiedene Wassersportarten betreiben. Früher hat an dieser Stelle der britische Industrielle Sir Edward Cunard gewohnt, ein Mitglied der Familie, die die Kreuzfahrtreederei Cunard gegründet hat.

ESSEN

In Holetown gibt es genügend Restaurants, Imbißbuden usw. Auf dem Parkplatz des Komplexes vom Supermarkt Super-Centre finden sich im allgemeinen auch immer einige Verkäufer von Obst und Kokosnußmilch ein. In diesem Komplex findet man aber auch das Restaurant Brig mit einfachen Gerichten wie Fish & Chips oder Lasagne und Salat für 14 B $. Es ist montags bis samstags von 8.30 bis 21.30 Uhr geöffnet. Neben dem Supermarkt befindet sich das Cracker Barrel, ein preiswertes Imbißlokal, in dem Rotis für 4 B $ und ein viertel Hähnchen für 6 B $ angeboten werden. Daneben kann man noch andere Gerichte der einheimischen Küche erhalten.

Das Barbados Pizza House (Tel. 4 32 02 27), in dem man draußen sitzt, bietet einen großartigen Blick über das Meer und im Vergleich zum üblichen Standard auf der Insel ganz gute Pizzen. Die Preise beginnen bei 14 B $ für eine kleine Pizza mit Käse, die man sich zu zweit mittags als Imbiß teilen kann. Für jeden weiteren Belag kommt ein Barbados-Dollar hinzu. Täglich außer sonntags wird zudem ein Tagesgericht der Bajan-Küche zur Mittagszeit für 8 B $ serviert. Fish & Chips oder Pasta kosten 14 B $.

Die Pizzeria ist sonntags bis donnerstags von 10.00 bis 23.00 Uhr sowie freitags und samstags bis 24.00 Uhr geöffnet.

Es gibt auch noch eine Reihe von Restaurants in der 1st Street und der 2nd Street, die vom Highway 1 gleich südlich der Brücke abzweigen. Dazu gehören auch das Ly Jing mit einem großen Angebot chinesischer Gerichte, die überwiegend zwischen 15 und 25 B $ kosten, und das Rumours Bar & Restaurant mit Burgern, Steak und Fischgerichten. Im Nico's mit einer anspruchsvolleren Speisekarte erhält man frischen Fisch sowie französische Pâtés und Weine. Im Raffles, einem Abendlokal mit gutem Ruf und Safari-Einrichtung, kostet ein fünfgängiges Menü der karibischen Küche 110 B $.

MULLINS BEACH

Mullins Beach ist ein beliebter Strand zwischen Straße und Meer am Highway 1 zwischen Holetown und Speightstown. Im allgemeinen ist das Meer hier sehr ruhig und zum Schwimmen sowie Schnorcheln gut geeignet.

ESSEN

Im beliebten Mullins Beach Bar & Restaurant am Highway 1, rund einen Kilometer südlich von Speightstown, ißt man gut und sitzt auf einer offenen Veranda mit Blick über das Meer und den Strand. Mittags bekommt man hier Burger und Pommes Frites (15 B $) sowie Quiche und Salat (20 B $) oder kann sich für das Buffet (30 B $) entscheiden, das von 11.30 bis 17.30 Uhr angeboten wird. Abends stehen Fischgerichte und Steaks auf der Speisekarte. Die Vorspeisen kosten zwischen 10 und 15 B $, während man für die Hauptgerichte zwischen 22 und 60 B $ bezahlen muß. Abends ist die Küche zwischen 18.30 und 22.30 Uhr geöffnet, man kann jedoch noch weit länger ein Getränk bestellen und auch tanzen. Frühstükken läßt sich hier zwischen 8.30 und 11.30 Uhr.

SPEIGHTSTOWN

Speightstown, das heute nur noch ein Schatten seiner Vergangenheit ist, war einst in der Zeit, als der Zucker alles bestimmte, eine blühende Hafenstadt. In dieser Zeit bestand eine wichtige Schiffahrtsverbindung zwischen Speightstown und Bristol in England, was die Folge hatte, daß die Handelsbeziehungen zwischen den beiden Städten so bedeutend waren, daß man Speightstown auch „Das kleine Bristol" nannte.

Heute ist es eine deutlich von der Bajan-Kultur geprägte Stadt mit seinen Seitenstraßen und den dicht gedrängten alten Holzhäusern mit ihren überhängenden Galerien. Leider sind viele dieser historischen Gebäude in einem sehr schlechten Zustand, einige davon inzwischen unbewohnt und dem Verfall überlassen. Wer etwas Zeit übrig hat, kann einen Spaziergang am Hafen unternehmen. Nicht, weil es dort besondere Sehenswürdigkeiten gäbe, sondern um den überall spürbaren Charakter der Stadt in sich aufzunehmen.

UNTERKUNFT

Wer in Speightstown übernachten möchte, kann über Clement (Junior) Armstrong, der den Fisherman's Pub (Tel. 4 22 27 03) betreibt, ein Apartment oder ein Haus zu vernünftigen Preisen mieten.

Übernachten kann man am nördlichen Stadtrand zudem in einem modernen Ferienhotel der Mittelklasse, dem Heywoods (Tel. 4 22 49 00), sowie im Süden im exklusiven Hotel Cobblers Cove (Tel. 4 22 22 91).

ESSEN

In der Stadtmitte gegenüber vom Postamt befindet sich die Einkaufszone von Speightstown mit einem Obststand, einer Filiale von Kentucky Fried Chicken und einem Eissalon (wie auch der Barclays Bank). Gemüse- und Obstverkäufer halten sich an der Hauptstraße auf.

Der Fisherman's Pub in der Queen Street unten am Wasser ist ein farbenfrohes Lokal voller Leben mit bodenständiger Bajan-Atmosphäre und preiswerter einheimischer Küche. Eigentlich ist das ein überdimensionaler Strandschuppen, aber es ist das beliebteste Lokal der Stadt.

Eine gehobenere Wahl trifft man mit dem Café Mango (Tel. 4 22 07 04), das aber nur abends geöffnet ist. Zu den Hauptgerichten in diesem Lokal gehören Hähnchen für 26 B $ und die Fischerplatte (*fisherman's platter*) für 36 B $, die beide mit Reis, Gemüse und Salat serviert werden. Ein Cocktail mit Garnelen oder geräucherter Lachs als Vorspeise kosten 14 B $.

MITTEL- UND OST-BARBADOS

Von Bridgetown führt eine Reihe größerer Autostraßen landeinwärts in andere Regionen der Insel. Alle diese Straßen führen durch schöne Gegenden. Unzählige Nebenstraßen bieten weitere Möglichkeiten, die Insel zu erkunden.

Die beliebteste Route, die durch die landschaftlich schönsten Gegenden von Barbados sowie zu vielen seiner Sehenswürdigkeiten führt, beginnt am Highway 2, der sich von Bridgetown aus nach Nordosten zieht. Die Vororte werden bald von kleinen Dörfern, Zuckerrohrfeldern und mit Büschen durchzogenem Weideland abgelöst, auf denen Schafe grasen. Etwa 10 km von der Stadt entfernt führt die Straße zur Welchman-Hall-Schlucht, zur Harrison-Höhle und zum Flower Forest (Blumenwald). Der Highway 2 zieht sich weiter durch die hügelige Landschaft des Bezirks Scotland und beschreibt dann in Richtung Westen einen Bogen, wobei man durch eine malerische Landschaft fährt. Dabei gelangt man zur Zuckerfabrik Morgan Lewis, zum Aussichtspunkt auf dem Cherry Tree Hill, zur St. Nicholas Abbey, zum Farley Hill und zum Tierschutzgebiet von Barbados (Barbados Wildlife Reserve). Von hier aus ist es möglich, der Ostküste nach Bathsheba zu folgen und über die Signalstation Gun Hill nach einem Umweg über die Francia-Plantage nach Bridgetown zurückzukehren.

WELCHMAN-HALL-SCHLUCHT

Die Welchman Hall Gully am Highway 2 in der Nähe der Abzweigung zur Harrison's Cave (Tel. 4 38 66 71) ist eine dicht bewaldete Schlucht mit einem Wanderweg und rund 200 Arten von tropischen Pflanzen. Schluchten wie diese waren praktisch die einzigen Gegenden, die von den Pflanzern landwirtschaftlich nicht genutzt werden konnten. Sie bilden heute ein unberührtes Stückchen Urwald, das mit dem vergleichbar ist, der vor der Ankunft der englischen Siedler ganz Barbados bedeckte.

Geologisch gesehen war diese Schlucht einst Teil eines Netzes von Höhlen, die die nahegelegene Harrison's Cave umgaben. Die Höhlen brachen jedoch bereits vor Ewigkeiten ein und ließen so eine offene Schlucht entstehen. Der Eintritt zur Schlucht kostet 5 B $ für Erwachsene und 2,50 B $ für Kinder. Sie ist für Besucher täglich von 9.00 bis 17.00 Uhr zugänglich. Einige hundert Meter nördlich des Eingangs befindet sich ein Parkplatz für Besucher.

HARRISON-HÖHLE

Die Harrison-Höhle, nur ein kleines Stück vom Highway 2 entfernt, ist ein faszinierendes Netzwerk von Kalksteinhöhlen mit tropfenden Stalaktiten und Stalagmiten sowie unterirdischen Bächen und Wasserfällen. Eine batteriebetriebene Bahn führt hinunter in die Höhle. Sie hält unterwegs und bietet so die Möglichkeit, sich besonders eindrucksvolle Formationen aus der Nähe anzusehen, darunter auch die Great Hall, eine riesige, kuppelförmige Höhle, und den Cascade Pool, einen eindrucksvollen See mit kristallklarem Wasser etwa 50 m unter der Erdoberfläche. Die Lufttemperatur in der Höhle beträgt 26° C.

Die Rundfahrt mit der unterirdischen Bahn dauert ca. 35 Minuten. Ihr geht jedoch üblicherweise die Vorführung eines kurzen Videofilmes voraus, so daß man eine Stunde Zeit einkalkulieren sollte. Zu bestimmten Zeiten kann es hier durch Reisegruppen sehr voll sein, so daß man sich, um Wartezeiten zu vermeiden, vorher unter der Telefonnummer 4 38 66 40 anmelden sollte.
Für Erwachsene kostet die Besichtigung 15 B $ und für Kinder 7,50 B $. Auf dem Gelände gibt es auch einen Imbiß, in dem man Getränke und Sandwiches bekommt.

FLOWER FOREST

Der Flower Forest (Blumenwald), 3 km nördlich der Harrison-Höhle, ist ein 50 Hektar großer botanischen Garten, der auf dem Gelände einer früheren Plantage angelegt wurde. Durch die Anlage, die heute mit praktisch allen Pflanzen, die auf Barbados vorkommen, bepflanzt ist, darunter auch mit zahlreichen Blumen, führen Wege, von wo aus sich ideale Motive zum Fotografieren bieten. In der Anlage stehen auch noch die alten Zitrus- und Brotfruchtbäume aus der Plantagenzeit. Die Brotfruchtbäume wurden von Südseeinseln als preiswerte Nahrungsquelle für die Sklaven nach Barbados eingeführt.
Auf Schildern sind sowohl die englischen als auch die lateinischen Namen der Pflanzen zu lesen. Das macht den Garten insbesondere für jene interessant, die verschiedene Pflanzen auf der Insel gesehen haben und die nun identifizieren wollen.
Die Anlage ermöglicht zudem einen weiten Blick über den Chalky Mountain und den Atlantik im Osten sowie den Mount Hillaby, den höchsten Berg von Barbados im Westen. Einige Wege sind auch mit Rollstühlen befahrbar.
Der Garten ist täglich von 9.00 bis 17.00 Uhr geöffnet. Der Eintritt beträgt für Erwachsene 10 B $ und für Kinder 5 B $.
Auf dem Gelände befindet sich auch ein Imbiß mit nicht allzu teuren Sandwiches und anderen einfachen Speisen.

ZUCKERFABRIK MORGAN LEWIS

Die an der Straße gelegene Zuckerfabrik Morgan Lewis, 2 km südöstlich vom Cherry Tree Hill, soll sowohl die größte als auch die einzige noch vollständig intakte windgetriebene Zuckerfabrik in der Karibik sein. Im Innenraum der Mühle sind eine einfache Ausstellung mit historischen Fotografien, einige wenige Gebrauchsgegenstände der Zeit sowie die erste Deichsel und der erste Mühlstein zu sehen. Eine Treppe führt durch die anderen Räume bis nach oben, von wo aus man etwas weiter über die Umgebung blicken kann. Die Mühle ist montags bis freitags von 9.00 bis 17.00 Uhr geöffnet (Eintritt 2 B $).

CHERRY TREE HILL

Der Cherry Tree Hill an der Straße, die einen Kilometer nördlich der Zuckerfabrik Morgan Lewis landeinwärts führt, bietet einen herrlichen Blick über die Ostküste. Am schönsten ist der Blick gleich unterhalb des Gipfels am Aussichtspunkt an der Straße neben den Zuckerrohrfeldern. Im allgemeinen trifft man hier einen älteren Wächter an, der gern bereit ist, ein bißchen von der Geschichte der Gegend zu erzählen.

Ein steiler, unbefestigter Pfad führt gegenüber vom Aussichtspunkt auf den Gipfel, allerdings ist der Blick von dort überwiegend durch Bäume begrenzt. Das sind auch keine Kirschbäume. In der Überlieferung heißt es, die Kirschbäume seien bereits vor ganz langer Zeit gefällt worden, weil Spaziergänger sich immer wieder einmal an den Kirschen vergriffen hätten.

ST. NICHOLAS ABBEY

St. Nicholas Abbey, ca. 750 m westlich vom Cherry Tree Hill, gehört zu den ältesten Plantagenhäusern in der Karibik. Die einzigartige Villa im jakobinischen Stil mit geschwungenen niederländischen Giebeln wurde in den fünfziger Jahren des 17. Jahrhunderts erbaut.

Einer der ersten Besitzer, Sir John Yeamans, führte 1663 eine Expedition an, die Carolina besiedelte, und wurde einer der ersten Gouverneure der nordamerikanischen Kolonie. Seit fünf Generationen befindet sich das Haus nun in der Hand der Familie von Oberst Stephen Cave, der hier wohnt und die umliegenden Plantagen leitet.

Besucher können das Erdgeschoß mit einer schönen Sammlung von Möbeln aus Barbados und England aus dem 19. Jahrhundert besichtigen. Ein besonderes Charakteristikum sind die Kamine, bei denen man sich, wie es scheint, strikt an den englischen Baustil gehalten hat, ohne dabei das tropische Klima zu berücksichtigen. An einer Mauer des Andenkenladens hängt eine handschriftliche Aufstellung des Plantagenbesitzes im Jahre 1822, in der auch der Wert und der Name jedes Sklaven genannt werden: 0 für nicht arbeitende ältere Sklaven bis zu 150 Pfund für junge Männer.

Bis zum 20. Jahrhundert gab es auf jeder Plantage auch eine eigene Windmühle für die Verarbeitung des Zuckerrohrs. Die Überreste der Mühle dieser Pflanzung (sowie der Turm der früheren Sirupfabrik) stehen unterhalb des Hauses. Heute wird das Zuckerrohr zur Zuckerfabrik Portvale in der Nähe von Holetown gebracht.

St. Nicholas Abbey ist montags bis freitags zwischen 10.00 und 15.30 Uhr für Besucher zugänglich. Wer seinen Besuch danach plant, kann sich auch einen 15minütigen Film aus dem Jahre 1935 ansehen, der einen Einblick in die Arbeitsweise der alten Zuckermühlen gibt. Er wird um 11.30 und 14.30 Uhr gezeigt.

Der Eintrittspreis von 5 B $ mit oder ohne Film ist sehr niedrig.

FARLEY HILL

Der Nationalpark Farley Hill beim Highway 2 ist ein schöner Park auf dem Berg, der sich gut für eine Fahrtunterbrechung und ein Picknick eignet. Kernstück des Parks ist der frühere Wohnsitz von Sir Graham Briggs, eines wohlhabenden Zuckerbarons aus dem 19. Jahrhundert, bei dem der Herzog von Edinburgh und König Georg V. zu Gast waren. 1957 diente die große Villa im georgianischen Stil in dem Film *Island in the Sun* mit Harry Belafonte als Kulisse. Im Jahre 1965 wurden bei einem Brand die Einrichtung und das Dach völlig zerstört. Heute stehen hier nur noch die bloßen Mauern aus Korallenblöcken. Nun ist es ein recht unheimlicher Ort, der jedoch noch immer die Pracht des einstigen Gebäudes ahnen läßt.

Hinter der Ruine bieten ein Aussichtspunkt auf einer Anhöhe und ein Strand in der Nähe ein schönen Blick hinaus bis zum Leuchtturm von East Point an der Ost-spitze der Insel. Die Ruine von Farley Hill ist täglich von 8.30 bis 18.00 Uhr zu besichtigen. Der Eintritt kostet pro Auto unabhängig von der Zahl der Insassen 3 B $.

TIERSCHUTZGEBIET BARBADOS

Das Tierschutzgebiet Barbados (Barbados Wildlife Reserve) gegenüber vom Nationalpark Farley Hill ist ein kleiner Wildpark mit kurzen Wegen durch Mahagoniwald voller grüner Affen, trägen Schildkröten und mit einem Kaiman-Becken. Darüber hinaus können Sie hier Rotwild, Leguane und Agutis zu Gesicht bekommen. Ansehen kann man sich zudem eine kleine Voliere mit Aras und Kakadus, wie auch verschiedene Papageien in Käfigen sowie freilaufende Pfauen und Pelikane.

Die frei umherstreifenden Affen sind am sehenswertesten. Sie sind im allgemeinen nicht schwer zu finden, am einfachsten jedoch gegen 16.00 Uhr, wenn sie gefüttert werden.

Grüne Affen sind vorwiegend braun-grau mit weißen Stellen, aber gelbe und olivgrüne Flecken lassen sie je nach Licht grün erscheinen, wodurch sich ihr Name erklärt. Ein erwachsenes Weibchen wiegt ca. 3 kg, ein Männchen ca. 5 kg.

Auf dem Gelände werden auch Affen in Käfigen gehalten. Das Schutzgebiet ist ein Projekt des gemeinnützigen Primatenforschungszentrums Barbados (Barbados Primate Research Center), das 1985 mit Hilfe der Canadian International Development Agency gegründet wurde. Das Institut finanziert sich durch den Verkauf von Affen an

Laboratorien in der USA und anderen Ländern zur Herstellung und Untersuchung von Impfstoffen.

Das Reservat ist täglich von 10.00 bis 17.00 Uhr geöffnet. Der Eintritt beträgt für Erwachsene 10 B $ und für Kinder unter 12 Jahren 5 B $. Auf dem Gelände kann man auch Imbisse kaufen.

GUN HILL

Auf dem 215 m hohen Gun Hill, nicht weit vom Highway X in der Mitte der Insel, steht ein kleiner Signalturm. Vom Berg aus hat man einen weiten Blick über die Täler der Umgebung und die Südwestküste.

Auf der Insel waren einst sechs solcher Signaltürme errichtet worden, durch die mit Hilfe von Fahnen und Lampen Nachrichten übermittelt wurden. Die offizielle Aufgabe der Türme war es, auf mögliche sich nähernde feindliche Schiffe zu achten, aber sie dienten der Kolonial-macht auch, um im Falle eines Aufstandes von Sklaven Alarm zu schlagen. Der Turm auf dem Gun Hill, der im Jahre 1818 erbaut wurde, beherbergt heute eine Reihe von Ausstellungsstücken zur Militärgeschichte und ein paar alte Kanonen. Die Anlage ist montags bis samstags von 9.00 bis 17.00 Uhr geöffnet. Der Eintritt beträgt für Erwachsene 5 B $ und für Kinder 2,50 B $. Unterhalb des Signalturmes am Hang ist der britische Regimentslöwe zu sehen, der aus dem Felsen gehauen und weiß angemalt wurde.

FRANCIA PLANTATION

Francia Plantation an der Seitenstraße gleich südlich vom Gun Hill ist das elegante Herrenhaus einer Plantage mit Innenräumen mit viel Holz, Möbeln aus der Kolonialzeit sowie einer interessanten Sammlung alter Karten und Drucke. Hinter dem Gebäude kann man sich auch noch einen Ziergarten und in der Umgebung des Hauses verschiedene Felder ansehen, auf denen Gemüse angebaut wird.

Das Haus wurde um die Jahrhundertwende erbaut und wird noch immer von den Nachkommen des ersten französischen Eigentümers bewohnt. Die schmale, kilometerlange Straße zur Plantage ist von Mahagoni-bäumen gesäumt. Man kann Francia Plantation montags bis freitags von 10.00 bis 16.00 Uhr besichtigen (Eintritt 6 B $).

DIE OSTKÜSTE

Die Ostküste ist überwiegend zerklüftet, wobei das Meer hier stürmisch ist und die Landschaft einen unberührten, ländlichen Charakter aufweist. Die East Coast Road, die den Highway 2 mit Bathsheba verbindet, ist die einzige etwas längere Küstenstraße auf dieser Seite der Insel.

In der Nähe vom oberen Ende der East Coast Road liegt Barclays Park, ein öffentlicher Strand mit Picknickplatz, der der Regierung von der Barclays Bank anläßlich der Unabhängigkeit zum Geschenk gemacht wurde. Wegen der gefährlichen Strömungen ist der Strand am besten zum Picknicken und zum Spazierengehen geeignet, aber kaum zum Baden.

Bathsheba am Südende der Straße ist das beste Gebiet auf der Insel zum Surfen. Die Küste hier hat mit den hohen Klippen, den einsamen Stränden und dem stürmischen Atlantik ihren eigenen Reiz.

Chalky Mount, die Hügel aus weißem Ton, die sich ein Stück landeinwärts von der Ostküste erstrecken, sind die Heimat einer Reihe von Töpfereien. Man kann hier den Töpfern bei der Arbeit zusehen und bei ihnen auch die Tonwaren zu vernünftigen Preisen kaufen. Chalky Mount ist vom Highway 2 in der Nähe von Haggats aus zu erreichen.

UNTERKUNFT UND ESSEN

Im Barclays Park gibt es einen Imbiß mit Burgern, Sandwiches mit Fliegendem Fisch sowie einigen warmen Gerichten auf der Speisekarte, der allerdings nur zum Mittagessen geöffnet ist.

Das Kingsley Inn (Tel. 4 33 94 22, Fax 4 33 92 26, Cattlewash, St. Joseph), gelegen an der East Coast Road, und zwar 2 km südlich vom Barclays Park, ist ein hübsches, kleines Gasthaus, das Anfang dieses Jahrhunderts erbaut wurde. Man sitzt hier in schöner Umgebung draußen und kann gute Bajan-Küche mit einfachen Gerichten wie z. B. Cutter mit Fliegendem Fisch, Omelette und Salat zu Preisen zwischen 14 und 28 B $ genießen.

Angeboten wird zudem ein Tagesgericht mit Hähnchen oder einer großzügig bemessenen Portion Fisch, verschiedenen Gemüsesorten und Salat zum Festpreis von 34 B $, mit Suppe und Nachtisch für 50 B $.

Im Kingsley Inn werden auch sieben weißgekalkte Zimmer mit eigenem Bad, Doppelbett, Deckenventilatoren und Kiefernfußboden vermietet, in denen man im Sommer allein für 79 US $ und zu zweit für 84 US $ übernachten kann, im Winter für 92 bzw. 101 US $.

Das Edgewater Inn (Tel. 4 33 99 00, Bathsheba, St. Joseph) ist schön auf den Klippen oberhalb des Strandes an der Nordseite von Bathsheba gelegen. Hier gibt es ein Restaurant, in dem Sandwiches ab 8 B $, warme Gerichte um die 20 B $ und das sonntägliche Buffet (12.30 bis 15.00 Uhr) mit Hähnchen, Fliegendem Fisch, Eintopf, Salaten und Pie 25 B $ kosten.

Im Edgewater Inn stehen ferner zwanzig moderne und komfortable Zimmer mit Blick auf das Meer zur Verfügung, jedes mit einem Wohnbereich, Mahagonimöbeln, einem Bad mit Badewanne, Deckenventilator, Klimaanlage und Telefon. Zur Anlage gehört auch ein Swimming Pool hoch über dem Meer. Außerdem steht in der Lobby ein Fernsehgerät für Satellitenprogramme zur Verfügung. Dabei ist das Hotel mit einem Übernachtungspreis von 50 US $ im Sommer und 70 US $ im Winter noch nicht einmal übermäßig teuer.

BOTANISCHER GARTEN ANDROMEDA

Der Botanische Garten Andromeda beim Highway 3, einige Kilometer südlich von Bathsheba, war einst der Privatgarten des verstorbenen Iren Bannochie, eines der hervorragendsten Botaniker von Barbados. Der Garten erstreckt sich über mehr als zwei Hektar und enthält eine breite Sammlung an eingeführten tropischen Pflanzen, darunter Orchideen, Farne, Wasserlilien, Bougainvillea, Kakteen und Palmen. Er wird vom Barbados National Trust verwaltet und ist täglich von 9.00 bis 17.00 Uhr zugänglich.

Der Eintritt beträgt für Erwachsene 10 B $ und für Kinder 5 B $.

VILLA NOVA

Villa Nova an der westlichen Ecke der Gemeinde St. John ist ein Plantagenhaus, das Anfang des 19. Jahrhunderts aus Korallenblöcken erbaut wurde. Einst war es der Mittelpunkt einer 400 Hektar großen Zuckerplantage.

1907 wurde es von dieser getrennt an die Regierung verkauft, die es als Wohnhaus und Klinik für den Arzt der Gemeinde nutzte. 1965 kaufte der frühere britische Premierminister Sir Anthony Eden den Besitz als Wintersitz, ließ den Swimming Pool bauen und empfing hier verschiedene Gäste, darunter auch Königin Elizabeth II. und Prinz Philip. Die derzeitigen Eigentümer, die das Haus 1987 erwarben, haben es Besuchern zugänglich gemacht, um mit den Einnahmen aus den Eintrittsgebühren die Unterhaltskosten zu senken. Es ist mit Möbeln aus der Zeit der Jahrhundertwende eingerichtet, aber da es bewohnt wird, können Besucher die einzelnen Räume nicht betreten. Daher muß man sich auf darauf beschränken, durch die Türen und Fenster hineinzublicken, was eher enttäuschend ist. Das Haus ist nur werktags von 10.00 bis 16.00 Uhr „offen". Der Eintritt beträgt 8 B $. Gelegen ist die Villa Nova zwischen Highway 3 und 3 B. Der Weg dorthin ist ausgeschildert.

DOMINICA

Ganz gleich, ob Sie mit einem Flugzeug oder mit einem Schiff nach Dominica reisen, das Bild der Insel am Horizont gleicht keiner anderen Insel in der östlichen Karibik. Dominica ist unbestreitbar eine gebirgige Insel. Scharfe, steile Gebirgskämme erheben sich von der Küste an, während tiefe, mit Urwald bewaldete Flußtäler zum Meer hinunter führen. Dominica ist auch eine überraschend ländliche und wenig berührte Insel. Die meisten größeren Orte liegen an der Küste, aber winzige Weiler drängen sich auch an den Berghängen. Selbst die Hauptstadt Roseau, deren Gehwege von Reihenhäusern aus Holz und Stein gesäumt sind, erinnert an einen vergessenen Grenzort. Dominica besitzt zudem nicht nur eine reiche westindische Tradition, sondern hier lebt auch die größte Gemeinde der Kariben in der östlichen Karibik. Die Bewohner der Insel selbst nennen sie passend „Nature Island". Sie scheuen sich vor Pauschaltourismus und werben für sich statt dessen als „nicht touristisches Reiseziel" für Taucher, Wanderer und Naturfreunde. Tatsächlich bietet die Insel eine der großartigsten Landschaften der Karibik, und zwar sowohl oberhalb als auch unterhalb der Wasseroberfläche. Viele der zum Tauchen geeigneten Gebiete sind noch unberührt, und nur selten trifft man jemanden auf einer Wanderung. Die Wandermöglichkeiten reichen von kurzen Spaziergängen bis zu Tageswanderungen und führen in den Regenwald sowie zu Wasserfällen, Flüssen, Seen, heißen Quellen und Vulkanen. Auf Dominica gibt es zwar auch Strände, aber sie sind nichts Besonderes und bestehen überwiegend aus schwarzem Sand. Aus diesem Grund und weil Touristen aus Übersee zuerst auf einer der benachbarten Inseln eintreffen (auf Dominica gibt es keinen internationalen Flughafen), kommen die meisten Besucher zu einem Abstecher von einer der traditionellen Strandinseln hierher.

ORIENTIERUNG

Die meisten der Sehenswürdigkeiten und Hotels befin-

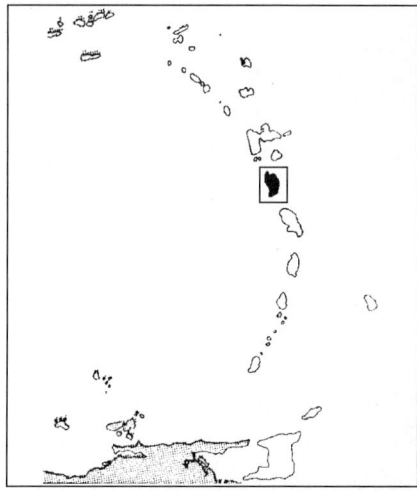

den sich an der Westküste oder in den Bergen ein kurzes Stück landeinwärts von Roseau.

Auf Dominica gibt es zwei Flughäfen: Canefield, zehn Minuten von Roseau entfernt, und Melville Hall an der abgelegenen Nordostseite der Insel. Wer plant, in Roseau zu wohnen, sollte nicht über Melville Hall anreisen, da es von dort gute 75 Minuten bis zur Hauptstadt sind.

Dominica ist eine größere Insel, aber die wichtigsten Straßen sind befestigt, so daß es unproblematisch ist, von einem Ort zum anderen zu gelangen. Wer einigermaßen früh losfährt, kann von Roseau aus die Westküste nach Portsmouth hinauffahren, sich den Nationalpark Cabrits anschauen, den Weg die Ostküste hinunter durch das Kariben-Territorium nehmen sowie auf der Rückfahrt über die Insel am Emerald Pool halten, und das alles an einem Tag.

EINFÜHRUNG

GESCHICHTE

Die Kariben, die im 14. Jahrhundert die Insel besiedelten, gaben ihr den Namen Waitikubuli, was soviel bedeutet wie „Hoch ist ihr Körper". Christoph Kolumbus benannte sie weniger poetisch nach dem Wochentag, an dem er

DOMINICA

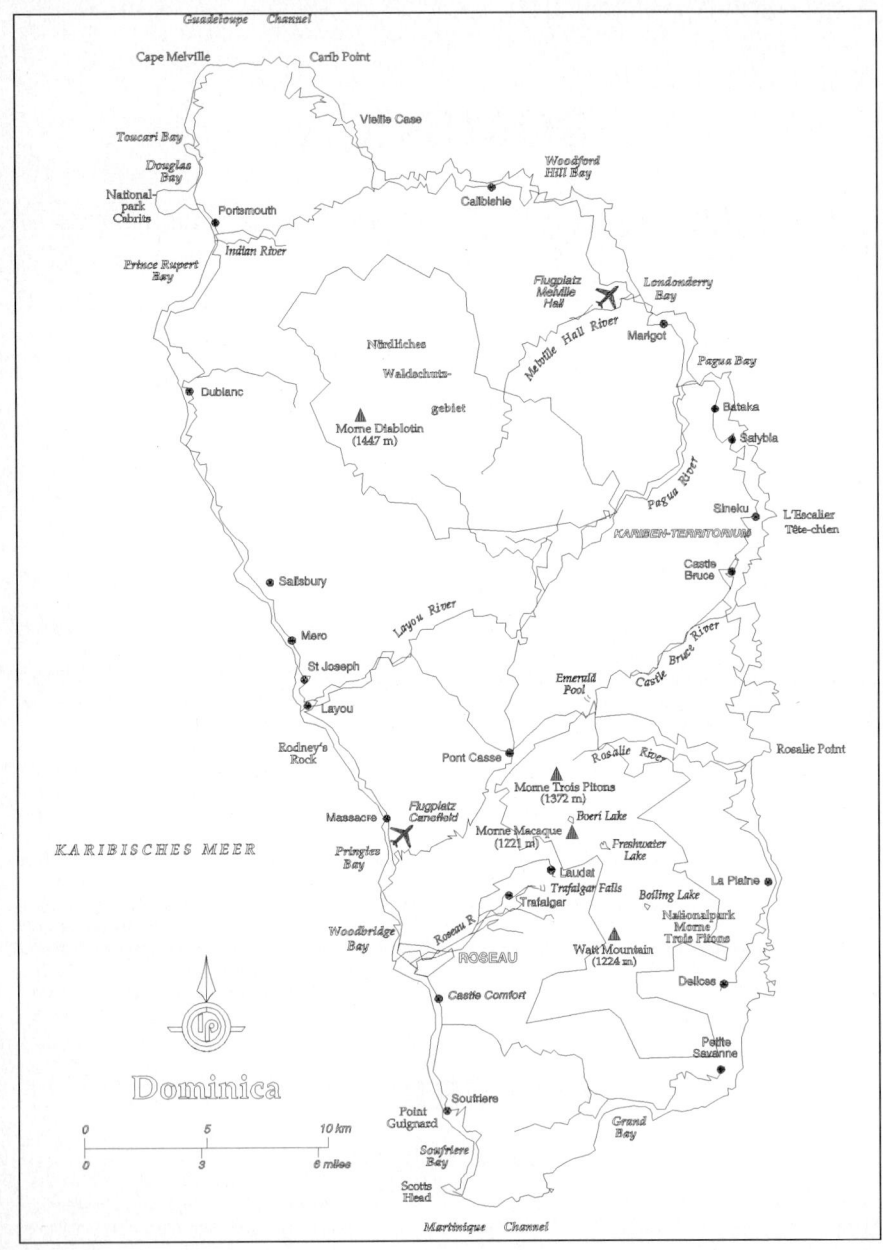

Guadeloupe Channel

Cape Melville   Carib Point

Vielle Case

Toucari Bay

Douglas Bay

Nationalpark Cabrits

Portsmouth

Prince Rupert Bay

Indian River

Woodford Hill Bay

Calibiehie

Flugplatz Melville Hall

Londonderry Bay

Marigot

Pagua Bay

Nördliches

Waldschutz-

gebiet

Morne Diablotin (1447 m)

Melville Hall River

Bataka

Salybia

Dublanc

Pagua River

Sineku

L'Escalier Tête-chien

KARIBEN-TERRITORIUM

Castle Bruce

Salisbury

Layou River

Mero

St Joseph

Layou

Emerald Pool

Bruce River

Castle River

Rodney's Rock

Pont Casse

Rosalie River

Rosalie Point

Morne Trois Pitons (1372 m)

Massacre

Flugplatz Canefield

Morne Macaque (1221 m)

Boeri Lake

Freshwater Lake

KARIBISCHES MEER

Pringles Bay

Laudat

Trafalgar Falls

La Plaine

Woodbridge Bay

Roseau R.

Trafalgar

Boiling Lake

ROSEAU

Watt Mountain (1224 m)

Nationalpark Morne Trois Pitons

Castle Comfort

Delices

Petite Savanne

Dominica

Point Guignard

Soufriere

Grand Bay

Soufriere Bay

Scotts Head

| 0 | | 5 | | 10 km |
| 0 | | 3 | | 6 miles |

Martinique Channel

sie gesichtet hatte, nämlich einem Sonntag, dem 3. November 1493.

Abgeschreckt vom erbitterten Widerstand der Kariben und entmutigt vom Fehlen von Gold, verloren die Spanier bald das Interesse an Dominica. Im Jahre 1635 beanspruchte Frankreich die Insel für sich und entsandte wenige Jahre später ein Abordnung von Missionaren, die jedoch von den wenig gastfreundlichen Kariben vertrieben wurden. Im Jahre 1660 unterzeichneten Franzosen und Engländer einen Neutralitätsvertrag, in dem sie übereinkamen, die Insel in der Hand der Kariben zu lassen. Trotzdem begannen französische Siedler von den benachbarten Inseln Französisch Westindiens Plantagen auf Dominica anzulegen. 1720 entsandte Frankreich einen Gouverneur und nahm die Insel offiziell in Besitz.

In den verbleibenden Jahren des 18. Jahrhunderts wurde Dominica zum Opfer französisch-britischer Auseinandersetzungen und sollte mehrmals den Besitzer wechseln. 1763 traten die Franzosen durch den Vertrag von Paris Dominica an die Briten ab. Dennoch versuchten die Franzosen 1795 und 1805, die Insel zurückzuerobern, wobei sie große Teile von Roseau niederbrannten.

Nach 1805 blieb Dominica in der Hand der Briten, die auf den besser zugänglichen Hängen der Insel Zuckerrohrplantagen anlegten. Sie verwalteten die Insel als Teil der Föderation der Inseln unter dem Winde bis 1939, als sie der Föderation der Inseln über dem Winde angegliedert wurde. 1967 erlangte Dominica als Mitglied der Westindischen Assoziierten Staaten Autonomie in Fragen der inneren Angelegenheiten und am 3. November 1978, dem 485. Jahrestag der „Entdeckung" durch Kolumbus, die Unabhängigkeit als Republik innerhalb des Commonwealth.

Das erste Jahr der Unabhängigkeit sollte kein ruhiges Jahr sein. Im Juni 1979 mußte der erste Premierminister der Insel, Patrick John, abtreten, nachdem eine Reihe von korrupten Plänen ans Tageslicht gekommen war, darunter auch ein geheimer Landverkauf, bei dem 15 % der Insel an Firmen aus den USA abgetreten werden sollten. Im August 1979 traf der Hurrikan „David" mit verheerender Kraft bei einer Geschwindigkeit von 240 km/h Dominica. Er riß weite Schneisen in den Wald, zerstörte die Bananenernte und verwüstete Roseau. Insgesamt wurden dabei 42 Menschen getötet und über 75 % der Häuser der Inselbewohner zerstört oder stark beschädigt.

Im Juli 1980 wurde Mary Eugenia Charles zur Premierministerin gewählt, die erste Frau, die dieses Amt in der Karibik innehaben sollte. In nur einem Jahr nach ihrer Amtsübernahme überlebte sie zwei gescheiterte Putschversuche, darunter auch den bizarren Putschversuch von Patrick John, in den Söldner vom Ku Klux Klan verwickelt waren.

Im Oktober 1983 hieß Premierministerin Charles als Vorsitzende der Organisation der Ostkaribischen Staaten die US-Invasion auf Grenada für gut und entsandte eine symbolische Truppe ihres Landes. Die erfreuten USA antworteten mit einer Steigerung der Entwicklungshilfe für Dominica, auf die die guten Straßen auf der Insel zurückzuführen sind.

DAS LAND

Dominica ist 46 km lang und 25 km breit. Die gesamte Landfläche beträgt 750 km². Auf der Insel erheben sich die höchsten Berge der östlichen Karibik, von denen der Morne Diablotin mit 1447 m der höchste ist. In den Bergen, die zu zahlreichen Regenfällen führen, entspringen die Quellen von den mehr als 200 Flüssen, die sich durch die Täler ziehen. Auf dem Weg zur Küste fallen viele dieser Flüsse über steile Felsen nach unten, so daß man sich an der Insel unzählige Wasserfälle ansehen kann.

KLIMA

Im Januar liegt die durchschnittliche Höchsttemperatur bei 29° C, die durchschnittliche Tiefsttemperatur bei 20° C. Im Juli betragen diese Werte 32° C bzw. 22° C. Am trockensten ist es von Februar bis Juni, wobei die relative Luftfeuchtigkeit bei 65 % liegt. Während des übrigen Jahres beträgt die relative Luftfeuchtigkeit mindestens 70 %. Im August, dem niederschlagsreichsten Monat, fällt an 22 Tagen meßbarer Niederschlag, im April, dem trockensten Monat, an durchschnittlich zehn Tagen.

Die genannten Werte gelten für Roseau, während es in den Bergregionen kühler und feuchter ist.

Gipfel und Täler

Es heißt, daß Christoph Kolumbus, nachdem er von seiner zweiten Reise in die Neue Welt nach Spanien zurückgekehrt war, von König Ferdinand und König Isabella aufgefordert wurde, die Insel Dominica zu beschreiben.

Kolumbus antwortete, indem er ein Stück Papier zusammenknüllte und es mit allen seinen scharfen Kanten und Falten auf den Tisch warf. „Das", sagte er, „ist Dominica".

FLORA UND FAUNA

Auf Dominica wurden 162 Vogelarten gesichtet. Damit handelt es sich um die Insel mit der größten Artenvielfalt in der gesamten östlichen Karibik. 59 dieser Arten nisten auf der Insel, darunter auch zwei hier beheimatete und bedrohte Papageienarten.

Der Nationalvogel Dominicas, der Sisserou (*Amazona imperialis*), auch Kaiseramazone genannt, ist ausgewachsen ca. 50 cm lang und der größte der Amazonen. Brust und Bauch des Vogels sind dunkelrot, sein Rücken ist grün.

Der Jaco (*Amazona arausiaca*) ist etwas kleiner und überall grüner mit hellen Flecken in verschiedenen Farben. Er wird wegen eines häufig vorhandenen roten Flaumes an der Kehle auch Rotkehl-Amazone genannt.

Auf der Insel kommen zudem noch der große Crapaud-Frosch, kleine Baumfrösche, zahlreiche Echsen, 13 Fledermausarten, 55 Schmetterlingsarten, Abgottschlangen (*Boas constrictor*), die fast 3 m Länge erreichen, sowie vier andere, ungiftige Schlangenarten vor.

Dominica ist für seine ausgedehnten Regenwälder bekannt, aber es gibt auch bergiges Dickicht, trockenes Buschland, immergrüne Wälder, Fumarolen-Vegetation, Nebelwälder und Elfin-Wald. Der häufigste Baum

auf der Insel ist der Gommier, ein riesiger Baum, der traditionell zum Bau von Einbäumen verwendet wird.

STAAT UND VERWALTUNG

Dominica, eine unabhängige Republik im britischen Commonwealth, besitzt eine parlamentarische Verfassung mit einer Kammer, in der 21 gewählte Mitglieder und neun ernannte Senatoren vertreten sind. Die Mitglieder der Versammlung werden normalerweise für eine Amtszeit von fünf Jahren gewählt. Der Exekutive steht der Premierminister vor, der der Partei angehört, die die Mehrheit im Parlament besitzt. Die derzeitige Premierministerin, Mary Eugenia Charles, hat dieses Amt seit 1980 inne.

Daneben besteht noch ein gut entwickeltes System der Selbstverwaltung auf lokaler Ebene, zu dem die Stadträte in Roseau und Portsmouth sowie 25 Dorfräte auf der Insel zählen.

WIRTSCHAFT

Dominica wichtigste Einnahmequelle ist die Landwirtschaft. Für Bananen gab es in England bis 1993 einen geschützten Markt, bis die Aufhebung der Handelsbeschränkungen zwischen den Nationen Westeuropas den englischen Markt für die erheblich preiswerteren mittelamerikanischen Bananen öffnete.

Die Regierung ermutigt jedoch die Landwirte zur Diversifizierung in der Hoffnung, so die wirtschaftliche Abhängigkeit von Bananen zu mindern, die 75 % der landwirtschaftlichen Erzeugnisse von Dominica ausmachen.

Ein weiteres wichtiges Agrarprodukt sind Kokosnüsse. Der größte Arbeitgeber auf der Insel ist Dominica Coconut Products, der den Hauptteil der Kokosnüsse zu Seifen und Ölen verarbeitet. Gewürze, Kaffee und Zitrusfrüchte werden für den Export ebenfalls angebaut.

Der Tourismus spielt bisher mit nur ca. 55.000 Besuchern pro Jahr lediglich eine geringere Rolle.

DIE MENSCHEN

Auf Dominica wohnen ca. 73.000 Menschen, davon rund ein Drittel in Roseau. Die meisten von ihnen sind afrikanischer Abstammung. Etwa 3000 Angehörige des india-nischen Stammes der Kariben leben ebenfalls auf Dominica, vorwiegend in einem 3700 Hektar großen Reservat an der Ostseite der Insel.

KUNST UND KULTUR

Auf Dominica ist es zu einer Mischung der Kulturen gekommen. Es gibt hier genauso viele französische Ortsnamen wie englische. Sprachen, Speisen und Bräuche aus Afrika existieren neben europäischen Traditionen in der Kreolen-Kultur. Die Kariben bauen noch immer ihre Einbäume sowie Pfahlbauten und flechten die für ihre Kultur charakteristischen Körbe. Auch Einflüsse der Rastafarians und des Black Pride, darunter die typischen Locken und die Kleidung in den afrikanischen Farben Rot, Grün und Gelb, sind ebenfalls auf der Insel verbreitet.

Die berühmteste Autorin der Insel, Jean Rhys, wurde 1890 in Roseau geboren. Auch wenn sie mit 16 Jahren nach England zog und nur einmal für kurze Zeit nach Dominica zurückkehrte, bezieht sich ein großer Teil ihres Werkes auf ihre Kindheit in der östlichen Karibik. Ihr berühmtestes Buch, *Saragossameer*, ein Roman, der auf Jamaika spielt und auch in deutscher Sprache erschienen ist, wurde 1993 verfilmt.

Kricket und Fußball sind die beliebtesten Sportarten auf Dominica.

RELIGION

In der Religion war der Einfluß der Franzosen nachhaltiger als jener der Engländer. Fast 70 % der Bevölkerung sind katholisch. Daneben sind Anglikaner, Metho-disten, Pentecostal, Baptisten, Adventisten, Anhänger des Baha'i, Muslime und Rastafarians in Dominica vertreten.

SPRACHE

Englisch ist die Nationalsprache, es wird jedoch auch viel ein Idiom auf der Basis des Französischen gesprochen.

PRAKTISCHE HINWEISE

EINREISEBESTIMMUNGEN

Bei Deutschen, Österreichern, Schweizern und Bürgern vieler anderer Länder reicht für die Einreise nach Dominica der Reisepaß. Ein Visum ist nicht erforderlich. Daneben ist bei der Einreise offiziell ein Ticket für die Rück- bzw. Weiterreise vorzulegen.

ZOLLBESTIMMUNGEN

Es können bis zu ein Liter Wein oder Spirituosen sowie 200 Zigaretten zollfrei eingeführt werden. Die Kontrolle des Gepäcks ist häufig recht gründlich.

GELD

Währung auf Dominica ist der Ostkaribische Dollar (EC $). Der Wechselkurs für einen US-Dollar beträgt bei Reiseschecks 2,68 EC $ und bei Bargeld 2,67 EC $. Die Barclays Bank, die Filialen in Roseau und Portsmouth unterhält, erhebt beim Einlösen von Reiseschecks eine Gebühr von 2 EC $ sowie eine Provision von 10 Cents pro Scheck. In der Royal Bank of Canada in Roseau werden 5 E C $ Provision für das Einlösen von Reiseschecks verlangt.

US-Dollar werden in zahlreichen Geschäften und Restaurants sowie von vielen Taxifahrern akzeptiert, allerdings nur zum Kurs von 2,60 E C $.

In den meisten Hotels, Autovermietungen, Tauchschulen, Reisebüros und Restaurants der Spitzenklasse läßt sich auch mit Kreditkarten von Eurocard/Mastercard, Visa und American Express bezahlen. Bei der Barclays Bank erhält man gegen Vorlage einer Kreditkarte von Eurocard/Mastercard, Visa oder Discover zudem Bargeld.

INFORMATIONEN

Die Hauptstelle der Fremdenverkehrsbüros befindet sich

DOMINICA

am Alten Markt in Roseau. Informationsschalter wurden ferner an den beiden Flughafen eingerichtet.

Die Postanschrift, unter der Sie Informationen erhalten können, lautet: Division of Tourism, National Development Corp, PO Box 73, Roseau, Commonwealth of Dominica, Westindische Inseln.

Wer über den Flughafen von Antigua anreist, kann sich auch am Informationstisch des Fremdenverkehrsamtes neben dem Transitschalter von LIAT über Dominica informieren.

ÖFFNUNGSZEITEN
Auch wenn einige Abweichungen möglich sind, liegen die Geschäftsstunden montags bis freitags etwa zwischen 8.00 und 13.00 Uhr sowie zwischen 14.00 und 16.00 Uhr.

FEIERTAGE
Folgende Feiertage gelten auf Dominica:

Neujahr	1. Januar
Karneval	Montag und Dienstag vor Aschermittwoch
Karfreitag	Ende März/Anfang April
Ostermontag	Ende März/Anfang April
Pfingstmontag	acht Wochen nach Ostern
August-Montag	erster Montag im August
Unabhängigkeitstag	3. November
Tag des Gemeinschaftsdienstes	4. November
Weihnachten	24. und 25. Dezember

KULTURELLE VERANSTALTUNGEN
Der Karneval wird auf Dominica traditionell am Dienstag vor Aschermittwoch gefeiert. In den zwei Wochen vor der Fastenzeit werden Calypso-Wettbewerbe, die Wahl einer Karnevalskönigin, *Jump-ups* und Umzüge in Kostümen veranstaltet.

Mit dem Kreolen-Tag, der im allgemeinen auf den Freitag vor den Unabhängigkeitstag fällt, feiert man die kreolische Sprache und Kultur der Insel mit traditionellen Tänzen, Folklore und Musik.

Die Fête La St Pierre, die jährliche Segnung der Flotte, findet in den Fischerdörfern auf der Insel am 29. Juni, dem Tag des Heiligen St. Peter, statt. In einigen Orten wird dieser Tag auch mit Umzügen, Musik und Tanz begangen.

POST
Das Hauptpostamt befindet sich in Roseau. Daneben gibt es Filialen in den größeren Dörfern. Alle Postfächer, die in diesem Kapitel genannt werden, befinden sich in Roseau. Deshalb sollten der Bezeichnung des Empfängers und der Postfachangabe immer Roseau, Commonwealth of Dominica, Westindische Inseln, folgen. Wenn kein Postfach genannt ist, muß in der Adresse der Name des Ortes enthalten sein. Der Zusatz Commonwealth ist

hilfreich, damit Sendungen nicht versehentlich in die Dominikanische Republik geschickt werden.

Wer aus Dominica einen Brief in ein beliebiges Land innerhalb der Karibik sendet, zahlt 0,65 EC $, für eine Postkarte 0,35 EC $. Für einen Brief in Länder außerhalb der Karibik kostet das Porto 0,95 EC $, für eine Postkarte 0,55 EC $.

TELEKOMMUNIKATION
Bei Ortsgesprächen auf Dominica braucht man nur die fünfstellige Anschlußnummer zu wählen. Bei Gesprächen aus dem Ausland erreicht man Dominica mit der Vorwahl 809-44 sowie der fünfstelligen Anschlußnummer. Auf Dominica findet man sowohl Münzfernsprecher als auch Kartentelefone. Telefonkarten sind in den Büros von Cable & Wireless sowie im Andenkenladen auf dem Flughafen Canefield erhältlich.

STROM
Die Stromspannung beträgt 220-240 Volt Wechselstrom bei einer Frequenz von 50 Hertz. 70 % des Energiebedarfs auf Dominica werden durch Wasserkraft gedeckt.

MASSE UND GEWICHTE
Auf Dominica gilt das imperiale System. Daher findet man in den Autos Meilenzähler vor. Auch die Geschwindigkeitsbegrenzungen sind in Meilen pro Stunde angegeben.

MEDIEN
Auf Dominica strahlen drei Rundfunksender Programme aus, nämlich der staatliche DBS (88,1 FM, 595 AM) sowie zwei religiöse Sender. Zudem sind Sender von anderen Inseln zu empfangen, z. B. ein Sender aus St. Lucia (98,1 FM) mit Reggae-Musik.

Im Kabelfernsehen sind neun Kanäle mit einer Mischung aus US-Sendern sowie einheimischen Programmen vertreten, darunter auch der Übertragung regionaler Kricketspiele. Auf dem Kanal 7 sehen Sie allgemeine Nachrichten, Wechselkurse, einen Veranstaltungskalender sowie Videofilme über die Sehenswürdigkeiten und die Kultur der Insel.

Freitags erscheint eine Wochenzeitung, die *The New Chronicle*.

GESUNDHEIT
Das Princess Margaret Hospital (Tel. 8 22 31) befindet sich im Stadtviertel Goodwill im Norden von Roseau. Informationen über die Gesundheit können Sie im Einführungsteil entnehmen.

GEFAHREN UND ÄRGERNISSE
Dominica ist im allgemeinen ein sicheres Land, aber Diebstähle sind dennoch nicht unbekannt, so daß man seine Wertsachen nicht unbeaufsichtigt herumliegen lassen sollte.

Da die Straßen auf Dominica schmal sind, sollte man als Fußgänger aufpassen, wenn viel Verkehr herrscht. Das gilt insbesondere für Roseau, wo die Autos schnell fahren und die Fahrer davon ausgehen, daß die Fußgänger ihnen den Weg freimachen.

NOTFÄLLE
Die Notrufnummer für die Polizei, die Feuerwehr und den Notarzt lautet 999.

FREIZEITBESCHÄFTIGUNGEN
Strände und Schwimmen: Auf Dominica gibt es nicht die großartigen Strände, die die Broschüren der anderen Inseln zieren, aber es gibt Strände. An der ruhigeren und stärker besiedelten Westküste findet man vorwiegend Strände mit schwarzem Sand, wobei die besten von ihnen in der Umgebung von Portsmouth liegen.

Vor der Ostküste ist das Meer weitgehend offen mit hohen Wellen und stürmischer See. Südlich von Calibishie gibt es einige kleinere Strände mit goldenem Sand, an dem das Meer gelegentlich ruhig genug zum Schwimmen und Schnorcheln ist. Ein Stück weiter südlich gelangt man an der Küstenstraße zu mehreren braunen Sandstränden.

Tauchen: Die Tauchmöglichkeiten auf Dominica sind ausgezeichnet. Die zerklüftete Landschaft der Insel setzt sich auch unter Wasser fort und ist dort von steilen Wänden sowie Bögen, Gipfeln und Höhlen aus Vulkangestein gekennzeichnet.

Ein Großteil der besten Tauchgebiete befinden sich in der Umgebung der Soufriere Bay. Scotts Head Drop ist ein seichtes Korallenriff, das plötzlich steil um 50 m abfällt und eine riesige Mauer aus Schwämmen und Weichkorallen sichtbar werden läßt. Gleich westlich von Scotts Head liegt The Pinnacle, der einige Meter unterhalb der Wasseroberfläche beginnt und abfällt zu einer Reihe von Mauern, Bögen und Höhlen, die voller von Stachelrochen, Schnäppern, Barracudas und Papageienfischen sind.

Ruhigeres Wasser, das sich zum Schnorcheln und für ungeübtere Taucher besser eignet, findet man bei einem weiteren Unterwassergipfel, dem Soufriere Pinnacle, der sich vom Meeresgrund 50 m bis 2 m unterhalb der Wasseroberfläche erhebt und zahlreichen Korallen und Fischen Lebensraum bietet. Ebenfalls bei Schnorchlern und Anfängern beliebt ist Champagne, eine heiße Unterwasserquelle vor der Pointe Guignard, wo aus Spalten unterhalb der Wasseroberfläche an Kristalle erinnernde Blasen dringen.

Das Meer vor der Nordseite der Insel ist zu großen Teilen noch unerforscht. Beliebt bei Tauchern sind im Gebiet nördlich von Roseau die Wracks einer Barkasse und eines Schleppers sowie das Castaway-Riff, Grande Savane, Rodney's Rock und die Toucari Bay.

Auf Dominica sind folgende Tauchschulen vertreten:
Anchorage Dive Centers, PO Box 34 (Tel. 8 26 38, Fax 8 56 80). Sitz der Tauchschule ist das Hotel Anchorage in Castle Comfort sowie das Portsmouth Beach Hotel südlich der Stadtmitte von Portsmouth. Tauchlehrer Fitzroy Armour ist ein großartiger Unterwasserfotograf und ein aktiver Naturschützer.

Castaways Dive Center, PO Box 5 (Tel. 9 62 44, Fax 9 62 46) im Castaways Beach Hotel in der Mitte der Westküste.

Dive Dominica, PO Box 63 (Tel. 8 21 88, Fax 8 60 88) in der Castle Comfort Lodge gleich südlich von Roseau. Das ist die älteste Tauchschule auf der Insel.

East Carib Dive, PO Box 375 (Tel. 9 65 75, Fax 9 66 03). Der Leiter dieser Tauchschule an einem schwarzen Sandstrand 1,5 Meilen (2,4 km) nördlich vom Castaways Beach Hotel ist Gunther Glatz, ein freundlicher Tauchlehrer aus Deutschland.

Der übliche Preis für einen Tauchgang mit einer Flasche Preßluft liegt bei 40 US $ sowie bei 50 US $ für das nächtliche Tauchen. Den günstigsten Preis für einen Tauchgang mit zwei Flaschen Preßluft bietet das Anchorage (60 US $). Dive Dominica (80 US $) und Anchorage (90 US $) veranstalten eintägige Ferienkurse mit einem Tauchgang im Meer. Bei allen vier Tauchschulen können Sie einen Tauchkurs mit Zertifikat für ca. 300 US $ absolvieren und auch ein Pauschalangebot (einschließlich Tauchkurs und Hotelaufenthalt) buchen.

Schnorcheln: Gute Schnorchelmöglichkeiten bestehen in der Soufriere Bay und daneben im Nationalpark Cabrits.

Alle im vorangehenden Abschnitt aufgeführten Tauchschulen bieten auch Schnorchelausflüge an oder nehmen Schnorchler mit den Tauchern mit. Wer mit Tauchern zusammen eine Tour macht, sollte sicherstellen, daß das Wasser seicht genug ist. Der Blick auf ein Wrack 15 m weiter unten ist von der Wasseroberfläche aus nicht sehr interessant.

Castaways hat sonntags am Morgen eine Tauchfahrt auf dem Programm, normalerweise nach Rodney's Rock. Voraussetzung sind mindestens vier Teilnehmer, die dafür mit Ausrüstung einen Preis von 25 US $ pro Person und ohne Ausrüstung jeweils 15 US $ bezahlen müssen. Es ist auch möglich, für 20 EC $ bei dieser Tauchschule eine Schnorchelausrüstung zu mieten. Die Schnorchelmöglichkeiten vor dem Hotelstrand sind ganz ordentlich. East Carib Dive berechnet 20 US $ für einen Schnorchelausflug und vermietet ebenfalls Schnorchelausrüstungen für 5 US $ pro Tag bzw. 10 US $ pro halben Tag. Dive Dominica nimmt Schnorchler bei Tauchtouren für 25 US $ einschließlich Ausstattung mit. Bei Anchorage können Sie eine Schnorchelausstattung für 10 US $ pro Tag mieten.

Windsurfen und Segeln: East Carib Dive (Tel. 9 65 75) in der Nähe von Salisbury bietet fünfstündige Kurse im Windsurfen für Anfänger zum Preis von 10 US $ an und vermietet Bretter für 8 US $ pro Stunde oder 110 US $ pro Woche.

Im Castaways Beach Hotel, also ebenfalls im mittleren Küstenbereich, können Sie für 40 EC $ pro Stunde auch ein Segelboot mieten.

Wale beobachten: Wale und Delphine ziehen durch das tiefe Wasser vor der Küste von Dominica. Beheimatet sind hier Pottwale, Schwertwale, Zwergwale sowie Pilotwale. Im Winter kann man gelegentlich auch hier vorbeiziehende Buckelwale sehen.

Fitzroy Armour vom Anchorage Dive Centers (Tel. 8 26 38) veranstaltet die einzigen Fahrten zur Walbeobachtung auf der Insel. Das Boot fährt nachmittags ab und ist ca. fünf Stunden unterwegs. So eine Fahrt kostet 50 US $.

Wandern: Auf Dominica gibt es einige ausgezeichnete Wandermöglichkeiten. Kurze Wanderungen können zum Emerald Pool und zu den Trafalgar-Fällen, den beiden am häufigsten besuchten Sehenswürdigkeiten der Insel, unternommen werden. Auch im Nationalpark Cabrits gibt es einige kürzere Wanderwege.

Der Nationalpark Morne Trois Pitons bietet Wandermöglichkeiten in die Wildnis von einem Ausflug in den grünen Urwald bis hin zu einer Tagestour durch ein Vulkantal, aus dem Dämpfe steigen, zu einem brodelnden See.

Kürzere Wanderungen zu oft besuchten Zielen können Sie im allgemeinen auf eigene Faust unternehmen, während bei den meisten Touren durch die Wildnis ein Führer erforderlich ist, der die Gegend gut kennt.

Weitere Informationen über Wanderungen können Sie den entsprechenden Abschnitten dieses Kapitels über Dominica entnehmen.

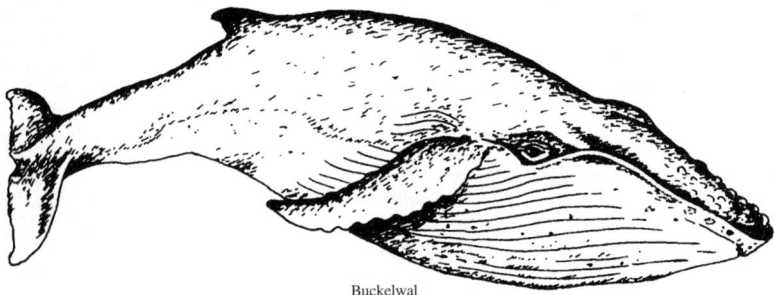

Buckelwal

HÖHEPUNKTE

Tauchen und Wandern sind die schönsten Freizeitbeschäftigungen auf Dominica. Nehmen Sie sich einige Stunden Zeit für einen Spaziergang durch Roseau und besuchen Sie den Botanischen Garten der Stadt mit seiner Papageienvoliere.

Eine Fahrt in Richtung Süden nach Scotts Head und ein Spaziergang zum Ende der Halbinsel bilden einen schönen Ausflug. Sie sollten es auch nicht versäumen, Fort Shirley im Nationalpark Cabrits zu besuchen und sich die Trafalgar-Fälle sowie den Emerald Pool anzusehen.

UNTERKUNFT

Auf ganz Dominica stehen nur ca. 600 Zimmer zur Vermietung zur Verfügung, viele davon in kleinen privaten Hotels und Pensionen an der Westküste der Insel. Als Quartiere sind zudem drei Berghütten (Papillote, Roxy's und Springfield) gleich westlich vom Nationalpark Morne Trois Pitons vorhanden, eine schöne Alternative, wenn man am Rand des Dschungels übernachten will.

Mit einigen Ausnahmen sind die preiswerteren Unterkünfte einfache Pensionen in der Preisklasse von 25 bis 45 US $. Unter den Häusern der Mittelklasse (ca. 50 bis 75 US $) findet man einige Hotels mit dem besten Preis-Leistungsverhältnis auf der Insel. Selbst in den besten Hotels werden mit 100 bis 125 US $ noch relativ vernünftige Preise verlangt. Daneben muß man zusätzlich 5 % Steuer sowie 10 % für Bedienung bezahlen.

ESSEN

Das Nationalgericht auf Dominica ist Berghähnchen, wobei es sich nicht um Federvieh, sondern um die Schenkel des riesigen Crapaud-Frosches handelt. Er lebt in den höheren Lagen und gehört zu den geschützten Tierarten, so daß er nur vom Herbst bis zum Februar gefangen werden darf. Das Fleisch des Crapaud ist weiß und erinnert an Hähnchen.

Auf den Speisekarten der Restaurants findet man fast überall auch kreolische Gerichte. Probieren Sie einmal die Callaloo-Suppe, die überall nach einem anderen Rezept zubereitet wird, auf Dominica jedoch fast immer aromatisch und cremig ist.

Auf der Insel wachsen ferner zahlreiche Früchte, darunter Bananen, Kokosnüsse, Papayas, Guaven, Ananas und Mangos, letzere in so großer Zahl, daß sie häufig am Straßenrand am Boden liegen.

GETRÄNKE

Wegen der zahlreichen Flüsse verfügt Dominica über reichlich frisches Trinkwasser. Im allgemeinen ist das Leitungswasser trinkbar. Frische Fruchtsäfte sind preiswert und lassen sich in den meisten Restaurants bestellen. Erhältlich sind zudem gute Punschgetränke aus einheimischem Obst und einheimischem Rum.

UNTERHALTUNG

Ein beliebter Treffpunkt ist die Pina Colada Bar in der Bath Road 30 in Roseau, die bis 23.00 Uhr geöffnet ist und in der gelegentlich Jazz live zu hören ist. Das The Warehouse, eine Diskothek im Stadtteil Canefield, zieht samstags abends die Massen an. Im Dorf Soufriere kann es freitags am Abend mit Fisch-Barbecues, Musik von der Insel und viel Rum ebenfalls ganz angenehm werden. Davon abgesehen ist die Unterhaltung größtenteils auf einen Drink bei Sonnenuntergang in einer der Hotelbars beschränkt.

EINKÄUFE

Auf Dominica können Sie die traditionellen Korbwaren der Kariben von hoher Qualität kaufen. Die Preise sind überraschend gemäßigt. Erhältlich sind die Körbe an den Ständen am Straßenrand im Kariben-Territorium und in den Kunstgewerbeläden in Roseau. In den Kunstgewerbeläden werden zudem Platzdeckchen, Hüte, Notizbücher, kreolische Puppen, scharfe Pfeffersoße, Kaffee aus Dominica und Schönheitspflegemittel aus Kokosöl angeboten.

Bei Tropicrafts am Ostende der Queen Mary Street in Roseau können Sie sehen, wie Frauen riesige Bodenmatten aus *verti-vert,* einem einheimischen strohartigen Gras, flechten. Bei Tropicrafts wird ebenfalls eine breite Auswahl an Andenken verkauft, wobei jedoch in den kleineren Andenkenläden in der Stadtmitte von Roseau wie Dominica Handicrafts gegenüber von Cable & Wireless sowie Caribana Handcrafts in der Cork Street die Preise niedriger sind.

ANREISE

FLUG

Direkte Flugverbindungen von Europa bestehen nicht, so daß Besucher Dominicas über eine der Nachbarinseln anreisen müssen. Tägliche Direktflüge gibt es von und nach Antigua, Guadeloupe, Martinique, St. Lucia und St Martin.

Wer von Insel zu Insel fliegt, hat die Wahl zwischen zahlreichen Flugscheinen, die eine Flugunterbrechung auf Dominica erlauben. Für ein normales Ticket von Antigua nach Dominica zahlt man 83 US $ (einfach) bzw. 158 US $ (hin und zurück), ab Martinique 96 bzw. 181 US $, ab Guadeloupe 81 bzw. 136 US $ und ab St. Lucia 83 bzw. 150 US $. Bei den Tickets für einen Hin- und Rückflug gilt jeweils eine maximale Aufenthaltsdauer auf Dominica von 30 Tagen. Das Büro von LIAT auf Dominica befindet sich in der King George V Street in Roseau (Tel. 8 24 21).

Air Guadeloupe fliegt täglich außer sonntags um 6.40 Uhr von Guadeloupe nach Dominica. In Dominica können Sie Flüge mit dieser Gesellschaft bei Whitchurch Travel in der Old Street in Roseau ((Tel. 8 21 81) buchen.

Air Caraibes (Tel. 9 14 16), früher Nature Island Express, verkehrt täglich zwischen Dominica und St. Martin. Ein einfacher Flug kostet 125 US $, während man für einen

DOMINICA

Hin- und Rückflug zum Ausflugstarif bei einer Gültigkeit von sieben Tagen 174 US $ sowie bei einer Gültigkeit von 21 Tagen 205 US $ bezahlen muß. Außerdem besteht samstags und sonntags eine Flugverbindung von Antigua nach Dominica. Auf dieser Strecke kosten ein einfacher Flug 75 US $ und ein Hin- und Rückflug zum Ausflugstarif (gültig 21 Tage) 137 US $. Air Caraibes und Caribbean Air Services (Tel. 9 17 48) veranstalten zudem Charterflüge.

Flughafeninformation: Auf Dominica gibt es zwei Flughäfen: Canefield bei Roseau und Melville Hall auf der abgelegenen Nordostseite der Insel.
Bei den meisten Flügen von LIAT wird der Flughafen Canefield benutzt. Es startet jedoch mindestens einmal täglich ein Flugzeug nach Antigua und Martinique auf dem Flughafen Melville Hall. Im Flugplan von LIAT zeigt ein C oder M hinter der Abflugzeit den jeweiligen Flughafen an.
Auf dem Flughafen Canefield gibt es einen Informationsschalter mit ausgesprochen hilfsbereiten Mitarbeitern. Abgesehen von der Mittagszeit zwischen 13.00 und 14.00 Uhr ist er immer geöffnet, wenn eine Maschine landet. Darüber hinaus sind hier ein kleiner Andenkenladen, ein Imbiß mit preiswerten Sandwiches und Getränken, ein Warteraum sowie Münz- und Kartentelefone vorhanden. Wer ein Auto mieten möchte, bekommt im allgemeinen seinen lokalen Führerschein schneller bei der Ausländerbehörde am Flughafen, auch wenn er vielleicht warten muß, bis ankommende Passagiere die Paßkontrolle durchlaufen haben.

Flughafentransfer: Am Flughafen Canefield selbst ist keine Autovermietung vertreten, aber einige der Mietwagenfirmen holen ihre Kunden am Flughafen ab. Normalerweise ist es auch unproblematisch, ein Taxi zu bekommen. Wer jedoch mit leichtem Gepäck unterwegs ist, kann statt dessen bis zur Straße gehen und von dort mit einem Bus in die Stadt fahren.
Der Flughafen Melville Hall zwischen Feldern sieht abgesehen von den Zeiten, in denen Maschinen starten oder landen, verlassen aus. Hier kann man einen Andenkenladen, einen Schalter des Fremdenverkehrsamtes, Warteräume sowie Münz- und Kartentelefone in Anspruch nehmen.

SCHIFF
Katamaran: Die *Caribbean Express*, ein moderner Katamaran, der ca. 30 Personen aufnehmen kann, verkehrt zwischen Dominica, Guadeloupe und Martinique. Das Schiff legt in Pointe-à-Pitre auf Guadeloupe montags, mittwochs, freitags und samstags im 7.45 Uhr ab und kommt in Roseau um 10.15 Uhr an. Hier fährt es um 10.45 Uhr weiter und erreicht Fort-de-France auf Martinique um 12.25 Uhr. Am selben Tag fährt es von

Martinique um 13.25 Uhr nach Dominica zurück, das es um 15.15 Uhr erreicht. Um 15.45 legt es hier wieder ab und kommt in Guadeloupe um 18.00 Uhr an.
Für eine einfache Fahrt von Martinique oder Guadeloupe nach Dominica zahlt man 305 F. Es kostet jedoch nur 10 F mehr, von Martinique nach Guadeloupe zu fahren und auf Dominica einen Zwischenstopp einzulegen. Sowohl von Martinique als auch von Guadeloupe aus werden auch Fahrkarten zum Ausflugstarif für 405 F angeboten, die einen Aufenthalt von bis zu sieben Tagen erlauben. Von Dominica zahlt man für die einfache Fahrt nach Guadeloupe 106 EC $ und nach Martinique 124 EC $. Kindern zwischen zwei und elf Jahren wird eine Ermäßigung von 50 % gewährt. 10 % weniger zahlen Passagiere, die jünger als 26 Jahre oder älter als 59 Jahre sind. Buchen kann man die Fahrten auf Dominica über Whitchurch Travel in der Old Street in Roseau (Tel. 8 21 81). Auf Martinique erhalten Sie diesbezügliche Informationen unter der Telefonnummer 60 12 38, auf Guadeloupe unter der Rufnummer 91 13 42. Es ist auch möglich, sich an ein beliebiges Reisebüro zu wenden.
Die *Madikera*, ein Katamaran für 352 Passagiere, verkehrt ebenfalls zwischen Pointe-à-Pitre und Fort-de-France, wobei er mittwochs, freitags, samstags und sonntags auch in Roseau anlegt. Montags besteht eine weitere Verbindung zwischen Pointe-à-Pitre und Roseau. Die Ankunfts- und Abfahrtszeiten variieren allerdings. Das Boot ist jedoch ca. 15 Minuten schneller als die *Caribbean Express*.
Eine Fahrt von Martinique oder Guadeloupe nach Roseau kostet 285 F, hin und zurück 420 F (für Kinder 130 bzw. 285 F). Buchen kann man die Überfahrten auf Guadeloupe unter der Telefonnummer 91 60 87 und auf Martinique unter der Telefonnummer 73 35 35. Auf Dominica wenden Sie sich am besten an Trois Pitons Travel in der Great Marlborough Street 5 in Roseau (Tel. 8 69 77).

Segelboot: Besatzungen von Yachten können die Paß- und Zollkontrolle in Woodbridge Bay nördlich von Roseau sowie in Portsmouth durchlaufen und sich hier eine Küstengenehmigung ausstellen lassen, die es ihnen erlaubt, auch andere Häfen und Ankerplätze an der Küste anzulaufen. Es ist jedoch nicht länger gestattet, in der Soufriere Bay, die heute unter Naturschutz gestellt ist, anzulegen.

Kreuzfahrt: Eine Reihe von Kreuzfahrtschiffen legt auf Dominica an, die meisten in Woodbridge Bay, dem Hafen für Schiffe mit größerem Tiefgang gleich nördlich von Roseau und dem wichtigsten Handelshafen der Insel. Dort reihen sich bei der Ankunft eines solchen Schiffes Händler auf, die Kunstgewerbe anbieten. Zahlreiche Taxis warten ebenfalls, wenn ein Schiff anlegt. Damit die Passagiere von Kreuzfahrtschiffen längere Zeit auf der Nordhälfte der Insel verbringen, wurde ein kleinerer Ankerplatz für Kreuzfahrtschiffe im landschaftlich schönen Nationalpark Cabrits eröffnet, in dem auch die historische Festung Fort Shirley steht.

AUSFLÜGE

LIAT veranstaltet Tagestouren von Antigua nach Dominica. Im Preis von 150 US $ sind der Flug, ein Mittagessen in Papillote und eine Rundfahrt einschließlich Besichtigung des Botanischen Gartens, der Trafalgar-Fälle, des Kariben-Territoriums, des Emerald Pool und des Layou River eingeschlossen. Antilles Trans Express (Tel. 83 12 45) bietet Tagestouren von Guadeloupe an.

Dabei fahren die Teilnehmer um 7.45 Uhr mit der *Carribean Express* los, die auf Dominica um 15.45 Uhr wieder ablegt. Eingeschlossen im Preis von 640 F für Erwachsene und 500 F für Kinder sind eine Minibustour ab Roseau zum Botanischen Garten und zum Emerald Pool sowie ein Mittagessen im Hotel Layou River.

AUSREISE AUS DOMINICA

Beim Abflug müssen Personen über 12 Jahre, die mehr als 24 Stunden auf der Insel verbracht haben, eine Flughafengebühr von 25 EC $ (bzw. 10 US $) entrichten.

REISEN AUF DOMINICA

Dominica ist eine besucherfreundliche Insel. Die meisten Straßen und Orte sind gekennzeichnet und auch die wichtigsten Kreuzungen eindeutig beschildert.

Die Hauptstraßen sind im allgemeinen schmal, aber in sehr gutem Zustand, d. h. überwiegend neu asphaltiert und fast frei von Schlaglöchern. Bei den Nebenstraßen gibt es Unterschiede, aber auch wenn einige in schlechtem Zustand sind, ist es möglich, die Insel mit einem Auto zu erkunden. Achten Sie jedoch auf tiefe Rinnen am Straßenrand, durch die der Regen abläuft. Wer dort hineingerät, wird leicht Probleme mit dem Wagen bekommen.

BUS

Busse, bei denen es sich überwiegend um Minitransporter handelt, verkehren regelmäßig auf den Küstenstraßen zwischen Roseau und Scotts Head sowie Canefield. Je weiter man von Canefield nach Norden will, desto größer werden die Abstände zwischen den einzelnen Bussen. Sonntags liegt der Busverkehr praktisch still.

In Roseau fahren die Busse in Richtung Süden nach Scotts Head am Alten Markt ab. Mit diesen Bussen gelangen Sie für 1,50 EC $ auch nach Castle Comfort. Die Busse nach Canefield (1,50 EC $), zum Kariben-Territorium (7 EC $) und nach Portsmouth (7,50 EC $) beginnen ihre Fahrt an der Ostseite des Roseau River in der Nähe des Marktes. Die Busse nach Trafalgar (2,25 EC $) und Laudat (3 EC $) halten an der Nordseite der Polizeiwache.

TAXI

Für eine Fahrt mit einem Taxi (bis zu vier Personen) vom Flughafen Canefield bezahlt man nach Roseau 20 EC $, nach Castle Comfort 25 EC $, nach Scotts Head 65 EC $, zum Castaways Beach Hotel 40 EC $, zum Hotel Layou River 75 EC $ und nach Portsmouth 110 EC $.

Vom Flughafen Melville sind es pro Person im Sammeltaxi nach Roseau 42 EC $, nach Castle Comfort 44 EC $ und nach Portsmouth 30 EC $.

AUTO UND MOTORRAD

Verkehrsregeln: Die Bewohner von Dominica fahren auf der linken Seite der Straße. Wer als Ausländer auf Dominica ein Fahrzeug benutzen möchte, muß zwischen 25 und 65 Jahre alt sein, eine gültige Fahrerlaubnis seines Heimatlandes besitzen und wenigstens zwei Jahre Fahrpraxis mitbringen. Zudem ist ein lokaler Führerschein notwendig (20 EC $), den man bei der Ausländerbehörde an einem der Flughäfen täglich bekommen kann. Es ist zudem möglich, diesen Führerschein in der Verkehrsabteilung (Traffic Department) in der High Street in Roseau montags bis freitags zwischen 8.30 und 13.00 Uhr sowie zwischen 14.00 und 15.00 Uhr ausstellen zu lassen (montags bis 16.00 Uhr). Auch wenn immer eine Schlange von Leuten wartet (alle Dinge gehen hier langsam voran), wird die Tür des Büros bereits 10 bis 15 Minuten vor Dienstschluß geschlossen. Die Autovermietungen bieten im allgemeinen an, Kunden abzuholen oder zur Ausstellung des Führerscheines zur Verkehrsbehörde zu bringen.

Tankstellen gibt es in den größeren Orten, so in Canefield, Portsmouth und Marigot. Eine Gallone Benzin kostet 6,50 EC $.

Mietwagen: Die am nächsten am Flughafen Canefield gelegene Autovermietung und die einzige Filiale einer internationalen Firma auf Dominica ist Budget an der Südseite von Canefield (Tel. 9 20 80). Geöffnet wird hier um 8.00 Uhr. Kunden werden kostenlos am Flughafen abgeholt. Die Preise für einen Mietwagen beginnen bei 48 US $ pro Tag.

Wide Range Car Rentals in der Bath Road in Roseau (Tel. 8 21 98) verfügt über ca. 30 Fahrzeugen, von denen einige schon relativ alt sind. Die Preise bei dieser Autovermietung beginnen bei 35 US $ pro Tag für einen normalen Personenwagen, während man Jeep ab 40 US $ bekommt. Wer es vorher anmeldet, kann sich, wenn er das Auto abgibt, am Flughafen Canefield absetzen lassen.

DOMINICA

Es gibt noch zahlreiche weitere Autovermietungen auf der Insel, darunter Valley Rent-A-Car mit Büros in Roseau (Tel. 8 32 33) und Portsmouth (Tel. 5 52 52) sowie STL Rent-A-Car in der Goodwill Road in Roseau (Tel. 8 23 40). Beide haben günstige Preise und holen Kunden in der Stadt oder am Flughafen kostenlos ab.

Neben dem Mietpreis erheben die meisten Autovermietungen zusätzliche 6 bis 8 US $ pro Tag für eine Unfallversicherung.

Bei Francis' Scooter Rentals in der Cross Street 5 in Roseau (Tel. 8 52 95) und bei DeA's Rent-A-Bike in der Winston Lane 21 in Goodwill in der Gegend von Roseau (Tel. 8 50 75) kann man für ca. 25 US $ pro Tag auch einen Motorroller mieten.

TRAMPEN

Trampen ist bei den Inselbewohnern relativ verbreitet. Einige gehen dabei sogar ca. einen Meter auf die Straße und versuchen, auf diese Weise ein Auto anzuhalten. Am besten ist es jedoch, sich an den Straßenrand zu stellen und die offene Hand auszustrecken. Dabei gelten die üblichen Vorsichtsmaßnahmen.

AUSFLUGSFAHRTEN

Es gibt auf Dominica eine Reihe von kleineren Reiseveranstaltern, die die üblichen Rundfahrten und Wanderungen durch die Wildnis anbieten. Wer mit einem Wagen fahren will, kann sich an Mally's Tour and Taxi Service (Tel. 8 31 14) oder Whitchurch Travel (Tel. 8 57 87) wenden. Wer lieber wandern möchte, sollte sich an Ken's Hinterland Adventure Tours (Tel. 8 48 50) oder Antours Dominica (Tel. 8 64 60) wenden. Wanderungen können auch über zahlreiche Hotels und Pensionen sowie das Fremdenverkehrsbüro in Roseau organisiert werden, in dem man häufig einen oder zwei Führer trifft.

Die meisten Taxis lassen sich ebenfalls für eine Rundfahrt mieten, wobei der Preis für bis zu vier Personen 45 EC $ pro Stunde beträgt.

ROSEAU

Roseau ist eine farbenprächtige westindische Hauptstadt, deren Straßen von alten Bauten aus Stein und Holz gesäumt sind. Einige davon sind mit ihren Fenstern mit Jalousien recht malerisch, reich verziert und mit Balkonen geschmückt, während andere kaum mehr als verwitterte Gebilde sind, die sich wenig stabil über den Bürgersteig neigen. Viele der Häuser sind zweistöckig, wobei sich unten Läden und oben Wohnbereiche befinden. Zu sehen sind auch moderne Zementbauten, aber der überwiegende Teil der Straßen in Roseau läßt den Eindruck aufkommen, man hätte die Uhr um einige Jahrhunderte zurückgedreht.

Roseau gehört zu den ärmeren Hauptstädten der Region, jedoch nicht zu den schmutzigeren. Die Ladenbesitzer reinigen jeden Morgen den Bürgersteig, Polizisten unternehmen in regelmäßigen Abständen ihre Runden, und die meisten Menschen sind recht freundlich.

Der Hafen von Roseau, der von dem Hurrikan „David" in der Vergangenheit schwer beschädigt worden ist, wurde ein Jahrzehnt lang repariert. Heute befindet sich hier eine neue Promenade mit einem schönen Blick auf Scotts Head im Süden.

Roseau, gesprochen „Roseo", ist die Bezeichnung für ein auf der Insel beheimatetes Schilf.

PRAKTISCHE HINWEISE

Informationen: Das Fremdenverkehrsbüro am Alten Markt ist montags bis freitags von 8.00 bis 13.00 Uhr und von 14.00 bis 16.00 Uhr sowie samstags von 9.00 bis 13.00 Uhr geöffnet.

Geld: In der Barclays Bank in der Old Street läßt sich montags bis donnerstags von 8.00 bis 15.00 Uhr sowie freitags von 8.00 bis 13.00 Uhr und von 15.00 bis 17.00 Uhr Geld wechseln.

In der Nähe vom Alten Markt finden Sie auch eine Filiale der Royal Bank of Canada, in der Hillsborough Street eine Filiale der National Commercial Bank und in der Queen Mary Street eine Zweigstelle der Banque Française Commerciale.

Post und Telekommunikation: Das Postamt in der Long Lane ist dienstags bis freitags von 8.00 bis 16.00 Uhr sowie montags bis 17.00 Uhr geöffnet. Vor dem Gebäude von Cable & Wireless in der Hanover Street (geöffnet montags bis samstags von 7.00 bis 20.00 Uhr) kann man Münz- und Kartentelefone benutzen.

Buchhandlungen: Bei Paperbacks in der King George V Street ist eine gute Auswahl an Büchern über die Insel erhältlich.

SEHENSWÜRDIGKEITEN

Alter Markt: Der alte Marktplatz mit Kopfsteinpflaster sowie die kleinen, überdachten Arkaden waren einst der Sklavenmarkt. Ein schmiedeeisernes Denkmal im viktorianischen Stil zeigt den alten Block an, in dem die Auktionen stattfanden.

Neben dem Fremdenverkehrsbüro kann man sich einige Verkaufsstände für Korbwaren und Kunstgewerbe ansehen.

Markt: Der Markt am Ufer am Westende der Bay Street ist täglich außer sonntags von Sonnenaufgang bis ca. 16.00 Uhr geöffnet. Hier kann man frisches Obst, Gemüse und Kräuter kaufen. Wird zudem noch eine Muschel geblasen, dann wird auch frischer Fisch angeboten. Wenn Sie Durst bekommen haben, können Sie bei den Kokosnußverkäufern etwas Erfrischendes trinken (1 EC $).

Kirchen: Die katholische Kathedrale von Roseau in der Virgin Lane oberhalb der methodistischen Kirche ist ein altes Steingebäude mit weitläufigem Innenraum. Die Fenster weisen eine typisch gotische Form auf, aber nur der obere Teil besteht aus Buntglas, während unten hölzernen Läden geöffnet werden können, um etwas kühle Luft hineinzulassen. Die Kirche lohnt es nicht, extra ihretwegen hierherzukommen, aber sie ist nett hergerichtet und einen Blick wert, wenn man in der Gegend ist.

Die anglikanische Kirche gegenüber vom Hotel Fort Young ist ein relativ schönes, graues Gebäude aus Steinblöcken. Nach dem Hurrikan „David" im Jahre 1979 standen von ihr nur noch die Mauern. Daraufhin hat man ihr Dach zum Schutz vor weiteren solchen Wirbelstürmen durch Wellblech ersetzt.

Bücherei: Die öffentliche Bibliothek in der Victoria Street wurde 1905 mit Mitteln der amerikanischen Mäzens Andrew Carnegie erbaut. Sie besitzt eine schöne, alte Veranda mit Blick auf das Meer. Vor dem Gebäude steht ein Kanonenkugelbaum, der Ende des Frühjahrs blüht. Gegenüber der Bücherei steht das Government House (der Regierungssitz), die weiße Villa mit der großen Rasenfläche davor, sowie das neue Parlamentsgebäude zu sehen.

Botanischer Garten: Der Botanische Garten, der aus dem Jahre 1890 stammt, wurde an der Nordseite der Stadt unterhalb vom Morne Bruce angelegt. Er ist ein schönes Ziel für einen Spaziergang. Zu sehen sind große Baban-Bäume, blühende tropische Sträucher und eine Voliere mit den Jaco- und Sisserou-Papageien, den beiden Papageienarten, die im Regenwald von Dominica heimisch sind.

Bei der Parkverwaltung werden Broschüren über die Parks und Wanderwege auf der Insel verkauft. In der Nähe steht eine Art Mahnmal an den Hurrikan „David". Das ist ein Schulbus, der unter dem Gewicht eines riesigen Baobab-Baumes zerschmettert wurde und beim Hurrikan von 1979 umstürzte. In den Botanischen Garten kann man mit einem Auto bis 22.00 Uhr durch den Eingang an der Bath Road oder an der Trafalgar Road gelangen. Zu Fuß ist es jederzeit möglich, die Anlage zu besuchen. Der Eintritt ist frei.

UNTERKUNFT
Stadtmitte: Das Kent Anthony Guest House in der Great Marlborough Street 34 (Tel. 8 27 30, Fax 8 75 59) ist ein eher freudloses Haus mit schiefen Böden, abblätterndem Linoleum und Möbeln, die dazu passen, aber die Preise sind mit 11 US $ für eine Person und 19 US $ für zwei Personen kaum zu unterbieten. 8 US $ mehr zahlt man hier für ein Zimmer mit eigenem Bad, weitere 4 US $ für ein klimatisiertes Zimmer.

Die Cherry Lodge in der Kennedy Avenue (Tel. 8 23 66, PO Box 138) ist bei Rucksacktouristen beliebt. Das kleine, als Familienbetrieb geführte interessante Holzhaus sieht zeitlos aus, stammt jedoch aus dem Jahre 1946. Die Zimmer sind recht einfach. Die Mauern reichen nicht bis zur Decke, um eine gewisse Luftzirkulation (und damit auch Lärm) zuzulassen. Einige Zimmer besitzen jedoch einen Balkon sowie eine eigene Dusche und Toilette. Der Übernachtungspreis beträgt hier in einem Einzelzimmer 20 US $ und in einem Doppelzimmer 30 US $.

Vena's Guest House an einer lauten Straßenecke in der Cork Street 48 (Tel. 8 32 86) steht an der Stelle, an der sich früher das Geburtshaus der Schriftstellerin Jean Rhys befand. Es gehört jedoch zu den schäbigeren Häusern und sieht, auch in den Zimmern, nicht sehr einladend aus. Hier muß man für ein Einzelzimmer mit Badbenutzung ab 20 US $ bezahlen.

Im Wykie's La Tropical Guest House in der Old Street 51 (Tel. 8 80 15, Fax 8 76 65) werden über einer von Einheimischen besuchten Bar sechs kleine Zimmer vermietet. Das Ganze ist ein wenig baufällig. Die Zimmer sind sehr einfach und bestehen im wesentlichen aus einer Schaumgummimatratze und auf Nachfrage einem Ventilator. Das Haus hat jedoch unzweifelhaft Charakter und wird freundlich geleitet. Pro Übernachtung werden in diesem Haus für ein Einzelzimmer 25 US $ und ein Doppelzimmer 35 US $ berechnet.

Im Continental Inn in der Queen Mary Street 37 (Tel. 8 22 14, Fax 8 70 22) wird ein Dutzend Zimmer vermietet, von denen die meisten recht klein und einfach sind. Es ist jedoch ein sauberes Haus und alles in allem das beste der einfachen Hotels in Roseau. Die vier Zimmer mit Badbenutzung kosten für eine Person 30 US $ und für zwei Personen 40 US $, während mit eigenem Bad 40 bzw. 50 US $ zu bezahlen sind. Kreditkarten von Eurocard/ Mastercard, Discover Card und American Express werden akzeptiert. Zum Haus gehört ein kleines, preiswertes Restaurant.

Beim Bon Marché Guest House in der Old Street 11 (Tel. 8 20 83) handelt es sich um eine neuere Pension an einer relativ ruhigen Straße. Die vier Zimmer sind klein und mit Schaumgummimatratzen sowie Tischventilatoren ausgestattet. Sie verfügen über eine eigene Dusche und Toilette vermietet. Die mit Jalousien versehenen Fenster sind nicht mit Fliegengittern geschützt, so daß man in heißen Nächten die Wahl hat, entweder zu schwitzen oder von Moski-

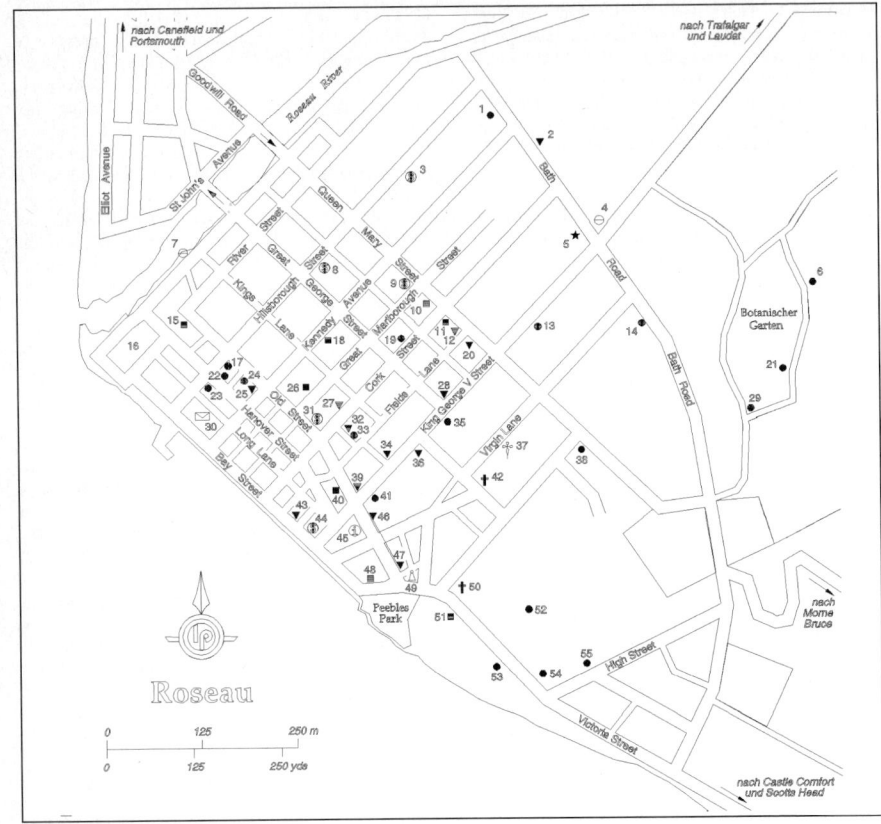

tos gestochen zu werden. Vorhanden sind auch eine gemeinschaftlich genutzt Küche sowie ein Aufenthaltsraum mit Fernsehgerät für Kabelprogramme. Die Zimmer kosten zwischen 32 und 35 US $ und sind in dieser Preisklasse alles in allem nicht schlecht. Die Rezeption befindet sich ein Stockwerk unterhalb der Pension. Sonntags und nach 17.00 Uhr erreicht man die Eigentümer unter der Telefonnummer 8 41 94.

Das Hotel Fort Young (Tel. 8 50 00, Fax 8 50 06) liegt in der Victoria Street, nur einige Minuten zu Fuß von der Stadtmitte entfernt. Beim Bau dieses Hotel der Spitzenklasse wurden Mauern der Festung Fort Young aus dem 18. Jahrhundert einbezogen, die einst die östliche Seite der Hauptstadt bewachte. Die 33 Zimmer sind hübsch, die Fußböden aus Holz, die Bäder gekachelt und die Fenster mit Jalousien sowie Fliegengittern versehen. In den Zimmern befinden sich Deckenventilatoren, Klimaanlagen, Kabelfernsehgeräte und Telefone. In den Luxuszimmern

im 2. Stock werden den Gästen ein eigener Balkon, riesige Betten und einer Kathedrale würdige hohe Decken geboten. Das ganze Jahr über zahlt man hier für ein Standardzimmer allein 85 US $ und zu zweit 95 US $. Für die größeren Luxuszimmer, die zweifellos die besten auf der Insel sind, liegen die Preise bei 115 bzw. 135 US $.

Das The Garraway (Tel. 8 32 47), ein neues Hotel am Ostende der neuen Promenade, verfügt über 31 moderne Zimmer mit Ventilator, Klimaanlage und Fernsehgerät. Hier kommt man allein für 85 US $ und zu zweit für 105 US $ unter.

Castle Comfort: Die folgenden vier Hotels liegen in einer Reihe an einer felsigen Küste im Gebiet von Castle Comfort, eine Meile (1,6 km) südlich von Roseau.

Das Hotel Sisserou (Tel. 8 31 11, Fax 8 31 30, PO Box 134) hat 34 ältere, schon etwas von der Zeit gezeichnete Zimmer mit Klimaanlage, Fernsehgerät und Telefon zu

Unterkünfte
10 Continental Inn
11 Vena's Guest House
15 Wykie's La Tropical Guest House
18 Cherry Lodge
26 Kent Anthony Guest House
40 Bon Marché Guest House
48 The Garraway
51 Hotel Fort Young

Restaurants
2 Pina Colada Bar
12 Word of Food
20 Bäckerei
25 Lebensmittelladen Whitchurch
27 Guiyave
28 The Orchard
32 Country Life Natural Foods
34 La Tropicale
36 Lebensmittelladen A. C. Shillingford
39 Raffoul's Snackette
43 Café Cartwheel
46 Cathy's Pizzeria
47 La Robe Creole und Mousehole

Sonstiges
1 Behördengebäude
3 National Commercial Bank of Dominica
4 Busse nach Trafalgar und Laudat
5 Polizeiwache
6 Papageien-Voliere

7 Busse nach Canefield, nach Portsmouth und
zum Kariben-Territorium
8 Scotiabank
9 Banque Française Commerciale
13 Büro von LIAT
14 Wide Range Car Rentals
16 Markt
17 Britisches Konsulat
19 Caribana Handicrafts
21 Forstamt
22 Cable & Wireless
23 Dominica Handicrafts
24 Whitchurch Travel
29 Bus unter einem Baobab-Baum
30 Postamt
31 Barclays Bank
33 Apotheke
35 Photoworld 1-hour Lab
37 Römisch-katholische Kathedrale
38 Tropicrafts
41 Paperbacks
42 Methodisten-Kirche
44 Royal Bank of Canada
45 Alter Markt und Fremdenverkehrsamt
49 Kriegerdenkmäler
50 Anglikanische Kirche
52 Government House
53 Bibliothek
54 Parlamentsgebäude
55 Verkehrsabteilung

bieten. Hier zahlt man allein 50 bzw. 65 US $ und zu zweit 65 bzw. 85 US $, wobei die teureren Zimmern im oberen Stockwerk liegen.

Das Hotel Anchorage (Tel. 8 26 38, Fax 8 56 80, PO Box 34) verfügt über 32 Zimmer mit Klimaanlage, Kabelfernsehgerät, Telefon und eigenem Balkon. Die Standardzimmer sind mit einem Doppelbett und einem Einzelbett ausgestattet und kosten für eine Person 60 US $ sowie für zwei Personen 80 US $. In den Zimmern für 75 bzw. 100 US $, die größer sind, stehen zwei Doppelbetten. Für eine dritte Person im gleichen Zimmer sind 15 US $ Zuschlag zu bezahlen. Die Zimmer im oberen Stock bieten einen besseren Blick und sind nicht teurer. Zur Anlage gehören auch ein kleiner Swimming Pool, ein Squashplatz, ein teures Restaurant sowie eine Tauchschule.

Das Hotel Evergreen (Tel. 8 32 88, Fax 8 68 00, PO Box 309) ist ein schönes, kleines Hotel mit tropischer Atmosphäre. Beim Bau wurden Holz- und Steineelemente der einheimischen Bauweise verwendet. Die Zimmer sind komfortabel mit Klimaanlage, Kabelfernsehgerät, Telefon sowie Fliegengittern vor den Fenstern ausgestattet. Die Zimmer im zweiten Stock des neuen Flügels mit

wunderschönen Balkonen ermöglichen einen Blick auf das Meer. Pro Tag zahlt man hier mit Frühstück und Abendessen in einem Standardzimmer allein 85 US $ und zu zweit 110 US $, für ein Zimmer mit Blick auf das Meer 95 bzw. 130 US $. Das ist für Dominica ein günstiger Preis. Für eine dritte Person im gleichen Zimmer werden weitere 30 US $ berechnet. Zur Anlage gehört ein kleines Schwimmbecken.

Die Castle Comfort Lodge (Tel. 8 21 88, Fax 8 60 88, PO Box 63) zielt auf Taucher ab. Hier stehen zehn einfache Zimmer zur Verfügung, die in Größe und Ausstattung ein wenig variieren, alle jedoch mit Klimaanlage und Deckenventilatoren versehen sind und in einigen auch ein Fernsehgerät steht. Die Preise sind mit 80 US $ für ein Einzelzimmer und 115 US $ für ein Doppelzimmer jedoch recht hoch. Frühstück ist im Preis enthalten.

ESSEN
Preiswerte Restaurants: Im Mousehole unten im gleichen Haus wie das Restaurant La Robe Creole erhält man preiswerte Rotis, Fish & Chips, Sandwiches und Backwaren. Hier kann man auch eine leckere Scheibe

DOMINICA

Bananenbrot für 1,25 EC $ essen und ein großes Glas frischen, cremigen Papaya- oder Guavensaft für 3,50 EC $ trinken. Überwiegend wird hier das Essen mitgenommen, aber es gibt auch eine kleine Theke, an der man essen kann. Geöffnet ist täglich außer sonntags von 8.00 bis 21.30 Uhr.

Das Café Cartwheel in der Bay Street ist ein schönes, kleines Restaurant in einem historischen Gebäude am Wasser mit dicken Steinmauern. Schinken, Eier und Kaffee kosten hier 9 EC $, Sandwiches 4 EC $. Geöffnet ist montags bis freitags von 7.30 bis 15.30 Uhr und samstags von 8.00 bis 13.00 Uhr.

Im Guiyave in der Cork Street 15 stehen kleine Tische auf einem Balkon im zweiten Stock, von dem aus man einen Blick aus der Vogelperspektive auf die Straße hat. In diesem schönen kleinen Restaurant kann man von 8.00 bis 11.30 Uhr frühstücken. Für französischen Toast, Schinken und Eier sowie Omelette mit Saft oder Kaffee zahlt man zwischen 10 und 20 EC $. Angeboten werden aber auch preiswertere Backwaren. Zum Mittagessen können Sie Sandwiches und Burger für 5 bis 10 EC $ bestellen. Samstags stehen einheimische Gerichte wie Rotis, Goat Water und Souse auf der Speisekarte. Das Guiyave schließt um 16.00 Uhr. Sonntags ist Ruhetag. Unten im gleichen Haus befindet sich eine Bäckerei mit akzeptablen Preisen, jedoch recht durchschnittlichen Quiches, Backwaren und Süßkartoffelpudding.

Im The Orchard an der Ecke der King George V Street und der Great George Street, einem hübschen, einfachen Restaurant, hängen Bilder der Insel. Hier zahlt man weniger als 10 EC $ für Sandwiches, Rotis und gute Callaloo- sowie Pumpkin-Suppen. Sie können auch ein Menü bestellen und haben die Wahl zwischen Hähnchenkeule (20 EC $), Fisch (30 EC $) und Lambi (Muscheln, 45 EC $) mit Reis, Plantanen, eingelegten roten Rüben, Salat und Yam Pie. Die Portionen sind großzügig bemessen, und das Essen schmeckt recht gut. Das Orchard ist montags bis freitags von 10.00 bis ca. 22.00 Uhr und samstags bis 16.00 Uhr geöffnet.

Eines der wenigen Restaurants, die auch sonntags geöffnet sind, ist die Pizzeria Cathy's gegenüber vom Alten Markt, in dem Pizza, preiswerte Rotis und Calzones auf der Speisekarte stehen.

Das World of Food im Vena's Guest House in der Cork Street 48 ist ein Restaurant, in dem man im Hof sitzt, und beliebt, um nach der Arbeit abends noch etwas trinken zu gehen. Sandwiches kosten hier ca. 5 EC $, Lambi- und Fischgerichte um die 40 EC $.

Das Raffoul's Snackette in der King George V Street 13 ist in erster Linie ein Brotladen, verkauft werden aber auch preiswerte Sandwiches. Im Country Life Natural

Foods in der Cork Street, einem sehr kleinen Laden mit Vitaminen und einigen abgepackten Reformkostwaren, werden frische ganze Weizenbrote mit oder ohne Rosinen verkauft. Im La Tropicale, einem Balkonrestaurant im 2. Stock in der King George V Street, kann man gefrorenen Joghurt und preiswerte Imbisse essen.

Es gibt auch eine ganze Reihe von Lebensmittelläden in der Stadt, von denen die größten A C Shillingford in der King George V Street und Whitchurch in der Old Street sind. Sie sind montags bis freitags von 8.00 bis 17.00 Uhr und samstags bis 14.00 Uhr geöffnet. Auf dem Markt kann man gut Obst und Gemüse kaufen.

Aus Eric's Bakery, dem orange-weißen Gebäude gegenüber vom Tiefwasserhafen Woodbridge, stammt ein großer Teil des Brotes auf der Insel. Man bekommt hier aber auch leckere Rosinenschnitten (1 EC $) sowie andere Backwaren.

Teure Restaurants: Das La Robe Creole in der Victoria Street 3 gehört zu den besten Restaurants auf der Insel. Die kreolische Küche ist gut, und das Lokal mit seinen Steinmauern und Stühlen mit den hohen Lehnen ist recht ansprechend. Die Kellnerinnen tragen hier traditionelle kreolische Kleider. Die ausgezeichnete Callaloo-Suppe hat hier eine cremige Grundlage aus Kokos und kostet 7 EC $. Für Fisch des Tages oder Hähnchenbrust auf kreolische Art, zwei leckere Hauptgerichte, zahlt man in diesem Restaurant nicht überhöhte 35 EC $. Sie werden mit Plantanen, Dasheen und Süßkartoffeln serviert. Der kräftige Rumpunsch des Hauses kostet 4,50 US $. Auch die frischen Fruchtsäfte und Nachspeisen sind gut. Es gibt zudem eine vielfältige Karte für kleine Imbisse und eine preiswerte Kinderkarte. Das Restaurant ist ab 11.30 Uhr geöffnet; die letzte Bestellung für Hauptgerichte wird um 21.30 Uhr angenommen, während Imbisse bis 22.30 Uhr bestellt werden können.

Im Hotel Fort Young gibt es ein großes Restaurant, das in den Steinmauern der alten Festung eingerichtet wurde. Der Speisesaal ist jedoch ein wenig zu hallenartig, um Atmosphäre aufkommen zu lassen. Die Speisekarte ist aber vielfältig, wobei die Hauptgerichte ca. 40 EC $ kosten.

Zum Hotel Evergreen in Castle Comfort (Tel. 8 32 88) gehört eine sehr schöne Terrasse am Meer. Auch andere als Hausgäste können hier nach vorheriger Anmeldung essen. Für ein komplettes Menü mit Suppe und Nachtisch sowie einem von mehreren Hauptgerichten, meistens Fisch, Garnelen, Hähnchen und Lamm, zahlt man 50 EC $. Im benachbarten Anchorage gibt es ein Sisserou und einem Sisserou gibt es ebenfalls Restaurants, deren Preis-Leistungsverhältnis jedoch schlechter ist.

WEITERE ORTE

MORNE BRUCE

Morne Bruce ist ein relativ exklusiver Vorort in den Bergen südöstlich von Roseau. Es gibt hier einige Hotels, aber die meisten Menschen, die hierherkommen, tun dies wegen des Blicks auf Roseau und seine Umgebung, der sich von hier aus bietet. Sie gelangen zum Aussichtspunkt mit einem Auto, wenn Sie unterhalb des Präsidentenbüros parken. Sie können jedoch auch vom Botanischen Garten hinaufwandern. Der Weg beginnt gleich östlich der Papageienvoliere und nimmt ca. 15 Minuten in Anspruch.

UNTERKUNFT UND ESSEN
Die Itassi Cottages (Tel. 8 43 13, Fax 8 30 45, PO Box 319) sind ein exklusives Feriendorf in den Bergen mit Blick auf Roseau und Scotts Head. Die Bungalows, zur Selbstversorgung bestimmt, sind mit Kochgelegenheit, Telefon und Fernsehgerät ausgestattet. Vorhanden ist auch ein Tennisplatz. Übernachtungen kosten hier 60 US $ für ein bis zwei Personen, 90 US $ für drei oder vier Personen und 110 US $ für fünf oder sechs Personen.

Außerdem steht ein Studio zur Verfügung, das für 40 US $ an eine oder zwei Personen vermietet wird. Das Hotel Reigate Hall (Tel. 8 40 31, Fax 8 40 34), ein Haus mit 16 Zimmern, liegt auf einem Berg oberhalb von Morne Bruce. Hier herrscht ein wenig die Atmosphäre eines kleinen Berggasthauses, das einen großartigen Blick auf das zwei Kilometer entfernte Roseau weit unten bietet. Die 16 Zimmer sind recht einfach, aber modern und mit Klimaanlage sowie eigenem Balkon ausgestattet. Für die Einzelzimmer, die recht klein sind, zahlt man 75 US $, während die Doppelzimmer 95 US $ kosten und man für die größeren, komfortableren Suiten ab 150 US $ bezahlen muß. Zur Anlage gehören ein großer Swimming Pool, eine Sauna und ein Tennisplatz. Das Hotel liegt am Ende einer nicht ausgeschilderten und miserablen einspurigen Straße. Die Preise für Frühstück und Mittagessen sind moderat. Dagegen wird es abends etwas teurer, wenn Gerichte wie Fisch auf kreolische Art, Filetsteak Bearnaise oder Mountain Chicken für ca. 50 EC $ auf der Speisekarte stehen.

CANEFIELD UND UMGEBUNG

Canefield, etwa zehn Minuten mit dem Auto von Roseau entfernt, ist zur Hälfte ein Wohnort und zur anderen Hälfte ein Industriegebiet. Hier befindet sich auch der wichtigste Flughafen der Insel. Der Ort ist kein typisches Touristenziel, aber es gibt hier einige Hotels, und er liegt an einer der wichtigsten Busverbindungen. Auch ohne Auto gelangt man von Canefield relativ unproblematisch nach Roseau. Pringles Bay ist bei den Einheimischen ein beliebter Strand, auch wenn ganz in der Nähe die Handelsschiffe be- und entladen werden. In der Bucht liegen einige Wracks, die man erkunden kann: ein Schlepper in ca. 20 m tiefem Wasser in der Nähe der Flußmündung sowie eine Barkasse einige Meter unterhalb der Wasseroberfläche an der Seite eines Riffes.

Das Old Mill Cultural Center eine halbe Meile (800 m) südlich des Flughafens wurde in einem schönen Steingebäude eingerichtet, in dem die alte Mühlenausstattung am Boden vor sich hin rostet. Der Bau wird renoviert und soll als Museum und als Kulturzentrum wiedereröffnet werden.

In Massacre, einem kleinen Dorf nördlich des Flughafens, erinnert eine Gedenkmauer an der Hauptstraße an

das Massaker an den Kariben im Jahre 1674, nach dem der Ort benannt wurde.

Massaker
Philip Warner, der Sohn des Gouverneurs von St. Kitts, war für das große Massaker an den Kariben auf Dominica im Jahre 1674 verantwortlich, aber auch für den Mord an Indian Warner (Indianer Warner), seinem Halbbruder.

Indian Warner, dessen Mutter eine Karibin aus Dominica gewesen war, ließ eine englische Erziehung auf St. Kitts hinter sich und kehrte nach Dominica zurück, wo er zu einem Häuptling der Kariben wurde. Philip Warner, der ein Kontingent britischer Truppen anführte, um Rache für Angriffe der Kariben auf St. Kitts zu nehmen, konnte Indian Warner zu einem Treffen an der Westküste von Dominica in dem Dorf mit dem heutigen Namen Massacre verleiten, wo er seinen Halbbruder sowie seinen gesamten Stamm in einen Hinterhalt lockte.

UNTERKUNFT

Das Canefield Overnighter (Tel. 9 13 78, PO Box 412) liegt an der Hauptstraße ca. fünf Minuten zu Fuß vom Flughafen entfernt. Vermietet werden hier drei einfache, aber saubere Zimmer, die alle über Fliegengitter vor den mit Jalousien geschützten Fenstern, einen Ventilator und ein Waschbecken verfügen. Hier muß man für ein Einzelzimmer 15 US $, für ein Zimmer mit Doppelbett 25 US $ und für ein Zimmer mit zwei Einzelbetten 30 US $ bezahlen. Die Zimmer werden mit Badbenutzung vermietet. Die nette ältere Dame, die das Haus führt, spricht auch fließend Französisch. Das Hotel Ambassador (Tel. 9 15 01, PO Box 413) ist ein neues, aber recht freudloses Haus einige Minuten zu Fuß vom Canefield Overnighter entfernt. Angeboten wird hier rund ein Dutzend Zimmer mit Schaumgummimatratzen, eigenem Bad, Ventilator, Telefon und gemeinsam genutzten Balkons. Pro Nacht muß man hier allein 40 US $ und zu zweit 55 US $ bezahlen. Essen kann man im Hotel, aber auch in einem Lebensmittelladen gleich gegenüber auf der anderen Seite der Straße einkaufen.

Das Hummingbird Inn (Tel. 9 10 42, Fax 8 57 78, PO Box 20) ist auf halbem Weg zwischen Canefield und Roseau gelegen, wenn man die Hauptstraße nimmt. Man muß jedoch eine 250 m lange, steile Zufahrt hinauffahren, die direkt südlich der Tankstelle von West Indies beginnt. Alles in allem ist die Lage des Hotels nicht sehr praktisch. Hier stehen zehn einfache Zimmer zur Verfügung, alle mit eigenem Bad, das in einigen Fällen außerhalb des Zimmers liegt. Die Preise beginnen bei vorheriger Reservierung für eine Person bei 50 US $ und für zwei Personen bei 55 US $. Ohne Reservierung zahlt man 5 US $ mehr. Das Shipwreck Bar & Restaurant (Tel. 9 10 59, Fax 9 10 42) in der Pringles Bay verfügt über drei recht abgewohnte Bungalows. Für einen Bungalow im Apartmentstil zahlt man 55 US $ pro Tag, während für zwei Schlafzimmer mit Himmelbett, Badewanne und Fernsehgerät 85 US $ verlangt werden.

Das Springfield Plantation Guest House (Tel. 9 14 01, Fax 9 22 60, PO Box 456) erreichen Sie nach einer zehnminütigen Fahrt über gewundene Straßen von Canefield aus. Dieses malerische Berghotel auf einem 370 m hohen Felsen gehört zur 92 Hektar großen Archbold Tropical Research Station, die der Clemson University of South Carolina angegliedert ist. Das frühere Herrenhaus der Plantage dient heute als Gästehaus für Wissenschaftler, die tropische Ökosysteme erforschen, und als Zentrum für Naturtourismus. Die alte Plantagenhaus ist ein wenig verwittert, strahlt jedoch Atmosphäre aus. Die großen Zimmer besitzen Holzfußböden, sind schön eingerichtet, teils mit alten Möbeln, und ermöglichen von der Veranda einen großartigen Blick. Im Sommer zahlt man hier für ein Einzelzimmer 40 oder 50 US $ und für ein Doppelzimmer 55 oder 65 US $. Im Winter liegen die Preise um 15 US $ höher. Für Halbpension (Frühstück und Abendessen) werden pro Person 25 US $ berechnet. Darüber hinaus werden im Anbau noch einige Ferienwohnungen von unterschiedlicher Größe mit einem oder zwei Schlafzimmern vermietet. Ihre Einrichtung ist Berghütten nachempfunden, die Ausstattung jedoch mit Kochgelegenheit, Telefon, Dusche und eigener Veranda ausreichend. Die Preise sind im inselweiten Vergleich mit 150 bis 225 US $ pro Woche ausgesprochen günstig. In einigen wenigen Bungalows mit zwei Schlafräumen kann man für 225 bis 300 US $ pro Woche übernachten.

ESSEN

Das Shipwreck Bar & Restaurant (Tel. 9 10 59, Fax 9 10 42), eine Strandbar an der Pringles Bay, ist täglich geöffnet. Mittags stehen hier Imbisse wie Hähnchen und Pommes Frites für 12 EC $ auf der Speisekarte, die meisten Gäste kommen jedoch abends hierher, um bei Sonnenuntergang etwas zu trinken. Die Abendkarte wechselt täglich, wobei Schweinekotelett, Backhähnchen oder frischer Thunfisch, jeweils mit grünem Salat und Reis, für 20 bis 30 EC $ zur Auswahl stehen.

GEBIET DES LAYOU RIVER

Der Layou River, Dominicas längster Fluß, ergießt sich gleich südlich von St. Joseph in der Mitte der Westküste in das Meer. Das Flußbecken ist ein friedliches, ländliches Gebiet mit Bambus, der sich über die Ufer beugt, und Bananenbäumen sowie Kokospalmen, die die Straße säumen. Dort, wo die Strömung nicht zu stark ist, ist der Fluß ein beliebter Platz zum Baden. St. Joseph, ein einfaches Fischerdorf mit 2600 Einwohnern, liegt an einem Hang hinter einem schwarzen Sandstrand. Den besten Strand der Gegend findet man jedoch weiter nördlich beim Castaways Beach Hotel in Mero. Vor dem Castaways gibt es gute Möglichkeiten zum Baden und relativ gute Gelegenheiten zum Schnor-

cheln entlang der Felsformationen am Südende des Strandes. Mit etwas Glück kann man hier sogar Stachelrochen und Tintenfische sehen.

Gleich nördlich von Mero, auf der dem Meer abgewandten Seite der Küstenstraße, kommt man zur Rumbrennerei Macoucherie. Hier wird Zuckerrohr von den umliegenden Feldern mit Hilfe eines altmodischen Wasserrades zerkleinert. Dabei können Sie montags bis freitags zwischen 7.00 und 15.00 Uhr zuschauen. Der Rum aus dieser Brennerei ist auf Dominica sehr beliebt, wobei ihm einige Leute aphrodisierische Wirkung zuschreiben. Die Küstenstraße zieht sich weiter in Richtung Norden entlang der Leeseite der höchsten Bergkette Dominicas, einer Barriere, die dafür sorgt, daß diese Region zu den trockensten Gegenden der Insel gehört.

UNTERKUNFT

Das Hotel Layou River (Tel. 9 62 81, Fax 9 67 13, PO Box 8) liegt an der Nordseite des Layou River, 1,25 Meilen (2 km) landeinwärts von der Küstenstraße. Die 34 klimatisierten Zimmer, die in zwei identischen Gebäuden eingerichtet wurden, sind mit Bad, Telefon und entweder einem Doppelbett oder zwei Einzelbetten ausgestattet. Ein Teil der Möbel ist schon etwas abgewohnt, und die Wände könnten auch einmal einen frischen Anstrich vertragen, aber sonst sind die Zimmer akzeptabel. Die Lage am Fluß ist recht schön, und zur Anlage gehört auch ein Swimming Pool. Hier muß man für eine Übernachtung allein 50 US $ und zu zweit 60 US $ bezahlen. Einige Zimmer bieten einen wunderschönen Blick auf den Fluß, ohne daß man dafür mehr zahlen müßte. Zu erreichen ist das Hotel vom Flughafen Canefield nach ca. 20 Minuten Fahrt. Wer ein Auto hat und die Insel erkunden will, wählt damit einen recht guten Ausgangspunkt. Der taiwanesische Eigentümer plant übrigens den Bau einer Ferienanlage mit 250 Zimmern namens Hotel Caribbean Shangrila auf dem Grundstück auf der anderen Straßenseite.

Das Castaways Beach Hotel (Tel. 9 62 46, Fax 9 62 46, PO Box 5) ist ein einladendes Haus an einem schönen, grauen Sandstrand mit ruhigem Wasser. Die 27 Zimmer des Hotels liegen in zwei Flügeln. Die im Südflügel sind jeweils mit einem Doppelbett ausgestattet, während in den etwas größeren Zimmern im Nordflügel jeweils zwei Einzelbetten sowie ein Fernsehgerät stehen. Alle Zimmer sind jedoch recht hübsch und verfügen über Deckenventilator, Dusche, Telefon sowie einen Balkon mit Blick auf das Meer. Der Übernachtungspreis beträgt in diesem Haus für eine Person 72 US $ und für zwei Personen 96 US $. Auf dem Hotelgelände hat sich auch eine Tauchschule angesiedelt. Daher ist es möglich, einen Pauschalaufenthalt (Tauchen und Zimmer) zu buchen. Zum Hotel gehören zudem ein kleiner Anleger und ein Tennisplatz.

ESSEN

Das Restaurant vom Castaways Beach Hotel ist schön gelegen. Man sitzt hier draußen und schaut über das Meer, so daß es ein netter Ort zum Frühstücken auf dem Weg nach Norden ist. Sie haben in diesem Restaurant die Wahl zwischen einem haitianischen, kreolischen und kontinentalen Frühstück für 18 EC $, aber auch der französische Toast für 6,50 EC $ ist reichlich bemessen.

Das Restaurant im Hotel Layou River ist weniger interessant gelegen, zumal sich das Angebot am üblichen orientiert. Es umfaßt z.B. Pfannkuchen (8 EC $), ein kontinentales Frühstück (11 EC $) und ein amerikanisches Frühstück (20 EC $). In beiden Restaurants können Sie zu moderaten Preisen auch zu Mittag essen.

NÖRDLICHES WALDSCHUTZGEBIET

Das Northern Forest Reserve ist ein riesiges Gebiet von 8800 Hektar Land im Innern der Insel, in dem sich auch der 1447 m hohe Morne Diablotin, der höchste Berg auf der Insel, erhebt. Den wichtigsten Lebensraum für die bedrohten Papageienarten Dominicas bildet der Osten des Schutzgebietes.

Die Regierung plant, ein Viertel des Naturschutzgebietes in einen Nationalpark mit Informationszentrum und einem Naturlehrpfad sowie Beobachtungsstationen im Papageienschutzgebiet einzurichten. Erkundigen Sie sich über den Status des Parks am besten im Fremdenverkehrsamt oder beim Forstbüro im Botanischen Garten von Roseau.

Sie gelangen in das Schutzgebiet, wenn Sie auf der Straße, die gleich nördlich von Dublanc beginnt, auf die ausgeschilderte Straße nach Osten abbiegen und bis zum Syndicate Estate fahren, ca. 4,5 Meilen (7,2 km) landeinwärts. Von hier aus führt ein Pfad zu einer Plattform, die zur Beobachtung von Papageien dient, und zum Anfang des Pfades, der den Morne Diablotin hinaufführt. Letzteres ist eine Tour durch zerklüftetes Gelände, die man am besten mit einem Führer unternehmen sollte (vgl. Abschnitt über Ausflüge weiter oben in diesem Kapitel). Die beste Zeit, um Papageien zu beobachten, sind die frühe Morgen und der späte Nachmittag, wenn sie am aktivsten sind.

PORTSMOUTH

Portsmouth, die zweitgrößte Stadt auf Dominica, liegt an der Prince Rupert Bay. Kolumbus kam auf seiner vierten Reise in die Neue Welt im Jahre 1504 in diese Bucht. Drei Jahrzehnte später richteten die Spanier hier eine Versorgungsstation für ihre Galeonen ein. Sir Francis Drake und sein Rivale John Hawkins, zwei Seeräuber des 16. Jahrhunderts, kamen ebenso nach Portsmouth wie Prinz Rupert vom Rhein.

1607 machten Kapitän John Smith und seine Anhänger einige Tage in der Stadt Halt, bevor sie Jamestown, die erste ständig bewohnte englische Siedlung in Amerika, gründeten. Die Hafenstadt war so bedeutend, daß die

171

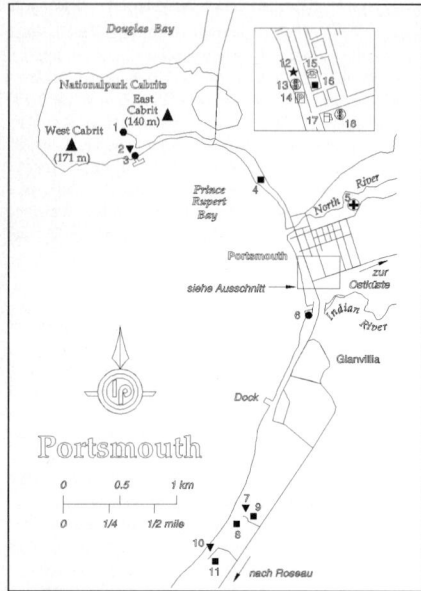

Bay Road, der Hauptstraße, die sich durch die Stadtmitte zieht. Die National Commercial Bank of Dominica finden Sie südlich der Polizeiwache. Südlich der Bank liegt eine kleine Parkbucht, von der die Busse nach Roseau abfahren.

SEHENSWÜRDIGKEITEN

Indian River: Am Südrand der Stadt warten im allgemeinen einige Besitzer von Ruderbooten, mit denen man eine Fahrt auf dem Indian River unternehmen kann. Die Boote fahren den schattigen Fluß hoch, vorbei an hohen Blutholzbäumen, deren Stämme aus dem seichten Wasser ragen und deren Wurzeln sich seitlich über die Flußufer erstrecken. Eine solche Flußfahrt kann ein faszinierendes Erlebnis ein. Man gelangt so in einen sonst unzugänglichen Lebensraum und bekommt Tiere an den Flußufern zu Gesicht, die am Rand des Flusses leben.

Die Besitzer der Ruderboote, die an der Küstenstraße an der Flußmündung auf Kunden warten, nehmen ca. 20 EC $ pro Person für eine Tour, die rund eine Meile (1,6 km) flußaufwärts führt und etwa eine Stunde dauert.

Nationalpark Cabrits: Der Nationalpark Cabrits, der auf einer landschaftlich sehr schönen Halbinsel 1,2 Meilen (2 km) nördlich von Portsmouth liegt, ist vor allem durch Fort Shirley bekannt, das sich hier befindet. Der Park umfaßt neben der Halbinsel auch die umliegende Küstenregion sowie das größte Sumpfgebiet der Insel, das Cabrits mit dem Festland verbindet. Die Halbinsel Cabrits wurde von zwei erloschenen Vulkanen geschaffen, die die Prince Rupert Bay von der Douglas Bay trennten. Ebenfalls durch den Park unter Schutz gestellt sind die Korallenriffe sowie die Tier- und Pflanzenwelt in der Douglas Bay.

Die Briten stellten zwar schon 1765 auf Cabrits eine kleine Gruppe von Geschützen auf, aber erst 1774 wurde

Briten planten, Portsmouth zur Hauptstadt der Insel zu machen, bis der Ausbruch von Malaria und Gelbfieber diesen Plan zunichte machte.

Der Nationalpark Cabrits an der Nordseite der Stadt und der Indian River im Süden sind die wichtigsten touristischen Ziele in diesem Gebiet. Doch auch wenn in Portsmouth keine Sehenswürdigkeiten per se zu besichtigen sind, findet man hier einiges, was man sich vielleicht ansehen möchte: das kleine, aber farbenprächtige Denkmal an der Bushaltestelle, das Lord Cathcart gewidmet ist, der „1741 vor Dominica an Ruhr starb", oder die nicht weit entfernte Reihe von Schiffswracks, die in dem seichten Wasser an der Rückseite der Polizeiwache zusammengefügt wurden.

Die Prince Rupert Bay bildet einen schöner Hafen, dessen Größe am besten von den Bergen des Nationalparks Cabrits aus zu sehen ist. Ein großer Teil der Bucht in von schwarzem Sandstrand gesäumt, den schönsten Strand finden Sie jedoch vor dem Portsmouth Beach Hotel. Nördlich der Mole beim Hotel sind die Schnorchelmöglichkeiten relativ gut.

Die Douglas Bay einige Kilometer südlich von Portsmouth bietet ebenfalls schwarze Sandstrände und recht gute Schnorchelmöglichkeiten. Zwar führt eine gute, befestigte Straße zur Douglas Bay, aber die Region ist ein wenig abgelegen und weitab der üblichen Touristenrouten.

PRAKTISCHE HINWEISE

Die Polizeiwache und die Ausländerbehörde liegen in der

mit dem Bau der Hauptelemente der Festung begonnen. 1778 nahmen die Franzosen die Insel ein und setzten den Bau der Festung fort. Letztlich wurde durch die beiden konkurrierenden Mächte ein großartiges Bauwerk errichtet. Der Einsatz Frankreichs erwies sich jedoch als kontraporoduktiv, als Dominica durch den Vertrag von Paris 1783 wieder unter britische Herrschaft fiel und Fort Shirley in der Folge dazu diente, Angriffe der Franzosen zurückzuschlagen.

Zu Fort Shirley gehören mehr als 50 Gebäude, darunter sieben Waffenbatterien, Quartiere für 600 Offiziere und Soldaten, zahlreiche Lagerhäuser und ein Krankenhaus. Nach der Einstellung der Feindseligkeiten zwischen Briten und Franzosen wurde die Anlage immer weniger unterhalten und 1854 schließlich aufgegeben. Heute ist Cabrits eine schöne Gegend für Erkundungen. Einige der alten Steinruinen wurden freigelegt und teilweise rekonstruiert, während andere halb von Dschungel bedeckt sind. Die Pulvermagazine rechts am Eingang zur Festung wurden in ein kleines Museum mit einer Ausstellung über die Restaurierung und einer Sammlung von Gebrauchsgegenständen, die hier ausgegraben wurden, umgewandelt. Von der nahegelegenen Ruine des Offiziersquartiers hat man einen schönen Blick auf die Prince Rupert Bay.

Die Festung ist von zahlreichen Eidechsen (*Ameiva fuscata*) bewohnt, die über die Ruinen huschen und auch an den Wanderwegen zu den beiden Vulkangipfeln zu sehen sind. Der Pfad den 171 m hohen West Cabrit hinauf beginnt an der Rückseite von Fort Shirley und nimmt ca. 30 Minuten in Anspruch. Den überwiegenden Teil des Weges wandert man durch Wald, aber von oben aus bietet sich ein herrlicher Panoramablick.

Der Nationalpark Cabrits ist der Öffentlichkeit frei zugänglich. Ein Parkplatz befindet sich am Ende der Straße neben einer neuen Anlage für Kreuzfahrtschiffe, zu der ein Kunsthandwerkszentrum, Warteräume, ein Veranstaltungsraum sowie ein Kai gehören. Der Weg zur Festungsanlage hinauf beginnt bei dem Imbiß in der Nähe. Von dort erreicht man nach ca. fünf Minuten die Hauptgruppe der Gebäude und das Museum.

UNTERKUNFT

Im Douglas Guest House in der Stadt gegenüber der Bushaltestelle (Tel. 5 52 53) werden neun sehr einfache Zimmer angeboten, in denen eigentlich nur ein Bett und noch nicht einmal ein Ventilator steht. Die beiden Badezimmer werden von allen Gästen benutzt. Hier zahlt man für eine Übernachtung allein 12 US $ und zu zweit 24 US $. Das Mamie's on the Beach (Tel. 5 42 95, Fax 5 42 95) ist eine kleine, saubere, zweistöckige Pension am Strand am Nordrand der Stadt. Die sieben einfachen Zimmer mit Ventilator, Fernsehgerät und eigenem Bad werden an Alleinreisende für 30 US $ und an Paare für 40 US $ vermietet.

Das Portsmouth Beach Hotel (Tel. 5 51 42, Fax 5 55 99, PO Box 34) liegt an einem schönen schwarzen Sandstrand eine halbe Meile (800 m) südlich der Stadt. Insgesamt gibt es hier 96 Zimmer. Ein Flügel ist jedoch an ausländische Studenten der medizinischen Fakultät der nicht weit entfernten Roos University vermietet. Die Zimmer mit Dusche in dem schöneren Flügel, der auch näher am Strand liegt, werden jedoch auch tageweise vermietet. Sie sind sauber und einfach und mit Telefon, Deckenventilator sowie Mückengitter vor den Fenstern ausgestattet. Alles in allem ist das ein schönes Hotel, das mit einem Preis von 30 US $ für ein Einzelzimmer und 40 US $ für ein Doppelzimmer auch das günstigste in der ganzen Gegend ist. Wenn Sie hier übernachten wollen, dann bitten Sie um ein Zimmer zum Meer. Es gibt hier zudem einen Swimming Pool, eine Mole, ein Restaurant und eine Tauchschule.

Das Picard Beach Cottage Resort neben dem Portsmouth Beach Hotel (Tel. 5 51 31), das den gleichen Leuten gehört, verfügt über 16 schöne, rustikale Bungalows mit großen Veranden zum Meer hin. In jedem gibt es eine separaten Schlafraum mit einem Doppelbett, eine kleine Küchenecke, einen Eß- sowie Wohnbereich mit zwei Einzelbetten und einen Tisch für vier Personen. Die Bungalows direkt am Strand kosten zur Alleinbenutzung 120 US $ und zur Belegung mit zwei Gästen 140 US $, die ein wenig weiter weg vom Strand 100 bzw. 120 US $. Jede weitere Person zahlt 20 US $ mehr.

Auch das Coconut Beach Hotel (Tel. 5 56 93, PO Box 37) ist am Strand gelegen, und zwar ca. eine Meile (1,6 km) südlich der Stadt. Die recht großzügigen Zimmer mit Küchenzeile und Terrasse sind als Einzelzimmer 55 US $ und als Doppelzimmer 65 US $, während größere Bungalows für 90 US $ angeboten werden. Die Zimmer sind zwar recht hübsch, aber das Hotel ist insgesamt kein sehr freundliches Haus.

ESSEN

Das Douglas Snackette & Restaurant im Erdgeschoß des Douglas Guest House ist eine große Gaststätte mit Bahnhofsatmosphäre, in der man Rotis (6 EC $), Hähnchen und Pommes Frites (7,50 EC $) sowie andere einfache Gerichte bekommt. Im Le Flambeau im Portsmouth Beach Hotel, einem schönen Restaurant, um draußen am Strand zu sitzen, können Sie von 7.00 bis 22.00 Uhr essen (Sandwiches bis ca. 23.00 Uhr). Für französischen Toast oder ein Omelette zahlt man 10 EC $. Das gilt grob auch für Sandwiches und Burger. Daneben stehen noch eine vegetarische Platte oder Auberginen-Marinara für 16 EC $, frischer Fisch für 25 EC $ sowie kreolische Koteletts mit Reis für 35 EC $ auf der Speisekarte. Auch im Mamie's on the Beach an der Nordseite von Portsmouth gibt es ein kleines Restaurant, in dem Sandwiches ca. 5 EC $ kosten. Zum Coconut Beach Hotel südlich der Stadt gehört ein Restaurant am Meer mit Frühstücks-, Mittags- und Abendkarte.

VON PORTSMOUTH ZUR OSTKÜSTE

Der Weg von Portsmouth an der Nordspitze der Insel vorbei zur Ostküste ist ausgesprochen schön und führt durch die von Urwald bedeckten Berge. Die Straße ist schmal und kurvenreich. Sie zieht sich über Berge und durch Täler durch eine grüne Landschaft mit tropischen Pflanzen. Wenn man die Ostküste erreicht hat, bietet sich an einigen Stellen ein herrlicher Blick über das Meer.

Außerdem muß man eine Reihe von einspurig befahrbaren Brücken passieren und kommt an Plantagen mit scheinbar endlosen Reihen von Kokospalmen vorbei. Die Straße ist vor kurzem neu asphaltiert worden, aber dennoch muß man wegen der tiefen Rinnsteine an der Bergseite und der steilen Abhänge vorsichtig sein.

VON CALIBISHIE ZUR PAGUA BAY

Calibishie, das erste Dorf nennenswerter Größe, wenn man die Ostküste erreicht, ist ein guter Ort, um etwas zu essen. In der Dorfmitte befindet sich das Almond Beach Restaurant & Bar, ein schönes Lokal am Strand, in dem man den ganzen Nachmittag über noch warm essen kann und zum Beispiel ein gutes, preiswertes Hähnchen-Palau sowie ein frisches Ingwerbier bekommt.

Wenn man weiter in Richtung Süden fährt, gelangt man zu einigen kleinen Dörfern. Das Bild beherrschen aber die Kokosnuß- und Bananenplantagen. Gelegentlich zieht sich die Straße vom Urwald zur Küste. Dort kommt man in der Woodfort Hill Bay und in der Londonderry Bay

unweit vom Flughafen Melville Hall zu braunen Sandstränden. In beide Buchten münden Flüsse, an denen sich Frauen treffen, um ihre Wäsche zu waschen. In der Londonderry Bay dient der Begrenzungszaun des Flughafens zugleich als Wäscheleine.

Marigot, das inmitten von leuchtend grünen Bergen liegt, ist die größte Ortschaft an der Ostküste. Die Häuser hier sind in leuchtenden Farben gestrichen. Einige von ihnen stehen auf Pfählen. Wer den Ort am späten Nachmittag erreicht, kann wahrscheinlich noch sehen, wie die Dorfbewohner ihre Fischerboote einholen und den Fang ausladen.

KARIBEN-TERRITORIUM

Die meisten der 3000 Angehörigen des Stammes der Kariben leben in dem 1500 Hektar großen Kariben-Territorium, das in der Nähe des Dorfes Bataka beginnt und sich 7,4 Meilen (12 km) nach Süden erstreckt. Das ist ein vorwiegend ländliches Gebiet mit Bananenpflanzungen, Brotfruchtbäumen und wilden Heliconia, die am Straßenrand wachsen. Viele Häuser sind noch traditionelle Holzbauten auf langen Pfählen. Zu sehen sind jedoch auch einfache Zementhäuser und in den ärmeren Gebieten Hütten aus Wellblech und Pappe.

Durch das Kariben-Territorium führt die wichtigste Küstenstraße im Osten der Insel. An der Straße kommt man an mehreren Ständen vorbei, an denen die kompliziert geflochtenen Korbwaren der Kariben zu Preisen zwischen 4 und 30 US $ verkauft werden.

In Salybia, der wichtigsten Siedlung, gibt es einige erwähnenswerte Gebäude. Eines davon ist das *carbet*, ein ovalförmiges Gemeinschaftshaus im traditionellen Stil der Kariben mit einem nach oben geschwungenen Dach. In der Zeit vor der Ankunft der Europäer dienten diese Gebäude als gemeinsame Wohnhäuser. Die Kirche der Heiligen Maria der Kariben in Salybia weist ebenfalls ein stark geschwungenes Dach auf. Außen am Gotteshaus

befinden sich Wandgemälde, die zeigen, wie die Kariben auf die ersten Europäer trafen. Der Altar wurde aus einem umgedrehten Einbaum geschaffen.

In Sineka weist ein Schild den Weg in Richtung Meer zur L'Escalier Tête Chien, einer treppenartigen Lavaformation, die sich aus dem stürmischen Ozean zu erheben scheint. Diese einzigartige Formation soll nach dem Glauben der Kariben die Verkörperung einer Abgottschlange (*Boa constrictor*) sein und ist in ihren Legenden von Bedeutung.

Nachdem man das Kariben-Territorium verlassen hat, kann man von der Straße aus gelegentlich einen kleinen Blick auf die zerklüftete Küste werfen. Eine Meile (800 m) südlich von Castle Bruce müssen Sie die ausgeschilderte Straße nach Pont Casse nehmen, um weiter zum Emerald Pool und nach Canefield zu gelangen. Die Straße führt durch ein ausgesprochen schönes Bergtal mit üppigem Farnwald und vielen schnell dahinströmenden Flüssen.

UNTERKUNFT UND ESSEN

Das Carib Territory Guest House am Crayfish River (Tel. 5 72 56) besteht aus fünf Zimmern im Haus von Charles

Williams, der daneben auf dem gleichen Grundstück einen Korbwarenladen betreibt. Das Haus ist einfach, denn die Einrichtung besteht vorwiegend aus einem Bett und einem Ventilator. Die Zimmer werden mit Badbenutzung vermietet. Allein zahlt man hier für eine Übernachtung 20 US $ und zu zweit 35 US $. Etwa 1,25 Meilen (2 km) weiter südlich kommt man zum Café Woch La, einem vorwiegend von Einheimischen besuchten, einfachen Café.

Im Floral Gardens in Concord (Tel. und Fax 5 76 36, PO Box 192), einem Dorf an der Straße, die von der Pagua Bay landeinwärts führt, zahlt man für ein Zimmer mit Ventilator allein 35 US $ und zu zweit 40 US $, während die Apartments 80 US $ kosten. Zu diesem Haus gehört auch ein Restaurant mit einer vielfältigen Speisekarte zu moderaten Preisen. Kreditkarten werden zum Bezahlen akzeptiert.

EMERALD POOL

Der Emerald Pool, was soviel bedeutet wie „Smaragdbecken" und der seinen Namen aufgrund seiner leuchtend grünen Umgebung hat, ist ein kleiner See unterhalb eines 12 m hohen, sanften Wasserfalls, in dem man sich gut abkühlen kann. Man erreicht ihn nach einem fünfminütigen Spaziergang durch einen Regenwald voller Farne und hoher Bäume. Der Pfad ist gut erkennbar, und es ist nicht schwer, ihm zu folgen, auch wenn es an einigen Stellen etwas glatt werden kann. Von Zeit zu Zeit kommt man an überdachten Picknickplätzen vorbei, die sich gut für eine Pause zum Essen eignen. Die Umgebung des Emerald Pool ist allgemein schön und ruhig, wenn auch manchmal Ausflügler von Kreuzfahrtschiffen (insbesondere mittwochs) in einem Minitransporter nach dem anderen hier auftauchen und die Ruhe stören können. Der Emerald Pool liegt an der Straße zwischen Canefield und Castle Bruce. Das ist eine schöne Route, die sich durch dichten Dschungel und über Berge mit schönen Ausblicken und zahlreichen Haarnadelkurven zieht, vor denen man hupen sollte. Es sind ca. 30 Minuten von Canefield bis zur Abzweigung. Der Beginn des Weges ist mit einem forstwirtschaftlichen Schild am Straßenrand markiert.

UNTERKUNFT UND ESSEN

Das Hotel Emerald Pool liegt an der Straße nach Castle Bruce etwa eine Meile (1,6 km) nordöstlich des Emerald Pool. Vermietet wird hier eine Handvoll einfacher Zimmer mit eigenem Bad, die mit Frühstück für eine Person 25 US $ und für zwei Personen 40 US $ kosten. Zum Haus gehören zudem ein Restaurant und eine Bar mit moderaten Preisen.

Im Hotel Emerald Bush (Tel. 8 45 45, Fax 8 79 54, PO Box 277) werden acht einfache Zimmer in simplen Hütten im Stil der Kariben vermietet. Das ist eine sehr rustikale Anlage ohne Strom, Telefon oder andere moderne Annehmlichkeiten. Für eine Hütte ohne Bad zahlt man hier 14 US $ und für ein Zimmer mit Dusche sowie Toilette 30 US $. Für eine zweite Person werden 4 US $ mehr berechnet. Die Anlage erreicht man nach rund einer halben Meile (800 m) über eine unbefestigte Straße, die vom Hotel Emerald Pool aus landeinwärts führt. Es empfiehlt sich, vorher anzurufen.

Sollte unter der oben genannten Telefonnummer niemand erreichbar sein, dann können Sie den Besitzer, Peter Kaufmann, unter seiner Privatnummer (Tel. 8 69 00) anrufen.

TRAFALGAR-FÄLLE

Die Trafalgar-Fälle am Ostrand des Nationalparks Morne Trois Pitons sind sowohl ein großartiger Anblick als auch leicht zu erreichen. Der zehnminütige Weg zu den Fällen beginnt beim Papillote Wilderness Retreat ca. eine Meile (1,6 km) hinter dem Dorf Trafalgar.

Beginnen Sie den Weg am unteren Ende der Zufahrt zur Herberge, wo Sie auf einen Zementweg treffen, der nach Osten führt. Ihm müssen Sie folgen, bis Sie zu einem kleinen Imbiß gelangen. Ein Fußweg führt von hier den Berg hinunter und nach einigen Minuten zu einer Aussichtsplattform, die einen klaren Blick über die Fälle inmitten des grünen Dschungels ermöglicht. Die Trafalgar-Fälle bestehen aus zwei getrennten Wasserfällen. Das Wasser des oberen fließt durch die Titou-Schlucht, bevor es die 60 m tiefe steile Felswand gegenüber vom Aussichtspunkt hinunterstürzt. Am Fuß des Wasserfalls sprudeln heiße Schwefelquellen in eine Reihe von

Becken, in die man sich zum Baden setzen kann. Achten Sie auf die gelben Streifen an den Felsen.
Die niedrigeren Fälle stammen vom Trois Pitons River, der im Gebiet des Boiling Lake entspringt. Dieser Wasserfall ist sanfter und breiter als der obere. An seinem Fuß befindet sich ein tiefer kleiner See, der breit genug ist, um darin richtig zu schwimmen.
Junge Männer warten am Beginn des Weges und bieten ihre Dienste als Führer an. Um zur Aussichtsplattform zu gelangen, benötigt man jedoch keinen Führer. Wer nur das plant, sollte sich den „tip", d. h. das „Trinkgeld" (ca. 20 EC $), wie die Führer es im allgemeinen nennen, für andere Zwecke sparen.
Ganz gleich, ob Sie mit einem Führer unterwegs sind oder nicht, gehen Sie vorsichtig, da die Felsen moosbedeckt und glatt wie Eis sind. Der Fluß ist kein Bach und kann bei starken Regenfällen unpassierbar werden. Plötzliches

Hochwasser ist ebenfalls eine potentielle Gefahr, da starke Regenfälle im oberen Flußlauf zu einem plötzlichen Anstieg des Wassers führen können. Sollte dies der Fall sein, wenn Sie sich im Fluß befinden, sollten Sie sofort ans Ufer gehen.

UNTERKUNFT UND ESSEN

Das Papillote Wilderness Retreat (Tel. 8 22 87, Fax 8 22 85, PO Box 67) ist ein schönes Gasthaus in den Bergen oberhalb des Dorfes Trafalgar. Die amerikanische Besitzerin Anne Baptiste, eine Naturkundlerin, die seit langem auf Dominica lebt, hat auf dem Gelände ca. 100 verschiedene Arten tropischer Blumen und Bäume gepflanzt. Das rustikale Haus paßt gut in die Umgebung. Vermietet werden hier acht einfache Unterkünfte mit eigenem Bad, Dielenfußböden, Strohmatten und Patchwork-Bettüberdecken aus der Genossenschaft der einheimischen Frauen. Man zahlt dafür als Einzelperson 45 US $ und zu zweit 50 US $. Für weitere 30 US $ kann man auch Halbpension erhalten. Es gibt zudem in der Nähe der Wasserfälle eine Hütte mit zwei Schlafräumen und zwei Bädern, die für 120 US $ vermietet wird. Sie läßt sich in zwei Teile teilen. Dann kostet der Bereich mit Küchenzeile 70 US $ und der Bereich ohne Kochmöglichkeit 50 US $.

Die Mittagskarte im Papillote ist begrenzt, aber das Essen ist recht gut und die Lage im Dschungel mit dem Geräusch des Wassers im Hintergrund schön. Wenn vorhanden, ist Fliegender Fisch (20 EC $) eine gute Wahl. Auch der grüne Salatteller für 15 US $ schmeckt gut, wie auch der Hähnchenteller für 23 EC $. Bringen Sie Badesachen mit und krönen Sie Ihr Essen mit einem Bad in den heißen Quellen. Andere als Hausgäste können hier im allgemeinen nur mittags essen (zwischen 10.00 und 15.00 Uhr). Es wird jedoch zur Zeit ein neues Restaurant gebaut, so daß sich vieles ändern kann.

AN- UND WEITERREISE

Um von Roseau nach Trafalgar zu gelangen, müssen Sie die King George V Street benutzen, die in Richtung Norden aus der Stadtmitte führt. Nachdem Sie den Roseau River überquert haben, folgen Sie der Roseau Valley Road ca. 2,3 Meilen lang (3,7 km). Hier gabelt sich die Straße. Nehmen Sie nun die rechte Gabelung. Von hier aus sind es zehn Minuten über eine schmale Straße mit Schlaglöchern zum zwei Meilen (3,2 km) entfernten Papillote. Von Roseau fahren auch Busse nach Trafalgar (2,25 EC $), von wo es 15 Minuten zu Fuß bis Papillote sind. Eine Taxifahrt vom Flughafen Canefield nach Papillote kostet 45 EC $.

NATIONALPARK MORNE TROIS PITONS

Dieser Nationalpark auf der Südhälfte der Insel umfaßt 6.800 Hektar Land in der bergigen, vulkanischen Inselmitte.

Der überwiegende Teil des Parks besteht aus unberührtem Regenwald, der von dichtem Dschungel mit hohen, säulenartigen Gummibäumen bis zum niedrigen Bergnebelwald an den oberen Hängen des Morne Trois Pitons (1372 m) reicht, des zweithöchsten Berges von Dominica. Im Park befindet sich ein bedeutender Teil der großartigsten Seenlandschaften der Insel, darunter der Boiling Lake, der Boeri Lake, der Freshwater Lake und die Middleham-Fälle. Wanderungen zu den drei Seen und den Wasserfällen beginnen in Ladaut (600 m Höhe), einem kleiner Bergdorf, von dem man einen schönen Blick über die Umgebung hat.

Der Emerald Pool an der Nordspitze des Parks ist bereits weiter oben in diesem Kapitel beschrieben worden.

MIDDLEHAM-FÄLLE

Der schöne Weg zu den Middleham-Fällen, einem der höchsten Wasserfälle Dominicas, führt durch Regenwald. Mehr als 60 Baumarten, darunter auch Kastanien, bilden eine Dach aus Blättern, das verhindert, daß Unterholz wachsen kann, und dadurch für einen relativ freien Waldboden sorgt. Die Baumkronen bieten Lebensraum für lichtsuchende Pflanzen, darunter Klettergewächse, Bromelien und andere Luftwurzelpflanzen. Der

Wald ist auch die Heimat zahlreicher Vogelarten und eines winzigen Baumfrosches.

Am Anfang des Weges bieten häufig Führer ihre Dienste an. Sie verlangen ca. 45 bis 55 EC $, um bis zu vier Personen auf der Wanderung zu begleiten, die jeweils ungefähr 1¼ Stunden dauert. Wer keinen Führer anheuert, sollte einen Kompaß mitnehmen und darauf achten, nicht vom Hauptweg abzuweichen, da man im umliegenden Dschungel schnell die Orientierung verlieren kann.

BOILING LAKE

Eine anstrengende Tageswanderung führt zum Boiling Lake, dem zweitgrößten brodelnden See der Welt (der größte befindet sich auf Neuseeland). Geologen glauben, daß es sich bei dem 63 m breiten See um eine über Wasser liegende Fumarole handelt, eine Erdspalte, aus der heiße Gase der weiter unten liegenden geschmolzenen Lava nach oben entweichen. Der unheimlich aussehende See liegt in einem tiefen Becken, in dem graufarbenes Wasser in Dampf gehüllt ist und in seiner Mitte Blasen zu sehen sind. Auf dem Weg zum See führt die Wanderung durch das Tal der Verwüstung (Valley of Desolation), das früher von Regenwald bedeckt war, jedoch bei einem Vulkanausbruch 1880 verwüstet wurde. Heute ist das ein aktives vulkanisches Gebiet mit Fumarolen, eine öde aussehende Landschaft mit verkrusteter Lava, Spalten, aus denen Schwefeldampf steigt, und heißen Quellen. Die Wanderung führt über einen schmalen Kamm, der sich die Berge hinauf und herunter zieht und einem Bach folgt. Rechnen Sie damit, naß und von Schlamm bespritzt zu werden.

Für die anstrengende Wanderung von sechs Meilen (9,6 km) Länge, die bei der Titou-Schlucht beginnt, ist ein Führer erforderlich. Wenn man sich einer Gruppe anschließt, zahlt man dafür im allgemeinen zwischen 20 und 30 US $. Wer auf eigene Faust einen Führer in Laudat anheuert, muß mit ca. 80 EC $ (zuzüglich 30 EC $ für eine zweite Person) rechnen. Von Roseau aus ist es ungefähr das Doppelte.

WEITERE WANDERUNGEN

Der Weg zum Freshwater Lake (Süßwassersee), dem größten See der Insel, ist eine einfache Wanderung, die sich am Südrand des Morne Macaque entlangzieht. Der 2,5 Meilen (4 km) lange Weg zum See ist auch in einem Wagen mit Allradantrieb zu bewältigen. Ein Führer ist dafür nicht notwendig. Die Steigung ist relativ sanft. Hin und zurück benötigt man ungefähr 2½ Stunden.

Wer möchte, kann vom Freshwater Lake die Wanderung fortsetzen und noch weitere 1,2 Meilen (2 km) bis zum Boeri Lake zurücklegen. Das ist ein schöner, ungefähr 45 Minuten in Anspruch nehmender Weg vorbei an Bergbächen sowie heißen und kalten Quellen. Der 40 m tiefe Boeri Lake ist ein Kratersee, der zwischen den beiden höchsten Bergen im Park liegt. Bei der Wanderung kann man eine ganze Reihe von Pflanzen sehen, darunter Farne, Heliconia und verschiedene Luftwurzelpflanzen, wie auch die moosbewachsenen Bäume des verwunschen anmutenden Waldes in der Umgebung.

Eine kurze Wanderung und ein Bad ermöglicht der Weg zur Titou-Schlucht, wo ein kleiner, tiefer See von einer heißen Quelle erwärmt wird. Gleich oberhalb des Sees verengt sich die Schlucht, wo man, wenn das Wasser ruhig ist, flußaufwärts zu einem kleinen, kaskadenartigen Wasserfall schwimmen kann. Immer, wenn braunes Wasser nach oben gewirbelt wird, entsteht eine gefährliche Strömung, so daß Sie dann besser nicht schwimmen gehen sollten. Der Weg zur Titou-Schlucht beginnt am öffentlichen Fernsprecher in Laudat. Von dort müssen Sie zunächst der kurzen Straße zur Versorgungsstation folgen, wo sich der Weg an einem schmalen Kanal entlangzieht, der das Wasserkraftwerk versorgt. Man benötigt für die Strecke ca. 15 Minuten.

UNTERKUNFT

Die Roxy's Mountain Lodge in Laudat (Tel. und Fax 8 48 45, PO Box 265) bildet einen großartigen Ausgangspunkt, wenn man viel wandern möchte. Das ist ein freundlicher Familienbetrieb, in dem sechs saubere, einfache Zimmer mit Badbenutzung vorhanden sind. Im Haus gibt es auch einen Fernsehraum, eine kleine Bar und ein Restaurant, in dem man zwischen 22 und 40 EC $ für ein Mittagessen sowie zwischen 30 und 50 EC $ für ein Abendessen ausgeben muß.

In der entsprechenden Jahreszeit werden hier auch Crapaud und Langusten angeboten. Valerie Rock, die zusammen mit ihrem Bruder das Gasthaus führt, kann auch zuverlässige Führer vermitteln und vieles über die Insel erzählen. Für eine Übernachtung zahlt man hier als Einzelperson zwischen 20 und 28 US $ sowie zu zweit zwischen 23 und 32 US $. Geplant sind der Bau von sechs weiteren Zimmern mit Bad, einer Hütte mit drei Zimmern und eines Swimming Pools, die in naher Zukunft entstehen sollen.

AN- UND WEITERREISE

Um nach Laudat zu gelangen, müssen Sie der King George V Street von Roseau aus in Richtung Norden folgen. Nachdem Sie den Roseau River überquert haben, fahren Sie 2,3 Meilen (3,7 km) das Tal des Roseau River hinauf, bis sich die Straße gabelt. Nehmen Sie dort die Straße nach links mit der Beschilderung „Laudat". Die Straße ist schmal und hat einige Schlaglöcher, ist aber befahrbar. Der Pfad zu den Middleham-Fällen beginnt 2,5 Meilen (4 km) weiter, der zum Freshwater-See und zum Boeri-See gegenüber vom Schrein eine halbe Meile (800 m) weiter.

Nach Laudat verkehren Linienbusse (3 EC $), aber es bestehen nur wenige Verbindungen täglich. Die Busse fahren täglich außer sonntags um 6.30 und 13.15 Uhr von der Polizeiwache in Roseau ab, montags, mittwochs und freitags zusätzlich um 12.15 Uhr. 30 Minuten später fahren die Busse von Laudat nach Roseau zurück. Für die Fahrt mit einem Taxi von Roseau nach Laudat zahlt man ca. 50 EC $.

DAS GEBIET SÜDLICH VON ROSEAU

Eine Fahrt über die Küstenstraße von Roseau nach Süden führt durch eine schöne Landschaft und dauert ca. dreißig Minuten. Dabei kommt man durch eine Reihe von schönen, kleinen Dörfern am Meer bis Scotts Head. Die Straße zieht sich überwiegend am Meer entlang, verläuft jedoch kurz vor Soufriere die Berge hoch und bietet so einen herrlichen Blick, bevor man wieder hinunter nach Soufriere fährt.

In Soufriere (950 Einwohner) kann man sich an der Nordseite des Dorfes eine malerische alte Steinkirche ansehen.

In den Bergen oberhalb des Ortes lassen sich dampfende Schwefelquellen besichtigen. Eine davon liegt rund eine Meile (1,6 km) landeinwärts der Straße, die von der Dorfmitte ganz grob in Richtung Osten führt.

DOMINICA

SCOTTS HEAD

Scotts Head (800 Einwohner) an der Südspitze von Dominicas Westküste ist ein malerisches Fischerdorf und ein schöner Ort, um ein wenig spazierenzugehen.

Das Dorf liegt wunderschön vor Bergen im Hintergrund an der sanft geschwungenen Küste der Soufriere Bay, des Randes eines versunkenen Kraters. Am Südende der Bucht erhebt sich ein Gebirgsausläufer, der sogenannte Scotts Head, der mit dem Dorf durch eine schmale, felsige Landzunge verbunden ist. Es ist nur ein kurzer Weg zur Spitze des Berges, von dem aus man einen schönen Blick über die Küste hat.

Das Leben im Dorf konzentriert sich vor allem auf die Küste, wo Fischerhütten in leuchtenden Farben und klei-ne Imbißbuden sich aneinanderreihen und die farben-prächtigen Fischerboote an Land geholt werden.

In der Bucht kann man gut schwimmen und schnorcheln. Außerdem gehören die hervorragenden Möglichkeiten zum Tauchen in dieser Gegend zu den besten auf der Insel.

Unterkunft: Wer in Scotts Head übernachten will, kann vielleicht eines der kleinen möblierten Häuser mieten, die von den Ortsbewohnern angeboten werden und im allgemeinen zwischen 25 und 50 US $ pro Tag bzw. zwischen 150 und 220 US $ pro Woche kosten. Zwei dieser Häuser sind z. B. das Castille Apartment (Tel. 8 29 26) und das Lydiaville (Tel. 8 43 13).

GRENADA

Grenada ist ein farbenprächtiges, starkes und teilweise rauhes Land. Als Hauptanbaugebiet für Muskatnüsse und Muskatblüten hat es den Beinamen „Gewürzinsel" erhalten. Daneben werden hier auch Zimt, Ingwer und Nelken angepflanzt. Die Indianer der Karibik nannten die Insel Camerhogne. Diesen Namen wandelte Kolumbus in Concepción um. Trotzdem nannten die spanischen Eroberer die Insel bald Granada nach der Stadt gleichen Namens in Spanien. Als schließlich die Franzosen nachrückten, wurde Granada in Grenade umgewandelt, aus dem die Briten einige Zeit später Grenada machten. Ausgesprochen wird Grenada wie Grie-NEI-dah, mit einem langgezogenen englischen a ähnlich wie in „to say".

Die Insel besteht in ihrem gebirgigen Innern aus Regenwäldern und Wasserfällen, während die Küstenlinie mit geschützten Buchten und Stränden aufwartet. Die Hauptstadt, St. George's, verfügt über eine der hübschesten Hafenanlagen in der ganzen Karibik und gewinnt an Charme durch die aus dem 19. Jahrhundert stammenden Stein- und Ziegelhäuser, die sich bis zum Wasser hinunterziehen.

Auch wenn gerade in letzter Zeit einige größere Hotels auf Grenada erbaut worden sind, so sind doch die meisten der kleinen Hotels und Restaurants in einheimischem Privatbesitz und bieten ein gutes Verhältnis zwischen Annehmlichkeiten und Preis. Da sich die Unterkünfte und sonstigen Einrichtungen für Touristen auf die südwestliche Inselspitze konzentrieren, konnte sich der Rest von Grenada seine unverfälschte westindische Natur bewahren.

Die Nation besteht nicht nur aus der Hauptinsel Grenada, die aber doch 90 % des Landes und der Bevölkerung umfaßt, sondern auch aus mehreren Nebeninselchen, von denen nur wenige bewohnt sind. Die größte unter diesen, Carriacou, strahlt den erholsamen Frieden eines bislang übersehenen Ortes aus und bietet daher ein schönes Ziel abseits der üblichen Touristenströme. Carriacou kann leicht auf der Route von Grenada nach St. Vincent und den Grenadinen besucht werden.

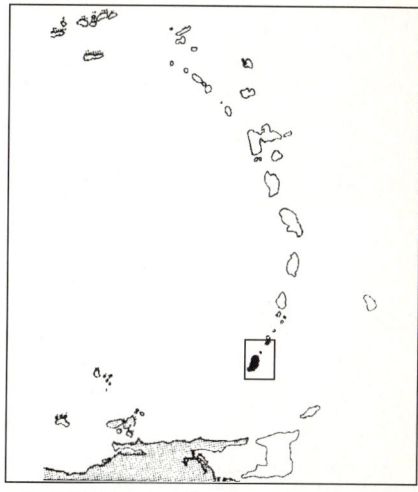

ORIENTIERUNG

Der Flughafen liegt am südwestlichen Ende der Insel, etwa 5,5 Meilen (9 km) von der Hauptstadt St. George's entfernt. Mitten dazwischen liegt Grand Anse Beach, das bedeutendste Tourismusgebiet der Insel. Es ist durchaus möglich, die meisten Sehenswürdigkeiten Grenadas in einem Tag kennenzulernen.

Die übliche Besichtungstour verläuft entlang der malerischen Grand Etang Road, dann weiter in Richtung Norden über Grenville, Pearls und Bathways Beach nach Sauteurs und anschließend über die Straße an der Westküste zurück nach St. George's.

Im übrigen ist Grenada in sechs Gemeinden unterteilt. Von Norden nach Süden sind dies St. Patrick, St. Markus, St. Andrew, St. John, St. George und St. David.

EINFÜHRUNG

GESCHICHTE

Christoph Kolumbus war 1498 auf seiner dritten Reise in die Neue Welt der erste Europäer, der Grenada sichtete. Er betrat die Insel jedoch nicht. Der erste europäische Besiedelungsversuch fand 1609 durch 208 eng-

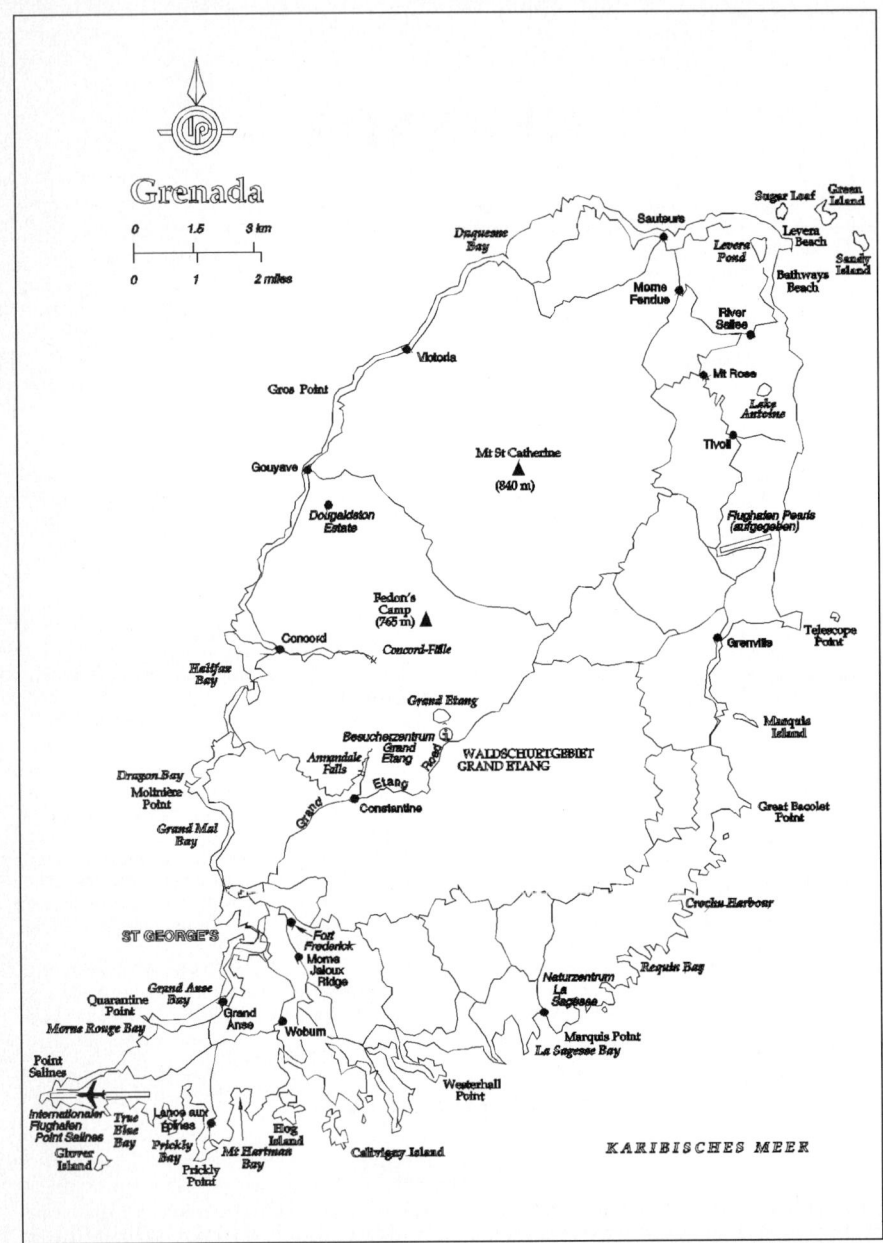

Grenada

0   1.5   3 km

0   1   2 miles

Duquesne Bay

Sauteurs

Sugar Loaf Green Island

Levera Pond

Leven Beach

Bathways Beach

Sandy Island

Morne Fendue

River Sallee

Victoria

Gros Point

Mt Rose

Lake Antoine

Gouyave

Mt St Catherine
▲
(840 m)

Tivoli

Dougaldston Estate

Flughafen Pearls (aufgegeben)

Bedon's Camp
(765 m) ▲

Concord

Concord-Fälle

Halifax Bay

Grenville

Telescope Point

Grand Etang

Besucherzentrum

Grand Etang

WALDSCHURTGEBIET GRAND ETANG

Marquis Island

Amandale Falls

Grand Etang

Dragon Bay

Molinière Point

Constantine

Grand Mal Bay

Great Bacolet Point

Crochu Harbour

ST GEORGE'S

Fort Frederick

Morne Jaloux Ridge

Naturzentrum La Sagesse

Requin Bay

Quarantine Point

Grand Anse Bay

Grand Anse

Wobum

Morne Rouge Bay

Marquis Point

La Sagesse Bay

Point Salines

Westerhall Point

Internationaler Flughafen Point Salines

True Blue Bay

Lance aux Épines

Glover Island

Prickly Bay

Mt Hartman Bay

Hog Island

Prickly Point

Calivigny Island

KARIBISCHES MEER

lische Siedler statt, die hier Tabakplantagen anlegen wollten. Innerhalb eines Jahres fielen allerdings die meisten dieser Siedler Überfällen karibischer Einheimischer zum Opfer, so daß der Rest die Siedlung aufgab.

1650 „erwarb" Du Parquet, der Gouverneur von Martinique, Grenada von den Einheimischen für einige Beile, Glasperlen und zwei Flaschen Brandy. Du Parquet brachte sofort 200 französische Siedler zusammen mit einer schon vorgefertigten Festung auf die Insel und gründete hier Port Louis, eine Handelsstation auf dem schmalen Landstreifen, der die Lagune vom Hafen von St. George's trennte. (Man vermutet, daß das Land sank und Port Louis auf einem heute überschwemmten Sandstück in der Nähe der Lagunenmündung lag.)

1651 entsandten die Franzosen, der dauernden Auseinandersetzungen mit den Einheimischen müde, ein Kontingent Soldaten nach Grenada, das die karibische Bevölkerung von der Insel verjagen sollte. Als französische Truppen die letzten Einheimischen nach Sauteurs Bay am nördlichen Ende der Insel gebracht hatten, stürzten sich die Menschen - Männer, Frauen und Kinder - von den Klippen zu Tode, statt sich den Kolonialherren zu unterwerfen.

Die Franzosen errichteten Indigo-, Tabak-, Kaffee-, Kakao- und Zuckerrohrplantagen, auf denen afrikanische Sklaven arbeiteten. Grenada blieb unter französischer Herrschaft bis 1762, als Admiral George Rodney die Insel für Großbritannien beanspruchte. In den nächsten zwei Jahrzehnten wurde Grenada zwischen den beiden Kolonialmächten hin- und hergezogen, bis im Vertrag von Paris die Franzosen die Inseln 1783 an die Briten abtraten. Unter deren Hoheit blieb Grenada bis zu seiner Unabhängigkeit.

Trotz der vertraglichen Regelungen blieben wechselnde Animositäten zwischen britischen Kolonialisten und den zahlenmäßig unterlegenen französischen Siedlern bestehen. 1795 bewaffnete sich ein Gruppe französischer Katholiken zu einer Revolte, ermutigt durch die Geschehnisse der französischen Revolution und unterstützt von Gleichgesinnten aus Martinique. Geführt von Julien Fedon, dem eine Plantage in Grenadas Mittelgebirge gehörte, begannen sie ihren Angriff auf die Briten Anfang März mit einem brutalen Überfall in Grenville. Es gelang ihnen, den britischen Gouverneur als Geisel zu nehmen, der wohl mit einer Gruppe weiterer Gefangener exekutiert wurde. Die Aufständischen unter Fedon hielten die Insel über ein Jahr unter ihrer Kontrolle, bis sie schließlich von der britischen Flotte überwältigt wurden. Fedon selbst wurde nie gefaßt und mag nach Martinique entkommen oder bei dem Versuch, dorthin zu gelangen, gestorben sein. Einige der Inselbewohner behaupten auch, er hätte sich den Rest seines Lebens in Grenadas Gebirgswäldern versteckt gehalten.

1877 wurde Grenada der Status ein Kronkolonie verliehen und 1967 in das britische Commonwealth aufgenom-

men. Im Jahre 1973 gaben sich Grenada, Carriacou und Petit Martinique eine Verfassung und wurden am 7. Februar 1974 eine unabhängige Nation.

Der Weg in die Unabhängigkeit war sehr schwer. Eric Garity, der durch die Organisation eines erfolgreichen Arbeiterstreiks 1950 berühmt und bekannt wurde, war die führende Stimme der Arbeiter- und auch der Unabhängigkeitsbewegung. Als endlich die Unabhängigkeit erreicht war, wurde die von Garity geleitete Grenada United Labour Party (GULP) Regierungspartei und Garity selbst Premierminister. Seine Regierung erlangte allerdings durch Schiebung und Korruption traurige Berühmtheit. Kritiker wurden durch die Methoden einer Geheimpolizei zum Schweigen gebracht, hauptsächlich ausgeführt von einer Gruppe von Schlägern, bekannt als die Mongoose-(Mungo)-Gang, die für ihre brutalen Überfälle berüchtigt war und teilweise auch eigene Plünderungszüge durchführte. Als seine Regierung mehr und mehr zu einer Diktatur verkam, verlor Garity die Unterstützung aus der Bevölkerung.

Am 13. März 1979 weilte er gerade in Übersee, als eine kleine Gruppe bewaffneter Rebellen mit Unterstützung der Oppositionspartei New Jewel Movement (NJM) einen unblutig verlaufenden Aufstand führte. Daraufhin wurde Maurice Bishop, Kopf der NJM, der in der neuen Regierung, dem People's Revolutionary Government (PRG), zum Premierminister ernannt.

Der 34jährige Bishop, ein in London ausgebildeter Jurist, setzte sofort eine Reihe von Menschenrechten wieder in Kraft und versprach eine Lösung der wirtschaftlichen Probleme des Landes. Bishop konnte mit der Unterstützung weiter Teile der Bevölkerung rechnen und war ein charismatischer Anführer, doch stieß seine Politik der Blockfreiheit und sozialistischer Grundsätze in den USA und bei einigen seiner konservativen Nachbarstaaten wie z. B. Barbados auf nur wenig Unterstützung.

Bishop ließ Schulen und Krankenhäuser erbauen und organisierte Kreditvereinigungen sowie landwirtschaftliche Genossenschaften. Geächtet von Westen, wandte sich Bishop um Hilfe an die Kubaner, die daraufhin auf Grenada einen neuen Flughafen errichteten. In der Zwischenzeit kamen innerparteiliche Differenzen zwischen Bishop und jenen militärischen Führern auf, die einen härteren, autoritären Kurs vertraten. Im Oktober 1983 kam es zu einem Kampf zwischen Bishop und dem Militär, der zum Sturz Bishops führte. Am 19. Oktober 1983 versammelten sich 30.000 seiner Anhänger, nachdem sie von seiner Festsetzung erfahren hatten, und forderten seine Freilassung. Das war übrigens der größte spontane Zusammenschluß, der jemals in Grenada stattgefunden hat! Die Menschen marschierten nach Fort George's. Hier eröffnete das Militär das Feuer und tötete mindestens 40 von Bishops Anhängern. Bishop und viele seiner Gefolgsleute wurden daraufhin gefangengenommen und im Gefängnishof gemeinsam hingerichtet.

GRENADA

Im der darauf folgenden Aufruhr überzeugte die Regierung der USA eine Handvoll karibischer Nationen, einer amerikanischen Invasion auf Grenada ihre Unterstützung zuzusichern. Am 25. Oktober marschierten US-Truppen, begleitet von eher symbolisch einzuordnenden Streitkräften aus einem halben Dutzend verschiedener karibischer Staaten, in Grenada ein. In den nun folgenden Kämpfen starben 70 Kubaner, 42 Amerikaner und 170 Bewohner Grenadas, darunter auch 18 Menschen, die bei einer versehentlichen Bombardierung von Grenadas Nervenklinik durch Kampfflugzeuge der USA getötet wurden.

Der Großteil der amerikanischen Truppen wurde im Dezember 1983 wieder abgezogen, es verblieben allerdings vereinigte karibische Truppenkontingente und 300 US-Soldaten noch weitere zwei Jahre auf der Insel.

Als im Dezember 1985 Wahlen abgehalten wurden, gewann Herbert Blaize mit seiner neu gegründeten New National Party 59 % der Wählerstimmen und erhielt 14 der 15 Sitze im Parlament. Im Juli 1991 wurden die Todesurteile gegen die 14 Gefangenen, die wegen des Mordes an Maurice Bishop gehängt werden sollten, in lebenslängliche Haft umgewandelt.

DAS LAND

Die aus den drei Inseln Grenada, Carriacou und Petit Martinique bestehende Nation verfügt insgesamt über ein Gebiet von 344 km². Grenada nimmt davon bei einer Breite von 19 km und einer Länge von 34 km 310 km² ein. Die Insel ist weitgehend vulkanischen Ursprungs, auch wenn ein Teil des nördlichen Endes aus Kalkstein besteht. Das Inselinnere ist regnerisch, dicht bewaldet und von Tälern sowie Flüssen durchzogen. Der höchste Punkt

liegt auf dem 840 m hohen Mount St. Catherine, einem erloschenen Vulkan auf der nördlichen Inselhälfte. Grenadas südliche Hälfte wird von einer tief eingeschnittenen Küstenlinie gekennzeichnet, wo herausragende Halbinseln, tiefe Buchten und kleine, dicht vor der Küste gelagerte Inselchen beliebte Treffpunkte für Segler bilden. Carriacou ist mit seinen 30 km² die größte von Grenadas Inseln, die zwischen Grenada selbst und St. Vincent liegen.

KLIMA

In St. George's betragen die durchschnittliche Tageshöchsttemperatur im Januar 29° C und die durchschnittliche Niedrigsttemperatur 24° C. Im Juli werden meistens höchstens 30° C und wenigstens 25° C gemessen. Während der Regenzeit von Juni bis November regnet es in St. George's an 22 Tagen im Monat, wobei die relative

Luftfeuchtigkeit bei 78 % liegt. In den trockensten Monaten Januar bis April regnet es an 12 Tagen im Monat. In dieser Zeit beträgt die Luftfeuchtigkeit durchschnittlich 71 %. Die jährliche Niederschlagsmenge liegt in St. George's bei 152 cm und im Regenwald Grand Etang bei 406 cm. Carriacou ist mit 102 bis 152 cm Regen jährlich trockener.

FLORA UND FAUNA

Grenada besitzt ein vielfältiges Ökosystem aus Regenwäldern, Gebirgsdickichten, Mittelgebirgswäldern und tiefer gelegenen trockenen Waldgebieten. Brotfruchtbäume, Immortellen, Flammenbäume und Palmen gehören zu den prominenteren Vertretern ihrer Gattung. Etwa ein Dutzend Gruppen von Mona-Affen, die vor Jahrhunderten aus Westafrika hierhergebracht wurden, leben in Grenadas Wäldern. Andere einheimische Tierarten sind z. B. das neunstreifige Gürteltier (*tatou*), das Opossum (*manicou*), indische Mungos und einige Agutis, die allerdings auf der Insel erst wieder heimisch gemacht wurden. Von den Vögeln kann man Kolibris, Pelikane, Falken und vom Aussterben bedrohte Rote Milane entdecken. Giftschlangen gibt es in Grenada nicht, wohl aber Baumboas. Diese nachtaktiven Schlangen verbringen die Tageszeit um Äste gewunden in mehreren Metern Höhe über dem Waldboden, so daß Kontakte mit Menschen natürlicherweise recht selten sind.

Muskatnuß

Der Muskatbaum (*Myristica fragrans*), ursprünglich aus Ostindien stammend, wurde von den Holländern in der Mitte des 19. Jahrhunderts zur kommerziellen Nutzung eingeführt. Er wächst hier so gut, daß Grenada heute ein Drittel der Weltmenge an Muskatnüssen liefert. Der Muskatbaum ist eine duftende, immergrüne Pflanze mit glänzenden Blättern und kleinen gelben Blüten. An ihm wachsen zwei Gewürze: die Muskatnuß und die Muskatblüte. Die gelben Früchte des Baumes springen auf, wenn sie reif sind, und geben eine braune Nuß, die Muskatnuß, frei, die mit einem spitzenartigen, orangeroten Gewebe umgeben ist. Muskatnuß wird zum Würzen von Gebäck, Getränken, Soßen und Eingemachtem verwendet. Muskatblüten werden als Gewürz beim Kochen und in Kosmetika verwendet. Die gelbe Frucht des Baumes wird oder Muskatnußsirup beigefügt.

STAAT UND VERWALTUNG

Grenada ist Mitglied des Commonwealth und hat eine parlamentarische Regierung mit einem Premierminister an ihrer Spitze. Der Generalgouverneur, der die britische Königin repräsentiert, hat vor allem eine beratende Funktion, ist aber auch dafür zuständig, auf den Vorschlag von Mehrheits- und Oppositionsparteiführern hin die 13 Mitglieder des Senats zu ernennen. Die 15 Mitglieder des Repräsentantenhauses werden in allgemeiner Wahl gewählt.

Das Parteienspektrum des Landes ist bekannt für seine Splittergruppen. Der derzeitige Premierminister, Nicholas Braithwaite, ist Mitglied des National Democratic Congress, der aus Splittergruppen der GULP und einer rivalisierenden Partei, der NNP, gebildet wurde. Braithwaite leitete, nebenbei bemerkt, die Übergangsregierung, die nach der amerikanischen Invasion vom damaligen Generalgouverneur ernannt wurde.

WIRTSCHAFT

Grenada ist der zweitgrößte Muskatnußlieferant der ganzen Welt. Nebenher werden auch Muskatblüten, Nelken, Zimt, Kakao und Bananen exportiert. Obwohl die Landwirtschaft der wichtigste Wirtschaftszweig ist, versucht die Regierung seit den achtziger Jahren, auch den Tourismus zu fördern, der heute den zweitgrößten Anteil am

Bruttosozialprodukt des Landes liefert. Auf die Insel kommen pro Jahr durchschnittlich 325.000 Besucher, etwa ein Drittel davon als Passagiere von Kreuzfahrtschiffen.
Die Arbeitslosenrate ist mit ca. 32 % eine der höchsten in der ganzen Karibik.

DIE MENSCHEN

Auf Grenada leben 91 000 Einwohner, davon etwa ein Drittel in St. George's. Weitere 6000 Menschen sind auf Carriacou und ca. 600 auf Petit Martinique beheimatet. Etwa 82 % der Einwohner von Grenada sind Schwarze

afrikanischer Abstammung, 13 % Mischlinge unterschiedlicher Ursprünge. Die restlichen 5% bilden Menschen mit reinrassigen ostindischen und europäischen Vorfahren.

KUNST UND KULTUR

Die Kultur Grenadas setzt sich aus britischen, französischen, afrikanischen und westindischen Einflüssen zusammen. Auf Grenada geborene Kinder erhalten sehr häufig afrikanische Namen, wodurch sich der Stolz der Schwarzen auf ihre Kultur dokumentiert.
Steelband- und Calypso-Musik sind hier sehr beliebt. Die beliebtesten Sportarten sind Kricket und Fußball, wobei Spiele in St. George's (Queen's Park) und bei Tanteen stattfinden.

Kleidung: Die Kleidung ist auf Grenada leger. Einfache Baumwollbekleidung reicht bei allen Gelegenheiten aus. In den etwas vornehmeren Restaurants sollten Männer lange Hosen tragen, während Krawatten nicht verlangt werden. Um Kränkungen und unerwünschte Aufmerksamkeit zu vermeiden, empfiehlt es sich, das Tragen von Badekleidung auf die Strände zu beschränken.

Meeresschildkröten
Meeresschildkröten nisten an einigen von Grenadas sandigen Stränden. Alle Meeresschildkröten sind vom Aussterben bedroht, was sie aber leider nicht davor bewahrt, in einigen der Inselrestaurants auf der Speisekarte zum Verzehr ihres Fleisches angeboten zu werden. Besucher sollten davon Abstand nehmen, in einem Restaurant zu essen, in dem Schildkrötenfleisch angeboten wird!

RELIGION

Fast 60 % aller Einwohner Grenadas sind Katholiken. Daneben gibt es aber auch Kirchen für Anglikaner, Adventisten, Methodisten, Presbyterianer, Baptisten, Zeugen Jehovas und Anhänger des Baha'i-Glaubens.

SPRACHE

Die offizielle Landessprache in Grenada ist Englisch.

Von einigen Einwohnern wird aber auch ein französischafrikanischer Dialekt gesprochen.

PRAKTISCHE HINWEISE

EINREISEBESTIMMUNGEN
Außer Amerikanern und Kanadiern müssen alle Besucher bei der Einreise einen Reisepaß vorlegen.

Da die Beamten der Ausländerbehörde im allgemeinen die genaue Anzahl der Tage, die man auf Grenada verbringen will, in die Reisepässe eintragen, sollten Sie darauf achten, daß auch die Tage mit berücksichtigt werden, die Sie auf Carriacou verleben wollen. Man wird bei der Einreise auch gefragt, wo man übernachten will, so daß es sich empfiehlt, einige Adressen nennen zu können, um die Prozedur abzukürzen, auch wenn man im Endeffekt bleiben kann, wo man möchte.

Ausländische Botschaften und Konsulate: Neben anderen sind auf Grenada folgende Botschaften und Konsulate eingerichtet worden:
Guyana (Konsulat)
Gore Street, St. George's (Tel. 4 40 21 89)
Venezuela (Botschaft)
Archibald Avenue, St. George's (Tel. 4 40 17 21)
Deutschland, Österreich und die Schweiz unterhalten in Grenada keine diplomatischen Vertretungen. Für Deutschland ist die Botschaft in Port of Spain (Trinidad) zuständig, für Österreich und die Schweiz die in Caracas in Venezuela.

ZOLLBESTIMMUNGEN
Besucher können 200 Zigaretten und einen Liter Spirituosen zollfrei einführen.

GELD
Die offizielle Währung ist der Ostkaribische Dollar (EC $) mit einem Wechselkurs von 2,70 EC $ für einen US-Dollar. Die meisten Hotels, Geschäfte und Restaurants akzeptieren zwar auch US-Dollar, man erhält aber in aller Regel einen besseren Wechselkurs berechnet, wenn man US-Dollar in einer Bank einwechselt und mit Landeswährung bezahlt. Die bekannten Kreditkarten werden in den meisten Hotels und guten Restaurants wie auch von einigen Autovermietern ebenfalls anerkannt. Versichern Sie sich jedoch, vor allem bei Taxifahrern, welche Dollarwährung zugrunde gelegt wird (EC $ oder US $).
Bei den meisten Rechnungen in Hotels und Restaurants werden eine Steuer von 8% und 10% Bedienungszuschlag aufgeschlagen. Wenn kein Zuschlag für die Bedienung aufgeführt ist, sind ca. 10% Trinkgeld angemessen und werden erwartet.

INFORMATIONEN
Falls Sie schriftlich Informationen über Grenada anfordern wollen, wenden Sie sich an das Grenada Board of Tourism, The Carenage, PO Box 293, St. George's, Grenada, West Indies (Tel. 4 40 22 79, Fax 4 40 66 37).
Am Flughafen gibt es ebenfalls eine Vertretung des Fremdenverkehrsamtes, und zwar noch bevor man zu den Beamten der Ausländerbehörde kommt. Hier kann man Touristenliteratur und Broschüren erhalten. Die Mitarbeiter sind auch bei der Zimmersuche behilflich. Die normalen Arbeitszeiten liegen zwischen 12.00 und 22.00 Uhr.
Ein kleineres Touristikbüro befindet sich auch am Kai für Kreuzfahrtschiffe in St. George's.
Im deutschsprachigen Raum hat Grenada ein Fremdenverkehrsamt in Frankfurt am Main eröffnet (Liebigstraße 8, 60323 Frankfurt/Main, Tel. 069/72 69 08, Fax 069/72 77 14).

ÖFFNUNGSZEITEN
Die Geschäfte sind im allgemeinen montags bis freitags von 8.00 bis 12.00 Uhr und von 13.00 bis 16.00 Uhr sowie an Samstagen von 8.00 bis 12.00 Uhr geöffnet. In einigen der größeren Geschäfte kann man auch während der Mittagsstunde einkaufen.
Schalterstunden in den Banken sind montags bis donnerstags von 8.00 bis 14.00 Uhr (in einige Banken nur bis 13.00 oder sogar bis 15.00 Uhr) und freitags von 8.00 bis 13.00 Uhr sowie von 14.30 bis 17.00 Uhr.

FEIERTAGE

Feiertage in Grenada sind:

Neujahr	1. Januar
Unabhängigkeitstag	7. Februar
Karfreitag	Ende März/Anfang April
Ostermontag	Ende März/Anfang April
Tag der Arbeit	1. Mai
Pfingstmontags	achter Montag nach Ostern
Fronleichnam	neunter Donnerstag nach Ostern
Tage der Sklaven-	
befreiung	erster Montag und Dienstag im August
Erntedanktag	25. Oktober
Weihnachten	25. und 26. Dezember

KULTURELLE VERANSTALTUNGEN

Der Karneval bildet Grenadas größtes jährliches Fest, gefeiert am zweiten Wochenende im August. Dann sind Calypso- und Steelband-Wettbewerbe, alle Arten von Kostümierten, ein Schauspiel und am Donnerstag ein großartiges Finale zu sehen. Viele der Feierlichkeiten finden im Queen's Park im Norden von St. George's statt.

Die vier Tage dauernden Karnevalsfeiern von Carriacou finden im Februar statt. Auf dieser Insel gibt es darüber hinaus ein großes Ereignis für Segler, die Carriacou-Regatta, die im späten Juli oder frühen August veranstaltet wird. Dazu gehören Regatten nach Grenada, Union Island und Bequia, verschiedene Sportwettkämpfe von Volleyball bis zu Eselsrennen und natürlich Musik und Tänze!

POST

Das Hauptpostamt von Grenada liegt in St. George's, es gibt aber in fast allen anderen Orten ebenfalls kleine Postämter. Das Porto für ein Aerogramm kostet 0,50 EC $ und für einen Luftpostbrief 0,75 EC $.

Wenn Sie nach Grenada schreiben, dann achten Sie darauf, außer dem Empfänger den Straßennamen oder die Postfachnummer, die Stadt und die Bezeichnung „Grenada, West Indies" auf Ihrer Post anzugeben.

TELEKOMMUNIKATION

Auf Grenada gibt es sowohl Münz- als auch Kartentelefone. In Münztelefone können Sie Münzen im Wert von 25 Cent (entweder EC $ oder US $) und Münzen im Wert von 1 EC $ einwerfen. Für 25 Cent läßt sich drei Minuten innerhalb des Landes telefonieren. Die Kartentelefone akzeptieren die gleichen karibischen Telefonkarten, die auch auf allen anderen Inseln der Karibik anerkannt werden. Telefonkarten werden u. a. am Flughafen, im Grenada Yacht Club in St. George's und bei Sugar & Spice in Grand Anse verkauft.

Im Büro von Grenada Telecommunications (Grentel) an der Carenage in St. George's können Telefongespräche in das Ausland geführt sowie Fax- und Telexmitteilungen aufgegeben werden, und zwar montags bis freitags von 7.00 bis 18.00 Uhr, an Samstagen bis 13.00 Uhr und sonntags von 10.00 bis 12.00 Uhr. Wenn Sie davon Gebrauch machen wollen, dann richten Sie sich auf lange Schlangen ein.

Die Telefonnummern in Grenada bestehen aus sieben Ziffern. Wenn Sie von außerhalb der Karibik in diesem Land anrufen wollen, dann wählen Sie zunächst die Länderkennzahl 809. Weitere Informationen über Telefonkarten und Auslandstelefongespräche finden Sie im Abschnitt über Telekommunikation im Einführungsteil.

STROM

Die elektrische Spannung in Grenada beträgt 220 Volt Wechselstrom bei einer Frequenz von 50 Hertz.

MASSE UND GEWICHTE

In Grenada wird das britische Maßsystem verwendet.

BÜCHER UND LANDKARTEN

Falls Sie mehr über die Geologie, Flora und Fauna auf Grenada wissen möchten, empfiehlt sich das englischsprachige Buch *A Natural History of the Island of Grenada* von John R. Groome, einem der früheren Präsidenten des Grenada National Trust.

The Mermaid Wakes - Paintings of a Caribbean Isle, herausgegeben von Macmillan, ist ein festgebundenes Buch mit Bildern des auf Carriacou lebenden Künstlers Canute Caliste und Texten über das Leben auf der Insel von Lora Berg.

Revolution in Reverse von James Ferguson, erschienen bei Monthly Review Press, gibt einen kritischen Überblick über die Entwicklung Grenadas seit der Invasion durch Soldaten der USA.

Die beste Straßenkarte von Grenada ist die amtliche topographische Karte im Maßstab 1:50 000, die Sie für 13 EC $ im Nationalmuseum von Grenada in St. George's kaufen können.

MEDIEN

In Grenada werden Programme von zwei einheimischen Fernseh- und vier Rundfunksendern ausgestrahlt. Die meisten Hotels verfügen daneben über Satelliten- oder Kabelanschlüsse, durch die verschiedene internationale Programme, darunter die wichtigsten amerikanischen Sender, auf der Insel zu sehen sind.

Die lokalen Zeitungen sind die *Grenadian Voice, Grenada Today* und *The Barnacle*. In Buchhandlungen und großen Lebensmittelgeschäften sind außerdem der *Miami Herald* und *USA Today* erhältlich.

Das Fremdenverkehrsamt gibt das Magazin *The Greeting* mit einem Umfang von rund 100 Seiten und das taschengroße *Discover Grenada* aus, beide kostenlos und mit vielen für Besucher interessanten Tips und allgemeinen Informationen über Grenada sowie Carriacou.

GESUNDHEIT

Das St. George's General Hospital (Tel. 4 40 20 51), Grenadas wichtigste medizinische Einrichtung, liegt in St. George's in der Nähe des Fort George. Auf Carriacou gibt es ein kleines Krankenhaus. Die Qualität der medizinischen Versorgung auf Grenada ist jedoch nicht sehr hoch, so daß es üblich ist, sich bei ernsthaften Erkrankungen nach Miami oder Barbados zu begeben.

GEFAHREN UND ÄRGERNISSE

Gewisse Sicherheitsvorkehrungen sind auf Grenada durchaus angebracht. In dem Gebiet von Grand Anse wurden schon Touristen beraubt, vor allem abends entlang des Strandes. Das gleiche gilt für das Gebiet der Lagune im Süden von St. George's. Vermeiden Sie es, in einsamen Gegenden nach Einbruch der Dunkelheit noch spazierenzugehen, und tragen Sie keine auffälligen Kamerataschen o. ä., die Sie zum Ziel eines Überfalles machen könnten. Jachtbesitzer sollten alles so sicher wie möglich verstauen und ihren Besitz nicht unbeaufsichtigt lassen, vor allem nicht in St. George's.

Frauen, die allein reisen, wird meist ein „hey darlin" nachgerufen oder ihnen hinterhergepfiffen.

NOTFÄLLE

Der Notruf für die Polizei und die Feuerwehr ist die Telefonnummer 911.

FREIZEITBESCHÄFTIGUNGEN

Strände und Schwimmen: Grenadas beliebtester Strand ist der Grand Anse, voll feinen, weißen Sandes. Die Morne Rouge Bay auf der anderen Seite des Quarantine Point ist abgelegener und wird auch nicht so stark in Anspruch genommen wie Grand Anse, ist aber geschützt.

Einige schöne Strände liegen auch beim südlichen Ende der Insel, darunter der True Blue direkt südöstlich der Start- und Landebahn des Flughafens, der sich ein gutes Stück an Lance aux Épines vorbeizieht.

Auch die Insel Calivigny östlich von Lance aux Épines bietet einige schöne Strände, Spazierwege und Überreste eines alten Hotels. Wenn Sie kein eigenes Boot besitzen, können Sie sich von The Moorings in Secret Harbour für 15 US $ pro Person übersetzen lassen. Sie können auch bei den Fischern an der Woburn Pier nachfragen, die Besucher für weniger Geld ebenfalls zu dieser Insel bringen.

Tauchen: Das Meer rund um Grenada enthält ausgedehnte Riffe, die reich an Korallen, Fischen, Schildkröten und anderen Meereslebewesen sind. Es gibt hier auch verschiedene Tauchmöglichkeiten und einige Schiffswracks.

Das vielleicht aufregendste Ziel ist das Wrack des Ozeanriesen *Bianca C.* Wegen der starken Strömungen und der Tiefe von über 30 m ist das Wrack jedoch nur etwas für erfahrene Taucher. Wenn man dort tauchen möchte, verlangen die Tauchschulen zumindest einen Tauchgang vorher.

Andere beliebte Ziele sind die *Buccaneer*, ein absichtlich versenkter Schoner in etwa 25 m Tiefe, das Bose-Riff und die Dragon Bay, die beide reichlich Unterwasserschauspiele bieten (u.a. Mantarochen), und der Grand Mal Point.

Die Inseln zwischen Grenada und Carriacou sind ebenfalls beliebte Tauchziele, darunter Kick 'em Jenny, wo Sie unberührtes, kristallklares Wasser vorfinden, und die Sisters Islands mit schroffen Felsenriffen.

In allen Tauchschulen auf Grenada und Carriacou werden 40 US $ für einen regulären Tauchgang mit einer Flasche Preßluft verlangt. Vertreten sind u. a.:

Dive Grenada, PO Box 441, St. George's (Tel. 4 44 43 71, Fax 4 44 48 00), beim Hotel Ramada Renaissance am Grand Anse Beach. Dive Grenada bietet Tauchgänge zur *Bianca C* für 55 US $, Nachttauchgänge für 45 US $, einen Tauchkurs mit einem Tauchgang am Riff für 55 US $ und einen Tauchkurs mit PADI-Zertifikat für offenes Wasser zum Preis von 375 US $ (bei zwei oder mehr Teilnehmern von 325 US $) an.

Grand Anse Aquatics, Grand Anse Beach (Tel. 4 44 41 29, Fax 4 44 48 08), gelegen am Coyaba Beach Resort. Dieser Anbieter hat Tauchgänge zur *Bianca C* für 60 US $, Nachttauchgänge für 50 US $, Tauchgänge mit zwei Flaschen Preßluft für 65 US $, Urlaubskurse für 70 US $ und Tauchkurse mit PADI-Zertifikat für 350 US $ (bei mehr als einer Person für 300 US $) im Programm.

Silver Beach Diving, Carriacou (Tel. und Fax 4 43 78 82), gelegen am Silver Beach Resort. Diese Tauchschule veranstaltet Tauchkurse mir PADI- und CMAS-Zertifikat.

Schnorcheln: Molinière Point, nördlich von St. George's gelegen, ermöglicht einige der besten Schnorchelgelegenheiten auf Grenada, obwohl es schwierig ist, überhaupt auf dem Landweg bis dorthin zu gelangen. Grand Anse Aquatics veranstaltet zweistündige Schnorcheltrips zu Molinière Point täglich um 10.00 und 14.00 Uhr für 20 US $, während Dive Grenada dorthin um 14.00 Uhr für 18 US $ fährt.

Windsurfen: Grenada ist nicht besonders bekannt für seine Surfmöglichkeiten, aber man kann sich dennoch an verschiedenen Stellen Surfbretter mieten. In Grand Anse verleihen Dive Grenada am Hotel Ramada Renaissance und Grand Anse Aquatics am Coyaba Beach Resort Ausrüstungen zum Windsurfen für 15 US $ pro Stunde und geben Unterricht für 10 US $ pro Stunde. The Moorings in Secret Harbour verleiht ebenfalls Windsurfausrüstungen zum gleichen Preis.

Segeln: Sail Grenada (Tel. 4 44 20 00, PO Box 308 in St. George's) bietet einen zweitägigen Kurs an, bei dem die Teilnehmer im Segeln, Takeln, Ankern, Anlegen, Steuern sowie im Kompaß- und Kartenlesen ausgebildet werden. In den Kosten von 200 US $ sind Verpflegung und Hotelunterkunft enthalten.

Nähere Informationen über eintägige Segeltörns können Sie dem Abschnitt über Ausflüge weiter unten entnehmen.

Fischen: Grenada bietet gute Möglichkeiten zum Sportangeln des blauen und weißen Merlin und des gelbflossigen Thunfisch. Die beste Jahreszeit zum Sportfischen ist im Winter. Tropix Professional Sport Fishing (Tel. 4 40 49 61) und Evans Chartering Services (Tel. 4 43 75 42) sind zwei Veranstalter mit gutem Ruf. Ein Boot kostet etwa 500 US $ pro Tag.

Das Spice-Island-Billfisch-Turnier, jedes Jahr im frühen Januar abgehalten, zieht Angler aus Nordamerika und aus der ganzen Karibik an, denn dabei sind Preisgelder von 100 000 US $ zu gewinnen. Nähere Informationen darüber können Sie von der Grenada Billfish Association, PO Box 14, St. George's (Tel. 4 40 20 18), erhalten.

Wandern und Spazierengehen: Das beliebteste Gebiet zum Wandern auf Grenada ist der Regenwald Grand Etang, wo sich Wanderwege durch einen Wald mit Mahagonibäumen und Farnkraut bis zu einem Kratersee, Wasserfällen und Gebirgskämmen schlängeln. Nähere Informationen über einzelne Wege können Sie den Abschnitten über den Nationalpark Grand Etang, das Naturzentrum La Sagesse und die Concord-Fälle entnehmen.

Der Hash House Harrier's Club veranstaltet jeden zweiten Samstagnachmittag eine Schnitzeljagd, die jedesmal auf einer anderen Strecke stattfindet. Der Weg ist dann mit Papierschnitzeln markiert, wobei das Ziel der Jagd ist, an das Ziel zu gelangen, ohne zwischenzeitlich verloren zu gehen. Besucher sind herzlich eingeladen mitzumachen. Die Regeln hängen in Rudolf's Restaurant in St. George's aus.

Tennis: Zahlreiche Hotels haben für Gäste Tennisplätze angelegt. Im Coyaba Beach Resort in Grand Anse können andere als Hausgäste für 25 EC $ pro Stunde ebenfalls Tennis spielen.

Golf: Der Grenada Golf Club in der Nähe von Grand Anse (Tel. 4 44 41 28) besitzt eine Anlage mit neun Löchern, die für Besucher täglich von 8.00 bis 19.00 Uhr geöffnet ist. Die Gebühren betragen für neun Löcher 12 EC $ und für 18 Löcher 20 EC $. Golfschläger können gemietet werden.

Yoga: Wenn Sie sich für Yoga oder Meditation interessieren, dann erkundigen Sie sich beim Amanda Marga Yoga Centre (Tel. 4 40 58 80, PO Box 303, St. George's) nach den dortigen Angeboten.

People to People: New Trends Tours (Tel. 4 44 12 36, Fax 4 44 48 36) arrangieren Begegnungen, die Besuchern die Möglichkeit bieten, Einwohner Grenadas mit den unterschiedlichsten Interessensgebieten kennenzulernen. Für diesen Dienst werden keine Gebühren verlangt. Schreiben Sie bei Interesse an New Trends Tours, PO Box 438, St. George's und geben Sie dabei einige Einzelheiten über Ihre Person an, beispielsweise, ob Sie eine Familie besuchen wollen oder jemanden mit einem speziellen Beruf kennenlernen möchten, was Sie gern unternehmen wollen (lediglich ein wenig plaudern oder zusammen wandern usw.), aber auch die genauen Daten, wann Sie die Insel besuchen werden. New Trends Tours verfügt über eine Liste mit den Namen und Adressen von Einheimischen, die näheren Kontakt zu Besuchern haben möchten, und versucht, entsprechende Kontakte zu vermitteln. Erwarten Sie auf Ihren Brief aber keine Antwort. Wenn Sie auf der Insel angekommen sind, dann rufen Sie bei der Gesellschaft an und fragen nach, ob etwas arrangiert worden ist. Geschäftszeiten sind montags bis samstags von 8.30 bis 16.30 Uhr.

HÖHEPUNKTE

Wenn Sie auf Grenada sind, dann verpassen Sie keinesfalls eine Fahrt durch den malerischen Nationalpark Grand Etang, und legen Sie auch eine kurze Pause an den Annandale-Fällen ein. Ein Besuch einer der Anlagen Grenadas zur Verarbeitung von Muskatnüssen kann ebenfalls sehr interessant sein. In St. George's sollten Sie zum Fort George gehen, um den großartigen Blick auf die Hafenanlage nicht zu versäumen.

Auf Carriacou erleben Sie die Westindischen Inseln noch ohne Zerstörungen durch den Massentourismus, denn das ist ein friedlicher und fröhlicher Platz sowie ein gutes Ziel, um sich vor allem zu lösen. Von Carriacou aus können Sie sich sowohl für einen Nachmittag nach White Island zum Schnorcheln und Schwimmen bringen lassen als auch eine Bootstour nach Petit Martinique unternehmen.

UNTERKUNFT

Die wichtigsten Tourismuszentren liegen am Grand Anse Beach und bei Lance aux Épines. Beide Gegenden bieten einige gute und sehr gute Hotels. Die Handvoll preisgünstiger Gästehäuser der Insel liegt jedoch nicht am Strand, sondern konzentriert sich auf St. George's. In der Gegend von Point Salines stehen einige Hotels mit gemäßigten Preisen und zwei ganz neue Ferienanlagen am Strand.

GRENADA

Daneben gibt es nur noch wenige, verstreut liegende Gasthöfe verteilt über ganz Grenada. Carriacou, wohin nur sehr viel weniger Übernachtungsgäste kommen, verfügt über einige gute Gästehäuser.

Unterkünfte kann man im jeweiligen Hotel unmittelbar reservieren lassen, für mehr als zwei Dutzend Häuser aber auch über die Grenada Hotel Association (Tel. 4 44 13 53, Fax 4 44 48 47, PO Box 444, St. George's).

Camping: Es ist zwar offiziell erlaubt, im Nationalpark Grand Etang zu zelten, es gibt dort aber keine richtigen Campingplätze. Außerdem liegt der Park in einem der regenreichsten Gebiete von ganz Grenada. Entsprechende Vereinbarungen sollten mit dem Besucherzentrum des Nationalparks (Tel. 4 42 74 25) getroffen werden. Dabei wird man den Eindruck gewinnen, daß die Gebühren aufgrund der wenigen Camper nach Lust und Laune festgelegt werden. Sie sollten aber annehmbar sein.

Im Park gibt es auch ein Seehaus, das manchmal von Besuchern gemietet werden kann, das allerdings häufig von Forstbeamten auf Besuch langfristig belegt ist.

ESSEN

In Grenada können Sie italienische und französische Speisen, viele Gerichte mit Meeresfrüchten und Nahrungsmittel der Westindischen Inseln essen. Beliebte Speisen sind u. a. Fischeintopf und die allgegenwärtigen gegrillten Fische. Reisgerichte, Wurzeln, Yams und Callaloo-Suppe sind beliebte Beilagen.

Da die Leute auf Grenada einen guten Ausblick auf das Meer bei einem guten Essen zu schätzen wissen, haben viele Restaurants eine gute Aussicht auf das Meer oder einen Hafen.

GETRÄNKE

Das Wasser aus dem Wasserhahn ist laut offizieller Auffassung trinkbar, obwohl einige Ausländer ihr Trinkwasser aus Vorsicht abkochen. Abgefülltes Trinkwasser in Flaschen ist in jedem Lebensmittelgeschäft erhältlich.

Auf Grenada wird auch Bier der Marke Carib gebraut. Mehrere Sorten Rum werden hier unter Verwendung von importiertem Zucker ebenfalls hergestellt. Dazu gehört unter anderem auch Westerhalle, ein annehmbarer, milder Rum, der für etwa 12 EC $ pro Flasche verkauft wird.

Von den nichtalkoholischen einheimischen Getränken sollten Sie u. a. unbedingt einmal das Ingwerbier versuchen.

UNTERHALTUNG

Unterhaltung wird in Grenada nur eingeschränkt geboten, obwohl normalerweise in Grand Anse an mehreren Abenden in der Woche eine Steelband spielt oder eine andere Art von Unterhaltung zum Abendessen zu sehen ist. Am ehesten können Sie im Hotel Ramada Renaissance, im Spice Island Inn, im Hotel Flamboyant und im Coyaba Beach Resort mit einem Unterhaltungsprogramm rechnen.

Im Fantazia 2001, einer Diskothek am Morne Rouge Beach, kann man an vier Abenden in jeder Woche von 21.00 bis 2.00 Uhr morgens gegen Zahlung eines bescheidenen Eintrittsgeldes tanzen. Mittwochs sind dort Oldies und donnerstags Reggae-Musik zu hören, während freitags und samstags Bands live spielen.

Das Le Sucrier in der alten Zuckermühle am Verkehrskreisel beim Flughafen und bei Grand Anse bietet an Wochenenden Musik und Tanz von 21.00 Uhr bis in die frühen Morgenstunden. Gespielt werden Oldies, Jazz und die ersten 40 Songs der Hitparade.

In St. George's ist es abends sehr ruhig. Dort finden im Regal-Kino jeden Abend zwei Vorstellungen statt, für die der Eintritt 5 EC $ kostet.

EINKÄUFE

Gewürze sind schöne und leichtgewichtige Mitbringsel. Gute Gewürze zu vernünftigen Preisen erhalten Sie im Marketing & National Importing Board in St. George's. Hier werden auch einheimische scharfe Saucen, Muskatsirup sowie Muskat- und Guavenmarmeladen, einige als Geschenk verpackt, verkauft.

White Cane Industries, zu finden am südlichen Ende der Wharf Road in St. George's, ist eine Blindenwerkstatt, in der Stroh- und Rohrkörbe, Platzdeckchen und Serviertabletts hergestellt und verkauft werden. Die Waren sind von hoher Qualität, und das eingenommene Geld garantiert den dort Beschäftigten ein wenig Einkommen.

Das Tikal in der Young Street in St. George's ist einer der üblichen Andenkenläden, in dem man eine gute Auswahl an einheimischen Handarbeiten, Batiken und Holzschnitzereien kaufen kann. Bei Tikal werden auch die in

Grenada hergestellten Ohrringe der Rainforest Jewelry verkauft, die aus den felsenharten schwarzen Nüssen der Gru-Gru-Palmen gefertigt werden. Sie bieten eine gute Alternative zu Schmuck aus echten schwarzen Korallen, dem sie sehr ähnlich sehen.

In der Nähe des BWIA-Büros an der inneren Carenage in St. George's und im Gebiet des Grand Anse haben sich weitere Kunsthandwerksläden angesiedelt, in denen man Andenken für sich selbst sowie für Freunde und Verwandte einkaufen kann.

ANREISE

FLUG

Die Telefonnummern der Fluggesellschaften auf Grenada für Reservierungen lauten:

Aereotuy	Tel. 4 44 47 32
Airlines of Carriacou	Tel. 4 40 85 21
American Airlines	Tel. 4 44 22 22
British Airways	Tel. 4 40 27 96
BWIA International	Tel. 4 40 38 18
Flughafen	Tel. 4 44 41 34
LIAT	Tel. 4 40 27 96
Reservierungen	
am Flughafen Point Salines	Tel. 4 44 41 21
auf Carriacou	Tel. 4 43 73 62

Von Europa: Direktverbindungen aus dem deutschsprachigen Raum nach Grenada bestehen nicht. Man kann allerdings von allen Flughäfen in Deutschland, Österreich und der Schweiz mit British Airways über London nach Grenada und auf dem gleichen Weg wieder nach Hause fliegen. Die Flüge mit British Airways nach Grenada kosten hin und zurück je nach Saison zwischen 1450 und 1700 DM (Ticketgültigkeit 90 Tage).

Außerdem kommt man mit American Airlines von Düsseldorf und Frankfurt über Chicago oder Miami und San Juan auf Puerto Rico nach Grenada. Für einen Flugschein von American Airlines von Deutschland nach Grenada und zurück muß man rund 1650 DM bezahlen und kann sich dann für den Rückflug bis zu einem halben Jahr Zeit lassen.

Die Flüge mit British Airways und American Airlines kann man allerdings nicht bei der jeweiligen Fluggesellschaft und auch nicht in jedem Reisebüro buchen. Die Flugscheine sind jedoch zu günstigen Preisen bei unserer Schwesterfirma Walther-Weltreisen Udo Schwark in Bonn (Hirschberger Straße 30, D-53119 Bonn) erhältlich. Dort sind in einer Datenbank Zehntausende von Flugmöglichkeiten mit allen Einzelheiten (Saisonzeiten, Gültigkeit der Flugscheine, Flugtage usw.) gespeichert, aus der Sie gegen einen großen, frankierten Rückumschlag eine aktuelle Preisliste für alle Flüge nach Grenada anfordern und sich daraus die für Sie passende Verbindung heraussuchen können.

In der Schweiz wendet man sich wegen eines preiswerten Fluges nach Grenada am besten an den Globetrotter Travel Service, Rennweg 35, 8001 Zürich, Tel. (01) 2 11

77 80 (mit weiteren Büros in Baden, Basel, Bern, Luzern, St. Gallen und Winterthur), und in Österreich an den Reiseladen, Dominikanerbastei 4, 1010 Wien, Tel. (01) 5 13 89 36.

Von Südamerika: Aereotuy fliegt an zwei oder drei Tagen pro Woche von der Insel Margarita in Venezuela nach Grenada und Carriacou. In Grenada beginnt der Flug gegen 8.00 Uhr morgens, der Rückflug auf Margarita am späten Nachmittag. Die Verbindungen sind für Tagesausflüge vorgesehen und kosten hin und zurück 504 EC $.

Von anderen Karibikinseln: LIAT unterhält tägliche Nonstop-Flüge zwischen Grenada und Barbados, Carriacou, Trinidad, Tobago sowie St. Vincent mit Anschlußflügen zum restlichen Streckennetz in der Karibik.

Die Preise für einen einfachen Flug bzw. Hin- und Rückflug nach Grenada betragen von Barbados 116 bzw. 152 US $, von St. Lucia 111 bzw. 173 US $, von St. Martin 275 bzw. 360 US $ und von St. Vincent 64 bzw. 124 US $. Eine kostenlose Flugunterbrechung entweder auf Carriacou oder Union Island ist bei Flügen zwischen Grenada und St. Vincent erlaubt. Der Preis für einen einfachen Flug von Tobago nach Grenada beträgt 80 US $. Grenada kann auch als kostenlose Flugunterbrechung auf Flügen zwischen Trinidad (oder Tobago) und weiter nördlich gelegenen Reisezielen eingebaut werden. LIAT hat einige kostengünstige Angebote für die Flugzeuge, die Grenada in den frühen Morgenstunden verlassen und am späten Nachmittag zurückkehren. Die Preise für Flüge von Grenada mit Rückkehr am gleichen Tag betragen nach Union Island 86 US $, nach Barbados 93 US $ und nach St. Vincent 94 US $.

BWIA bietet tägliche Flüge von Trinidad und Barbados nach Grenada an. Bei dieser Gesellschaft muß man für einen Flugschein zum Ausflugstarif von zwei bis 21 Tagen Dauer Aufenthalt für die Strecke zwischen Trinidad und Grenada 104 US $ sowie zwischen Barbados und Grenada 155 US $ bezahlen. BWIA unterhält auch eine Verbindung von Tobago nach Grenada, für die 91 US $ berechnet wird und bei der ein unterwegs ein Aufenthalt auf Trinidad erlaubt ist.

Helenair (Tel. 4 44 41 01) bietet Charterflüge in der ganzen Karibik an.

GRENADA

Flughafeninformationen: Im Flughafengebäude des internationalen Flughafens Point Salines finden Sie Autovermietungen, Telefonzellen und im zweiten Stock ein nicht überteuertes Restaurant. Vorhanden ist auch ein Stand des Touristikbüros im Bereich der Ankünfte vor den Schaltern der Ausländerbehörde. Zwischen diesen und dem Zoll finden Sie ein Telefon, das direkt mit einer Anzahl von Autovermietungen, Hotels und Gästehäusern verbunden ist. In der Abflughalle gibt es einen zollfreien Getränkeverkauf und einen Geschenkeladen. Verlassen Sie sich aber besser nicht darauf, daß sie geöffnet sind.

Flughafentransfer: Busverbindungen bestehen vom und zum Flughafen Point Salines nicht. Bei allen Flügen warten jedoch Taxifahrer auf Kunden. Die Preise für Taxifahrten können Sie dem Abschnitt über das Reisen auf Grenada weiter unten entnehmen.

SCHIFF

Nähere Einzelheiten über die Schiffe, die zwischen Carriacou und Union Island verkehren, sind im Abschnitt über Union Island des Kapitels über St. Vincent und Grenadinen enthalten. Informationen über die Schiffsverbindungen zwischen Carriacou und Grenada finden Sie im Abschnitt über das Reisen auf Grenada weiter unten.

Segelboot: Zoll- und Einreiseangelegenheiten können in St. George's sowie Prickly Bay auf Grenada und bei Hillsborough auf Carriacou erledigt werden. Hafengebühren werden für Segelboote nicht erhoben. In St. George's finden Sie den Zoll beim Grenada Yacht Club (GYC). Die meisten Jachten ankern zwischen dem GYC und den Grenada Yacht Services. Zollamt und Ausländerbehörde sind montags bis freitags von 8.00 bis 16.00 Uhr geöffnet, während außerhalb dieser Dienststunden die Beamten auf Überstundenbasis erreichbar sind.

Die beliebtesten Ankerplätze liegen entlang der südwestlichen Seite von Grenada, darunter Prickly Bay, Mt. Hartman Bay, Hog Island und True Blue Bay. The Moorings (Tel. 4 44 44 39) unterhält eine Station für das Chartern von Jachten am Secret Harbour, Sea Breeze Yacht Charters (Tel. 4 44 49 24) in der Prickly Bay, beide in Lance aux Épines.

Kreuzfahrt: Grenada ist ein bedeutender Hafen für eine ganze Anzahl von Kreuzfahrtschiffen. Die Schiffe legen am südöstlichen Ende des Zentrums von St. George's an. An den Kais finden Sie ein Touristikbüro, wartende Taxis und eine ganze Reihe von Souvenirläden. Von hier geht man nur etwa zehn Minuten bis zum anderen Ende des Hafens, wo die meisten Geschäfte und Sehenswürdigkeiten von St. George's liegen. Passagiere von Kreuzfahrtschiffen stoßen am Hafen wahrscheinlich auf junge Männer, die ihre Dienste als Führer anpreisen. Es ist aber sicherlich keine gute Idee, einer unbekannten Person zu folgen. Zudem sind Führer in St. George's absolut unnötig, da die Stadt einfach zu erkunden ist. Spazieren Sie lieber auf eigene Faust mit ein paar Freunden durch die Stadt oder arrangieren mit einem der Taxifahrer eine Inselrundfahrt.

AUSREISE AUS GRENADA

Wenn Sie länger als 24 Stunden auf Grenada verweilt haben, wird eine Ausreisegebühr von 25 EC $ (für Kinder unter 12 Jahren von 12,50 EC $) erhoben. Zusätzlich ist eine Sicherheitsgebühr von 10 EC $ (für Kinder von 5 EC $) zu bezahlen. Kinder unter fünf Jahren sind von beiden Gebühren befreit. Für Flüge zwischen Grenada und Carriacou werden keine Gebühren oder Steuern erhoben.

REISEN IN GRENADA

FLUG

Die Airlines of Carriacou fliegen durchschnittlich viermal täglich von Grenada nach Carriacou und umgekehrt. Der erste Flug beginnt auf Grenada normalerweise um 6.30 Uhr morgens nach Carriacou, während das letzte Flugzeug von dort um 17.30 Uhr zurückfliegt. LIAT bietet täglich zwei Flugverbindungen von Grenada nach Carriacou an, eine um 9.30 Uhr, die andere um 16.45 Uhr. Auf Carriacou fliegen die Flugzeuge dieser Gesellschaft um 8.45 und 16.15 Uhr ab. Die Flüge kosten bei beiden Fluggesellschaften 82 EC $ pro Strecke und 130 EC $ für einen Hin- und Rückflug. Darüber hinaus können Sie sich an Helenair (Tel. 4 44 41 01) wenden, denn diese Chartergesellschaft bietet manchmal zwischen Grenada und Carriacou ebenfalls Flüge zu festen Zeiten an.

BUS

Die Busse auf Grenada sind privat betriebene Kleinbusse. Wenn Sie einen Bus benutzen, ist dies eine gute Gelegenheit, den Lebensrhythmus auf Grenada mitzuerleben: In den meisten Fahrzeugen ist Calypso- und Reggae-Musik zu hören, während einem bei dem Fahrstil die Haare zu Berge stehen. Die meisten Busse fahren in St. George's von der Haltestelle Esplanade am westlichen Ende der Granby Street ab, wo Schilder einige der Strecken anzeigen. Dort geht es alles einigermaßen geregelt zu. Wenn Sie sich nicht sicher sind, welcher der Busse Sie in die richtige Richtung fährt, kann Ihnen jeder der Busfahrer helfen. Im allgemeinen fahren die Busse erst los, wenn sie voll besetzt sind, so daß es immer ratsam ist, in einen schon recht vollen Bus zum gewünschten Ziel einzusteigen. Busse in die Gemeinde St. David erreichen Sie auch am öffentlichen Markt.

Der Preis für eine Busfahrt im Stadtgebiet von St. George's bis hin zum Grand Anse Beach beträgt 1 EC $. Bis nach La Sagesse kostet eine Fahrt 2 EC $, nach Gouyave oder Grand Etang 3 EC $ und nach Grenville oder Sauteurs 5 EC $. In der Regel braucht ein Bus von St. George's bis nach Grenville 45 Minuten und nach Sauteurs 1½ Stunden, natürlich abhängig davon, wie viele Fahrgäste unterwegs ein- und ausgeladen werden müssen.

Die Busse fangen morgens gegen 7.00 Uhr an zu fahren. Die Zeiten der jeweils letzten Fahrt sind von Ort zu Ort verschieden, es wird aber schwierig, nach 18.00 Uhr noch einen Bus zu bekommen. Denken Sie daher bei einem Ausflug früh genug an den Rückweg. Sonntags fahren im allgemeinen nur sehr wenige Busse.

Sie können einen herannahenden Bus zum Anhalten bringen, indem Sie von der Straßenseite aus Ihre Hand ausstrecken. Wenn Sie aus einem Bus aussteigen möchten, dann rufen Sie laut „Drop one".

TAXI

Die Preise für Taxifahrten sind von der Regierung festgelegt. Eine Fahrt vom Flughafen nach Grand Anse oder Lance aux Épines kostet 25 EC $ und nach St. George's oder Woburn 30 EC $. Für die Strecke vom Zentrum von St. George's zu einem anderen Stadtteil muß man 8 EC $, nach Grand Anse oder Morne Rouge 20 EC $ und nach Lance aux Épines 32 EC $ bezahlen.

Taxifahrer berechnen für jede Strecke auf Grenada 4 EC $ pro Meile für die ersten 10 Meilen, danach 3,50 EC $ pro Meile. Falls Sie ein Taxi warten lassen wollen, kostet dies 15 EC $ pro Stunde. Für eine Besichtigungstour können Sie ein Taxi für 40 EC $ pro Stunde mieten. Zwischen 18.00 und 6.00 Uhr morgens sind die Preise allerdings höher.

AUTO UND MOTORRAD

Verkehrsregeln: Fahrzeuge fahren in Grenada auf der linken Straßenseite. Viele Straßen sind eng und kurvenreich, und einige der Busfahrer fahren zudem höllisch schnell. Verringern Sie also bei Fahrten mit einem Kfz sicherheitshalber vor unübersichtlichen Kurven die Geschwindigkeit und hupen Sie freizügig. Da auf der Insel nur wenige Straßenschilder aufgestellt wurden, sind eine gute Straßenkarte und viel Geduld wichtig, wenn man selbst fahren möchte.

Um in Grenada fahren zu dürfen, müssen Sie eine einheimische Fahrerlaubnis für 30 EC $ erwerben. Die erhält man bei den meisten Autovermietungen oder in der Feuerwache an der östlichen Seite der Carenage in St. George's.

Tankstellen findet man in den größeren Orten wie z. B. Grenville, Sauteurs und Victoria, an denen eine Gallone bleifreies Benzin 5,70 EC $ kostet. In St. George's gibt es viele Einbahnstraßen, von denen einige nicht beschildert sind, so daß man beim Autofahren vorsichtig sein und den Verkehr beobachten muß. Am besten vermeiden Sie es ganz, im Stadtzentrum fahren zu müssen, vor allem an der nördlichen Seite der Carenage.

Mietwagen: Auf Grenada gibt mehrere Autovermietungen, viele davon allerdings nur mit einem sehr kleinen Wagenpark, die ihre Fahrzeuge ausschließlich für mindestens drei Tage vermieten. In aller Regel sind Sie bei den großen internationalen Mietwagenfirmen besser aufgehoben, obwohl das auch nicht immer der Fall sein muß. Budget (Tel. 4 44 16 20) unterhält ein Büro am Flughafen (falls niemand am Schalter anzutreffen ist, fragen Sie herum, denn es bestehen gute Aussichten, daß der Mitarbeiter in der Nähe ist) und eines in der Melville Street in St. George's. Avis (Tel. 4 40 39 36) ist mit einer Niederlassung bei der Shell-Tankstelle an der Ecke der Paddock Street und der Lagoon Street in St. George's vertreten, von wo Kunden am Flughafen oder am Hotel kostenlos abgeholt werden.

Avis vermietet Autos für 45 US $ und Jeeps für 60 US $ pro Tag. Budget ist etwas preisgünstiger, dafür aber unzuverlässig bei den Reservierungen, zumindest im Büro in St. George's. Auch ist dieses Unternehmen schwerer zu erreichen.

David's Car Rentals (Tel. 4 44 43 10) und Zamba's Car Rentals (Tel. 4 44 41 01) sind zwei lokale Vermieter, die Schalter am Flughafen unterhalten.

Eine Unfallversicherung kostet pro Tag 6 US $ zusätzlich. Ohne diese Versicherung ist man in vollem Umfang für alle Unfälle mit dem Auto haftbar, wird aber auch nach Abschluß einer Unfallversicherung üblicherweise für die ersten 500 US $ ebenfalls zur Zahlung herangezogen. Das sollte man dem Mieten eines Wagens klären.

FAHRRAD

Cosy Corner Cottages in Petite Valley, Lance aux Épines (Tel. 4 44 11 57), vermietet Mountain Bikes mit 15 Gängen.

SCHIFF

Zwischen Grenada und Carriacou besteht ein regelmäßiger Passagier- und Frachtverkehr mit Schiffen, bei dem eine Fahrt drei bis vier Stunden dauert.

Die *Adelaide B* und die *Alexia I* fahren von Grenada mittwochs und samstags um 9.30 Uhr ab und verlassen Carriacou montags und donnerstags ebenfalls um 9.30 Uhr. Die *Alexia III* legt von Grenada dienstags um 9.30 Uhr, freitags um 11.00 Uhr und sonntags um 7.00 Uhr ab und kehrt von Carriacou mittwochs und samstags um 13.00 Uhr sowie sonntags um 20.30 Uhr zurück.

GRENADA

Für eine Strecke muß man 20 EC $ bezahlen. Die Fahrkarten werden auf den Schiffen verkauft. Auf Grenada liegen die Kais für diese Schiffs an der nördlichen Seite der Carenage in St. George's, auf Carriacou am Stadthafen von Hillsborough.

AUSFLÜGE

Landausflüge: Mehrere kleine Gesellschaften bieten Landausflüge auf Grenada zu vergleichbaren Preisen an. Arnold's Tours (Tel. 4 40 05 31, Fax 4 40 41 18) hat eine siebenstündige Fahrt rund um die Insel im Programm, die 35 US $ kostet. Darin enthalten sind Besuche im Nationalpark Grand Etang und in Grenville, ein Mittagessen im Morne Fendue Plantation House sowie Besuche in Sauteurs, in der Muskatnußanlage in Gouyave, an den Concord-Wasserfällen und auf dem Dougaldston Estate. Sunsation Tours (Tel. 4 44 16 56, Fax 4 44 28 36) bietet einen ähnlichen Ausflug an, bei dem man die Muskatnußanlage in Grenville, den Flughafen Pearls und die Rumbrennerei River Antoine sieht sowie die Möglichkeit hat, am Bathways Beach zu schwimmen, bevor man zur Westküste zurückkehrt. Gefahren wird in einem Allradfahrzeug und zu Mittag gegessen entweder im Morne Fendue Plantation House oder bei einem Picknick am Levera Beach. Dies alles kostet 40 US $. Sunsation Tours setzt sowohl englisch- als auch deutschsprechende Führer ein. Wenn Sie das Landesinnere erkunden wollen, dann bietet sich Henry's Safari Tours (Tel. 4 44 53 13, Fax 4 44 48 47) mit den Wandertouren an. Organisiert wird ein siebenstündiger Ausflug für 45 US $, in dem ein Aufstieg zu den Seven-Sisters-Wasserfällen enthalten ist. Eine andere Tour kostet 65 US $ und enthält eine fünfstündige Wanderung zum Fedon's Camp, die im Nationalpark beginnt und im Dorf Mt. Qua Qua endet, von wo aus man mit einem Minibus zurückgebracht wird. Die Preise gelten pro Person, wobei mindestens zwei Personen teilnehmen müssen.

Einige Veranstalter, darunter auch Sunsations, haben zudem eine ganz hübsche Dreiecksroute im Programm, Dabei sieht man die Concord-Wasserfälle, die Muskatnußanlage in Gouyave und das Dougaldston Estate, bevor es in Richtung Landesinneres geht, um durch den Nationalpark Grand Etang zurückzukehren. Diese Fahrt kostet 20 US $. Das Naturzentrum La Sagesse (Tel. 4 44 64 58) bietet einen Ausflug an, der die Abholung vom Hotel, eine einstündige geführte Wanderung durch das Naturzentrum, Zeit am Strand, Mittagessen und den Rücktransport für 26 US $ beinhaltet. Arnold's Tours veranstaltet eine Halbtagestour mit einem kurzen Halt bei La Sagesse, aber auch im Nationalpark Grand Etang, bei Grenville und an den Annandale-Wasserfällen für 20 US $.

Schiffsausflüge: Mit mehreren Booten in Grenada kann man Ausflüge zu den küstennahen Inseln wie auch Segeltörns in die Gegend der Grenadinen unternehmen, oftmals einschließlich Aufenthalten zum Schnorcheln. Die Häufigkeit solcher Fahrten hängt von der Nachfrage ab, denn meistens wird eine Mindestbeteiligung von vier bis sechs Passagieren gefordert. Nähere Einzelheiten können Sie den Flugblättern mit solchen Angeboten entnehmen, sich danach aber auch in Ihrem Hotel erkundigen oder der Touristenzeitschrift *The Greeting* danach durchsehen. Die Preise liegen ungefähr bei 20 US $ für einen Ausflug bei Sonnenuntergang, bei 30 US $ für einen Halbtags- und bei 50 US $ für einen Ganztagsausflug. Zu den Gesellschaften, die solche Bootstouren anbieten, gehören Starwind Enterprise (Tel. 4 40 36 78), Sunshine Cruises (Tel. 4 44 18 52) und Arnold's Tours (Tel. 4 40 05 31).

Wenn Sie selbst die Route bestimmen wollen, dann können Sie bei The Moorings in Secret Harbour eine Jacht mit einem Skipper chartern und damit einen halben Tag für 25 US $ und einen ganzen Tag für 40 US $ segeln. Die Preise gelten pro Person bei einer Mindestbeteiligung von vier Personen.

Die *Rhum Runner* (Tel. 4 40 21 98) ist Grenadas Version eines Partybootes, auf dem Rumpunsch, Musik einer Steelband und Limbotänze geboten werden. Die Fahrt läßt auch eine Zeit am Strand sowie zum Schnorcheln und kostet 20 US $.

Tagesausflüge zu anderen Inseln: Fun Tours (Tel. 4 44 31 67) bietet Tagesausflüge nach Carriacou für 150 US $, nach Union Island, Palm Island, Mayreau und die Tobago Cays für 180 US $, nach Mustique und Bequia für 250 US $ und nach Tobago für 225 US $ an. In den Preisen sind der Flug, ein Mittagessen und die Besichtigung von Sehenswürdigkeiten enthalten.

Die Bianca C

Mit 200 m Länge ist das italienische Kreuzfahrtschiff *Bianca C* das größte Wrack in der östlichen Karibik. In den frühen Morgenstunden des 22. Oktober 1961 ankerte das Schiff im äußeren Hafen von St. George's und bereitete das Auslaufen vor, als eine Explosion den Maschinenraum auseinanderriß und ein Feuer auslöste, das schnell das ganze Schiff ergriff. Eine ganz Flotte von Jachten, Fischerbooten und kleinen Schonern, die normalerweise zwischen den Inseln fahren, halfen bei den Rettungsbemühungen mit und sorgten dafür, daß alle 400 Passagiere mit dem Leben davonkamen, auch wenn drei der 300 Mann Besatzung an ihren Verbrennungen starben. Einige Tage später zog ein britisches Kriegsschiff den schwelenden Dampfer aus dem Hafen in tieferes Wasser, wo es zerbrach und sank. Heute ist die *Bianca C*, deren Oberdecks 30 m unter der Wasseroberfläche liegen, das bekannteste Wrack zum Tauchen in der ganzen Region. Die Gründe für die Explosion blieben unbekannt.

ST. GEORGE'S

St. George's ist eine malerische, an einem Hügel gelegene Stadt, die einen tiefen, wie ein Hufeisen geformten Hafen umspannt, der Carenage genannt wird. Die wichtigsten Sehenswürdigkeiten können innerhalb weniger Stunden besichtigt werden. Zu sehen sind hier ein kleines Museum, zwei alte Festungen, von denen man gute Ausblicke hat, einige Kirchen, ein farbenprächtiger öffentlicher Markt und eine geschäftige Strandpromenade.
Holzhäuser stehen in St. George's nicht mehr, denn die wurden nach zwei katastrophalen Bränden im späten 18. Jahrhundert aus der Stadt verbannt. Statt dessen besteht die Stadt vorwiegend aus Stein- und Ziegelgebäuden aus dem 19. Jahrhundert, viele von ihnen mit orangefarbenen, fischförmigen Ziegeln gedeckt, die von Schiffen als Ballast aus Europa mitgebracht wurden.
Der Kopf des Hafens ist ein guter Anfang, um die Stadt zu erkunden. Gegenüber vom LIAT-Büro steht eine lebensgroße Bronzestatue von Christ of the Deep, die von der Reederei Costa Cruise zum Gedenken an ihr Schiff *Bianca C* errichtet wurde, das 1961 innerhalb des Hafens in Flammen aufgegangen war. Die Boote, die nach Carriacou fahren, die meisten von ihnen Holzschiffe und bemalt in leuchtendem Rot, liegen in der Nähe, und zwar an der Westseite der Carenage. Weiter entlang der Wharf Road sieht man einige Lagerhäuser aus dem 19. Jahrhundert. In einem dieser restaurierten Häuser ist heute die Nationalbibliothek untergebracht.
Das gewundene Labyrinth der Straßen an der westlichen Seite der Carenage kann beim Durchstöbern ganz amüsant sein. An der Ecke der Scott Street und der Lucas Street leitet ein smart uniformierter Polizist (von den Einheimischen als „Polizist in der Kiste" bezeichnet) den Verkehr an einer lebhaften, unübersichtlichen Ecke.
In der überfüllten Young Street verkaufen Frauen Stoffpuppen und Gewürzkörbe auf dem Pflaster. Es gibt hier aber auch einige interessante Handwerksgeschäfte und Kunstgalerien. Außerdem kann man in einer Art Fabrik zuschauen, wie Batiken entstehen.
Einen bescheidenen Botanischen Garten und einen vernachlässigten kleinen „Zoo" (ein Affe und einige wenige Vögel) kann man sich am südöstlichen Ende der Stadt, etwa zehn Minuten zu Fuß vom Postamt entfernt, ansehen, aber sie sind es eigentlich gar nicht wert, daß man ihretwegen einen Umweg macht.
Einige unregelmäßig auslaufende Wassertaxis fahren im Hafen von St. George's hin und her sowie hinunter nach Grand Anse. Nach ihnen kann man bei Interesse an der Carenage gegenüber vom The Nutmeg Ausschau halten.

PRAKTISCHE HINWEISE

Informationen: Das Fremdenverkehrsamt ist am nördlichen Ende der Carenage zu finden und werktags bis 16.00 Uhr geöffnet.

Geld: Die Barclays Bank in der Halifax Street ist montags bis donnerstags von 8.00 bis 14.00 Uhr sowie freitags von 8.00 bis 13.00 Uhr und von 14.30 bis 17.00 Uhr zugänglich. In der Scotiabank, ebenfalls in der Halifax Street zu finden, sind Schalterstunden montags bis donnerstags von 8.00 bis 15.00 Uhr und freitags von 8.00 bis 17.00 Uhr.

Post: Das Hauptpostamt finden Sie an der südlichen Seite des Hafens. Es ist montags bis freitags von 8.00 bis 12.00 Uhr und von 13.00 bis 15.30 Uhr geöffnet. Für den Fall, daß jemand nur Briefmarken kaufen will, bleibt ein Schalter auch während der Mittagspause geöffnet.

Buchhandlungen: Im St. George's Book Shop in der Halifax Street finden Sie eine recht gute Auswahl an Büchern über die Karibik, darunter auch welche über die Flora und Fauna der Insel. In der Buchhandlung Sea Change unterhalb von The Nutmeg werden einheimische und amerikanische Zeitungen verkauft. Außerdem sind im Nationalmuseum von Grenada einige Bücher über die Geschichte erhältlich. In allen genannten Läden erhalten Sie auch Landkarten von Grenada.

Filmen und Fotografieren: Das Bryden & Minors Photo Lab liegt an der Ecke der Granby Street und der Halifax Street. Dort werden für die Entwicklung eines Filmes und 24 Abzüge 40 EC $ berechnet. Wünscht man die Bilder innerhalb einer Stunde, werden pro Aufnahme 10 Cents mehr verlangt.

SEHENSWÜRDIGKEITEN

Nationalmuseum: Das Nationalmuseum von Grenada liegt an der Ecke der Young Street und der Monckton Street und ist in einer alten französischen Kaserne aus dem Jahre 1704 untergebracht. Dieses Gebäude diente vorher von 1766 bis 1880 als Gefängnis und anschließend im neunzehnten Jahrhundert als bestes Hotel der Insel. Unter den vielen Ausstellungsstücken befinden sich Überreste alter westindischer Töpferwaren, ein alter Apparat zum Destillieren von Rum und eine doch recht schmuddelige Marmorbadewanne, die einst Kaiserin Jo-

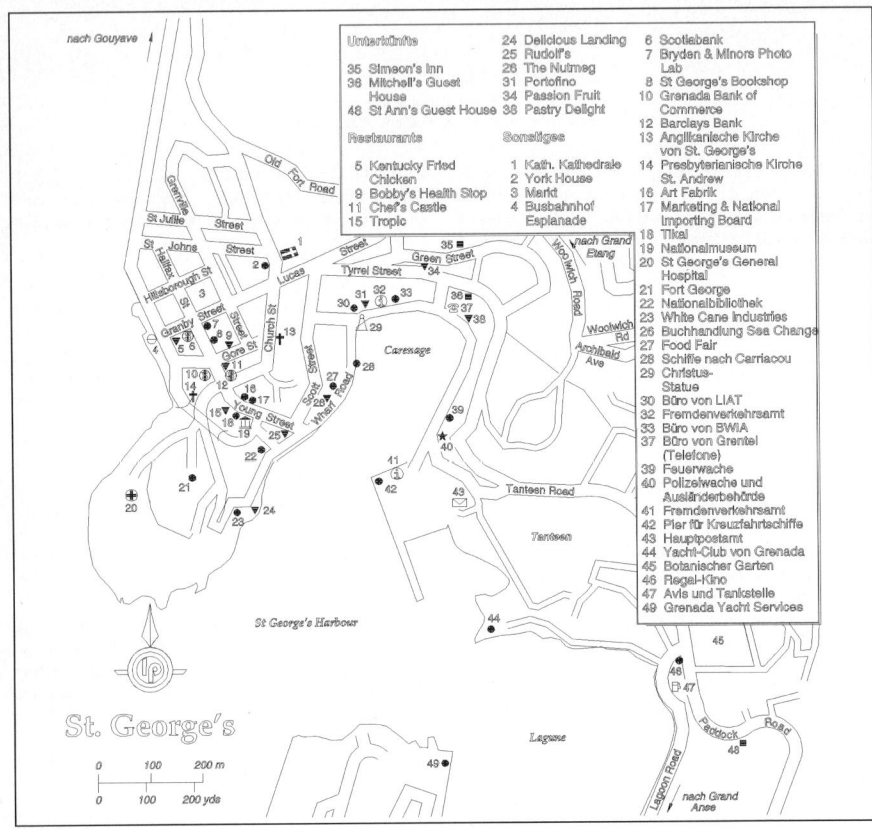

Unterkünfte
35 Simeon's Inn
36 Mitchell's Guest House
48 St Ann's Guest House

Restaurants
5 Kentucky Fried Chicken
9 Bobby's Health Stop
11 Chef's Castle
15 Tropic

24 Delicious Landing
25 Rudolf's
26 The Nutmeg
31 Portofino
34 Passion Fruit
36 Pastry Delight

Sonstiges
1 Kath. Kathedrale
2 York House
3 Markt
4 Busbahnhof Esplanade

6 Scotiabank
7 Bryden & Minors Photo Lab
8 St George's Bookshop
10 Grenada Bank of Commerce
12 Barclays Bank
13 Anglikanische Kirche von St. George's
14 Presbyterianische Kirche St. Andrew
16 Art Fabrik
17 Marketing & National Importing Board
18 Tikal
19 Nationalmuseum
20 St George's General Hospital
21 Fort George
22 Nationalbibliothek
23 White Cane Industries
26 Buchhandlung Sea Change
27 Food Fair
28 Schiffe nach Carriacou
29 Christus-Statue
30 Büro von LIAT
32 Büro von BWIA
37 Büro von Grentel (Telefone)
39 Feuerwache
40 Polizeiwache und Ausländerbehörde
41 Fremdenverkehrsamt
42 Pier für Kreuzfahrtschiffe
43 Hauptpostamt
44 Yacht-Club von Grenada
45 Botanischer Garten
46 Regal-Kino
47 Avis und Tankstelle
49 Grenada Yacht Services

St. George's

sephine gehörte. Zu sehen ist aber auch eine Ausstellung über die Ereignisse, die zur Ermordung von Maurice Bishop geführt haben, und über die US-Invasion, die dem folgte.

Das Museum ist montags bis freitags von 9.00 bis 16.30 Uhr und samstags von 10.00 bis 13.30 Uhr geöffnet. Der Eintritt kostet für Erwachsene 2,50 EC $ und für Kinder 50 Cents.

Fort George: Fort George liegt auf der Spitze des Vorgebirges an der westlichen Seite der Carenage und ist Grenadas älteste Festung, 1705 von den Franzosen erbaut. Viele der Festungsgebäude werden von der Nationalpolizei benutzt, doch ist das Gelände der Öffentlichkeit zugänglich und bietet einige schöne Blicke auf die Umgebung. Der Blick gegenüber der Polizeiwache ermöglicht eine der besten Aussichten - einen weitschweifenden Blick von der westlichen Seite der Stadt mit ihren Kirchtürmen und

roten Dächern über die Carenage bis hin zum Fort Frederick oben auf den Bergen.

Im Innern der Festung, direkt unterhalb einer Reihe von Kanonen, kommt man in den Hof, wo Maurice Bishop hingerichtet wurde. Die Einschußlöcher in der Basketballstange stammen vom Erschießungskommando. Auf dem Platz ist zudem, wenn auch nur schwer lesbar, die Aufschrift „No Pain No Gain Brother" zu erkennen. Der Eingang zur Festung liegt am Ende der Church Street. Für das Betreten wird kein Eintrittsgeld verlangt.

Kirchen: St. George's verfügt über eine Reihe von Kirchen aus dem 19. Jahrhundert, die die Silhouette prägen, obwohl die einzelnen Bauwerke nicht außergewöhnlich sind.

Am interessantesten ist die anglikanische Kirche von St. George's in der Church Street. Erbaut wurde sie 1825 mit einem viereckigen Glockenturm, Fliesen in den Farbtönen der Westindischen Inseln Rot, Schwarz und Gelb sowie einer Marmortafel, die an die englischen Kolonialisten erinnert, die 1795 im Aufstand von Franzosen unter der Leitung von Fedon umkamen.

Die katholische Kathedrale, die größte der vielen Kirchen, hat ein leuchtend bemaltes Inneres. Sie steht gegenüber des York-Hauses, einem Gebäude früher gregorianischer Architektur, in dem der Oberste Gerichtshof, das Repräsentantenhaus und der Senat tagen.

Die gelbe Ziegelkirche unmittelbar nördlich von Fort George ist die presbyterianische Kirche St. Andrew aus dem Jahre 1833. Sie ist auch an einem viereckigen Glockenturm mit Spitze zu erkennen.

Alle drei Kirchen sind zum Besichtigen zugänglich.

Fort Frederick: Fort Frederick liegt oben auf dem Richmond Hill, 1,2 Meilen (2 km) östlich von St. George's, und wurde 1779 von den Franzosen erbaut, nachdem diese den Briten die Kontrolle über die Insel entrissen hatten. Nach 1783, als die Franzosen durch Verträge gezwungen wurden, Grenada an die Briten zurückzugeben, diente das Fort zum Schutz gegen französische Angriffe. Der Abbau der Feindschaft zwischen den beiden Mächten führte in den fünfziger Jahren des vorigen Jahrhunderts zur Aufgabe der Festung. Von hier hat man einen sehr guten Blick über Quarantine Point, Point Salines und Grover Island. Grover Insel wurde übrigens bis 1927 als norwegische Walfangstation benutzt.

Fort Frederick ist noch in einem guten Zustand, was zum Teil einem schweren Fehler der US-Streitkräfte während der Invasion von 1983 zu verdanken ist. Die Amerikaner wollten Fort Frederick beschießen, das damals von Grenadas Militär besetzt war, und bombardierten statt dessen versehentlich Fort Matthews, das nur ein paar hundert Meter weit nördlich liegt und in der Zeit des Angriffs als Nervenklinik benutzt wurde.

An Tagen, an denen Kreuzfahrtschiffe im Hafen liegen, spielen häufig Steelbands am Eingang von Fort Frederick. Das kann man sich ohne Eintritt anhören.

UNTERKUNFT

Das St. Ann's Guest House in der Paddock Road 16 (Tel. 4 40 21 17) liegt an der südöstlichen Seite der Stadt, etwa 20 Minuten zu Fuß vom Zentrum entfernt, allerdings an einer der Hauptbusrouten. Die Mitarbeiter sind freundlich, und das Dutzend Zimmer ist sehr schlicht, aber sauber. In jedem Zimmer befindet sich ein Waschbecken.

Mit Badbenutzung muß man hier für ein Einzelzimmer 16 US $ und für ein Doppelzimmer 23 US $ bezahlen, mit eigenem Bad 20 bzw. 31 US $. In den Preisen ist Frühstück enthalten. Im Haus ist ferner ein Fernsehraum vorhanden. Benutzen kann man auch ein Telefon und einen Kühlschrank.

Die Mamma's Lodge in der Lagoon Road am südlichen Ende der Lagune (Tel. 4 40 16 23) liegt etwas außerhalb

und in einer Gegend, die nachts nicht sehr sicher ist. Sie liegt aber an einer Hauptbusroute und bietet die neuesten Zimmer in ganz St. George's. Die Zimmer sind mit Doppelbetten, tragbaren Ventilatoren, eigenen Bädern und Balkonen ausgestattet. Hier kosten Einzelzimmer 30 US $ und Doppelzimmer 42 US $ (einschließlich Steuern, Bedienung und Frühstück). An einigen Tagen erhält man zum Frühstück Eier, an anderen Salzfischkuchen. Von der Veranda aus hat man einen Blick auf einen Teil des Hafens. Im Vorderzimmer steht zudem ein Fernsehgerät.

Das Mitchell's Guest House (Tel. 4 40 28 03) besteht schon länger. Man findet es in der Tyrell Street im Zentrum von St. George's. Die 11 Zimmer sind mit Tischventilatoren, Waschbecken und entweder einem Doppelbett oder zwei Einzelbetten ausgestattet. Die Badezimmer sind in der Halle. Geboten werden außerdem ein Gemeinschaftsraum mit einem Fernseher, einem Telefon und einem kleinen Kühlschrank. In diesem Haus werden für ein Einzelzimmer 21 US $ und für ein Doppelzimmer 34 US $ berechnet. Ein komplettes Frühstück kann für zusätzliche 15 EC $ serviert werden.

Das Simeon's Inn (Tel. 4 40 25 37) liegt an der Green Street gegenüber der Halle der Zeugen Jehovas. Das ist ein einfaches Gästehaus mit neun Zimmer, deren Gäste sich zwei Toiletten und zwei Duschen teilen müssen. Die Zimmer sind mit jeweils zwei Doppelbetten und einige auch mit Waschbecken einfach ausgestattet. Tischventilatoren können bestellt werden. Vom geteilten Balkon hat man einen schönen Blick auf den Hafen. Mit Frühstück kosten in diesem Haus ein Einzelzimmer 20 US $ und ein Doppelzimmer 35 US $.

ESSEN

Preiswerte Restaurants: Im Pastry Delight im Innern der Carenage können Sie gut einen Happen zwischendurch zu sich nehmen. Morgens läßt sich hier ein Backfisch für nur 1,50 EC $ verzehren, während tagsüber auf Bestellung verschiedene preiswerte Sandwiches erhältlich sind. Außerdem gibt es in diesem Lokal Kokosnußgebäck, Weizenbrötchen und verschiedene Brote. Geöffnet ist freitags bis 18.00 Uhr und samstags bis 12.00 Uhr.

Es ist schwer zu glauben, aber die längsten Menschenschlangen der ganzen Stadt bilden sich vor dem Kentucky Fried Chicken in der Granby Street, wo zwei Hähnchenstücke und Pommes Frites 10 EC $ kosten. Dieses Lokal ist montags bis samstags von 10.30 bis 22.00 Uhr und sonntags von 13.00 bis 22.00 Uhr geöffnet.

Das Chef's Castle finden Sie an der Ecke der Halifax Street und der Gore Street. Es ist ein modernes Schnellimbißlokal mit Eiscreme, Hot Dogs, Burgern und Grillhähnchen, alles für unter 10 EC $. Geöffnet ist hier montags bis samstags von 9.00 bis 22.00 Uhr und sonntags von 17.00 bis 22.00 Uhr.

Wenn Sie etwas in einer ähnlichen Preisklasse, aber etwas gesünder suchen, dann sind Sie im Bobby's Health Stop in der Gore Street richtig, wo im zweiten Stock vegetarische Burger, Tofu-Gerichte, frische Säfte und Geflügel- sowie vegetarische Grillgerichte serviert werden. Essen kann man hier montags bis samstags von 10.00 bis 17.30 Uhr.

Das Tropic, ein kleines Lokal in der Young Street mit einem Tresen und wenigen Hockern, bietet preiswerte lokale Gerichte an, darunter gute Teller mit Fisch vom Grill für 7 EC $. Hier ist montags bis samstags von 8.00 bis 17.00 Uhr geöffnet.

Das Passion Fruit in der Tyrrel Street ist ein beliebter Treffpunkt von amerikanischen Entwicklungshelfern. Hier gibt es Fischsandwiches für 3 EC $, Grillhähnchen für 5 EC $ und billige Säfte. Geöffnet ist montags bis freitags von 9.00 bis 16.30 Uhr.

Das Delicious Landing kann mit einer beneidenswerten Lage direkt am Meer aufwarten, doch wechseln die Besitzer sehr oft. Sie nehmen hier also besser nur einen Drink und essen nichts. Das ist täglich bis 23.00 Uhr möglich.

Das Foodland in der Lagoon Road ist der beste Supermarkt der Insel und der beste Laden, um importierte westliche Nahrungsmittel zu bekommen. An der westlichen Seite der Carenage liegt das Food Fair für Lebensmittelhändler.

Einheimisches Obst und Gemüse wird auf dem öffentlichen Markt verkauft, doch sind Besucher in der Regel besser beraten, beim Marketing & National Importing Board in der Young Street einzukaufen, einer Genossenschaft von Bauern mit festen Preisen und ohne Feilschen.

Mittelklasserestaurants: Ungezwungen und mit einem herrlichen Blick auf den Hafen gibt sich das The Nutmeg an der westlichen Seite der Carenage, eines der beliebtesten Restaurants der Stadt. Zum Mittag- und Abendessen werden hier Sandwiches und Burger für etwa 10 EC $, Fisch und recht fettige Chips für 18 EC $ und ein gutes Curry-Gericht mit Salat für 30 EC $ angeboten. Zu den Spezialitäten des Hauses gehören eine Callaloo-Suppe mit vielen Kräutern und ein gehaltvoller Rumpunsch mit Muskatnuß. Geöffnet ist das Restaurant montags bis samstags von 9.00 bis 13.00 Uhr und sonntags von 17.00 bis 23.00 Uhr.

Im Portofino neben dem Fremdenverkehrsamt erhält man gute Pizzen für etwa 12 EC $, verschiedene Speisen mit Teigwaren für 20 EC $ und einige preiswerte Fleischgerichte. Das Tagesgericht (30 EC $) besteht häufig aus einem großzügig bemessenen Stück Thunfisch. Zum Abendessen kann man Jazz und New Age vom Band hören, was dem Haus eine freundliche Ausstrahlung verleiht. Lassen Sie sich, wenn möglich, an einen der Tische am Fenster setzen, um den Blick auf den Hafen genießen zu können. Geöffnet ist hier montags bis freitags von 12.00 bis 23.00 Uhr und samstags von 18.00 bis 23.00 Uhr.

Das Rudolf's in der Wharf Road ist ein legeres Restaurant im Stil eines Pub mit heißen Fisch-Sandwiches für 6,50 EC $, mit Fliegendem Fisch, Mahimahi oder Hähnchen mit Chips für etwa 20 EC $ und Platten mit Meeresfrüchten für einige Dollar mehr. Es ist montags bis samstags von 10.00 Uhr bis Mitternacht geöffnet.

WEITERE ORTE

GRAND ANSE

Grenadas bedeutendstes Erholungszentrum liegt entlang des Grand Anse Beach, eines langen, wunderschönen Sandstrandes mit türkisblauem, klarem Meer. Am Strand verkaufen viele kleine Händler T-Shirts und Gewürzkörbe oder bieten Flechtfrisuren an, doch alles in allem geht es hier ruhig und gemächlich zu.

Rund um Grand Anse gibt es eine Reihe von Unterkünften und Restaurants. Die teuersten Hotels finden Sie direkt am Strand, während die Übernachtungspreise immer niedriger werden, je weiter man sich vom Strand entfernt. Hinter dem Grand Anse Beach liegt eine Hügelkette, von wo aus einige der Restaurants und Hotels einen wunderbaren Ausblick auf Strand und Meer ermöglichen.

PRAKTISCHE HINWEISE

Im Einkaufszentrum Grand Anse gegenüber vom Hotel Ramada befinden sich eine Zweigstelle der Scotiabank,

ein hübscher Geschenkeladen mit dem Namen Imagine und Food Fair, ein großes, modernes Lebensmittelgeschäft, das montags bis donnerstags von 9.00 bis 17.30 Uhr sowie freitags und samstags bis 19.00 geöffnet ist. Im Einkaufszentrum Cellar, einige hundert Meter weiter westlich, findet man eine Filiale der Barclays Bank, ein Reisebüro, ein Fotogeschäft, eine Drogerie und einen Obststand.

In der Wäscherei Tangie's am Verkehrskreisel zum Flughafen und nach Grand Anse kann man eine Maschinenfüllung Wäsche für 20 EC $ waschen und trocknen. Geöffnet ist hier montags bis samstags von 8.00 bis 20.00 Uhr und sonntags von 9.00 bis 14.00 Uhr.

UNTERKUNFT

Einfache Unterkünfte: Das Palm Grove Guest House (Tel. 4 44 45 78, PO Box 568, St. George's) liegt

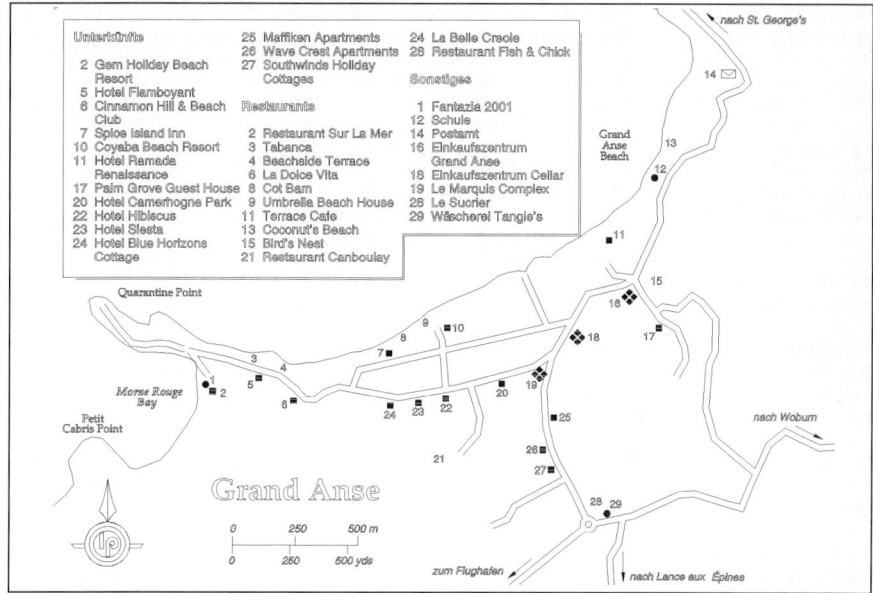

hügelaufwärts vom Einkaufszentrum Grand Anse, etwa einen fünfminütigen Spaziergang vom Strand entfernt. Das Gästehaus ist beliebt bei französischen und deutschen Besuchern und bietet in dieser Kategorie eine gute Unterkunft. Die neun Zimmer sind einfach, aber sauber und mit einem oder zwei Doppelbetten sowie eigenem Bad und Deckenventilatoren ausgestattet. In einigen stehen auch kleine Tische, und zumindest eines der Doppelzimmer verfügt außerdem über ein Fernsehgerät und ein Radio. Man kann hier auch telefonieren und sich draußen in eine der Hängematten legen. Einzelzimmer kosten in diesem Quartier 25 US $ und Doppelzimmer 35 US $, wobei sich die Preise bei einem Aufenthalt von zwei oder mehr Tagen etwas verringern.

Die Southwinds Holiday Cottages (Tel. 4 44 43 10, Fax 4 44 44 04, PO Box 118, St. George's) bestehen aus 21 Apartments in zwei eckigen, zweistöckigen Gebäuden, etwa 10 Minuten vom Strand entfernt. Die einzelnen Apartments sind einfach ausgestattet, enthalten aber Küche, Telefon und Radio. Für ein Apartment mit einem Schlafzimmer und Deckenventilatoren muß man 50 US $ und mit Klimaanlage 55 US $ bezahlen. Apartments mit zwei Schlafzimmern für bis zu vier Personen kosten mit Klimaanlage 80 US $. Im Sommer sind die Apartments 10 US $ billiger. Kinder unter 12 Jahren werden ohne Zusatzkosten mit aufgenommen, während für jeden weiteren Erwachsenen 5 US $ zusätzlich zu bezahlen sind.

Das Hotel Camerhogne Park (Tel. 4 44 45 87) liegt einen Block vom Strand entfernt und hat 21 Zimmer in einigen zweigeschossigen apartmentähnlichen Gebäuden zu bieten. Die Zimmer sind einfach eingerichtet und mit zwei dünnen Betten, Klimaanlage, Fernsehgerät sowie Telefon etwas abgewohnt. Hier werden im Sommer für ein Einzelzimmer 45 US $ und für ein Doppelzimmer 55 US $ sowie im Winter 55 bzw. 65 US $ berechnet. Vermietet werden auch abgeschlossene Apartments für drei bis sechs Personen zum Preis von 150 US $ im Winter und für 15 US $ weniger im Sommer. Zum Hotel gehören ferner ein Restaurant und eine Bar mit preisgünstigen Frühstücken und Sandwiches.

Die Wave Crest Apartments (Tel. 4 44 41 16, PO Box 278, St. George's) sind ein Komplex aus 15 Apartments etwa 10 Minuten zu Fuß vom Strand entfernt. Die Unterkünfte mit einem Schlafzimmer enthalten jeweils ein Doppelbett oder zwei Einzelbetten, eine Klimaanlage, ein Fernsehgerät, ein Telefon, eine separate Küche und eine Eßecke sowie einen kleinen Balkon. Sie kosten für eine oder zwei Personen im Sommer 50 US $ und im Winter 60 US $. Angeboten werden auch einige hotelzimmerähnliche Räume, die etwa 5 oder 10 US $ preiswerter sind. Die Apartments mit zwei Schlafzimmern werden für bis zu vier Personen im Sommer zum Preis von 70 US $ und im Winter zum Preis von 80 US $ vermietet. Bei einem Aufenthalt von einer Woche werden nur sechs Tage berechnet.

GRENADA

Die Maffiken Apartements (Tel. 4 44 42 55, Fax 4 44 48 47, PO Box 534, St. George's) liegen an der Straße, die vom Strand heraufführt. Die Apartments sind in einem sehr guten Zustand und jeweils mit einer Küche, Klimaanlage, Telefon, Kabelfernsehgerät, Badewanne und Veranda ausgestattet. Apartments mit einem Schlafzimmer und Platz für eine oder zwei Personen werden im Sommer pro Tag für 60 US $ und pro Woche für 350 US $ angeboten, im Winter für 70 bzw. 400 US $. Für Kinder unter sechs Jahren wird nichts berechnet, wenn sie im Wohnzimmer auf dem Schlafsofa übernachten können. Die Apartments mit zwei Schlafzimmern für bis zu vier Personen kosten im Sommer 70 bzw. 390 US $ und im Winter 85 bzw. 450 US $.

Mittelklassehotels: Das Hotel Siesta mit seinen 37 Zimmern (Tel. 4 44 46 45, Fax 4 44 46 47, PO Box 27, St. George's) ist bei europäischen Besuchern beliebt. Die Zimmer sind mit Balkon, Fernsehgerät, Deckenventilator, Badewanne und Bodenfliesen freundlich eingerichtet. Dieses Haus liegt zwar nicht direkt am Strand, doch ist man in wenigen Minuten dort. Zudem ist die Gegend des Hotels ruhig. Geboten wird den Gästen auch ein Swimming Pool. Im Sommer muß man in diesem Quartier für ein Einzelzimmer 50 US $ und für ein Doppelzimmer 60 US $ bezahlen, im Winter 70 bzw. 80 US $. Zimmer mit einer kleinen Kochenecke kosten 10 US $ mehr. Vermietet werden auch geräumige Apartments mit einem Schlafzimmer im Sommer für 80 bzw. 95 US $ und im Winter für 105 bzw. 120 US $.

Das Hotel Hibiscus (Tel. 4 44 42 33, Fax 4 40 66 32, PO Box 279, St. George's) hat 10 Zimmer in attraktiven zweigeschossigen Häuschen rund um eine große Rasenfläche zu bieten. Die Zimmer sind modern sowie sauber und jedes mit einem oder zwei Doppelbetten, einem Fernsehgerät, einem kleinen Tisch, Badewanne und Balkon ausgestattet. Ein kleiner Fußweg führt zum Grand Anse Beach, der nur wenige Minuten entfernt liegt. Zum Hotel gehört aber auch ein Swimming Pool. Im Sommer kosten hier Einzelzimmer 55 US $ und Doppelzimmer 70 US $, im Winter 65 bzw. 80 US $.

Das Hotel Flamboyant (Tel. 4 44 42 47, Fax 4 44 12 34, PO Box 214, St. George's) ist ein hübscher, sich über einen Hügel erstreckender Komplex am westlichen Ende des Grand Anse Beach. Das Hotel verfügt über verschiedene Unterkünfte, die meisten in Gebäuden mit zwei oder vier Apartments. Alle haben eine Terrasse mit Blick auf den Ozean, Telefon, Fernsehgerät, Klimaanlage und Badewanne, einige auch Holzböden, und alle bis auf die eigentlichen Hotelzimmer verfügen ebenfalls über eine Küche. Geboten werden zudem ein Swimming Pool, schöne Ausblicke und Wege hinunter zum Strand. Hotelzimmer kosten im Sommer als Einzelzimmer 65 US $ und als Doppelzimmer 80 US $, im Winter 95 bzw. 105 US $. Für ein Apartment mit einem Schlafraum muß man im

Sommer 80 bzw. 90 US $ und im Winter 115 bzw. 135 US $ bezahlen, für ein Apartment mit zwei Schlafzimmern für bis zu vier Erwachsene im Sommer 130 US $ und im Winter 215 US $. Kinder unter 12 Jahren werden ohne Zusatzkosten mit untergebracht.

Das Coyoba Beach Resort (Tel. 4 44 41 29, Fax 4 44 48 08, PO Box 336, St. George's) umfaßt 40 Zimmer im Zentrum des Grand Anse Beach. Die Zimmer sind bequem mit zwei Doppelbetten, Fernsehgerät für Satellitenprogramme, Klimaanlage, Telefon, Haar-trocknern und Terrasse eingerichtet und bieten meistens zumindest einen teilweisen Blick auf das Meer. Im Sommer werden für Einzelzimmer 75 US $ und für Doppelzimmer 95 US $ und im Winter 115 bzw. 165 US $ berechnet. Vorhanden sind ferner ein Swimming Pool und ein Tennisplatz. Außerdem können die Gäste die Windsurf- und Segelausrüstungen des Hotels kostenlos benutzen.

Luxushotels: Der Cinnamon Hill & Beach Club (Tel. 4 44 43 01, PO Box 292, St. George's) hat 20 Apartments in zweistöckigen Häusern zu bieten, die im Mittelmeerstil errichtet wurden. Die Apartments sind sehr groß und bestehen aus einer komplett ausgestatteten Küche, großen Balkonen und mindestens vier Betten und zwei Badezimmern, auch wenn die Ausstattung schon etwas älter und nicht übermäßig sauber ist. Die Apartments im Obergeschoß sind die besten, denn sie verfügen über Balkendecken. Sie werden mit einem Schlafzimmer für eine oder zwei Personen im Sommer zum Preis von 77 US $ und im Winter zum Preis von 121 US $ angeboten, mit zwei Schlafzimmern im Sommer für 114 US $ und im Winter für 153 US $. Für eine dritte und vierte Person in einem Apartment sind jeweils 17 US $ zusätzlich zu bezahlen. Hier gibt es auch einen Swimming Pool und ein italienisches Restaurant.

Das Hotel Blue Horizons Cottage (Tel. 4 44 43 16, Fax 4 44 28 15, PO Box 41, St. George's) liegt nur wenige Minuten vom Grand Anse Beach entfernt und ist eines der beliebtesten Hotels auf der Insel im Stil von Villen. Die 32 Suiten und Apartments liegen verstreut in an das Mittelmeer erinnernden Gebäuden und sind attraktiv und großzügig mit Küche, Bodenfliesen, Deckenventilator, Klimaanlage, Fernsehgerät, Telefon sowie Veranda ausgestattet. Die Suiten kosten im Sommer 90 US $ und im Winter 130 US $, die Apartments mit einem Schlafraum und zwei dünnen Betten 95 bzw. 140 US $, große Luxusapartments mit zwei Doppelbetten jeweils 10 US $ mehr. Zur Verfügung stehen zudem ein Swimming Pool, ein Restaurant und eine Bar.

Das größte Hotel in der gesamten Gegend des Grand Anse Beach ist das Hotel Ramada Renaissance (Tel. 4 44 43 71, Fax 4 44 48 00, PO Box 441, St. George's). Es besteht aus 186 Zimmern, die über einen verstreuten, niedrig gebauten Komplex von zum Strand ausgerichteten Gebäuden verteilt liegen. Die Zimmer bieten die übliche Ausstattung und sind mit Klimaanlage, Telefon und Fernsehgerät bequem eingerichtet, vermitteln aber nicht den Flair der Westindischen Inseln. Das Hotel verfügt auch über einen Swimming Pool an der Strandseite und beleuchtete Tennisplätze. Die Übernachtungspreise, die für Einzel- und Doppelzimmer gleich sind, beginnen im Sommer bei 100 US $ und im Winter bei 158 US $.

Grenadas teuerstes Hotel ist das Spice Island Inn (Tel. 4 44 42 58, Fax 4 44 48 07, PO Box 6, St. George's), ein exklusives Strandhotel mit allem Komfort. Die 56 im Landhausstil eingerichteten Zimmer strahlen eine legere, tropische Eleganz aus und sind mit Rattanmöbeln, Fliesenböden, Deckenventilatoren, Klimaanlage, Minibar und Radio ausgestattet. Im Winter kosten am Strand mit einer Badewanne und Whirlpool die Einzelzimmer 355 US $ und die Doppelzimmer 460 US $, während für einen größeren Raum, etwas vom Strand zurück gelegen und mit eigenem Tauchbad ausgerüstet, 460 bzw. 585 US $ zu bezahlen sind. In den Preisen sind Vollpension, Getränke, Sportangebote und Unterhaltungsprogramme enthalten. Im Sommer werden die Preise um etwa 20% ermäßigt.

ESSEN

Preiswerte Restaurants: Das Sugar & Spice im Einkaufszentrum Grand Anse bietet gefrorenen Joghurt und Eiscreme in traditionellen und tropischen Geschmacksrichtungen, von denen das Mango-Eis besonders gut schmeckt, für 3 EC $ pro Kugel an. In diesem Geschäft werden darüber hinaus preiswerte Sandwiches, Burger, Pizzen und Säfte verkauft. Es ist dienstags bis samstags von 11.00 bis 21.30 Uhr und sonntags von 16.00 Uhr an geöffnet.

Im Hooters im Komplex Le Marquis werden Fleisch- und Hähnchenburger für 7 EC $ sowie Grillgerichte, frische Säfte und Carib-Bier vom Faß angeboten. Hier kann man dienstags bis samstags von 11.00 bis 22.00 Uhr und sonntags von 17.00 bis 22.00 Uhr etwas essen und trinken.

Im The Little Bakery & Coffee House ebenfalls im Komplex Le Marquis erhält man einfache Backwaren und täglich ein besonderes Mittagessen, z. B. Hähnchenflügel, gebratenen Reis und Salat für 12 EC $. Es ist montags bis samstags von 7.00 bis 20.00 Uhr geöffnet.

Ebenfalls im Komplex Le Marquis finden Sie das Bobby's Health Stop, ein einfaches Restaurant mit guten Fischgrillgerichten (7 EC $), vegetarischen Pizzen, Joghurt, Säften und Tee. Davon kann man montags bis samstags von 11.30 bis 18.30 Uhr Gebrauch machen.

Das Cot Bam, ein großes Freiluftrestaurant mit Bar, liegt am Grand Anse Beach und bietet preiswerte Fischgrillgerichte und Sandwiches, Geflügel oder Fisch und Chips für 13 EC $ an. Serviert werden aber auch umfangreichere Fischgerichte und Speisen mit Ziegenfleisch für etwa 30 EC $. Hier kann man von 9.30 bis spätestens 21.00 Uhr essen.

Das Umbrella Beach House, ein kleines rot-weißes Häuschen, finden Sie direkt östlich des Cot Bam. Das ist ein freundliches, familiäres Restaurant mit guter und preiswerter Küche. Ein Fisch- oder Geflügelsandwich kostet hier 4 EC $, ein schmackhaftes Grillstück 6 EC $ und eine Flasche Carib-Bier gerade einmal 1,75 EC $. Es ist montags bis freitags von 9.00 bis etwa 18.00 Uhr und an Samstagen erst ab 11.30 Uhr geöffnet.

Im Restaurant Fish & Chick an der alten Zuckermühle am Verkehrskreisel zum Flughafen und nach Grand Anse erhalten Sie recht gute Fisch- und Geflügelgerichte zu Preisen wie in Imbißstuben. Die Gerichte kann man entweder an Ort und Stelle essen oder mitnehmen.

Mittelklasserestaurants: Das Bird's Nest (Tel. 4 44 42 64) ist ein gehobenes China-Restaurant gegenüber vom Hotel Ramada. Zu Mittag gibt es hier preiswerte Sandwiches und verschiedene kombinierte Platten wie z. B. süßsaures Hühnchen mit gebratenem Reis für 18 EC $. Die Preise für Gerichte nach der Speisekarte liegen bei etwa 15 EC $ für Geflügel, bei 20 EC $ für Fisch und bei 35 EC $ für Garnelen und Fleisch. Montags bis samstags kann man hier von 9.30 bis 23.00 Uhr essen, während sonntags erst um 18.00 Uhr geöffnet wird.

Zum Coyoba Beach Resort gehört ein Freiluftrestaurant mit Bambus- und Rattandekor. Von 7.00 bis 10.00 Uhr morgens werden ein kontinentales Frühstück für 15 EC $ und ein amerikanisches Frühstück für 20 EC $ angeboten. Zu Mittag, das bis 15.00 Uhr serviert wird, erhält man Sandwiches für etwa 10 EC $ und Salat oder Fisch und Chips zum doppelten Preis. Abends kann man im allgemeinen nach der Speisekarte bestellen, allerdings wird dienstags und samstags ein festgelegtes Menü angeboten, das man zur Musik einer Steelband verzehrt.

Das Beachside Terrace, ein gemütliches Freiluftrestaurant beim Hotel Flamboyant, ist täglich von 7.30 bis 22.30 Uhr geöffnet. Es bietet westliches Frühstück und tagsüber Imbisse wie z. B. Fisch und Chips und Grillgerichte für etwa 20 EC $ an. Frischer Thunfischsalat und Chefsalat kosten einige Dollar mehr. Zum Abendessen kosten die meisten Gerichte von 30 EC $ für einen einheimischen Fischeintopf bis 60 EC $ für Hummer. Sonntags wird von 10.30 bis 17.00 Uhr ein Brunch mit Grillgerichten und montags sowie mittwochs ab 19.00 Uhr ein Buffet für 65 EC $ angeboten.

Das Tabanca findet man gegenüber vom Büro des Hotels Flamboyant. Es hat einen schönen Ausblick auf das Meer und gutes Essen zu bieten. Sandwiches, Omeletten und andere einfache Mittagsgerichte kosten zwischen 10 und 30 EC $. Beim Abendessen reichen die Preise von 30 EC $

GRENADA

für frischen Fisch bis etwa 50 EC $ für Steaks. Hier ist täglich von 11.00 bis 22.00 Uhr geöffnet.

Das Café Terrace des Hotels Ramada ist ein offenes Restaurant, in dem täglich von 12.00 bis 14.00 Uhr ein Mittagessen vom Grill angeboten wird. Das ist ein Buffet mit Geflügel, Fisch, Hamburgern, Hot Dogs, Schweinefleisch und einer Auswahl an Salaten. Der Preis hängt von dem ab, was man sich aussucht, und beträgt etwa von 15 bis 35 EC $. Das etwas förmlichere Restaurant dieses Hotels zum Abendessen kann etwas steif wirken.

Wenn Sie italienisch essen wollen, dann gehen Sie in das La Dolce Vita am Hotel Cinnamon Hill (Tel. 4 44 43 01). Hier wird frische Pasta selbstgemacht, man kann aber auch unter verschieden Gerichten wie Lasagne, Ravioli oder Tagliatelle von 25 bis 55 EC $ wählen. Dieses Lokal ist jeden Tag außer montags von 19.00 bis 23.00 Uhr geöffnet.

Teure Restaurants: Das Coconut's Beach, bekannt als das französische Restaurant in dieser Gegend, liegt am Wasser an der östlichen Seite des Grand Anse Beach. Das Essen ist hier vorwiegend französisch-kreolisch. Zu Mittag erhalten Sie in diesem Restaurant einen Sandwich, ein Käse- und Tomatencrépe oder eine Quiche Lorraine für unter 20 EC $. Zum Abendessen werden von Curry-Gerichten über fangfrische Fisch für 40 EC $ verschiedene weitere Gerichte bis hin zu Hummer „Thermidor" für 60 EC $ angeboten. Das Essen hier ist recht gut und das Restaurant selbst rustikal und leger. Man kann entweder drinnen oder draußen unmittelbar am Strand unter aufgespannten Sonnenschirmen essen. An einigen Abenden

in der Woche wird zudem ein Barbecue mit Life-Musik angeboten, zu dem kostenloser Transport bestellt werden kann. Das Coconut's Beach ist täglich von 10.00 bis 22.00 Uhr geöffnet.

Das Restaurant Canboulay (Tel. 4 44 44 01) bietet ein gutes, kreatives Essen. Das hügelwärts gelegene, beliebte Restaurant kann mit einem Panoramablick bis hin nach St. George's aufwarten und serviert eine zeitgemäße karibische Küche, die westindische, afrikanische und europäische Einflüsse miteinander kombiniert. Dabei werden einheimische Früchte und Gewürze verwendet. Abendessen mit einer Auswahl an Vorspeisen, einem Salat oder Sorbet, einem Hauptgericht, einer Nachspeise und Kaffee kosten zwischen 70 und 90 EC $, während die Preise für die Gerichte nach der Speisekarte bei 30 EC $ beginnen. In diesem Restaurant kann man jeden Abend außer sonntags von 18.30 bis 22.00 Uhr essen, wofür allerdings Vorbestellungen erbeten werden.

Das La Belle Creole beim Hotel Blue Horizons Cottage (Tel. 4 44 43 16) ist ein angesehenes Restaurant, in dem eine Reihe von einheimischen und europäischen Gerichten serviert wird. Angeboten wird auch ein Abendessen zum Festpreis (95 EC $), das jeden Abend wechselt. Enthalten sind darin Vorspeisen, ein Salat oder eine Suppe der Westindischen Inseln, eines von drei zur Wahl stehenden Hauptgerichten (normalerweise Geflügel, rotes Fleisch und Meeresfrüchte) mit einheimischem Gemüse und Nachtisch sowie Kaffee. Abendessen werden täglich von 19.00 bis 21.00 Uhr serviert.

MORNE ROUGE

Wenn Ihnen Grand Anse etwas zu geschäftig vorkommt, dann folgen Sie der Straße bis zu ihrem Ende bei Morne Rouge, einer hübschen, kleinen, wie ein U geformten Bucht, umrahmt von weißem Sand auf der einen und grünen Hügeln auf der anderen Seite. Hier gibt es nur eine kleine Ferienanlage. Sie erreichen die Morne Rouge Bay in einem fünfzehnminütigen Spaziergang über die Hügel von Grand Anse aus. Nur wenn vom Ausflugsboot R*hum Runner* die Passagiere für etwa eine Stunde an Land gehen, überschwemmen Verkäufer diesen schläfrigen kleinen Strand nahezu.

Auf der langen, schmalen Halbinsel, die Morne Rouge vom Grand Anse Beach trennt, befand sich einst eine Leprakolonie. Falls Sie sich auf Entdeckungstour begeben möchten, führt eine verschmutzte Straße einige hundert Meter weit bis zu dieser Stelle, die Quarantine Point genannt wird.

Von den Gebäuden der alten Kolonie ist heute nicht mehr allzu viel zu sehen, aber man hat einen guten Ausblick in beide Richtungen. In Richtung Süden können Sie

Point Salines erblicken, im Norden sogar Molinière Point.

UNTERKUNFT

Das Gem Holiday Beach Resort (Tel. 4 44 42 24, Fax 4 44 11 89, PO Box 58, St. George's) verfügt über eine beneidenswerte Lage direkt am Strand der nördlichen Seite der Morne Rouge Bay. Das angenehme, familiär geführte Haus hat 17 Unterkünfte zu bieten, alle mit Terrasse, Fernsehgerät, Telefon und Küchenzeile ausgestattet, wobei die im oberen Geschoß liegenden Zimmer hohe Decken haben. Es ist allerdings ein Problem, ein Zimmer zu bekommen, da das Haus zwischen November und März so gut wie immer ausgebucht ist. Apartments mit einem Schlafraum kosten hier als Einzelzimmer zwischen 55 und 80 US $ und als Doppelzimmer 65 bis 85 US $, abhängig vom Blick. Apartments mit zwei Schlafzimmern werden für 110 US $ an zwei Personen und für 125 US $ an vier Personen vermietet. Im Sommer liegen die Preise etwa 15% niedriger. Für ein Kind unter 12

Jahren in einem Apartment mit einem Schlafraum und für zwei Kinder unter 16 Jahren in einem Apartment mit zwei Schlafzimmern muß nicht zusätzlich bezahlt werden. Für jeden weiteren Erwachsenen kommen jedoch 15 US $ hinzu.

ESSEN

Das Restaurant Sur La Mer am Strand bietet einen guten Ausblick auf das Meer und preisgünstige Mittag- und Abendessen, vor allem Meeresfrüchte und Gerichte der Westindischen Inseln.

Nebenan liegt der Nachtclub Fantazia 2001, in dem man sich mittwochs bis samstags bis 2.00 Uhr früh vergnügen und nach Herzenslust bis zum Umfallen tanzen kann.

POINT SALINES

Die Gegend von Point Salines ist trocken und staubig. Obwohl sich auf beiden Seiten der Start- und Landebahn des Flughafens abgelegene Strände erstrecken, ist die Gegend sehr ruhig. Es gibt jedoch einige preisgünstige Übernachtungsmöglichkeiten entlang der Flughafenstraße und zwei neue Ferienanlagen am Strand. Wenn Sie hier ein Zimmer mieten wollen, dann denken Sie daran, daß Sie wahrscheinlich die meiste Zeit des Tages irgendwo anders verbringen wollen und daher auf Transportmöglichkeiten angewiesen sind. Taxis verkehren hier häufig, doch je näher man zum Flughafen gelangt, desto spärlicher wird der Busbetrieb.

Zufällig liegt die St. George's Medical School, eine private medizinische Ausbildungseinrichtung für ausländische Studenten, am östlichen Ende der Start- und Landebahn. Die Sicherheit dieser kleinen, amerikanisch geführten Anlage benutzte der damalige US-Präsident Reagan als Vorwand, um nach dem Militärputsch von 1983 auf Grenada Soldaten der USA einmarschieren zu lassen.

UNTERKUNFT UND ESSEN

Die No Problem Apartments (Tel. 4 44 46 34, Fax 4 44 28 03, PO Box 280, St. George's) liegen mitten an der Hauptstraße zwischen dem Flughafen und Grand Anse und haben als Ausgleich für die Entfernung zum Strand zahlreiche andere Vorzüge. Die 20 Apartments sind geräumig und modern, jedes mit einer Küche, Wohnzimmer, separatem Schlafzimmer mit zwei dünnen Betten, Klimaanlage, Fernsehgerät für Satellitenprogramme und Telefon ausgestattet. Geboten werden den Gästen auch ein Swimming Pool, eine Kaffeebar zur Selbstbedienung, kostenloser Transfer zum Flughafen sowie vier kostenlose Transporte täglich von und nach Grand Anse. Aus dem Transporter kann man sich auch einige Male am Tag in St. George's absetzen lassen und dann zurück einen Minibus für 1,50 EC $ benutzen. Im Sommer muß man für ein Einzelzimmer 55 US $ und für ein Doppelzimmer 65 US $ und im Winter 75 bzw. 85 US $ bezahlen. Vorhanden ist ferner ein kleines, preisgünstiges Restaurant, in dem täglich drei Mahlzeiten serviert werden. Ein Abendessen, zu dem eine vorherige Anmeldung erforderlich ist, kostet ca. 35 EC $.

Das Fox Inn (Tel. 4 44 41 23, PO Box 205, St. George's) liegt mit einer Meile (1,6 km) östlich des Flughafengebäudes dem Flughafen am nächsten. Es hat 16 motelartige Zimmer zu bieten, in denen man im Sommer allein für 55 US $ und zu zweit für 65 US $ sowie im Winter für 60 bzw. 70 US $ übernachten kann. Vermietet werden außerdem sechs mit Klimaanlage ausgerüstete Studios für 80 bzw. 85 US $. Wenn man von der Nähe der US-Botschaft absieht, liegt dieses Quartier sehr abgeschieden. Es gibt auch keine weiteren Hotels in der Nähe.

Im Jahre 1994 wurden in der Gegend zwei neue Hotels erbaut, das La Source am Pingouin Beach (Tel. 4 44 37 77) mit 102 Zimmern von 280 US $ für ein Einzel- bis 480 US $ für ein Doppelzimmer (alles inklusive) und das Hotel Grenadian (Tel. 4 44 33 33) mit 212 Zimmer am Magazin Beach, in dem man in einem ventilatorgekühlten Zimmer ab 145 US $ und in einem mit Klimaanlage ab 170 US $ übernachten kann.

LANCE AUX ÉPINES

Lance aux Épines ist eine Halbinsel, die den südlichsten Punkt der Insel bildet und eine reizvolle sowie ruhige Gegend mit schönen Ausblicken von der Küste und einigen Hotels ist, die meisten von ihnen mit eigenen kleinen Stränden. Der westlichen Seite von Lance aux Épines, wo sich die meisten Aktivitäten konzentrieren, liegt die Prickly Bay gegenüber, einer der beliebtesten Jachthäfen der Insel. Lance aux Épines wird manchmal auch L'Anse aux Épines wie im Französischen geschrieben.

PRAKTISCHE HINWEISE

Zu den Spice Island Marine Services (Tel. 4 44 42 57, UKW Kanal 16), einem voll ausgestatteten Jachthafen in der Prickley Bay, gehören ein Zollamt und ein Büro der Ausländerbehörde. Liegeplätze für 30 Boote, Versorgungsmöglichkeiten mit Treibstoff, Wasser und Strom sowie Duschen (2,50 EC $), eine Telefonzelle und Taxis. Außerdem besteht ein täglicher Busservice nach St. George's.

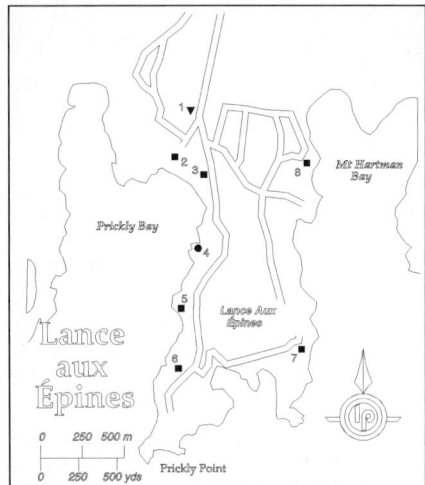

1 Red Crab
2 Hotel Calabash
3 Lance Aux Épines Cottages
4 Spice Island Marine Services und Restaurant
   The Boatyard
5 Twelve Degrees North
6 Horse Shoe Beach Hotel
7 Coral Cove
8 Hotel Secret Harbour

UNTERKUNFT

Einfache Unterkünfte: Das Coral Cove (Tel. 4 44 44 22, Fax 4 44 47 18, PO Box 487, St. George's) ist ein entzückendes Haus auf einer ruhigen Anhöhe am östlichen Ende von Lance aux Épines. Von hier aus hat man einen ausgedehnten Ausblick auf die Mt. Hartman Bay mit ihren Halbinseln und Inselchen. Vermietet werden in dieser Anlage sechs große Apartments und fünf Hütten, alle modern mit kompletter Küche, hohen Decken, Fenstern mit Jalousien, Fliesenböden und Telefon ausgestattet. Die Apartments mit zwei Schlafzimmern (fragen Sie bei Interesse nach einem im Obergeschoß) besitzen sehr geräumige Eßplätze, Balkone und zwei dünne Betten in jedem Schlafraum. Die Apartments mit einem Schlafzimmer kosten im Sommer 60 US $ und im Winter 90 US $, während man für ein Apartment mit zwei Schlafzimmern 80 bzw. 110 US $ bezahlen muß. Vorhanden sind ferner ein Swimming Pool, ein Tennisplatz und ein kleiner Strand.

Das Horse Shoe Beach Hotel (Tel. 4 44 44 10, Fax 4 44 48 44, PO Box 174, St. George's) ist ein sehr angenehmes Haus mit 22 Zimmern, für deren Ausstattung man anderswo durchaus das Doppelte bezahlen müßte. Die meisten der Zimmer sind in zwei- oder viergeschossigen Gebäuden untergebracht, jedes Gebäude mit einer Küche für die jeweils zwei oder vier Unterkünfte. Alle Zimmer haben einen eigenen Balkon, Klimaanlage, Fernsehgerät, Telefon und Badewanne, einige sogar Mahagonibetten. Wenn Sie hier übernachten wollen, dann versuchen Sie, das Zimmer Nr. 26 zu erhalten, einen riesigen Eckraum im zweiten Stock, der aber trotz seiner Größe nicht teurer ist als die anderen Zimmer. Im Sommer kosten in diesem Haus Einzelzimmer 70 US $ und Doppelzimmer 85 US $,

im Winter 100 bzw. 110 US $. In dem im mediterranen Stil erbauten Hauptgebäude stehen noch weitere schöne Zimmer zur Verfügung, für die man im Sommer allein 85 US $ und zu zweit 95 US $ sowie im Winter 115 bzw. 125 US $ bezahlen muß. Der Strand ist hier nicht so gut, aber für einmal Schwimmen reicht er aus. Zum Hotel gehören aber auch ein Swimming Pool und ein Restaurant.

Die Lance Aux Épines Cottages (Tel. 4 44 45 65, Fax 4 44 28 02, PO Box 187, St. George's) sind ein kleiner Komplex, erbaut in einer friedlichen, baumbestandenen Bucht mit einem schönen Sandstrand. Es gibt hier 14 moderne, großzügige Apartments, die meisten in zweigeschossigen Hütten gelegen und alle mit kompletter Küche, Fensterverschlägen, Deckenventilatoren und Fernsehgerät ausgestattet. Die Zimmer sind ihren Preis wert, so daß es nicht erstaunt, wenn das Haus bei Urlaubern recht beliebt ist. Apartments mit einem Schlafraum für zwei Personen werden im Sommer für 55 US $ und im Winter für 80 US $ angeboten, während bis zu vier Personen für ein Apartment mit zwei Schlafzimmern 70 bzw. 100 US $ bezahlen müssen.

Luxushotels: Das Twelve Degrees North (Tel. und Fax 4 44 45 80, PO Box 241, St. George's) ist ein kleines, exklusives Strandhotel am westlichen Ende von Lance aux Épines. Vorhanden sind hier gerade acht Apartments, jedes mit einem eigenen Haushälter, der für das Kochen und Sauberhalten zuständig ist. Die Apartments haben alle einen Balkon mit Blick auf den Ozean und sind bequem, aber nicht luxuriös eingerichtet. Geboten werden den Gästen zudem ein Swimming Pool, Tennisanlagen und ein kleiner Strand. Ein Apartment mit einem Schlafzimmer für eine oder zwei Personen kostet im Sommer 115 US $ und im Winter 150 US $, während für ein Apartment mit zwei Schlafzimmern bis zu vier Personen im Sommer 185 US $ und im Winter 240 US $ berechnet werden. Kinder unter 12 Jahren werden in dieser Anlage nicht aufgenommen.

Das Hotel Calabash (Tel. 4 44 44 10, Fax 4 44 48 04, PO Box 382, St. George's) ist ein nettes, exklusives Strandhotel unter britischer Leitung. Die 28 Suiten sind mit Deckenventilatoren, Klimaanlage, Sitzlandschaften und großzügig bemessenen Terrassen ausgestattet. Durch die Fliesenböden, Rattanmöbel und die geflochtenen Korbmatten und ähnliches Dekor entsteht ein erfrischender, westindischer Touch. Zu acht der Suiten gehören sogar eigene, private Swimming Pools. Mit Frühstück und Abendessen muß man hier für eine Suite im Sommer allein ab 150 US $ und zu zweit ab 190 US $ sowie im Winter ab 265 bzw. 295 US $ bezahlen.

Das Hotel Secret Harbour (Tel. 4 44 44 48, Fax 4 44 48 19, PO Box 11, St. George's) ist ein Hotel der Kette Club Mariner, die dem Jachtcharterunternehmen The Moorings gehört. Hoch über der Mt. Hartman Bay gelegen, verfügt es über einen Swimming Pool, ein Restaurant und ein etwas aufdringliches Mittelmeer-Ambiente. Zur Verfügung stehen 20 Suiten, alle mit Balkon, großen Doppelbetten, Telefon, Kühlschrank und Klimaanlage ausgestattet. Die Übernachtungspreise betragen für eine oder zwei Personen im Sommer 125 US $ und im Winter 208 US $. Hier liegt auch der kleine Jachthafen, von dem aus The Moorings Segelboote vermietet.

ESSEN

Das The Boatyard bei den Spice Island Marine Services ist jeden Tag außer montags von 11.30 bis 23.00 Uhr geöffnet. Zu Mittag erhält man hier Sandwiches für 12 EC $, Burger, Fisch and Chips, Curry-Gerichte und eine Spaghetti-Platte für 25 EC $. Abends werden hauptsächlich Meeresfrüchte zu Preisen von 30 bis 40 EC $ angeboten. Freitags von 20.00 bis 4.00 Uhr morgens spielt hier eine Steelband.

Im kleinen Restaurant am Jachthafen wird ein gutes Banana Bread für 2,50 EC $ angeboten. Es ist montags bis samstags von 9.00 bis 18.00 Uhr geöffnet.

Das Red Crab (Tel. 4 44 44 24), zu finden in der Nähe des Hotels Calabash, hat uneingeschränkt gutes Essen zu bieten und daher eine große Anhängerschaft bei den Einwohnern, von denen viele insbesondere wegen der Steaks hierherkommen. Das beliebteste Mittagsgericht ist die Platte mit Meeresfrüchten für 24 EC $, es gibt aber auch Salate, Hamburger, Omelettes und Crêpes mit Meeresfrüchten, alles zu Preisen von unter 30 EC $. Abends kann man nach der Speisekarte bestellen, angefangen von einem „Light Bites"-Menü ab 30 EC $ über andere Hauptgerichte mit Fisch für etwa 40 EC $ bis zum Hummer „Newburg" für 69 EC $. Geöffnet ist montags bis samstags von 11.00 bis 14.00 Uhr und von 18.00 bis 23.00 Uhr.

NATURZENTRUM LA SAGESSE

Das Naturzentrum La Sagesse liegt gegenüber einer tiefen, mit Kokospalmen bewachsenen Bucht und geschützten Schwimmöglichkeiten und hat ein ganzes Netz von Wanderwegen zu bieten. Die Anlage wurde auf den früheren Besitztümern von Lord Brownlow, einem Neffen von Königin Elizabeth II., gegründet. Sein Strandhaus, erbaut 1968, wurde in eine kleine Gaststätte umgewandelt, während der landwirtschaftliche Besitz heute von der Regierung verwaltet wird, die darauf eine Bananenplantage betreibt. Der Strand besteht aus einem schönen Untergrund aus Sand und liegt an einem das ganze Jahr über ruhigen Wasser. Unmittelbar außerhalb der Umzäunung befindet sich ein Wasserhahn, wo sich Schwimmer abwaschen können.

Das Naturzentrum La Sagesse liegt etwa 25 Minuten Fahrt mit einem Auto von St. George's entlang der östlichen Hauptstraße entfernt. Der Eingang befindet sich gegenüber einer alten, bereits aufgegebenen Rumdestillerie und Zuckermühle, von wo aus man noch etwa eine halbe Meile (800 m) Weges durch Bananenfelder vor sich hat, bis man die La Sagesse Bay erreicht. Aus Bussen in Richtung St. David können Sie sich an der alten Destillerie absetzen lassen.

WANDERWEGE IN LA SAGESSE

Ein Pfad in Richtung Nordosten beginnt gegenüber vom Wasserhahn außerhalb des Zauns von Brownlow und führt von dort 20 Minuten durch buschiges Gelände zum Marquis Point, von wo aus man einen guten Überblick

Brownlows Zaun

Lord Brownlow erlangte in den frühen siebziger Jahren unseres Jahrhunderts traurige Berühmtheit, als er am Eingang zu La Sagesse einen Zaun errichten ließ, der den öffentlichen Zugang zum besten Strand in dieser Gegend versperrte. Die New Jewel Movement, die Oppositionspartei, erhielt dadurch neuen Auftrieb, daß sie „Brownlows Zaun" als Symbol für einen anhaltenden Kolonialismus anprangerte und die Inselbewohner dazu aufstachelte, diesen Zaun niederzureißen. Als das People's Revolutionary Government 1974 die Kontrolle über die Insel erlangte, wurde der Besitz übernommen und in ein öffentliches Landwirtschaftsgelände umgewandelt. Nach dem Militärputsch im Jahre 1983 blieb das Gebiet bis 1986 verlassen, ehe es als Naturzentrum La Sagesse wiederhergestellt wurde.

über die gesamte Küste hat. Gehen Sie jedoch nicht zu nahe an den Rand heran, denn er ist erodiert und bröckelig. Ein anderer Weg führt vom Naturzentrum nach Westen zu einem Mangrovensumpf und einem Salzsee, der eine Heimat für Reiher und andere Strandvögel bildet. Bis zum Sumpf braucht man zu Fuß weniger als zehn Minuten.

UNTERKUNFT UND ESSEN

Das Nature Centre La Sagesse (Tel. 4 44 64 58, Fax 4 44 48 47, PO Box 44, St. George's) hat vier luftige Zimmer mit eigenem Bad, Deckenventilatoren und Doppelbetten zu bieten. Zwei der Zimmer sind mit Küche sowie Fernsehgerät für Satellitenprogramme ausgestattet und werden im Sommer zur Alleinbelegung für 50 US $ sowie an zwei Gäste für 60 US $ vermietet, im Winter für 70 bzw. 80 US $. In den beiden kleineren Zimmer stehen zwar Kühlschränke, aber keine Kücheneinrichtung und kein Fernsehgerät. Sie kosten für eine oder zwei Personen im Sommer 40 US $ und im Winter 50 US $.

Im täglich geöffneten, am Strand gelegenen Restaurant werden Sandwiches mit Fisch und Burger für 15 EC $ sowie Gerichte mit frischen Meeresfrüchten für etwa den doppelten Preis serviert. Man erhält hier aber auch eine vegetarische Platte mit Tofu, braunem Reis, Quinoa (einem Getreide ähnlich dem Reis) und Amarant für 28 EC $. Das westlich ausgerichtete Frühstück wird von 8.00 bis 10.00 Uhr morgens angeboten, während Mittagessen von 11.00 bis 15.30 Uhr und Abendessen von 19.00 bis 21.00 Uhr serviert werden.

Dazwischen erhält man kleine Snacks, Fruchtshakes und Getränke von der Bar und kann damit seinen Hunger und Durst stillen.

GRAND ETANG ROAD

Die Grand Etang Road schneidet sich durch das gebirgige Zentrum der Insel und durchquert das Waldschutzgebiet Grand Etang, vorbei an einem leicht zugänglichen Wasserfall und an einigen Waldwegen. Um auf diese Straße zu gelangen, muß man die River Road oder die Sans Souci Road stadtauswärts benutzen und am Verkehrskreisel Mount Gay die Straße in Richtung Norden nehmen. Sehr viele Hinweisschilder sieht man auf den Straßen nicht.

Die Straße kann teilweise unangenehm eng und kurvig werden (achten Sie auf die tiefen Straßengräben), bietet andererseits aber eine reizvolle Fahrt durch den Regenwald. Man sieht vielerlei Farne, Bambussträucher sowie Kapokbäume und fährt an direkt an der Straße gelegenen Muskatnuß-, Kakao- und Bananenplantagen entlang.

ANNANDALE-WASSERFALL

Der Annandale-Wasserfall ist ein idyllischer, kleiner Wasserfall, der sich zehn Meter in die Tiefe ergießt und von üppiger Vegetation umgeben ist. In der Nähe des Wasserfalls hat sich ein kleines Becken gebildet, das tief genug für ein erfrischendes Bad ist.

Biegen Sie im Dorf Constantine, etwa vier Meilen (6,5 km) nordöstlich von St. George's, nach links in die Straße ein, die unmittelbar hinter der gelben Methodistenkirche die Hügel hinunterführt. Nach einer Dreiviertelmeile (1,2 km) erreichen Sie das Besucherzentrum des Annandale-Wasserfalls, das auf der linken Seite der Straße liegt. Von diesem Besucherzentrum bis zu dem Wasserfall sind es noch etwa zwei Minuten auf einem von Begonien umgebenen Pfad. Neben dem Wasserfall führt ein kurzer Pfad hügelaufwärts zu einem bescheidenen Botanischen Garten, der hier angelegt worden ist.

Das Besucherzentrum ist montags bis samstags von 8.00 bis 16.00 Uhr und, sofern Kreuzfahrtschiffe im Hafen liegen, an Sonntagen geöffnet. Im kleinen Geschenkeladen werden Gewürze zu vernünftigen Preisen verkauft, wobei der Gewinn im Park investiert wird. Man kann übrigens den Wasserfall auch besuchen, wenn das Besucherzentrum geschlossen ist. Eintritt wird nicht erhoben.

NATIONALPARK GRAND ETANG

Zweieinhalb Meilen (4 km) nördlich von Constantine, nach einem steilen und gewundenen Anstieg auf 580 m Höhe, empfängt ein Schild an der Straße die Besucher des Nationalparks Grand Etang. In der Nähe des Schildes liegt ein kleiner Wendeplatz, der einen weiten Blick über die Westküste bis hin zum Grand Anse Beach und Point Salines erlaubt.

Eine halbe Meile (800 m) nach dem Parkeingang erreichen Sie das dortige Besucherzentrum, das, oberhalb des Grand-Etang-Sees liegt, eines Kratersees, der das Herzstück des Parks bildet. Das Besucherzentrum ist täglich von 8.30 bis 16.00 Uhr geöffnet. Dort sind Schautafeln über die einheimische Flora und Fauna ausgestellt. Außerdem werden Wegekarten verkauft. In der Nähe des Parkplatzes leben mehrere Mona-Affen in einem Käfig. Vorhanden sind auch Stände, an denen Getränke, Obst, Sandwiches und Souvenirs verkauft werden.

Die Straße wendet sich nach dem Park in Richtung Norden und verläuft in Haarnadelkurven hügelabwärts, Von dort aus kann man in Täler blicken, die von Immortellenbäumen dicht bewachsen sind. Diese Bäume blühen im Winter leuchtend rot und orange.

Wanderwege im Park: Das Besucherzentrum bildet den Ausgangspunkt für mehrere Wege, die in den Wald hineinführen. Am einfachsten geht es sich auf dem Morne LaBaye Trail. Man wandert vom Besucherzentrum los, geht an einigen Aussichtspunkten entlang sowie durch einheimische Vegetation, wo auch der Grand-Etang-Farn zu sehen ist, der allein in diesem Gebiet vorkommt. Dieser Weg nimmt etwa 30 Minuten in Anspruch.

Der Grand Etang Shoreline Trail ist ein eineinhalbstündiger Rundweg um den Grand-Etang-See. Das ist ein einfacher Spaziergang, bei dem der Weg jedoch etwas matschig sein kann, weil er größtenteils auf Uferhöhe verläuft. Man hat von hier aus natürlich auch nicht die Aussichtsmöglichkeiten wie von den höhergelegenen Wanderwegen. Der Mt. Qua Qua Trail ist ein etwas schwierigerer

Wanderweg von drei Stunden Dauer, der auf einen Höhenzug führt, von dem aus sich einige gute Ausblicke über den Wald im Innern bieten.

Ernsthafte Wanderer können kurz vor dem Mt. Qua Qua abbiegen, um auf den Concord Falls Trail zu gelangen, der in etwa fünf Stunden (pro Strecke!) zu den Concord-Wasserfällen führt. Von dort aus können Sie weitere 1,5 Meilen (2,5 km) zum Dörfchen Concord an der Westküste wandern, von wo ein Bus zurück nach St. George's fährt. Sie sollten diese Wanderung aber keinesfalls allein unternehmen (vgl. wegen der Sicherheitsvorkehrungen den Abschnitt über die Concord-Fälle).

Ein langer, beschwerlicher Weg führt tief in das innere Waldgebiet hinein bis zum Fedon's Camp, der Stelle, wo sich Julien Fedon, ein rebellischer französischer Plantagenbesitzer, versteckte, nachdem er und seine Männer in einem Aufstand im Jahre 1795 den britischen Gouverneur und 47 andere Männer getötet hatten.

Eine der schönsten Wanderungen in dieser Gegend führt zu den Seven-Sisters-Wasserfällen, einer ganzen Reihe von sieben Wasserfällen im Waldesinnern östlich der Grand Etang Road. Der Hauptwanderweg beginnt an dem winzigen Schuppen 1,25 Meilen (2 km) nördlich des Besucherzentrums, der von der Bananen-Vereinigung benutzt wurde und auf der rechten Seite der Grand Etang Road zu finden ist. Der Weg vom Schuppen aus dauert etwa eine Stunde.

Als Eintrittsgebühr sind 10 EC $ pro Person zu bezahlen (vgl. auch Abschnitt über Ausflüge weiter vorn in diesem Kapitel).

GRENVILLE

Grenville, die zweitgrößte Stadt auf Grenada, ist der wichtigste Hafen an der Ostküste und das regionale Zentrum für die Verschiffung von Kakao, Muskatnuß und anderen landwirtschaftlichen Erzeugnissen. Die Stadt, die bei den Franzosen als La Baye bekannt war, wurde 1763 gegründet.

Das Zentrum von Grenville besteht nur aus einigen Häuserblocks, von denen einer entlang des Ufers verläuft. Einige Minuten zu Fuß von der Bushaltestelle entfernt finden Sie eine Zweigstelle der Barclays Bank, die Polizeiwache, das Postamt, einen Supermarkt und einen öffentlichen Markt. In der Nähe des öffentlichen Marktes steht eine Anlage zur Verarbeitung von Muskatnüssen, von der man sagt, sie sei die größte im Land.

Die Stadt hat für die meisten Besucher nicht viel Sehenswertes zu bieten, es stehen hier jedoch einige ältere Gebäude von einiger Bedeutung, darunter das Grenville Court House (erbaut ca. 1886) in der Nähe des Marktes, die alte Polizeiwache und einige Kirchen.

Grenville ist recht einfach mit Bussen zu erreichen, wobei die Fahrt dorthin von St. George's aus (5 EC $) die malerischste der ganzen Insel ist.

FLUGHAFEN PEARLS

Die vielleicht bekannteste Stelle in der Gegend von Grenville ist der Flughafen Pearls, zwei Meilen (3,2 km) außerhalb der Stadt gelegen, der der einzige Flugplatz der Insel war, bis die Kubaner 1983 den Flughafen am Point Salines erbauten. An der Start- und Landebahn von Pearls liegen immer noch ein verlassener russischer Doppeldecker und ein kubanisches Flugzeug, die bei dem hastigen Aufbruch anläßlich der US-Invasion im Oktober 1983 hier zurückgelassen wurden. Die Streitkräfte von Grenada unterhalten eine Kaserne an der Start- und Landebahn, es ist jedoch kein Problem, hierherzufahren und sich ein wenig umzusehen.

Wegen der Nähe zu Südamerika war Grenada eine der ersten Inseln, die von wandernden Amerindianern besiedelt wurde. Das Gebiet um den Flughafen war dabei die bedeutendste Siedlung und Beerdigungsstätte. Tausende von Tonscherben, Figürchen und Schleifsteinen wurden hier sowohl von Archäologen als auch von Souvenirjägern über die Jahre gesammelt. Beim Bau des Flughafens in den vierziger Jahren wurde viel von der ursprünglichen Stätte zerstört, trotzdem gibt es in dem Gebiet nördlich der Landebahn noch typische Relikte der Amerindianer. Nach neueren Bestimmungen der Regierung ist es allerdings verboten, Fundstücke aus dieser Gegend mitzunehmen.

Um zum Flughafen zu gelangen, müssen Sie sich aus Grenville nach Norden begeben und der Beschilderung zum Industriegebiet Seamoon folgen. Auf dieser Strecke kommen Sie auch an einer früheren Pferderennbahn, an einem Fluß, wo nach wie vor Wäsche gewaschen wird, und an die Ruinen einer alten Zuckermühle vorbei.

UNTERKUNFT UND ESSEN

Das Sam's Inn in Dunfermline, St. Andrew (Tel. 4 42 78 53), liegt nördlich von Grenville, und zwar unmittelbar westlich des alten Flughafens Pearls. Dieses zweistöckige, motelartige Gebäude hat 16 recht einfache Zimmer mit tragbaren Ventilatoren, eigenen Bädern und Balkonen und entweder zwei Einzelbetten oder einem Einzel- und einem Doppelbett zu bieten. Für ein Einzelzimmer muß man 23 US $ und für ein Doppelzimmer 29 US $ bezahlen. Auf Vorbestellung kann man hier auch essen.

Das Rainbow Inn (Tel. 4 42 77 14, PO Box 923, Grenville) ist ein Hotel mit 15 Zimmern am östlichen Ende der Stadt, nur etwa zehn Minuten zu Fuß vom Zentrum entfernt. Die Zimmer sind einfach und nur spärlich eingerichtet, aber mit eigenem Bad und Doppelbetten ausgestattet. Für Einzelzimmer werden in diesem Quartier 30 US $ und für Doppelzimmer 45 US $ berechnet. Außerdem kann man hier auch Mahlzeiten, Imbisse und frische Säfte bekommen. In der Stadt erhält man preisgünstige Gerichte vom Grill und mit Meeresfrüchten im Restaurant Waterfront, gelegen direkt südlich der Bushaltestelle. Es ist montags bis samstags von 8.00 bis 18.00 Uhr und sonntags von 10.00 bis 17.00 Uhr geöffnet. Es gibt im Zentrum aber auch noch weitere kleine Restaurants, in denen man einen kleinen Imbiß zu sich nehmen kann, oder man kauft sich etwas Obst auf dem öffentlichen Markt.

DAS GEBIET NÖRDLICH VON GRENVILLE

Die Straße führt hinter Grenville weiter in Richtung Norden durch einige kleine Orte, in denen die üblichen Steinkirchen, verlassene Mühlen und viele alte Holzhäuser zu sehen sind, einige von ihnen auf Stelzen erbaut. Kurz nach der großen Kirche im Dörfchen Tivoli sollte man sich nach rechts weiter in Richtung Norden halten und kommt dann nach Mt Rose. Wenn Sie das Postamt am nördlichen Ende von Mt. Rose erreicht haben, müssen Sie nach links in Richtung Sauteurs abbiegen oder nach rechts fahren, um nach River Sallee und zum Bathways Beach zu gelangen.

Der Lake Antoine, ein Kratersee in einem erloschenen Vulkan, erstreckt sich entlang einer rauhen, verschmutzten Straße eine Meile (1,6 km) südlich von River Sallee. Die Rum-Destillerie River Antoine, in der seit dem 18. Jahrhundert Rum hergestellt wird und die für sich beansprucht, die älteste noch arbeitende Wassermühle in der ganzen Karibik zu betreiben, liegt südlich des Sees und kann am einfachsten aus Richtung Tivoli erreicht werden. Erkundigen Sie sich unter der Telefonnummer 4 42 71 09 nach Einzelheiten über eine Fahrt in die Destillerie.

BATHWAYS BEACH

Von River Sallee führt eine gute Straße zu dem touristisch noch wenig erschlossenen Bathways Beach, einem feinen, weißen Strand mit Korallenkalk. Am nördlichen Ende des Strandes liegt ein Felsstrang parallel zum Ufer im Meer, der ein sehr langes und zehn Meter breites Becken bildet, das tief genug zum Schwimmen ist. Hier sind das Wasser geschützt und die Strömung nur schwach, während der Atlantische Ozean außerhalb dieses Teiches sehr rauh ist und starke Strömungen entstehen läßt. Die Regierung läßt gerade Einrichtungen für Besucher gegenüber des Strandes mit Umkleideräumen und einer Snackbar errichten. Gegenüber vom Bathways Beach liegen drei Inseln im Meer. Von Westen nach Osten sind dies Sugar Loaf, eine

in Privatbesitz befindliche Insel mit einer Hütte am südlichen Ufer, Green Island, auf der es einige verlassene Gebäude, aber keinen Strand gibt, und Sandy Island, eine unbewohnte Insel mit einer Süßwasserzisterne. Sandy Island kann auch noch mit einem aufgegebenen Hotel, kristallklarem Wasser und einem wunderschönen Strand auf ihrer leewärts gerichteten Seite mit guten Möglichkeiten zum Schwimmen und Schnorcheln aufwarten. Von Sauteurs kann man sich in einem Boot nach Sandy Island bringen lassen und erkundigt sich danach am besten bei den Fischern in Sauteurs. Eine Fahrt kostet hin und zurück etwa 150 EC $.

LEVERA BEACH

Der Levera Beach ist ein wilder, sehr schöner und geschwungener Sandstrand, begrenzt von erodierten Klippen. Direkt vor der Küste liegt der hohe, spitze Sugar Loaf (auch Levera Island genannt), während die Grenadinen den Horizont im Norden begrenzen. Der Strand, der Mangrovensumpf und der nahegelegene Teich gehören zu Grenadas System von Nationalparks und bilden ein wichtiges Brutgebiet für Wasserhühner. Auch Meeresschildkröten legen hier ihre Eier ab.

Weil die Straße nördlich vom Bathways Beach bis zum Levera Beach uneben und normalerweise nur mit einem Allradfahrzeug passierbar ist, wandern die meisten Besucher zumindest einen Teil dieser Strecke. Man braucht vom Bathways Beach bis hierher zu Fuß etwa 25 Minuten. Dabei sollte man auf der Straße bleiben, da Klippen und unebenes Gelände es unmöglich machen, zwischen den beiden Stränden an der Küste entlangzulaufen.

SAUTEURS

Sauteurs, die größte Stadt auf Grenadas Nordhälfte, hat ihren Namen von dem französischen Wort für „Sprung".

Ihren Platz in der Geschichte verdankt sie dem Umstand, daß hier 1651 karibische Familien lieber von den Klippen in den Tod sprangen, als sich den Franzosen zu unterwerfen. Heute ist das Caribs' Leap (Sprung) die bedeutendste touristische Attraktion der Stadt, denn dieser Name wurde jenen 40 m hohen Klippen gegeben.

Die Klippen liegen am nördlichen Rand des Friedhofes in der Nähe der katholischen St.-Patrick-Kirche. Sie werden wahrscheinlich von jemandem angesprochen, der Ihnen den Weg zeigen will, aber dies ist unnötig, denn man muß lediglich den Friedhof überqueren, um einige Minuten später zu diesem Vorsprung zu gelangen.

Von dieser Stelle aus können Sie hinunter auf die Fischerboote schauen, die entlang des Strandes liegen, und einen Blick auf die Inseln vor der Küste werfen. Die größte ist die Isle de Ronde, wo einige Fischerfamilien leben. Die kleinen Inselchen links davon werden The Sisters (Die Schwestern) genannt. Weiter rechts und näher an der Küste liegt London Bridge, ein bogenförmiger Felsen.

UNTERKUNFT UND ESSEN
In Mrs. Brown's Roti Shop, im Stadtzentrum unterhalb der katholischen Kirche gelegen, erhalten Sie die besten Grillgerichte in ganz Sauteurs.

Das Morne Fendue Plantation House (Tel. 4 42 93 30), 1,5 Meilen (2,4 km) südlich von Sauteurs zu finden, ist ein beliebtes Ziel zum Mittagessen für Leute, die die Insel durchqueren. Betty Mascoll, deren Vater dieses Plantagengebäude 1908 aus Flußsteinen und einem Mörtel aus Kalk und Melasse erbaute, serviert auf der Veranda ein westindisches Buffet. Unter den Gerichten finden Sie einen Pfeffereintopf, Hühnerfrikassee, eine Kasserolle mit Süßkartoffeln, Erbsen und Reis und anderes mehr. Das Mittagessen wird montags bis samstags von 12.30 bis 15.00 Uhr serviert und kostet 40 EC $. Es ist empfehlenswert, dafür vorher Plätze reservieren zu lassen.

Die drei Gästezimmer im oberen Stock haben knarrende Dielen und sind etwas renovierungsbedürftig, aber mit Charakter eingerichtet. Der große vordere Raum ermöglicht einen Blick auf die Berge, ist mit einem Messingdoppelbett, einem Einzelbett und einem eigenen Bad ausgestattet und wird als Doppelzimmer für 75 US $ vermietet. Ein weiteres Zimmer ist mit zwei Einzelbetten, einem Waschbecken sowie alten Möbeln eingerichtet und kostet 60 US $. Das letzte und kleinste der drei Zimmer wird für 30 US $ als Einzelzimmer vermietet. Die Gäste der beiden letztgenannten Zimmer teilen sich ein Bad. Im Preis sind auch Frühstück und Abendessen enthalten.

Das Haus, das an einem kleinen Schild zu erkennen ist, liegt im Dorf Morne Fendue am Ende einer von Palmen gesäumten Straße.

VICTORIA

Die Westküstenstraße kann teilweise etwas uneben sein, da einige Abschnitte an erodierten Klippen entlangführen und gelegentlich Felsstücke auf die Straße fallen. Eines der größeren Fischerdörfer, die verstreut entlang der Westküste liegen, ist Victoria. Hier gibt es Kirchen, Schulen, ein Postamt, einen Markt, eine Polizeiwache und eine Klinik. Bei Grass Roots, zu finden an der Victoria Bridge am südlichen Ende des Ortes, können Sie qualitativ hochwertiges Kunsthandwerk erstehen.

Victoria ist sicherlich kein Ziel für Touristen, Sie sind hier aber richtig, wenn Sie dem Touristenrummel gänzlich entfliehen und ins Dorfleben eintauchen wollen. Busse nach St. George's brauchen etwa 40 Minuten (Fahrpreis 3,50 EC $).

UNTERKUNFT UND ESSEN
Das Victoria Inn in der Queen Street in Victoria (Tel. 4 44 93 67) ist ein neues und recht ansehnliches Hotel mit zehn Zimmern am Strand in der Ortsmitte. Die Zimmer, oberhalb einer Bar und eines Restaurants gelegen, sind geschmackvoll eingerichtet und mit hohen Decken, Ventilatoren, Fernsehgeräten für Satellitenprogramme und entweder einem Doppelbett oder zwei Einzelbetten ausgestattet. Die Zimmer sind mit 30 US $ zur Alleinbelegung und mit 40 US $ zur Belegung mit zwei Gästen recht günstig. Zum Mittagessen, erhältlich von 11.30 bis 14.30 Uhr, werden Fisch-, Geflügel- und Hammelgerichte mit Reis und Gemüse für 15 bis 20 EC $ angeboten. Frühstück wird von 7.30 bis 10.00 Uhr serviert und kostet die Hälfte. Zum Abendessen, zu finden von 19.30 bis 21.00 Uhr, gehören im allgemeinen Pasta-, Fisch- und Fleischgerichte von 20 bis 40 EC $.

Im Einkaufszentrum Fletcher's gegenüber vom Victoria Inn findet man zudem einen Lebensmittelladen, in dem man etwas zu essen einkaufen kann. Außerdem gibt es noch einige weitere Stellen im Ort, wo man etwas essen kann.

GOUYAVE

Gouyave ist der bedeutendste Ort in der Gemeinde St. John. Die meisten der Einwohner leben vom Fischfang, so daß man ihre Boote beobachten kann, die entlang des Strandes am nördlichen Ende der Stadt liegen. Diese Gegend wird The Lance (Die Lanze) genannt. Die Hauptsehenswürdigkeit des Ortes ist die Anlage zur Verarbeitung von Muskatnüssen. Außerdem gibt es hier einen Markt, eine Bank und einige Imbißstände entlang der Hauptstraße.

Gleich hinter der Brücke am südlichen Ende von Gouyave führt eine schmutzige Straße eine halbe Meile (800 m) den Fluß entlang ins Landesinnere bis zum Dougaldston Estate, wo Kakao und Gewürze verarbeitet werden. Man ist dort zwar nicht auf Besucher eingestellt, doch wenn Sie neugierig sind, können Sie die Straße hinauffahren und sich dort umschauen.

ANLAGE ZUR VERARBEITUNG VON MUSKAT-NÜSSEN

Am nördlichen Ende von Gouyave liegt eine große Anlage zur Verarbeitung von Muskatnüssen entlang der Straße. Normalerweise hat einer der Arbeiter Zeit, um Besucher herumzuführen und ihnen die Anlage zu erklären. Es ist interessant, die verschiedenen, duftenden Bottiche mit den trocknenden Nüssen und die unterschiedlichen Sortiervorgänge zu beobachten. Eintrittskarten dafür werden für einen US-Dollar im Büro verkauft. Der Führer bekommt normalerweise auch noch ein Trinkgeld in der gleichen Höhe. Die Anlage ist montags bis freitags von 8.00 bis 16.00 Uhr und an Samstagen bis 12.00 Uhr geöffnet.

CONCORD-FÄLLE

Entlang des Concord-Flusses liegen einige malerische Wasserfälle. Die tiefsten Wasserfälle, eine sehenswerte Kaskade von 30 m Länge, können besichtigt werden, indem Sie bis zum Ende der Concord Mountain Road durchfahren, einer schmalen Straße, die vom Dorf Concord aus 1,5 Meilen (2,4 km) weit ins Landesinnere führt. Der Pfad zu den oberen Wasserfällen beginnt am Ende dieser Straße und nimmt in jeder Richtung etwa 30 Minuten in Anspruch. Die Wasserfälle liegen auf Privatbesitz, so daß die Eigentümer normalerweise von Besuchern einen US-Dollar Eintritt verlangen. Falls Sie nicht in einer Gruppe unterwegs sind, sollten Sie nur bis zum untersten Wasserfall gehen, da es oben bereits zu Überfällen und in der jüngsten Zeit auch zu mindestens einer Vergewaltigung gekommen ist.

Zurück auf der Hauptstraße, unmittelbar südlich der Abzweigung zur Concord Mountain Road, stoßen Sie auf ein kleines, an der Straße aufgestelltes Denkmal, das an neun Personen erinnert, die an dieser Stelle starben, als ein herunterfallender Felsbrocken ihren Minibus zerschmetterte.

Die Straße führt weiter in Richtung Süden nach St. George's und ermöglicht einen wunderschönen Blick auf die Halifax Bay.

CARRIACOU

Carriacou liegt 27 km nordöstlich von Grenada und ist eine ländliche Insel mit kleinen Dörfern und guten Stränden. Das Leben verläuft hier beneidenswert langsam. Die Insel ist recht hügelig und etwa 12 km lang sowie etwa 4 km breit. Die Oberfläche ist trocken und staubig, so daß hier nur Kakteen und Akazienbäume wachsen. Ab und zu verleiht einmal eine blühende Pflanze wie z. B. eine Bougainvillea dieser kargen Gegend einen Farbtupfer. Auf Carriacou leben 6000 Menschen und genauso viele Ziegen sowie Schafe.

Der zurückhaltende Charakter der Insel und ihr natürlicher Hafen haben immer schon Jachtbesitzer angezogen, doch haben sich selten andere Karibikbesucher hierher verirrt. Daher sind die Strände angenehm leer. Außerdem findet man meistens problemlos eine Unterkunft. Zudem sind die Inselbewohner zu Besuchern in der Regel recht freundlich.

Carriacou bietet fantastische Ausblicke auf die benachbarten Grenadinen und auf seine eigenen, direkt vor der Küste gelegenen Inselchen, von denen man einige besuchen und dort picknicken, schnorcheln sowie tauchen kann. Die Insel besitzt eine einzigartige Volksmusiktruppe, die einen afrikanisch beeinflußten „Big Drum Dance" aufführt. Der baut sich um das Spielen von Trommeln auf, die aus kleinen, mit Ziegenhaut bezogenen Rumfäßchen hergestellt wurden.

HILLSBOROUGH

Hillsborough ist der administrative und wirtschaftliche Mittelpunkt von Carriacou, ein unverdorbenes und genügsames Fleckchen Erde, eine Mischung aus bunten Holz- und Betonhäusern und etwas heruntergekommenen Gebäuden. Auf der Main Street, die parallel zum Strand verläuft, stehen einige interessante Häuser aus dem 19. Jahrhundert, bei denen das Erdgeschoß aus Stein und die oberen Stockwerke aus Holz bestehen. Früher dienten diese Gebäude als Lagerhäuser am Strand. Drei von ihnen befinden sich in der Nähe der Barclays Bank.

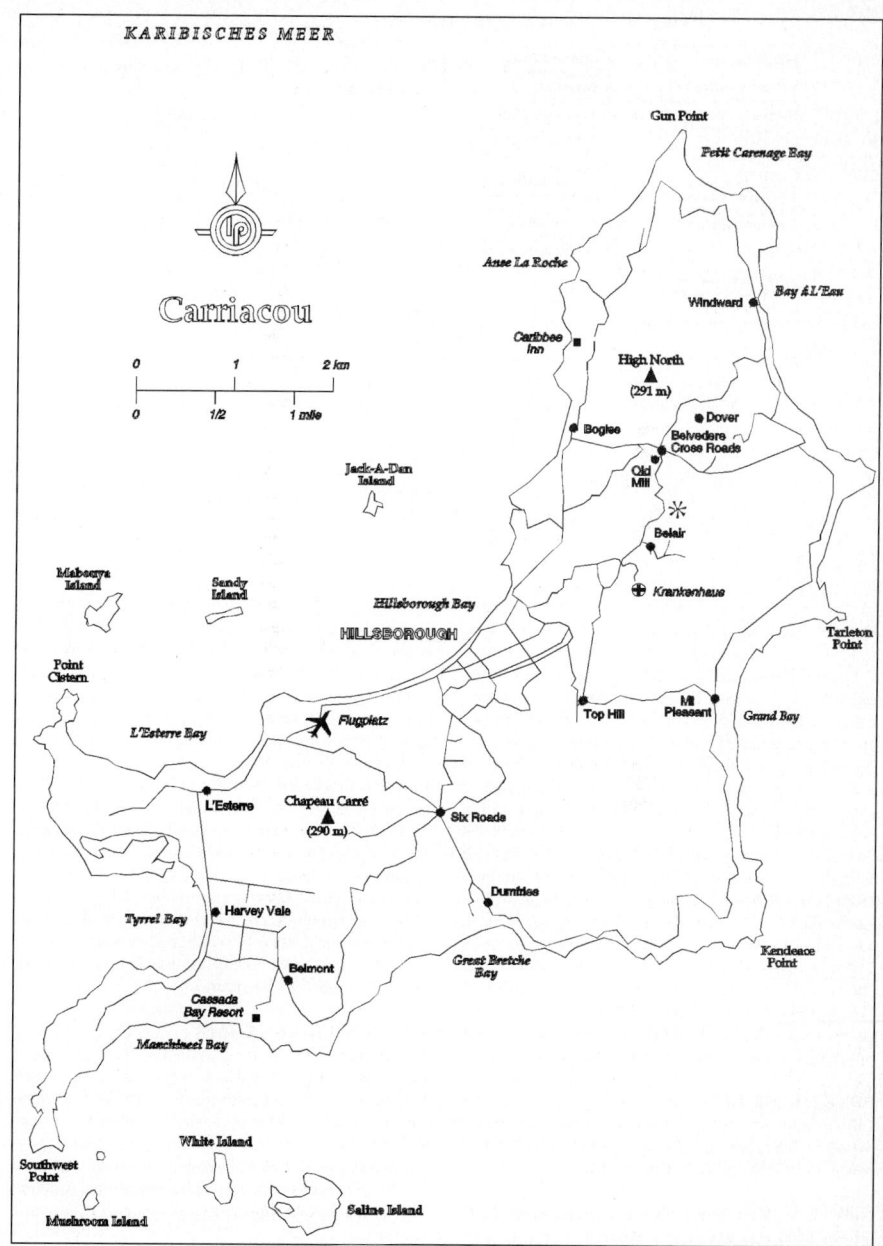

KARIBISCHES MEER

Carriacou

Gun Point

Petit Carenage Bay

Anse La Roche

Windward ●
Bay à L'Eau

Caribbee Inn ■

High North ▲
(291 m)

Bogles ●
Dover ●
Belvedere
Cross Roads ●
Old Mill ●

Belair ●

⊕ Krankenhaus

Jack-A-Dan Island

Mabouya Island

Sandy Island

Hillsborough Bay

HILLSBOROUGH

Tarleton Point

Point Cistern

L'Esterre Bay

✈ *Flugplatz*

Top Hill ●
Mt Pleasant ●
Grand Bay

L'Esterre ●

Chapeau Carré ▲
(290 m)

Six Roads ●

Dumfries ●

Tyrrel Bay

Harvey Vale ●

Belmont ●

Great Bretche Bay

Kendeace Point

Cassada Bay Resort ■

Manchineel Bay

White Island

Southwest Point

Mushroom Island

Saline Island

0 — 1 — 2 km
0 — 1/2 — 1 mile

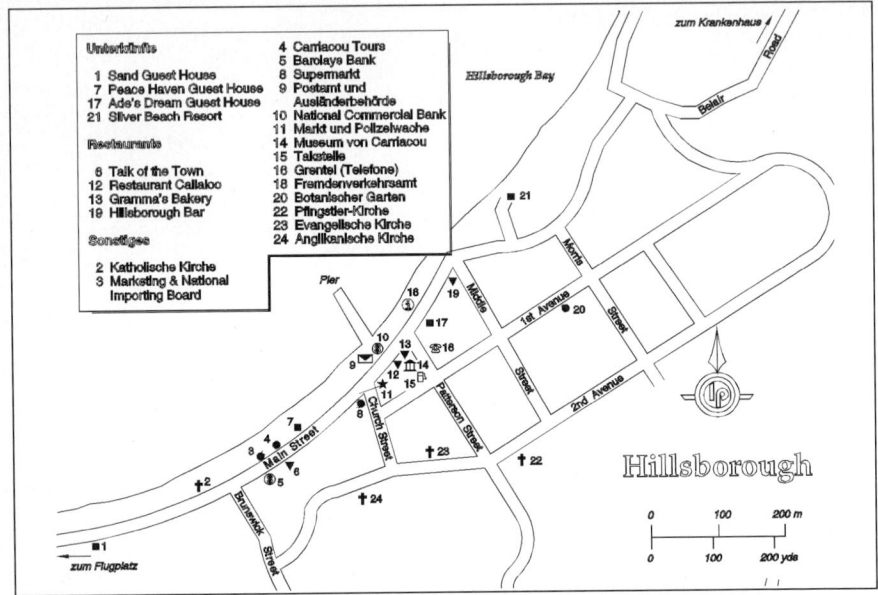

Viele der Aktivitäten im Ort konzentrieren sich auf die Anlegestelle für die Fähren. Das Zollamt und das Büro der Ausländerbehörde, der öffentliche Markt, das Fremdenverkehrsamt, das Postamt, das Museum und eine Bäckerei befinden sich alle nur einen zweiminütigen Spaziergang von dieser Anlegestelle entfernt.

Wenn Sie einen schönen Ausblick auf die Hillsborough Bay und weiter nördlich auf Union Island genießen wollen, gehen Sie einfach bis zum Ende dieser Pier. Schwimmen können Sie am besten an den abgelegensten Stellen des Ortes. In Richtung Norden kommt man zu einem Strand am Silver Beach Resort. Wenn Sie überhaupt keine anderen Touristen sehen wollen, dann spazieren Sie hinter der katholischen Kirche einige Minuten aus dem Ort in Richtung Süden. Die Einwohner von Grenada scheinen nicht allzuviel für botanische Gärten übrig zu haben, denn der hier ist zugewuchert und umzäunt. Wissen sollte man noch, daß in Hillsborough viele streunende Hunde leben, die einem das Vergnügen eines Spaziergangs im Ort etwas trüben können.

PRAKTISCHE HINWEISE
Informationen: Das Fremdenverkehrsamt findet man in der Main Street und ist werktags von 8.00 bis 12.00 Uhr sowie von 13.00 bis 16.00 Uhr geöffnet.

Geld: In der Main Street am südlichen Ende des Ortes gibt es auch eine Filiale der Barclays Bank, die man

montags bis donnerstags von 8.00 bis 13.00 Uhr sowie freitags von 8.00 bis 13.00 Uhr und von 14.30 bis 17.00 Uhr in Anspruch nehmen kann. Die National Commercial Bank, gegenüber der Pier gelegen, ist montags bis donnerstags von 8.00 bis 14.00 Uhr und freitags von 8.00 bis 12.00 Uhr sowie von 13.30 bis 17.00 Uhr geöffnet.

Post und Telekommunikation: Das Postamt finden Sie gegenüber der Pier und hat montags bis freitags von 8.00 bis 11.45 Uhr und von 13.00 bis 15.45 Uhr Schalterstunden. Im nahegelegenen Büro von Grentel an der Patterson Street können Sie Telefonkarten kaufen, Faxmitteilungen versenden und die Telefonzelle drinnen für internationale Telefonate benutzen. Die Geschäftszeiten sind montags bis freitags von 7.30 bis 18.00 Uhr und samstags von 7.30 bis 13.00 Uhr. Die Münztelefone draußen vor dem Büro lassen sich jederzeit benutzen.

SEHENSWÜRDIGKEITEN
Museum von Carriacou: Das Museum von Carriacou in der Patterson Street ist ein kleines Haus mit einer Sammlung von auf der Insel gefundenen Ausstellungsstücken. Zu sehen sind hier Mahlsteine und Tonscherben aus der Zeit der Amerindianer, ein Sammelsurium von Gegenständen aus der Kolonialzeit, angefangen von Tonpfeifen bis hin zu Porzellangeschirr, und einige wenige Arbeiten von einheimischen Künstlern, darunter auch von Canute Caliste.

Geöffnet ist montags bis freitags von 9.30 bis 15.45 Uhr. Der Eintritt kostet für Erwachsene 5 EC $ und für Kinder 2,50 EC $. Das Geld wird zum Unterhalt dieses Museums im Besitz der Gemeinde verwendet.

FREIZEITBESCHÄFTIGUNGEN

Tauchgänge können bei Silver Beach Diving (Tel. 4 43 78 82) gebucht werden, einer von Deutschen geführten Tauchbasis am Silver Beach Resort. In dieser Einrichtung werden auch Ausrüstungen zum Windsurfen für 15 US $ pro Stunde vermietet.

UNTERKUNFT

Das Ade's Dream Guest House in der Main Street (Tel. 4 43 77 33, Fax 4 43 73 17) liegt im Zentrum von Hillsborough und verfügt über 16 preisgünstige Zimmer in einem neuen dreistöckigen Gebäude und über sieben weitere in einem älteren Flügel. Die älteren Zimmer, die jeweils 19 US $ kosten, sind klein und mit Badbenutzung einfach eingerichtet, aber mit Ventilatoren ausgestattet und sehr sauber. Benutzen darf man auch eine große Gemeinschaftsküche. Die neuen Zimmer enthalten Küchenzeilen, eigene Bäder, kleine Balkone und Ventilatoren. Sie kosten im zweiten Stock 24 US $ und im dritten Stock 26 US $. Im Erdgeschoß des Hotels ist auch ein Lebensmittelgeschäft vorhanden. Die Familie, die das Haus führt, plant zudem die Eröffnung eines Restaurants auf der zum Meer gelegenen Straßenseite.

Das Peace Haven Guest House in der Main Street (Tel. 4 43 74 75) ist ein empfehlenswertes Gästehaus mit sechs Unterkünften, das von einer Familie geführt wird und in dem alle Zimmer mit Ventilatoren ausgerüstet und makellos sauber sind. Die Preise reichen von 23 US $ für ein einfaches Zimmer mit eigenem Bad bis 55 US $ für ein neues Apartment mit komplett ausgerüsteter Küche, zwei Doppelbetten und einem Balkon mit Blick über den Strand. Die Apartments sind sehr komfortabel eingerichtet und wohl die schönsten auf der ganzen Insel. Wenn Sie hier in einem Apartment übernachten wollen, dann fragen Sie nach den Apartments Nr. 1 oder 2, die beide Balkone in Richtung Meer und einen guten Ausblick auf Sandy Island bieten. In den Preisen sind die Steuern schon enthalten.

Das Sand Guest House (Tel. 4 43 71 00) liegt in einer ruhigen Gegend gegenüber vom Strand, nur zehn Minuten zu Fuß in Richtung Westen vom Zentrum entfernt. Dieses kleine, zweigeschossige Gästehaus verfügt über sechs einfache Zimmer mit Badbenutzung und einer Küche. Hier kosten Einzel- und Doppelzimmer 25 US $. Das Silver Beach Resort (Tel. 4 43 73 37, Fax 4 43 71 65) finden Sie an einem schönen, grausandigen Strand am nördlichen Ende des Ortes und besteht aus 18 Unterkünften. Die in Richtung „Meer" gelegenen Hütten blicken auf das Hauptgebäude statt auf den Strand und sind veraltet sowie vernachlässigt worden, denn die Duschen funktionieren nicht, und an den Fenstern fehlen die Läden. Zu einigen der Zimmer im Hauptgebäude gehören Balkone mit einem ganz schönen Blick auf das Meer, aber sie sind ansonsten sehr einfach. Die Übernachtungspreise beginnen im Sommer für ein Einzelzimmer bei 70 US $ und für ein Doppelzimmer bei 85 US $ sowie im Winter bei 80 bzw. 95 US $.

ESSEN

Die Gramma's Bakery in der Ortsmitte ist eine große, moderne Bäckerei mit guten Kleiemuffins und wahrhaft köstlichem, süßem Traubenbrot (2 EC $), die frisch und warm jeden Morgen aus dem Ofen kommen. Erhältlich sind hier auch in einem Mikrowellengerät zubereitete Käsesandwiches (1,75 EC $), Geflügelgerichte vom Grill (5,75 EC $) und den ganzen Tag über Getränke. An der Straße stehen auch einige Cafétische. Geöffnet ist die Bäckerei montags bis samstags von 6.00 bis 19.00 Uhr.

Das Restaurant Callaloo (Tel. 4 43 80 04) liegt im zweiten Stock und ist ein nettes, kleines Restaurant, wo man mittags Sandwiches noch für unter 10 EC $ und Fisch oder Geflügel und Chips für ein paar Dollar mehr erhält. Zum Abendessen werden Geflügel oder gut gegrillter, frischer Fisch für 20 EC $ und Garnelen in Knoblauch für 35 EC $ serviert. Zu den Mahlzeiten werden frisches Gemüse, Reis und Erbsen gereicht. Wenn Sie noch 10 EC $ mehr ausgeben, bekommen Sie zu Ihrem Essen auch noch eine Suppe oder einen Salat, einen Nachtisch und einen Kaffee. Essen kann man hier montags bis samstags von 10.00 bis 14.00 Uhr und von 18.00 bis 22.00 Uhr.

Das Silver Beach Resort unterhält ein zum Meer hin gelegenes Restaurant, in dem drei Mahlzeiten am Tag serviert werden. Zu Mittag gibt es hier Grillgerichte, Burger und Sandwiches zu Preisen von 8 bis 13 EC $. Hauptgerichte am Abend sind z. B. frischer Fisch oder Curry-Gerichte für etwa 30 EC $ und Rumpsteaks für 55 EC $. Gelegentlich ist hier abends eine Steelband zu hören und eine Aufführung der Big Drum zu sehen.

Das Talk of the Town auf der Main Street bietet Grillgerichte und andere preiswerte Speisen an. In der Hillsborough Bar am gegenüberliegenden Ende der Main Street werden Essen und Getränke serviert.

Auf dem kleinen öffentlichen Markt finden Sie Obst und Gemüse von der Insel, während Gewürze beim Marketing & National Importing Board zu erhalten sind, beides in der Main Street gelegen.

DAS GEBIET NÖRDLICH VON HILLSBOROUGH

Der nördliche Abschnitt von Carriacou bietet einige der schönsten Anblicke auf der ganzen Insel, versteckte Strände und ländliche Gebiete, die früher mit Zuckerrohr bepflanzt waren.

Von dem auf einem Hügel gelegenen Krankenhaus hat man einen fantastischen Blick auf die Hillsborough Bay und die vor der Küste gelegenen Inseln. Dorthin kommt man, wenn man auf der Belair Road, die etwa eine Drittelmeile (500 m) nördlich vom Silver Beach Resort beginnt, rund eine halbe Meile (800 m) hügelaufwärts fährt und dann nach rechts in die Seitenstraße abbiegt, die zum Krankenhaus führt. Außer die Aussicht zu genießen können Sie sich hier oben auch einige Kanonen ansehen, die noch aus der Kolonialzeit stammen, als sich an dieser Stelle eine britische Festung befand.

Wenn Sie sich in Richtung Norden halten, nachdem Sie das Krankenhaus verlassen haben, folgt die Straße dem Kamm des Belvedere Hill und bietet einige herrliche Ausblicke über die östliche Küste und die Inseln Petit St. Vincent und Petit Martinique. Man kommt dann an den Überresten einer alten steinernen Zuckermühle vorbei, direkt bevor man die Belvedere-Kreuzung erreicht. Von hier führt die Straße in Richtung Nordosten hügelabwärts (genannt High Road) nach Windward, einem kleinen, windigen Dörfchen vor gemütlichen Hügeln, in dem Nachfahren von schottischen Seeleuten wohnen, die früher nach Carriacou gebracht wurden, um die kleinen Boote für die Pflanzer zu bauen.

Von Windward können Sie eine weitere Meile (1,6 km) bis zur Petit Carenage Bay am nordöstlichsten Ende der Insel fahren, wo es einen guten Strand gibt und man auf die nördlichen Grenadinen blicken kann.

Wenn Sie statt dessen von der Belvedere-Kreuzung in Richtung Westen fahren, kommen Sie bald zu dem Dorf Bogles. Hier gibt es nördlich des Dorfes in der Anse La Roche Bay einen wunderschönen, etwas abgelegenen Strand. Man kann sich von einem Bus bis nach Bogles mitnehmen lassen und muß dann von hier aus noch etwa eine halbe Stunde bis zum Strand zu Fuß gehen.

UNTERKUNFT UND ESSEN

Das Caribbee Inn in Prospect, zwischen Bogles und dem Anse La Roche Beach (Tel. 4 43 73 80, Fax 4 43 81 42), ist ein erholsames Plätzchen zum Übernachten, wenn Sie ländliche Abgeschiedenheit suchen. Das von dem englischen Paar Wendy und Robert Cooper geführte Haus ist angenehm informell und hat acht Schlafzimmer zu bieten, ausgestattet mit bequemen Betten, Deckenventilatoren, Moskitonetzen und eigenen Bädern. Große Fenster mit Jalousien lassen die Passatwinde hinein und erlauben einen weiten Blick. Unterhalb des Hauses kommt man zu einer kleinen Bucht, wo man sehr gut schnorcheln und schwimmen kann. Im Winter kosten Einzel- und Doppelzimmer in diesem Haus bei einem Aufenthalt von mindestens zwei Tagen 100 US $. Man kann aber auch eine gesonderte Villa mit Küche und zwei Schlafzimmern für 1000 US $ pro Woche für bis zu vier Personen mieten. Die Sommerpreise liegen etwa 20 % niedriger. Für zusätzliche 30 US $ pro Person erhält man auch Frühstück und Abendessen nach Hausmacherart. Falls Sie im Restaurant essen möchten und nicht Hausgast sind, sollten Sie sich vorher nach dem Tagesgericht erkundigen und Platz reservieren.

In Windward und Bogles gibt es weder Gästehäuser zum Übernachten noch Restaurants, um etwas zu essen. Man kann aber in Geschäften kalte Getränke und kleine Imbisse einkaufen.

L'ESTERRE

L'Esterre ist ein kleiner Ort südwestlich des Flughafens, der sich einen gewissen französischen Einfluß bewahrt hat. Zu bemerken ist dies am ehesten am französischen Patois, das von vielen der älteren Bewohner heute noch gesprochen wird. Die bedeutendste Sehenswürdigkeit im Ort ist das Haus des Künstlers Canute Caliste, der einfache Bilder von Nixen oder Segelschiffen malt. Nach vielen Jahrzehnten erlangte seine volkstümliche Art des

---

Bootsbau

Die Insulaner leben schon lange vom Meer, sei es als Fischer, Seeleute oder Bootsbauer. Bis vor kurzem war es möglich, die hölzernen Schoner zu sehen, entlang des Strandes in Windward mit den gleichen Techniken gebaut, die frühe schottische Siedler mitgebracht hatten. Eine Neigung zum Bau von Bootsrümpfen aus Stahl hat den traditionellen Bootsbau jedoch inzwischen ersetzt, so daß abgesehen vom gelegentlichen Bau eines Fischerbootes aus Holz nur noch selten andere Boote auf Carriacou entstehen. Das ist ähnlich wie auf der weiter nördlich gelegenen Grenadinen-Insel Bequia, auf der ebenfalls eine nennenswerte Gruppe von Abkömmlingen schottischer Eiwanderer lebt.

Malens einige internationale Berühmtheit und wird in einem kürzlich erschienenen Buch *The Mermaid Wakes - Paintings of a Caribbean Isle* vorgestellt. Um zu seinem Laden zu gelangen, müssen Sie der Straße an der T-Kreuzung in der Mitte des Ortes nach Westen und nicht nach Süden in Richtung Tyrrel Bay folgen.

UNTERKUNFT UND ESSEN

Das Hope Inn (Tel. 4 43 74 57) ist ein recht neues Gäste-haus an einem schönen Sandstrand in der Mitte zwischen dem Flughafen und L'Esterre. Vermietet werden hier sechs saubere, einfache Zimmer mit Ventilator und Bad-benutzung. Die Gäste können gemeinsam zwei Küchen und eine Sitzecke benutzen. Einzelzimmer kosten in diesem Quartier 25 US $ und Doppelzimmer 28 US $. Lebensmittel kann man im Alexis Mart einkaufen, einen zehnminütigen Spaziergang vom Gästehaus in Richtung Süden entfernt.

TYRREL BAY

Die Tyrrel Bay ist eine tiefe, geschützte Bucht mit einem Sandstrand und dem kleinen, zurückhaltenden Dörfchen Harvey Vale. Das ist ein beliebter Ankerplatz für vorbei-kommende Segelboote. Die tiefe, schmale Lagune an der nördlichen Seite der Bucht ist bei den Besatzungen von Jachten als Hurrikan-Bucht bekannt, da sie einen sicheren Hafen bei schwerem Sturm darstellt. Die einheimischen Fischer nennen sie Austernbucht aufgrund der vielen Austern, die an den Wurzeln der Mangroven in dieser Lagune wachsen.

Gegenüber vom Strand gibt es mehrere Übernachtungs- und Eßmöglichkeiten, darunter ein beliebtes Restaurant, das von einem jungen französischen Paar geführt wird. Eine recht regelmäßig befahrene Busroute verläuft von Hillsborough nach Belmont an der Tyrell Bay vorbei.

UNTERKUNFT

Im Constant Spring (Tel. 4 43 73 96), einem kleinen Gästehaus an der südlichen Seite der Tyrrel Bay, werden drei einfache Zimmer mit Badbenutzung und einer ge-meinsam zu benutzenden Küche vermietet. Für ein Ein-zelzimmer muß man 17 US $ und für ein Doppelzimmer 30 US $ bezahlen.

Die Scraper's Cottages (Tel. 4 43 74 03) grenzen an ein Restaurant mit dem gleichen Namen und bestehen aus vier Apartments in zwei einfachen Doppelhütten. Jedes Apartment ist mit einem Kühlschrank, einem Herd, einem Schlafraum mit einem Doppelbett und einem eigenen Bad ausgestattet. Als Einzelzimmer werden sie für 22 US $ und als Doppelzimmer für 33 US $ vermietet. Die Preise pro Tag sinken, wenn man länger bleiben möchte.

Das Apartment-Hotel Alexis (Tel. 4 43 71 79) ist ein neues Haus mit einem Dutzend Zimmern mit eigenen Bädern gegenüber vom Strand im Zentrum der Tyrell Bay. Mit Kochecke kann man hier in einem Einzelzimmer für 65 US $ und in einem Doppelzimmer für 85 US $ übernachten, ohne Kochecke für 45 bzw. 55 US $.

Das von Engländern geführte Cassada Bay Resort (Tel. 4 43 74 94, Fax 4 43 76 72, UKW Kanal 68) liegt zwischen der Tyrrel Bay und Belmont, etwa 20 Minuten von beiden entfernt, und bietet 14 an einem Hügel gele-gene Zimmer sowie eine vorzügliche Aussicht. Die ver-witterten Holzdoppelhütten haben ihren eigenen Charme und waren früher Teil einer Meeresbiologieschule, des Camp Carriacou, das auf reiche Nordamerikaner einge-stellt war. Die geräumigen Hütten sind angenehm einfach und mit hölzernen Bodendielen, Liegestühlen mit Blick auf das Meer, Fenstern mit Läden, einem Tisch, einer Couch sowie zwei Einzelbetten ausgestattet. Vorhanden ist auch eine Pier, von wo aus die Gäste umsonst quer über die Bucht zum Strand auf White Island übergesetzt wer-den. In dieser Anlage werden im Winter Einzelzimmer für 75 US $ und Doppelzimmer für 90 US $ vermietet, im Sommer für jeweils 10 US $ weniger.

ESSEN

Das Poivre et Sel (Tel. 4 43 82 07, UKW Kanal 16) ist ein lebhaftes Freiluftrestaurant oberhalb des Supermarktes Alexis, in dem gutes französisches Essen serviert wird. Als Vorspeise bekommen Sie z. B. eine Kürbissuppe (8 EC $) oder Hummer-Crêpes (25 EC $), als Hauptgericht vielleicht frischen Fisch (25 EC $) oder Steaks (40 EC $). Das Restaurant ist zum Essen von 8.00 bis 14.00 Uhr und von 17.30 Uhr bis etwa Mitternacht geöffnet, während man Getränke den ganzen Tag über erhalten kann. Gele-gentlich wird hier auch Live-Unterhaltung geboten.

Im Restaurant Scraper's wird ein wechselndes Menü mit Fischsandwiches oder Hamburgern für 7 US $ serviert, während die Hauptgerichte von Spaghetti für 16 EC $ bis hin zu Hummer für 45 EC $ reichen. Erhältlich ist auch ein gutes Barbecue mit Geflügel. Geöffnet ist montags bis samstags von 9.00 bis 23.00 Uhr und sonntags von 11.00 bis 23.00 Uhr.

Im Turtle Dove an der südlichen Seite der Tyrrel Bay (Tel. 4 43 71 94, UKW Kanal 16) bekommt man sehr guten frischen Fisch, Krabben und Hummer zu moderaten Preisen. Preiswerte Mahlzeiten werden auch in einer ganzen Anzahl von anderen Restaurants und Bars angeboten, die dem Strand gegenüberliegen, darunter auch im Al's.

Lebensmittel und alkoholische Getränke kauft man am besten im Supermarkt Alexis in der Nähe der Mitte des Strandes oder im Supermarkt Barba's nahe bei den Docks. Das Cassada Bay Resort unterhält ein Restaurant mit einer offenen Veranda und eine Bar mit einer schönen

Aussicht sowie gutem Essen. Zum Mittagessen kosten Burger oder Hühnchen mit Pommes Frites 20 EC $. Zum Abendessen gibt es Geflügel oder ein Fischgericht für 35 EC $ und Rumpsteak für 75 EC $.

INSELN VOR DER KÜSTE

Das kleine Inselchen Sandy Island vor der westlichen Seite der Hillborough Bay ist ein beliebtes Ziel für Tagesausflüge von Schnorchlern und Jachten. Es entspricht vollkommen dem Klischee einer Riffinsel: nichts als gleißender Sand, bestanden mit ein paar Kokospalmen und umgeben von türkisfarbenem Wasser. Schnorchler bevorzugen das seichte Wasser vor Sandy Island, während die tieferen Gewässer an der entfernten Seite Taucher anziehen. Leider hat die gute Erreichbarkeit der Insel dazu geführt, daß sie quasi zu Tode geliebt wurde, denn die sie umgebenden Korallengärten sind durch die vielen versenkten und wieder hinaufgezogenen Anker schwer beschädigt worden.

Mit einem Rennboot können sich bis zu zwei Personen für 70 EC $ (pro weiteren Passagier für 10 EC $ mehr) übersetzen lassen. So etwas kann man entweder über das Fremdenverkehrsamt oder direkt bei einem der Boots-

verleihe an der Hafenmole arrangieren. Wenn Sie davon Gebrauch machen wollen, dann überlegen Sie sich vorher, wann Sie wieder abgeholt werden möchten. Da die Insel innerhalb weniger Minuten umrundet werden kann, vergeht ein Nachmittag recht langsam!

White Island wird von Besuchern oft übersehen, ist aber ein schönes Ziel für einen kleinen Ausflug. Der Sandstrand ist gut zum Baden geeignet, und in dem unberührten Riff kann man auch wunderbar schnorcheln. Diese kleine, wie ein Hut geformte Insel liegt nur 1,5 km vor der südlichen Spitze von Carriacou und ist daher gut zu erreichen. Vom Cassada Bay Resort können Sie sich für einen Tagesausflug nach White Island übersetzen lassen. Die Fahrt dauert von der Pier dieser Ferienanlage aus nur fünf Minuten und kostet 30 EC $. Im Scraper's oder im Turtle Dove in der Tyrrel Bay kann man ebenfalls Bootstouren buchen.

AN- UND WEITERREISE

Der Flugplatz von Carriacou, 1,2 Meilen (2 km) westlich von Hillsborough gelegen, ist eine solch bescheidene Anlage, daß die Hauptstraße der Insel genau über die Start- und Landebahn führt und der Autoverkehr den Flugzeugen den Vortritt lassen muß!

Am Flugplatzgebäude gibt es einen winzigen Souvenirladen, eine Bar, Telefonzellen und einen einzigen Schalter für LIAT, Air Carriacou und Helenair zusammen. Einzelheiten über Flüge von und nach Carriacou können Sie dem Abschnitt über das Reisen in Grenada entnehmen.

REISEN AUF CARRIACOU

BUS UND TAXI

Die Busse hier sind in Privatbesitz, in denen man für jede Strecke auf der Insel 2 EC $ bezahlen muß. Die beiden Hauptstraßen führen von Hillsborough in Richtung Süden zur Tyrell Bay und in Richtung Norden nach Windward. Die Minibusse beginnen ihre Fahrt etwa um 7.00 Uhr morgens und fahren bis etwa 16.30 Uhr. Am einfachsten erwischt man sie in den frühen Morgenstunden, wenn die Menschen in die Schule oder zur Arbeit fahren, denn später am Vormittag und in den frühen Nachmittagsstunden fahren sie seltener.

Man kann eine billige Inselrundfahrt unternehmen, indem man einen Minibus besteigt, der in Hillsborough abfährt, und in ihm hin- und zurückfährt. Die Busse in Richtung Windward verkehren auf dem Hinweg normalerweise auf der High Road und auf dem Rückweg auf der Low Road. Dabei sieht man also einmal die Insel rundum.

Einige Minibusse dienen auch als Taxis, die dann normalerweise am Flugplatz bereitstehen, wenn ein Flugzeug

ankommt. Taxifahrer verlangen für eine Fahrt vom Flugplatz zur Tyrell Bay oder Cassada Bay 20 EC $ und nach Hillsborough 10 EC $.

AUTO

Es gibt auf Carriacou nur wenige Autovermietungen, bei denen der Preis für einen Wagen bei etwa 50 US $ pro Tag liegt. Barba Gabriel beim Supermarkt Barba's an der Tyrrel Bay (Tel. 4 43 74 54) vermietet normale Autos und Suzukis mit Vierradantrieb. Bei Martin Bullen (Tel. 4 43 72 04) und im Silver Beach Resort (Tel. 4 43 73 37) kann man ebenfalls Fahrzeuge mieten.

AUSFLÜGE

Carriacou Tours in der Main Street in Hillsborough (Tel. 4 43 71 34) arrangiert Landausflüge auf Carriacou per Taxi für 45 US $. Manchmal kann man auch noch an einer bereits organisierten Tour für etwa 10 US $ pro Person teilnehmen. Eine Bootsfahrt sowohl nach White

Island als auch nach Sandy Island für bis zu sechs Passagiere kostet 30 US $ und eine Tour mit einem Katamaran auf die Tobago Cays 60 US $ pro Person.

Tagesausflüge von Grenada nach Carriacou oder umgekehrt können für 140 US $ gebucht werden, Flugpreis bereits inbegriffen.

PETIT MARTINIQUE

Petit Martinique liegt 5 km nordöstlich von Carriacou und hat mit etwa 1,5 km Durchmesser nahezu Kreisform. Auf dieser Insel ragt ein vulkanischer Kegel 227 m in die Höhe.

Die meisten der 600 Einwohner auf Petit Martinique leben vom Meer, zum größten Teil vom Fischfang, auch wenn eine ganze Anzahl von Insulanern als Matrosen auf Schiffen arbeitet. Die Inselbewohner sind bekannt für ihren unabhängigen Charakter und fast berüchtigt für ihre Schmuggelleidenschaft. Auf der Insel gibt es keine Polizei, keinen Handel und keine Bank. Vorhanden sind jedoch eine Schule, eine Kirche und ein Lebensmittelgeschäft, das zugleich als Bar und Imbißlokal dient. Auf der Insel findet man Fußwege anstelle von Straßen, an denen die Häuser sehr ordentlich aussehen. Die Einwohner von Petit Martinique verdienen eines der höchsten Pro-Kopf-Einkommen in der ganzen Region.

Auch wenn die meisten Besucher mit ihren eigenen Jachten nach Petit Martinique kommen, gelangt man auch ohne eigenes Boot auf die Insel. Am einfachsten ist es, wenn man beim Fremdenverkehrsamt eine Überfahrt in einem schnellen Boot von Windward aus bucht, was etwa 100 EC $ pro Boot kostet. Als Alternative bietet es sich an, direkt bei den Docks in Windward zu versuchen, einen der Dorfbewohner für die Überfahrt zu engagieren. Sie können auch für nur 2 EC $ auf dem Frachtboot (*Adelaide B*) mitfahren, das von Hillsborough nach Petit Martinique mittwochs und samstags nachmittags ablegt und die Rückfahrten donnerstags und montags am Morgen beginnt.

UNTERKUNFT
In den Sea Side View Holiday Cottages (Tel. 4 43 92 10, abends Tel. 4 43 91 13) vermietet Mrs. Emma Logan einige Hütten mit ein oder zwei Schlafräumen nur etwa 50 m vom Strand entfernt. Sie kosten als Einzelzimmer 55 EC $, als Doppelzimmer 75 EC $ und als Dreibettzimmer 95 EC $.

GUADELOUPE

Guadeloupe brüstet sich mit seiner Mischung aus französischen und afrikanischen Einflüssen als Zentrum der kreolischen Kultur in der Karibik. Der Archipel ist größtenteils recht provinzieller Natur und für seinen Zucker und Rum genauso bekannt wie für seine Strände und Urlaubsmöglichkeiten.

Guadeloupes Form erinnert unweigerlich an einen Schmetterling, da es aus zwei aneinandergrenzenden, wie Flügel geformten Inseln besteht. Der Umriß dieser beiden Inseln ist auch noch symmetrisch, die Landschaft allerdings recht gegensätzlich. Grande-Terre, der östliche Flügel, besteht aus lieblichen Hügeln und Ebenen, auf denen oft Zuckerrohr angebaut wird.

Basse-Terre, der westliche Flügel, wird dagegen von rauhen Hügeln und Bergen bestimmt, die in einen dichten Regenwald mit riesigen Bäumen und üppigen Farnen eingehüllt sind. Das Innere von Basse-Terre wird durch einen riesengroßen Nationalpark (17 300 ha Fläche) mit Wegen durch den Regenwald, den höchsten Wasserfällen der östlichen Karibik und dem höchsten Gipfel der Insel, dem La Soufrière, geschützt. Der Berg ist ein noch schwelender Vulkan.

Das Zentrum der Insel und die eigentliche Hauptstadt ist das lebendige Pointe-à-Pitre, während die schläfrige Hauptstadt von Basse-Terre auf der entlegenen Südwestseite der Insel liegt. Praktisch alle Hotels wie auch die größeren Jachthäfen findet man entlang der südlichen Küste von Grande-Terre.

Die Inseln, die Guadeloupe umgeben, sind interessante Ausflugsziele. Die am häufigsten besuchte von ihnen, Terre-de-Haut, ist ein wunderschönes Ausflugsziel mit einem malerischen Hauptstädtchen und Hafen, schönen Stränden, guten Restaurants und einigen günstigen Übernachtungsmöglichkeiten. Die anderen bewohnten Inseln, Terre-de-Bas, Marie-Galante und La Désirade, sind touristisch bisher nicht sehr erschlossen und ermöglichen Besuchern einen flüchtigen Eindruck von den zu Frankreich gehörenden Westindischen Inseln, die sich in letzter Zeit kaum verändert haben.

ORIENTIERUNG

Der Flughafen liegt an der Nordseite von Pointe-à-Pitre, etwa fünf Minuten mit einem Auto vom Zentrum und 15 Minuten von Gosier entfernt, dem größten Touristikgebiet. Die Straßen sind in gutem Zustand, was es ermöglicht, die Insel in einigen Tagesausflügen umfassend zu erkunden. Einen Tag davon sollten Sie mit dem Umrunden von

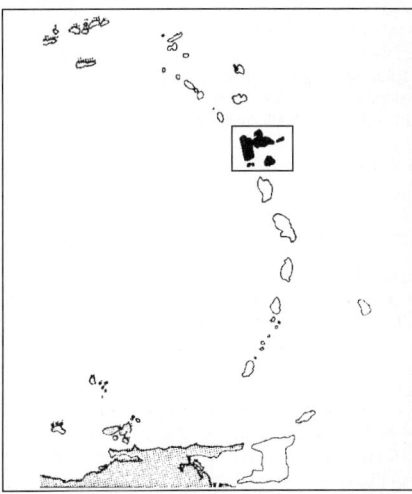

Grande-Terre verbringen, einen weiteren im nördlichen Basse-Terre und auf der Route de la Traversée und einen dritten Tag im südlichen Basse-Terre.

Fähren verbinden Guadeloupe mit den Inseln Terre-de-Haut, Marie-Galante und La Désirade. Die Fahrpläne sind so gelegt, daß Sie zu jeder dieser Inseln am Morgen hinfahren und am späten Nachmittag wieder nach Guadeloupe zurückkehren können.

> ### Großes Land, flaches Land
>
> Auf den ersten Blick erscheinen die Namen, die den beiden Inseln von Guadeloupe gegeben wurden, seltsam. Die östliche Insel, die schmaler und flacher ist, erhielt den Namen Grande-Terre, was „Großes Land" bedeutet, während dem größeren und gebirgigeren westlichen Teil der Namen Basse-Terre gegeben wurde, was soviel wie „Flaches Land" heißt.
>
> Die Namen dienten allerdings nicht dazu, die Landschaft zu beschreiben, sondern die Winde, die über sie wehten. Die Passatwinde, die aus Nordosten kommen, blasen *grande* über die flachen Ebenen von Grande-Terre und werden abgebremst von den Bergen im Westen, so daß sie auf Basse-Terre nur noch flach (*basse*) zu spüren sind.

EINFÜHRUNG

GESCHICHTE

Als Kolumbus die Insel am 14. November 1493 entdeckte, war Guadeloupe von Kariben bewohnt, die sie Karukera („Insel der schönen Wasser") nannten. Die Spanier unternahmen in den frühen Jahren des 16. Jahrhunderts zwei Versuche, die Insel zu besiedeln. Sie scheiterten aber beide Male am erbitterten Widerstand der Kariben und gaben schließlich 1604 ihren Anspruch auf Guadeloupe auf.

Drei Jahrzehnte später begannen französische Kolonialisten, unterstützt von der Compagnie des Iles d'Amérique, einer Gesellschaft französischer Unternehmer, mit dem Aufbau der ersten europäischen Siedlung auf Guadeloupe. Am 28. Juni 1635 landete eine Gruppe, angeführt von Charles Liénard de l'Olive und Jean Duplessis d'Ossonville, an der südöstlichen Küste von Basse-Terre und beanspruchte Guadeloupe für Frankreich. Die Franzosen vertrieben die Einheimischen von der Insel, pflanzten Getreide an und hatten innerhalb eines Jahrzehnts die erste Zuckermühle erbaut. Als Frankreich die Insel 1674 offiziell annektierte, war ein auf Sklavenarbeit basierendes Plantagensystem schon fest etabliert.

Die Engländer fielen mehrere Male in Guadeloupe ein und besetzten es von 1759 bis 1763. Während dieser Zeit bauten sie Pointe-à-Pitre zum Haupthafen aus, eröffneten gewinnbringende Absatzmärkte für den einheimischen Zucker in England sowie Nordamerika und erlaubten den Pflanzern, billiges nordamerikanisches Bauholz und Essen zu importieren. Viele der französischen Kolonialisten wurden unter der britischen Besatzung in der Tat wohlhabender, und die Wirtschaft expandierte explosionsartig. 1763 endete die britische Herrschaft mit der Unterzeichnung des Vertrages von Paris, durch den Frankreich auf seine Gebietsansprüche in Kanada im Austausch gegen die Rückgabe von Guadeloupe verzichtete.

Inmitten der Umwälzungen durch die französische Revolution eroberten die Briten 1794 Guadeloupe erneut. Als Antwort auf diese Invasion sandte Frankreich ein Kontingent Soldaten unter der Führung von Victor Hugues aus, eines schwarzen Nationalisten. Hugues befreite und bewaffnete die einheimischen Sklaven. An dem Tag, als die Briten aus Guadeloupe abzogen, organisierte Hugues einen Kampf und tötete 300 Royalisten, von denen viele Plantagenbesitzer waren. Alles in allem war Hugues verantwortlich für den Tod von über 1000 Siedlern. Als Konsequenz aus seinen Angriffen auch auf ame-

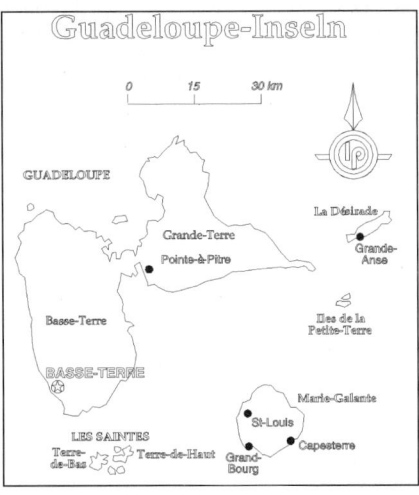

rikanische Schiffe erklärten die USA Frankreich den Krieg.

1802 sandte Napoleon Bonaparte seinen General Antoine Richepance nach Guadeloupe, um die Situation unter Kontrolle zu bringen. Richepance schlug den Aufstand nieder, setzte die alte Regierung wieder ein und ließ auch die Sklaverei wieder zu.

Weil Guadeloupe die fruchtbarste und reichste Insel der Westindischen Inseln Frankreichs war, versuchten die Briten zwischen 1810 und 1816 immer wieder, auf die Insel einzumarschieren und sie zu besetzen. Im Vertrag von Wien wurde die Insel Frankreich erneut zugesprochen, das daraufhin seit 1816 die Hoheit über Guadeloupe behielt.

Die Sklaverei wurde 1848 auf Betreiben einer Kampagne des französischen Politikers Victor Schoelcher abgeschafft, dessen Beitrag zum Verbot der Sklaverei am Schoelcher-Tag gewürdigt wird, einem Feiertag im Juli. In den folgenden Jahren ließen Pflanzer Arbeiter aus Pondicherry, einer französischen Kolonie in Indien, auf die Insel bringen, die hier auf den Zuckerrohrfeldern arbeiteten. Seit 1871 entsendet Guadeloupe Abgeordnete in das französischen Parlament und ist seit 1946 ein französisches Übersee-Département.

DAS LAND

Guadeloupe im eigentlichen Sinne wird von zwei Inseln gebildet, die durch einen schmalen Mangrovenkanal, Rivière Salée genannt, voneinander getrennt sind. Die Inseln sind vulkanischen Ursprungs und haben zusammen eine Fläche von 1434 km². Grande-Terre, die östliche Insel, besteht an der Oberfläche aus Kalkfelsen, da sie in früheren geologischen Perioden von Wasser bedeckt war. Basse-Terre, die größere, westliche In-

sel, ist rauh und gebirgig. Die höchste Erhebung auf der Insel bildet mit 1467 m der La Soufrière, ein aktiver Vulkan.

Von den nahe vor der Küste gelegenen Inseln sind die Les Saintes (14 km²) hoch und zerklüftet, Marie-Galante (158 km²) relativ flach und La Désirade (22 km²) von einer mittleren Topographie mit Hügeln von bis zu 273 m Höhe gekennzeichnet.

KLIMA

Die durchschnittliche Tageshöchsttemperatur in Pointe-à-Pitre liegt im Januar bei 28° C, die Tagestiefsttemperatur

im gleichen Zeitraum bei 19° C. Im Juli beträgt die Höchsttemperatur durchschnittlich 31° C, die Tiefst-

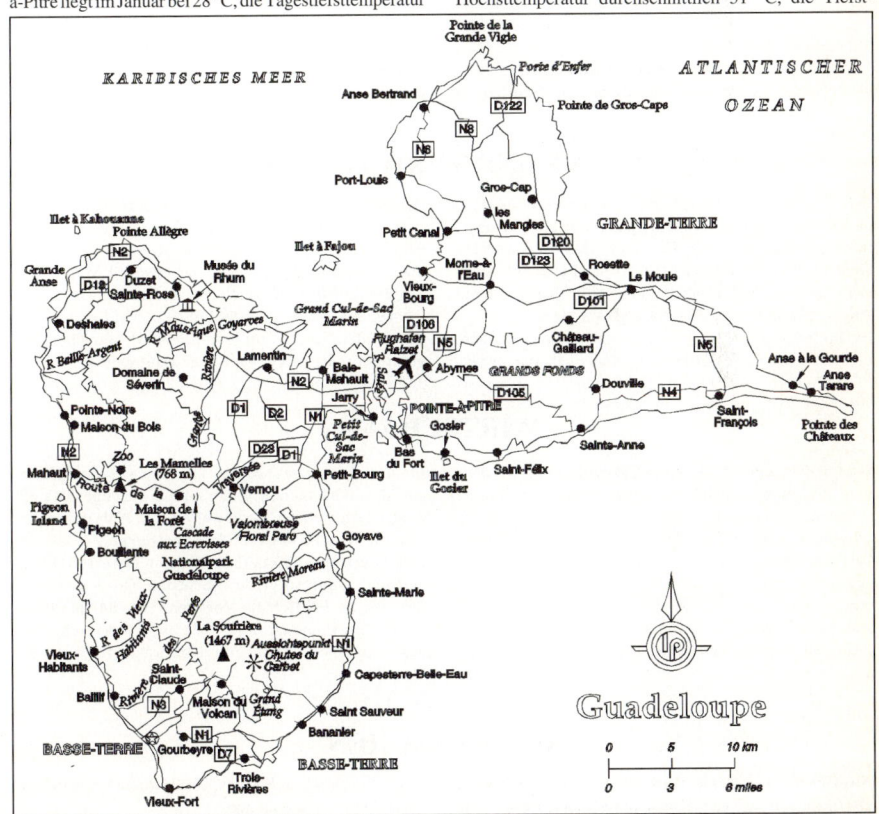

temperatur 23° C. Die jährliche Niederschlagsmenge macht 1814 mm aus. Februar bis April sind die trockensten Monate, denn in dieser Zeit regnet es meßbar an sieben Tagen im Monat, wobei die durchschnittliche Luftfeuchtigkeit bei 77 % liegt. Die feuchtesten Monate sind von Juli bis November, wenn es an 14 Tagen im Monat regnet und die Luftfeuchtigkeit bis zu 85 % erreichen kann.

Aufgrund ihrer Höhe ist Basse-Terre kühler und feuchter als Grande-Terre. An ihrer höchsten Erhebung, am Vulkan La Soufrière, werden durchschnittlich 9900 mm Regen pro Jahr verzeichnet.

Die Passatwinde, *alizés* genannt, kühlen das Klima häufig ab und machen es dadurch etwas leichter erträglich.

FLORA UND FAUNA

Auf Guadeloupe kommen sowohl Mangrovensümpfe als auch tropischer Regenwald vor. Auf Basse-Terre gedeiht eine Vielfalt von tropischen Hartholzbäumen, darunter hochgestreckte *gommiers* und riesige *chataigniers*, aber auch dichte Farnwälder mit vereinzelten, blühenden Heliconia und Ingwerpflanzen.

Unter den Vögeln, die auf Guadeloupe festgestellt wurden, sind verschiedene Mitglieder aus der Familie der Reiher, Pelikane, Kolibris und der gefährdete Guadeloupe-Zaunkönig.

Der Waschbär, dessen Hauptverbreitungsgebiet sich in den Wäldern von Basse-Terre befindet, ist das offizielle

Symbol des Parc National de la Guadeloupe. Zeichnungen mit Waschbären sind auf den Broschüren des Nationalparks und in jeder Anzeige zu sehen, die sich damit einen „natürlichen" Anstrich geben will.

Auf Guadeloupe leben große Mengen von Mungos, die vor langer Zeit in dem vergeblichen Versuch, die Ratten auf den Zuckerrohrfeldern in Schach zu halten, eingeführt wurden. Agutis, kurzhaarige, hasenähnliche Nagetiere mit kurzen Ohren, die ein wenig wie Meerschweinchen aussehen, können Sie auf La Désirade entdecken. Hier und auf Les Saintes leben auch Leguane.

STAAT UND VERWALTUNG

Guadeloupe ist ein Übersee-Département von Frankreich und hat denselben Status wie die anderen 96 Départements auf dem französischen Festland. Das Département Guadeloupe, zu dem auch St. Barts und St. Martin gehören, wird im französischen Parlament von vier gewählten Abgeordneten und zwei Senatoren vertreten.

Ein Präfekt, der vom französischen Innenminister ernannt und von zwei Generalsekretären und zwei *sous-préfets*

(Unterpräfekten) unterstützt wird, repräsentiert die zentrale Regierung und die Hoheit. Es gibt aber auch zwei noch lokal gewählte Gremien, den Conseil Général und den Conseil Régional, jeder mit etwa 40 Mitgliedern. Darüber hinaus ist Guadeloupe in drei Bezirke und 34 Gemeinden unterteilt. Jeder Ort hat einen Gemeinderat, der in öffentlicher Wahl bestimmt wird, und einen Bürgermeister, der durch den Rat gewählt wird.

WIRTSCHAFT

Die Landwirtschaft bildet einen Eckpfeiler der Wirtschaft von Guadeloupe. Auch wenn die Bedeutung des Zuckers schwindet, sind doch immer noch 40 % des landwirtschaftlich nutzbaren Landes mit Zuckerrohr bepflanzt. Der zugehörige Wirtschaftszweig beschäftigt 16 000 Arbeiter. Eine große Menge des Zuckers wird zur Herstellung von Rum genutzt, einem führenden Exportgut. Ein anderes bedeutendes Exportgut sind die Bananen, wovon die meisten an den südlichen Hängen des Vulkans La Soufrière wachsen. Zwei Drittel aller Bananen, die in

Frankreich gegessen werden, stammen aus Guadeloupe. Auf dem industriellen Sektor hat Guadeloupe etwa 150 kleine Unternehmen aufzuweisen, die Nahrungsmittel, Zement, Kunststoffe und Möbel herstellen.

Der Tourismus beschert der Region etwa 10 000 Arbeitsplätze und sorgt für die besten Zuwachsraten in der ganzen Wirtschaft. Von den 330 000 jährlichen Besuchern stammen rund 70 % aus Frankreich, 13 % aus anderen europäischen Ländern und 10 % aus den USA.

DIE MENSCHEN

Auf Guadeloupe (Basse-Terre und Grande-Terre) leben etwa 334 000 Menschen. Dazu kommen noch etwa 3000

Einwohner von Les Saintes, 1600 von La Désirade und 13 000 von Marie-Galante.

Etwa drei Viertel der Bevölkerung sind gemischter Herkunft mit einer Kombination aus afrikanischen, europäischen und ostindischen Vorfahren. Es lebt hier auch eine gewisse Anzahl Weißer, die ihre Herkunft auf die frühen französischen Siedler zurückführt. Außerdem hat sich ein Teil Franzosen auf Guadeloupe angesiedelt, die erst in neuerer Zeit vom Festland hierher ausgewandert sind.

KUNST UND KULTUR

Die Kultur von Guadeloupe setzt sich aus französischen, afrikanischen sowie ost- und westindischen Einflüssen zusammen. Diese Mischung ist sichtbar in der Architektur, die vom französischen Kolonialstil bis hin zu Hindu-Tempeln alles bietet, und ist zu erkennen an dem Speiseangebot, in dem sich alle Einflüsse in einer einzigartigen kreolischen Küche vermischen, läßt sich aber auch an der kreolischen Sprache feststellen, die vor allem zu Hause gesprochen wird.

Auf Guadeloupe tragen die Frauen meistens ihre traditionelle kreolische Kleidung, vor allem bei Festen und kulturellen Ereignissen. Diese Tracht besteht aus einem weiten, leuchtend bunten Rock, im allgemeinen aus einem madrasartigen Gewebe in Orange- und Gelbtönen, einer gleichartigen Kopfbedeckung, einer weißen, mit Spitzen verzierten Bluse und einem ebensolchen Petticoat, wozu ein Schal über die Schulter drapiert wird.

Der berühmteste Sohn der Insel ist Saint-John Perse, das Pseudonym von Alexis Léger, der 1887 auf Guadeloupe geboren wurde und 1960 den Nobelpreis für Literatur für die aufrüttelnden Bilder seiner Poesie verliehen bekam. Eines seiner bekanntesten Werke ist *Anabasis*, von dem auch eine deutschsprachige Übersetzung erschienen ist (Piper, 1989).

Kleidung: Wenn Sie nicht gerade zu einem feinen Abendessen gehen, ist die Kleidung einfach, aber normalerweise elegant. Das Baden oben ohne ist auf der Insel recht verbreitet, vor allem an den Urlaubsstränden. Außerhalb der Strandgebiete ist das Tragen von Badesachen nicht gern gesehen.

RELIGION

Die vorherrschende Religion ist der Katholizismus. Daneben leben aber auch Methodisten, Adventisten, Zeugen Jehovas und Anhänger evangelischer Glaubensrichtungen wie auch eine recht umfangreiche Gemeinde von Hinduisten auf der Insel, die aus den Nachfahren der im 19. Jahrhundert hier eingebürgerten Arbeiter aus Pondicherry besteht.

SPRACHE

Französisch ist die offizielle Inselsprache, jedoch sprechen die Einwohner untereinander im allgemeinen einen kreolischen Dialekt.

Englisch ist nicht sehr verbreitet auf Guadeloupe, die meisten Mitarbeiter an den Rezeptionen in den größeren Hotels sprechen und verstehen es aber. Auch viele der anderen Leute in den Touristikgegenden versuchen, in einer Mischung aus langsamem Französisch und gebrochenem Englisch mit Urlaubern ins Gespräch zu kommen. Wenn Sie kein Französisch sprechen, dann bringen Sie sich ein französisch-deutsches Wörterbuch mit.

PRAKTISCHE HINWEISE

EINREISEBESTIMMUNGEN

Staatsbürger von Ländern der EU wie Deutschland und Österreich brauchen für die Einreise nach Guadeloupe nur ihren Personalausweis, Schweizer dagegen ihren Reisepaß, alle aber kein Visum. Offiziell muß man daneben eine Fahrkarte oder einen Flugschein für die Weiter- oder Rückreise vorlegen können.

ZOLLBESTIMMUNGEN

Für Einwohner von Ländern der EU gelten bei der Einfuhr keine Beschränkungen. Besucher aus anderen Staaten können 200 Zigaretten, eine Flasche Spirituosen und zwei Liter Wein zollfrei mitbringen. Besatzungen von Jachten dürfen Feuerwaffen an Bord haben, müssen die aber beim Zoll deklarieren.

GELD

Der Französische Franc (FF) ist die offizielle Währung auf der Insel. In Hotels, größeren Restaurants und Autovermietungen werden daneben als Zahlungsmittel auch Kreditkarten von Eurocard/Mastercard und Visa anerkannt. Bei den meisten anderen Gelegenheiten muß

GUADELOUPE

man in Francs bezahlen. Vermeiden Sie es, Ihr Geld in Hotels zu wechseln, da in ihnen die Umrechnungskurse schlechter sind als in Wechselstuben und Banken. Nähere Informationen über das Geldwechseln finden Sie im Abschnitt über das Geld bei den praktischen Hinweisen im Einführungsteil dieses Buches.

INFORMATIONEN

Die Postanschrift der Hauptstelle des Fremdenverkehrsamtes auf Guadeloupe lautet: Office Départemental du Tourisme de la Guadeloupe, 5 Square de la Banque, F-97100 Pointe-à-Pitre, Guadeloupe, Französisch Westindien (Tel. 82 09 30, Fax 83 89 22). Es gibt daneben noch weitere, regionale Touristikbüros in den Städten Basse-Terre (Tel. 81 24 83) und Saint-François (Tel. 88 48 74) sowie örtliche Informationsstellen (syndicat d'initiative) in einigen kleineren Orten. In Deutschland ist das Fremdenverkehrsamt von Guadeloupe mit einem Büro in Frankfurt/Main vertreten (Bethmannstr. 58, 60311 Frankfurt/Main, Tel. 069/28 33 15, Fax 069/28 75 44).

ÖFFNUNGSZEITEN

Obwohl sie etwas variieren können, dauern die Öffnungszeiten normalerweise montags bis freitags von 9.00 bis 13.00 Uhr und von 15.00 bis 18.00 Uhr. Viele Geschäfte sind auch samstags am Morgen geöffnet. Schalterstunden der Banken sind üblicherweise montags bis freitags von 8.00 bis 12.00 Uhr und von 14.00 bis 16.00 Uhr, allerdings sind einige auch noch am Samstagmorgen zugänglich. Während des Sommers sind viele Banken durchgehend von 8.00 bis 15.00 Uhr geöffnet. An den Tagen vor Feiertagen werden die Banken bereits um 12.00 Uhr mittags geschlossen.

FEIERTAGE

Feiertage auf Guadeloupe sind:

Neujahrstag	1. Januar
Tag der Arbeit	1. Mai
Tag des Sieges der Alliierten am Ende des Zweiten Weltkrieges in Europa	8. Mai
Ostersonntag	Ende März/Anfang April
Ostermontag	Ende März/Anfang April
Himmelfahrtstag	40 Tage nach Ostern
Pfingstmontag	achter Montag nach Ostern
Tag der Abschaffung der Sklaverei	27. Mai
Tag der Bastille	14. Juli
Schoelcher-Tag	21. Juli
Mariä Himmelfahrt	15. August
Allerheiligen	1. November
Gedenktag an das Ende des Ersten Weltkrieges	11. November
Weihnachten	25. Dezember

KULTURELLE VERANSTALTUNGEN

Die Karnevalsfeiern, die alljährlich mit dem traditionellen, fünf Tage andauernden Mardi Gras, der am Aschermittwoch endet, stattfinden, werden mit Umzügen in Kostümen, Tänzen, Musik und anderen Feierlichkeiten begangen.

Die Fête des Cuisinières (Fest der weiblichen Köche) ist ein farbenprächtiges Spektakel, das im frühen August in Pointe-à-Pitre gefeiert wird. Frauen in kreolischer Kleidung, die Körbe mit traditionellen Speisen tragen, marschieren dann durch die Straßen in die Kathedrale, wo sie vom Bischof gesegnet werden. Danach folgen ein Bankett und Tänze.

Die Tour de la Guadeloupe, ein 10 Tage dauerndes, internationales Fahrradrennen, findet ebenfalls im frühen August statt.

POST

Postämter gibt es in Pointe-à-Pitre, Basse-Terre, Gosier, Saint-François und anderen größeren Orten. Um eine Postkarte nach Deutschland, Österreich oder der Schweiz zu verschicken, muß man 3,20 FF bezahlen. Briefe bis 10 Gramm Gewicht kosten das gleiche Porto.

Briefmarken können außer in Postämtern auch noch in Tabakläden (tabacs) und in einigen Hotels gekauft werden.

Post nach Guadeloupe sollte das Länderkennzeichen F, die Postleitzahl, den Namen der Stadt und die Angabe „Guadeloupe, Französisch Westindien" enthalten.

TELEKOMMUNIKATION

Öffentliche Telefonzellen auf Guadeloupe funktionieren nur mit französischen Telefonkarten (télécarte), nicht aber mit Münzen. Diese Karten kosten je nach Einheiten zum Telefonieren 36 oder 87 FF und werden in Postämtern und Geschäften, die mit der Bezeichnung télécarte en vente ici gekennzeichnet sind, verkauft. Öffentliche Telefonzellen findet man an den meisten Postämtern.

Wenn man auf Guadeloupe von irgendwo in Französisch Westindien anrufen will (oder umgekehrt), braucht man lediglich die sechsstellige Rufnummer zu wählen. Für Telefongespräche von außerhalb Französisch Westindien muß zunächst die Länderkennzahl 590 und die sechsstellige Rufnummer gewählt werden.

Weitere Informationen zu Telefonkarten sowie Fern- und Auslandsgesprächen finden Sie im Abschnitt über Telekommunikation im Einführungsteil dieses Buches.

STROM

Die Stromspannung beträgt 220 Volt Wechselstrom bei einer Frequenz von 50 Hertz wie in Frankreich. Einige Hotels besitzen für die Verwendung nicht passender elektrischer Geräte Zwischenstecker und Transformatoren.

MASSE UND GEWICHTE

In Guadeloupe sind wie in Frankreich das metrische System und die Zeitrechnung mit 24 Stunden pro Tag gebräuchlich.

BÜCHER UND LANDKARTEN

Über Guadeloupe und seine Flora und Fauna sind zwar zahlreiche Bücher in französischer Sprache veröffentlicht worden, deutsch- und englischsprachige Bücher aber schon seltener. Versuchen Sie es in der Boutique de la Presse im Centre Saint-John Perse in Pointe-à-Pitre.

Die bekannteste zeitgenössische Schriftstellerin von Französisch Westindien ist die auf Guadeloupe geborene Maryse Condé, von deren Büchern einige auch ins Deutsche übersetzt wurden.

Der zweisprachige, französisch-englische *A Cruising Guide to Guadeloupe*, erschienen in der Reihe Trois Rivières (Edition Caripress, 30 Rue Montesquieu, 97200 Fort-de-France, Martinique), ist ein zusammengefaßtes Segelnachschlagewerk für Guadeloupe und die nahegelegenen Inseln.

Die beste Karte von Guadeloupe ist die Karte Nr. 510 im Maßstab 1:100 000 des Institut Géographique National (IGN), die in Buchhandlungen für ca. 40 FF verkauft wird.

MEDIEN

Die lokale Tageszeitung auf der Insel ist die *France-Antilles*. Andere französischsprachige Zeitungen wie z. B. *Le Monde* werden täglich vom Festland aus eingeflogen. An den größeren Zeitungsständen in Pointe-à-Pitre und in bedeutenden Touristikgegenden werden auch die *International Herald Tribune* und einige andere englischsprachige Zeitschriften verkauft.

Radio France Outre-Mer (RFO), ein öffentlich-rechtlicher Sender, strahlt ein Radio- und ein Fernsehprogramm aus. Auf Guadeloupe gibt es aber auch noch zwei private Fernsehsender und eine Anzahl von unabhängigen Rundfunkstationen.

GESUNDHEIT

Das wichtigste Krankenhaus ist das Centre Hospitalier in Pointe-à-Pitre. Sie finden es am östlichen Ende des Faubourg Victor Hugo (Tel. 89 10 10). Es gibt auch in Basse-Terre noch ein Krankenhaus (Tel. 80 54 54) sowie einige kleinere medizinische Versorgungseinrichtungen verteilt auf der Insel.

Die Bilharziose (Schistosomiasis) ist auf Grande-Terre überall verbreitet, kommt aber auch in Basse-Terre in vielen Gegenden vor, darunter im Grand-Étang-See. Die wichtigste Methode, sich davor zu schützen, ist das Vermeiden des Schwimmens und des Watens in Süßwasser. Weitere Informationen dazu finden Sie im Abschnitt über die Gesundheit im Einführungsteil dieses Buches.

GEFAHREN UND ÄRGERNISSE

Die Kriminalitätsrate auf Guadeloupe ist im Vergleich zu anderen großen Inseln in der östlichen Karibik recht niedrig. Es wachsen zwar giftige Manzanillo-Bäume an einigen der Strände, aber die sind normalerweise mit einem Warnschild versehen.

NOTFÄLLE

In einem Notfall können Sie die Polizei unter der Telefonnummer 17 und die Feuerwehr unter der Rufnummer 18 erreichen. Wenn Sie die Polizei bei einer Routineangelegenheit benötigen, müssen Sie in Pointe-à-Pitre die Telefonnummer 82 00 17 und in Basse-Terre die Telefonnummer 81 11 55 wählen.

FREIZEITBESCHÄFTIGUNGEN

Strände und Schwimmen: Weiße Sandstrände gibt es in den Ferienorten Gosier, Sainte-Anne und Saint-François. An der Nordseite der nach Pointe des Châteaux führenden Halbinsel liegen ebenfalls einige schöne, wenn auch abgelegene Strände, darunter Anse Tarare, ein FKK-Strand. Der größte Teil der Ostküste von Grande-Terre hat zwar eine rauhe Oberfläche, es gibt jedoch einen Strand zum Schwimmen bei Le Moule und eine kleine, geschützte Bucht bei Porte d'Enfer. An der Westseite von Grande-Terre ist Port-Louis der beliebteste Ort zum Schwimmen, denn dort findet man einen breiten Sandstrand, der an den Wochenenden die Menschenmassen anzieht.

Auf Basse-Terre sind die schönsten Strände entlang der Nordseite der Insel zu finden. Der schönste von ihnen, Grande Anse, ist ein lieblicher Strand mit goldenem Sand unmittelbar nördlich von Deshaies. Daneben gibt es noch eine Handvoll von Stränden mit schwarzem Sand entlang der südlichen Küste von Basse-Terre.

Tauchen: Das beste Revier zum Tauchen auf Guadeloupe ist die Réserve Cousteau vor der Westküste von Basse-Terre. Weil das Speerfischen in diesem Unterwasserreservat seit langem verboten ist, wimmelt es in den Gewässern rund um die Pigeon-Inseln, die gerade einen Kilometer vor der Küste liegen, geradezu vor bunten tropischen Fischen, Schwämmen und Korallen.

Die folgenden Tauchbasen in der Gegend der Réserve Cousteau fahren um 10.00, 12.30 und 15.00 Uhr zu Tauchgängen hinaus:

Les Heures Saines, Rocher Malendure, 97132 Pigeon (Tel. 98 86 63, Fax 95 50 90), eine beliebte Tauchbasis mit auch englischsprachigen Mitarbeitern, die über eine moderne Ausrüstung verfügt und sowohl NAUI- als auch CMAS-Regeln anwendet. Ein einzelner Tauchgang kostet 200 FF, während man für fünf Tauchgänge nur 850 FF bezahlen muß.

Aux Aquanautes Antillais, Plage de Malendure, 97125 Bouillante (Tel. 98 87 30), direkt am Malendure-Strand gelegen. Dieses freundliche Team von Einheimischen berechnet pro Tauchgang 150 FF und, wenn man als Schnorchler mitfahren will, 100 FF.

Chez Guy et Christian, Plage de Malendure, 97132 Pigeon (Tel. 98 82 43, Fax 98 82 84) hat einzelne Tauchgänge für 150 FF im Programm, während bei der Buchung von sechs Tauchgängen gleichzeitig 780 FF berechnet werden.

Schnorcheln: Der beliebteste Platz zum Schnorcheln auf Guadeloupe sind die Pigeon-Inseln. Dorthin fährt regelmäßig ein Glasbodenboot vom Malendure-Strand aus, das auch Zeit zum Schnorcheln läßt. Auf Grande-Terre bestehen gute Schnorchelmöglichkeiten vor der Ilet de Gosier, die von Gosier aus mit einem Boot zu erreichen ist. Schnorchelausrüstungen können in vielen am Strand gelegenen Urlaubsorten ausgeliehen werden.

Andere Wassersportarten: Bei Le Moule, Port-Louis und Anse Bertrand hat man im allgemeinen etwa von Oktober bis Mai gute Möglichkeiten zum Surfen. Im Sommer zeichnen sich Sainte-Anne, Saint-François und Petit-Havre durch einen guten Wellengang aus. Windsurfen ist auf Guadeloupe recht beliebt. Die meisten Windsurfer sieht man um die Urlaubsorte entlang der Südküste von Grande-Terre und auf der Insel Terre-de-Haut. Eine Ausrüstung dafür kann man an Strandhütten für etwa 50 FF pro Stunde leihen. Zudem bietet die UCPA, die Union des Centres de Plein Air, 97118 Saint-François, Tel. 88 64 80, einwöchige Kombinationen von Windsurfen und Hotelaufenthalt sowohl in Saint-François als auch auf Terre-de-Haut an.

Fahrten zum Hochseefischen können Sie mit der *Caraibe Pêche* (Tel. 90 97 51), der *Evasion Exotic* (Tel. 90 94 17) und anderen Schiffen am Bootshafen von Bas du Fort unternehmen.

Wandern: Auf Guadeloupe findet man wunderschöne Wege, die an Wasserfällen, Regenwäldern und botanischen Gärten vorbeiführen. Eine ganze Reihe von ihnen nimmt nur etwa 10 bis 30 Minuten in Anspruch, die man z. B. auch als Teil einer Fahrt rund um die Insel kennenlernen kann.

Ernsthafte Wanderer können viele längere und anstrengendere Strecken in den Nationalparks zurücklegen. Die beliebtesten Routen sind die, die zum vulkanischen Gipfel des La Soufrière, des höchsten Berges der Insel, oder zum Fuß der Chutes du Carbet, der höchsten Wasserfälle der ganzen östlichen Karibik, führen. Beide nehmen einen guten halben Tag in Anspruch und liegen im Regenwald, so daß man auf Nässe gefaßt sein und gute Wanderschuhe tragen muß. Weitere Informationen über Wandermöglichkeiten können Sie den Beschreibungen der einzelnen Sehenswürdigkeiten in diesem Kapitel entnehmen.

Reiten: Le Criolo (Tel. 84 04 86), eine Reitschule in Saint-Félix in der Nähe von Gosier, bietet Reitunterricht und Ausritte an.

Tennis: Viele der Urlaubshotels haben Tennisplätze für ihre Gäste anlegen lassen. Daneben sind zwei private Tennisclubs auch für Gäste gegen eine Gebühr zugänglich, nämlich der Marina Club in Pointe-à-Pitre (Tel. 90 84 08) und das Centre Lamby-Lambert in Gosier (Tel. 90 90 97).

Golf: Der einzige Golfplatz auf Guadeloupe ist der Platz Golf de St. François mit 18 Löchern (Tel. 88 41 87), der von Robert Trent Jones in Saint-François angelegt wurde. Die Benutzungsgebühren betragen 250 FF pro Tag.

HÖHEPUNKTE

Der Nationalpark auf Basse-Terre bietet die meisten von Guadeloupes Attraktionen, darunter die Route de la Traversée, eine Straße, die durch den Regenwald führt, die majestätischen Wasserfälle von Chutes du Carbet und den Vulkan La Soufrière mit seinen schwefeligen Schloten und Wanderwegen. Auf Guadeloupe gibt es daneben einige schöne Sandstrände und gute Tauch- und Surfmöglichkeiten.

Was immer Sie auch planen, vergessen Sie nicht, einen Abstecher zu der entzückenden kleinen Insel Terre-de-Haut zu unternehmen, sei es nur für einen Tag oder etwas länger.

UNTERKUNFT

Es gibt auf Guadeloupe 4200 Hotelzimmer, die meisten davon in kleinen oder mittleren Hotels. Die Hotels liegen zur Hauptsache entlang der Südküste von Grande-Terre zwischen Pointe-à-Pitre und Saint-François. Weitere 100 Zimmer stehen auf Les Saintes, 15 auf La Désirade und einige Dutzend auf Marie-Galante zur Verfügung.

In vielen Hotels wird im Winter ein Mindestaufenthalt von drei Nächten verlangt. Da dies hier zugleich die Hochsaison ist, sollten Sie für diese Zeit ein Zimmer im voraus buchen und reservieren. Wie in Frankreich sind auf Guadeloupe die Steuern und der Zuschlag für Bedienung im Preis bereits enthalten. In vielen der Hotels wird auch Frühstück angeboten.

Gîtes de France: Einige der besten Übernachtungsmöglichkeiten findet man nicht in Hotels, sondern in kleinen, von Familien geführten Pensionen. Die Gîtes de France Guadeloupe (Tel. 82 09 30, BP 759, 97171 Pointe-à-Pitre) ist eine Vereinigung von Hausbesitzern, die Privaträume und Apartments vermieten. Die meisten der *gîtes* sind recht komfortabel. Alle sind von der Vereinigung mit einer Note zwischen eins und drei bewertet worden, wobei der Grundsatz gilt, daß je höher die Nummer, desto höher auch der Standard ist. Die *gîtes* sind über ganz Guadeloupe verstreut, die meisten findet man allerdings in den Gegenden von Gosier, Sainte-Anne und Saint-François. Sie werden im allgemeinen für mindestens eine Woche vermietet und können über die Vereinigung auch im voraus reserviert werden. Da die meisten Wirtsleute kein Deutsch oder Englisch sprechen, ist es in diesen Quartieren oft notwendig, sich auf Französisch verständigen zu können. Eine komplette Liste aller *gîtes* kann von der Vereinigung oder von den Fremdenverkehrsbüros bezogen werden.

Camping: Guadeloupe verfügt über zwei richtige Campingplätze, beide an der Nordwestseite von Basse-Terre gelegen. Les Sables d'Or (Tel. 28 44 60) ist ein überfüllter Platz am Strand von Grand Anse nördlich von Deshaies, während La Traversée (Tel. 98 21 23) in einem gartenähnlichen Gelände südlich von Pointe-Noire liegt. Vert'Bleu in Deshaies (Tel. 28 51 25) vermietet ausgerüstete Campingmobile für vier Leute für 650 FF pro Tag sowie für 3700 FF pro Woche mit kostenlosem Transport vom und zum Flughafen. Wohnmobile werden auch von Antilles Locap Soleil in Gosier (Tel. 90 95 72) vermietet.

ESSEN

In Guadeloupe kann man in vielen Restaurants mit guter französischer oder kreolischer Küche essen, wobei die kreolische Küche für ihre pikanten Gewürze bekannt ist. Angeboten wird auf der Insel eine breite Palette von Meeresfrüchten, darunter Flußkrebse (*ouassous*), Tintenfische (*chatrou*), Muscheln (*lambi*) und bekanntere Fischarten. Einige typische Gerichte der Insel sind *accras* (Kabeljau), *crabes farci* (gewürzte Landkrabben), *colombo cabris* (Ziegen-Curry), Reis und Bohnen und Brotfruchtgratins. Ein anderes beliebtes kreolisches Gericht nennt sich *blaff* und besteht aus Meerestieren in einer gewürzten Brühe.

Es gibt daneben auf Guadeloupe auch viele einfache Restaurants wie Pizzerien und Pâtisserien, in denen herzhafte und preiswerte Sandwiches verkauft werden, sowie an der Straße gelegene Imbißstände.

Wenn Sie nur eine Kleinigkeit auf die Schnelle während einer Inseltour zu sich nehmen wollen, bieten die Tankstellen entlang der Hauptstraßen ebenfalls Entsprechendes an.

GETRÄNKE

Leitungswasser kann man auf Guadeloupe als Trinkwasser problemlos benutzen. Vorhanden sind auch viele lokale Rumhersteller, die ihren Destillerien Probierräume angegliedert haben. Hausgemachte aromatische Rums, die unter Verwendung von Obst gebrannt werden, sind ebenfalls beliebt und stehen in Bars und Restaurants normalerweise in großen Karaffen hinter der Theke. Ein verbreitetes Getränk in den Restaurants ist *ti-punch*, Dabei erhält man weißen Rum, Rohrzucker und frische Limonen an seinen Platz und kann sich dann seinen Drink selbst mixen.

UNTERHALTUNG

Die meisten abendlichen Vergnügungen, darunter Disco-Abende und Shows beim Abendessen, werden in den Urlaubsgegenden angeboten, vor allem in Bas du Fort, Gosier, Sainte-Anne und Saint-François.

Auf Guadeloupe gibt es zudem zwei Kasinos, eines in Gosier und das andere in Saint-François. Ein etwas bodenständigeres Vergnügen sind die Hahnenkämpfe, die an Samstagnachmittagen und Sonntagen von November bis April in *galledromes* (Hahnenkampfarenen) überall auf der Insel ausgetragen werden. Daneben werden im Hippodrome Saint-Jacques im nördlichen Teil von Grande-Terre (Tel. 22 11 08) Pferderennen veranstaltet.

EINKÄUFE

Das beliebteste Mitbringsel von Guadeloupe ist eine Flasche Rum.

Der am Hafen gelegene Markt in Pointe-à-Pitre bietet daneben eine gute Möglichkeit, inseltypisches Kunsthandwerk zu kaufen, darunter Strohpuppen, Strohhüte und primitive, im afrikanischen Stil gehaltene Holzschnitzereien. Hier sind auch gut Kaffee und Gewürze der Insel zu erstehen.

ANREISE

FLUG

Von Europa: Air France fliegt Guadeloupe von Paris zumindest einmal täglich an und bietet dazu gute Anschlußflüge auch von allen Flughäfen in Deutschland, Österreich und der Schweiz. Die Flugpreise für diese Verbindungen sind je nach Saison sehr unterschiedlich und schwanken zwischen 1500 und 2000 DM.

Air Outre Mer (AOM) bietet ebenfalls Flüge von Paris nach Guadeloupe an, wobei die Häufigkeit von der Jahreszeit abhängt. Bei dieser Fluggesellschaft muß man für einen Hin- und Rückflug von Paris nach Pointe-à-Pitre saisonabhängig zwischen 1100 und 1300 DM bezahlen, mit einem Anschlußflug von München oder Berlin etwa 300 DM mehr.

Auch American Airlines unterhält täglich Flugverbindungen nach Guadeloupe, und zwar von Düsseldorf und Frankfurt über Chicago oder Miami und San Juan auf Puerto Rico. Diese Flüge kosten je nach Saison hin und zurück 1700 bis 2000 DM.

Alle diese Flüge kann man allerdings nicht bei der jeweiligen Fluggesellschaft und auch nicht in jedem Reisebüro buchen. Die Flugscheine sind jedoch zu günstigen Preisen bei unserer Schwesterfirma Walther-Weltreisen Udo Schwark in Bonn (Hirschberger Straße 30, D-53119 Bonn) erhältlich. Dort sind in einer Datenbank Zehntausende von Flugmöglichkeiten mit allen Einzelheiten (Saisonzeiten, Gültigkeit der Flugscheine, Flugtage usw.) gespeichert, aus der Sie gegen einen großen, frankierten Rückumschlag eine aktuelle Preisliste für alle Flüge nach Guadeloupe anfordern und sich daraus die für Sie passende Verbindung heraussuchen können.

In der Schweiz wendet man sich wegen eines preiswerten Fluges nach Guadeloupe am besten an den Globetrotter Travel Service, Rennweg 35, 8001 Zürich, Tel. (01) 2 11 77 80 (mit weiteren Büros in Baden, Basel, Bern, Luzern, St. Gallen und Winterthur), und in Österreich an den Reiseladen, Dominikanerbastei 4, 1010 Wien, Tel. (01) 5 13 89 36.

Von Südamerika: Air Guadeloupe und Air France unterhalten regelmäßige Flugverbindungen zwischen Pointe-à-Pitre und Cayenne in Französisch Guayana. Air Guadeloupe verlangt auf dieser Strecke für einen Hin- und Rückflug 1870 FF. Air France fliegt auch noch Caracas in Venezuela an.

Von anderen Karibikinseln: Air Guadeloupe (Tel. 82 28 35) fliegt mindestens viermal täglich von Pointe-à-Pitre nach St. Barts (einfacher Flug 520 FF, Hin- und Rückflug innerhalb von drei Tagen 710 FF) und fünfmal

in jeder Woche nach Grand Case auf St. Martin (einfacher Flug 560 FF, Hin- und Rückflug zum Ausflugstarif innerhalb von 21 Tagen 780 FF). Air Guadeloupe setzt ferner drei- bis fünfmal täglich Flugzeuge zwischen Guadeloupe und Martinique ein, wobei eine Strecke je nach Tageszeit zwischen 305 und 460 FF kostet (die Flüge am Nachmittag sind am billigsten) und man für 632 FF innerhalb von 21 Tagen auch hin und zurück fliegen kann. Flugverbindungen bestehen außerdem täglich nach Dominica und zweimal wöchentlich nach St. Lucia. Air Guadeloupe bietet auch Ermäßigungen für Schüler und Studenten an, wobei das Alter, bis zu dem die ermäßigten Tarife gelten, abhängig von den einzelnen Flügen bei 18 oder 25 Jahren liegt. Air Martinique (Tel. 90 28 25) fliegt täglich zwischen Pointe-à-Pitre und Fort-de-France hin und her. Die Flugpreise dieser Gesellschaft entsprechen denen von Air Guadeloupe.

Air Saint-Barthelemy (Tel. 91 74 59) fliegt von St. Barts jeden Tag außer mittwochs um 15.00 Uhr nach Pointe-à-Pitre. Der Rückflug nach St. Barts beginnt um 16.30 Uhr. Ein Flugschein für diese Verbindung kostet für eine Strecke 536 FF und hin und zurück 840 FF.

LIAT (Tel. 82 12 26) bietet täglich vier Nonstop-Flüge von und nach Antigua sowie Dominica und zwei Flüge täglich von und nach Martinique an. LIAT erlaubt zudem, daß auf Guadeloupe eine kostenlose Flugunterbrechung bei Flügen zwischen Antigua und Martinique zum Ausflugstarif mit 30 Tagen Gültigkeit eingelegt wird, wobei die Kosten für Hin- und Rückflug bei 204 US $ liegen. Die Flugpreise für die Route Dominica-Guadeloupe betragen bei LIAT 81 US $ für einen einfachen Flug sowie 136 US $ für eine hin- und Rückflug.

Air Caraibes (Tel. 83 13 38) und Air St. Martin (Tel. 82 96 63) bieten Charterflüge in der ganzen Karibik an.

Flughafeninformation: Der Aéroport Raizet liegt an der Nordseite von Pointe-à-Pitre, und zwar 3 km vom Stadtzentrum auf der N5 entfernt. Im Flughafengebäude sind ein Reisebüro, Autovermietungen, ein Restaurant und Souvenirgeschäfte vorhanden. Dort wird bei Karuki Souvenirs auch die detaillierte IGN-Karte von Guadeloupe verkauft. Geld läßt sich bei der Banque Crédit Agricole neben dem Postamt wechseln. In der Abflughalle finden Sie einen überteuerten Imbißstand, einen Laden mit zollfreien Waren und Kartentelefone.

Flughafentransfer: Am Flughafen gibt es Autovermietungen und eine Taxihaltestelle. Außerdem fährt an Werktagen ein Flughafenbus bis gegen 19.00 Uhr etwa zweimal stündlich nach Pointe-à-Pitre.

SCHIFF

Von Frankreich: Die Compagnie Générale Maritime (Tel. 83 04 43) setzt wöchentlich „Bananendampfer" ein, die auch Passagiere zwischen Französisch Westindien und Frankreich hin- und hertransportieren. Nähere Informationen über Schiffsverbindungen von Europa finden Sie im Kapitel über die Anreise im Einführungsteil dieses Buches.

Von anderen Karibikinseln: Zwei Reedereien unterhalten einen regulären Schiffsverkehr zwischen Guadeloupe, Martinique und Dominica. Die Fahrpläne dafür werden allerdings manchmal etwas geändert, so daß man sich danach vor Fahrtantritt noch einmal erkundigen sollte.

Die *Caribbean Express* ist ein moderner Katamaran mit 300 Sitzen, der zwischen Martinique sowie Guadeloupe verkehrt und unterwegs auch entweder auf Terre-de-Haut oder Dominica anlegt. Das Schiff verfügt über Klimaanlage, Freiluftdecks und eine Snackbar. Es verläßt Pointe-à-Pitre jeden Montag, Mittwoch, Freitag und Samstag um 7.45 Uhr morgens und kommt in Dominica um 10.15 Uhr sowie in Fort-de-France um 12.35 Uhr an. An den gleichen Tagen fährt das Schiff auch zurück, und zwar von Martinique um 13.25 Uhr sowie von Dominica um 15.15 Uhr. In Guadeloupe legt es um 18.00 Uhr wieder an. Donnerstags und sonntags fährt das Schiff in Pointe-à-Pitre um 7.45 Uhr morgens ab, hält in Terre-de-Haut um 8.45 Uhr und erreicht Fort-de-France gegen 12.00 Uhr mittags. Die Rückfahrt beginnt in Fort-de-France um 12.45 Uhr mit Ankunft in Terre-de-Haut um 15.45 Uhr und in Pointe-à-Pitre um 17.00 Uhr.

Für die Strecke von Martinique nach Guadeloupe muß man in jeder Richtung 315 FF bezahlen und kann zu diesem Preis die Fahrt entweder auf Dominica oder Terre-de-Haut ohne Zusatzkosten unterbrechen. Eine Hin- und Rückfahrt zum Ausflugstarif kostet 450 FF, wobei man sich für die Rückfahrt bis zu sieben Tage Zeit lassen kann, dann allerdings die Fahrt unterwegs nicht unterbrechen darf. Kindern zwischen zwei und elf Jahren wird eine Ermäßigung von 50 % eingeräumt, Personen unter 26 oder über 59 Jahren von 10 %. Reservierungen kann man in Martinique unter der Telefonnummer 60 12 38 und in Guadeloupe unter der Telefonnummer 91 13 43 vornehmen. Das ist aber auch über ein Reisebüro möglich.

Die *Madikera*, ein Katamaran mit 352 Sitzen, wird ebenfalls zur Personenbeförderung zwischen Pointe-à-Pitre und Fort-de-France mit einem Stop auf Dominica einge-setzt, und zwar mittwochs, freitags, samstags und sonntags. Montags verkehrt das Schiff nur zwischen Pointe-à-Pitre und Dominica. Die Abfahrts- und Ankunftszeiten variieren, aber wissenswert ist vielleicht noch, daß dieses Schiff etwa 15 Minuten schneller als die *Caribbean Express* ist.

Eine Fahrt entweder von Martinique oder Guadeloupe nach Dominica kostet 285 FF, hin und zurück 420 FF (für Kinder 130 bzw. 285 FF). Die Fahrpreise für die Strecke zwischen Martinique und Guadeloupe sind vergleichbar mit denen auf der *Caribbean Express*. Für Reservierungen kann man in Guadeloupe die Telefonnummer 91 60 87, in Martinique die Telefonnummer 73 35 35 und in Dominica die Telefonnummer 8 69 77 anrufen.

Segelboot: Guadeloupe verfügt über drei Jachthäfen. Die Marina de Bas du Fort (Tel. 90 84 85) liegt zwischen Pointe-à-Pitre und Gosier und hat 300 Liegeplätze zu bieten, von denen 55 für besuchende Schiffe frei sind. Hier können Boote bis zu 39 m Länge problemlos anlegen. Der Hafen ist in Bezug auf Treibstoff, Wasser, Strom, Abfallbeseitigung und Eis komplett ausgestattet und verfügt auch über eine eigene Wartungsanlage. Die Marina de Saint-François (Tel. 88 47 28) liegt im Zentrum von Saint-François und besteht aus etwa 250 Liegeplätzen. Auch hier sind Treibstoff, Wasser, Eis und Strom erhältlich.

Die Marina de Rivière-Sens (Tel. 81 77 61) liegt in den südlichen Außenbezirken der Stadt Basse-Terre. In diesem Bootshafen gibt es etwa 200 Liegeplätze, Treibstoff, Wasser und Eis.

In Pointe-à-Pitre, Basse-Terre und Deshaies sind Zollämter sowie Büros der Ausländerbehörde vorhanden und werktags von 8.00 bis 16.00 Uhr besetzt. Die Jachtchartergesellschaften The Moorings (Tel. 90 81 81) und ATM (Tel. 90 92 92) sind an der Marina de Bas du Fort vertreten.

Kreuzfahrt: Kreuzfahrtschiffe legen direkt in der Stadt am Centre Saint-John Perse, in Pointe-à-Pitres neuer Hafenanlage, an, wo Geschäfte, Restaurants und ein Hotel entstanden sind. Im Jahre 1992 brachten 200 Kreuzfahrtschiffe 136 000 Besucher nach Guadeloupe.

AUSREISE AUS GUADELOUPE

Flughafengebühren und andere Abgaben werden auf der Insel bei der Ausreise nicht gefordert.

REISEN IN GUADELOUPE

FLUG

Air Guadeloupe unterhält täglich Flugverbindungen zwischen Pointe-à-Pitre und Marie-Galante, La Désirade sowie Terre-de-Haut, über die Einzelheiten dem Abschnitt über die jeweilige Insel zu entnehmen sind.

BUS

Guadeloupe verfügt über ein gut ausgestattetes öffentliches Busnetz, das von 5.30 bis 18.30 Uhr bedient wird. Vor allem die Hauptstrecken werden häufig befahren. An Sonntagen fahren allerdings sehr viel weniger Busse. Ein Teil der Nebenstraßen wird dann gar nicht angefahren. Viele der Busrouten beginnen und enden in Pointe-à-Pitre. Die Fahrpläne werden allerdings nur selten ganz genau eingehalten. In aller Regel fahren die Busse in Pointe-à-Pitre erst ab, wenn sie fast gefüllt sind. Dabei werden, wenn ein Bus sich füllt, auch Klappsitze verwendet, die dann den Gang versperren. Wenn Sie also nicht weit fahren möchten, sollten Sie versuchen, einen der vorderen Plätze zu ergattern.

Eine Busfahrt von Pointe-à-Pitre nach Gosier kostet 5,50 FF und dauert etwa 15 Minuten. Wenn Sie zum Hafen von Bas du Fort wollen, können Sie diesen Bus nehmen und direkt hinter der Universität aussteigen. Für eine Fahrt von Pointe-à-Pitre bis zum Flughafen zahlt man 5,50 FF, nach Sainte-Anne 10 FF und nach Basse-Terre 30 FF. Gezahlt wird der Fahrpreis beim Busfahrer, wenn man aussteigt. Dabei ist es nicht unbedingt notwendig, passendes Geld bereithalten, doch könnte das Wechseln von größeren Scheinen schwierig werden.

Die Fahrtziele sind auf den Bussen vermerkt. Bushaltestellen sind mit einem blauen Schild, auf dem ein Bus zu erkennen ist, markiert. In weniger bewohnten Gegenden können Sie einen Bus durch Winken zum Anhalten bringen.

TAXI

Taxis gibt es in Guadeloupe häufig, sie sind jedoch teuer. Taxihaltestellen findet man am Flughafen, in Pointe-à-Pitre und in Basse-Terre. An größeren Hotels halten normalerweise ebenfalls Taxen, deren Fahrer in der Lobby warten.

Die Preise für eine Taxifahrt vom Flughafen nach Pointe-à-Pitre betragen 50 FF, nach Gosier 80 FF und nach Saint-François 225 FF. Zwischen 21.00 und 7.00 Uhr morgens sowie an Sonn- und Feiertagen sind die Preise noch 40 % höher. Man kann ein Taxi in der Gegend von Pointe-à-Pitre auch unter der Telefonnummer 82 00 00 oder 82 13 67 und in Basse-Terre unter der Telefonnummer 81 79 70 bestellen.

AUTO UND MOTORRAD

Verkehrsregeln: In Guadeloupe fährt man auf der rechten Straßenseite. Die nationalen Führerscheine haben hier Gültigkeit.

Die Straßen sind nach karibischen Maßstäben sehr gut und ausnahmslos asphaltiert, obwohl Neben- und Bergstraßen recht schmal sein können. Rund um Pointe-à-Pitre gibt es sogar mehrspurige Autobahnen, auf denen der Verkehr mit 110 Stundenkilometern dahinfließt. Außerhalb dieser Gegend sind die Straßen meist einspurig in jeder Richtung und dürfen nur mit 80 Stundenkilometern Höchstgeschwindigkeit befahren werden.

Verkehrsregelungen und Beschilderung entsprechen denen in Europa. Ausfahrten und Kreuzungen sind eindeutig gekennzeichnet und Geschwindigkeitsbegrenzungen ausgeschildert.

Mietwagen: Mehrere Autovermietungen sind mit Büros am Flughafen und in den wichtigsten Urlaubsgebieten vertreten. Einige Unternehmen vermieten auch Autos in der Nähe des jeweiligen Hotels und lassen es zu, daß man es bei der Rückgabe am Flughafen abstellt. Das erspart beträchtliche Kosten für Taxifahrten.

Die Preise werden im allgemeinen pro Tag um so günstiger, je länger man ein Fahrzeug mietet, denn die Wochenpreise können bis zu 20% niedriger sein als Tagespreise. Beim Mieten eines Wagens muß man ferner berücksichtigen, daß bei unbegrenzten Kilometern Fahrt als auch billiger mit Berechnung der gefahrenen Kilometer anbieten. Da die Insel recht groß ist, addieren sich Zuschläge für die gefahrene Strecke unter Umständen recht schnell!

Die Mietpreise für kleine Autos mit unbegrenzter Kilometerleistung beginnen schon bei 190 FF pro Tag, obwohl das günstigste Angebot ohne vorherige Reservierung, das wir fanden, bei 230 FF (inklusive Vollkaskoversicherung und Steuern) für einen kleinen Opel Corsa von Budget lag.

Auf Guadeloupe haben sich folgende Autovermietungen niedergelassen, wobei die Telefonnummern für die Stationen am Flughafen zuerst genannt sind:

Avis		Tel. 82 33 47
	in Gosier	Tel. 90 46 46
	in Saint-François	Tel. 88 60 60
Budget		Tel. 82 95 58
	in Gosier	Tel. 82 24 24
Citer		Tel. 82 10 94
Europcar		Tel. 82 50 51
	in Gosier	Tel. 84 45 84
	in Saint-François	Tel. 88 69 77
Hertz		Tel. 82 00 14
	in Gosier	Tel. 84 23 23
Nad In Car		Tel. 91 60 60
	in Gosier	Tel. 84 19 17
	in Sainte-Anne	Tel. 88 32 45
Thrifty		Tel. 91 42 17
	in Bas du Fort	Tel. 90 86 32
	in Gosier	Tel. 84 51 26.

Motorrad: Equateur Moto in Gosier (Tel. 84 59 94) vermietet Motorräder von Peugeot mit 50 und 80 ccm Hubraum für 180 FF pro Tag, während größere Maschinen (bis zu 750 ccm Hubraum) für 400 FF pro Tag zu haben sind. Motorräder lassen sich auch bei Vespa Sun in der Rue Bébian 29 in Pointe-à-Pitre (Tel. 82 17 80) und bei Rent A Bike in Saint-François (Tel. 88 51 00) mieten.

FAHRRAD

Bei Equateur Moto in Gosier (Tel. 84 59 94) werden auch Mountain Bikes für 95 FF pro Tag und für 565 FF pro Woche vermietet.

TRAMPEN

Auf Guadeloupe ist es recht verbreitet, per Anhalter zu fahren. Wenn man trampen will, muß man die offene Handfläche in leicht abwärts zeigender Richtung zur Straße hin halten. Alle normalen Sicherheitsregeln gelten auch auf Guadeloupe und sollten hier beherzigt werden.

SCHIFF

Fähren nach Les Saintes fahren in Pointe-à-Pitre, Saint-François und Trois-Rivières ab. Nach Marie-Galante kommt man mit Fähren von Pointe-à-Pitre und Saint-François. Fähren nach La Désirade verkehren nur von Saint-François aus. Die Fahrpläne und Fahrpreise sind in den Abschnitten über die einzelnen Inseln aufgeführt.

AUSFLUGSFAHRTEN

Emeraude Guadeloupe (Tel. 81 98 28) veranstaltet umweltverträgliche Ausflüge mit einem Schwerpunkt auf Natur und Wandern.

POINTE-À-PITRE

1654 begann ein Händler namens Peter, ein holländischer Jude, der sich nach seiner Ausweisung aus Brasilien auf Guadeloupe seßhaft gemacht hatte, mit einem Fischmarkt auf einer unbebauten, am Hafen gelegenen Landzunge. Das Gebiet wurde als Peter's Point bekannt und ist inzwischen vielleicht Teil von Pointe-à-Pitre geworden.

Pointe-à-Pitre, die größte Gemeinde Guadeloupes, ist ein Konglomerat aus Alt und Neu und vor allem kaufmännisch geprägt. Es gibt hier zwar einige Museen, daneben ist aber der geschäftige, am Hafen gelegene Markt die interessanteste Sehenswürdigkeit.

Den Mittelpunkt der Stadt bildet der Place de la Victoire, ein offenes, grünes Gelände, auf dem verstreut riesige Palmen stehen und das sich einige Blocks weit vom inneren Hafen nach Norden erstreckt. Gegenüber seiner westlichen Seite befinden sich Straßencafés, während im Norden eine Reihe von Mangobäumen steht und man entlang der Ostseite auf einige alte Gebäude stößt, darunter auch die Sous-Préfecture.

Alle Besucher von Guadeloupe kommen wenigstens einmal durch Pointe-à-Pitre, da sich hier der wichtigste Hafen für die Fähren zu den äußeren Inseln und der bedeutendste Busbahnhof befinden.

Der Stadtkern von Pointe-à-Pitre ist recht kompakt angelegt, so daß man vom Place de la Victoire aus alles innerhalb von fünf oder höchstens 10 Minuten zu Fuß erreichen kann.

PRAKTISCHE HINWEISE

Informationen: Das Fremdenverkehrsbüro (Tel. 82 09 30) liegt gegenüber vom nordwestlichen Ende des Hafens am Square de la Banque 5 und ist montags bis freitags von 8.00 bis 17.00 Uhr sowie samstags von 8.00 bis 12.00 Uhr geöffnet. Ein zweites Büro befindet sich im Centre Saint-John Perse neben dem Stand der Polizei und ist zugänglich, wenn Kreuzfahrtschiffe im Hafen liegen. Nehmen Sie sich ein Exemplar von *Bonjour Guadeloupe* und des

monatlich erscheinenden *Living in Guadeloupe* mit, beides kostenlose Touristenmagazine in englischer Sprache mit allgemeinen Informationen. Sie sollten aber auch eine Ausgabe des *Ti Gourmet* einstecken, eines zweisprachigen Restaurantführers im Taschenbuchformat, der einem in vielen Restaurants zu einem kostenlosen Drink oder Appetithäppchen verhilft.

Geld: Die BDAF-Bank neben dem Fremdenverkehrsamt ist werktags von 8.00 bis 12.00 Uhr und von 14.00 bis 16.00 Uhr geöffnet. Einige weitere Banken findet man in der Nähe in der Rue de Nozières.

Man kann aber auch an einem Geldautomaten der Crédit Agricole im Erdgeschoß des Centre Saint-John Perse die gängigsten Währungen (nur Banknoten) in Francs eintauschen oder sich mit seiner Kreditkarte Bargeld auszahlen lassen. Der Automat ist Tag und Nacht zugänglich, allerdings braucht man eine Kreditkarte, um zwischen 22.00 und 6.00 Uhr morgens in den Schalterraum zu gelangen.

Post und Telekommunikation: Das Postamt liegt einen Block nördlich der Kathedrale am Boulevard Faidherbe. Da nur wenige Schalter geöffnet sind, sieht man hier häufig lange, sich kaum vorwärts bewegende Warteschlangen. Draußen vor dem Eingang steht eine ganze Reihe von Kartentelefonen.

Buchhandlungen: In der Boutique de la presse im Centre Saint-John Perse werden englisch- und französischsprachige Zeitschriften und die Landkarten des Institut Géographique National von Guadeloupe, Pointe-à-Pitre und anderen Inseln von Französisch Westindien verkauft. In diesem Laden wird auch eine recht gute Auswahl von französischsprachigen Büchern über diese Region angeboten. Im Tabakladen neben Délifrance kann man ebenfalls Landkarten von Guadeloupe, Telefonkarten und internationale Zeitschriften kaufen.

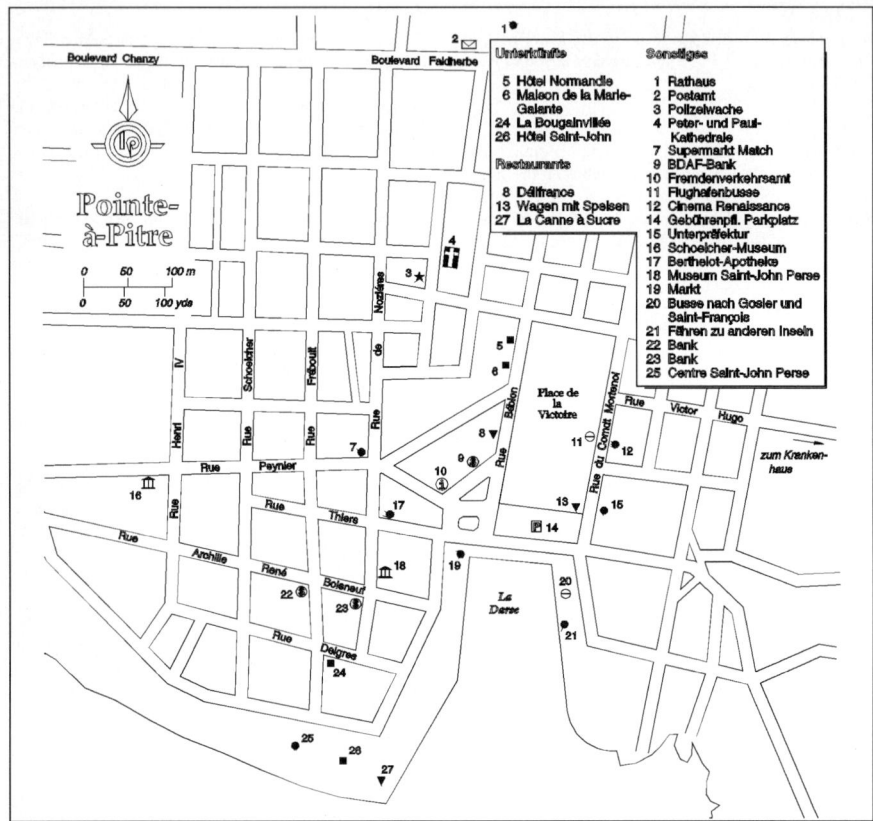

Karte Pointe-à-Pitre

0   50   100 m
0   50   100 yds

Unterkünfte

5 Hôtel Normandie
6 Maison de la Marie-Galante
24 La Bougainvillée
26 Hôtel Saint-John

Restaurants

8 Délifrance
13 Wagen mit Speisen
27 La Canne à Sucre

Sonstiges

1 Rathaus
2 Postamt
3 Polizeiwache
4 Peter- und Paul-Kathedrale
7 Supermarkt Match
9 BDAF-Bank
10 Fremdenverkehrsamt
11 Flughafenbusse
12 Cinema Renaissance
14 Gebührenpfl. Parkplatz
15 Unterpräfektur
16 Schoelcher-Museum
17 Berthelot-Apotheke
18 Museum Saint-John Perse
19 Markt
20 Busse nach Gosier und Saint-François
21 Fähren zu anderen Inseln
22 Bank
23 Bank
25 Centre Saint-John Perse

SEHENSWÜRDIGKEITEN

Öffentlicher Markt: Entlang von La Darse, dem inneren Hafengelände, hat sich ein lebendiger und farbenfroher Freiluftmarkt ausgebreitet. Frauen in Turbanen aus Madrasstoffen verkaufen dort Früchte der Insel, Gemüse, Blumen, scharfe Gewürze, Kunstgewerbegegenstände und Kleider. Nebenan kann man bei einigen am Rand des Hafens liegenden Fischerbooten fangfrischen Fisch erstehen.

Centre Saint-John Perse: Die riesige neue Hafenkomplex liegt an der westlichen Seite des Hafens, weniger als fünf Minuten Fußweg vom Place de la Victoire entfernt. Es verfügt über Kais für Kreuzfahrtschiffe, Büros der Hafenbehörde und ein Fremdenverkehrsbüro. Mehrere Boutiquen, Geschäfte, Galerien, Cafés und Restaurants sind in dieser Anlage ebenfalls vorhanden.

Schoelcher-Museum: Das Musée Schoelcher ist in einem interessanten alten Gebäude in der Rue Peynier 24 untergebracht und Victor Schoelcher gewidmet, der sich für die Abschaffung der Sklaverei eingesetzt hatte. Die wichtigsten Ausstellungsstücke sind Gegenstände aus dem Privatbesitz von Schoelcher und Artefakte aus der Sklavenzeit. Das Museum ist montags bis samstags von 8.30 bis 12.30 Uhr, montags und dienstags am Nachmittag von 14.00 bis 17.30 Uhr sowie mittwochs und donnerstags am Nachmittag von 14.00 bis 18.00 Uhr geöffnet.

Museum Saint-John Perse: Das städtische Museum in der Rue de Nozières 9 ist in einem zweigeschossigen Kolonialgebäude aus dem 19. Jahrhundert mit prunkvollen, schmiedeeisernen Balkonen untergebracht. Das Museum ist dem hoch angesehenen Dichter und Nobelpreisträger Alexis Léger gewidmet, besser bekannt als Saint-John Perse. Im Museum werden sowohl ein

Ausschnitt aus der kreolischen Wohnkultur dieser Zeit als auch Schautafeln über das Leben und die Arbeit von Perse gezeigt. Er wurde übrigens etwas weiter dieselbe Straße hinunter im Haus mit der Nummer 54 geboren. Das Museum ist montags bis freitags von 9.00 bis 17.00 Uhr und samstags von 8.30 bis 12.30 geöffnet (Eintritt 10 FF).

Cathédrale de St. Pierre et St. Paul: Diese verwitterte sandfarbene Kirche mit dem Spitznamen „Eiserne Kathedrale" wird nicht von den traditionellen Bögen bestimmt, sondern von den vielen Eisenträgern, die sie gegen Erdbeben und Hurrikane schützen sollen. Nur wenige Minuten Fußweg nordwestlich vom Place de la Victoire gelegen, bietet sie für Ästheten keinerlei Sehenswürdigkeiten, ist aber eine Kuriosität.

UNTERKUNFT

Das Le Bougainvillée (Tel. 90 14 14, Fax 91 36 82, 9 Rue Fréboult, 97110 Pointe-à-Pitre) liegt einen Block vom Centre Saint-John Perse entfernt in einem vierstöckigen Gebäude und verfügt über 36 Zimmer in einem recht altmodischen Ambiente. Es ist nicht sehr reizvoll, aber ausreichend, sauber und immer noch besser eingerichtet als andere kleine Hotels in dieser Gegend. Alle Zimmer haben eine vernünftige Größe und sind mit Klimaanlage, Fernsehgerät, Telefon und eigenem kleinen Balkon ausgestattet. Hier kosten im Sommer Einzelzimmer 335 FF und Doppelzimmer 400 FF, im Winter 450 bzw. 525 FF.

Das Maison de la Marie-Galante (Tel. 90 10 41, Fax 90 22 75, 12 Place de la Victoire, 97110 Pointe-à-Pitre) liegt genau im Zentrum. Es verfügt über neun Zimmer mit Klimaanlage, einige davon mit Fernsehgerät, Telefon, Dusche und Toilette ausgestattet, für die man allein 320 FF und zu zweit 400 FF bezahlen muß. Einige andere sind einfacher eingerichtet und enthalten zwar eine eigene Dusche, aber die Toiletten befinden sich in der Halle. Die kosten als Einzelzimmer 260 FF und als Doppelzimmer 350 FF. Das Frühstück ist im Preis enthalten und für ein einfaches Hotel recht ordentlich.

Das neue Hôtel Saint-John (Tel. 82 51 57, Fax 82 52 61, Centre Saint-John Perse, 97110 Pointe-à-Pitre) gehört zur Anchorage-Kette und liegt mitten im Komplex für die Kreuzfahrtschiffe. Es besteht aus 44 sehr kompakten, aber gut eingerichteten Zimmern mit Klimaanlage, Tresor im Zimmer, Fernsehgerät für Satellitenprogramme, Telefon und kleinen, geteilten Balkonen, die einen Blick über den Hafen erlauben. Im Sommer muß man hier für ein Einzelzimmer 350 FF und für ein Doppelzimmer 400 FF bezahlen, während im Winter 400 bzw. 500 FF verlangt werden (mit Frühstück).

Wenn Sie in der Nähe des Flughafens bleiben müssen, dann übernachten Sie im Relais Bleus du Raizet (Tel. 90 03 03, Fax 90 00 26, 97139 Abymes), einem zweistöckigen Motel an der Kreuzung des Flughafenzubringers und der Hauptstraße, 700 m vom Flughafengebäude entfernt. Die

60 Zimmer mit Fernsehgerät, Telefon und Klimaanlage bieten einen Standard wie Motels. Vorhanden ist auch ein Swimming Pool. Hier werden im Sommer für ein Einzelzimmer 330 FF und für ein Doppelzimmer 430 FF berechnet, im Winter 490 bzw. 535 FF.

ESSEN

Place de la Victoire: Délifrance an der westlichen Seite des Place de la Victoire ist ein großartiges Restaurant zum Frühstücken. Für 28 FF bekommt man hier Saft, Kaffee und heißes, knuspriges Brot mit Butter und Marmelade. Gute Croissants und Feingebäcke kosten zwischen 5 und 12 FF. Angeboten werden aber auch Fleischpasteten, Quiches, Sandwiches und einige wenige Tabletts mit dampfenden, heißen Gerichten, die eine vernünftige Mahlzeit zu niedrigen Preisen ermöglichen. Das Délifrance ist bei den Einheimischen sehr beliebt und hat auch auf dem Bürgersteig einige Tische aufgestellt. Geöffnet ist montags bis freitags von 6.30 bis 19.00 Uhr und samstags bis 14.00 Uhr.

Das Hotel Maison de la Marie-Galante am Place de la Victoire 12 bietet Speisemöglichkeiten drinnen und draußen und ein Tagesmenü mit Nachtisch für 60 FF. Im nahegelegenen Hôtel Normandie werden Pizza ab 40 FF, Fischgerichte von 60 bis 85 FF und normalerweise recht anständiges Tagesgericht serviert. Wenn Sie auf eine Fähre warten, können Sie von einigen Imbißlokalen in der Nähe der am Hafen gelegenen Fahrkartenschalter Gebrauch machen, in denen Sandwiches, Snacks und Getränke angeboten werden. Am Abend findet man eine Reihe von Wagen mit Speisen entlang der Ostseite des Place de la Victoire, wo dann preiswerte Crêpes, Sandwiches, Bratgerichte und Grillhähnchen verkauft werden. Eine Minute vom Fremdenverkehrsbüro zu Fuß in Richtung Westen gibt es auch einen Match-Supermarkt.

Centre Saint-John Perse: Das La Canne à Sucre (Tel. 82 10 19) wird als das beste französisch-kreolische Restaurant in ganz Pointe-à-Pitre gehandelt und liegt an der südöstlichen Seite des Komplexes direkt am Wasser. Das Restaurant besteht aus zwei Teilen. Im offenen und ungezwungenen Erdgeschoß erhält man Fisch- und Fleischgerichte von 70 bis 95 FF, große und unterschiedliche Salate mit Meeresfrüchten und Krabben für etwa 60 FF und ein besonderes Tagesgericht für 70 FF. Hier ist von 12.30 bis 23.00 Uhr geöffnet. Der im oberen Stockwerk gelegene Speiseraum verfügt über eine Klimaanlage und ist elegant eingerichtet. Er ermöglicht einen Rundblick auf den Hafen, wobei die Preise für die Gerichte hier oben zwischen 110 und 180 FF liegen. Geöffnet ist von 12.00 bis 14.30 Uhr und von 19.30 bis 22.30 Uhr. Beide Etagen sind sonntags geschlossen.

Die Pâtisserie St-John liegt an der Seite des Hotels St. John und verkauft sehr gute Sandwiches, Quiches und

GUADELOUPE

Erdbeertörtchen, für die die Preise bei etwa 15 FF liegen. Das L'As de Trèfle, in der Nähe in einem Innenhof gelegen, öffnet um 7.00 Uhr und serviert für 20 FF ein Frühstück mit Saft, Kaffee und einem Croissant. Daneben kann man aber auch Sandwiches ab 10 FF, Omelettes ab 20 FF und ein Tagesgericht für 40 FF erhalten. Das Restaurant St. John's auf der Hotelterrasse wird um 12.00 Uhr mittags geöffnet. Dort serviert man ein wöchentlich wechselndes Tagesgericht mit Salat für 49 FF, aber auch Pizzen und andere preiswerte Gerichte. Abends kann man hier nur an Sonntagen speisen; an den anderen Wochentagen ist abends geschlossen.

AN- UND WEITERREISE

Bus: Busse nach Gosier, Sainte-Anne und Saint-François fahren an der östlichen Seite des Hafens ab, wohingegen Busse mit Zielen in Basse-Terre ihre Fahrt an der nordwestlichen Seite der Stadt in der Nähe des Bergevin-Stadions beginnen, das vom Zentrum etwa 15 Minuten zum Fuß entlang des Boulevards Chanzy entfernt liegt. Die Flughafenbusse starten an der östlichen Seite des Place de la Victoire werktags etwa jede halbe Stunde.

Auto: An Werktagen ist der Verkehr im Zentrum sehr stark, so daß es schwer wird, einen Parkplatz zu finden. Es gibt jedoch einen Parkplatz an der südwestlichen Seite des Place de la Victoire, auf dem man eine Stunde für 4 FF und längstens acht Stunden für 20 FF parken kann. Die Parkscheine muß man sich an dem Automaten in der Nähe des Eingangs besorgen. Der Parkplatz wird sorgfältig kontrolliert, und Randalierer werden bestraft. Auch in einigen Seitenstraßen gibt es Parkbuchten, wo jedoch die gleichen Parkgebühren fällig werden wie im Parkhaus.

GRANDE TERRE

Die südliche Küste von Grande-Terre mit ihren von Riffen geschützten Buchten ist Guadeloupes bedeutendste Feriengegend. An der östlichen Seite der Insel dagegen donnert die Brandung des Atlantiks an die Küste.

Diese Gegend vermittelt eher einen ländlichen Charakter. Das Innern ist von einer Mischung aus Hügeln und flachen Ebenen gekennzeichnet, wobei in den Ebenen häufig Zuckerrohr wächst.

BAS DU FORT

Bas du Fort liegt in den südlichen Außenbezirken von Pointe-à-Pitre und verfügt über Guadeloupes größten Hafen, eine Universität und neue Hotelanlagen. Der Abschnitt mit den meisten Hotels liegt einige Kilometer südlich des Hafens. Bas du Fort erhielt seinen Namen durch seine Lage am Fuße (bas) der Festung Fort Fleur-d'Épée.

MARINA BAS DU FORT

Dieser expandierende Hafen bietet alle nur denkbaren Einrichtungen für Jachten, Geschäfte, Restaurants und ein Expreßlabor für die Entwicklung von Filmen. Die Bank Crédit Agricole hat neben dem Restaurant Shanghai einen durchgehend zugänglichen Wechselautomaten aufgestellt, der amerikanische und kanadische Dollar, britische Pfund und einige andere bedeutende Währungen in Francs wechselt sowie bei Benutzung der wichtigsten Kreditkarten Bargeld auszahlt. Die angrenzende Bank Crédit Agricole ist dienstags bis freitags von 8.45 bis 12.45 Uhr und von 14.15 bis 17.40 Uhr (donnerstags nur bis 17.00 Uhr) sowie samstags von 8.45 bis 12.45 Uhr geöffnet.

FORT FLEUR-D'ÉPÉE

Diese kleine, aus dem 18. Jahrhundert stammende und auf einem Hügel gelegene Festung bietet schöne Ausblicke auf Gosier und die Insel Marie-Galante. Viele der Mauern aus Korallen und einige der Gebäude sind noch intakt, und auf dem Gelände lassen sich auch rostige Kanonen und blühende Federbäume besichtigen. Ein kleines Schild in der Nähe der Diskothek Elysées Matignon zeigt die Nebenstraße an, die die 800 m hügelaufwärts bis zum Fort führt.

AQUARIUM DE LA GUADELOUPE

Dieses am Hafen gelegene Aquarium (Tel. 90 92 38) gehört zu den vier besten Aquarien von ganz Frankreich und beherbergt 60 verschiedene Arten tropischer Fische, daneben auch Schildkröten und Haie. Sie gelangen dorthin, wenn Sie von der N4 östlich des Verkehrskreisels zwischen der Elf- und der Esso-Tankstelle abbiegen. Das Aquarium ist täglich von 9.00 bis 19.00 Uhr geöffnet und kann gegen 20 FF Eintritt für Kinder und 35 FF Eintritt für Erwachsene besichtigt werden.

UNTERKUNFT

Das preiswerteste unter dem halben Dutzend Hotels in der Gegend von Bas du Fort ist das Sprimhotel (Tel. 90 82 90, Fax 82 87 63, Bas du Fort, 97190 Gosier). Es besteht aus

19 älteren Apartmenteinheiten mit Kochnischen, für die die Preise im Sommer zwischen 300 und 345 FF sowie im Winter zwischen 490 und 600 FF liegen.

Ein gutes Haus der mittleren Kategorie ist das Village Viva (Tel. 90 98 98, Fax 90 96 16, Bas du Fort, 97190 Gosier), gelegen in der Nähe der Hafeneinfahrt. Die 76 Apartments sind in zeitgenössischen, viergeschossigen Häusern untergebracht und verfügen über Klimaanlage, Fernsehgerät, Telefon, Balkon und Kochnische. Die Küste ist zwar felsig, aber dafür steht ein riesiger Swimming Pool zur Verfügung. Die Preise für Einzel- oder Doppelapartments beginnen hier im Sommer bei 480 bzw. 580 FF.

Ein Haus der oberen Preisklasse ist das Novotel Fleur d'Épée (Tel. 90 40 00, Fax 90 99 07, Bas du Fort, 91790 Gosier), ein älteres, aber sehr beliebtes Hotel. Die insgesamt 191 Zimmer liegen in dreigeschossigen Gebäuden und bieten alle einen ganz guten Standard mit Zimmertresor und Balkon. Vorhanden sind ferner ein Swimming Pool, Tennisplätze, ein Strand mit weißem Sand und eine Reihe von Bars und Restaurants. Hier werden im Sommer für ein Einzelzimmer 670 FF und für ein Doppelzimmer 776 FF berechnet, im Winter 885 bzw. 1130 FF.

ESSEN

In Bas du Fort gibt es eine ganze Menge Cafés und Restaurants, und alle liegen nur einige Minuten Fußweg voneinander entfernt rund um den Hafen. Le Fregate ist ein einfaches, offenes Restaurant am Hafen, in dem frische Fischgerichte und täglich wechselnde Gerichte auf einer Kreidetafel für etwa 65 FF angeboten werden. Es wird zum Frühstück bereits um 5.30 Uhr morgens geöffnet und erst etwa um Mitternacht wieder geschlossen.

In der Nähe und ebenfalls direkt am Wasser gelegen ist die Pizzeria La Sirène, in der man Pizza oder Hähnchenviertel mit Pommes Frites und Salat für 50 FF, gegrillten Fisch für 60 FF und Hummer aus einem Bassin für etwa 35 FF pro 100 Gramm erhält.

Eine Pizza kann man auch etwas preiswerter im Michelangelo essen, wo daneben eine ganze Palette italienischer Gerichte angeboten wird. An der Ecke des Hafengeländes, neben der Autovermietung Thrifty, kommt man zur einer Bäckerei, in der gutes Kleingebäck und hervorragende Baguette-Sandwiches zu Preisen zwischen 15 und 18 FF erhältlich sind.

Wenn Sie gern chinesisch essen, dann bietet sich das nahegelegene Restaurant Shanghai an, in dem ein Tagesmenü mit Suppe und Nachspeise für 90 FF, vegetarische Hauptgerichte für 45 FF und Gerichte mit Schweinefleisch und Geflügel für 55 FF auf der Speisekarte stehen. Nördlich des Parkhauses befindet sich ein Supermarkt, und auf der anderen Straßenseite verkaufen einige Händler Obst und Blumen.

GOSIER

Guadeloupes bedeutendste touristische Gegend ist Gosier, 8 km südöstlich von Pointe-à-Pitre gelegen. Entlang der Westseite von Gosier verläuft eine Tourismusmeile mit einer Reihe von Hotels, einem Kasino, Autovermietungen und Restaurants. Der Sandstrand besteht aus aneinandergereihten, bogenförmigen, kleinen Buchten, an deren Ende jeweils ein Hotel erbaut wurde. Das Wasser ist in der Regel sehr ruhig, so daß man gut schwimmen und eine schöne Aussicht über den Kanal nach Basse-Terre genießen kann. Das Zentrum von Gosier liegt etwa 15 Minuten Fußweg entfernt und kann nicht mit den schönen Stränden der Hotelgegend aufwarten, dafür hat es sich aber seinen anziehenden einheimischen Charakter bewahrt. An der Westseite des Stadtzentrums liegt ein Park mit Federbäumen, weißen Zedern und Mandelbäumchen. Hier gibt es auch einen schmalen, aber zum Schwimmen geeigneten Strand und eine gute Aussicht zur Ilet du Gosier. Die katholische Kirche der Stadt ist ein modernes Bauwerk mit einem Kirchturm aus Beton. Gegenüber vom Postamt befindet sich ein Friedhof mit über der Erde liegenden Gewölben und Grabsteinen.

Am Abend können Vogelkundler Dutzende von weißen Silberreihern beobachten, die sich auf den kahlen Bäumen des an der Straße gelegenen Sumpfes westlich des Kasinos zum Schlafen niedergelassen haben.

PRAKTISCHE HINWEISE

Bei La Gazette im Stadtzentrum werden die IGN-Karte von Guadeloupe, lokale Zeitschriften, die *International Herald Tribune*, *USA Today*, andere internationale Zeitungen und eine große Anzahl von französischen Magazinen verkauft.

Die Laverie du Gosier neben dem Postamt ist eine Münzwäscherei und montags bis samstags von 8.00 bis 12.30 Uhr sowie von 14.00 bis 19.30 Uhr geöffnet. Das Waschen und Trocknen einer Maschinenfüllung Wäsche kostet mit 53 FF.

Bei Ambiance Photos an der Route des Hôtels werden Filme innerhalb einer Stunde entwickelt. Das kostet mit 24 Bildern 124 FF.

An Strandhütten vor den Hotels werden Surfausrüstungen für etwa 50 FF pro Stunde, kleine Segelboote für 80 FF pro Stunde und etwas größere Segelboote für 200 FF pro Stunde vermietet. Zur Verfügung stehen aber auch Funboards, Tretboote und andere Wassersportgeräte.

SEHENSWÜRDIGKEITEN

Ilet du Gosier: Nur 600 m vor dem Ort Gosier liegt die Ilet du Gosier, eine kleine, unbewohnte Insel inmitten türkisfarbenen Wassers. Das ist ein erholsamer Platz mit einem alten Leuchtturm, schönem, weißem Sand und

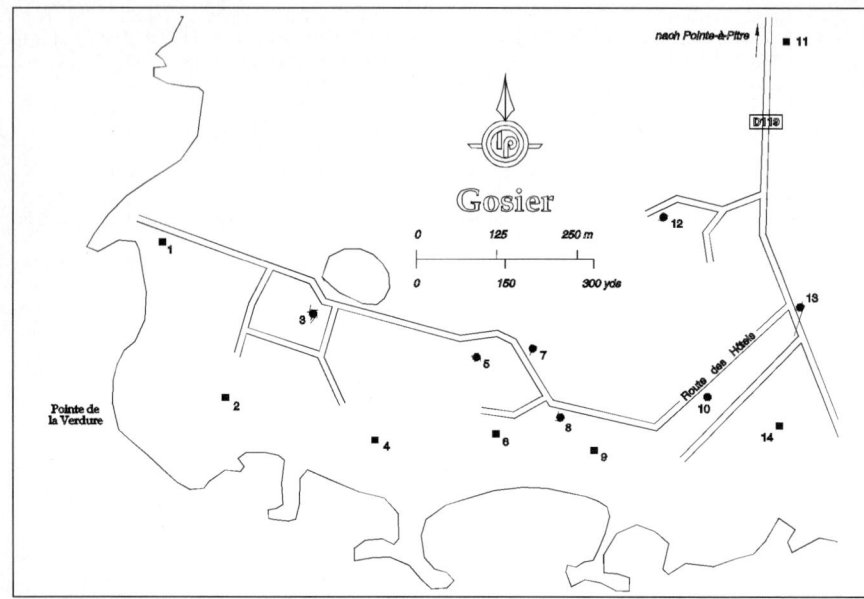

vielen Korallenbänken. Hier läßt sich sehr gut schnorcheln, sonnenbaden oder ein gemütliches Picknick veranstalten. Von der Wassersporthütte vor dem Hotel Callinago (geöffnet von 9.00 bis 12.30 Uhr und von 14.00 bis 17.00 Uhr) werden Urlauber auf Wunsch für 50 FF zu der Insel gebracht und auch wieder abgeholt. Dort kann man auch eine Schnorchelausrüstung für 40 FF pro Tag ausleihen.

UNTERKUNFT
Einfache Unterkünfte: Das Les Flamboyants (Tel. 84 14 11, Fax 84 53 56, Chemin des Phares et Blaises, 97190 Gosier) liegt auf einem Hügel nur etwa einen Kilometer östlich der Ortsmitte und ist von der dortigen Bushaltestelle innerhalb von fünf Minuten zu Fuß zu erreichen. Von diesem kleinen Haus hat man einen schönen Blick auf die Ilet du Gosier. Geboten werden den Gästen ein kleiner Swimming Pool, ein Fernsehraum und ein persönliches Management. Unter den 14 Zimmern sind auch einige Bungalows mit Kochnischen. Die Zimmer sind eigentlich kaum mehr als ein Platz zum Schlafen, klein und einfach, aber jeweils mit Klimaanlage und eigenem Bad ausgestattet. Das Hotel ist bei Reisenden, die auf ihr Geld achten müssen, recht beliebt, so daß es sich empfiehlt, vor allem in der Hauptsaison, vor der Ankunft ein Zimmer zu reservieren. Wenn Sie telefonisch ein Zimmer reservieren wollen, müssen Sie jedoch Französisch sprechen. Im Sommer kosten hier Einzelzimmer 215 FF und Doppelzimmer 280 FF, während im Winter 260 bzw. 360 FF

berechnet werden. Dazu kommen noch zwischen 40 und 60 FF für eine Kochnische. In den Preisen ist Frühstück jedoch bereits enthalten. Wenn man mindestens eine Woche bleibt, erhält man etwa 15 % Ermäßigung.
Das Bungalows Village (Tel. 84 04 47, Fax 84 55 34, Montauban, 97190 Gosier) liegt bequem zwischen der Gegend mit den meisten Hotels und dem Stadtzentrum von Gosier. Zurück von der Hauptstraße sind hier 16 Studioapartments und einfache Bungalows auf einem Gelände errichtet worden, das an einen botanischen Garten erinnert. Alle sind mit Kochnischen und Duschen ausgestattet, einige auch mit Klimaanlage, andere mit Ventilator. Im Sommer kosten Apartments für zwei Personen zwischen 190 und 270 FF pro Tag und im Winter von 1540 bis 1820 FF pro Woche. Vermietet wird auch ein Apartment für bis zu sechs Personen, wofür man 350 FF pro Tag und 2240 FF pro Woche bezahlen muß.
In der Gegend von Gosier gibt es ferner eine ganze Anzahl von Gästehäusern der Gîtes de France, darunter auch einige an einer kurzen Seitenstraße, die etwa 50 m westlich des Bungalows Village beginnt. Mme. Pierrette Montout (Tel. 84 22 89, 8 Lot Montout, 97190 Gosier) vermietet dort sechs Zimmer mit Klimaanlage, die zwischen 1320 FF pro Woche für ein Doppelzimmer bis hin zu 3300 FF pro Woche für ein Zimmer, das bis zu sechs Personen Platz bietet, kosten. Mme. Eugénie Coudair (Tel. 84 01 64) hat in der gleichen Straße ebenfalls einige Zimmer anzubieten, für die zwischen 1430 und 1980 FF

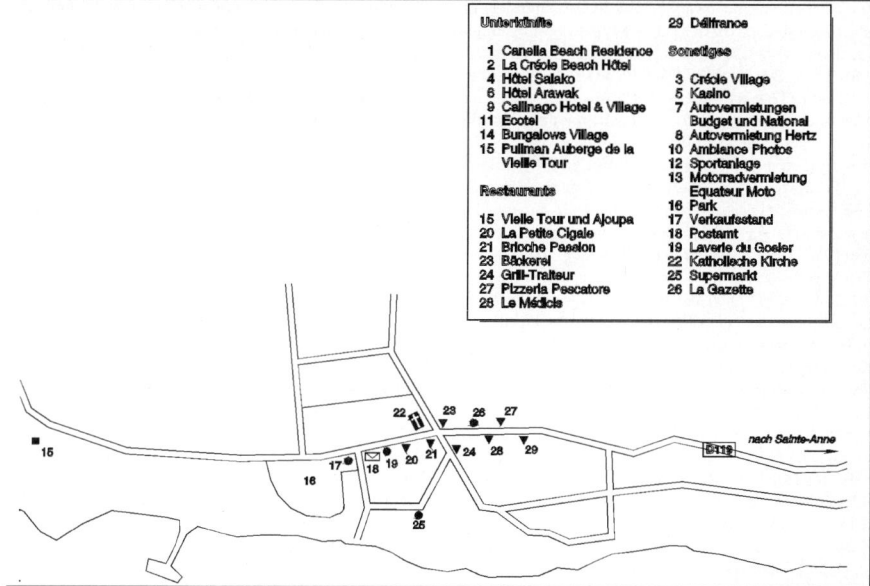

Unterkünfte		29 Délifrance
1 Canella Beach Residence		Sonstiges
2 La Créole Beach Hôtel		3 Créole Village
4 Hôtel Salako		5 Kasino
6 Hôtel Arawak		7 Autovermietungen
9 Callinago Hotel & Village		Budget und National
11 Ecotel		8 Autovermietung Hertz
14 Bungalows Village		10 Ambiance Photos
15 Pullman Auberge de la		12 Sportanlage
Vieille Tour		13 Motorradvermietung
Restaurants		Equateur Moto
		16 Park
15 Vieille Tour und Ajoupa		17 Verkaufsstand
20 La Petite Cigale		18 Postamt
21 Brioche Passion		19 Laverie du Gosier
23 Bäckerei		22 Katholische Kirche
24 Grill-Traiteur		25 Supermarkt
27 Pizzeria Pescatore		26 La Gazette
28 Le Médicis		

nach Sainte-Anne →

pro Woche verlangt werden. Auch Mme. Marguerite Joachim (Tel. 84 17 92) bietet fünf Zimmer zu ähnlichen Preisen an.

Mittelklassehotels: Das Callinago Hotel & Village (Tel. 84 25 25, Fax 84 24 90, BP Nr. 1, 97190 Gosier) besteht aus zwei verschiedenen Flügeln: dem „Hotel" mit 40 Zimmern und dem „Village" mit 93 Apartments. Die letzteren sind geräumig sowie mit Kochnischen und kleinen Balkonen ausgestattet, während in den Hotelzimmern keine Kochgelegenheiten vorhanden, dafür die Zimmer aber mit größeren Balkonen versehen sind und in den Übernachtungspreisen auch ein Frühstücksbuffet enthalten ist. Beide Arten von Unterkünften verfügen auch über Klimaanlagen und Telefon. Vorhanden sind ferner ein Swimming Pool an der Strandseite, ein Gepäckraum und Duschen für diejenigen, die zwischen Auszug aus dem Zimmer und der Abreise noch einige Zeit am Strand verbringen wollen. Das Callinago ist nicht eines der neuesten Hotels in dieser Gegend, der Standard ist jedoch sehr gut, und die Preise sind, vor allem in der Nebensaison, vernünftig kalkuliert. Im Hotel kosten im Sommer ein Einzelzimmer 474 FF und ein Doppelzimmer 564 FF sowie im Winter 728 bzw. 924 FF, während man im „Village" im Sommer für ein Apartment allein 366 FF und zu zweit 450 FF und im Winter 646 bzw. 790 FF bezahlen muß. Wenn Sie sich für ein Apartment entscheiden, dann lassen Sie sich, falls möglich, eines im dritten

Stock geben, denn dort erhalten Sie den Meerblick gratis obendrein.

Das Canella Beach Residence (Tel. 90 44 00, Fax 90 44 44, Pointe de la Verdure, BP 73B, 97190 Gosier) verfügt über 150 moderne und komfortable, mit Klimaanlage ausgestattete Apartments in zwei dreigeschossigen Gebäuden. Die Studios sind mit Rattanmöbeln sowie entweder einem Doppelbett oder zwei Einzelbetten, einer kleinen Sitzlandschaft mit einem Schlafsofa, einem Zimmertresor, Fernsehgerät, Telefon und einem Balkon mit einer kleinen Kochnische eingerichtet. Im Sommer muß man in diesem Haus für ein Apartment allein 420 FF und zu zweit 530 FF bezahlen, im Winter 570 bzw. 730 FF. Für eine Unterkunft mit Meerblick kommen noch 50 FF hinzu. Daneben stehen auch Suiten und Doppelapartments zur Verfügung. Vier der Studios im Erdgeschoß sind im übrigen behindertengerecht eingerichtet. Vorhanden sind zudem ein Swimming Pool, Tennisplätze, Paddelboote, Kanus und Schnorchelausrüstungen, deren Benutzung in den Übernachtungspreisen enthalten ist.

Luxushotels: Die folgenden Häuser sind alle moderne Strandhotels der ersten Klasse mit Swimming Pools, Freizeitzentren, Restaurants und sehr gut eingerichteten Zimmern mit Balkonen.

Das La Créole Beach Hôtel (Tel. 90 46 46, Fax 90 46 66, BP 19, 97190 Gosier) ist ein Komplex mit 321 Zimmern, bestehend aus drei zusammengehörigen Teilen, die alle

GUADELOUPE

verschieden, aber doch vergleichbar ausgestattet sind. Im Yucca Residence besteht das beste Preis-Leistungs-verhältnis, denn hier kosten im Sommer Einzelzimmer 440 FF und Doppelzimmer 500 FF sowie im Winter 620 bzw. 680 FF. Hinzu kommen 100 FF für Zimmer mit Meerblick. Frühstück ist hier nicht im Preis enthalten, die Zimmer verfügen aber über Kochnischen.

Das Hôtel Salako (Tel. 84 22 22, Fax 84 38 15, BP 8, 97190 Gosier) ist ein Haus mit 120 Zimmern, in dem im Sommer die Preise für Einzel- und Doppelzimmer in den ersten drei Etagen bei 515 bzw. 680 FF beginnen und bis 580 bzw. 720 FF für ein Quartier in den obersten drei Stockwerken reichen. Im Winter beginnen die Preise bei 780 bzw. 832 FF. Das Hotel gehört zur Holiday-Inn-Kette.

Das Hôtel Arawak (Tel. 84 24 24, Fax 84 38 45, BP 396, 97162 Pointe-à-Pitre) ist ein achtstöckiges Haus mit 160 Zimmern, die im Sommer als Einzelzimmer 600 FF und als Doppelzimmer 700 FF sowie im Winter 960 bzw. 1180 FF kosten.

Die Pullman Auberge de la Vieille Tour (Tel. 84 23 23, Fax 84 33 43, Montauban, 97190 Gosier) ist ein sehr beliebtes Hotel mit 160 Zimmern. Es verfügt über eine sehr interessante Lobby, zu der auch eine Windmühle aus dem 18. Jahrhundert gehört, wohingegen die meisten der Zimmer in modernen, motelähnlichen zwei- und drei-stöckigen Gebäuden untergebracht sind. Durchschnitt-lich muß man hier im Sommer für ein Einzelzimmer 782 FF und für ein Doppelzimmer 814 FF ausgeben, im Winter 1115 bzw. 1205 FF.

ESSEN

Ortsmitte: In der Ortsmitte von Gosier besteht eine ganze Anzahl von preiswerten Speisemöglichkeiten. Zusätzlich zu einem Délifrance gibt es zwei Bäckereien, die einander gegenüber an der Hauptkreuzung liegen. In einer von ihnen, Brioche Passion, sind einige Stehtische aufgestellt, wo Sie Ihren Kaffee trinken und Ihre Crois-sants, preiswerte Sandwiches oder Crêpes essen können.

Einen Steinwurf von den beiden Bäckereien entfernt liegt das Grill-Traiteur, ein Grillstand, an dem abends auf dem Gehweg preiswerte Grillhähnchen verkauft werden. Ge-genüber kommt man zu einem Supermarkt, der von 8.00 bis 22.00 Uhr geöffnet ist. Neben dem Postamt findet man zudem einen Verkaufsstand, der tagsüber geöffnet ist.

In der Pizzeria Pescatore erhalten Sie Tomaten- und Käsepizza für 36 FF, speziellere Pizzen für 50 FF und Scampi- oder Fleischgerichte für 90 FF. Im Petite Cigale werden Pizzen ab 50 FF und frischgepreßte Säfte für 15 FF serviert.

Das Le Médicis, ein kreolisches Restaurant im Trend, wo man auf einer Terrasse an der Straße speisen kann, bietet Fisch- und Fleischgerichte von 80 bis 100 FF, Crêpes ab 40 FF und selbstgemachte Eiscreme an. Essen wird täglich von 11.30 bis 15.00 Uhr und wieder ab 19.00 Uhr serviert. An den Wochenenden wird häufig auch Live-Musik gespielt.

Westlich der Ortsmitte befindet sich im Hotel Pullman Auberge de la Vieille Tour das Vieille Tour, das belieb-teste gehobene Restaurant zum Abendessen in Gosier, in dem traditionelle französische und kreolische Küche geboten wird. Es ist nur zum Abendessen geöffnet und wartet dann mit Hauptgerichten von Lammkoteletts für 74 FF bis hin zu einer karibischen Meeresfrüchteplatte mit Muscheln, Tintenfisch und Krabben für 119 FF auf. Salate und Vorspeisen gibt es ab 50 FF.

Das Strandrestaurant vom Hotel Pullman, das Ajoupa, besticht durch eine schöne Lage direkt am Meer. Hier wird von 7.00 bis 10.00 Uhr morgens ein sehr gutes Frühstücksbuffet mit Croissants, Pasteten, frischem Obst, Getreideflocken und Saft angeboten. Zum Mittag-essen werden Grillgerichte zu moderaten Preisen ser-viert.

Hotelgegend: In den Abendstunden finden sich einige Wagen mit Speisen an den Straßen westlich des Hotels Callinago ein. Der beste ist der gelb-weiße Lastwagen, der schräg gegenüber vom Kasino parkt und am dem gute Baguette-Sandwiches zwischen 16 und 24 FF sowie Crêpes nach Bestellung von 12 bis 30 FF erhältlich sind. Im Alisa neben dem Hertz-Büro im kreolischen Stadtteil werden Salate für 25 FF und Pizzen, Nudelgerichte sowie Lasagne zu Preisen zwischen 45 und 60 FF serviert. Einige Türen weiter liegt eine kleine Pâtisserie, in der Pasteten, Brot, Baguette-Sandwiches, Salate und Eis-creme verkauft werden.

Zum Hôtel Salako gehört eine Strandhütte, an der Sandwiches und Crêpes für 20 FF, Salate für ca. 30 FF und recht gute Pizzen für 40 FF angeboten werden. Hier ist täglich von 12.00 bis 17.00 geöffnet. Auch in dem im Innern des Hotels gelegenen Restaurant werden in der Mittagszeit ganz vernünftige Preise berechnet.

Zu den Ferienhotels gehören teure Abendrestaurants, in denen Hauptgerichte zwischen 80 und 100 FF und kom-plette Menüs mit Vorspeise und Nachtisch etwa das Doppelte kosten. Die Hotels bieten einige Male in der Woche abends auch ein relativ preiswertes und meistens sehr einfaches Buffet an. Im La Créole Beach Hôtel wird allerdings ein ganz gutes Buffet angeboten. Daneben gibt es eine ganze Reihe von kleineren Restaurants am oberen Ende der Route des Hôtels, in denen man abends Hummer zum Preis ab 175 FF essen kann.

UNTERHALTUNG

In der Gegend mit den Ferienhotels gibt es ein Kasino, in dem täglich außer sonntags ab 21.00 Uhr Roulette und Black Jack gespielt werden. Zum nahegelegenen Hôtel Salako gehört zudem ein Nachtclub, der jeden Abend geöffnet ist. In der Bar des Hotels Pullman Auberge de la Vieille Tour ist ferner häufiger Live-Musik zu hören, desgleichen an Wochenenden im Restaurant Le Médicis in der Ortsmitte von Gosier.

236

SAINTE-ANNE

Das Dorf Sainte-Anne hat sich einen angenehm unverfälschten französisch-westindischen Charakter bewahrt.

Hübsch sind die am Meer gelegene Promenade entlang der westlichen Seite des Ortes und ein schöner, weißer Sandstrand, der sich entlang der Ostseite erstreckt. Der Strand, der von Bäumen beschattet wird, ist ein beliebtes Badeziel für Einheimische und Touristen.

Sie sollten sich aber auch Hauptplatz des Ortes ansehen, der von der katholischen Kirche und dem Rathaus flankiert wird und auf dem eine Statue von Victor Schoelcher steht, der sich um die Abschaffung der Sklaverei verdient gemacht hat. Der Platz ist ein ausgesprochen idyllischer Anblick, wenn abends die Menschen über ihn flanieren und von Straßenhändlern hausgemachtes Sorbet kaufen.

UNTERKUNFT

Ortsmitte: Das Motel Sainte-Anne (Tel. 88 22 40) liegt an der Hauptstraße im Westen des Ortes, und zwar unmittelbar neben der Esso-Tankstelle. Dieses zweigeschossige Motel besteht aus 10 gut geschnittenen und mit Klimaanlagen ausgestatteten Zimmern, von denen einige auch eine Kochnische enthalten. In diesem Haus kosten im Sommer Einzelzimmer ab 285 FF und Doppelzimmer ab 320 FF sowie im Winter 385 bzw. 520 FF. Von hier aus geht man nur etwa 10 Minuten zum Strand und kann in der Nähe in einem Restaurant essen.

Die Auberge du Grand Large (Tel. 88 20 06, Fax 88 16 69, Route de la Plage, 97180 Sainte-Anne) liegt gegenüber vom Strand in Sainte-Anne an der Ecke der zum Strand führenden Straße. Hier hat man die Wahl unter 10 einfach eingerichteten Bungalows mit Küchenzeilen, die zum Preis zwischen 350 und 500 FF vermietet werden.

Das Mini Beach Hôtel (Tel. 88 21 13, Fax 88 19 29, BP 77, 97180 Sainte-Anne) liegt am östlichen Ende des Strandes von Sainte-Anne und verfügt über sechs Zimmer oberhalb seines Restaurants und über drei Bungalows mit Küchen. Das schönste Zimmer ist das mit der Nummer 1, ein großer, luftiger Raum mit Fliesenboden, Klimaanlage, einem Doppelbett, einem Balkon mit schönem Blick auf das Meer, einer Sitzgruppe und einem Bad mit Wanne und Bidet. Es wird im Sommer für 500 FF und im Winter für 700 FF vermietet. Die anderen Zimmer kosten im Sommer ab 350 FF sowie im Winter ab 500 FF und sind in der Größe unterschiedlich, aber alle großzügig eingerichtet, so daß die ganze Anlage eine schöne, im Kolonialstil gehaltene Atmosphäre ausstrahlt. Frühstück ist im Preisen enthalten.

Im übrigen sind die Preise für Einzel- und Doppelzimmer gleich.

Umgebung von Sainte-Anne: Wenn Sie über ein Auto verfügen, bildet die ländliche Gîte Les Hesperides (Tel. 85 73 12, Beau Manoir, 97190 Gosier) eine interessante Alternative zum Übernachten. Sie liegt in den Hügeln zwischen Gosier und Sainte-Anne, etwa 9 km von beiden Orten entfernt. Dieses attraktive Landhaus wurde in einem tropischen Gelände mit vielen blühenden Büschen errichtet. Der hilfsbereite Besitzer, A. Henry-Counannier, spricht auch Englisch und heißt ausländische Besucher herzlich willkommen. Die Zimmer, die mit eigenem Bad und Kochmöglichkeit ausgestattet sind, werden ab 1320 FF pro Woche vermietet.

Zum Relais du Moulin (Tel. 88 23 96, Fax 88 03 92, Chateaubrun, 97180 Sainte-Anne) gehören eine malerische, alte Zuckermühle, die zur Rezeption umgebaut wurde, und wunderschön bepflanzte Gartenanlagen. Untergebracht werden die Gäste in 40 recht rustikalen, freistehenden Bungalows mit jeweils einem Schlafraum, Telefon, Vorraum und Kühlschrank. In jedem Bungalow stehen vier Betten, wobei die beiden Gemeinschaftsbereiche für Kinder am besten eingerichtet sind. Das Hotel liegt recht ländlich an der Südseite der N4, etwa fünf Minuten Fahrt in Richtung Osten von Sainte-Anne entfernt. Vorhanden sind ferner ein Swimming Pool, ein Tennisplatz und ein Kinderspielplatz. Im Sommer muß man in diesem Quartier für ein Einzelzimmer ab 330 FF und für ein Doppelzimmer ab 480 FF bezahlen, im Winter ab 670 bzw. 820 FF.

Das La Toubana (Tel. 88 25 78, Fax 88 38 90, BP 63, 97180 Sainte-Anne) liegt auf einer ruhigen Korallenklippe oberhalb eines Strandes auf der Halbinsel Caravelle. Vorhanden sind hier 32 komfortable Bungalows, die sich den Hang hinunter erstrecken und von Oleander und anderen blühenden Büschen umgeben sind. Jeder ist mit Küchenzeile, Klimaanlage und einem Vorraum ausgestattet. Von einem Swimming Pool und einem Tennisplatz können die Gäste ebenfalls Gebrauch machen. Im Sommer werden für Einzelzimmer ab 480 FF und für Doppelzimmer ab 610 FF berechnet, im Winter 770 bzw. 960 FF (einschließlich Frühstück). Die Lage des Hotels etwa 2 km westlich von Sainte-Anne ist wunderschön, das Haus ist jedoch ohne Auto schlecht zu erreichen.

Der Club Méditerranée (Tel. 88 21 00, Fax 88 06 06) ist ein abgelegenes Hotel mit 310 Zimmern auf der Halbinsel Caravelle, 2 km westlich von Sainte-Anne, in dem die Preisen alles enthalten ist. Zur Anlage gehören ein schöner, weißer Sandstrand, ein eigener Anleger und alle üblichen Einrichtungen eines Club Med. Die Wochenpreise, die alle Mahlzeiten und die Möglichkeiten zur Ausübung einer Reihe von Wassersportarten beinhalten, liegen im Sommer für ein Einzelzimmer bei 900 US $ und für ein Doppelzimmer bei 1500 US $ sowie im Winter bei 1340 bzw. 2060 US $.

ESSEN

Gegenüber vom Strand in Sainte-Anne gibt es eine Reihe von einfachen, offenen Restaurants, an denen die Tische auf dem Sand stehen und in denen Grillgerichte angeboten werden. Die beiden beliebtesten unter ihnen sind das Chez Monique, ein freundliches Restaurant, in dem einfaches Essen wie z. B. Hähnchen (40 FF) und gegrillter Fisch (70 FF) serviert wird, und das Chez Jose, das Crêpes und Sandwiches für etwa 15 FF genau so anbietet wie preiswerte Fisch-, Geflügel- und Fleischgerichte. Wenn Sie gut zu Abend speisen möchten, dann gehen Sie einmal in das Mini Beach Restaurant an der Ostseite des Strandes mit seinem gemütlichen Speisesaal auf der Veranda, auf der Spezialitäten mit Meeresfrüchten angeboten werden. Die meisten Hauptgerichte kosten zwischen 80 und 100 FF, offeriert wird aber normalerweise auch ein wechselndes Tagesgericht mit Vor- und Hauptspeise und Dessert, das 120 FF kostet. Geöffnet ist täglich außer mittwochs von 19.30 Uhr bis Mitternacht.

In den Hotels außerhalb des Ortes können Sie ebenfalls sehr gut speisen. Das Restaurant im La Toubana ist auf Hummer spezialisiert, wofür die Preise bei 130 FF beginnen. Im Restaurant im Relais du Moulin werden französische Nouvelle Cuisine und kreolische Küche geboten, wobei man für die Hauptgerichte zwischen 80 und 130 FF ausgeben muß.

SAINT-FRANÇOIS

Saint-François war früher ein Fischerdorf, das sich sprunghaft zu Guadeloupes zweitgrößtem Touristenort entwickelt hat. Die Westseite des Ortes ist noch größtenteils provinziell geprägt, wohingegen die Ostseite vom Tourismus bestimmt wird. Das Zentrum ist hier der tiefe, wie ein U angelegte Hafen, der von Restaurants, Hotels, Autovermietungen, Boutiquen und Hafenvorrichtungen gesäumt wird. Unmittelbar nördlich vom Hafengelände liegt ein Golfplatz von internationaler Klasse.

Ein schmaler Strand erstreckt sich vor dem Hotel Le Méridien, doch die besten Strände der Gegend, wenn nicht der ganzen Insel, finden Sie nach etwa 10 Minuten Fahrt mit einem Auto ostwärts aus dem Ort in Richtung Pointe des Châteaux.

PRAKTISCHE HINWEISE

An der südlichen Seite des Hafens liegt der Kai für Schiffe nach La Désirade, Marie-Galante und Les Saintes (Einzelheiten vgl. Abschnitte über die einzelnen Inseln). Das Postamt und eine Filiale der BNP-Bank sind ein Block westlich des Hafens zu finden. Die Banque Populaire unterhält eine Wechselstube an der Nordseite des Hafens, in der für das Geldwechseln keine Gebühren verlangt werden und die montags bis freitags von 7.30 bis 12.00 Uhr und von 14.00 bis 16.45 Uhr sowie an Samstagen von 7.30 bis 12.30 Uhr geöffnet ist.

Die Niederlassungen von Dollar, Budget, National/ Europcar, Hertz und einigen lokalen Autovermietungen liegen alle in einer Reihe an der Nordseite des Hafengeländes, etwas westlich des Eingangs zum Hotel Le Méridien.

FREIZEITBESCHÄFTIGUNGEN

Tauchen und Schnorcheln: In der Strandhütte beim Hotel Le Méridien werden Tauchgänge organisiert und Ausrüstungen zum Surfen sowie zum Schnorcheln vermietet.

UNTERKUNFT

Das Chez Honoré (Tel. 88 40 61) ist ein älteres Hotel in der Ortsmitte gegenüber vom Markt, etwa 15 Minuten zum Fuß vom Strand und Hafen entfernt. Die 10 Zimmer, oberhalb des Restaurants Chez Honoré gelegen, sind recht einfach mit Einzelbetten, sehr weichen Matratzen, Fenstern mit Jalousien (keinen Läden), winzigen Balkonen, Telefon und Klimaanlage ausgestattet. Mit Früh-

Unterkünfte
1 Chez Honoré
5 Golf Marine Club
11 Le Méridien St. François
16 Hotel Residence Port Marina
18 Hotel Kayé La

Restaurants
4 Pâtisserie mit Sandwiches
9 Pâtisserie Les Folie's
10 Restaurant des Artistes
11 La Balaou
14 Le Bistro du Port
15 West Indies
17 La Printania

Sonstiges
2 Markt
3 Supermarkt Match
6 Kasino
7 Autovermietungen
8 Wechselstube der Banque Populaire
12 Postamt
13 BNP-Bank
19 Fahrkarten für die Fähren
20 Fähren zu den äußeren Inseln
21 Parkplatz

stück kosten in diesem Haus das ganze Jahr über Einzelzimmer 240 FF und Doppelzimmer 320 FF.

Das Hotel Kayé La (Tel. 88 77 77, Fax 88 74 67, BP 204, 97118 Saint-François) liegt am Hafen und hat 75 moderne Zimmer zum Meer hin mit Balkon, Telefon, Fernsehgerät, Klimaanlage und Badewanne zu bieten. Hier kann man im Sommer in einem Einzelzimmer ab 445 FF und in einem Doppelzimmer ab 610 FF übernachten, im Winter ab 685 bzw. 860 FF (einschließlich Frühstück).

Im Kayé La werden auch Reservierungen für das nahegelegene Hotel Residence Port Marina angenommen, ein modernes, dreigeschossiges Apartmentgebäude mit 33 klimatisierten Studios, die im Sommer für 480 FF und im Winter für 620 FF vermietet werden.

Ein drittes Schwesterhotel, der Golf Marine Club an der nördlichen Seite des Hafens (Tel. 88 60 60), verfügt über 74 einfache, aber moderne Zimmer mit Fernsehgerät, Klimaanlage, Telefon und Balkon. Vorhanden ist auch ein Swimming Pool. Hier kosten Einzelzimmer ab 455 FF und Doppelzimmer ab 610 FF (einschließlich Frühstück).

Das neue Anse des Rochers Anchorage (Tel. 93 90 00, Fax 93 91 00), etwa 10 Minuten Autofahrt westlich von Saint-François gelegen, ist ein riesiger Ferienkomplex mit einer Fassade im Kolonialstil, die in erfrischenden Limonen- und Wasserfarbtönen gehalten ist. Er liegt an einem schönen, abgetrennten Sandstrand mit ruhigem Wasser, an dem man von Ausrüstungen für Wassersport,

Tennisplätzen, Restaurants, einem Café am Meer, einen Swimming Pool, einer Boutique, einer Wäscherei usw. Gebrauch machen kann. Die 356 Zimmer sind geräumig und verfügen auch über Balkone oder Vorräume mit Kochnischen sowie Klimaanlage und Telefon. Die Übernachtungspreise für eine oder zwei Personen liegen in der Nebensaison bei 600 FF, in den Ferien über Weihnachten und Neujahr bei 1100 FF sowie von Mitte Januar bis Mitte Mai bei 900 FF. Für eine dritte Person kommen noch 100 FF hinzu.

Das Le Méridien St-François (Tel. 88 51 00, Fax 88 40 71, BP 37, 97118 Saint-François) ist ein modernes, fünfstöckiges Hotel, umgeben von vielen blühenden Pflanzen und einem kleinen weißen Sandstrand. Die 267 Zimmer sind komfortabel, aber nicht zu nobel eingerichtet. Jedes ist mit Fernsehgerät, Telefon, Klimaanlage und einem kleinen Balkon ausgestattet. Geboten werden den Gästen auch ein Swimming Pool, Tennisplätze und eine Hütte am Strand mit Ausrüstungsgegenständen für Wassersport. Standardzimmer mit Frühstück kosten im Sommer als Einzelzimmer ab 1150 FF und als Doppelzimmer 1525 FF sowie im Winter ab 1400 bzw. 1700 FF. Über Neujahr steigen die Preise auf 2500 FF.

ESSEN

Im südwestlichen Teil des Hafens finden Sie eine Reihe von preiswerten Hafenrestaurants, in denen Pasteten,

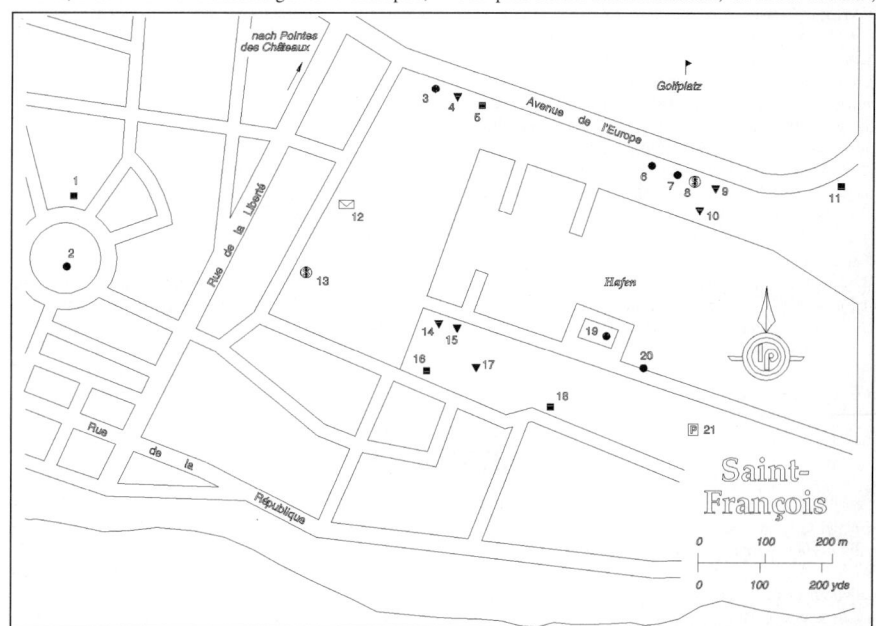

Sandwiches und Eiscreme verkauft werden. Wenn Sie etwas gehaltvoller speisen möchten, dann lassen Sie sich im West Indies Quiche Lorraine mit Salat für 40 FF oder mexikanische Echiladas für 70 FF oder im Le Bistro du Port am Ende der Reihe Spaghetti für 45 FF oder gegrillten Fisch für 75 FF servieren. In Richtung Osten liegt das La Printania, eine Snackbar und Pizzeria mit Omelettes und Burgern für etwa 20 FF und Pizza ab 40 FF.

An der Nordseite des Hafens, in der Nähe der Autovermietungen, kommt man zum Restaurant des Artistes in einer schönen Anlage am Meer, in dem einfache italienische Gerichte angeboten werden. Die Preise für Pizza beginnen bei 40 FF, während Spaghetti-Gerichte für zwischen 45 und 60 FF zu haben sind. Die Mahlzeiten werden täglich von 12.00 bis 14.30 Uhr und von 19.00 bis 22.30 Uhr serviert. Die Bar ist jedoch durchgehend geöffnet. Direkt nebenan liegt die Pâtisserie Les Folie's, in der man preiswerte Pasteten oder Sandwiches für etwa 12 FF und Salate zu Preisen zwischen 20 und 35 FF erhalten und das Essen mitnehmen oder an einem der Cafétische verspeisen kann. In der Nähe vom Hotel Golf Marine Club gibt es ein zweites italienisches Restaurant, eine weitere Pâtisserie mit Sandwichen und einen großen Match-Supermarkt.

Das Hotel Méridien unterhält ein zwangloses Strandrestaurant mit Bar, in dem preiswerte Sandwiches serviert werden und das täglich bis 17.00 Uhr geöffnet ist. Das gehobenere Hotelrestaurant La Balaou bietet Buffets zum Abendessen unter wechselnden Themen jeden Abend ab 19.30 Uhr, wofür 195 FF verlangt werden. An den Wochenenden wird im allgemeinen französische und kreolische Küche serviert.

Eines der besseren Restaurants in der Gegend ist das La Louisiane in der Gegend von Sainte-Marthe (Tel. 88 44 34), gelegen oberhalb der Start- und Landebahn an einem Hügel. Die Küche ist französisch mit kreolischen Einsprengseln, wobei zu den Gerichten z. B. Langusten mit Fenchel, Safranhai oder Seeeier-Pastete gehören. Für ein Abendessen zu zweit muß man hier mit etwa 500 FF rechnen.

UNTERHALTUNG

In der Lele Bar des Hotels Méridien spielen an den meisten Abenden Bands von 20.00 bis 23.00 Uhr live. Es gibt hier auch ein Kasino mit Blackjack- und Roulettetischen, und zwar an der Nordseite des Hafens.

POINTE DES CHÂTEAUX

Von Saint-François sind es nur 10 Minuten Fahrt bis nach Pointe des Châteaux, dem östlichsten Ort von Grande-Terre. Die faszinierende Küstenlandschaft in dieser Gegend kann mit weißen Sandstränden, Kalksteinfelsen und aufregenden Ausblicken aufwarten. Hinter dem Ende der Straße lassen sich einige kurze Spaziergänge unternehmen, darunter auch ein zehnminütiger Aufstieg zum Gipfelkreuz des Hügels, von wo man einen guten Überblick über die direkt vor der Küste liegenden, zerklüfteten Vogelinseln und die Insel La Désirade hat. Der Strand hat an dieser Stelle zwar eine rauhe Oberfläche und eine steile Kante, man kommt aber weiter nach Südwesten zu geschützteren Stränden mit weißem Sand.

Anse Tarare ist ein FKK-Strand in einer geschützten Bucht einige Kilometer westlich vom Ende der Straße. An der Schotterstraße nördlich der Hauptstraße weist ein Schild auf diesen „Plage Tarare". Nach einigen Minuten Fahrt mit dem Auto in Richtung Westen führt eine be-

schilderte Seitenstraße zum Anse à la Gourde, wo sich entlang der Küste ein schöner, weißer Korallenstrand erstreckt. Hier läßt sich gut schwimmen und tauchen, doch muß man auf die scharfkantigen Felsen in der Nähe der Küste achten.

ESSEN

In einem einfachen Strandrestaurant am Ende der Straße bei Pointe des Châteaux werden Eiscreme, Sandwiches für 15 FF und Saft aus einheimischen Früchten für 10 FF verkauft.

Das Chez Honoré (Tel. 88 40 61), ein Freiluftrestaurant mit Blick auf den Strand bei Anse à la Gourde, hat sich auf Gerichte mit Meeresfrüchten spezialisiert. Ein vollständiges Abendessen mit Krabben als Vorspeise, gegrilltem Fisch als Hauptgericht und einem Nachtisch kostet hier 90 FF. Wenn Sie sich statt für den gegrillten Fisch für Hummer entscheiden, müssen Sie 150 FF bezahlen.

LE MOULE

Le Moule diente den Franzosen als frühe Hauptstadt von Guadeloupe und war vor der Kolonialzeit eine wichtige indianische Siedlung. Daher fanden in dieser Gegend auch große archäologische Ausgrabungen statt. Das archäologische Museum von Guadeloupe befindet sich in einem Außenbezirk des Ortes.

Auch wenn der Ort selbst nicht unbedingt eine Sehenswürdigkeit darstellt, sollten Sie sich doch das Zentrum anschauen, wenn Sie hier vorbeikommen. Am Hauptplatz stehen einige historische Gebäude, darunter das Rathaus und eine neoklassizistische Kirche. Entlang des Flusses liegen einige erkennbare Ruinen eines alten Zollgebäudes.

und eines Forts, die aus der Zeit der ersten französische Besiedlung stammen.

Einen Strand mit ruhigem, durch Riffe geschütztem Wasser gibt es bei L'Autre Bord, etwa einen Kilometer östlich des Ortes gelegen, während die Baie du Moule an der westlichen Seite bei Surfern beliebt ist.

SEHENSWÜRDIGKEITEN
Archäologisches Museum Edgar Clerc: Dieses moderne Museum (Tel. 23 57 57) liegt auf einem Küstenfelsen in der Gegend von Rosette und stellt indianische Petroglyphen, Töpferscherben sowie Werkzeuge aus Muscheln und Steinen aus. Zu sehen sind auch die Funde von Ausgrabungen im Ort. Das Museum ist mittwochs geschlossen und an den anderen Tagen von 9.00 bis 12.30 Uhr und von 14.00 bis 17.30 Uhr geöffnet, samstags und sonntags sogar bis 18.30 Uhr. Der Eintritt ist für Kinder unter 12 Jahren kostenlos und beträgt für Kinder ab 12 Jahren 5 FF sowie für Erwachsene 10 FF. Das Museum liegt etwa einen Kilometer nördlich der Ortsmitte an der Straße nach La Rosette (D123), und zwar im westlichen Außenbezirk von La Moule.

UNTERKUNFT UND ESSEN
Das Hotel Tropical Club (Tel. 93 97 97, Fax 93 97 00, BP 121, 97160 Le Moule) ist ein Haus mit 72 Zimmern an einem schönen, weißen Sandstrand etwa an einen Kilometer östlich von Le Moule. Die Zimmer sind mit zwei Einzel- und zwei Etagenbetten, Balkon mit Kochnische, Fernsehgerät, Klimaanlage und Telefon ausgestattet. Vorhanden sind auch ein Swimming Pool, ein nicht zu teures französisch-kreolisches Restaurant, eine Bar, eine Autovermietung von Hertz, verschiedene Freizeitangebote und ein Wassersportzentrum. Im Sommer muß man hier für ein Einzelzimmer 470 FF und für ein Doppelzimmer 590 FF bezahlen, während im Winter 785 bzw. 880 FF berechnet werden (einschließlich Frühstück).

Es gibt auch einige Restaurants im Ort, darunter das Le Madras direkt am Meer am westlichen Ende der Rue St. Jean.

In der Gegend der Baie de Moule kann man an der N5 unmittelbar westlich des Strandes in einer Bäckerei einkaufen.

DER NORDEN VON GRANDE-TERRE

Die nördliche Hälfte von Grande-Terre ist eine ländliche Gegend mit grasendem Vieh, Zuckerrohrfeldern und verlassenen, an der Straße liegenden Zuckerrohrmühlen.

Die bedeutendsten Sehenswürdigkeiten sind die Porte d'Enfer und der Pointe de la Grande Vigie, von Le Moule etwa 40 Minuten mit einem Auto in Richtung Norden entfernt. Die Straße kann teilweise recht eng werden, ist aber in gutem Zustand und durchgehend asphaltiert.

Hinter Le Moule fährt man am besten bis zu dem Museum in Rosette, biegt dann nach rechts auf die D120 ab und folgt dieser Straße in Richtung Norden. Wenn Sie sich der Porte d'Enfer nähern, sehen Sie auch schon entsprechende Hinweisschilder.

PORTE D'ENFER
Trotz ihres Namens ist die Porte d'Enfer (Tor zur Hölle) eine liebliche, geschützte Bucht, umgeben von Klippen und begrenzt von einem schmalen Strand. Innerhalb der Bucht ist das Wasser flach, aber doch noch tief genug zum Schwimmen, während es an der eigentlichen Küstenlinie außerhalb dieser Bucht mit hoher Brandung und starken Strömungen aufgewühlt ist. Da in der Nähe des Strandes Picknicktische und Bäume stehen, bietet es sich an, an dieser Stelle ein kleines Picknick einzulegen.

Wenn Sie weiter in Richtung Norden fahren, kommen Sie etwa einen Kilometer hinter der Porte d'Enfer an einem schönen Aussichtspunkt vorbei, von wo man weit zurück über den Strand und die zerklüfteten Klippen blicken kann. Wenn Sie von hier aus in Richtung Osten schauen, sehen Sie nach etwa einem Kilometer eine Reihe von sieben Küstenpunkten, von denen der zweite ein Blasloch enthält.

POINTE DE LA GRANDE VIGIE
Der Pointe de la Grande Vigie, der nördlichste Punkt der ganzen Insel, ermöglicht von seinen hohen Klippen eine malerische Aussicht. An einem klaren Tag können Sie bis nach Antigua im Norden und Montserrat im Nordwesten blicken, beide Inseln etwa 75 km entfernt. Vom Parkplatz aus haben Sie einen schönen Blick auf die Ostseite von Grande-Terre und können auch einen kurzen Spaziergang zu dem am weitesten entfernt liegenden Aussichtspunkt unternehmen, um von dort aus einen Blick auf die Westseite der Insel zu werfen.

ANSE BERTRAND
Anse Bertrand ist ein bescheidener Küstenort und besteht aus einer Mischung aus festen Häusern und einfachen Holzbauten. In dieser Küstenregion sind immer noch die Folgen der Verwüstung durch den Hurrikan „Hugo" im Jahre 1989 zu sehen. Bei Anse Laborde, etwa einen Kilometer nördlich der Stadt, kommt man an einen ganz hübschen kleinen Strand mit einem Restaurant, dem Folie Plage, in dem Fisch für 75 FF und gegrillter Hummer für 100 FF serviert werden. Man kann hier für 200 FF auch einige Zimmer mieten (Chez Prudence, Tel. 22 11 17).

PORT LOUIS
Port-Louis ist ein verschlafenes kleines Fischerdörfchen mit einem ganz eigenem Charakter: Zu sehen sind hier alte

Holzhäuser, in den buntesten Farben bemalt, während die Hauptstraße noch von hübschen alten, um die Jahrhundertwende entstandenen eisernen Laternen flankiert wird.

Am Nordende des Ortes liegt La Plage de Souffleur, ein schöner, langer Badestrand, der vor allem an den Wochenenden sehr beliebt ist. Hinter dem Strand stehen weiße Zedernbäume (*poui*), die zweimal im Jahr zarte, pinkfarbene Blüten tragen (Souffleur bedeutet „blühende Blumen").

Essen: Am Strand stehen einige Wagen mit Imbissen, an denen Crêpes, Sandwiches, Hamburger und Hot Dogs verkauft werden. Am Bootshafen am südlichen Ende des Ortes gibt es auch einige kleine und einfache kreolische Restaurants, darunter das freundliche La Corrido du Sud, in dem frische Fischgerichte mit Nachtisch und Wein für 60 FF angeboten werden.

Das Le Poisson d'Or finden Sie in der Ortsmitte gegenüber der katholischen Kirche, in dem man direkt am Wasser in freundlicher Atmosphäre speisen kann. Serviert werden wechselnde Tagesmenüs mit Meeresfrüchten zu Preisen zwischen 65 und 100 FF. Geöffnet ist täglich von 12.00 bis 15.00 Uhr sowie abends nach vorheriger Reservierung.

IN RICHTUNG SÜDEN NACH MORNE-À-L'EAU
Südlich von Port-Louis führt die Straße ins Landesinnere durch einige landwirtschaftlich geprägte Orte, weil die Küste hier vorwiegend aus Mangrovensümpfen besteht. Die bedeutendste Sehenswürdigkeit von Morne-à-l'Eau,

dem größten Ort im mittleren Grande-Terre, ist der Friedhof an der Kreuzung der Straßen N5 und N6. Das ist Guadeloupes kunstvollster Friedhof, auf dem terrassenförmig angelegte Grabmale und Gewölbe zu sehen sind, viele von ihnen mit schwarz-weiß karierten Fliesen geschmückt.

GRANDS FONDS
Der mittlere Teil von Grande-Terre, bekannt als Grands Fonds, ist eine Landschaft mit aufragenden Hügeln und tief eingeschnittenen Tälern (*fond* bedeutet Tal). Die Gegend ist angenehm ländlich und von kleinen Bauernhöfen sowie lichten grünen Weidegebieten gekennzeichnet, durchzogen von schmalen, kurvigen Sträßchen.

Der nördliche Abschnitt von Grands Fonds ist von den Nachfahren der Blancs Matignon besiedelt, einer Gruppe von weißen Kolonisten, die sich nach der Abschaffung der Sklaverei in der Mitte des 19. Jahrhunderts in die Hügel zurückzogen. Im Gegensatz zu den anderen Menschen auf der Insel bleiben Sie weitgehend unter sich und heirateten auch nicht nach außerhalb.

Grands Fonds ist eine seltsame Gegend zum Autofahren, in der man sich in dem Wirrwarr der kleinen Sträßchen recht schnell verirren kann. Solange Sie sich aber grob in Richtung Süden halten, haben Sie doch gewisse Chancen, aus diesem Durcheinander wieder zur Küste zu kommen. Um mitten hinein nach Grands Fonds zu gelangen, müssen Sie einen Kilometer in Richtung Osten nach Morne-à-l'Eau auf der N5 fahren und dann nach Süden auf die D109 abbiegen.

BASSE-TERRE

Kurz nachdem Sie von Pointe-à-Pitre aus die Insel Basse-Terre betreten haben, haben Sie die Wahl zwischen drei Hauptstraßen: in Richtung Norden entlang der Küste, in Richtung Süden entlang der Küste oder auf der Route de la Traversée quer durch das Inselinnere und den Nationalpark.

ROUTE DE LA TRAVERSÉE

Die Straße, die durch die Mitte der Insel verläuft, heißt Route de la Traversée (D23). Sie schlängelt sich durch den Parc National de la Guadeloupe, ein riesiges Waldschutzgebiet, das das ganze Innere von Basse-Terre bedeckt. Auf dieser schönen Gebirgsroute kommen Sie an farnbestandenen Hügeln, dicken Bambushainen und riesigen Mahagoni- und Gummibäumen vorbei. Daneben können Sie auch noch andere Regenwaldvegetation entdecken, z. B. Orchideen und Ingwerpflanzen. Die Route de la Traversée beginnt abseits der N1 etwa 15 Minuten westlich von Pointe-à-Pitre und ist gut aus-

geschildert. Die Straße verläuft an einigen Stellen im Zickzack, doch kann man gut auf ihr fahren, wenn man nicht zu schnell wird. Auch bleibt sie die ganze Strecke über zweispurig. Selbst wenn Sie die Straße innerhalb einer Stunde befahren können, sollten Sie sich doch das Doppelte an Zeit nehmen, um anhalten und die Umgebung genießen zu können. Wenn Sie unterwegs etwas spazieren oder eine mittags eine Pause einlegen möchten, müssen Sie natürlich noch mehr Zeit einkalkulieren. Verpassen Sie zudem nicht die Cascade aux Ecrevisses, einen hübschen, kleinen Wasserfall im Dschungel, der in

Orchidee

ein breites Becken stürzt. Vom Parkplatz bis zum Wasserfall braucht man nur drei Minuten über einen ins Unterholz geschlagenen, aber immer noch üppig grünen Pfad. Die Abzweigung von der D23 ist gut ausgeschildert und liegt etwa 2 km östlich vom Maison de la Forêt.

Im Maison de la Forêt, in dem auch einige Mitarbeiter tätig sind, ist eine Ausstellung mit einigen einfachen Schaubildern über den Wald (nur in Französisch) zu sehen, die täglich von 9.00 bis 17.00 Uhr zugänglich ist. Eine Landkarte der Gegend und den Ausgangspunkt für drei Wanderungen finden Sie an der Rückseite dieses Gebäudes. Die kürzeste Strecke nimmt 10 Minuten in Anspruch, während die längste ein einstündiger Ausflug in den Regenwald ist. Etwa 50 m westlich des Zentrums und an kleinen Straßenbuchten entlang des Wasserlaufes gibt es ferner überdachte Picknicktische.

Wenn Sie sich weiter nach Westen halten, können Sie bei klarem Wetter von der Rückseite des Gîte de Mamelles, eines Restaurants auf dem Gipfel eines Hügels an der nördlichen Straßenseite, einen schönen Blick auf Pointe-à-Pitre werfen. Das Restaurant bekam seinen Namen nach den weich geschwungenen Hügeln mit dem Doppelgipfel im Süden.

Bevor sich die Straße in Richtung Küste wieder abwärts windet, gelangt man an der nach Norden weisenden Straßenseite zu einem bescheidenen Zoo, in dem Waschbären, Vögel und einige andere Tiere in kleinen Käfigen gehalten werden. All das kann man sich für 25 FF Eintritt ansehen.

Auf der gleichen Straßenseite zweigt wenige Minuten vor dem Zoo eine Seitenstraße ab, die ausgeschildert ist und hügelaufwärts nach Morne à Louis führt, von wo aus man an klaren Tagen eine ausgezeichnete Fernsicht hat.

UNTERKUNFT

Die Auberge de la Distillerie (Tel. 94 25 91, Fax 94 11 92, Sommet Route de Versailles, 97170 Petit-Bourg) liegt an der nördlichen Seite der D23 etwa 6 km westlich der N1 und ist ein einfaches sowie einladendes kleines Hotel mit 14 preiswerten Zimmern. Sie sind jeweils mit Klimaanlage, Fernsehgerät, Telefon, kleinem Kühlschrank und Terrasse mit Hängematten ausgestattet. Vorhanden sind auch ein Swimming Pool, viele Vögel und blühende Pflanzen auf dem Gelände. Hier kann man im Sommer allein für 360 FF und zu zweit für 410 FF übernachten, im Winter für 450 bzw. 650 FF.

Das Hotel liegt 15 Minuten mit dem Auto von Pointe-à-Pitre entfernt und nur wenige Minuten östlich des Nationalparks. Unter gleicher Leitung steht das Creol'Inn, eine Art Aparthotel, das man nur etwa einen Kilometer entfernt findet. Die 20 Apartments sind mit Klimaanlage, Küche, Fernsehgerät, Telefon und Swimming Pool ausgestattet und können von einem Paar und zwei Kindern belegt werden. Sie kosten pro Woche 4900 FF, Mietwagen inklusive.

Herr und Frau Tiburce Accipe (Tel. 94 23 92, Fax 94 12 08, Barbotteau, 97170 Petit-Bourg) besitzen zwei sehr gute Gîtes mit drei Sternen in Vernou am östlichen Rand des Nationalparks. Das eine, das Le Mont Fleuri, besteht aus fünf Zimmern, jedes mit Klimaanlage und eigenem Bad, sowie einer Gemeinschaftsküche und einem Swimming Pool. Hier kostet eine Unterkunft für zwei Personen 1470 FF pro Woche. Das andere, das Les Alpinias, verfügt über acht Apartments mit Klimaanlage, Kochnische, Balkon und Fernsehgerät, die von jeweils bis zu vier Personen bewohnt werden können und Gästen für 3080 FF pro Woche zur Verfügung stehen.

ESSEN

Wenn Sie auf dem Weg in den Nationalpark etwas auf die Hand mitnehmen möchten, dann bietet die Auberge de la Distillerie eine kleine Bäckerei mit knusprigen Baguettes, Croissants und Sandwiches. Zum Hotel gehört auch ein Restaurant mit verschiedenen Menüs und vielen Gerichten in der Preisklasse von 60 bis 75 FF. Daneben wird auch ein Kindergericht mit Nachtisch für 50 FF angeboten. Geöffnet ist täglich zu allen drei Mahlzeiten, wobei mittags und abends die Menüs und Preise gleich sind.

Ein beliebtes Ziel für Besucher der Insel, um zu Mittag einzukehren, ist die Gîte de Mamelles, die recht nett auf einem Hügel an der N11 gelegen ist, nur fünf Minuten mit dem Auto in Richtung Westen vom Maison de la Forêt entfernt. Zu den hier angebotenen Gerichten gehören gegrilltes Hähnchen für 50 FF, Fisch für 80 FF und Hummer für etwa den doppelten Preis. In der Bar wird eine große Auswahl an aromatisierten Rumsorten ausgeschenkt.

NÖRDLICHES BASSE-TERRE

Die nördliche Hälfte von Basse-Terre besteht aus interessanten Kontrasten. Hohe Hügel und Berge erstrecken sich entlang der Westküste und bilden eine üppig grüne Umgebung für die Handvoll von kleinen Dörfern entlang der Küste. Obwohl der größte Teil der Westküste felsig ist, gibt es doch auch einige schöne Badestrände, von denen der beliebteste Grande Anse ist.

Wenn Sie den nördlichsten Punkt der Insel erreicht haben, werden die Landschaft langsam freundlicher und die Vegetation trocken sowie buschig. Je weiter Sie die Ostküste hinunter fahren, desto häufiger wird das Land von Zuckerrohrfeldern bestimmt. Auch die Orte werden langsam immer größer und ähneln eher Vororten, je weiter man sich Pointe-à-Pitre nähert.

POINTE-NOIRE

Pointe-Noire („Schwarzer Punkt") ist eine recht große Stadt, die ihren Namen der Lage im Schatten der Berge, die sich an ihrer Ostseite auftürmen, verdankt. Einige Einwohner leben vom Fischfang, während andere in den Kaffeeplantagen in den Hügeln oberhalb der Stadt arbeiten.

Die Gegend ist bekannt für die hier hergestellten Möbel. Direkt hinter der N2, am südlichen Stadtrand, liegt das Maison du Bois, ein kleines Museum, in dem traditionelle Holzwerkzeuge und andere Gegenstände aus Holz ausgestellt sind (Eintritt 5 FF). Ansehen kann man sich auch einen Ausstellungsraum, in dem Möbel aus Mahagoni und anderen einheimischen Hölzern, die in den umliegenden Wäldern geschlagen wurden, zum Verkauf angeboten werden. Auf Schildern sind viele der Bäume auf dem Gelände bezeichnet.

Unterkunft: Camping Traversée (Tel. 98 21 23) ist ein Campingplatz am Anse de la Grande Plaine, nur wenige Kilometer südlich von Pointe-Noire an der Küste. Das Gelände erinnert an einen großen Garten und zieht viele Kolibris an. Die Einrichtungen sind sehr gut, denn vorhanden sind auch heiße Duschen und eine Wäscherei. Wenn Sie hier Ihr Zelt aufschlagen wollen, kostet das pro Tag für eine Person 50 FF und für jede weitere Person 20 FF mehr. Vermietet werden daneben auch noch einige rustikale Hütten mit kleinen Windfängen, die bei Doppelbelegung für 180 FF angeboten werden. Frühstück ist für 30 FF erhältlich.

DESHAIES

Deshaies ist ein ansprechendes kleines Dorf mit einem Hafen, das von hohen Hügeln umgeben ist. Es liegt an einer tiefen, geschützten Bucht, die bei Seglern sehr beliebt ist. Daher befindet sich am südlichen Ende des Ortes auch ein Zollamt.

Grande Anse, nur 2 km nördlich von Deshaies gelegen, ist ein wunderschöner Strand, der in absehbarer Zeit auch nicht erschlossen werden wird. An jeder Seite des Strandes liegen malerische Hügel, während sich glitzernder, ockerfarbener Sand am Ufer erstreckt. Obwohl er vermutlich als schönster Strand von Basse-Terre gelten kann, ist er doch, mit Ausnahme der Wochenenden, nur selten stark bevölkert.

Unterkunft: Das Les Sables d'Or (Tel. 28 44 60) finden Sie am Grande Anse in der Nähe des Restaurants Karacoli. Das ist ein winziger und nicht sehr ordentlicher Campingplatz, auf dem man für einen Stellplatz allein 60 FF und zu zweit 80 FF bezahlen muß. Angeboten werden auch einige heruntergekommene Bungalows, in denen man zu zweit für 140 FF übernachten kann.

Entlang der Straße, die vom Grande Anse landeinwärts nach Caféière führt, liegt eine Handvoll von Gîtes. Eine der größeren und besser eingerichteten ist Jacky Location (Tel. 28 43 53, Fax 28 50 95, Plage de la Grande Anse, 97126 Deshaies) mit sieben Zimmern, die für 1260 bis 1860 FF pro Woche vermietet werden. In dem teuersten können bis zu sechs Personen untergebracht werden. Die Gîte liegt etwa 10 Minuten zu Fuß vom Strand entfernt und hat ihren Gästen auch einen eigenen Swimming Pool zu bieten.

Der Fort Royal Touring Club (Tel. 25 50 00, Fax 25 50 01, Pointe du Petit Bas-Vent, 97126 Deshaies) liegt auf einem schönen, sandigen Gelände, das sich eine Kilometer nördlich des Strandes Grande Anse erstreckt. Das Hotel, das früher als Club Med geführt wurde, besteht aus 194 Zimmern und Bungalows mit Fernsehgerät und Telefon. Geboten werden den Gästen Tennisplätze, kostenlose Ausrüstungen zum Windsurfen und zwei Strände, wo man sich an einem davon auch unbekleidet sonnen kann. Die Übernachtungspreise liegen in der Zeit vom 11. Januar bis zum 15. März für ein Einzelzimmer bei 590 FF und für ein Doppelzimmer bei 850 FF, vom 16. März bis zum 11. Mai bei 485 bzw. 680 FF und im Rest des Jahres bei 420 bzw. 600 FF. Ein Frühstücksbuffet kostet pro Person 40 FF mehr.

Essen: In Deshaies gibt es ein paar Restaurants, die sich vornehmlich auf Strandbesucher, Segler und Wochenendtouristen eingestellt haben. Das Le Madras ist ein pittoreskes, kleines und preiswertes Restaurant am Wasser im nördlichen Teil des Ortes. Das Le Mouillage läßt sich als kleines Hafenrestaurant bezeichnen, das sich auf Meeresfrüchte und kreolische Gerichte spezialisiert hat, von denen die meisten etwa 100 FF kosten. Das La Note Bleue liegt am südlichen Ende des Ortes und ist ein großes Restaurant mit einer Vorhalle zum Hafen hin, in dem man Fisch- oder Fleischgerichte für etwa 80 FF essen kann.

Auf dem Parkplatz vor dem Strand von Grand Anse erhält man an mehreren Essensständen preiswerte Crêpes und Sandwiches. Einer von ihnen, Cuisine Locale, bietet sogar Salate zu Preisen zwischen 15 und 30 FF an.

Ein schönes Lokal, um die traditionelle kreolische Küche auszuprobieren, ist das Le Karacoli (Tel. 28 41 17), ein von einer Familie geführtes Restaurant in einem überdachten Gartengelände direkt am Strand von Grande Anse. Eine exzellente Vorspeise sind die überbackenen Krabben, während man als Hauptgericht Hummer und Fisch mit Nelken bestellen kann. Als Beilagen empfehlen sich z. B. Brotfruchtgratin oder Süßkartoffeln. Die Hauptgerichte kosten zwischen 50 und 120 FF, Vorspeisen die Hälfte. Angeboten wird aber auch ein preiswertes Tagesgericht für 75 FF. Das Karacoli ist täglich nur zum Mittagessen zwischen 12.00 und etwa 16.00 Uhr geöffnet.

SAINTE-ROSE

In vergangenen Zeiten war Sainte-Rose eine wichtige, von der Landwirtschaft bestimmte Stadt. Obwohl die Zuckerproduktion zurückgegangen ist und eine Anzahl von Zuckerfabriken schließen mußte, bildet das Zuckerrohr nach wie vor ein wichtiges landwirtschaftliches Erzeugnis in dieser Gegend. In den Außenbezirken der Stadt finden sich einige mit der Herstellung von Rum zusammenhängende Sehenswürdigkeiten für Touristen.

Musée du Rhum: Dieses Museum, das der Geschichte der Herstellung von Zucker und Rum gewidmet ist, liegt auf dem Gelände der früheren Rumdestillerie Reimonenq, und zwar etwa 500 m in Richtung Landesinneres von der N2 entfernt in dem Dörfchen Bellevue, gleich südöstlich von Sainte-Rose. Zu den Ausstellungsstücken gehören ein alter Destillierapparat, Zuckerrohrextraktionsgeräte und eine Dampfmaschine aus dem Jahre 1707. Das Museum ist montags bis samstags von 9.00 bis 17.00 Uhr und sonntags von 10.00 bis 13.00 Uhr sowie von 15.00 bis 17.00 Uhr geöffnet. Der Eintritt kostet für Erwachsene 30 FF und für Kinder 15 FF.

Domaine de Séverin: Ein angenehmer Ort für eine Pause ist die Domaine de Séverin, eine noch in Betrieb befindliche Zuckerfabrik und Destillerie, die in einer schönen Landschaft liegt. Eintrittsgebühren werden nicht erhoben. Dargestellt wird hier, auch auf Englisch, der Destillierprozeß. Besucher können zudem hinausgehen, wenn sie möchten, sich die Arbeit in dieser Anlage aus der Nähe ansehen. In einem Probierraum werden zudem Proben der hier hergestellten Rumsorten angeboten, darunter ein erfrischender, leichter, mit Zitronenaroma versetzter Rum. Die Domaine de Séverin liegt in der Nähe des Dörfchens Cadet, das man abseits der N2 in der Mitte zwischen Sainte-Rose und Lamentin findet. Die Abzweigung von der N2 wie auch die fünf Minuten Weg von dort sind gut ausgeschildert. Geöffnet ist bis 17.00 Uhr.

IN RICHTUNG SÜDEN NACH CAPESTERRE-BELLE-EAU

Die N1, die Straße, die entlang der Ostküste von Basse-Terre verläuft, führt die meiste Zeit durch angenehm ländliche Gebiete mit einer Mischung aus Zuckerrohrfeldern, Viehweiden, Bananenplantagen und kleinen Städtchen.

Der Valombreuse Floral Parc, in den Hügeln westlich von Petit-Bourg gelegen, ist ein schöner, 14 Hektar umfassender Botanischer Garten. Dort winden sich Wege durch üppige Ansammlungen von blühenden Heliconien und Ingwerpflanzen. Zu sehen sind aber auch vielerlei Orchideen, Anthurien und andere tropische Pflanzen. Im Innern des Parks befindet sich ein einfaches Freiluftrestaurant oberhalb eines kleinen Baches, in dem einige kreolische Gerichte angeboten werden. Der Park ist täglich von 9.00 bis 18.00 Uhr geöffnet und für Erwachsene zum Preis von 35 FF sowie für Kinder zum Preis von 20 FF zugänglich. In diesen Preisen ist ein Getränk inbegriffen. Die Straße zur Anlage, die von der N1 abzweigt und noch etwa 5 km ins Landesinnere bis zum Park führt, ist gut ausgeschildert.

Im Zentrum des Dorfes Sainte-Marie sehen Sie eine Büste von Kolumbus, die flankiert von zwei großen Ankern ein bescheidenes Denkmal bildet, das hier an der Straße an den Entdecker erinnert, der 1493 an dieser Küste landete. Wenn Sie ein kurzes Bad nehmen wollen, dann ist das an einem braunen Sandstrand, dem Plage de Roseau, an der südlichen Seite des Ortes möglich.

Etwa 2 km weiter in Richtung Süden und bereits in der Straße aus sichtbar kommt man zu einem weißen Hindu-Tempel, der mit farbenprächtig bemalten Figuren von Shiva und anderen hinduistischen Gottheiten geschmückt ist. Kurz dahinter liegt die *galledrome*, in der Hahnenkämpfe ausgetragen werden.

Die Straße wird an der Nordseite von Capesterre-Belle-Eau rechts und links von blühenden Bäumen flankiert. Das ist eine mittelgroße Stadt, in der Sie einen Match-Supermarkt, einige Restaurants und eine Tankstelle finden. An der Südseite von Capesterre-Belle-Eau verläuft die Allée Dumanoir, ein Teil der N1, an der an beiden Seiten majestätische, jahrhundertealte Königspalmen stehen.

CHUTES DU CARBET

Wenn der Himmel nicht gerade bewölkt ist, wird man für den Weg hinauf zum Aussichtspunkt Chutes du Carbet mit einem Blick auf zwei beeindruckende Wasserfälle belohnt, die über steile Felsen hinunterstürzen.

Von Saint Sauveur an der N1 führt die Straße etwa 8,5 km ins Landesinnere, eine 15minütige Fahrt durch üppig grünen Regenwald. Die Straße hat die ganze Strecke über eine gute, harte Oberfläche, ist allerdings etwas eng und kurvig. Rund 3 km vor dem Ende der Straße stößt man auf einen markierten Haltepunkt, wo der Pfad zum Grand Étang beginnt, einem ruhigen See, der von einem Rundwanderweg umgeben ist. Von dem Parkplatz an der Straße geht man nur etwa fünf Minuten bis dorthin, während der eigentliche Rundwanderweg etwa eine Stunde in Anspruch nimmt. Wegen der Ansteckungsgefahr mit Bilharziosebakterien sollten Sie in dem See nicht schwimmen.

Die Straße endet am Aussichtspunkt Chutes du Carbet. Die beiden höchsten Wasserfälle sind vom oberen Parkplatz aus zu sehen, wo auf einer Schilderwand die Wegbeschreibung zum Fuß der Wasserfälle zu lesen ist. Der gut ausgebaute Weg zu dem zweithöchsten Wasserfall (110 m) erfordert 30 Minuten, während man zum höchsten Wasserfall (115 m) etwa zwei Stunden gehen muß.

Sie können auch vom Aussichtspunkt bis zum Gipfel des La Soufrière wandern, aber das ist eine anstrengende, dreistündige Tour, wenn auch mit einigen wunderschönen Ausblicken.

Am Aussichtspunkt gibt es Picknickmöglichkeiten und einige Essensstände, an denen einfache Grillgerichte verkauft werden. Diese Gegend ist ein recht beliebtes Ausflugsziel, wo es gerade an Wochenenden und Feiertagen recht voll werden kann.

Eine interessante Fahrtunterbrechung auf dem Rückweg ist ein Besuch in der Baumschule Les Jardins de Saint-Eloi, wo ein kurzer Pfad durch einen Garten mit Ingwer, Heliconien und Anthurien führt. Der Garten liegt neben der Straße etwa 1,5 km südlich von Grand Étang (der Parkplatz befindet sich gegenüber vom Eingang). Eintrittsgeld wird hier nicht verlangt.

TROIS-RIVIÈRES

Meist wird Trois-Rivières als Ausgangsort für einen Besuch von Les Saintes benutzt und ist ansonsten ein verschlafenes Städtchen mit alten, schiefen Gebäuden mit rostigen Blechdächern, wo es delikates Ingwerbrot gibt. Die Stadt ist von üppiger Vegetation umgeben und bietet eine gute Aussicht auf die Inselgruppe Les Saintes, die 10 km vor der Küste im Süden liegt.

Schilder am westlichen Ende des Stadtzentrums markieren den Weg zum Kai, etwa einen Kilometer entfernt, wo die Fähren nach Terre-de-Haut an- und ablegen. Das Restaurant La Roche Gravée liegt nur wenige Minuten zu Fuß vom Anleger entfernt und bietet Parkplätze für die Fährbenutzer für 12 FF pro Tag an.

Einen schwarzen Sandstrand, der sich gut zum Schwimmen eignet, findet man bei Grande Anse, wenige Kilometer westlich von Trois-Rivières.

SEHENSWÜRDIGKEITEN

Parc Archéologique des Roches Gravées: Dieser wunderschöne Park enthält sowohl einen Botanischen Garten als auch beeindruckende Petroglyphen, die aus der Zeit von etwa 300 n. Chr. stammen. Zu sehen sind hier riesige Banyan-Bäume, blühende tropische Pflanzen und huschende Eidechsen. Auf Wegen, die zwischen Felsblöcken verlaufen, sind Zeichnungen von Arawak mit menschlichen Gesichtern und einfachen Tiergestalten zu sehen.

Der Park liegt an der Straße zur Fähranlegestelle, und zwar 200 m nördlich des Ufers. Er ist täglich von 9.00 bis 16.30 Uhr geöffnet und kann zum Eintrittspreis von 4 FF betreten werden. Auf Anfrage ist auch eine englischsprachige Broschüre über den Park erhältlich.

UNTERKUNFT

Das Le Joyeux (Tel. 92 74 78, Faubourg, 97114 Trois-Rivière) ist ein nettes, kleines Haus im Städtchen Faubourg, das etwa einen Kilometer westlich von Trois-Rivière liegt. Es verfügt über sechs einfache Zimmer mit Klimaanlage und Kochmöglichkeiten, die an zwei Personen für jeweils 280 FF vermietet werden. Vorhanden ist auch ein preiswertes Restaurant.

Das Hotel Grand Anse (Tel. 92 92 91, Route Vieux Fort, 97114 Trois-Rivières) liegt an der Hauptstraße zum Strand etwa 3 km westlich der Stadt und besteht aus 12 Zimmern mit Klimaanlage, Balkon, Telefon und Kochnische. Mit Frühstück kosten hier Einzelzimmer 400 FF und Doppelzimmer 500 FF. Von diesem Haus geht man zum Strand nur wenige Minuten, kann aber auch einen Swimming Pool benutzen.

ESSEN

Am Ufer in der Nähe der Fähranlegestelle gibt es einige Imbißlokale und Restaurants. Das La Terasse du Park, gelegen in der Stadt in der Nähe des Rathauses, bietet preiswerte kreolische Küche.

Im Westen der Stadt unterhält das Hotel Grand Anse ein kreolisches Restaurant mit einem Tagesgericht für 70 FF. Im La Paillote du Pêcheur, einem beliebten Strandrestaurant etwa 400 m südlich des Hotels Grand Anse, werden Gerichte von Pizza bis Hummer serviert.

LA SOUFRIÈRE

Von Trois-Rivières aus gelangt man über mehrere Wege zum La Soufrière, dem aktiven Vulkan, der sich über der Südhälfte der Insel auftürmt.

Wenn Sie viel Zeit haben, empfiehlt es sich, über die Küstenstraße D6 durch Vieux-Fort zu fahren, eine Stadt, die für ihre Ösenstickerei bekannt ist, und dann in Richtung Norden von Basse-Terre den La Soufrière anzusteuern.

Der kürzeste Weg jedoch führt über die D7 nordwestlich von Trois-Rivières, wo man für einige Kilometer nach Westen auf die D1 einbiegen und den Schildern in Richtung Norden nach Saint-Claude folgen muß. Diese Straße führt durch den Dschungel in die Berge, wobei man einige schmale Flüsse überqueren und an Bananenplantagen vorbeifahren muß, bis man das Dorf Saint-Claude erreicht, das genau südlich der Grenze des Nationalparks liegt. Falls Sie eine Kleinigkeit essen möchten (im Park selbst besteht keine Möglichkeit, sich etwas zu kaufen), können Sie das in Saint-Claude in einigen kleinen Restaurants und Lebensmittelgeschäften.

Hinter Saint-Claude zeigen Schilder den Weg zum La Soufrière an, der 6 km in Richtung Nordosten auf der D11 liegt. Die steile Straße, die hinauf zum Park führt, enthält einige steile Haarnadelkurven, wo Sie laut hupen sollten, bevor Sie hineinfahren, und einige enge Stellen, an denen nur ein Fahrzeug fahren kann. Sie ist aber die ganze Strecke über gut befestigt. Wenn es neblig ist, sollten Sie im Schrittempo fahren, da die Sichtweite dann nur wenige Meter betragen kann.

Das Maison du Volcan liegt rechts einige Kilometer hinter dem Parkeingang und zeigt eine kleine Ausstellung mit Tafeln über die Vulkanologie und den letzten Ausbruch des La Soufrière im Juli 1976. Dieses Ausstellungszentrum bildet gleichzeitig den Ausgangspunkt für einige einstündige Spaziergänge durch den Park, darunter auch einen zum Chute de Galleon, einem malerischen, 40 m hohen Wasserfall am Galleon-Fluß.

Entlang der weiter auf den Berg führenden Straße gibt es mehrere Aussichtspunkte und Picknickgebiete. Sie endet nach 15 Minuten bei La Savane à Mulet, einem Parkplatz in einer Höhe von 1142 m. Von hier aus führt ein gut zu bewältigender, gerader Pfad hoch zum La Soufrière (wenn der Gipfel nicht gerade in Nebel oder Wolken versteckt liegt). Unterwegs kann man die Dämpfe der nahegelegenen Schlote sehen und riechen.

Wenn Sie den anstrengenden anderthalbstündigen Aufstieg zum schwefeligen Gipfel mit seiner Oberfläche wie auf dem Mond wagen wollen, dann gehen Sie entlang des gut ausgebauten Weges, der am Ende des Parkplatzes beginnt und steil den Berg hinauf durch niedrige Büsche und dichte Farne führt. Zusätzlich zu dem nahen Anblick des dampfenden Kraters bietet der Weg einige wunderbare Ausblicke auf die ganze Insel. Es ist auch möglich, von La Savane à Mulet eine vierstündige Wanderung zum Aussichtspunkt Chutes du Carbet zu unternehmen.

Die Straße führt dann noch 1,75 km in Richtung Osten, vorbei an einem weiteren Aussichtspunkt und Schwefelfeldern, bevor sie an einer Relaisstation endet.

Vorsichtsmaßnahmen am La Soufrière

Je höher Sie sich in den Regenwald am La Soufrière begeben, desto kühler wird es und desto eher müssen Sie mit Regen rechnen. Auch wenn die Sonne scheint, ist es empfehlenswert, sich Regenzeug mitzubringen, wenn Sie hier wandern wollen. Wanderer sollten auch eine leichte Jacke oder einen Sweater sowie genügend zu essen und trinken bei sich haben.

Kleinen Kindern und Personen mit Herzkrankheiten oder Atemwegserkrankungen ist zu empfehlen, in der Nähe der Schwefelfelder vorsichtig zu sein.

BASSE-TERRE

Basse-Terre ist die Verwaltungshauptstadt von Guadeloupe und wird von 14 000 Menschen bewohnt.

An der Südseite der Stadt, entlang vom Boulevard Félix Eboué, sind einige imposante Regierungsgebäude zu sehen, darunter der Justizpalast und der lebendige Conseil Général, der von Springbrunnen flankiert wird.

Am nördlichen Ende der Stadt, gegenüber dem Handelshafen, liegt der alte Hauptplatz. Er wird begrenzt von dem alten Hôtel de Ville (Rathaus), dem Fremden-verkehrsbüro und dem Zollamt sowie einigen alten, zwei- und dreigeschossigen Häusern, die eher heruntergekommen als pittoresk anmuten. Es gibt an diesem Platz auch eine Apotheke, eine Zweigstelle der Crédit-Agricole-Bank und einen Parkplatz. Fünf Minuten zu Fuß von hier in Richtung Süden kommt man zu einer schlichten Kathedrale neben dem Fluß, während an der westlichen Seite der Stadt etwa 250 m hinter der Polizeiwache ein bescheidener Botanischer Garten angelegt wurde.

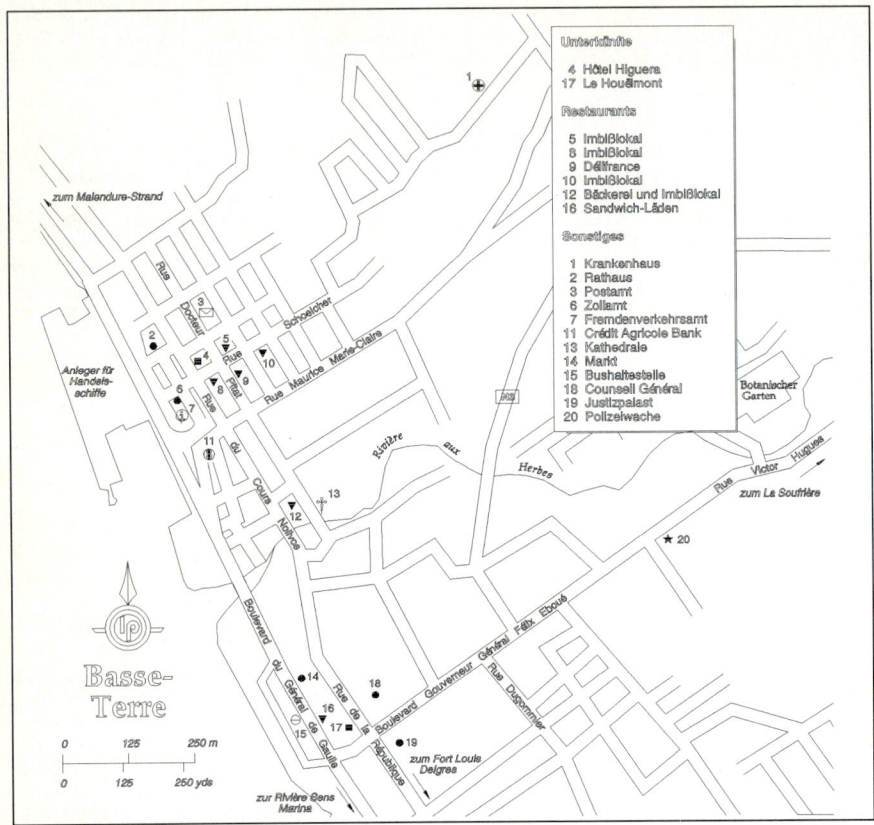

Unterkünfte

4 Hôtel Higuera
17 Le Houëlmont

Restaurants

5 Imbißlokal
8 Imbißlokal
9 Délifrance
10 Imbißlokal
12 Bäckerei und Imbißlokal
16 Sandwich-Läden

Sonstiges

1 Krankenhaus
2 Rathaus
3 Postamt
6 Zollamt
7 Fremdenverkehrsamt
11 Crédit Agricole Bank
13 Kathedrale
14 Markt
15 Bushaltestelle
18 Conseil Général
19 Justizpalast
20 Polizeiwache

zum Malendure-Strand

Anleger für Handelsschiffe

Basse-Terre

Botanischer Garten

zum La Soufrière

0   125   250 m
0   125   250 yds

zum Fort Louis Delgres

zur Rivière Sens Marina

Die Bushaltestelle finden Sie an der Küste am westlichen Ende des Boulevard Félix Eboué. Gegenüber vom Nordende der Haltestelle liegt der öffentliche Markt.

Das Fort Louis Delgres, erbaut 1643, erreicht man an der Südseite der Stadt, genau wie die Rivière Sens Marina.

UNTERKUNFT

Das Hôtel Higuera (Tel. 81 11 92), am Hauptplatz nur einen Steinwurf vom Rathaus entfernt gelegen, ist ein recht einfaches, kleines Haus, geführt von einer freundlichen Frau, die auch gut Englisch spricht. Zimmer kosten hier ab 110 FF.

Das Le Houelmont (Tel. 81 35 96, 34 Rue de la République, 97100 Basse-Terre) liegt gegenüber vom Conseil Général und bietet acht einfache Zimmer, die entweder mit einem Doppelbett oder zwei Einzelbetten, einem eigenem Bad und Klimaanlage ausgestattet sind. Hier muß man für ein Doppelzimmer 310 FF bezahlen, mit Frühstück 30 FF mehr.

ESSEN

Gegenüber der Bushaltestelle sieht man eine Handvoll billiger, manchmal auch unordentlicher und ungepflegter Imbißlokale, in denen Sandwiches für etwa 7 FF verkauft werden.

Einen Laden von Délifrance finden Sie einen Block westlich des Hauptplatzes in der Rue Docteur Pitat, wo gutes Brot, Pasteten und Sandwiches serviert werden. Weitere Imbißstände gibt es ganz in der Nähe in der Rue Schoelcher.

Wenn Sie etwa Handfesteres essen möchten, dann gehen Sie ins Houelmont in der Rue de la République 34, ein angesehenes Restaurant mit einem Tagesgericht für etwa 100 FF.

MALENDURE-STRAND UND PIGEON-INSELN

Die Straße zur Westküste von Basse-Terre (N2) folgt fast die ganze Strecke über dem Verlauf der Küstenlinie und führt an Fischerdörfchen, kleinen Städten sowie einigen schwarzen Sandstränden vorbei. Die Landschaft wird trockener, je weiter Sie in Richtung Norden in den Schutz der Berge fahren. Auf dieser Strecke ist nicht viel Interessantes zu sehen, bis man zum Malendure-Strand gelangt, einem recht beliebten, dunklen Sandstrand, von wo aus Schnorchel- und Tauchtouren zu den nahegelegenen Pigeon-Inseln unternommen werden.

Jacques Cousteau verhalf den Pigeon-Inseln vor einigen Jahrzehnten zu internationaler Aufmerksamkeit, als er die Gegend zu einem der besten Tauchreviere der ganzen Welt erklärte. Die Gewässer rund um die Inseln sind heute geschützt als Reserve Cousteau, ein Unterwasserpark.

Am Malendure-Strand gibt es einige Tauchbasen (vgl. Abschnitt über das Tauchen weiter oben in diesem Kapitel) und eine Niederlassung des Fremdenverkehrsbüros. Nautilus (Tel. 98 89 08) läßt ein Glasbodenboot verkehren und bietet Fahrten vom Malendure-Strand täglich um 10.30, 12.00, 14.30 und 16.00 Uhr an. Eine Fahrt dauert ca. 1¼ Stunden und kostet für Erwachsene 80 FF sowie für Kinder 40 FF. Für Passagiere, die ins Wasser springen möchten, um sich alles ganz genau anzusehen, werden Schnorchelausrüstungen mitgeführt.

Vom Malendure-Strand fährt man 5 km bis zum Beginn der Route de la Traversée (D23), auf der man nach 45 Minuten malerischer Fahrt nach Pointe-à-Pitre zurückkehrt.

UNTERKUNFT

Im Zentrum des Dorfes Pigeon, unmittelbar südlich vom Malendure-Strand gelegen, sieht man zahlreiche Hinweisschilder auf privat vermietete Zimmer und *gîtes*. Eines weist auf Guy Yoko (Tel. 98 71 42) hin, ein Mitglied der Vereinigung Gîtes de France, der 12 Zimmer für jeweils 1650 FF pro Woche sowie zum Preis von 4290 FF eine Wohnung für bis zu acht Personen vermietet.

Im Restaurant Le Rocher de Malendure (Tel. 98 70 84, Fax 98 89 92, Malendure, 97125 Bouillante) werden einige Bungalows mit schönem Blick auf das Meer für 350 FF pro Nacht angeboten.

ESSEN

Am Malendure-Strand stehen einige Hütten, an denen billige Sandwiches und Snacks verkauft werden. Man

Jacques Cousteau

kann aber auch in eines der einfachen, offenen Strandrestaurants gehen, in denen etwas umfangreichere Gerichte serviert werden.

Wenn sie etwas nobler speisen möchten, dann kehren die meisten Leute im Le Rocher de Malendure im Süden des Ortes Pigeon ein. Es liegt auf einer Landspitze zwischen Pigeon und dem Malendure-Strand recht malerisch direkt am Wasser und serviert ein preiswertes Menü mit Ti-Punch, Akkraschoten, Fisch oder Grillhähnchen und Kaffee für 110 FF. Geöffnet ist es um die Mittagszeit bis etwa 15.30 Uhr täglich, freitags und samstags darüber hinaus auch zum Abendessen.

Das Le Pigeonnier, ein einfaches Restaurant mit Blick auf das Meer, finden Sie im Zentrum von Pigeon. Die auf eine Kreidetafel geschriebene Speisekarte umfaßt französisch-kreolische Gerichte, wobei man Vorspeisen hier ab 50 FF und Hauptgerichte wie z. B. gegrillten Fisch oder Landkrabben mit Kokosnuß zu Preisen zwischen 70 und 100 FF erhalten kann. Es ist mittags von 12.30 bis 14.00 Uhr und abends von 18.30 bis 21.30 Uhr geöffnet.

TERRE-DE-HAUT

Terre-de-Haut liegt etwa 10 km vor Guadeloupe und ist die größte der acht kleinen Inseln, die zusammen Les Saintes bilden. Die Insel war zu hügelig und zu trocken für den Zuckerrohranbau, so daß die meisten Inselbewohner ihre Vorfahren bis zu den frühen normannischen und bretonischen Seefahrern zurückverfolgen können.
Terre-de-Haut ist malerisch und geruhsam, recht französisch in seiner Erscheinung und von vorwiegend mediterraner Ausstrahlung. Auch wenn die Insel nur klein ist, so hat sie doch eine Menge zu bieten, darunter eine atemberaubende Landschaft aus vulkanischen Hügeln und tiefen Buchten. Auf der Insel finden Sie schöne, geschützte Strände mit guten Möglichkeiten zum Schwimmen und Surfen, eine Festung mit einem Botanischen Garten, gute Restaurants und eine ganze Reihe von preiswerten und guten Übernachtungsmöglichkeiten. Alles in

allem ist Terre-de-Haut sicher eine der anziehendsten Inseln in der östlichen Karibik.
Obwohl der Tourismus wächst, verbringen viele Inselbewohner doch die meiste Zeit mit dem Fischen. Sie werden hier häufig Fischer antreffen, die ihre Netze am Ufer ausbessern, und können ihre hier hergestellten Boote, *santoises* genannt, entlang der Küste liegen sehen.
Terre-de-Haut ist nur 5 km lang und lediglich halb so breit. Wenn Ihnen ansteigende Wege nichts ausmachen, dann können Sie zu Fuß einmal um die ganze Insel wandern. Die meisten Leute mieten sich allerdings Motorräder. Fähren nach Guadeloupe und Terre-de-Bas legen direkt im Zentrum von Bourg des Saintes, dem einzigen Ort der ganzen Insel, an. Die Start- und Landebahn für Flugzeuge liegt im Osten, etwa 10 Minuten zu Fuß von der Ortsmitte entfernt.

BOURG DES SAINTES

Die meisten der Inselbewohner leben in Bourg des Saintes, einer malerischen kleinen Stadt mit einer deutlich

normannischen Ausprägung. Die engen Straßen sind flankiert von weißgestrichenen Häusern mit roten

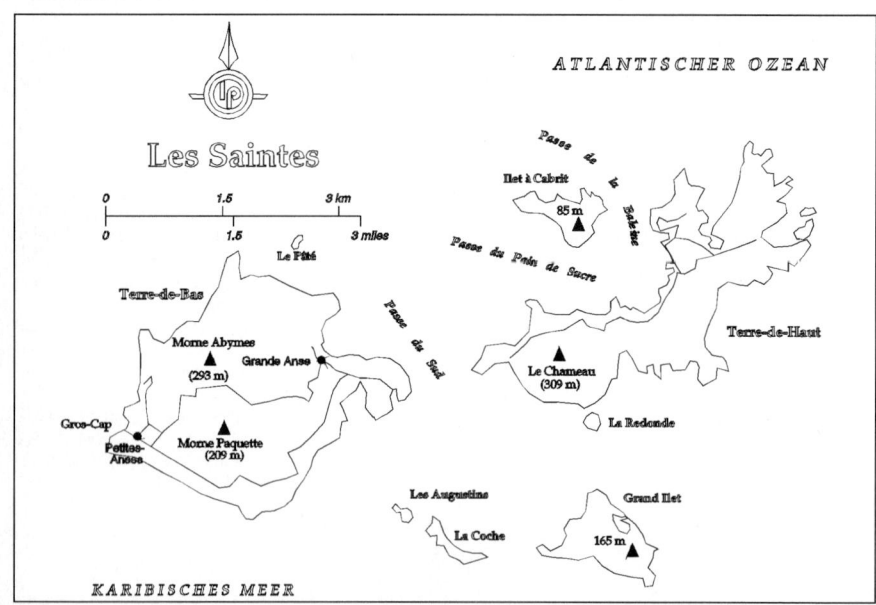

Ziegeldächern, geschlossenen Fensterläden und üppigen Hibiskusbüschen.

An der Fähranlegestelle kann man junge Mädchen sehen, die *tourment d'amour* („Liebesqualen"), Kuchen mit einer süßen Kokosnußfüllung, verkaufen - eine Spezialität der Insel, die ein schmackhaftes, leichtes Frühstück abgibt.

Am Ende des Piers kommt man zu einem kleinen Innenhof mit einer vergoldeten Säule, die an die französische Revolution erinnert. Wenn eine Fähre am Anleger festgemacht hat, geht es hier sehr lebhaft zu, ansonsten ist es eher ruhig. Wenn Sie sich nach rechts wenden, erreichen Sie nach einer Minute den zentralen Platz der Stadt, der von der *mairie* (dem Rathaus) und einer alten, steinernen Kirche umgeben ist.

Durch die Stadt zu schlendern ist hier ein Vergnügen. Entlang der Hauptstraße, die während des Tages Fußgängerzone ist, sind kleine Restaurants, Eissalons, Motorrollervermietungen, Kunstgalerien und Souvenirläden zusammengedrängt zu sehen. In der Galerie Martine Cotten, gegenüber dem Pier gelegen, sind einige schöne Gemälde mit Motiven von der Insel ausgestellt. Die meisten Geschäfte sind jedoch zwischen 12.00 und 14.00 Uhr geschlossen.

PRAKTISCHE HINWEISE

Geld: Am besten bringen Sie genügend Francs mit auf die Insel, um Ihren Aufenthalt bestreiten zu können, da die einzige Bank auf Terre-de-Haut, die Crédit Agricole, nur dienstags und freitags von 9.00 bis 14.30 Uhr geöffnet ist.

Kreditkarten werden in den Hotels, nicht jedoch in den einfachen Gästehäusern, und bei den Motorradvermietungen angenommen.

Post und Telekommunikation: Kartentelefone stehen am Anleger. Telefonkarten kann man in der Nähe bei Digemar Vad, einem Souvenirladen, kaufen. Das Postamt liegt an der Hauptstraße und ist innerhalb einiger Minuten zu Fuß in südliche Richtung nach dem Rathaus zu erreichen. Wenn Sie eines der Hotels anschreiben wollen, dann geben Sie nach dem Hotelnamen einfach Terre-de-Haut, 97137 Les Saintes, Guadeloupe, Französisch Westindien, an.

FREIZEITBESCHÄFTIGUNGEN

Tauchen: Der Club Nautique des Saintes (Tel. 99 54 25) liegt südlich der Stadt und bietet Tauchgänge rund um die Insel an.

UNTERKUNFT

In der Stadt: Überall auf der Insel sieht man Schilder, auf denen steht, daß Zimmer vermietet werden, so daß es normalerweise nicht schwer ist, in einem der kleinen Gästehäuser ein Zimmer zu finden. Im Winter kann es jedoch schon mal etwas eng werden.

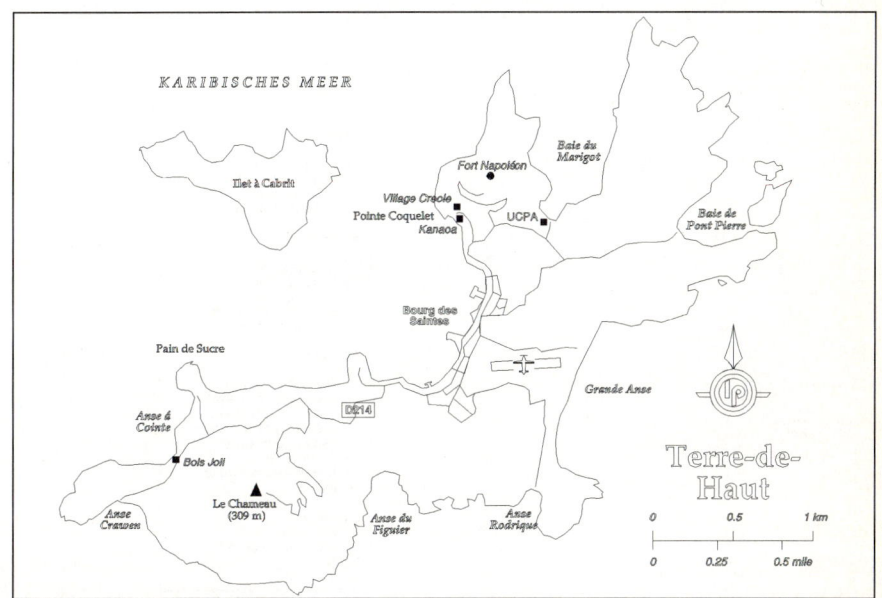

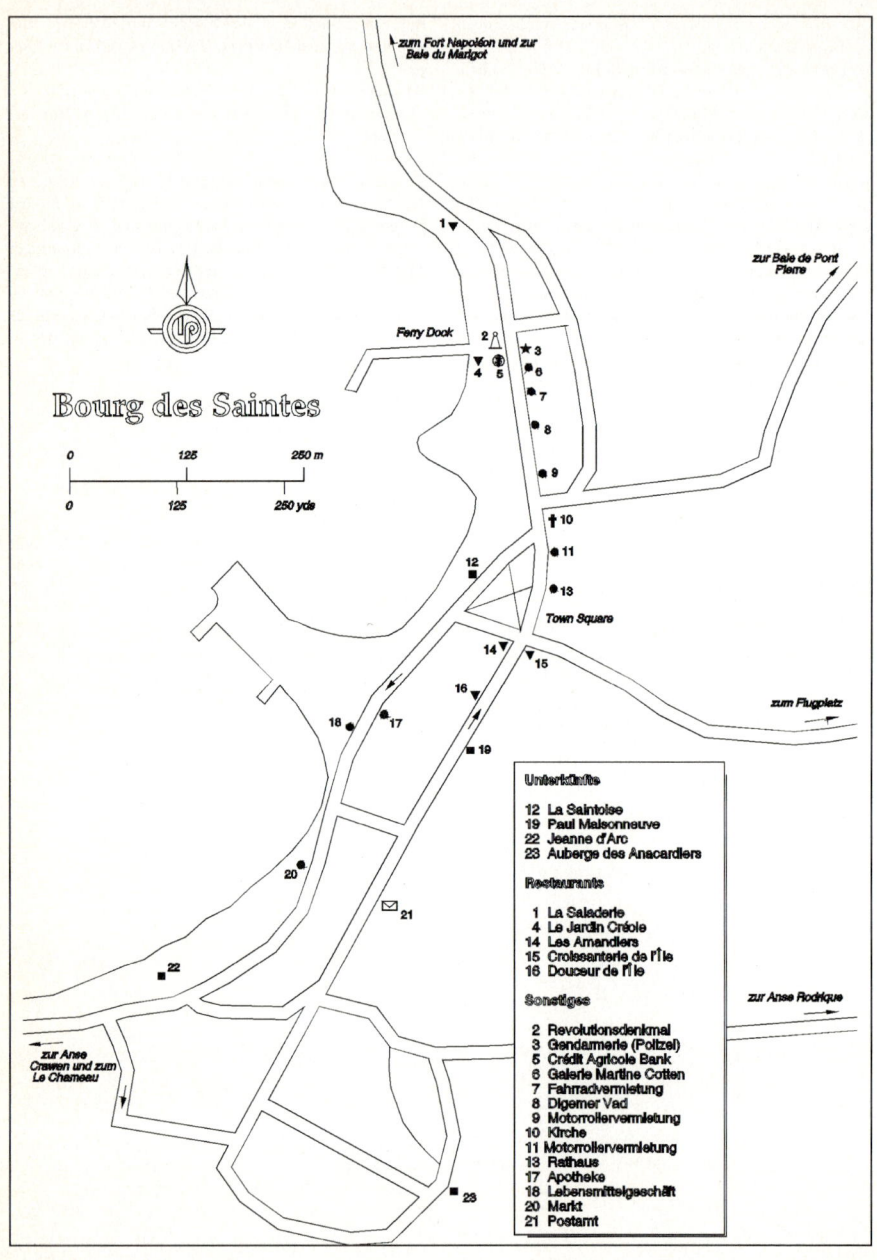

zum Fort Napoléon und zur
Baie du Marigot

zur Baie de Pont
Pierre

Bourg des Saintes

0   125   250 m
0   125   250 yds

Ferry Dock

Town Square

zum Flugplatz

zur Anse Rodrique

zur Anse
Craven und zum
Le Chameau

Unterkünfte

12 La Saintoise
19 Paul Maisonneuve
22 Jeanne d'Arc
23 Auberge des Anacardiers

Restaurants

1 La Saladerie
4 Le Jardin Créole
14 Les Amandiers
15 Croissanterie de l'Île
16 Douceur de l'Île

Sonstiges

2 Revolutionsdenkmal
3 Gendarmerie (Polizei)
5 Crédit Agricole Bank
6 Galerie Martine Cotten
7 Fahrradvermietung
8 Digemer Vad
9 Motorrollervermietung
10 Kirche
11 Motorrollervermietung
13 Rathaus
17 Apotheke
18 Lebensmittelgeschäft
20 Markt
21 Postamt

Ein gutes, preiswertes Haus ist das Paul Maisonneuve (Tel. 99 53 38), das an der Hauptstraße gleich südlich hinter dem Rathaus liegt. Die drei Zimmer sind einfach, aber hell und mit bequemen Betten, Ventilatoren und Glasfenstern ausgestattet. Hier muß man für ein Doppelzimmer 150 FF bezahlen. Das Bad müssen sich alle Gäste teilen. Es besteht auch die Möglichkeit der Küchenbenutzung. Deutsch oder Englisch wird hier nicht gesprochen, doch sind die Besitzer freundlich und zuvorkommend, so daß auch dann keine Probleme auftreten, wenn Sie kein Französisch sprechen.

Das Jeanne d'Arc (Tel. 99 50 41) ist ein beliebtes Hotel direkt am Ufer und etwa 500 m südlich des Stadtzentrums gelegen. Vermietet werden hier 10 einfache Zimmer, jedes mit eigenem Bad, zwei Betten und einem Ventilator ausgestattet. Vorhanden ist auch eine Terrasse mit herrlichem Blick auf das Meer. Einzel- und Doppelzimmer kosten in diesem Haus mit Frühstück 290 FF.

Das La Saintoise (Tel. 99 52 50), ein Hotel mit zehn Zimmern am Hauptplatz gegenüber vom Rathaus, strahlt keinen besonderen Charme aus, aber die Zimmer sind sauber sowie großzügig geschnitten und mit eigenem Bad, Klimaanlage und Telefon ausgestattet. Hier werden mit Frühstück für ein Einzelzimmer 250 FF und für ein Doppelzimmer 350 FF berechnet.

Die Auberge des Anacardiers (Tel. 99 50 99, Fax 99 54 51) ist ein Gästehaus am Hang eines Hügels südöstlich des Stadtzentrums und vom Anleger aus in etwa 15 Minuten zu Fuß zu erreichen. In diesem Quartier stehen 12 kleine, aber bequeme Zimmer zur Verfügung, die mit ein paar Antiquitäten, tropischen Dekorationen, Klimaanlage und Telefon eingerichtet sind, einige auch mit Balkon und Fernsehgerät. Im Sommer muß man hier mit Badbenutzung für ein Einzelzimmer 350 FF und für ein Doppelzimmer 400 FF bezahlen, im Winter 400 bzw. 500 FF, während schönere Zimmer mit eigenem Bad im Sommer für 450 bzw. 500 FF und im Winter für 650 bzw. 700 FF vermietet werden. Frühstück ist in den Übernachtungspreisen inbegriffen. Zum Hotel gehören auch ein französisches Restaurant, das sich auf Meeresfrüchte spezialisiert hat (FF 120 für ein Menü mit drei Gängen), und ein schöner Swimming Pool mit phantastischem Blick auf den Hafen.

Nördlich der Stadt: Das Village Creole (Tel. 99 53 83, Fax 99 55 55, Pointe Coquelet) liegt etwa einen Kilometer nördlich vom Anleger und besteht aus 22 sehr bequemen, zeitgemäßen zweigeschossigen Apartments. Jedes liegt auf zwei verschiedenen Ebenen, wobei im unteren Bereich jeweils eine voll ausgerüstete Küche und ein Wohnund Eßraum vorhanden sind und im oberen Bereich zwei Schlafräume mit Dachfenstern liegen. Zu jedem Apartment gehören auch zwei Badezimmer, zwei Telefone und ein kleiner Safe. Die Küste ist an dieser Stelle vorwiegend felsig, es gibt jedoch dennoch einen kleinen Strand. Im übrigen ist die Gegend sehr friedlich. Die Leitung des Hotels ist sehr bemüht und spricht auch Englisch. Bei Doppelbelegung liegt der Übernachtungspreis im Sommer bei moderaten 460 FF, wobei für eine dritte oder vierte Person jeweils weitere 100 FF hinzukommen. Im Winter muß man hier für eine Übernachtung zu zweit 640 FF, zu dritt 840 FF und zu viert 960 FF bezahlen. Apartments direkt am Ufer kosten im Sommer 100 FF und im Winter 150 FF zusätzlich. Während der Weihnachtsfeiertage und von Mitte Februar bis Mitte März werden noch 20 % Zuschlag berechnet.

Das Kanaoa (Tel. 99 51 36, Fax 99 55 04) grenzt an das Village Creole und hat 14 einfache, zum Ufer gelegene Zimmer und Bungalows zu bieten. Im Sommer werden hier Einzelzimmer ab 380 FF und Doppelzimmer ab 440 FF vermietet, im Winter ab 495 bzw. 630 FF, Frühstück inbegriffen. Es gibt in dieser Anlage auch ein Restaurant, in dem französische und kreolische Gerichte zu vernünftigen Preisen angeboten werden.

ESSEN

Über die ganze Stadt sind viele ungezwungene Restaurants verstreut, die sich auf Tagesausflügler eingestellt haben und Tagesgerichte zu Preisen zwischen 60 und 90 FF anbieten. Wenn Sie aus dem Boot aussteigen, sehen Sie zu Ihrer Rechten das Le Jardin Creole liegen, das einen schönen Balkon im zweiten Stock besitzt, von wo aus Sie den zum Hafen gelegenen Innenhof überblicken können. Hier erhält man vor allem Crêpes, Kaffee und Eis. Ein Frühstück, bestehend aus Saft, Brot und Kaffee, kostet 35 FF, während man für das tägliche Mittagessen etwa 70 FF bezahlen muß.

Das Douceur de l'Île, südlich des Rathauses zu finden, ist ein beliebtes, unprätentiöses Restaurant mit preiswerten Gerichten. Hier kann man ein einfaches Frühstück für 20 FF, Sandwiches für 15 FF und ein Tagesgericht für 45 FF erhalten. Montags ist es geschlossen.

Das Les Amandiers ist ein schönes Haus am Hauptplatz, wo man drinnen und draußen essen kann. Angeboten wird ein preiswertes Mittagessen, das aus Akkraschoten oder Salat, Fisch, Reis sowie flambierten Bananen besteht und 60 FF kostet, während man für die anderen Hauptgerichte zwischen 40 und 50 FF ausgeben muß.

Wenn Sie gern Salate und leichte Gerichte mit Meeresfrüchten essen, sind Sie im La Saladerie gut aufgehoben, das einige Minuten Fußweg nördlich vom Anleger an der Hauptstraße liegt. Die meisten Gerichte kosten hier zwischen 50 und 75 FF. Dienstags ist geschlossen.

Das Restaurant Plongée liegt einen Kilometer südlich der Stadt und ist ein einfaches, offenes Strandrestaurant mit Salaten und Vorspeisen um die 30 FF, während für Hauptgerichte 45 bis 70 FF berechnet werden.

Die Croissanterie de l'Île finden Sie gegenüber vom Rathaus. Hier werden Croissants, Brote und Pasteten verkauft.

FORT NAPOLÉON

Das Fort Napoléon wurde in der Mitte des 19. Jahrhunderts erbaut und in einer Schlacht nie benutzt. Daher steht es heute intakt und wohlgeschützt an der Nordseite des Hafens. Von hier oben aus haben Sie einen guten Blick über Bourg des Saintes und quer über den Kanal bis zum Fort Josephine, einer kleinen Festung auf der Ilet à Cabrit. An klaren Tagen können Sie sogar bis Marie-Galante und La Désirade sehen. Das Gelände rund um die Festung ist mit Kakteen bepflanzt. In den Kasernen befindet sich ein kleines Museum mit einigen einfachen historischen Schautafeln in Englisch und Französisch sowie einigen kleinen Ausstellungsstücken zeitgenössischer Kunst von Einheimischen. Das kann man sich allein ansehen, sich aber auch einer Führung in Französisch von 30 Minuten Dauer anschließen. Das Fort ist täglich von 9.00 bis 12.00 Uhr geöffnet (Eintritt 15 FF) und liegt 1,5 km nördlich des Zentrums von Bourg des Saintes. Man erreicht es, wenn man sich hinter dem Pier einfach nach links wendet und der Straße hügelaufwärts folgt.

BAIE DU MARIGOT

Die Baie du Marigot ist eine schöne, kleine Bucht mit einem ruhigen, geschützten Strand etwa einen Kilometer nördlich von Bourg des Saintes. Obwohl die Gegend nur etwa 15 Minuten zu Fuß vom Zentrum entfernt liegt, ist sie doch nicht sehr bekannt, so daß der Strand selten überfüllt ist.

Die Bucht liegt recht nahe am Fort Napoléon, so daß sich Besuche der beiden gut verbinden lassen: Nach der Besichtigung des Forts halten Sie sich am Ende der kurvigen Straße zur Festung nach links und einige Minuten später nochmals nach links, wo Sie dann zur Bucht kommen.

UNTERKUNFT
Die UCPA (Tel. 99 54 94, Fax 99 55 28, Baie du Marigot) verfügt über 60 Zimmer in freistehenden zwei- und vierstöckigen Gebäuden. Sie liegen ganz allein oberhalb der Baie du Marigot mit einem eigenen Landungssteg. Von hier aus hat man einen malerischen Blick über das Meer. Wenn Sie in dieser Anlage Ferien mit dem Windsurfen verbringen wollen, dann wird Sie interessieren, daß die UCPA einwöchige Pauschalaufenthalte anbietet, in denen Unterbringung, Verpflegung, Unterrichtsstunden und die unbegrenzte Nutzung von Surfbrettern sowie Katamaranen enthalten sind.

BAIE DE PONT PIERRE

Die Baie de Pont Pierre ist ein wunderschöner, von Riffen geschützter Strand mit feinem, braunem Sand und einer hervorragenden Lage. Hinter der tiefen, wie ein Hufeisen geformten Bucht stehen Bäume, während sie rechts und links von hohen Klippen begrenzt wird und vor ihr im offenen Wasser eine kleine Insel liegt, so daß der Eindruck entsteht, die Bucht sei ein geschlossener, ganz und gar abgeschlossener Kreis. Die Gegend ist sehr freundlich und wird von Touristen wie Einheimischen gleichermaßen besucht. Sogar zahme Ziegen grasen am Strand und legen sich gelegentlich neben die Sonnenbadenden. Der Strand liegt zu Fuß einfach zurückzulegende 1,5 km nordöstlich von Bourg des Saintes und ist bequem zu erreichen.

STRÄNDE AN DER OSTKÜSTE

Der lange Sandstrand Grande Anse liegt direkt westlich der Start- und Landebahn des Flugplatzes und ist bekannt für seinen rauhen Seegang sowie das unruhige Wasser, das ihn eher für Surfer als für Schwimmer prädestiniert. Die nördliche Seite dieses windigen Strandes wird von Klippen aus Ton begrenzt. Südlich des Grande Anse und etwa 2 km außerhalb der Stadt liegt der Anse Rodrique, ein schöner Strand an einer geschützten Stelle, der sich normalerweise gut zum Schwimmen eignet.

STRÄNDE AN DER SÜDWESTKÜSTE

Etwa 2 km südwestlich von Bourg des Saintes kommt man zum Anse à Cointe, einem guten Strand zum Schwimmen und Schnorcheln, wobei sich schnorcheln am besten an der Nordseite des Strandes läßt. Ebenfalls gute Möglichkeiten zum Schnorcheln und einen Sandstrand finden Sie bei Pain de Sucre, der „Zuckerbrot"-Halbinsel aus Basalt, die etwa 700 m in Richtung Norden liegt.

Der Anse Crawen, 500 m südlich des Hotels Bois Joli, ist ein abgelegener Strand, an dem man nicht unbedingt Badekleidung tragen muß. Sie finden ihn, wenn Sie am Ende der Küstenstraße einige Minuten auf einem unbefestigten Pfad hinuntergehen. Anse Crawen besteht aus goldenem Sand und liegt, begrenzt von Bäumen, ganz hübsch.

UNTERKUNFT

Das Bois Joli (Tel. 99 50 88, Fax 80 07 75, Anse à Cointe)

ist das einzige Touristenhotel auf der Insel. Es besteht aus 29 Zimmern, die zum goldenen Sandstrand hin liegen. Die meisten Gäste werden in Bungalows mit schmalen Vordächern, Klimaanlage, Duschen, Toiletten und Bidets untergebracht und müssen dafür zu zweit 1050 FF bezahlen. Für eine dritte und vierte Person kommen noch jeweils 160 FF hinzu. Daneben stehen auch noch einige einfache, kleine Zimmer mit gutem Ausblick zur Verfügung, die als Einzelzimmer für 550 FF und als Doppelzimmer für 710 FF vermietet werden. In den Preisen sind Frühstück und Abendessen enthalten. Das Restaurant dieses Hotels liegt am Swimming Pool und ermöglicht einen schönen Blick auf das Meer. Hier werden Steaks und Gerichte mit Meeresfrüchten für etwa 100 FF serviert. Wenn Sie dazu noch Vorspeise, Wein und Nachtisch wählen, müssen Sie etwa mit dem Doppelten rechnen.

LE CHAMEAU

Eine gewundene Asphaltstraße führt auf den Gipfel des Le Chameau, der mit seinen 309 m der höchste Punkt der Insel ist. Während des Weges nach oben hat man einen malerischen Blick auf Bourg des Saintes und die Ilet à Cabrit und sieht auf dem Gipfel angelangt auch andere Inseln wie Les Saintes, Marie-Galante, Basse-Terre und Dominica. Auf dem Gipfel steht ein alter, steinerner Wachturm, der nicht mehr in Betrieb ist, aber noch die Metalleitern besitzt, die zu seiner Spitze führen. Von hier ganz oben haben Sie einen ungestörten Blick rundum, soweit das Auge reicht.

Um zum Le Chameau zu gelangen, müssen Sie sich hinter dem Pier von Bourg des Saintes nach Süden wenden und einen Kilometer auf der Küstenstraße bleiben. Beim Restaurant Plongée müssen Sie ins Landesinnere auf die D214 sowie 500 m weiter nach links auf eine Asphaltstraße einbiegen und ihr 1,75 km hügelaufwärts folgen, wo sie am Wachturm endet. Von der Stadt wandert man etwa eine Stunde bis zum Gipfel, wenn auch die Strecke nicht ganz einfach zu bewältigen ist.

Mit einem Motorrad ist man bereits nach fünf Minuten oben.

AN- UND WEITERREISE

FLUG

Air Guadeloupe (Tel. 99 51 23) fliegt von Pointe-à-Pitre nach Terre-de-Haut montags bis samstags um 8.00 Uhr und täglich um 17.00 Uhr. Der Rückflug beginnt jeweils 15 Minuten später. Ein Flug kostet pro Strecke 180 FF (für Schüler und Studenten 135 FF), ein Hin- und Rückflug als Tagesausflug 269 FF.

SCHIFF

Ein Schiff von Antilles Trans Express (Tel. 83 12 45) fährt an der Ostseite des Hafens von Pointe-à-Pitre täglich um 8.00 Uhr morgens ab und kehrt von Terre-de-Haut um 15.45 Uhr zurück. Die Überfahrt dauert 50 Minuten. Vom 1. Dezember bis zum 30. April unterhält Antilles Trans Express (Tel. 88 48 63) auch eine Verbindung vom

Hafen in Saint-François, wo die Boote dienstags und donnerstags um 8.00 Uhr morgens ablegen und von Terre-de-Haut um 16.00 Uhr zurückkehren. Die Überfahrt dauert 80 Minuten, da das Boot auf Marie-Galante einen Zwischenstop einlegt. Ein Boot von Brudey Frères (Tel. 90 04 48) verläßt Pointe-à-Pitre täglich um 8.00 morgens nach Terre-de-Haut, wo die Rückfahrt um 15.45 Uhr angetreten wird. Mittwochs fährt auch ein Boot von Saint-François zu den gleichen Abfahrtszeiten. Eine Hin- und Rückfahrt kostet bei allen Veranstaltern für Erwachsene 160 FF und für Kinder 85 FF.

Die *Princesse Caroline* (Tel. 86 95 83) legt in Trois-Rivières täglich um 8.00 Uhr morgens ab und fährt in 20 Minuten nach Terre-de-Haut, von wo sie am späten Nachmittag zurückkehrt (Hin- und Rückfahrt 80 FF).

REISEN AUF TERRE-DE-HAUT

Wenn Sie ein Quartier im voraus reserviert haben, werden Sie von den meisten Hotels ohne zusätzliche Kosten am Flughafen oder Pier abgeholt.

MOTORRAD

Motorräder sind eine großartige Möglichkeit, um die Insel zu erkunden. Die Straßen sind zwar nur schmal, aber hier fahren nur wenige Dutzend Autos (es gibt auch keine Autovermietungen auf Terre-de-Haut), so daß man nie auf viel Verkehr treffen wird. Mit einem Motorrad gelangen Sie problemlos und schnell auf den Gipfel des Le Chameau und zum Fort Napoléon, kommen zu den Stränden und können die ganze Insel quasi in einem Tag kennenlernen. Die Motorräder bieten zwar Platz für zwei Personen, aber weil die Straßen sehr kurvenreich sind, ist es nicht ratsam, einen Sozius mitzunehmen, es sei denn, Sie sind ein geübter Fahrer.

An der Hauptstraße, die vom Pier aus in Richtung Süden führt, haben sich viele Motorradvermietungen angesiedelt, doch auch diejenigen, die am Hafen liegen, scheinen ebenso gut zu sein wie alle anderen. Die meisten fordern für ein Motorrad 180 FF pro Tag und verlangen eine Kaution von 1500 bis 2000 FF oder die Sicherheit einer bekannten Kreditkarte. Die Motorräder werden mit Kraftstoff, aber ohne Unfallversicherung vermietet. Da-

her sind die Kosten, wenn man in einen Unfall geraten ist oder sich einen Platten gefahren hat, vom Mieter zu tragen.

Das Fahren mit Motorrädern ist im Zentrum von Bourg des Saintes von 9.00 bis 12.00 Uhr und von 14.00 bis 16.00 Uhr verboten. Trotzdem sieht man manchmal Leute, die sich nicht an dieses Verbot halten. Sollten eine Polizeistreife das beobachten, wird der Fahrer in aller Regel angehalten.

FAHRRAD

Einige der Motorradvermietungen in der Stadt bieten auch Fahrräder an. Für ein Tourenrad muß man 60 FF und für ein Mountain Bike 70 FF bezahlen. Dazu kommt eine Kaution von 500 FF.

AUSFLUGSFAHRTEN

Auf Terre-de-Haut werden einige Minibusse als Taxis eingesetzt, mit denen man zweistündige Touren über die Insel für etwa 50 FF pro Person unternehmen kann, wenn genügend Teilnehmer zusammenkommen. Wenn so ein Fahrzeug voll besetzt ist, kostet es für alle ca. 350 FF. Bei Interesse können Sie danach zu den Ankunftszeiten der Fähre entlang der Straße zwischen Pier und Rathaus Ausschau halten.

TERRE-DE-BAS

Terre-de-Bas liegt nur einen Kilometer westlich von Terre-de-Haut und ist neben dieser die einzige weitere bewohnte Insel von Les Saintes.

Terre-de-Bas ist etwas weniger zerklüftet als Terre-de-Haut, bestand früher aus vielen kleinen Zuckerrohr- und Kaffeeplantagen und wird zum größten Teil von Nachfahren afrikanischen Sklaven bewohnt.

Die Insel ist sehr ländlich und vom Tourismus noch nicht stark geprägt. Es besteht aber eine regelmäßige Fährverbindung zwischen den Inseln, die es Besuchern ermöglicht, für einen Tagesausflug überzusetzen.

Das größte Dorf, Petites-Anses, liegt an der Westküste. Ihre hügeligen Straßen sind flankiert von schmalen Häuschen. Vorhanden sind auch ein kleiner Fischereihafen und eine malerische Kirche mit einem Friedhof voller Grabsteine, die mit Muscheln und Plastikblumen geschmückt sind.

Das kleine Dorf Grande Anse liegt diagonal gegenüber von Petites-Anses an der Ostküste und kann mit einer

kleinen, aus dem 17. Jahrhundert stammenden Kirche sowie einem schönen Strand aufwarten.

Einspurige Straßen verbinden die beiden Dörfer der Insel. Eine der Straßen führt mitten durch das Inselinnere zwischen den beiden höchsten Gipfeln hindurch, die andere verläuft entlang der Südküste. Wenn Sie Spaziergänge mögen, können Sie eine Rundwanderung zwischen den beiden Dörfern unternehmen (etwa 9 km), indem Sie auf der einen Straße hin- und auf der anderen zurückgehen. Ansonsten läßt sich auch der normalerweise fahrende, preiswerte Bus benutzen, der zwischen den beiden Dörfern verkehrt.

In den Dörfern gibt es Geschäfte und einige Lokale, in denen man etwas zum Mittagessen bekommt.

AN- UND WEITERREISE

Das Boot *L'Inter* fährt zwischen 8.00 und 16.00 Uhr vieroder fünfmal täglich von Terre-de-Haut nach Terre-de-Bas und umgekehrt (25 FF).

MARIE-GALANTE

Marie-Galante liegt 25 km südöstlich von Guadeloupe und ist die größte der äußeren Inseln. Verglichen mit den anderen Inseln des Archipels ist Marie-Galante relativ flach, denn ihre zweifachen Kalkplateaus erheben sich nur 150 m über den Meeresspiegel. Die Insel ist grob gesehen rund und bedeckt insgesamt 158 km² Land, wovon das meiste mit Zuckerrohr bepflanzt ist. Die Insel ist sehr ländlich und vom Massentourismus vollkommen unberührt. Sie bietet Besuchern wunderschöne, menschenleere Strände und eine erholsame, ländliche Umgebung. Da nur sehr wenige fremdsprachige Touristen hierherkommen, spricht fast keiner der Inselbewohner auch nur einen Satz Deutsch oder Englisch.

Marie-Galante wird von etwa 13 000 Menschen bewohnt, von denen die Hälfte in Grand-Bourg an der Südwestküste lebt. Die meisten anderen Einwohner haben sich gleichmäßig verteilt in den beiden kleineren Orten Saint-Louis und Capesterre angesiedelt.

Im frühen 18. Jahrhundert gab es auf Marie-Galante an die 100 Zuckerfabriken, von denen die Überreste noch heute in der Landschaft zu sehen sind. Derzeit konzentriert sich die Herstellung von Zucker auf eine einzige Mühle,

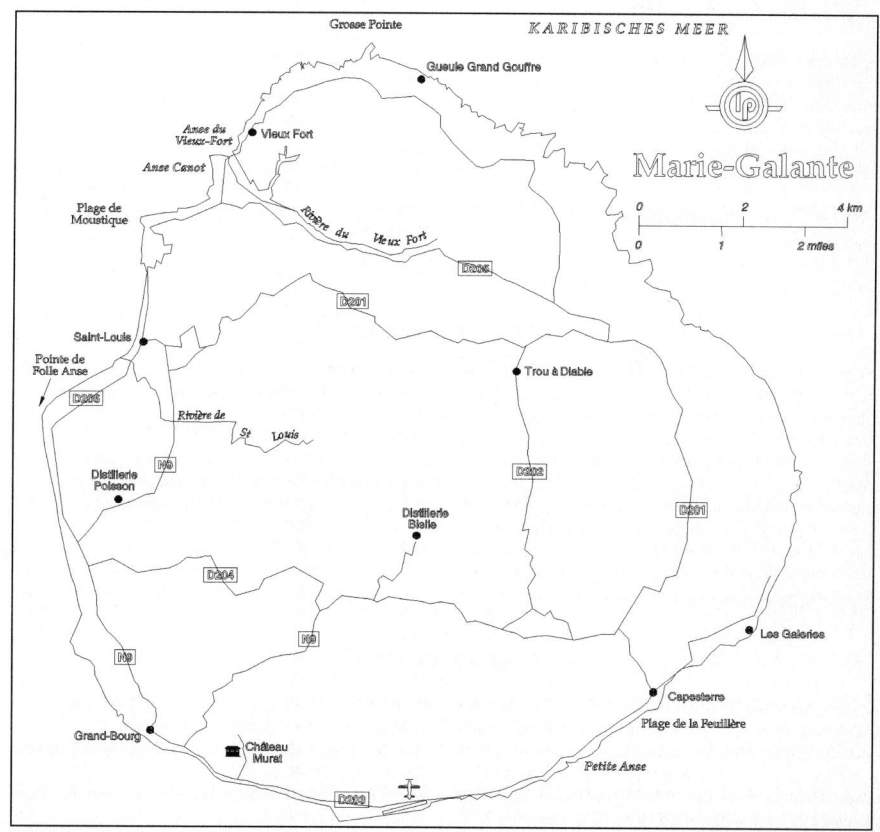

während in weiteren drei aus Zuckerrohr Rum destilliert wird. Zuckerrohr wird auch heute noch zum größten Teil per Hand geschnitten und von den Feldern mit Ochsenkarren abtransportiert. Die Destillerien gehören zu den bedeutendsten Sehenswürdigkeiten der Insel. Die Destillerie Poisson, in der Wegmitte zwischen Saint-Louis und Grand-Bourg gelegen, zieht den bekanntesten Rum der Insel mit der Bezeichnung Père Labat auf Flaschen.

Die Destillerie Brielle zwischen Grand-Bourg und Capesterre bietet an, bei der jahrhundertealten Methode zur Herstellung des Rums zuzuschauen. In beiden Unternehmen gibt es Probierräume und Einkaufsmöglichkeiten.

GRAND-BOURG

Grand-Bourg ist das wirtschaftliche und administrative Zentrum der Insel. Da die Stadt bei einem Brand im Jahre 1901 zerstört wurde, besteht die Architektur heute aus einer Mischung aus Gebäuden der Jahrhundertwende und neueren, monotoneren Häuserzeilen. Die Fähranlegestelle liegt in der Mitte der Stadt. Gegenüber vom Kai kommen Sie zu einer Handvoll von Cafés und Restaurants. Das Postamt, die Zollbehörde und das Rathaus liegen ebenfalls innerhalb einiger Blocks in Ufernähe.

SEHENSWÜRDIGKEITEN

Das Château Murat kann man sich etwa 2 km von Grand-Bourg entfernt an der Nordseite der Straße nach Capesterre ansehen. Das ist ein aus dem 18. Jahrhundert stammendes Bauwerk, das nach einer vollständigen Restaurierung als Museum eröffnet werden soll.

UNTERKUNFT UND ESSEN

Philippe Bavarday (Tel. 97 83 94, Fax 97 81 90, 97112 Grand-Bourg) ist Mitglied der Vereinigung Gîtes de France und Kopf des örtlichen Fremdenverkehrsbüros. Seine gîte besteht aus vier Drei-Sterne-Zimmern mit Klimaanlage, die pro Woche für bis zu zwei Personen zum Preis von 1650 F vermietet werden. Das Haus liegt nahe der Küste, und zwar einige Kilometer östlich der Stadt in dem Gebiet Les Basses zwischen dem Flugplatz und dem Zentrum von Grand-Bourg.

Wenn Sie lieber im Stadtzentrum wohnen möchten, dann begeben Sie sich zur Auberge de l'Arbre à Pain (Tel. 97 73 69, Rue Jeanne d'Arc, 97112 Grand-Bourg), die nur einige Minuten zu Fuß vom Anleger entfernt liegt. Sie verfügt über sieben kleine, einfache Zimmer, die einschließlich Frühstück für jeweils 250 FF vermietet werden. Zu diesem Haus gehört auch ein gutes kreolisches Restaurant.

Einige Cafés und Restaurants findet man gegenüber der Anlegestelle, von denen sich die meisten auf Meeresfrüchte spezialisiert haben. In einer Bäckerei und in einem Supermarkt kann man etwa zwei Blocks in Richtung Inselinneres einkaufen.

SAINT-LOUIS

Saint-Louis, ein Fischerdörfchen mit etwa 4000 Einwohnern, ist der wichtigste Ankerplatz für Jachten auf der Insel und ein Hafen für die Fähren aus Guadeloupe. Einen kleinen Markt findet man am Ende des Docks. Gleich östlich davon liegen einige Restaurants sowie das Postamt.

Obwohl es Strände auch in den Außenbezirken von Saint-Louis gibt, finden sich einige der schönsten Strände der Insel einige Kilometer weiter nördlich. Die goldenen Sandstrände Plage de Moustique, Anse Canot und Anse du Vieux-Fort erstrecken sich einer nach dem anderen vor Ihnen, wenn Sie den Punkt, der das Nordende der Bucht von Saint-Louis markiert, erst einmal umrundet haben.

UNTERKUNFT UND ESSEN

Das größte Hotel der Insel, das Le Salut (Tel. 97 02 67, 97134 Saint-Louis), bietet 15 einfache Zimmer zum Preis ab etwa 400 FF, Frühstück und Abendessen im Restaurant des Hause inbegriffen.

Das Chez Henri, südlich des Anlegers und gegenüber vom Le Salut gelegen, ist ein beliebtes Lokal zum Abendessen und bietet gute einheimische Küche zu moderaten Preisen.

CAPESTERRE

Capesterre an der Südostküste (4100 Einwohner) ist ein Küstenort, der von Hügeln begrenzt wird. Hier kann man sich die Klippen im Norden des Ortes ansehen und in der gleichen Gegend auf Wanderwegen spazierengehen. Am südlichen Ende des Ortes kommt man zu einem schönen Sandstrand, dem Plage de la Feuillère. Ein weiterer schöner Strand, Petite Anse, liegt etwa einen Kilometer weiter in Richtung Südwesten.

Bei Fun Evasion (Tel. 97 35 21) am Plage de la Feuillère werden Ausrüstungen zum Windsurfen vermietet. Hier kann man sich auch Unterricht in dieser Sportart erteilen lassen.

UNTERKUNFT UND ESSEN

Das Hôtel Hajo (Tel. 97 32 76, 97140 Capesterre), dessen sechs Zimmer mit Blick auf das Meer im mediterranen Stil eingerichtet sind, liegt etwa 2 km südwestlich von Capesterre und nur ein kleines Stück vom Strand entfernt. Die Zimmer, die über Ventilatoren und eigene Badezimmer verfügen, kosten zur Belegung mit zwei Gästen 270 FF. Es gibt hier auch ein nicht zu teures französisch-kreolisches Restaurant.

Das Le Touloulou (Tel. 97 32 63, Fax 97 33 59, 97140 Capesterre) liegt am Strand bei Petite Anse und hat einige einfache Bungalows zum Preis ab 250 FF sowie ein offenes Strandrestaurant mit traditionellen kreolischen und französischen Gerichten zu vernünftigen Preisen zu bieten.

AN- UND WEITERREISE

FLUG

Air Guadeloupe fliegt von Pointe-à-Pitre nach Marie-Galante jeden Montag bis Samstag um 7.00, 13.00 und 18.00 Uhr sowie sonntags um 7.30 und 18.00 Uhr. Die Rückflüge beginnen auf Marie-Galante 20 Minuten später. Die Flugpreise betragen pro Strecke 180 FF (für Schüler und Studenten 136 FF) und für einen Hin- und Rückflug als Tagesausflug 289 FF. Den Flugplatz finden Sie in der Mitte zwischen Grand-Bourg und Capesterre, etwa 5 km von beiden Orten entfernt.

SCHIFF

Die Überfahrt von Grande-Terre nach Marie-Galante kann etwas rauh werden, so daß Sie, falls Sie es nicht gewohnt sind, auf stürmischer See zu fahren, vor Fahrtantritt lieber nichts essen und an Deck bleiben sollten.

Zwei Reedereien setzen auf dieser Strecke Schiffe ein. Bei beiden kostet eine Hin- und Rückfahrt zwischen den Inseln (außer auf der Autofähre) für Erwachsene 160 FF und für Kinder 85 FF.

Antilles Trans Express: Das Schiff von Antilles Trans Express (Tel. 83 12 45) fährt an der Ostseite des Hafens von Pointe-à-Pitre montags bis samstags um 8.00, 12.30 und 17.00 Uhr sowie sonntags um 17.00 und 19.00 Uhr ab. Das Schiff, das um 12.30 ablegt, fährt über Saint-Louis, während alle anderen direkt nach Grand-Bourg übersetzen. In Grand-Bourg beginnen die Rückfahrten montags bis samstags um 6.00, 9.00 und 15.45 Uhr sowie sonntags um 6.00, 15.45 und 18.00 Uhr. Eine Überfahrt dauert 35 Minuten.

Im Winter unterhält Antilles Trans Express (Tel. 88 48 63) auch eine Verbindung vom Hafen in Saint-François nach Saint-Louis mit Abfahrten jeden Dienstag und Donnerstag um 8.00 Uhr und Rückfahrten von Marie Galante um 16.45 Uhr. Die Fahrt dauert 45 Minuten. Diese Strecke wird manchmal auch an Donnerstagen im Sommer bedient.

Zusätzlich setzt Antilles Trans Express die Autofähre *Amanda Galante* ein, die dienstags und sonntags um 7.45 Uhr von Saint-François nach Saint-Louis fährt. Die Rückfahrt beginnt in Saint-Louis um 16.00 Uhr. Hin und zurück kostet eine Fahrt für Erwachsene 140 FF zuzüglich 265 FF für ein Auto.

Die Überfahrt dauert 90 Minuten, wobei eine Reservierung für ein Auto einen Tag im voraus vorgenommen werden sollte.

Antilles Trans Express bietet darüber hinaus Tagesfahrten nach Marie-Galante an, die einschließlich Überfahrt, Landausflug und Mittagessen 325 FF kosten, aber nur bei einer Mindestteilnehmerzahl von 10 Personen stattfinden.

Brudey Frères: Schiffe von Brudey Frères (Tel. 90 04 48) fahren von Pointe-à-Pitre nach Grand-Bourg werktags um 8.00, 14.00 und 17.00 Uhr sowie sonntags um 8.00, 16.45 und 18.00 Uhr. In Grand-Bourg legt die Fähre montags bis samstags um 6.00, 9.00 und 15.45 Uhr sowie sonntags um 6.00, 15.45 und 18.00 Uhr ab.

Nur an Montagen verkehrt auch ein Schiff von Saint-François nach Saint-Louis, und zwar um 8.00 Uhr. Die Rückfahrt wird um 17.45 Uhr angetreten.

REISEN AUF MARIE-GALANTE

BUS

Außer sonntags verkehren tagsüber preiswerte Minibusse zwischen den drei Orten.

AUTO, MOTORRAD UND FAHRRAD

Autos sowie Motor- und Fahrräder können bei Caneval (Tel. 97 97 76) an der Shell-Tankstelle in Grand-Bourg gemietet werden. Weitere Agenturen sind z. B. Magauto (Tel. 97 98 75) in der Rue Savane, einige Blocks östlich der Anlegestelle in Grand-Bourg, und Stamag (Tel. 97 02 15) sowie La Somat (Tel. 97 07 33) in Saint-Louis. Fahrräder werden auch vom Bureau Touristique de Marie-Galante in der Rue du Presbytère 51 in Grand-Bourg (Tel. 97 77 48) vermietet.

Autos kosten im allgemeinen zwischen 250 und 300 FF pro Tag, während man Motorräder für um die 170 FF und Fahrräder zum Preis von etwa der Hälfte mieten kann.

LA DÉSIRADE

La Désirade liegt rund 10 km vor der Ostspitze von Grande-Terre und ist die am schlechtesten entwickelte und am seltensten besuchte Insel des Archipels. Wenn Sie von Guadeloupe aus auf die Insel blicken, erinnert die Form etwas an ein umgedrehtes Boot. Sie ist 11 km lang und 2 km breit, wobei sich ihr zentrales Plateau am höchsten Punkt, dem Grand Montagne, auf 273 m Höhe erhebt. Die Landschaft ist wüstenähnlich. Entlang der Küste wachsen Kokospalmen, an den Hügelflanken Büsche und Kakteen. Für eine umfangreiche landwirtschaftliche Nutzung ist es hier zu trocken und karg. Obwohl einige der Einheimischen Schafe züchten, leben doch die meisten von La Désirades 1600 Bewohnern vom Fischfang und Bootsbau.

Die unbewohnte Nordseite der Insel ist von einer felsigen Küstenlinie mit rauher, offener See gekennzeichnet, während die Südseite mit sandigen Stränden und von Riffen geschützten Gewässern aufwarten kann.

Der Hafen und der Flugplatz von La Désirade liegen an der südwestlichen Seite der Insel in Grande Anse (auch Le Bourg genannt), der Hauptstadt. Das Rathaus, das Post-amt und die Bücherei findet man ebenfalls in Grande Anse. Daneben gibt es noch die kleineren Siedlungen Le Souffleur und Baie Mahault. Die Hauptstraße von La Désirade verläuft entlang der Südküste und verbindet die Orte miteinander.

Im Jahre 1725 wurde auf La Désirade eine Leprakolonie gegründet, wohin zwei Jahrhunderte lang die Opfer dieser gefürchteten Krankheit verbannt wurden. Das Leprosarium, das von den katholischen Schwestern der Barmherzigkeit geführt wurde, ist erst in der Mitte der fünfziger Jahre geschlossen worden. Seine Überbleibsel, die Kapelle und ein Friedhof, liegen direkt östlich von Baie Mahault.

Es gibt in der Nähe aller drei Orte weiße Sandstrände Um einen guten Überblick über die Insel zu erhalten, können Sie den eine Stunde in Anspruch nehmenden Aufstieg auf den Grand Montagne unternehmen.

UNTERKUNFT UND ESSEN
Das Hotel und Restaurant L'Oasis mit 10 Zimmern (Tel. 20 02 12) und das Hôtel Le Mirage (Tel. 20 01 08), beide

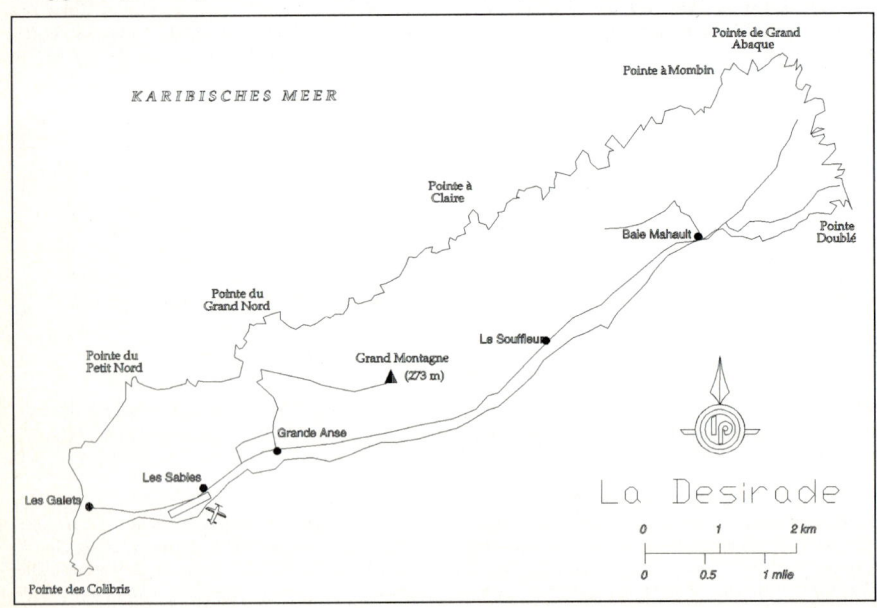

im Ortsteil Desert Saline von Grand Anse gelegen, bieten einfache Einzelzimmer für 180 FF und ebensolche Doppelzimmer für 200 FF an. Einige weitere Zimmer werden in Grand Anse in Privathäusern zu Preisen zwischen 150 und 200 FF vermietet. In Grand Anse und Baie Mahault gibt es eine Handvoll preiswerter Restaurants mit Meeresfrüchten und auch einige billigere Imbißlokale.

AN- UND WEITERREISE

FLUG

Air Guadeloupe fliegt von Pointe-à-Pitre nach La Désirade täglich außer sonntags um 7.00 Uhr und täglich außer samstags um 16.00 Uhr. Die Rückflüge beginnen auf La Désirade jeweils 20 Minuten später.

Der Flugpreis beträgt pro Strecke 180 FF (für Schüler und Studenten 135 FF) und für einen Tagesausflug hin und zurück 289 FF.

SCHIFF

Zur Fahrt nach La Désirade werden zwei Fähren eingesetzt, die *Mistral* (Tel. 88 48 63) und die *Sotramade* (Tel. 20 02 30). Sie fahren in Saint-François täglich um 8.30 und 16.00 oder 16.30 Uhr ab und verlassen La Désirade wieder um 6.15 und 15.30 Uhr (45 Minuten, hin und zurück 100 FF, Tagestouren mit Überfahrt sowie Landausflug auf La Désirade ca. 200 FF).

REISEN AUF LA DÉSIRADE

Fahrräder, Motorroller und Autos können Sie bei Loca Sun am Hafen mieten (Tel. 20 01 11).

GUADELOUPE

MARTINIQUE

Martinique ist ein Teil Frankreichs, den es in die Tropen verschlagen hat. Die Geschäfte der Insel sind voll Pariser Mode, in jedem Ort findet man eine oder mehrere Pâtisserien, in denen frischgebackenes Baguette und Croissants verkauft werden, und die meisten Feriengebiete sind überfüllt von vielen Urlaubern aus allen Teilen des Mutterlandes Frankreich.

Die Hauptstadt, Fort-de-France, ist eine quirlige Stadt mit 100 000 Einwohnern und die größte Stadt der westindischen Inseln Frankreichs. Die meisten anderen größeren Orte der Insel sind modern und vorstadtähnlich aufgebaut und mit der Hauptstadt durch mehrspurige Autobahnen mit schnellfließendem Verkehr verbunden.

Trotzdem sind fast ein Drittel der Insel bewaldet und andere Gebiete der Insel mit Ananas-, Bananen- und Zuckerrohranpflanzungen bedeckt. Kennenlernen kann man hier auch verschlafene Fischerdörfchen, an denen die sonstige Entwicklung vorbeigegangen ist, abgelegene Strände und viele Wanderwege, die in die Berge führen.

Martinique ist vulkanischen Ursprungs und wird vom 1397 m hohen Mont Pelée überragt, einem aktiven Vulkan. Der Pelée brach zuletzt 1902 aus und erlangte traurige Berühmtheit dadurch, daß er die damalige Hauptstadt Saint-Pierre zusammen mit der dortigen Bevölkerung auslöschte. Heute gehören die Ruinen von Saint-Pierre zu den bedeutendsten Touristenattraktionen.

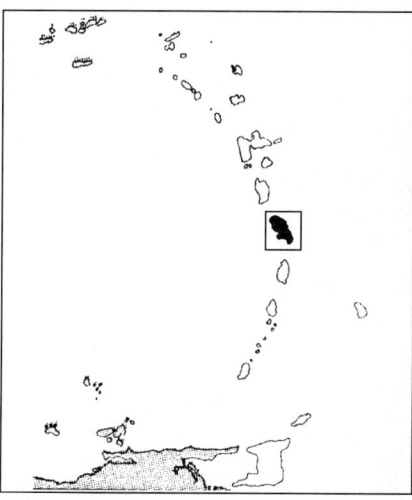

ORIENTIERUNG

Martiniques einziger Flughafen befindet sich in Lamentin, 9 km östlich von Fort-de-France. Die wichtigsten Urlaubsgebiete liegen an Martiniques Südwestküste zwischen Pointe du Bout und Sainte-Anne. Die Straßen auf der Insel sind gut, so daß trotz ihrer Größe kein Ort mehr als zwei Stunden Fahrt von Fort-de-France entfernt ist.

EINFÜHRUNG

GESCHICHTE

Als Kolumbus Martinique sichtete, war die Insel von Kariben-Indianern bewohnt, die sie Madinina, „Insel der Blumen", nannten. Drei Jahrzehnte vergingen, ehe eine erste Gruppe französischer Siedler unter der Leitung von Pierre Belain d'Esnambuc an der Nordwestseite der Insel landete. Sie bauten dort eine kleine Festung und errichteten eine Siedlung, die später zur Hauptstadt Saint-Pierre werden sollte. Ein Jahr später, am 31. Oktober 1636, unterzeichnete König Louis XIII. ein Dekret, das

auf den zu Frankreich gehörenden westindischen Inseln die Sklavenhaltung erlaubte.

Die Siedler kolonisierten das Land schnell und hatten 1640 ihren Besitz bereits bis Fort-de-France ausgedehnt, wo sie auf der Anhöhe oberhalb des Hafens eine Festung erbauten. Da Wälder zugunsten von Zuckerrohrplantagen abholzt wurden, gerieten die Siedler in Konflikt mit den Einheimischen, was zu einem Krieg führte. Im Jahre 1660 wurden diejenigen der indianischen Urein-

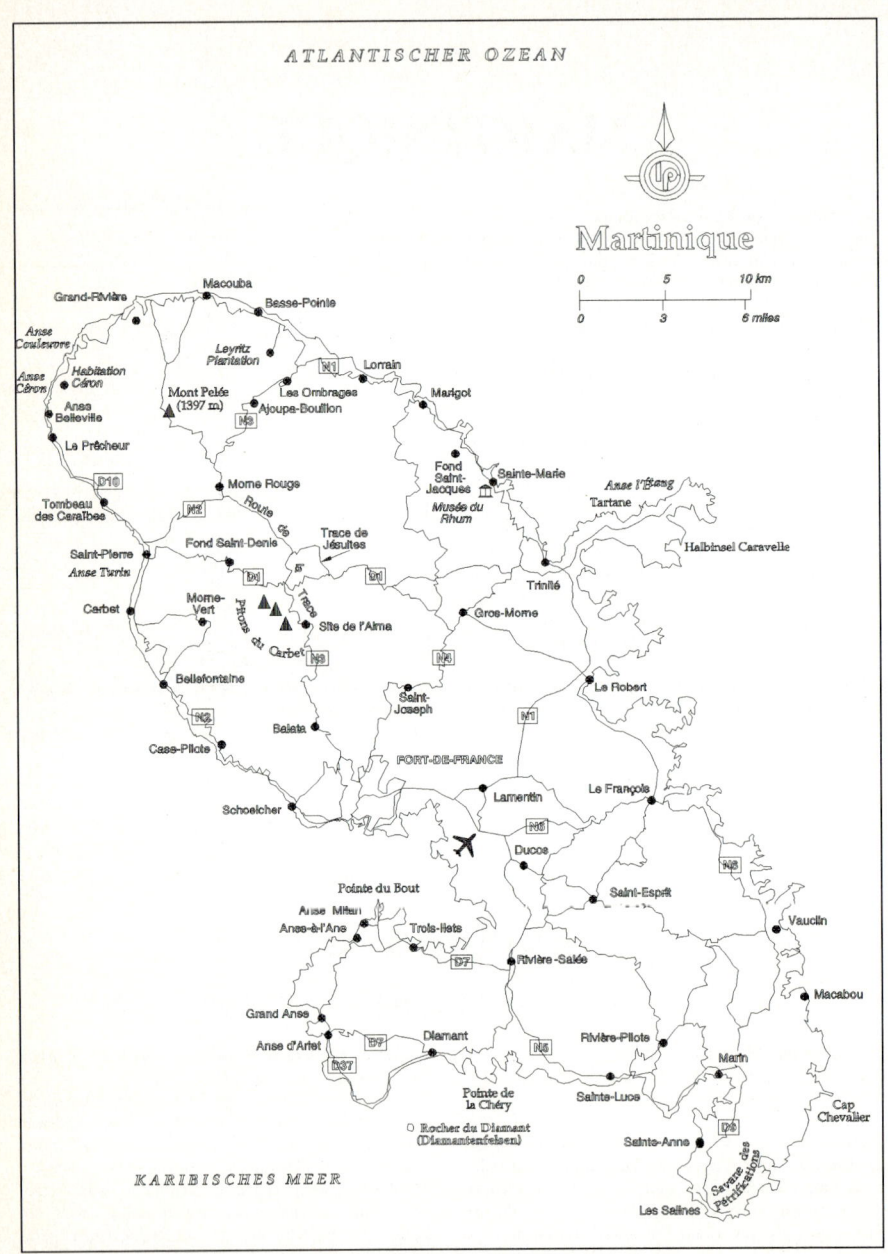

ATLANTISCHER OZEAN

Martinique

| 0 | 5 | 10 km |
| 0 | 3 | 6 miles |

Grand-Rivière
Macouba
Besse-Pointe

Anse
Couleuvre

Leyritz
Plantation
Lorrain
Habitation
Céron
N1
Anse
Céron
Mont Pelée
(1397 m)
Les Ombrages
Marigot
Anse
Belleville
Ajoupa-Bouillon
N3
Le Prêcheur

Fond
Saint-
Jacques
Sainte-Marie
D10
Morne Rouge
Anse l'Etang
Tombeau
des Caraïbes
Musée du
Rhum
Tartane
N2
Route
de
Halbinsel Caravelle
Saint-Pierre
Fond Saint-Denis
Trace de
Jésuites
Anse Turin
N3
la
Trinité
Carbet
Morne-
Vert
N3
Trace
Gros-Morne
Pitons
du
Site de l'Alma
Carbet
N3
N4
Bellefontaine
Saint-
Joseph
Le Robert
N2
Bsista
N1
Case-Pilote
FORT-DE-FRANCE
Schoelcher
Lamentin
Le François
N5
N1
Ducos
N6
Pointe du Bout
Saint-Esprit
Anse Mitan
Vauclin
Anse-à-l'Ane
Trois-Ilets
D7
Rivière-Salée
Macabou
Grand Anse
D7
Diamant
Rivière-Pilote
N5
Anse d'Arlet
Martin
D37
Pointe de
la Chéry
Saintes-Luce
Cap
Chevalier
O Rocher du Diamant
(Diamantenfelsen)
N6
Saintes-Anne
Savane des Pétrifications
Les Salines

KARIBISCHES MEER

wohner, die den Krieg überlebt hatten, von der Insel vertrieben.

Da die Briten ein großes Interesse an Martinique hatten, drangen sie auf die Insel ein und hielten sie die meiste Zeit zwischen 1794 und 1815 unter ihrer Kontrolle. Unter der britischen Herrschaft blühte die Insel geradezu auf, denn die Plantagenbesitzer verkauften ihren Zucker einfach an britische Käufer und nicht mehr an französische. Was vielleicht noch wichtiger ist: Die britische Besatzung schützte Martinique vor den Aufständen und dem Blutvergießen der französischen Revolution. Zu der Zeit, als die Briten die Insel zurückgaben, also 1815, waren die Napoleonischen Kriege bereits beendet, woraufhin das französische Reich erneut in eine friedliche und stabile Periode eintrat.

Nicht lange, nachdem die französische Verwaltung in Martinique wieder ihre Arbeit aufnehmen konnte, endete das goldene Zeitalter des Zuckerrohranbaus, weil übersättigte Märkte und die Einführung der Zuckerrübe auf dem französischen Festland die Preise fallen ließen. Durch den sinkenden Wohlstand verloren die zumeist aristokratischen Plantagenbesitzer auch ihren politischen Einfluß. Hinzu kam, daß die Bewegung zur Abschaffung der Sklaverei unter Victor Schoelcher an Schwung und Macht gewann.

Schoelcher, als französischer Minister zuständig für die Überseebesitzungen des Landes, überzeugte die provisorische Regierung, 1848 die Freilassungsproklamation zu unterzeichnen, die der Sklaverei auf den französischwestindischen Inseln nach langer Zeit endlich ein Ende machte.

Am 8. März 1902 geschah die erschreckendste Naturkatastrophe in der ganzen karibischen Geschichte: Der Vulkan Mont Pelée brach aus, zerstörte die Stadt Saint-Pierre und forderte 30 000 Todesopfer, vorwiegend Einwohner von Saint-Pierre. Kurze Zeit später wurde die Hauptstadt nach Fort-de-France verlegt. Saint-Pierre, das als die kulturell anregendste Stadt der französisch-westindischen Inseln galt, wurde teilweise wieder aufgebaut, erreichte aber nie mehr ihre frühere Bedeutung.

1946 wurde Martinique ein Übersee-Département Frankreichs mit einem Status, der den Départements auf dem Festland angeglichen ist. Im Jahre 1974 wurde es weiter aufgewertet und auch als Region Frankreichs anerkannt.

DAS LAND

Mit 1080 km² Fläche ist Martinique die zweitgrößte der westindischen Inseln Frankreichs. Sie ist etwa 65 km lang und 20 km breit, wobei die Oberfläche von Hügeln, Plateaus und Bergen bestimmt ist.
Die höchste Erhebung ist der 1397 m hohe Mont Pelée, ein aktiver Vulkan am Nordende der Insel. Die Mitte der Insel

wird durch die Pitons du Carbet geprägt, eine malerische Gebirgskette, die bis zu 1207 m Höhe erreicht.
Martiniques unregelmäßige Küstenlinie wird von tiefen Buchten eingeschnitten, während der Gebirgsregenwald etwas weiter im Innern der Insel zahlreiche Flüsse speist.

KLIMA

Die durchschnittliche Tageshöchsttemperatur in Fort-de-France beträgt im Januar 28° C, die Tagestiefsttemperatur 21° C. Im Juli liegen die Tageshöchsttemperaturen bei 30° C und die niedrigsten Werte bei 23° C.
Die durchschnittliche jährliche Niederschlagsmenge beträgt in Fort-de-France 1840 mm. Meßbarer Regen fällt im April, dem trockensten Monat, an durchschnittlich 13

Tagen und an etwa doppelt soviel Tagen im September als dem regenreichsten Monat.
Martiniques durchschnittliche Luftfeuchtigkeit ist hoch und steigt von 80 % im März und April auf 87 % im Oktober und November.
Der gebirgige Norden ist sowohl kühler als auch regenreicher als die Küste.

FLORA UND FAUNA

Auf Martinique gedeihen zahlreiche blühende Pflanzen, wobei die Vegetation je nach Höhe und Regenmenge variiert. Regenwald bedeckt die Hänge der Berge im Norden der Insel, wo man üppige Gegenden mit Baumfarnen, Bambusdickichten, Kletterweinen und Hartholzbäumen wie z. B. Mahagoni-, Rosenholz- oder Gummibäumen entdecken kann.

Im trockeneren südlichen Teil der Insel wächst eine buschige Savannenvegetation mit Kakteen, Frangipani sowie Balsam- und Akaziensträuchern.
Auf Martinique leben unter anderem Anolis-Eidechsen, Opossums, Mungos und giftige Lanzenottern. Auch einige gefährdete Vogelarten sind hier immer noch beheimatet.

STAAT UND VERWALTUNG

Martinique ist als Übersee-Département im französischen Parlament mit vier gewählten Abgeordneten und zwei Senatoren vertreten.

Ein Präfekt, der vom französischen Innenminister ernannt wird, repräsentiert die Regierung und überwacht die Ausführung des französischen Rechts durch Behörden auf der Insel. Außerdem bestehen auf der ganzen Insel zwei Körperschaften, der Conseil Général und der Conseil

Régional, jeder mit 40 Mitgliedern, die in allgemeiner Wahl gewählt werden.

Darüber hinaus ist Martinique in 34 Gemeinden (*communes*) unterteilt. Jeder dieser Gemeinden steht ein gewählter Gemeinderat vor, der einen Bürgermeister ernennt. Dabei verbleiben allerdings von der politischen Meinungsvielfalt und Macht nur noch wenig auf der Gemeindeebene.

WIRTSCHAFT

Die Landwirtschaft beschäftigt die meisten Arbeiter auf Martinique, wobei Zuckerrohr, Bananen und Ananas die bedeutendsten Erzeugnisse sind. Das Zuckerrohr wird in Martiniques 14 Destillerien zu Rum verarbeitet, dem bekanntesten Exportgut der Insel. Der Tourismus bildet

einen wachsenden Wirtschaftsfaktor. Um mehr Investoren anzureizen, subventioniert die Regierung den Bau neuer Hotels.

Nach Martinique kommen jedes Jahr etwa 325 000 Touristen.

DIE MENSCHEN

Auf Martinique leben 359 600 Menschen, fast ein Drittel davon in der Gegend von Fort-de-France. Die meisten Inselbewohner sind gemischten Ursprungs. Die frühesten Siedler kamen aus der Normandie, der Bretagne, Paris

und anderen Gegenden Frankreichs. Kurze Zeit später wurden afrikanische Sklaven nach Martinique gebracht, während noch später kleinere Gruppen von indischen, libanesischen und syrischen Einwanderern hinzukamen.

KUNST UND KULTUR

Französische und kreolische Einflüsse bestimmen Martiniques Küche, Sprache, Musik und Bräuche.

Die Schwarzenbewegung Black Pride, bekannt als *négritude*, gewann als philosophische und literarische Kraft während der dreißiger Jahre unseres Jahrhunderts durch die Erzählungen des Einheimischen Aimé Césaire, eines Dichters und langjährigen Einwohners von Fort-de-France, wo er bis heute lebt, zunehmend an Bedeutung.

Der *biguine* (oder *beguine*), ein Tanz mit Bolero-Rhythmus, entstand in den dreißiger Jahren ebenfalls auf Martinique.

Kleidung: Wenn Sie nicht gerade zu einem feinen Abendessen gehen wollen, ist die Kleidung leger, jedoch im allgemeinen sehr elegant. Das Oben-ohne-Baden ist hier recht verbreitet, vor allem an den Urlaubsstränden.

RELIGION

Mehr als 90 % der Inselbevölkerung sind römisch-katholischen Glaubens. Daneben sind auf Martinique als Angehörige anderer Glaubensgemeinschaften auch

Adventisten, Baptisten, evangelische Christen, Hindus, Anhänger des Baha'i-Glaubens und eine kleine jüdische Gemeinde vertreten.

SPRACHE

Die französische Sprache ist die offizielle Landessprache Martiniques. Wenn sie unter sich sind, sprechen die

Inselbewohner jedoch im allgemeinen Kreolisch. Englisch wird in den größeren Hotels gesprochen, aber sonst nur sehr vereinzelt verstanden, Deutsch so gut wie gar nicht. Wenn Sie also Französisch nicht gut beherrschen, empfiehlt es sich, ein französisch-deutsches Wörterbuch mitzunehmen.

PRAKTISCHE HINWEISE

EINREISEBESTIMMUNGEN

Bürger von Ländern der Europäischen Union müssen einen Personalausweis vorlegen können, jedoch nicht unbedingt einen Reisepaß bei sich haben. Einwohner der meisten anderen Länder benötigen einen gültigen Reisepaß, aber kein Visum.

Daneben wird offiziell für die Einreise nach Martinique ein Flugschein für die Rück- oder Weiterreise gefordert.

Konsulate in Martinique: Mit einem Konsulat ist Deutschland auf Martinique in Acajou Lamentin (Tel. 50 38 39) vertreten.

ZOLLBESTIMMUNGEN

Für Einwohner von Ländern der EU gelten keine Zollbeschränkungen. Besucher aus anderen Ländern können 200 Zigaretten, eine Flasche Spirituosen und zwei Liter Wein zollfrei mitbringen.

Besatzungen von Jachten dürfen Feuerwaffen an Bord haben, müssen diese aber deklarieren.

GELD

Gültige Währung auf der Insel ist der französische Franc (FF). In Hotels, in größeren Restaurants und von Autovermietungen werden auch Kreditkarten von Eurocard/Mastercard und Visa (Carte Bleue) anerkannt. Bei den meisten anderen Gelegenheiten muß man bar mit französischen Francs bezahlen. Vermeiden Sie es, Geld in Hotels zu wechseln, da die Wechselkurse dort schlechter als in Wechselstuben und Banken sind. Weitere Informationen über das Wechseln finden Sie im Abschnitt über das Geld bei den praktischen Hinweisen im Einführungsteil.

INFORMATIONEN

Die Hauptstelle des Fremdenverkehrsbüros von Martinique ist das Office Départemental du Tourisme, Boulevard Alfassa, F-97206 Fort-de-France, Martinique (Tel. 63 79 60, Fax 73 66 93).

Daneben wurde ein Informationsschalter am Flughafen eröffnet, der normalerweise täglich bis zum Eintreffen des letzten Flugzeuges geöffnet ist.

Außerdem bestehen örtliche Informationsbüros (*syndicats d'initiative*) in verschiedenen Orten, z. B. in Sainte-Anne (Tel. 76 73 06), Diamant (Tel. 76 40 11), Saint-Pierre (Tel. 78 15 02), Le Prêcheur (Tel. 52 02 57) und Grand-Rivière (Tel. 55 72 74). Das meiste Informationsmaterial der *syndicats d'initiative* ist jedoch nur in französischer Sprache erhältlich.

Im Ausland wird Martinique, wie fast alle anderen der westindischen Inseln Frankreichs, in den meisten Ländern von den französischen Fremdenverkehrsämtern vertreten.

In Deutschland ist es das Französische Fremdenverkehrsamt in Frankfurt/Main (Westendstr.47, 60325 Frankfurt/Main, Postfach 10 01 28, 60001 Frankfurt/M., Tel. 069/7 56 08 30, Fax 069/75 21 87).

ÖFFNUNGSZEITEN

Die Öffnungszeiten sind teilweise unterschiedlich, viele Geschäfte sind aber montags bis freitags von 8.30 bis 18.00 Uhr und samstags bis 13.00 Uhr geöffnet. Banken und die meisten Behörden sind üblicherweise von 7.30 bis 16.30 Uhr zu erreichen, unterbrochen von einer zweistündigen Mittagspause, die um 12.00 Uhr beginnt. Berücksichtigen muß man ferner, daß Banken an den Tagen vor Feiertagen bereits um 12.00 Uhr geschlossen werden.

FEIERTAGE

Feiertage auf Martinique sind:

Neujahrstag	1. Januar
Tag der Arbeit	1. Mai
Ostersonntag	Ende März/Anfang April
Ostermontag	Ende März/Anfang April
Himmelfahrt	40 Tage nach Ostern
Pfingstmontag	achter Montag nach Ostern
Tag der Abschaffung der Sklaverei	22. Mai
Tag der Bastille	14. Juli
Schoelcher-Tag	21. Juli
Mariä Himmelfahrt	15. August
Allerheiligen	1. November
Waffenstillstand von 1918	11. November
Weihnachten	25. Dezember

KULTURELLE VERANSTALTUNGEN

Auf Martinique kann man an den fünf Tagen vor Aschermittwoch lebhafte Karnevalsfeiern miterleben. Die Straßen quellen dann vor lauter Feiernden, Fröhlichkeit mit viel Rum, Kostümparaden, Musik und Tänzen geradezu über. Die Hauptaktivitäten konzentrieren sich auf das Gebiet von La Savane in Fort-de-France.

In etwas kleinerem Ausmaß feiert jedes Dorf auf Martinique auch seinen jeweiligen Schutzheiligen.

Saint-Pierre gedenkt an jedem 8. Mai des Ausbruchs des Mont Pelée mit Jazz live und einer ernsthafteren Kerzenprozession von der Kathedrale aus.

MARTINIQUE

Die Tour de la Martinique, ein einwöchiges Radrennen, wird Mitte Juli veranstaltet. Die Tour des Yoles Rondes, eine einwöchige Regatta traditioneller Segeljachten, findet jedes Jahr im frühen August statt. Der 22 km lange Semi-Marathon rund um Fort-de-France wird im November gelaufen. Das alle zwei Jahre stattfindende, einwöchige Martinique Jazz Festival wird im Dezember jedes ungeraden Jahres abgehalten, während in den geraden Jahren dazwischen ein Gitarrenfestival stattfindet.

POST

Postämter gibt es auf Martinique in allen größeren Orten. Für eine Postkarte nach Deutschland, Österreich und der Schweiz muß man 3,20 FF Porto und für Briefe unter 10 Gramm Gewicht dasselbe bezahlen. Briefmarken lassen sich außer in Postämtern auch in einigen Tabakläden (*tabacs*), Hotels und Souvenirläden kaufen.

Außer in Fort-de-France, wo es Straßennamen gibt, besteht die Postanschrift für jedes der in diesem Kapitel erwähnten Hotels einfach aus dem Hotelnamen, gefolgt vom Länderkennzeichen F, der Postleitzahl, dem Ort und der Bezeichnung „Martinique, Französisch Westindien". Die Postleitzahl für Pointe du Bout, Anse Mitan und Anse-à-l'Ane lautet 97229, für Diamant 97223, für Sainte-Anne 97227 und für Saint-Pierre 97250.

TELEKOMMUNIKATION

Öffentliche Telefone können mit französischen Telefonkarten (*télécartes*) benutzt werden, allerdings nicht mit Münzen. Die Karten kosten je nach Einheiten zum Telefonieren 36 oder 87 FF und werden in Postämtern und Geschäften, die mit dem Hinweis *télécarte en vente ici* gekennzeichnet sind, verkauft. Kartentelefone finden Sie an den Postämtern, am Flughafen und in größeren Parks, wie auch auf anderen öffentlichen Plätzen. Wollen Sie die Vermittlung in Anspruch nehmen, müssen Sie die Rufnummer 12 wählen.

Wenn Sie ein Ortsgespräch führen oder von irgendeiner der anderen französischen Inseln in der östlichen Karibik nach Martinique telefonieren wollen (oder umgekehrt), dann brauchen Sie nur die sechsstellige Rufnummer zu wählen. Für Telefongespräche von anderswo ist vor der sechsstelligen Rufnummer zunächst die Länderkennzahl 596 zu wählen. Weitere Informationen über Telefonkarten sowie Fern- und Auslandsgespräche finden Sie im Abschnitt über Telekommunikation im Einführungsteil dieses Buches.

STROM

Die Stromspannung beträgt auf Martinique 220 Volt Wechselstrom mit einer Frequenz von 50 Hertz pro Sekunde. Bei den Steckern von elektrischen Geräten sind zwei runde Metallstifte üblich.

MASSE UND GEWICHTE

Auf Martinique wird das Dezimalsystem benutzt, so daß Entfernungen in Metern, Geschwindigkeitsbegrenzungen in Kilometern pro Stunde und Gewichte in Gramm angegeben werden. Die Zeit wird mit 24 Stunden pro Tag gemessen.

BÜCHER UND LANDKARTEN

Das zweisprachige Buch *A Cruising Guide to Martinique* in Englisch und Französisch gehört zur Reihe Guide Trois Rivières (Édition Trois Rivières, BP 566, 97242 Fort-de-France, Martinique) und ist ein umfassender Segelführer für die Gegend um Martinique.

Texaco ist der Titel eines Romans von Patrick Chamoiseau, der den angesehenen Prix Goncourt gewann, und erzählt die gesellschaftliche Entwicklung eines Elendsviertels auf Martinique.

Die Bücher *Le Quatrième Siècle* (1962) und *Malemort* (1975) wurden von dem auf Martinique geborenen Édouard Glissant geschrieben, der darin das Leben auf den westindischen Inseln vor dem Hintergrund der Sklaverei und des Kolonialismus beschreibt.

Die beste Straßenkarte von Martinique ist die Landkarte Nr. 511 des Institut Géographique National, die überall auf der Insel für 45 FF verkauft wird. Die gleiche Karte wird allerdings (auf glänzendem Papier gedruckt, mit Anmerkungen versehen und als „Carte Routière" bezeichnet) von den Autovermietungen am Flughafen kostenlos abgegeben.

MEDIEN

Die täglich erscheinende *France-Antilles* berichtet über Neuigkeiten von der Insel. Andere französischsprachige Zeitungen wie z. B. *Le Monde* werden täglich vom Festland eingeflogen. An den größeren Zeitungsständen in Fort-de-France und in den wichtigsten Tourismusgegenden werden auch einige wenige englischsprachige Zeitungen verkauft, darunter die *International Herald Tribune*.

Radio France Outre-Mer (RFO) sendet Hörfunkprogramme auf den UKW-Frequenzen 92 und 94,5. Der Fernsehsender von RFO (Kanal 1) strahlt einige Sendungen mit lokalen Programmen aus, während einige der anderen Stationen auch Programme vom Festland übertragen.

Als Touristeninformationen sind folgende kostenlose Veröffentlichungen nützlich: das englischsprachige *Martinique Info*, ein 50 Seiten starkes Taschenbuch mit allgemeinen Informationen, das zweisprachige *Ti Gourmet*, ein Restaurantführer im Taschenbuchformat, das zu einem kostenlosen Begrüßungsdrink in vielen Restaurants auf der Insel verhilft, und *Choubouloute*, eine wöchentlich erscheinende, französischsprachige Publikation, die auf verschiedene Ereignisse, Unterhaltungsprogramme und anderes mehr hingewiesen wird.

GESUNDHEIT

Die medizinische Versorgung auf Martinique befindet sich nach dem Maßstab in der Karibik auf einem hohen Niveau. Es gibt auch einige Krankenhäuser auf der Insel, darunter das Hôpital de la Meynard (Tel. 55 20 00), zu finden an der D13 an der nordöstlichen Seite von Fort-de-France.

Auf Martinique besteht das Risiko, sich mit Erregern der Bilharziose (Schistosomiasis) zu infizieren. Als Vorsorgemaßnahme wird empfohlen, nicht in Gewässern auf der Insel zu baden oder auch nur in ein Gewässer zu laufen. Weitere Informationen zu dieser Krankheit finden Sie im Abschnitt über Gesundheit im Einführungsteil.

GEFAHREN UND ÄRGERNISSE

Auf Martinique kommt die giftige Lanzenotter vor, hauptsächlich in überwachsenen und buschigen Gegenden. Der Biß dieser Schlange ist hochgiftig und kann tödlich sein. Wanderer sollten vor dieser Schlange auf der Hut sein und auf den angelegten Pfaden bleiben.

Achten Sie auch auf die Manzanillo-Bäume, die an einigen Stränden wachsen, da das von ihnen tropfende Regenwasser zu Hautreizungen und Blasen führen kann.

NOTFÄLLE

Die Telefonnummern in Notfällen lauten:

Krankenwagen	Tel. 75 32 80
Feuer	Tel. 18
Polizei	Tel. 17
Seerettung	Tel. 63 92 05

FREIZEITBESCHÄFTIGUNGEN

Strände und Schwimmen: Die Strände auf der Südhälfte der Insel bestehen aus weißem oder braunem Sand, die Strände auf der Nordhälfte dagegen aus grauem oder schwarzem Sand. Viele der schönsten Strände von Martinique sind entlang der Südwestküste von Grand Anse bis nach Les Salines zu finden. In der Gegend von Trois-Ilets sind der Anse-à-l'Ane und der Anse Mitan gute Sandstrände, die Menschenmengen anziehen. Zu den beliebten Stränden an der Ostküste gehören Cap Chevalier und Macabou im Süden wie auch Anse l'Étang und Tartane auf der Halbinsel Caravelle. Die Strände entlang der Nordostseite der Insel haben teilweise gefährliche Strömungsverhältnisse, wodurch leider auch schon zahlreiche Urlauber ertrunken sind.

Tauchen: Saint-Pierre ist eines der besten Tauchreviere der ganzen Insel. Hier sind Wracks, Korallenriffe und ein reiches Meeresleben zu sehen. Mehr als ein Dutzend der Schiffe, die während des Vulkanausbruchs von 1902 in dieser Stadt im Hafen ankerten, liegen jetzt auf dem Meeresboden, die meisten nur 10 bis 50 m unter der Wasseroberfläche, darunter ein 50 m langes Segelschiff, Frachtschiffe und ein Schlepper.

Grand Anse ist mit seinem ruhigen Wasser und den Korallenriffen ein guter Ort für Anfänger im Tauchen. Bei Cap Enragé, nördlich von Case-Pilote, kann man sich Unterwasserkäfige mit Unmengen von Fischen und Hummern ansehen. Der Rocher du Diamant (Diamantenfelsen) bietet interessante Felsformationen, hat aber auch schwierigere Wasserverhältnisse. Die Ilet la Perle, ein Felsen vor der Nordwestküste, ist günstig, um Aale und Hummer zu sichten, wenn der Seegang nicht zu rauh ist.

Auf Martinique finden Sie folgende Tauchbasen: Centre de Plongée (Tel. 66 01 79) liegt am Hotel Méridien in Pointe du Bout und berechnet für einen Tauchgang 250 FF.

Oekonos Club (Tel. 76 21 76) liegt im Village du Diamant in Diamant und taucht am Diamantenfelsen, wofür man pro Tauchgang 200 FF bezahlen muß.

*Planète Bleu*e (Tel. 66 08 79) ist ein Tauchboot, das im Hafen bei Pointe du Bout anlegt.

Tropicasub (Tel. 78 38 03) taucht bei den Wracks von Saint-Pierre um 9.30 und 15.00 Uhr für 200 FF pro Tauchgang.

Schnorcheln: Gut schnorcheln kann man rund um Grand Anse, Sainte-Anne und Case-Pilote. In den meisten der größeren Hotels lassen sich Schnorchelausrüstungen entweder mieten oder von den Gästen sogar kostenlos benutzen. Einige der Tauchläden bieten zudem besondere Schnorcheltouren an, während andere Schnorchler zusammen mit den Tauchern hinausfahren lassen.

Windsurfen: Die meisten Strandhotels unterhalten Strandhütten, an denen Ausrüstungen zum Windsurfen vermietet werden. Das kostet im allgemeinen 80 bis 100 FF pro Stunde, ist aber für Hausgäste nicht selten kostenlos.

Wandern: Auf Martinique gibt es zahllose Wanderwege. Von der Route de la Trace führt eine Anzahl beschilderter Wege in den Regenwald sowie auf und um die Pitons du Carbet. Ebenfalls beliebt ist die mittelschwere dreistündige Wanderung zu den Ruinen von Château Dubuc auf der Halbinsel Caravelle.

Es gibt daneben anstrengende und schwierige Wanderwege, die die nördlichen wie auch die südlichen Hänge des Mont Pelée hinaufführen. Der kürzeste und steilste beginnt in Morne Rouge und nimmt für Hin- und Rückweg etwa vier Stunden in Anspruch. Die Aufstieg über die nördliche Flanke ist 8 km lang und erfordert nur für den Hinweg 4½ Stunden. Zwei Pfade beginnen unmittelbar östlich von Grand-Rivière und vereinigen sich auf der Hälfte des Aufstiegs auf den Berg.

Etwas weniger anstrengend, aber immer noch recht schwierig ist der 20 km lange Wanderweg rund um die wenig besiedelte Nordspitze der Insel zwischen Grand-Rivière und Anse Couleuvre. Eine einfache Möglichkeit, diese

Strecke zu bewältigen, besteht in der Teilnahme an einer der geführten Wanderungen, die vom Fremdenverkehrsamt (*syndicat d'initiative*) in Grand-Rivière (Tel. 55 72 74) veranstaltet werden. Sie finden etwa zweimal im Monat an Sonntagen statt. Die Wanderer beginnen dabei ihre Tour am Rathaus um 8.00 Uhr morgens, kommen in Anse Couleuvre gegen 13.00 Uhr an und kehren nach Grand-Rivière mit einem Schiff zurück. In den Kosten von 150 FF ist ein Mittagessen enthalten.

Andere Fremdenverkehrsämter organisieren Wanderungen in den übrigen Landesteilen, die Verwaltung der Naturschutzgebiete (Parc Naturel Regional) am Boulevard du Général de Gaulle in Fort-de-France (Tel. 73 19 30) sogar mehrmals in jeder Woche mit einem Führer. Hinweise auf Wanderungen (*randonée*) findet man in dem wöchentlich erscheinenden Touristenmagazin *Choubouloute*.

Reiten: Die Ranch Black Horse in Trois-Ilets (Tel. 66 00 04) bietet täglich außer montags dreistündige Ausritte für 180 FF an. Auch auf der Ranch Jack in der Nähe des Anse d'Arlet (Tel. 68 63 97), bei La Cavale in Diamant (Tel. 76 22 94) und auf der Ranche Val d'Or in Sainte-Anne (Tel. 76 70 58) bestehen Reitmöglichkeiten.

Radfahren: Fahrten mit Mountain Bikes wie auch andere organisierte Aktivitäten im Freien können von

V. T. Tilt in Pointe du Bout (Tel. 66 01 01) arrangiert werden.

Golf: Auf Martinique gibt es auch einen Golfplatz, den Platz Golf de l'Impératrice Joséphine mit 18 Löchern in Trois-Ilets (Tel. 68 32 81).

Hier sind zudem ein Laden, ein Restaurant und eine Bar vorhanden.

Tennis: Die meisten größeren Strandhotels haben Tennisplätze für ihre Gäste angelegt. Daneben findet man beim Golfplatz in Trois-Ilets drei beleuchtete Tennisplätze. Informationen über andere Plätze, auf denen Besucher gegen Gebühr spielen dürfen, kann man bei der La Ligue Régionale de Tennis in Lamentin (Tel. 51 08 00) erhalten.

HÖHEPUNKTE

Besuchen Sie in jedem Fall die Stadt Saint-Pierre mit den Überbleibseln nach dem Vulkanausbruch von 1902. Am malerischste ist die Fahrt dorthin über die Route de la Trace durch das gebirgige Inselinnere. Es ist aber auch recht unterhaltsam, durch Fort-de-France zu spazieren. Dabei sollte man die Bibliothéque Schoelcher (Schoelcher-Bücherei), die Kathedrale und die Nebenstraßen in der Umgebung mit ihrer französischen Kolonialarchitektur nicht verpassen.

UNTERKUNFT

Martinique verfügt über etwa 85 Hotels mit zusammen 4000 Zimmern. Da die Franzosen die riesigen Hotelkomplexe, wie es sie überall sonst in der Karibik gibt, meiden, findet man auf Martinique nur etwa ein Dutzend Hotels mittlerer Größe mit um die 100 Zimmern. Die meisten der anderen Hotels auf der Insel bestehen aus 12 bis 40 Zimmern. Die Preise sind im karibischen Vergleich moderat, wobei man für eine Übernachtung in einem anspruchsvollen Hotel durchschnittlich 250 US $, in einem Mittelklassehotel 125 US $ und in einer einfachen Unterkunft 65 US $ bezahlen muß. Wie in Frankreich sind auf Martinique Steuern und Zuschläge für Bedienung in den Preisen bereits enthalten.

In den letzten Jahren ist es auf Martinique bei den Hotels zu einem Bauboom gekommen, so daß einige der besseren Angebote in diesen neueren Hotels zu erhalten sind. Vor allem Anse Mitan bietet eine gute Auswahl an preiswerten Zimmern in erst kürzlich eröffneten Häusern.

Gîtes de France (Tel. 73 67 92, Fax 73 66 93, BP 1122, 97209 Fort-de-France) bietet Zimmer und Apartments von Privatpersonen an, wofür die Preise pro Woche zwischen 1200 und 5500 FF liegen.

Die Centrale de Réservation (Tel. 63 79 60, Fax 63 11 64, BP 823, 97208 Fort-de-France), gegenüber vom

Fremdenverkehrsbüro gelegen, vermittelt Villen wie auch Zimmer im privaten Häusern zu Preisen von wöchentlich 1200 bis 7200 FF.

Camping: Richtige Campingplätze mit entsprechenden Einrichtungen sind Camping de Sainte-Anne (Tel. 76 72 79, BP 8, 97227 Sainte-Anne), Tropicamp (Tel. 62 49 66, Gros Raisins Plage, Sainte-Luce), Le Nid Tropical (Tel. 68 31 30 in Anse-à-l'Ane und Tel. 76 72 79 in Pointe-Marin), Vauclin (Tel. 74 43 11) und Diamant (Tel. 76 40 11).

Das Zelten ist darüber hinaus entlang des Strandes von Les Salines und in einigen anderen Gegenden an den Wochenenden und während der Schulferien erlaubt. Wegen näherer Informationen dazu wendet man sich am besten an das Fremdenverkehrsbüro.

Komplett ausgerüstete Campingmobile mit bis zu vier Schlafplätzen können bei West Indies Tours, Quartier Beauregard, Le François (Tel. 54 50 71), je nach Jahreszeit für 575 bis 750 US $ pro Woche gemietet werden. Wenn Sie sich ein Zelt leihen wollen, dann wenden Sie sich an T S Autos in der Avenue Maurice Bishop 38 in Fort-de-France (Tel. 63 42 82) oder an MAB Location an der Route Châteauboeuf in Fort-de-France (Tel. 71 98 95).

ESSEN

Die meisten Restaurants bieten entweder französische oder kreolische Küche mit Schwerpunkt auf Gerichten mit einheimischen Meerestieren an. Muscheln, Garnelen und Hummer sind beliebte Gerichte, obwohl Hummer mit 40 FF pro 100 g recht teuer ist. Das beste Angebot ist in den meisten Restaurants das Tagesgericht zum Festpreis, manchmal auch als *menu touristique* bezeichnet. Dabei handelt es sich immer um ein Menü mit drei oder vier Gängen, das je nach Hauptgericht zwischen 90 und 160 FF kostet. Wenn Sie recht preiswert essen möchten, dann gehen Sie in eines der italienischen Restaurants und Pizzalokale der Insel. Für eine schnelle Mahlzeit zwischendurch kann man sich in einer Bäckerei einen Sandwich holen, den man an einigen Bäckereien sogar an kleinen Tischen draußen verzehren kann.

Auf Martinique werden die meisten der angebotenen Früchte auch angebaut, darunter die sehr süße Ananas.

GETRÄNKE

Wasser aus dem Hahn läßt sich unbedenklich trinken. Wenn Sie in Restaurants Wasser bestellen, erhalten Sie üblicherweise Mineralwasser in Flaschen. Wenn Sie dafür nicht gesondert bezahlen wollen, dann bitten Sie um *l'eau du robinet*, also Leitungswasser.

Auf Martinique darf man ab 18 Jahren legal Alkohol trinken. Das lokale Bier heißt Lorrain, doch ist der Rum von der Insel weitaus beliebter. Der häufigste Aperitif auf Martinique ist der Ti-punch, der aus weißem Rum, Zuckerrohrsirup und einem Spritzer Zitronensaft besteht. Der Planteur Punch ist ein richtiger Rumpunsch und besteht aus Rum und Fruchtsaft.

UNTERHALTUNG

Die großen Hotels im südlichen Martinique bieten eine große Palette an Unterhaltung an, die von Musik mit Steelbands bis zu Disco-Veranstaltungen, Tanz, Limbo-Shows usw. reicht. Die beliebteste Touristenshow der Insel ist die Aufführung der 30 Mitglieder starken volkstümlichen Truppe des Ballets Martiniquais, die jeden Abend in einem anderen Hotel als Show zum Abendessen stattfindet. Nachtclubs und Kinos findet man in Fort-de-France. Wenn Sie Näheres über Orte und Zeiten der einzelnen

Unterhaltungsangebote erfahren wollen, dann werfen Sie einen Blick in die wöchentlich erscheinende Zeitschrift *Choubouloute*.

Das einzige Kasino von Martinique befindet sich im Le Méridien in Pointe du Bout. Dort wird Roulette und Black Jack gespielt.

Hahnenkämpfe sind auf Martinique sehr beliebt und werden in einer Reihe von Arenen überall auf der Insel ausgetragen.

EINKÄUFE

Der beste Ort zum Einkaufen ist Fort-de-France, wo in klimatisierten Geschäften die neueste Pariser Mode, französisches Parfüm, Lederhandtaschen, Kristall, Seidentücher usw. verkauft werden. Die meisten Boutiquen liegen entlang der Rue Victor Hugo, vor allem zwischen der Rue de la République und der Rue Schoelcher. Im Kaufhaus Merlande in der Nähe der Kathedrale wird ein bißchen von allem verkauft. Ausländer, die mit Reiseschecks oder Kreditkarten bezahlen, erhalten bei Merlande und in einigen der besseren anderen Geschäfte 20 % Preisnachlaß.

Einheimisches Handwerk wie geflochtene Körbe, Puppen in Madraskostümen, Holzschnitzereien und T-Shirts werden von Händlern in der nordwestlichen Gegend von La Savane und in Handwerksgeschäften rund um die Insel verkauft.

Töpferwaren von der Insel zu vernünftigen Preisen können Sie direkt von den Handwerkern in den Töpferdörfchen in der Nähe von Trois-Ilets erwerben.

Der einheimische Rum ist ebenfalls ein beliebtes Souvenir und wird je nach Qualität pro Liter zu Preisen von 25 bis 200 FF verkauft.

ANREISE

FLUG

Bei den auf Martinique vertretenen Fluggesellschaften

können Sie unter den folgenden Telefonnummern Reservierungen vornehmen:

MARTINIQUE

Air France	Tel. 55 33 00
Air Guadeloupe	Tel. 59 09 90
Air Martinique	Tel. 60 00 23
American Airlines	Tel. 51 12 29
AOM	Tel. 51 74 85
Corsair	Tel. 51 26 21
LIAT	Tel. 51 10 00

Von Europa: Direktverbindungen aus den deutschsprachigen Ländern nach Martinique gibt es bisher nicht. Man kann aber täglich von allen Flughäfen in Deutschland, Österreich und der Schweiz mit Air France über Paris nach Martinique fliegen und muß dann für einen Hin- und Rückflug je nach Saison zwischen 1300 und 2000 DM bezahlen (Ticketgültigkeit 90 Tage).

Auch AOM fliegt täglich von Paris nach Martinique, und zwar saisonabhängig zum Preis von 1000 bis 1300 DM (mit Anschlußflug von München oder Berlin 300 DM mehr).

Eine dritte Flugmöglichkeit nach Martinique besteht mit American Airlines von Düsseldorf und Frankfurt über Chicago oder Miami und San Juan auf Puerto Rico, wofür man hin und zurück je nach Saison mit zwischen 1700 und 2000 DM rechnen muß.

Alle diese Flüge kann man allerdings nicht bei der jeweiligen Fluggesellschaft und auch nicht in jedem Reisebüro buchen. Die Flugscheine sind jedoch zu günstigen Preisen bei unserer Schwesterfirma Walther-Weltreisen Udo Schwark in Bonn (Hirschberger Straße 30, D-53119 Bonn) erhältlich. Dort sind in einer Datenbank Zehntausende von Flugmöglichkeiten mit allen Einzelheiten (Saisonzeiten, Gültigkeit der Flugscheine, Flugtage usw.) gespeichert, aus der Sie gegen einen großen, frankierten Rückumschlag eine aktuelle Preisliste für alle Flüge nach Martinique anfordern und sich daraus die für Sie passende Verbindung heraussuchen können.

In der Schweiz wendet man sich wegen eines preiswerten Fluges nach Martinique am besten an den Globetrotter Travel Service, Rennweg 35, 8001 Zürich, Tel. (01) 2 11 77 80 (mit weiteren Büros in Baden, Basel, Bern, Luzern, St. Gallen und Winterthur), und in Österreich an den Reiseladen, Dominikanerbastei 4, 1010 Wien, Tel. (01) 5 13 89 36.

Von Südamerika: Air France fliegt donnerstags und sonntags von Caracas nach Fort-de-France und täglich außer mittwochs von Cayenne in Französisch Guayana. Die billigsten Tarife für Flüge von Caracas nach Martinique und zurück liegen bei 273 US $, erlauben einen Aufenthalt von bis zu 17 Tagen und müssen 14 Tage im voraus bezahlt werden. Von Cayenne gibt es einen Flugschein zum Ausflugstarif für einen Aufenthalt von bis zu 14 Tagen für 300 US $, der nicht eine bestimmte Zeit im voraus gebucht werden muß.

Von anderen Karibikinseln: Air Martinique fliegt täglich von Guadeloupe, St. Martin, St. Lucia, St. Vincent und Barbados nach Martinique. Hin- und Rückflüge kosten nach Fort-de-France von St. Lucia 97 US $ (zwei Tage Mindestaufenthalt, der Flugschein muß bei der Reservierung bezahlt werden, wenn der Abflug innerhalb der nächsten sieben Tage stattfindet), von Guadeloupe 164 US $ (keine Einschränkungen), von Barbados 210 US $ (4-21 Tage Aufenthalt) und von St. Vincent 245 US $ (keine Einschränkungen).

Air France fliegt zwischen Martinique und Guadeloupe hin und zurück für 164 US $ (ohne Einschränkungen). Bei Air France und Air Martinique erhalten Personen unter 25 Jahren, Studenten zwischen 26 und 31 Jahren, ältere Menschen ab 60 Jahren und Familien (auch Ehemann und Ehefrau), die zusammen verreisen, 25 % Ermäßigung.

Air Guadeloupe unterhält zwischen Guadeloupe und Martinique drei bis fünf Flugverbindungen täglich. Auf dieser Strecke kostet ein Ticket zum Ausflugstarif, das für den Rückflug 21 Tage gültig ist, 632 FF, während man für einen einfachen Flug je nach Tageszeit zwischen 305 und 466 FF bezahlen muß.

LIAT verbindet Martinique mit der restlichen Karibik. Ein Ticket für Hin- und Rückflug nach Martinique, das einen Aufenthalt von 30 Tagen und zwei Flugunterbrechungen erlaubt, kostet von Antigua 204 US $, von St. Kitts 294 US $ und von St. Martin 320 US $.

Flughafeninformation: Auf dem internationalen Flughafen Lamentin gibt es einen Informationsstand für Touristen mit freundlichen Mitarbeitern, an dem man Landkarten und Broschüren in englischer Sprache erhalten kann, Schalter von Autovermietungen, Snackbars, Souvenirgeschäfte, Läden mit zollfreien Spirituosen, einen Zeitungsstand und eine Apotheke. Die öffentlichen Telefone lassen sich mit Telefonkarten benutzen, die im Flughafenpostamt verkauft werden. Dieses Postamt ist täglich von 7.00 bis 14.30 Uhr und von 15.00 bis 21.30 Uhr geöffnet. Geld kann man im Büro von Change Caraïbes täglich von 7.30 bis 22.00 Uhr wechseln.

Flughafentransfer: Der Flughafen liegt nur etwa 10 Minuten mit einem Auto von Fort-de-France und etwa 20 Minuten von der Feriengegend bei Pointe du Bout entfernt. Taxis lassen sich am Flughafen einfach finden, sind allerdings recht teuer (etwa 80 FF). Falls Sie also planen, sich während Ihres Aufenthaltes auf Martinique ein Auto zu mieten, dann sorgen Sie dafür, daß es bei Ihrer Ankunft am Flughafen bereitsteht.

Wegen des Einflusses der Gewerkschaft der Taxifahrer bestehen keine direkten Busverbindungen vom und zum Flughafen. Bei Ihrer Rückreise können Sie trotzdem, auch wenn es nicht unbedingt sonderlich praktisch ist, vom Pointe Simon in Fort-de-France einen Bus in Richtung Ducos nehmen (8,70 FF) und fragen, ob Sie der Fahrer an der Autobahn außerhalb des Flughafengeländes aussteigen läßt.

Wenn Sie am Flughafen einen Mietwagen zurückgeben möchten, kann dies zu Verwirrung führen. Budget und Hertz unterhalten Büros direkt vor dem Flughafeneingang, während Wagen der meisten anderen Autovermieter unmittelbar vor dem gebührenpflichtigen Parkplatz in dem Gebiet zurückzugeben sind, der mit „Eurocar P" gekennzeichnet ist.

SCHIFF
Die Compagnie Générale Maritime (Tel. 55 32 00, BP 574, Avenue Maurice Bishop, Fort-de-France) setzt ein Passagier- und Frachtschiff ein, das zwischen den französisch Inseln in der östlichen Karibik und dem französischen Festland verkehrt. Informationen über Fahrten mit Schiffen von Europa in die östliche Karibik finden Sie im Kapitel über die Anreise im Einführungsteil dieses Buches.
Sowohl die *Caribbean Express* (Tel. 60 12 38) als auch die *Madikera* (Tel. 73 35 35) sind moderne Katamarane, die zwischen Martinique, Guadeloupe und Dominica

verkehren. Nähere Einzelheiten zu diesen Booten können Sie dem Abschnitt über die Anreise im Kapitel über Guadeloupe entnehmen.

Segelboot: Der meisten Segelboote, die Martinique anlaufen, legen in Fort-de-France an. Jachten können aber genauso gut in Saint-Pierre und Marin einlaufen.
Das Segeln ist auf Martinique sehr beliebt, was zur Folge hat, daß auf der Insel zahlreiche Jachtchartergesellschaften vertreten sind. ATM (Tel. 74 98 17) und The Moorings (Tel. 74 75 39) haben sich im Hafen von Marin niedergelassen, während man Star Voyage (Tel. 66 00 72) im Hafen von Pointe du Bout findet.

Kreuzfahrt: Kreuzfahrtschiffe legen bei Pointe Simon in Fort-de-France an der westlichen Seite des Hafens an. Von hier aus kann man bequem zum Stadtzentrum und den bedeutendsten Sehenswürdigkeiten spazieren.

AUSREISE AUS MARTINIQUE
Wenn Sie mit einem Flugzeug aus Martinique ausreisen, wird eine Sicherheitsgebühr von 35 FF erhoben.

REISEN AUF MARTINIQUE

BUS
Obwohl auch einige größere öffentliche Busse eingesetzt werden, sind die meisten Minibusse, die oben mit „TC" (für *taxis collectifs*) gekennzeichnet sind. Die Fahrtziele sind auf den Fahrzeugen vermerkt, teilweise an den Türen und teilweise auf Schildern, die hinter die Windschutzscheibe geklemmt werden. Bushaltestellen sind mit *arrêt autobus* beschriftet oder an Schildern zu erkennen, auf denen ein Bus abgebildet ist.
Der geschäftige Busbahnhof von Fort-de-France liegt bei Pointe Simon an der Westseite des Hafens. Die Busse nach Saint-Pierre fahren von dort an Werktagen häufig und an Sonntagen weniger oft ab. Sie benötigen 45 Minuten Fahrtzeit für diese Strecke und können für 17 FF benutzt werden. Die Fahrpreise für Busfahrten zu anderen Zielen betragen von Fort-de-France nach Trois-Ilets 16 FF, nach Diamant 18 FF, nach Sainte-Anne 30 FF und nach Grand-Rivière 39 FF.
Busse zu den Gärten von Balata und nach Morne Rouge lassen sich entlang des Friedhofes südlich vom Parc Floral anhalten. Sie fahren tagsüber (außer sonntags) etwa alle 30 Minuten.

TAXI
Die Fahrpreise für Taxifahrten vom Flughafen betragen nach Fort-de-France etwa 80 FF, nach Sainte-Anne 270 FF und nach Pointe du Bout oder Anse Mitan 160 FF. Für eine Taxifahrt von Pointe du Bout nach Anse-à-l'Ane

muß man 50 FF und nach Fort-de-France 210 FF bezahlen.
Auf alle Fahrten zwischen 20.00 und 6.00 Uhr sowie an Sonn- und Feiertagen kommt ein Zuschlag von 40 %. Wenn Sie ein Taxi herbeirufen wollen, dann wählen Sie die Telefonnummer 63 63 62.

AUTO UND MOTORRAD
Verkehrsregeln: Auf Martinique wird rechts gefahren. Die nationale Fahrerlaubnis des Heimatlandes ist hier gültig. Die Verkehrsregeln und Schilder sind die gleichen wie in Europa, so daß Geschwindigkeitsbegrenzungen angezeigt und Ausfahrten sowie Kreuzungen übersichtlich beschildert sind.
Die Straßen sind nach karibischem Standard sehr gut und bestehen in der Gegend um Fort-de-France teilweise aus mehrspurigen Autobahnen (mit dem zugehörigen Berufsverkehr).

Mietwagen: Am Flughafen sind zahlreiche Autovermietungen vertreten, bei denen die Preise für einen Kleinwagen ohne Kilometerbegrenzung pro Tag zwischen 180 FF bei Union und 230 FF bei Hertz liegen. In der ruhigen Sommersaison werden häufig Rabatte von um die 20 % eingeräumt, wohingegen man mitten in der Hochsaison im Winter keinen preiswerten Wagen erhalten wird, wenn man ihn nicht im voraus reserviert hat.

MARTINIQUE

Achten Sie darauf, daß einige Gesellschaften wie z. B. Europcar auch Wagen vermieten, für die jeder gefahrene Kilometer extra berechnet wird. Es gibt z. B. bei Europcar Kleinwagen für 144 FF pro Tag zuzüglich 1,44 FF für jeden gefahrenen Kilometer im Gegensatz zum Preis dieses Unternehmens ohne Kilometerbegrenzung von 183 FF pro Tag.

Wenn Sie eine Kaskoversicherung abschließen, die Unfallschäden am Auto außer einem Eigenanteil von 2000 FF abdeckt, kostet das für einen Kleinwagen weitere 50 bis 600 FF. Um ein Auto mieten zu können, muß man mindestens 21 Jahre alt sein, für den Abschluß einer Kaskoversicherung 25 Jahre.

Mietwagen kann man unter den folgenden Telefonnummern reservieren lassen, wobei die Telefonnummern des jeweiligen Flughafenbüros zuerst angegeben sind:

Avis	Tel. 51 26 86
in Fort-de-France	Tel. 70 11 60
in Pointe du Bout	Tel. 51 22 88
Budget	Tel. 51 22 88
in Fort-de-France	Tel. 63 69 00
in Pointe du Bout	Tel. 66 00 45
Citer	Tel. 51 65 75
in Fort-de-France	Tel. 72 66 48
in Sainte-Anne	Tel. 76 74 12
Europcar	Tel. 51 20 33
in Fort-de France	Tel. 73 33 13
in Pointe du Bout	Tel. 66 04 29
Eurorent	Tel. 51 55 44
in Fort-de-France	Tel. 60 43 62
Hertz	Tel. 51 28 22
in Fort-de-France	Tel. 60 64 64
in Pointe du Bout	Tel. 66 06 59
Thrifty	Tel. 51 29 6
in Pointe du Bout	Tel. 66 09 59
Union/Ozier-Lafontaine	Tel. 51 64 67
in Sainte-Anne	Tel. 76 79 66

Motorrad und Fahrrad: Motor- und Fahrräder können bei Funny (Tel. 63 33 05) und T S Autos (Tel. 63 42 82) in Fort-de-France, bei Discount in Pointe du Bout (Tel. 66 54 37), bei Scootonnerre in Diamant (Tel. 76 41 12) und bei der Centrale du Cycle in Lamentin (Tel. 50 28 54) gemietet werden.

TRAMPEN

Das Trampen ist auf Martinique recht weit verbreitet, wobei allerdings die üblichen Vorsichtsmaßnahmen beachtet werden sollten.

SCHIFF

Zwischen den wichtigsten Urlaubsgegenden und Fort-de-France verkehren einige Fähren (*vedettes*) und bieten eine gute Alternative zu dem überfüllten Straßenverkehr mit Bussen und Autos. Fahrten mit diesen Fähren haben außerdem den Vorteil, daß man sich um einen Parkplatz nicht zu kümmern braucht. In Fort-de-France legen die Fähren am Dock gegenüber von La Savane an, wo auch die Fahrpläne aushängen. Die Fähren fahren pünktlich ab, manchmal sogar einige Minuten zu früh.

Von Fort-de-France nach Pointe du Bout: Somatours Vedettes (Tel. 73 05 53) unterhält eine Fährverbindung zwischen Fort-de-France und dem Hafen von Pointe du Bout. Die Fahrt ist recht angenehm und dauert nur 15 Minuten. Das Boot fährt täglich von den frühen Morgenstunden bis nach Mitternacht, und zwar werktags 22 mal und an den Wochenenden 15 mal.

Die Fahrpreise betragen für Erwachsene für eine einfache Fahrt 16 FF und für eine Hin- und Rückfahrt 24 FF, für Kinder zwischen zwei und sieben Jahren 6 bzw. 10 FF.

Von Fort-de-France nach Anse Mitan und Anse-à-l'Ane: Boote von Madinina Vedettes (Tel. 63 06 46) fahren in einem Dreieckskurs zwischen Fort-de-France, Anse Mitan und Anse-à-l'Ane. Die Boote verkehren zwischen etwa 6.00 (sonntags 8.30) und 18.00 Uhr täglich alle 30 bis 60 Minuten.

Ein Boot von Franck Perret Vedette (Tel. 71 82 28) fährt zwischen Fort-de-France und Anse Mitan montags bis samstags, und zwar von Fort-de-France zu jeder vollen Stunde zwischen 8.00 und 17.00 Uhr, von Anse Mitan zu jeder halben Stunde zwischen 8.30 und 16.30 Uhr.

Die Fahrpreise betragen für eine Fahrt auf jedem dieser Boote von Fort-de-France nach Anse Mitan 15 FF (einfache Fahrt) bzw. 22 FF für eine Hin- und Rückfahrt (für Kinder 10 FF). Auf der Strecke zwischen Anse Mitan und Anse-à-l'Ane kommt man pro Person für nur 5 FF mit.

Von Fort-de-France nach Grand Anse: Trou Au Chat (Tel. 66 01 44) unterhält eine Bootsverbindung von Fort-de-France über Anse-à-l'Ane nach Grand Anse. Da das Boot nicht täglich fährt, empfiehlt es sich, bei Interesse anzurufen und sich nach dem Fahrplan zu erkundigen.

AUSFLUGSFAHRTEN

Ausflüge mit einem Taxi kosten etwa 220 FF pro Stunde oder rund 600 FF für eine Halbtagestour über die Route de la Trace mit einem Besuch in Saint-Pierre und dem Rückweg nach Fort-de-France über die Westküste. Rund um die Insel lassen sich zudem Fahrten mit Katamaranen und gecharterten Booten unternehmen. Danach kann man sich im Fremdenverkehrsamt und in seinem Hotel erkundigen oder die einschlägigen Touristenmagazine durchsehen.

FORT-DE-FRANCE

Fort-de-France ist die Inselhauptstadt und die größte sowie kosmopolitischste Stadt der gesamten französischen Inseln in der östlichen Karibik. Ansehen kann man sich hier eine hübsche Hafenanlage, hinter der die Pitons du Carbet aufragen. Den besten Blick auf diese Anlage haben Sie, wenn Sie mit der Fähre anreisen.

Die engen, geschäftigen Straßen gegenüber von La Savane, dem vor dem Hafen gelegenen Stadtpark, werden rechts und links von einer Mischung aus einfachen Bürogebäuden und interessanten Häusern aus der Zeit der Jahrhundertwende flankiert, in denen sich Boutiquen mit Designermode und französische Cafés angesiedelt haben. Diese Gegend hat den Flair Pariser Nebenstraßen genauso wie karibischen Charme. Nehmen Sie sich einige Stunden Zeit, flanieren Sie herum und sehen Sie sich die Handvoll historischer Stätten und Museen an, die es in dieser Stadt gibt. Wenn Sie auch noch einkaufen oder essen gehen möchten, sollten Sie mehr Zeit einplanen.

PRAKTISCHE HINWEISE

Informationen: Das Fremdenverkehrsbüro (Tel. 63 79 60) liegt am Boulevard Alfassa und ist montags bis freitags von 7.30 bis 12.30 Uhr und von 14.30 bis 17.30 Uhr (freitags nur bis 17.00 Uhr) sowie samstags von 8.00 bis 12.00 Uhr geöffnet.

Geld: Geld läßt sich bei Change Caraïbes in der Rue Ernest Deproge 4 montags bis freitags von 7.30 bis 18.00 Uhr und samstags von 8.00 bis 12.30 Uhr wechseln. Change Point, einen Block entfernt, ist montags bis freitags von 8.00 bis 18.00 Uhr und samstags bis 13.00 Uhr geöffnet. Beide wechseln die wichtigsten Auslandswährungen ein und berechnen für die meisten Transaktionen keine Gebühren. Eine Filiale der BFC-Bank liegt einige Türen von Change Caraïbes entfernt ebenfalls an der Rue Ernest Deproge. Andere Banken finden Sie in der Rue de la Liberté, und zwar gegenüber von La Savane.

Post und Telekommunikation: Im Hauptpostamt an der Ecke der Rue Antoine Siger und der Rue de la Liberté kann man Faxsendungen aufgeben, Telefonkarten kaufen, Kartentelefone benutzen und postlagernde Sendungen abholen. Es ist montags bis freitags von 7.00 bis 18.00 Uhr und samstags bis 12.00 Uhr geöffnet. Allerdings muß man mit langen Warteschlangen rechnen. Weitere öffentliche Kartentelefone finden Sie an der La Savane, gegenüber vom Postamt und verstreut in der ganzen Stadt.

Buchhandlungen: Am Zeitungsstand an der westlichen Ecke von La Savane werden die *International Herald Tribune* und zahlreiche französischsprachige Zeitschriften und Magazine verkauft.
Bei Centrale Catholique in der Rue Blénac 57 erhält man Bücher in französischer Sprache über Martinique (Geschichte, Flora und Fauna usw.) und die Landkarten des Institut Géographique National von Martinique.

Wäscherei: Eine Selbstbedienungswäscherei gibt es im zweiten Stock hinter dem Restaurant La Bodega. Der Eingang liegt an der Rue Victor Hugo, wo man einfach nur den Schildern mit der Aufschrift „Laverie Automatique" folgen und nach der Treppe Ausschau halten muß.

Apotheken: In der Stadt findet man auch mehrere Apotheken, darunter die Pharmacy de l'Impératrice an der Ecke der Rue de la Liberté und der Rue Antoine Siger.

Parken: An Wochenenden und Feiertagen ist das Parken überhaupt kein Problem, während die Parkplatzsuche an Werktagen eine Herausforderung darstellt. Es gibt jedoch ein Parkhaus neben dem Boulevard Alfassa zwischen dem Fremdenverkehrsbüro und der Haltestelle der Minibusse, in dem eine Stunde Parken 8 FF und 12 Stunden Parken 80 FF kosten. Gebührenpflichtige Parkplätze findet man entlang der meisten Seitenstraßen, die von der Rue de la Liberté abzweigen, wo man für eine Stunde Parken 5 FF bezahlen muß und einen Wagen längstens zwei Stunden abstellen darf. Weitere Parkplätze gibt es entlang von La Savane an der Avenue des Caraïbes mit einer Höchstparkdauer von 15 Minuten (18 FF). Das Parken an den Straßen ist abends sowie an Sonn- und Feiertagen kostenlos.

SEHENSWÜRDIGKEITEN

La Savane: Dieser riesige Stadtpark besteht aus Grasflächen, hohen Bäume, Bambusanpflanzungen und vielen Bänken. An der Hafenseite von La Savane stehen Souvenirstände, ein Zeitungsstand und Statuen, die an frühe Siedler und gefallene Soldaten erinnern.
An der Nordseite des Parks, in der Nähe der geschäftigen Rue de la Liberté, ist eine Statue von Kaiserin Josephine zu sehen, die ein Medaillon mit dem Porträt von Napoleon in der Hand hält - auch wenn vor langer Zeit ihr eigener Kopf von der Statue abgeschlagen wurde. Trotz aller Erinnerungen an die Kaiserin Josephine ist sie unter den Inselbewohnern nicht sehr angesehen, denn die meisten von ihnen glauben, sie habe Napoleon überredet, die

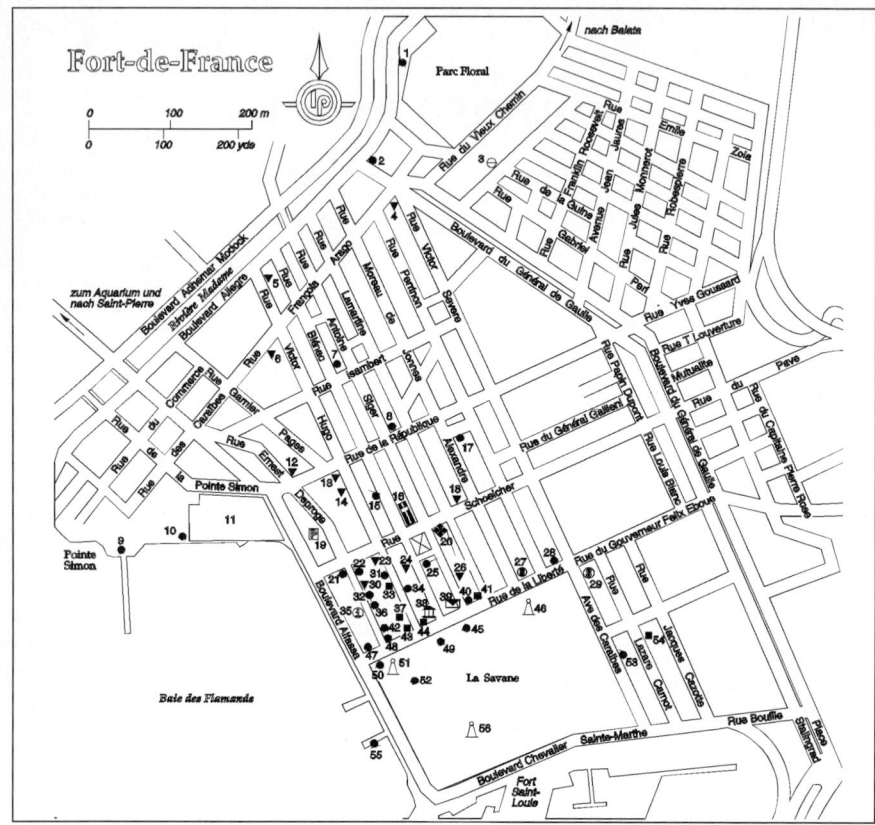

Sklaverei beizubehalten, damit die Plantage ihrer Familie in Trois-Ilets keinen Schaden nimmt.

Gegenüber der Südseite des Parks liegt Fort Saint-Louis. Die ursprüngliche Festung wurde 1640 im Vauban-Stil erbaut, auch wenn die meisten Teile des heutigen Forts Ergebnis vieler Anbauten sind. Das Fort ist immer noch eine militärische Anlage und darf von Besuchern nicht betreten werden.

Musée Départemental d'Archéologie: In diesem archäologischen Museum in der Rue de la Liberté 9 sind alte indianische Gebrauchsgegenstände ausgestellt, darunter Steinwerkzeuge, rituelle Objekte und Töpferwaren. Am beeindruckendsten sind die 100 oder mehr *adornos* aus Ton. Diese dekorativen Figürchen wurden zur Verzierung von Vasen und Schüsseln benutzt. Zu sehen sind hier auch Illustrationen der Kariben und Abbildungen strohgedeckter Hütten. Alles in allem ist die Ausstellung

einfach, um nicht zu sagen, ein wenig trocken und läßt sich in längstens 20 Minuten besichtigen. Die meisten Erläuterungen sind nur in französischer Sprache abgefaßt. Geöffnet ist montags bis freitags von 8.30 bis 13.00 Uhr und von 14.30 bis 17.00 Uhr sowie samstags von 9.00 bis 12.00 Uhr. Der Eintritt kostet für Erwachsene 15 FF und für Kinder unter 12 Jahren 5 FF.

Bibliothèque Schoelcher: Die Bibliothèque Schoelcher (Schoelcher-Bibliothek) liegt an der Rue de la Liberté und ist ein auffallendes sowie farbenfroh bemaltes Gebäude mit einer byzantinischen Kuppel. Diese Arbeit des Architekten Henri Pick, eines Zeitgenossen von Gustave Eiffel, wurde in Paris 1887 erbaut, dann zerlegt, nach Fort-de-France verschifft und hier wieder aufgebaut. Auch das Innere ist sehenswert. Geöffnet ist montags bis freitags von 8.30 bis 12.00 Uhr und von 14.30 bis 18.00 Uhr sowie samstags am Vormittag.

Unterkünfte	16 Kathedrale Saint-Louis
33 Le Balisier	17 Justizpalast
37 Hôtel Central	19 Parkhaus
41 L'Impératrice	20 Kaufhaus Merlande
43 Lafayette	21 Quick Photo 1-hr
44 Hôtel Malmaison	22 Autovermietungen Europcar und Budget
54 Un Coin de Paris	25 Konsulat der USA
	27 Bank
Restaurants	28 Schoelcher-Bibliothek
4 Délifrance	29 BNP-Bank
5 Marie-Sainte	31 Wäscherei
6 Le Coq d'Or	32 Autovermietung Hertz
12 Délifrance	34 Change Point
13 Burger King	35 Fremdenverkehrsamt
14 Café des _les	36 Centrale de Réservation
18 Pâtisserie	38 Musée Départemental d'Archéologie
23 McDonald's	39 Postamt
24 Le Second Souffle	40 Pharmacy de L'Impératrice
26 Délifrance	42 Changes Caraïbes
30 La Bodega	45 Taxihaltestelle
	46 Statue von Kaiserin Josephine
Sonstiges	47 Air France
1 Bauernmarkt	48 Autovermietung Avis
2 Fischmarkt	49 Öffentliche Toiletten
3 Busse nach Balata	50 Zeitungsstand
7 Markt	51 Statue von Belain d'Esnambuc
8 Supermarkt Match	52 Andenkenstände
9 Terminal für Kreuzfahrtschiffe	53 Kino
10 Ausländerbehörde und Zoll	55 Fähren nach Pointe du Bout
11 Busbahnhof für Minibusse	56 Kriegerdenkmal
15 Buchhandlung Centrale Catholique	

Kathedrale Saint-Louis: Die Kathedrale Saint-Louis an der Rue Schoelcher, einen Block nördlich von La Savane gelegen, ist mit ihrem römisch-byzantinischen Stil und ihrem 57 m hohen Kirchturm eine der hervorstechendsten Sehenswürdigkeiten der Stadt. Sie wurde 1895 von Henri Pick erbaut, steht zu einem kleinen Platz hin und wird malerisch von zwei Königspalmen umrahmt. Das Innere der Kathedrale ist leuchtend und reich verziert und es wert, in jedem Fall einen Blick hinein zu werfen.

Justizpalast: Der Palais de Justice, ein neoklassizistisches Gebäude, das 1906 erbaut wurde, steht zwei Blocks nordöstlich der Kathedrale. Das Äußere erinnert an einen französischen Bahnhof. Auf dem Platz vor dem Justizpalast wurde eine Statue des Franzosen Victor Schoelcher aufgestellt, der sich für die Abschaffung der Sklaverei eingesetzt hatte.

Parc Floral und Märkte: Der Parc Floral ist ein öffentlicher Park im Norden der Stadt und lohnt einen Besuch, wenn man in der Gegend ist.

Ein Bauernmarkt wird entlang der Westseite des Parc Floral abgehalten und geht über in die Straße entlang des Rivière Madame. Neben auf der Insel angebautem Obst und Gemüse werden hier Kokosnüsse zum Trinken des Saftes (5 FF) und Schnittblumen verkauft. Der Fischmarkt liegt einen Block weiter südlich. Ein zweiter, größerer Markt befindet sich an der Nordseite der Rue Isambert.

Aquarium de la Martinique: Dieses Aquarium (Tel. 73 02 29), für das als „eines der größten in ganz Europa" geworben wird, zeigt auf 1400 m² Fläche 2000 Fische, Haie sowie Schildkröten und enthält die 18 m lange Nachbildung eines tropischen Flusses. Das Aquarium befindet sich am Boulevard de la Marne, einen Kilometer westlich des Stadtzentrums, und ist täglich von 9.00 bis 19.00 Uhr geöffnet. Der Eintritt kostet für Erwachsene 38 FF und für Kinder unter 12 Jahren 24 FF.

UNTERKUNFT
Stadtmitte: Das Un Coin de Paris (Tel. 70 08 52, Fax 63 69 51, Rue Lazare Carnot, 97209 Fort-de-France Cédex) verfügt über 14 karge Zimmer mit eigenen Bädern und

Klimaanlagen, aber wenig darüber hinaus. Es hat sich jedoch im Gegensatz zu anderen kleineren Hotels in dieser Gegend mehr auf ausländische Besucher mit wenig Geld als auf einheimische Gäste eingestellt. Mit Frühstück kosten hier Einzelzimmer lediglich 210 FF und Doppelzimmer nur 250 FF.

Zum Le Balisier (Tel. und Fax 71 46 54, 21 Rue Victor Hugo, 97200 Fort-de-France) gehören 32 Zimmer in mehreren Gebäuden. Die besten sind die kleinen, aber gut eingerichteten Zimmer im Haupthaus, die mit Fernsehgerät, Telefon und eigenem Bad ausgestattet sind. Wenn Sie in diesem Haus übernachten wollen, dann fragen Sie nach einem Zimmer an der Rückseite des Hotels, da es dort ruhiger und teilweise sogar ein Blick auf das Meer möglich ist. In einem Apartmentgebäude in der gleichen Straße werden Studios vermietet, die zwar schon etwas heruntergekommen, für den Preis aber angemessen sind. Jedes enthält einen Kühlschrank, eine Kochplatte, ein Fernsehgerät, ein Telefon, eine Klimaanlage und ein Doppel- oder Einzelbett. Die Hotelzimmer kosten als Einzelzimmer 290 FF und als Doppelzimmer 340 FF, die Studioapartments ebenfalls 340 FF.

Das Hôtel Malmaison (Tel. 63 90 85, 7 Rue de la Liberté, 97200 Fort-de-France) bietet 20 Zimmer in verschiedenen Größen und Ausstattungen. Alle sind mit Klimaanlage und eigenem Balkon versehen, die meisten auch mit einem Fernsehgerät ausgestattet. Auch wenn in einigen der Betten die Matratzen durchgelegen sind und zumindest eines der Zimmer keine Fenster hat, so sind sie doch sauber. Außerdem läßt der Mitarbeiter an der Rezeption in aller Regel die Gäste erst alle Zimmer begutachten und sich eines aussuchen. Für eines der kleineren Zimmer muß man allein 260 FF und zu zweit 290 FF bezahlen, während man in den größeren für 330 bzw. 360 FF übernachten kann.

Das Hôtel Central (Tel. 70 02 12, Fax 63 80 00, 3 Rue Victor Hugo, 97200 Fort-de-France) ist ein kleines Haus mit 18 sehr kleinen Zimmern, die nichts für Menschen mit Platzangst sind. Die Zimmer, mit Fernsehgerät, Klimaanlage und eigenem Bad ausgestattet, werden im Sommer als Einzelzimmer für 300 FF und als Doppelzimmer für 330 FF vermietet, im Winter für 375 bzw. 415 FF.

Das Lafayette (Tel. 73 80 50, Fax 60 97 75, 5 Rue de la Liberté, 97200 Fort-de-France) ist ein gutes, zentral gelegenes Hotel mit sauberen und für diese Preiskategorie recht guten Zimmern. Das dreistöckige Haus enthält 24 Zimmer, die mit Klimaanlage, Telefon, Fernsehgerät, Minibar und eigenem Bad ausgestattet sind. Hier kosten im Sommer Einzelzimmer 330 FF und Doppelzimmer 380 FF, während im Winter 380 bzw. 420 FF verlangt werden. Ein weiteres beliebtes, zentrales Hotel ist das L'Impératrice (Tel. 63 06 82, Fax 72 66 30, 15 Rue de la Liberté, 97200 Fort-de-France), das über 24 saubere, adäquate und klimatisierte Zimmer verfügt. Einige haben Balkone, von denen man auf La Savane blicken kann. Im Sommer

werden in diesem Haus Einzelzimmer ab 300 FF und Doppelzimmer ab 350 FF vermietet, im Winter ab 320 bzw. 415 FF, während die mit Fernsehgerät und Blick auf La Savane 375 bzw. 415 FF kosten (Frühstück jeweils inbegriffen).

Andere Stadtteile: Das Hotel Squash (Tel. 63 00 01, Fax 63 00 74, 3 Boulevard de la Marne, 97200 Fort-de-France) liegt einen Kilometer westlich des Stadtzentrums in der Nähe des Aquariums. Dieses moderne, zur mittleren Preiskategorie gehörende Hotel der Kette PLM Azur hat 108 bequeme Zimmer zu bieten, ausgestattet mit Klimaanlage, Telefon, Fernsehgerät und Minibar. Vorhanden sind auch ein Swimming Pool, ein Restaurant, ein Fitness-Center und drei Squash-Plätze. Hier werden das ganze Jahr über Einzelzimmer ab 480 FF und Doppelzimmer ab 570 FF angeboten.

La Batelière (Tel. 61 49 49, Fax 61 70 57, 97233 Schoelcher), einige Kilometer westlich des Zentrums von Forte-de-France gelegen, ist ein modernes Luxushotel, das zumindest teilweise für Geschäftsleute vorgesehen ist. Das Hotel hat auch einen eigenen Strand, einen Swimming Pool, einen Sportraum, eine Tauchschule, eine Diskothek, Tennisplätze sowie Restaurants zu bieten und wurde erst kürzlich für 22 Millionen US-Dollar renoviert, wobei man das Kasino in ein Konferenzzentrum umgewandelt hat. Die 200 Zimmer und Suiten bieten alle erdenklichen Annehmlichkeiten - schwere Vorhänge, große Betten, Marmorbäder und ähnliches mehr. Die Preise im Sommer beginnen hier für ein Standarddoppelzimmer bei 780 FF, für eine Suite bei 2500 FF, während dieselben Zimmer im Winter 900 bis 3500 FF kosten.

ESSEN

Gegenüber von La Savane an der Rue de la Liberté stößt man auf zahlreiche Cafés und kleine Restaurants. Wenn Sie preiswert essen möchten, erhalten Sie dort sicherlich ein Gericht zum Mitnehmen und frisches Brot für ein Picknick im Park. Bäckereien, in denen preiswerte Sandwiches verkauft werden, findet man überall in der Stadt. Am Abend parken Lastwagen, an denen Sandwiches, Crêpes und anderes preiswertes Essen angeboten werden, entlang vom Boulevard Chevalier Sainte Marthe an der Südseite von La Savane. Im Zentrum sind auch einige Schnellimbißketten vertreten, darunter Burger King und MacDonald's, beide täglich bis mindestens 23.00 Uhr geöffnet. Die Burger beider Ketten kosten zwischen 13 und 25 FF. Eine nette einheimische Alternative in der gleichen Preisklasse bietet das Délifrance in der Rue Antoine Siger, wo Sandwiches um die 15 FF und mittags preiswerte Tellergerichte serviert werden.

Das Café des Îles in der Rue Victor Hugo ist ein kleines, vom Besitzer selbst geführtes Café, in dem frisch gepreßter Orangensaft (12 FF), Omelettes und Salate von 30 bis 40 FF sowie Sandwiches angeboten werden.

Das Le Second Souffle, diagonal gegenüber der Kathedrale in der Rue Blénac 27 gelegen, ist ein gutes vegetarisches Restaurant. Salate erhält man dort zu Preisen zwischen 15 und 38 FF, während man für das Tagesgericht 50 FF ausgeben muß. Es ist werktags zum Mittagessen bis 15.00 Uhr und zum Abendessen von 19.30 bis 22.00 Uhr geöffnet.

Das La Bodega liegt in der Rue Ernest Deproge in der Nähe der Autovermietungen und ist ein angenehmes, im Club-Stil erbautes Restaurant mit vielen Salaten, Pizzen und Nudelgerichten zu Preisen zwischen 40 und 50 FF, einem vegetarischem Gericht für 45 FF und einem Tagesgericht mit drei Gängen für 75 FF. Hier kann man täglich außer sonntags von 20.00 bis 23.30 Uhr essen.

Wenn Sie sich in der Nähe des Flusses aufhalten, ist das Marie-Sainte ein beliebtes kleines Restaurant, wo gute und preiswerte kreolische Küche gekocht wird, z. B. Akraschoten, Muscheln und gegrillter Fisch. Es ist nur über Mittag geöffnet, und zwar montags bis samstags von 12.00 bis 15.00 Uhr.

Ebenfalls in dieser Gegend liegt das Le Coq d'Or in der Rue François Arago, in dem einfache Gerichte und frischer Zuckerrohrsaft serviert werden.

Im Supermarkt Match in der Rue Antoine Siger können Sie sehr gut Lebensmittel einkaufen (hier gibt es auch eine Drogerie). Geöffnet ist montags bis freitags von 8.00 bis 18.30 Uhr und samstags bis 13.30 Uhr.

Wenn Sie Obst und Gemüse kaufen wollen, dann empfiehlt sich dafür der Markt einen Block entfernt, auf dem man so etwas bekommt.

NÖRDLICHES MARTINIQUE

Mehrere Straßen führen von Fort-de-France in Richtung Norden. Die interessantesten Routen führen über die Küstenstraße (N2) nach Saint Pierre und die Route de la Trace (N3), die das üppig bewachsene, gebirgige Inselinnere durchquert, bevor sie in Morne Rouge endet.

Beide Routen lassen sich zu einer interessanten Rundstrecke verbinden, deren Höhepunkte Sie in einem halben Tag kennenlernen können, die Sie aber auch zu einer gemütlicheren Tagestour mit mehr Zeit unterwegs ausbauen können.

VON FORT-DE-FRANCE NACH SAINT-PIERRE

Die N2, die Küstenstraße in Richtung Norden nach Saint-Pierre, führt durch trockenes, stacheliges Gelände und durch eine Reihe von kleinen Orten, die eine Mischung aus modernen Vorortsiedlungen und alten Fischerdörfern sind. Wenn Sie ohne Pause durchfahren, brauchen Sie von Fort-de-France nach Saint-Pierre etwa 45 Minuten. Sie sollten bei Case-Pilote von der Autostraße abfahren und einen Blick auf das alte Dorfzentrum werfen. Wenn Sie an der Total-Tankstelle in südliche Richtung von der N2 abbiegen, kommen Sie sofort zu einer malerischen Steinkirche, einer der ältesten Kirchen auf der ganzen Insel. Nur 75 m weiter südlich liegt der schöne Stadtplatz mit einem Springbrunnen, einem historischen Rathaus und einem netten, preiswerten Café. In Case-Pilote wie auch im nächsten Dorf, Bellefontaine, können Sie leuchtend bunt gestrichene hölzerne Fischerboote, *gommiers* genannt, sehen, die entlang des Ufers aufgereiht liegen. Der Ort Carbet liegt an einem Sandstrand und verfügt über einige wenige Einrichtungen für Touristen, darunter einige Restaurants, eine Tauchschule und einen ziemlich vernachlässigten kleinen Zoo.

Der Anse Turin, ein langgezogener grauer Sandstrand, der sich neben der Autostraße 1,5 km nördlich von Carbet erstreckt, zieht an den Wochenenden wahre Menschen-

massen an. Gegenüber vom Strand liegt das Paul-Gauguin-Museum, auf das nur ein kleines Schild hinweist. Gauguin (1848-1903) war einer der größten Post-Impressionisten Europas, von dem am bekanntesten seine Bilder von polynesischen Frauen sind, die er in den neunziger Jahren des vorigen Jahrhunderts nach seinem Umzug nach Tahiti malte. Wie auch die seines engen Freundes van Gogh fanden Gauguins Werke zu seinen Lebzeiten wenig Beachtung und erlangten erst nach seinem Tod Anerkennung und Wert. Dieses interessante Museum besitzt Gauguins Haushaltsgegenstände, Briefe des Malers an seine Frau und Reproduktionen seiner Bilder, darunter u. a. *Bord de Mer I* und *L'Anse Turin - avec les Raisiniers*, die er 1887 am nahegelegenen Strand während seines fünfmonatigen Aufenthalts auf dieser Insel malte. Das Museum ist täglich von 10.00 bis 17.30 Uhr geöffnet und läßt sich gegen eine Eintrittsgebühr von 15 FF besichtigen. Einen halben Kilometer nördlich des Museums liegt die Auffahrt zum La Vallée des Papillons (Tel. 78 18 07). Hier wurden die verstreuten Steinruinen einer der frühesten Plantagen der Insel mit Gärten umpflanzt und eine Schmetterlingsfarm angelegt, die täglich von 9.30 bis 16.15 Uhr zugänglich ist. Der Eintritt kostet für Erwachsene 38 FF und für Kinder 28 FF. Hier gibt es auch ein Restaurant.

SAINT-PIERRE

Saint-Pierre liegt an der Küste, und zwar 7 km südlich des Mont Pelée, eines aktiven Vulkans, der die Stadt um die Jahrhundertwende in Schutt und Asche legte. Es ist faszinierend, durch diese Stadt zu spazieren. Man stößt überall auf Ruinen, von denen einige nicht viel mehr als die Grundmauern, andere aber noch teilweise intakt sind.

Viele der übriggebliebenen Steinmauern wurden beim Wiederaufbau der Stadt mit einbezogen und bildeten die Fundamente für die Gebäude, die die alten ersetzten. Auch diese neueren Häuser wurden mit ihren geschlossenen Türen und den schmiedeeisernen Balkongeländern stilvoll erbaut.

Das Stadtzentrum, durch das auf der ganzen Länge zwei parallele Einbahnstraßen führen, ist lang und schmal. Alle wichtigen Sehenswürdigkeiten sind in Französisch und Englisch beschriftet und lassen sich gut in wenigen Stunden erkunden. Man kann auch den *Cyparis Express* benutzen (Tel. 55 50 92), eine Straßenbahn mit Führung, die 40 Minuten dauert und zu den wichtigsten Sehenswürdigkeiten führt. Sie fährt montags bis freitags um 9.30, 13.00, 14.30 und 17.30 Uhr ab und kann von Erwachsenen für 40 FF sowie von Kindern für 20 FF benutzt werden. Die Straßenbahn hält an den Ruinen unterhalb des Museums (Ruines du Figuier) an der Küstenstraße Rue Isambert. Wenn man mitfahren will, sollte man bedenken, daß die meisten dieser Fahrten nur mit Erläuterungen in Französisch stattfinden.

Das heutige Saint-Pierre hat 6000 Einwohner und damit nur ein Fünftel seiner Bevölkerung vor dem Vulkanausbruch. Der zentrale Versammlungsplatz und ein Ziel zum Flanieren ist der am Wasser gelegene Stadtpark in der Nähe des Marktes. Ein schöner schwarzer Sandstrand liegt vor der Stadt und erstreckt sich in Richtung Süden.

SEHENSWÜRDIGKEITEN

Musée Vulcanologique: Dieses kleine, aber sehr interessante Museum wurde 1932 von dem amerikanischen Vulkanologen Franck Perret gegründet und vermittelt einen Überblick über den schrecklichen Ausbruch des Mont Pelée im Jahre 1902. Ausgestellt sind Gegenstände, die aus den Trümmern geborgen wurden, z. B. versteinerter Reis, eine Kiste mit Nägeln, die zu einer skulpturähnlichen Masse zerschmolzen sind, Glasbecher, die durch die

---

Unterkünfte
21 Novelle Vague

Restaurants
 5 Plateau du Théâtre
10 Pizzeria de Musée
16 Le Central

Sonstiges
 1 Ruinen der alten Festungskirche
 2 Standbild von d'Esnambuc
 3 Gefängniszelle von Cyparis
 4 Ruine des Theaters
 6 Syndicat d'Initiative
 7 Musée Vulcanologique
 8 Abfahrtsstelle des *Cyparis Express*
 9 Banque Crédit Agricole
11 Apotheke
12 Crédit Martiniquais
13 Rathaus (*mairie*)
14 Uferpark
15 Markt
17 Postamt
18 Lebensmittelladen 8 à Huit
19 Standbild von Victor Schoelcher
20 Tankstelle
22 Kathedrale
23 Esso-Tankstelle

Der Ausbruch des Mont Pelée

Bei der Jahrhundertwende war Saint-Pierre, die damalige Hauptstadt von Martinique, eine florierende Hafenstadt und so kosmopolitisch, daß sie das „Klein-Paris der westindischen Inseln" genannt wurde. Der Mont Pelée, der höchste Berg der Insel, gab einen malerischen Hintergrund ab.

Im Frühjahr 1902 stießen Rauchschlote auf dem Berg schwefelige Gase aus. Gleichzeitig füllte sich ein Kratersee mit kochendem Wasser. Die zuständigen Behörden bezeichneten all das als Teil der normalen Aktivitäten eines Vulkans, der immer schon aktive Phasen hatte, ohne daß es bis dahin zu ernsthaften Auswirkungen gekommen wäre.

Im späten Frühjahr brach die See und stürzte den Berg hinunter in den Rivière Blanche unmittelbar nördlich der Stadt, wobei das Wasser und heiße Schlammassen auf diesem Weg eine Plantage und ihre Arbeiter unter sich begruben. Am 25. April spie der Vulkan eine Aschewolke über Saint-Pierre aus. Bis zu diesem Zeitpunkt wurden die Aktivitäten des Vulkans eher als Kuriosität denn als Bedrohung betrachtet, jetzt jedoch wurden die Menschen aufmerksam, so daß einige ihre Kinder zu Verwandten in anderen Inselteilen schickten. Der Gouverneur von Martinique allerdings holte seine Familie nach Saint-Pierre in der Hoffnung, damit die Einwohner zu überzeugen, daß eine Evakuierung der Stadt nicht notwendig sei.

Um 8.00 Uhr morgens am 8. Mai 1902 explodierte der Mont Pelée in einer glühenden Wolke aus überhitzten Gasen und brennender Asche, und zwar mit einer Kraft, die 40 mal größer war als die der Atombombe von Hiroshima. Zwischen den erstickenden Gasen und dem flammenden Inferno wurde Saint-Pierre innerhalb weniger Minuten völlig zerstört.

Als Rettungsmannschaften der französischen Marine nachmittags an der Küste landeten, fanden sie nur drei Überlebende von den 30 000 Einwohnern von Saint-Pierre. Zwei von ihnen hatten schwere Verletzungen davongetragen, an denen sie später ebenfalls starben, der dritte jedoch, ein Gefangener namens Cyparis, überlebte mit relativ harmlosen Verbrennungen. Ironie des Schicksals: Er verdankte sein Leben der Einkerkerung in eine isolierte, grabähnliche Zelle des örtlichen Gefängnisses. Nachdem das Urteil von dem neuen Gouverneur aufgehoben worden war, trat Cyparis dem Zirkus P. T. Barnum bei und reiste mit ihm um die Welt.

Der Mont Pelée stieß noch monatelang Rauch aus, doch 1904 fingen die Menschen an, die Stadt wieder zu besiedeln und bauten sie innerhalb der alten Ruinen neu auf.

Hitze zusammenschmolzen, und die Glocke aus dem Turm der Kathedrale, die zusammengedrückt wurde und nun wie eine Untertasse aussieht. Ansehen kann man sich aber auch historische Fotos der Stadt vor und unmittelbar nach der Katastrophe. Die Ausstellungsstücke sind in Französisch und Englisch beschriftet.

An beiden Seiten des Museums darf man kostenlos parken. Das Gebäude steht auf einem Hügel an der Stelle, an der früher eine Geschützbatterie aufgebaut war. Von den alten Steinmauern rund um den Parkplatz haben Sie einen guten Blick auf den Hafen und die Stadt wie auch auf einige Ruinen, die an der Straße direkt darunter liegen. Das Museum in der Rue Victor Hugo ist täglich von 9.00 bis 17.00 Uhr geöffnet. Der Eintritt kostet 10 FF.

Ruinen: Die beeindruckendsten Ruinen sind die des alten Theaters, nur 100 m vom Museum entfernt. Auch wenn das meiste zerstört ist, gibt der Rest einen Eindruck von der früheren Größe und Erhabenheit des Gebäudes wieder, in dem einst 800 Gäste Platz fanden und das Theater-truppen vom französischen Festland anlockte. Eine doppelte Treppenanlage führt noch heute hinauf zu den Mauerteilen, die vom unteren Stockwerk übriggeblieben sind. An der nordöstlichen Seite des Theaters können Sie über die Mauern auf die winzige Gefängnis-

zelle mit den dicken Wänden blicken, in der der einzige
Überlebende der Stadt, Cyparis, eingesperrt war.

Viele weitere Ruinen finden Sie im Gebiet entlang der Rue
Bouillé, direkt unterhalb des vulkanologischen Museums.

UNTERKUNFT UND ESSEN

Das einzige Hotel in der Stadt ist das alte Novelle Vague
(Tel. 78 14 34), in dem fünf sehr einfache Einzel- und
Doppelzimmer für 200 bzw. 250 FF angeboten werden.
Zu diesem Hotel gehört auch ein am Ufer gelegenes
Restaurant, das täglich außer montags über Mittag geöff-
net ist.

In der Stadtmitte gibt es außerdem den Lebensmittelladen
8 à Huit, eine Pâtisserie, das Plateau du Théâtre gegenüber

den Ruinen des Theaters, eine sehr einfache Imbißstube
einige Türen weiter und eine Pizzeria, die Pizzeria de
Musée, etwa 100 m südlich des Museums.

Im Le Central gegenüber vom Stadtpark werden gute
kreolische Gerichte mit Meeresfrüchten zu moderaten
Preisen serviert, so daß es ein gutes Ziel zum Mittagessen
darstellt.

An der nördlichen Stadtseite im Quartier du Fort weisen
Schilder den Weg zum La Factorerie, einem weiteren
guten kreolischen Restaurant, das von einem Hügel
einen Blick auf das Meer ermöglicht. Es ist sonntags bis
freitags von 11.30 bis 14.30 Uhr geöffnet und bietet
mittags ein komplettes Menü für durchschnittlich 120 FF
an.

VON SAINT-PIERRE ZUM ANSE CÉRON

Von Saint-Pierre aus führt die N2 ins Landesinnere, doch
die D10 verläuft weiter in Richtung Norden etwa 13 km
die Küste entlang und bietet eine malerische Kulisse
während der Fahrt, bis sie nach 20 Minuten an einem
abgelegenen Strand endet. Die Küste ist die meiste Zeit
über sehr felsig, während das Land mit an der Straße
gelegenen Bambushainen üppig bewachsen ist.

Die Kalksteinfelsen 4 km nördlich von Saint-Pierre werden Tombeau des Caraïbes genannt und gelten als der
Platz, von dem aus die letzten Ureinwohner lieber in
ihren Tod sprangen, als sich den Franzosen zu unterwerfen.

Die Straße führt durch den Ort Le Prêcheur, wo grüne und
orangefarbene Fischerboote am Strand aufgereiht liegen,
und durch Anse Belleville, ein Dorf, das so schmal ist, daß
nur Platz für eine einzig Häuserreihe zwischen den Klippen und dem Meer bleibt.

Nur einen halben Kilometer vor dem Ende der Straße liegt
die Habitation Céron (Tel. 52 94 53), eine frühere
Zuckerrohrplantage, die dienstags bis samstags von 9.30
bis 17.00 Uhr für Besucher geöffnet ist. Der Eintritt kostet
für Erwachsene 30 FF und für Kinder zwischen 5 und 12
Jahren 15 FF.

Die Straße endet am Anse Céron, einem wunderschönen
schwarzen Sandstrand in einem wilden, dschungelartigen
Gelände. Hinter dem Strand wachsen Kokospalmen,
während man zum Meer hin auf die Ilet la Perle blickt,
einen runden, vor der Küste liegenden Felsen, der ein
beliebtes Ziel zum Tauchen ist. Trotz seiner abgeschiedenen Lage befinden sich am Strand eine Dusche, Toiletten, Picknicktische und ein Laden mit Imbissen.
Eine sehr steile, einspurige Straße führt noch 1600 m über
den Strand hinaus. Hier liegt der Ausgangspunkt für die 20
km lange, sechsstündige Wanderung nach Grand-Rivière.

ROUTE DE LA TRACE

Die Route de la Trace (N3) windet sich hoch in die Berge
nördlich von Fort-de-France. Das ist eine wunderschöne
Strecke durch üppigen Regenwald, vorbei an riesigen
Baumfarnen, mit Anthurien bedeckten Berghängen und
dichten Ansammlungen von Bambussträuchern direkt an
der Straße. Die Straße schlängelt sich durch die östlichen
Flanken der deutlich zu sehenden Vulkangipfel der Pitons
du Carbet. Mehrere gut ausgeschilderte Wanderpfade
führen von der Route de la Trace in den Regenwald und
auf die Gipfel hinauf.
Die Straße folgt einer Strecke, die die Jesuiten im 17.
Jahrhundert anlegten. Die Einheimischen erzählen gern,
daß die Liebe der Jesuiten zum Rum der Grund für die
vielen Kurven auf dieser Strecke war.
Nach weniger als zehn Minuten Fahrt kommt man nördlich von Fort-de-France zur Balata-Kirche, einer einfa-

cher gehaltenen Kopie der Basilika Sacré-Coeur in Paris.
Diese interessante Kuppelkirche hat eine umwerfende
Lage oben auf einem Hügel, von wo aus man die Pitons
du Carbet im Hintergrund aufragen sieht und einen Blick
über Fort-de-France bis zum tiefer gelegenen Pointe du
Bout hat.
Der Jardin de Balata liegt an der westlichen Straßenseite
nur 10 Minuten Fahrt nördlich der Balata-Kirche und ist
ein botanischer Garten inmitten des Regenwaldes. Fußwege führen hier vorbei an tropischen Bäumen und
Blumen, darunter viele Ingwerpflanzen, Heliconia,
Anthurien und Bromelien. Viele dieser Pflanzen sind
numeriert, so daß man einem kostenlosen Merkblatt
entnehmen kann, wie die 200 hier vorkommenden Arten
mit ihren lateinischen und gebräuchlichen französischen
Namen heißen. Man braucht etwa 30 bis 45 Minuten, um

durch diesen schönen Garten zu spazieren, und kann dabei hervorragend Pflanzen und Kolibris fotografieren. Der Garten ist täglich von 9.00 bis 17.00 Uhr geöffnet (Eintritt für Erwachsene 35 FF und für Kinder von 3 bis 12 Jahren 15 FF).

Hinter dem Garten windet sich die N3 weiter in die Berge hinauf und erreicht eine Höhe von 600 m, bevor sie hinunter nach Site de l'Alma führt, wo ein Fluß durch eine dicht bewachsene Schlucht fließt. Am Flußufer stehen Picknicktische. Verkäufer von einfachen Schmuckstücken halten sich hier ebenfalls auf. Außerdem führen von hier einige kurze Wege in den Regenwald hinein.

Etwa 4 km weiter kreuzt die N3 die D1, eine kurvige, malerische Straße, die 14 km in Richtung Westen über Fond Saint-Denis nach Saint-Pierre führt. Direkt hinter dieser Kreuzung verläuft die N3 durch einen gepflasterten Tunnel, während noch ein Kilometer weiter an der Ostseite der Straße der ausgeschilderte Wanderweg Trace des Jésuites beginnt. Dieser beliebte Wanderweg ist über 5 km lang und nimmt für eine Strecke etwa drei Stunden in Anspruch. Der Weg führt hinauf und hinab durch

abwechslungsreiches Gelände, wobei er die niedrigste Höhe am Lorrain-Fluß mit 310 m hat, um dann an seinem Endpunkt an der D1 bis auf 670 m Höhe anzusteigen. Wenn Sie sich auf der N3 weiter in Richtung Norden halten, führt die Route de la Trace an Bananenplantagen, Baumschulen und der Saftfabrik Mont Pelée vorbei, bevor sie bei Mourne Rouge unterhalb der nördlichen Hänge des Mont Pelée eine T-Kreuzung erreicht. Von hier aus verläuft die N2 8 km westwärts hinunter bis nach Saint-Pierre, die N3 aber weiter in Richtung Osten bis nach Ajoupa-Bouillon.

Morne Rouge wurde im August 1902 teilweise durch den Mont Pelée zerstört, also mehrere Monate, nachdem Saint-Pierre ausgelöscht worden war. Mit 450 m Höhe ist Morne-Rouge der höchstgelegene Ort auf ganz Martinique und ermöglicht eine malerische Aussicht auf die Berge. Etwa 2,5 km östlich der T-Kreuzung stoßen Sie auf eine beschilderte Straße, die 3 km hinauf zu den Hängen des Mont Pelée bis nach L'Aileron führt, von wo ein recht unebener Weg auf den Vulkangipfel führt (Hin- und Rückweg vier Stunden).

LES OMBRAGES

Les Ombrages (Tel. 53 31 90) ist ein natürlicher botanischer Garten an einer Stelle, an der früher eine Rumdestillerie stand. Ein Pfad führt hier an Bambushainen, riesigen Bäumen mit Stützwurzeln, Ingwerpflanzen und den Ruinen der alten Mühle vorbei. Dabei kann man einen schönen Spaziergang durch den Dschungel erleben.

Der Garten wird täglich um 9.00 Uhr geöffnet und im Winter um 16.00 sowie im Sommer um 17.30 Uhr ge-

schlossen. In der Anlage werden Spaziergänge mit Führung angeboten, allerdings nur auf Französisch. Der Eintritt kostet für Erwachsene 15 FF und für Kinder zwischen 5 und 11 Jahren 5 FF.

Les Ombrages liegt 250 m östlich der N3, und zwar unmittelbar nördlich des Ortes Ajoupa-Bouillon. Man findet die Anlage etwa 300 m südlich des Falaise-Flusses.

BASSE-POINTE

Wenn sich die N3 dem Atlantik nähert, stößt sie auf die N1, die nach Norden und Süden entlang der Küste führt. Das nördliche Teilstück der Straße berührt die östlichen Hänge des Mont Pelée und verläuft an Bananen- und Ananasplantagen vorbei, bevor es die Küstenstadt Basse-Pointe erreicht.

SEHENSWÜRDIGKEITEN

Leyritz-Plantage: Die Leyritz-Plantage stammt aus dem frühen 18. Jahrhundert und war eine Zuckerrohrplantage, die heute ein Hotel und ein Restaurant beherbergt.

Das ist ein interessanter Ort in einem parkähnlichen Gelände. Hier kann man durch die Umgebung spazieren und Reste der alten Gebäude entdecken. Beeindruckend ist das frühere Plantagenhaus, ein verwittertes, zweistöckiges Gebäude mit Möbeln aus der Zeit seines Baus. Wenn Sie ankommen, nachdem die Mittagsgäste wieder

verschwunden sind, ist das Haus häufig menschenleer, was ihm einen eigenen Reiz gibt.

In dem Geschenkelädchen in der Nähe des Eingangs befindet sich ein „Museum", das eigentlich eine kleine Sammlung viktorianischer Puppen aus getrockneten Pflanzen und Geweben darstellt.

Wenn Sie nicht in der Plantage essen möchten, kostet der Eintritt für das Gelände und das Museum 15 FF. In diesem Preis ist ein Getränk enthalten. Für Kinder unter 12 Jahren wird nichts berechnet. Geöffnet ist täglich von 9.00 bis 17.00 Uhr. Die Plantage liegt an der D21 und zwar 2 km südöstlich von Basse-Pointe.

UNTERKUNFT UND ESSEN

Die Leyritz-Plantage (Tel. 78 53 92, Fax 78 92 44, 97218 Basse-Pointe) verfügt über 68 Gästezimmer, die über das ganze Gelände verstreut sind und von denen viele in den alten Plantagengebäuden eingerichtet wurden. Die Zimmer sind unterschiedlich, die meisten jedoch recht bequem eingerichtet und voller Atmosphäre. Einige der schönsten Zimmer liegen in renovierten Steinhütten, die früher als Unterkünfte für verheiratete Sklaven dienten. Alle Zimmer sind mit Klimaanlage, Fernsehgerät und Telefon ausgestattet, einige auch mit einer Minibar. Vorhanden sind ferner ein Swimming Pool und ein Tennisplatz. Das Haus ist ein beliebtes Ferienziel von wiederholt hier absteigenden Urlaubern vom französischen Festland. Falls Sie aber zum ersten Mal auf die Insel gekommen sind und das Inselinnere entdecken möchten, könnte die abgelegene, ländliche Lage sich als zu abgeschieden erweisen. Mit Frühstück läßt sich hier im Sommer in einem Einzelzimmer für 408 FF und in einem Doppelzimmer für 558 FF übernachten, im Winter für 570 bzw. 732 FF (einschließlich Frühstück).

Der Speiseraum der Leyritz-Plantage hat, wenn man von den Massen in Ausflugsbussen, die hier zur Mittagszeit einfallen, eine beeindruckende Lage innerhalb der alten Steinmauern der Raffinerie. Die Bedienung ist sehr gut

und das Essen schmeckt, gemessen an dem Ausstoß der Küche, ebenfalls recht gut. Angeboten wird ein Mittagessen für 115 FF, das aus Krabbenragout, Blutpudding, einem Muschel- oder Ziegen-Frikassée nach Wahl, Reis, Gemüse und entweder Kokosnußkuchen oder frischer Ananas besteht. Ansonsten kosten die Hauptgerichte von 60 FF für Hähnchen bis 185 FF für gegrillten Hummer, während Vorspeisen zu Preisen zwischen 22 und 50 FF serviert werden. Über Mittag ist von 12.00 bis 14.30 Uhr und zum Abendessen von 19.00 bis 21.00 Uhr geöffnet.

Im Zentrum von Basse-Pointe, unmittelbar an der Hauptstraße, liegt das Chez Mally Edjam, ein angenehmes kleines Restaurant, das von einer Familie geführt und in dem Hausmannskost zu sehr bescheidenen Preisen serviert wird. Gegrillter Fisch kosten hier 55 FF, Colombo 65 FF und ein Tagesgericht mit Nachtisch 60 FF. Wenn Sie in Richtung Grand-Rivière fahren, liegt das Haus auf der rechten Straßenseite, und zwar vor dem Kulturzentrum an der Ruelle Saint-Jean.

GRAND-RIVIÈRE

Von Basse-Pointe fährt man noch etwa 20 Minuten bis nach Grand-Rivière über eine kurvige, aber gute und befestigte Straße. Man kommt auf dieser Strecke durch das Küstendörfchen Macouba, wo es eine Rumdestillerie gibt, kreuzt zwei Pfade, die die nördliche Flanke des Mont Pelée hinaufführen, überquert einige einspurige Brücken und gelangt schließlich hinab nach Grand-Rivière.

Grand-Rivière ist ein unbedeutendes Fischerdörfchen, das malerisch zwischen Klippen an der Küste am nördlichsten Zipfel von Martinique liegt. Der Mont Pelée bildet in südlicher Richtung einen markanten Hintergrund, während sich im Norden ein guter Blick auf das benachbarte Dominica bietet.

Die Straße endet am Meer, wo es einen Fischmarkt gibt und leuchtend bunte Fischerboote an einem kleinen schwarzen Sandstrand aufgereiht liegen. An der westlichen Seite des Ortes sind die Wasserverhältnisse manchmal gut zum Surfen. Das Fremdenverkehrsbüro in der Ortsmitte vermittelt lokale Touristeninformationen und organisiert geführte Wanderungen in dieser Region.

Eine Straße führt um die Inselspitze nicht herum, es gibt allerdings einen 20 km langen Wanderweg, der nach Anse Couleuvre an der nordwestlichen Küste führt. Dieser Weg beginnt an der Straße gegenüber der malerischen, zweistöckigen *mairie* (Rathaus), unmittelbar oberhalb des Strandes. Einzelheiten zu dieser Wanderung wie auch zum Aufstieg auf den nahegelegenen Mont Pelée können Sie dem Abschnitt über das Wandern in diesem Kapitel entnehmen.

UNTERKUNFT UND ESSEN
Wenn Sie auf die Schnelle etwas essen möchten, dann gehen Sie zu dem kleinen Imbißladen gegenüber vom Rathaus. Manchmal verkauft auch ein Straßenhändler in der Nähe selbstgemachtes Eis.

Das Chanteur Vacances (Tel. 55 73 73, 97218 Grand-Rivière) ist ein Restaurant und Hotel mit einer sehr freundlichen Leitung. Vermietet werden siebe einfache Zimmer im dritten Stock, die ein Einzelzimmer 140 FF und ein Doppelzimmer 190 FF kosten, Frühstück inbegriffen. Im Restaurant im zweiten Stock werden Menüs mit Suppe oder Salat, kreolischem Reis und Eis oder Obst zum Festpreis serviert. Der Preis hängt vom Hauptgericht ab und beträgt z. B. für Fischragout 71 FF sowie für Garnelen, die Spezialität des Hauses, 100 FF. Mittagessen erhält man hier von 12.00 bis 16.30 Uhr.

Das Chez Tante Arlette (Tel. 55 75 75), etwa 50 m vom Fremdenverkehrsbüro entfernt gelegen, ist ein weiteres kreolisches Restaurant, in dem Menüs mit drei Gängen serviert (ab 80 FF für Hammelfleisch bis 150 FF für Hummer) und im oberen Stockwerk eine Handvoll einfacher Zimmer vermietet werden (einschließlich Frühstück 200 FF). Die Mahlzeiten werden von 12.00 bis 21.00 Uhr serviert.

Das Chez Vava finden Sie am Ortsrand in der Nähe des Flusses und ist ein etwas besseres Restaurant mit sehr guter kreolischer Küche, wobei der Schwerpunkt auf Gerichten mit Meeresfrüchten liegt. Ein komplettes Menü kostet zwischen 110 und 170 FF. Geöffnet ist von 12.00 bis 17.00 Uhr.

VON BASSE-POINTE NACH LAMENTIN

Die Autostraße (N1) von Basse-Pointe nach Lamentin führt durch relativ gleichartiges Gelände und ist nicht gerade eine der aufregendsten Strecken der Insel, aber auch hier gibt es einige Sehenswürdigkeiten. Die Gemeinden entlang dieser Straße sind große, moderne Orte, die mehr und mehr zu Vorstädten werden, je weiter man nach Süden vordringt.

Fond Saint-Jacques (Tel. 69 10 12), 2 km nördlich von Sainte-Marie, ist ein altes Dominikanerkloster und eine Zuckerrohrplantage, die 1660 erbaut wurde. Einer der frühen Plantagenbesitzer, Pater Jean-Baptiste Labat, erfand einen bestimmten Typ von Boiler (den *père labat*), der das Destillationsverfahren für Rum modernisierte. Während der französischen Revolution wurde die Plantage vom Staat konfisziert und untersteht heute der örtlichen Verwaltung, die sie als Kulturzentrum aufbaut. Die Kapelle und die meisten der Wohnquartiere sind noch intakt, es gibt aber auch viele Ruinen auf dem Gelände, darunter die der Mühle, der Destillationsbecken, des Siedehauses und der Zuckerfabrik. Diese Anlage, die etwa 500 m in Richtung Landesinneres neben der N1 liegt, ist montags bis freitags von 8.30 bis 17.00 Uhr und an den Wochenenden nach Voranmeldung zugänglich.

Das Musée du Rhum, an der Stelle der noch arbeitenden Destillerie der Plantage Saint-James zu finden, ermöglicht eine vergnügliche Fahrtunterbrechung. Die Plantage liegt 200 m westlich der N1 und ist von den nördlichen Außenbezirken von Sainte-Marie an ausgeschildert. Sowohl im Innern wie auch draußen sind alte Geräte zur Herstellung von Zucker wie z. B. Dampfmaschinen, Apparate zum Destillieren von Rum, Maschinen zur Zerkleinerung von Zuckerrohr und Züge zu sehen. Daneben gibt es einen Probierraum, in dem man die verschiedenen Rumsorten kosten kann. Wenn Sie danach nicht zu berauscht sind, können Sie zurück nach draußen gehen und sich die Zuckermühle und die Destillerie anschauen. Geöffnet ist hier montags bis freitags von 9.00 bis 17.00 Uhr sowie samstags und sonntags bis 13.00 Uhr.

Die Straße führt durch Zuckerrohrfelder weiter in Richtung Süden und passiert die Halbinsel Caravelle, die einen Ausflug lohnt, falls Sie etwas Zeit übrig haben. An der nördlichen Seite der Halbinsel erstrecken sich zwei schöne, geschützte Strände, nämlich Tartane und Anse l'Étang. Draußen an der Spitze der Halbinsel stehen die verfallenen Ruinen des Château Dubuc, einer alten Festung aus dem 17. Jahrhundert, dessen Besitzer traurige Berühmtheit dadurch erlangte, daß er Laternen benutzte, um Schiffe an der Küste stranden zu lassen und sich dann der Fracht zu bemächtigen.

SÜDLICHES MARTINIQUE

Der südliche Teil von Martinique enthält viele der besten Strände der ganzen Insel und die meisten Hotels. Die höchste Konzentration von Hotels finden Sie in der Gegend von Trois-Ilets, darunter Pointe-du-Bout, Anse Mitan und Anse-à-l'Ane. Weitere große Ferienzentren liegen in Diamant und Sainte-Anne.

Das Innere der südlichen Inselhälfte besteht größtenteils aus einer Mischung von landwirtschaftlich genutztem Land und bewohnten Gebieten. Lamentin, wo sich der internationale Flughafen befindet, ist die zweitgrößte Stadt auf Martinique, hat aber, wie viele der Orte im Landesinnern, wenig zu bieten, was für Touristen anziehend wäre.

TROIS-ILETS

Trois-Ilets ist ein hübsches kleines Dorf mit einem Dorfplatz, der durch einen kleinen Markt, ein malerisches Rathaus und die Kirche, in der Kaiserin Josephine 1763 getauft wurde, begrenzt wird. Trotz seiner Zugehörigkeit zu der geschäftigsten Urlaubsgegend der Insel hat sich Trois-Ilets seinen ländlichen Charme bewahrt, der durch Touristenströme relativ unberührt geblieben ist.

Pointe du Bout und Anse Mitan (beide gehören postalisch zu Trois-Ilets) liegen einige Kilometer westlich der Ortsmitte, wie auch der Golfplatz, das Geburtshaus von Kaiserin Josephine und ein kleiner botanischer Garten. Die anderen Hauptsehenswürdigkeiten der Gegend, ein Zuckermuseum und ein Töpferdörfchen, befinden sich östlich von Trois-Ilets.

SEHENSWÜRDIGKEITEN

Musée de la Pagerie: Dieses frühere Haus einer Zuckerrohrplantage war der Geburtsort von Marie Joseph Rose

Tascher de la Pagerie, besser bekannt als Kaiserin Josephine. Ein malerisches Steingebäude, früher die Küche der Familie, wurde in ein Museum umgewandelt, in dem nun das Kinderbettchen von Josephine und andere Ausstellungsstücke aus der Familiengeschichte gezeigt werden. Mehrsprachige Führer erzählen Einzelheiten aus dem Leben der späteren Kaiserin, so z. B. von der gefälschten Heiratsurkunde, die Josephine, immerhin sechs Jahre älter als Napoleon, als genauso alt wie ihr Gemahl hinstellte. Einige andere Gebäude auf dem gleichen Gelände enthalten z. B. die Familienbücher der Familie Bonaparte, altes Gerät für die Verarbeitung von Zuckerrohr und Liebesbriefe von Napoleon an Josephine. Einer vom 21. Juli 1796 liest sich in Teilen wie folgt: „...Wissen Sie nicht, daß Sie die Seele meines Lebens und die Liebe meines Herzens sind? ... Getrennt von Ihnen sind die Nächte lang, stumpfsinnig und traurig. Wenn ich nahe bei Ihnen bin, wünschte ich, die Nacht würde niemals enden. Auf Wiedersehen, schöne und liebe, unvergleichliche und göttliche Kreatur. Tausend Küsse voller Liebe überall hin." Die Straße, die einen Kilometer in Richtung Landesinneres hinauf zum Museum führt, beginnt gegenüber vom Eingang zum Golfplatz. Das Museum ist täglich außer montags von 9.00 bis 17.30 Uhr geöffnet (Eintritt 20 FF). Bei den Ruinen der alten Mühle direkt gegenüber vom Museum darf man kostenlos parken.

Parc des Floralies: Der Parc des Floralies, auf halbem Weg zum Musée de la Pagerie gelegen, ist ein recht bescheidener botanischer Garten mit einem Teich, Picknicktischen, einigen Vögeln in Käfigen sowie beschilderten Pflanzen und Bäumen. Er ist täglich außer an Feiertagen bis 17.00 Uhr zugänglich. Der Eintritt kostet für Erwachsene 10 FF und für Kinder 5 FF.

Maison de la Canne: Dieses sehenswerte Zuckerrohrmuseum steht an der Stelle einer alten Zuckerraffinerie und Destillerie. Die Ausstellungsstücke umfassen eine alte Lokomotive, die früher dazu benutzt wurde, um das Zuckerrohr von den Feldern zur Mühle zu transportieren, alte Maschinen zur Zerkleinerung von Zuckerrohr und Fotos aus früheren Zeiten. Die Schautafeln sind in Französisch und Englisch beschriftet. Geöffnet ist täglich außer montags von 9.00 bis 17.30 Uhr. Der Eintritt kostet für Erwachsene 15 FF und für Kinder zwischen 5 und 12 Jahren 5 FF. Das Museum liegt an der D7, und zwar 1,5 km östlich der Ortsmitte von Trois-Ilets.

Töpferdorf: An der Nordseite der D7, einen Kilometer östlich des Maison de la Canne, kommt man zu einem interessanten Töpferdorf mit einem großen Ofen zum Brennen von Ton. Halten Sie nach dem Straßenschild mit der Aufschrift „Poterie Artisanale" Ausschau, das die rote Ziegelstraße anzeigt, die in das Dorf führt. Es liegt 0,75 km von der Autostraße entfernt.

Die größte Töpferstube ist das Internationale Atelier Caraibe, es gibt daneben aber auch noch weitere Töpfereien in diesem Dörfchen, die alle in alten Ziegelhäusern untergebracht sind. Hier kann man zuschauen, wie Tassen, Vasen, Figuren und Schmuckstücke hergestellt werden. Die Waren sind recht hübsch und von den Preisen her durchaus erschwinglich.

POINTE DU BOUT

In Pointe du Bout befindet sich der bekannteste Jachthafen von Martinique und drei der größten Strandhotels. Alles liegt auf einer U-förmigen Halbinsel, die Hotels aufgereiht an der Küste und der Hafen in der Mitte. Da alle Straßen südlich vom Hafen zusammentreffen, kann der Verkehr dort leicht Überhand nehmen.

Die drei Strandhotels (Bakoua, Méridien und Carayou) liegen jeweils an einem eigenen kleinen Sandstrand, der beste Strand ist aber Plage de l'Anse Mitan, der entlang der Westseite der Halbinsel zwischen Pointe du Bout und Anse Mitan verläuft.

PRAKTISCHE HINWEISE

Fähren nach und von Fort-de-France legen an der westlichen Seite des Hafens an und ab. Hier befinden sich auch eine Wechselstube, eine Wäscherei, das Hafenbüro und Geschäfte für Schiffahrtsbedarf. Ebenfalls auf dem Hafengelände gibt es einen Zeitungsstand, Souvenirläden, Boutiquen und eine Filiale der Banque Crédit Agricole, die dienstags bis samstags von 7.30 bis 12.30 Uhr und dienstags bis freitags von 14.15 bis 16.00 Uhr geöffnet ist. Die Autovermietungen Thrifty, Budget, Hertz und Avis haben ihre hiesigen Niederlassungen an oder in der Nähe der Hauptkreuzung auf der Halbinsel eingerichtet. Eine Apotheke kann man neben dem Lebensmittelgeschäft Bora Bora in Anspruch nehmen.

UNTERKUNFT

Das am Hafen gelegene Davidiana (Tel. 66 00 54, Fax 66 00 70) ist ein Hotel mit 14 Zimmern oberhalb eines Restaurants und einer Bar. Die Zimmer sind kaum ansprechend, obwohl alle mit Klimaanlage und eigenem Bad ausgestattet sind. Hier werden im Sommer für ein Einzelzimmer 250 FF und für ein Doppelzimmer 300 FF berechnet, im Winter 350 bzw. 450 FF.

Das Karakoli (Tel. 66 02 67) ist ein nettes, kleines Hotel in der unmittelbaren Nachbarschaft, 100 m den Hügel hinauf am Rande des geschäftigen Zentrums von Pointe

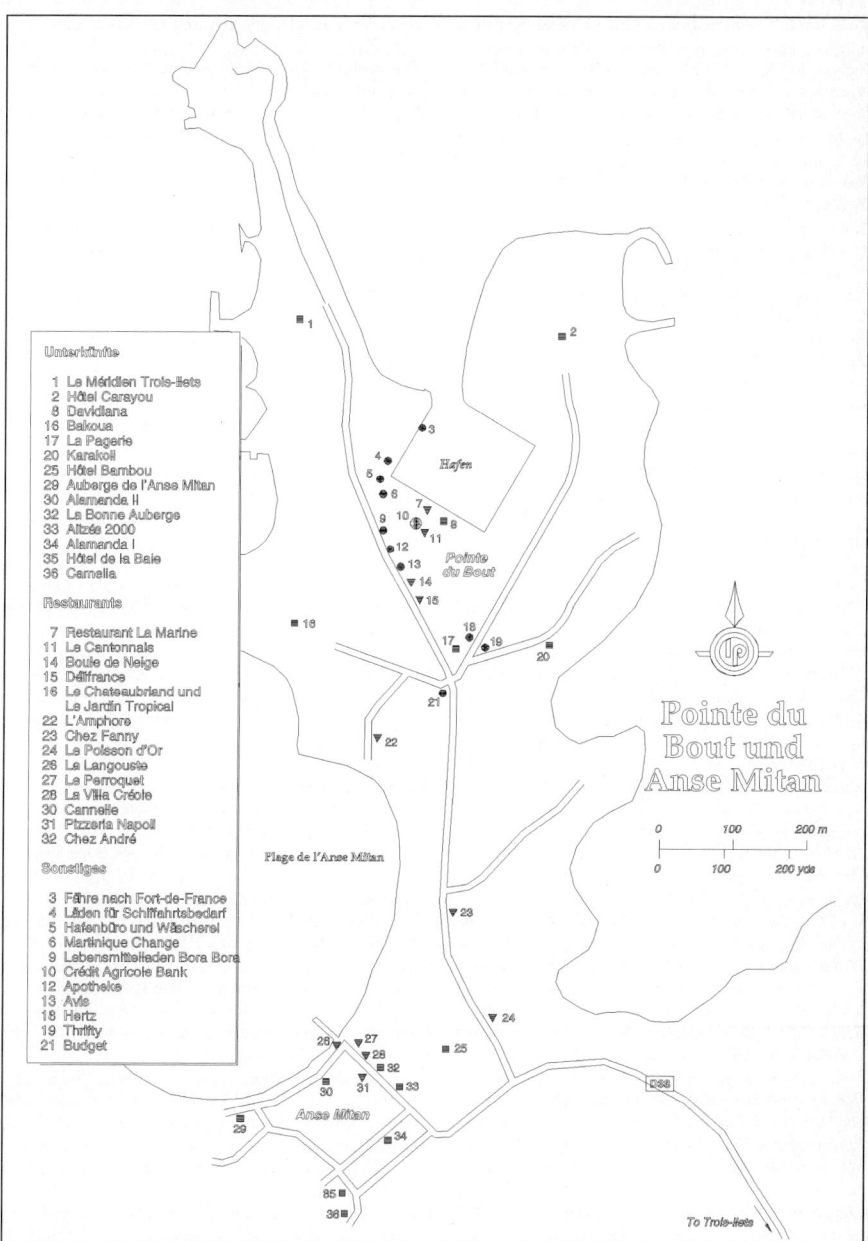

du Bout. Die 18 Studios und Apartments sind mit Klimaanlage, Telefon und Kochnische ausgestattet, und die meisten bieten auch einen schönen Blick auf das Meer. Vorhanden sind zudem ein Fernsehraum und ein Hof mit Garten und einem kleinen Swimming Pool. Die Studios für bis zu zwei Personen kosten im Sommer 310 FF und im Winter 430 FF, während die Apartments für bis zu vier Personen im Sommer zum Preis von 440 FF und im Winter zum Preis von 495 FF vermietet werden. Frühstück ist für weitere 40 FF erhältlich.

Das Hotel PLM Azur La Pagerie (Tel. 66 05 30, Fax 66 00 99) liegt zwischen einer stark befahrenen Kreuzung und dem inneren Hafengebiet. Die 98 modernen, komfortablen Zimmer dieses Hotels sind für Pointe du Bout recht preiswert. Jedes ist mit Balkon, Klimaanlage, Fernsehgerät, Telefon und einem kleinen Kühlschrank ausgestattet, viele sogar ohne Zuschlag auch mit einer Kochnische. Alles in allem erinnert die Atmosphäre hier an eine Apartmentanlage. Der Service ist minimal, allerdings steht ein Swimming Pool am Haus zur Verfügung, und die Strände der Nachbarhotels sind zu Fuß gut erreichbar. Im Sommer muß man hier für ein Einzelzimmer 406 FF und für ein Doppelzimmer 436 FF bezahlen, im Winter 670 bzw. 820 FF. Frühstück ist für zusätzliche 57 FF erhältlich.

Das Hotel PLM Azur Carayou (Tel. 66 04 04, Fax 66 00 57) ist ein recht preiswertes Strandhotel auf der Halbinsel, die die nordöstliche Seite des Hafens bildet. Dieses beliebte Haus hat großzügig geschnittene Zimmer mit Klimaanlage, Telefon, Fernsehgerät, Badewanne, Minibar und Balkon zu bieten. Die Zimmer liegen in mehreren dreigeschossigen Gebäuden, viele von ihnen zum Meer hin, ohne daß dafür ein Zuschlag bezahlt werden muß. In den Preisen ist ein Frühstücksbuffet enthalten. Geboten werden ferner ein Wassersportzentrum, kostenlose Ausrüstungen zum Windsurfen, Schnorcheln und Kajakfahren, ein Swimming Pool und Tennisplätze. Im Sommer sind die Übernachtungen mit 517 FF für ein Einzelzimmer und 650 FF für ein Doppelzimmer recht preisgünstig, kosten im Winter allerdings 870 bzw. 1034 FF.

Das Bakoua (Tel. 66 02 02, Fax 66 00 41) ist das exklusivste Hotel der ganzen Gegend. Jedes der 132 Zimmer und Suiten ist sehr bequem mit einem extragroßen Bett oder zwei normalen Betten, Klimaanlage, Fernsehgerät, Telefon, Minibar, Zimmertresor und einer Terrasse oder einem Balkon ausgestattet. Das Gelände ist sehr großzügig angelegt und enthält auch einen schönen Swimming Pool sowie Tennisplätze. Ausrüstungen für Wassersportarten stehen den Gästen ohne Mehrkosten ebenfalls zur Verfügung. Im Sommer beginnen die Preise für Einzelzimmer bei 868 FF und für Doppelzimmer bei 986 FF, im Winter bei 1212 bzw. 1424 FF. Zimmer mit Seeblick kosten durchschnittlich 15 % mehr.

Das Le Méridien Trois-Ilets (Tel. 66 00 00, Fax 66 00 74) ist mit seinen 295 Zimmern das größte und lebhafteste

Hotel der Gegend. Geboten werden in diesem Haus auch Tennisplätze, ein Swimming Pool und ein Wassersportzentrum. Die Zimmer enthalten die normalen Annehmlichkeiten eines Hotels der 1. Klasse und kosten im Sommer als Einzelzimmer ab 1150 FF und als Doppelzimmer ab 1525 FF sowie im Winter ab 1400 bzw. 1700 FF.

ESSEN

Bora Bora, ein kleines Lebensmittelgeschäft unmittelbar nördlich vom Hotel La Pagerie, ist täglich von 8.00 bis 13.00 Uhr und montags bis samstags von 15.30 bis 19.30 Uhr geöffnet.

Im nahegelegenen Délifrance, geöffnet von 7.00 bis 19.30 Uhr, werden gutes Brot, Croissants, Pasteten und Sandwiches serviert.

Nebenan liegt das Boule de Neige, ein einfaches Café, in dem Crêpes zu Preisen zwischen 12 und 40 FF, Salate für 40 bis 45 FF und Eis angeboten werden.

Im Le Cantonnais am Hafen erhält man durchschnittliche chinesische Küche mit einer großen Auswahl an Gerichten zu Preisen zwischen 55 und 60 FF, darunter auch fünf vegetarische Speisen. Es ist außer dienstags jeden Abend von 18.30 bis 23.00 Uhr geöffnet.

Das Chez Fanny finden Sie am Hals der Halbinsel und ist eines der billigeren Restaurants dieser Gegend und daher sehr beliebt. Unter den wechselnden Tagesgerichten, die auf einer Tafel angeschrieben sind, finden Sie ein halbes Dutzend Vorspeisen wie z. B. Krabben für ca. 25 FF und eine ähnliche Anzahl von Hauptgerichten wie z. B. Couscous oder getrockneter Fisch zu Preisen zwischen 40 und 55 FF. Das Essen wird im Cafétéria-Stil von dampfenden Tabletts serviert.

Das Restaurant La Marine ist eine sehr beliebte Pizzeria und Bar am Hafen, wo unter freiem Himmel gespeist wird. Dünne, knusprige Pizzen kosten zwischen 38 und 50 FF, während für einige gute Gerichte mit Meeresfrüchten mit schmackhaften Saucen etwa 75 FF berechnet werden. Morgens wird ein einfaches Frühstücksbuffet mit Brot, Ananas, Eiern und Kaffee für 40 FF aufgebaut.

Wenn Sie etwas exklusiver speisen möchten, dann gehen Sie in das Restaurant des Hotels Bakoua, das Chateaubriand, in dem französische und kontinentale Küche angeboten wird. Die Hauptgerichte kosten zwischen 70 und 100 FF. Im etwas zwangloseren Le Jardin Tropical des Hotels kann man ein kreolisches Menü mit vier Gängen für 165 FF bestellen.

Einen schönen Ausblick auf das Meer in der Bucht Anse Mitan hat man vom L'Amphore, das mit einer recht romantischen Lage aufwarten kann. Die Spezialität des Hauses sind Hummer, erhältlich sind aber auch andere kreolische und französische Gerichte. Ein dreigängiges Menü kostet hier durchschnittlich 200 FF. Geöffnet ist zum Abendessen täglich außer sonntags von 19.00 bis 22.00 Uhr und zum Mittagessen dienstags bis samstags von 12.00 bis 14.00 Uhr. Um zu diesem Restaurant zu gelangen, nehmen Sie am besten die Straße zwischen dem Büro von Budget und dem Eingang zum Hotel Bakoua.

Frühstücksbuffets in den Hotels: Im Freiluftrestaurant vom Hôtel Carayou kann man sich von einem guten Frühstücksbuffet mit frischem Obst, Getreideflocken, Säften, Croissants, Pasteten, Joghurt, Speck und Eiern bedienen. Von hier aus hat man einen schönen Blick über die Bucht von Fort-de-France, so daß, wenn man einen

Tisch unmittelbar am Strand ergattert, ein solches Frühstück für 65 FF ein gutes Angebot darstellt. Im Le Méridien wird ein ähnliches Buffet angeboten, wobei man zusätzlich auch noch Crêpes essen kann und dann 100 FF bezahlen muß. Das Buffet im Bakoua ist nicht so umfangreich wie in den beiden anderen Hotels, schmeckt aber ebenfalls gut, zumal die Atmosphäre sehr angenehm ist und man eine herrliche Aussicht auf das Meer genießen kann. Das Frühstück kostet hier 75 FF und wird wie in den anderen Häusern von 7.00 bis 10.00 Uhr angeboten.

ANSE MITAN

Alles in allem ist es im kleinen, am Meer gelegenen Tourismusgebiet von Anse Mitan billiger und einfacher als im benachbarten Pointe du Bout, das nur einen Kilometer weiter in Richtung Norden liegt. Große Strandhotels fehlen hier, statt dessen sieht man einige kleine, preiswertere Hotels und Gästehäuser. Anse Mitan hat auch gute Restaurants und einen schönen Blick über die Bucht nach Fort-de-France zu bieten, mit dem es durch eine Fähre verbunden ist. Das Sandstrand Plage de l'Anse Mitan erstreckt sich nördlich des Ortes.

UNTERKUNFT
Einfache Unterkünfte: La Bonne Auberge (Tel. 66 01 55, Fax 66 04 50) ist ein dreistöckiges Hotel an der Hauptstraße, dessen 32 Zimmer zu einem kleinen Hof mit Garten hin liegen. Die Zimmer sind sehr einfach eingerichtet, haben aber eigene Bäder, Telefon und entweder Klimaanlage oder Deckenventilatoren. Im Sommer kosten hier Einzelzimmer 180 FF und Doppelzimmer 280 FF, im Winter 250 bzw. 350 FF (einschließlich Frühstück).

Das Hôtel de la Baie (Tel. 66 06 00, Fax 63 00 70) liegt an einem Hügel einige Minuten Fußweg von der Hauptstraße entfernt und verfügt über ein Dutzend einfache, aber bequeme Zimmer mit Klimaanlage, eigenem Bad, Kochnische und Telefon. Für ein Standardzimmer muß man in diesem Haus im Sommer 250 FF und für ein Zimmer mit Balkon, von denen einige einen schönen Blick über Fort-de-France ermöglichen, 350 FF ausgeben. Im Winter reichen die Preise von 280 bis 580 FF.
Die Auberge de l'Anse Mitan (Tel. 66 01 12) liegt direkt am Wasser im Süden von Anse Mitan. Dieses ältere Gebäude besteht aus 20 Zimmern mit Telefon und Klimaanlage sowie sechs Studios mit Kochnische. Hier kann es allerdings vorkommen, daß in den Zimmern Moskitos sind. Zudem ist die Ausstattung alles in allem recht ärmlich. Im Sommer werden in diesem Haus Standardeinzelzimmer für 280 FF und Standarddoppelzimmer für 330 FF vermietet, im Winter für 330 bzw. 420 FF, während für ein Studio im Sommer 300 FF und im Winter 400 FF berechnet werden.

Mittelklassehotels: Die ersten drei Unterkünfte (Alamanda I und II sowie Camelia) gehören zum Archipel-Gruppe, einer kleinen Kette, die auf Martinique preiswerte Hotels baut. Buchungen für alle drei Häuser werden über ein zentrales Reservierungssystem vorgenommen (in Fort-de-France Tel. 63 13 72, Fax 73 20 75, 26 Rue Perrinon, 97200 Fort-de-France).
Das Alamanda I (Tel. 66 06 66) besteht aus 24 abgeschlossenen Studios in einem älteren dreigeschossigen Gebäude auf einem Hügel, der einige Minuten zu Fuß vom Zentrum von Anse Mitan entfernt liegt. Die Unterkünfte sind mit Fernsehgerät, Telefon, Klimaanlage, Kochnische und großem Balkon ausgestattet. Sie sind nicht sehr reizvoll, aber bequem eingerichtet und mit 265 FF bei Alleinbelegung und 330 FF für Doppelbelegung im Sommer sowie 410 bzw. 490 FF im Winter recht preiswert.
Das Alamanda II (Tel. 66 03 66) ist ein neues Hotel mit 30 Zimmern gegenüber vom Ufer in der Ortsmitte. Die Zimmer und Suiten sind in Größe und Einrichtung unterschiedlich, wobei die billigeren recht klein, aber trotzdem komfortabel sind. Die Zimmer sind mit Klimaanlage, Fernsehgerät und Telefon ausgestattet, einige auch mit Badewanne, andere nur mit Dusche. Einige wenige Zimmer enthalten auch einen Balkon, von dem man herrliche Ausblicke genießen kann. Die Preise beginnen im Sommer für Einzel- und Doppelzimmer bei 330 FF und im Winter bei 490 FF. Frühstück kostet pro Person weitere 50 FF.
Wenn Sie der fünfminütige Weg hügelaufwärts nicht stört, dann ist das neue Hotel Camelia eine preiswerte Alternative. Es verfügt über 49 recht kompakte, aber durchaus ausreichende Zimmer mit Klimaanlage, Fernsehgerät und Telefon. Etwa die Hälfte der Zimmer verfügt über Kochnischen am Balkon zum gleichen Preis: 330 FF im Sommer und 490 FF im Winter. Wenn Sie hier übernachten wollen, dann fragen Sie nach einem Zimmer im zweiten oder dritten Stock, von wo man eine schöne Aussicht auf Fort-de-France hat.
Das Alizés 2000 (Tel. 66 05 55, Fax 66 01 04) liegt an der Hauptstraße und ist ein kleines und gemütliches Haus mit

18 modernen, klimatisierten Zimmern. Jedes verfügt über Telefon, Fernsehgerät, einen kleinen Balkon und eine Kochnische. Zwei der Zimmer sind behindertengerecht ausgestattet. Im Sommer werden hier für Einzelzimmer ab 335 FF und für Doppelzimmer 380 FF verlangt und im Winter ab 505 bzw. 540 FF. Frühstück erhält man für zusätzliche 30 FF pro Person.

Das Hôtel Bambou (Tel. 66 01 39, Fax 66 05 05) liegt am südlichen Ende der Straße zwischen Anse Mitan und Pointe du Bout und ist ein lebhafter Komplex mit 118 kabinenartigen, zweistöckigen Bungalows, die von einem ordentlich gestutzten Rasen umgeben sind. Die einfachen Quartiere sind mit rustikalen, rohen Möbeln aus Pinienholz, Klimaanlage, Telefon und eigenem Bad ausgestattet. Der Komplex liegt etwas zurückgesetzt hinter dem Strand und bietet auch einen Swimming Pool sowie ein Restaurant. Die Preise für Einzel- und Doppelzimmer beginnen im Sommer bei 380 bzw. 440 FF und im Winter bei 580 bzw. 640 FF. Frühstück ist im Preis enthalten.

ESSEN

Die Pizzeria Napoli in der Ortsmitte lockt viele Gäste mit einer Speisekarte an, auf der eine Auswahl an guten Pizzen und Nudelgerichten zu Preisen von 38 bis 65 FF enthalten ist, daneben aber auch eine Handvoll Fleischgerichte, vor allem mit Kalbfleisch, für rund um 85 FF. Die Pizzeria ist in der Hauptsaison täglich von 12.00 bis 15.00 Uhr und von 19.00 bis 23.30 Uhr geöffnet und in der Nebensaison dienstags geschlossen.

Das Chez André ist ein angenehmes, kleines Restaurant an der Seite des Hotels La Bonne Auberge. Angeboten werden hier ein festes Tagesmenü mit drei Gängen für 100 FF sowie Fisch- und Fleischgerichte nach der Speisekarte ab 80 FF.

Im Cannelle am Hotel Alamanda II werden mit 30 FF pro 100 Gramm die preiswerteste Hummer der ganzen Gegend und andere Hauptgerichten zu Preisen zwischen 60 und 90 FF serviert.

Da La Langouste in der Nähe des Pier ist eine beliebte Bar sowie ein Restaurant und das einzige Haus direkt am Wasser. Es zeichnet sich durch eine schöne Atmosphäre und einen guten Blick aus, obwohl das Essen nur durchschnittlich ist und der Service zu wünschen übrig läßt. Das Touristenmenü für 100 FF beinhaltet Akraschoten, Blutwurst, ein Hauptgericht aus gegrilltem Fisch oder Geflügel und frisches Obst oder Eis als Nachspeise. Ansonsten ist ein gewürzter Fischauflauf mit Reis für 70 FF eine gute Wahl. Muschel- und Fleischgerichte sind ähnlich teuer. Hummer ist zu den normalen Marktpreisen erhältlich. Geöffnet ist täglich von etwa 12.30 bis 15.00 Uhr und von 19.30 bis 22.00 Uhr.

Das La Villa Creole, ein französisch-kreolisches Restaurant, bietet drei feste Menüs für 150, 190 und 240 FF an. Das billigste besteht aus einem Getränk, Akraschoten, gegrilltem Fisch, Reis, Bohnen und einem Kokosnußflan, das teuerste aus Lachspastete und einem halben Hummer. Daneben kann man auch nach der Speisekarte Menüs mit Hauptgerichten um 90 FF und ein festes Kindermenü für 75 FF bestellen. Das Haus ist zum Abendessen täglich außer sonntags von 19.00 bis 22.00 Uhr und dienstags bis samstags zum Mittagessen von 12.00 bis 14.00 Uhr geöffnet.

In der Nähe des Anlegers ist das Le Perroquet ein weiteres Restaurant mit einem dreigängigen Touristenmenü mit Vorspeise, gegrilltem Fisch und Eiscreme für 120 FF. Es ist täglich über Mittag und abends geöffnet.

Das Le Poisson d'Or finden Sie an der Straße zwischen Pointe du Bout und Anse Mitan und wartet mit einer freundlichen, kreolischen Atmosphäre sowie moderaten Preisen auf. Das Tagesmenü besteht aus einer Vorspeise, kreolischem Fisch, Reis und flambierten Bananen für 100 FF. Geöffnet ist täglich außer montags von 12.00 bis 14.30 Uhr und von 19.00 bis 22.00 Uhr. Abends spielt hier ein Gitarrist.

ANSE-À-L'ANE

Anse-à-l'Ane ist ein moderner Ferienort am Meer mit einem schönen Strand aus hellgrauem Sand. Die nördliche Ortshälfte besteht größtenteils aus Wohngebiet, während die Südhälfte eher für den Tourismus angelegt wurde. Das Gebiet ist recht kompakt, so daß man von einer beliebigen Stelle zur nächsten nirgends länger als wenige Minuten zu Fuß zu gehen braucht. Die Bucht, die sehr ruhig ist, ist ein beliebter Ankerplatz für Jachten. Am Abend können Sie von hier die Lichter von Fort-de-France über dem Wasser blinken sehen.

Anse-à-l'Ane ist mit Fort-de-France durch eine Fähre verbunden und lockt an den Wochenenden wahre Menschenmengen an. Die Fähre legt in der Mitte des Strandes in der Nähe vom Chez Jojo an.

UNTERKUNFT

Das Le Nid Tropical (Tel. 68 31 30) hat einfache Bungalows und einen Campingplatz entlang des Strandes zu bieten. Die Preise beginnen bei 70 FF für einen Stellplatz mit eigenem Zelt und reichen bis 220 FF für ein Studio.

Das Le Tulipier (Tel. 68 41 21) wird von einer Familie geführt und ist recht preiswert. Es besteht aus fünf modernen Studios und einem Apartment mit einem Schlafzimmer in einer Wohngegend, etwa fünf Minuten Fußweg vom Strand entfernt gelegen. Die Studios werden in der Hauptsaison pro Tag für 300 FF und pro Woche für 1617 FF an bis zu zwei Personen und das Apartment für 350 FF pro Tag sowie für 2260 FF pro Woche an bis zu vier Personen vermietet. In der Nachsaison sind die Unterkünfte etwa 10 % günstiger. Hier wird nur wenig Englisch gesprochen, aber die Wirtsleute sind sehr freundlich und zu nicht Französisch sprechenden Gästen geduldig. Das Frantour (Tel. 62 31 67, Fax 68 37 65) ist ein angenehmes, zeitgemäßes Strandhotel mitten am Strand. Die 77 Zimmer sind mit Klimaanlage, Deckenventilator, Fernsehgerät, Minibar, Tresor und kleinem Balkon oder Terrasse ausgestattet. Vorhanden sind auch eine Diskothek, ein Swimming Pool, Tennisplätze und ein Wassersportzentrum. Im Sommer kosten Einzelzimmer ab 440 FF und Doppelzimmer ab 600 FF, im Winter ab 665 bzw. 1020 FF.

ESSEN

Unmittelbar am Strand oder in der Nähe des Strandes gibt es verschiedene Speisemöglichkeiten, angefangen bei einfachen Imbißlokalen am Strand bis hin zu sehr guten kreolischen Restaurants. Eines der einfachen Häuser ist das Chez Jojo, ein beliebter Treffpunkt neben der Texaco-Tankstelle, wo Sandwiches, Grillhähnchen und verschiedene Kaffee- und Biersorten angeboten werden.

Eine bescheidene Pizzabar, das La Gondola, findet man einen Block ins Landesinnere vom Strand entfernt. Daneben kann man im Ort auch in einigen Lebensmittelgeschäften einkaufen.

Das Pignon sur Mer ist ein gutes kreolisches Restaurant am Strand, in dem Gerichte wie z. B. Grillhähnchen (54 FF), gegrillter Fisch (70 FF) und Hummer (160 FF) serviert werden. Geöffnet ist von 12.00 bis 14.00 Uhr und von 19.00 bis 21.00 Uhr, montags und sonntags am Abend jedoch geschlossen.

Im Le Calalou am Hotel Frantour wird täglich ein komplettes Menü einschließlich Salat und Nachspeise für 165 FF angeboten. Ansonsten kosten die Hauptgerichte hier ab 100 FF. Am besten ißt man hier zur Mittagszeit täglich von 12.00 bis 14.00 Uhr, denn dann kann man sich von einem Buffet mit Reisgerichten, kalten Salaten, Braten, Obst, Pâtés, mariniertem Fisch und Brot für 77 FF bedienen.

GRAND ANSE

Grand Anse, gelegen an der Baie Grand Anse d'Arlet, ist ein malerischer Strand, der von leuchtend bemalten Fischerbooten und verwitterten Strandrestaurants gesäumt wird. An den Wochenenden ist die Gegend überfüllt mit Städtern aus Fort-de-France, Jachtbesitzern und anderen Touristen. Grand Anse ist ein beliebter Strand zum Schwimmen. Man kann hier entlang des südlichen Endes der Bucht, direkt gegenüber von Morne Champagne, der vulkanischen Halbinsel, die Grand Anse von Anse d'Arlet trennt, auch sehr gut schnorcheln. Ein Pfad am südlichen Ende des Strandes führt zu der Spitze von Morne Champagne.

ESSEN

Entlang der Straße, die am Strand entlangführt, liegen einige einfache Restaurants mit preiswerten Gerichten. Es ist ein Leichtes, am Strand entlang zu spazieren und die einzelnen Speisekarten zu vergleichen. Mehrere dieser Lokale bieten ein Tagesmenü mit drei Gängen zu Preisen zwischen 70 und 85 FF an. Es gibt auch noch billigere Möglichkeiten, etwas zu essen, darunter im Délice des Anses, in dem Pizza und Geflügelgerichte ab etwa 35 FF angeboten werden, und im Chez Gaby, einem netten Restaurant am Südende des Strandes u. a. mit Sandwiches (15 FF), halben Grillhähnchen und Bratkartoffeln (45 FF) sowie Fisch mit Gemüse und Reis (65 FF).

Wenn Sie es etwas gepflegter mögen, dann ist das beliebte Ti'Sable am etwas privateren Nordende des Strandes eine gute Wahl. Hier werden mehrere Menüs zu Festpreisen zwischen 135 und 160 FF genauso wie ein sonntägliches kreolisches Mittagsbuffet für 165 FF serviert. Geöffnet ist täglich zur Mittagszeit von 12.00 bis 14.30 Uhr sowie freitags und samstags auch zum Abendessen. Das Ti'Sable liegt an einem guten Strandabschnitt, besitzt auch eine ganze Reihe von Liegestühlen und vermietet Boote sowie Jetskis.

VON GRAND ANSE NACH DIAMANT

Die Küstenstraße führt südlich von Grand Anse durch Anse d'Arlet und Petit Anse, zwei Küstendörfer abseits der üblichen Touristenrouten, und windet sich dann auf die südliche Seite des Morne Larcher (477 m) hinauf. Wenn Sie hier oben um die Kurve fahren, springt die vor der Küste gelegene Insel Rocher du Diamant (Diamantenfelsen) ins Auge, bevor die Straße sich hinunter in den Ort Diamant schlängelt. Fahren Sie in der Nähe des Strandes in den westlichen Außenbezirken von Diamant nicht zu schnell, damit es auf dieser kurvenreichen Straße nicht zu einen Zusammenstoß kommt.

ESSEN

Auf einer Anhöhe am südlichen Ende von Anse d'Arlet liegt das Le Flamboyant des Isles, ein kreolisches Restaurant mit erschwinglichen Preisen direkt über dem Wasser. Essen kann man hier viele Gerichte mit Meeresfrüchten, z. B. Fischragout oder Tintenfischfrikassée für 75 FF oder ein Menü mit drei Gängen zum Festpreis von 90 FF (für Kinder 50 FF). Geöffnet ist von 12.00 bis 14.30 Uhr und von 19.00 bis 21.30 Uhr (sonntags am Abend und dienstags geschlossen).

DIAMANT

Diamant ist ein kleiner Küstenort gegenüber vom Diamantenfelsen. Das Zentrum von Diamant hat einen absolut lokalen und überhaupt keinen touristischen Charakter. Obwohl es hier auch einige Hotels gibt, liegen diese doch zum größten Teil in den Außenbezirken, die größten sogar einige Kilometer in Richtung Osten. Ein langer und schmaler grauer Sandstrand zieht sich fast 2 km entlang der Westseite von Diamant. Obwohl der Strand noch nicht einmal 100 m von der D37 entfernt ist, liegt er in einer wunderschönen natürlichen Umgebung, denn ein bewachsener Streifen mit Kokospalmen und tropischen Mandelbäumen schirmt ihn fast vollständig von der Straße ab. Der ganze Strand ist recht beliebt und über mehrere Abzweigungen entlang der Hauptstraße zu erreichen.

UNTERKUNFT

Das Hôtel Diamant les Bains (Tel. 76 40 14, Fax 76 27 00) ist ein kleines Stadthotel mit einem angenehmen westindischen Charakter. Es verfügt über einen großen Swimming Pool, viele blühende Pflanzen auf dem Gelände und einen schönen Blick auf den Strand, auch wenn der schmal und nicht wahnsinnig aufregend ist. Die Zimmer sind klein und einfach eingerichtet, dabei aber nicht unbequem, und enthalten eine Klimaanlage, Doppelbetten und ein Telefon, die Bungalows darüber hinaus auch Kühlschränke. Im Sommer kosten hier Einzelzimmer 310 FF und Doppelzimmer 380 FF, während man in den Bungalows allein für 380 FF und zu zweit für 450 FF übernachten kann. Im Winter muß man für ein Einzelzimmer 380 FF, für ein Doppelzimmer 500 FF sowie für einen Bungalow allein 480 FF und zu zweit 600 FF bezahlen. Frühstück ist in diesen Preisen enthalten.

Das am Strand gelegene Village du Diamant (Tel. 76 28 93) ist ein neues dreistöckiges Gebäude, das 2,5 km westlich der Ortsmitte von Diamant erbaut wurde. Die 59 modernen, studioähnlichen Zimmer sind mit Klimaanlage, Balkon, Kochnische und Telefon eingerichtet. Dieses Hotel, besonders bei Tauchern beliebt, besitzt auch eine eigene Tauchschule, einen Swimming Pool und einen Fernsehraum. Im Sommer werden Einzelzimmer für 360 FF und Doppelzimmer für 420 FF vermietet, im Winter für 500 bzw. 600 FF. Frühstück kostet weitere 40 FF pro Person.

Das Hôtel Marine (Tel. 76 46 00, Fax 76 25 99, Pointe de la Chéry) ist ein angenehmes, neues Strandhotel mit 150 Zimmern an einem vorwiegend felsigen Strandabschnitt etwa 2 km östlich der Ortsmitte von Diamant auf der gleichen Halbinsel wie auch das Novotel. Die Zimmer verfügen über Klimaanlage, Telefon, ein extragroßes Bett und eine Schlafcouch, Zimmertresor, Kochnische auf dem Balkon und einen schönen Blick auf das Meer. Es gibt hier auch ein Restaurant und eine Snackbar, einen großen Swimming Pool, Tennisplätze und für die Gäste kostenlose Ausrüstungen zum Schnorcheln und Windsurfen. Man kann zudem tauchen, Fahrten zum Angeln auf hoher See unternehmen und sich ein Motorboot ausleihen. Im Sommer werden Einzelzimmer für 460 FF und Doppelzimmer für 550 FF verhältnismäßig preiswert vermietet, während die Preise im Winter auf 570 bzw. 755 FF steigen.

Das Novotel Diamant (Tel. 76 42 42, Fax 76 22 87, Pointe de la Chéry) liegt etwas abgeschieden am Ende der Halbinsel, die die östliche Ecke der Bucht von Diamant bildet. Es ist das größte und exklusivste Strandhotel dieser Gegend, in dem die 180 Zimmer mit Klimaanlage, Fernsehgerät, Telefon und Zimmertresor ausgestattet sind. Es gibt hier auch mehrere Restaurants, eine Autovermietung, ein Schwimmbecken, einen weißen Sandstrand und entsprechende Wassersportmöglichkeiten wie z. B. Kanufahren, Schnorcheln oder Tretbootfahren. Davon kann man im Sommer in einem Einzelzimmer für 685 FF und

---

Diamantenfelsen

Der 176 m hohe Rocher du Diamant (Diamantenfelsen) ist eine wie ein Bonbon geformte Insel vulkanischen Ursprungs und liegt 3 km vor der Südwestspitze von Martinique. Sie ist die Heimat verschiedenster Seevögel und wird gern von Tiefseetauchern besucht, am interessantesten ist jedoch ihre Geschichte.

Im Jahre 1804 ließen die Briten dort 120 Seeleute an Land gehen, die in die Höhlen und Klippen des Felsens schnell Kasernen und Lagerhäuser errichteten, und dort von Kanonen bewacht. In einem der ungewöhnlicheren Augenblicke der britischen Militärgeschichte registrierte die königliche Marine diesen Felsen als ein Kriegsschiff, nämlich als unsinkbare *Diamond Rock*, und schikanierte damit in den nächsten 17 Monaten die französischen Schiffe, die versuchten, durch diese Meerenge hindurchzunavigieren. Französische Angriffe blieben erfolglos, bis der französische Admiral Villaret de Joyeuse einen Plan aufstellte, um den Felsen aus seinem Gleichgewicht zu bringen. Er ließ ein Beiboot, beladen mit Rum, in Richtung auf den Diamantenfelsen zutreiben. Die isolierten britischen Matrosen fielen auf diesen Trick herein und betranken sich, so daß die französische Marine die Insel einnehmen konnte.

in einem Doppelzimmer für 870 FF Gebrauch machen, während im Winter 970 bzw. 1125 FF berechnet werden.

ESSEN

Wenn Sie in der Ortsmitte preiswert essen mögen, dann ist das an einem Snackstand mit Sandwiches, Burgern und Grillhähnchen am Strand gegenüber der Kirche möglich. Falls Sie Pizza bevorzugen, dann gehen Sie zu Pizza Pépé, das nur wenige Minuten zu Fuß südöstlich des Rathauses

an der Esso-Tankstelle liegt. Es gibt aber auch ein halbes Dutzend kleiner Restaurants zu beiden Seiten des Rathauses. Alle gehören zur mittleren bis etwas teureren Preisklasse, wobei einige aber auch ein Tagesmenü für etwa 85 FF anbieten. In der gleichen Gegend kann man zudem im Restaurant vom Hôtel Diamant les Bains essen, in dem gute und erschwingliche kreolische Küche mit Fisch und anderen Hauptgerichten zu Preisen zwischen 70 und 80 FF angeboten wird.

MARIN

Marin, am Kopf einer tiefen, geschützten Bucht gelegen, ist Sitz einer der beiden Unterpräfekturen der Insel und das regionale Wirtschaftszentrum. An der Westseite des Ortes liegt ein großer Hafen mit allen Einrichtungen für Jachten und dem Heimathafen der Jachtcharterunternehmen der ganzen Insel.

In der Ortsmitte steht eine sehr hübsche steinerne Kirche aus dem Jahre 1766. Um dorthin zu gelangen, müssen Sie an der Disco von der Hauptstraße in Richtung Süden abbiegen.

Die Kirche ist dann auf einem Platz nur 200 m entfernt zu sehen.

SAINTE-ANNE

Sainte-Anne ist der südlichste Ort der Insel und liegt ganz hübsch direkt am Meer. Es gibt in dieser Gegend mehrere gute Strände, darunter den atemberaubenden Strand von Les Salines, nur 10 Minuten mit dem Auto entfernt. Trotz der Anzahl der Besucher, die an den Wochenenden und während der Wintersaison den Ort überfluten, hat sich Sainte-Anne einen ungezwungenen, einfachen Charakter bewahrt. Das Meer vor der Küste ist voller Riffe, die es interessant für Schnorchler macht. Wenn Sie diese Unterwasserwelt kennenlernen möchten, ohne sich die Füße naß zu machen, dann besteigen Sie das *Aquascope*, ein halb im Wasser liegendes Boot mit Bullaugen, das täglich um 9.30, 11.00, 14.00 und 15.30 Uhr losfährt und auf dem Erwachsene für eine Fahrt 110 FF sowie Kinder 60 FF bezahlen müssen.

PRAKTISCHE HINWEISE

Das Postamt liegt am Nordende des Ortes. In der Rue du Calvaire findet man eine Wäscherei, die montags bis freitags von 7.00 bis 18.30 Uhr und samstags bis 15.00 Uhr geöffnet ist.

UNTERKUNFT

Zelten kann man bei Vivre & Camper (Tel. 76 72 79, Fax 76 97 82, BP 8, Pointe Marin) an einem schönen Strand in der Nähe des Club Med.

Das Gelände liegt nur etwa 30 Minuten Fußweg von der Ortsmitte entfernt. Man kann hier ein ausgerüstetes Zelt pro Woche für 700 FF ausleihen oder sein eigenes Zelt aufschlagen, wofür 40 FF pro Tag zu bezahlen sind.

Das Hôtel Georges III in der Ortsmitte (Tel. 76 73 11) ist etwas unordentlich, aber sauber und hat sehr einfach

ausgestattete Zimmer mit eigenem Bad (keine Handtücher) und Kochnische für 250 FF pro Zimmer zu bieten. Das im Ort gelegene Hotel La Dunette (Tel. 76 73 90, Fax 76 76 05) verfügt über 18 moderne Zimmer mit Klimaanlage, Fernsehgerät, Haartrockner und Telefon. Von einigen der Zimmer hat man einen Blick über das Meer. Vor diesem Hotel erstreckt sich zudem ein Strand. Hier kosten im Sommer Einzelzimmer 300 FF und Doppelzimmer 400 FF, im Winter 500 bzw. 600 FF (Frühstück inbegriffen). Das Hameau de Beauregard (Tel. 76 75 75, Fax 73 20 75) ist ein modernes, apartmentähnliches Hotel an der D9, etwa 500 m südöstlich der Ortsmitte gelegen. Es gehört zur Archipel-Hotelkette und besteht aus 90 Studios sowie Apartments mit einem Schlafzimmer, die jeweils mit Kochnische, Klimaanlage, Fernsehgerät, Telefon und Balkon ausgestattet sind. Die Übernachtungspreise beginnen in diesem Haus im Sommer bei 370 FF und im Winter bei 660 FF. Vorhanden ist auch ein Schwimmbecken. Das Hôtel Anse Caritan (Tel. 76 74 12, Fax 76 72 59) liegt etwas abgeschieden einen Kilometer südlich der Ortsmitte. Dieses moderne Hotel verfügt über 96 zeitgemäße Zimmer mit Kochnische, Klimaanlage, Telefon und Terrasse oder Balkon. Geboten werden den Gästen auch ein Restaurant, ein Swimming Pool und ein weißer Sandstrand. Mit Frühstück muß man hier im Sommer für ein Einzelzimmer 464 FF und für ein Doppelzimmer 645 FF sowie im Winter 690 bzw. 950 FF bezahlen.

Das Buccaneer's Creek Club Med (Tel. 76 76 13) liegt am Ende der Halbinsel, die nördlich von Sainte-Anne hervorspringt. Es wird von einem schönen, weißen Sandstrand flankiert und sieht fast wie ein abgeschlossenes kleines Dorf aus. Angeboten werden 300 Zimmer, die

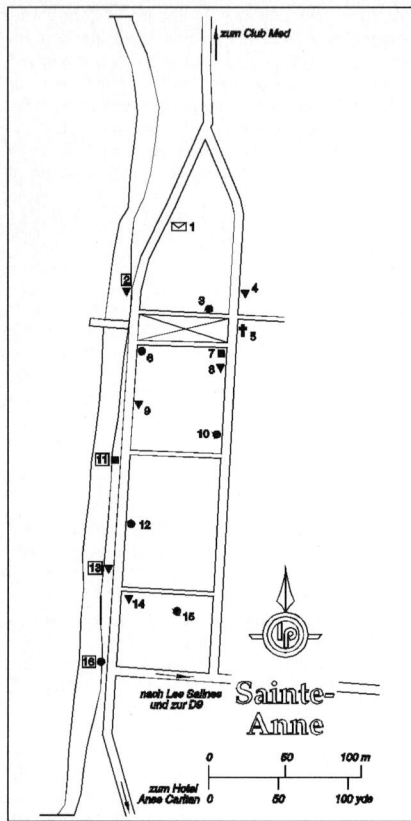

1 Postamt
2 Poi et Virginie
3 Apotheke
4 Les Tameriniers
5 Kirche
6 Rathaus
7 Hôtel Georges III
8 Délifrance
9 Athanor und Crêperie
10 Zeitungsstand Le Gallerie
11 La Dunette
12 Lebensmittelladen
13 L'Epi Soleil
14 Snackbar
15 Markt

mit Klimaanlage, einem extragroßen Bett oder zwei Doppelbetten und den üblichen Annehmlichkeiten ausgestattet sind. Die wöchentlichen Preise für ein Doppelzimmer mit Vollpension beginnen im Sommer bei 1400 US $ und im Winter bei 1600 US $.

ESSEN

Um sich zu verpflegen, kann man von einer Snackbar an der Küstenstraße vor dem Markt und von einem Lebens-

mittelladen eine Minute zu Fuß weiter in Richtung Norden Gebrauch machen. In der gleichen Gegend liegt auch das L'Epi Soleil, in dem Pasteten, Brot und Sandwiches verkauft werden und in dem auch eine kleine Speiseecke eingerichtet wurde. Wenn Sie Appetit auf frisches Baguette und Croissants haben, dann gehen Sie in das Délifrance in der Rue de l'Église, etwas südlich der Kirche gelegen.

Das Athanor ist ein einfaches Restaurant mit einer Crêperie. Das Essen ist im Gegensatz zu den Crêpes recht gut, obwohl die Bedienung schauderhaft ist. Salate und Vorspeisen bekommen Sie hier für 25 bis 35 FF, während gegrillter Fisch 65 FF und Hummer pro 100 Gramm 38 FF kosten. Geöffnet wird jeden Abend zum Essen um 19.00 Uhr.

Im Restaurant des Hotels La Dunette können Sie unmittelbar am Wasser speisen. Das Essen besteht vorwiegend aus Gerichten mit Meeresfrüchten. Hier muß man für Fischsuppe 32 FF, gegrillten Fisch 65 FF und Hummer um die 200 FF bezahlen.

Das Poi et Virginie liegt lauschig direkt am Wasser. Vorspeisen und eine ganze Reihe Nachspeisen kosten in diesem Restaurant zwischen 30 und 40 FF, während für Hauptgerichte zwischen 60 FF (Geflügel) und 180 FF (Hummer) berechnet werden.

Das Les Tameriniers liegt direkt nördlich der Kirche und bietet Salate und Vorspeisen zu Preisen zwischen 28 und 60 FF an. Für Hauptgerichte muß man zwischen 52 FF für gegrillten kreolischen Fisch und 140 FF für Hummer bezahlen.

LES SALINES

Les Salines, ein langer, sanft geschwungener Stand mit goldenem Sand, liegt an der unerschlossenen südlichen Inselspitze. Umgeben von schattenspendenden Kokospalmen und tropischen Mandelbäumen, wird er von vielen als der schönste Strand auf Martinique angesehen. Da die Gegend trocken ist, scheint hier oftmals die Sonne, auch wenn das in den anderen Inselteilen nicht der Fall ist. Der Strand zieht vor allem an Sonn- und Feiertagen Menschenmassen an, ist aber groß genug, daß alle Platz finden, ohne sich beengt zu fühlen.

Les Salines liegt 5 km südlich von Sainte-Anne am Ende der D9. Duschen und Speisewagen findet man in der Nähe der Mitte des Strandes und etwa 500 m weiter südlich Imbißlokale, in denen preisgünstige Sandwiches, Burger und Geflügel verkauft werden. An der Westseite des Strandes darf man an Wochenenden und während der Schulferien zelten. Les Salines verdankt seinen Namen dem Étang des Salines, dem riesigen Salzsee hinter dem Strand. Hüten Sie sich vor den giftigen Manzanillo-Bäumen am Strand, die vor allem am Südostende stehen. Sie sind häufig mit roter Farbe markiert.

SAVANE DES PÉTRIFICATIONS

Nach dem Ende der D9 bei Les Salines verläuft die Straße entlang des Strandes noch 2 km in Richtung Südosten weiter, bis sie einen versteinerten Wald erreicht, der leider von Souvenirjägern im Laufe der Jahrzehnte schwer im Mitleidenschaft gezogen worden ist.

Durch den früheren Wald führt ein Weg, der am Ende der Straße beginnt. Es ist auch möglich, weiter entlang der Küste zu wandern, wo der Weg die ganze Strecke bis nach Macabou führt, etwa 25 km entfernt.

MARTINIQUE

MONTSERRAT

Montserrat ist klein und nur dünn besiedelt sowie die am wenigsten erschlossene und am wenigsten touristische Insel der ganzen östlichen Karibik. Sie ist angenehm ländlich und grün, wobei die Landschaft aus geschwungenen Hügeln, Bergen und Tälern besteht.

Die alten steinernen Zuckermühlen, die das Gelände überziehen, stehen als Erinnerung an die koloniale Vergangenheit von Montserrat. Vor allem frühe irische Einwanderer hatten einen unauslöschlichen Einfluß auf die Insel. Bis heute tauchen grüne Kleeblätter in Symbolen von Firmen auf, wehen über der Residenz des Gouverneurs und werden Besuchern in den Reisepaß gestempelt. Es gibt fast 100 Familien in Montserrat, die den Nachnamen Ryan tragen, sowie Dutzende von O'Brians, Galloways und Sweeneys, während als Ortsnamen Blakes, Kinsale und Cork Hill nicht ungewöhnlich sind.

Plymouth, die einzige richtige Stadt auf der Insel, ist eine anziehende, westindische Hauptstadt mit engen, gewundenen Straßen, an denen rechts und links alte Häuser stehen. Wie auch der Rest der Insel versetzt Plymouth Besucher in ein anderes Zeitalter und verleiht dem Slogan der Insel „Die Art, wie die Karibik sein sollte" tatsächlich Glaubwürdigkeit.

Es gibt hier Wanderwege in das gebirgige Innere, einige historische Orte, einen Krater mit dampfenden Schwefelquellen und einige schwarze Sandstrände, aber in der Hauptsache ist Montserrat bekannt für seinen erholsamen und geruhsamen Charakter. Viele Menschen, darunter eine steigende Anzahl von Rentnern, kehren Jahr für Jahr auf die Insel mit dem ausgesprochenen Anspruch zurück, absolut nichts unternehmen zu wollen.

Im September 1989 wurde Montserrat von dem Hurrikan „Hugo" heimgesucht, der teilweise mit 150 Meilen pro Stunde über die Insel hinwegfegte. Dabei starben elf Menschen, wurden 90 % der Bevölkerung obdachlos und die Sachschäden mit 300 Millionen US-Dollar beziffert.

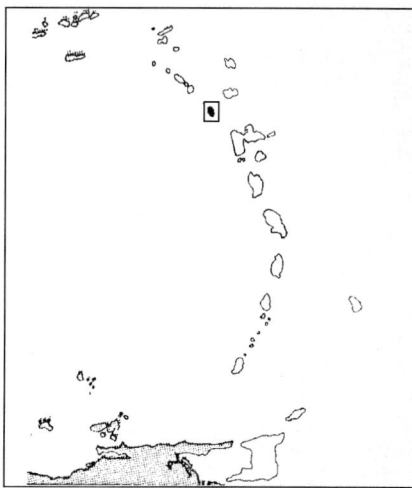

Die Insel ist zum größten Teil wiederaufgebaut, doch zeugen heute noch einige kahle Bäume auf mehreren Hügeln von der Wucht und Gewalt des Sturms.

ORIENTIERUNG

Der Flughafen liegt an der Ostküste, sieben Meilen (11,2 km) nordöstlich von Plymouth. Eine Rundstraße verbindet die Orte auf der oberen Inselhälfte, während die anderen Hauptstraßen der Insel von Plymouth in Richtung Süden in die Touristengegend von Galways Soufrière führen. In der Tat liegen alle Dörfer, Sehenswürdigkeiten und Unterkünfte im Westen der Insel. Insgesamt gesehen kann das kleine Eiland problemlos innerhalb eines Tages erkundet werden.

EINFÜHRUNG
GESCHICHTE

Die Ureinwohner nannten die Insel Alliouagana, was „Land der stacheligen Büsche" bedeutet. Als Kolumbus die Insel im Jahre 1493 erblickte, benannte er sie

Montserrat, da die felsige Landschaft ihn an die gezackten Berge oberhalb des Klosters von Montserrat in der Nähe von Barcelona in Spanien erinnerte.

MONTSERRAT

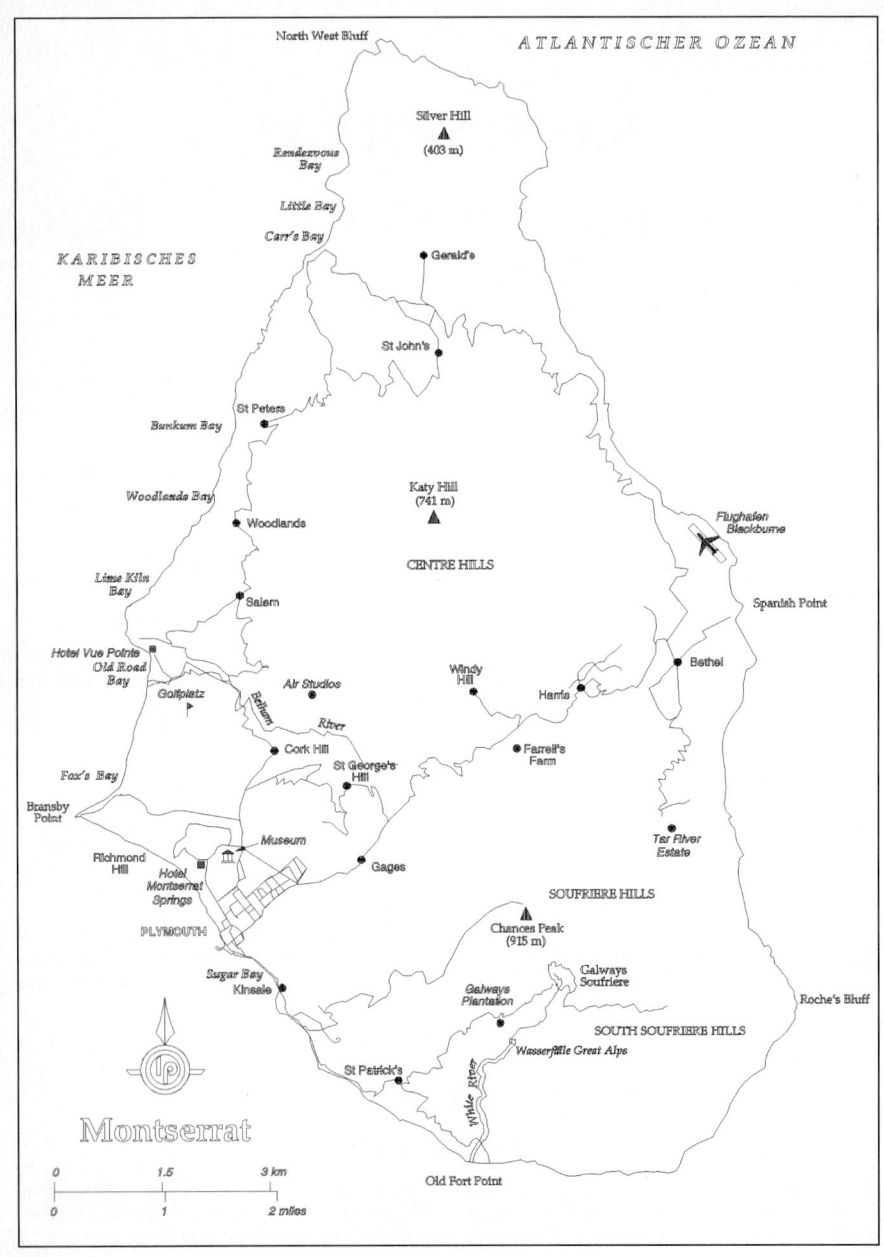

North West Bluff

ATLANTISCHER OZEAN

Silver Hill
▲
(403 m)

Rendezvous Bay

Little Bay

Carr's Bay

● Gerald's

KARIBISCHES MEER

St John's ●

St Peters ●
Bunkum Bay ●

Woodlands Bay ●

Woodlands ●

Katy Hill
(741 m)
▲

CENTRE HILLS

Flughafen Blackburne

Lime Kiln Bay

Salem ●

Spanish Point

Hotel Vue Pointe Old Road Bay ■

Golfplatz ⚑

Air Studios ●

Belham River

Windy Hill ●

Harris ●

Bethel ●

River

Cork Hill ●

St George's Hill ●

Farrell's Farm ●

Fox's Bay

Bransby Point

Richmond Hill ■

Museum

Hotel Montserrat Springs ■

Gages ●

Tar River Estate ●

PLYMOUTH

SOUFRIERE HILLS

Chances Peak
▲
(915 m)

Sugar Bay Kinsale ●

Galways Plantation

Galways Soufrière

Roche's Bluff

SOUTH SOUFRIERE HILLS

St Patrick's ●

White River

Wasserfälle Great Alps

Montserrat

| 0 | 1.5 | 3 km |
| 0 | 1 | 2 miles |

Old Fort Point

Die ersten europäischen Siedler waren Katholiken, vor allem Iren, die 1632 nach Montserrat auswanderten, um der Verfolgung durch die Protestanten aus dem benachbarten St. Kitts zu entgehen. In den folgenden Jahren zog Montserrat mehr und mehr Katholiken aus anderen Kolonien in der Neuen Welt wie auch weitere Einwanderer aus Irland an. Viele kamen als Arbeiter, die die Kosten für ihre Schiffspassagen durch Feldarbeit auf den frühen Plantagen abarbeiteten. In der Mitte des 17. Jahrhunderts war Montserrat von Zuckerrohrfeldern bedeckt. In dieser Zeit überstieg der Bedarf an Arbeitskräften die Zahl der vorhandenen irischen Landarbeiter um ein Vielfaches. Verteilt über das nächste Jahrhundert wurden Tausende von afrikanischen Sklaven nach Montserrat gebracht, wodurch sich auf dieser Insel ebenfalls ein auf Sklavenhaltung basierendes Plantagensystem entwickelte, das auch auf allen britischwestindischen Inseln üblich war.

Über zwei Jahrhunderte florierte die Herstellung von Zucker, wobei in ihrer Blütezeit um 1760 mehr als 100 Zuckerrohrplantagen auf der Insel bestanden. In den ersten Jahren des 18. Jahrhunderts verschlechterte sich der Zuckermarkt allerdings erheblich, und als 1834 die Sklavenhaltung abgeschafft wurde, trieb dies viele der Plantagenbesitzer in den Ruin. Einige Plantagen wurden daraufhin unter Kleinbauern aufgeteilt und mit Limonenbäumen bepflanzt, was auch einen gewissen Erfolg brachte, doch die meisten der Gebäude wurden einfach aufgegeben.

Montserrat stand seit der Gründung der ersten Siedlung 1632 nahezu ununterbrochen unter britischer Herrschaft. Es kam natürlich auch hier zu den üblichen Querelen mit den Franzosen, die 1665 und 1712 für kurze Zeit die Kontrolle über die Insel übernahmen, was sie zum Teil der Unterstützung durch irischstämmige Inselbewohner verdankten, die den Engländern mißtrauten. Die Franzosen fielen erneut 1782 ein, doch durch den Vertrag von Paris, der 1873 unterzeichnet wurde, gelangte die Insel dauerhaft an die Briten zurück.

Nach dem Auseinanderbrechen der Westindischen Föderation im Jahre 1962 boten die Briten allen ihren karibischen Territorien an, sich selbst zu regieren. Montserrat war jedoch zu klein, um selbständig zu bestehen, und versuchte, allerdings erfolglos, entweder mit Antigua oder mit St. Kitts gemeinsam einen Staat zu bilden. Daraufhin baten die Insulaner von Montserrat die Briten, eine Kronkolonie bleiben zu dürfen, und hatten Erfolg.

DAS LAND

Montserrat hat die Form einer Träne. Die Insel ist etwa 17 km lang und an ihrer breitesten Stelle etwa 10 km breit. Die gesamte Landfläche macht 106 km² aus. Sie wird auch "Smaragdinsel" genannt und verdankt beide Namen ihrem irischen Erbe und den vorwiegend grünen Farben ihrer Landschaft. Die Insel besteht aus scharfkantigen Klippen, üppig bewachsenen Bergtälern und grünem Weideland.

Auf Montserrat erheben sich drei verschiedene Berge, die auf das Zentrum der Insel zulaufen, wobei die beiden Straßen der Insel in den Bergtälern dazwischen angelegt wurden. Im Norden erreicht der Silver Hill eine Höhe von 403 m, in der Mitte liegen die Centre Hills mit ihrem höchsten Gipfel, dem 741 m hohen Katy Hill, und im Süden sieht man die Soufrière Hills mit ihrem 915 m hohen Chances Peak, der höchsten Erhebung auf der Insel. Der vulkanische Ursprung der Insel ist heute noch im Galways Soufrière sichtbar, einem kraterähnlichen Canyon

Die Nixe von Chances Pond

Die Legende berichtet, daß im Chances Pond, einem flachen Teich auf der Spitze von Montserrats höchstem Berg, eine Nixe wohnt. Die Nixe behütet einen Schatz, um den sie viele Menschen beneiden, doch wurden Schatzsucher von einer Schlange, die die Nixe beschützte, an der Bucht festgehalten. Die Nixe wird von Zeit zu Zeit gesehen, wie sie oben auf einem Felsen sitzt und ihr langes rotes Haar kämmt. Der Legende nach soll dann, wenn jemand den Kamm aus ihrer Hand entwenden, den Berghang hinunterrutschen und ihn in den See tauchen kann, ohne von der Schlange überwältigt zu werden, der Schatz ihm gehören.

in den Soufrière Hills. Der Galways Soufrière ist eine geologische Verwerfung mit Schwefelgasen und Rauchschloten, blasenwerfenden Schlammteichen und heißen Quellen.

KLIMA

Die kühlsten Monate sind Dezember bis Februar. Dann liegt die Durchschnittstemperatur bei einem unteren Wert von 21° C am Abend und einem Höchstwert von 28° C während des Tages.

Von Mai bis Oktober betragen die durchschnittlichen Tagestiefsttemperaturen 23° C und die durchschnittlichen Höchsttemperaturen 31° C. Die jährlichen Regenfälle liegen bei etwa 150 cm.

Eine klar umrissene Regenzeit kennt man auf Montserrat zwar nicht, die trockenste Periode dauert jedoch von Februar bis Mai. Die durchschnittliche Luftfeuchtigkeit bewegt sich das ganze Jahr hindurch zwischen 62 und 69 %.

FLORA UND FAUNA

Auf Montserrat wurden etwa 90 verschiedene Vogelarten entdeckt, von denen ein Drittel auf der Insel auch brütet. Der Nationalvogel, der auf der Insel verbreitete Montserrat-Pirol, ist ein hübscher schwarz-gelber Vogel, der ausschließlich in Montserrats Bergen vorkommt und von dem heute noch etwa 500 Paare leben.

Der Crapaud, ein großer Frosch, der auf Speisekarten als „Gebirgshühnchen" (*mountain chicken*) angeboten wird, wird nur in relativ großen Höhen auf Montserrat und Dominica gefunden. Auf Montserrat leben auch Leguane, Agutis und sieben verschiedene Fledermausarten. Es gibt hier Regenwälder, Baumfarnwälder, Gebirgsdickichte und lichte Wälder. Entlang der Straßen sieht man häufig Mango-, Brotfrucht-, Heliconia-, Ingwer-, Elefantenohren- und andere tropische Pflanzen.

Leguan

STAAT UND VERWALTUNG

Montserrat ist eine britische Kronkolonie. Der amtierende Gouverneur, David Taylor, der die Königin vertritt, hat den Vorsitz sowohl im Exekutiv- als auch im Legislativrat.

Sieben Mitglieder der Legislative werden in allgemeiner Wahl gewählt, vier andere ernannt. Der derzeitige Ministerpräsident ist Reuben Meade.

WIRTSCHAFT

Montserrat ist in Bezug auf den Obst- und Gemüseanbau Selbstversorger und baut einige landwirtschaftliche Erzeugnisse für den Export an, darunter z. B. Teekräuter. Zu den auf der Insel angebauten landwirtschaftlichen Erzeugnissen gehören Süßkartoffeln, Kartoffeln, Tomaten, Kohlköpfe, Kopfsalat, Pfefferschoten, Limonen, Papayas und Bananen.

Etwa 10 % der arbeitenden Bevölkerung sind in kleineren Industriebetrieben mit der Herstellung solcher Dinge wie elektronischer Bausteine oder Lederwaren beschäftigt. Der Tatsache zum Trotz, daß jährlich nur etwa 30 000 Touristen Montserrat besuchen, sorgt der Tourismus für ca. 25 % des Bruttosozialprodukts der Insel.

DIE MENSCHEN

Auf der Insel sind etwa 11 000 Menschen beheimatet, von denen rund 3500 in Plymouth leben. Die meisten Inselbewohner sind Schwarze und Nachfahren afrikanischer Sklaven, obwohl es auch Insulaner mit irischem Blut gibt.

KUNST UND KULTUR

Das afrikanische Erbe ist sehr stark auf der Insel vertreten, doch sind auch einzigartige irische Einflüsse zu erkennen. So verbinden z. B. die inseltypischen Folkloretänze irische Schritte mit schwarzem afrikanischem Beat. Und obwohl Montserrat die einzige Insel in der Karibik ist, die den St. Patrick's Day feiert, sind doch die lebhaftesten Feiern die zum Karneval, also die als Inbegriff für westindische Feiern.

Der wahrscheinlich bekannteste Einwohner von Montserrat in der ganzen Karibik ist Alphonsus Cassell, besser bekannt als Arrow, dessen Song *Hot! Hot! Hot!* ein Klassiker geworden ist.

Die mit Abstand beliebtesten Sportarten auf der Insel sind Kricket und Fußball, die beide recht häufig im Sturge-Park an der Nordseite von Plymouth gespielt werden.

Kleidung: Die Kleidung hier ist zwanglos, so daß einfache Baumwollsachen für alle Gelegenheiten richtig sind. Um Verärgerungen zu vermeiden, sollten Sie das Tragen von Badesachen auf den Strand beschränken.

RELIGION

Trotz ihrer irischen Abstammung sind die meisten Menschen auf Montserrat Anglikaner. Der Rest setzt sich aus Methodisten, Pfingstlern, Katholiken und Adventisten zusammen.

SPRACHE

Englisch ist die Hauptsprache, die allerdings häufig mit einem inseltypischen Dialekt zu hören ist. Einige Inselbewohner sprechen aber auch mit einem bemerkenswerten irischen Akzent.

PRAKTISCHE HINWEISE

EINREISEBESTIMMUNGEN

Alle Besucher benötigen für die Einreise einen gültigen Reisepaß. Daneben ist für Deutsche, Österreicher und Schweizer ein Visum nicht erforderlich.

Jeder Besucher muß jedoch daneben offiziellerweise ein Ticket für die Rück- oder Weiterreise vorweisen können.

ZOLLBESTIMMUNGEN

Besucher dürfen 40 Unzen alkoholischer Getränke, 200 Zigaretten und sechs Unzen Parfum zollfrei einführen.

GELD

Der Ostkaribische Dollar (EC $) ist die offizielle Inselwährung, doch werden fast überall auch US-Dollar akzeptiert. Der Wechselkurs liegt bei 2,70 EC $ für einen US-Dollar. Die bedeutendsten Kreditkarten werden in Hotels und einigen der größeren Restaurants anerkannt. Ein Trinkgeld von 10 % ist in Restaurants üblich. Da aber in den meisten besseren Restaurants schon 10 % Bedienungszuschlag zum Rechnungsbetrag addiert werden, braucht man dann ein zusätzliches Trinkgeld nicht mehr zu geben.

INFORMATIONEN

Das Fremdenverkehrsbüro finden Sie in Plymouth. Wenn Sie schriftlich Informationen anfordern wollen, adressieren Sie Ihr Schreiben an: Montserrat Department of Tourism, PO Box 7, Church Street, Plymouth, Montserrat, Westindische Inseln (Tel. 4 91 22 30, Fax 4 91 74 30).

In Deutschland wird das Fremdenverkehrsbüro von Montserrat durch das West India Commitee, Lomerstr 28, 22047 Hamburg (Tel. 040/6 95 88 46, Fax 040/380 00 51), vertreten.

ÖFFNUNGSZEITEN

Behörden und Büros sind üblicherweise montags bis freitags von 8.00 bis 12.00 Uhr und von 13.00 bis 16.00 Uhr geöffnet. Die Ladenöffnungszeiten sind unterschiedlich, doch sind Geschäfte im allgemeinen sonntags geschlossen und viele auch mittwochs und samstags bereits ab 12.00 Uhr nicht mehr zugänglich.

FEIERTAGE

Feiertage auf Montserrat sind:

Neujahrstag	1. Januar
St. Patrick's Day	17. März
Karfreitag	Ende März/Anfang April
Ostermontag	Ende März/Anfang April
Tag der Arbeit	erster Montag im Mai
Pfingstmontag	achter Montag nach Ostern
Geburtstag der Königin	zweiter Samstag im Juni
August-Montag	erster Montag im August
Weihnachtstage	25. und 26. Dezember
Silvester	31. Dezember

KULTURELLE VERANSTALTUNGEN

Montserrat begeht den 17. März nicht nur aufgrund seiner irischen Verbindungen als Feiertag, sondern auch im Gedenken an eine Rebellion von auf der Insel lebenden Sklaven im Jahre 1768. Das Dorf St. Patrick ist der Hauptort für die Feierlichkeiten, die mit Musik, Straßentänzen und traditionellen Speisen begangen werden.

Die Karnevalsfeiern beginnen auf Montserrat Mitte Dezember und finden ihren Höhepunkt am Neujahrstag mit einer Parade durch Plymouth und Straßenumzügen (alle Menschen tanzen und feiern). Der festlichste Tag ist der 31. Dezember, wenn Musik- und Kostümwettbewerbe am Nachmittag im Sturge-Park in Plymouth beginnen und bis weit nach Mitternacht gefeiert wird.

POST

Das Hauptpostamt befindet sich in Plymouth, während es Nebenstellen in den größeren Orten gibt. Alle Postfächer sind in Plymouth, so daß man, wenn man an eine Postfachadresse auf Montserrat schreibt, nach der Postfachnummer stets den Ort Plymouth hinzufügen sollte. Falls Sie eine Postfachnummer nicht kennen, dann schreiben Sie statt dessen den Ortsnamen hin und geben anschließend „Montserrat, Westindische Inseln" an.

TELEKOMMUNIKATION

Im Büro von Cable & Wireless in Plymouth kann man Telefonkarten kaufen, Fern- und Auslandsgespräche führen sowie Faxsendungen, Telexmitteilungen und Telegramme absenden.

Überall auf der Insel findet man Münz- und Kartentelefone. Wenn Sie bei einem Telefongespräch die Hilfe der Vermittlung benötigen, dann wählen Sie die Rufnummer 118 (gebührenfrei).

Die Telefonnummern auf Montserrat beginnen mit der Zahl 491, gefolgt von weiteren vier Ziffern. Für ein Ortsgespräch brauchen Sie nur diese letzten vier Ziffern zu wählen. Wenn Sie aus dem Ausland nach Montserrat anrufen wollen, dann wählen Sie vor der siebenstelligen Rufnummer die Länderwahl 809.

Weitere Informationen über das Telefonieren können Sie dem Abschnitt über Telekommunikation im Einführungsteil dieses Buches entnehmen.

STROM

Die Stromspannung beträgt 220 Volt Wechselstrom mit einer Frequenz von 60 Hertz. In den meisten Hotels und Villen findet man im Badezimmer aber auch eine Steckdose für Wechselstrom mit einer Spannung von 110 Volt.

MASSE UND GEWICHTE

In Montserrat wird das britische System der Maße und Gewichte verwendet, so daß auf Verkehrsschildern und Tachometern in Autos Geschwindigkeiten in Meilen pro Stunde, auf Landkarten Höhenangaben in Feet und Gewichte stets in Pounds (Pfund) und Ounces (Unzen) angegeben werden.

BÜCHER UND LANDKARTEN

Der Montserrat National Trust hat mehrere Bücher über die Insel herausgegeben, darunter *Birds of Montserrat* von Allan Siegel (10 EC $), *Wildlife of Montserrat* von Jay Blankenship (30 EC $) und *Montserrat, West Indies, a Chronological History* von Marion Wheeler (20 EC $). Diese Bücher können in der Tauchschule Sea Wolf und im Büro des Montserrat National Trust gekauft werden, beide in Plymouth.

Die beste Landkarte der Insel ist die *Tourist Map of Montserrat* von Ordnance Survey (Maßstab 1:25 000). Sie wird für etwa 18 EC $ im Souvenirladen am Flughafen und in Plymouth bei Jus Looking, in der Tauchschule Sea Wolf sowie bei Lands & Surveys verkauft.

MEDIEN

Auf Montserrat werden zwei Zeitungen veröffentlicht, nämlich *The Montserrat Reporter* und *The News*, die beide jeden Freitag erscheinen.

Radio Antilles, einer der mächtigsten Sender der Karibik, unterhält auf Montserrat ein Studio. Der andere große Rundfunksender der Insel ist das staatliche Radio Montserrat. Fernsehprogramme werden von anderen karibischen Inseln übertragen.

GESUNDHEIT

Das Glendon Hospital in Plymouth (Tel. 4 91 25 52) ist ein staatlich geführtes Krankenhaus mit 68 Betten, in dem Notfälle behandelt werden. Bei den meisten ernsten Fällen werden die Patienten normalerweise nach Guadeloupe oder Barbados geflogen.

An der Ostküste von Montserrat besteht in den Dörfern und Orten um den Flughafen das Risiko, an Bilharziose zu erkranken. Vermeiden Sie es daher, in die dortigen Gewässer zu gehen oder zu schwimmen. Weitere Informationen über Bilharziose finden Sie im Abschnitt über die Gesundheit im Einführungsteil dieses Buches.

GEFAHREN UND ÄRGERNISSE

Auf Montserrat passieren recht wenig Verbrechen. Dennoch sollten Sie die normalen Vorsichtsmaßregeln beachten.

NOTFÄLLE

In Notfällen sind die Polizei und die Feuerwehr unter der Rufnummer 999 und der ärztliche Notdienst unter der Rufnummer 991 zu erreichen.

FREIZEITBESCHÄFTIGUNGEN

Strände und Schwimmen: Es reist bestimmt niemand wegen der schönen Strände nach Montserrat, aber es gibt dennoch einige Stellen auf der Insel, an denen man recht gut schwimmen kann. Dabei ist das Wasser an der Westküste im allgemeinen ruhig, an der Ostküste hingegen recht aufgewühlt.

So gut wie alle Strände auf Montserrat bestehen aus vulkanischem schwarzen oder grauen Sand. Eine Ausnahme bildet die Rendezvous-Bucht an der Nordwestküste mit goldbraunem Sand. Sowohl die Rendezvous-Bucht als auch die daneben liegende Little Bay sind recht hübsche, abgelegene Strände, die per Boot oder zu Fuß erreicht werden können.

Zu den beliebten Stränden, die sich mit einem Auto erreichen lassen, gehören Fox's Bay gleich nördlich von Plymouth, die Old Road Bay unterhalb des Hotels Vue Pointe und die Woodlands Bay, der einzige Strand mit Einrichtungen für Besucher. Auch die Bunkum Bay,

etwa fünf Minuten Fußweg von der Straße im Dorf St. Peter entfernt, ist ein recht netter Strand.

Die Sugar Bay an der Südseite von Plymouth ist kein besonders schöner Strand, aber bei der einheimischen Jugend recht beliebt zum Schwimmen. Es gibt auch an der Nordseite von Plymouth noch einen Strand, der sich bis zum Hotel Montserrat Springs erstreckt.

Tauchen: Der Tauchsport ist auf Montserrat noch relativ neu. Die Insel hat jedoch Korallenbänke, die noch gänzlich unberührt sind, riesige Schwämme, ein vielfältiges Meeresleben und sehr gute Sichtverhältnisse unter Wasser zu bieten.

O'Garros am südlichen Ende der Insel ist eine beliebte Stelle, wo das Tauchen in flachem wie auch tiefem Wasser möglich ist. Hier ist das Wasser sehr klar und ermöglicht es, Schwärme von Barracudas und anderen großen Fischen zu sehen. Das Wasser fällt an dieser Stelle nach 20 m tief ab und läßt es zu, spektakuläre Szenen zu erblicken, darunter oft Haie, Schildkröten und Rochen. Eine gute Tauchmöglichkeit für Fortgeschrittene besteht in Pinnacle, etwa 800 m vor der Woodlands Bay in einem Gebiet gelegen, das zu einem nationalen Meerespark erklärt wurde. Das Riff fällt hier von etwa 20 m auf über 100 m Tiefe ab und ist die Heimat von zahllosen Fischen, riesigen bunten Schwämmen und Hirnkorallen. An der Woodlands Bay kann man auch gut unmittelbar an der Küste tauchen, denn dort kommt man zu recht schönen Korallenriffen in einer Tiefe von etwa 7 m mit Hummern, Barracudas und vielen anderen Fischen.

Eine weitere beliebte Stelle zum Tauchen liegt bei der Lime Kiln Bay, einer recht flachen Gegend, die nur auf etwa 15 m abfällt. Hier lassen sich vielerlei Schwämme, Korallen und Fische sowie manchmal sogar ein Stachelrochen erblicken.

Eine weitere Tauchmöglichkeit an der Westküste besteht bei Colby's, wo auch Anfänger gut tauchen können, aber auch an der Little Bay. Wenn das Meer ruhig ist, besteht zudem die Möglichkeit, an der Ostküste zu tauchen.

Die Tauchschule Sea Wolf (Tel. 4 91 78 07 und 4 91 68 59, PO Box 400, George Street, Plymouth) wird von einem freundlichen deutschen Paar geführt, das die Insel sehr gut kennt.

Sea Wolf bietet Tauchgänge an der Küste für 40 US $, Tauchgänge mit einer Flasche Preßluft vom Boot aus für 50 US $, mit zwei Flaschen Preßluft für 70 US $ und Nachttauchgänge für 45 US $ an. Kurse zur Erlangung des PADI-Zertifikats werden für 375 US $ veranstaltet. Diese Tauchbasis ist täglich außer mittwochs und sonntags von 9.00 bis 12.00 Uhr geöffnet.

Schnorcheln: Die Woodlands Bay eignet sich auch gut zum Schnorcheln, da hier viele Fische und Korallen zu sehen sind. Die Tauchbasis Sea Wolf bietet das Schnorcheln in der Woodlands Bay für 50 EC $ einschließlich

Ausrüstung an. Man kann aber auch an der leicht zu erreichenden Old Road Bay gut schnorcheln.

Ebenfalls gute Schnorchelmöglichkeiten bestehen an der Little Bay, und für sehr gute Schwimmer eignet sich auch die Gegend um das Rendezvous Bluff zwischen der Little Bay und der Rendezvous Bay.

Danny's Watersports an der Old Road Bay vermietet Schnorchelausrüstungen für 20 EC $ pro Tag. Bei Sea Wolf erhält man Schnorchelsets für 26 EC $ pro Tag, aber hier werden auch gute Masken und Schnorchel recht preisgünstig verkauft.

Windsurfen und andere Wassersportarten: Danny's Water Sports am Strand in der Old Road Bay (Tel. 4 91 52 10) vermietet Ausrüstungen zum Windsurfen ab 10 US $ pro Stunde und erteilt auch Surfunterricht, der ebenfalls 10 US $ pro Stunde kostet. Der Besitzer Danny Sweeney ist ein gelassener Mann, unter dessen Schülern sich schon Sting und Mitglieder der Dire Straits befanden.

Danny vermietet daneben auch Segelboote für 10 US $ pro Stunde, erteilt Segelunterricht für denselben Stundenpreis, bietet Wasserskifahrten für 15 US $ pro Fahrt an und unternimmt Bootsausflüge zur Rendezvous Bay für 20 US $ pro Person sowie Ausflüge zum Angeln vom Boot aus für 40 US $ pro Stunde.

Wandern: Die beliebtesten Wanderungen auf Montserrat sind die kurzen Touren rund um die Fox's Bay, zu den Wasserfällen Great Alps Falls, die Strecke hinunter zum Galways Soufrière und die Wanderung, die durch den Bambuswald führt. Sie alle sind im jeweiligen Abschnitt detailliert beschrieben.

Einige Wanderungen werden am besten mit einem Führer unternommen, die normalerweise in der Nähe vom Anfang des jeweiligen Weges oder über das Fremdenverkehrsbüro angeheuert werden können. Bei kurzen Strecken bieten sich manchmal auch Taxifahrer als Führer an. Wenn Sie in einer abgeschiedenen Gegend wandern möchten, vermittelt Ihnen das Fremdenverkehrsbüro einen Waldhüter als Führer, was ohne Zweifel eine gute Möglichkeit ist, die Flora und Fauna der Insel gut kennenzulernen.

Eine anstrengende Wanderung, für die Sie aber keinen Führer benötigen, ist der Aufstieg zum Chances Peak, dem höchsten Punkt von ganz Montserrat, von dem aus Sie einen Panoramablick über die Insel genießen können. Der Weg beginnt am Broderick's Estate, im Landesinnern neben einer steilen Straße direkt südlich von Kinsale gelegen.

Der Weg besteht aus fast 2000 Holz- und Kiesstufen, angelegt von Cable & Wireless, die auf dem Berggipfel eine Antennenanlage unterhalten. Der Weg hinauf zum Gipfel steigt die ganze Strecke über steil an, so daß man die anstrengende Wanderung am besten in den frühen Morgenstunden antritt, da der Aufstieg in der Tageshitze unerträglich werden kann. Man benötigt für den Hinweg etwa 90 Minuten und für den Abstieg etwas weniger. Unterwegs kommt man an einigen Aussichtsplattformen vorbei, doch der beste Blick bietet sich von ganz oben. Wenn es klar ist, kann man Redonda, Nevis und St. Kitts hintereinander im Nordwesten, Antigua im Nordosten und Guadeloupe im Süden liegen sehen. An wolkenverhangenen Tagen sollten Sie sich die Mühe des Aufstiegs ersparen, denn nur der wunderbare Ausblick entschädigt für den anstrengenden Weg auf den Gipfel.

Golf: Der Montserrat Golf Club in Belham Valley (Tel. 4 91 52 20) unterhält den einzigen Golfplatz der Insel mit 11 Löchern, die in zwei Durchgängen mit neun Löchern gespielt werden können. Alle neun Löcher haben unterschiedliche Abschläge und Schußrichtungen. Die Greenfees betragen 60 EC $ pro Tag, nach 16.00 Uhr die Hälfte. Schläger und Karren können gemietet werden. Geöffnet ist täglich von 6.30 bis 19.00 Uhr.

Tennis: Zwei beleuchtete Tennisplätze gibt es beim Hotel Vue Pointe und beim Hotel Montserrat Springs. Beide Plätze sind auch für die Öffentlichkeit zugänglich und lassen sich für 10 EC $ pro Stunde benutzen. Wenn Sie Ihren eigenen Schläger nicht mitgebracht haben, können Sie sich im Hotel Vue Pointe einen ausleihen. Hotelgäste erhalten Schläger kostenlos.

HÖHEPUNKTE

Planen Sie für einen Besuch von Montserrat auf jeden Fall genügend Zeit ein, so daß Sie durch die historische Plymouth spazieren können, vor allem über den Markt, in der Gegend um den Uhrturm und durch die Parliament Street. Sehenswürdigkeiten, die Sie sich unbedingt anschauen sollten, sind auch die Galway-Plantage und der Aussichtspunkt am Galways Soufrière. Fox's Bay, nur ein kurzes Stück nördlich von Plymouth, ist ein unterhaltsames Fleckchen, wo man eine kurze Tour zur Beobachtung von Vögeln unternehmen, viele vorbeihuschende Leguane erblicken und natürlich auch baden kann.

UNTERKUNFT

Auf Montserrat gibt es lediglich zwei Hotels der ersten Klasse: das Vue Pointe, das von Urlaubern bevorzugt wird, und das Montserrat Springs, das sich etwas mehr auf Geschäftsleute eingestellt hat. Darüber hinaus sind noch zwei recht einfache Hotels in der Stadt sowie einige Gästehäuser und Apartmentanlagen vorhanden, unter denen Sie wählen können. Alle liegen an der Westseite der Insel und sind von den Preisen her nach den Maßstäben in der Karibisch wirklich erschwinglich.

Weitere Übernachtungsmöglichkeiten auf Montserrat bieten die privaten Villen, die für einen Zeitraum von mindestens einer Woche durch Immobilienmakler vermietet werden. Es gibt alles in allem über hundert Villen, die auf diese Art angeboten werden, von denen die meisten im ländlichen Norden von Plymouth liegen. Fast alle sind sehr komfortabel eingerichtet, haben auch einen privaten Swimming Pool und ermöglichen schöne Ausblicke.

Einige sind wirklich sehr exklusiv und werden jedes Jahr wieder von den gleichen wohlhabenden Gästen bewohnt. Die Preise verstehen sich pro Villa und nicht pro Person. Sie können also durchaus günstig sein, vor allem für Familien und Gruppen. Ein Beispiel: Für ein einfach eingerichtetes Haus mit zwei Schlafzimmern und zwei Bädern mit einem Schwimmbecken muß man in der Zeit vom 1. Mai bis 31. Oktober etwa 500 US $ pro Woche, in der Zeit vom 1. November bis 14. Dezember rund 650 US $ sowie zwischen dem 15. Dezember und dem 15. April 800 US $ bezahlen. Die schicksten Häuser der Insel kosten allerdings das Vier- oder Fünffache dieser Preise. Zu allen diesen Preisen kommen noch 7 % Zimmersteuern hinzu. Außerdem werden 10 % Zuschlag für Bedienung erhoben.

Die folgenden Agenturen befassen sich mit der Vermietung von Villen und schicken Interessenten Listen ihrer Angebote gern zu:

Caribbee Agencies, PO Box 223 (Tel. 4 91 74 44, Fax 4 91 74 26),

Montserrat Estates, PO Box 58 (Tel. 4 91 24 31, Fax 4 91 32 57),

Neville Bradshaw Agencies, PO Box 270 (Tel. 4 91 52 70, Fax 4 91 50 69).

ESSEN

Es gibt zwar in Plymouth eine Handvoll recht empfehlenswerter Restaurants, aber in den anderen Orten der Insel außer in den Hotels nur sehr wenige davon. Ein beliebtes und typisches Gericht auf der Insel ist *goat water*, eigentlich ein gewürzter Ziegenfleisch-Eintopf, der häufig mit Nelken und Rum abgeschmeckt wird. Zu bestimmten Gelegenheiten wird dieses Gericht aufgetischt und ist freitags sowie samstags in den Inselrestaurants erhältlich.

Eine andere Spezialität auf Montserrat ist *mountain chicken*, die Schenkel eines großen Bergfrosches (der auf kreolisch *crapaud* genannt wird). Der Geschmack erinnert ein wenig an Hühnchenfleisch. Die Froschschenkel werden üblicherweise in Knoblauchbutter geschmort oder gegrillt serviert.

GETRÄNKE

Auf Montserrat kann man Leitungswasser bedenkenlos trinken. Es wird in den meisten Geschäften aber auch Wasser in Flaschen erkauft.

Perks, ein auf Rum basierender Likör, der ähnlich wie Apricot-Brandy schmeckt, wird auf Montserrat hergestellt. Ein kostenloses Probierfläschchen oder eine reguläre Flasche für 14 EC $ ist in der Verkaufsstelle von Perks bei J W R Perkins in der Chapel Street in Plymouth erhältlich.

UNTERHALTUNG

In Plymouth bietet das Inn an der Sugar Bay gegenüber vom Jachtclub an Samstagabenden Live-Musik und Tanz. Das kostet keinen Eintritt. Das Casuarina, eine lebendige Bar im zweiten Stock über dem Restaurant Oasis, ist ein beliebter abendlicher Treffpunkt vor allem für die Studenten des Medical College. Das La Cave am Evergreen Drive ist die Diskothek der Insel (an Wochenenden). Die Hotels Vue Pointe und Montserrat Springs haben Bars und bieten ab und an ebenfalls Live-Unterhaltung.

EINKÄUFE

Es gibt in Plymouth mehrere interessante Geschäfte. Bei Montserrat Sea Island Cotton in der George Street werden die Überbleibsel der Inselbaumwolle gewebt, die der Hurrikan „Hugo" übrig gelassen hat, denn dieser Hurrikan zerstörte 1989 die Baumwollfelder und beendete damit das bis dahin recht profitable Geschäft mit Baumwolle auf Montserrat. Erhältlich sind hier sowohl preiswerte Tischdecken als auch hochwertige Tücher, die für mehrere hundert Dollar verkauft werden. Ein weiteres beliebtes Geschäft ist Tapestries of Montserrat in der Parliament Street, wo auf der Insel hergestellte Wandbehänge und Teppiche verkauft werden. Geöffnet ist dienstags, donnerstags und freitags von 8.30 bis 15.00 Uhr und mittwochs bis 12.00 Uhr.

Häufig kann man die Weber bei ihrer Arbeit beobachten.

MONTSERRAT

Bei Jus Looking in der George Street werden qualitativ hochwertige Kleidung von Caribelle Batiks, Bücher und andere Souvenirs verkauft. Montserrat Shirts in der Parliament Street bietet eine gute Auswahl an T-Shirts mit Motiven der Insel an.

Im Montserrat Philatelic Bureau, untergebracht in einem historischen Gebäude unmittelbar südlich der Fort-Ghaut-Brücke, werden Sonderbriefmarken angeboten, die Montserrats Flora, Fauna und Geschichte zum Thema haben.

ANREISE

FLUG

Die einzigen Linienflüge nach Montserrat beginnen in Antigua. LIAT fliegt von dort fünfmal täglich in 15 Minuten auf die Insel. Die Tickets kosten pro Strecke 33 US $ sowie für einen Hin- und Rückflug 66 US $.

Für Flüge von St. Martin nach Montserrat werden Flugscheine zum Ausflugstarif für 113 US $ angeboten, die für den Rückflug 21 Tage gültig sind und eine kostenlose, aber nicht unbedingt notwendige Flugunterbrechung in Antigua zulassen. Ein vergleichbares Ticket für die Strecke von Anguilla nach Montserrat und zurück kostet 147 US $.

Die Agentur von LIAT (und BWIA) auf der Insel ist Montserrat Aviation Services in der unteren George Street in Plymouth (Tel. 4 91 25 33 und 4 91 23 62, PO Box 257).

Montserrat Airways (Tel. 4 91 53 42) und Carib Aviation (auf Antigua Tel. 4 62 31 47) unternehmen Charterflüge auf die Insel.

Flughafeninformation: Der Flughafen Blackburne, der einzige auf der Insel, verfügt über eine kleine (1036 m lange) Start- und Landebahn, die auch nachts benutzt werden kann. Das Flughafengebäude bietet nicht viel mehr als einige Karten- und Münztelefone, einen kleinen Geschenkeladen und einen kleinen Imbißstand, der beim besten Willen nicht zu empfehlen ist.

Flughafentransfer: Normalerweise stehen Taxis bei der Ankunft von Flugzeugen am Flughafen bereit. Falls Sie keines finden sollten, fragen Sie den Beamten der Ausländerbehörde, ob er Ihnen eines bestellen kann. Die Preise für Fahrten zu den verschiedenen Zielen auf der Insel können Sie dem folgenden Abschnitt über Reisen auf Montserrat entnehmen. Büros von Autovermietungen gibt es am Flughafen nicht, es bieten aber mehrere Agenturen einen Zubringerservice vom und zum Flughafen an. Busse fahren von Plymouth nur bis Harris und Bethel, beide etwa 1,8 Meilen (3 km) südlich des Flughafens.

SCHIFF

Der Hafen von Plymouth ist der einzige auf der Insel. Der Hurrikan „Hugo" zerstörte zwar 1989 die Tiefwasserpier, doch ist eine neue Anlegestelle, die auch für Kreuzfahrtschiffe geeignet ist, kurz vor der Fertigstellung. Es wird erwartet, daß eine ganze Reihe von Reedereien mit Kreuzfahrtschiffen Plymouth dann als Hafen mit in ihre Programme aufnehmen wird.

In der Vergangenheit bestand zudem eine Bootsverbindung von Guadeloupe nach Montserrat und umgekehrt. Rufen Sie bei Interesse bei Brudey Frères an (Tel. 90 04 48 in Pointe-à-Pitre) und erkundigen Sie sich nach dem aktuellen Stand der Dinge.

Jachten können in der Old Road Bay ankern, nachdem die Besatzung in Plymouth die Formalitäten erledigt hat. Die Zollbehörde in der Nähe der Docks von Plymouth ist montags, dienstags, donnerstags und freitags von 8.00 bis 16.00 Uhr geöffnet, mittwochs und samstags nur von 8.00 bis 11.30 Uhr.

AUSFLÜGE

Caribrep (auf Antigua Tel. 4 62 08 18) veranstaltet Tagesausflüge von Antigua nach Montserrat für 125 US $, worin der Flug, eine Besichtigungsfahrt und ein Mittagessen im Hotel Vue Pointe enthalten sind.

LIAT (auf Antigua Tel. 4 62 07 00) bietet ebenfalls verschiedene Tagesausflüge nach Montserrat an (150 bis 165 US $), die entweder eine Fahrt mit Mountain Bikes, eine Runde Golf oder eine geführte Wanderung zum Bambuswald und den Wasserfällen von Great Alps beinhalten.

Sowohl die Ausflüge von Caribrep als auch die von LIAT beginnen auf Antigua um 9.20 Uhr und werden um 16.45 Uhr beendet.

AUSREISE AUS MONTSERRAT

Von Personen, die älter als 12 Jahre sind, wird, sofern sie mehr als 24 Stunden auf Montserrat verbracht haben, eine Ausreisesteuer von 20 EC $ (8 US $) erhoben.

REISEN AUF MONTSERRAT

Die Straßen auf Montserrat sind in keinem sehr guten Zustand und neigen dazu, sehr schmal und etwas löcherig zu sein. Außerhalb von Plymouth sind die Straßen darüber hinaus auch recht kurvenreich und hügelig. Hier hat man aber den Vorteil, daß der Verkehr, sobald man Plymouth erst einmal hinter sich gelassen hat, sehr viel geringer wird. Die meisten Orte und Sehenswürdigkeiten sind deutlich ausgeschildert.

Taxis und Busse sind an dem Buchstaben H (für „hire") auf dem Nummernschild zu erkennen.

BUS

Die Busse auf der Insel sind in Privatbesitz. Das sind Minibusse, die montags bis samstags ab etwa 6.00 Uhr morgens bis in die frühen Abendstunden fahren. Je weiter Sie sich von Plymouth entfernen, desto seltener verkehren diese Busse. An der Ostseite der Insel zwischen St. John's und Harris werden überhaupt keine Busse mehr eingesetzt. In Plymouth können Sie in die Busse in Richtung Norden (nach St. John's) am Papa's Supermarket einsteigen, in Busse in Richtung Süden (nach St. Patrick's) in der Parliament Street in Höhe der Royal Bank of Canada und in Busse in Richtung Osten (nach Harris) in der George Street direkt oberhalb der Bäckerei Suntex. Für eine Fahrt von Plymouth nach St. Patrick's muß man 2 EC $, nach Harris 2,50 EC $, nach Cudjoe Head oder Bethel 2,75 EC $ und nach St. John's 3 EC $ bezahlen.

TAXI

Die Fahrpreise für Taxifahrten sind staatlich festgelegt und bleiben bei bis zu vier Personen gleich. Eine Liste mit den Fahrpreisen ist im Fremdenverkehrsbüro erhältlich. Taxifahrten vom Flughafen kosten nach Plymouth 29 EC $, zum Hotel Montserrat Springs 35 EC $ und zum Hotel Vue Pointe 42 EC $. Von Plymouth muß man für eine Taxifahrt nach Kinsale 5,50 EC $, nach St. George's Hill oder nach St. Patrick's 10,50 EC $, zum Hotel Vue Pointe 13 EC $ und nach St. John's 34 EC $ bezahlen.

AUTO UND MOTORRAD

Verkehrsregeln: Auf Montserrat gilt Linksverkehr. Um auf der Insel mit einem Kfz fahren zu dürfen, benötigt man eine zeitweilige Fahrerlaubnis für Montserrat (30 EC $), die beim Beamten der Ausländerbehörde im Flughafengebäude und am Verkehrsschalter im Treasury Building, gegenüber vom Uhrturm in Plymouth, erhältlich ist. Der Verkehrsschalter ist montags bis freitags von 8.30 bis 12.00 Uhr und von 13.00 bis 14.30 Uhr geöffnet. Es gibt einige Tankstellen in Plymouth, eine in St. John's

und eine weitere an der Westseite von Harris. Die letztgenannte liegt dem Flughafen am nächsten und ist auch sonntags geöffnet.

Mietwagen: Bei Drucklegung dieses Buches gab es keine Vertretung einer internationalen Autovermietung auf Montserrat. In der Vergangenheit war lediglich Budget hier vertreten. Die lokalen Autovermieter haben sich alle in Plymouth niedergelassen. Dazu gehören die folgenden:
Pauline's Car Rentals, Church Road (Tel. 4 91 23 45), Edith's Car Rental, George Street (Tel. 4 91 66 96), Ethelyne's Car Rental, Weekes Road (Tel. 4 91 28 55), Neville Bradshaw Agencies, Parliament Street (Tel. 4 91 52 70), Reliable Car Rental, Marine Drive (Tel. 4 91 69 90), Montserrat Enterprises, Marine Drive (Tel. 4 91 24 31) und Bernadette Roach Realty Co, Parliament Street (Tel. 4 91 38 44).

In der Nebensaison werden ältere Autos für etwa 25 US $ und neuere Wagen für durchschnittlich 40 US $ pro Tag vermietet. Im Winter sind die Preise höher. Bei vorheriger Reservierung wird man von den meisten Autovermietern vom Flughafen abgeholt und auch wieder dorthin zurückgebracht. Wenn Sie auf Montserrat mit einem Mietwagen fahren wollen, dann versuchen Sie, ein Fahrzeug zur Übernahme zu den normalen Geschäftszeiten an Werktagen zu reservieren, da die meisten Mietwagenunternehmen an Wochenenden und nach Feierabend sehr schwer zu erreichen sind.

FAHRRAD

Island Bikes in der Harney Street in Plymouth (Tel. 4 91 46 96) vermietet Mountain Bikes zum Preis von 25 EC $ für zwei Stunden und zum Preis von 54 EC $ für einen ganzen Tag. Von hier aus werden auch geführte Radtouren organisiert.

AUSFLUGSFAHRTEN

Eine Ausflugsfahrt mit einem Taxi kostet 30 EC $ pro Stunde, eine Inselrundfahrt etwa 130 EC $. Mit einem Taxi kommt man von Plymouth nach Soufrière und zurück einschließlich der Wartezeit für 60 EC $.

PLYMOUTH

Plymouth ist das politische und wirtschaftliche Zentrum der Insel und eine kompakte sowie recht liebenswerte westindische Stadt. Die Straßen sind rechts und links mit zweistöckigen alten Häusern bebaut, von denen viele aus Ballaststeinen errichtet wurden, die von britischen Schif-

fen im 18. und 19. Jahrhundert nach Montserrat transportiert worden waren. Auch wenn verschiedene Stilrichtungen anzutreffen sind, so bestehen die Gebäude doch üblicherweise aus mit Steinen gemauerten Untergeschossen und hölzernen, bunt bemalten Obergeschossen mit ver-

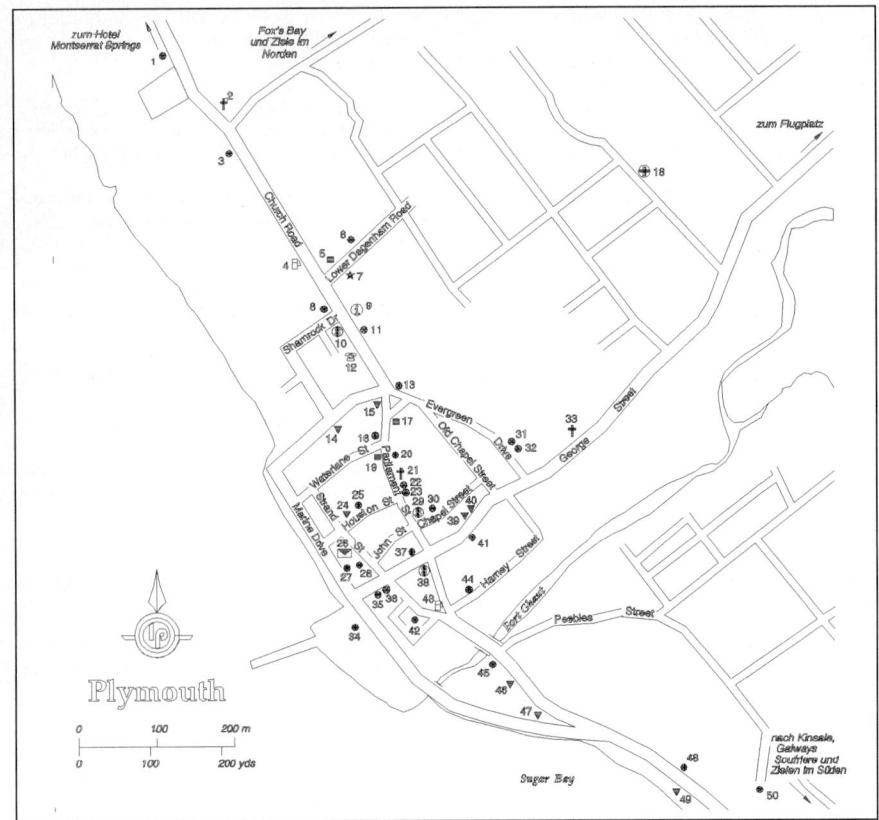

schlossenen Fensterläden und überhängenden Balkonen. Teilweise sieht die Stadt wegen ihrer allgegenwärtigen Blechdächer sehr englisch aus.

Am Wasser liegt ein kleiner Platz, der von einem halben Dutzend Kanonen, dem Hauptpostamt und der größten Taxihaltestelle der Insel umgeben ist. Das wichtigste Wahrzeichen des Platzes ist ein Glockenturm, der den jeweils sieben Einwohnern von Montserrat gewidmet ist, die im Ersten und Zweiten Weltkrieg ihr Leben ließen. Dieser Platz bildet das eigentliche Stadtzentrum und einen Sammelpunkt für vielerlei Menschen, vor allem für Taxifahrer, die hier ihre Wagen polieren und ein Schwätzchen halten, während sie auf Kundschaft warten.

Die Südseite von Plymouth erstreckt sich quer über die Fort-Ghaut-Brücke. Hier findet man nicht nur die besten Restaurants der Stadt, sondern auch einen Strand, der vor allem bei den einheimischen Kindern beliebt ist.

PRAKTISCHE HINWEISE

Informationen: Das freundliche Fremdenverkehrsbüro in der Church Road (Tel. 4 91 22 30) ist montags bis freitags von 8.00 bis 16.00 Uhr geöffnet.

Geld: Die Barclays Bank in der Church Road und die Royal Bank of Canada in der Parliament Street sind montags bis donnerstags von 8.00 bis 15.00 Uhr und freitags bis 17.00 Uhr für den Publikumsverkehr zugänglich. Die Bank of Montserrat in der Parliament Street hat fast die gleichen Öffnungszeiten, wird allerdings mittwochs um 13.00 geschlossen, ist dafür aber samstags bis 12.30 Uhr geöffnet.

Post und Telekommunikation: Das Postamt am Marine Drive ist montags, dienstags, donnerstags und freitags von 8.15 bis 15.55 Uhr sowie mittwochs und samstags von 8.15 bis 11.25 Uhr zu erreichen.

Unterkünfte
5 Hotel Flora Fountain
17 Hotel Oriole Plaza
19 Lime Court Apartments

Restaurants
14 The Attic
15 Café Evergreen
24 Harbour Court
39 Suntex Place
40 Bäckerei Suntex
46 Café Emerald
47 Oasis und Casuarina
49 Yacht Club

Sonstiges
1 Sturge Park
2 Anglikanische Kirche St. Anthony
3 Wäscherei Allens's 1-Stop
4 Texaco-Tankstelle
6 Supermarkt Ram's Emdee
7 Polizei und Ausländerbehörde
8 Papa's Supermarket und Busse in Richtung Norden
9 Fremdenverkehrsbüro
10 Barclays Bank
11 Bücherei
12 Telefonzellen
13 La Cave

16 Land- und Vermessungsamt sowie Montserrat National Trust
18 Glendon Hospital
20 Gerichtshof und Parlament
21 Methodistenkirche
22 Montserrat Shirts
23 Tapestries Montserrat
25 Cable & Wireless
26 Postamt
27 Taxihaltestelle
28 Glockenturm
29 Bank of Montserrat
30 J W R Perkins
31 3D's
32 Apotheke Lee's Pharmacy
33 Römisch-katholische Kirche St. Patrick's
34 Hafenbehörde
35 Montserrat Aviation Services
36 Montserrat Sea Island Cotton
37 Jus Looking
38 Royal Bank of Canada
41 Tauchschule Sea Wolf
42 Markt
43 Texaco-Tankstelle
44 Island Bikes
45 Philatelistisches Büro
48 Inn an der Sugar Bay
50 Residenz des Gouverneurs

Das Büro von Cable & Wireless in der Houston Street ist montags bis samstags von 7.30 bis 18.00 (freitags bis 20.00 Uhr) geöffnet. Karten- und Münztelefone findet man in der Nähe der Barclays Bank und des Postamtes.

Wäscherei: Wäsche kann man in der Wäscherei Allen's 1-Stop in der Church Street montags bis mittwochs von 8.00 bis 16.00 Uhr sowie donnerstags bis samstags bis 18.00 Uhr waschen. Das Waschen und Trocknen einer Maschinenfüllung Wäsche kostet etwa 13 EC $.

Sonstiges: Die Apotheke Lee's Pharmacy am Evergreen Drive ist montags bis samstags von 9.00 bis 19.00 Uhr geöffnet. Nebenan kommt man zum 3D's, in dem Zeitungen aus Montserrat, Antigua, Barbados und Trinidad und darüber hinaus die *New York Times* sowie eine Reihe von Magazinen verkauft werden.
Die öffentliche Bücherei in der Church Road kann man montags bis freitags von 9.00 bis 16.30 Uhr und samstags bis 13.00 Uhr in Anspruch nehmen.

SEHENSWÜRDIGKEITEN
Markt: Der bunte Markt von Montserrat an der Strand Street beginnt jeden Morgen außer sonntags etwa um 6.00 Uhr. Am lebendigsten geht es hier jedoch samstags

am Morgen zu, wenn sich Straßenprediger gegenüber vom Markt aufbauen und die halbe Welt auf den Beinen ist, um Einkäufe zu tätigen. Obst von der Insel, Gemüse, Gewürze und Fleisch werden an Ständen verkauft, die mit den Namen des jeweiligen Besitzers gekennzeichnet sind. Sie können daher wählen zwischen „Alice, der Farmerin" und „Alice, der fleißigen Biene" oder gar bei S. Furlonge einkaufen, der seinen Stand unter das Motto „Wenn die Tage schlecht sind, findet man nur wenige Freunde" gestellt hat.

Residenz des Gouverneurs: Die Residenz des Gouverneurs ist ein hübsches, aus dem 18. Jahrhundert stammendes viktorianisches Haus auf einem Hügel an der Südseite von Plymouth. Es verkörpert typisch britische Stilmerkmale wie z. B. einen gepflegten Pfefferkuchenzaun, ein gegabeltes Dach und ordentliche Rasen- und Gartenflächen. Das Bauwerk wird zur Zeit renoviert, doch wenn es fertiggestellt ist, soll es an Werktagen vormittags wieder der Öffentlichkeit zugänglich sein.

Anglikanische Kirche St. Anthony: An der Nordseite der Stadt steht St. Anthony, die größte und älteste Kirche der Insel. Das erste Pfarrhaus wurde bereits 1636 erbaut, doch haben französische Angriffe, Erdbeben und

309

MONTSERRAT

Hurrikane ihren Tribut gefordert, so daß die Kirche viele Male neu erbaut werden mußte. Heute ist sie ein stattliches, aus Steinblöcken erbautes Gebäude und beherbergt Gedenktafeln aus der frühen Kolonialzeit sowie Silberplatten und Silberkelche, die von früheren Sklaven als Dank für ihre Befreiung gestiftet wurden.

Zuckermühlenmuseum: Der Montserrat National Trust unterhält ein kleines Museum zur Inselgeschichte in einer restaurierten Zuckermühle, die 100 m westlich der Hauptstraße in der Gegend von Richmond Hill liegt. Es ist jedoch nur mittwochs und sonntags von 14.30 bis 17.00 Uhr geöffnet. Der Eintritt ist kostenlos, doch werden Spenden gern angenommen.

St. George's Hill: Oben auf dem St. George's Hill sieht man die Überreste des Forts St. George, das von den Franzosen 1782 während ihrer kurzen Besetzung der Insel erbaut worden war. Diese Festung, die niemals eine Schlacht miterlebte, hatte einst zwei Geschützbatterien, die von Schützengräben und Erdwällen umgeben waren, von denen aber nur drei Kanonen und ein kleines, rekonstruiertes Munitionslager übrig blieben. Von hier oben hat man auch einen recht guten, wenngleich recht entfernten Blick auf Plymouth, das 15 Minuten mit dem Auto entfernt liegt. Um von Plymouth hierherzugelangen, muß man die Flughafenstraße durch Gages benutzen und beim Cedar Valley Rasco All Nation Klub nach links abbiegen. Wenn man auf dieser Straße bis hinter die Windmühlen fährt, liegt das Fort 1,5 Meilen (2,4 km) von der Flughafenstraße entfernt.

UNTERKUNFT

Stadtzentrum: Die acht Apartments von Lime Court Apartments (Tel. 4 91 36 56, PO Box 250, Parliament Street) stimmen nicht sehr fröhlich, sind aber angemessen und preiswert, vor allem, wenn man selbst kochen möchte. Ein Studio kostet hier pro Tag 25 US $ und pro Woche 115 US $, ein „Penthouse" mit zwei Schlafzimmern und Blick auf den Hafen pro Tag 45 US $ und pro Woche 225 US $. Die vier Apartments mit einem Schlafzimmer werden pro Tag für 30 US $ sowie pro Woche für 150 US $ vermietet und sind alle unterschiedlich groß sowie unterschiedlich eingerichtet, aber von gleicher Qualität. Wenn Sie hier übernachten wollen, dann bemühen Sie sich um eines der oberen Apartments, denn die sind heller und haben Balkone. In den unteren Unterkünften fühlt man sich ein wenig wie im Kerker. Alle Apartments sind mit Fernsehgerät, Standventilator und Küche mit Herd sowie Mikrowellengerät ausgestattet. Die angegebenen Preise gelten das ganze Jahr über. Wenn Sie im voraus reservieren möchten, wird eine Kaution von einer Wochenmiete erhoben, die auch dann nicht erstattet wird, wenn man nicht kommt. Zu den üblichen Geschäftszeiten kann man die Apartments in dem Büro an der Vorderseite des Gebäudes mieten, während man sich zu anderen Zeiten an den Schalter im Oriole Plaza auf der anderen Straßenseite wenden muß.

Das Hotel Oriole Plaza (Tel. 4 91 69 82, Fax 4 91 66 90, PO Box 250, Parliament Street) ist ein Haus mit 12 einfachen Zimmern und einer freundlichen Geschäftsführung. Die meisten Zimmer verfügen über zwei Einzelbetten oder ein Doppelbett, einen Tisch und Stuhl, Deckenventilator, Telefon und Fernsehgerät. Im Sommer werden hier für ein Einzelzimmer 40 US $ und für ein Doppelzimmer 50 US $ berechnet, im Winter 55 bzw. 65 US $. Vermietet werden auch noch „Superdoppelzimmer", die mit zwei Doppelbetten und einem eigenen Balkon ausgestattet sind und im Sommer 65 US $ sowie im Winter 85 US $ kosten. Für Kinder unter 12 Jahren ist nichts zu bezahlen, während für einen weiteren Erwachsenen 15 US $ zusätzlich verlangt werden. Wenn ein Kricketspiel in der Stadt stattfindet, kann das Hotel mit auswärtigen Spielern voll belegt sein. Ansonsten ist es aber selten ein Problem, hier ein Zimmer zu erhalten.

Das Hotel Flora Fontain (Tel. 4 91 60 92, Fax 4 91 25 68, PO Box 373, Lower Dagenham Road) ist ein älteres Hotel für Geschäftsreisende. Die 18 Zimmer sind ausreichend groß und die Matratzen bequem, trotzdem liegt über dem ganzen Haus der Eindruck einer gewissen Vernachlässigung. Die Zimmer sind jeweils mit Klimaanlage, Telefon und kleinem Balkon ausgestattet. Hier kann man im Sommer in einem Einzelzimmer für 50 US $ und in einem Doppelzimmer für 70 US $ übernachten, im Winter für 60 bzw. 85 US $. Wenn Sie ein Fernsehgerät im Zimmer wünschen, kostet dies 15 US $ extra.

Andere Stadtteile: Marie's Guest House (Tel. 4 91 74 89) liegt in einer Wohngegend an der nach Norden führenden Straße und ist nur etwa 10 Minuten Fußweg vom Zentrum entfernt. Vermietet werden hier drei Schlafzimmer mit eigenen Bädern, wobei die Gäste die Küche, das Speisezimmer und den Fernsehraum mitbenutzen dürfen. Das ganze Jahr über muß man hier für ein Einzelzimmer 20 US $ und für ein Doppelzimmer 30 US $ bezahlen.

Niggy's Guest House (Tel. 4 91 31 46) liegt im Restaurant mit dem gleichen Namen in Kinsale, etwa eine Meile (1,6 km) südlich von Plymouth. Die vier Zimmer sind klein und einfach, denn es paßt nicht viel mehr als ein Bett hinein, doch die Matratzen sind bequem. Die Fenster haben Läden, aber keine Scheiben, Ventilatoren sind ebenfalls nicht vorhanden, und das Bad wird von allen Gästen benutzt. Dafür kostet ein Einzelzimmer aber auch nur 15 US $, ein Doppelzimmer nur 20 US $ und ein Dreibettzimmer nur 30 US $.

Das Moose Guest House (Tel. 4 91 31 46) besteht aus fünf Zimmern oberhalb von Ida's Restaurant, das an der Seeseite der Küstenstraße in Kinsale liegt. Die Zimmer sind recht einfach und nicht fleckenlos sauber, dafür aber recht groß und mit zwei Betten, eigenem Bad und geteilten Balkonen ausgestattet. Wenn Sie nicht zu hohe Ansprüche stellen, sind diese Zimmer annehmbar und mit 20 US $ für ein Einzelzimmer sowie 25 US für ein Doppelzimmer günstig.

Das Hotel Montserrat Springs (Tel. 4 91 24 81, Fax 4 91 40 70, PO Box 259) liegt auf einer Anhöhe oberhalb des Sturge-Parks, nur etwa 20 Minuten zu Fuß vom Zentrum in Plymouth entfernt. Die 46 Zimmer sind modern und recht hübsch eingerichtet, jedes mit zwei Doppelbetten, Klimaanlage, Deckenventilator, Kabelfernsehgerät und Bad mit Badewanne. Die Räume im ersten Stock haben eine Veranda und kosten im Sommer als Einzelzimmer 80 US $ sowie als Doppelzimmer 110 US $, während im Winter 110 bzw. 140 US $ berechnet werden. Die Zimmer im zweiten Stock sind größer, haben Balkone sowie hohe Decken und werden für jeweils 20 US $ mehr angeboten. Es gibt darüber hinaus Suiten mit einem Schlafraum, Kochnische und Waschmaschine (im Sommer ab 115 bzw. 145 US $ und im Winter ab 170 bzw. 200 US $) sowie einige wenige Suiten mit zwei Schlafräumen, die allerdings sehr teuer sind. Kinder unter 12 Jahren wohnen umsonst, während für einen dritten Erwachsenen 30 US $ mehr zu bezahlen sind. Zum Hotel gehören auch ein großer Swimming Pool, Tennisplätze, ein nahegelegener schwarzer Sandstrand und ein Whirlpool, der von natürlichen heißen Quellen gespeist wird.

Die Shamrock Villas (Tel. 4 91 24 31, PO Box 221) sind ein Komplex mit Apartmenthäusern in der Gegend von Richmond Hill zwischen dem Hotel Montserrat Springs und dem Sturge-Park. Die 50 Unterkünfte sind in weißen, zwei- oder dreistöckigen Gebäuden untergebracht und alle mit Küche, Deckenventilator sowie Veranda oder Terrasse ausgestattet. Sie werden pro Woche vermietet, wobei im Sommer für Apartments mit einem Schlafzimmer 350 US $ und mit zwei Schlafzimmern 400 US $ pro Woche und im Winter 450 bzw. 550 US $ pro Woche berechnet werden. Vorhanden sind auch ein Schwimmbecken und in der Nähe ein Strand mit schwarzem Sand.

ESSEN

Preiswerte Restaurants: Das beliebte Café Evergreen liegt am oberen Teilstück des Marine Drive und serviert Imbisse wie z. B. Burger (5 EC $), Hähnchen und Chips (8,50 EC $), Pizza (ab 12 EC $) und Eiscreme. Es ist montags bis samstags von 7.00 bis längstens 20.00 Uhr und sonntags von 16.00 bis 20.00 Uhr geöffnet. Zum Restaurant gehört auch eine Bäckerei.

Das The Attic ist eine einfache Speisestube im zweiten Stock und ebenfalls am oberen Teilstück des Marine Drive zu finden. Hier erhält man Sandwiches ab 4 EC $ und Grillhähnchen, Cheeseburger sowie Muschelsuppe für etwa 8 EC $. In diesem Lokal kann man montags bis samstags von 8.00 bis 15.00 Uhr und sonntags von 18.00 bis 21.30 Uhr essen.

Das Harbour Court liegt entgegen seinem Namen einen Block östlich des Hafens in der Houston Street und ist ein unprätentiöses, einheimisches Restaurant mit Bar. Sandwiches und Burger kosten hier zwischen 4 und 7 EC $, Hähnchen und Chips 10 EC $. Angeboten werden auch einige wenige komplette Mahlzeiten wie z. B. Mountain Chicken für 40 EC $. Dieses Restaurant ist montags bis samstags zum Mittag- und Abendessen geöffnet.

Eines der größeren Lebensmittelgeschäfte im Zentrum ist der Supermarkt Ram's Emdee in der unteren Dagenham Road. Hier kann man täglich außer sonntags von 8.00 Uhr an einkaufen. Geschlossen wird mittwochs und samstags um 16.30 Uhr, an den übrigen Wochentagen um 18.00 Uhr.

Gute und preiswerte Pasteten sowie Brotsorten bekommt man in der Bäckerei Suntex in der George Street täglich außer sonntags von 7.00 bis 21.00 Uhr. Kaffee zum Mitnehmen (2,50 EC $) und preiswerte Imbisse werden im Suntex Place angeboten, weiter die Straße hinunter gelegen.

Restaurants der mittleren und oberen Preisklasse: Das Café Emerald finden Sie an der Südseite der Fort-Ghaut-Brücke. Hier sitzt man schön im Freien in einem der beliebtesten Restaurants von ganz Plymouth. Sandwiches und Burger, serviert mit Bratkartoffeln und Salat, kosten in diesem Lokal zwischen 10 und 15 EC $. Die Hauptgerichte variieren zwischen Brathähnchen und Omelettes (16 EC $) sowie Hummer und Mountain Chicken (55 EC $) und werden mit Reis, Gemüse und Salat serviert. Das Café ist täglich außer sonntags zum Mittag- und Abendessen geöffnet.

Das Oasis ist ein Restaurant mit einer Freilufterrasse, das in einem 200 Jahre alten Steingebäude nur eine Minute Fußweg südlich vom Café Emerald untergebracht ist. Es wird von einem Paar aus England geführt, das authentisches englisches Fish and Chips für 20 EC $ und Sandwiches (auch vegetarische) zu Preisen zwischen 12 und 23 EC $ anbietet. Freitags und samstags am Abend wird darüber hinaus ein Pizza in der gleichen Preiskategorie serviert. Zusätzlich lassen sich etwas teurere Geflügel- und Steakgerichte bestellen. Die Bedienung ist sehr zuvorkommend, und das Essen sowie die Atmosphäre sind gut. Das Oasis ist dienstags bis samstags von 12.00 bis 13.30 Uhr und täglich außer montags von 18.30 bis 22.00 Uhr geöffnet.

Der Yacht Club genießt eine attraktive Lage direkt am Wasser in der Sugar Bay, und zwar unmittelbar südlich der Stadt. Omelettes und Burger kosten hier 10 EC $, ein Chefsalat etwa das Doppelte. Auf der umfangreichen Speisekarte finden Sie z. B. auch einen Sandwich mit frischem Thunfisch für 8 EC $, einen Jumbo-Sandwich mit Krabben und Knoblauch für 12 EC $ und frischen Tagesfang oder Muschel-Curry mit Reis und Salat für 25 EC $. Als Nachtisch kann man verführerische Schokoladentrüffel und Mango-Ingwer-Käsekuchen essen. Geöffnet ist hier samstags nur zum Abendessen, sonntags nur über die Mittagszeit und an den übrigen Tagen außer mittwochs von 12.00 bis 15.00 Uhr und von 18.00 bis 23.00 Uhr. Niggy's Bistro (Tel. 74 89) liegt südlich von Plymouth in Kinsale und bietet gutes Essen. Das ist ein beliebtes Abendrestaurant. Unter den Vorspeisen finden Sie Gazpacho-Suppe (7 EC $) und geräucherten Lachs (14 EC $). Als Hauptgerichte werden Gemüsepasta für 20 EC $, Krabben oder verschiedene Fischzubereitungen *bordelaise* oder *provencale* mit Brot, Salat und Nudeln für etwa 40 EC $ angeboten. Es ist täglich außer mittwochs von 19.00 bis 22.00 Uhr geöffnet, die Pianobar sogar bis Mitternacht. Das Niggy's liegt etwa 100 m oberhalb der Straße, die von der Ebenezer-Methodistenkirche aus durch Kinsale ins Landesinnere führt.

Das zum Schwimmbecken gelegene Restaurant im Hotel Montserrat Springs (Tel. 24 81) ist eines der exklusiveren Speiselokale in der Gegend von Plymouth. Hier wird von 7.30 bis 10.30 Uhr ein preiswertes Frühstück serviert. Mittagessen kann man von 12.00 bis 15.00 Uhr erhalten und findet dann Sandwiches und Omelettes für etwa 12 EC $ genauso auf der Speisekarte wie gegrilltes Geflügel und verschiedene Salate für 20 EC $. Ein festes Menü mit Salat, Nachspeise und Kaffee wird abends von 19.30 bis 22.30 Uhr serviert und kostet, je nach Hauptgericht, zwischen 30 und 50 EC $. Sonntags wird zwischen 12.30 und 14.00 Uhr zum Mittagessen ein Barbecue veranstaltet.

DAS GEBIET NÖRDLICH VON PLYMOUTH

FOX'S BAY

Die Fox's Bay ist ein entzückendes Ziel für eine kurze Pause. Man findet hier einen hübschen Badestrand und kurze Spazierwege durch ein Vogelschutzgebiet sowie hinaus nach Bransby Point, der Stelle, an der früher eine Küstenfestung stand.

Um zu den Spazierwegen zu gelangen, müssen Sie vom Strand eine Minute lang in südliche Richtung entlang der Baumlinie gehen, bis Sie das Schild mit der Aufschrift „Bird Sanctuary" erblicken. Dann überqueren Sie eine kleine, hölzerne Brücke und finden sich auf dem Pfad wieder. Scharen von Eidechsen tummeln sich auf dem sandigen Weg, von denen die meisten recht klein sind, einige aber fast einen Meter Länge erreichen und sich wie kleine Krokodile in den angrenzenden Teich platschen lassen. Nach weiteren fünf Minuten gabelt sich der Weg. Die rechte Abzweigung führt nach 500 m zum Bransby Point, einem Aussichtspunkt an der Küste, wo einige Kanonen und ein kleiner Mauerüberrest alles sind, was von der ehemaligen Festung übrig geblieben ist. Die linke Wegstrecke führt weiter durch das 6 Hektar große Vogelschutzgebiet, umgeht den sumpfigen Teich und endet schließlich an einem Aussichtspunkt.

Eine Bildtafel in der Nähe des Anfangs vom Weg zeigt die Sumpfvögel, die Sie hier erblicken können: Eisvögel, Sandpfeifer, gelbe Grasmücken und verschiedene Mitglieder aus der Familie der Reiher. Dieses Schutzgebiet wirkt wie verzaubert, wenn in der Abenddämmerung Hunderte von Vögeln ihre Schlafplätze anfliegen. Das Meer ist in der Fox's Bay im allgemeinen ruhig, doch sollten Nichtschwimmer vorsichtig sein, da der Grund ziemlich plötzlich abfällt. In der Nähe vom Bransby Point tritt zudem eine starke Strömung auf. An der Fox's Bay gibt es auch einen Süßwasseranschluß, an dem man sich nach dem Schwimmen das Salzwasser abspülen kann.

Eine Taxifahrt von Plymouth zur Fox's Bay kostet pro Strecke 8 EC $. Wenn Sie davon Gebrauch machen, sollten Sie mit dem Fahrer eine Zeit vereinbaren, zu der er Sie wieder abholt. Man kann aber auch einen Bus in Richtung Richmond Hill nehmen und die 1,2 Meilen (2 km) von der Hauptstraße zu Fuß gehen. Vom Hotel Vue Pointe existiert zudem eine alte Straße für Pferdekarren zur Fox's Bay, für die man sich eine Wanderkarte an der Rezeption abholen kann.

VON PLYMOUTH ZUR CARR'S BAY

Die Straße, die von Plymouth aus in Richtung Norden entlang der Westseite der Insel führt, windet sich durch kleine Hügeldörfer und ermöglicht manchen schönen Ausblick auf das grüne, waldige Inselinnere. Die Straße verläuft jedoch meistens nicht an der Küste, auch wenn man ab und zu einen Blick auf den Ozean erhaschen kann

und entlang der ganzen Strecke Seitenstraßen hinunter zu verschiedenen Stränden führen.

Die Old Road Estates, eine frühere Plantagenanlage wenige Meilen nördlich von Plymouth, beherbergt heute einen Golfplatz, viele der privaten Villen der Insel und das Hotel Vue Pointe, das einzige Strandhotel von Montserrat.

Die Old Road Bay mit dem Strand aus schwarzem Sand beim Hotel Vue Pointe ist ein beliebtes Ziel zum Schwimmen, Schnorcheln, Windsurfen und Segeln. Hier findet man eine Wassersporthütte, eine Strandbar und eine kleine Anlegestelle vor.

Auf einem Hügelkamm direkt oberhalb des Golfplatzes liegt das weiße Gelände der Air Studios, einer Anlage mit Aufnahmestudios, die im Laufe der Jahre die berühmtesten Rockmusiker angezogen hat, darunter Mick Jagger, Duran Duran und Eric Clapton. Der Besitzer der Studios, George Martin, produzierte auch die meisten der Beatles-Alben. Bei Drucklegung dieses Buches wurden die Air Studios vom Gouverneur bewohnt, weil seine Residenz in der Stadt gerade restauriert wurde.

Eine Meile (1,6 km) nördlich des Ortes Salem kommt man zur ausgeschilderten Abzweigung zur Woodlands Bay, einem schmalen, grausandigen Strand mit guten Möglichkeiten zum Schwimmen und Schnorcheln sowie Strandeinrichtungen wie z. B. Duschen, Toiletten und Picknicktischen.

Die Hauptstraße führt weiter durch das Dorf St. Peter's und von dort in die Berge hinein. In dieser Gegend kann man einige schöne Ausblick genießen, bevor die Straße wieder hinunter nach Carr's Bay führt.

UNTERKUNFT

Die Belham Valley Apartments (Tel. 4 91 55 35, PO Box 409) bestehen aus drei hügelwärts gelegene Hütten neben dem Restaurant Belham Valley. Die Hütten sind bequem und anziehend, jede mit Badezimmer, Küche, Telefon, Kabelfernsehgerät, Stereoanlage und einer Terrasse ausgestattet. Die Frangipani-Hütte hat ein Schlafzimmer mit einem Doppelbett, ein Wohn- und Eßzimmer sowie Fensterläden zu bieten. Sie kann im Sommer pro Woche für 325 US $ und im Winter pro Woche für 475 US $ gemietet werden. Eine kleinere Hütte neben dem Restaurant kostet pro Woche im Sommer 250 US $ und im Winter 350 US $, während man für eine dritte, neuere Hütte mit zwei Schlafräumen pro Woche im Sommer 375 US $ und im Winter 525 US $ bezahlen muß. Wenn die Apartments nicht für mindestens eine ganze Woche ausgebucht sind, kann man sie auch tageweise mieten und kosten dann im Sommer etwa 50 US $ und im Winter ca. 75 US $. Der Geschäftsführer der Apartments ist freundlich und die Umgebung malerisch. Der Strand an der Old Road Bay ist nur etwa 10 Minuten Fußweg entfernt.

Das Hotel Vue Pointe (Tel. 4 91 52 10, Fax 4 91 48 13, PO Box 65) kann mit einer schönen Lage am Nordende der Old Road Bay aufwarten. Vermietet werden hier 28 Hütten, „Rondavels" genannt, jede mit einer hohen, dunklen Decke, einer kleinen Sitzecke und vielen mit Läden versehenen Fenstern, die die Brise vom Meer hereinlassen. Darüber hinaus stehen noch 12 kleinere Hotelzimmer zur Verfügung. Beide Arten von Unterkünften sind recht bequem und verfügen über Kabelfernsehgerät, Telefon,

Minikühlschrank und entweder zwei Einzelbetten oder ein großes Bett. Im Sommer muß man für ein Einzelzimmer 60 US $, für ein Doppelzimmer 80 US $ und für eine Hütte allein 80 US $ sowie zu zweit 105 US $ bezahlen. Im Winter kommt man in einem Hotelzimmer allein für 109 US $ und zu zweit für 126 US $ sowie in einer Hütte für 150 bzw. 166 US $ unter. Das Hotel liegt an einem der besseren Strände der Insel und besitzt auch einen Swimming Pool, Tennisplätze und einen Geschenkeladen. Ein kostenloser Bus bringt die Gäste jeden Morgen um 9.30 Uhr nach Plymouth und um 12.30 Uhr wieder zurück.

Die Woodsville Condominiums (Tel. 4 91 51 19, PO Box 319) liegen in ländlicher Umgebung oberhalb des Belham Valley nördlich der Gegend von Cork Hill. Das gebirgige Umfeld ist sehr schön, die Anlage als solche aber recht gewöhnlich. Die Übernachtungspreise für ein Apartment mit einem Schlafraum und Kochmöglichkeit, Kabelfernsehgerät sowie Telefon liegen im Sommer bei 50 US $ und im Winter bei 80 US $ pro Tag sowie bei 250 bzw. 450 US $ pro Woche. Vorhanden ist zudem ein Swimming Pool. Tony und Marlene Glaser führen das Providence Estate House (Tel. 4 91 64 76), eine Pension in einem restaurierten Plantagengebäude in der Nähe des kleinen Ortes St. Peter's. Vermietet werden hier zwei Gästeschlafräume, jeder mit eigenem Bad. In dem „gemütlichen Raum" kann man allein für 35 US $ und zu zweit für 60 US $ übernachten, während für das „geräumige Zimmer" 45 bzw. 80 US $ berechnet werden. Die Preise verstehen sich einschließlich eines reichhaltigen Frühstücks mit frischem Obst aus dem zugehörigen Garten. Daneben werden Zuschläge für Steuern und Bedienung nicht erhoben. Telefongespräche mit Teilnehmern auf Montserrat können ebenfalls ohne Zusatzkosten geführt werden. Außerdem haben die Gäste Zugang zum Swimming Pool, zu einem Fernsehgerät und zu einer Kochnische mit Kühlschrank.

ESSEN

Eines der schönsten Restaurants ist das Belham Valley (Tel. 4 91 55 53), ein nettes, hügelwärts gelegenes Haus mit herrlichen Ausblicken. Die Preise für Hauptgerichte bewegen sich zwischen 35 EC $ für Fettucine Alfredo und 65 EC $ für karibischen Fisch, und zwar einschließlich grünem Salat, Gemüse und Reis. Auf der Speisekarte stehen daneben Mountain Chicken (falls erhältlich), Steak, Geflügel und Fisch. Vorspeisen wie z. B. Schnecken oder Muscheln kosten etwa 15 EC $, die Nachspeisen wie z. B. Käsesahnetorte mit Kokosnuß oder Mango-Mousse etwa die Hälfte. Abendessen wird dienstags bis sonntags von 18.30 bis 20.30 Uhr serviert, wofür man sich telefonisch einen Tisch reservieren lassen sollte. Nur in der Wintersaison ist auch mittags geöffnet, und zwar dienstags bis freitags von 12.00 bis 14.00 Uhr. Dann werden z. B. Fisch und Chips für 20 EC $ sowie Omelettes und Sandwiches zu etwas niedrigeren Preisen angeboten. Sie finden das Restaurant etwa 500 m östlich vom Hotel Vue Pointe.

Der Speiseraum vom Hotel Vue Pointe (Tel. 52 10) ist rundum mit Fenstern versehen und bietet daher einen Panoramablick. Kontinentales Frühstück kostet hier 14 EC $, ein Frühstück mit Hummer etwa 30 EC $. Zum Mittagessen werden Sandwiches, Quiche, Geflügelsalat oder frisches Obst mit Joghurt für etwa 15 EC $ angeboten. Die Abendkarte wechselt täglich, enthält aber immer Geflügel-, Fisch- und Steakgerichte zu Preisen zwischen 30 und 55 EC $. Jeden Mittwochabend wird ein westindisches Barbecue mit einer Steelband veranstaltet, in der Hauptsaison sonntags zum Mittagessen auch ein Buffet mit Barbecue. Für beides werden Reservierungen erbeten.

Im Village Place, einer Bar mit Restaurant in Salem, werden preiswerte Geflügelgerichte vom Grill, Goat Water und Fischgerichte angeboten. Manchmal wird freitags am Abend auch Musik gespielt.

CARR'S BAY UND LITTLE BAY

Carr's Bay ist ein verschlafenes, kleines Fischerdorf, von dem angenommen wird, daß hier die ersten irischen Siedler landeten. Entlang der Straße verläuft ein Strand mit schwarzem Sand, von wo aus man auf die unbewohnte Insel Redonda im Nordwesten und an klaren Tagen bis nach Nevis sehen kann.

Am nördlichen Ende von Carr's Bay, wo die Straße scharf inseleinwärts abbiegt, führt eine zweite Straße 0,6 Meilen (1 km) weiter in Richtung Norden bis zur Little Bay, einem schönen, abgelegenen Strand mit schwarzem Sand, der von kleinen Hügeln begrenzt wird. Die Straße zur Little Bay wird um so unwegsamer, je weiter Sie auf ihr vordringen. Falls sie nicht kürzlich erneuert wurde, kann es passieren, daß man nach etwa der Hälfte seinen Wagen stehen lassen und den Rest der Strecke zu Fuß gehen muß.

RENDEZVOUS BAY

Von der Little Bay aus können Sie nordwärts zu der noch abgelegeneren Rendezvous Bay wandern, die über einen breiten, goldenen Sandstrand verfügt. Am schnellsten erreichen Sie diese Gegend, wenn Sie in anstrengenden 30 Minuten geradeaus über den 100 m hohen Hügel klettern, der die beiden Buchten voneinander trennt. Statt dessen können Sie auch eine 50 Minuten in Anspruch nehmende Strecke wählen, die zunächst ins Landesinnere führt und dann den östlichen Hang des Hügels umrundet.

Beide malerischen Wanderwege beginnen am nördlichen Ende der Little Bay.

Die einzige andere Möglichkeit, die Rendezvous Bay zu erreichen, besteht mit einem Boot. Danny's Water Sports übernimmt den Transport von der Old Road Bay zur Rendezvous Bay und holt die Teilnehmer zu einer vorher vereinbarten Zeit auch wieder ab (20 US $ pro Person). Weder an der Little Bay noch an der Rendezvous Bay bestehen irgendwelche Einrichtungen am Strand, so daß man dorthin Wasser usw. mitbringen muß.

VON CARR'S BAY ZUM FLUGHAFEN

Von Carr's Bay aus schneidet sich die Hauptstraße zwischen dem Silver Hill und den Centre Hills durch die Insel. In der Mitte dieser Strecke liegt das Dorf St. John's, wo es eine kleine Bar, das Mrs. Morgan's, gibt, die von einer farbenprächtig gekleideten westindischen Frau geführt wird. Sie bietet an den meisten Wochenenden einen leckeren Eintopf mit Ziegenfleisch an (8 EC $).

Hinter St. John's schlängelt sich die Straße durch unbewohnte Täler, bis sie endlich den Flughafen erreicht.

VOM FLUGHAFEN NACH PLYMOUTH

Die Fahrt vom Flughafen Blackburne nach Plymouth führt über eine enge, gewundene Straße, die zwischen den beiden höchsten Berggruppen von Montserrat hindurchführt, den Centre Hills und den Soufrière Hills. Diese malerische Straße passiert verlassene Plantagenruinen und eine Ansammlung von kleinen Bergdörfchen.

Zwei Minuten östlich des Flughafens steht eine verlassene Farm, auf der Baumwolle angebaut wurde, bis der Hurrikan „Hugo" die Baumwollfelder verwüstete. Man kommt auf dieser Strecke auch an zwei ganz hübschen steinernen Kirchen, an einer alten Methodistenkirche in Bethel und an der aus der Jahrhundertwende stammenden anglikanischen Kirche St. George in Harris vorbei. Eines der malerischsten an der Straße gelegenen Gebäude ist die Farrell's Farm unmittelbar westlich von Harris, auf der einst Zucker zum besten Rum auf der ganzen Insel verarbeitet wurde. Je weiter die Straße nach Plymouth führt, desto häufiger lösen Bananenstauden und Gemüsefelder die einheimische Vegetation aus Ingwer, Farnen und Pflanzen mit Elefantenohren ab.

DAS GEBIET SÜDLICH VON PLYMOUTH

Von Plymouth fährt man etwa 20 Minuten in südliche Richtung zur Galway-Plantage und zur Galways Soufrière, den bedeutendsten Sehenswürdigkeiten der Insel.

Die mit Felsen übersäten Hänge der Soufrière Hills wurden vor allem von irischen Farmern bevorzugt, da sie dadurch sehr an ihre grüne irische Heimat erinnert wurden. Vom Dorf St. Patrick's schlängelt sich eine ausgeschilderte Straße hoch über die Hänge der Berge, bis sie nach über einer Meile (1,6 km) die Galway-Plantage erreicht. Danach führt sie noch etwa eine Meile weiter, bis sie schließlich bei Galways Soufrière endet. Auf dieser Strecke kommt man an einigen verlassenen Zuckermühlen vorbei, wo sich von einigen gute Ausblicke hinunter zur Küste bieten und wo man, wenn das Wetter klar ist, im Südosten sogar die Insel Guadeloupe erblicken kann. Die Straße ist zwar asphaltiert, doch uneben und eng und besteht auf den letzten 500 m nur noch aus einer Fahrspur für beide Richtungen.

Wenn Sie der Küstenstraße in Richtung Süden folgen, ohne bei St. Patrick's ins Landesinnere abzubiegen, dann endet sie 4,5 Meilen (7,2 km) hinter Plymouth an einem Steinbruch beim Old Fort Point. Die Wanderung hinauf zu den Wasserfällen von Great Alps beginnt an dem Fluß, der die Straße kurz vor ihrem Ende kreuzt.

GALWAY-PLANTAGE

Die Galway-Plantage war einst ein blühendes Gut mit Zuckerrohr und liegt in 335 m Höhe an den grünen Hängen der Soufrière Hills. Sie wurde um 1660 von David Galway gegründet, einem Iren aus Cork, der aus jenen Tagen seinen Profit zog, indem er den Partisanen einen Strich durch die Rechnung machte und sich gut mit den englischen Kolonialbürokraten stellte. Die irischen Bediensteten, die Galway ursprünglich für die Arbeit auf den Feldern mitgebracht hatte, wurden nach und nach durch afrikanische Sklaven ersetzt. In ihrer Blütezeit in der Mitte des 18. Jahrhunderts bestand die Plantage aus einer Fläche von über 500 Hektar, auf denen 150 Menschen „beschäftigt" waren. Die Abschaffung der Sklaverei 1834 bedeutete das Ende der Zeit der Plantagen und führte dazu, daß auch Galway-Plantage aufgegeben wurde.

Heute stehen einige der Ruinen teilweise restauriert auf einem Gelände neben der Straße. Der Montserrat National Trust, der die Restaurierungsarbeiten in Auftrag gegeben hatte, ermuntert Besucher, diese Gegend zu erkunden. Hier ist durchgehend geöffnet. Eintritt muß man nicht bezahlen.

Die alte steinerne Windmühle, deren Flügel einst Rollen antrieben, mit denen das Zuckerrohr zerkleinert wurde, und ein nahegelegenes steinernes Lagerhaus sind die Gebäude, die am besten erhalten sind. Daneben sind aber auch noch andere Gebäude zu sehen. Man kann auch auf die andere Straßenseite gehen, allerdings sind die dort gelegenen alten Mauern und Stufen des alten Herrenhauses beinahe vollständig von Pflanzen überwuchert.

GALWAYS SOUFRIÈRE

Die Straße endet an einem Parkplatz, von dem aus zwei kurze Pfade zu Aussichtspunkten führen, die sich oberhalb des Randes von Galways Soufrière, einem beeindruckend tiefen, vulkanischen Tal, befinden. Im Gegensatz zu den üppig grünen Soufrière Hills, die es umgeben, erscheint Galways Soufrière als ein tief eingeschnittener Canyon mit hohen Erdmauern in gelben, grauen und rostroten Farbschattierungen. Warme, schwefelhaltige Quellen treten aus den Seiten des Berge aus und speisen die kleinen Bäche, die sich in den Boden des Tales einschneiden, während Dampf aus Öffnungen aufsteigt, die von leuchtend gelben Schwefelkristallen umgeben sind. Von den Aussichtspunkten hat man einen schönen Überblick über alles. Beide sind innerhalb weniger Minuten zu erreichen. Der bedeutendste Aussichtspunkt liegt am Ende des Weges, der in der Nähe des abgestützten Baumes am oberen Teil des Parkplatzes beginnt. Von dieser Stelle aus haben Sie auch einen Blick auf den höchsten Punkt der Insel, den Chances Peak, der etwas über 0,6 Meilen (1 km) im Norden liegt.

Der Pfad zum zweiten Aussichtspunkt beginnt etwas weiter rechts als der, der zum anderen führt. Wenn Sie alles etwas näher betrachten wollen, können Sie von hier aus hinunter bis zum Boden des Canyons wandern, wofür Sie etwa 15 Minuten brauchen. Da der Hang recht steil und der Weg teilweise bröckelig und bei Feuchtigkeit sehr rutschig ist, sind gute Wanderschuhe eine unabdingbare Voraussetzung, bevor man sich an diesen Abstieg begibt. Bleiben Sie auf dem Pfad und hüten Sie sich vor blubbernden Schloten und Quellen, die sehr heißes Wasser enthalten.

BAMBUSWALDPFAD

Dieser Wanderweg verläuft an der östlichen Seite von Galways Soufrière und führt dann in einen dichten Wald mit Bambus, dessen Stämme einen halben Meter Durchmesser und gute 10 m Höhe erreichen. Diese Bambuspflanzen bilden da, wo sie sich über den Pfad wölben, eine Art Dschungelbaldachin. Da Baumfarne die Berghänge in der Umgebung bedecken, wirkt diese Landschaft alles in allem sehr urzeitlich. Man erwartet jeden Augenblick, einen Dinosaurier aus dem Wald treten und die Szenerie vervollständigen zu sehen.

Dieser Wanderweg beginnt an dem tiefergelegenen Aussichtspunkt, führt in den Krater und verläuft an der gegenüberliegenden Seite wieder hinaus. Nur der erste Teil der Strecke ist steil, die danach recht eben zwischen zwei Gipfeln weitergeht. Die meisten Wanderer benötigen für eine Strecke etwa 90 Minuten und gehen dann auf dem gleichen Weg zurück. Einige glauben allerdings, daß es möglich sein müsse, dem Pfad die ganze Strecke bis zum Tar River Estate am Ende der Ostküstenstraße zu folgen. An der Kreuzung in St. Patrick's werden Sie sehr wahrscheinlich auf junge Männer stoßen, die Ihnen anbieten, Sie als Führer in den Bambuswald zu begleiten (zum Preis von etwa 100 bis 120 EC$ für zwei Personen). Auch wenn einige Besucher allein und nur mit einer topographischen Karte und einem Kompaß ausgerüstet auf dieser Strecke wandern, wird die Gegend doch sehr dschungelartig, sobald man die Umgebung des Kraters verlassen hat. Daher sind die Kosten für einen Führer vielleicht doch eine gute Investition.

WASSERFÄLLE GREAT ALPS

Eine relative einfache Route führt 1,2 Meilen (2 km) einen üppig bewachsenen Canyon hinauf bis zum Fuß der Great-Alps-Fälle, die 21 m über glatte Felsen hinabstürzen. Neben den Wasserfällen hat sich ein Becken gebildet, das tief genug ist, um darin zu stehen und zu planschen, aber zum Schwimmen doch zu flach ist.

Der Weg hinauf zum Wasserfall folgt dem White River, der trotz seines Namens eher ein Gebirgsbach ist und gelbes, schlammiges Wasser führt, das von Galways Soufrière hinunterrinnt.

Der Anfang des Weges, der durch ein Schild gekennzeichnet ist, liegt an der zum Landesinnern zeigenden Seite der Straße etwa 0,6 Meilen (1 km) südlich von St. Patrick's. Dort gibt es einen Parkplatz, ein Münztelefon und eine kleine gelbe Hütte, an der man normalerweise auf Führer trifft, die bereit sind, Besucher allein für 15 EC$ und zu zweit für 25 EC$ zu den Fällen zu bringen. Es ist an sich nicht schwierig, dem Pfad zu folgen, doch kann Ihnen ein Führer die Bäume und Pflanzen entlang des Weges erklären und einen interessanten Wegbegleiter ergeben. Man braucht etwa 45 Minuten, um den Wasserfall zu erreichen. Es empfiehlt sich, dabei Schuhe mit Profilsohlen zu tragen, da auf dem Weg mehrere Male der Fluß zu überqueren ist.

SABA

Saba, auch unter dem Beinamen „Die unberührte Königin" bekannt, ist sowohl die kleinste als auch die höchste Insel der Niederländischen Antillen. Die Insel mit steilen, zerklüfteten Bergen sowie landschaftlich schön bietet gute Wandermöglichkeiten und unberührte Unterwasserlandschaften zum Tauchen. Saba ist dennoch bisher überraschend wenig vom Tourismus geprägt.

Auf den ersten Blick erscheint Saba eher wie eine Gemeinde aus den Alpen am falschen Ort und kaum als Teil der Westindischen Inseln. Die Insel ist die Spitze eines riesigen Gebirges unter Wasser und hat daher weder Platz für Tiefland noch für Strände. Der Vulkan in der Mitte der Insel, der Mount Scenery, ist meistens in Wolken gehüllt.

An den Hängen drängen sich einzelne malerische weiße Häuser mit grünen Läden, roten Dächern und Verzierungen, die an Lebkuchenhäuser erinnern. Winzige Gemüsefelder wurden an den felsigen Berghängen angelegt.

Auf der Insel gibt es vier Orte, die alle durch ausgesprochene Sauberkeit glänzen. The Bottom ist die Hauptstadt der Insel, Windwardside jedoch der größte Ort und bei den Besuchern der Insel das beliebteste Ziel. Bei St. John's und Hell's Gate handelt es sich vorwiegend um Wohngebiete.

Bei nur knapp über 1000 Einwohnern kennt auf Saba jeder jeden. Im übrigen ist die Insel mit Sicherheit eines der nettesten und freundlichsten Ziele in der Karibik.

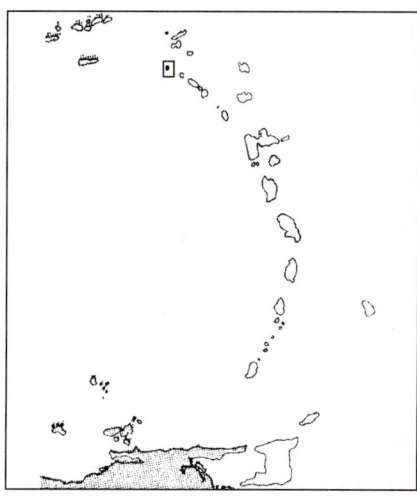

ORIENTIERUNG

Es ist praktisch unmöglich, sich auf Saba zu verirren. Es gibt auf der Insel nur eine Hauptstraße, die vom Flughafen an der Nordostseite durch die Dörfer Hell's Gate, Windwardside, St. John's und The Bottom und dann hinunter zur Fort Bay führt, dem wichtigsten Hafen der Insel. Eine zweite Straße verbindet The Bottom mit der Well's Bay an der Nordwestseite von Saba.

EINFÜHRUNG

GESCHICHTE

Aufgrund der gebirgigen Landschaft war Saba wahrscheinlich in der Zeit vor Kolumbus nur dünn besiedelt. Jüngste Funde von Gebrauchsgegenständen aus der Spring Bay weisen jedoch auf die Existenz von kleinen Arawak-Siedlungen vor ca. 1300 Jahren hin.

Bei seiner zweiten Reise in die Neue Welt sichtete Kolumbus Saba als erster Europäer am 13. November 1493. Die Niederländer erhoben 1632 Anspruch auf Saba und entsandten 1640 einige Landsleute von St. Eustatius

auf die Insel, um dort eine ständig bewohnte Siedlung zu gründen. Die frühen Siedler lebten zuerst bei Middle Island und Mary's Point, wo man noch heute die Überreste einiger weniger Zisternen und Steinmauern besichtigen kann. Sie verlagerten ihre Siedlung jedoch bald nach The Bottom, das bis heute das Verwaltungszentrum der Insel geblieben ist.

Da die gebirgige Topographie die Anlage großflächiger Plantagen unmöglich machte, war die Sklaverei wäh-

rend der Kolonialzeit auf Saba recht begrenzt. Siedler, die Sklaven hielten, besaßen im allgemeinen nur wenige davon und arbeiteten häufig Seite an Seite mit ihnen auf den Feldern, wodurch es zu einer größeren Integration als auf den anderen niederländischen Inseln kam.

DAS LAND

Saba ist nur 13 km² groß, aber als Teil eines Faltengebirges solider, als es jede bloße Flächenmessung ahnen ließe. Die Insel ist der Gipfel eines erloschenes Vulkans, der sich bis zum 877 m hohen Mount Scenery, dem höchsten

---

Die Straße, die nicht gebaut werden konnte

Bis vor wenigen Jahrzehnten waren die Dörfer auf Saba nur durch Fußwege miteinander verbunden. Jahrelang hatten Ingenieure aus dem flachen Holland erklärt, daß die gebirgige Landschaft den Bau von Straßen unmöglich mache. Ein skeptischer Inselbewohner, Josephus Lambert Hassel, ließ sich schließlich zum Ingenieur ausbilden und stellte dann einen Bautrupp aus Einheimischen zusammen. 1940 baute seine aus zwanzig Mann bestehende Gruppe das erste Stück einer Betonstraße von der Fort Bay bis nach The Bottom, die im Laufe der folgenden zwanzig Jahre nach und nach bis Hell's Gate verlängert wurde. Die gesamte Straße wurde in Handarbeit gebaut, und auch wenn sie schmal und kurvenreich ist, ist sie weder zusammengeschustert noch enthält sie die für die anderen Straßen der Karibik typischen Schlaglöcher.

Berg Sabas, erhebt. Auf Saba gibt es weder Bäche noch größere Flüsse. Die Leeseite der Insel ist relativ trocken, während auf der Luvseite die Vegetation deutlich dicker und grüner ist und in der gebirgigen Mitte der Insel nach und nach in Dschungelgebiete übergeht.

KLIMA

Die durchschnittliche Niederschlagsmenge auf Saba beträgt 1070 mm pro Jahr. Die durchschnittliche Monatstemperatur beträgt 27° C, wobei der Unterschied zwischen Sommer und Winter bei ungefähr 2° C liegt. Aufgrund der unterschiedliche Höhe ist es auf der Luvseite ein wenig kühler als in The Bottom. Im Winter kann die Abendtemperatur auf ca. 17° C fallen. Im Sommer ist es auf Saba im allgemeinen ein wenig kühler als auf den benachbarten Inseln, obwohl auch dann heiße und drückende Zeiträume keine Seltenheit sind.

FLORA UND FAUNA

Auf Saba bietet sich ein weites Spektrum an blühenden Pflanzen, das von in reicher Zahl vorhandenem Oleander und Hibiskus, die die Höfe schmücken, bis zu den Wildblumen und Orchideen im Regenwald reicht. Hier leben zudem zahlreiche Vögel, die mehr als 60 Arten zuzurechnen sind. Auf Saba brüten Seeschwalben, Rauchschwalben und Braune Tölpel, während Tropenvögel auf den Klippen nisten und Fregattvögel in der Nähe der Küste kreisen. Rotschwanzfalken kann man an den niedrigeren Hängen sehen, während Wellensegler und Kolibris in den höheren Lagen zu finden sind.

Auf Saba kommt auch eine harmlose Schlange vor, die man häufig sieht, wenn sie sich an Weg- oder Straßenrändern sonnt, auch wenn sie im allgemeinen flüchtet, sobald sich ihr Menschen nähern. Sicher werden Sie außerdem die freundlichen, kleinen Eidechsen (*Anolis sabanus*) zu Gesicht bekommen, die auf der Insel zahlreich vertreten sind, und die winzigen Baumfrösche hören, deren Symphonie einen nachts fast taub werden läßt.

Der Meerespark von Saba
Das Naturschutzgebiet, durch das die Küstengewässer der Insel von der Hochwassergrenze bis zu einer Tiefe von 71 m unter Schutz gestellt wurden, ist 1987 eingerichtet worden.
Der Park hat für verschiedene Nutzungen ausgewiesene Zonen. So dürfen z. B. Schiffe nur in der Fort Bay und der Ladder Bay vor Anker gehen. Wer mit einem Schiff oder Boot außerhalb des Gebietes zwischen den beiden Buchten ankern will, darf dies nur zum Tauchen. Fast überall ist es erlaubt zu fischen, wobei jedoch Beschränkungen und Quoten für bedrohte Arten wie die große Seemuschel bestehen.
Der Naturpark wurde mit Mitteln des World Wildlife Fund sowie der Regierungen von Saba und der Niederlande eingerichtet. Er wird von der gemeinnützigen Saba Conservation Foundation verwaltet.

STAAT UND VERWALTUNG

Saba gehört zum Königreich der Niederlande und ist eine der fünf Inseln der Niederländischen Antillen, deren Zentralverwaltung sich auf Curacao befindet. Zusammen mit den anderen vier Inseln wird sie als Gemeinde mit einem eigenen Vizegouverneur verwaltet, dem bei der Abwicklung der alltäglichen Angelegenheiten der Insel zwei gewählte Kommissare zur Seite stehen. Will Johnson, Sabas Senator, vertritt die Insel auf Curacao.

WIRTSCHAFT

Auch wenn der Tourismus auf der Insel noch kein großes Ausmaß angenommen hat, bildet er die wichtigste Einkommensquelle auf Saba. Die größte Zunahme in diesem Bereich ist bei den Tauchern zu verzeichnen, die in größer werdender Zahl von den der Umwelt zuträglichen Umständen auf der Insel und den guten Möglichkeiten zum Tauchen angezogen werden.

Bis vor kurzem war Saba auch bei jungen Niederländern beliebt, die hier ihre Führerscheinprüfung ablegten und so die strengen und kostspieligen Regelungen in Holland umgingen. Es war ein blühendes Geschäft auf der Insel mit einer Handvoll von Fahrschulen sowie Pauschalreisen nach Saba und darauf eingestellten Hotels. Neue Regelungen haben dieser Praxis jedoch 1992 ein Ende gesetzt. Eine der früheren Fahrschulen in The Bottom ist nun in eine kleine Ausbildungseinrichtung für Medizinstudenten aus Übersee umgewandelt worden.

Die Bewohner der Insel bauen einen großen Teil ihres Lebensmittelbedarfs selbst an. Das reicht von Kartoffeln bis zu Taro und grünem Salat aus Wasserkulturen.

Im übrigen werden Kartoffeln, Fisch und Hummer auf einige der benachbarten Inseln exportiert und bringen etwas Geld in die Kasse.

DIE MENSCHEN

Auf Saba haben ca. 1100 Menschen ihren ersten Wohnsitz. Die Bevölkerung setzt sich ungefähr zur Hälfte aus den Nachkommen afrikanischer Sklaven sowie denen der frühen schottischen, irischen und skandinavischen Siedler zusammen. Die meisten Inselbewohner können ihre Herkunft auf ein halbes Dutzend Familien zurückverfolgen. Nur zwei Namen, Hassel und Johnson, machen fast ein Drittel der Eintragungen im Telefonbuch aus. Trotz der Zugehörigkeit zu den Niederlanden leben jedoch nur sehr wenige Menschen niederländischer Herkunft auf der Insel.

KUNST UND KULTUR

Das Kunsthandwerk, das am ehesten mit Saba in Verbindung gebracht wird, ist die sogenannte „Spanische Arbeit" oder auch „Saba-Spitze", bei der die Fäden gezogen werden und die um das Jahr 1870 von einer Frau, die die Technik in einem Konvent in Venezuela gelernt hatte, nach Saba gebracht wurde. Die Bordüren, die an Spitze erinnern, sind zwar recht schön, aber der Markt dafür ist so klein, daß die junge Frauen die Technik nicht mehr verwenden und sie langsam auszusterben scheint. Saba hat auch eine Reihe von guten zeitgenössischen Malern angezogen, deren Gemälde und Zeichnungen durch die Landschaft der Insel angeregt wurden. Zu den bekanntesten gehört Heleen Bottom. Arbeiten von ihr und von den meisten anderen Künstlern der Insel sind auch in der Galerie Breadfruit in Windwardside zu sehen.

Was den Sport betrifft, gibt es nicht genügend ebene Flächen, um Fußball- oder Kricketfelder anzulegen, so daß Basketball, Volleyball und Tennis die beliebtesten Sportarten sind.

RELIGION

Der Katholizismus ist vorherrschend auf der Insel, aber zu den acht verschiedenen Glaubensgemeinschaften, die auf Saba vertreten sind, gehören auch die anglikanische Kirche, die Wesley-Kirche und die der Adventisten.

SPRACHE

Auch wenn Niederländisch die „offizielle" Sprache auf Saba ist, wird zu Hause und in den übrigen Bereichen vorwiegend Englisch gesprochen. Die niederländische Regierung hat, um dieser Gegebenheit Rechnung zu tragen, vor kurzem eine Umstellung des Schulsystem erlaubt, wodurch Englisch zur Unterrichtssprache gemacht wurde und Niederländisch zur Zweitsprache geworden ist.

PRAKTISCHE HINWEISE

EINREISEBESTIMMUNGEN

Alle Besucher mit Ausnahme von Bürgern aus den USA und Kanada benötigen für die Einreise nach Saba einen gültigen Reisepaß.

Offiziell ist auch ein Ticket für die Rück- oder Weiterreise notwendig.

ZOLLBESTIMMUNGEN

Saba ist eine Freihandelszone, so daß einschränkende Zollvorschriften nicht gelten und man bei der Ein- und Ausreise auf keine Schwierigkeiten stößt.

GELD

Offizielle Währung auf Saba ist der Gulden der Niederländischen Antillen, aber auch US-Dollar werden überall akzeptiert. In den Geschäften, die sich vorwiegend auf Inselbewohner eingestellt haben, z. B. die Lebensmittelgeschäfte und andere Läden, werden die Preise in Gulden angegeben. Hotels, Restaurants und Tauchschulen dagegen zielen eher auf Touristen ab und nennen ihre Preise in US-Dollar. Der Wechselkurs liegt bei 1,77 Gulden für einen US-Dollar. Im allgemeinen erzielt man keinen besonderen Vorteil, wenn man US-Dollar in Gulden tauscht, solange man keinen längeren Aufenthalt plant. Weitere Informationen dazu finden Sie bei den praktischen Hinweisen im Einführungsteil.

Die beiden Banken auf Saba, die Barclays Bank und die Commercial Bank, befinden sich beide in Windwardside. Kreditkarten werden auf Saba nicht in dem Maße akzeptiert wie auf anderen Insel. Nur in einigen wenigen Hotels und Restaurants in Windwardside kann man seine Rechnung mit einer Kreditkarte von Eurocard/Mastercard oder Visa begleichen, darunter im Juliana's, im Captain's Quarters und im Brigadoon. Auch die Tauchschule Sea Saba akzeptiert diese beiden Kreditkarten.

INFORMATIONEN
Im Saba Tourist Bureau (Tel. 6 22 31, Fax 6 23 50, PO Box 527, Windwardside) ist man hilfreich bei der Bereitstellung allgemeiner Informationen über die Insel, verkauft Bücher über Saba und verfügt über eine Liste der Hütten und Häuser, die vermietet werden.

ÖFFNUNGSZEITEN
Geschäfte und Büros sind im allgemeinen von 8.00 oder 9.00 bis 12.00 Uhr und von 13.00 bis 15.00 Uhr geöffnet.

FEIERTAGE
Feiertage auf Saba sind:

Neujahr	1. Januar
Karfreitag	Freitag von Ostern
Ostersonntag	Ende März/Anfang April
Ostermontag	Ende März/Anfang April
Tag der Königin	30. April
Tag der Arbeit	1. Mai
Christi Himmelfahrt	40. Tag nach Ostern
Weihnachten	25. und 26. Dezember

KULTURELLE VERANSTALTUNGEN
Das Sommerfestival von Saba findet Ende Juli statt und ist das Karnevalsfest der Insel. Der Hill Climb, ein Autorennen, bei dem alle gleichzeitig starten und das vom Flughafen bis zur Kirche in Hell's Gate führt, eröffnet eine einwöchige Reihe von Festivitäten mit Jump-ups, einer Talentshow, einem Wettbewerb um den Titel der Königin, einem Wettbewerb um den Titel des Calypso-Königs und einem Umzug in The Bottom mit Wagen und einer Parade in Kostümen.
Bei den Saba Days Anfang Dezember stehen sportliche Wettbewerbe, Auftritte von Steelbands, Tanz, Eselrennen und Barbecues auf dem Programm.

POST
Auf Saba gibt es zwei Postämter, eines in Windwardside und eines in The Bottom. Wer aus dem Ausland nach Saba schreibt, muß nach dem Namen des Adressaten oder der Firma den Ort sowie die Bezeichnungen „Saba" und „Niederländische Antillen" angeben.

Von Saba aus zahlt man für eine Postkarte nach Europa 0,55 Gulden und für eine Brief bis zu 10 g 1,75 Gulden Porto.

TELEKOMMUNIKATION
Die Telefonnummern auf der Insel sind fünfstellig. Die Vorwahl für Saba lautet 599-4.
Telefonieren kann man vom Büro von Landsradio in The Bottom. Das ist allerdings auch der einzige öffentliche Münzfernsprecher auf der Insel. Ansonsten telefonieren Touristen im allgemeinen von ihrem Hotel aus. Im übrigen befindet sich am Flughafen an einer Wand ein Fernsprecher, von dem aus kostenlos Ortsgespräche geführt werden können.

STROM
Die Stromspanung beträgt 110 Volt Wechselstrom mit einer Frequenz von 60 Hertz. Für elektrische Geräte werden flache Stecker mit zwei Anschlüssen benutzt, wie sie in den USA üblich sind.

MASSE UND GEWICHTE
Auf Saba gilt das metrische System, auch wenn man in den meisten Mietwagen Meilenanzeiger findet.

BÜCHER
Saban Cottages, ein gebundenes Buch der Künstlerin Heleen Cornet, enthält viele schöne Aquarellzeichnungen von einigen der schönsten Häuser der Insel. Man kann den Band in den Läden und Galerien auf der Insel kaufen. Er ist ein schönes Andenken.

LANDKARTEN
Im Fremdenverkehrsamt ist eine kostenlose, einfache Karte der Insel erhältlich, die für die meisten Zwecke genügt. Ebenfalls hier bekommen Sie auch eine etwas detailliertere, farbige Karte für 1 US $.

MEDIEN
Auf Saba wird keine eigene Zeitung verlegt, sondern die Neuigkeiten und Ankündigungen werden in jedem Dorf auf Schwarzen Brettern ausgehängt. Auf dem Big-Rock-Markt und bei Scout's Place in Windwardside sind Zeitungen aus St. Martin erhältlich.

GESUNDHEIT
Für die ärztliche Versorgung auf der Insel wurde das A M Edwards Medical Center in The Bottom gegründet (Tel. 6 32 89).
An der Fort Bay steht zudem eine Druckkammer zur Verfügung, in der auch Taucher der benachbarten Inseln behandelt werden.

FREIZEITBESCHÄFTIGUNGEN
Strände und Schwimmen: Saba ist kein geeignetes Ziel, wenn Sie einen Strandurlaub verbringen möchten. Der

wichtigste Badestrand ist die Well's Bay an der Nordwestseite der Insel, an der es einen kleinen, steinigen Strand gibt.

Einige Hotels öffnen ihre Swimming Pools auch anderen als Hausgästen, darunter Scout's Place, wo dafür 2 US $ verlangt werden, und Captain's Quarters, wo man für die Benutzung des Schwimmbeckens 5 US $ bezahlen muß.

Tauchen und Schnorcheln: Die großartige Landschaft Sabas setzt sich unter Wasser fort mit steilen Felswänden, die vor der Küste abfallen, und vielfältigen Riffen, die sich zum Tauchen eignen. Die meisten der 26 Tauchreviere befinden sich an der ruhigeren Leeseite der Insel zwischen Tent Bay und Diamond Rock.

Einige der interessantesten Gegenden zum Tauchen sind die Tent Reef Wall mit farbenprächtigen Rohrschwämmen, Korallen und zahlreichen Fischen, Third Encounter und Twilight Zone, zwei nebeneinander liegende, von Schwämmen und Korallen überzogene Felsen, die sich ca. 30 m hoch vom Meeresboden erheben, sowie Diamond Rock, wo man eine große Vielfalt an Meereslebewesen sehen kann, darunter Stachelrochen und einige kleine Haie.

Bei den Schnorchlern beliebt sind die Well's Bay und daneben Torrens Point. Hier gibt es sogar einen markierten Weg unter Wasser.

Auf Saba haben sich drei Tauchschulen niedergelassen. Bei ihnen ist in den Preisen eine Gebühr von ca. 2 US $ pro Tauchgang inbegriffen, die zur Deckung der Kosten für den Meerespark Saba beitragen.

Sea Saba in Windwardside (Tel. 6 22 46, Fax 6 23 62) verfügt über 11 und 12 m lange Boote, die im allgemeinen um 10.00 Uhr und um 12.00 Uhr zum Tauchen hinausfahren. Auf Anfrage können aber auch nachts Tauchgänge organisiert werden. Für einen Tauchgang mit einer Flasche Preßluft zahlt man 45 US $, mit zwei Flaschen 75 US $ und nachts 55 US $. Für Taucherbrille und Schwimmflossen werden 8 US $ berechnet. Sea Saba bietet zudem Ferienkurse für 85 US $, bei denen ein Tauchgang auf offener See eingeschlossen ist, sowie fünf Tage dauernde Tauchkurse mit Zertifikat für 350 US $. Die Mindestteilnehmerzahl pro Kurs beträgt drei Personen. Die Tauchschule, in der auch Schnorchelausrüstungen und Filme verkauft werden, ist täglich von 8.00 Uhr bis 17.00 Uhr geöffnet.

Saba Deep in der Fort Bay (Tel. 6 33 47) fährt um 9.00, 11.00 sowie 23.00 Uhr zum Tauchen. Dabei werden nicht mehr als acht Taucher pro Boot mitgenommen. Der erste Tauchgang findet in tiefem Wasser statt, der zweite in

mittlerem und der dritte in seichtem Wasser. Die Preise betragen für einen Tauchgang mit einer Flasche Preßluft 45 US $, mit zwei Flaschen 80 US $ und mit drei Flaschen 105 US $ sowie für einen Nachttauchgang 60 US $. In dieser Tauchschule werden ein Tauchkurs mit Zertifikat für offenes Meer von 375 US $ sowie ein Ferienkurs für 50 US $ angeboten.

Ebenfalls in der Fort Bay finden Sie Wilson's Dive Shop (Tel. 2 32 48, Fax 6 34 10), das kleinste der drei Unternehmen. Die *Caribbean Explorer*, ein Schiff zum Tauchen mit Schlafmöglichkeiten an Bord, beginnt die meisten ihrer einwöchigen Fahrten auf St. Martin und beendet sie auch dort, kreuzt jedoch einen großen Teil der Reise in der Umgebung von Saba. Weitere Informationen dazu finden Sie im Abschnitt über die Anreise im Einführungsteil.

Wandern: Aus Saba bestehen verschiedene ausgezeichnete Wandermöglichkeiten. Insgesamt kann man von sieben ausgeschilderten Wanderwegen Gebrauch machen. Sie reichen von einem fünfzehnminütigen Weg zu gezeitenabhängigen kleinen Seen gleich hinter dem Flughafen bis zu einem steilen Weg durch Nebelwald zum Gipfel des Mount Scenery, dem höchsten Berg Sabas. Auf Schildern am Rand finden Sie Erklärungen zur Naturkunde sowie zu Vögeln und Pflanzen. Sie wurden von der Saba Conservation Foundation dort angebracht. Da die Wege nach durch Privateigentum führen, sind die Wanderer angehalten, sich strikt an den Weg zu halten und wie immer die Umgebung nicht zu verschmutzen. Dabei ist sicher nicht uninteressant, daß auf Saba keine giftigen oder gefährlichen Tiere leben, so daß es zu den sichersten Inseln in der Karibik gehört. Es ist eine Insel, auf der man sich frei fühlen kann und sich nur auf die Umgebung zu konzentrieren braucht.

Einige Wege, wie der Crispeen Track zwischen The Bottom und Windwardside, folgen der alten Verbindung, die die beiden Dörfer vor dem Bau der ersten Straße verband. Eine einfache Broschüre und eine Wegekarte sind im Fremdenverkehrsamt kostenlos erhältlich.

HÖHEPUNKTE

Es ist sicher ein besonderes Erlebnis, vor Saba zu tauchen. Das gilt auch für Wanderungen, insbesondere für den Weg zum Gipfel des Mount Scenery. Ein Spaziergang durch Windwardside ist ebenfalls eine schöne Erfahrung. Außerdem kann man mit den Frauen plaudern, die die Spitze anfertigen, einen Gang durch die Kunstgalerien unternehmen und sich an der Schönheit der Insel erfreuen.

UNTERKUNFT

Auch wenn eine Entwicklung zu Hotels der oberen Preisklassen zu verzeichnen ist, gehört der überwiegende Teil der Hotels und Pensionen auf Saba zur Mittelklasse.

Dabei gelten in fast allen Häusern das ganze Jahr über dieselben Preise, ohne daß zwischen unterschiedlichen Saisonzeiten unterschieden wird.

Neben den in diesem Kapitel aufgeführten Hotels gibt es noch einige Dutzend Ferienhäuser und Apartments, die auf der Insel vermietet werden. Die Preise liegen zwischen 40 und 100 US $ pro Tag sowie zwischen 200 und 400 US $ pro Woche. Im Büro des Fremdenverkehrsamtes von Saba wird eine jährlich aktualisierte Übersicht mit Preisen und Telefonnummern der Buchungsstellen erstellt. Reservierungen in den Ferienhäusern lassen sich auf eigene Faust oder über das Fremdenverkehrsbüro vornehmen, wobei das über das Fremdenverkehrsamt im allgemeinen einfacher ist, da die Mitarbeiter dort wissen, wann welche Häuser frei sind.

Auf alle in diesem Kapitel genannten Preise werden noch 5 % Steuern aufschlagen. In den meisten Hotels werden zudem 10 % zusätzlich für Bedienung verlangt (also insgesamt 15 % mehr).

ESSEN

Die Küche auf Saba weist europäische und kreolische Einflüsse auf, wobei das Schwergewicht auf Fisch liegt.

Beliebt sind zudem Gerichte mit Ziegenfleisch, Johnny Cakes und Grillrippchen.

Zu den Obstsorten, die auf der Insel wachsen, gehören unter anderem Bananen, Papayas, Mangos, Avocados und Soursop.

GETRÄNKE

Auf Saba wird Regenwasser aufgefangen, aber im allgemeinen ist das Leitungswasser Trinkwasser, auch wenn man vorher fragen sollte. Versäumen Sie nicht, Saba Spice zu probieren, einen Likör auf Rumbasis, hergestellt nach einem „Geheimrezept", das bei jedem unterschiedlich ist. In den Bars zahlt man für ein Glas davon 1 US $ und für eine Flasche (750 ml) 10 US $.

UNTERHALTUNG

An den Wochenenden von 21.00 bis 2.00 Uhr werden in Guido's Restaurant die Billardtische zusammengeschoben, wo dann der Mountain High Club entsteht, eine Diskothek „nur für Clubmitglieder", zu der Besucher der Insel gegen 3 US $ Mitgliedsgebühr zugelassen werden.

Das Foxie's in Lower Hell's Gate, in dem weißen Gebäude mit dreifachem roten Giebel, dient an den Wochenenden ebenfalls als Diskothek.

Davon abgesehen ist es auf der Insel abends recht ruhig. Nur in den Hotelsbars ist dann noch ein wenig los.

EINKÄUFE

Spitze aus Saba an Taschentüchern, Tischläufern, Platzdeckchen, Knotennetzen, Geldbörsen, Schürzen und anderen Kleidungsstücken ist zu vernünftigen Preisen bei den Frauen erhältlich, die sie herstellen. Einige Frauen in Windwardside und The Bottom haben dafür in ihren Häusern kleine Läden eingerichtet. Die beste Auswahl hat man jedoch im Gemeindezentrum in Hell's Gate.

Die gleichen Frauen verkaufen außerdem den selbst hergestellten Saba Spice (den man bei ihnen auch probieren kann).

Er hat meistens ein Aroma, das an Likör erinnert, da eine der Zutaten, die fast überall verwendet werden, Fenchel ist, der auf Saba neben verschiedenen Häusern wächst.

ANREISE

FLUG

Die einzigen Linienflugverbindungen nach Saba bietet Winair (Tel. 6 22 12 und 6 22 55), die drei- bis fünfmal täglich von St. Martin nach Saba fliegt (15 Minuten). Winair unterhält auch eine tägliche Flugverbindung nach St. Eustatius und fliegt mehrmals wöchentlich von St. Barts nach Saba. Ab und zu bestehen Flugverbindungen auch von St. Kitts nach Saba.

Von St. Martin kostet ein einfacher Flug nach Saba 33 US $ und von St. Eustatius 20 US $. Hin und zurück ist der Preis jeweils doppelt so hoch. Wer von St. Barts nach Saba fliegt, muß für einen einfachen Flug 56 US $ und für einen Flugschein zum Ausflugstarif mit Rückkehr am gleichen Tag 79 US $ und mit Rückkehr innerhalb von 30 Tagen 92 US $ bezahlen.

Flughafeninformation: Die Start- und Landebahn auf Saba ist nur ganze 400 m lang und damit die kürzeste in der ganzen Region. Sie ist auch noch schmal, so daß Flugzeuge nur einige Meter neben einer steilen Klippe aufsetzen müssen, was die Landung sehr spannend macht.

Der kleine Flughafen wartet mit einem Schalter von Winair, einem Warteraum, einem Telefon, von dem aus kostenlose Ortsgespräche geführt werden können, einem Stand, an dem Bier und Soda verkauft werden, sowie der Saba Artisan's Boutique auf, in der T-Shirts, Stoffpuppen und der Likör Saba Spice verkauft werden.

Flughafentransfer: Bei der Ankunft von Flugzeugen warten Taxis. Informationen über die Preise für Taxifahrten können Sie dem Abschnitt über das Reisen auf Saba entnehmen. Autovermietungen gibt es auf Saba nicht.

SCHIFF
Die Fähre *Style*, die einst zwischen Saba und St. Martin verkehrte, geriet Ende 1992 in Brand. Bei Drucklegung war die Verbindung noch nicht wieder aufgenommen.

Segelboot: Auf Saba gibt es zwei ausgewiesene Gebiete, in denen Jachten ankern dürfen: im Hafen in der Fort Bay und im Gebiet zwischen der Well's Bay und der Ladder Bay. Die Well's Bay ist der beste Ankerplatz auf der Insel und bietet im Sand ausgezeichneten Halt. In der Ladder Bay befinden sich ebenfalls einige gute Stellen zum Ankern, aber auch einige schwer zu berechnende Fallströme und Felsen im seichten Wasser. Im Gebiet zwischen der Ladder Bay und der Well's Bay sind fünf gelbe Bojen befestigt worden, die von Jachten genutzt werden können. Die weißen und orangen Bojen sind jedoch für die Tauchboote reserviert.
Wer mit einem Boot nach Saba kommt, sollte zuerst bei der Ausländerbehörde im Hafenbüro an der Fort Bay die

Formalitäten erledigen. Das Büro ist per Funk auf den Kanälen 16 und 11 zu erreichen. Wenn im Hafenbüro niemand anzutreffen ist, können Sie sich an das Büro des Meeresparks Saba wenden, das sich ebenfalls an der Fort Bay befindet.
Für Boote mit weniger als 30 m Länge wird eine Gebühr von 2 US $ pro Person erhoben, die dem Meerespark Saba zugute kommt. Für Schiffe, die länger als 30 m sind, sind 10 Cents pro Bruttoregistertonne zu bezahlen. Die Gebühr ist im Büro des Meeresparks zu entrichten und gilt für jeweils sieben Tage.

Kreuzfahrt: Auf Saba gibt es keinen tiefen Hafen, in dem große Kreuzfahrtschiffe anlegen könnten. Schiffe von Windjammer Barefoot Cruises und einige andere kleine Schiffe gehen jedoch vor Saba vor Anker, wobei die Passagiere mit Beibooten an Land gebracht werden.

AUSFLÜGE
Bei Touren nach Saba handelt es sich überwiegend um Tagesausflüge von St. Martin, die von Irish Travel Tours organisiert werden. Deren Büro auf St. Martin befindet sich im Safari Building in der Airport Road in Simpson Bay (Tel. 5 36 63). Im Preis von 100 US $ (für Kinder unter zwölf Jahren von 70 US $) sind der Hin- und Rückflug mit Winair, eine Rundfahrt und ein Mittagessen im Scout's Place enthalten. Der Nachmittag steht zur freien Verfügung und kann zum Wandern, Schnorcheln usw. genutzt werden. Irish Travel Tours bietet zudem werktags eine Tour an, bei der im Rahmen eines Tagesausflugs sowohl Saba als auch St. Eustatius besucht werden. Die kostet einschließlich Rundfahrten auf beiden Inseln, einem Getränk und Mittagessen 180 US $. Das gleiche Unternehmen hat auch eine eintägige Tour mit Tauchen im Programm. Dafür muß man mit einer Flasche Preßluft 145 US $ und mit zwei Flaschen Preßluft 180 US $ bezahlen.
Pauschalreisen zum Tauchen mit Unterkunft und Flughafentransfer kann man zudem bei allen drei Tauchschulen auf Saba buchen. Die Preise liegen, wenn man in einem Doppelzimmer übernachtet, bei ca. 500 US $ für fünf Tage.

AUSREISE AUS SABA
Wer über zwei Jahre alt ist und Saba verläßt, muß 2 US $ bezahlen, wenn er auf eine andere Insel der Niederländischen Antillen reist, 5 US $, wenn er einen Tagesausflug von St. Kitts, St. Barts oder einer anderen Insel unternommen hat, die nicht zu den Niederländischen Antillen gehört, und 10 US $, wenn er auf Saba übernachtet hat und anschließend zu einem Ziel weiterreist, das nicht zu den Niederländischen Antillen gehört. Wer von St. Martin aus in das Ausland fliegt, hat 10 US $ zu entrichten. Lassen Sie sich daher auf St. Martin am Abfertigungsschalter Ihrer Fluggesellschaft unbedingt einen Transitschein ausstellen, damit Sie nicht nochmals eine Flughafengebühr bezahlen müssen.

REISEN AUF SABA

Auf Saba verkehren keine öffentlichen Busse. Es besteht auch keine Möglichkeit, Fahrräder zu mieten.

TAXI

Die Fahrpreise für Taxifahrten werden von der Regierung festgesetzt. Für eine Fahrt vom Flughafen nach Windwardside werden 7 US $ und nach The Bottom für bis zu vier Personen 10 US $ verlangt. Für jedes Gepäckstück werden 50 Cents berechnet. Von Windwardside gelangt man mit einem Taxi für 5 US $ nach The Bottom, für 7,50 US $ zur Fort Bay und für 10 US $ zur Well's Bay. Eine Rundfahrt von 1½ bis 2 Stunden Dauer, die einen großen Teil der Insel umfaßt, kostet mit einem Taxi 35 US $.

AUTO UND MOTORRAD

Die Straßen auf Saba sind schmal und sehr steil. Das mag manchen davon abschrecken, sich an das Steuer eines Autos zu setzen, aber der Verkehr ist relativ gering, und die meisten Straßen sind von Mauern begrenzt, so daß sie nicht übermäßig gefährlich sind.

Verkehrsregeln: Auf Saba fährt man an der rechten Straßenseite. Der Führerschein des Heimatlandes ist hier gültig. In Fort Bay befindet sich eine Tankstelle, die montags bis freitags von 9.00 bis 14.00 Uhr und samstags bis 12.00 Uhr geöffnet ist.

Mietwagen: Johnson's Rent a Car im Juliana's in Windwardside (Tel. 6 22 69) vermietet Kleinwagen für 40 US $ sowie Jeeps von Daihatsu für 45 US $ pro Tag. Wer einen Wagen nur für einen Tag mietet, um damit die Insel zu erkunden, braucht für Benzin nicht gesondert zu bezahlen.
Scout's Place in Windwardside (Tel. 6 22 05) berechnet für einen Kleinwagen ebenfalls 40 US $ und für einen Jeep von Daihatsu 50 US $ pro Tag. Bei Steve's Scooter Rentals (Tel. 6 25 07), auch als Rent A Scoot bekannt, können Sie einen Peugeot-Roller für 10 US $ pro Stunde oder 35 US $ pro Tag mieten. Das Büro befindet sich in der Nähe vom Restaurant Brigadoon in Windwardside.

TRAMPEN

Es ist relativ ungefährlich, auf Saba zu trampen, und auch üblich. Dabei sind jedoch die normalen Vorsichtsmaßnahmen zu treffen. In Windwardside ist die wichtigste Stelle, um per Anhalter zu fahren, in der Nähe der Mauer beim Corner Deli, in The Bottom beim Department of Public Works.

ORTE AUF SABA

HELL'S GATE

Wenn Sie am Flughafen stehen und auf den Berg blicken, sehen Sie Hell's Gate, dessen Häuser sich unsicher an den Hang zu drängen scheinen. Die Straße vom Flughafen nach Windwardside führt direkt durch das Dorf. Das wichtigste Wahrzeichen von Hell's Gate ist die Holy Rosary Church, ein dem Aussehen nach alter Steinbau, der jedoch erst vor drei Jahrzehnten errichtet wurde. Hinter der Kirche befindet sich das Gemeindezentrum von Hell's Gate. Hier erhalten Sie die beste Spitze der Insel und auch den hausgemachten Likör Saba Spice. Das Gemeindezentrum ist im allgemeinen von 9.00 bis 11.00 Uhr und dann geöffnet, wenn ein Kreuzfahrtschiff vor Anker liegt.
Die Straße von Hell's Gate bis nach Windwardside ist steil und kurvenreich. Sie führt durch eine Vielfalt von Landschaften und bietet einige schöne Ausblicke auf Saba wie auch auf die Nachbarinseln St. Eustatius, St. Kitts, Nevis und St. Barts.

WINDWARDSIDE

In Windwardside, dem größten Ort der Insel, kann man sich verwinkelte Alleen ansehen, die von malerischen Häusern und Gärten mit zahlreichen Blumen gesäumt sind. Das am Hang gelegenen Dorf an der Luvseite der

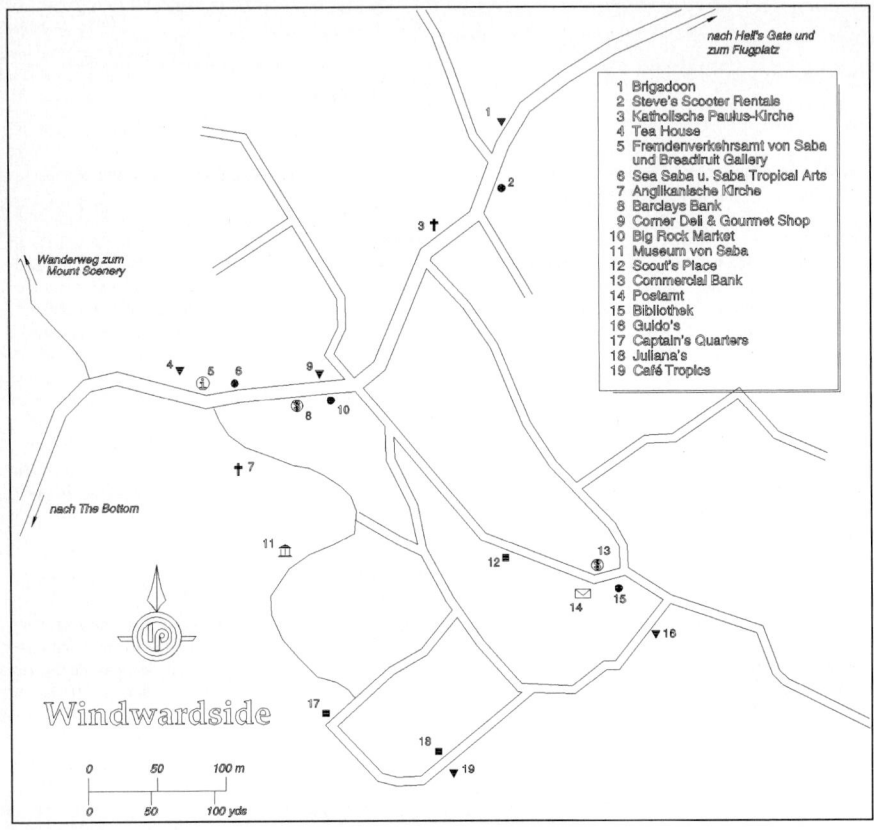

nach Hell's Gate und
zum Flugplatz

1 Brigadoon
2 Steve's Scooter Rentals
3 Katholische Paulus-Kirche
4 Tea House
5 Fremdenverkehrsamt von Saba
  und Breadfruit Gallery
6 Sea Saba u. Saba Tropical Arts
7 Anglikanische Kirche
8 Barclays Bank
9 Corner Deli & Gourmet Shop
10 Big Rock Market
11 Museum von Saba
12 Scout's Place
13 Commercial Bank
14 Postamt
15 Bibliothek
16 Guido's
17 Captain's Quarters
18 Juliana's
19 Café Tropics

Wanderweg zum
Mount Scenery

nach The Bottom

Windwardside

| 0 | 50 | 100 m |
| 0 | 50 | 100 yds |

Insel gleich unterhalb des Mount Scenery ist angenehm grün und kühler als der übrige Teil der Insel. Alles in allem ist dies ein wunderbar ruhiger und freundlicher Ort.

Windwardside bildet den besten Ausgangspunkt für Erkundungen der Insel. Hier gibt es die meisten Hotels, Restaurants und Geschäfte, ein gutes Fremdenverkehrsbüro, ein Museum und eine schöne Galerie. Außerdem beginnt in diesem Ort der beliebteste Wanderweg. Bei einem Spaziergang durch Windwardside werden Ihnen vielleicht die zahlreichen holländischen Türen auffallen. Die obere Hälfte der Türen ist im allgemeinen am Abend offen, was es erlaubt, vom Wohnzimmer aus mit vorbeikommenden Nachbarn zu plaudern.

PRAKTISCHE HINWEISE

Informationen: Das Fremdenverkehrsamt von Saba an der Nordwestseite des Ortes (Tel. 6 22 31) ist montags bis freitags von 8.00 bis 12.00 Uhr und von 13.00 bis 17.00 Uhr geöffnet.

Geld: Die Barclays Bank in der Nähe der Kreuzung kann man montags bis freitags von 8.30 bis 14.00 Uhr in Anspruch nehmen und dort Geld wechseln, Reiseschecks gegen eine Gebühr von 1 % einlösen sowie bei Vorlage einer Kreditkarte von Eurocard/Mastercard, Visa oder Discover Bargeld erhalten. Die einzige andere Bank auf der Insel befindet sich gegenüber vom Postamt.

Post: Das Postamt von Windwardside ist montags bis freitags von 8.00 bis 12.00 Uhr und von 13.00 bis 15.00 Uhr zugänglich.

Bücherei: Die Bücherei befindet sich neben dem Postamt. Sie steht zum Ausleihen von Büchern montags von 8.00 bis 12.00 Uhr, dienstags und donnerstags von 14.00

bis 17.00 Uhr und samstags von 17.00 bis 19.00 Uhr zur Verfügung.

SEHENSWÜRDIGKEITEN

Museum von Saba: Das Museum von Saba liegt in einer gartenartigen Anlage umgeben von Wildblumen, darunter auch der Susanne mit den schwarzen Augen, der offiziellen Inselblume. Das Museum wurde in einem inseltypischen weißgekalkten Haus mit grünen Läden eingerichtet, und zwar wie das Haus eines niederländischen Kapitäns im 19. Jahrhundert. Zu sehen sind ein Himmelbett, eine Sammlung von Tonscherben sowie zahlreiche Erinnerungsstücke. Probieren Sie auch einmal den kissenweichen Rasen hinter dem Haus aus, auf dem die Inselbewohner samstags Krocket spielen. Ein wenig sonderbar mutet in dieser Umgebung die Büste des südamerikanischen Revolutionärs Simon Bolivar an, die Saba von der venezolanischen Regierung geschenkt erhielt. Das Museum ist montags bis freitags von 10.00 bis 12.00 Uhr und von 13.00 bis 15.30 Uhr geöffnet.

Breadfruit Gallery (Brotfruchtgalerie): Die Galerie befindet sich im selben Gebäude wie das Fremdenverkehrsbüro. Hier ist einheimisches Kunstgewerbe von hoher Qualität zu sehen, so daß es Spaß macht, sich hier umzuschauen. Das ist von 10.00 bis 12.30 Uhr und von 14.00 bis 17.30 Uhr möglich.

Maskehorne Hill Trail: Einen kurzen Einblick in die unberührte Natur Sabas gibt ein Spaziergang von 45 Minuten Dauer auf diesem Rundweg, der beim Pfad zum Mount Scenery vor Windwardside beginnt. Nach etwa zehn Minuten über steile Steinstufen durch einen Wald voller Elefantenohren und Vogelgezwitscher erreicht man eine kleine Taro-Farm. Bei der Hütte des Bauern müssen Sie links vom Weg zum Mount Scenery abzweigen und den Maskehorne Hill Trail nehmen, einen unbefestigten Weg durch den Wald, der zum nahegelegenen Maskehorne Hill führt. Von dort aus bietet sich ein schöner Blick auf Windwardside.

Mount Scenery Trail: Der beliebteste Wanderweg auf Saba führt auf den Mount Scenery. Das ist eine anstrengende Wanderung, bei der man eigentlich eine riesige Steintreppe hochklettern muß (insgesamt 1064 Stufen), die am höchsten Punkt des Königreichs der Niederlande endet. Der Weg, der klar gekennzeichnet und gut auszumachen ist, beginnt an der Straße einige Minuten zu Fuß westlich des Fremdenverkehrsbüros. Für den Hin- und Rückweg benötigt man ca. 2½ Stunden.

Als Belohnung für die Anstrengung wandern Sie durch einen Märchenwald voller leuchtend grüner Farne, tropischer Blumen und von Epiphyten bedeckten Mahagonibäumen. Zudem hat man bei klarem Wetter einen Panoramablick über Saba und die Nachbarinseln. Es gibt

am Weg vier Informationstafeln, auf denen ein Teil der reichen Flora und Fauna beschrieben ist, sowie eine Reihe von Unterständen, errichtet von Cable & Wireless, die den Pfad unterhalten. Wer früh genug losgeht, trifft vielleicht die beiden Männer des Unternehmens auf ihrem Weg zur Arbeit beim Antennenturm. Wenn Sie den Gipfel erreicht haben, sollten Sie es nicht versäumen, den Weg links um den Turm herum bis zu der nicht markierten Aussichtsplattform ca. 100 m weiter unten zu nehmen.

An einigen Stellen kann der Weg sehr rutschig sein. Tragen Sie daher Schuhe, die guten Halt bieten, achten Sie darauf, wohin Sie treten, und seien Sie besonders vorsichtig, was Blätter anbelangt. Der Weg liegt nur teilweise im Schatten, so daß es auf ihm mittags sehr heiß werden kann. Nehmen Sie Wasser mit. In den meisten Hotels stehen für Gäste Feldflaschen zur Verfügung.

UNTERKUNFT

Das Captain's Quarters (Tel. 6 22 01) kann mit zehn Zimmern, einem Swimming Pool an einer Felswand sowie einem beliebtem Restaurant mit Bar aufwarten, wo man draußen sitzen kann. Im Hauptgebäude, das einst das Haus von Kapitän Henry Hassel war, wurden zwei Gästezimmer eingerichtet. Die übrigen Zimmer liegen in zwei neueren Nebengebäuden. Die meisten Zimmer sind recht groß. Sie sind mit eigenem Bad und teilweise mit alten Himmelbetten ausgestattet. Mit Frühstück zahlt man hier für ein Zimmer im Sommer allein 80 US $ und zu zweit 95 US $, im Winter 95 bzw. 125 US $.

Das Juliana's (Tel. 6 22 69, Fax 6 23 98) ist ein netter Familienbetrieb mit acht Zimmern mit Bad und Terrasse, von denen das Meer in der Ferne zu sehen ist. Die Zimmer sind relativ groß, freundlich und ausgesprochen sauber. Sie sind jeweils mit einer Kaffeemaschine, Deckenventilator und Mückengittern vor den Fenstern ausgestattet. Daneben sind ein Fernsehraum, ein Swimming Pool, ein Restaurant mit vernünftigen Preisen und auf dem Grundstück preisgekrönte Hibiskuspflanzen vorhanden. Im Sommer werden hier für ein Einzelzimmer 60 US $ und für ein Doppelzimmer 75 US $ sowie im Winter 75 bzw. 95 US $ berechnet. Zum Juliana's gehören auch ein Ferienhaus und ein Apartment, die beide mit einer Küchenzeile ausgestattet sind und im Sommer für 100 US $ sowie im Winter für 125 US $ vermietet werden.

Das Scout's Place (Tel. 6 22 05) besteht aus zwei Teilen. Im älteren Flügel mit vier Zimmern sind zwei davon mit einem eigenen Bad ausgestattet (nur kaltes Wasser). Die Gäste der beiden anderen kleineren Zimmer teilen sich ein Bad. Die Räume sind ohne Ventilatoren recht einfach und die Fenster zwar mit Jalousien, aber nicht mit Mückengittern versehen. Das kann in der Zeit mit vielen Mücken lange Nächte bedeuten. Dafür kann man hier aber auch allein für 35 US $ und zu zweit für 55 US $ übernachten. Die zehn neueren Zimmer sind ebenfalls einfach, wobei der Komfort sich auf heißes Wasser beschränkt. Sie kosten einschließlich Frühstück als Einzelzimmer 65 US $ und als Doppelzimmer 85 US $.

ESSEN

Preiswert frühstücken können Sie im Café Tropics neben dem Schwimmbad im Juliana's. Von 7.00 bis 9.30 Uhr zahlt man hier für französischen Toast 4 US $ sowie für ein Käseomelette und ein Muffin 5 US $. Kaffee ist jeweils im Preis inbegriffen. Mittags, d. h. von 12.00 bis 14.30 Uhr, erhält man einen riesigen Cheeseburger mit Pommes Frites für 5 US $, während für einen kräftigen Chefsalat mit Produkten von der Insel 6 US $ verlangt werden. Man hat auch die Möglichkeit, ein nicht zu teures Picknickpaket mit einem Sandwich und einem Apfel oder Kartoffelchips mitzunehmen. Sonntags ist das Tropics allerdings geschlossen.

Im Captain's Quarters ist die Küche gut, zumal man in einer schönen Umgebung draußen sitzen kann. Von 7.30 bis 9.00 Uhr wird hier ein kontinentales Frühstück für 3,50 US $ angeboten, während man für ein amerikanisches Frühstück 6 US $ bezahlen muß. Mittags stehen Suppen, Salate und Sandwiches für ebenfalls ca. 6 US $ auf der Karte. Abends wird eine Reihe von Gerichten auf einer Tafel aufgeführt, bei denen es sich um frischen Fisch vom Tag mit kreolischer Soße für 14 US $ oder um Garnelen oder Steak für einige Dollar mehr handeln kann. Für grünen Salat oder Hummersuppe werden 4 US $ mehr berechnet.

Das Scout's Place bietet herrliche Ausblicke und eine nette Umgebung, um etwas zu essen oder zu trinken. Mittags kann man hier ein Sandwich für ca. 5 US $ erhalten. Daneben werden auch einige warme Gerichte wie z. B. frischer Fisch zum Preis um 12 US $ angeboten. Zum Abendessen ist eine vorherige Reservierung notwendig. Abends kann man ab 19.30 Uhr essen, und zwar ein Menü mit drei Gängen, das im allgemeinen 16,50 US $ kostet. Im übrigen ist die Bar ein beliebter Treffpunkt.

Im Scout's Snack & Shop, einem einfachen Imbißlokal vor dem Scout's Place, werden Hot Dogs und Burger für 3 US $ sowie Eiswaffeln für 1,50 US $ angeboten.

Das Guido's ist in Windwardside der Ort zum Feiern und Tanzen. Werktags stehen hier Billardtische, während es an den Wochenenden als Diskothek dient. Mittags und abends erhält man im Guido's Burger und Pommes Frites für 3,50 US $ sowie Pizzen mit dickem Teig für 7 US $. Das Brigadoon ist nach Ansicht vieler das beste Restaurant auf der Insel. Für Salate und Vorspeisen zahlt man um die 5 US $, während Hauptgerichte, darunter auch Cajun Meat Loaf, für 14 US $ und Saba Fish Pot, eine Kombination aus Fisch, Venusmuscheln und Garnelen in einer würzigen Soße, für 18 US $ serviert werden. An den meisten Abenden kann man aber auch ein besonderes Gericht mit einer großen Scheibe Fisch für 17 US $ und Hummer zu Marktpreisen bestellen. Das Brigadoon ist nur abends von 18.00 bis 21.00 Uhr geöffnet.

Das China-Restaurant Saba ist das große Gebäude am Hang an der Nordseite des Ortes, auf dem die Satellitenantenne steht. Es ist ca. fünf Minuten zu Fuß vom Brigadoon entfernt, auch wenn einige schlecht gelaunte Hunde am Weg Sie vielleicht davon abhalten werden, diesen Spaziergang abends zu unternehmen. Auf der Speisekarte finden Sie die typischen kantonesischen Gerichte zu moderaten Preisen.

Das Corner Deli & Gourmet Shop ist ein Delikatessenimbiß im New Yorker Stil mit guten Sandwiches, Salaten, Aufschnitt, Brot, Nachspeisen und Kaffee, in dem man montags bis samstags von 7.00 bis 13.00 Uhr und von 14.00 bis 18.00 Uhr etwas zu essen erhält.

Das Tea House hinter dem Fremdenverkehrsbüro ist montags bis samstags von 9.30 bis 18.00 Uhr geöffnet. Zu den Spezialitäten gehören Backwaren wie Himbeerkuchen, Bananenbrot und Zimtrollen mit Rosinen, die täglich frisch vom Eigentümer zubereitet werden und weniger als 2 US $ kosten. Im Tea House erhält man auch kalte und warme Getränke, Eis, Hot Dogs und Sandwiches. Hinter dem Tea House befindet sich ein kleiner Markt mit Gemüse und Blumen.

Der Big Rock Market, ein relativ großer Supermarkt in der Ortsmitte, führt ebenfalls Gemüse, darunter auch grünen Salat aus Wasserkulturen frisch vom Kübel. Er ist montags bis samstags von 8.00 bis 12.00 Uhr und von 13.00 bis 18.00 Uhr geöffnet.

ST. JOHN'S

Die Straße von Windwardside nach The Bottom führt an dem Dorf St. John's vorbei. Am erwähnenswertesten ist das Schild an der Straße, das an Josephus Lambert Hassel erinnert, den Mann, auf den der Bau der Straße zurückgeht, von der ein nicht weit entfernter Teil erhebliche Ähnlichkeit mit der chinesischen Mauer aufweist.

Von St. John's kann man den abgelegenen Küstenstreifen im Süden sehen, der von Niederländern als erstes Ferienzentrum auf Saba vorgesehen ist. Pläne sehen einen

Jachthafen, einen Golfplatz, einen Country Club und eine Ferienanlage vor. Umweltschützer der Insel sind jedoch gegen dieses Projekt, so daß noch nicht sicher ist, ob es überhaupt realisiert wird.

In St. John's befindet sich auch die einzige Schule Sabas, in der alle Kinder sowohl der Primar- als auch der Sekundarstufe unterrichtet werden.

Wenn man von St. John's hinunterfährt, bietet sich ein schöner Blick auf The Bottom,. Den Anfang vom Crispeen

Track erreicht man an der Hauptstraße ca. 500 m vor The Bottom. Er führt nach Windwardside und stößt nach ca. einer Stunde Wanderung auf den Weg zum Mount Scenery.

ESSEN

Das Lollipop's an der Straße zwischen St. John's und The Bottom (Tel. 6 33 30) ist für seine typische Küche der Insel bekannt, z. B. gefüllte Landkrabben, Ziegen-Curry oder frischen Fisch und Hummer. Das Lokal liegt oberhalb von The Bottom (ca. 800 m entfernt) und ermöglicht einen schönen Blick. Die Preise sind moderat. Das Restaurant ist mittags und abends geöffnet. Die Fahrt zum Lokal und zurück ist kostenlos.

THE BOTTOM

The Bottom, die Hauptstadt von Saba, ist auf einem 250 m hohen Plateau gelegen und von Bergen umgeben, jedoch immer noch der am niedrigsten gelegene Ort der Insel. Wenn man nach The Bottom hineinfährt, kommt man zuerst zum Arbeitsministerium in einem früheren Schulgebäude, das von einem 3 m hohen, abends blühenden Kaktus flankiert wird, der dann wunderschön aussieht. An der nächsten Ecke steht die anglikanische Kirche, ein schöner, mehr als 200 Jahre alter Steinbau. Danach gelangen Sie zur Polizei- und Feuerwache. Die Glocke davor schlug bis vor einigen Jahren stündlich.

In The Bottom gibt es zudem einige mit Kopfstein gepflasterte Straßen, die von alten Steinmauern gesäumt sind, eine öffentliche Bücherei, die werktags einige Stunden geöffnet ist, sowie die Behördengebäude der Insel.

Bei einem Spaziergang werden Sie vielleicht von Frauen angesprochen, die Saba-Spitze verkaufen. An der Südwestseite des Verwaltungszentrums stehen auch einige Buden, in denen man Kunstgewerbe kaufen kann, die jedoch nicht regelmäßig geöffnet sind. Am Nordende derselben Straße befindet sich die Saba Artisans Foundation, die montags bis freitags von 8.00 bis 12.00 Uhr und von 13.00 bis 15.00 Uhr sowie an den Wochenenden morgens geöffnet ist. Das „Gouverneurshaus" (eigentlich der Wohnsitz des Vizegouverneurs) befindet sich auf der linken Seite, wenn man von The Bottom zur Well's Bay fährt. Das Tor ist mit orangen Bällen markiert, die für das Haus Oranien stehen, das die Niederlande regiert.

PRAKTISCHE HINWEISE

Das Postamt im Verwaltungszentrum ist montags bis freitags von 8.00 bis 12.00 Uhr und von 13.00 bis 17.00 Uhr geöffnet. Daneben befindet sich Landsradio, von wo aus täglich von 6.00 bis 24.00 Uhr Telefongespräche ins Ausland geführt werden können. Das kleine Krankenhaus von Saba liegt am Nordwestende des Ortes.

UNTERKUNFT

Im Caribe Guesthouse (Tel. und Fax 6 32 59) an der Südostseite des Krankenhauses werden fünf einfache, aber saubere Zimmer vermietet. Den Gästen stehen auch eine Küche sowie ein Aufenthaltsraum mit Kabelfernsehgerät zur Verfügung. Ein Zimmer, das nicht teurer ist als die anderen, ist mit einer Klimaanlage ausgestattet. Das ganze Jahr über muß man hier für ein Einzelzimmer 45 US $ und für ein Doppelzimmer 60 US $ bezahlen.

Das Cranston's Antique Inn (Tel. 6 32 08) ist ein altmodisches, aber auch vernachlässigtes Haus in der Ortsmitte. Die sechs Zimmer sind mit Dielenfußböden und einer Mischung aus altem Mobiliar eingerichtet. Zum Haus gehört aber auch ein trüber Swimming Pool. Allerdings sind weder Ventilatoren noch Mückengitter vor den Fenstern vorhanden. Die beste Wahl trifft man mit dem Zimmer im Erdgeschoß. Es besitzt ein eigenes Bad und ist mit einem hohen Himmelbett mit Moskitonetz, einem großen Schrank und einer Reihe von funzeligen Öllampen ausgestattet. Die Gäste der fünf anderen Zimmer unterschiedlicher Größe und Ausstattung müssen sich zwei Waschräume teilen. Das Zimmer Nr. 1 im Obergeschoß ist relativ groß und eine vernünftige zweite Wahl. In allen Zimmern kann man einschließlich Steuern und Bedienung das ganze Jahr über allein für 44 US $ und zu zweit für 58 US $ übernachten.

Das Queen's Gardens Resort (Tel. 6 34 40, Fax 6 34 41, PO Box 34, The Bottom) ist ein Neubau mit 40 Luxusferienwohnungen, gelegen 800 m östlich des Ortes. Man ist hier in vierstöckigen Gebäuden untergebracht. Jede Unterkunft bietet ein Kabelfernsehgerät, ein Telefon, eine komplett ausgestattete Küche, ein separates Wohnzimmer sowie ein eigenes kleines Schwimmbekken. Zur Anlage gehören auch ein schönes Fitness-Zentrum, ein Tennisplatz und ein Restaurant. Hier werden für ein Doppelzimmer 200 US $ verlangt.

ESSEN

In The Bottom läßt sich in einigen wenigen Restaurants mit einfacher Ausstattung und einheimischer Küche essen. Das größte davon ist das Sunset Bar & Restaurant, in dem man Gerichte mit Ziegenfleisch, Fisch oder Hähnchen sowie Kartoffeln und Salat für ca. 7 bis 10 US $ bekommt. Es ist sowohl zum Mittag- als auch zum Abendessen geöffnet.

Das Lime Time unten im Gouverneurshaus ist eigentlich eine Bar, in der montags bis samstags von 12.00 bis 14.00 Uhr auch einfache und typische Gerichte der Insel wie Hähnchenkeulen und Eintopf serviert werden.

Das My Store gleich südlich des Verwaltungszentrums, ein gut ausgestatteter Lebensmittelladen, führt auch frische Backwaren vom Tea House in Windwardside, so daß man hier gut eine Kleinigkeit essen kann. Das ist montags bis samstags von 8.00 bis 12.00 Uhr und von 14.00 bis 18.00 Uhr möglich. In der Earl's Snack Bar neben dem My Store werden Burger und ähnliches angeboten. Dieser Imbiß ist jedoch nur unregelmäßig geöffnet.

LADDER BAY

Bevor die Fort Bay zum Hafen ausgebaut wurde, wurde die Ladung von Schiffen üblicherweise in der Ladder Bay gelöscht. Die Fracht wurde dann über die „Ladder", einige hundert Stufen, die in den Fels gehauen worden waren, nach The Bottom gebracht. Alles, vom Baumaterial über Schulbücher bis zum Steinway-Flügel, nahm diesen sehr mühsamen und äußerst beschwerlichen Weg.

Heute ist nicht mehr viel in der Ladder Bay zu sehen, wenn man von einem verlassenen Zollhaus und dem Blick über das Meer absieht. Wer neugierig ist, kann allerdings noch immer den Weg über die Treppen nehmen. Dabei benötigt man ca. eine halbe Stunde hinunter und etwas länger hinauf. Der Weg zur Bucht zieht sich steil bergab. Sie beginnt links hinter dem letzten Haus in The Bottom, nicht weit vom Laden Nicholson's.

FORT BAY

Die Hauptstraße zieht sich von The Bottom weiter in Richtung Süden zur Fort Bay, dem Handelshafen von Saba. Der 1,2 km lange Abschnitt der Straße ist kurvenreich und führt durch eine trockene Landschaft mit vereinzelten Türkenkopfkakteen. In der Fort Bay gibt es zwei Tauchschulen, ein kleines Restaurant, das Büro der Naturparks, das Kraftwerk der Insel und die einzige Tankstelle auf Saba. Hier hat man auch mit dem Bau einer Entsalzungsanlage begonnen. Die Straße zum geplanten Ferienzentrum beginnt an der Ostseite des Hafens.
Im Büro des Meeresparks Saba kann man einige kostenlose Broschüren erhalten. Darüber hinaus werden dort einige Bücher über die Flora und Fauna der Insel verkauft. Für 5 US $ bekommt man auch eine plastikbeschichtete Karte, die unter Wasser beim Schnorcheln in der Well's Bay dienlich sein soll. Wer die Karte nicht behalten will, kann Sie nachher wieder zurückgeben und erhält die 5 US $ zurück. Das Büro ist montags bis freitags von 8.00 bis 12.00 Uhr und von 13.00 bis 17.00 Uhr sowie samstags am Morgen und sonntags am Nachmittag geöffnet.

ESSEN
Das In Two Deep ist ein nettes kleines Restaurant mit Bar über der Tauchschule Saba Deep. Für ein komplettes Frühstück oder Sandwiches um die Mittagszeit sowie Salate zahlt man hier zwischen 6,50 und 8 US $. Die Küche ist täglich von 8.00 bis 16.00 Uhr geöffnet. Getränke (auch frisch gezapftes Foster) werden bis 18.00 Uhr ausgeschenkt.
Neben dem Wilson's Dive Shop gibt es ebenfalls ein Imbißlokal, das Pop's Place, in dem man Würstchen, Soda und Bier bekommt.

WELL'S BAY

Der neueste Abschnitt der Straße führt von The Bottom zur Well's Bay, wo sie am einzigen Strand der Insel endet. Kurz bevor die Straße steil zum Meer hinunterführt, hat man einen herrlichen Blick über die Küste, der ein Foto lohnt.
Der Strand in der Well's Bay besteht aus einem kleinen Stückchen schokoladenfarbenen Sandes, wobei die Sandmenge je nach Jahreszeit wechselt und die Küste im allgemeinen recht steinig ist. Schatten spendet ein kleiner Schutz am Südende des Strandes. Wer an das Sonnenbaden an der Küste denkt, kann sich auch zu den Klippen oberhalb des Strandes begeben, einem der Erosion anheimfallenden Konglomerat aus Sand, Steinen und zahlreichen Felsen, die einem bedrohlich über dem Kopf schweben. Die Bucht, die zum Meerespark Saba gehört, bietet gute Möglichkeiten zum Schwimmen und Schnorcheln. Im seichten Wasser an der Nordseite der Bucht liegen einige von Korallen bedeckte Felsen. Das beste Gebiet zum Schnorcheln ist jedoch Torrens Point am Nordostende, das man schwimmend von der Bucht aus nach ca. 15 Minuten erreicht. Rund 50 m vor dieser Stelle zieht sich ein teils freiliegender Tunnel durch den Felsen, der in tieferes Wasser führt, wo schöne Korallen, Schwärme größerer Fische und gelegentlich auch Meeresschildkröten und kleine Haie zu sehen sind.
Vor Torrens Point glänzt der Diamond Rock, die Spitze eines Unterwasserfelsens, der vielen Vögeln als Nistplatz dient. Bei dem Glitter handelt es sich aber nur um Guano. In der Well's Bay sind touristische Einrichtungen nicht vorhanden, so daß man zumindest Wasser mitbringen sollte.

COVE BAY

Auch wenn das Meer vor der Ostküste von Saba häufig stürmisch ist, bietet die Cove Bay in der Nähe des Flughafens einen kleinen, von Felsen geschützten Abschnitt, in dem man sich an einem heißen Tag abkühlen kann.

Die Bucht erreicht man nach fünf Minuten Fußweg an der Seitenstraße, die gleich vor dem Flughafengebäude abzweigt.

An der Straße zur Cove Bay beginnt bei der alten Lederfabrik ein ausgeschilderter Pfad, der sich an der Felsenküste entlang zu einigen schönen gezeitenabhängigen Teichen bei Flat Point hinter dem Flughafen zieht. Für den Hin- und Rückweg benötigt man jeweils etwa 15 Minuten.

Südlich der Cove Bay liegt die Spring Bay, die nach einer früheren Süßwassserquelle an dieser Stelle benannt wurde und an der sich einst eine Siedlung der Arawak befand.

ST. BARTHÉLEMY

St. Barthélemy, das allgemein St. Barts genannt wird, ist mit 10 km Länge und maximal 4 km Breite die kleinste der französischen Inseln Westindiens. St. Barts besitzt wunderschöne Strände und ist von einer entspannenden Ruhe gekennzeichnet. Die Insel ist hügelig und trocken mit einer Landschaft, die aus felsigen Erhebungen, tief eingeschnittenen Buchten und Städtchen mit geraden weißen Häusern, gedeckt mit roten Ziegeln, besteht. Über der ganzen Insel liegt ein solch französischer Eindruck, daß man schnell vergißt, in der Karibik zu sein, und eher meint, man befinde sich auf einer kleinen Mittelmeerinsel vor der französischen Küste. Die Architektur, die Lebensweise, die Kultur und das Essen sind uneingeschränkt französisch.

Der zurückhaltende Charakter von St. Barts zieht seit langem wohlhabende Aussteiger an. Schon vor Jahrzehnten bauten sich die Rockefellers und Rothschilds hier Häuser, während in jüngerer Vergangenheit die Insel ein chicker Treffpunkt für eine ganze Reihe von anderen Gutbetuchten wurde. Hierher kommen Aristokraten und Rockstars genauso wie Berühmtheiten aus Hollywood.

Trotz ihres Rufes als teures Reiseziel ist es möglich, auf der Insel einen vernünftigen Komfort zu normalen Preisen zu erhalten. St. Barts kann auch bequem in einem preiswerten Tagesausflug von St. Martin aus mit einer der verschiedenen Katamaranfähren besucht werden.

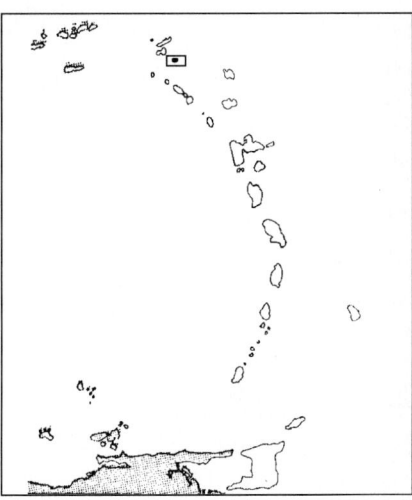

ORIENTIERUNG

Der Flughafen liegt am westlichen Ende von St. Jean, nur einen Kilometer von Gustavia entfernt. Da es auf der Insel nicht viele Straßen gibt und die meisten Richtungen ausgeschildert sind, ist es nicht schwer, sich auf St. Barts zurechtzufinden.

EINFÜHRUNG

GESCHICHTE

Die Indianer der Karibik unternahmen beim Fischen Expeditionen nach St. Barts, doch verhinderte das Fehlen einer Süßwasserquelle eine dauerhafte Besiedlung. Während seiner zweiten Reise in die Neue Welt sichtete Kolumbus 1493 die Insel und benannte sie nach seinem Bruder Bartholomäus.

Der erste Besiedlungsversuch von Europäern fand erst 1648 statt, als eine Gruppe französischer Kolonisten von St. Kitts hier landete. Nachdem aber die karibischen Ureinwohner 1656 auf die Insel einfielen und die gesam-

te Kolonie massakrierten, blieb die Insel fortan verlassen. Erst 1673 errichteten Hugenotten aus der Normandie und der Bretagne die erste dauerhafte Siedlung. Der Wohlstand der Insel entstand allerdings weder durch Fischfang noch durch Landwirtschaft, sondern entstammte der Beute, die französische Piraten machten, als sie St. Barts als Ausgangspunkt für ihre Überfälle auf spanische Galeonen benutzten.

Die Gegebenheiten auf St. Barts verhinderten die Anlage von Zuckerrohrplantagen, so daß die Bevölkerung hier

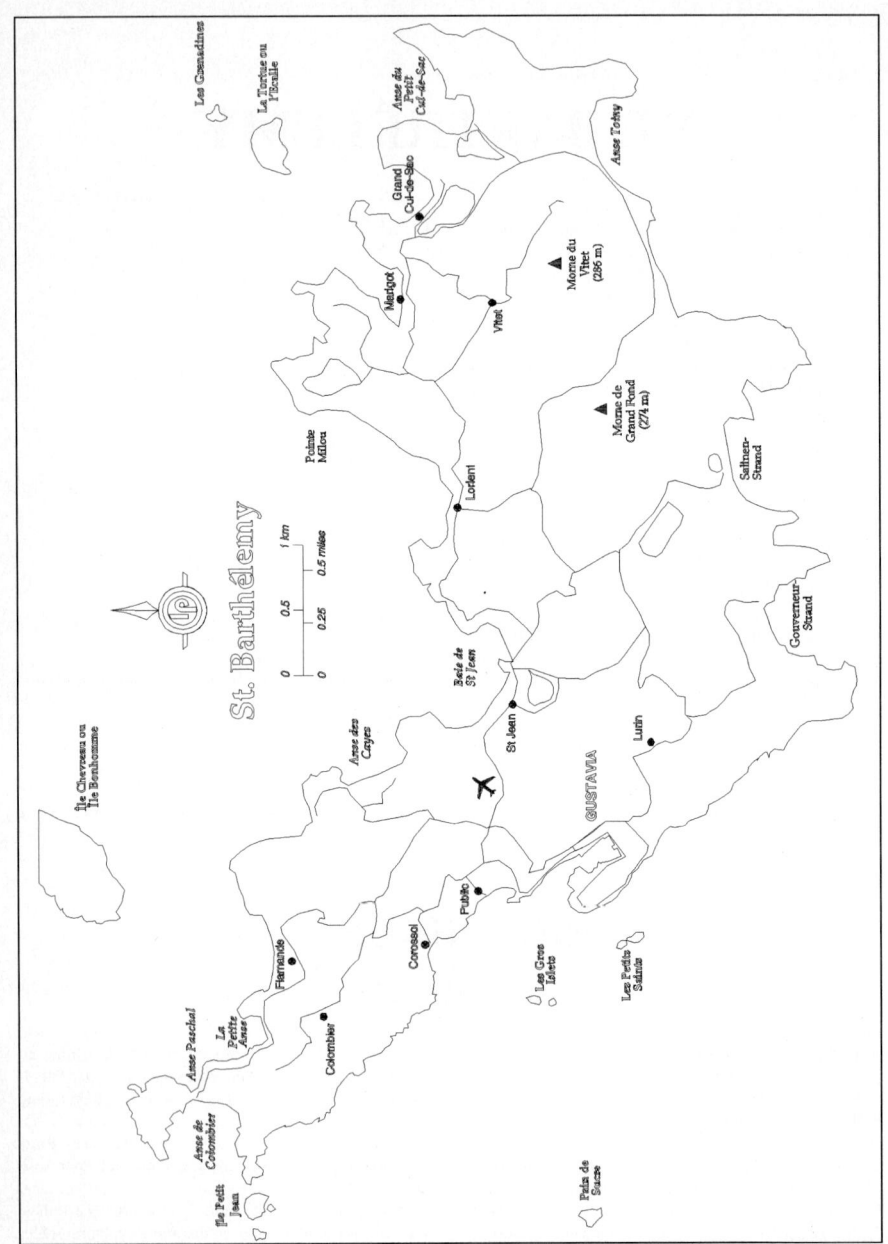

vorwiegend europäisch blieb. Das stand im Gegensatz zu der Entwicklung auf anderen karibischen Inseln, auf die große Mengen afrikanischer Sklaven gebracht wurden.

Im Jahre 1784 übergab König Ludwig XVI. die Insel seinem Freund König Gustav III. von Schweden im Austausch für Handelsrechte im schwedischen Hafen Göteborg. Die Schweden änderten daraufhin den Namen des Hafens auf St. Barths von Carenage in Gustavia, erbauten ein Rathaus und errichteten drei kleine Festungen, die Gustaf, Octave und Karl benannt wurden. In der Hoffnung, auf ihrem neuen Außenposten Geld zu verdienen, richteten die Schweden auf St. Barts einen zollfreien Hafen ein, was dazu führte, daß um 1800 die Bevölkerungszahl auf 6000 angeschwollen war. 1852 verwüstete ein katastrophaler Brand den größten Teil von Gustavia. Zu dieser Zeit hatte bereits eine Änderung in den europäisch-amerikanischen Handelsrouten zu einem Absinken sowohl des Handelsvolumens als auch der Bevölkerungszahl geführt, so daß der größte Teil der Stadt nicht wieder aufgebaut wurde. 1878 verkauften die Schweden die Insel für 320 000 FF zurück an Frankreich, um ihre Verluste dort in Grenzen zu halten. Heutzutage ist die Insel deutlich französisch geprägt, doch sind einige Überreste aus ihrer schwedischen Zeit geblieben, so z. B. einige typische Gebäude, schwedische Straßennamen und ihr Status als Freihandelszone.

Wappen von St. Barths

DAS LAND

Die gesamte Landfläche von St. Barts macht lediglich 21 km² aus, auch wenn ihre längliche Form und die hügelige Landschaft sie eigentlich doch ein ganzes Stück größer erscheinen lassen. Die Insel liegt 25 km südöstlich von St. Martin.

Unmittelbar vor der Küste von St. Barts liegen zahllose trockene und felsige Inselchen. Die größte, die Île Fourchue, ist ein halbversunkener vulkanischer Krater, dessen große Bucht einen beliebten Ankerplatz für Jachten darstellt und die ein Ziel von Tauchern und Schnorchlern ist.

KLIMA

Die Insel ist trocken. Die Temperatur beträgt im Winter durchschnittlich 26° C und im Sommer etwa 28° C. Die

Wassertemperatur ist durchschnittlich ein Grad wärmer als die Lufttemperatur.

FLORA UND FAUNA

St. Barts hat ein trockenes Klima mit entsprechender Flora wie z. B. Kakteen und Bougainvilleas. Unter den Reptilien finden Sie hier Eidechsen, Leguane und harmlose Grasschlangen. Von April bis August legen Meeres-

schildkröten an den Stränden entlang der Nordwestküste ihre Eier ab. Die vielen kleinen Inselchen rund um St. Barts beherbergen zahlreiche Seevögelkolonien, darunter auch von Fregattvögeln.

STAAT UND VERWALTUNG

St. Barts ist zusammen mit St. Martin eine Unterpräfektur von Guadeloupe, was wiederum ein Übersee-Departement von Frankreich ist. Der Unterpräfekt residiert auf St. Martin. St. Barts verfügt daher nur über einen eigenen Bürgermeister, der für die örtliche Verwaltung zuständig ist.

WIRTSCHAFT

Einige Inselbewohner ziehen ihren Lebensunterhalt aus dem Fischfang, doch ist heutzutage der Tourismus die Haupteinnahmequelle. St. Barts wird jährlich von etwa 160 000 Urlaubern besucht, von denen mehr als die Hälfte mit einem Boot auf die Insel kommen, vorwiegend Tagesausflügler von St. Martin. Im Winter stammt der größte Teil der Besucher aus den USA, im Sommer aus Frankreich.

DIE MENSCHEN

Auf St. Barts leben etwa 5000 Menschen. Die meisten Inselbewohner können ihre Wurzeln bis zu den aus dem 17. Jahrhundert stammenden bretonischen und normannischen Siedlern zurückverfolgen, es sind hier aber auch Nachkommen der späteren schwedischen Händler und neuere Übersiedler aus Frankreich zu Hause.

KULTUR

Die Kultur der Insel ist sehr französisch mit einem ländlichen Charakter, der sich im lokalen Dialekt, der Architektur und der langsamen, friedlichen Lebensweise der Inselbewohner zeigt.

Kleidung: Auch wenn an mehreren Stränden oben ohne gebadet wird, so ist Nacktbaden doch offiziell verboten. An einigen der abgelegeneren Strände, wie z. B. Saline, wird das Verbot allerdings nicht so strikt befolgt.

Obwohl es auf der Insel einige sehr exklusive Restaurants gibt, sind Jackett und Krawatte zum Abendessen nicht unbedingt erforderlich. Man gibt sich also im allgemeinen recht leger.

RELIGION

Der Katholizismus ist auf der Insel die vorherrschende Religion. Es gibt römisch-katholische Kirchen in Gustavia und Lorient sowie eine anglikanische Kirche in Gustavia.

SPRACHE

Französisch ist die offizielle Inselsprache, doch ist die Version, die von vielen Inselbewohnern gesprochen wird, noch sehr von dem alten normannischen Dialekt ihrer Vorfahren beeinflußt. Viele Menschen auf St. Barts sprechen aber auch Englisch, vor allem diejenigen, die in Hotels und Restaurants beschäftigt sind. Ein französisch-deutsches Wörterbuch und ein ebensolcher Sprachführer sind sicherlich nützlich, man braucht aber keine profunden Kenntnisse der französischen Sprache.

PRAKTISCHE HINWEISE

EINREISEBESTIMMUNGEN
Bei Einwohnern von Ländern der EU reicht für die Einreise nach St. Barths ihr Personalausweis. Besucher aus den meisten anderen Ländern, darunter auch Schweizer,

brauchen einen Reisepaß, aber kein Visum. Offiziell wird von Besuchern bei der Einreise auch ein Ticket für die Rück- oder Weiterreise verlangt.

ZOLLBESTIMMUNGEN

St. Barts ist zollfreies Gebiet, so daß keine Einschränkungen für Dinge bestehen, die man für seinen persönlichen Gebrauch mitbringt.

GELD

Der Französische Franc (FF) ist die offizielle Währung, so daß die meisten Transaktionen in Francs vorgenommen werden. US-Dollar werden zwar ebenfalls fast überall akzeptiert, allerdings meistens zu einem eigenen Wechselkurs. Man ist also sicherlich besser beraten, wenn man in Francs bezahlt. Die bekanntesten Kreditkarten werden von vielen Geschäften ebenfalls angenommen, auch in den meisten Hotels und Restaurants.

Weitere Informationen finden Sie im Abschnitt über das Geld bei den praktischen Hinweisen im Einführungsteil dieses Buches.

INFORMATIONEN

Das Fremdenverkehrsamt von St. Barts hat seinen Sitz am Hafen von Gustavia am Quai du Général de Gaulle (Tel. 27 87 27, Fax 27 74 47). Wenn Sie dort schriftlich Informationen anfordern, dann adressieren Sie Ihren Brief an das Office du Tourisme, BP 113, Gustavia, 97098 Cedex, St. Barthélemy, Französisch-Westindien.

Die Fremdenverkehrsvertretung in Deutschland ist bei den praktischen Hinweisen im Kapitel über Martinique aufgeführt.

ÖFFNUNGSZEITEN

Die Öffnungszeiten auf St. Barts variieren, aber im allgemeinen sind Geschäfte und Büros werktags von etwa 8.00 bis 17.00 geöffnet, wobei in den meisten eine Mittagspause eingelegt wird. Einige auf Touristen eingestellte Läden sind bis 19.00 Uhr und auch samstags geöffnet.

Schalterstunden in Banken sind montags bis freitags von 8.00 bis 12.00 Uhr und von 14.00 bis 15.30 Uhr.

FEIERTAGE

Feiertage auf St. Barts sind folgende:

Neujahrstag	1. Januar
Tag der Arbeit	1. Mai
Ostersonntag	Ende März/Anfang April
Ostermontag	Ende März/Anfang April
Christi Himmelfahrt	40. Tag nach Ostern
Pfingstmontag	siebenter Montag nach Ostern
Tag der Bastille	14. Juli
Mariä Himmelfahrt	15. August
Allerheiligen	1. November
Allerseelen	2. November
Gedenktag an das Ende des Ersten Weltkrieges	11. November
Weihnachtstag	25. Dezember

KULTURELLE VERANSTALTUNGEN

Über das Jahr verteilt wird auf St. Barts eine Reihe von Feierlichkeiten begangen. Unter diesen finden statt:

St. Barts Musik-Festival
Dieses Festival wird Mitte Januar abgehalten und umfaßt Jazz, Kammermusik und Tanzaufführungen.

Karneval
Karneval wird an den vier Tagen vor Beginn der Fastenzeit gefeiert, mit Theaterstücken, Kostümierungen sowie Straßentänzen begangen und endet mit dem Verbrennen der Figur von König Karneval am Muschelstrand in Gustavia. Viele Geschäfte sind während der Karnevalstage geschlossen.

Festival von St. Barthélemy
Dieses Fest wird am 24. August begangen, dem Feiertag zu Ehren des Inselheiligen, und ist mit Feuerwerk, einem öffentlichen Ball, Bootsrennen und anderen Wettbewerben verbunden.

Um St. Barts finden zudem mehrere Regatten statt: der St. Barth's Cup, eine dreitägige Segelregatta, gesponsert vom Yacht Club von St. Barths, die im späten Januar abgehalten wird, die St. Barth Regatta, ein farbenprächtiges viertägiges Spektakel Mitte Februar, die International Regatta of St. Barthélemy an drei Tagen Mitte Mai und La Route du Rose, eine transatlantische Regatta mit großen Schiffen, die den letzten Jahrgang Roséwein von St. Tropez nach Gustavia bringen. Diese letzte Regatta findet Mitte Dezember statt und endet mit einer Jachtregatta rund um die Insel.

POST

Postämter gibt es in Gustavia, St. Jean und Lorient. Es kostet 3,20 FF Porto, um eine Postkarte nach Deutschland, Österreich oder der Schweiz zu schicken. Zum gleichen Preis werden auch Briefe bis zu 10 Gramm Gewicht befördert.

Um Post auf die Insel zu schicken, müssen Sie auf Ihrer Sendung den Namen des Empfängers, gefolgt von der Postfachnummer, soweit vorhanden, dem Stadt- oder Strandnamen und der Bezeichnung „F-97133 St. Barthélemy, Französisch Westindien", angeben.

TELEKOMMUNIKATION

In den meisten Telefonzellen sind Kartentelefone angebracht, es gibt aber auch ein Münztelefon am Flughafen und eines bei der Banque Crédit Agricole in Gustavia. *Télécartes* für die Kartentelefone werden an den Postschaltern und an der Tankstelle in der Nähe des Flughafens verkauft. Die Vorwahl für St. Barts lautet 590. Wenn Sie zwischen St. Barts und dem französischen Teil von St. Martin sowie Martinique oder Guadeloupe telefo-

ST. BARTHÉLEMY

nieren wollen, brauchen Sie einfach nur die sechsstellige Telefonnummer zu wählen.

Weitere Informationen über das Telefonieren können Sie dem Abschnitt über Telekommunikation im Einführungsteil entnehmen.

STROM
Die Stromspannung beträgt 220 Volt Wechselstrom mit einer Frequenz von 50 oder 60 Hertz. Viele Hotels verfügen über Steckdosen für zwei Stromspannungen (110 und 220 Volt).

MASSE UND GEWICHTE
Auf St. Barts sind das metrischen System und die Zeitrechnung mit 24 Stunden pro Tag üblich.

BÜCHER UND LANDKARTEN
Zwei beliebte Bücher, fast schon Souvenirs, sind *History of St. Barth*, ein Band mit 64 Seiten von Stanislas Defize (150 FF), und *Architecture St. Barth*, ein Buch mit 48 Seiten von J. L. Cailleux, N. Herard und P. Hochart (100 FF). Beide sind fest gebunden, enthalten zweisprachige Texte in Französisch sowie Englisch) und sind von der Editions du Latanier auf St. Barts herausgegeben worden. Es gibt auf der Insel auch mehrere kostenlose Touristikkarten, die für die meisten Gelegenheiten ausreichen. Wenn Sie mehr Details brauchen, dann halten Sie sich an die Karte des Institut Géographique National der Serie Bleue mit der Nummer 4608-G (Maßstab 1:25 000), die St. Martin und St. Barts umfaßt. Diese Karte zeigt sowohl die Straßen als auch die Topographie. Einfacher als auf St. Barts ist sie auf St. Martin zu bekommen.

MEDIEN
Die kostenlose, monatlich erscheinende Zeitung *St. Barth Magazine* bringt lokale Nachrichten in französischer Sprache und Touristeninformationen in Französisch und Englisch. Das *Le Journal de St. Barth* ist eine kostenlose, wochentlich erscheinende Zeitschrift, die jeden Donnerstag herauskommt.

Der lokale Rundfunksender ist Radio St. Barth auf der Frequenz 98 MHz.

GESUNDHEIT
In Gustavia gibt es eine kleine medizinische Einrichtung, das Bruyun Hospital (Tel. 27 60 35), sowie ebenfalls in Gustavia und in St. Jean Apotheken.

NOTFÄLLE
Die Polizei erreichen Sie im Notfall unter Tel. 27 60 12.

FREIZEITBESCHÄFTIGUNGEN
Strände und Schwimmen: St. Barts mit seinen zahllosen Buchten hat fast zwei Dutzend Strände zu bieten. Die in Stadtnähe liegenden Strände St. Jean, Flamands, Lorient und der Muschelstrand sind alle mit wunderschönem Sand bedeckt. Wenn Sie es etwas abgelegener mögen, können Sie zwischen dem Colombier-, Salinen- und Gouverneur-Strand wählen, die alle sehr gut sind.

Tauchen und Schnorcheln: Die beliebtesten Plätze zum Tauchen liegen vor den Inselchen, die St. Barts umgeben. Man findet hier ein reichhaltiges Meeresleben und Korallen.
Zwei der größten Tauchschulen sind das St. Barth Diving Center beim Marine Service (Tel. 27 70 34) und Rainbow Dive (Tel. 27 91 79, Fax 27 91 80) am Bootshafen Ocean Must, beide in Gustavia. Ein einzelner Tauchgang kostet dort durchschnittlich 250 FF, ein Urlaubskurs 600 FF und ein viertägiger Kurs mit Zertifikat für das Tiefseetauchen 2400 FF.
Beliebte Schnorchelreviere sind Anse de Colombier, La Petite Anse und Lorient. Einzelheiten über Schnorchel- und Segelausflüge finden Sie weiter unten.
Schnorchelausrüstungen können für etwa 60 FF pro Tag im Hookipa Surf Shop (Tel. 27 71 31) und von der Mistral School (Tel. 27 64 84) in St. Jean sowie von Marine Service in Gustavia (Tel. 27 70 34) gemietet werden.

Windsurfen: Grand Cul-de-Sac, das bedeutendste Gebiet zum Windsurfen, kann mit einer großen, geschützten Bucht aufwarten, die ideal für Anfänger ist, aber hinter dem Riff einen recht ordentlichen Wellengang bietet, der auch für fortgeschrittene Surfer interessant ist. Wind Wave Power beim St. Barts Beach Hotel in Grand Cul-de-Sac (Tel. 27 62 73) erteilt Unterricht im Windsurfen für 300 FF und verleiht die entsprechende Ausrüstung für 100 bis 120 FF pro Stunde.
Ebenfalls ein gutes Surfrevier finden Sie bei St. Jean, wo die St. Barth Wind School (Tel. 27 71 22) neben dem Chez Francine Ausrüstungen für Anfänger zum Preis von 75 FF pro Stunde und 225 FF pro Tag sowie für Fortgeschrittene zum Preis von 100 FF pro Stunde und 300 FF pro Tag vermietet. Hier wird auch Unterricht erteilt. Ausrüstungen zum Windsurfen werden darüber hinaus in der Mistral School am Filao Beach Hotel in St. Jean (Tel. 27 64 84) vermietet.

Surfen: Die bekanntesten Surfplätze liegen bei Lorient, Anse des Cayes und Toiny. Der Hookipa Surf Shop in St. Jean (Tel. 27 71 31) vermietet Surfbretter für 110 FF und Bodyboards für 100 FF pro Tag. Das Geschäft ist von 9.00 bis 19.00 Uhr geöffnet (sonntags bis 14.00 Uhr). Der Reefer Surf Club in Lorient (Tel. 27 78 74) organisiert Treffen zum Surfen und unterrichtet jeden, der mit diesem Sport anfangen möchte.

Fischen und Segeln: In den Gewässern um St. Barts werden Thunfisch, Dorado und Marlin geangelt. Der für einen ganzen Tag und 2500 FF für einen halben Tag, jeweils einschließlich der Ausrüstung für vier Personen. Beide Agenturen vermieten darüber hinaus Motorboote und Segelschiffe.

Falls Sie nur ein kleines Segelboot suchen, dann probieren Sie es in den Windsurfläden oder den am Strand gelegenen Wassersportzentren, die solche Boote im allgemeinen für ca. 85 FF pro Stunde vermieten.

Reiten: Die Ranch de Flamands (Tel. 27 80 72) bietet zweistündige Ausritte für Anfänger und erfahrene Reiter zum Preis von 200 FF an. Sie beginnen täglich außer montags um 9.00 und um 15.00 Uhr.

HÖHEPUNKTE

Die Strände von St. Barts gehören sicherlich zu den Höhepunkten auf dieser Insel. Ein Favorit ist Anse de Colombier, und zwar nicht allein wegen des Strandes selbst, der wunderhübsch und abgeschieden ist, sondern auch schon wegen des Weges dorthin, der phantastische Ausblicke auf die Nordküste erlaubt. Die Insel ist daneben ein beliebtes Ziel von Windsurfern, wobei Grand Cul-de-Sac und St. Jean hierfür die bedeutendsten Treffpunkte sind. Dann ist da noch das typisch französische Ambiente mit schicken Boutiquen, Hotelvillen und sehr guten Restaurants mit Köchen direkt aus Paris.

Sportfisch

Marine Service (Tel. 27 70 34) und La Maison de Mer (Tel. 27 81 00), beide Mitglieder des Big Game Fishing Club of France, können dafür Charterboote vermitteln. Das kostet mit Getränken und Mittagessen etwa 4000 FF

UNTERKUNFT

Viele Übernachtungsmöglichkeiten sind auf St. Barts nicht vorhanden. Die Insel bringt es auf etwa 40 Hotels, die zusammengenommen nur 650 Zimmer anbieten können. Eigentlich gehören alle auch noch zur mittleren bis hohen Preiskategorie. Kleine Gästehäuser, die auf vielen anderen karibischen Inseln die untere Preisklasse repräsentieren, fehlen hier. Im übrigen berechnen einige Hotels ihre Preise in US-Dollar und andere in Französischen Francs. Da der Wechselkurs zwischen beiden Währungen recht schnell schwanken kann, haben wir die Zimmerpreise jeweils in der Währung angegeben, in der sie auch vom jeweiligen Hotel berechnet werden. Bei den meisten Häusern sind Steuern und Bedienungszuschläge in den Preisen bereits enthalten, aber in einigen Hotels werden nochmals 5 bis 10% auf die Rechnung aufgeschlagen.

Villen: Neben Hotels gibt es auf St. Barts zahlreiche Villen, die vermietet werden.

Die größte Agentur dafür ist Sibarth (Tel. 27 62 38, Fax 27 60 52, Rue du Général du Gaulle, BP 55 Gustavia, F-97098 St. Barthélemy), die rund 200 Villen und Apartments vermittelt.

Die Wochenpreise schwanken von 800 US $ im Sommer und 1150 US $ im Winter für Apartments mit einem Schlafzimmer bis 7000 US $ im Sommer und 12 000 US $ im Winter für eine wirklich luxuriöse Villa mit vier Schlafräumen, vier Bädern und einem Swimming Pool.

Andere Agenturen auf St. Barts, die Villen vermitteln, sind Villas St. Barth (Tel. 27 74 29) und Ici & Là (Tel. 27 78 78).

ESSEN

St. Barts hat viele gute französische Restaurants zu bieten, in denen man, falls Geld keine Rolle spielt, in der Tat sehr gut essen kann. Es gibt aber auch relativ preiswerte Lokale, wo man sich verpflegen kann, doch da fast das gesamte Nahrungsmittelangebot auf die Insel importiert wird, beschränken sich die wirklich billigen

Speisemöglichkeiten auf Lebensmittelgeschäfte und Bäckereien.

GETRÄNKE

Auf St. Barts gibt es keine Süßwasserquelle. Die Insel verfügt zwar über eine Wassergewinnungsanlage, doch die Wasserpreise sind so hoch, daß viele Häuser eigene Anlagen zur Gewinnung von Regenwasser installiert haben. Falls Ihr Trinkwasser aus einer solchen Regenwassersammelstelle kommt, ist es am besten, Sie kochen es vor dem Trinken ab. In Flaschen abgefülltes Wasser ist preiswert in Lebensmittelgeschäften erhältlich. Das eigentliche Getränk auf St. Barts ist Wein. Da man französische Weine und Champagner in verschiedenen Lebensmittelgeschäften rund um die Insel zollfrei erstehen kann, ist das natürlich so etwa der beste Einkauf auf der Insel.

In den Restaurants können Gäste im allgemeinen ebenfalls aus umfangreichen Weinkarten wählen. Wenn man in einem Restaurant Wein trinken möchte, muß man allerdings berücksichtigen, daß in ihnen die Preise für Wein viel höher als in Läden sind.

UNTERHALTUNG

Bei den eingeschränkten Möglichkeiten auf St. Barts ist ein außerhalb des Hotels verbrachter Abend meistens eine Einladung zum Abendessen. Dennoch gibt es auch einige Lokale, in denen man tanzen kann, darunter im Le Pelican in St. Jean, wo an den Wochenenden ab 22.30 Uhr Bands live spielen. In Lorient gibt es im Hotel La Banane sogar eine Diskothek und eine Revue im Stil der französischen Follies. Nach aktuellen Unterhaltungsangeboten können Sie die neueste Ausgabe des *St. Barth Magazine* durchsehen.

EINKÄUFE

In Gustavia findet man viele Geschäfte, in denen Parfum, französische und italienische Designermode, Uhren aus der Schweiz und Schmuck zollfrei verkauft werden. In Lebensmittelläden kann man zudem zollfrei Spirituosen einkaufen.

Traditionelle, auf der Insel gefertigte Dinge sind Strohprodukte aus der Lantaniapalme, die in Corossol hergestellt und verkauft werden. Eine beliebte Kosmetikserie, genannt „M", wird in Lorient unter Verwendung von einheimischen Pflanzen produziert.

ANREISE

FLUG

Die Start- und Landebahn auf St. Barts ist für Flugzeuge mit mehr als 20 Sitzen nicht geeignet. Auch für Starts und Landungen nachts ist der Flugplatz nicht ausgerüstet. Daher werden Langstreckenflüge nach und von St. Barts nicht angeboten, wohl aber zahlreiche Flüge tagsüber von und nach St. Martin sowie Guadeloupe.

Air Guadeloupe (Tel. 27 64 44) fliegt viermal täglich von Guadeloupe nach St. Barts. Für diese Verbindung kosten ein einfacher Flug 520 FF (für Schüler und Studenten 390 FF) und ein Flugschein für einen Hin- und Rückflug zum Ausflugstarif (Rückflug spätestens nach drei Tagen) 710 FF.

Diese Gesellschaft fliegt St. Barts auch dreimal täglich vom französischen Teil von St. Martin aus an, und zwar für 180 FF pro Strecke.

Air Saint-Barthélemy (Tel. 27 71 90) bedient St. Barts täglich sowohl vom französischen als auch vom holländischen Teil von St. Martin sowie von Guadeloupe. Für einen Flug von Guadeloupe muß man 536 FF sowie hin und zurück 840 FF bezahlen. Für die Strecke vom französischen Teil von St. Martin werden 200 FF berechnet, für einen Hin- und Rückflug 400 FF, während man für einen Flug vom holländischen Teil von St. Martin 50 US $ bezahlen muß.

Virgin Air (Tel. 27 71 76) fliegt von Puerto Rico zweimal täglich, von St. Thomas dreimal täglich und von Virgin Gorda einmal am Tag nach St. Barts. Ein Flug von San Juan kostet montags bis donnerstags 115 US $ und von Freitag bis Sonntag 141 US $. Für einen Flug von den Jungferninseln muß man montags bis donnerstags 80 US $ und freitags bis sonntags 100 US $ ausgeben, hin und zurück das Doppelte.

Winair (Tel. 27 61 01) fliegt mindestens ein halbes Dutzend mal täglich vom holländischen Teil von St. Martin nach St. Barts. Der Flug, der nur etwa 15 Minuten dauert, kostet pro Strecke 40 US $. Angeboten wird auch ein Hin- und Rückflug am gleichen Tag zum Ausflugstarif für 70 US $.

Flughafeninformation: Im bescheidenen Flughafengebäude von St. Barts kann man von einem Spirituosenladen, einem Geschenkelädchen, in dem Souvenirs und T-Shirts verkauft werden, und einem Zeitschriftenstand Gebrauch machen, an dem die *International Herald Tribune* und eine ganze Reihe französischer Magazine und Zeitschriften verkauft werden.

Flughafentransfer: Viele Hotels bieten bei vorheriger Reservierung eines Quartiers einen kostenlosen Transport vom Flughafen an. Normalerweise parken auch Taxis vor dem Flughafen, es kann allerdings auch schon mal einige Minuten dauern, bis eines auftaucht.

SCHIFF
Verschiedene Boote pendeln täglich zwischen Martinique und St. Barts hin und her. Nähere Einzelheiten dazu finden Sie im Abschnitt über die Anreise des Kapitels über St. Martin.

Segelboot: Besucher, die mit einem Segelboot ankommen, können die Einreiseformalitäten im Hafenbüro an der Ostseite des Hafens von Gustavia erledigen (UKW Kanal 16 oder 10). Es ist während der Hauptsaison täglich von 7.00 bis 18.00 Uhr geöffnet (sonntags von 9.00 bis 12.00 Uhr), während in der Nebensaison von 12.00 bis 15.00 Uhr eine Pause eingelegt wird und sonntags geschlossen ist.

Loulou's Marine hinter dem Hafenbüro in Gustavia (Tel. 27 62 74) ist ein gut sortierter Krämerladen, in dem auch

Seekarten verkauft werden. Hier hängt außerdem eine nützliche Informationstafel mit Nachrichten für Jachtbesatzungen. Schiffe können Treibstoff am Jeanne d'Arc Dock in Public täglich außer samstags am Nachmittag und sonntags von 8.00 bis 12.00 Uhr und von 14.00 bis 17.00 Uhr bunkern.

Der Hafen von Gustavia hat Anker- und Anlegeeinrichtungen für bis zu 40 Segelboote zu bieten. Beliebte Ankerplätze befinden sich bei Public, Corossol und Colombier an der Küste.

Wenn man ein Boot ohne Skipper chartern möchte, wendet man sich am besten an Marine Service (Tel. 27 70 34). Bei der Suche nach einem Boot mit Besatzung empfiehlt sich Stardust Marine (Tel. 27 79 81). Beide findet man in Gustavia.

AUSREISE AUS ST. BARTS
Die Ausreisesteuer beträgt 16 FF, wird aber im allgemeinen bereits dem Flugpreis zugeschlagen, wenn man den bezahlt.

REISEN AUF ST. BARTS

Auf St. Barts verkehren keine öffentlichen Busse, so daß man gezwungen ist, sich ein Fahrzeug zu mieten, wenn man die Insel näher erkunden will.

TAXI
Außer der Taxihaltestelle am Flughafen befindet sich eine weitere in Gustavia neben dem Fremdenverkehrsbüro. Wenn Sie ein Taxi herbeirufen wollen, müssen Sie die Telefonnummer 27 66 31 wählen.

Eine Taxifahrt vom Flughafen nach St. Jean oder Gustavia kostet 8 US $. Für 40 US $ können Tagesausflügler eine einstündige Tour über die Insel, zu einem der Strände oder in einen der Orte hinein unternehmen und werden dann zu einer vorher vereinbarten Zeit wieder hinaus zum Flugplatz gebracht.

AUTO UND MOTORRAD
Das beliebteste Mietauto auf der Insel ist der offene Mini Moke (vgl. weiter unten), auch wenn kleine Autos zum gleichen Preis ebenfalls vermietet werden. Mopeds und Motorräder kann man ebenfalls mieten. Das sollten jedoch nur erfahrene Motorradfahrer wagen, denn die Straßen auf der Insel sind asphaltiert und können bei Nässe sehr glatt werden. Zudem sind viele der Straßen schmal, kurvenreich und sehr steil. Auf der Insel kann man an zwei Tankstellen Benzin auffüllen: an einer in Lorient und an der anderen gegenüber von Flugplatz. Bei der Tankstelle am Flugplatz ist Selbstbedienung mit Kreditkarten möglich, so daß man dort 24 Stunden lang Benzin erhalten kann, wenn die Tanks nicht gerade leer sind. Ansonsten ist diese Tankstelle montags bis samstags von 7.30 bis 12.00

Uhr und von 14.00 bis 18.00 Uhr besetzt. Die Tankstelle in Lorient ist montags bis samstags von 7.30 bis 12.30 Uhr und an einigen Nachmittagen von 14.00 bis 17.00 Uhr geöffnet. Beide bleiben sonntags allerdings geschlossen.

Verkehrsregeln: Auf St. Barts wird rechts gefahren. Die Fahrerlaubnis des Heimatlandes ist auf der Insel gültig. Wenn nicht anders ausgeschildert, beträgt die Höchstgeschwindigkeit 45 km/h.

Mietwagen: Ein Dutzend Autovermietungen hat Vertretungen am Flugplatz eingerichtet, darunter Hertz, Avis, Budget und Europcar/National. Auch in den meisten Hotels und in Gustavia können Autos gemietet werden. Beim Vermieten von Autos herrscht ein harter Wettbewerb, so daß sich die Preise oft ändern, doch zahlt man im allgemeinen für einen Mini Moke oder ein kleines Auto im Sommer etwa 35 US $ und im Winter etwa 50 US $ pro Tag. Ouanalao am Rand der Shell-Tankstelle beim Flughafen (Tel. 27 88 74) und Rent Some Fun hinter der katholischen Kirche in Gustavia (Tel. 27 70 59) vermieten Motorroller und Motorräder für etwa 25 US $ pro Tag.

TRAMPEN
Das Trampen ist auf St. Barts erlaubt und auf der Insel recht weit verbreitet. Dabei sollte man die allgemeinen Sicherheitsregeln beachten.

AUSFLUGSFAHRTEN
Glasbodenboot: Die *Aquascope* ist ein Glasbodenboot für 10 Passagiere, das einstündige Fahrten durch die

ST. BARTHÉLEMY

Korallengärten und zum Wrack der 63 m langen Jacht *Non Stop* unternimmt. Anmelden kann man sich dafür bei Marine Service (Tel. 27 70 34). Eine solche Tour kostet für Erwachsene 160 FF und für Kinder von 5 bis 12 Jahren 80 FF, während Kinder unter fünf kostenlos mitgenommen werden. Vergleichbare Ausflüge werden auch mit der *Aquarius* (Tel. 27 81 00) angeboten.

Segel- und Schnorchelausflüge: Marine Service bietet einen ganztägigen Segelausflug auf dem 12,6 m langen Katamaran *Ne Me Quitte Pas* für 450 FF an, wobei man auch zur Île de Fourchue und zum Anse de Colombier kommt. Die Benutzung von Schnorchelausrüstungen ist im Preis enthalten, genau wie die Getränke an einer Freiluftbar und ein Mittagessen. Marine Service veranstaltet auch halbtägige Fahrten zum Schnorcheln am Anse

de Colombier für 270 FF und Segeltörns von 1½ Stunden Dauer bei Sonnenuntergang für 230 FF.
Mit dem Saint Barth Yachting Service in St. Jean (Tel. 27 65 79) und auf der 12,6 m langen Jacht *Zavijava* (Tel. 27 62 38) kann man vergleichbare Fahrten zu vergleichbaren Preisen unternehmen.

Besichtigungsfahrten: Das Fremdenverkehrsbüro organisiert Ausflüge mit Minibussen, die von dem Büro in Gustavia abfahren. Angeboten werden Touren von 45 Minuten Dauer durch die Westhälfte von St. Barts (150 FF), einstündige Fahrten durch die Osthälfte (200 FF) und Touren von 90 Minuten Dauer über die ganze Insel (250 FF). Die Preise gelten für bis zu drei Personen, während für jeden weiteren Teilnehmer 50 FF mehr bezahlt werden müssen.

GUSTAVIA

Gustavia, die Hauptstadt und der bedeutendste Hafenort der Insel, ist eine anziehende, hufeisenförmig angelegte Stadt, die rund um einen tiefen Hafen erbaut wurde. Hier gibt es Straßencafés, wo die Tagesbesucher die Nachmittage vertrödeln, einige historische Stätten, die einen Blick wert sind, und einen schönen Badestrand, der gut zu Fuß zu erreichen ist. Und weil Gustavia ja ein zollfreier Hafen ist, kann man auch in zahlreichen Schmuckgeschäften und exklusiven Boutiquen einkaufen, von denen sich die meisten auf dem Quai de la République konzentrieren. Die alte *mairie* (das Rathaus), die während der schwedischen Zeit erbaut wurde, liegt am Ende der Rue Couturier. Etwa 100 m östlich des Rathauses kommt man zu einem kleinen Obst- und Gemüsemarkt, neben dem ein kleines Kriegerdenkmal steht. In der gleichen Gegend stößt man auch auf einen Markt, auf dem lokales Kunsthandwerk verkauft wird. Wenn Sie ein wenig herumspazieren, werden Sie bemerken, daß auf einigen der Straßenschilder in der Umgebung heute noch schwedische Namen zu lesen sind, die auf -gaten enden.
Am inneren Hafen, in der Gegend rund um die Rue du Centenaire, finden Sie eine steinerne anglikanische Kirche aus dem Jahre 1855 und das Wahrzeichen der Stadt, den schwedischen Turm, der eine alte Uhr beherbergt, die heute noch jeden Tag per Hand aufgezogen wird.

PRAKTISCHE HINWEISE

Informationen: Das Fremdenverkehrsbüro liegt an der Ostseite des Hafens am Quai du Général de Gaulle (Tel. 27 87 27). Wenn Sie dorthin gehen, dann vergessen Sie nicht, sich das *Tropical St. Barth* und das *St. Barth Magazine* einzustecken, zwei kostenlose französisch-englische Publikationen mit Informationen für Touristen.

Das Büro ist montags bis donnerstags von 8.30 bis 12.30 Uhr und von 15.00 bis 19.00 Uhr sowie freitags von 8.30 bis 15.00 Uhr geöffnet. An Wochenenden und Feiertagen bleibt es geschlossen.

Geld: In der Banque Crédit Agricole an der Rue du Bord de Mer wird Geld gewechselt, ohne Bearbeitungsgebühren zu erheben. Der Schalter ist montags bis freitags von 8.00 bis 13.00 Uhr und von 14.30 bis 17.00 Uhr sowie samstags von 8.00 bis 13.00 Uhr geöffnet. Wenn Sie Banknoten und keine Reiseschecks wechseln wollen, ist das auch an einem Automaten möglich, an dem die wichtigsten Währungen in Französische Francs oder in US-Dollar getauscht werden. Dieses Gerät ist ohne Einschränkungen von 7.00 bis 22.00 Uhr zugänglich und kann rund um die Uhr mit einer der bedeutenden Kreditkarten in Betrieb genommen werden.
Es gibt in der gleichen Gegend noch zwei weitere Banken, die Banque Nationale de Paris in der Rue du Bord de Mer und die Banque Française Commerciale in der Rue du Général de Gaulle.

Post: Das Postamt von Gustavia befindet sich an der Ecke der Rue Jeanne d'Arc und der Rue du Centenaire. Es ist montags bis samstags von 8.00 bis 12.00 Uhr und darüber hinaus montags, dienstags, donnerstags und freitags von 14.00 bis 16.00 Uhr geöffnet.

Buchhandlungen: Die Librairie Barnes in der Rue Courbet hat eine kleine Auswahl von Büchern über die Karibik zu bieten, die meisten davon in französischer Sprache, aber auch viele französische Zeitschriften und die *International Herald Tribune*.

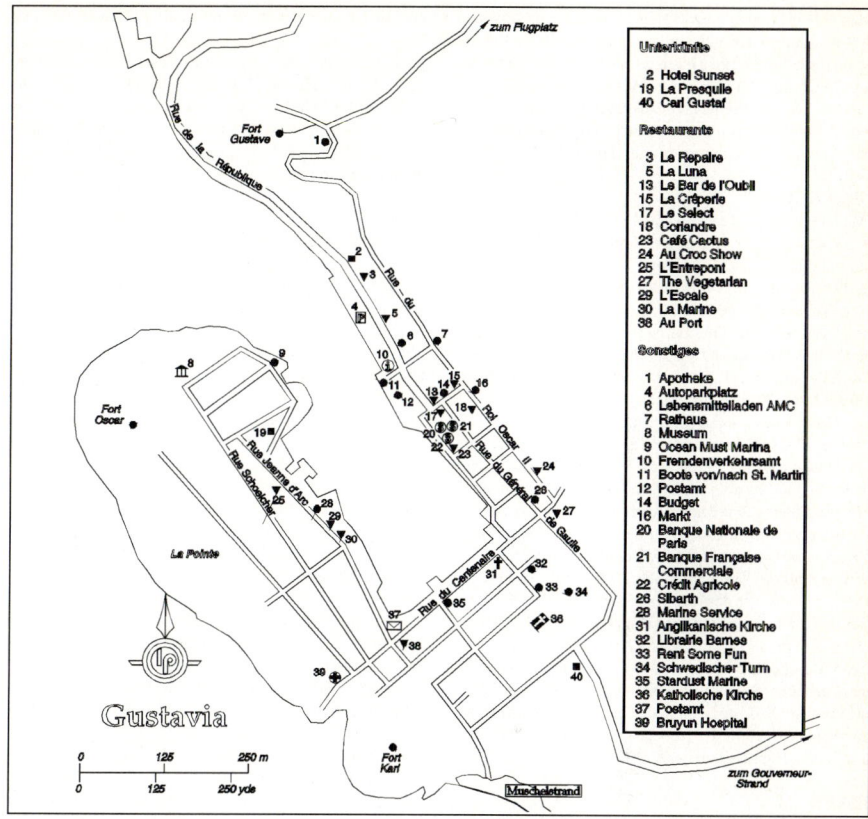

Gustavia

Unterkünfte

2 Hotel Sunset
19 La Presquile
40 Carl Gustaf

Restaurants

3 Le Repaire
5 La Luna
13 Le Bar de l'Oubli
15 La Crêperie
17 Le Select
18 Coriandre
23 Café Cactus
24 Au Croc Show
25 L'Entrepont
27 The Vegetarian
29 L'Escale
30 La Marine
38 Au Port

Sonstiges

1 Apotheke
4 Autoparkplatz
6 Lebensmittelladen AMC
7 Rathaus
8 Museum
9 Ocean Must Marina
10 Fremdenverkehrsamt
11 Boote von/nach St. Martin
12 Postamt
14 Budget
16 Markt
20 Banque Nationale de Paris
21 Banque Française Commerciale
22 Crédit Agricole
26 Sibarth
28 Marine Service
31 Anglikanische Kirche
32 Librairie Barnes
33 Rent Some Fun
34 Schwedischer Turm
35 Stardust Marine
36 Katholische Kirche
37 Postamt
39 Bruyun Hospital

Geöffnet ist hier montags bis samstags von 7.30 bis 17.30 Uhr.

SEHENSWÜRDIGKEITEN

Museum von St. Barts: Das Museum von St. Barthélemy, zu finden an der nordwestlichen Seite von La Pointe, ist ein bescheidenes Haus, das 1989 eingeweiht wurde. Es zeigt Fotos, Holzstiche und einige einfache Ausstellungsstücke, die einen Überblick über die Geschichte der Insel vermitteln. Ansehen kann man sich das montags bis freitags von 8.30 bis 12.00 Uhr und von 13.30 bis 17.30 Uhr (freitags nur bis 17.00 Uhr) sowie samstags von 8.30 bis 12.00 Uhr. Der Eintritt kostet 10 FF.

Muschelstrand: Muschelstrand ist der übliche Name für den Anse de Grand Galet, einen schönen Sandstrand, an dem man entlang des Wassers Unmengen winziger Muscheln findet. Nur 10 Minuten zu Fuß vom Hafen entfernt bietet der Strand sehr gute Möglichkeiten zum Baden.

Um dorthin zu gelangen, müssen Sie entlang der Rue Gambetta in Richtung Süden gehen, sich nach rechts wenden und hinter der katholischen Kirche auf der Straße bleiben, bis Sie den Strand erreichen.

Fort Gustave: An der Stelle, an der die alte Festung Gustave steht, sind einige alte Kanonen und ein Leuchtturm in Form einer Milchflasche zu sehen. Die meisten Leute kommen allerdings hierher, um die phantastische Aussicht auf Gustavia und den Hafen zu bewundern. Eine beschriebene Plakette erklärt die Sehenswürdigkeiten und die weithin sichtbaren Erkennungszeichen. Wenn Sie über den Hafen in Richtung Süden blicken, sehen Sie Fort Oskar, das heute noch als militärische Festung genutzt wird, und können an klaren Tagen sogar die Inseln St. Kitts sowie St. Eustatius erkennen.

ST. BARTHÉLEMY

Man gelangt hierher, indem man die Straße nach Gustavia 700 m hinter der Flughafenkreuzung nimmt und dann, wenn diese Straße links hinunter nach Gustavia führt, an der Stelle, die Platz für einige Autos bietet, nach rechts abfährt. Die Festung ist nicht ausgeschildert, zu sehen ist jedoch ein Schild von Meteo France. Von dort aus sind es nur noch wenige Minuten zu Fuß den Hügel hinauf.

UNTERKUNFT

Das La Presquile (Tel. 27 64 60, Fax 27 72 30) liegt in der Rue Avaler in La Pointe und verfügt über 14 Zimmer, die ihren Preis wert sind. Sie sind nicht sehr schick, aber sauber und alle mit Kühlschrank, Klimaanlage und eigenem Bad ausgestattet. Zu einigen gehört sogar ein Balkon, der eine gute Aussicht auf den Hafen erlaubt. Das Haus wird von einem freundlichen jungen Manager geführt, der die Einzelzimmer für 220 FF und die Doppelzimmer für 330 FF vermietet.

Das Hotel Sunset in der Rue de la République (Tel. 27 77 21, Fax 27 83 44) ist ein einfaches, älteres Hotel mit neun gut geschnittenen Zimmern, die sauber und einfach, aber nicht karg ausgestattet sind. Vom Balkon im dritten Stock hat man einen guten Blick über den Hafen und Gustavia. Im Sommer kosten Einzelzimmer hier zwischen 55 und 75 US $ und Doppelzimmer zwischen 70 und 90 US $. Im Winter sind die Zimmer jeweils 10 bis 20 US $ teurer.

Das Carl Gustaf in der Rue des Normands (Tel. 27 82 83, Fax 27 82 37) liegt auf einem Hügel oberhalb des Hafens und ist ein modernes, luxuriöses Haus mit 14 Suiten, jede mit Videorekorder, Faxgerät, einigen Telefonen und einem privaten Swimming Pool ausgestattet. Die Übernachtungspreise beginnen in diesem Haus für jeweils bis zu vier Personen in der Nebensaison bei etwa 550 US $ und in der Hauptsaison bei 800 US $.

ESSEN

Zentrum von Gustavia: Das Au Croc Show, eine freundliche Bäckerei mit einigen wenigen Cafétischen, ist ein gutes Ziel, um preiswert einen Happen zu essen. Pizza- oder Quichestücke kosten etwa 10 FF, genau wie einige sehr gute Nachspeisen, darunter frische Erdbeertörtchen. Man erhält hier auch Grillhähnchen zum Mitnehmen, Bier und Wein. Geöffnet ist montags bis samstags von 6.30 bis 19.00 Uhr und sonntags von 7.30 bis 13.00 Uhr.

Der unter freiem Himmel liegende Innenhof des Le Select befindet sich an der Ecke der Rue de France und der Rue du Général de Gaulle, wo Reggae-Musik gespielt wird und der richtige Ort ist, um sich zu entspannen und einige Drinks zu sich zu nehmen. Zwischen 10.30 und 14.00 Uhr sowie von 18.30 bis 22.00 Uhr bekommt man hier preiswerte Cheeseburger und Sandwiches. Sonntags und an Feiertagen ist allerdings geschlossen.

Wenn Sie es etwas ruhiger lieben, können Sie Ihre Drinks gegenüber vom Le Select in der Bar de l'Oubli bestellen, wo um die Mittagszeit auch ein preiswertes Tagesgericht angeboten wird, das auf einer Tafel angeschrieben ist.

Im La Crêperie in der Rue du Roi Oscar II werden eine Vielzahl von Crêpes als Hauptgericht und Sandwiches für etwa 25 FF sowie Crêpes als Nachspeise für etwa 12 bis 40 FF angeboten. Die Crêpes fallen ziemlich klein aus, aber die Atmosphäre ist sehr angenehm. Geöffnet ist montags bis freitags von 7.00 bis 22.00 Uhr und samstags bis 18.00 Uhr.

Das Café Cactus ist ein Café mit natürlichen Nahrungsmitteln, wo z. B. Quiches und Salate und normalerweise auch mehrere Tagesgerichte für etwa 55 FF serviert werden. Angeboten wird ferner ein Spezialfrühstück, das aus zwei Croissants, frischem Orangensaft sowie Kaffee besteht und 30 FF kostet. Daneben kann man frische Säfte, Eis von Haagen-Dazs, Kuchen und Pasteten erhalten, und zwar montags bis samstags von 7.30 bis etwa 20.30 Uhr.

Das Le Repaire ist ein gutes Straßenrestaurant gegenüber vom Hafen, wo mittags Sandwiches zu Preisen zwischen 25 und 30 FF angeboten werden. Sowohl zum Mittag als auch am Abend können Sie hier zudem gegrilltes Steak mit Bratkartoffeln für 70 FF, gegrillten Fisch für 85 FF und eine ganze Reihe von Salaten und warmen Vorspeisen zu Preisen zwischen 40 und 70 FF bestellen. Sonntags ist jedoch geschlossen.

Das La Luna (Tel. 27 72 63), abseits der Rue de la République zu finden, ist ein sehr großes, neues Restaurant mit einem Blick auf den Hafen aus dem zweiten Stock. Mittags wird hier ein Barbecue mit Preisen zwischen 45 FF für Geflügel und 85 FF für Fisch angeboten. Abends kosten die Hauptgerichte vorwiegend zwischen 75 und 100 FF.

Das Coriandre (Tel. 27 93 84) ist ein kleines Thai-Restaurant in der Rue du Roi Oscar II. Die Preise für Gerichte wie z. B. Zitronengrassuppe, Ziegenkäsesalat und gewürztes Hühnchen mit frischem Basilikum und Thai-Reis liegen im Durchschnitt zwischen 50 und 70 FF. Dieses Lokal ist täglich von 11.00 bis 23.00 Uhr geöffnet, sonntags allerdings lediglich abends zum Dinner. Während der Wintersaison bekommt man frischen Saft sowie vegetarische Mittag- und Abendessen im The

Vegetarian, einem Rastafari-Stand am südlichen Ende der Rue du Roi Oscar II.

AMC ist ein riesiges Lebensmittelgeschäft gegenüber vom Hafen in der Rue de la République, wo von Pasteten über Wein bis hin zu naturbelassenen Lebensmitteln so gut wie alles verkauft wird. Es ist werktags von 8.00 bis spätestens 17.00 Uhr geöffnet, mittwochs aber nur bis 13.00 Uhr.

La Pointe: Die folgenden Restaurants liegen alle in La Pointe, dem großen Gebiet in dem Umrissen einer Halbinsel, das die Westseite des Hafens bildet.

Das L'Entrepont (Tel. 27 90 60) wird von einer italienischen Familie geführt und bietet gutes italienisches Essen unter freiem Himmel. Pizzen kosten hier zwischen 45 und 70 FF, Nudelgerichte zwischen 60 und 90 FF und Fleischgerichte noch etwas mehr. Essen kann man hier täglich mittags und abends.

Das L'Escale (Tel. 27 81 06) ist ein beliebtes, preiswertes Restaurant am Wasser, wo Pizzen und Nudelgerichte genauso serviert werden wie Meeresfrüchte. Es ist täglich mittags und abends geöffnet, im allgemeinen aber während der Nebensaison geschlossen.

Das La Marine (Tel. 27 68 91) ist ein am Hafen gelegenes Restaurant, in dem man montags bis samstags zu Mittag und zu Abend essen kann. Burger und Omelettes kosten hier zwischen 30 und 60 FF, während die Preise für Fisch- und Fleischgerichte bei 100 FF beginnen. Donnerstags am Abend ist das Restaurant immer überfüllt, da dann frische Muscheln, die aus Frankreich eingeflogen wurden, in einer köstlichen Weinbrühe serviert werden. Wenn man die probieren möchte, muß man früh genug einen Tisch reservieren lassen.

Das Au Port liegt gegenüber vom Postamt und ist eine gute Wahl, wenn Sie ein klassisches französisches Abendessen zu vernünftigen Preisen schätzen. Zu den angebotenen Hauptgerichten gehören hier u. a. Lammschulter (95 FF), Entenfilet (120 FF) und eine ganze Reihe von Speisen mit Meeresfrüchten. Für einen gemischten Salat werden 60 FF berechnet.

Das Carl Gustaf ist eine Pianobar und ein gutes Ziel für einen Cocktail zum Sonnenuntergang. Hier gibt es aber auch ein exklusives französisches Restaurant, in dem man für ein Abendessen zu zweit leicht an die 1000 FF loswerden kann.

Umgebung von Gustavia: Zwei beliebte, wenngleich recht teure Restaurants liegen nur wenige Minuten Autofahrt von Gustavia entfernt. Das Maya's (Tel. 27 73 61) findet man am Strand von Public im Nordwesten von Gustavia und ist bekannt für eine sehr gute kreolische Küche. Es ist in der Wintersaison ab 16.30 Uhr für Drinks und jeden Abend außer sonntags zum Dinner geöffnet. Im Sommer ist geschlossen.

Das Castelets in Lurin (Tel. 27 78 80), östlich von Gustavia, hat einen guten Ausblick vom Hügel hinab zu bieten und ist ein gutes Ziel für feine französische Küche. Es ist in der Feriensaison zum Mittagessen und ansonsten das ganze Jahr über zum Abendessen geöffnet. Tischreservierungen sind ratsam.

WEITERE ORTE AUF ST. BARTS

COROSSOL

Etwa 2 km nordwestlich von Gustavia liegt Corossol, eines der traditionsreichsten Fischerdörfer der Insel. Der braune Sandstrand wird hier von blauen und orangefarbenen Fischerbooten sowie Stapeln von Hummerfallen gesäumt. Die Frauen flechten in diesem Ort auch heute noch aus den Blättern der Lantaniapalme Hüte, Körbe und Platzdeckchen, die sie dann auf den Mauern vor ihren Häusern ausbreiten, um potentielle Käufer anzulocken.

Am südöstlichen Ende des Strandes, nach nur 50 m entlang einer verschmutzten Straße, liegt das Inter Oceans Museum (Tel. 27 62 97), in dem eine Sammlung von 7000 Meeresmuscheln in dem Haus von Ingenu Magras zu sehen ist, dem Mann, der dieses Museum vor einem halben Jahrhundert gegründet hat. Besichtigen läßt es sich täglich außer feiertags von 9.30 bis 17.00 Uhr (Eintritt 20 FF).

FLAMANDS

Flamands, ein kleines Dorf an der nordwestlichen Inselseite, liegt an einer geschwungenen Bucht, die von einem langen, breiten und weißen Sandstrand flankiert wird. Weil das Wasser hier klar und blau ist, entwickelte sich die Bucht zu einem beliebten Badestrand, der zum Teil von niedrigwachsenden Kokospalmen und Strandtrauben bewachsen ist.

Trotz einer Handvoll von kleinen Strandhotels hat die Gegend sich ihren angenehm ländlichen Charakter bewahrt. Man hat einen leichten Zugang zum Strand und Parkmöglichkeiten an der Straße am westlichen Ende der Bucht.

Die Halbinsel am westlichen Rand des Strandes trennt Flamands vom daneben liegenden La Petite Anse, wo felsiges Gewässer ein gutes Revier zum Schnorcheln abgibt. Um hierher zu gelangen, müssen Sie sich hinter Flamands etwa 200 m weiter in Richtung Westen halten und dann den kurzen Pfad nehmen, der sich nach rechts hinunterschlängelt, bevor die Hauptstraße als Sackgasse endet.

UNTERKUNFT

Die Auberge de la Petite Anse (Tel. 27 64 60, Fax 27 72 30, BP 117) verfügt über 16 apartmentartige Unterkünfte oberhalb einer felsigen Küste. Sie ist vom Flamands-Strand gut zu Fuß zu erreichen und liegt direkt am Anfang des Weges zum Anse de Colombier. Jedes Apartment ist mit einem Schlafraum mit zwei Betten, einer Kochnische, einer Terrasse mit Blick auf das Meer und Klimaanlage ausgestattet. Die Preise liegen im Sommer bei 440 FF und im Winter bei 700 FF.

Die White Sand Beach Cottages (Tel. 27 82 08, Fax 27 70 69) bestehen aus vier netten, doppelstöckigen Strandhütten, von denen zwei zum Meer hin liegen. Die modernen Apartments werden mit Ventilatoren, Klimaanlage, Kochnischen und Sonnenterrassen angeboten. Die Preise betragen im Sommer bei Alleinbelegung zwischen 55 und 75 US $ sowie bei Belegung mit zwei Gästen zwischen 80 und 110 US $ und liegen im Winter zwischen 125 und 140 US $ bzw. zwischen 180 und 200 US $. Daneben steht auch noch eine separate Villa mit drei Schlafzimmern und zwei Bädern zur Verfügung, die pro Woche im Sommer für 2250 US $ und im Winter für 3400 US $ vermietet wird.

Das Baie des Flamands (Tel. 27 64 85, Fax 27 83 98, BP 68) ist ein älteres, zweistöckiges Gebäude mit 24 Zimmern. Alle liegen zum Strand hin und verfügen über Klimaanlage, Fernsehgerät und Kühlschrank, die oberen Zimmer auch über Kochnische auf dem Balkon. Einzel-zimmer kosten im Sommer 90 bzw. 110 US $ und Doppelzimmer 116 bzw. 140 US $, wobei die höheren Preise für die Zimmer im oberen Stockwerk gelten. Die Winterpreise betragen für Einzelzimmer 173 bzw. 219 US $ und für Doppelzimmer 335 bzw. 242 US $. Ein Swimming Pool ist ebenfalls vorhanden.

Das Isle de France (Tel. 27 61 81) ist ein neues und luxuriöses Hotel am Ostende der Bucht mit 30 geräu-migen Zimmern und Suiten, die einschließlich Frühstück im Sommer zu Preisen zwischen 240 und 375 US $ sowie im Winter zwischen 335 und 540 US $ vermietet werden.

ESSEN

Die meisten Urlauber, die in dieser Gegend wohnen, bereiten sich ihre eigenen Mahlzeiten zu, so daß die Auswahl bei den Restaurants recht begrenzt ist.

Wenn Sie auf die Schnelle etwas essen möchten, dann gehen Sie in die Epicerie Sainte Helen, eine kleine Bäckerei, die an der Hauptstraße des Dorfes etwa 50 m vor dem Strand zu finden ist.

Sehr schön kann man im Frégate (Tel. 27 66 51) zu Abend essen, einem französischen Restaurant im Hotel Baie des Flamands, das sowohl drinnen als auch draußen oberhalb des Strandes Tische stehen hat. Die umfangreiche Speise-karte bietet als Hauptgericht z. B. gegrillten Hai, Ente mit Lichees oder Fisch in Kokosnußmilch, alles für jeweils etwa 100 FF. Geöffnet ist zum Mittagessen von 12.00 bis 15.00 Uhr und abends ab 19.00 Uhr.

Wenn Sie die kreolische Küche mögen, dann gehen Sie einmal in das Jardin Samba in einer Seitenstraße etwa einen Kilometer südöstlich von Flamands. Der Weg dorthin ist mit orangefarbenen Sternen markiert. Vorspeisen wie z. B. Muscheln oder heißer Ziegen-käsesalat kostet 45 FF, wohingegen als Hauptgericht z. B. Geflügel mit Limonen oder Fisch auf kreolische Art für 75 FF oder gegrillter Hummer zu Marktpreisen ange-boten werden. Das Restaurant ist allerdings nur abends geöffnet.

ANSE DE COLOMBIER

Anse de Colombier ist ein wunderschöner, abgeschiedener weißer Sandstrand, der vorn von türkisfarbenem Wasser und nach hinten von Hügeln begrenzt wird. Er ist mit einem Boot oder nach einem malerischen, zwanzig-minütigen Spaziergang erreichen, der am Ende der Straße in La Petite Anse, unmittelbar hinter Flamands, beginnt.

Der gut ausgebaute Pfad ist nicht markiert, Sie können ihm aber trotzdem problemlos folgen. Er führt durch eine faszinierende, wüstenähnliche Landschaft, in der ab und an Orgelpfeifenkakteen und Wildblumen aufleuchten.

Auf diesem Weg haben Sie einige wunderbare Ausblicke auf die Küste, La Petite Anse und die zackige Küstenlinie von Anse Paschal, bevor Sie einen Grat überqueren und der Weg an der Nordseite des Anse de Colombier endet, wo Stufen hinunter zum Strand führen.

Der sandige Boden der Bucht ist ideal zum Schwimmen. An der Nordseite kann man aber auch ganz gut schnor-cheln.

Nehmen Sie sich aber Wasser mit, weil auf dem Weg zum Strand die Sonne brennt und Versorgungsmöglichkeiten in dieser Gegend nicht bestehen.

ST. JEAN

St. Jean, das bedeutendste Tourismusgebiet der Insel, erstreckt sich entlang einer großen, geschwungenen Bucht, die von einem weißen Sandstrand flankiert wird.

St. Jean besitzt kein richtiges Zentrum und wirkt von der Straße aus wie ein ungeordnetes Nebeneinander von kleinen Einkaufskomplexen, Hotels und Restaurants. Trotzdem entwickelt es seinen eigenen Charme, wenn man erst einmal den Strand erreicht hat, wo das durch Riffe geschützte türkisfarbene Wasser gute Möglichkeiten zum Schwimmen, Schnorcheln und Windsurfen bietet. Der Strand ist durch einen Hügel in zwei Zonen unterteilt, auf dessen Spitze das pittoreske Hotel Eden Rock erbaut wurde. Der Flughafen liegt am westlichen Ende von St. Jean.

PRAKTISCHE HINWEISE

Gegenüber vom Flughafen gibt es zwei Einkaufszentren. Dort findet man in den Galeries du Commerce ein Postamt und eine Tankstelle, während La Savane einen Supermarkt, eine Bäckerei und eine Apotheke zu bieten hat. Bei Lav'matic Laundromat gegenüber vom Lebensmittelgeschäft Sodexa kostet es 70 FF, eine Maschinenfüllung Kleidung waschen und trocknen zu lassen. Hier ist montags bis samstags von 8.00 bis 12.00 Uhr sowie montags, dienstags, donnerstags und freitags von 14.00 bis 17.00 Uhr geöffnet.

UNTERKUNFT

Das Village St. Jean (Tel. 27 61 39, Fax 27 77 96, BP 23) ist ein sehr nettes, von einer Familie geführtes Hotel, das nur fünf Minuten zu Fuß vom Strand den Hügel hinauf liegt. Vermietet werden hier 20 moderne Häuschen mit Küche, Klimaanlage, Deckenventilatoren und privater Terrasse. Die Luxushäuser können darüber hinaus mit einer eleganten Ausstrahlung und einem kleinen Seitenraum mit einem Doppelbett aufwarten, der ideal für ein Paar mit Kind wäre. Zur Anlage gehören auch ein schöner Swimming Pool mit Blick auf die Bucht, ein Whirlpool und ein kleiner Laden mit Erfrischungsgetränken, Alkohol und Imbissen. Die Preise für Standardhäuschen beginnen im Sommer bei 105 US $ sowie im Winter bei 150 US $ und für Luxushäuser bei 135 bzw. 235 US $. Zimmer mit Meerblick sind etwa 20 % teurer. Daneben stehen auch noch sechs Hotelzimmer ohne Küche zur Verfügung, in denen man mit Frühstück im Sommer für 75 US $ und im Winter für 135 US $ übernachten kann.

Das Hotel Tropical (Tel. 27 64 87, Fax 27 81 74, BP 147) liegt an einem Hügel nur einige Minuten Fußweg vom Strand entfernt und hat 20 klimatisierte Zimmer mit Kühlschränken, Fernsehgeräten und Balkonen zu bieten. Hier muß man im Sommer für ein Einzelzimmer 95 US $ und für ein Doppelzimmer 130 US $ bezahlen, im Winter 160 bzw. 185 US $. Zu diesen Preisen hat man von seinem Zimmer einen Blick auf den Garten und erhält auch Frühstück. Zimmer mit Blick auf das Meer kosten ca. 10 bis 15 % mehr. Während der Weihnachtsfeiertage werden die Preise noch einmal kräftig angehoben. Im Juni und Juli ist das Hotel geschlossen.

Das Emeraude Plage (Tel. 27 64 78, Fax 27 83 08) ist ein schönes Hotel am Strand, auf dessen Anlage viele blühende Oleander- und Hibiskusbüsche gedeihen. Es verfügt über 25 bungalowartige Unterkünfte, jede mit einer Kochnische, die sich zur Terrasse hin öffnet, Fernsehgerät, Telefon, Klimaanlage und Deckenventilator. Die Preise sind von der Größe der Bungalows sowie ihrer Lage zum Strand hin abhängig und reichen im Sommer von 650 bis 850 FF und im Winter von 920 bis 1500 FF. Diese Preise gelten für Quartiere mit einem Schlafzimmer, während man für einen der wenigen Bungalows mit zwei Schlafzimmern im Sommer 1150 FF und im Winter 1950 FF bezahlen muß.

Das Filao Beach Hotel (Tel. 27 64 84, Fax 27 62 24, BP 167) besteht aus 30 Zimmern in eingeschossigen Doppelhäusern. Das Hotel steht auf einem attraktiven Gelände, hat nettes Personal und eine sehr gute Lage direkt am Strand. Die Zimmer sind sehr komfortabel mit Fernsehgerät, Kühlschrank, Deckenventilator, Klimaanlage und großen Betten ausgestattet. Die Preise enthalten auch Frühstück und reichen im Sommer von 900 bis 1500 FF sowie im Winter von 1600 bis 2900 FF.

Das Eden Rock (Tel. 27 72 94, Fax 27 88 37), das beste Hotel auf St. Barts, liegt oben auf dem felsigen Grat, der die beiden Sandstrände von St. Jean trennt. Dieses Haus mit sechs Zimmern steckt voller Charakter. Jedes Zimmer ist anders eingerichtet, aber alle bieten einen guten Blick auf das Meer und Balkon. Sie sind mit großzügigen Vierpfostenbetten, Klimaanlage, Moskitonetzen und einer schönen, altertümlichen Dekoration ausgestattet. Hier kann man sogar in einem Bett übernachten, in dem schon Greta Garbo geschlafen hat. Der einzige Nachteil sind die Preise, die je nach Jahreszeit von 230 bis 395 US $ reichen, Frühstück allerdings inklusive. Das Zimmer Nr. 5 ist 50 US $ billiger, liegt dafür aber an der Straße und ist entsprechend laut.

Das Kerjan (Tel. 87 62 38) besteht aus fünf Holzbungalows direkt am Strand neben dem Chez Francine. Jeder ist mit klimatisiertem Schlafzimmer, Küche, Fernsehgerät und Radio ausgestattet. Außerdem kommt täglich ein Haushälter. Einige haben darüber hinaus hübsche kleine

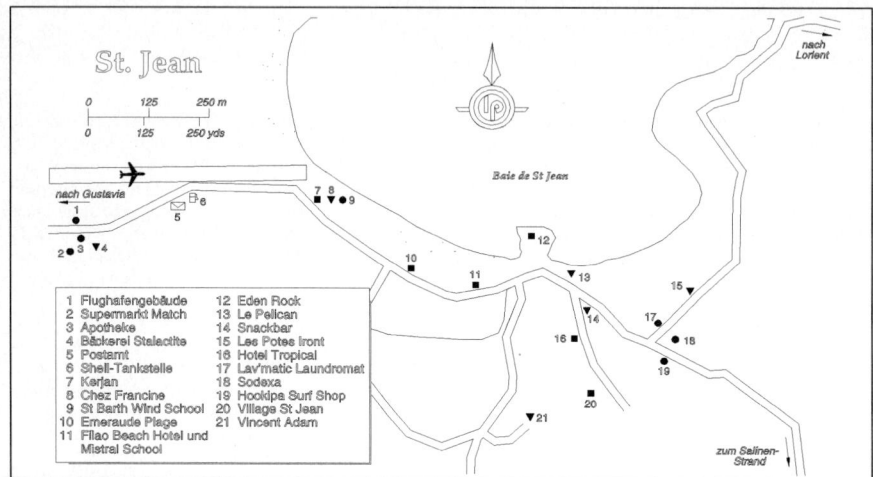

St. Jean

1 Flughafengebäude	12 Eden Rock
2 Supermarkt Match	13 Le Pelican
3 Apotheke	14 Snackbar
4 Bäckerei Stalactite	15 Les Potes Iront
5 Postamt	16 Hotel Tropical
6 Shell-Tankstelle	17 Lav'matic Laundromat
7 Kerjan	18 Sodexa
8 Chez Francine	19 Hookips Surf Shop
9 St Barth Wind School	20 Village St Jean
10 Emeraude Plage	21 Vincent Adam
11 Filao Beach Hotel und	
Mistral School	

Vorbauten. Die wöchentlichen Preise beginnen in dieser Anlage im Sommer bei 880 US $ und im Winter bei 1400 US $. Die Leitung des Hotels ist freundlich und sorgt dafür, daß das Ganze eine angenehme französische Atmosphäre vermittelt.

ESSEN
Ortsmitte: Im Le Patio beim Hotel Village St. Jean werden täglich außer mittwochs Frühstück und Abendessen serviert. Zum Abendessen stehen Pizzen ab 52 FF, Geflügel, Parmigianas und Nudelgerichte ab 100 FF sowie eine Hummer-Bouillabaisse für 450 FF zur Auswahl, wobei die Bouillabaise für zwei Personen reicht. Zum Filao Beach Hotel gehört ein beliebtes Mittagsrestaurant, das von 12.00 bis 14.30 Uhr geöffnet ist. Gerösteter Hai in Limonensauce z. B. kostet hier 100 FF, Steak 130 FF, Steuern und Bedienung im Preis enthalten. Das Chez Francine (Tel. 27 60 49), ein offenes Restaurant direkt am Strand in der Nähe vom östlichen Ende der Start- und Landebahn, genießt einen guten Ruf für seine Küche. Geboten wird eine umfangreiche Speisekarte, wobei man für frischen Fisch oder Geflügel ab 100 FF und für Hummer ab 225 FF bezahlen muß. Geöffnet ist allerdings nur zur Mittagszeit.
Im historischen Eden Rock können Sie im Freien mit Blick auf das Meer speisen. Das ist ein hübsches, stimmungsvolles Plätzchen für ein Mittagessen. Die Spezialität des Hauses ist Hummer, der frisch aus einem eigenen Becken kommt. Die Gerichte reichen von kaltem Hummer in Mayonnaise für 135 FF bis zu Hummer flambiert mit Whiskey für 160 FF.
Im Vincent Adam (Tel. 27 93 22) wird ein Menü mit drei Gängen für 190 FF angeboten. Man kann sich sein Essen

aber auch aus einer umfangreichen Speisekarte mit Vorspeise, Hauptgericht und Nachtisch selbst zusammenstellen. Unter den Hauptgerichten finden sich z. B. Filet Mignon, Ente gerollt in Wacholderbeeren, Hase nach Jägerart und Hummerschwanz. Das Essen ist recht gut, wobei man sehr nett und ruhig mit Blick über einen Salzsee sitzt.
An dem Dreieck bei der Straße gegenüber vom Le Pelican gibt es eine kleine Snackbar, an der recht preiswerte Sandwiches, Eiscreme und gefrorener Joghurt verkauft werden. Sodexa im Centre Commercial St. Jean ist ein kleines Lebensmittelgeschäft, wo neben einer Abteilung für Spirituosen und Frischprodukte auch ein Speisestand vorhanden ist, an dem eine Auswahl von Käsesorten und einige Mittagsmahlzeiten verkauft werden. Es ist täglich von 8.00 bis 20.00 Uhr geöffnet.
Das Les Potes Iront liegt im Espace-Neptune-Zentrum östlich des Sodexa und hat französisches Brot, Croissants, Sandwiches sowie frische Obst- und Gemüsesäfte zu bieten. Es ist montags bis samstags von 7.30 bis 19.00 Uhr geöffnet. Hier kann man sich an einen der Cafétische setzen oder sein Essen mitnehmen.

Umgebung des Flughafens: Das Stalactite ist eine Bäckerei gegenüber vom Flughafengebäude mit guten Croissants, Pasteten und Brot, die montags bis samstags von 7.00 bis 12.30 Uhr und von 15.30 bis 18.30 Uhr geöffnet ist. Einen Kaffee kann man sich für 10 FF im dazugehörigen Sandwich-Shop nebenan, dem Café de la Savane, besorgen. Im Café werden auch Schinken und Eier oder französischer Toast zum Frühstück und Sandwiches zur Mittagszeit serviert, die rund um 25 FF kosten und an kleinen Tischen im Hof verzehrt werden können.

In gleichen Einkaufszentrum liegt auch ein großer Supermarkt von Match mit einer guten Auswahl an Frischprodukten und französischen Weinen ab 12 FF pro Flasche.

Er ist montags bis samstags von 8.00 bis 13.00 Uhr und von 15.00 bis 19.30 Uhr sowie sonntags von 9.00 bis 13.00 Uhr geöffnet.

LORIENT

Lorient, der Ort, an dem die erste französische Siedlung entstand (1648), ist ein kleines Dorf, das von einem hübschen, weißen Sandstrand begrenzt wird. Wenn das Meer ruhig ist, finden sich hier viele Schnorchler ein, doch wenn die Brandung hoch ist, ist dies eines der besten Surfreviere von St. Barts. Um zum Strand zu gelangen, müssen Sie am Friedhof am östlichen Ende des Ortes nach links abbiegen. Verwechseln Sie diesen Friedhof nicht mit einem anderen, der an der Kreuzung vor einer hübschen alten Kirche mit einem Turm liegt.

Lorient hat auch ein Postamt in der Größe einer Briefmarke, eine Tankstelle und den Lebensmittelladen Jojo's mit einem zugehörigen Imbißlokal zu bieten, die alle an der Hauptstraße liegen.

UNTERKUNFT
Lorient hat nur wenig von der kommerziellen Entwicklung durchgemacht, die St. Jean kennzeichnet, obwohl auch hier einige private Zimmer zu mieten sind. Halten Sie bei Interesse nach entsprechenden Schildern Aus-

schau, die am Strand und in der Nähe der Kirche aufgestellt sind. Zusätzlich gibt es noch einige kleine Hotels an der ins Landesinnere führenden Straße, die alle vom Strand aus zu Fuß zu erreichen sind. Das billigste ist das Hôtel La Normandie (Tel. 27 61 66), in dem acht einfache, motelartige Zimmer vermietet werden, die als Einzelzimmer 250 FF und als Doppelzimmer 320 FF kosten.

Eine sehr interessante Möglichkeit, in Lorient zu wohnen, bietet das Le Manoir (Tel. 27 79 27, Fax 27 65 75) in der Nähe der alten Kirche. Untergebracht wird man in Hütten, die im Stil des 17. Jahrhunderts erbaut wurden und in einem privaten Garten liegen, der wiederum ein Gutshaus umgibt, das 1610 in der Normandie errichtet wurde und in den achtziger Jahren unseres Jahrhunderts hier wieder aufgebaut worden ist. Dieser Einfall stammt von Jeanne Audy-Roland, der Erfinderin der Kosmetikserie „M", die das Le Manoir als Aufenthaltsort für Künstler auf Besuch und andere Reisende entwarf. Die Hütten sind sehr rustikal mit kleinen Küchen sowie eigenen Bädern eingerichtet und kosten pro Person 200 FF.

VON LORIENT NACH GRAND CUL-DE-SAC

Hinter den östlichen Außenbezirken von Lorient windet sich die Straße hinauf auf die Hügel und ermöglicht ab und zu gute Ausblicke auf die Küste. In dieser Gegend kommt man an der Landspitze von Pointe Milou, dem Weiler Vitet, der am Fuß des 286 m hohen Morne du Vitet liegt, und Marigot vorbei, einer kleinen Bucht mit einigen Hotels und Restaurants.

UNTERKUNFT UND ESSEN
Hubert Delemotte, ein New-Age-Astrologe, betreibt die Hostellerie des 3 Forces in Vitet (Tel. 27 61 25, Fax 27 81 38). Das Haus verfügt über ein Dutzend einfacher Zimmer, jedes nach einem Tierkreiszeichen benannt. Alle sind mit eigenem Bad und Balkon, Moskitonetzen und Minikühlschränken ausgestattet. Hier kann man mit Ventilator im Sommer in einem Einzelzimmer für 65 US $ und in einem Doppelzimmer für 75 US $ übernachten, im Winter für 120 bzw. 140 US $. Klimatisierte Zimmer kosten etwa 20 % mehr. Im zugehörigen Restaurant wird französische und kreolische Küche serviert. Zum Mittagessen gibt es Gerichte von Omelettes (50 FF) bis hin zu Beef Brochette (105 FF), zum Abendessen ein Menü mit drei Gängen für 230 FF, wobei man zwischen Fisch, vegetarischen Gerichten oder rotem Fleisch wählen kann.

Das Christopher Hôtel von Sofitel am Pointe Milou (Tel. 27 63 63, BP 571) ist ein neues, nobles Ferienhotel mit 40 luxuriösen Zimmern. Zu jedem gehören eine Terrasse mit Blick auf das Meer, eine eigene Badewanne und Dusche, eine leise Klimaanlage, Deckenventilatoren, eine Minibar, ein Zimmertresor, ein Fernsehgerät und ein Telefon. Der Strand hier ist zwar sehr felsig, das Hotel verfügt aber über einen riesigen Swimming Pool und ein Fitness-Center. Die Zimmerpreise beginnen im Sommer bei 215 US $ und im Winter bei 325 US $, ein amerikanisches Frühstück inbegriffen. Für Gäste, die länger als nur ein paar Nächte bleiben wollen, werden häufig relativ preiswerte Pauschalen angeboten, die die Preise um mehr als ein Drittel senken können.

Im hoteleigenen Restaurant mit Blick auf das Meer, dem L'Orchidée, wird ein Tagesgericht mit drei Gängen für 220 FF angeboten.

Der Marigot Bay Club (Tel. 27 75 45), ein Hotel mit sechs Zimmern in Marigot, kann auch mit einem Restaurant mit Blick auf das Wasser aufwarten, das bei den Inselbewohnern wegen seiner kreolischen Küche, des frischen Fisches und des Hummers sehr beliebt ist. Es ist von November bis Ende Mai geöffnet und von den Preisen her relativ teuer.

GRAND CUL-DE-SAC

Grand Cul-de-Sac besitzt einen sandigen Strand und eine durch ein Riff geschützte Bucht mit guten Wassersportmöglichkeiten. Die Gegend zieht Aktivurlauber in Mengen an, unter denen sich vor allem Windsurfer befinden. Der Strand erstreckt sich entlang eines schmalen Landstreifens, der die Bucht von einem riesigen Salzsee trennt (Sandflöhe können eine Plage sein!). An der Bucht liegen einige Hotels und Restaurants zusammen mit einer Schule für das Windsurfen und einem Wassersportzentrum.

UNTERKUNFT

Das St. Barths Beach Hotel (Tel. 27 60 70, Fax 27 75 27, BP 581) liegt direkt am Strand und besteht aus 36 Zimmern, die auf zweistöckige Gebäude verteilt sind. Jedes verfügt über Klimaanlage, Balkon, Telefon und Minibar. Vorhanden sind auch Volleyball- und Tennisplätze. Im Sommer muß man in diesem Haus für ein Einzelzimmer 78 US $ und für ein Doppelzimmer 112 US $ bezahlen, im Winter 185 bzw. 254 US $. Angeboten werden auch Pauschalen mit drei Übernachtungen oder mehr sowie einem Mietwagen, die normalerweise günstiger sind als einzelne Übernachtungen.

Das Hôtel de la Plage (Tel. 27 60 70) teilt sich einen Swimming Pool und die Rezeption mit dem nebenan gelegenen St. Barths Beach Hotel. Es besteht aus einer Ansammlung von 16 älteren, aber ganz ordentlichen Strandbungalows, einige mit Kochnische auf der Terrasse. Im Sommer werden für Einzelbungalows zwischen 63 und 76 US $ sowie für Doppelbungalows zwischen 88 und 112 US $ berechnet, im Winter allerdings etwa das Doppelte.

Am Nordende des Strandes liegt das El Sereno Beach Hotel (Tel. 27 64 80, Fax 27 75 47), dessen 20 Zimmer einen zentralen Innenhof mit Garten umgeben. Jedes Zimmer ist zwar mit Fernsehgerät, kleinem Kühlschrank, Klimaanlage und Zimmertresor ausgestattet, doch sind die Zimmer für die geforderten Preise recht klein, denn die beginnen im Sommer für ein Einzelzimmer bei 130 US $ und für ein Doppelzimmer bei 155 US $ sowie im Winter bei 245 bzw. 310 US $. Vorhanden ist allerdings auch ein Swimming Pool. Zum Hotel gehören zudem neun moderne Villen an der Hauptstraße, nur fünf Minuten zu Fuß vom Strand entfernt. Jede ist mit klimatisiertem Schlafzimmer mit Doppelbetten, einer Küche, einem Wohnraum mit einem Sofadoppelbett, Fernsehgerät, Telefon und Safe eingerichtet. Die Preise dafür betragen im Sommer 120 US $ sowie im Winter zwischen 200 und 245 US $. In beiden Unterkünften kommen noch hohe 15 % Zuschlag für Bedienung hinzu.

ESSEN

Das Le Rivage im St. Barths Beach Hotel ist ein legeres Strandrestaurant, in dem Mittag- und Abendessen serviert werden. Sandwiches kosten ab 40 FF, während die Preise für Hauptgerichte von 68 FF für kreolisches Hähnchen bis 94 FF für Curry-Garnelen reichen. Geöffnet ist täglich von 12.00 bis 14.30 Uhr und von 19.00 bis 21.30 Uhr.

Im La Gloriette neben dem El Sereno Beach Hotel wird kreolische Küche serviert. Für Ziegen-Curry oder gegrillten Fisch in kreolischer Soße muß man 80 FF bezahlen, für einen Chefsalat 65 FF. Dieses Restaurant ist zum Mittag- und Abendessen geöffnet, allerdings montags geschlossen.

Das La Toque Lyonnaise vom El Sereno (Tel. 27 64 80) hat einen guten Ruf, was seine französische Küche anbelangt. Hauptgerichte mit Fisch oder Fleisch werden in diesem Restaurant ab 130 FF und komplette Menüs ab 240 FF angeboten. Es ist allerdings nur täglich zum Abendessen geöffnet.

Zur Mittagszeit kann man im Le Lagon Bleu vom El Sereno Beach Hotel preiswerte Gerichte mit Meeresfrüchten, Salate und Sandwiches essen.

DAS GEBIET HINTER GRAND CUL-DE-SAC

Von Grand Cul-de-Sac beschreibt die Straße einen Bogen um den 286 m hohen Morne du Vitet und den 274 m hohen Morne de Grand Fond, die höchsten Berge der Insel. Es ist eine landschaftlich schöne Fahrt vorbei an grünen, grasbewachsenen Hängen, geraden Steinmauern, grasenden Kühen und gelegentlichen Farmern, durch eine Landschaft, die häufig mit der ländlichen Normandie verglichen wird.

SALINEN-STRAND

Der Anse de Grande Saline ist ein langer, wunderschöner Strand, breit und abgelegen, der nach dem riesigen Salzsee benannt wurde, der hinter ihm liegt. Stelz- und Wasservögel fliegen über den Salzsee, leider aber auch Stechmücken, die einen am Genuß dieses Strandes manchmal doch sehr hindern können. Der Salinen-Strand liegt abseits der üblichen Touristenrouten, wird aber von den Inselbewohnern und mehrfach hierher kommenden Urlaubern als ein besonderer Platz bezeichnet.

Die Zementstraße zum Salinen-Strand endet etwa einen halben Kilometer vor dem Strand, man kann aber häufig auf einer zerfurchten Schotterstraße entlang der Südseite des Salzsees weiterfahren, bis man nur noch zwei Minuten Fußweg vom Strand entfernt ist.

Ein erfreuliches Mittagessen kann man im Le Tamarin erhalten, das recht hübsch am Weg zum Strand liegt und eine Mixtur aus guter kreolischer und französischer Küche zu moderaten Preisen zu bieten hat. Es ist allerdings nur zum Mittagessen jeden Tag außer montags bis 15.30 Uhr geöffnet.

GOUVERNEUR-STRAND

Der Anse du Gouverneur ist ein prächtiger Sandstrand rund um eine U-förmige Bucht, die an beiden Seiten von hohen Klippen begrenzt wird. Der Strand ist breit und abgeschieden und eignet sich sehr gut zum Sonnenbaden und Picknicken. Duschen oder sonstige Anlagen sucht man hier allerdings vergebens.

Um von Gustavia bis hierher zu gelangen, müssen Sie sich hinter dem Hotel Carl Gustaf nach Südosten halten. Die Straße wird zunehmend steiler, bis Sie den Gebirgskamm in Lurin erreichen, wo Sie nach rechts abbiegen und eine enge, kurvige Asphaltstraße hinunterfahren müssen, die ihre Bremsen auf eine harte Probe stellt (fahren Sie in einem niedrigen Gang). Auf dieser Strecke bieten sich einige spektakuläre Ausblicke auf die Küste. Nachdem Sie das Schild mit der Aufschrift „Privatbesitz" erreicht haben, müssen Sie in die Schotterstraße zu Ihrer Linken einbiegen. Der Strand, der von Blättern verdeckt wird, liegt dann nur noch 100 m entfernt.

ST. EUSTATIUS

St. Eustatius (auf Holländisch Sint Eustatius genannt und normalerweise mit der Kurzform Statia bezeichnet) ist ein stiller kleiner Außenposten mit einer bestechenden kolonialen Geschichte. Als Teil der Niederländischen Antillen hat die Insel interessante geschichtlich Stätten und einige gute Wander- und Tauchmöglichkeiten zu bieten.

Nur wenige Kilometer breit, ist St. Eustatius eigentlich eine Insel mit nur einer Stadt, einem Flughafen und einigen bewohnten Nachbargemeinden in den Außenbezirken der Stadt.

Obwohl nur 20 Minuten mit dem Flugzeug von St. Martin entfernt, ist St. Eustatius doch eines der am häufigsten übersehenen Ziele der Inseln über dem Winde, teilweise deshalb, weil es keiner der attraktiven Strände besitzt, über die viele der anderen Nachbarinseln von St. Martin verfügen. Natürlich macht gerade das Fehlen von Touristenmassen den Reiz für diejenigen aus, die dennoch hierherkommen. In vielerlei Hinsicht ist die Landung auf St. Eustatius ein bißchen wie ein Rückflug in die Karibik der fünfziger Jahre - die Inselbewohner lieben Schwätzchen, lassen Geflügel und Ziegen frei auf den Straßen herumlaufen und fühlen sich wohl dabei, wenn das Tempo auf dieser Insel herrlich langsam ist.

Das kleine St. Eustatius ermöglicht einen schönen, ruhigen Aufenthalt für alle diejenigen, die den Tourismusströmen auf vielen der anderen Inseln entfliehen wollen.

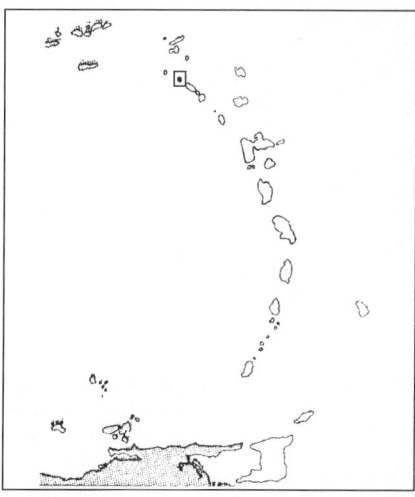

ORIENTIERUNG

St. Eustatius verfügt nur über wenige Straßen und ist einfach zu erkunden. Oranjestad, die einzige Stadt der Insel, liegt 1,5 km südlich des Flughafens und wird durch eine Klippe in eine Oberstadt sowie eine Unterstadt unterteilt. Beide Stadtteile sind durch einen Fußweg und eine Straße miteinander verbunden.

EINFÜHRUNG

GESCHICHTE

Die karibischen Ureinwohner nannten die Insel Alo, was Cashew-Baum bedeutet, Kolumbus benannte die Insel dann nach St. Anastasia. Obwohl die Franzosen 1629 mit dem Bau einer Festung begonnen, wurde die erste dauerhafte Siedlung erst 1639 von den Holländern gegründet, nachdem sie die kleine französische Mannschaft von der Insel verjagt hatten. Die Insel wechselte in der Folgezeit unter den Franzosen, Engländern und Holländern 22 mal den Besitzer.

Im 18. Jahrhundert, als die Briten und Franzosen von ihren Kolonien Steuern und Zölle erhoben, wandelten die Holländer St. Eustatius in eine Freihandelszone um. Als Resultat davon konnten die westindischen und nordamerikanischen Kolonien die Zölle und Steuern umgehen, indem sie ihre Waren über St. Eustatius verschifften, das dadurch aufblühte und eines der wichtigsten Handelszentren zwischen Alter und Neuer Welt wurde.

Während ihrer Blütezeit um 1770, als monatlich 300 Handelsschiffe den Hafen von St. Eustatius anliefen, wuchs die Bevölkerung auf über 20 000 Menschen an. Der daraus resultierende Wohlstand brachte St. Eustatius den Spitznamen „Goldener Felsen der Karibik" ein.

Viele der Waren, die für die rebellierenden nordamerikanischen Kolonien bestimmt waren, wurden über St. Eustatius verschifft. Zusammen mit legaler Fracht wie Melasse oder Sklaven wurden von den aus St. Eustatius auslaufenden Handelsschiffen auch Waffen und Schießpulver nach Neuengland geschmuggelt, sehr zum Ärger der britischen Beamten, deren Protest bei den holländischen Händlern allerdings weitgehend auf taube Ohren stieß.

Ein Vorfall, der vor allem die Briten irritierte, fand am 16. November 1776 statt, als St. Eustatius, eher unbeabsichtigt, das erste ausländische Land wurde, das die Unabhängigkeitserklärung der amerikanischen Kolonien durch das Erwidern eines Kanonensaluts der vorbeifahrenden amerikanischen Brigg *Andrew Doria* anerkannte. Unglücklicherweise für St. Eustatius enterte die Besatzung eines anderen amerikanischen Schiffes gerade ganz in der Nähe ein britisches Boot, was der Geste leider einen unangenehmen Beigeschmack gab.

1781 beglich der britische Admiral George Rodney die alte Rechnung, indem er St. Eustatius angreifen, die Lagerhäuser plündern und die Händler verbannen und ihre Waren versteigern ließ. Die Holländer brachten die Insel einige Jahre später wieder in ihren Besitz, doch markierte die britische Invasion das Ende der Vormachtstellung von St. Eustatius als Handelszentrum.

Ironischerweise erlaubten die amerikanische Unabhängigkeit und der Friedensvertrag von 1783 zwischen den USA und Großbritannien den früheren nordamerikanischen Kolonien, direkte Handelsrouten zu errichten, die St. Eustatius ganz umgingen. Daher liegt St. Eustatius bis heute abseits der gängigen Verbindungen.

DAS LAND

St. Eustatius ist 8 km lang sowie 3 km breit und besteht aus 21 km² Landfläche. Die Insel liegt 61 km südlich von St. Martin und 27 km südöstlich von Saba.
Der Quill (dessen Name sich von dem holländischen Wort *kwil* ableitet, was Vulkan heißt) erhebt sich über die südliche Inselhälfte. Dieser erloschene Vulkan, der bei Mazinga, dem höchsten Punkt, 600 m Höhe erreicht, bestimmt das hohe, kegelförmige Erscheinungsbild von St. Eustatius, wie es sich von den umliegenden Inseln aus darstellt.
Klippen fallen entlang weiter Teile der Küste steil in das Meer ab und sind die Ursache dafür, daß die Insel nur mit sehr wenigen Stränden aufwarten kann. An der Nordseite von St. Eustatius erheben sich einige niedrige Berge, wohingegen sich auf der zentralen Ebene der Insel der Flughafen und die Stadt befinden.

KLIMA

Im Januar erreicht die durchschnittliche Tageshöchsttemperatur 29° C und die Niedrigsttemperatur 22° C. Im Juli liegt die Tageshöchsttemperatur bei durchschnittlich 32° C und die entsprechende Tiefsttemperatur bei 24° C.
Die durchschnittliche Jahresniederschlagsmenge beträgt 1145 mm und ist gleichmäßig über das Jahr verteilt. Die Luftfeuchtigkeit liegt von März bis Dezember bei etwas über 70 % sowie im Januar und Februar bei rund 75 %.

FLORA UND FAUNA

Die meisten Gebiete der Insel sind trocken und mit struppiger Vegetation bewachsen, auch wenn hier und da Oleander, Bougainvilleas, Hibiskus und Ketten von Liebesblumen einen Tupfer Farbe abgeben. Der Quill sammelt genügend Wolken über seinem zentralen Krater, daß sich dort ein Regenwald mit Farnen, Elefantenohren, Bananen und riesigen Bäumen halten kann.
Das meiste tierische Leben beschränkt sich auf Ziegen, Kühe und Esel. Weißschwanz-Tropenvögel nisten in den Klippen entlang des Strandes nördlich der Unterstadt.

STAAT UND VERWALTUNG

St. Eustatius ist Teil des Königreiches der Niederlande und eine von fünf Inseln der Niederländischen Antillen, dessen Verwaltung sich in Curacao befindet. Wie die anderen vier Inseln wird St. Eustatius als Gemeinde behandelt und von einem Gouverneur verwaltet. Das ist derzeit Irwin E. Temmer, der von der holländischen Königin Beatrix ernannt worden ist.
Dieser und zwei gewählte Verwaltungsbeamte sind für die Dinge des alltäglichen Lebens auf St. Eustatius zuständig.

WIRTSCHAFT

Die Inselwirtschaft ist von einer Mischung aus Fischfang, kleinen Geschäften und einem klein wenig Tourismus abhängig. Ein Großteil der Inselbevölkerung ist in der Verwaltung angestellt. An der nordwestlichen Inselseite stehen zudem riesige Öltanks, wo Öl aus Schiffen entladen und vor dem Weitertransport zu anderen Inseln gelagert wird.

DIE MENSCHEN

Auf St. Eustatius leben 1600 Insulaner. Die meisten der Menschen sind Schwarze, zum größten Teil Nachfahren afrikanischer Sklaven, die nach St. Eustatius gebracht wurden, um in den Lagerhäusern in der Unterstadt und auf einer Handvoll längst aufgegebener Plantagen zu arbeiten.

KUNST UND KULTUR

Die Kultur besteht aus einer Mischung aus afrikanischem und holländischem Erbe, ähnlich der, die auch auf anderen niederländischen Inseln in der östlichen Karibik anzutreffen ist. Die Vielzahl der historischen Gebäude auf der Insel und ihre Bedeutung als wichtiges Handelszentrum in der frühen Kolonialzeit heben St. Eustatius allerdings aus den anderen holländischen Inseln heraus. Viele der hiesigen Gebäude wurden unter Denkmalschutz gestellt, darunter auch das Simon-Doncker-Haus, in dem heute eines der schönsten historischen Museen der Region untergebracht ist.

Kleidung: Badesachen sollten auf den Strand beschränkt bleiben. Leute, die im Badezeug in der Oberstadt von Oranjestad herumlaufen, können relativ sicher sein, von der Polizei aufgegriffen zu werden.

RELIGION

Auf St. Eustatius sind unter den Inselbewohnern Methodisten, Katholiken, Adventisten, Anglikaner, Baptisten und Anhänger des Baha'i-Glaubens vertreten.

SPRACHE

Holländisch ist zwar die offizielle Inselsprache, allgemein wird jedoch Englisch gesprochen.

PRAKTISCHE HINWEISE

EINREISEBESTIMMUNGEN

Deutsche, Österreicher und Schweizer müssen bei der Einreise gültige Reisepässe vorweisen können.
Außerdem ist offiziell ein Ticket für die Rück- oder Weiterreise erforderlich.

ZOLLBESTIMMUNGEN

St. Eustatius ist Freihandelszone, so daß Zollbeschränkungen nicht bestehen.

GELD

Der Niederländische Antillen-Gulden oder Florin (Fl) ist die offizielle Währung, jedoch werden überall auch US-Dollar akzeptiert. In Hotels, Autovermietungen und Tauchschulen werden alle Preise in US-Dollar angegeben, wohingegen in den Läden der Insel Gulden berechnet werden. Der offizielle Wechselkurs beträgt 1,77 Gulden für einen US-Dollar. Weitere Informationen können Sie dem Abschnitt über Geld im Einführungsteil entnehmen.
Die Autovermietungen Avis und Rainbow sowie die Tauchschule Dive Statia akzeptieren zudem Kreditkarten von Eurocard/Mastercard, Visa und American Express, wie auch die drei Hotels in Oranjestad.
Anderswo werden Kreditkarten in Unterkünften auf St. Eustatius nicht angenommen. Einige andere Stellen akzeptieren allerdings als weitere Kreditkarte die Discover Card.

INFORMATIONEN

Die Hauptstelle des Fremdenverkehrsbüros finden Sie in der Oberstadt in Oranjestad. Daneben gibt es noch einen Stand gegenüber vom Dinghy-Dock in der Unterstadt, an dem man ebenfalls Informationen erhalten kann.
Wenn Sie schriftlich Informationen anfordern wollen, adressieren Sie Ihr Schreiben an das St. Eustatius Tourist Bureau, St. Eustatius, Niederländische Antillen (Tel. 8 24 33 und 8 22 09, Fax 8 23 24).
Vertretungen des Fremdenverkehrsamtes im deutschsprachigen Raum bestehen nicht.

ÖFFNUNGSZEITEN

Geschäfte und Büros sind normalerweise von 8.00 oder 9.00 bis 12.00 Uhr und von 13.00 bis 17.00 Uhr geöffnet.

FEIERTAGE

Feiertage auf St. Eustatius sind folgende:

Neujahrstag	1. Januar
Karfreitag	Freitag vor Ostern
Ostersonntag	Ende März/Anfang April
Ostermontag	Ende März/Anfang April
Tag der Königin	30. April
Tag der Arbeit	1. Mai
Himmelfahrt	40. Tag nach Ostern
Weihnachten	25. und 26. Dezember

KULTURELLE VERANSTALTUNGEN

Der Karneval von St. Eustatius, der im späten Juli gefeiert wird und an einem Montag seinen Höhepunkt erreicht, ist das größte Fest der ganzen Insel. Musik, Shows, Spiele, Wettkämpfe und lokale Speisen spielen dabei die größte Rolle.

Im Fort Oranje finden die Zeremonien statt, die am Statia-Amerika-Tag, dem 16. November, abgehalten werden. Dieser Tag erinnert an ein Ereignis im Jahre 1776, als St. Eustatius das erste ausländische Land wurde, das der US-Flagge salutierte.

POST

Das einzige Postamt von St. Eustatius liegt in Oranjestad am Cottageweg. Wenn Sie aus dem Ausland nach St. Eustatius schreiben wollen, dann adressieren Sie Ihre Post einfach mit dem Namen des Empfängers, gefolgt von „St. Eustatius, Niederländische Antillen".

Es kostet 0,55 Fl, um eine Postkarte, und 1,75 Fl, um einen Brief mit bis zu 10 g Gewicht nach Europa zu schicken. Für einen Brief an einen Empfänger innerhalb der Karibik muß man 0,90 Fl Porto bezahlen.

TELEKOMMUNIKATION

Wenn Sie aus dem Ausland nach St. Eustatius anrufen möchten, müssen Sie die Länderkennzahl 599-3 vor der fünfstelligen Rufnummer wählen.

STROM

Die elektrische Spannung beträgt 110 Volt Wechselstrom mit einer Frequenz von 60 Hertz, wobei flache Stecker mit zwei Metallstiften wie in den USA benutzt werden. Die Stromversorgung auf der Insel ist im allgemeinen recht zuverlässig, auch wenn bei Wahlen und anderen strittigen Ereignissen manchmal ohne Vorwarnung die Lichter verlöschen.

MASSE UND GEWICHTE

Auf St. Eustatius wird das metrische System verwendet.

MEDIEN

The Gem, die Inselzeitschrift, wird wöchentlich veröffentlicht. Die täglich erscheinenden Zeitungen von St. Martin werden auch hier verkauft.

GESUNDHEIT

Das Krankenhaus von St. Eustatius, das Queen Beatrix Medical Center (Tel. 8 22 11), liegt am Prinsesweg 25 an der östlichen Seite von Oranjestad.

GEFAHREN UND ÄRGERNISSE

Es kommt auf St. Eustatius nur zu wenigen Straftaten, auch wenn es nicht ratsam ist, Sachen unbeaufsichtigt am Strand liegen zu lassen. Gerade Schnorchelausrüstungen scheinen manchmal davonzulaufen. In der Stadt sollte angemessene Kleidung getragen werden (vgl. Abschnitt über Kunst und Kultur weiter oben in diesem Kapitel).

FREIZEITBESCHÄFTIGUNGEN

Strände und Schwimmen: Niemand besucht St. Eustatius wegen der Strände, von denen es nur wenige gibt und die auch noch nicht einmal besonders beeindruckend sind. Der beste Strand zum Schwimmen ist der Oranje-Strand in der Unterstadt. Einen anderen beliebten Strand finden Sie in der Zeelandia-Bucht an der Ostküste.

Tauchen und Schnorcheln: St. Eustatius hat etwa 30 Tauchreviere zu bieten, meistens Korallenformationen auf alten Lavaströmen. Ansehen kann man sich unter Wasser auch einige wenige Wracks von alten Handelsschiffen aus der Kolonialzeit, obwohl die Überreste vorwiegend aus Haufen von Ballaststeinen bestehen, weil die Schiffskörper längst verfallen sind. Um die historischen Überbleibsel der Insel vor Souvenirjägern zu schützen, müssen alle Taucher von Führern begleitet werden.

Das Wrack der *Stingray* (1768) liegt einige Minuten vor der Unterstadt in 15 m Wassertiefe in der Nähe eines Vorsprungs, der eine reichhaltige Unterwasserwelt beherbergt. Hier kann man u. a. Stachelrochen, Aale und Tintenfische sehen.

Das Carolinen-Riff ist ein beliebtes, mitteltiefes Tauchrevier mit korallenverkrusteten Lavaströmen und einer ganzen Reihe von Vorsprüngen, die Hummern, kleinen Haien und Meeresschildkröten als Heimat dienen.

Wenn Sie tieftauchen möchten, bietet sich Doobie Crack, eine riesige Spalte in einem Riff, an, an der man sich

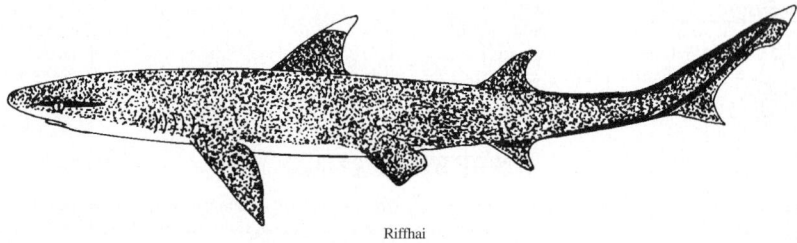

Riffhai

ebenfalls kleine Haie und Schwärme von großen Fischen ansehen kann. Am anderen Ende des Spektrums liegt Kim's Coral, ein hübsches flaches Tauchrevier.

Für Schnorchler ist die Jenkins-Bucht an der nordwestlichen Inselseite das beliebteste Ziel, deren ruhiges Wasser die Heimat von Korallenformationen und vielerlei Riffischen ist. Die einzige Tauchschule von St. Eustatius, Dive Statia in der Unterstadt (Tel. 8 24 35, Fax 8 25 39, PO Box 158), ist jeden Tag von 8.30 bis 16.00 Uhr geöffnet. Die Anlage ist wie alles auf St. Eustatius klein und freundlich. Die Taucher fahren entweder mit einem 9 m langen Kabinenboot oder mit Schlauchbooten hinaus, wobei alle Tauchreviere innerhalb einer Entfernung von 15 Minuten Bootsfahrt liegen.

Zusätzlich zu den normalen Tauchgängen, die 55 US $ kosten, werden bei Dive Statia noch Einführungskurse für 45 US $, die einen flachen Tauchgang an der alten Stadtmauer beinhalten, Urlaubskurse für 80 US $ mit einem Tauchgang am Strand und vom Boot sowie fünftägige Kurse mit Zertifikat für 325 US $ angeboten. Dive Statia vermietet Schnorchelausrüstungen für 8 US $ und nimmt Schnorchler hinaus bis zur Jenkins-Bucht mit, was einschließlich Ausrüstung 20 US $ kostet. Segler erhalten 10% Rabatt auf alle Tauchgänge.

Wandern: Das Fremdenverkehrsbüro gibt eine kostenlose Broschüre heraus, in der 12 verschiedene Wanderwege beschrieben sind und die ausreichen sollte, Informationen zu den aktuellen Streckenzuständen zu vermitteln. Die meisten Wege sind ausgeschildert, einige auch mit orangefarbenen Bändern gekennzeichnet.

Der beliebteste Wanderweg führt zum Quill, dem erloschenen Vulkan auf St. Eustatius. Auf den Berg führen zwei Wege, die sich kurz unterhalb des Gipfels vereinigen. Der am einfachsten zu findende und auch zu begehende ist der Weg, der am Ende der Rosemary Laan in Oranjestad beginnt und etwa 45 Minuten in Anspruch nimmt, um den Rand des Kraters zu erreichen. Von dort aus können Sie in jede Richtung entlang des Grates weiterwandern. Der Pfad nach rechts (Richtung Südosten) endet auf dem 600 m hohen Mazinga, dem höchsten Punkt auf St. Eustatius. Der kürzere Panoramaweg in Richtung links bietet spektakuläre Ausblicke und nimmt etwa 15 Minuten in Anspruch. Eine dritte Möglichkeit bietet der steile Weg, der in den Krater hinunterführt, wo ein dichter Regenwald mit hohen Bäumen, einige davon mit riesigen Stützwurzeln, wächst. Dieser Weg, der etwa 30 Minuten pro Strecke erfordert, kann bei Nässe sehr rutschig sein, so daß feste Schuhe unbedingt notwendig sind.

HÖHEPUNKTE

St. Eustatius hat verschiedene interessante historische Stätten zu bieten, wobei ein Spaziergang durch die Stadt, auf dem man sich alle ansehen kann, unverzichtbar ist. Denken Sie dabei an das außergewöhnliche Museum, das Fort und einen Spaziergang entlang des Wassers in Oranjestad. Eine schöne Fahrt ist die hinaus zu Fort de Windt, von wo aus man gut einen Blick auf St. Kitts werfen kann.

UNTERKUNFT

Die meisten Übernachtungsmöglichkeiten befinden sich entweder in Oranjestad oder in der Nähe des Flughafens. Alle Quartiere sind recht bescheiden in der Ausstattung, die Preise dafür nach karibischem Standard aber auch recht niedrig. Auf die Kosten für Übernachtungen werden 7 % Steuern aufgeschlagen.

Weitere 10 bis 15 % berechnen die Hotels für Bedienung.

ESSEN

Wenn man die geringe Größe bedenkt, so hat St. Eustatius eine erstaunliche Zahl von Restaurants zu bieten, die meisten mit erschwinglichen Preisen. Es gibt darüber hinaus in Oranjestad noch mehrere kleine Lebensmittelgeschäfte. Der Supermarkt Windward Islands am Heiligerweg ist einer der gut sortierten und montags bis freitags von 8.00 bis 16.30 Uhr sowie samstags bis 21.00 Uhr geöffnet.

Das meiste Leitungswasser stammt aus privaten Anlagen zum Auffangen von Regenwasser und sollte daher vor dem Trinken abgekocht werden.

Näheren Informationen über das Behandeln von Wasser zum Trinken können Sie dem Abschnitt über die Gesundheit vorn in diesem Buch im Einführungsteil entnehmen.

UNTERHALTUNG

Die heißeste Unterhaltung wird samstags am Abend im Gerald's in der Oberstadt geboten, wo die lokale Steelband ab etwa 22.00 Uhr die Bühne übernimmt. Diese Band spielt auch freitags am Abend im Talk of the Town draußen beim Flughafen. In der Exit Disco am Faeschweg kann man an den Wochenenden tanzen, wofür der Eintritt normalerweise 3 Fl kostet. Wenn Sie nur einen Drink zu sich nehmen wollen, dann gehen Sie einmal in das Old Gin House in der Unterstadt, das einen angenehmen Charakter der Alten Welt vermittelt.

EINKÄUFE

Im Geschenkeladen Mazinga in der Fort Oranje Straat in der Oberstadt wird von allem etwas verkauft. Hier bekommt man T-Shirts, Schmuck und andere Souvenirs. In der Park-Place-Galerie gegenüber der Bar und dem Restaurant Cool Corner werden typische Handarbeiten der Insel und kunstgewerbliche Gegenstände angeboten.

ANREISE

FLUG

Die einzigen Linienflugverbindungen nach St. Eustatius unterhält Winair (Tel. 8 23 81 und 8 23 62), die täglich viermal (sonntags dreimal) von St. Martin nach St. Eustatius fliegt.

St. Eustatius kann leicht in einem Tagesausflug besucht werden. Die ersten Flüge von St. Martin beginnen sonntags um 8.45, dienstags, donnerstags und samstags um 7.00 Uhr sowie montags, mittwochs und freitags um 8.00 Uhr. Der letzte Rückflug nach St. Martin findet von St. Eustatius täglich um 17.10 Uhr statt. Ein Ticket für einen einfachen Flug kostet 33 US $ sowie für einen Hin- und Rückflug 66 US $.

Winair bietet jeden Nachmittag auch zehnminütige Flüge von Saba nach St. Eustatius an. Diese Kurzflüge finden auch an einigen Vormittagen statt und kosten pro Strecke 20 US $.

Es ist darüber hinaus möglich, mit Winair jeden Montag- und Samstagnachmittag von St. Kitts nach St. Eustatius zu fliegen. Die Rückflüge von St. Eustatius nach St. Kitts finden samstags am Morgen statt.

Flughafentransfer: Normalerweise stehen ein oder zwei Taxis bereit, die auf Passagiere von ankommenden Flugzeugen warten. Die Fahrer berechnen 3,50 US $ pro Person, um die Passagiere zu einem Hotel in der Stadt zu bringen. Falls Sie bei der Ankunft auf St. Eustatius keine Taxis vorfinden, dann halten Sie nach Rosie Ausschau, der fröhlichen Frau, die früher auf St. Martin lebte und der Rainbow Car Rental gehört. Sie bringt Besucher für den gleichen Preis in die Stadt.

SCHIFF

Auf St. Eustatius wurde erst kürzlich der 210 m lange, L-förmige Wellenbrecher am Südende der Unterstadt fertiggestellt, der aus 10 Tonnen schweren Felsbrocken aus Norwegen gebaut worden ist. Dieser Wellenbrecher ist der Grundstein für einen neuen Hafen, der Ankerplätze für Fischerboote und genügend Platz für Jachten enthalten soll. Segler sollten sich sofort nach der Ankunft beim Hafenkapitän melden.

Kreuzfahrt: St. Eustatius verfügt über keinen Tiefwasserhafen, in dem große Kreuzfahrtschiffe anlegen könnten.

Die Insel wird jedoch von dem Schoner *Polynesia* von Windjammer Barefoot und einigen weiteren kleinen Kreuzfahrtschiffen angelaufen.

AUSFLUGSFAHRTEN

Irish Travel Tours, beheimatet im Safari-Gebäude in der Airport Road in Simpson Bay auf St. Martin (Tel. 5 36 63), veranstaltet Tagesausflüge nach St. Eustatius. Sie kosten 100 US $ (für Kinder unter 12 Jahren 70 US $) und beinhalten die Kosten für den Flug mit Winair hin und zurück, eine Besichtigungsfahrt, ein Mittagessen im Old Gin House sowie die Benutzung des Swimming Pools des Hotels.

Diese Gesellschaft bietet ebenfalls einen eintägigen Tauchausflug nach St. Eustatius an, der für einen Tauchgang 160 US $ und für zwei Tauchgänge 180 US $ kostet.

An Werktagen verbindet Irish Travel Tours St. Eustatius und Saba zu einem Tagesflugsprogramm, für das man 180 US $ bezahlen muß. Darin sind die Flüge, Besichtigungsfahrten auf beiden Inseln und ein Mittagessen enthalten.

Dive Statia (PO Box 158, St. Eustatius) bietet Pauschalen für 450 US $ pro Person an, die fünf Übernachtungen im Talk of the Town oder im Golden Era, Frühstück, sechs Tauchgänge sowie die Flughafen- und Tauchgebühren umfassen. Der Preis beruht auf Unterbringung in einem Doppelzimmer mit zwei Personen, es ist jedoch auch möglich, daß die zweite Person am Tauchen nicht teilnimmt und dann nur den halben Preis bezahlt. Offeriert werden auch Angebote für Einzelreisende und für eine ganze Woche.

AUSREISE AUS ST. EUSTATIUS

Bei Flügen zu einem Ziel auf den Niederländischen Antillen wird eine Ausreisesteuer von 2 US $ und bei Flügen zu anderen karibischen Inseln von 5 US $ erhoben.

REISEN AUF ST. EUSTATIUS

Taxifahrten sind auf St. Eustatius relativ teuer. Zudem sind Taxis nicht sonderlich reichlich vorhanden. Es verkehren auf der Insel auch keine Busse. Man muß sich also eigentlich ein Auto leihen, wenn man die Insel erkunden will. Dafür reicht ein Tag aus. Falls Sie sich in Oranjestad länger aufhalten, brauchen Sie sicherlich kein Auto für mehrere Tage, müssen sich aber auf lange Fußmärsche einstellen, da die Stadt sehr weitläufig ist. Wenn Sie sich nur einen kurzen Überblick über die Insel verschaffen wollen, dann kann in den Hotels eine zweistündige Taxitour für 40 US $ arrangiert werden.

Die einzige Tankstelle von St. Eustatius befindet sich in der Unterstadt gegenüber vom Pier. Sie ist sonntags geschlossen, aber normalerweise an den übrigen Tagen von 7.00 bis 19.00 Uhr geöffnet.

AUTO

Verkehrsregeln: Fahren Sie auf der rechten Straßenseite. Der Führerschein des Heimatlandes besitzt für das Fahren auf St. Eustatius ebenfalls Gültigkeit.

Die Straßen auf St. Eustatius sind nach karibischem Standard gut, allerdings manchmal recht schmal. Bei Fahrten auf ihnen sollten Sie nach umherstreunenden Tieren Ausschau halten. Im übrigen gibt es in Oranjestad erstaunlicherweise eine ganze Menge Einbahnstraßen.

Mietwagen: Rainbow Car Rental (Tel. 8 25 86) vermietet klimatisierte Wagen vom Typ Hyundai Excel für 35 US $ und berechnet weitere 5 US $ für eine Kaskoversicherung. Bei Avis (Tel. 8 24 21) kann man einen Daihatsu Charade für 40 US $ pro Tag und ein Allradfahrzeug für 50 US $ pro Tag mieten. Hier werden 9 US $ für eine Kaskoversicherung verlangt.

Weitere Gesellschaften, die Autos vermieten, sind z. B. Brown's Car Rental (Tel. 8 22 66) und Lady Ama's Services (Tel. 8 24 51). Am Flughafen sind nur Rainbow und Avis vertreten.

TRAMPEN

Auf St. Eustatius wird getrampt, allerdings ist der Verkehr zu den etwas abgelegeneren Regionen der Insel recht dürftig. Beim Trampen sollten Sie in jedem Fall die üblichen Vorsichtsmaßnahmen beachten.

ORANJESTAD

Oranjestad, die Hauptstadt und gleichzeitig der einzige Ort der Insel, ist eine angenehme und sehr geschichtsträchtige Stadt. Sie besteht aus der Unterstadt, dem Gebiet unten an der Küste, und der Oberstadt, die hinter dem Steilhang darüber liegt.

Die Unterstadt ist dort, wo früher die ursprüngliche Hafenstadt lag. Auch wenn die meisten der Häuser aus der Kolonialzeit den Stürmen zum Opfer fielen, so hat die Unterstadt doch noch einige Ruinen aus dieser Zeit wie auch zwei Hotels, den besten Strand der Insel und den Hafen von St. Eustatius zu bieten. Die Oberstadt ist die eigentliche Geschäfts- und Wohngegend. Hier finden Sie zahlreiche historische Stellen, die leicht in einigen Stunden zu Fuß entdeckt werden können.

Die Bay Road, eine steile, gepflasterte Gasse, auf der früher die afrikanischen Sklaven von ihren Schiffen getrieben wurden, bildet heute den Fußgängerweg über die Küstenklippen, der die beiden Stadtteile miteinander verbindet.

Ein nützliches Buch mit Stadtplan für einen Spaziergang zu den historischen Stätten durch Oranjestad erhält man für 2 US $ im Museum.

PRAKTISCHE HINWEISE

Informationen: Das Fremdenverkehrsamt von St. Eustatius (Tel. 8 24 33 und 8 22 09, Fax 8 23 24) liegt hinter dem Regierungsgästehaus in einem alten Steingebäude, das einst als Schuldnergefängnis diente. Es ist montags bis freitags von 8.00 bis 12.00 Uhr und von 13.00 bis 17.00 Uhr geöffnet. Das Büro verfügt über einige Broschüren, darunter ein Blatt mit Unterkünften, in dem Apartments aufgeführt sind, die zeitweilig vermietet werden.

Geld: Die einzige Bank der Insel, Barclays, findet man zwischen Bücherei und Museum. Sie ist montags bis freitags von 8.30 bis 14.00 Uhr dem Publikumsverkehr zugänglich. In der Barclays Bank erhält man bei Vorlage einer Kreditkarte von Eurocard/Mastercard, Visa und Discover auch Bargeld.

Post und Telekommunikation: Das Postamt liegt am Cottageweg hinter Landsradio, dem Fernmeldeamt.

Bücherei: Die öffentliche Bücherei kann man montags von 13.00 bis 17.00 Uhr und dienstags bis freitags von

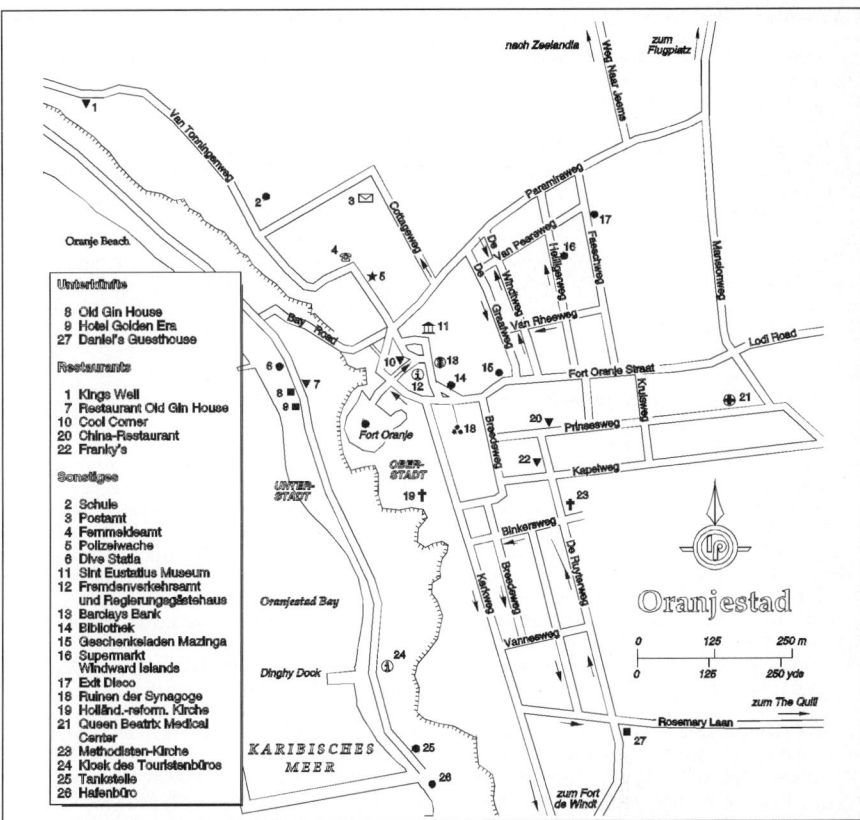

Unterkünfte

8 Old Gin House
9 Hotel Golden Era
27 Daniel's Guesthouse

Restaurants

1 Kings Well
7 Restaurant Old Gin House
10 Cool Corner
20 China-Restaurant
22 Franky's

Sonstiges

2 Schule
3 Postamt
4 Fernmeldeamt
5 Polizeiwache
6 Dive Statia
11 Sint Eustatius Museum
12 Fremdenverkehrsamt
   und Regierungsgästehaus
13 Barclays Bank
14 Bibliothek
15 Geschenkeladen Mazinga
16 Supermarkt
   Windward Islands
17 Exit Disco
18 Ruinen der Synagoge
19 Holländ.-reform. Kirche
21 Queen Beatrix Medical
   Center
23 Methodisten-Kirche
24 Kiosk des Touristenbüros
25 Tankstelle
26 Hafenbüro

8.00 bis 12.00 Uhr sowie von 13.00 bis 17.00 Uhr aufsuchen.

SEHENSWÜRDIGKEITEN

Fort Oranje: Direkt im Stadtzentrum liegt Fort Oranje, eine gut erhaltene Festung, die sich mit ihren Kanonen, dreifachen Bastionen und einem gepflasterten Hof besichtigen läßt. Sie duckt sich an einer Klippe unmittelbar oberhalb der Unterstadt und ermöglicht einen weiten Blick über das unterhalb liegende Meer. Die Franzosen errichteten hier 1629 einen ersten Wall, doch wurde der Großteil der Festung erbaut, nachdem die Holländer die Insel 1636 von den Franzosen übernommen hatten. Sie bauten über die Jahre verschiedentlich an das Fort an, bis es die größte Festung auf ganz St. Eustatius wurde.

Im Hof sind einige Denkmäler zu sehen, darunter eine Plakette, die von dem amerikanischen Präsidenten Franklin Roosevelt zur Erinnerung an den schicksalsschweren Salut für das amerikanische Schlachtschiff *Andrew Doria* überreicht wurde. Das Fort steht jederzeit offen und kann ohne Eintrittsgebühren betreten werden.

Sint Eustatius Museum: Dieses Museum, das von der Sint Eustatius Historical Foundation unterhalten wird, gibt den Besuchern einen Überblick über das Leben der Oberschicht in der Kolonialzeit und ist eines der schönsten historischen Museen in der östlichen Karibik.

Es befindet sich im Simon-Doncker-Haus, einem restaurierten holländisches Handelshaus aus dem 18. Jahrhundert, das mit Möbeln aus dieser Zeit eingerichtet ist und Sammlungen von nautischen Gebrauchsgegenständen, Chinoiserien und mundgeblasenen Flaschen beherbergt. In der langen Geschichte des Hauses diente es kurz auch als Hauptquartier von Admiral George Rodney, nachdem die Briten 1781 die Insel besetzt hatten. Das Museum ist werktags von 9.00 bis 17.00 Uhr geöffnet (Eintritt 2 US $).

ST. EUSTATIUS

Regierungsgästehaus: Das Regierungsgästehaus ist ein hübsches Stein- und Holzgebäude aus dem 18. Jahrhundert gegenüber der Barclays Bank. Es wurde 1992 mit Mitteln der EU gründlich renoviert und dient heute als Verwaltungsgebäude der Regierung. Hier befinden sich im Erdgeschoß die Büros des Gouverneurs sowie der Verwaltungsbeamten und im ersten Stock der Gerichtssaal.

Das Gebäude, das den Holländern einst als Hauptquartier der Marine diente, erhielt seinen Namen nach einer kurzen Zeit in den zwanziger Jahren, in der es als Gästehaus diente. Das Untergeschoß, der frühere Weinkeller, beherbergt die präkolumbianische Sammlung des Museums. Es bestehen Pläne, dem Bauwerk ein Kunst- und Handwerkszentrum anzugliedern.

Ruinen der Synagoge: Die langsam verfallenden gelben Ziegelmauern ohne Dach der Honen Dalim, einer aufgegebenen Synagoge aus dem Jahre 1739, können 30 m die Allee hinunter gegenüber der Südseite der Bücherei besichtigt werden. Diese Synagoge ist die zweitälteste in der westlichen Hemisphäre.

Wegen der wachsenden Bedeutung von St. Eustatius als Handelszentrum kamen ab etwa 1700 auch zahlreiche jüdische Händler auf die Insel. Die meisten Juden, deren Lebensumstände eng mit dem Handel verknüpft waren, verließen die Insel wieder um die Jahrhundertwende, als die Bedeutung von St. Eustatius als Hafen schwand. Etwa einen halben Kilometer östlich der Synagoge liegt ein jüdischer Friedhof, auf dem die Grabsteine den Zeitraum von 1742 bis 1843 umfassen.

Holländisch-reformierte Kirche: Die dicken Steinwände (600 cm) der alten holländisch-reformierten Kirche, die 1775 erbaut wurde, sind heute noch vollständig intakt, während das Dach 1792 während eines Hurrikans in sich zusammenfiel und das Gebäude seit dieser Zeit unüberdacht blieb. Der Kirchturm, der durch diesen Hurrikan ebenfalls Schaden erlitt, wurde 1981 renoviert. Da man von ihm aus einen guten Blick über die Umgebung hat, sollten Sie hinaufklettern, wenn der Turm zugänglich ist.

Ebenfalls bemerkenswert sind die alten Grabsteine des Friedhofs, auf dem auch der für Jan de Windt steht, den früheren Gouverneur von St. Eustatius, Saba und St. Martin, der 1775 starb. Die Kirche liegt am Kerkweg, einige Minuten zu Fuß in Richtung Süden vom Regierungsgästehaus entfernt.

Unterstadt: Die Unterstadt ist ein schmales Küstengebiet, das von steilen Klippen begrenzt wird. Hochwasser und Hurrikane haben am Wasser ihren Tribut gefordert. Man sieht hier unter den Überbleibseln aus dem 18. Jahrhundert noch einige Lagerhäuser, die früher an der Küste standen und heute in das Meer hineinragen. Überflutete

Abschnitte der alten Mole, die einst den Hafen schützte, können mit Maske und Schnorchel erkundet werden. An beiden Seiten der Küstenstraße sieht man auch eine Handvoll Lagerhäuser aus Ziegeln aus dieser Zeit, von denen einige heute noch genutzt werden, z. B. eines von der Tauchschule.

Mit etwas Phantasie können Sie den bei verwitterten Ruinen ein Bild der Vergangenheit entstehen lassen, als die Gegend vor Händlern nur so wimmelte und die Bucht voll von Schiffen war.

Der Oranje-Strand liegt am Nordende der Unterstadt und besteht aus grauem Sand mit im allgemeinen ruhigem Wasser. Er ist der beste Strand der Insel und ein beliebter Treffpunkt für Familien aus St. Eustatius. Am südlichen Ende der Unterstadt ist ein neuer Hafen entstanden.

UNTERKUNFT

Einfache Unterkünfte: Die Airport View Apartments (Tel. 8 22 99) liegen nur zwei Minuten zu Fuß vom Flugplatz entfernt und haben einfache Apartments mit Kochmöglichkeit und eigenem Bad zu bieten, in denen man allein für 30 US $ und zu zweit für 40 US $ übernachten kann. Die Geschäftsführerin der Anlage, Carine Henriquez, bietet daneben einige wenige Zimmer in einem großen Haus am Prinseweg, unmittelbar westlich vom Krankenhaus, an, die als Einzelzimmer 20 US $ und als Doppelzimmer 30 US $ kosten.

Daneben steht eine Handvoll weiterer kleiner Apartments und Gästehäuser zur Verfügung, in denen Zimmer und Studios vermietet werden. In der Rosemary Laan am südlichen Ende der Stadt liegen Daniel's Guesthouse (Tel. 8 23 58) mit Einzelzimmern für 25 US $ sowie Doppelzimmern für 35 US $ und die Anlage Sugar Hill Apartments (Tel. 8 23 05), wo Zimmer für 30 US $ zu haben sind. Das Country Inn in Concordia in der Nähe des Flugplatzes (Tel. 8 24 84) verfügt über vier Apartments mit Klimaanlage und Kabelfernsehgerät, in denen man allein für 35 US $ und zu zweit für 40 US $ unterkommt.

Luxushotels: Das Talk of the Town (Tel. 8 22 36) liegt einen halben Kilometer südlich des Flugplatzes am LE Saddlerweg, der ersten Straße rechts, wenn man vom Flugplatz nach Oranjestad fährt. Der ursprüngliche Teil des Hotels, der oberhalb des Restaurants liegt, besteht aus acht Zimmern, die ausreichend gut eingerichtet sind. Der neue, am Swimming Pool gelegene Flügel verfügt über neun moderne, komfortable Zimmer mit großen Betten und hohen Decken, die als die besten Zimmer der ganzen Insel gelten. Die Zimmer in beiden Gebäudeteilen sind jeweils mit Klimaanlage, eigenem Bad, Telefon und Kabelfernsehgerät ausgestattet. Die Preise bleiben das ganze Jahr über gleich und betragen im älteren Gebäudeteil für ein Einzelzimmer 49 US $ sowie für ein Doppelzimmer 62 US $ und im neuen Anbau 59 bzw. 74

US $ (einschließlich Frühstück). Wenn man in diesem Haus drei Nächte oder länger bleibt, erhält man eine kleine Ermäßigung.

Das Hotel Golden Era (Tel. 8 23 45, Fax 8 24 45) liegt in der Mitte der Unterstadt an einem felsigen Küstenabschnitt. Das ist ein zweistöckiges Hotel mit 20 ziemlich einfachen Zimmern, die mit Fernsehgerät, Telefon, Kühlschrank und Klimaanlage ausgestattet sind. Vorhanden ist auch ein Swimming Pool mit Blick auf das Meer. Hier kosten im Sommer Einzelzimmer 60 US $ und Doppelzimmer 75 US $, im Winter 70 bzw. 88 US $.

Das beliebte Old Gin House (Tel. 8 23 19, Fax 8 25 55) in der Unterstadt besteht aus 20 gut geschnittenen Zimmern. Darin stehen zwar einige alte Möbel, doch sind die Zimmer alles in allem recht einfach eingerichtet. Die sechs Zimmer in dem verwitterten, zum Meer gelegenen Gebäude haben mehr Atmosphäre zu bieten. Das schönste davon ist Zimmer Nr. 3. Die übrigen Zimmer liegen in einem neuen Flügel zum Swimming Pool hin, der an der inneren Seite der Straße hinter der verfallenen Fabrik zur Verarbeitung von Baumwolle angelegt wurde. Die Zimmer sind mit Ventilatoren ausgestattet, enthalten aber weder ein Fernsehgerät noch ein Telefon. In diesem Haus muß man im Sommer für ein Einzelzimmer 85 US $ und für ein Doppelzimmer 100 US $ bezahlen, im Winter 110 bzw. 150 US $. Kinder unter 10 Jahren werden nicht aufgenommen.

ESSEN

Franky's, ein beliebtes Eßlokal am De Ruyterweg, serviert Eiscreme, Sandwiches und einfaches westindisches Essen. Die besten Milkshakes mit Schokolade auf der Insel gibt es bei Super Burger am De Graafweg. Im Sunny's Place im Stadtzentrum an der Oranje Straat kann man billig zu Mittag und zu Abend essen.

Das Cool Corner, ein Restaurant mit Bar im Stadtzentrum, bietet gute chinesisch-karibische Küche mit Curry-Gerichten, Chop Suey und ähnlichen Speisen für etwa 10 US $. Es ist täglich von 10.00 Uhr bis Mitternacht geöffnet.

Wenn Sie konventionelles chinesisches Essen vorziehen, dann gehen Sie in das Chinese Restaurant am Prinsesweg.

Im Kings Well an der Straße zwischen der Ober- und der Unterstadt werden leichte Mittagessen wie z. B. Sandwiches und Chefsalat für etwa 6 US $ serviert. Zum Abendessen kann man hier u. a. Geflügel für 10 US $ und frischen Fisch für etwa 15 US $ erhalten.

Das Talk of the Town zwischen Flugplatz und Oberstadt wird von einer holländischen Familie geführt und bietet auch einfache Speisen an. Zum Frühstück zwischen 7.00 bis 11.00 Uhr wird ein einfaches holländisches Buffet aufgebaut, wo man sich z. B. beim kalten Aufschnitt, bei Eiern, bei Cornflakes und bei Orangensaft für 6 US $ bedienen darf. Zum Mittag werden Burger und Sandwiches für etwa 5 US $ serviert. Abends kann man Gerichte von Geflügel ab 9 US $ bis Hummer Thermidor einschließlich Reis oder Bratkartoffeln für 20 US $ bestellen. Es gibt hier auch eine Bar.

Das Old Gin House (Tel. 8 23 19) in der Unterstadt ist mit seinen alten Ziegelmauern, hohen Stühlen und Zinnplatten das romantischste Restaurant der ganzen Insel für ein Abendessen. Auf der wechselnden Speisekarte stehen vorwiegend Steaks und Meeresfrüchte. Das Essen hier schmeckt gut und ist von den Preisen her erstaunlich günstig, denn ein durchschnittliches Hauptgericht mit Salat kostet nur zwischen 12 und 20 US $. Wein erhält man für 2 US $ pro Glas und ab 20 US $ pro Flasche. Mittagessen wird bis 14.00 Uhr auf der Terrasse auf der gegenüberliegenden Straßenseite serviert, z. B. gute Burger für 4 US $ und verschiedene Salate für etwa 7 US $. Sonntags wird von 10.30 bis 14.30 Uhr ein gutes Brunch für 9 US $ geboten, abends Barbecue, wobei man 11 US $ für Geflügel und 15 US $ für Fisch bezahlen muß.

Das Restaurant im Hotel Golden Era in der Unterstadt kann mit einer attraktiven Lage direkt am Meer aufwarten. Mittags werden hier Sandwiches für 5 US $ und abends Geflügel-, Fleisch- sowie Fischgerichte zu Preisen zwischen 10 und 16 US $ serviert.

WEITERE ORTE

FORT DE WINDT

Die Straße, die von Oranjestad in Richtung Süden führt, endet abrupt am Fort de Windt, wo einige rostige Kanonen auf einer Steinmauer an den Klippen stehen. Ansonsten ist bei dieser aus dem 18. Jahrhundert stammenden Festung nicht viel zu sehen. Dafür wird man aber mit einer guten Aussicht nach St. Kitts im Südosten entschädigt. Die weißen Klippen im Osten von Fort de Windt sind die interessanteste geologische Formation dieser

Gegend und stellen ein schon von den Nachbarinseln sichtbares Erkennungszeichen dar.

Um dorthin zu gelangen, nehmen Sie am besten die Straße, die hinter der holländisch-reformierten Kirche entlangführt, und folgen ihr südwärts durch ein trockenes Gelände voller Kakteen und streunender Ziegen, bis sie bei Fort de Windt endet. Auf dieser Strecke ist man 3 km unterwegs.

ZEELANDIA-BUCHT

Die Zeelandia-Bucht liegt 3 km nordöstlich von Oranjestad und ist ein Strand mit dunklem Sand, auf dem sich eine ganze Menge Treibgut angesammelt hat. Gut schwimmen kann man hier nicht, weil das Wasser an der atlantischen Seite der Insel rauh ist und starke Strömungen vorkommen. Man kann hier aber trotzdem sehr gut spazieren und abgelegene Plätzchen finden, wenn man sich südwärts in Richtung der Klippen bewegt.

Wenn Sie gern einen längeren Spaziergang unternehmen wollen, dann gehen Sie auf dem Pfad von der Hauptstraße nordwärts zu der etwas abgelegenen Venusbucht. Einen Strand findet man hier nicht, doch ist der Weg dorthin sehr schön. Man braucht etwa 45 Minuten für eine Strecke.

UNTERKUNFT UND ESSEN

Das La Maison Sur la Plage (Tel. 8 22 56) ist das einzige Hotel an der Zeelandia-Bucht und hat 10 Zimmer in fünf zweistöckigen Hütten zu bieten, jedes mit eigenem Bad und Fernsehgerät ausgestattet. Vorhanden ist auch ein Swimming Pool. Einzel- wie Doppelzimmer kosten im Sommer 55 US $ und im Winter 75 US $. Kreditkarten werden nicht angenommen. Um in diese abgelegene Gegend zu gelangen, ist ein Auto erforderlich. Zum La Maison Sur la Plage gehört eines der besten Restaurants der ganzen Insel, in dem zum Mittag- und Abendessen traditionelle französische Küche serviert wird. Dabei sitzt man unter freiem Himmel oberhalb des Strandes mit Blick auf den Quill. Die Preise sind allerdings recht hoch. Vorherige Reservierungen werden erbeten.

ST. KITTS UND NEVIS

Zwischen St. Kitts und Nevis verkehrt täglich eine Fähre, so daß man beide Teile dieser Nation aus zwei Inseln bei der gleichen Tour besuchen kann. Dabei fliegen die meisten Touristen zuerst nach St. Kitts. An klaren Tagen ermöglicht der Anflug einen großartigen Blick auf die Insel. Man sieht die gebirgige Inselmitte, das Muster der Zuckerrohrfelder, das grüne Tiefland und die geschwungene südöstliche Halbinsel mit ihren zerklüfteten Bergen, Salzseen und tiefen Buchten.

Beide Inseln sind klein, ländlich und dünn besiedelt, wobei auf St. Kitts 80 % der Bevölkerung leben. Auf St. Kitts und auf Nevis ist die koloniale Vergangenheit an den zahlreichen alten Zuckermühlen und Plantagenhäusern, die überall zu sehen sind, zu erkennen. Viele der größeren Plantagenhäuser sind in Pensionen mit viel Atmosphäre umgewandelt worden.

Das heutige St. Kitts trug früher bei den indianischen Einwohnern den Namen Liamuiga („Fruchtbare Insel"). Als Kolumbus die Insel auf seiner zweiten Reise in die Neue Welt 1493 sichtete, nannte er sie nach seinem Schutzpatron St. Christopherus. St. Kitts, der verkürzte Name, wird heute praktisch überall und sogar von den offiziellen Stellen verwendet, um die Insel zu bezeichnen.

Kolumbus verwandte *nieves*, das spanische Wort für Schnee, als er Nevis den Namen gab, wahrscheinlich weil die Wolken, die die Berge umhüllten, ihn an schneebedeckte Gipfel erinnerten. Die einheimischen Kariben nannten die Insel Oualie („Land der schönen Wasser").

Die beiden wunderschönen Inseln eignen sich für ruhige Ferien, wobei man aber daran denken muß, daß hier große Freizeitaktivitäten nicht betrieben werden können. Für einige ist die entspannte Ruhe hier ideal, während andere nach einigen Tagen ungeduldig werden.

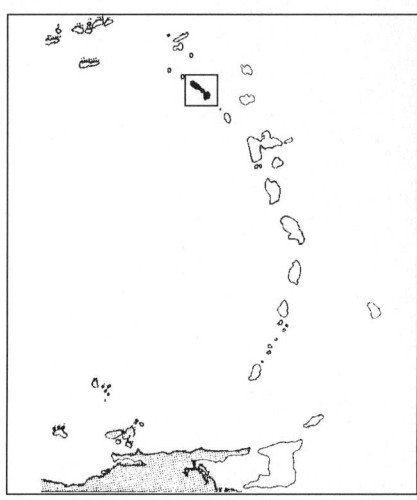

ORIENTIERUNG

Die Umrisse von St. Kitts erinnern an einen Kricketschläger. Um den Hauptteil der Insel verläuft oval eine Straße, während sich eine weitere zum südlichen Arm hinunterzieht. Man benötigt ca. 1½ Stunden um die nördliche Straße abzufahren, und ca. 30 Minuten, um von Basseterre, der Hauptstadt, bis zum Ende der südöstlichen Halbinsel zu fahren. Der Flughafen von St. Kitts befindet sich am nördlichen Stadtrand von Basseterre, nur fünf Minuten Fahrt vom Zentrum entfernt. Der Flughafen von Nevis liegt in Newcastle im Norden der Insel, ca. 20 Minuten von Charlestown, der Hauptstadt, entfernt. Da sich eine Straße kreisförmig um die Insel zieht, ist es einfach, sich auf Nevis umzusehen.

EINFÜHRUNG

GESCHICHTE

St. Kitts, das von Sir Thomas Warner im Jahre 1623 besiedelt wurde, war die erste britische Kolonie auf den Westindischen Inseln. Im folgenden Jahr besiedelten Franzosen ebenfalls Teile von St. Kitts, was Warner tolerierte, um die Oberhand über die einheimischen Kariben-Indianer zu bekommen, die auf der Insel lebten.

Nach Massakern an den Kariben in verschiedenen Schlachten wendeten sich die Briten und die Franzosen gegeneinander, was zur Folge hatte, daß die Herrschaft über St. Kitts mehrmals zwischen den beiden Kolonialmächten wechselte, bis der Friedensvertrag von Paris im Jahre 1783 die Insel endgültig an die Briten fallen ließ. In jener Zeit erlebten die Zuckerplantagen auf St. Kitts eine Blüte. Die Kolonialgeschichte von Nevis ist vergleichbar. Im Jahre 1628 entsandte Warner eine Abordnung von ca. 100 Siedlern auf die Insel, um eine britische Siedlung an der Westküste von Nevis zu gründen. Auch wenn die ursprüngliche Siedlung in der Nähe von Cotton Ground im Jahre 1680 einem Erdbeben zum Opfer fiel, gelangte Nevis zu Wohlstand und entwickelte sich zu einer der reichsten Plantagengesellschaften in der östlichen Karibik. Wie auf St. Kitts beruhte auch der Wohlstand dieser Insel auf der Arbeitskraft afrikanischen Sklaven, die auf den Zuckerrohrfeldern der Insel Schwerstarbeit leisteten. Ende des 18. Jahrhunderts war Nevis aufgrund seiner Thermalbäder auch zu einem bedeutenden Ferienort für reiche und berühmte Briten geworden.

1816 faßten die Briten St. Kitts und Nevis mit Anguilla und den Jungferninseln zu einer einzigen Kolonie zusammen. 1958 wurden diese Inseln Teile der Westindischen Föderation, einem fehlgeschlagenen Versuch, alle britischen Kolonien in der Karibik zu einer politischen Einheit zusammenzufassen. Als die Föderation 1962 aufgelöst wurde, entschieden sich die Briten dafür, aus St. Kitts, Nevis und Anguilla einen neuen Staat zu bilden. Im Februar 1967 erhielten die drei Inseln ihre Unabhängigkeit von der Krone als assoziierter Staat. Hauptstadt wurde Basseterre. Aber schon nach wenigen Monaten erhob sich Anguilla in der Furcht vor einer Dominierung durch das größere St. Kitts und erreichte schließlich seinen Wiederanschluß an Großbritannien als britische Kolonie.

Nevis war gegenüber einer Verbindung mit St. Kitts ebenfalls skeptisch eingestellt und drohte dem Beispiel von Anguilla zu folgen, aber nach einer Zeit von Unruhen stimmte es schließlich der Union unter der Bedingung zu, eine umfangreiche Autonomie bei den inneren Angelegenheiten zu erhalten und das Recht nicht aufgeben zu müssen, sich später doch noch abspalten zu dürfen. Unter diesen Bedingungen erhielt Nevis im September 1983 eine neue Verfassung, woraufhin St. Kitts und Nevis zu einem Bundesstaat im Commonwealth zusammengefaßt wurden.

DAS LAND

St. Kitts ist 37 km lang sowie 10,5 km breit und umfaßt eine Fläche von 168 km². Das zentrale Gebirge wird von 1156 m hohen Mount Liamuiga beherrscht, einem schlafenden Vulkan. Die höheren Berghänge sind von Regenwald bedeckt, während in den trockenen Vorbergen und im Tiefland viele Zuckerrohrplantagen angelegt wurden. Nevis, einige Kilometer südlich von St. Kitts gelegen, ist eine fast runde Insel von 93 km² Größe, deren Aussehen von einem Vulkan in der Mitte der Insel, dem 985 m hohen Nevis Peak, beherrscht wird.

KLIMA

Die durchschnittliche Tageshöchsttemperatur im Januar beträgt 27° C, die durchschnittliche Tiefsttemperatur in diesem Monat 22° C. Im Juli liegen diese Werte bei 30° C bzw. 24° C.

Die jährliche Niederschlagsmenge beläuft sich auf durchschnittlich 1400 mm und ist das ganze Jahr über relativ gleichmäßig. Die trockensten Monate sind Februar bis Juni mit durchschnittlich 11 Tagen meßbarem Regenfall und einer relativen Luftfeuchtigkeit von ca. 70 %. Im Rest des Jahres beträgt die Luftfeuchtigkeit ca. 73 % und fällt an durchschnittlich 16 Tagen im Monat meßbarer Niederschlag.

FLORA UND FAUNA

Die Vegetation auf St. Kitts und Nevis reicht vom grasbewachsenen Tiefland bis zum Regenwald in der Inselmitte mit Farnen und hohen Bäumen. Pelikane und Fregattvögel sind an der Küste verbreitet, während man überall dort, wo blühende Pflanzen gedeihen, Kolibris beobachten kann.

Ebenfalls in großer Zahl vorhanden sind Mungos, die auf die Inseln gebracht wurden, um der Ratten auf den Feldern Herr zu werden. Da die Mungos jedoch tagsüber jagen, wenn die Ratten schlafen, treffen sie nur selten aufeinander. Ein anderer Exot, der grüne Vervet-Affe, kommt auf beiden Inseln im Zentralgebirge vor.

STAAT UND VERWALTUNG

St. Kitts und Nevis bilden eine Föderation, der als Staatsoberhaupt offiziell die britische Königin vorsteht, vertreten durch einen Generalgouverneur. Die Gesetzgebung liegt in der Hand des Parlaments mit einer Kammer, der 14 Mitglieder zählenden National Assembly, sowie des Premierministers, der der Führer der Mehrheitspartei ist.

Auf Nevis gilt eine innere Selbstverwaltung und eigene Gesetzgebung, wobei die Verwaltung ein Spiegelbild der Föderation darstellt.

WIRTSCHAFT

St. Kitts ist zu großen Teil von Zuckerrohrplantagen überzogen, auf denen ca. 30 % der Arbeitskräfte der Insel tätig sind. In kleinem Umfang findet man daneben Unternehmen im Bereich der Bekleidung sowie der Elektrotechnik und eine Brauerei mit Abfüllanlage. In diesen Wirtschaftszweigen sind ca. 15 % der Arbeitskräfte der Insel beschäftigt. 10 % entfallen auf den Tourismus.

Auf Nevis, wo sich die Wirtschaft etwas träger zeigt, hat man den Zuckerrohranbau schon lange aufgegeben. Hier werden Honig und einige Gemüsesorten produziert sowie Versuche unternommen, ein traditionelles Produkt wieder einzuführen, die Baumwolle. Der größte Arbeitgeber auf Nevis ist der Tourismus. In der neuen Ferienanlage Four Seasons sind über 600 Personen angestellt, was etwa einem Viertel der Arbeitskräfte der Insel entspricht.

DIE MENSCHEN

Auf St. Kitts und Nevis leben rund 45 000 Menschen, davon 35 000 auf St. Kitts und 9500 auf Nevis. Über 90 % von ihnen sind afrikanischer Abstammung. Der Rest der Bevölkerung ist vorwiegend europäischer oder gemischt europäisch-afrikanischer Herkunft. Die Bewohner von St. Kitts werden Kittitians (Kitischans) genannt, während man die von Nevis als Nevisians (Nivischans) bezeichnet.

KUNST UND KULTUR

Die Kultur der Inseln gründet sich auf europäischen, afrikanischen und westindischen Traditionen. Die Architektur ist vorwiegend britisch geprägt und Kricket der Nationalsport.

Die kulturelle Mischung wird in den Bereichen Tanz und Unterhaltung deutlich. Masquerades, die beliebte Folk-Truppe auf St. Kitts, zeigt Tänze, die von einer traditionellen französischen Quadrille bis zu einem mythischen afrikanischen Kriegstanz reichen. Die Truppe trägt dabei einzigartige farbenprächtige Kostüme im westindischen Stil.

Kleidung: Die Kleidung auf beiden Inseln ist nicht sehr förmlich. Baumwollkleidung ist für alle Gelegenheiten angemessen, während Badekleidung nur an Stränden getragen werden sollte.

RELIGION

Über ein Drittel der Bevölkerung ist anglikanischen Glaubens. Davon abgesehen leben im Land Methodisten, Katholiken, Baptisten, Adventisten und Zeugen Jehovas.

SPRACHE

Auf den Inseln wird Englisch gesprochen.

PRAKTISCHE HINWEISE

EINREISEBESTIMMUNGEN
Deutsche, Österreicher, Schweizer und Bürger vieler anderer Staaten benötigen für die Einreise nach St. Kitts und Nevis einen gültigen Reisepaß, unterliegen für einen Aufenthalt von bis zu sechs Monaten jedoch nicht der Visumpflicht. Um einreisen zu dürfen, ist zudem ein Ticket für die Rück- oder Weiterreise erforderlich.

ZOLLBESTIMMUNGEN
Nach St. Kitts und Nevis dürfen eine Flasche Wein oder Spirituosen sowie 200 Zigaretten zollfrei eingeführt werden.

GELD
Offizielles Zahlungsmittel ist der Ostkaribische Dollar (EC $). Dabei entsprechen 2,70 EC $ einem US-Dollar. Geld läßt sich in Basseterre und Charlestown in der Barclays Bank und der Scotiabank wechseln.

Größere, für Touristen typische Ausgaben, z. B. für Rechnungen von Autovermietungen oder Hotels, werden im allgemeinen in US-Dollar erhoben, können jedoch auch in EC $ beglichen werden. In den meisten Hotels, Autovermietungen und Restaurants werden daneben die bedeutendsten Kreditkarten akzeptiert, auch wenn es dafür keine durchgängigen Regeln gibt. So nimmt man in der Pizzeria in der Stadt Kreditkarten an, in einigen Plantagenhotels der Spitzenklasse dagegen nicht.
In den meisten Geschäften wird, wenn eine Rechnung auf EC $ lautet und man in US-Dollar bezahlen möchte, ein Wechselkurs von 2,65 EC $ für einen US-Dollar zugrundegelegt. Das bedeutet bei Bezahlung in US-Dollar einen kleinen Nachteil.
In Hotels und Restaurant werden eine Steuer von 7 % auf die Rechnung sowie im allgemeinen 10 % für die Bedienung aufgeschlagen. Sollten in einem Restaurant die 10 % nicht auf die Rechnung gesetzt werden, ist ein Trinkgeld in gleicher Höhe angemessen.

INFORMATIONEN

Die Hauptstelle des Fremdenverkehrsbüros auf St. Kitts befindet sich in der Pelican Mall in Basseterre. Eine Filiale wurde am Flughafen eröffnet. Auf Nevis findet man das Fremdenverkehrsbüro in der Main Street in Charlestown.

Schriftlich können Sie sich an das St. Kitts & Nevis Department of Tourism, PO Box 132, Basseterre, St. Kitts, Westindische Inseln, wenden (Tel. 4 65 26 20, Fax 4 56 87 94).

St. Kitts und Nevis sind aber auch mit einem Fremdenverkehrsamt in Deutschland vertreten, wo man ebenfalls Informationsmaterial anfordern kann (Fremdenverkehrsamt von St. Kitts und Nevis, Postfach 22 11, 61471 Kronberg/Taunus, Tel. 06173/6 67 27, Fax 06173/64 09 69).

ÖFFNUNGSZEITEN

Geschäfte und Büros sind im allgemeinen von 8.00 bis 12.00 Uhr und von 13.00 bis 16.00 oder 16.30 Uhr geöffnet. Dienstags sind viele Läden nachmittags geschlossen.

Die meisten Banken sind montags bis donnerstags von 8.00 bis 15.00 Uhr sowie freitags bis 17.00 Uhr zugänglich. Die National Bank und die Bank of Nevis schließen donnerstags um 12.00 Uhr, sind jedoch samstags von 8.30 bis 11.00 Uhr geöffnet.

FEIERTAGE

Feiertage auf St. Kitts und Nevis sind:

Neujahr	1. Januar
Karfreitag	Freitag von Ostern
Ostersonntag	Ende März/Anfang April
Ostermontag	Ende März/Anfang April
Tag der Arbeit	1. Mai
Pfingstmontag	achter Montag nach Ostern
Geburtstag der Königin	2. Samstag im Juni
Weihnachten	25. und 26. Dezember

In der Karnevalswoche vom 26. Dezember bis zum 2. Januar sind zahlreiche Geschäfte auf St. Kitts geschlossen.

KULTURELLE VERANSTALTUNGEN

Das größte Ereignis des Jahres ist auf St. Kitts der einwöchige Karneval am Ende des Jahres, der mit Calypso-Wettbewerben, Tänzen auf der Straße in Kostümen und Steelband-Musik gefeiert wird. Auf Nevis findet die zwei Wochen dauernde „Culturama" Ende Juli bis Anfang August mit Musik, Handwerk und kulturellen Veranstaltungen statt.

POST

Die Hauptpostämter befinden sich in Basseterre auf St. Kitts und in Charlestown auf Nevis. Filialen gibt es auf Nevis in Market Shop und auf St. Kitts in Cayon, Dieppe Bay Town, Old Road Town sowie Sandy Point Town.

Briefe usw. an Adressaten auf den Inseln sollten mit dem Namen des Empfängers gefolgt von der Stadt und dann St. Kitts, Westindische Inseln, oder Nevis, Westindische Inseln, versehen werden.

TELEKOMMUNIKATION

Die Telefonnummern auf St. Kitts beginnen mit 465, auf Nevis mit 469. Bei Ortsgesprächen ist die Nummer siebenstellig. Wenn man die Inseln vom Ausland anwählen will, lautet die Vorwahl 809.

Auf den Inseln gibt es sowohl Münz- als auch Kartentelefone. Die Mindestgebühr zum Telefonieren beträgt 0,25 EC $. Dabei muß man zuerst die Münze einwerfen (nicht verbrauchte Münzen werden zurückgegeben) und dann die Rufnummer wählen. Sobald der Teilnehmer antwortet, muß man die Taste # drücken. Wer ein weiteres Gespräch führen möchte, kann die Taste mit der Bezeichnung „follow-on-call" links unter der Gabel betätigen und braucht den Hörer nicht aufzulegen.

Für Kartentelefone, die an belebteren Plätzen vorzufinden sind, benötigen Sie die Caribbean Phonecards, die man am Flughafen, in Skantel- (Telefon-)Büros und in mehreren Geschäften bekommt. Weitere Einzelheiten über Kartentelefone finden Sie im Abschnitt über Telekommunikation im Einführungsteil dieses Buches.

Die Telefonvermittlung für Auslandsgespräche ist unter der Rufnummer 0 und die Auskunft unter der Rufnummer 411 zu erreichen.

STROM

Überwiegend beträgt die Stromspannung 230 Volt Wechselstrom mit einer Frequenz von 60 Hertz, in einigen Hotels jedoch auch 110 Volt.

MASSE UND GEWICHTE

Auf St. Kitts und Nevis gilt das imperiale System. Daher sind Geschwindigkeitsbegrenzungen in Meilen pro Stunde angegeben. In den Autos finden Sie Meilenzähler.

BÜCHER UND LANDKARTEN

Die beste Landkarte der Inseln ist die von Ordnance Survey (St. Kitts & Nevis) im Maßstab 1:50 000 mit zusätzlichen Stadtplänen von Basseterre, Brimstone Hill Fortress und Charlestown. Sie ist für 25 EC $ im Wall's Deluxe Record & Bookshop in Basseterre erhältlich, der auch eine gute Auswahl an Büchern über die Karibik führt, sowie im Andenkenladen im Nationalpark Brimstone Hill Fortress.

MEDIEN

Den staatlichen Radiosender ZIZ können Sie auf Mittelwelle auf der Frequenz 555 AM und auf UKW auf der

369

ST. KITTS UND NEVIS

Frequenz 96 MHz empfangen. Die Voice of Nevis sendet auf der Frequenz 895 AM, ein Gospelsender auf 825 AM. Zudem strahlen ein staatlicher Fernsehsender und US-Fernsehsender Programme über Kabel aus.

Zwei Zeitungen werden auf den Inseln verlegt: *The Democrat* erscheint samstags und *Labour Spokesman* zweimal wöchentlich.

Der *Traveller Tourist Guide*, der zweimal jährlich im Frühling und im Winter erscheint, ist eine gute Informationsquelle für Touristen und im Fremdenverkehrsbüro sowie in den Hotels vor Ort erhältlich.

GESUNDHEIT
Das zentrale Krankenhaus von St. Kitts, das J N F General (Tel. 4 65 25 51), liegt am Westende der Cayon Street in Basseterre. Auf Nevis gibt es ein kleines Krankenhaus in der Government Road in Charlestown.

GEFAHREN UND ÄRGERNISSE
Manzanillo-Bäume, deren Saft einen Hautausschlag verursachen kann, wachsen an der Küste, insbesondere an der Leeseite der Inseln.

NOTFÄLLE
Die Notrufnummer für Polizei, Feuerwehr und Notarzt lautet 911.

FREIZEITBESCHÄFTIGUNGEN
Strände und Schwimmen: Die Inseln sind nicht für ihre Strände berühmt, aber es gibt einige mittelmäßige Strände auf St. Kitts und eine Reihe recht schöner Strände auf Nevis.

Die besten Strände auf St. Kitts befinden sich am Südende der Insel in der Frigate Bay sowie in den geschützten Buchten entlang der südöstlichen Halbinsel. Am Hauptteil von St. Kitts sind die Strände überwiegend schmal und der Sand schwarz oder grau.

Der Pinney's Beach auf Nevis, der sich von Charlestown aus in Richtung Süden zieht, ist ein langer, schöner Strand mit hellgrauem Sand, der von Kokospalmen gesäumt ist. Einen hübschen weißen Sandstrand gibt es vor dem Nisbet Plantation Beach Club an der Nordküste in Newcastle.

Alle Strände auf St. Kitts und Nevis sind öffentlich zugänglich.

Tauchen und Schnorcheln: Vor St. Kitts verlaufen gesunde, ausgedehnte Riffe, in denen Rochen, Barracudas, Aale, Babyhaie, Meeresschildkröten, Seefarne, riesige Schwämme und Schwarze Korallen zu finden sind. Ein beliebtes Revier zum Tauchen ist die Sandy Point Bay unterhalb vom Brimstone Hill, in der wunderbare Korallen, Schwämme und Riffische wie auch einige von Korallen überzogenen Anker aus der Kolonialzeit zu sehen sind. Zu der Handvoll Wracks, zu denen man tauchen kann, gehört auch der 45 m lange Frachter *River Taw*, der 1985 sank, nun in 15 m tiefem Wasser liegt und Weichkorallen sowie Riffischen Lebensraum bietet. Vor der Westküste von Nevis gibt es ebenfalls gute Tauchreviere, darunter einige farbenprächtige Höhlen in einer Tiefe von ca. 12 m.

Auf St. Kitts berechnet Pro-Divers im Ocean Terrace Inn in Basseterre (Tel. 4 65 32 23) für einen Tauchgang mit einer Flasche Preßluft 40 US $, während der Preis bei zwei Flaschen Preßluft 60 US $ steigt und man für einen Tauchgang nachts 50 US $ bezahlen muß. Für einen Einführungskurs in den Ferien werden 75 US $ berechnet. Ein dreitägiger Tauchkurs mit PADI-Zertifikat kostet 260 US $ und ein Schnorchelausflug von einem halben Tag Dauer 25 US $.

Auf Nevis bietet Scuba Safaris am Oualie Beach (Tel. 4 69 95 18) Tauchgänge mit einer Flasche Preßluft für 45 US $ sowie mit zwei Flaschen für 80 US $, einen Nachttauchgang für 60 US $, Ferienkurse für 80 US $ und einen halben Tag Schnorcheln für 35 US $ an.

Windsurfen: Vor Nevis bestehen gute Bedingungen zum Windsurfen in der Newcastle Bay, wo der Wind meistens quer zur Küste weht. Für Anfänger bietet ein Riff Schutz. Bei starkem Wind besteht die Möglichkeit, über die Wellen zu springen. Newcastle Bay Windsurfing am Strand in der Newcastle Bay (Tel. 4 69 96 51) vermietet

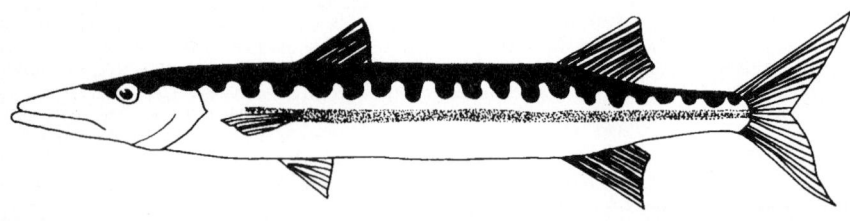

Barracuda

Bretter ab 12 US $ pro Stunde und ab 50 US $ pro Tag. Eine zweistündige Einführung für Anfänger kostet 50 US $.

Weitere Wassersportarten: Auf St. Kitts vermietet R G Watersports am Frigate Bay Beach (Tel. 4 65 80 50) kleine Segelboote und Ausrüstungen zum Windsurfen für 20 US $ pro Stunde sowie Schnorchelausstattungen für 15 US $ pro Tag. R G Watersports bietet auch einen Pendelverkehr zur South Friar's Bay für 5 US $ hin und zurück an. Bei Tropical Surf in einer Strandhütte am Turtle Beach (Tel. 4 69 90 89), können Sie Ausrüstungen zum Windsurfen, kleine Segelboote und Kajaks mieten. Auf Nevis bekommt man beim Newcastle Bay Water Sports Centre in der Newcastle Bay (Tel. 4 69 93 95) Kajaks für 5 bis 15 US $ (je nach Größe) sowie Schnorchelgerät und Segelboote ausgeliehen. Mittwochs ist allerdings geschlossen.

Wandern: Die Wege ins Inland von St. Kitts sind nicht gut gekennzeichnet, so daß es zu empfehlen ist, keine größeren Wanderungen ohne einen Führer zu unternehmen. Greg Pereira von Greg's Safaris (Tel. 4 65 41 21) bietet eine schöne Halbtageswanderung durch den Regenwald von St. Kitts an. Er legt ein gemütliches Tempo vor, bei dem alle Altersstufen mithalten können, erklärt Flora und Fauna und hält an, um am Wegesrand Früchte zu sammeln. Im allgemeinen geht es gegen 8.30 Uhr los. Gegen 14.00 Uhr kommt man zurück nach Basseterre. Die Tour kostet einschließlich Mittagessen 35 US $. Man kann bei Greg's Safari auch Wanderungen zum Vulkan buchen. Kriss Berry von Kriss Tours (Tel. 4 65 40 42) soll ebenfalls gute geführte Wanderungen anbieten. Für eine Tageswanderung, die durch den Regenwald zum Vulkan führt, zahlt man mit Mittagessen 40 US $.

Reiten: Auf St. Kitts können Sie bei Royal Stables (Tel. 4 65 22 22) und Trinity Stables (Tel. 4 65 29 22) reiten, auf Nevis bei Garners (Tel. 4 69 55 28) und Hermitage Plantation (Tel. 4 69 34 77). Letztere bieten auch Kutschfahrten an.

Golf: Das Four Seasons Resort auf Nevis verfügt über einen Golfplatz mit 18 Löchern, der von Robert Trent Jones II entworfen wurde. Die Nutzgebühr beträgt für Hotelgäste 75 US $, während andere als Hausgäste mit Wagen 90 US $ bezahlen müssen. Auf St. Kitts gibt es den Golfplatz des Royal St. Kitts Golf Club mit 18 Löchern an der Frigate Bay (Tel. 4 65 83 39). Hier beträgt die Nutzungsgebühr 30 US $. Gäste zahlreicher Hotels auf der Insel sind von der Zahlung der Gebühr befreit, so daß es sich für Golfer lohnen mag, bei der Anmeldung danach zu fragen. Wagen können für weitere 30 US $ gemietet werden. Auf beiden Plätzen sind die Gebühren für ein Spiel mit neun Löchern niedriger.

HÖHEPUNKTE

Auf St. Kitts sollten Sie den Nationalpark Brimstone Hill Fortress besuchen, und zwar sowohl wegen der historischen Stätten als auch wegen des herrlichen Blicks auf die Küste. Die indianischen Petroglyphen in Old Road Town sind von den Funden in der östlichen Karibik mit am einfachsten zu besichtigen. Ebenfalls lohnend ist eine Fahrt nach Romney Manor nur einige Minuten mit dem Auto entfernt. Außerdem sollten Sie einmal die südöstliche Halbinsel hinunterfahren, die landschaftlich sehr schön ist. Nevis lohnt einen Besuch, so daß man sich wenigstens für einen Tagesausflug dorthin entscheiden sollte. Diese kreisrunde Insel ist wunderschön. Wer hier keinen Wagen mieten möchte, kann sich zum Beispiel für einen Spaziergang am großartig dafür geeigneten und von Kokospalmen gesäumten Pinney's Beach entscheiden, der unmittelbar in Charlestown beginnt.

UNTERKUNFT

Es gibt auf den beiden Inseln nur zwei große Ferienanlagen, nämlich das Jack Tar Village Beach Resort & Casino auf St. Kitts und das Four Seasons Resort & Golf Course auf Nevis. Davon abgesehen übernachtet man überwiegend in Hotels mit einigen Dutzend Zimmern, wobei die Auswahl von kleinen Hotels und Apartmentanlagen bis hin zu schönen Gasthöfen in umgewandelten Plantagenhäusern reicht. Da nicht sehr viele Zimmer zur Vermietung zur Verfügung stehen, können die Hotels auf St. Kitts im Winter ausgebucht sein, so daß ratsam ist, früh ein Quartier zu reservieren, insbesondere in den preiswerteren Häusern. Auf die Hotelrechnungen werden 7 % Steuer und 10 % für Bedienung aufgeschlagen.

ESSEN

Auf den Inseln werden reichlich frischer Fisch zu vernünftigen Preisen und andere Meeresfrüchte angeboten. Damit trifft man im allgemeinen die beste Wahl. Rind-fleisch und zahlreiche weitere Lebensmittel werden insbesondere nach Nevis eingeführt. In Basseterre und Charlestown kann man in einigen preiswerten Restaurants mit einheimischer Küche essen. Daneben bieten die Gasthöfe in den Plantagenhäusern die Möglichkeit, in romantischer Umgebung zu speisen.

GETRÄNKE

Auf beiden Inseln ist das Leitungswasser trinkbar. Cane Spirit Rothschild, meistens CSR abgekürzt, ist ein auf St. Kitts gebrannter klarer Zuckerrohrschnaps, der häufig on the Rocks mit Ting, einem beliebten Grapefruitgetränk, serviert wird. Ting, Ginseng Up und Carib sind die auf St. Kitts abgefüllten Biersorten.

UNTERHALTUNG

Das Nachtleben auf St. Kitts und Nevis ist nicht umwerfend interessant, aber es bestehen dennoch einige Möglichkeiten auszugehen. Auf St. Kitts kann man sich im Jack Tar Village Beach Resort an der Frigate Bay in einem Kasino und in einer Diskothek vergnügen. Einfacher ist das Angebot im Ocean Terrace Inn in Basseterre. Gelegentlich Live-Programme am Abend bieten einige Restaurants, darunter auch das Fisherman's Wharf in Basseterre. Am beliebtesten ist aber noch immer das Kino in der Ortsmitte von Basseterre.

Auf Nevis sind die Caribbean Roots die beste Band der Insel, die im allgemeinen im Four Seasons Resort spielt, aber von Zeit zu Zeit auch im Oualie Beach Hotel, wo die Gäste weniger vornehm sind und die Band ein weniger lockerer auftreten kann.

An Wochenenden wird auch auf Nevis ein wenig Unterhaltung geboten, so z. B. karibische Klänge mit einer Band im Eddy's in Charlestown am Samstagabend und freitags am Abend im Mount Nevis Hotel mit Musik und Tanz.

EINKÄUFE

Hochwerte Batikkleidung von Caribelle Batik, darunter T-Shirts, Pareos und Röcke, aber auch einige schöne Wandbehänge mit Regenwaldszenen, werden direkt in der Fabrik in Romney Manor sowie in den Läden von Island Hopper in Charlestown und am Circus in Basseterre verkauft. In der Spencer Cameron Gallery an der Nordseite des Independence Square in Basseterre werden einige schöne Arbeiten von Künstlern der Insel und Drucke zu vernünf-

tigen Preisen angeboten. In der neuen Pelican Mall von Basseterre findet man zudem mehrere Läden mit Schmuck, Uhren und Spirituosen, alles zollfrei.

Auf Nevis gibt es einen Laden einer Kunstgewerbegenossenschaft in der Nähe des Fremdenverkehrsbüros in der Main Street in Charlestown. Sand-box Tree, ein anspruchsvoller Geschenkartikelladen, befindet sich an der Südseite von Charlestown.

ANREISE

Informationen über die Verbindungen zwischen St. Kitts und Nevis mit Schiffen und Flugzeugen können Sie dem Abschnitt über das Reisen auf St. Kitts und Nevis weiter unten entnehmen.

FLUG

Von Europa: Direktverbindungen von Europa nach St. Kitts und Nevis bestehen bisher nicht. Man kann aber mit America Airlines von Düsseldorf und Frankfurt über Chicago oder Miami und San Juan auf Puerto Rico nach St. Kitts fliegen. Das kostet hin und zurück je nach Saison zwischen 1700 und 2000 DM (Ticketgültigkeit sechs Monate).

Die meisten Besucher reisen jedoch über andere Inseln in der Karibik ein, vorwiegend über Antigua, St. Martin oder St. Juan.

Von anderen Karibikinseln: LIAT fliegt täglich nonstop von Antigua und St. Martin sowie über diese zwei Knoten-

punkte von anderen Inseln in der Karibik nach St. Kitts. Für einen Flug von St. Martin nach St. Kitts zahlt man pro Strecke 60 US $, für einen Hin- und Rückflug am gleichen Tag 73 US $ und für ein Ticket zum Ausflugstarif, das für den Rückflug 30 Tage gültig ist, 115 US $.

Für einen Flugschein zum Ausflugstarif, der 30 Tage gültig ist, muß man bei LIAT für die Strecke von Antigua nach St. Kitts oder Nevis 125 US $ bezahlen. Tagesausflüge von Antigua nach St. Kitts und Nevis einschließlich einer Rundfahrt (oder einer Wanderung im Regenwald) sowie Mittagessen werden von LIAT für 125 bis 135 US $ angeboten.

Winair (auf St. Kitts Tel. 4 65 80 10 und auf Nevis Tel. 4 69 73 83) fliegt täglich von St. Martin nach St. Kitts und Nevis.

Ein einfacher Flug kostet bei dieser Gesellschaft 54 US $, ein Ticket zum Ausflugstarif 63 US $ (gültig einen Tag), 80 US $ (gültig vier Tage) bzw. 100 US $ (gültig 30 Tage).

Charterflüge können mit Air St. Kitts Nevis (auf St. Kitts Tel. 4 65 85 71 und auf Nevis Tel. 4 69 90 64), Carib Aviation (auf St. Kitts Tel. 4 65 30 55, auf Nevis Tel. 4 69 92 95, auf Antigua Tel. 4 62 31 47) und mit Winair unternommen werden.

Flughafeninformation: Der Flughafen Golden Rock auf St. Kitts am Stadtrand von Basseterre bietet nicht viel. Am Stand des Fremdenverkehrsamtes kurz vor der Ausländerbehörde werden die üblichen Touristeninformationen verteilt. Hier ist man auch bei der Zimmerbuchung behilflich.

Flughafentransfer: Taxis warten bei der Ankunft von Flugzeugen auf St. Kitts und Nevis am Flughafen. Wer ein Auto mieten möchte, kann sich im allgemeinen am Flughafen abholen lassen. Auf St. Kitts bezahlt man für eine Fahrt mit einem Taxi vom Flughafen bis zum Westen von Basseterre 16 EC $, zur Frigate Bay 25 EC $ und nach St. Paul's 42 EC $. Wenn Sie ein Taxi herbeirufen wollen, müssen Sie die Telefonnummer 4 65 42 53 wählen.

SCHIFF
Segelboot: Die Zollabfertigung für einlaufende Segelboote wird in den Häfen von Basseterre und Charlestown vorgenommen. Auf beiden Inseln befindet sich der Zoll gleich nördlich des jeweiligen Fähranlegers und ist montags bis freitags von 8.00 bis 12.00 Uhr und von 13.00 bis 16.00 Uhr zu erreichen. Bei der Einreise werden zwischen 20 EC $ für Jachten mit bis zu 20 Tonnen und 56 EC $ für Segeljachten mit bis zu 100 Tonnen erhoben. Um andere Ankerplätze anzulaufen, ist eine Sondergenehmigung und für Fahrten zwischen den beiden Inseln ein besonderer Paß erforderlich.

White House Bay, Ballast Bay und Major's Bay an der südöstlichen Halbinsel von St. Kitts sind gute Ankerplätze. Auf Nevis ankern die meisten Yachten am Pinney's Beach.

Kreuzfahrt: Zahlreiche Kreuzfahrtschiffe laufen St. Kitts an. Sie legen im Tiefwasserhafen an der Ostseite von Basseterre an. Nevis zeigte sich bisher gegenüber Kreuzfahrtschiffen eher ablehnend. Die neue Regierung ist ihnen gegenüber jedoch etwas freundlicher eingestellt, so daß einige kleine Reedereien mit Kreuzfahrtschiffen seit kurzem Charlestown in ihr Programm aufgenommen haben.

AUSREISE AUS ST. KITTS UND NEVIS
Die Ausreisesteuer beim Verlassen von St. Kitts und Nevis beträgt 20 EC $.

REISEN AUF ST. KITTS UND NEVIS

Flugzeuge von LIAT pendeln dreimal täglich zwischen St. Kitts und Nevis. Die Flüge finden in beiden Richtungen morgens, mittags und am späten Abend statt. Der Flugpreis beträgt für einen einfachen Flug 31 US $ und für einen Hin- und Rückflug 39 US $.

BUS
Als Busse werden Kleintransporter in Privatbesitz eingesetzt. In Basseterre fahren die meisten Busse an der Westseite des Treasury Building ab. Von Basseterre zahlt man für eine Fahrt 2 EC $ nach Sandy Point Town, 2,50 US $ nach St. Paul's und 3 US $ nach Dieppe Bay Town. Die Busse verkehren nur sporadisch und ohne festen Fahrplan, wobei die Verbindungen am frühen Morgen und späten Nachmittag am besten sind. Der letzte Bus fährt im allgemeinen gegen 18.00 oder 19.00 Uhr ab. Die Frigate Bay liegt allerdings nicht an den üblichen Busstrecken. Informationen über die Busverbindungen auf Nevis finden Sie am Ende des Abschnittes über diese Insel.

TAXI
Vom Circus in Basseterre, der wichtigsten Taxihaltestelle, zahlt man zu den meisten Zielen in der Stadt 8 EC $, zur Frigate Bay 18 EC $ und zum Brimstone Hill 30 EC $. Zwischen 23.00 und 6.00 Uhr morgens liegen die Preise 25 % höher. Für je 15 Minuten Wartezeit werden 3 EC $ erhoben. Der Taxiruf lautet 4 65 42 53. Informationen über Taxis auf Nevis können Sie dem Ende des Abschnittes über Nevis entnehmen.

AUTO UND MOTORRAD
Fahren Sie auf St. Kitts und Nevis an der linken Seite. Die Geschwindigkeitsbeschränkungen sind in Meilen pro Stunde angegeben und liegen üblicherweise zwischen 20 und 40 m/h. Für eine Gallone Benzin zahlt man ca. 5 EC $, was 1,10 EC $ pro Liter entspricht. In Basseterre gibt es einige Einbahnstraßen, die gelegentlich nicht deutlich gekennzeichnet sind, so daß Sie die Augen nach Schildern offenhalten und im Zweifelsfall dem übrigen Verkehr folgen sollten.

Führerschein: Ausländische Besucher der Insel müssen einen Führerschein für Touristen erwerben, der 30 EC $ (bzw. 12 US $) kostet und ein Jahr gültig ist. Am einfachsten erhält man diesen Führerschein bei der Feuerwache in der Pond Road an der Ostseite von Basseterre, die Tag und Nacht besetzt ist und in der ein gesonderter Schalter nur für die Ausstellung von Touristenführerscheinen eröffnet wurde. Wer nach St. Kitts fliegt und ein Auto mieten will, kann sich im allgemeinen von der Autovermietung am Flughafen abholen lassen und sich dann auf dem Weg zum Büro der Autovermietung an der Feuerwache absetzen lassen.

Werktags ist es während der üblichen Arbeitszeit auch möglich, sich im Inland Revenue Office oberhalb des Postamtes von Basseterre in der Bay Road den Führerschein ausstellen zu lassen. Im Februar und im März ist dies jedoch keine gute Wahl, da dann die Einwohner von St. Kitts ihre Führerscheine verlängern lassen und die Schlangen recht lang werden können. Auf Nevis bekommt man den Touristenführerschein in den Polizeiwachen.

Mietwagen: Auf St. Kitts gibt es zahlreiche Autovermietungen. Die Preise für Mietwagen beginnen bei ca. 30 US $ pro Tag ohne Meilenbegrenzung für einen Nissan March, Toyota Starlet oder Austin Mini Moke. Freiwillige Versicherungen für Unfallschäden kosten zwischen 5 und 10 US $ pro Tag zusätzlich. Bei einigen Unternehmen muß man sich dennoch mit einigen hundert Dollar an den Kosten bei Unfällen beteiligen, während bei anderen Vollkaskoversicherungen ohne Selbstbeteiligung abgeschlossen werden können.

In Basseterre sind die drei größten Firmen Avis am South Independence Square (Tel. 4 65 65 07), TDC Auto Rentals am West Independence Square (Tel. 4 65 29 91) und Sunshine Car Rental in der Cayon Street (Tel. 4 65 21 93). Alle drei holen Kunden ohne zusätzliche Kosten am Flughafen oder Hotel ab.

Weitere Autovermietungen sind Delisle Walwyn & Co in der Liverpool Row in Basseterre (Tel. 4 65 84 49), Caines Rent-A-Car in der Princes Street in Basseterre (Tel. 4 65 23 66) und Ken's Car Rental am Crab Hill in Sandy Point Town (Tel. 4 65 37 06).

Informationen über Mietwagen auf Nevis finden Sie am Ende des Teils über Nevis.

SCHIFF

Die staatliche Personenfähre *Caribe Queen* verkehrt täglich außer donnerstags und sonntags zwischen St. Kitts und Nevis. Die Fähranleger befinden sich im Zentrum von Basseterre und Charlestown, was die Fahrt mit der Fähre für viele praktischer macht als einen Flug von einer zur anderen Insel.

In Basseterre legt das Schiff montags um 8.00 und 16.00 Uhr, dienstags um 14.00 Uhr, mittwochs um 7.00, 16.00 und 19.00 Uhr, freitags um 8.30 und 16.00 Uhr sowie samstags um 7.30 und 14.00 Uhr ab. Dabei wird strikt die Höchstzahl von 150 Passagieren eingehalten. Zudem werden keine Fahrkarten bereits lange vor der Fahrt und keine Fahrkarten für Hin- und Rückfahrt verkauft. An dem Verkaufsschalter am Anleger beginnt der Fahrkartenverkauf erst eine halbe Stunde vor der fahrplanmäßigen Abfahrtszeit. Da die Fähren gelegentlich ausgebucht sind, sollten Sie früh genug dort sein. Zudem legt das Schiff, wenn die Kapazität ausgeschöpft ist, manchmal einige Minuten vor der planmäßigen Abfahrtszeit ab. Verzichten Sie also auf einen Spaziergang, wenn Sie Ihre Fahrkarte gekauft haben.

Auf der gleichen Strecke verkehrt donnerstags und sonntags auch die *Spirit of Mt Nevis*, ein privates Schiff, das 70 Passagiere an Bord nehmen kann und über einen klimatisierten Innenraum sowie ein offenes oberes Deck verfügt. Es legt in Charlestown um 8.00 und 15.30 Uhr sowie in Basseterre um 9.00 und 16.30 Uhr ab. Für eine einfache Fahrt zahlt man 16 EC $.

AUSFLUGSFAHRTEN

Auf St. Kitts bieten Tropical Tours (Tel. 4 65 41 67), Addy's Island Tours (Tel. 4 65 80 69) und Annie's Caribbean Tours (Tel. 4 65 70 43) Halbtagsfahrten über die Insel für 12 bis 15 US $ an. Mit den gleichen Veranstaltern können Sie auch Fahrten mit einem Katamaran, Fahrten zum Tiefseeangeln und Wanderungen durch den Regenwald unternehmen.

Mit einem Taxi zahlt man einschließlich Mittagessen in einem der Plantagen-Gasthöfe mit zwei Personen 48 US $ für eine Inseltour, die 4½ Stunden dauert. Wer mit einem Taxi den Brimstone Hill hinauffährt, es warten läßt, während er sich oben umsieht, und dann mit demselben Taxi wieder zurückfährt, muß mit 30 US $ rechnen.

BASSETERRE

Die Stadt erhielt ihren Namen Anfang des 17. Jahrhunderts von den Franzosen. Bei einem Brand wurde Basseterre 1867 niedergebrannt, so daß die Gebäude aus der frühen Kolonialzeit vernichtet wurden. Zu sehen ist jedoch noch immer eine recht große Zahl von Bauten aus der viktorianischen Zeit, deren Untergeschosse aus Stein bestehen, während die Obergeschosse aus Holz mit an Spitze erinnernden Verzierungen und Giebeln versehen sind.

Die Stadtmitte bildet der Circus, ein Kreisverkehr mit einer vierseitigen Turmuhr. Er soll dem Londoner Piccadilly Circus nachempfunden sein, aber die augenfälligste Gemeinsamkeit sind die Staus. Die meisten Banken, Büros von Fluggesellschaften und Reisebüros haben sich in den Straßen angesiedelt, die vom Circus abzweigen. Taxis, Kokosnußverkäufer und Andenkenläden finden Sie direkt am Kreisverkehr. Fast alle Ge-

Basseterre

Unterkünfte

1 Hotel Fort Thomas
2 Ocean Terrace Inn
7 Glimbaro Guest House
11 Hôtel Canne & Sucre
18 Park View Guest House
22 On the Square

Restaurants

3 Fisherman's Wharf
10 Chef's Place
13 The New Pizza Place
19 American Bakery
25 Restaurant Ballahoo
34 Red-Fried
39 Georgian House

Sonstiges

4 Kriegerdenkmal
5 Markt
6 National Supply
8 Anglikanische St-Georgs-Kirche
9 Shell-Tankstelle
12 Behördengebäude
14 Wall's Deluxe Record & Bookshop
15 Reisebüro und Autovermietung Delisle Walwyn
16 Ram's Supermarket
17 Bushaltestelle
20 Büro von Skantel (Telefone)
21 Parris-Apotheke
23 Büros von LIAT und BWIA
24 Scotiabank
25 Island Hopper
26 The Circus
27 Museum
28 Autovermietung TDC
29 Barclays Bank
30 Finanzministerium
31 Post- und Zollamt
32 Pelikan Mall und Fremdenverkehrsamt
33 Fahrkarten für die Fähren
34 Kino
35 Polizeiwache
36 Spencer Cameron Gallery
37 Kathedrale der Unbefleckten Empfängnis
38 Avis

schäfte und Sehenswürdigkeiten sind nicht mehr als fünf Minuten zu Fuß entfernt.

Der Independence Square in der Nähe, einst Schauplatz des Sklavenmarktes, ist heute in kleiner öffentlicher Park mit einem Springbrunnen. An diesen Park grenzen einige der größeren Gebäude der Stadt, darunter auch einige georgianische Bauten und die Kathedrale der unbefleckten Empfängnis mit zwei Türmen aus dem Jahre 1927.

An der Westseite der Stadt steht heute an der Stelle des früheren Fort Thomas das Hotel mit dem gleichen Namen. Auch wenn es sich nicht um eine große Sehenswürdigkeit handelt, können Sie sich unmittelbar unter dem Swimming Pool des Hotels noch einige der Festungsmauern mit einem halben Dutzend Kanonen ansehen.

PRAKTISCHE HINWEISE
Informationen: Das Fremdenverkehrsbüro in der Pelican Mall ist montags und dienstags von 8.00 bis 16.30 Uhr sowie mittwochs, donnerstags und freitags von 8.00 bis 16.00 Uhr geöffnet.

Geld: In der Scotiabank am Circus werden 2,50 EC $ für jede Transaktion sowie fünf Cents pro Scheck berechnet, wenn man Reiseschecks einlösen will. Bei den Barclays Bank in der Nähe zahlt man 1,50 EC $ pro Transaktion sowie 15 Cents pro Scheck. Beide Banken sind montags bis donnerstags von 8.00 bis 15.00 Uhr und freitags bis 17.00 Uhr geöffnet.

Post: Das Hauptpostamt in der Bay Road ist donnerstags von 8.00 bis 11.00 Uhr sowie montags, dienstags, mittwochs, freitags und samstags von 8.00 bis 15.00 Uhr zugänglich. Farbenprächtige Sondermarken erhält man im Briefmarkenbüro in der Pelican Mall.

Telekommunikation: Auslandsgespräche lassen sich im Büro von Skantel in der Cayon Street führen. Hier können Sie auch Faxmitteilungen und Telegramme aufgeben. Kreditkarten werden akzeptiert. Das Büro ist montags bis freitags von 8.00 bis 18.00 Uhr, samstags von 8.00 bis 13.00 Uhr sowie sonn- und feiertags von 18.00 bis 20.00 Uhr geöffnet.

Buchhandlung: Wall's Deluxe Record & Bookshop in der Fort Street hat Landkarten und eine relativ gute Auswahl an Büchern zu bieten.

SEHENSWÜRDIGKEITEN
Museum: Die St. Christopher Heritage Society in der Bank Street, und zwar im 2. Stock des Hauses über dem Büro des Peace Corps der USA, versucht, ein richtiges Nationalmuseum einzurichten. In der Zwischenzeit können Sie sich ein kleines Zimmer mit einigen wenigen historischen Fotografien und einer kleinen Sammlung zur einheimischen Flora und Fauna ansehen, die sich mon-

tags bis freitags von 14.00 bis 16.00 Uhr, mittwochs am Morgen von 8.30 bis 13.00 Uhr und samstags von 9.00 bis 12.00 Uhr besichtigen lassen. Der Eintritt ist kostenlos, aber Spenden werden gern angenommen.

Brauerei und Zuckerfabrik: In der Brauerei von St. Kitts, aus der das Carib-Bier stammt, und in der Zuckerfabrik von St. Kitts werden im allgemeinen während der Arbeitszeit Besucher durch die jeweilige Anlage geführt. Die Brauerei liegt an der Südseite der Straße, die um die Insel führt, und zwar gleich westlich des Krankenhauses. Die Zuckerfabrik findet man auf halbem Weg zwischen der Stadtmitte von Basseterre und dem Flughafen. Sie ist über die Wellington Street nordöstlich des Independence Square zu erreichen. Der Eintritt ist jeweils frei, aber ein Trinkgeld für den Mitarbeiter, der die Führung vornimmt, üblich.

UNTERKUNFT
Einfache Unterkünfte in der Stadtmitte: Die Zimmer im Hôtel Canne à Sucre in der Church Street gegenüber vom Chef's Place (Tel. 4 65 23 44) sind überwiegend langfristig vermietet, einige wenige können jedoch auch tageweise bewohnt werden. Dort muß man allerdings mit brüchigem Linoleum und durchgelegenen Matratzen rechnen. Die Zimmer enthalten keine Ventilatoren, aber ein eigenes Bad und werden zur Alleinbenutzung für nur 15 US $ und zur Belegung mit zwei Gästen für 26 US $ vermietet (einschließlich Steuern).

Im Park View Guest House an der Ecke der Victoria Road und der Losack Street (Tel. 4 65 21 00, PO Box 64), einer älteren Pension, zahlt man für ein tristes Zimmer allein 25 US $ und zu zweit 50 US $.

Das Glimbaro Guest House in der Cayon Street (Tel. 4 65 29 35, Fax 4 65 98 32) ist ein Neubau mit zehn einfachen Zimmern, die mit Deckenventilator und Telefon ausgestattet sind. Für Einzelpersonen kostet eines der sechs Zimmer mit Bad im Sommer 35 US $ und im Winter 45 US $ sowie eines der vier anderen Zimmer mit Badbenutzung 25 bzw. 35 US $. Zu zweit zahlt man 10 US $ mehr.

Das On the Square (Tel. 4 65 24 85, Fax 4 65 77 23, PO Box 81), das zentral am Independence Square liegt, bietet einfache, aber saubere Zimmer mit Klimaanlage, Radio und eigenem Bad. Einschließlich Steuern und Bedienung muß man hier allein 30 US $ und zu zweit 35 US $ sowie für ein Doppelzimmer mit Küchenzeile 53 US $ bezahlen.

Im Earle's Vacation Home im Stadtteil Shadwell an der Nordseite der Stadt (Tel. 4 65 75 46, PO Box 604) wohnt man in Fußwegentfernung zum Zentrum. Vermietet werden hier zwei Apartments mit einem Schlafraum und vier Ferienwohnungen mit zwei Schlafräumen, zu denen jeweils eine Küche, ein Eßbereich und ein Kabelfernsehgerät gehören. Im Sommer werden die kleineren Unterkünfte für 40 US $ und im Winter für 50 US $ angeboten, die größeren für 70 bzw. 80 US $.

Einfache Unterkünfte in der Umgebung von Basseterre: Die Trinity Inn Apartments am Palmetto Point (Tel. 4 65 29 22) sind ein kleines Apartmenthaus an der Küstenstraße und liegen vier Meilen westlich von Basseterre. Zur Verfügung steht hier eine Reihe von möblierten Ferienwohnungen, die für 40 US $ pro Tag bzw. 200 US $ pro Woche vermietet werden. Ruth, die englische Dame, die das Haus mit ihrem Ehemann führt, ist nicht leicht zu erreichen, so daß man es häufiger versuchen sollte. Wer etwas näher am Meer wohnen möchte, kann sein Glück in den Coral Reef Beach Cottages (Tel. 4 65 81 54, c/o Mrs. Zenaida Katzen, PO Box 323, Basseterre) versuchen, die am Conaree Beach rund eine Meile (1,6 km) nordöstlich des Flughafens gelegen sind. Die einfachen Bungalows sind mit einem Schlafzimmer, zwei Badezimmern, einem Wohnzimmer, einer Küche, Telefon und Veranda ausgestattet. Man zahlt hier bei einer Mindestmietdauer von drei Tagen 30 US $ pro Tag, 200 US $ pro Woche bzw. 680 US $ pro Monat, und zwar einschließlich Benutzung aller Einrichtungen.

Luxushotels in der Stadtmitte: Das Hotel Fort Thomas (Tel. 4 65 26 95, Fax 4 65 75 18, PO Box 407), ein modernes Haus mit 64 Zimmern, liegt an der ruhigen Westseite der Stadt. Es ist das Hotel mit dem besten Preis-Leistungsverhältnis auf St. Kitts und hat große, komfortable Zimmer zu bieten, die jeweils mit zwei Doppelbetten, Kabelfernsehgerät, Klimaanlage, Bad und Balkon ausgestattet sind und das ganze Jahr über als Einzelzimmer 55 US $ sowie als Doppelzimmer 65 US $ kosten. Zur Anlage gehören auch ein Restaurant mit moderaten Preisen sowie ein Swimming Pool mit olympischen Ausmaßen. Es besteht zudem ein täglicher kostenloser Pendelverkehr zur Frigate Bay. Das Hotel ist häufig ausgebucht, insbesondere im Winter, so daß bei Interesse eine frühzeitige Reservierung ratsam ist. Wenn Sie hier übernachten wollen, dann bitten Sie um ein Zimmer mit Blick auf das Meer, da das keinen Preisunterschied ausmacht.

Das Ocean Terrace Inn (Tel. 4 65 27 54, Fax 4 65 10 57, PO Box 65) ist das größte Hotel in Basseterre, das man hier einfach OTI nennt. Es ist sowohl bei Reisegruppen als auch bei Geschäftsreisenden beliebt. Die Unterkünfte liegen in drei Komplexen und unterscheiden sich erheblich. Sie reichen von engen Ferienhäuschen am Straßenrand über Standardhotelzimmer bis hin zu Ferienwohnungen über zwei Ebenen, die am Hang oberhalb des Fisherman's Wharf gebaut wurden. Alle Zimmer sind klimatisiert sowie mit Kabelfernsehgerät und Telefon ausgestattet. Die Preise reichen im Winter von 93 US $ für ein einfaches Einzelzimmer und 116 US $ für ein einfaches Doppelzimmer bis 195 US $ für eines der Apartments über zwei Ebenen. Im Sommer zahlt man ca. 15 % weniger. Es gibt hier auch einige Swimming Pools sowie einen kostenlosen Pendelverkehr zum Turtle Beach.

Luxushotels in der Umgebung von Basseterre: Das Hotel Bird Rock Beach (Tel. 4 65 89 14, Fax 4 65 16 75) liegt am Stadtrand, etwa zwei Meilen (3,2 km) östlich der Stadtmitte. Die 36 hübschen Zimmer des Hotels sind alle mit Kabelfernsehgerät, Klimaanlage, Ventilator, Badewanne im Bad und Balkon mit Blick auf das Meer gut ausgestattet. Zu den Studios und Ferienwohnungen gehört zudem noch eine Küche. Im Restaurant des Hotels werden moderate Preise berechnet. Das Hotel hat zudem Tennisplätze, einen Swimming Pool und einen kleinen Strand mit schwarzem Sand zu bieten. Die Anlage besteht aus sechs modernen, zweistöckigen Gebäuden, von denen die abgelegensten den besten Blick bieten. Hier muß man für ein Zimmer im Sommer 70 US $ und im Winter 120 US $, für ein Studio 80 bzw. 140 US $ und für eine Ferienwohnung mit zwei Schlafräumen 125 bzw. 220 US $ bezahlen.

Im Fairview Inn (Tel. 4 65 24 72, Fax 4 65 10 56, PO Box 212) wohnt man oberhalb einer Zuckerrohrplantage rund vier Meilen (6,4 km) westlich der Stadt an der Nordseite der Straße, die sich um die Insel zieht. Das Fairview Inn, früher ein Plantagenhaus, ist im Vergleich zu den anderen Gasthöfen, die in vergleichbaren Häusern eingerichtet wurden, relativ einfach. Im Haupthaus befindet sich auch ein Restaurant. Die Zimmer liegen in 30 Bungalows, von denen einige recht nichtssagend sind, während andere mit dicken, alten Steinmauern mehr Atmosphäre bieten. Alle sind mit eigenem Bad ausgestattet, einige zudem mit Badewanne, Fernsehgerät und separatem Eßbereich. Die besten Zimmer, die im Sommer 80 US $ und im Winter 140 US $ kosten, sind klimatisiert, die der mittleren Preisklasse (75 bzw. 130 US $) von Ventilatoren gekühlt. Die Standardzimmer enthalten weder Klimaanlage noch Ventilator. Zum Hotel gehört auch ein Swimming Pool.

Die Morgan Heights Condominiums (Tel. 4 65 86 33, Fax 4 65 92 72, PO Box 536) wurden an der Straße errichtet, die um die Insel führt, und zwar in der Gegend des Canada Estate, zwei Meilen (3,2 km) nordöstlich des Flughafens. Das ist zwar ein wenig abgelegen, aber die Unterkünfte sind groß und werden sowie mit einer kompletten Küche, Kabelfernsehgerät, Telefon und Patio ausgestattet. Im Sommer werden für ein Apartment mit einem Schlafzimmer 65 US $ und im Winter 125 US $ berechnet, für ein Apartment mit zwei Schlafzimmern 95 bzw. 175 US $. Man kann auch in einfaches Hotelzimmer mieten und darin im Sommer für 50 US $ sowie im Winter für 85 US $ übernachten. Zur Anlage gehören außerdem ein Restaurant und ein Swimming Pool.

ESSEN

Am beliebtesten für einen kleinen, schnellen Imbiß ist das Redi-Fried direkt neben dem Kino in der Bay Road, wo man zwei Hähnchenstücke mit Pommes Frites für 7 EC $ bekommt.

Recht ordentlich sind die Pizzastücke für 5 EC $ im The New Pizza Place in der Central Street. Für eine kleine ganze Pizza zahlt man hier je nach Belag ab 15 EC $, wobei man die Standardauswahl hat oder sich für vegetarische und Salzfischvariationen entscheiden kann. Die Pizzeria ist täglich außer sonntags von 11.00 bis 22.00 Uhr geöffnet.

Das Chef's Place in der Church Street in der Ortsmitte von Basseterre ist ein nettes Restaurant mit großartiger Küche und großen Portionen. Hier kann man draußen im Hof an der Straße an Picknicktischen oder im ventilatorgekühlten Innenraum sitzen. Das Frühstück mit einer großen Auswahl kostet 15 EC $ und wird bis 10.00 Uhr serviert. Beim Mittag- und beim Abendessen hat man die Wahl zwischen vier oder fünf Gerichten, die auf einer Tafel stehen. Typisch sind z.B. Hähnchen süß-sauer, gegrillter frischer Fisch oder Schmetterlingsgarnelen für 20 EC $ oder weniger, die mit Reis, gutem grünen Salat und Gemüse von der Insel wie Kürbis gereicht werden. Außerdem erhält man hier frisch gezapftes Ingwerbier für 1,50 EC $. Das Chef's Place ist täglich außer sonntags von ca. 8.00 bis 23.30 Uhr geöffnet.

Im immer gut besuchten Restaurant Ballahoo kann man auf einem schönen Balkon im 2. Stock sitzen, von dem aus sich auf den Circus blicken läßt. Für ein komplettes Frühstück man Schinken zahlt man hier 15 EC $. Mittags besteht die Wahl zwischen Rotis, Burgern und Sandwiches ab 7 EC $ sowie umfangreicheren Mahlzeiten für rund 20 EC $. Auf der Abendkarte, auf der auch vegetarisch gefüllte Paprikas, Hähnchenspieße, Filet vom blauen Papageienfisch sowie Hummer stehen, reichen die Preise von 26 bis 52 EC $. Seemuscheln in Knoblauchbutter (10 EC $) sind eine schöne Vorspeise und ein Sandwich mit Bananen und Rum (getoastet) sowie Vanilleeiscreme ein ausgesprochen leckerer Abschluß. Hier kann man täglich außer sonntags von 8.00 bis 23.00 Uhr essen.

Das Fisherman's Wharf ist ein angenehmes Eßlokal, in dem man an Picknicktischen am Kai unterhalb des Ocean Terrace Inn sitzt. Fleisch und Fisch werden über einem offenen Grill zubereitet. Die Beilagen wählt man selbst vom Buffet mit Salat, Reis, Kartoffeln und einheimischem Gemüse. Der Preis hängt nur vom Hauptgericht ab, wobei die verschiedenen Fischsorten (Thunfisch ist eine gute Wahl) 35 EC $ kosten und man beim Fleisch von 22 EC $ für Brathähnchen bis 55 EC $ für Lendensteak bezahlen muß. Das Preis-Leistungsverhältnis ist günstig, denn Steuern sind in den genannten Preisen bereits enthalten, und Zuschläge für Bedienung werden nicht berechnet. Das Fisherman's Wharf wird nur zum Abendessen ab 19.00 Uhr geöffnet.

Das Hauptrestaurant im Ocean Terrace Inn bietet eine recht durchschnittliche Speisekarte und eine nichtssagende Atmosphäre, aber einen schönen Blick. Man kann hier ein Abendmenü für 88 EC $ bestellen oder aber à la carte mit Hauptgerichten von 40 EC $ für Fisch bis 55 EC $ für Scampi oder gekochten Hummer essen.

Das Restaurant Lighthouse im Stadtteil Bird Rock oberhalb des Anlegers für Kreuzfahrtschiffe (Tel. 4 65 89 14) ist ein relativ teures Abendlokal. Zu den Hauptgerichten gehören hier indisches Lamm-Curry oder Garnelen Linguini für 50 EC $ sowie Beef Wellington für 65 EC $ zuzüglich 8 EC $ für eine Suppe oder einen Salat. Auf der Weinkarte finden Sie Weine aus Frankreich, Deutschland und Kalifornien. Das Lokal ist täglich von 18.00 bis 23.00 Uhr geöffnet.

Im The Georgian House (Tel. 4 65 40 49) ißt man in romantischer Umgebung in einem restaurierten Herrenhaus am Independence Square. Das Restaurant gehört dem amerikanischen Koch Roger Doche und ist täglich außer montags von 18.00 Uhr an geöffnet. Zu den Hauptgerichten auf der Speisekarte gehören z.B. Hähnchen Cacciatore auf Pasta oder Westindisches Hähnchen mit Reis und Bohnen für 39 EC $, aber auch Garnelen Marseillaise oder Steak für 57 US $. Weitere 10 EC $ zahlt man für eine Suppe oder einen Salat. Im Winter wird dienstags ein Barbecue mit Live-Musik angeboten.

Die American Bakery führt frisches Brot und Backwaren. Sie ist montags bis freitags von 6.00 bis 18.00 Uhr, samstags bis 14.00 Uhr und sonntags bis 19.00 Uhr geöffnet.

Der Markt mit seinen grünen Mauern und dem Wellblechdach in der Bay Road ist der beste Ort, um Obst und Gemüse einzukaufen. Zwischen dem Markt und dem Postamt gibt es zudem zwei Lebensmittelläden: National Supply, der montags bis samstags von 8.00 bis 21.00 Uhr sowie sonntags von 8.00 bis 14.00 Uhr geöffnet ist, und Ram's Supermarket, in dem man montags bis samstags von 8.00 bis 18.00 Uhr einkaufen kann.

WEITERE ORTE AUF ST. KITTS

FRIGATE BAY

Frigate Bay, drei Meilen (4,8 km) südöstlich von Basseterre, ist der wichtigste Ferienort von St. Kitts. Es gibt hier zwei Strände: North Frigate Bay (auch Atlantic Beach genannt) und Frigate Bay Beach (auch Caribbean Beach oder Timothy Beach genannt), die ca. 15 Minuten zu Fuß voneinander entfernt liegen.

Der ruhigere Frigate Bay Beach an der Südseite der Halbinsel ist der beliebteste Badeplatz der Insel. An diesem grauen Sandstrand können Sie Wassersportausrüstungen mieten und eine häufig genutzte Strandbar, die Kittitian Monkey Bar, in Anspruch nehmen, die an Wochenenden mehr als gut besucht ist. Hinter dem Strand liegt ein Salzsee, während an der Küste Pelikane fischen. Das Meer in der North Frigate Bay ist weniger ruhig. Dafür ist der Strand hier golden. Man kann in dieser Gegend mehrere Kilometer lang am Strand spazierengehen. Die meisten Gebäude liegen an der North Frigate Bay. Hier säumen Ferienwohnungen und Geschäfte den Strand, während man gegenüber vom Strand zu einem Golfplatz und zum Jack Tar Village kommt. Auch wenn sich im Jack Tar Village das einzige Kasino der Insel befindet, ist Frigate Bay immer noch ein relativ einfaches und ruhiges Feriengebiet.

Busverbindungen bestehen normalerweise nach Frigate Bay nicht. Wer also keinen Wagen benutzen kann, muß entweder viel zu Fuß gehen oder mit Taxis fahren.

PRAKTISCHE HINWEISE

Die Barclays Bank ist montags bis donnerstags von 8.30 bis 13.00 Uhr und freitags von 8.30 bis 13.00 Uhr sowie von 15.00 Uhr bis 16.00 Uhr geöffnet. TDC Auto Rentals unterhält ein Büro am Mini-Mart bei PJ's Pizza Bar, während man am Ende der Ferienanlage Jack Tar Village zu einer Hütte von Tropic Tours gelangt.

UNTERKUNFT

Das Gateway Inn (Tel. 4 65 71 55, Fax 4 65 93 22, PO Box 64) wurde ein wenig abgelegen an der Hauptstraße zwischen Basseterre und Frigate Bay errichtet. In dem einfachen einstöckigen Komplex mit Apartments stehen zehn möblierte Unterkünfte mit Küche, Wohnzimmer, einem separaten Schlafraum, Klimaanlage, Telefon und Kabelfernsehgerät zur Verfügung. Im Sommer kosten die Wohnungen 50 US $ und im Winter 80 US $. Bei einer Mietzeit von einer Woche braucht man nur für sechs Tage zu bezahlen.

Trotz des Namens liegt das moderne Frigate Bay Beach Hotel (Tel. 4 65 71 50, PO Box 137) mit 65 Zimmern nicht am Strand, sondern auf einer Anhöhe oberhalb von Frigate Bay. Die Zimmer sind mit gekachelten Fußböden, Deckenventilatoren, Klimaanlage, Telefon und zwei Doppelbetten ausgestattet. In den Bädern findet man auch Badewannen. Die Räume sind hübsch, aber nicht elegant, und die preiswerteren Zimmer mit Blick auf den Berg mit 60 US $ im Sommer nicht allzu teuer, im Winter jedoch mit einem Preis von 145 US $ zu kostspielig. Man kann hier auch eine Ferienwohnung mit Küchenzeile im Sommer für 80 US $ und im Winter für 195 US $ mieten. Zur Anlage gehören außerdem ein Restaurant und ein großer Swimming Pool. Es ist zwar möglich, über einen Pfad, der hinter dem Hotel beginnt, hinunter zum Frigate Bay Beach zu gehen, aber alles in allem ist das Haus, wenn man kein Auto hat, nicht sehr günstig gelegen.

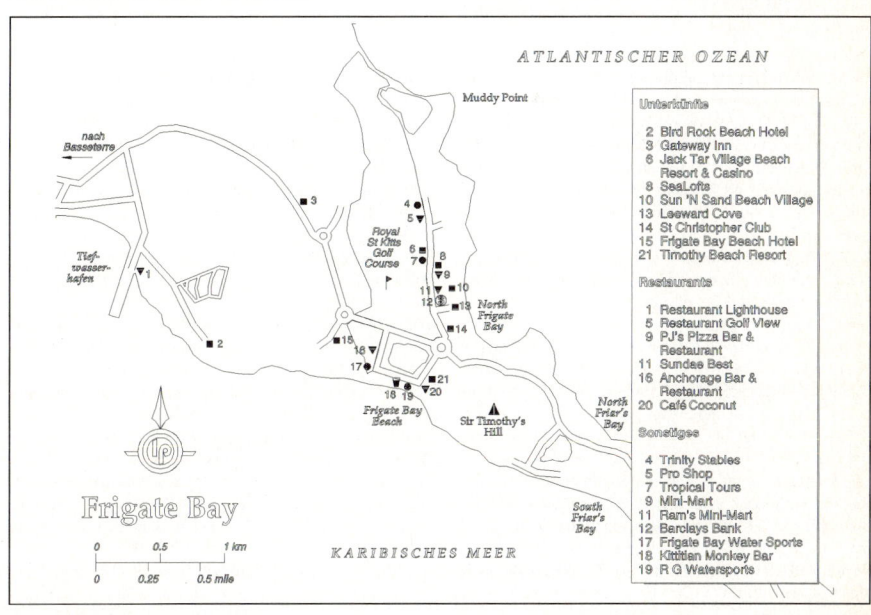

ST. KITTS UND NEVIS

Das SeaLofts (Tel. 4 65 80 04, Fax 4 65 84 54, PO Box 139), ein neuer Komplex mit Apartments wie in Städten, bietet das günstigste Preis-Leistungsverhältnis in Frigate Bay. Die Ferienwohnungen mit zwei Schlafzimmern enthalten im Wohnzimmer ein Sofabett, Möbel aus Korb und Rattan, einen Eßbereich, eine Küche und einen großen Balkon, ein Kabelfernsehgerät, eine Waschmaschine und einen Trockner. Die Anlage liegt am Strand und verfügt auch über Tennisplätze und ein Schwimmbecken. Im Winter zahlt man hier 125 bis 155 US $, im Sommer 90 bis 115 US $, und zwar je nach Blick. Da die Zimmer während der Mietzeit nicht gereinigt werden, entfällt der Zuschlag für Bedienung. Kreditkarten werden nicht akzeptiert.

Im Leeward Cove (Tel. 4 65 80 30, Fax 4 65 34 76, PO Box 123), einem kleinen Apartmenthaus gegenüber vom Golfplatz, stehen sechs schöne Unterkünfte zur Verfügung, die vermietet werden, wenn die Besitzer nicht selbst darin wohnen. Sie bestehen aus einer Küche, einem Wohnzimmer mit Schlafsofa und Deckenventilator, einem oder zwei klimatisierten Schlafzimmern sowie einem Eßbereich und einem Hof. In den Wohnungen mit einem Schlafraum kann man im Sommer für 110 US $ und im Winter für 115 US $ übernachten, in den Apartments mit zwei Schlafräumen für 155 bzw. 250 US $. Bei einer Mietzeit von einer Woche ist ein Mietwagen im Preis eingeschlossen. Gelegentlich ist es möglich, nur ein Zimmer wie in einem Hotel zu mieten, wofür man dann allein im Sommer 45 US $ und im Winter 75 US $ sowie zu zweit 55 bzw. 110 US $ bezahlen muß.

Das Timothy Beach Resort (Tel. 4 65 85 97, PO Box 81), ein kleiner Apartmentkomplex, gehört zu Colony-Kette. Die Zimmer bieten nichts Besonderes, aber die Lage am Strand an der Ostseite des Frigate Bay Beach ist gut. Die Zimmer mit Blick auf den Berg sind am preiswertesten. Sie enthalten ein Bad mit Badewanne sowie einen winzigen Balkon und sind mit einem Minikühlschrank, Klimaanlage und Telefon ausgestattet. Der Preis für diese Quartiere liegt im Sommer bei 99 US $ und im Winter bei 140 US $. Weitere 30 US $ im Sommer und 40 US $ im Winter zahlt man für ein Zimmer mit Blick auf das Meer und nochmals 10 US $ mehr für ein Zimmer mit Küchenzeile.

Im Sun 'N Sand Beach Village (Tel. 4 65 80 37, Fax 4 65 67 45, PO Box 341) werden 18 komplett ausgestattete Bungalows mit zwei Schlafzimmern sowie 32 Studios im Motelstil mit Klimaanlage, Deckenventilatoren, Kabelfernsehgerät und Telefon vermietet. Die Studios sind mit Toaster, Kühlschrank und Mikrowellengerät ausgestattet, während in den Ferienhäuschen richtige Küchen vorhanden sind. Zur Anlage gehören auch ein Swimming Pool und Tennisplätze. Für ein Studio werden im Sommer für bis zu zwei Personen 80 US $ und im Winter 160 US $ berechnet, für einen Bungalow für bis zu vier Personen 130 bzw. 260 US $. Der jeweils siebente

Tag während eines Aufenthaltes in dieser Anlage ist das ganze Jahr über kostenlos.

Der St. Christopher Club (Tel. 4 65 48 54, Fax 4 65 64 66, PO Box 570) ist eine Anlage mit Ferienwohnungen, die teils auch kurzfristig vermietet werden. Die Einrichtung ist unterschiedlich, zu allen Wohnungen gehören jedoch eine Küche, ein Eßbereich und ein Bad mit Badewanne. Sie sind mit Kabelfernsehgerät, gekacheltem Fußboden und Telefon ausgestattet. Die Schlafräume sind klimatisiert und mit einem oder zwei Doppelbetten möbliert. Für eine Wohnung mit einem Schlafraum zahlt man im Sommer 78 US $ und im Winter 155 US $, für eine Wohnung mit zwei Schlafzimmern 105 bzw. 205 US $. Gelegentlich besteht die Möglichkeit, ein Schlafzimmer ohne Küche und Eßzimmer im Sommer für 60 US $ und im Winter für 100 US $ zu mieten. Bei einer Mietdauer von mindestens einer Woche zahlt man ca. 20 % weniger, während bei einem Aufenthalt von mindestens einem Monat ein noch größerer Preisnachlaß eingeräumt wird.

Das Jack Tar Village Beach Resort & Casino (Tel. 4 65 86 51, Fax 4 65 10 31, PO Box 406) ist ein Feriendorf mit Kasino, in dem man seinen Urlaub einschließlich Verpflegung, Getränke und Freizeitbeschäftigung pauschal verbringt. Im Winter kostet das pro Tag für eine Person 180 US $ und für zwei Personen 300 US $, im Sommer 20 US $ weniger. Wer mindestens 60 Tage im voraus bucht, zahlt pro Person zwischen 30 und 40 US $ weniger.

ESSEN

Das PJ's Pizza Bar & Restaurant in der Nähe von TDC Auto Rentals (Tel. 4 65 83 73) wird von zwei Kanadierinnen geführt. Das ist ein immer gut besuchtes Lokal, in dem man das Essen auch mitnehmen kann. Für eine kleine Pizza muß man hier zwischen 13 US $ (nur Käse) und 23 US $ (mexikanisch) bezahlen. Große Pizzen kosten das Doppelte. Angeboten werden auch vegetarische Pizzen. Im PJ's bekommt man zudem Sandwiches, Chilli con Carne und Lasagne sowie gelegentlich frisches Brot (französisches Brot 3 EC $, Vollweizenbrot 6 EC $). Die Pizzeria ist täglich außer montags von 10.00 bis 22.30 Uhr geöffnet.

Das Café Coconut (Tel. 4 65 30 20), ein Gartenrestaurant unmittelbar am Frigate Bay Beach, bietet eine relativ umfangreiche Speisekarte. Für ein kontinentales Frühstück werden hier 13 EC $ berechnet, während ein komplettes Frühstück im westlichen Stil etwas mehr kostet. Mittags kann man Burger, Sandwiches mit Fliegendem Fisch und Salate für ca. 10 EC $ essen und muß für Fisch vom Tag 30 EC $ bezahlen. Auf der Abendkarte stehen vor allem westindische Fischgerichte, die überwiegend zwischen 30 und 50 EC $ kosten. Samstags am Abend wird vom Buffet gegessen, wobei Musik einer Steelband zu hören ist. Mittwochs am Abend wird ebenfalls Live-Unterhaltung geboten. Das Restaurant ist täglich von 7.30 bis 23.00 Uhr geöffnet, die Bar bis 1.00 Uhr morgens.

Die Bar und das Restaurant Anchorage am Westende des Frigate Bay Beach ist vom 8.00 Uhr bis Mitternacht geöffnet. Für ein komplettes Frühstück zahlt man hier 18 EC $. Die Sandwiches sowie Fish & Chips sind mittags ebenfalls nicht allzu teuer. Abends kosten die Hähnchen- und Fischgerichte sowie Steaks zwischen 25 und 40 EC $. Im Restaurant vom Frigate Bay Beach Hotel kann man ebenfalls frühstücken. Mittags hat man die Wahl zwischen Sandwiches und Salaten zu Preisen von 14 bis 22 EC $. Abends stehen westindische und kontinentale Speisen mit Hauptgerichten für 35 bis 55 EC $ auf der Karte. Das Restaurant kann man täglich von 7.30 bis 21.30 Uhr aufsuchen.

Im Restaurant Golf View des Royal St. Kitts Golf Course sind heiße Würstchen, Hamburger und Sandwiches erhältlich. In der Nähe vom PJ's befindet sich zudem ein Mini-Mart, der sonntags von 8.30 bis 18.30 Uhr sowie werktags bis 20.00 Uhr geöffnet ist. In dem kleinen Einkaufszentrum in der Nähe vom Sun 'N Sand findet man einen weiteren Mini-Mart, das Ram's, und den Eissalon Sundae Best, der täglich außer montags bis 19.00 Uhr geöffnet ist.

SÜDÖSTLICHE HALBINSEL

Die südöstliche Halbinsel von St. Kitts ist kaum erschlossen und mit ihren kargen Salzseen, grasbedeckten Bergen und der Buschvegetation von herber Schönheit. Die wichtigsten Bewohner dieser Region sind die grünen Vervet-Affen, die gelegentlich die Straßen überqueren, und etwas Rotwild.

Bis Anfang der neunziger Jahre, als der 6,5 Meilen (10,5 km) lange Dr. Kennedy Simmonds Highway über die gewundene Halbinsel gebaut wurde, erreichte man diese Region vorwiegend mit dem Schiff. Die Straße setzte ein Zeichen für Pläne, das Gebiet für den Tourismus zu erschließen, was zur Folge hatte, daß inzwischen Pläne für eine Reihe von neuen Feriengebieten bestehen.

Die neue Straße ist die beste der Insel. Es ist jedoch Vorsicht wegen der tiefen, V-förmige Regenrinnen am Rand angebracht, insbesondere dann, wenn man versucht, etwas schärfer zu bremsen, um an einer Stelle Halt zu machen und den Blick zu genießen. Auch kleinere Erdrutsche an der Straße sind nicht ungewöhnlich.

Am Beginn der Halbinsel sieht man auf beiden Seiten Sandstrände: North Friar's Bay und South Friar's Bay. Die North Friar's Bay bietet ruhigeres Wasser und bessere Bademöglichkeiten. Sie ist über eine unbefestigte Straße von ca. einer Meile (1,6 km) Länge zu erreichen, die von der Hauptstraße nach Süden abzweigt.

Etwa 2,25 Meilen (3,6 km) vom Beginn der Hauptstraße entfernt erreicht man die höchste Stelle auf der Halbinsel. Hier ermöglicht ein nicht weiter gekennzeichneter Aussichtspunkt eine guten Blick über die Salzseen und die Küste. Ein weiterer Aussichtspunkt befindet sich ca. 1,5 Meilen (2,4 km) weiter südlich. Kurz danach zweigt nach rechts eine unbefestigte Straße zur White House Bay ab, in der man sich eine alte Mole und eine Reihe von kleineren Wracks ansehen kann, die sich recht gut zum Schnorcheln eignen sollten.

Die Straße führt dann am Great Salt Pond vorbei, an dessen Rändern sich Salzkristalle absetzen. Hier sind Strandläufer, Brachvögel, Stelzvögel und andere Küstenvögel zu sehen. Hinter dem See gabelt sich die Straße. Rechts gelangt man zur Major's Bay mit einer felsigen Küste, an der Ferienwohnungen und ein Hotel geplant sind. Die Abzweigung nach links führt zur Cockleshell Bay mit einem nur durchschnittlichen grauen Sandstrand und einem großartigen Blick auf Nevis. An der Straße zur Cockleshell Bay weist gleich hinter einer alten Zuckermühle ein Schild den Weg zum Turtle Beach, der ein bißchen schöner ist als der an der Cockleshell Bay. Er wird von den Gästen des Ocean Terrace Inn genutzt und bietet ein Restaurant, ein Wassersportzentrum sowie einen schönen Blick auf Nevis.

ESSEN

Das einzige Restaurant auf der südöstlichen Halbinsel ist das Turtle Beach Bar & Grill am Turtle Beach. Es ist täglich von 10.00 bis 18.00 Uhr (samstags bis 23.00 Uhr) geöffnet. Die Speisekarte ist mit Gerichten wie Hähnchenteller für 23 EC $ und frischem Fisch für 35 EC $ recht einfach.

DIE STRASSE UM DIE INSEL

Die wichtigste Sehenswürdigkeit auf St. Kitts ist die Festung Brimstone Hill Fortress, aber auf der Straße, die sich um die Insel zieht, der Circle-Island Road, gelangt man noch zu einigen anderen interessanten Stellen, z. B. zu Petroglyphen, einem Batikladen in Romney Manor und zerfallenden Zuckermühlen, die aufgegeben wurden.

Es ist eine schöne Fahrt durch eine von Zuckerrohrfeldern dominierte Landschaft, die hier und da durch vereinzelte Dörfer unterbrochen wird. Da die schmalen Schienen der Zuckerrohr-Eisenbahn parallel zur Straße verlaufen, sind die Aussichten nicht schlecht, einen der altmodisch anmutenden Züge zu sehen, die mit Ladungen frisch geschnittenen Zuckerrohres von den Feldern zur Mühle fahren.

Die Dörfer mit ihren verwitterten Steinkirchen und alten Holzhäusern mit rostigen Wellblechdächern ermöglichen einen näheren Einblick in das Leben auf der Insel. Überall sieht man auch kleine Schuppen oder Buden, in denen Soda, Spirituosen und einige wenige Güter des tägliches Bedarfs verkauft werden.

Die Straße ist befestigt und in relativ gutem Zustand, aber Sie sollten wegen der Schlaglöcher, der Regenrinnen und der gelegentlich die Straße überquerenden Ziegen dennoch nicht schnell fahren. Für eine Rundfahrt um die Insel benötigt man zwar nicht mehr als einen halben Tag, aber es lohnt, sich einige Stunden mehr Zeit dafür zu lassen.

BLOODY POINT

Etwas über vier Meilen (6,4 km) westlich von Basseterre am Nordende des Dorfes Challenger markiert ein verblaßtes Schild den Bloody Point (Blutigen Punkt), an dem im Jahre 1626 mehr als 2000 Kariben von Briten und Franzosen niedergemetzelt wurden.

Wenn man das Dorf verläßt, gelangt man zu einer Kurve und einem kleinen Parkplatz. Machen Sie hier Halt, um den schönen Blick über die Küste und auf den Brimstone Hill zu genießen.

OLD ROAD TOWN

Hinter Bloody Point führt die Straße hinunter zum Strandort Old Road Town. An dieser Stelle sind die ersten britischen Siedler 1623 an Land gegangen. Die felsige Küste in diesem Gebiet ist ein guter Platz, um Fregattvögel zu beobachten. In der Dorfmitte markiert das Schild zu Caribelle Batik den Beginn der Straße nach Wingfield.

Petroglyphen und Caribelle Batik: Gleich nach dem Abbiegen in die Straße nach Wingfield landeinwärts gelangt man links zu einem Kindergarten. Am Straßenrand gleich hinter dem Kindergarten sind drei schwarze, große Steine zu sehen. Der mittlere weist zwei charakteristische menschenähnliche Figuren auf, die von Kariben geschaffen wurden. Die Besichtigung der Steine ist kostenlos. Die Straße führt weitere 0,5 Meilen (800 m) vorbei an Mais- und Zuckerrohrfeldern und hinter die Ruinen der Mühle, des Schornsteins und des Steinbogens von Wingfield Estate bergauf, bevor man Romney Manor erreicht, das alte Plantagenhaus, in dem sich heute Caribelle Batik angesiedelt hat.

Die Plantage liegt am Rand des Regenwaldes, so daß die Fahrt dorthin eine schöne Abwechslung zum trockneren Tiefland bildet, das an die Küste grenzt. Romney Manor ist von grüner Vegetation und großen, blütentragenden Bäumen umgeben. Zwei davon sind besonders auffällig: der knorrige Guinip-Baum am Eingang und der riesige Saman-Baum im Vorhof, der von unzähligen spinnenartigen Epiphyten bedeckt ist.

Die Batiken werden hier hergestellt und verkauft. In einem kleinen, eigens dafür vorgesehenen Bereich können Sie zusehen, wie das Wachs auf den Stoff aufgetragen wird. Im Laden lassen sich Batikkleidung und Wandbehänge kaufen, man kann sich jedoch auch einfach nur umsehen, ohne zum Kauf gedrängt zu werden. Caribelle Batik ist montags bis freitags von 8.30 bis 16.00 Uhr (sowie an den Wochenenden, wenn sich eine Reisegruppe angemeldet hat) geöffnet.

Essen: Gute Pizza zu gemäßigten Preisen erhält man im Pizza Hot an der Main Street in der Ortsmitte von Old Road Town.

MIDDLE ISLAND

In Middle Island befindet sich das Grab von Sir Thomas Warner, der die ersten britischen Siedler auf St. Kitts anführte. Er starb am 10. März 1648. Sein marmorbedecktes Grab mit einer wortreichen Grabinschrift liegt unter einem Wetterschutz aus Holz vor der alternden Thomas Church auf einer Anhöhe in der Ortsmitte.

NATIONALPARK BRIMSTONE HILL FORTRESS

Die weitläufige Anlage, die zu ihrer Zeit auch „Gibraltar Westindiens" genannt wurde, gehört zu den größten Festungen der Karibik. Brimstone Hill, ein wichtiger britischer Stützpunkt, spielte eine Schlüsselrolle in den Schlachten mit den Franzosen, die die Festung 1782 einnahmen, sie aber im folgenden Jahr im Rahmen des Vertrages von Paris zurückgaben. Der Vertrag führte zu einer etwas friedlicheren Ära, woraufhin die Festung in den fünfziger Jahren des 19. Jahrhunderts aufgegeben wurde.

Nachdem 1867 ein Großbrand über Basseterre hinwegfegte, von dem auch ein Teil der Festung betroffen war, wurden die Steine der niedergebrannten Bauten zum Wiederaufbau der Stadt benutzt. In den sechziger Jahren fanden umfangreiche Restaurierungsarbeiten statt, nach deren Abschluß ein großer Teil der Festung nun in altem Glanz erstrahlt. Königin Elizabeth II. hat während ihres Besuchs im Oktober 1985 die Festung zum Nationalpark erklärt.

Die Hauptanlage auf dem Berg, die Zitadelle, ist von 24 Kanonen gesäumt und ermöglicht einen ausgezeichneten Blick auf St. Eustatius und Sandy Point Town. Die alten Kasernen beherbergen heute ein Museum über die Kolonialgeschichte mit Kanonenkugeln, Schwertern und anderen Ausstellungstücken aus dieser Zeit. Zu sehen sind zudem eine kleine Sammlung von indianischen Breitbeilen, einige Tonscherben sowie Abdrucke der Petroglyphen von Old Road Town. In einem anderen Raum kann eine Ausstellung über die amerikanische Revolution und die Rolle besichtigen, die Westindien dabei spielte.

Ebenfalls lohnend ist ein kurzer Spaziergang an der Küche vorbei zum Gipfel des Monkey Hill, von wo aus sich ein ausgezeichneter Blick bietet. In dem kleinen Theater neben dem Andenkenladen können Sie sich einen kurzen Videofilm über die Geschichte der Festung ansehen.

Der Brimstone Hill, auf dem die Festung steht, ist ein 229 m hoher Vulkankegel, der nach seinen stark riechenden Schwefeldämpfen benannt wurde, die Ihnen mit Sicherheit in die Nase steigen, wenn Sie am Berg vorbei der Küstenstraße folgen. Die Festung ist täglich von 9.30 bis 17.30 Uhr zugänglich. Der Eintritt zur Anlage kostet für ausländische Besucher 5 US $ (für Kinder 2,50 US $).

Essen: In der Brimstone Hill Fortress gibt es eine kleine Kantine, in der Bier und Burger verkauft werden. Das Restaurant Js' an der Hauptstraße gegenüber der Abzweigung zur Festung ist nicht zu empfehlen.

An- und Weiterreise: Um zur Festung zu gelangen, kann man mit einem Bus von Basseterre in Richtung Sandy Point Town fahren und sich an der ausgeschilderten Straße zur Festung absetzen lassen. Von hier aus sind es 1,25 Meilen (2 km) bergauf auf einer kurvenreichen Straße. Wer mit einem Auto auf diesem Weg hochfährt, sollte vor unübersichtlichen Kurven unbedingt hupen.

NORDOSTKÜSTE

Hinter der Brimstone Hill Fortress fährt man durch das Tiefland mit seinen Zuckerrohrfeldern und um den 1156 m hohen Mount Liamuiga herum, der die Inselmitte beherrscht. An der Nordseite der Insel liegen zwei exklusive Ferienanlagen, nämlich Rawlins Plantation in den Bergen östlich von St. Paul's und Golden Lemon an der Küste bei der Dieppe Bay. Bei Dieppe Bay Town handelt es sich um einen Fischerort mit einer alten Steinmühle, wo davon abgesehen aber sonst nicht viel zu sehen ist.

Am Südende von Sadlers sieht man unten in den Zuckerrohrfeldern eine alte Steinkirche. Gleich dahinter weist ein Schild den Weg zu den Black Rocks. Nach einer kurzen Fahrt auf dieser Seitenstraße gelangt man zu den Klippen an der Küste und blickt auf mehrere Lavaformationen am Meer. Wenn die Straße zu schlecht befahrbar ist, kann man die Klippen auch zu Fuß in nur fünf Minuten von der Straße rund um die Insel erreichen. Die Hauptstraße führt weiter in Richtung Süden die Ostküste entlang, vorbei an weiteren kleinen Orten, alten Zuckermühlen, die aus den Zuckerrohrfeldern hervorragen, sowie einigen Steinkirchen, auch wenn besondere Sehenswürdigkeiten dem Weg nicht mehr zu sehen sind. Die Dörfer auf dieser Seite der Insel sind klein und sauber. Bemerkenswert ist hier in Ottley's ein relativ exklusives Plantagenhaus.

Unterkunft: Die Rawlins Plantation (Tel. 4 65 62 21, Fax 4 65 49 54, PO Box 340), eine Meile (1,6 km) landeinwärts von St. Paul's, ist eine Ferienanlage, bei der die historischen Plantagengebäude auf wunderschöne Weise einbezogen wurden. Eine der Steinmühlen wurde zu einer romantischen Plantagensuite umgebaut, während daneben auch komfortable Ferienhäuser mit Dielenfußböden, Himmelbetten und großen, separaten Wohnzimmern zur Verfügung stehen. Zur Anlage gehört ferner ein Swimming Pool. Die Preise für die zehn Unterkünfte betragen einschließlich Frühstück, Tee am Nachmittag und Abendessen im Sommer für eine Person 165 US $ und für zwei Personen 235 US $, im Winter 250 bzw. 375 US $. Kreditkarten werden nicht akzeptiert.

Das Golden Lemon (Tel. 4 65 72 60, Fax 4 65 40 19) liegt an einem steinigen schwarzen Sandstrand unmittelbar in Dieppe Bay Town. Mittelpunkt des Komplexes ist ein Plantagenhaus aus dem 17. Jahrhundert. Die meisten Zimmer wurden jedoch in einem modernen Gebäude im Apartmentstil gleich daneben eingerichtet. Sie sind sehr gut ausgestattet und künstlerisch eingerichtet. Im Sommer muß man hier für eine Übernachtung allein 175 US $ und zu zweit 260 US $ bezahlen (einschließlich Frühstück, Tee am Nachmittag und Abendessen), während im Winter 225 bzw. 350 US $ berechnet werden. Das Ottley's Plantation Inn (Tel. 4 65 72 34, Fax 4 65 47 60, PO Box 345), ein elegantes Plantagenhaus aus dem 18. Jahrhundert, liegt ein Stück landeinwärts vom Dorf Ottley's. Hier stehen 15 klimatisierte Zimmer im Hauptgebäude und umliegenden Bungalows zur Verfügung. Alle Zimmer sind schön möbliert und enthalten Deckenventilatoren sowie großzügig bemessene Betten, wobei es sich teils um Antiquitäten handelt. Im Sommer muß man für ein Doppelzimmer im „Großen Haus" 120 US $ und im Winter 170 US $ sowie für das „English Cottage", den Bungalow mit zwei Zimmern, in dem einst auch Prinzessin Margaret übernachtete, 185 bzw. 275 US $ bezahlen. Alleinreisende kommen für 20 US $ weniger unter, während für Halbpension 50 US $ mehr zu bezahlen sind. Zum Haus gehört auch ein Swimming Pool. Ales in allem herrscht hier eine schöne koloniale Atmosphäre. Täglich besteht auch eine Pendelverbindung zum Strand und zur Stadt. Kinder unter zehn Jahren sind allerdings nicht erwünscht.

Essen: Mit dem Rawlins Plantation (Tel. 4 65 62 21) mit seinem großartigen Blick über Zuckerrohrfelder bis nach St. Eustatius trifft man die beste Wahl, um während einer Fahrt auf der Straße um die Insel zu Mittag zu essen. Das westindische Mittagsbuffet, das täglich von 12.30 bis 14.00 Uhr auf der Terrasse angerichtet wird, umfaßt zahlreiche Gerichte, z. B. Hähnchen-Brotfrucht-Curry, Pfannkuchen mit Fliegendem Fisch und Obstsorbet. Es kostet 54 EC $, wobei Kreditkarten nicht akzeptiert werden und eine vorherige Anmeldung gern gesehen ist.

Ab 20.00 Uhr kann man, allerdings nur nach vorheriger Anmeldung, ein Abendessen mit vier Gängen zum Preis von 94 EC $ bekommen. Das Rawlins Plantation erreichen Sie nach einer Meile (1,6 km) auf einer ausgeschilderten Straße, die eine halbe Meile (800 m) östlich von St. Paul's beginnt. Das Golden Lemon in Dieppe Bay Town ist mittags bis 15.00 Uhr geöffnet. Dort kann man Salate, Sandwiches und Fish & Chips für ca. 25 EC $ sowie einige wenige warme Hauptgerichte für ein wenig mehr essen. Die Abendkarte wechselt täglich, umfaßt aber im allgemeinen ein Hähnchen-, Fisch- oder Lammgericht mit Vorspeise, Suppe und Nachspeise für ca. 100 EC $.

Die Küche vom Ottley's Plantation Inn ist gut, zumal man dort wunderschön unter freiem Himmel inmitten von Überresten der alten Steinmauern eines alten Lagerhauses für Zucker sitzt. Mittags findet man auf der Speisekarte meistens Fliegenden Fisch oder Jamaican Jerk Chicken für ca. 22 EC $ sowie Hummer Quesadillas für 50 EC $. Besonders gut läßt sich hier zu Abend essen. Auf der wechselnden Speisekarte stehen im allgemeinen Hauptgerichte mit Hähnchen, Fisch und Fleisch für ca. 55 bis 85 EC $.

NEVIS

Trotz der kürzlichen Eröffnung des ersten Ferienhotels ist Nevis noch immer eine verschlafene, von Traditionen geprägte Insel. Es ist ein friedliches Eiland mit angenehm ländlichem Charakter und einigen recht guten Stränden. Die Sehenswürdigkeiten beschränken sich überwiegend auf alte Steinkirchen und Ruinen von Plantagengebäuden, die man verstreut über die Insel sehen kann. Da eine gute Straße um Nevis herumführt und einige preiswerte Autovermietungen vorhanden sind, ist es einfach, die Insel an einem Tag zu erkunden. Die Inselmitte ist von Regenwald bedeckt und durch den Nevis Peak bestimmt, der allerdings häufig in Wolken gehüllt ist. Die Küstenebenen, an denen die größeren Dörfer liegen, sind weit trockener. Hier blühen Bougainvilleas, Hibiskus und viele andere Pflanzen, die zahlreiche Kolibris anziehen.

Die meisten Besucher kommen von St. Kitts nur für einen Tagesausflug nach Nevis, aber wer eine ruhige westindische Insel sucht, der findet hier auch einige gute Übernachtungsmöglichkeiten.

CHARLESTOWN

Die Fähre von St. Kitts legt in Charlestown, dem größten Ort der Insel, an, die auch das wirtschaftliche Zentrum von Nevis bildet. Es gibt hier einige Gebäude, die aussehen wie Pfefferkuchenhäuschen, einige alte Steinbauten und einen Ortskern, der sich um zwei winzige Plätze erstreckt. An einem der Plätze befinden sich das Fremdenverkehrsbüro, eine Bank und eine Taxihaltestelle, an dem anderen, einen Block weiter südlich, das Gerichtsgebäude und die Bücherei. Charlestown läßt sich problemlos zu Fuß erkunden. Die Museen und das Badehaus liegen in Fußwegentfernung. Nur 15 Minuten nördlich des Ortskerns verläuft der schöne Pinney's Beach, der von Kokospalmen gesäumt ist und zu langen Spaziergängen einlädt.

PRAKTISCHE HINWEISE
Informationen: Das Fremdenverkehrsbüro (Tel. 4 69 55 21) befindet sich in der Main Street, zwei Minuten zu Fuß vom Anleger entfernt.

Geld: In der Barclays Bank in der Main Street werden Barclays-Reiseschecks ohne Gebühren eingelöst, während bei anderen Reiseschecks eine Provision von 2 EC $ erhoben wird.

Post: Das Postamt in der Main Street ist donnerstags von 8.00 bis 11.00 Uhr, an den anderen Werktagen von 8.00 bis 15.00 Uhr sowie samstags von 8.00 bis 12.00 Uhr und von 13.00 bis 15.00 Uhr geöffnet. Gedenkmarken kann man im Nevis Philatelic Bureau am nahegelegenen Markt montags bis freitags von 8.00 bis 16.00 Uhr erhalten.

Telekommunikation: Telefongespräche ins Ausland lassen sich vom Skantel-Büro in der Main Street führen, das montags bis freitags von 8.00 bis 17.00 Uhr und samstags von 8.00 bis 12.00 Uhr zugänglich ist. Hier besteht auch die Möglichkeit, Faxmitteilungen und Telegramme aufzugeben.

Waschsalon: Ein kleiner Waschsalon befindet sich neben dem Warner's-Markt am Nordrand des Ortes gegenüber vom Museum für die Geschichte von Nevis.

SEHENSWÜRDIGKEITEN
Museum für die Geschichte von Nevis: Das Museum für die Geschichte von Nevis ist in einem Bau im georgianischen Stil untergebracht. Ursprünglich stand hier das Haus, in dem der amerikanische Bürger Alexander Hamilton 1757 geboren worden war, aber das wurde bei

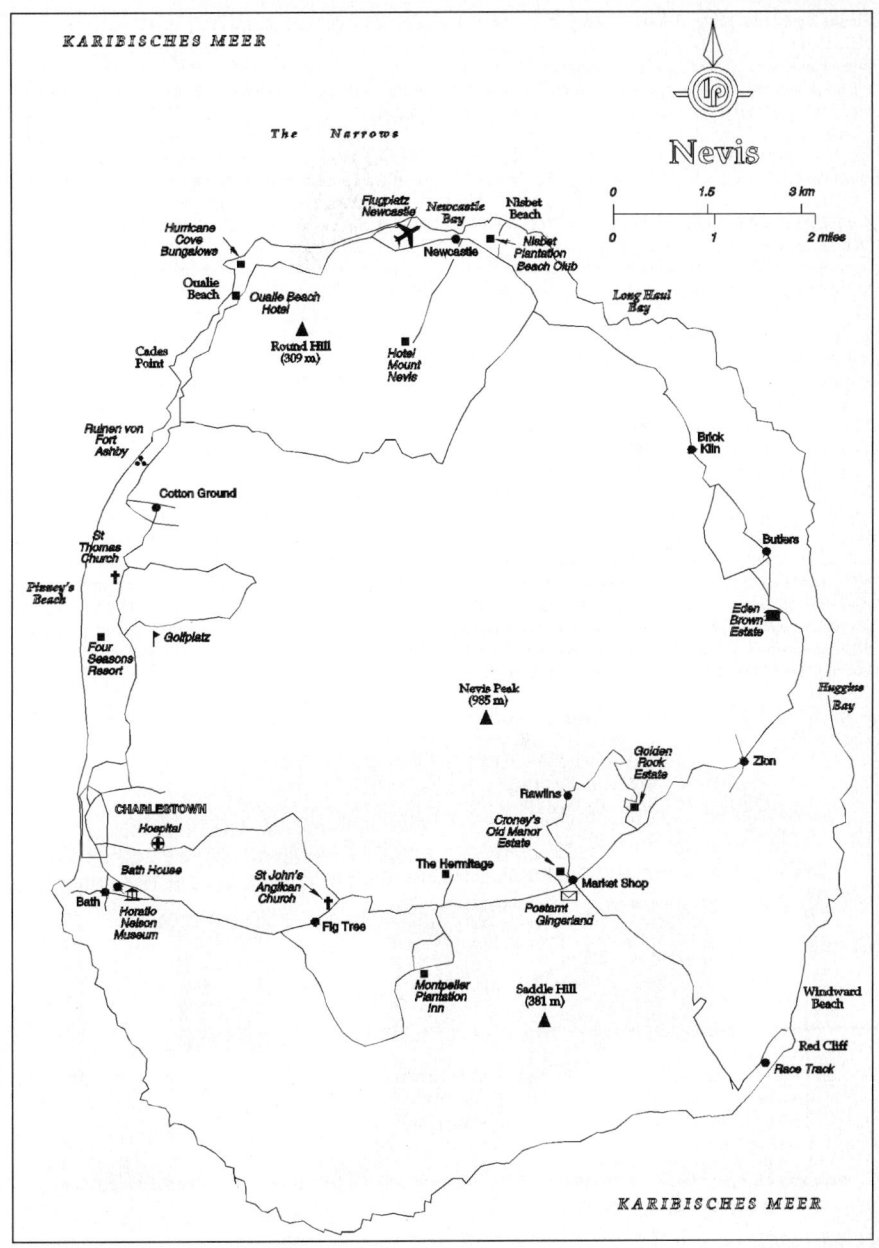

KARIBISCHES MEER

The Narrows

Nevis

| 0 | | 1.5 | | 3 km |
| 0 | | 1 | | 2 miles |

Flugplatz
Newcastle

Newcastle
Bay

Nisbet
Beach

Hurricane
Cove
Bungalows

Newcastle

Nisbet
Plantation
Beach Club

Oualie
Beach

Long Haul
Bay

Oualie Beach
Hotel

Round Hill
(309 m)

Hotel
Mount
Nevis

Cades
Point

Brick
Kiln

Ruinen von
Fort
Ashby

Cotton Ground

Butlers

St
Thomas
Church

Eden
Brown
Estate

Pinney's
Beach

Golfplatz

Four
Seasons
Resort

Nevis Peak
(985 m)

Huggins
Bay

Golden
Rock
Estate

Zion

CHARLESTOWN

Rawlins

Hospital

Croney's
Old Manor
Estate

Bath House

The Hermitage

Market Shop

Bath

St John's
Anglican
Church

Postamt
Gingerland

Horatio
Nelson
Museum

Fig Tree

Montpelier
Plantation
Inn

Saddle Hill
(381 m)

Windward
Beach

Red Cliff

Race Track

KARIBISCHES MEER

einem Erdbeben Mitte des 19. Jahrhunderts zerstört. Neben Porträts von Hamilton sind in diesem kleinen, hübschen Museum Photos aus der Kolonialzeit zu sehen, die erklärt werden, aber auch weitere Ausstellungsstücke zur Kultur und Geschichte von Nevis. Das Museum kann montags bis freitags von 8.00 bis 16.00 Uhr sowie samstags von 10.00 bis 12.00 Uhr besichtigt werden. Der Eintritt ist frei.

Jüdischer Friedhof: Wenn man von der Ortsmitte einige Minuten zu Fuß die Government Road hochgeht, gelangt man zu einem kleinen, fast vergessenen jüdischen Friedhof mit einigen Gräbern, auf denen aufrechte Grabsteine stehen. Die ältesten Gräber stammen aus dem Anfang des 18. Jahrhunderts, als ca. 25 % der nicht den Sklaven zuzurechnenden Bevölkerung auf Nevis aus Juden bestand.

Horatio Nelson Museum: Das Horatio Nelson Museum in der Building Hill Road, ca. 100 m östlich des alten Bath House Hotel, beherbergt eine Ausstellung über Lord Nelson, der in den achtziger Jahren des 18. Jahrhunderts auf die Insel gekommen war und die Nichte des Gouverneurs der Insel, Fanny Nisbett, kennengelernt und geheiratet hatte. Die früher private Sammlung besteht größtenteils aus Krügen, Bechern und Tellern mit dem Bild des Admirals, Keramikstatuen des Admirals und einigen wenigen Gegenständen des täglichen Gebrauchs, die er einst benutzte. Das Museum ist montags bis freitags von 9.00 bis 16.00 Uhr und samstags von 10.00 bis 13.00

Uhr geöffnet. Der Eintritt beträgt für Erwachsene 5 EC $, für Kinder 2 EC $ und für Senioren 1 EC $.

Badehaus: Das Badehaus (Bath House), 15 Minuten zu Fuß südlich der Ortsmitte von Charlestown, war früher ein Hotel aus dem Jahre 1778, das über Thermalquellen erbaut worden war. Dem Mineralwasser aus der Quelle werden regenerierende Kräfte zugeschrieben. Die Quelle war in den Tagen der Kolonialzeit die wichtigste Attraktion von Nevis und zog reiche Besucher auf die Insel, die sich hier ins Bad sinken ließen. Die glorreichen Zeiten des Hotels sind längst vorbei, aber das Badehaus ein kleines Stück unterhalb des alten Hotels wurde für die Öffentlichkeit wieder zugänglich gemacht und ermöglicht es, von 8.00 bis 16.00 Uhr im seichten, 42° C warmen Wasser für 5 EC $ zu baden.

Einige der Inselbewohner sparen sich den Eintrittspreis und baden in dem Bach, der gleich unterhalb des Badehauses entlangfließt.

UNTERKUNFT

Das Lyndale Guest House (Tel. 4 69 54 12, PO Box 463) liegt hinter dem Warner's-Markt beim Museum für die Geschichte von Nevis. Vermietet werden hier zwei Zimmer mit jeweils zwei Einzelbetten, einem Deckenventilator und eigenem Bad sowie Küchenbenutzung, in denen man allein für 20 US $ und zu zweit für 30 US $ übernachten kann. Die Gäste werden von einem Hund mit einschüchterndem Bellen begrüßt, aber er ist im allgemeinen angebunden.

Pfefferkuchenhaus

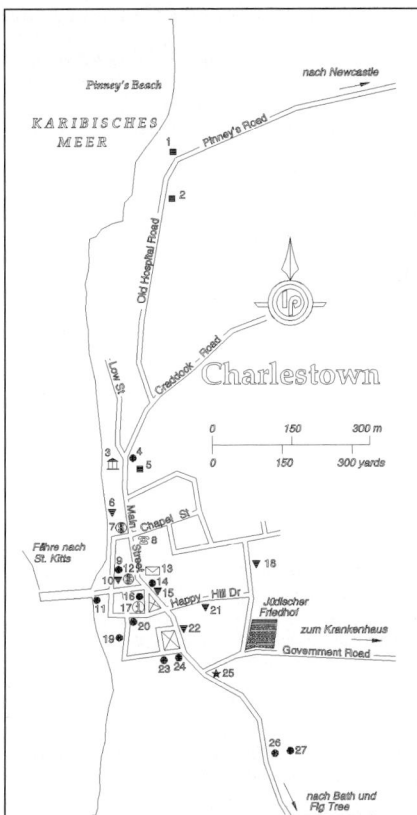

Unterkünfte
1 Pinney's Beach Hotel
2 Sea Spawn Guest House
5 Lyndale Guest House

Restaurants
6 Unella's
10 Masy's Ice Cream
15 Caribbean Confections
18 Muriel's
21 Bäckerei von Nevis
22 Eddy's

Sonstiges
3 Museum für die Geschichte von Nevis
4 Warner's Markt und Waschsalon
7 Scotiabank
8 Büro von Skantel (Telefone)
9 Autovermietung TDC
11 Fahrkarten für die Fähren
12 Barclays Bank
13 Postamt
14 Zollamt
16 Kunstgewerbegenossenschaft
17 Fremdenverkehrsbüro
19 Markt
20 Philatelistisches Büro
23 Bibliothek
24 Gericht
25 Polizeiwache
26 Super Foods
27 The Sand-Box Tree

Im Sea Spawn Guest House in der Old Hospital Road (Tel. 4 69 52 39), einige Minuten Fußweg vom Pinney's Beach entfernt, wohnt man ca. 10 Minuten zu Fuß vom Anleger in Charlestown. Die Zimmer mit eigenem Bad in der recht spartanischen Pension sind klein und einfach sowie nur mit einem Tischventilator ausgestattet. Die Zimmer unten sind zudem ein wenig düster, die oberen allerdings eine Spur größer und heller. Die Gäste teilen sich einen großen Gemeinschaftsbereich mit Fernsehraum, Küche und Eßzimmer. Für ein Zimmer unten muß man allein 30 US $ und zu zweit 35 US $ bezahlen, für eines der Doppelzimmer oben 40 US $.

Das Pinney's Beach Hotel (Tel. 4 69 52 07, PO Box 61) ist ein Haus mit 55 Zimmern am Pinney's Beach und liegt unmittelbar am Meer. Die Zimmer sind mit orangefarbenen Teppichen ausgestattet, vermitteln die Atmosphäre eines Motels und sind im Verhältnis zum Gebotenen relativ teuer. Die Übernachtungspreise beginnen im Sommer für

ein Einzelzimmer bei 69 US $ und für ein Doppelzimmer bei 75 US $, im Winter bei 80 bzw. 100 US $. Ausgestattet sind die Zimmer mit einem Einzel- und einem Doppelbett, Klimaanlage, Telefon, eigenem Bad und Patio. Wenn man Wert auf ein Zimmer mit Fernsehgerät legt, muß man ca. 20 % mehr bezahlen.

ESSEN
Wer nach einer geeigneten Stelle zum Frühstücken sucht, wenn er von der Morgenfähre aus St. Kitts kommt, sollte sich auf den Weg ins Caribbean Confections begeben. Hier kann man sein Frühstück in einem ruhigen Garten mit weißen Tischen aus Gußeisen unter schattenspendenden Bananenpflanzen verzehren. Für einen ausgezeichneten warmen Ingwerzopf zahlt man in diesem Lokal 3 EC $, während Crêpes mit Zimt und braunem Zucker 9 EC $ kosten und man für ein komplettes Frühstück das Doppelte bezahlen muß. Mittags werden Sandwiches und Burger für ca. 12 EC $ angeboten. Abends reicht das Angebot an Menüs mit Suppe, Hauptgericht und Nachtisch von einem vegetarischen Teller für 32 EC $ bis zu

ST. KITTS UND NEVIS

Lamm-Curry für 53 EC $. Das Confections ist montags bis samstags von 8.00 bis 15.00 Uhr und von 17.00 bis 23.00 Uhr geöffnet.

Das Eddy's, das von einem kanadisch-westindischen Ehepaar geführt wird, hat eine schöne Veranda im zweiten Stock mit Blick über die Main Street zu bieten. Die Tagessuppe nach Hausmacherart kostet hier ca. 5 EC $, während man für ein Sandwich mit Fliegendem Fisch oder einen vegetarischen Burrito 15 EC $ und für Muschelpfannkuchen oder Stir Fries 20 EC $ bezahlen muß. Das Lokal ist mittags von 12.00 bis 15.00 Uhr und abends von 19.30 bis 21.30 Uhr geöffnet. Mittwochs kann man von einer Happy Hour Gebrauch machen. Dienstags und sonntags ist geschlossen.

Drei Restaurants liegen gleich nördlich des Anlegers. Das Unellas ist davon wegen des Blicks, der sich vom 2. Stock über das Meer bietet, die beste Wahl, auch wenn das Essen hier recht durchschnittlich ist. Erhältlich sind Burger für 6 EC $ und mehrere warme Gerichte für ca. 25 EC $.

Gute einheimische Küche, wenn auch ohne schönen Blick, wird im Muriel's, einem kleinen, einfachen Restaurant hinter dem Happy Hill Drive an der Rückseite des Ladens von Lime Tree angeboten. Auf der Karte findet man Hähnchen für 25 EC $, Fisch für 35 EC $ und Hummer für 45 EC $, serviert mit Reis und Erbsen sowie Christophene und gebratenen Plantanen. Das Restaurant ist mittags und abends geöffnet. Sonntags ist Ruhetag.

In der Bäckerei von Nevis am Happy Hill Drive bekommt man Brot, Backwaren und gute Zimtrollen. Bei Masy's Ice Cream, einem Mini-Eissalon gegenüber vom Anleger, kostet eine Tüte Eis ab 2 EC $.

Gemüse und Obst kauft man am besten auf dem Markt, der täglich außer sonntags gegen 7.00 Uhr morgens eröffnet wird. Im Ort gibt es auch eine Handvoll Lebensmittelläden, von denen Super Foods, ca. fünf Minuten zu Fuß von der Main Street in der Ortsmitte in Richtung Süden, der größte Supermarkt auf der Insel ist.

SÜD-NEVIS

Die Straße, die um die Insel führt, zieht sich durch den Süden von Nevis zwischen dem Nevis Peak (985 m) und dem Saddle Hill (381 m) und damit durch die Bezirke Fig Tree und Gingerland. Diese Gegend war einst das Zentrum der Zuckerindustrie von Nevis, so daß es nicht erstaunt, daß man hier noch heute zahlreiche zerfallende Zuckermühlen sieht, die an diese Zeit erinnern. Einige der alten Plantagenhäuser wurden zu Gasthöfen umgebaut.

ANGLIKANISCHE KIRCHE ST. JOHN'S

St. John's, die anglikanische Kirche an der Hauptstraße durch das Dorf Fig Tree, ist eine schöne Steinkirche, die aus dem Jahre 1680 stammt. Im Kirchenbuch hier ist am 11. März 1787 die Heirat von Lord Horatio Nelson und Francis Nisbett verzeichnet worden. Das Buch und die Eintragung sind heute in einem Glaskasten hinten in der Kirche zu besichtigen. Wer im Mittelschiff den roten Teppich ein wenig hebt, sieht eine fortlaufende Reihe von Grabsteinen, auf denen die Namen von Persönlichkeiten der Insel zu lesen sind, die im 18. Jahrhundert starben.

WINDWARD BEACH

Windward Beach, auch Indian Castle Beach genannt, ist der einzige zugängliche Strand im Süden der Insel. Der Sand an dem Strand, der von Strandwinden und niedrigen Büschen begrenzt wird, ist fein und grau. Die Surfmöglichkeiten sind hier relativ gut. Wenn man nicht gerade an einem Wochenende hierherkommt, stehen die Chancen gut, daß man - mit Ausnahme von einigen streunenden Ziegen - den Strand für sich hat.

Um hierher zu gelangen, müssen Sie beim Postamt Gingerland in Market Shop nach Süden abbiegen und der

Straße zwei Meilen (3,2 km) geradeaus folgen. Dabei muß man allerdings wegen der Buckel und Löcher in der Straße vorsichtig sein. Gleich südlich der Kirche ist eine besonders tiefe Senke, die man erst bemerkt, wenn man bereits darin ist. Biegen Sie dann nach links ab und folgen Sie der Ausfallstraße entlang dem Rennbahn (Pferderennen am Sonntag). Die Straße geht dann in eine unbefestigte Straße über und wird etwas rauher, sollte jedoch noch passierbar sein, wenn es nicht gerade heftig regnet. Am Strand findet man keine touristischen Einrichtungen, aber in der Midway Bar & Grocery in der Ortsmitte von Market Shop sind Imbisse und kalte Getränke erhältlich.

UNTERKUNFT

Die folgenden vier Gasthöfe stehen auf früheren Zuckerrohrplantagen und wurden in den Gutshäusern eingerichtet. Sie sind nur drei Meilen (4,8 km) voneinander entfernt und alle nicht weiter als einige Minuten mit dem Auto von der Straße, die um die Insel führt, entfernt. Die Preise auf den Speisekarten liegen bei allen vier Gasthöfen zwischen 30 und gut 50 EC $ pro Gericht. Eine Kooperation erlaubt es, daß die Gästen aller vier Häuser die Anlagen der anderen mitbenutzen.

Das Hermitage (Tel. 4 69 34 77, Fax 4 69 24 81, St. Pauls) liegt ca. eine Meile (1,6 km) nordöstlich von Fig Tree. Es handelt sich um einen ruhigen Gasthof mit zehn Zimmern, der von einem amerikanischen Ehepaar geführt wird. Das Haupthaus der Plantage ist 250 Jahr alt und mit Antiquitäten eingerichtet. Es dient als Empfang und als Aufenthaltsraum am Abend. Die Zimmer wurden in einund zweistöckigen Ferienhäusern auf dem Gelände eingerichtet und sind hübsch und rustikal. Man schläft in einem Himmelbett auf Fußböden aus Holz und genießt Annehmlichkeiten wie ein Wohnzimmer, Deckenventilatoren, einen Minikühlschrank und Mückengitter vor den Fenstern. Zur Anlage gehören auch ein Swimming Pool und ein Tennisplatz. Die Übernachtungspreise liegen im Sommer zwischen 100 und 180 US $ und im Winter zwischen 195 und 295 US $. In den teureren Ferienhäusern ist auch eine Küche vorhanden.

Das Montpelier Plantation Inn (Tel. 4 69 34 62, Fax 4 69 29 32, PO Box 474), 1,5 Meilen (2,4 km) südöstlich von Fig Tree, ist ein exklusives Hotel mit 16 Zimmern im englischen Landhausstil. Hier heiratete 1787 Lord Horatio Nelson, und die Atmosphäre ist bis heute sehr britisch geblieben. Auf der Gästeliste der jüngeren Vergangenheit steht auch Prinzessin Di. Die Anlage bietet herrliche Gärten, einen Pendelverkehr zum Strand sowie das schönste Schwimmbecken auf der Insel, das malerisch unmittelbar neben den Ruinen einer alten Zuckermühle angelegt wurde. Im Sommer werden für eine Übernachtung mit Frühstück in einem Einzelzimmer ab 90 US $ und in einem Doppelzimmer ab 120 US $ berechnet, im Winter ab 165 bzw. 220 US $. Mit Kreditkarten kann man jedoch nicht bezahlen.

Beim Croney's Old Manor Estate an der Nordseite von Market Shop (Tel. 4 69 34 45, PO Box 70) handelt es sich um einen ruhigen Gasthof, der von einer amerikanischen Familie geführt wird. Auf dem Gelände befinden sich noch die Überreste der alten Plantagengebäude aus dem 18. Jahrhundert, darunter auch eine Mühle, ein fast noch intakter Kessel und die riesigen Stahlrollen, mit denen bis 1936 das Zuckerrohr zerkleinert wurde. Die 15 Zimmer des Hotels liegen in einigen renovierten Gebäuden der früheren Plantage. Sie sind sehr groß, besitzen Deckenventilatoren und sind mit einem großen Doppelbett oder zwei großen Einzelbetten ausgestattet. Zu einigen Unterkünften gehört zudem noch ein großes Wohnzimmer. Im Sommer zahlt man hier für eine Übernachtung allein 85 US $ und zu zweit 115 US $, im Winter 130 bzw. 175 US $. Die Mindestaufenthaltsdauer beträgt drei Tage. Eine Verbindung zum Strand und zur Stadt ist kostenlos.

Das Golden Rock Estate (Tel. 3 69 33 46, Fax 4 69 21 13, PO Box 439) ist ein Haus mit 15 Zimmern im Familienbetrieb auf dem Land zwischen Market Shop und Zion mit ungezwungener Atmosphäre. Das Haupthaus aus Steinblöcken, das um das Jahr 1815 herum errichtet wurde, beherbergt heute die Bar, die Bücherei und einen Aufenthaltsraum. Die meisten Zimmer liegen in kleinen,

separaten Bungalows und sind u.a. mit einem Himmelbett möbliert. Vorhanden ist auch noch eine alte Zuckermühle mit angenehmer Atmosphäre, in der sich heute eine Ferienwohnung mit zwei Schlafräumen und zwei Badezimmern befindet. Zur Anlage gehören außerdem ein Swimming Pool, ein Tennisplatz und Naturlehrpfade. Ferner wird vom Hotel aus eine kostenlose Verbindung zum Strand angeboten. Im Sommer muß man für eine Übernachtung allein 85 US $ und zu zweit 100 US $ bezahlen, während im Winter 165 bzw. 175 US $ berechnet werden. 25 US $ kommen hinzu, wenn man in der Zuckermühle übernachtet.

ESSEN

Im Hermitage (Tel. 4 69 34 77) ist das Essen zwar teuer, aber man sitzt dort in einer schönen Umgebung draußen. Mittags werden Sandwiches, Rotis und Salate angeboten, die zwischen 22 und 40 EC $ kosten. Für ein komplettes Frühstück werden 33 EC $ berechnet und für ein gutes Menü mit vier Gängen abends (ab 20.00 Uhr) 108 EC $. Reservierung ist erforderlich. Ein guter Tag, um hier zu Abend zu essen, ist der Mittwoch (im Winter), wenn eine String-Band spielt und ein herzhaftes westindisches Buffet zum Festpreis angeboten wird.

Das Golden Rock Estate (Tel. 4 69 33 46) ist eine gute Wahl, um mittags einzukehren (zwischen 12.00 und 14.30 Uhr). Man kann hier draußen in einem mit Kopfsteinen gepflasterten Hof sitzen, von dem man auf das etwas entfernte Meer blickt. Eine Spezialität des Hauses ist Hummersalat für 40 EC $. Die Sandwiches kosten ab 10 EC $, ein für die gegrillten Fisch zahlt man 29 EC $. Nachmittags kann man hier auch Tee trinken. Um diese Zeit bekommen Sie vielleicht auch die grünen Vervet-Affen zu Gesicht, die morgens früh von den Bergen hinunterkommen und sich nachmittags auf den Rückweg begeben. Abends wird ein Menü für 81 EC $ serviert, wofür eine vorherige Anmeldung gern gesehen wird.

Das Restaurant Cooperage des Croley's Old Manor Estate (Tel. 4 69 34 45) wurde in der alten Böttcherei der Plantage eingerichtet. Das Essen hier ist gut, und die Preise sind moderat. Abends kann man in diesem Lokal zwischen 19.00 und 21.30 Uhr essen. Dann wird eine breite Auswahl an Hauptgängen serviert, darunter Jamaican Jerk Chicken oder Schweinefleisch für 29 EC $ und gegrillter frischer Fisch oder Filet Mignon für 46 EC $. Die Suppen und Salate kosten 8 EC $. Eine Tischreservierung ist ratsam. Das Restaurant ist auch zum Frühstück (25 EC $) geöffnet, aber nicht zum Mittagessen.

OST-NEVIS

Wenn man der Straße um die Insel die Ostküste hoch weiter folgt, werden die Dörfer kleiner. Auch die Zahl der Häuser in den Ortschaften nimmt ab. Die wichtigste

Sehenswürdigkeit dieser Region ist das Eden Brown Estate auf der dem Meer abgewandten Seite der Straße gleich südlich von Mannings. Das Plantagenhaus, das um

ST. KITTS UND NEVIS

das Jahr 1740 erbaut wurde, blickt auf eine interessante Geschichte zurück.

Am Vorabend der Hochzeit von Julia Huggins im Jahre 1822 gerieten ihr Bräutigam und ihr Brautführer in einen Streit und brachten sich gegenseitig um. Danach wurde Julia zu einer Einsiedlerin in diesem Haus, das sie von ihrem Vater geerbt hatte. Nach ihrem Tod gab man das Haus auf. Seither soll nach dem Glauben der Inselbewohner der Geist von Julia hier spuken. Es ist eine ausgedehnte Anlage aus zerfallenen Gebäuden, darunter auch den Überresten einer alten Zuckermühle hinter dem Haus. Heute befindet sie sich im Staatsbesitz, ist durch ein Schild gekennzeichnet und kann kostenlos besichtigt werden.

NEWCASTLE

In Newcastle am Nordrand der Insel befinden sich der Flughafen von Nevis und eine Reihe von Hotels und Restaurants sowie eine Töpferei an der Straße, in der traditionelle Tonwaren hergestellt und verkauft werden. Für Touristen am wesentlichsten sind in Newcastle die Strände. Der feine, weiße Sandstrand vor dem Nisbet Plantation Beach Club ist der schönste Strand der Insel. Zu erreichen ist er, wenn man der Straße folgt, die an der Ostseite des Hotels vorbei hinunter zur Küste führt, wo man am Strand zu einem Parkplatz kommt. Ein schöner Sandstrand erstreckt sich ferner an der Newcastle Bay. Dort findet man auch ein Restaurant und hat die Möglichkeit, eine Wassersportausrüstung zu mieten.

UNTERKUNFT

Das Yamseed Inn (Tel. 4 69 93 61) ist eine moderne Pension im mediterranen Stil an der Nordseite des Flughafens. Die Besitzerin Sybil Siegfried vermietet vier komfortable, lichte Zimmer mit Mückengittern und Läden und einem Doppelbett bzw. zwei extralangen Einzelbetten, die man zu einem Doppelbett zusammenfügen kann. Das Haus liegt an einem kleinen privaten Strand mit guten Bademöglichkeiten und einem schönen Blick über den Kanal nach St. Kitts. Im Sommer muß man hier für ein Zimmer 75 US $ und im Winter 100 US $ bezahlen, allerdings einschließlich Frühstück, zu dem frisches Obst, hausgemachtes Müsli, Bananenpfannkuchen und andere Leckereien angeboten werden. Man kann die Zimmer nur für mindestens drei Tage mieten und sollte im Winter lange im voraus reservieren.

Die Castle Bay Villas (Tel. 4 69 94 90), eine kleine Ferienanlage, liegen an der Südseite der Hauptstraße gegenüber vom Flughafen. Für eine Unterkunft mit zwei Schlafräumen werden für eine oder zwei Personen im Sommer 95 US $ und im Winter 125 US $ berechnet. Für jede weitere Person ab 12 Jahre kommen 25 US $ hinzu.

Das Hotel Mount Nevis (Tel. 4 69 93 73, Fax 4 69 93 75, PO Box 494), einige Minuten mit dem Auto hinter dem Restaurant Cla-Cha-Del in Newcastle, ist ein neues Haus für gehobene Ansprüche am Hang des Mount Nevis. Die modernen 32 Zimmer in einem zweistöckigen Neubau sind komplett mit Kabelfernsehgerät, Videorekorder, Telefon, Deckenventilatoren, Klimaanlage sowie Kühlschrank ausgestattet und besitzen auch eine Terrasse.

Vom Swimming Pool sowie von vielen Zimmern des Hotels hat man einen herrlichen Blick auf St. Kitts. Das Hotel stellt den Gästen auch eine kostenlose Verbindung zum Strand zur Verfügung. Für ein Doppelzimmer zahlt man im Sommer 120 US $ und im Winter 170 US $, für ein Studio 150 bzw. 210 US $. Kinder unter 12 Jahren werden ohne Zusatzkosten mit untergebracht.

Der Nisbet Plantation Beach Club (Tel. 4 69 93 25, Fax 4 69 98 64), eine moderne Ferienanlage, wurde auf einem früheren Plantagengelände errichtet. Das ist eine schöne Anlage mit vereinzelten Bungalows auf einer großen Rasenfläche, die an einen weißen Sandstrand grenzt und zu der Tennisplätze, ein Schwimmbecken am Strand, ein Restaurant und eine Strandbar gehören. Die preiswertesten Zimmer, die im Sommer für zwei Personen 190 US $ und im Winter 315 US $ kosten, sind komfortabel und mit Korbmöbeln, gefliesten Fußböden, zwei Einzelbetten, einem Deckenventilator, Telefon und Minibar ausgestattet. Dazu gehört zudem eine geschützte Veranda. Die größeren Zimmer sind 50 bis 100 US $ teurer. Im Preis sind Frühstück, Nachmittagstee und Abendessen inbegriffen.

ESSEN

Das Cla-Cha-Del (Tel. 4 69 96 40), das von einer Familie aus Nevis geführt wird, ermöglicht einen herrlichen Blick über St. Kitts und bietet eine lokale Küche, die einen guten Ruf hat. Fisch oder Rippchen kosten hier ca. 25 EC $, während man Hummer für 40 EC $ bestellen kann. Beilagen sind Reis, Bohnen, Tannia (Taro-Wurzeln), Pfannkuchen und eine Auberginen-Kasserole. Das Restaurant erreicht man nach einer einstündigen Fahrt über die Straße, die in die Inselmitte führt und gleich westlich der Polizeiwache von Newcastle entlangführt. Es ist dienstags bis samstags von 9.00 bis 16.00 Uhr und von 18.00 Uhr bis in die Nacht geöffnet, sonntags jedoch nur abends. Montag ist Ruhetag.

Im Restaurant Mount Nevis Beach Club kann man ebenfalls draußen am Strand an der Newcastle Bay sitzen und gute Pizzen, Pasta-Gerichte und Sandwiches zu moderaten Preisen essen. Hier ist mittwochs Ruhetag.

Das Hotel Mount Nevis mit einem Koch, der aus New York kommt, wartet mit einem großartigen Blick und einer der besten Küchen der Insel auf. Auf der wechselnden Speisekarte finden sich westindische und kontinentale Gerichte. Abends liegen die Preise für Fisch- und Fleischgerichte à la carte bei 35 bis 70 EC $. Zum Frühstück und zum Mittagessen kann man einfacher zu nicht zu hohen Preisen essen.

Zum Nisbet Plantation Beach Club gehört auch ein Strandcafé, in dem Burger, Rotis und Sandwiches für ca.

25 EC $ serviert werden. Für einen Chef- oder Fischsalat zahlt man einige Dollar mehr, während gekochter Hummer auf Ingwerreis 40 EC $ kostet. Abends kann man im Great House des Clubs (Anmeldung unter der Telefonnummer 4 69 93 25 erforderlich) in vornehmer Umgebung für ca. 150 EC $ internationale Gerichte bestellen.

OUALIE BEACH

Das Meer vor dem Oualie Beach, einem langen, grauen Sandstrand, ist seicht und im allgemeinen ruhig. Es gibt hier einige schöne Hotels sowie neben dem Oualie Beach Hotel eine Tauchschule.

UNTERKUNFT

Das Oualie Beach Hotel (Tel. 4 69 97 35, Fax 4 69 91 76), ein hübsches, kleines Hotel am Strand, bietet ein Dutzend Zimmer, die in zwei Doppelbungalows und einem zweistöckigen Gebäude liegen. Sie sind mit zwei Doppelbetten, gefliesten Böden, Telefon, Deckenventilator sowie Kühlschrank ausgestattet und ermöglichen von einer geschützten Terrasse Ausblicke auf das Meer. Im Sommer kann man hier allein für 70 US $ und zu zweit für 90 US $ übernachten, im Winter für 110 bzw. 130 US $. Für ein Studio mit Küche werden ca. 35 US $ mehr berechnet. Die Hurricane Cove Bungalows (Tel. und Fax 4 69 94 62) liegen oben auf einer Klippe am Nordrand des Oualie Beach und ermöglichen gute Ausblicke auf St. Kitts. Man wohnt hier in schönen, rustikalen Holzbungalows mit

Küche, Veranda und Deckenventilatoren. Für einen Bungalow mit einem Schlafraum und Doppelbett zahlt man im Sommer 75 US $ und im Winter 125 US $. In den Bungalows mit zwei Schlafzimmern befinden sich ein französisches Bett und zwei Einzelbetten. Sie kosten mit eigenem Schwimmbecken im Sommer 165 US $ und im Winter 235 US $, ohne Swimming Pool 40 US $ weniger. Im Frühling und im Herbst gilt ein Zwischentarif. Im Winter ist eine Mindestmietdauer von drei Tagen vorgeschrieben.

ESSEN

Zum Oualie Beach Hotel gehört ein Strandrestaurant, in dem man zwar draußen, aber vor dem Wind geschützt sitzt. Erhältlich sind hier das übliche Angebot zum Frühstück sowie Sandwiches und Burger zur Mittagszeit zu gemäßigten Preisen. Abends stehen Gerichte wie kreolische Goldmakrele und Garnelen für 32 EC $ sowie Hummer für 40 EC $ auf der Speisekarte. Erhältlich ist auch eine recht gute Pizza. Gelegentlich wird zudem ein Barbecue am Strand mit Live-Musik angeboten.

PINNEY'S BEACH

Pinney's Beach ist ein langer, weicher, grauer Sandstrand, der sich an der Westküste hinunter bis zur Nordseite von Charlestown zieht und fast auf der gesamten Länge von Kokospalmen gesäumt ist. Von hier aus hat man einen schönen Blick auf St. Kitts auf der anderen Seite des Kanals. Die Ruinen von Fort Ashbey, das um das Jahr 1702 erbaut wurde, sind am Strand gleich nördlich von Cotton Ground zu sehen. Das war die letzte von acht kleinen Festungen, die sich einst entlang der Küste nördlich von Charlestown aneinanderreihten. Es ist jedoch abgesehen von einigen Kanonen und einigen teilweise rekonstruierten Mauern, innerhalb derer sich jetzt ein Restaurant und eine Bar befinden, nicht mehr viel zu sehen. Jamestown, die erste Siedlung auf Nevis, befand sich ebenfalls an dieser Stelle, wurde allerdings nach einem Erdbeben von einer Flutwelle 1680 ins Meer gerissen.

UNTERKUNFT UND ESSEN

Das Four Seasons Resort (Tel. 4 69 11 11, Fax 4 69 11 12, PO Box 565) liegt an einem schönen Teil des Pinney's

Beach. Zur Anlage gehören ein Golfplatz mit 18 Löchern, der auch für Turniere geeignet ist, zehn Tennisplätze, ein Swimming Pool sowie die notwendigen Einrichtungen, um verschiedene Wassersportarten zu betreiben. Die eleganten 196 Zimmer haben geflieste Böden, Deckenventilatoren, eine Klimaanlage, Telefon, Fernsehgerät und Videorekorder sowie ein Bad mit Marmor und eine Terrasse. Für einen Raum mit Blick auf den Golfplatz muß man im Sommer 250 US $ und im Winter 450 US $ bezahlen, mit Blick zum Meer 50 US $ mehr.

Im Four Seasons gibt es gleich eine ganze Reihe von teuren Restaurants. An der Küste kommt man aber auch zu einigen kleinen, von den Einheimischen ebenfalls besuchten Restaurants. Im Restaurant Fort Ashbey an der Stelle der früheren Festung kann man dienstags bis samstags zwischen 11.00 und 14.30 Uhr Fisch zu gemäßigten Preisen, Lamm-Curry oder Grillhähnchen essen.

Einzelheiten über die Übernachtungsmöglichkeiten im Pinney's Beach Hotel können Sie dem Abschnitt über Charlestown entnehmen.

AN- UND WEITERREISE

FLUG

LIAT fliegt täglich um 6.00, 12.30 und 17.20 Uhr von St. Kitts sowie mehrmals täglich von Antigua nach Nevis. Weitere Informationen dazu finden Sie im Abschnitt über die Anreise am Anfang dieses Kapitels.

Flughafeninformation: Der Flughafen von Nevis in Newcastle ist sehr klein, da lediglich Flugzeuge von Winair und LIAT sowie einige Charterflugzeuge auf diesem Flughafen starten und landen.

Flughafentransfer: Bei der Ankunft von Flugzeugen warten Taxis. Für die Fahrt mit einem Taxi vom Flughafen nach Newcastle zahlt man 17 EC $, zum Oualie Beach 20 EC $, nach Charlestown 30 EC $ und nach Gingerland 40 US $.

SCHIFF

Informationen über die Fährverbindungen zwischen St. Kitts und Nevis sind im Abschnitt über das Reisen auf St. Kitts und Nevis am Anfang dieses Kapitels enthalten.

REISEN AUF NEVIS

BUS

Als Busse werden Minitransporter in Privatbesitz eingesetzt. Die Busse, die die Westküste entlangfahren, starten am Platz vor dem Fremdenverkehrsbüro in der Main Street. Einige der Busse zur Westküste fahren nur bis Cotton Ground, andere bis nach Newcastle und einige wenige bis nach Butlers. Die Busse, die in Richtung Osten nach Gingerland und Zion fahren, halten vor dem Platz am Gericht.

Denken Sie daran, daß nur selten ein Bus zwischen Butlers und Zion verkehrt und diese Strecke ein Teilabschnitt der Straße um die Insel ist. Zudem sind die Verbindungen nicht pünktlich, so daß es riskant ist, sich auf Busse zu verlassen, wenn man Nevis im Rahmen eines Tagesausfluges erkunden will.

Im allgemeinen verlassen die Busse Charlestown erst, wenn sie voll besetzt sind. Das kann am Morgen und am späten Nachmittag alle 15 Minuten sein, in der Tagesmitte jedoch auch nur stündlich oder sogar nur zweistündlich. Sonntags verkehren praktisch keine Busse. Der Preis für eine Fahrt zum entferntesten Punkt auf der Insel beträgt 3 EC $.

TAXI

Taxis stehen am Anleger und können zum Preis von ca. 120 EC $ für eine dreistündige Inselrundfahrt in Anspruch genommen werden. Für eine Fahrt von der Ortsmitte in Charlestown nach Bath oder Pinney's Beach muß man 10 EC $, zum Oulalie Beach 23 EC $ und nach Newcastle 36 EC $ bezahlen.

AUTO

An der Ostseite der Insel zwischen Fig Tree und Newcastle gibt es keine Tankstellen, so daß man sicherstellen muß, genug Benzin zu haben, bevor man sich aufmacht, die Insel mit einem Auto zu erkunden.

Mietwagen: Parry's Car Rental (Tel. 4 69 59 17) ist eine freundliche Autovermietung in der Hand von Einheimischen. Wer mit der Fähre auf Nevis ankommt, kann sich von Parry am Hafen abholen lassen (geben Sie ihm einige Minuten Zeit) und den Wagen später einfach auf dem Parkplatz am Anleger mit dem Schlüssel in der Zündung stehenlassen. Die Preise beginnen bei 33 US $, für einige Dollar mehr bekommt man jedoch bereits ein neueres Auto mit Klimaanlage und Stereoanlage.

TDC Auto Rental (auf Nevis Tel. 4 69 56 90 und auf St. Kitts Tel. 4 65 29 91) ist mit einem Büro gegenüber vom Fähranleger in Charlestown vertreten. Die Preise betragen 30 US $ für ein Mini Moke oder einen Kleinwagen mit Gangschaltung und 40 US $ für einen Jeep. Bei einer Mindestmietdauer von drei Tagen kann man ein Austauschprogramm nutzen und Fahrzeuge sowohl auf St. Kitts als auch auf Nevis fahren, wobei keine Extrakosten entstehen. Im Gebiet von Newcastle kann man auch Nisbett Rentals (Tel. 4 69 19 13) und Skeet's Car Rental (Tel. 4 69 49 58) in Anspruch nehmen, die beide Autos und Jeeps für ca. 35 US $ vermieten. In der Gegend von Fig Tree vermietet Avis (Tel. 4 69 56 04) Autos zu Preisen ab 30 US $. Wer eine Kaskoversicherung abschließen will, muß dafür bei den meisten Autovermietungen 8 US $ pro Tag bezahlen.

ST. LUCIA

St. Lucia ist eine hohe, grüne Insel mit einem zentralen Gebirge und einer Küste mit zahlreichen abgelegenen Buchten und Stränden. Die großartigste Landschaft kann man sich im Süden ansehen, wo sich der Doppelgipfel der Pitons hinter der Küstenlinie steil erhebt und eines der charakteristischsten Wahrzeichen der Region bildet.

In den vergangenen Jahren ist es auf St. Lucia zu einer rapiden Expansion von Ferienanlagen, Hotels usw. gekommen, wodurch sich die Insel in großem Tempo zu einem im Trend liegenden Ziel des Pauschaltourismus entwickelt hat. Die meisten Hotels und anderen Einrichtungen für Touristen befindet sich an der Nordwestküste entlang der Straße, die von der Hauptstadt Castries in Richtung Norden führt.

Die Insel ist jedoch noch immer weit davon entfernt, zugebaut zu sein. Sobald man von Castries in Richtung Süden fährt, ist St. Lucia vorwiegend ländlich geprägt. Hier kommt man durch kleine Fischerdörfer, weite Bananenplantagen sowie unberührten Dschungel.

In der Mitte der Insel kann man sogar noch ganz gut einen Regenwald mit hohen Edelhölzern, Kletterpflanzen, Baumfarnen sowie einer der letzten in der östlichen Karibik beheimateten Papageienarten kennenlernen.

Weitere Einzelheiten zur Pflanzen- und Tierwelt von St. Lucia können Sie dem Abschnitt über Flora und Fauna entnehmen.

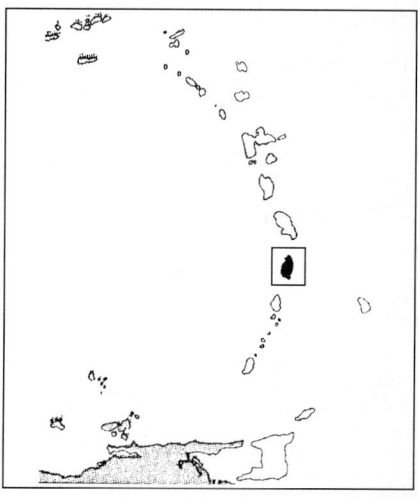

ORIENTIERUNG

Auf St. Lucia gibt es zwei Flughäfen: Langstreckenflüge werden über Hewanorra am Südrand der Insel abgewickelt, während die meisten Flugzeuge von und nach anderen Inseln der Karibik auf dem Flughafen Vigie in der Nähe von Castries, der Hauptstadt von St. Lucia, starten und landen.

EINFÜHRUNG

GESCHICHTE

Archäologische Funde haben bewiesen, daß St. Lucia zwischen 1000 und 500 v. Chr. von Arawak besiedelt wurde. Um das Jahr 800 n. Chr. besiegten die Kariben auf ihren Wanderungen die Arawak und gründeten hier dauerhaft bewohnte Siedlungen.

St. Lucia lag abseits der Routen, die Kolumbus während seiner vier Reisen in die Neue Welt benutzte, und wurde wahrscheinlich erstmals von spanischen Eroberern Anfang des 16. Jahrhunderts gesichtet. Der erste Versuch

einer Kolonisierung durch Europäer geht auf das Jahr 1605 zurück, als eine Gruppe von englischen Siedlern von den wenig erfreuten Kariben schnell wieder vertrieben wurde.

Ein zweiter Versuch der Besiedelung durch 400 britische Siedler aus St. Kitts wurde 1638 unternommen, aber die Siedlung wurde nach nur zwei Jahren wieder aufgegeben, nachdem die meisten Siedler bei Angriffen der Kariben getötet worden waren.

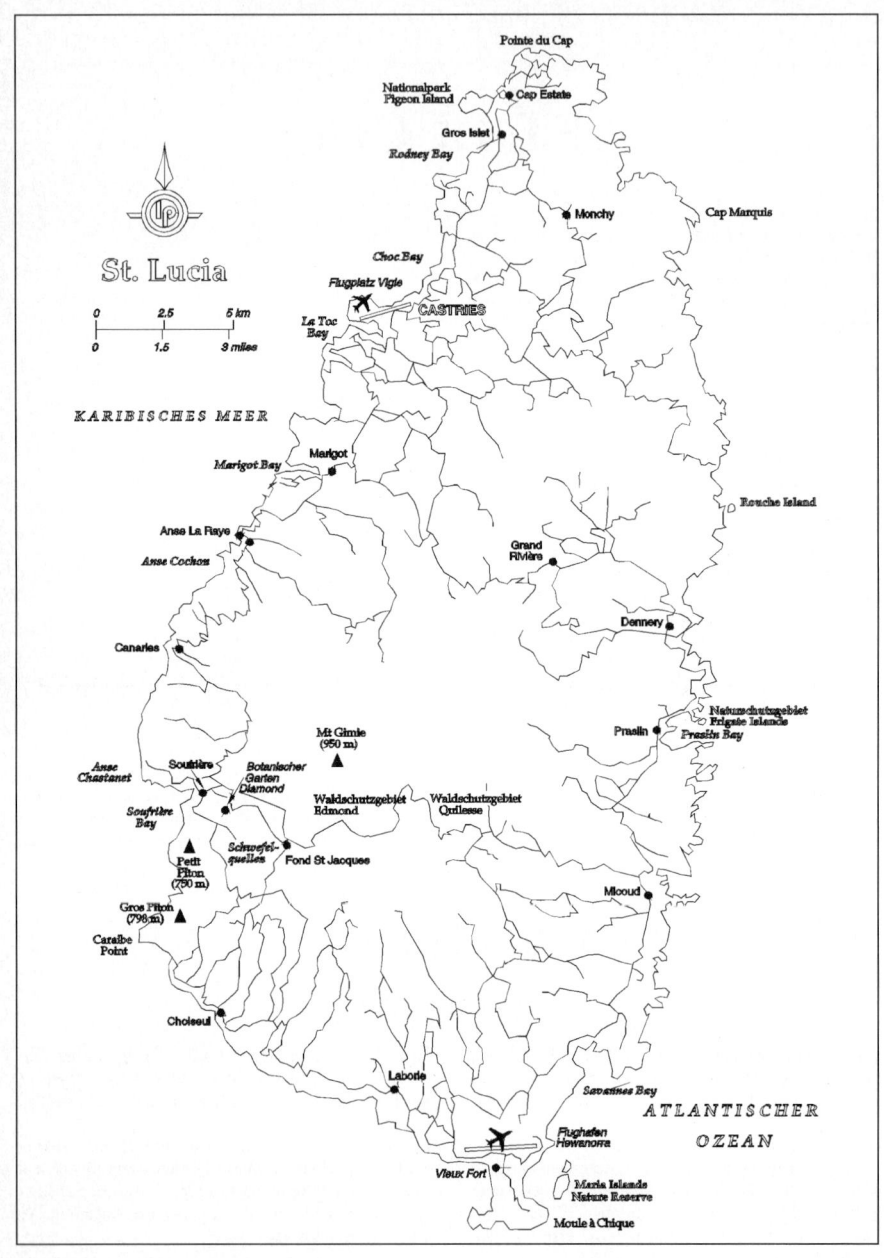

St. Lucia

| 0 | 2.5 | 5 km |
| 0 | 1.5 | 3 miles |

KARIBISCHES MEER

Pointe du Cap

Nationalpark
Pigeon Island

Cap Estate

Gros Islet

Rodney Bay

Monchy

Cap Marquis

Choc Bay

Flugplatz Vigie

CASTRIES

La Toc
Bay

Marigot Bay

Marigot

Rouche Island

Anse La Raye

Anse Cochon

Grand
Rivière

Dennery

Canaries

Mt Gimie
(950 m) ▲

Praslin

Naturschutzgebiet
Frigate Islands

Praslin Bay

Anse
Chastanet

Soufrière

Botanischer
Garten
Diamond

Waldschutzgebiet
Edmond

Waldschutzgebiet
Quilesse

Soufrière
Bay

Schwefel-
quellen

Fond St Jacques

Petit
Piton
(750 m) ▲

Micoud

Gros Piton
(798 m) ▲

Caraïbe
Point

Choiseul

Laborie

Savannes Bay

ATLANTISCHER
OZEAN

Flughafen
Hewanorra

Vieux Fort

Maria Islands
Nature Reserve

Moule à Chique

Nach dem Abzug der Briten erhoben die Franzosen Anspruch auf die Insel und versuchten mit den Kariben einen Vertrag zu schließen. Im Jahre 1746 gründeten die Franzosen Soufrière, den ersten Ort auf der Insel, und begannen mit der Anlage von Plantagen. St. Lucias Geschichte in der Kolonialzeit war jedoch von kriegerischen Auseinandersetzungen geprägt, denn die Briten ließen ihren Anspruch auf die Insel nicht fallen.

1778 konnten die Briten erfolgreich auf der Insel landen und gründeten Marinestützpunkte in Gros Islet sowie auf der Insel Pigeon, die sie für Angriffe auf die französischen Inseln im Norden nutzten.

In den nächsten Jahrzehnten wechselten sich Briten und Franzosen bei der Herrschaft über St. Lucia ab, bis die Insel 1814 durch den Vertrag von Paris schließlich an die Briten fiel, wodurch ein 150 Jahre dauernder Konflikt, bei dem die Flagge auf St. Lucia 14 mal gewechselt hatte, beendet wurde.

Die Briten konnten die französischen Bräuche nur langsam verdrängen, so daß erst 1842 Englisch zur offiziellen Sprache auf der Insel wurde. Andere Traditionen wurden bis heute beibehalten. Die meisten Insulaner sprechen im Privatleben einen Dialekt auf der Basis des Französischen, sind Katholiken und leben in Dörfern mit französischen Namen.

St. Lucia erhielt 1967 interne Autonomie sowie am 22. Februar 1979 die völlige Unabhängigkeit und ist Mitglied im Commonwealth.

DAS LAND

St. Lucia hat die Form einer Träne. Die Länge der Insel beträgt ca. 43 km, die Breite ca. 23 km und die Fläche 616 km². Die Inselmitte ist überwiegend gebirgig, wobei der höchste Berg, der Mount Gimie, im Südwesten liegt. Tiefe Täler, von denen einige mit Bananenbäumen und Kokospalmen bepflanzt sind, liegen zwischen den Bergen. In der Umgebung von Soufrière ist das Wahrzeichen der Insel zu sehen: der Doppelgipfel der vulkanischen Pitons, der sich vor der Küste erhebt (der Petit Piton ist 750 m hoch, der Gros Piton 798 m).

Ebenfalls über die Insel hinaus bekannt sind die heißen, brodelnden Schwefelquellen nur ein kurzes Stück vom Ort aus landeinwärts. Trotz dieser kleinen Vorstellung vulkanischer Aktivitäten ist es auf der Insel glücklicherweise seit 1766 zu keinem Vulkanausbruch mehr gekommen.

KLIMA

Im Januar beträgt die durchschnittliche Tageshöchsttemperatur in Castries 27° C und die durchschnittliche Tiefsttemperatur 20° C. Im Juli liegt die Tageshöchsttemperatur durchschnittlich bei 29° C und die Tiefsttemperatur bei 22° C.

Die jährliche Niederschlagsmenge variiert von 150 mm an der Küste bis 345 mm in den Bergen. In Castries fällt von Januar bis März an 11 Tagen im Monat meßbarer Niederschlag.

In den feuchtesten Monaten, von Juni bis Dezember, liegt die Zahl der Tage mit meßbarem Niederschlag bei durchschnittlich 18. Die Luftfeuchtigkeit bewegt sich im Laufe des Jahres zwischen 76 % im Februar und 83 % im November.

FLORA UND FAUNA

Die Vegetation auf St. Lucia reicht von den Gewächsen trockener Zonen wie Büschen, Kakteen und Hibiskus bis zu wilden Orchideen, Bromelien, Helikonien und Lianen in den grünen Tälern.

Der St.-Lucia-Papagei

Der St.-Lucia-Papagei (*Amazona versicolor*), auf der Insel auch Jacquot genannt, eine farbenprächtige, auf der Insel beheimatete Papageienart, ist im Regenwald zu Hause. Obwohl er als Nationalvogel gilt und auf allem, vom T-Shirt bis zum Reisepaß der Inselbewohner, zu sehen ist, wurde er in der jüngeren Vergangenheit fast ausgerottet.

Der Versuch einer besseren Unterrichtung der Inselbewohner über die Bedrohung des Vogels und eine neue Umweltgesetzgebung scheinen eine Rettung dieser Papageienart, von der in der Vergangenheit gelegentlich beim Abendessen serviert wurden, zu ermöglichen. Die Geldstrafe für das Abschießen oder Fangen der Papageien wurde auf weit mehr als das Hundertfache erhöht und ein großer Teil des Lebensraums der Papageien unter Schutz gestellt. Diese Maßnahmen haben zu einem Anstieg der Zahl von ca. 100 Vögeln Ende der siebziger Jahre auf heute ca. 300 geführt. Die meisten davon leben in den aneinander angrenzenden Waldschutzgebieten Edmond und Quilesse östlich von Soufrière.

ST. LUCIA

Während der Kolonialverwaltung durch die Briten wurde ein großer Teil des Regenwaldes für die Holzverarbeitung vorgesehen. In vielerlei Hinsicht hat die Regierung des unabhängigen St. Lucia eine weit effektivere Umweltpolitik betrieben, so daß die Regenwälder, die nur noch 10 % der ursprünglichen Waldfläche ausmachen, vor kurzem überwiegend als Naturschutzgebiete unter Schutz gestellt worden sind. Die größten einheimischen Bäume sind der Gommier, ein hoher Gummibaum, und der Chatagnier, ein riesiger Baum mit Stützwurzeln.

Zur Fauna von St. Lucia gehören der St.-Lucia-Papagei, die Goldamsel von St. Lucia, der Kariben-Kolibri mit purpurfarbener Kehle, Fledermäuse, Eidechsen, Leguane, Baumfrösche, auf die Insel eingeführte Mungos, das an Kaninchen erinnernde Aguti sowie verschiedenen Schlangen, darunter auch die giftige Lanzenotter und die Abgottschlange. Es ist verboten, eine der Korallenarten von St. Lucia zu beschädigen, einzusammeln, zu verkaufen oder zu kaufen. Auch aus den zahlreichen unter Schutz gestellten Küstengewässern darf nichts entnommen werden.

Baumfrosch

STAAT UND VERWALTUNG

St. Lucia ist ein unabhängiger Staat im Commonwealth, in dem die britische Monarchin durch einen ernannten Generalgouverneur repräsentiert wird. Das Parlament mit zwei Kammern besteht aus einem elfköpfigen Senat, der vom Generalgouverneur ernannt wird, sowie einem mit mehr Macht ausgestatteten Unterhaus mit 17 Mitgliedern, die durch allgemeine Wahlen für eine Legislaturperiode von fünf Jahren gewählt werden. Staatsoberhaupt ist de facto der Premierminister, ein Mitglied der Mehrheitspartei im Unterhaus.

WIRTSCHAFT

Noch immer entfällt auf die Landwirtschaft fast ein Drittel der Arbeitskräfte der Insel und des Bruttosozialproduktes. Wichtigstes Exportgut sind Bananen, gefolgt von Kokosnüssen und Kakao. Der Tourismus, der in den letzten Jahren mit dem Bau von neuen Hotels und Ferienanlagen einen Boom erlebt hat, ist der am schnellsten wachsende Wirtschaftszweig. Auf ihn entfallen direkt und indirekt ca. 15 % aller Arbeitsplätze.

Einige der luxuriöseren Ferienanlagen wurden in bisher nicht erschlossenen und unter Umweltgesichtspunkten sensiblen Gegenden auf der Insel errichtet und sind verständlicherweise zum Streitpunkt geworden. Eines der neuesten Hotels, das Jalousie Plantation, wurde direkt zwischen die beiden Gipfel der Pitons gesetzt, die immer als besonderes Symbol für die unberührte Natur des Insel gegolten hatten. Vor dem Bau hatten viele Inselbewohner gehofft, dieses Gebiet würde als ein neuer Nationalpark geschützt, insbesondere nach der Entdeckung indianischer Gebrauchsgegenständi in dieser Gegend.

DIE MENSCHEN

Auf St. Lucia leben 157.000 Menschen, davon ein Drittel in Castries. 85 % aller Bewohner sind rein afrikanischer Abstammung, weitere 10 % gemischt afrikanischer, britischer, französischer oder indischer Herkunft, ca. 4 % reine Europäer.

KUNST UND KULTUR

Auf St. Lucia hat sich eine Mischkultur aus englischen, französischen, afrikanischen und karibischen Einflüssen gebildet. Das wird auf vielerlei Art deutlich. Wer sich die katholische Kathedrale in Castries ansieht, besichtigt ein französisches Bauwerk, das innen in reichen, farbenprächtigen afrikanischen Farben mit Porträts einer schwarzen Madonna mit Kind bemalt ist und in dem die Gottesdienste auf Englisch gehalten werden.

Derek Walcott, ein bekannter karibischer Dichter sowie Dramatiker und Träger des Literaturnobelpreises, stammt aus St. Lucia. Walcott, der heute an der Universität von Boston lehrt, hat die Verbindung zu der Insel nie aufgegeben und leitet eine Bewegung zur Renovierung der Bauten auf Rat Island, einer früheren Quarantänestation vor dem Choc Beach, um sie zu einem Zufluchtsort für Schriftsteller und Künstler umzuwandeln.

Die Insel gab auch die Kulisse für mehrere ausländische Filme ab, darunter die britischen Filme *Water* mit Michael Caine (1985) und *Firepower* mit Sophia Loren (1979) sowie Hollywoods *Doktor Dolittle* und *Superman II*.

RELIGION

Rund 85 % der Bewohner von St. Lucia sind Katholiken. Daneben lebt auf der Insel aber auch noch eine Reihe von Anglikanern, Baptisten, Methodisten und Adventisten.

SPRACHE

Offizielle Landessprache ist Englisch. Im Privatleben wird jedoch ein französischer Dialekt, der mit afrikanischen und englischen Begriffen vermischt ist, gesprochen.

PRAKTISCHE HINWEISE

EINREISEBESTIMMUNGEN
Deutsche, Österreicher, Schweizer und Bürger vieler anderer Länder müssen für die Einreise nach St. Lucia einen gültigen Reisepaß vorlegen und dürfen ohne Visum bis zu 28 Tage im Land bleiben. Wer sich länger als 28 Tage in St. Lucia aufhalten möchte, benötigt ein Visum. Bei der Einreise müssen offiziell auch ein Ticket für die Weiter- oder Rückreise und ausreichende finanzielle Mittel für den beabsichtigten Aufenthalt nachgewiesen werden.

Konsulate in St. Lucia: Eine Botschaft oder ein Konsulat auf der Insel unterhalten unter anderem Deutschland (Tel. 4 52 25 11) und Venezuela (Tel. 4 52 48 33).

GELD
Auf St. Lucia ist der Ostkaribische Dollar (EC $) offizielle Währung. Dabei hat ein US-Dollar einen Wert von 2,70 EC $. Die günstigste ausländische Währung sind US-Dollar in Reiseschecks, während sich andere Währungen nicht so einfach wechseln lassen. Viele Banken, darunter auch die Barclays Bank, nehmen eine Gebühr von 20 US $, um Deutsche Mark zu tauschen.
Bei der Royal Bank of Canada lassen sich Reiseschecks in US-Dollar kostenlos einlösen, wenn es sich umgerechnet um weniger als 200 EC $ oder mehr als 2500 EC $ handelt. Sonst wird eine Gebühr von 5 EC $ erhoben.
Wenn man darauf besteht, wird man in der Barclays Bank im allgemeinen Visa-Reiseschecks in US-Dollar einlösen können, ohne die üblichen 2 EC $ Gebühr bezahlen zu müssen, die normalerweise für Transaktionen unter 500 EC $ anfallen (bei größeren Beträgen entfallen solche Gebühren). Es ist jedoch eine vom Staat erhobene Gebühr von 0,25 EC $ für jeden Reisescheck zu entrichten.
Visa, Eurocard/Mastercard und American Express sind die Kreditkarten, die am ehesten akzeptiert werden. Damit kann man bei den Autovermietungen sowie in den meisten Restaurants und Hotels der mittleren und oberen Preisklasse bezahlen.
Wenn man von den preiswertesten Hotels und Restaurants absieht, werden auf Rechnungsbeträge 8 % Steuern und 10 % für Bedienung aufgeschlagen. Dann ist ein weiteres Trinkgeld nicht nötig.

INFORMATIONEN
In St. Lucia finden Sie ein Büro des Fremdenverkehrsamtes gegenüber vom Büro der Hafenpolizei in der Jeremie Street in Castries. Weitere Informationsschalter sind an den beiden Flughäfen sowie am Anleger für die Kreuzfahrtschiffe in Pointe Seraphine vorhanden.
Wer schriftlich Informationen anfordert, erhält diese unter der Anschrift St. Lucia Tourist Board, PO Box 221, Castries, St. Lucia, Westindische Inseln (Tel. 4 52 40 94).
In Deutschland ist St. Lucia durch ein Fremdenverkehrsamt in Bad Homburg vertreten (Postfach 2304, 61293 Bad Homburg, Tel. 06172/30 44 31, Fax 06172/30 50 72).

NÜTZLICHE ORGANISATIONEN
Der St. Lucia National Trust (Tel. 4 52 50 05, PO Box 525, Castries) organisiert Ausflüge zu den Naturschutzgebieten der Insel, darunter auch zum Naturschutzgebiet Insel Maria vor der Südostküste von St. Lucia und zum Natur-

ST. LUCIA

schutzgebiet Frigate Islands vor der Ostküste von St. Lucia.

ÖFFNUNGSZEITEN

Die Geschäfte und Behörden sind im allgemeinen montags bis freitags von 8.30 bis 12.30 Uhr und von 13.30 bis 16.30 Uhr geöffnet. In vielen Läden kann man zudem samstags am Morgen von 8.00 bis 12.00 Uhr einkaufen. Die Banken sind überwiegend montags bis donnerstags von 8.30 oder 9.00 bis 15.00 Uhr sowie freitags bis 17.00 Uhr zugänglich.

Einige wenige Filialen, insbesondere in den touristischen Gegenden, werden darüber hinaus samstags am Morgen geöffnet.

FEIERTAGE

Feiertage auf St. Lucia sind:

Neujahr	1. Januar
Neujahrsfeiertag	2. Januar
Unabhängigkeitstag	22. Februar
Karfreitag	Freitag von Ostern
Ostersonntag	Ende März/Anfang April
Ostermontag	Ende März/Anfang April
Tag der Arbeit	1. Mai
Pfingstmontag	achter Montag nach Ostern
Fronleichnam	neunter Donnerstag nach Ostern
Gedenktag zur Abschaffung der Sklaverei	3. August
Erntedanktag	5. Oktober
Nationalfeiertag	13. Dezember
Weihnachten	25. und 26. Dezember

KULTURELLE VERANSTALTUNGEN

An den zwei Tage vor Aschermittwoch wird auf St. Lucia mit Calypso-Klängen, Kostümparaden, Musikwettbewerben und ähnlichem Karneval gefeiert.

Ende Mai findet das viertägige St. Lucian Jazz Festival mit Musikern wie Wynton Marsalis und Herbie Hancock statt.

Die Atlantic Rally for Cruisers (ARC), eine der größten Transatlantikregatten für Jachten, wird Ende Dezember veranstaltet. Sie beginnt auf den Kanarischen Inseln und endet in der Rodney Bay Marina, dem größten Jachthafen der Insel.

POST

Postämter gibt es auf St. Lucia in den größeren Orten. Das Hauptpostamt befindet sich in der Bridge Street in Castries und ist montags bis freitags von 8.30 bis 16.00 Uhr geöffnet.

Postsendungen nach St. Lucia sollten nach der Anschrift mit dem Namen des Ortes, der Länderangabe St. Lucia und dem Zusatz Westindische Inseln versehen werden.

TELEKOMMUNIKATION

Auf St. Lucia sind sowohl Karten- als auch Münzfernsprecher gebräuchlich. Telefonkarten erhält man im Fremdenverkehrsamt und seinen Filialen, bei Cable & Wireless sowie im Hafenbüro des Jachthafens Rodney Bay.

Faxmitteilungen, Telexe und Telegramme in das Ausland lassen sich in den Büros von Cable & Wireless versenden. In ihnen besteht auch die Möglichkeit, Auslandsgespräche zu führen. Das Büro in der Bridge Street in Castries ist montags bis freitags von 7.00 bis 19.00 Uhr und samstags von 7.00 bis 14.30 Uhr geöffnet.

Die Telefonnummern in St. Lucia sind siebenstellig. Die Vorwahl für St. Lucia aus dem Ausland lautet 809. Weitere Informationen über Telefonkarten und Ferngespräche finden Sie im Abschnitt über Telekommunikation im Einführungsteil dieses Buches.

STROM

Die Stromspannung beträgt 220 oder 240 Volt Wechselstrom mit einer Frequenz von 50 Hertz. In den meisten Hotels findet man in den Badezimmern auch Steckdosen für eine Stromspannung von 110 Volt.

MASSE UND GEWICHTE

Auf St. Lucia gilt das imperiale System. Entfernungen werden in Meilen angegeben, während in Mietwagen Meilenzähler eingebaut sind und auf den Landkarten Höhen in Fuß vermerkt sind.

BÜCHER UND LANDKARTEN

Von Derek Walcott, dem Träger des Literaturnobelpreises, sind in deutscher Sprache zwei Bände mit Gedichten veröffentlicht worden: *Das Königreich des Sternapfels* (Hanser, 1989, auch als Fischer-Taschenbuch) und außerdem *Erzählungen von den Inseln* (Hanser, 1993).

In St. Lucia sind Bücher teuer. Ihr Verkaufspreis liegt im Durchschnitt über 30 % über dem Listenpreis. Dabei ist auch die Auswahl noch nicht einmal sehr groß.

In der Ortsmitte von Castries gibt es im Book Salon an der Ecke der Laborie Street und der Jeremie Street eine bescheidene Abteilung mit Karibik-Literatur. Nördlich der Stadt bekommt man im Sunshine Bookstore im Einkaufszentrum Gablewoods Bücher über die Karibik sowie US-Zeitungen. Pieces of Eight im Jachthafen Rodney Bay hat eine kleine, aber gute Auswahl von Büchern sowie die Sonntagszeitungen aus Großbritannien zu bieten.

Die beste Landkarte der Insel ist die von Ordnance Survey im Maßstab 1: 50 000, die im Department of Lands & Survey in Castries erhältlich ist. Eine vereinfachte schwarzweiße Ausgabe dieser Landkarte ist im *Tropical Traveller* enthalten (vgl. weiter unten).

MEDIEN

Auf St. Lucia werden drei Zeitungen veröffentlicht: die *Voice*, die dreimal wöchentlich erscheint, sowie der *Crusader* und der *Star*, zwei Wochenzeitungen, die samstags herausgegeben werden.

Daneben erscheint noch eine nützliche Monatsschrift für Touristen, der *Tropical Traveller*, der werbende Artikel, Anzeigen sowie Informationen für Besucher der Insel enthält. *Visions of St. Lucia*, ein 100 Seiten umfassendes Magazin des Verbandes für das Hotelgewerbe und den Tourismus auf Glanzpapier, entspricht dem *Tropical Traveller*, enthält jedoch darüber hinaus eine detaillierte Aufstellung der Hotels und Restaurants auf der Insel. Beide Hefte sind kostenlos im Fremdenverkehrsbüro erhältlich und liegen in den Empfangsräumen der Hotels aus.

Auf St. Lucia können zahlreiche Radiosender in englischer und französischer Sprache empfangen werden. Auf der UKW-Frequenz 98,1 ist ein Sender mit Reggae-Musik zu hören. Das Kabelfernsehen umfaßt 19 Sender mit einer Mischung aus einheimischen, europäischen und amerikanischen Programmen.

GESUNDHEIT

Die beiden größten Krankenhäuser der Insel, das Victoria Hospital in Castries (Tel. 4 52 24 21) sowie das St. Jude's Hospital in Vieux Fort (Tel. 4 54 60 41), sind auf einen 24-Stunden-Notdienst eingestellt. In ernsteren Fällen werden Patienten nach Barbados oder Miami ausgeflogen.

Auf St. Lucia kommt die Bilharziose (Schistosomiasis) vor. Als allgemeine Vorsichtsmaßnahme gilt, nicht in Süßwassergewässern zu waten oder zu baden. Zudem ist auf der Insel die Lanzenotter, eine giftige Viper, beheimatet. Weitere Informationen über die Viper und die Bilharziose können Sie dem Abschnitt über Gesundheit im Einführungsteil entnehmen.

GEFAHREN UND ÄRGERNISSE

In der Umgebung von Soufrière kann es ein wenig lästig sein, wenn sich Ihnen häufiger jemand als Führer anbietet. Wer keinen Führer möchte, sollte dies höflich, aber bestimmt zum Ausdruck bringen.

Wer sich z. B. freitags am Abend in die einheimische Partyszene stürzt, sollte nicht viel Geld zeigen und keinen teuren Schmuck tragen, da Diebstahl auf der Insel nicht unbekannt ist.

Wanderer sollten zudem daran denken, daß die giftigen Lanzenottern buschartiges Unterholz bevorzugen.

NOTFÄLLE

Die Notrufnummer für den ärztlichen Notdienst, die Feuerwehr und die Polizei lautet 999.

FREIZEITBESCHÄFTIGUNGEN

Strände und Schwimmen: Alle Strände auf St. Lucia sind öffentlich und daher für jedermann zugänglich. An der Nordwestseite der Insel mit vielen touristischen Einrichtungen erstrecken sich ein schöner, weißer Sandstrand entlang des Dammes, der Gros Islet und Pigeon Point miteinander verbindet, sowie der herrliche, goldene Sandstrand von Choc Beach, der nördlich vom Halcyon Beach Club nach Norden verläuft. Ebenfalls einen goldfarbenen Sandstrand findet man am Reduit Beach südlich der Rodney Bay.

An der Südwestküste gibt es zahlreiche Buchten, die häufig nur mit dem Boot zu erreichen sind und gute Möglichkeiten zum Baden und zum Schnorcheln bieten. Die Ostseite der Insel ist weniger geschützt und daher stürmischer.

Tauchen und Schnorcheln: Die zerklüftete, bergige Landschaft der Insel setzt sich unter Wasser fort mit Hügeln, Höhlen und plötzlichen Tiefen. Die meisten Tauchreviere liegen an der Westseite der Insel, einige der besten Stellen in der südlichen Mitte.

Anse Chastanet in der Nähe von Soufrière wurde zu einem Meeresnaturpark erklärt und kann mit herrlichen Riffen mit einer großen Vielfalt an Korallen, Schwämmen und Riffischen aufwarten. Das ist eine ausgezeichnete Stelle zum Tauchen und Schnorcheln.

Ebenfalls beliebt bei Tauchern sind die Key Hole Pinnacles etwas weiter südlich, korallenüberzogene Unterwassergebirge, die bis dicht unter die Wasseroberfläche reichen.

Hier gibt es eine Reihe von Wracks, darunter auch die *Lesleen*, ein 50 m langer Frachter, der 1986 versenkt wurde, um ein künstliches Riff zu bilden. Heute steht er aufrecht in 20 m tiefem Wasser in der Nähe von Anse Cochon, einem weiteren beliebten Ziel zum Tauchen.

Gute Schnorchel- und Tauchmöglichkeiten bestehen ferner in der Nähe des Petit Piton und des Gros Piton, des Küstengebirges, das sich südlich von Soufrière erhebt. Bei den wichtigsten Ferienzentren nördlich von Castries hat man von der Insel Pigeon recht ordentliche Möglichkeiten zum Schnorcheln.

Scuba St. Lucia im Hotel Anse Chastanet (Tel. 4 52 80 09, PO Box 7000, Soufrière) ist eine hervorragende PADI-Tauchschule mit gutem Ruf. Für einen Einführungskurs im Tauchen zahlt man hier 75 US $, während für den morgendlichen Tauchgang vom Strand aus und einen Tauchgang am Nachmittag von einem Boot 85 US $ verlangt werden. Schnorchelausflüge kosten 45 US $, Tauchkurse mit Zertifikat das offenen Meer 350 US $ und Auffrischungskurse 200 US $. Man kann sich auch zur Bootsfahrt mit dem Schiff von Castries nach Anse Chastanet anmelden.

Dolphin Divers in den Marigot Bay (Tel. 4 51 43 57 und 4 51 41 27) bietet Tauchgänge mit einer Flasche Preßluft für 55 US $ an. Bei zwei Flaschen zahlt man 65 US $. Für einen Ferienkurs muß man 65 US $, für einen PADI-Kurs im offenen Meer 350 US $ und für Schnorchelausflüge 25

US $ bezahlen. Dolphin unterhält auch eine Filiale im Jachthafen Rodney Bay.

Buddies Scuba, eine weitere PADI-Tauchschule, hat sich im Jachthafen Vigie in Castries angesiedelt (Tel. 4 52 52 88). Sie veranstaltet täglich Tauchtouren nach Anse Chastanet und Anse Cochon, wo man für 65 US $ an einem Tauchgang mit zwei Flaschen Preßluft oder einem Ferienkurs teilnehmen kann.

Windsurfen: In vielen der großen Hotels am Strand, darunter auch im Hotel St. Lucian am Reduit Beach und im Hotel Anse Chastanet in der Nähe von Soufrière, werden Ausrüstungen zum Windsurfen vermietet. Bei erfahrenen Windsurfern ist insbesondere das Gebiet von Vieux Fort an der Südspitze der Insel beliebt.

Wandern: In das bergige Inselinnere führen mehrere Wanderwege. Am häufigsten werden geführte Wanderungen in den Regenwald durch die Schutzgebiete Edmond und Quilesse unternommen. Das Forest & Lands Department (Tel. 4 50 22 31) und die wichtigsten Reiseveranstalter organisieren an mehreren Tagen in jeder Woche Halbtagswanderungen durch den Regenwald.

Reiten: Trim's National Riding (Tel. 4 50 82 73) bietet Ausritte am Strand für 25 US $ sowie Kutschfahrten in die Umgebung des Jachthafens Rodney Bay, nach Gros Islet und zur Insel Pigeon an.

Tennis und Squash: Zu den meisten größeren Hotels gehören auch Tennisplätze. Die Squashplätze des St. Lucia Yacht Club am Reduit Beach stehen gegen eine Gebühr aber auch anderen als Hausgästen zur Verfügung.

Golf: Der Cap Estate Golf Course an der Nordspitze der Insel (Tel. 3 50 85 23) verfügt über einen Platz mit neun Löchern, auf dem wie bei 18 Löchern gespielt werden kann, einen Pro-Shop und ein Clubhaus. Die Gebühr für 18 Löcher beträgt 20 US $. Golfschläger können für 10 US $ gemietet werden, kleine Golfwagen zum Ziehen für 4 US $.

HÖHEPUNKTE

Die Insel Pigeon vor der Nordwestküste von St. Lucia verbindet Ruinen aus der Kolonialzeit, Bademöglichkeiten und einen schönen weißen Sandstrand. Versäumen Sie ferner nicht, sich den Markt in Castries anzusehen, einen der größten Märkte in der östlichen Karibik. Wenn Sie schon in der Stadt sind, lohnt es ebenfalls, die Kathedrale zu besichtigen und ein wenig am Columbus Square zu bummeln.

Auch Soufrière kann mit einer schönen Umgebung aufwarten. Zudem sind hier Erdspalten, aus denen Schwefeldämpfe steigen, und ein botanischer Garten zu sehen. Schließlich bestehen gute Tauchmöglichkeiten vor der Küste.

UNTERKUNFT

Auf St. Lucia gibt es eine Reihe von Pensionen der Mittelklasse, die ein gutes Preis-Leistungsverhältnis bieten. Auch wenn in den meisten nur fünf bis zehn Zimmer zur Verfügung stehen, sind sie nur selten ausgebucht, weil sie sich auf Einzelgäste eingestellt haben und nicht viele Besucher auf die Insel kommen, die keine Pauschalreise gebucht haben oder nicht mit einer Jacht anreisen. In einigen Hotels der Mittelklasse mit vernünftigen Preisen werden außerhalb der Spitzenzeiten gute Preisnachlässe eingeräumt, während die Preise in der Saison den üblichen Angeboten entsprechen. Auf St. Lucia findet man zudem einige gute, aber teure Hotels der oberen Klasse sowie mehrere Ferienanlagen, in denen in den Preisen alles enthalten ist, darunter den Club Med in der Nähe des Flughafens Hewanorra, das Rendezvous in der Nähe vom Flughafen Vigie, das Sandals in der La Toc Bay und Club St. Lucia in Cap Estate.

ESSEN

In den meisten Hotels werden die üblichen Gerichte der westlichen Küche serviert. Im Gegensatz dazu stehen in den vorwiegend von Einheimischen besuchten Restaurants im allgemeinen Gerichte der westindischen und der kreolischen Küche auf der Speisekarte. Selbst wenn Sie in einem Hotel Vollpension gebucht haben, lohnt es, wenigstens einmal in einem guten Lokal die einheimische Küche zu probieren. Auf St. Lucia kann man von zahlreichen Restaurants aller Preisklassen Gebrauch machen, wo in den besseren ohne Ausnahme frischer Fisch serviert wird. Es ist wissenswert, daß in vielen Restaurants, auch in jenen mit schönem Blick auf den Sonnenuntergang, erst ab 19.00 Uhr Essen angeboten wird, also erst lange nach dem Sonnenuntergang im Winter. Eine Ausnahme bilden zahlreiche Lokale an der Rodney Bay, so daß dies ein gutes Ziel ist, um bei Sonnenuntergang zu essen.

GETRÄNKE

Das Leitungswasser auf St. Lucia ist im allgemeinen trinkbar. Piton, das einheimische Bier, ein ordentliches Lagerbier, wird in Vieux Fort gebraut. Der auf der Insel gebrannte Lucian Rhum ist wie das Piton-Bier an seinem Logo mit dem Doppelgipfel der Pitons zu erkennen.

Etitett vom Piton-Bier

UNTERHALTUNG

Im Halcyon Beach Club gibt es eine Diskothek, in der montags die große Party-Nacht stattfindet. Der Eintritt kostet dann einschließlich eines Getränks 25 EC $. Eine weitere Diskothek findet man im Hotel St. Lucian. Freitags am Abend sind die Straßen des Ortes Gros Islet blockiert. Dann grillen dort Frauen Fleisch an den Ecken, während sich die Rum-Shops auf die Straße ausdehnen und Live-Musik sowie Tanz bis in den Morgen dauern. Dieser seit langem etablierte „Jump-up", wie man das Feiern nennt, ist sowohl bei Touristen als auch bei Einheimischen beliebt. Man sollte dabei aber gewisse Vorsichtsmaßnahmen treffen. So ist es am besten, mit einem Taxi zu kommen und zurückzufahren, sich an die Hauptstraßen zu halten und mit Wertsachen vorsichtig zu sein.

EINKÄUFE

In Castries verkaufen in der Bridge Street in der Nähe der Kreuzung mit der Jeremie Street Händler am Straßenrand T-Shirts und handgearbeitete Puppen. Caribelle Batik gegenüber vom Postamt in Castries führt in St. Lucia hergestellte, qualitativ hochwertige Batikkleidung. Im nicht weit entfernten Sea Island Cotton Shop bekommt man ebenfalls leichte Baumwollkleidung, auch wenn die überwiegend aus Indien stammt. Am Pointe Seraphine, dem wichtigsten Anleger für Kreuzfahrtschiffe, gibt es einen Komplex mit ca. 20 Geschäften, in denen Schmuck, Uhren, Spirituosen, Kristall, Porzellan sowie andere Importwaren zollfrei angeboten werden. Hier besteht in einigen Bekleidungsgeschäften, darunter Bagshwas, auch die Möglichkeit, auf der Insel hergestellte Sachen mit Siebdrucken zu kaufen. Der Komplex ist montags bis freitags von 8.30 bis 17.00 Uhr geöffnet, außerdem samstags und sonntags bis 13.00 Uhr, wenn Kreuzfahrtschiffe im Hafen liegen.

ANREISE

FLUG

Auf St. Lucia gibt es zwei Flughäfen: den internationalen Flughafen Hewanorra in Vieux Fort an der abgelegenen Südspitze der Insel und den Flughafen Vigie in

ST. LUCIA

Castries in der Nähe der wichtigsten Tourismuszentren.

Die Langstreckenverbindungen beginnen und enden in Hewanorra, da hier die Rollbahn länger ist, während die meisten innerkaribischen Flüge über Vigie abgewickelt werden. Dabei fliegt LIAT mit Ausnahme eines Mittagsfluges ab St. Vincent mit einer Flugunterbrechung in Hewanorra nur Vigie an.

Aufgrund der ungünstigen Lage des Flughafens Hewanorra ist es eine Überlegung wert, aus dem weit entfernten Ausland zunächst zu einer benachbarten Insel, z. B. Barbados, zu fliegen und dort in eine kleinere Maschine nach Vigie umzusteigen. Wer nach Castries will, kann auch einen der täglichen LIAT-Flüge von Hewanorra nach Vigie um 11.40 Uhr buchen oder versuchen, einen Platz in einer der gelegentlich eingesetzten Chartermaschinen zu bekommen, die zwischen Hewanorra und Vigie verkehren (ca. 35 US $). Weitere Informationen über Verbindungen vom Flughafen Hewanorra zu anderen Teilen der Insel finden Sie im Abschnitt über den Flughafentransfer weiter unten.

Fluggesellschaften: Die Büros der wichtigsten Fluggesellschaften, die nach St. Lucia fliegen, befinden sich in der Stadtmitte von Castries. Das Büro von LIAT am Columbus Square ist montags bis freitags von 8.00 bis 16.00 Uhr und samstags bis 12.00 Uhr geöffnet. LIAT vertritt auch Air Canada. Das Büro von BWIA, ebenfalls am Columbus Square, ist montags bis freitags von 8.00 bis 12.30 Uhr und von 13.30 bis 16.00 Uhr zu erreichen.

British Airways ist über der Scotiabank am William Peter Boulevard und American Airlines in der Micoud Street, einen Block östlich der Kathedrale, vertreten.

Platzreservierungen können Sie bei den verschiedenen Fluggesellschaften auf St. Lucia unter folgenden Telefonnummern vornehmen:

Air Guadeloupe	Tel. 4 52 30 51
Air Martinique	Tel. 4 52 24 63
American Airlines	Tel. 4 52 18 02 und 4 54 67 77
British Airways	Tel. 4 52 39 51
BWIA	Tel. 4 52 37 78
Eagle Air Service	Tel. 4 52 19 00
Helenair	Tel. 4 52 71 96
LIAT	Tel. 4 52 30 51,
außerhalb der	
Geschäftszeiten	Tel. 4 52 23 48.

Von Europa: BWIA fliegt von Frankfurt montags direkt und mittwochs über Antigua nach St. Lucia. Mit dieser Fluggesellschaft kommt man je nach Saison für 1300 bis 1450 DM von Frankfurt nach St. Lucia und zurück (Ticketgültigkeit 35 Tage). Im Flugpreis ist sogar schon die Fahrt vom Wohnort in Deutschland nach Frankfurt und wieder nach Hause enthalten.

Ebenfalls von Frankfurt nach St. Lucia fliegt einmal wöchentlich Condor. Für einen Hin- und Rückflug mit Condor muß man saisonabhängig zwischen 1500 und 1900 DM bezahlen.

Auch mit British Airways kommt man von allen Flughäfen in Deutschland, Österreich und der Schweiz über London nach St. Lucia, muß für diese Verbindung hin und zurück je nach Saison zwischen 1300 und 1600 DM bezahlen und darf dann bis zu drei Monate auf St. Lucia bleiben.

Ganz günstig ist ferner der Flug mit AOM von Paris nach St. Lucia, für den man je nach Abflug hin und zurück zwischen 1100 und 1350 DM bezahlen muß (Ticketgültigkeit 90 Tage), mit Anschlußflug von und nach München sowie Berlin 300 DM mehr.

Schließlich besteht die Möglichkeit, mit American Airlines von Düsseldorf und Frankfurt über Chicago oder Miami und San Juan auf Puerto Rico nach St. Lucia zu fliegen. Das kostet hin und zurück je nach Saison zwischen 1700 und 2000 DM, hat aber den Vorteil, daß man sich mit dem Rückflug bis zu einem halben Jahr Zeit lassen kann.

Alle diese Flüge kann man allerdings nicht bei der jeweiligen Fluggesellschaft und auch nicht in jedem Reisebüro buchen. Die Flugscheine sind jedoch zu günstigen Preisen bei unserer Schwesterfirma Walther-Weltreisen Udo Schwark in Bonn (Hirschberger Straße 30, D-53119 Bonn) erhältlich. Dort sind in einer Datenbank Zehntausende von Flugmöglichkeiten mit allen Einzelheiten (Saisonzeiten, Gültigkeit der Flugscheine, Flugtage usw.) gespeichert, aus der Sie gegen einen großen, frankierten Rückumschlag eine aktuelle Preisliste für alle Flüge nach St. Lucia anfordern und sich daraus die für Sie passende Verbindung heraussuchen können.

In der Schweiz wendet man sich wegen eines preiswerten Fluges nach St. Lucia am besten an den Globetrotter Travel Service, Rennweg 35, 8001 Zürich, Tel. (01) 2 11 77 80 (mit weiteren Büros in Baden, Basel, Bern, Luzern, St. Gallen und Winterthur), und in Österreich an den Reiseladen, Dominikanerbastei 4, 1010 Wien, Tel. (01) 5 13 89 36.

Wer risikobereit ist, kann auch versuchen, kurzfristig einen Platz in einem Flugzeug nach St. Lucia zu buchen und dabei einige hundert Mark zu sparen. Denn frei gebliebene Plätze werden etwa eine Woche vor Abflug mit deutlicher Ermäßigung verkauft. Solche „Restplätze" bietet u.a. L'Tur an. Ob gerade freie Plätze zum Discountpreis in einem Charterflugzeug nach St. Lucia zu haben sind, kann man telefonisch unter den Telefonnummern (0211) 1 97 06, (030) 1 97 06, (040) 1 97 06, (07221) 1 97 01 und (089) 1 97 02 erfahren. Man kann Last-Minute-Angebote von L'Tur auch mit einem Faxgerät abrufen, indem man es auf Abruf einstellt und dann die Rufnummer (0190) 57 57 07 wählt. Ob mit Condor Last-Minute-Flüge nach St. Lucia möglich sind, läßt sich durch einen Anruf der Telefonnummer (06107) 94 00 feststellen, unter der man einen Ansagedienst mit Restplatzangeboten abhören kann.

Von Südamerika: LIAT fliegt dienstags und freitags von Caracas nach St. Lucia. Für einen einfachen Flug zahlt man auf dieser Strecke 184 US $, für einen Hin- und Rückflug zum Ausflugstarif (gültig 21 Tage) 276 US $.

Von anderen Karibikinseln: LIAT bietet von Antigua, Barbados, Dominica, Grenada, Guadeloupe, Martinique, St. Vincent und Trinidad mindestens zweimal täglich Direktflüge nach St. Lucia an. Auf den genannten Inseln hat man Anschluß an Flüge von und nach anderen Zielen innerhalb des Streckennetzes von LIAT.

Für einen einfachen Flug nach St. Lucia mit LIAT muß man ab Trinidad 132 US $, ab Barbados 78 US $, ab Grenada 111 US $, ab Martinique 81 US $, ab Dominica 83 US $, ab Guadeloupe 114 US $, ab Antigua 123 US $, ab St. Vincent 82 US $ und ab St. Thomas auf den US-Jungferninseln 200 US $ bezahlen.

Bei den meisten dieser Verbindungen sind unterwegs zwei Flugunterbrechungen möglich. Beim Flug von und nach St. Thomas handelt es sich jedoch um eine Verbindung zum Langstreckentarif (YD-Tarif), bei dem beliebig viele Flugunterbrechungen erlaubt sind.

LIAT bietet zudem Tickets zum Ausflugstarif für Hin- und Rückflüge an, die 21 oder 30 Tage gültig sind. Es gibt sie für Flüge nach St. Lucia von Grenada (173 US $), Martinique (109 US $), Dominica (150 US $), Antigua (229 US $) und Barbados (124 US $).

Air Guadeloupe fliegt mehrmals wöchentlich von Guadeloupe nach St. Lucia, wofür man pro Strecke 695 Francs bezahlen muß.

Eagle Air Services und Helenair bieten Charterflüge in der Karibik an.

Auf Tickets, die in St. Lucia gekauft werden, wird eine Steuer von 5 % aufgeschlagen.

Flughafeninformation: Sowohl am Flughafen Vigie als auch am Flughafen Hewanorra gibt es Schalter des Fremdenverkehrsamtes, Taxihaltestellen, Karten- und Münzfernsprecher, Schalter von Avis, Hertz und National sowie von einigen kleineren, einheimischen Autovermietungen.

Flughafentransfer: Für eine Taxifahrt vom Flughafen Hewanorra bei Vieux Fort nach Castries zahlt man ca. 120 EC $. Die Fahrt dauert ungefähr 1½ Stunden. Wer mit leichtem Gepäck unterwegs und nicht in Eile ist, kann einen der preiswerten Nahverkehrsbusse von Vieux Fort nach Castries nehmen (6 EC $). Die Abstände zwischen den einzelnen Bussen sind jedoch groß.

Vom Flughafen Vigie muß man für eine Taxifahrt zum Modern Inn oder zum Halcyon Beach Club 12 EC $, zum Reduit Beach 25 EC $, zum Jachthafen Rodney Bay 30 EC $, zur Ortsmitte von Castries 15 EC $ und nach Marigot 50 EC $ bezahlen.

Minibusse fahren teils auf Druck der Gewerkschaft der Taxifahrer den Flughafen nicht an, so daß die nächste Haltestelle fast 2 km entfernt ist. Sie liegt am nördlichen Ende der Rollbahn gegenüber vom Harbour Light Inn.

SCHIFF

Segelboot: Besatzungen von Segelbooten können die Zoll- und die Paßkontrolle an der Rodney Bay, in Castries, an der Marigot Bay oder in Vieux Fort durchlaufen. Die meisten Jachten legen in der Rodney Bay an, wo es einen Bootshafen mit allen Einrichtungen und zwei Zollhellings gegenüber vom Zollamt gibt.

Auch in Marigot kann man unproblematisch im inneren Hafen vor Anker gehen und mit einem Beiboot zum Zollamt übersetzen.

Der Hafen von Castries ist allerdings immer voller. Jachten, die diesen Hafen anlaufen, müssen direkt zum Dock des Zolls. Wenn hier kein Platz vorhanden ist, kann man östlich der Zollboje ankern.

In Vieux Fort darf man mit einem Segelboot vor dem Kai für die großen Schiffe ankern, wo sich auch der Zoll befindet.

Beliebte Ankerplätze vor St. Lucia sind Reduit Beach, das Gebiet südöstlich von Pigeon Point, die Lagune an der Rodney Bay, Marigot Bay, Anse Chastanet, Anse Cochon und Soufrière Bay.

Ein Segelboot läßt sich von First Class Yachting (Tel. 4 52 03 67), Sunsail (Tel. 4 52 86 48), Trade Wind (Tel. 4 52 84 24) sowie Via Carib Yacht Charters (Tel. 4 52 94 90) chartern, alle am Jachthafen Rodney Bay, sowie von The Moorings in der Marigot Bay (Tel. 4 53 43 57). Die Anschriften und Informationen über die Buchung finden Sie im Einführungsteil dieses Buches.

Kreuzfahrt: Kreuzfahrtschiffe legen auf St. Lucia in Castries an. Dafür steht eine Reihe von Kais zur Verfügung, einige davon an der Ostseite des Hafens in der Nähe der Stadtmitte und andere bei Pointe Seraphine an der Nordseite des Hafens, wo sich ein Komplex mit Läden für zollfreie Einkäufe befindet.

Mittwochs und freitags laufen die meisten Kreuzfahrtschiffe ein. Dann sieht man üblicherweise drei oder vier von ihnen im Hafen liegen.

AUSREISE AUS ST. LUCIA

Bei der Ausreise wird eine Flughafengebühr von 27 EC $ erhoben. Wer mit der LIAT fliegt, muß zusätzlich auch noch eine Sicherheitsgebühr in Höhe von 10 EC $ bezahlen.

REISEN AUF ST. LUCIA

BUS

Die Busse auf St. Lucia, bei denen es sich um Kleintransporter handelt, sind in Privatbesitz. Sie sind sichere, lustige und preiswerte Verkehrsmittel, um die Insel zu erkunden, und werden von den meisten Inselbewohnern benutzt, um in die Stadt, zur Schule und zur Arbeit zu gelangen. Auf den wichtigsten Strecken (z. B. zwischen Castries und Gros Islet oder Marigot) verkehren werktags zahlreiche Busse, die Verbindungen werden jedoch erheblich dünner, sobald die abendliche Hauptverkehrszeit vorüber ist, so daß es schwierig werden kann, nach 19.00 Uhr noch einen Bus zu bekommen. Sonntags verkehren nur sehr wenige Busse.

Wenn sich keine Haltestelle in der Nähe befindet, kann man einen Bus auch einfach an der Straße per Handzeichen anhalten und wird mitgenommen, sofern darin noch Platz vorhanden ist. Bezahlt wird beim Fahrer.

Der Durchschnittspreis für eine Fahrt von Castries nach Gros Islet liegt bei 1,50 EC $, vom Halcyon Beach Club nach Castries Mitte bei 1 EC $, von Castries nach Marigot bei 2 EC $ und von Castries nach Soufrière bei 5 EC $.

TAXI

An den Flughäfen stehen immer zahlreiche Taxis (vgl. Abschnitt über Flughafentransfer weiter oben), aber auch in Castries und in den wichtigsten Ferienzentren. Machen Sie unbedingt immer zunächst mit dem Fahrer den Preis aus, bevor Sie einsteigen, insbesondere, wenn Sie etwas „Unübliches" unternehmen wollen, z. B. eine Fahrtunterbrechung, um einen bestimmten Ausblick zu genießen.

Wenn Sie ein Taxi benötigen, können Sie es auch über die Rezeption Ihres Hotels oder Ihrer Pension bestellen. Das hat keinen Preisunterschied zur Folge. Allerdings ist dabei die Wahrscheinlichkeit, Diskussionen über den Fahrpreis führen zu müssen, erheblich geringer. Funktaxis lassen sich in Castries unter der Telefonnummer 4 52 15 99 und in Vieux Fort unter der Rufnummer 4 54 63 16 herbeirufen.

AUTO UND MOTORRAD

Verkehrsregeln: Auf St. Lucia wird an der linken Seite gefahren. Ein internationaler Führerschein ist auf der Insel gültig. Wer so etwas nicht besitzt, benötigt eine einheimische Fahrerlaubnis für 30 EC $, die in den Büros der Ausländerbehörde an den Flughäfen erhältlich ist. Wer sich einen Führerschein für St. Lucia nicht gleich bei der Ankunft besorgt hat, kann ihn sich bei einer der Autovermietungen ausstellen oder sich von dieser zur nächsten Polizeiwache fahren lassen.

Die Straßen auf der Insel sind in sehr unterschiedlichem Zustand. Einige Abschnitte sind neu befestigt, andere Strecken weisen tiefe Schlaglöcher auf. Daher ist es von Bedeutung, daß ein funktionierender Wagenheber sowie ein Ersatzreifen im Wagen vorhanden sind. Bei Fahrten durch Castries sollten Sie wegen der vielen schmalen Straßen mit tiefen Regenrinnen vorsichtig sein. Im übrigen sind viele Straßen in der Inselmitte sehr kurvenreich und eng. Die Höchstgeschwindigkeit in Ortschaften beträgt 15 Meilen/h, auf den Hauptstraßen 30 Meilen/h. Tankstellen sind über die verschiedenen Regionen der Insel verteilt.

Mietwagen: Das Mieten eines Autos auf St. Lucia ist ein wenig kompliziert. Da die Unternehmen von den Flughäfen aus im allgemeinen keine Wagen mit unbegrenzter Meilenzahl vermieten, sollte man bei der Kalkulation den Grundpreis, die kostenlosen Meilen pro Tag sowie die wahrscheinlich zurückgelegte Strecke berücksichtigen. Die preiswertesten Autos, meistens kleine Daihatsus oder Nissans Marches, kosten bei National (Tel. 4 52 30 50) pro Tag 46 US $ bei 60 freien Meilen und 0,40 US $ für jede weitere Meile, bei Avis (Tel. 4 52 20 46) 60 US $ täglich bei 100 freien Meilen und 0,40 US $ für jede weitere Meile sowie bei Hertz (Tel. 4 51 73 51) 50 US $ bei 60 freien Meilen und 0,35 US $ für jede weitere Meile. Diese drei internationalen Gesellschaften sind mit Büros an beiden Flughäfen vertreten. Häufig ist es bei den internationalen Firmen günstiger, einen Mietwagen im voraus vom Heimatland aus zu reservieren (und gelegentlich auch zu bezahlen).

Ein einheimisches Unternehmen mit günstigen Preisen bei unbegrenzter Meilenzahl ist CTL Rent A Car am Jachthafen Rodney Bay (Tel. 4 52 07 32, Fax 4 52 04 01). Hier kostet ein Suzuki Fronte 40 US $, ein Suzuki Swift 45 US $ und ein Mitsubishi Lancer 50 US $. CTL holt Kunden ohne Zusatzkosten vom Hotel ab.

Die Autovermietungen bieten häufig auch Kaskoversicherungen (CDW) auf freiwilliger Basis für 12 US $ pro Tag an. Dabei sind Diebstahl und Schaden bei Unfällen bis auf einen Eigenanteil von 300 US $ abgedeckt. Wenn man keine Versicherung abschließt, ist der Mieter des Wagens bei Schäden im allgemeinen für bis zu 1200 oder 2000 US $ haftbar.

AUSFLUGSFAHRTEN

Für eine Rundfahrt mit einem Taxi zahlt man ca. 15 bis 20 US $ pro Stunde. Eine Taxifahrt bis nach Soufrière und durch den Ort sowie zurück nach Castries kostet im allgemeinen für bis zu vier Passagiere 100 US $.

Es gibt auch eine Reihe von Reiseveranstaltern, die Rundfahrten, Bootsausflüge und Flüge zu benachbarten Inseln anbieten. Dabei kostet eine Wanderung im Regenwald ca. 35 US $ und eine Inseltour, die Marigot, Soufrière und die Schwefelquellen sowie eine Fahrt die Ostküste hinauf umfaßt, einschließlich Mittagessen ca. 50 US $.

Andere Fahrten schließen Besuche von Plantagenhäusern und Pflanzungen ein, die sonst für einzelne Touristen nicht zugänglich sind.

Zu den größten Veranstaltern gehören Sunlink International am Reduit Beach (Tel. 4 52 82 32), St. Lucia Reps an der Ecke der Brazil Street und der Bourbon Street in Castries (Tel. 4 52 37 62) sowie das Reisebüro Piton in der Mongiraud Street 4 in Castries (Tel. 4 52 12 27). Die meisten größeren Hotels veranstalten ebenfalls Ausflüge.

Bootsausflüge: Bootstouren von einem Tag Dauer die Küste von der Rodney Bay nach Soufrière mit einer Unterbrechung in Marigot, einer Fahrt zu den Schwefelquellen und zum Botanischen Garten Diamond sowie auf der Rückreise mit Schnorcheln bei Anse Cochon oder Anse Chastanet sind sehr beliebt. Die Fahrten zwischen der Rodney Bay und Soufrière dauern ca. zwei Stunden pro Strecke, wobei man insgesamt von ca. 9.00 bis ca. 17.00 Uhr unterwegs ist.

Mehrere Unternehmen bieten diese Fahrten an, die direkt oder über ein Reisebüro oder ein Hotel gebucht werden können. Die Kosten liegen einschließlich Transfer vom und zum Hotel sowie Mittagessen bei ca. 65 US $.

Von der Rodney Bay können Sie auch eine Fahrt auf dem 17 m langen Katamaran *Endless Summer* (Tel. 4 50 86 51) und auf der 43 m langen Brigg *Unicorn* (Tel. 4 52 82 32), einem Nachbau einer Brigg aus dem 19. Jahrhundert, unternehmen. Es besteht zudem die Möglichkeit, an einer Bootsfahrt mit der *Surf Queen* (Tel. 4 52 37 62) vom Jachthafen Vigie an der Nordseite von Castries teilzunehmen.

CASTRIES

Castries, Wirtschaftszentrum und Hauptstadt der Insel, ist eine geschäftige Hafenstadt, die an einem großen natürlichen Hafen gelegen ist. Am belebtesten ist das Viertel gleich nordöstlich des Hafens an der Jeremie Street, wo sich der farbenprächtige Markt von Castries mit Dutzenden von Straßenverkäufern bis auf die Straßen ausbreitet.

Die Stadt wurde im 18. Jahrhundert von Franzosen gegründet und zwischen 1785 und 1812 dreimal sowie ein weiteres Mal im Jahre 1948 durch Feuer zerstört. Daher sind kaum noch historische Gebäude zu sehen.

Eine Gegend, die den letzten Brand überlebt hat, ist der Columbus Square, ein ruhiger, zentraler Platz, der von einer Handvoll Holzgebäude aus dem 19. Jahrhundert mit reich verzierten Balkonen, von der Bibliothek, einem schönen Gebäude im viktorianischen Stil, sowie der beeindruckenden Kathedrale der Unbefleckten Empfängnis gesäumt ist. Gelegentlich sind Pläne im Gespräch, den Namen des Platzes von Columbus Square in Derek Walcott Square zu Ehren des Literaturnobelpreisträgers aus St. Lucia zu ändern.

PRAKTISCHE HINWEISE

Informationen: Das Fremdenverkehrsamt befindet sich gegenüber vom Büro der Hafenpolizei in der Jeremie Street.

Geld: Die Royal Bank of Canada am William Peter Boulevard ist montags bis donnerstags von 8.00 bis 15.00 Uhr und freitags bis 17.00 Uhr geöffnet. Eine Filiale der Scotiabank befindet sich 50 m weiter westlich und eine Zweigstelle der Barclays Bank noch ein Stück weiter westlich an der Bridge Street.

Post: Das Hauptpostamt findet man in der Bridge Street, einen Block südlich des Hafens. Es ist montags bis freitags von 8.30 bis 16.00 Uhr zugänglich.

Telekommunikation: Telefongespräche können Sie vom Büro von Cable & Wireless in der Bridge Street führen. Weitere Informationen über das Telefonieren auf St. Lucia finden Sie im Abschnitt über Telekommunikation im Einführungsteil dieses Kapitels.

Bücherei: Die öffentliche Bücherei kann man montags bis freitags von 9.00 bis 18.00 Uhr in Anspruch nehmen. Besucher dürfen hier Bücher gegen ein Pfand in Höhe von 10 EC $ ausleihen.

SEHENSWÜRDIGKEITEN

Kathedrale: Die katholische Kathedrale der Unbefleckten Empfängnis in dieser Stadt aus dem Jahre 1897, ein großes Bauwerk aus Stein, weist ein reich bemaltes Inneres mit Säulen und farbenprächtigen biblischen Szenen auf. Die Schutzpatronin der Insel, St. Lucia, wird direkt über dem Altar dargestellt. Die Kirche ist in dem Ausmaß, in dem sie karibische und afrikanische Einflüsse erkennen läßt, und in ihrem ausgesprochen guten Zustand einmalig.

Morne Fortune: Auf dem 852 m hohen Morne Fortune rund 5 km südlich der Stadtmitte von Castries steht die

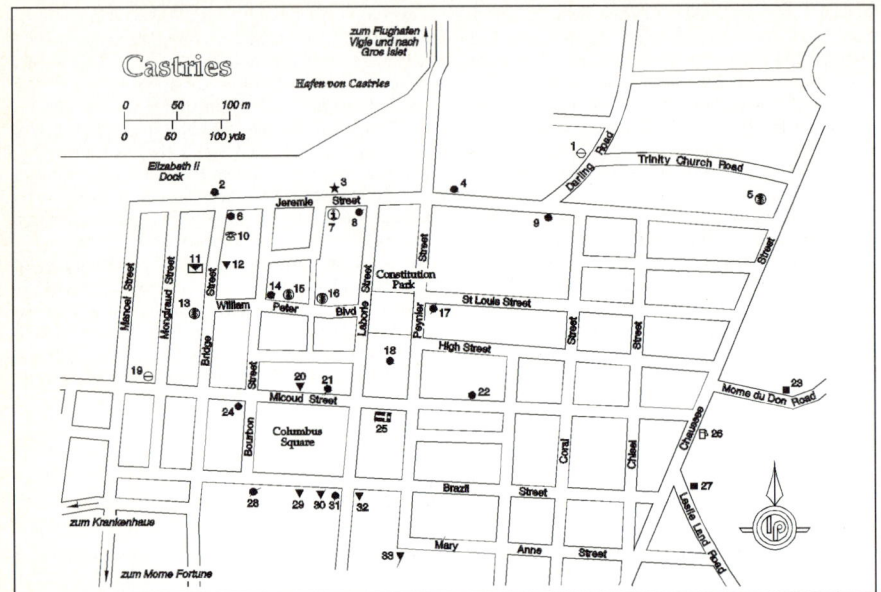

Festung Charlotte, deren Bau noch unter den Franzosen begonnen und dann von den Briten fertiggestellt wurde. Aufgrund der strategisch günstigen Lage auf einem Berg, von dem aus man über Castries blicken konnte, war die Festung in der Kolonialzeit zwischen Briten und Franzosen erbittert umkämpft. In den vergangenen Jahren wurde sie renoviert und beherbergt heute das Sir Arthur College. An der Rückseite vom College steht ein kleiner Obelisk zur Erinnerung an das 27. Inniskilling-Regiment, das den Berg 1796 von den Franzosen zurückeroberte. Bei dem Denkmal sieht man auch eine Reihe von Kanonen und hat einen recht guten Blick auf die Küste nördlich von Pigeon Point.

Wer einen herrlichen Blick auf die Stadt werfen möchte, braucht nicht ganz bis zum College zu fahren. Von dem schönen Aussichtspunkt direkt gegenüber vom Regierungssitz nur einige Kilometer südlich von Castries hat man ebenfalls eine gute Sicht über den Hafen und die Hauptstadt. Von hier aus kann man auch einen kleinen Blick auf die mit Kronen geschmückte viktorianische Villa werfen, die heute dem Generalgouverneur als Residenz dient.

UNTERKUNFT

Einfache Unterkünfte: Das Lee's Guest House an der Ecke der Chaussee Road und der Leslie Land Road im Osten von Castries ist eine typisches Pension mit sehr einfachen Zimmern, die nicht gerade besonders reizvoll, aber dafür bei Preisen von 33 US $ für ein Einzelzimmer und 66 US $ für ein Doppelzimmer recht günstig sind. Im Chateau Blanc Guest House in der Morne du Don Road in Castries (Tel. 4 52 18 52) wohnt man ca. fünf Minuten bergauf vom Warenhaus Courts in einer relativ armen Wohngegend von Arbeitern. Die Zimmer sind im für die Insel typischen Stil und sehr einfach möbliert, wobei wenig mehr als ein Bett und ein Ventilator vorhanden sind, aber sie sind sauber, und Alfred, der Besitzer, ist ein freundlicher Mann. Nehmen Sie eines der Zimmer im oberen Stock, denn die im Untergeschoß sind leicht feucht. Allein zahlt man hier 14 US $ und zu zweit 25 US $.

Mittelklasse- und Luxushotels: Das neue Seaview Apartel (Tel. 4 50 16 27, PO Box 527, Castries) besteht aus zehn sehr großen Unterkünften, die alle mit Fernsehgerät, Klimaanlage, Bad mit Badewanne, Kühlschrank und Balkon ausgestattet sind. Auch wenn es sich beim „Meerblick" eher um einen flüchtigen Eindruck aus der Ferne handelt, bietet die Anlage mit 50 US $ pro Tag für ein Quartier mit Backofen und 45 US $ ohne Backofen ein ausgezeichnetes Preis-Leistungsverhältnis. Das Hotel liegt an der Ostseite der Rollbahn ca. zehn Minuten mit dem Bus vom Strand entfernt. Wen diese Entfernung nicht stört, braucht hier ungefähr nur ein Drittel dessen zu bezahlen, was in vergleichbaren Hotels am Strand berechnet wird. Die Rezeption befindet sich in der Shell-Tankstelle nebenan.

Unterkünfte
23 Chateau Blanc Guest House
27 Lee's Guest House

Restaurants
12 Paul's Place
20 Kimlan's
29 Rain
30 Restaurant Buttercup
32 White House
33 Central Bakery

Sonstiges
1 Zentraler Busbahnhof
2 Zollamt
3 Hafenpolizei und Feuerwache
4 Markt von Castries
5 Barclays Bank
6 Sea Island Cotton Shop
7 Fremdenverkehrsamt
8 Book Salon
9 Taxihaltestelle
10 Cable & Wireless
11 Hauptpostamt
13 Barclays Bank
14 JQ's Supermarket
15 Scotiabank und British Airways
16 Royal Bank of Canada
17 Rathaus
18 Gericht
19 Busse nach Vieux Fort und Soufrière
21 Britisches Hochkommissariat
22 American Airlines
24 Bücherei
25 Kathedrale der Unbefleckten Empfängnis
26 Shell-Tankstelle
28 Büro von BWIA
31 Büro von LIAT

Das Harbour Light Inn (Tel. 4 52 35 06, City Gate, Castries) liegt an der Kreuzung gleich nördlich der Rollbahn. Obwohl es von außen relativ modern aussieht, sind die 16 Zimmer recht glanzlos, wenn auch mit Fernsehgerät und eigenem Bad ausgestattet. In einem klimatisierten Zimmer kann man hier einschließlich Steuern allein für 33 US $ und zu zweit für 55 US $ übernachten, ohne Klimaanlage für 27 bzw. 43 US $. Die nicht klimatisierten Räume sind jedoch ein wenig muffig.

Das Bon Appetit (Tel. 4 52 27 57, PO Box 884, Castries), gelegen in der Nähe des Gipfels vom Morne Fortune, ermöglicht einen schönen Blick über das Meer und auf Martinique am Horizont. Es wird von dem italienischen Ehepaar Renato und Cheryl Venturi geführt, die im Haus auch ein kleines Restaurant betreiben. Die vier Zimmer

mit Dusche, Doppelbett und Kabelfernsehgerät sind makellos sauber. Einschließlich Steuern und Frühstück werden in diesem Hotel für ein Einzelzimmer 37 US $ und für ein Doppelzimmer 41 US $ pro Tag verlangt. Bezahlen läßt sich auch mit Kreditkarten.

Im Green Parrot (Tel. 4 52 33 99, PO Box 648, Castries) werden 50 sehr schöne, große Zimmer mit Klimaanlage, Kabelfernsehgerät, komfortabler Einrichtung und Balkon mit herrlichem Blick über die Berge vermietet. Zur Anlage gehören auch ein Swimming Pool und ein gutes Restaurant. Der größte Nachteil ist, daß das Bon Appetit ein wenig abgelegen am Hang des Morne Fortune ca. 5 km außerhalb von Castries liegt. Im Sommer kann man hier allein für 68 US $ und zu zweit für 80 US $ übernachten, im Winter für 91 bzw. 110 US $.

ESSEN

Preiswerte Restaurants: Das Paul's Place in der Bridge Street gegenüber vom Postamt ist ein nettes Restaurant im 2. Stock mit angenehmer, typisch einheimischer Atmosphäre. Am meisten Betrieb ist hier um die Mittagszeit, wenn ein Buffet für 18 EC $ mit einer Reihe von warmen Gerichten, Reis und Salat angeboten wird. Wer nicht so hungrig ist, bekommt hier auch Sandwiches und Rotis. Abends stehen kreolischer Fisch oder malaiisches Hähnchen mit Papaya-Curry für 20 EC $ sowie Satay-Garnelen und Steak flambé für das Doppelte auf der Speisekarte. Das Restaurant ist montags bis samstags von 9.00 bis 22.00 Uhr und samstags ab 18.00 Uhr geöffnet.

Im Rain in einem klassischen westindischen Haus aus dem Jahre 1885 überblickt man vom Balkon den Columbus Square. Es ist mittags und abends immer gut besucht und das älteste Restaurant der Stadt. Auf seiner Speisekarte findet man Sandwiches, Quiche und Salat, Pizza sowie Hähnchen und Chips für unter 20 EC $, aber auch mehrere teurere Gerichte. Verspeisen kann man zudem am Abend ein umfangreiches Menü für 95 EC $. Essen kann man hier montags bis samstags von 9.15 bis 23.00 Uhr.

Das Restaurant Buttercup an der Südseite des Columbus Square ist hübsch und mit einem Dutzend Tischen im Stil eines Cafés modern eingerichtet. Für 19 EC $ erhält man hier mittags ein westindisches Buffet und zahlt 14 EC $, wenn man sich nur einmal am Buffet bedienen will. Man bekommt auch Burger und Rotis für 5 bis 8 EC $. Das Buttercup ist montags bis samstags von 9.00 bis 17.00 Uhr geöffnet.

Am besten preiswert frühstücken kann man im White House ganz in der Nähe. In diesem Lokal kostet ein Teller mit gebuttertem französischen Brot sowie Schinken und Ei mit Salat und Tomaten dekoriert 5,50 US $. Serviert werden aber auch weitere preiswerte Sandwiches und Rotis wie auch Hähnchen (9 EC $) und Fisch (12 EC $) mit Pommes Frites. Das Restaurant liegt in einem interessanten älteren Gebäude im 2. Stock und läßt einen Blick auf die Kathedrale zu. Es ist montags bis freitags von 9.00 bis 16.00 Uhr sowie samstags bis 13.00 Uhr geöffnet.

Das Kimlan's ist ein gut besuchtes Restaurant im 2. Stock gegenüber vom Columbus Square. Man bekommt auch hier die allgegenwärtigen Rotis sowie Tabletts mit Gerichten wie Fisch-Curry oder Eintopf mit Reis und Salat für 10 EC $, und zwar montags bis samstags von 7.00 bis 23.00 Uhr.

Wer schnell etwas Preiswertes auf dem Weg essen will, kann sich Obst auf dem Markt holen und dann hinüber zur Central Bakery am Südende der Peynier Street gehen, um ein frisches Baguette oder Kokosbrötchen zu kaufen.

Preiswert essen läßt sich auch an den zahlreichen Ständen mit einheimischen Gerichten wie Grillhähnchen oder Ziegeneintopf in der Umgebung des Busbahnhofes in der Darling Road. An einem der Stände, Rosie's Snackette in einer türkisen Hütte, wird mittags ein recht ordentliches, solides Tellergericht für 9 EC $ angeboten.

JQ's Supermarket am William Peter Boulevard, ein großer, gut sortierter Lebensmittelladen, ist montags bis freitags von 8.00 bis mindestens 17.00 Uhr sowie samstags bis 12.00 Uhr geöffnet.

Teure Restaurants: Das Jimmie's an der Westseite der Rollbahn ist sowohl bei Einheimischen als auch bei Besuchern wegen seiner authentischen westindischen Küche beliebt. Fisch ist eine Spezialität des Hauses, denn die Speisekarte ist voller kreativer Fischgerichte für rund 40 EC $ sowie Muscheln und Garnelen für ca. 50 EC $.

Daneben können Sie hier auch Rotis, Fish & Chips sowie einige wenige vegetarische Gerichte wie Risotto oder Florentiner Pfannkuchen für um die 15 EC $ bestellen. Man ißt unter freiem Himmel, so daß man besser etwas gegen Mücken mitbringt, da die recht störend sein können. Das Restaurant ist montags bis samstags von 7.00 bis 22.30 Uhr geöffnet.

Wer ausgiebiger speisen möchte, kann hoch zum Restaurant Green Parrot (Tel. 4 52 33 99) gehen, wo montags bis freitags von 12.30 bis 15.00 Uhr ein Mittagsbuffet für nur 20 EC $ angeboten wird. Die Gerichte wechseln, aber im allgemeinen erhält man Fisch, frischen Salat und einheimisches Gemüse, darüber hinaus auch noch Kaffee und Nachtisch. Wer etwas Leichteres essen möchte, kann auf Sandwiches für ca. 10 EC $ ausweichen. Abends kann man in diesem Restaurant ebenfalls gut essen, wenn auch bei Hauptgerichten für ca. 35 bis 70 EC $ teurer. Wenn Sie hier einkehren wollen, dann versuchen Sie unbedingt einen Tisch am Fenster zu bekommen, um den schönen Blick vom Berg auf Castries und die Nordostküste genießen zu können. Das Restaurant befindet sich in Morne Fortune, 5 km außerhalb der Stadtmitte von Castries. Für die Fahrt mit einem Taxi bis hierher zahlt man 10 EC $.

Ebenfalls in Morne Fortune liegt das Bon Appetit (Tel. 4 52 27 57), ein intimes, kleines Restaurant mit Speisen nach Hausmacherart und einem wunderbaren Blick. Es ist montags bis samstags von 12.00 bis 23.00 Uhr geöffnet. Die Preise für Hauptgerichte reichen von 40 EC $ für Fisch bis 90 EC $ für Süßwasserkrebs, die Spezialität des Hauses. Da hier nur fünf Tische zur Verfügung stehen, sollten Sie vorher einen reservieren.

Das San Antoine an der Government House Road mit einer romantischen Stein- und Holzeinrichtung und einer schönen Lage am Hang (Tel. 4 52 46 60) liegt ca. einen Kilometer südwestlich der Ortsmitte von Castries auf dem Weg nach Morne Fortune. Es wird von einem englischen Ehepaar geführt und ist das Restaurant mit dem besten Ruf in der Stadt. Die umfangreiche Speisekarte orientiert sich an der kontinentalen Küche. Serviert werden ein Menü mit fünf Gängen für 95 EC $ sowie eine Reihe von Gerichten à la carte zu Preisen ab 40 EC $.

NAHVERKEHR

Bus und Taxi: Eine Taxihaltestelle befindet sich in der Jeremie Street an der Ostseite des Marktes. Busse nach Gros Islet fahren von einem Platz ganz in der Nähe in der Darling Road, gleich südlich der Jeremie Street, ab. Busse in Richtung Süden nach Soufrière und Vieux Fort halten an der Ecke der Mongiraud Street und der Micoud Street.

NÖRDLICHES ST. LUCIA

DAS GEBIET NÖRDLICH VON CASTRIES

Die Gros Islet Road zieht sich die Küste hoch und verbindet den Nordteil von Castries mit der Rodney Bay. In diesem Gebiet gibt es eine Reihe von Ferienhotels sowie mehrere Pensionen mit moderaten Preisen. Die meisten der Pensionen liegen an der dem Meer abgewandten Straßenseite, sind aber vom Strand aus zu Fuß zu erreichen. Der Choc Beach vor dem Halcyon Beach Club ist ein ganz hübscher Sandstrand, an dem für die Verhältnisse auf der Insel relativ viel Betrieb herrscht.

In der neuen Gablewoods Mall gleich südlich des Halcyon finden Sie einen Supermarkt, Imbißlokale, eine Bank, Bekleidungsgeschäfte sowie eine Buchhandlung.

UNTERKUNFT

Einfache Unterkünfte: Die ersten drei der im folgenden

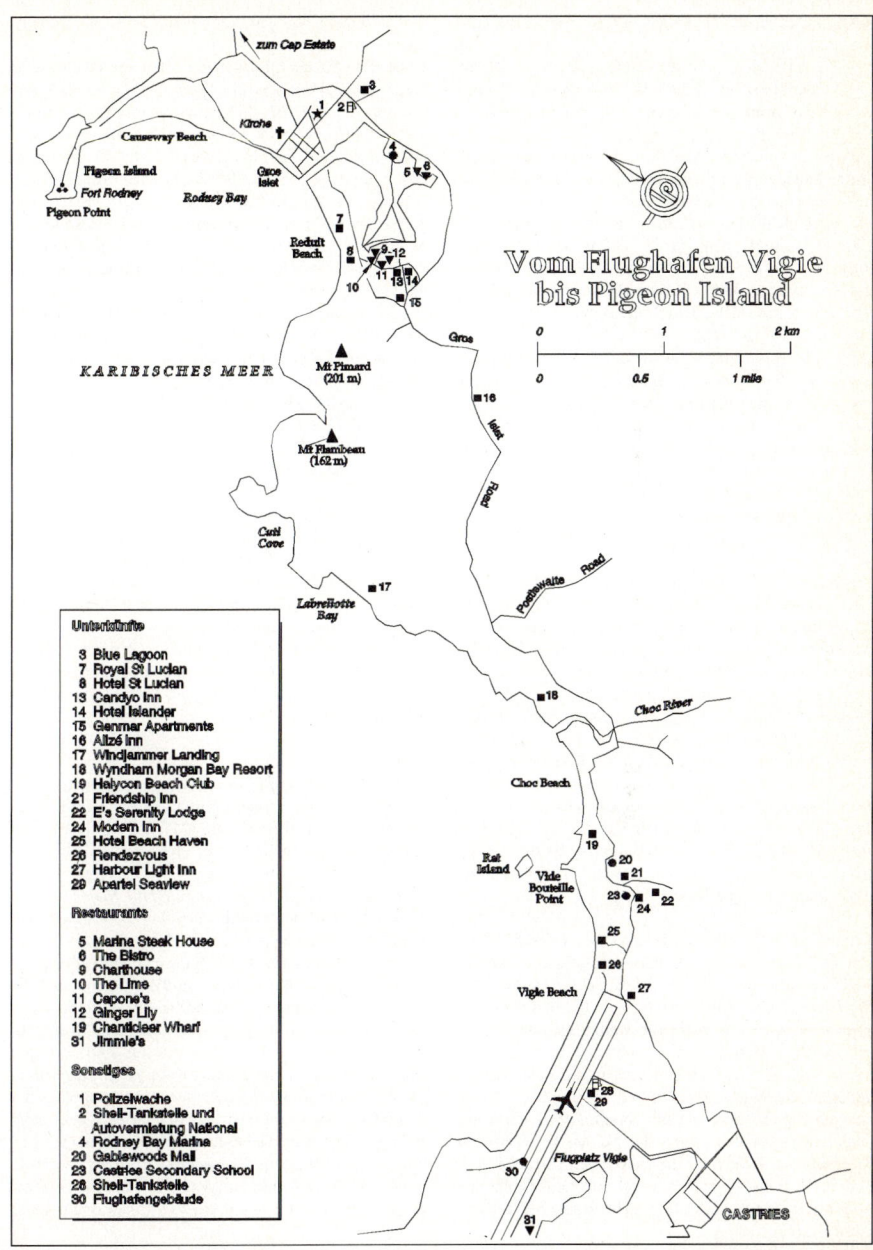

Vom Flughafen Vigie
bis Pigeon Island

Unterkünfte

3 Blue Lagoon
7 Royal St Lucian
8 Hotel St Lucian
13 Candyo Inn
14 Hotel Islander
15 Genmar Apartments
16 Altzé Inn
17 Windjammer Landing
18 Wyndham Morgan Bay Resort
19 Halycon Beach Club
21 Friendship Inn
22 E's Serenity Lodge
24 Modern Inn
25 Hotel Beach Haven
26 Rendezvous
27 Harbour Light Inn
29 Apartel Seaview

Restaurants

5 Marina Steak House
6 The Bistro
9 Charthouse
10 The Lime
11 Capone's
12 Ginger Lily
19 Chanticleer Wharf
31 Jimmie's

Sonstiges

1 Polizeiwache
2 Shell-Tankstelle und
   Autovermietung National
4 Rodney Bay Marina
20 Gablewoods Mall
23 Castries Secondary School
28 Shell-Tankstelle
30 Flughafengebäude

ST. LUCIA

aufgeführten Hotels liegen an der Gros Islet Road, ca. 4 km nördlich des Flughafens und zehn Minuten zu Fuß vom Choc Beach und von der Gablewoods Mall entfernt. Das Modern Inn (Tel. 4 52 40 01, Fax 4 53 73 13, PO Box 457, Vide Bouteille, Castries) ist ein Gasthaus im Familienbetrieb mit gutem Preis-Leistungsverhältnis. Zur Verfügung stehen hier fünf Gästezimmer und ein kleiner Aufenthaltsraum mit Fernsehgerät. Die Zimmer sind einfach, aber sauber und hell gestrichen, die Matratzen bequem und die Zimmer klimatisiert. Für eines der beiden kleineren Zimmer, deren Gäste sich ein Bad teilen, zahlt man allein 20 US $ und zu zweit 30 US $, für ein Zimmer mit Bad dagegen 35 US $. Zum Haus gehören auch drei Apartments mit Küche, Kabelfernsehgerät und Klimaanlage für 45 bis 50 US $.

Die E's Serenity Lodge (Tel. 4 52 19 87) liegt ruhig auf einem Berg fünf Minuten zu Fuß bergauf vom Friendship Inn entfernt. Man hat hier einen schönen Blick auf die Küste, und das Haus ist nicht häßlich, aber die Zimmer sind spartanisch eingerichtet, wobei die Einrichtung im Prinzip aus einem Bett, einem Ventilator, einem Nachttisch und einer Lampe besteht. In einem Zimmer mit Badbenutzung kann man hier allein für 25 US $ und zu zweit für 40 US $ übernachten, mit eigenem Bad für 30 bzw. 50 US $.

Das Friendship Inn direkt an der Straße (Tel. 4 52 42 01) ist ein kleiner, moderner Betonbau im Stil eines Motels. Die Zimmer sind einfach, mit zwei Einzelbetten, Kabelfernsehgerät, einer kleinen Küchenzeile, Klimaanlage und eigenem Bad ausgestattet. Die Übernachtungspreise liegen für ein Einzelzimmer bei 50 US $ und für ein Doppelzimmer bei 60 US $. Zur Anlage gehört auch ein kleiner Swimming Pool.

Im Hotel Beach Haven (Tel. 4 53 00 65, PO Box 460, Vide Bouteille, Castries) werden zehn einfache Zimmer mit Fernsehgerät, Klimaanlage und eigenem Bad im Sommer zur Alleinbenutzung für 40 US $ und bei Belegung zu zweit für 50 US $ vermietet, im Winter für 60 bzw. 70 US $. Hinter dem Hotel, dem auch ein Restaurant angeschlossen ist, beginnt die Vigie Beach.

Luxushotels: Der Halcyon Beach Club (Tel. 4 52 53 31, Fax 4 52 54 34, PO Box 388, Choc Bay, Castries) ist eine Ferienanlage mit 180 Zimmern an einem schönen Sandstrand einige Kilometer nördlich des Flughafens. Die Zimmer sind zwar vor der Einrichtung her eher durchschnittlich, jedoch klimatisiert und mit Telefon, Radio sowie Balkon oder Terrasse ausgestattet. Zur Anlage gehören auch eine Diskothek und Tennisplätze. Ausrüstungen zum Schnorcheln und Windsurfen können von den Gästen kostenlos ausgeliehen werden. Die Busse von Castries nach Gros Islet fahren vor der Tür der Lobby vorbei. Die Preise für ein bzw. zwei Personen beginnen im Sommer bei 95 bzw. 118 US $ und im Winter bei 150 bzw. 170 US $.

Das Wyndham Morgan Bay Resort (Tel. 4 50 25 11) ist eine neue Anlage mit 240 Zimmern an der Nordseite der Choc Bay. Zu den klimatisierten Zimmern gehören entweder ein Balkon oder eine Terrasse, ein Fernsehgerät und ein Telefon. Sie sind entweder mit einem großen Doppelbett oder zwei Einzelbetten ausgestattet. Zur Anlage gehören auch ein Fitness-Center, Tennisplätze, ein Swimming Pool, ein Wassersportzentrum und drei Restaurants. Im Sommer werden hier für eine Person 175 US $ und für zwei Personen 270 US $ sowie im Winter 250 bzw. 350 US $ berechnet. Weitere 40 US $ muß man für ein Zimmer mit Blick auf das Meer bezahlen.

Das Windjammer Landing (Tel. 4 52 09 31, Fax 4 52 94 54, PO Box 1504, Castries), gelegen an einem ruhigen Strand in der Labrelotte Bay, ist ein weitläufiger Komplex mit Ferienhäusern mit gehobener mediterraner Atmosphäre. Die Unterkünfte sind modern, besitzen Holzdecken und sind mit Rattanmöbeln eingerichtet. Sie bestehen aus einer Küchenzeile, einem Wohn- und Eßbereich, einer Terrasse und einem klimatisierten Schlafbereich. Zur Ausstattung gehören auch ein Fernsehgerät und ein Videorekorder, bei einigen Quartieren zusätzlich ein Mini-Pool. Die Anlage umfaßt zudem zwei Tennisplätze, drei Restaurants, vier Schwimmbecken sowie umfangreiche Wassersportmöglichkeiten, die überwiegend kostenlos sind. Im Winter zahlt man hier für einen Bungalow mit einem Schlafraum 270 US $, mit zwei Schlafräumen 350 US $ und mit vier Schlafräumen 495 US $, im Sommer 160, 220 bzw. 360 US $. Angeboten werden auch Wochenpreise sowie Aufenthalte, bei denen im Preis alles enthalten ist.

ESSEN

In der Gablewoods Mall kann man in einigen Schnellimbißlokalen und in einem zentralen Bereich in Restaurants essen. Die Preise hier sind höher, als es vom Gebotenen her eigentlich gerechtfertigt wäre, aber wenn man in der Nähe ist und schnell eine Kleinigkeit essen will, trifft man keine schlechte Wahl. Man findet in diesem Einkaufszentrum das Peppino's Pizza mit recht guten Pizzen, die zwischen 5 EC $ für ein Viertel einer kleinen Käsepizza bis 45 EC $ für eine große Pizza mit allem drum und dran kosten. Im Miss Saigon sind die Preise für die Rotis nicht zu hoch, aber die asiatischen Gerichte teuer. Im El Burrito bekommt man Burritos für 10 EC $, die dem Preis angemessen sind. Eis und Cappuccino erhält man im Kafe Kool. Essen läßt sich im Einkaufszentrum täglich vom späten Vormittag bis gegen 21.00 Uhr. Davon abgesehen kann man auch von einem richtigen Restaurant Gebrauch machen, in dem man sich zum Essen setzen kann. Es handelt sich dabei um das The Patio, dessen Küche sowohl mittags als auch abends geöffnet ist. Fleisch und Käse sind in einem Delikatessengeschäft zu haben.

Den schönsten Blick hat man von Chanticleer Wharf, einem Restaurant auf Pfählen über dem Wasser beim Halcyon Beach Club. Mittags bekommt man hier Hamburger, gebratenen Fliegenden Fisch oder Omelette mit Pommes Frites für weniger als 20 EC $. Für 25 EC $ können Sie sich auch am Buffet mit Fisch oder Hähnchen bedienen, das zwischen 12.30 und 14.30 Uhr aufgebaut ist. Abends erhält man eine Reihe von kleineren Gerich-

ten für ca. 20 EC $ sowie größere Gerichte wie guten Grillfisch ab 30 EC $. Der einzige Nachteil ist die unzuverlässige Bedienung. Im Hotel Beach Haven wird werktags zwischen 12.00 und 15.00 Uhr ein Buffet mit Salatbar, Suppe, Hähnchen und Fisch für 20 EC $ angeboten. Abends kann man etwas eleganter in den Restaurants des Windjammer Landing sowie des Wyndham Morgan Bay Resort essen gehen.

RODNEY BAY

In der Rodney Bay, einer großen geschützten Bucht, liegen das Feriengebiet Reduit Beach und das Dorf Gros Islet. Ein künstlicher Kanal, der zwischen Reduit Beach und Gros Islet angelegt wurde, öffnet sich zu einer großen Lagune, der Rodney Bay Marina, dem größten Jachthafen der Insel.

Die Rodney Bay Marina ist ein moderner Bootshafen mit einem Reisebüro, einer Autovermietung, zwei Tauchschulen, einem Schwimmbad, einer Buchhandlung, Karten- und Münztelefonen, einem Lebensmittelladen sowie einigen guten Restaurants, von denen viele von Ausländern geführt werden. Es gibt hier auch zwei Banken, die Royal Bank of Canada und die Barclays Bank, die montags bis donnerstags von 8.00 bzw. 8.30 Uhr bis 15.00 Uhr, freitags bis 17.00 Uhr und samstags bis 12.00 Uhr geöffnet sind. Im Jachthafen herrscht immer viel Betrieb. Das ist eine gute Stelle, um Kontakte zu knüpfen, wenn man versuchen möchte, mit einem Schiff mitzufahren, sei es als Gast oder als bezahltes Besatzungsmitglied.

Im Gegensatz zur Rodney Bay Marina handelt es sich beim Reduit Beach gleich südwestlich um ein typisches Feriengebiet mit einem schönen Sandstrand sowie einigen Hotels und Restaurants. Es sind vom Jachthafen zum Strand 30 Minuten zu Fuß über die Straße außen herum, aber es verkehrt auch eine kleine Fähre, die mehrmals täglich über die Lagune übersetzt. Die Fähre läuft auch die Insel Pigeon an.

UNTERKUNFT
Einfache Unterkünfte: Das Blue Lagoon (Tel. 4 50 84 53, PO Box 637, Castries) ist eine moderne, zweistöckige Pension, die von einem freundlichen einheimischen Ehepaar geführt wird. Hier muß man für ein einfaches, kleines Zimmer mit Badbenutzung allein 25 US $ und zu zweit 30 US $ entrichten, während die größeren Zimmer mit Kühlschrank, Deckenventilator und Bad 43 US $ kosten. Viele der Zimmer verfügen auch über einen Balkon, und außerdem steht den Gästen eine große Küche zur Verfügung. Das Blue Lagoon ist zwei Minuten zu Fuß von der nächsten Bushaltestelle und zehn Minuten zu Fuß von der Rodney Bay Marina und vom Strand von Gros Islet entfernt.

Das Alizé Inn (Tel. 4 52 12 27, Fax 4 53 67 36), einige Kilometer südlich der Rodney Bay, ist eine angenehme Pension mit sieben einzelnen, aber sauberen Zimmern, teils mit eigenem Bad. Das Haus ist bei französischen Gästen beliebt, die gelegentlich als Reisegruppen von Martinique hierherkommen. Der wichtigste Nachteil ist die Lage ein wenig außerhalb, aber tagsüber bestehen gute Busverbindungen. Die Zimmer kosten für einen Gast 25 US $ und für zwei Gäste 36 US $.

Die Genmar Apartments (Tel. 4 52 08 34, PO Box 212, Reduit) sind ein kleiner Apartmentkomplex im vorstädtischen Stil an der Gros Islet Road, weniger als zehn Minuten zu Fuß vom Reduit Beach entfernt. Die Unterkünfte sind mit privatem Bad, Kühlschrank, Kochgelegenheit und Ventilator ausgestattet. Für ein Studio für eine bis zwei Personen werden im Sommer 30 bzw. 40 US $ und im Winter 45 bzw. 55 US $ berechnet. Für ein Quartier mit einem Schlafraum muß man im Sommer allein 40 US $ und zu zweit 50 US $ sowie im Winter 50 bzw. 60 US $ bezahlen. Zu erreichen ist die Anlage, wenn Sie die erste unbefestigte Straße nach der Texaco-Tankstelle nehmen, dann die erste rechts fahren und nach dem kleinen Schild mit der Aufschrift „Gene" Ausschau halten.

Luxushotels: Das Candyo Inn (Tel. 4 52 07 12, Fax 4 52 07 74, PO Box 386, Rodney Bay) liegt fünf Minuten zu Fuß vom Reduit Beach entfernt. Die vier Zimmer in dem hübschen und neuen Haus kosten jeweils 75 US $, die acht Ferienwohnungen mit Küchenzeile und Veranda jeweils 90 US $. Zur Ausstattung gehören eine Klimaanlage, Telefon und Fernsehgerät mit Fernbedienung. Das Haus hat auch ein nicht zu teures Restaurant sowie einen Swimming Pool zu bieten.

Das Hotel St. Lucian (Tel. 4 52 83 51, Fax 4 52 83 31, PO Box 512, Castries) ist an einem schönen Sandstrand gelegen und besteht aus einem großen, weitläufigen Komplex mit 260 Zimmern in einer Reihe von zwei- und dreistöckigen Gebäuden. Das Mobiliar ist überwiegend aus Korb, die Fußböden sind gekachelt und die Zimmer, zu denen eine Terrasse gehört, mit französischen Betten ausgestattet. Zur Anlage gehören zudem Tennisplätze, Wassersportmöglichkeiten und eine Diskothek. Hier gilt ein halbes Dutzend Preise über das Jahr verteilt, die von

54 bzw. 77 US $ für eine oder zwei Personen in einem Zimmer von Mitte April bis Mitte November bis 188 bzw. 211 US $ während der Weihnachtstage reichen. Die günstigsten Winterpreise werden im Januar mit 102 bzw. 125 US $ berechnet.

Ein weiterer größerer Komplex ist das Hotel Islander (Tel. 4 52 02 55, Fax 4 52 09 58, PO Box 907, Castries), dessen einfache Zimmer bei einem Preis von 85 US $ im Sommer und 120 US $ im Winter nur schwerlich zu empfehlen sind. Alle Zimmer sind klimatisiert und mit Kühlschrank und Kabelfernsehgerät ausgestattet. Wer außerhalb der Saison ein Zimmer mit Küchenzeile mieten möchte, muß noch 5 US $ mehr bezahlen, in der Saison 10 US $ mehr. Als Einzelperson kommt man in einem Doppelzimmer für 10 US $ weniger unter.

Das Royal St. Lucian in einem modernen, dreistöckigen Komplex am Reduit Beach (Tel. 4 52 99 99, Fax 4 52 96 39, PO Box 977, Castries) sieht wie eine sterile, aber teure Ferienanlage auf einer der Kanarischen Inseln aus. Die Studios besitzen einen separaten Wohnbereich, eine Terrasse, ein Fernsehgerät, einen Zimmersafe sowie eine Minibar und werden im Sommer ab 194 US $ und im Winter ab 260 US $ vermietet.

ESSEN

Im Jachthafen: Das Key Largo Pizza (Tel. 4 52 02 82) bietet ausgezeichnete Pizzen aus einem Ziegelofen vor dem Haus. Für Calzones zahlt man hier 15 EC $, für Pizzen je nach Belag zwischen 20 und 45 EC $. Die Pizzeria ist im Winter von 11.30 bis längstens 22.00 Uhr und im Sommer ab 17.00 Uhr geöffnet. Montags ist Ruhetag.

Im Yacht Club, einem Restaurant im Stil einer Cafeteria am Kai ohne Förmlichkeiten, bekommt man Kleinigkeiten und Getränke. Die Sandwiches und Burger kosten um die 6 EC $, während man für Fish & Ships 18 EC $ anlegen muß. Daneben gibt es noch eine große Auswahl an weiteren kleinen Gerichten. Der Club ist täglich von 7.00 bis 23.00 Uhr geöffnet.

Sehr gutes Brot erhält man in der Bäckerei Bread Basket, darunter auch ganze knusprige französische Weißbrote, Brötchen, Muffins, dänisches Gebäck und andere Backwaren. Das ist ein beliebter Ort für ein leichtes Frühstück, für das man auch ein gutes (wenn auch nicht unbedingt schnell zubereitetes) Sandwich mit Eiern und Schinken für 7 EC $ bestellen kann. Wer möchte, kann sich draußen am Hafen setzen. Die Bäckerei ist montags bis samstags von 7.30 bis 17.00 Uhr und sonntags bis 14.00 Uhr geöffnet.

Das Le Marché de France ist ein kleiner Markt mit einer recht ordentlichen Auswahl, darunter Käsestückchen für eine Mahlzeit, importierte Nahrungsmittel und Weine zu gemäßigten Preisen. Das The Bistro (Tel. 4 52 94 94) am Kai in der Rodney Bay ist häufig von den Seglern belegt, die praktisch von ihren Booten ins Restaurant springen

können. Die recht umfangreiche Speisekarte, die auf einer Tafel zu lesen ist, umfaßt z. B. vegetarisches Lasagne für 25 EC $ sowie Fisch- und Rindfleischgerichte für 30 bis 50 EC $. Geöffnet ist täglich ab 17.00 Uhr. Wer vor 18.30 Uhr bestellt, bezahlt 20 % weniger.

Im nahegelegenen Marina Steak House (Tel. 4 52 98 00) erhält man Steaks sowie Fisch und kann man freitags am Abend Jazz am Klavier an der Bar hören. Die meisten Gerichte, die mit Gemüse und Backkartoffeln serviert werden, kosten zwischen 35 und 50 EC $. Essen läßt sich in diesem Restaurant montags bis samstags von 17.00 bis 24.00 Uhr (sonntags Ruhetag).

Reduit Beach: Westindisch können Sie gut im The Lime essen. Hier wird von 12.00 bis 15.00 Uhr für 19 EC $ ein preiswertes Mittagsbuffet angeboten. Man kann aber z. B. auch nur einen Roti für 8 EC $ bestellen. Abends (von 18.30 bis 22.00 Uhr) werden im Lime frischer Fisch und andere Meeresfrüchte serviert, für die man zwischen 30 und 45 EC $ ausgeben muß. Dienstags ist Ruhetag.

Zum Capone's gehört auch ein Außenverkauf für preiswerte Pizzen und Grillhähnchen zum Mitnehmen (Picknicktische stehen draußen auf dem Rasen). In diesem Art-Deco-Restaurant stehen italienische Pasta, Fisch und Fleischgerichte auf der Speisekarte, die zwischen 35 und 50 EC $ kosten. Pizza zum Mitnehmen bekommt man hier zwischen 11.00 Uhr und Mitternacht, während das Restaurant ab 18.00 Uhr geöffnet ist (montags Ruhetag).

Das Ginger Lily hat eine große Auswahl an chinesischen Standardgerichten für 18 bis 30 EC $ sowie einige teurere Spezialitäten zu bieten. Essen kann man in diesem Restaurant täglich außer samstags von 18.00 bis 23.00 Uhr sowie dienstags und samstags von 12.00 bis 14.30 Uhr.

Das Charthouse (Tel. 4 52 81 15) ist am Wasser gelegen und wegen seiner gegrillten Steaks und der Rippchen schon seit langem ein beliebtes Lokal. Man kann hier allerdings auch Hähnchen und Fischgerichte bestellen. Die Preise liegen zwischen 35 und 40 EC $, wozu weitere 6 EC $ für einen grünen Salat kommen. Geöffnet ist das Charthouse täglich außer sonntags ab 18.00 Uhr.

In der informellen Sunset Bar von Hotel St. Lucian sitzt man draußen und hat einen herrlichen Blick über den Strand. Die Preise sind nicht überhöht, so daß man für eine Tasse Gazpacho 5 EC $, für Sandwiches ab 12 EC $ sowie für Fisch-Kebab mit kreolischer Soße und Reis 21 EC $ bezahlt. Die Bar ist täglich von 12.30 bis 21.45 Uhr geöffnet. Das Restaurant Flamingo des Hotels gegenüber der Sunset Bar bietet mittags Vergleichbares, aber auch ein Frühstück zu mittleren Preisen und eine teurere Abendkarte. Im Restaurant Hummingbird des St. Lucian wird ein uninteressantes und zu teures Abendbuffet angeboten.

In der Nähe des Hotels Islander finden Sie einen kleinen Laden, den S K Mini Mart, der Lebensmittel, Spirituosen und Toilettenartikel führt und montags bis samstags von 9.00 bis 19.00 Uhr geöffnet ist.

GROS ISLET

Gros Islet ist ein kleines Fischerdorf aus einfachen Holzhäusern mit rostigen Wellblechdächern, zahlreichen Rumläden und einer Küste, die von zahlreichen, in fröhlichen Farben gestrichenen Fischerbooten aus Holz gesäumt ist. Wenn eine Muschel geblasen wird, ist dies das Zeichen, daß die Fischer mit ihrem Fang zurückgekehrt sind, der dann verkauft wird.

Auch wenn hier keine eigentlichen Sehenswürdigkeiten zu sehen sind, können Sie sich die sehr schöne St.-Joseph-Kirche an der Nordseite des Ortes sowie einen kleinen Markt nicht weit vom Meer ansehen, wo man häufig die Fischer und ihre Frauen beim Netzeflicken beobachten kann. Gros Islet ist auch für seine freitags am Abend stattfindenden Jump-ups (vgl. Abschnitt über die Unterhaltung) bekannt.

Von Gros Islet gelangt man nach einigen Minuten zu Fuß entlang der Nordküste zu einem langen weißen Sandstrand, der sich um die Insel Pigeon zieht. Hier werden Sie wahrscheinlich Kühe, die unter den schattenspendenden Bäumen rasten, einige Schweine, die herumlaufen, und eine Handvoll Menschen sehen. Das Ende des Strandes, das man vom Dorf aus zuerst erreicht, ist nicht ganz sauber, aber der übrige Teil ist recht schön und das ruhige, türkisfarbene Wasser recht einladend. Noch ist der Strand völlig ohne Infrastruktur, aber dieser bisher unbebaute Strand am Pigeon-Point-Damm wurde für eine Luxushotelanlage mit 300 Zimmern vorgesehen, so daß sich sein Aussehen wahrscheinlich bald radikal ändern wird.

Die meisten Busse, die von Castries entlang der Küste in Richtung Norden hochfahren, haben ihre Endhaltestelle in der Ortsmitte von Gros Islet. Von der Rodney Bay Marina sind es 20 Minuten zu Fuß bis nach Gros Islet.

ESSEN

Im Sandees, einem kleinen Café bei der Kirche, bekommt man preiswerte Kuchen, Gebäck und Sandwiches sowie Rotis. Es ist täglich außer sonntags von 8.00 bis 18.00 Uhr geöffnet.

Etwas umfangreicher können Sie im Coco's oder im Banana Split essen, die sich beide auf Fischgerichte spezialisiert haben.

NATIONALPARK INSEL PIGEON

Die Insel Pigeon hat eine bewegte Geschichte hinter sich. In den fünfziger Jahren des 16. Jahrhunderts nutze der erste französische Siedler von St. Lucia, Jambe de Bois (Holzbein), die Insel Pigeon als Ausgangspunkt für seine Angriffe auf spanische Schiffe. Zwei Jahrhunderte später sollte der britische Admiral George Rodney auf der Insel eine Festung erbauen lassen, um von dort die französische Flotte auf Martinique zu beobachten. Rodneys Flotte verließ Pigeon 1782 zu ihrem entscheidenden Angriff, der Schlacht von Saintes. Nach dem Ende der Feindschaft zwischen den beiden rivalisierenden europäischen Mächten wurde die Festung im 19. Jahrhundert kaum noch genutzt, auch wenn die USA hier im Zweiten Weltkrieg eine kleine Signalstation einrichteten.

1970 wurde zwischen Gros Islet und der Insel Pigeon ein Damm aus Sand gebaut, der die Insel zu einer Halbinsel werden ließ. 1979 wurde sie als Nationalpark unter Schutz gestellt.

Es macht Spaß, die Insel zu erkunden, über die sich schöne Wanderwege durch die verstreut liegenden Ruinen der Festung Fort Rodney ziehen, wobei die zu Teilen intakten Bauten den Eindruck einer Geisterstadt entstehen lassen. Auf der Insel stehen zudem zahlreiche hohe Bäume, darunter auch einige Bayanbäume. Ferner hat man von hier aus einen herrlichen Blick auf die Küste.

Sobald man durch das Eingangstor gegangen ist, gelangt man zu den Überresten der Küche aus dem Jahre 1824 sowie der Offiziersmesse. Auch wenn man von hier aus direkt zum Hauptgebäude auf den Fort Rodney Hill am äußeren Ende gehen kann, sollten Sie sich ein wenig Zeit lassen, durch die Ruinen zu spazieren. Ein schöner Weg ist es, von der Offiziersmesse in Richtung Nordwesten zu gehen, vorbei an einigen alten Kasernen (1782), und dann einen Bogen hinunter zur Bucht zu beschreiben, wo man auf den Hauptweg gelangt.

Oben auf dem Fort Rodney Hill befindet sich eine kleine, aber gut erhaltene Festung mit einigen wenigen rostigen Kanonen, von der aus man einen großartigen Blick hat. Von hier kann man in Richtung Süden über die Rodney Bay bis zu den Bergen an der Küste und nach Norden vorbei am Pointe du Cap bis nach Martinique blicken. Wenn Sie in Richtung Norden vorbei an einigen Steinfundamenten der alten Batterie auf dem Bergkamm bis oben auf den 107 m hohen Signal Peak gehen, können Sie dort nach dem 20minütigen Weg ebenfalls eine herrliche Aussicht genießen.

Die Insel Pigeon untersteht der Verwaltung des St. Lucia National Trust und ist für Besucher täglich von 9.00 bis 17.00 Uhr zugänglich. Der Eintritt kostet für ausländische Besucher 3 EC $ zuzüglich 1 EC $ für eine Karte der

Anlage. In dem kleinen Restaurant auf der Insel werden Sandwiches zu akzeptablen Preisen verkauft. Der überwiegende Teil der Küste der Insel Pigeon ist felsig. Es gibt jedoch einen kleinen, schönen Sandstrand gleich östlich des Restaurants und des Anlegers. Wer nur eine Pause am Strand einlegen möchte, kann dies auch auf der Südseite des Damms. Der Weg über den Damm von Gros Islet bis Pigeon Point nimmt ca. 20 Minuten in Anspruch.

SÜDLICHES ST. LUCIA

Die Hauptstraße im südlichen Teil des Insel beschreibt eine Schleife, für die man ca. einen Tag benötigt. Viele Besucher der Insel fahren jedoch nur die Westküste von Castries bis nach Soufrière hinunter und dann auf dem gleichen Weg wieder zurück.

Die Straße nach Soufrière führt durch eine großartige Landschaft, zieht sich durch grüne, von Urwald bewachsene Täler und hoch auf die Berge, an Bananenplantagen vorbei sowie durch die Fischerdörfer Anse La Raya und Canaries, und ermöglicht einen herrlichen Blick auf die Küste sowie auf die Berge, darunter auch auf die Pitons, wenn man sich Soufrière nähert.

Choiseul, ein hübsches, kleines Dorf südlich von Soufrière, ist das Zentrum des Kunsthandwerks auf der Insel und ein guter Ort, um Korbwaren und Gegenstände aus Ton einzukaufen.

Bevor Sie losfahren, sollten Sie sich über den Straßenzustand auf der südlichen Schleife erkundigen, da die Straße vor kurzem wegen Erneuerungsarbeiten gesperrt war.

MARIGOT BAY

An der Marigot Bay, einer schönen, geschützten Bucht mit grünen Bergen im Hintergrund, stößt man auf einen kleinen, palmengesäumten Sandstrand. Der innere Hafen der Bucht ist so lang und tief, daß eine ganze britische Flotte vor französischen Kriegsschiffen in sie geflohen sein soll, indem sie sich hier versteckt und ihre Masten mit Kokospalmenblättern getarnt hat. Die Bucht war 1967 Drehort für das Musical *Doktor Dolittle* mit Rex Harrison.

Die Marigot Bay ist ein beliebter Ankerplatz für Jachten. Es gibt hier einen Jachthafen mit Zollbüro, einem kleinen Markt, Wasser, Eis und Treibstoff. Bei The Moorings (Tel. 4 53 43 57) kann man zudem ein Boot chartern. Dieses Unternehmen unterhält auch die Hafeneinrichtungen und ein Hotel in der Bucht.

Die *Gingerbread Express*, ein kleines Pontonboot, pendelt zwischen den beiden Seiten des inneren Hafen. Die Fahrten damit sind kostenlos.

UNTERKUNFT UND ESSEN

Im Marigot Bay Resort vom Club Mariner (Tel. 4 51 43 57, Fax 4 53 43 53, PO Box 101, Castries) wird eine große Spannbreite an Unterkünften auf beiden Seiten des Hafens angeboten. Die 14 Bungalows an der Südseite sind recht hübsch und mit Rattanmöbeln im tropischen Stil sowie mückengeschützten Fenstern versehen. Sie kosten im Sommer 80 US $ und im Winter rund 120 US $.

Daneben stehen Studios mit Küchenzeile zum gleichen Preis und Ferienhäuser mit einem oder zwei Schlafräumen zur Verfügung, für die man im Sommer zwischen 95 und 130 US $ sowie im Winter zwischen 150 und 225 US $ bezahlen muß.

Dolittle's Restaurant & Beach Bar, ein kleines Restaurant unter freiem Himmel am Kai, liegt an der Nordwestseite des Hafens. Es ist zu den drei Mahlzeiten geöffnet und nicht allzu teuer.

An der Südseite des Hafens in der Nähe der Hotellobby befindet sich das etwas bessere Rusti Anchor Restaurant & Terrace Bar, in dem frischer Fisch und Fleisch vom Grill auf der Speisekarte stehen. Zwischen 17.00 und 18.00 Uhr ist im Dolittle's Happy Hour, in der zwei Getränke zum Preis von einem ausgeschenkt werden, im Rusty Anchor zwischen 18.00 und 19.00 Uhr.

Ein beliebtes Restaurant mit einheimischer Küche ist das JJ's Restaurant & Bar im Dorf, rund zehn Minuten zu Fuß bergauf vom Hafen. Der kreolische Fisch und das Hähnchen-Curry sind beides leckere Gerichte von der Abendkarte, die einschließlich Reis, Salat, Gemüse und Nachtisch für 35 EC $ angeboten werden. Man bekommt hier aber auch Lambi, Garnelen und Hummer. Mittags stehen leichtere Gerichte wie Fisch oder Hähnchen mit Pommes Frites zur Wahl. Freitags am Abend können Sie sich an einem Jump-up beteiligen.

SOUFRIÈRE

Soufrière wurde 1746 von Franzosen gegründet und nach den Schwefelquellen in der Nähe benannt. Der Ort ist schön an einer Bucht gelegen. Die Gebirgsausläufer der Pitons an der Küste bilden einen herrlichen Hintergrund im Süden, während die Gipfel der Vulkane sich nur einige Kilometer weiter landeinwärts aus dem Regenwald erheben.

Wie andere Fischerdörfer an der Küste besteht Soufrière aus zahlreichen verwitterten Holzhäusern, von denen einige mit reich verzierten Giebeln geschmückt sind, während es sich bei anderen um kaum mehr als Schuppen handelt. In der Ortsmitte steht eine interessante katholische Steinkirche. An der Nordseite des Kais liegt der Markt, auf dem Körbe, Strohhüte, T-Shirts und Gewürze verkauft werden.

Die wichtigsten Sehenswürdigkeiten des Ortes, die Schwefelquellen und der Botanische Garten, liegen beide am Ortsrand und können in wenigen Stunden besichtigt werden.

Auch wenn die meisten Touristen nur im Rahmen eines Tagesausfluges mit einem Boot oder Bus hierherkommen, bestehen auch mehrere gute Übernachtungsmöglichkeiten, darunter in einigen abgelegenen Pensionen.

ANSE CHASTENET

Die großartige Umgebung, in der Soufrière liegt, setzt sich auch unter der Wasseroberfläche fort. Die Anse Chastanet, eine geschützte Bucht nur 2 km nördlich des Ortes, bietet eine der schönsten Unterwasserlandschaften zum Tauchen oder Schnorcheln vor St. Lucia.

Am Strand gibt es ein Hotel und eine Tauchschule, bei der man auch Tauch- und Schnorchelausrüstungen leihen kann, eine Bar sowie ein Restaurant mit maßvollen Preisen. Zu Fuß erreicht man Anse Chastanet innerhalb von 30 Minuten, wenn man von Soufrière aus der Küstenstraße folgt, die sich an der Nordseite der Soufrière Bay entlangzieht.

SCHWEFELQUELLEN

Die Schwefelquellen liegen in einer kargen und etwas an eine Mondlandschaft erinnernden Gegend, die von Teichen mit sprudelndem Schlamm und Erdspalten, aus denen Dampf steigt, durchzogen ist. Aus den Spalten dringen große Mengen von schwefelhaltigem Gas, das für die gelben Ablagerungen verantwortlich ist, die die Region überziehen. Der Gestank, der an den von verfaulten Eiern erinnert, wird durch Schwefelwasserstoff erzeugt. Früher gingen die Besucher im allgemeinen bis nahe zu den Erdspalten und dann direkt zu den Schlammteichen, bis ein einheimischer Führer einer deutschen Reisegruppe

einen falschen Schritt machte und bis zur Taille in den brodelnden Schlamm geriet. Er überlebte es, aber heute kann man sich die Quellen nur noch aus der Sicherheit von Aussichtsplattformen ansehen.

Obwohl es in den Werbebroschüren heißt, es handele sich um einen „Drive-in-Vulkan", werden jene, die glauben, hier in einen Vulkan schauen zu können, enttäuscht sein, da ein Krater nicht vorhanden ist. Die vulkanische Aktivität spielt sich an einem Hang ab, denn der Krater selbst stürzte bereits vor Ewigkeiten ein.

Das Gelände kann gegen ein Entgelt von 3 EC $ täglich zwischen 9.00 und 17.00 Uhr besichtigt werden. Dabei ist ein Führer obligatorisch. Auch wenn dessen Entlohnung im Eintrittspreis theoretisch enthalten ist, wird auch noch ein Trinkgeld erwartet.

Man erreicht die Quellen von Soufrière aus, wenn man der Straße nach Vieux Fort in Richtung Süden folgt, die hinter dem Ort bergauf führt. Etwa fünf Minuten hinter Soufrière muß man dann links beim Schild mit der Aufschrift „Sulphur Springs" die Abzweigung bergab nehmen, von der es nur einige Kilometer bis zum Parkeingang sind. Versäumen Sie es nicht, bei der kleinen Parkbucht südlich von Soufrière Halt zu machen, von der aus man einen malerischen Blick auf den Ort hat.

BOTANISCHER GARTEN

Der Botanische Garten Diamond, ein Wasserfall und Mineralbäder befinden sich alle in einer Anlage und können von Erwachsenen für 5 EC $ und von Kindern unter 12 Jahren für 2,50 EC $ besichtigt werden.

Durch den schönen, wenn auch nicht sehr großen Garten ziehen sich Spazierwege. Von den zahlreichen tropischen Pflanzen und Bäumen sind die vielen Heliconia- und Ingwerarten besonders schön. An der Rückseite des Gartens kommt man zu einem kleinen Wasserfall. Der stürzt über einen Fels hinunter, der sich durch Ablagerungen des warmen Mineralwassers gelb gefärbt hat. Der Wasserfall diente in dem Film *Superman II* kurz als Kulisse. Supermann holte sich hier eine Orchidee für Lois Lane. Am Wasserfall darf allerdings nicht geschwommen werden.

Die Mineralbäder haben eine bewegte Geschichte hinter sich. Sie stammen aus dem Jahre 1784, in dem die Becken über heißen Quellen angelegt wurden, so daß die Truppen von König Louis XVI. von Frankreich die therapeutischen Wirkungen des Wassers nutzen konnten. Die Bäder wurden während der französischen Revolution weitgehend zerstört, aber in jüngster Vergangenheit hat man einige von ihnen restauriert und sie gegen ein Entgelt von 6,50 EC $ für Besucher wieder zugänglich gemacht.

ST. LUCIA

Die Anlage liegt eine Meile (1,6 km) östlich der Ortsmitte von Soufrière. Der Weg dorthin ist ausgeschildert. Das Gelände ist täglich von 10.00 bis 17.00 Uhr geöffnet. In der Anlage gibt es auch einen preiswerten Imbiß. Es ist nicht notwendig, am Tor einen der Führer zu nehmen, da das Gebiet sehr übersichtlich ist und man es problemlos auf eigene Faust besichtigen kann.

UNTERKUNFT

Im Hummingbird Beach Resort an der Nordseite des Hafens (Tel. 4 54 72 32) werden zehn Zimmer vermietet. Zur Anlage gehört auch ein Schwimmbecken. Man hat von hier aus einen herrlichen Blick über die Bucht auf die zwei Pitons. Die Zimmer sind hübsch und mit viel Holz, Himmelbetten sowie zur Hälfte mit eigenem Bad rustikal eingerichtet. Für ein Standardzimmer mit Badbenutzung zahlt man allein 30 US $ und zu zweit 55 US $, während man für eines der eleganteren Zimmer mit eigenem Bad allein ab 80 US $ und zu zweit ab 105 US $ ausgeben muß.

Das Hotel Home in der Church Street (Tel. 4 59 73 18), zwei Blocks östlich des Anlegers, ist schon seit Jahrzehnten bei Gästen mit kleiner Reisekasse beliebt. Das ist ein recht hübsches Haus mit einem Dutzend Zimmern mit Duschbenutzung für jeweils 35 US $.

Beim Hotel Anse Chastanet am Strand der Anse Chastanet Bay (Tel. 4 54 70 00, Fax 4 54 77 00, Soufrière) handelt es sich um ein schönes, verstecktes Hotel mit 48 Zimmern, teils am Strand und teils in terrassenförmig an den Hang gebauten Gebäuden. Alle Zimmer sind mit Kühlschrank, Kaffeemaschine und Deckenventilator ausgestattet, haben Fußböden aus Naturkacheln oder Holz, teils sogar Balkendecken und herrliche Blicke auf die Pitons. Die Anlage hat zudem eine Tauchschule, einen Tennisplatz sowie verschiedene Wassersportmöglichkeiten zu bieten. Die Preise beginnen im Winter mit Halbpension für eine Person bei 220 US $ und für zwei Personen bei 310 US $, während man im Sommer ohne Verpflegung 90 bzw. 130 US $ bezahlen muß.

Das Ladera Resort (Tel. und Fax 4 59 73 23, PO Box 225, Soufrière) ist eine exklusives Ferienanlage mit viel Naturholz und Stein sowie einer großartigen Lage am Hang. Vorhanden sind hier neun Suiten mit Schlafraum, Wohnbereich und großem Bad sowie sieben Ferienhäuser

mit drei Schlafräumen, Küche, zwei Badezimmern und hohen Balkendecken. Zu einigen gehört auch ein Mini-Pool, aber alle sind mit Himmelbetten mit Moskitonetz ausgestattet. Die Westseite der Unterkünfte ist jeweils offen und läßt den Blick frei auf die nahegelegenen Pitons. Zwei Personen zahlen für eine Suite im Sommer ab 125 US $ und für eine Ferienwohnung ab 245 US $, im Winter ab 260 bzw. 400 US $ sowie im Frühling und Spätherbst ab 210 bzw. 345 US $. In den Preisen sind auch ein kontinentales Frühstück und der Flughafentransfer (Flughafen Hewanorra) enthalten. Die Anlage ist an der Straße nach Vieux Fort einige Kilometer südlich von Soufrière gelegen.

ESSEN

Das Hummingbird (Tel. 4 59 72 32) ist das beste Restaurant am Meer in Soufrière und bietet zudem noch einen wunderschönen Blick auf die Pitons. Auf der Speisekarte stehen sowohl französische als auch kreolische Gerichte. Spezialitäten des Hauses sind z. B. Süßwasserkrebse, Garnelen, Coquilles St. Jacques und Chateaubriand. Es werden jedoch auch Sandwiches und Salate serviert. Als Nachtisch lassen sich z. B. Schokoladenkuchen mit Rum und Soufrière-Kaffee bestellen. Die Preise für Hauptgerichte liegen zwischen 25 und 70 EC $. Das Lokal ist täglich mittags und abends geöffnet. Neben dem Restaurant befindet sich ein Schwimmbecken, das die Gäste benutzen dürfen.

Das The Still (Tel. 4 59 72 24), ein Restaurant auf der noch intakten Plantage La Perle & Ruby, liegt ca. einen Kilometer östlich des Ortes. Der Weg dorthin ist gut ausgeschildert. Hier werden westindische Standardgerichte wie Callaloo-Suppe und Hähnchen zu mittleren Preisen serviert. Das Lokal ist nur mittags geöffnet. Zum The Still gehören wahrscheinlich inzwischen auch einige neue Apartments, die noch im Bau waren, als dieses Buch verfaßt wurde, und die zwischen 50 und 100 US $ kosten sollten. Es lohnt sicherlich, sich danach zu erkundigen. Wer teuer und gut bei einem unschlagbaren Blick vom Berg aus essen möchte, kann abends im Restaurant Dasheene vom Ladera Resort einkehren, in dem ein österreichischer Koch Gerichte wie Königsfisch mit Papaya-Salsa und gegrilltes Lammfleisch auftischt.

VIEUX FORT

Vieux Fort, die südlichste Ortschaft von St. Lucia, würde wahrscheinlich nur von wenigen Touristen besucht, wenn hier nicht der internationale Flughafen läge, der sich nur ein kurzes Stück nördlich der Ortsmitte befindet. Zu sehen sind eine Mischung aus alten Holzgebäuden und neueren Bauten sowie der zweitgrößte Hafen der Insel. Wer hier vor einem Flug übernachtet, kann an einem schönen, weißen Sandstrand östlich des Ortes eine Pause einlegen.

Auf dem 223 m hohen Berg auf der Moule à Chique, der südwestlichen Spitze der Insel, steht ein Leuchtturm, von dem aus sich ein herrlicher Blick auf die Insel Maria, das zentrale Gebirge von St. Lucia sowie bei klarer Sicht auf St. Vincent im Süden bietet.

UNTERKUNFT UND ESSEN

Das Hotel Kimatari in der New Dock Road zwischen dem

Kai und der Ortsmitte (Tel. 4 54 63 28, PO Box 238, Vieux Fort) hat ein gutes, preiswertes Restaurant sowie zwölf einfache Zimmer zu bieten, in denen man allein für 30 US $ und zu zweit für 40 US $ übernachten kann. Daneben werden auch einige klimatisierte Räume sowie Ferienwohnungen mit zwei Schlafräumen vermietet.

Das neue Skyway Inn (Tel. 4 54 66 70, Fax 4 54 71 16, PO Box 353, Vieux Fort) mit 32 Zimmern mit Klimaanlage, Deckenventilatoren, Telefon und Fernsehgerät ist an der Westseite des Ortes gelegen. Hier muß man für eine Übernachtung im Sommer allein 75 US $ und zu zweit 85 US $ bezahlen, im Winter 85 bzw. 95 US $. Geboten werden ferner eine Bar, ein Dachterrassenrestaurant und eine kostenlose Verbindung zum Strand.

Der Club Med (Tel. 4 54 65 46, Fax 4 54 60 17, PO Box 246, Vieux Fort) liegt an einem Strand eine Meile (1,6 km)

nordöstlich des Flughafens. Die 256 Zimmer sind in vierstöckigen Flügeln untergebracht, die vom Hauptgebäude aus abgehen. Zur Anlage gehören drei Restaurants, acht Tennisplätze, Ausrüstungen zum Windsurfen und zahlreiche kostenlose Wassersportmöglichkeiten. Nur für das Tauchen und das Reiten muß gesondert bezahlt werden. Die Preise reichen je nach Saison einschließlich Verpflegung für ein Doppelzimmer von 250 bis 380 US $. Als Einzelperson zahlt man ca. 25 % weniger.

Im Chak Chak in der Nähe des Flughafens wird kreolische Küche mit dem Schwerpunkt Fisch, Garnelen und Hummer geboten. Daneben findet man auch Rotis und andere Kleinigkeiten auf der Speisekarte. Das Restaurant ist von 9.00 bis 24.00 Uhr geöffnet. Die Preise sind moderat, Kreditkarten werden akzeptiert.

OSTKÜSTE

Die Straße von Vieux Fort die Ostküste hoch zieht sich durch einige Dörfer und zahlreiche Bananenplantagen, bevor sie landeinwärts nach Dennery und dann in zahlreichen Kurven durch den Bergregenwald in einer schönen Landschaft bis nach Castries führt.

Der Ostküste vorgelagert sind zwei Naturschutzgebiete. Das Naturschutzgebiet Maria-Inseln, zwei Insel einige Kilometer östlich von Vieux Fort, ist der einzige Lebensraum der Kouwes-Schlange, einer der seltensten Grasschlangen der Welt, sowie der Erdeidechse der Maria-Inseln. Da es sich um ein Schutzgebiet für Seeschwalben, Tölpel und andere Seevögel handelt, dürfen die Inseln während der Nistzeit nicht besucht werden. In

der übrigen Zeit des Jahres ist dies jedoch im Rahmen von Ausflügen, die der St. Lucia National Trust (Tel. 4 52 50 05) organisiert, möglich.

Das Naturschutzgebiet Frigate Islands besteht aus zwei kleinen Felseninseln in der Nähe der Küste, die im Sommer Nistplätze von Fregattvögeln sind. Das Gebiet ist zudem Lebensraum verschiedener Reiherarten, einiger der wenigen einheimischen Vögel (der Ramier-Taube und St.-Lucia-Goldamsel), der Boa Constrictor und der gefährlicheren Lanzenotter. Ein kleines Besucherzentrum wurde an der Nordseite der Praslin Bay eingerichtet. Ausflüge hierher können über Reisebüros vor Ort oder den National Trust gebucht werden.

ST. MARTIN

St. Martin ist eine der bei Touristen beliebtesten Inseln in der östlichen Karibik. Es hat weiße Sandstrände, eine breite Palette an Hotels, gute Restaurants und zwei recht unterschiedliche Regionen zu bieten: einen von den Franzosen und einen von den Niederländern verwalteten Teil. Der französische Teil ist wirtschaftlich in geringerem Umfang entwickelt. Hier ist der französische Einfluß in der Sprache, der Küche und der Kultur stark zu spüren. Der niederländische Teil ist mit großen Ferienzentren, Kasinos und Schnellimbißketten sowie wenig wirklich Niederländischem stärker kommerziell geprägt. Beide Teile der Insel sind zollfreie Gebiete, in denen die beiden Hauptstädte, Philipsburg und Marigot, übervoll von Modegeschäften sind.

Die Insel ist die kleinste Region, die sich zwei Länder teilen. Trotz der Zugehörigkeit von St. Martin zu zwei Ländern sind die Grenzübergänge nur durch unauffällige Schilder gekennzeichnet, wo man keine Kontrollen oder andere Formalitäten über sich ergehen lassen muß, wenn man die Grenze passiert.

Die Insel ist zwar klein und teils zugebaut, aber es sind doch noch einige ruhige Nischen zu erkunden. Die Strände von St. Martin sind überraschend unterschiedlich. Sie reichen von abgeschiedenen Buchten und Rückzugsgebieten für Naturliebhabern bis zu den Stränden vor den Ferienzentren mit viel Betrieb.

St. Martin ist ein wichtiger Ausgangspunkt für Reisen oder Ausflüge zu Nachbarinseln. Man gelangt von hier problemlos nach Anguilla, St. Barts und St. Eustatius, einigen der ländlichsten und am wenigsten erschlossenen Regionen der östlichen Karibik.

Auf Niederländisch wird die Insel Sint Maarten und auf Französisch St. Martin bezeichnet. In diesem Buch haben wir dem entsprechend den niederländischen Teil Sint Maarten und den französischen Teil St. Martin genannt. Ist die gesamte Insel gemeint, bezeichnen wir sie ebenfalls als St. Martin.

ORIENTIERUNG

Marigot (die Hauptstadt des französischen Teils) und Philipsburg (die Hauptstadt des niederländischen Teils) liegen beide ca. 15 Minuten vom Flughafen entfernt. Sollte jedoch gerade mal wieder - wie viermal täglich - die Brücke über die Simpson Bay geöffnet werden oder starker Verkehr herrschen, kann es leicht doppelt so lange dauern.

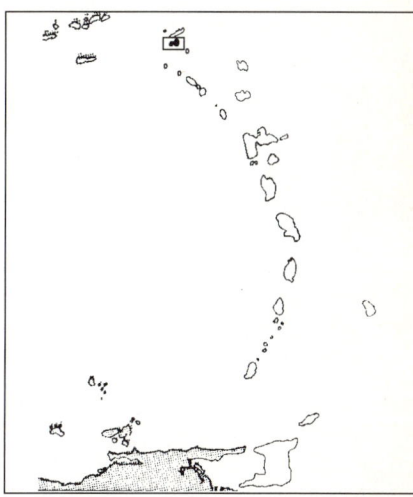

Es ist nicht schwer, die Insel zu erkunden, da sich im Prinzip eine Straße um die Westseite von St. Martin und eine um den Hauptteil der Insel zieht. Die Seitenstraßen zu den Stränden und den Ferienzentren sind im allgemeinen ausgeschildert.

Die Teilung von St. Martin

Man erzählt sich auf der Insel, die streitsüchtigen niederländischen und französischen Siedler hätten entschieden, ihren langjährigen Disput über das Land dadurch zu beenden, daß sie einen Franzosen und einen Niederländer an einem Ende der Insel Rücken an Rücken stellen und sie dann in entgegengesetzter Richtung an der Küste entlanggehen lassen wollten. Die Grenze auf der Insel sollte am Ende des Tages gezogen werden, und zwar dort, wo sich die beiden träfen. Da der Franzose weit schneller als der Niederländer ging, ist der französische Teil von St. Martin größer als der niederländische.

Es heißt, daß der Franzose seinen Durst unterwegs mit französischem Wein gestillt habe, während der Niederländer auf hochprozentigeren niederländischen Gin zurückgegriffen haben soll, was erklärt, warum das Tempo des letzteren langsamer war!

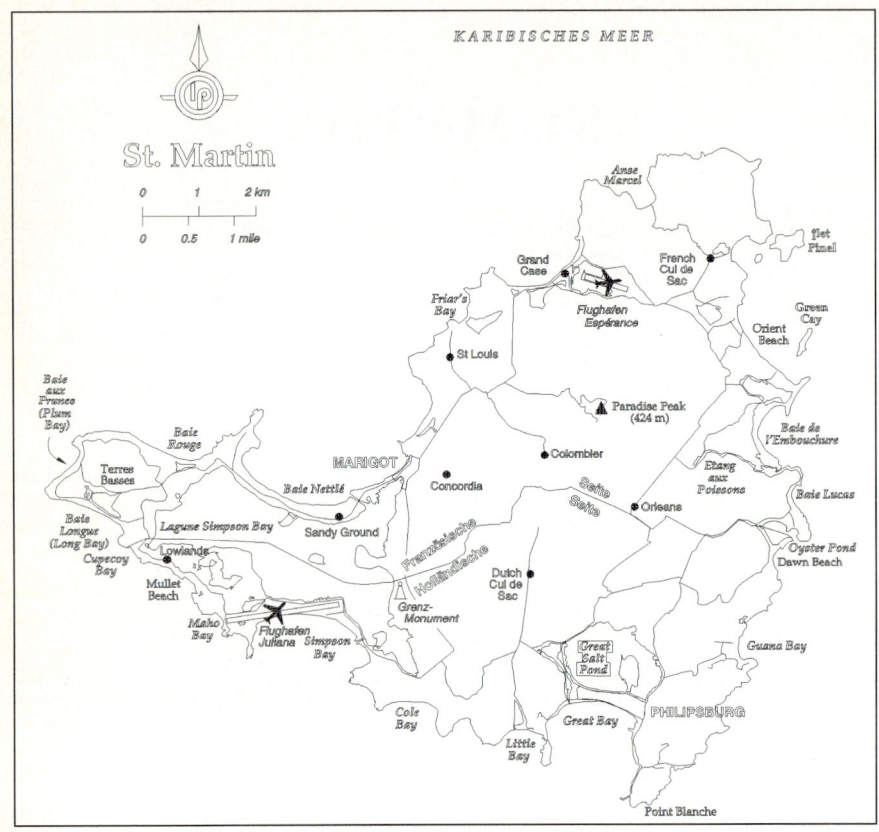

EINFÜHRUNG

GESCHICHTE

Wegen der zahlreichen Salzseen auf der Insel nannten die Indianer St. Martin Souliga („Land des Salzes"). Im allgemeinen glaubt man, daß Kolumbus die Insel am 11. November 1493 „entdeckte" und sie zu Ehren des Bischofs St. Martin von Tours so benannte, wie sie noch heute heißt. Mehrere Historiker gehen jedoch davon aus, daß Kolumbus an diesem Tag das südlichere Nevis sichtete und St. Martin niemals zu Gesicht bekam. In jedem Fall sollten die ersten Versuche einer Besiedelung durch Europäer nicht vor 1631 unternommen werden, als

die Niederländer nach Little Bay kamen und die Franzosen sich in der Nähe von Orleans niederließen.
1633 fielen die Spanier (die auf die Insel Anspruch erhoben, sie jedoch nicht kolonisiert hatten) auf St. Martin ein und verschleppten alle 128 Einwohner. Die Spanier verstärkten daraufhin die Festungsanlage, deren Bau von den Niederländern begonnen woren war, und bauten dann auch noch eine zweite Festung. 1644 wurde unter dem niederländischen Kolonisator Peter Stuyvesant ein Versuch unternommen, die Insel zurückzuerobern, der bei

dem Kampf, von einer Kanonenkugel getroffen, ein Bein verlor. Der Versuch der Niederländer scheiterte, die Spanier gaben jedoch vier Jahre später ihr Interesse an der Karibik auf und zogen einfach ab.

Sowohl die Niederländer als auch die Franzosen kamen schnell auf die Insel zurück und einigten sich auf eine Teilung von St. Martin. Sie unterzeichneten 1648 einen Teilungsvertrag, der jedoch wiederholt verletzt wurde. Von 1670 bis 1702 kontrollierten die Franzosen die gesamte Insel. 1703 kam es zu einer Invasion der Niederländer von St. Eustatius aus, bei der jeder französische Siedler deportiert wurde, der es ablehnte, die Insel freiwillig zu verlassen.

Am 11. April 1713 fiel durch den Friedensvertrag von Ütrecht die Hälfte der Insel an Frankreich. Trotz allem sollte St. Martin noch viele Male umkämpft sein und abwechselnd ganz den Niederländern oder den Franzosen zufallen. Die Engländer mischten sich ebenfalls ein und übernahmen 1784 für zehn Jahre sowie 1810 für sechs Jahre die Macht. 1817 wurde die jetzige Grenze festgelegt und eine friedliche Lösung gefunden.

In der Zwischenzeit war eine Plantagenwirtschaft gewachsen. Man brachte Sklaven aus Afrika nach St. Martin, was zur Folge hatte, daß der Handel blühte. Als erstes baute man Tabak und Indigo an, später folgten Baumwolle und Kakao, Kaffee und das wichtigste Exportgut: Zucker. Die Niederländer brachten zudem riesige Mengen Salz von der Insel auf Schiffen nach Holland, wo sie es für die Konservierung von Heringen benötigten.

Nach dem Verbot der Sklaverei (1848 auf der französischen Seite und 1863 auf der niederländischen Seite) ging es mit den Plantagen bergab, so daß die Wirtschaft der Insel auf den Stand der Selbstversorgung zurückfiel.

Als die Niederlande 1940 von den Nazis besetzt wurden, übernahmen die Franzosen eine „Schutzherrschaft" über die niederländische Seite der Insel, aber innerhalb von zwei Wochen war Frankreich selbst unter deutscher Herrschaft. Darauf folgte eine Besetzung der Insel durch die Alliierten, und 1943 bauten die USA einen Flugplatz für Militärmaschinen auf St. Martin, den heutigen Flughafen Juliana. Nach dem Krieg trug der Flughafen, der größte der Region, dazu bei, daß St. Martin zum regionalen Verkehrsknotenpunkt und früh für den Tourismus erschlossen wurde.

DAS LAND

Die Insel mißt an der breitesten Stelle 15 km und an der längsten 13 km. Der französische Teil umfaßt 54 km² Landfläche, die niederländische 34 km². St. Martin zeichnet sich durch eine interessante Topographie aus. Die Küste ist von Buchten und Einschnitten durchzogen und die Küstenebene von Salzseen unterbrochen. Die Mitte der Insel ist gebirgig, wobei der höchste Berg, der Paradise Peak, 424 m emporragt. Die Westseite von St. Martin besteht aus mehr Wasser als Land. Sie wird von der ausgedehnten Lagune Simpson Bay bestimmt, einem der größten abgeschlossenen Gewässer in der Karibik.

KLIMA

Im Januar liegt die durchschnittliche Tageshöchsttemperatur bei 28° C und die Tagestiefsttemperatur bei 22° C, während im Juli die Höchsttemperatur 30° C und die Tiefsttemperatur 24° C beträgt.

Die durchschnittliche Jahresniederschlagsmenge beläuft sich auf 1029 mm. Am feuchtesten sind die Monate August bis November, am trockensten die Monate Februar bis April.

FLORA UND FAUNA

Die Insel ist überwiegend grün, aber trocken. Es gedeihen hier mehr Palmen, Hibiskuspflanzen und Kakteen als Farne oder Wald, auch wenn in der Mitte der Insel Gebiete mit dichter Vegetation vorhanden sind. Reiher, Stelzvögel, Lachmöwen und verschiedene andere Küstenvögel findet man in großer Zahl an Seen. Fregattvögel kann man an der Küste beobachten, Kolibris in den Gärten und die farbenprächtigen Woodland-Vögel in den Gebirgen. Es kommen auf der Insel St. Martin zudem unzählige Eidechsen vor.

STAAT UND VERWALTUNG

Der nördliche Teil von St. Martin ist eine Unterpräfektur von Guadeloupe, bei dem es sich um ein Übersee-Departement von Frankreich handelt. Die Verwaltung liegt in der Hand eines von der französischen Regierung ernannten Unterpräfekten und eines von den Bewohnern der Insel gewählten Bürgermeisters sowie eines Stadtrates. Der südliche Teil der Insel gehört zu den Niederländischen Antillen, die wiederum Teil des Königreichs Niederlande sind. Die Verwaltung der Niederländischen Antillen hat ihren Sitz auf der Insel Curacao im Süden der Karibik, auf Sint Maarten amtiert jedoch ein eigener Vizegouverneur, der zusammen mit einem gewählten Inselrat und einem ernannten Exekutivrat für die Angelegenheiten des niederländischen Inselteils verantwortlich ist.

WIRTSCHAFT

Die Wirtschaft von St. Martin stützt sich auf den Tourismus. Die gesamte Insel ist ein großer Laden mit zollfreien Waren.
Viele der Waren werden für Urlauber angeboten, aber es kommen auch Bewohner anderer Inseln nach St. Martin, um hier Elektrogeräte sowie weitere teure Gegenstände einzukaufen.

Die Zunahme im Tourismus in den vergangenen Jahrzehnten hat dazu geführt, daß derart viele Arbeitsuchende von anderen karibischen Inseln nach St. Martin kamen, daß nur 20 % aller Inselbewohner hier geboren wurden. Viele der kleineren Restaurants und Hotels auf St. Martin sind in der Hand von vor relativ kurzer Zeit hierhergekommenen Franzosen aus Frankreich.

KUNST UND KULTUR

Die Kultur auf St. Martin hat ihre Wurzeln überwiegend in afrikanischen, französischen und niederländischen Traditionen, auch wenn in jüngerer Zeit die zahlreichen Zuwanderer eigene Elemente in diese multikulturelle Gesellschaft eingebracht haben.

Kleidung: In beiden Teilen der Insel kann bedenkenlos oben ohne gebadet werden.
FKK ist dagegen offiziell nur am Oststrand an der Nordküste des französischen Teils von St. Martin erlaubt.

RELIGION

Die Bewohner des französischen Teils sind überwiegend Katholiken, während auf der niederländischen Seite das Bild weniger einheitlich ist, denn dort leben Anglikaner, Baptisten, Zeugen Jehovas, Methodisten und Adventisten.

SPRACHE

Französisch ist die offizielle Sprache im französischen Teil von St. Martin. Englisch wird jedoch ebenfalls weithin verstanden. Niederländisch ist die Amtssprache im niederländischen Teil Sint Maarten, auch wenn in der Praxis Englisch dort die bedeutendste und Niederländisch die zweitwichtigste Sprache ist.

In beiden Teilen der Insel sprechen die meisten Bewohner mehrere Sprachen und beherrschen Englisch, Französisch sowie Kreolisch.
Daneben ist auf der Insel auch noch eine größere Spanisch sprechende Minderheit aus der Dominikanischen Republik vertreten.

PRAKTISCHE HINWEISE

EINREISEBESTIMMUNGEN
Für die Einreise auf der niederländischen Seite der Insel ist ein gültiger Reisepaß erforderlich. Im französischen Teil benötigen Bürger aus Ländern der EU nur ihren Personalausweis. Besucher der meisten anderen Staaten brauchen einen gültigen Reisepaß, aber kein Visum.

Offiziell müssen alle Besucher der Insel über ein gültiges Ticket für die Weiter- oder Rückreise verfügen, ganz gleich, in welchem Teil der Insel sie einreisen.

Bei der Ankunft werden die Reisedokumente geprüft, darüber hinaus sind die Kontrollen jedoch locker. Das ist nicht zuletzt darauf zurückzuführen, daß man die Grenze zwischen den beiden Inselteilen unbehindert überqueren kann.

ZOLLBESTIMMUNGEN

Zollkontrollen finden bei der Einreise am Flughafen Juliana nicht statt. Es gibt hier noch nicht einmal einen Schalter für die Gepäckkontrolle.

GELD

Offizielles Zahlungsmittel im französischen Teil ist der Französische Franc und im niederländischen Teil der Gulden der Niederländischen Antillen. Auf beiden Seiten werden jedoch auch häufig US-Dollar verwendet. Das macht den US-Dollar zum praktischsten Zahlungsmittel, da er die einzige Währung ist, die auf beiden Seiten von St. Martin problemlos akzeptiert wird.

Im französischen Teil werden die Preise in Hotels und Restaurants teils in US-Dollar und teils in Francs angegeben, auf der niederländischen Seite praktischerweise nur in US-Dollar.

Auf beiden Seiten sind in den Lebensmittelgeschäften die Waren in der jeweiligen Währung ausgezeichnet, wobei an den Kassen jedoch die Gesamtbeträge automatisch in US-Dollar umgerechnet werden können.

Es kann nützlich sein, einen kleineren Betrag in Francs mit sich zu führen, wenn in einem französischen Geschäft ein schlechter Wechselkurs für US-Dollar zugrundegelegt werden soll. Meistens wird jedoch ein fairer Kurs gewährt, so daß man einfach in US-Dollar bezahlen kann. Einzelheiten über die beiden Inselwährungen finden Sie im Abschnitt über das Geld unter den praktischen Hinweisen im Einführungsteil dieses Buches.

Kreditkarten von Eurocard/Mastercard und Visa werden vielerorts, wenn auch nicht überall akzeptiert.

INFORMATIONEN

Auf der niederländischen Seite sind Zweigstellen des Fremdenverkehrsamtes am Flughafen Juliana und am Wahtey Square in Philipsburg eröffnet worden. Schriftlich können Sie Informationen unter der folgenden Anschrift anfordern: Sint Maarten Tourist Bureau, Imperial Building, Walter Nisbeth Road, Philipsburg, St. Maarten, Niederländische Antillen (Tel. 2 23 37, Fax 2 48 84).

Über den französischen Teil von St. Martin kann man Informationsmaterial beim Französischen Verkehrsamt in Frankfurt anfordern (vgl. Kapitel über Martinique).

ÖFFNUNGSZEITEN

Die Geschäfte in Philipsburg sind im allgemeinen montags bis samstags von 8.00 bis 12.00 Uhr und von 14.00

bis 18.00 Uhr geöffnet. In Marigot variieren die Öffnungszeiten der Läden, aber in vielen kann man montags bis samstags von ca. 9.00 bis 12.30 Uhr und von 15.00 bis 19.00 Uhr einkaufen. In beiden Städten sind einige Läden auch sonntags geöffnet, wenn Kreuzfahrtschiffe angelegt haben.

FEIERTAGE

Feiertage auf St. Martin sind:

Neujahr	1. Januar
Tag der Königin	30. April
Tag der Arbeit	1. Mai
Karfreitag (niederländischer Teil)	Freitag von Ostern
Ostersonntag	Ende März/Anfang April
Ostermontag	Ende März/Anfang April
Himmelfahrt	40. Tag nach Ostern
Pfingstmontag (französischer Teil)	achter Montag nach Ostern
Tag der Erstürmung der Bastille (französischer Teil)	14. Juli
Mariä Himmelfahrt (französischer Teil)	15. August
St.-Maarten- und Concordia-Tag	11. November
Weihnachten	25. und 26. Dezember

KULTURELLE VERANSTALTUNGEN

Auf der französischen Seite findet der Karneval in der traditionellen Zeit fünf Tage vor Aschermittwoch statt. Er wird mit der Wahl einer Karnevalskönigin, Umzügen in Kostümen, Tanz und Musik gefeiert.

Auf der niederländischen Seite, auf der der Karneval in größerem Umfang begangen wird, beginnen die Feierlichkeiten im allgemeinen in der zweiten Woche nach Ostern mit Wettbewerben von Steelbands, Jump-ups, Calypso-Konzerten, Schönheitswettbewerben und Umzügen in Kostümen. Zentrum der zwei Wochen dauernden Aktivitäten bildet das Dorf Carnival an der Nordseite von Philipsburg.

Der Tag der Erstürmung der Bastille wird mit einer Parade, Sportwettkämpfen und Feuerwerk begangen. Der 11. November, der von den Niederländern St.-Maarten-Tag und von den Franzosen Concordia-Tag genannt wird, ist durch eine Zeremonie an einem die Grenze markierenden Obelisk gekennzeichnet, die die freundschaftliche Koexistenz zwischen den beiden Ländern betont.

POST

Postämter findet man Philipsburg und Marigot. Weitere Einzelheiten können Sie den Abschnitten über die beiden Städte entnehmen. Ein weiteres Postamt gibt es am Flughafen Juliana. Es ist montags bis freitags von 7.30 bis 12.00 Uhr und von 13.30 bis 17.00 Uhr geöffnet.

ST. MARTIN

Briefe an Adressaten im französischen Teil müssen die Aufschrift F-97150 St. Martin, Französisch Westindien, tragen, während die Anschrift für Sendungen in den niederländischen Teil mit Sint Maarten, Niederländische Antillen, enden sollte.

TELEKOMMUNIKATION

Die Telefonnummern auf der niederländischen Seite sind fünfstellig und auf der französischen Seite sechsstellig. Telefongespräche von einer Seite der Insel zur anderen gelten als Ferngespräche. Die Vorwahl für die niederländische Seite lautet vom französischen Teil von St. Martin 19-599-5, während man in umgekehrter Richtung zunächst die Vorwahl 06 wählen muß.

Bei Gesprächen vom Ausland lautet die Vorwahl des französischen Teils 509 und die für das niederländische Sint Maarten 599-5.

Auf der französischen Seite werden praktisch nur Kartentelefone verwendet, während auf der niederländischen Seite neben Kartentelefonen auch einige Münzfernsprecher zu finden sind, die mit Münzen der USA im Wert von 25 Cents benutzt werden können.

Weitere Einzelheiten über Telefonkarten und Ferngespräche finden Sie im Abschnitt über Telekommunikation im Einführungsteil.

STROM

Die Stromspannung beträgt auf der französischen Seite 220 Volt Wechselstrom bei einer Frequenz von 60 Hertz. Die Steckdosen eignen sich für Stecker mit zwei runden Stiften. Auf der niederländischen Seite beträgt die Stromspannung 110 Volt Wechselstrom, ebenfalls mit einer Frequenz von 60 Hertz. Hier werden Stecker mit zwei flachen Anschlüssen verwendet. In vielen Hotels findet man jedoch Doppelstecker für elektrische Geräte.

MASSE UND GEWICHTE

Auf der gesamten Insel gilt das metrische System.

BÜCHER UND LANDKARTEN

Aus St. Martin stammen mehrere bemerkenswerte Dichter wie Lasana M. Sekou, zu dessen Werk *Born Here* (1986) und *Nativity* (1988) gehören, sowie Ruby Bute, deren *Golden Voices of S'Maatin* (1960) das erste Buch einer Frau aus St. Martin war.

Alle genannten Bücher sind im gemeinnützigen Verlag House of Nehesi Publishers erschienen und in den Buchhandlungen vor Ort zu kaufen. Deutschsprachige Übersetzungen sind davon bisher nicht erschienen.

In den Fremdenverkehrsbüros kann man eine Reihe von einfachen Landkarten der Insel erhalten, die wahrscheinlich genügen, um St. Martin zu erkunden. Sollte dies nicht der Fall sein, gibt es noch die Karte 4608-G Série Bleue (1:25 000) des Institut Géographique National, die sowohl St. Martin als auch St. Barts umfaßt. Dabei handelt

es sich um eine detaillierte topographische Karte, die gleichzeitig die beste Straßenkarte von St. Martin ist. Sie ist in den Buchhandlungen auf der Insel für 65 Francs erhältlich.

MEDIEN

Auf St. Martin erscheint eine Reihe von kostenlosen Publikationen für Touristen, die Informationen über Unternehmungen, Restaurants usw. enthalten und am Flughafen sowie in den Fremdenverkehrsbüros erhältlich sind. Zwei der interessanteren Broschüren sind *Focus* und *Discover St. Martin/Sint Maarten*, die in Englisch und Französisch herausgegeben werden.

Auf der niederländischen Seite werden zwei Tageszeitungen verlegt. Das sind *The Chronicle* und *The Guardian*, die beide in englischer Sprache erscheinen. Auf der französischen Seite werden dienstags *The News* und freitags *St. Martin's Week* veröffentlicht. Beide Publikationen sind kostenlos und in Englisch sowie Französisch erhältlich.

Le Monde, International Herald Tribune, Miami Herald, New York Times und *USA Today* werden in mehreren Läden und an Zeitungsständen auf der Insel ebenfalls verkauft.

Über Kabel kann man eine ganze Bandbreite von Programmen französischer und nordamerikanischer Fernsehsender sowie CNN News sehen. Mit Geräten, die nicht verkabelt sind, sind im allgemeinen Programme von zwei französischen und zwei englischen Sendern zu sehen. Die englischsprachige Leeward Broadcasting Corporation zeigt auf Kanal 7 ein Lokalprogramm und Nachrichten von der Insel.

GESUNDHEIT

Krankenhäuser gibt es in Marigot in der Nähe von Fort Louis (Tel. 87 50 07) und östlich von Philipsburg in Cay Hill (Tel. 3 11 11).

GEFAHREN UND ÄRGERNISSE

Auf St. Martin sollte man die allgemeinen Vorsichtsmaßnahmen treffen. Frauen empfiehlt es sich, Vorsicht walten zu lassen, wenn sie allein an einsamen Stränden spazierengehen oder wenn sie trampen. Lassen Sie auch keine Wertsachen im Auto, da Einbrüche, insbesondere an abgelegenen Orten, zu Problemen führen können.

NOTFÄLLE

Auf der niederländischen Seite sind die Polizei unter der Telefonnummer 2 22 22 und die Feuerwehr unter der Telefonnummer 2 22 22 22 zu erreichen. Notarztwagen sind unter dem Rufnummer 2 21 11 zu erreichen. Auf der französischen Seite hat die Polizei die Telefonnummer 87 50 04 und der Notarztdienst die Telefonnummer 87 74 14.

FREIZEITBESCHÄFTIGUNGEN

Strände und Schwimmen: Auf der Insel gibt es schöne weiße Sandstrände. Sie reichen von überfüllten Stränden in touristischen Zentren bis zu langen, einsamen Abschnitten. Die besten und am wenigsten verbauten Strände findet man im französischen Teil. Alle Strände sind öffentlich, auch wenn der Zugang zu einigen Stränden auf der niederländischen Seite gelegentlich nur mit winzigen Schildern gekennzeichnet ist.

Tauchen: Das bei Tauchern beliebteste Revier ist das Proselyte-Riff einige Kilometer südlich von Philipsburg, wo 1802 die britische Fregatte *Proselyte* sank und nun in 15 m tiefem Wasser liegt. Neben den Resten des Schiffes reizen zehn weitere Ziele in dieser Gegend die Taucher, darunter auch Korallenriffe mit Höhlen.

Die folgenden Tauchschulen bieten einen kompletten Service mit Einzeltauchgängen für ca. 45 US $ und Pauschalen für mehrere Tauchgänge, bei denen der Preis pro Tauchgang bis auf 30 US $ sinkt. Sie bieten auch Tauchkurse mit Zertifikat für das offene Meer für rund 350 US $ an und akzeptieren Taucher für Wiederholungskurse zum Preis von 200 US $.

Mit dem Lou Scuba Club im Hotel Marine in der Baie Nettlé (Tel. 87 22 58, Fax 87 92 11) können Sie auf beiden Seiten der Insel tauchen. Leeward Island Divers im Simpson Bay Yacht Club (Tel. und Fax 4 22 62) bietet Tauchgänge vor St. Martin und St. Barts sowie Pauschaltouren nach Saba oder Statia für 180 US $ an, bei denen im Preis der Flug und die Kosten für das Tauchen enthalten sind. Trade Winds in der Great Bay Marina in Philipsburg (Tel. 5 43 87) sowie Blue Ocean im La Belle Créole in der Baie Nettlé (Tel. 87 66 89) sind zwei weitere Tauchstationen mit Pauschalangeboten.

Wer noch Neuling im Tauchen ist und einen kleinen Einblick in die Unterwasserwelt gewinnen möchte, kann sich am Orient Beach bei den Strandhütten von Kontiki Beach und Bikini Beach zu dreitägigen Ferienkursen für 65 US $ anmelden, die einen Tauchgang bei der Green Cay einschließen.

Schnorcheln: Gute Möglichkeiten zum Schnorcheln bestehen an einer Reihe von Stränden, darunter der Baie Rouge, Dawn Beach, vor den Inseln Green Cay, Îlet Pinel und Tintamarre vor der Nordostküste der Insel.

Mit einigen Booten kann man Tagesausflüge zu unberührteren Unterwasserregionen um Anguilla herum unternehmen. Die *Quicksilver III* (Tel. 2 46 97 und 27 33 07), ein 17 m langer Katamaran, legt vom Fährdock in Marigot täglich um 9.00 Uhr ab, um Schnorchler zu den Prickley Pear Cays von Anguilla zu bringen. Die Kosten für den Ausflug betragen einschließlich einer offenen Bar (Getränke), Schnorchelausrüstung und Ausreisesteuer für St. Martin 53 US $. Gegen 17.00 Uhr kehrt das Boot nach Marigot zurück.

Windsurfen: Die besten Bedingungen zum Windsurfen finden Sie u.a. in der Orient Bay und am Nordende der Baie de l'Embouchure. Am Orient Beach können Sie beim Windsurfing Club (Tel. 87 40 34), der von der französischen Meisterin im Windsurfen Nathalie Simon geführt wird, Bretter für 13 US $ pro Stunde, 42 US $ pro Tag und 240 US $ pro Woche mieten.

Angeboten werden hier auch dreistündige Anfängerkurse für 80 US $ sowie Einzelunterricht für 44 US $ pro Stunde.

Bretter zum Windsurfen lassen sich zudem in einer Reihe von Ferienzentren auf der Insel mieten, darunter im Mullet Bay Resort, im Pelican Resort an der Simpson Bay, im Little Beach Resort und im Hotel Marine an der Baie Nettlè.

Informationen über Regatten im Windsurfen usw. sind bei der St. Martin Windsurfing Association (Tel. 87 93 24) erhältlich.

Wandern: Der beliebteste Wanderweg auf St. Martin führt hoch zum Paradise Peak. Die örtliche Zweigstelle der Nationalparkstiftung der Niederländischen Antillen (STINAPA) bietet an einem Sonntag in jedem Monat eine Führung hinauf an. Jeder ist gegen ein Entgelt von 3 US $ willkommen, daran teilzunehmen. Informationen über den genauen Zeitpunkt erhalten Sie bei Francois (Tel. 2 44 54).

Reiten: OK Corral (Tel. 87 40 72) in der Baie Lucas nördlich vom Coralita Beach Hotel veranstaltet täglich um 9.00 und 15.00 Uhr zweistündige Ausritte an der Küste (Baie de l'Embouchure).

Mit Pferden des Crazy Acres Riding Center, Wathey Estate, Cole Bay (Tel. 4 27 93), können Sie montags bis samstags um 9.00 und 14.00 Uhr für 45 US $ an einem Ausritt am Strand teilnehmen.

Golf: Der einzige Golfplatz der Insel ist der Platz in Mullet Bay mit 18 Löchern. Gäste können den Platz gegen eine Gebühr von 45 US $ pro Tag im Sommer und 65 US $ pro Tag im Winter benutzen, andere Besucher für 65 bzw. 95 US $.

ST. MARTIN

Weitere Freizeitbeschäftigungen: Kleine Segelboote lassen sich an vielen Stränden mit großen Hotels mieten. Größere Jachten kann man in den Jachthäfen chartern. Bei entsprechender Brandung herrschen in der Orient Bay gute Bedingungen zum Bodyboarding. Im übrigen gehören zu den meisten großen Hotelanlagen auch Tennisplätze.

Fahrten zum Hochseeangeln veranstalten Sailfish Caraibes an der Anse Marcel (Tel. 87 31 94) und Sodima in Philipsburg (Tel. 3 21 20). Sailfish Caraibes organisiert auch den Marlin Open de St. Martin, ein Turnier in der letzten Maiwoche.

HÖHEPUNKTE

St. Martin hat ausgezeichnete Strände zu bieten. Der Orient Beach ist ein Strand, an dem viel los ist und wo, wenn man noch nie nackt im Meer geschwommen ist, man es versuchen kann. Der Long Beach ist hervorragend dafür geeignet, etwas Abgeschiedenheit zu suchen, während Baie Rouge und die Inseln vor der Nordostküste gute Möglichkeiten zum Schnorcheln bieten. Versäumen Sie auch nicht, abends einmal durch Grand Case zu spazieren und in einem der schönen Restaurants der Stadt zu essen. Wer gern zollfrei einkauft, kann es in der Frontstreet in Philipsburg oder im Ortskern von Marigot.

UNTERKUNFT

Fast alle Hotels im niederländischen Teil liegen zwischen Philipsburg und der Mullet Bay, wobei die meisten Zimmer in großen Ferienanlagen zur Verfügung stehen. Im französischen Teil findet man eine Reihe von Hotels in der Baie Nettlè, aber davon abgesehen liegen die übrigen kleinen Hotels und Ferienanlagen relativ verstreut. Daher ist die Atmosphäre in den Hotels auf der französischen Seite im allgemeinen persönlicher und freundlicher.

Auf den ersten Blick scheinen die Übernachtungspreise im niederländischen Teil niedriger zu sein. Die Niederländer schlagen jedoch noch 5 % Zimmersteuer sowie zwischen 10 und 15 % für Bedienung auf die Rechnungsbeträge auf. Einige Hoteliers berechnen zudem noch eine Energieabgabe! Auf der französischen Seite sind in den Preisen im allgemeinen bis auf wenige Ausnahmen Bedienung und Steuern bereits enthalten.

ESSEN

Es gibt auf St. Martin zahlreiche gute französische Restaurants, wobei die Preise für karibische Verhältnisse recht gemäßigt sind. Viele Besucher der Insel fahren, ganz gleich, wo sie wohnen, zum Abendessen nach Grand Case, wo sich die meisten guten Restaurants angesiedelt haben. Auch in Marigot stehen einige gute Verpflegungsmöglichkeiten zur Verfügung, wobei man die größte Auswahl an der Port La Royal Marina hat.

Auf der niederländischen Seite findet man in Philipsburg zahlreiche Restaurants, darunter auch viele Schnellimbißlokale an der Straße zum Flughafen.

In einigen Restaurants sind 15 % für Bedienung im Preis bereits enthalten, in anderen nicht, so daß dann ein Trinkgeld erwartet wird.

GETRÄNKE

Auf St. Martin wurden Wasserentsalzungsanlagen errichtet, aber aufgrund der hohen Preise für Wasser wird auch viel aufgefangenes Regenwasser verwendet. Das Leitungswasser aus der Entsalzungsanlage ist gutes Trinkwasser, während die Qualität beim Regenwasser wechselt und es in jedem Fall zunächst aufbereitet werden sollte. In den Geschäften zahlt man für eine Flasche Wasser ca. 1 US $. Preiswerter karibischer Rum und französische Weine sind reichlich vorhanden und in allen Lebensmittelläden erhältlich. Vielleicht möchten Sie aber auch einmal den einheimischen Guavabeeren-Likör probieren, ein süßes Getränk aus Rum, versetzt mit kleinen Beeren (*Eugenia floribunda*), die an Preiselbeeren erinnern und auf den Bergen der Insel wachsen.

UNTERHALTUNG

Die Unterhaltung konzentriert sich auf die Ferienzentren und Kasinos im niederländischen Teil, insbesondere in der Gegend der Mullet Bay. Wer am Glücksspielen teilnehmen oder Alkohol trinken möchte, muß mindestens 18 Jahre alt sein. In Philipsburg kann man sich in Kinos zudem Filme ansehen.

Auf der französischen Seite ist es ruhiger, aber man findet einige Bars mit Programm in Marigot.

EINKÄUFE

St. Martin ist die wichtigste Freihandelszone in der östlichen Karibik. Die meistens Geschäfte haben sich in der Frontstreet von Philipsburg angesiedelt, in denen auch die Auswahl an Kameras und elektronischen Geräten am größten ist. Sowohl in Philipsburg als auch in Marigot findet man ferner schicke Boutiquen, Schmuckgeschäfte und Parfümerien, in denen europäische Spitzenprodukte angeboten werden. In Marigot liegt ein Großteil der Geschäfte an der Nordseite der Port La Royale Marina und in der angrenzenden Rue du Général de Gaulle. Einheimische Waren, z. B. Kunstgewerbe, T-Shirts, Strohhüte usw., kann man auf dem Markt am Hafen von Marigot kaufen.

Zollfreier Alkohol ist sehr billig. Eine Flasche Bacardi-Rum bekommt man in den Geschäften auf der Insel schon für ca. 5 US $. Am Flughafen kostet sie etwa einen Dollar mehr.

ANREISE

FLUG
Alle internationalen Flüge beginnen und enden auf dem Flughafen Juliana im niederländischen Teil der Insel. Die Start- und Landebahn des Flughafens Espèrance auf der französischen Seite ist nur groß genug für Propellermaschinen, die von den benachbarten Inseln hierherfliegen. Im folgenden finden Sie die Telefonnummern der Fluggesellschaften, die Linienflüge nach St. Martin anbieten:

Aeropostal	Tel. 5 43 44
Air Aruba	Tel. 5 42 30
Air Caraibes	Tel. 5 42 34
Air France	Tel. 5 42 12
Air Guadeloupe	Tel. 5 42 12 und 87 53 74
Air Martinique	Tel. 5 42 12
Air Saint-Barthelemy	Tel. 5 31 51 und 87 73 46
ALM	Tel. 5 42 40
American Airlines	Tel. 5 20 40
BWIA	Tel. 5 42 34
Continental Airlines	Tel. 5 24 44
Corsair	Tel. 87 94 07
KLM	Tel. 5 42 40
LIAT	Tel. 5 42 03
Winair	Tel. 5 42 30

Von Europa: Air France fliegt viermal wöchentlich von Paris nach St. Martin. Mit Anschlußflügen von allen Flughäfen in Deutschland, Österreich und der Schweiz kommt man auf diesem Weg je nach Saison für 1450 und 1600 DM nach St. Martin und wieder zurück (Ticketgültigkeit drei Monate). Auch KLM unterhält mehrmals wöchentlich Flugverbindungen nach St. Martin, und zwar ab Amsterdam, ebenfalls mit Anschlußflügen ab Deutschland, Österreich und der Schweiz. Für einen Flug mit KLM muß man hin und zurück je nach Saison ebenfalls zwischen 1450 und 1600 DM bezahlen. Jugendliche bis 24 Jahre und Studenten bis 30 Jahre erhalten für Flüge mit KLM etwa 150 DM Ermäßigung. Sehr günstig fliegt die französische Fluggesellschaft AOM von Paris nach St. Martin, und zwar hin und zurück für etwa 1050 und 1300 DM, mit Anschlußflug von München oder Berlin für ca. 300 DM mehr.

Continental Airlines unterhält von Frankfurt über New York ebenfalls Flugverbindungen nach St. Martin, für die man hin und zurück etwa 1700 bis 1900 DM ausgeben muß und sich für den Rückflug ein halbes Jahr Zeit lassen kann. Mit American Airlines kommt man von Düsseldorf und Frankfurt über Chicago oder Miami nach St. Martin, mit dieser Fluggesellschaft hin und zurück je nach Saison für 1700 bis 2100 DM (Ticketgültigkeit ebenfalls ein halbes Jahr).

Alle diese Flüge kann man allerdings nicht bei der jeweiligen Fluggesellschaft und auch nicht in jedem Reisebüro buchen. Die Flugscheine sind jedoch zu günstigen Preisen bei unserer Schwesterfirma Walther-Weltreisen Udo Schwark in Bonn (Hirschberger Straße 30, D-53119 Bonn) erhältlich. Dort sind in einer Datenbank Zehntausende von Flugmöglichkeiten mit allen Einzelheiten (Saisonzeiten, Gültigkeit der Flugscheine, Flugtage usw.) gespeichert, aus der Sie gegen einen großen, frankierten Rückumschlag eine aktuelle Preisliste für alle Flüge nach St. Martin anfordern und sich daraus die für Sie passende Verbindung heraussuchen können.

In der Schweiz wendet man sich wegen eines preiswerten Fluges nach St. Martin am besten an den Globetrotter Travel Service, Rennweg 35, 8001 Zürich, Tel. (01) 2 11 77 80 (mit weiteren Büros in Baden, Basel, Bern, Luzern, St. Gallen und Winterthur), und in Österreich an den Reiseladen, Dominikanerbastei 4, 1010 Wien, Tel. (01) 5 13 89 36.

Von anderen Karibikinseln: American Airlines fliegt täglich von Puerto Rico nach St. Martin, wobei in Puerto Rico Anschlüsse von den USA bestehen. BWIA unterhält zweimal wöchentlich Flugverbindungen von Jamaika nach St. Martin sowie samstags von Trinidad und Barbados.

ST. MARTIN

Nach St. Martin kann man auch von allen Flughäfen in der Karibik fliegen, die von LIAT bedient werden, meistens noch am selben Tag mit Anschlußflügen über Anguilla. Ein einfacher Flug von Anguilla nach St. Martin kostet 26 US $, ein Hin- und Rückflug 50 US $. Für einen Flug von Antigua zahlt man 80 US $, hin und zurück am gleichen Tage 113 US $ und für einen Hin- und Rückflug innerhalb von 30 Tagen 144 US $, wobei eine Flugunterbrechung auf St. Kitts gestattet ist. Ein einfacher Flug von St. Kitts kostet 60 US $, während für einen Hin- und Rückflug am gleichen Tage 73 US $ sowie bei einem Aufenthalt von bis zu 30 Tagen 115 US $ berechnet werden. Für einen Flugschein zum Ausflugtarif von Montserrat mit der Möglichkeit einer Flugunterbrechung auf Antigua muß man 113 US $ bezahlen (Aufenthaltsdauer längstens 21 Tage).

Winair, die ihren Sitz auf St. Martin hat, fliegt von der Insel nach St. Thomas (68 US $ für einen einfachen Flug und 120 US $ für einen Hin- und Rückflug), Tortola (63 US $ für einen einfachen Flug, 95 US $ für einen Hin- und Rückflug, wenn man am selben Tag zurückkehrt, und 118 US $ bei einem Höchstaufenthalt von 30 Tagen), St. Kitts (54 US $ für einen einfachen Flug, 63 US $ für einen Hin- und Rückflug innerhalb eines Tages und 80 US $ für einen Hin- und Rückflug innerhalb von vier Tagen) und Anguilla (25 US $ für einen einfachen Flug, 35 US $ für einen Hin- und Rückflug am selben Tag). Ein einfacher Flug nach Saba oder Statia kostet 33 US $ und nach St. Barts 40 US $. Für einen Hin- und Rückflug wird der doppelte Preis berechnet. Flüge nach St. Thomas und Tortola finden montags, mittwochs und freitags statt, während die anderen genannten Inseln von Winair täglich angeflogen werden.

Air Guadeloupe fliegt täglich vom Flughafen Juliana nach Guadeloupe (einfacher Flug 560 FF, Hin- und Rückflug innerhalb von 21 Tagen 980 FF) sowie von Espérance nach St. Barts (einfacher Flug 180 FF). Mit Air St. Barts kommt man täglich von den Flughäfen Juliana (einfacher Flug 50 US $) und Espérance (einfacher Flug 41 US $) nach St. Barts. Mit Air Martinique können Sie täglich für 317 US $ nach Martinique und wieder zurück fliegen. Air Caraibes pendelt täglich zwischen St. Martin und Dominica (einfacher Flug 125 US $, Hin- und Rückflug zum Ausflugtarif innerhalb von sieben Tagen 174 US $).

Flughafeninformation: Der wichtigste Flughafen der Insel, der Juliana Airport, liegt im niederländischen Teil von St. Martin. Dort findet man einen Informationsschalter des Fremdenverkehrsamtes in der Nähe des Ausgangs, der jedoch nicht sehr hilfreich ist. Nicht weit davon entfernt befinden sich allerdings ein Ständer mit nützlichen Informationen und daneben ein Telefon, von dem aus man kostenlos mehrere Hotels und Pensionen anrufen kann. Gleich außerhalb des Ausgangs sieht man eine

Taxihaltestelle (und eine Tafel mit den Tarifen) sowie ein kleines Stück weiter eine Reihe von Ständen von Autovermietungen. Es verkehrt aber kein Linienbus vom und zum Flughafen.

Vor der Wartehalle für die Passagiere kommt man zu mehreren Läden mit zollfreien Waren, die Spirituosen, Parfüm usw. führen, einem Zeitungsstand mit internationalen Zeitungen und Magazinen, einem Delikatessenladen und einem Imbiß sowie einer Bank. Das Restaurant im 2. Stock ist von 12.00 bis 24.00 Uhr geöffnet. Preiswertere Backwaren, Sandwiches und Getränke sind im Erdgeschoß erhältlich.

Kartentelefone und Fernsprecher, von denen aus man mit amerikanischen Münzen im Wert von 25 Cents telefonieren kann, stehen an etlichen Stellen im Flughafen. Telefonkarten der Niederländischen Antillen lassen sich im Postamt im Flughafen kaufen.

Der kleine Flughafen Espérance in Grand Case im französischen Teil von St. Martin wird von Flugzeugen aus St. Barts und Guadeloupe angeflogen. Hier kann man ein Spirituosengeschäft, ein Kartentelefon, Autovermietungen und einen Imbiß in Anspruch nehmen.

Flughafentransfer: Einige Taxis warten immer dann vor dem Flughafen, wenn eine Maschine ankommt. Sollten Sie kein Taxi bekommen, können Ihnen die Sicherheitskräfte eines rufen. Vom Flughafen Espérance zahlt man für eine Fahrt mit einem Taxi bis Marigot oder zum Orient Beach 10 US $. Vom Flughafen Juliana kostet eine Taxifahrt nach Marigot oder Philipsburg 8 US $, nach Grand Case 16 US $ und zur Orient Bay 20 US $.

SCHIFF

Von St. Barts: Der 20 m lange Katamaran *Eagle* (Tel. 2 21 67) und der Motorsegler *Quicksilver* (Tel. 2 46 97 und 27 33 07) fahren täglich um 9.00 Uhr von der Great Bay Marina in Philipsburg nach St. Barts und gegen 17.00 Uhr wieder zurück. Der 23 m lange motorisierte Katamaran *White Octopus* (tagsüber Tel. 2 40 96 und abends Tel. 2 31 70) unternimmt mittwochs vom Jachthafen Captain Oliver in Oyster Pond sowie täglich außer mittwochs und sonntags vom Jachthafen Bobby in Philipsburg Fahrten nach St. Barts. Dafür werden Kreditkarten akzeptiert. Kinder unter 12 Jahren werden zum halben Fahrpreis mitgenommen.

Eine Fahrt dauert jeweils ca. 90 Minuten und kostet hin und zurück 50 US $. Im Preis inbegriffen sind Getränke, Imbisse und die Bereitstellung einer Ausrüstung zum Schnorcheln, jedoch nicht die Hafengebühr in Höhe von 5 US $. Gelegentlich findet man in den kostenlosen Touristenmagazinen Coupons, mit denen man eine Preisermäßigung um ca. 10 US $ erhält. Außerhalb der Saison läuft häufig nur ein Boot mit allen Passagieren aus, während der Hochsaison vielfach zusätzliche Boote eingesetzt werden. Aktuelle Informationen erhalten Sie

in den Jachthäfen und an den Schaltern in den Hotels für die Anmeldung zu Freizeitbeschäftigungen.
Mit der *St. Barth Express* (Tel. 27 77 24) kommen Tagesgäste aus St. Barts nach St. Martin. Dieses Schiff läuft täglich außer sonntags von der Port La Royale Marina in Marigot um 15.30 Uhr aus, hält gegen 16.00 Uhr in der Bobby's Marina in Philipsburg und kommt gegen 17.15 Uhr in Gustavia an, von wo es um 7.30 Uhr am nächsten Tag wieder ablegt. Für eine einfache Fahrt zahlt man 35 US $ (180 FF), hin und zurück 50 US $ (280 FF). Früher waren die Abfahrtzeiten übrigens so gelegt, daß man von St. Martin einen Tagesausflug nach St. Barts unternehmen konnte, so daß es sein kann, daß die Zeiten wieder geändert wurden.

Von Anguilla: Täglich von 8.00 bis 17.30 Uhr (von Anguilla nach St. Martin von 7.30 bis 17.00 Uhr) legt alle 30 Minuten eine Fähre von der Marigot Bay auf St. Martin nach Blowing Point auf Anguilla ab. Zudem bestehen abends um 19.00 und 22.45 Uhr weitere Fährverbindungen ab Marigot und um 18.15 und 22.00 Uhr ab Blowing Point. Eine Überfahrt dauert 20 Minuten.
Für eine Fahrt zahlt man tagsüber 9 US $ und abends 11 US $. Sobald man in einem der beiden Häfen angekommen ist, sollte man sich unbedingt sofort auf der Passagierliste eintragen und dann die 2 US $ Abfahrtsgebühr zahlen. Der Fahrpreis für die Überfahrt selbst ist an Bord zu entrichten.
Einzelheiten über Tauch- und Schnorchelfahrten von St. Martin nach Anguilla finden Sie im Abschnitt über das Tauchen weiter oben in diesem Kapitel.

Segelboot: Wer mit einer Jacht unterwegs ist, kann die Einreiseformalitäten in Philipsburg und Marigot erledigen. Jachthäfen gibt es in Philipsburg, Marigot, der Lagune Simpson Bay, Oyster Pond und Anse Marcel sowie Ankerplätze an einigen anderen Stellen, darunter bei Grand Case und den Inseln vor der Orient Bay.
Die von Land umschlossene Lagune Simpson Bay gehört zu den besten Ankerplätzen bei Hurrikanen in der gesamten östlichen Karibik. Der Zugang zur Lagune unter einer Zugbrücke auf der niederländischen Seite wird nach

einem festen Zeitplan geöffnet. Diese Zeiten werden auf Seite 2 des *Chronicle* veröffentlicht. Bei Drucklegung wurde die Brücke um 6.00, 11.00, 16.00 und 18.00 Uhr geöffnet.

Kreuzfahrt: St. Martin ist ein beliebtes Ziel von Kreuzfahrtschiffen, insbesondere deshalb, weil die Insel eine zollfreie Zone ist. Kreuzfahrtschiffe legen in Philipsburg und in Marigot an.

AUSFLUGSFAHRTEN
Irish Travel Tours (Safari Building, Airport Road, Simpson Bay, St. Martin, Tel. 5 36 63) veranstaltet Ausflüge nach St. Eustatius (Statia) und Saba, bei denen die Flugkosten, eine Rundfahrt und ein Mittagessen im Preis enthalten sind. Die Preise beginnen bei 100 US $ (70 US $ für Kinder unter zwölf Jahren). In den Abschnitten über die Anreise der Kapitel über Saba und St. Eustatius finden Sie dazu nähere Einzelheiten.

AUSREISE AUS ST. MARTIN
Am Flughafen Juliana wird bei der Abreise eine Gebühr in Höhe von 10 US $ (oder 18 Gulden) erhoben, wenn man ins Ausland fliegt. Bei der Reise zu einer anderen Insel der Niederländischen Antillen beträgt die Gebühr 5 US $. Man kann auch mit französischen Francs bezahlen, wobei der gewährte Kurs mit 8 Francs für einen US-Dollar jedoch schlecht ist. Kinder bis zwei Jahre sind von der Gebühr befreit. Am Flughafen Espérance ist keine Flughafengebühr zu entrichten.
Lassen Sie sich, wenn Sie mit LIAT fliegen, zeitlich reichlich Spielraum, da am Abfertigungsschalter auch Flugscheine verkauft werden und es dort deshalb teilweise unglaublich langsam vorangeht.
Auch wenn es fast schon absurd ist, müssen Transitpassagiere die Paßkontrolle am Flughafen Juliana ebenfalls über sich ergehen lassen, sich dann erneut am Schalter der Fluggesellschaft abfertigen und sich am Gebührenschalter eine Bescheinigung über die Befreiung von der Flughafengebühr ausstellen lassen und dürfen erst dann wieder in die Wartehalle gehen, um dort auf den Anschlußflug zu warten.

REISEN AUF ST. MARTIN

BUS
Auf St. Martin werden zwei Arten von Bussen eingesetzt: größere Busse, die zwischen Philipsburg und Marigot sowie zwischen Marigot und Grand Case verkehren (Fahrpreis 1,50 US $), sowie zahlreiche kleine Minitransporter, in denen man für eine Fahrt maximal 3 US $ bezahlen muß. An den Bussen (meistens vorn an der Windschutzscheibe) sind im allgemeinen die Anfangs- und die Endhaltestelle zu lesen. Auf der Strecke von Marigot nach

Philipsburg verkehren Busse zwischen 6.00 und 24.00 Uhr. Außer auf der Strecke Philipsburg-Marigot-Grand Case fahren Busse auch in größeren Abständen zur Mullet Bay und zur Simpson Bay. Von diesen Strecken abgesehen sind die Verbindungen jedoch nicht gut, so daß es sich kaum empfiehlt, eine Rundreise um die Insel mit einem Bus unternehmen zu wollen.
Es ist möglich, Busse während ihrer Fahrt auf der Straße anzuhalten, auch wenn man jetzt mit einer staatlichen

ST. MARTIN

Kampagne versucht, das Zu- und Aussteigen von Fahrgästen auf die vorgesehenen Haltestellen zu beschränken.

AUTO UND MOTORRAD

Verkehrsregeln: Man fährt auf beiden Seiten der Insel auf der rechten Seite. Der Führerschein des Heimatlandes ist gültig. Geschwindigkeitsbegrenzungen usw. sind in Kilometern angegeben und die Autos mit Kilometerzählern ausgestattet. Die Höchstgeschwindigkeit liegt in bebauten Gebieten zwischen 20 und 40 km/h und außerhalb von Wohngebieten bei 60 km/h, es sei denn, es ist eine andere Höchstgeschwindigkeit angegeben.

Mietwagen: Auf der Insel sind zahlreiche Autovermietungen vertreten. Eine ganze Reihe davon findet man am Flughafen Juliana. Wer einen Mietwagen nicht im voraus reserviert hat, kann gleich außerhalb des Flughafens die lange Reihe der Stände abschreiten und die Preise vergleichen. Allerdings ist es im allgemeinen finanziell günstiger, ein Auto im voraus zu reservieren. Alle großen Autovermietungsfirmen haben auf St. Martin Niederlassungen gegründet. Eine gute Wahl trifft man mit Budget, von deren Mitarbeitern man sich überall auf der Insel zur Übernahme eines Mietwagens abholen lassen kann und bei denen man für einen Wagen bei vorheriger Buchung ca. 25 US $ pro Tag zahlt. Ohne Reservierung liegen die Preise bei Budget und den anderen Firmen bei ca. 35 US $ pro Tag, und zwar ohne Kilometerbegrenzung. Eine freiwillig abzuschließende Kaskoversicherung kostet zusätzlich rund 10 US $ täglich. Sanaco Car Rental (Tel. 87 51 21) unterhält ein Büro im Flughafen Espérance in Grand Case. Avis findet man im Jachthafen Great Bay in Philipsburg in der Nähe des Hotels.

Die folgenden Firmen sind am Flughafen Juliana vertreten:

Avis	Tel. 4 23 22
Budget	Tel 4 42 75 und 87 38 22
Hertz	Tel 5 45 41 und 87 73 01
National/Europcar	Tel. 4 42 68
Sunshine	Tel. 5 26 84

Motorrad: Motorräder lassen sich auf der französischen Seite von St. Martin bei Rent A Scoot gegenüber vom Hotel Laguna Beach an der Baie Nettlé (Tel. 87 20 59) und bei Eugene Moto Scooter Rental im Hotel Le Pirate am Westende von Marigot (Tel. 87 13 97) mieten. Im niederländischen Teil vermietet Honda im Stadtteil Pondfill von Philipsburg (Tel. 2 57 12) Motorroller. Die Preise unterscheiden sich je nach Größe des Motorrollers oder Motorrades und bewegen sich zwischen 22 US $ pro Tag für einen Roller mit 50 ccm Hubraum bis 100 US $ für ein Motorrad mit 750 ccm Hubraum.

FAHRRAD

Mountain Bike Caraibes beim Hotel Marine an der Baie Nettlé (Tel. 87 97 47) vermietet Mountain Bikes für 10 US $ pro Tag und für 60 US $ pro Woche.

TRAMPEN

Es ist nicht allzu schwer, auf St. Martin zu trampen, aber eigentlich auch nicht ratsam, insbesondere für Frauen nicht.

Wenn man dennoch per Anhalter fahren will, sollten die üblichen Sicherheitsmaßnahmen getroffen werden.

AUSFLUGSFAHRTEN

Rundfahrten mit einem Taxi von ca. 2½ Stunden Dauer kosten für eine bis zwei Personen 35 US $. Für jede weitere Person kommen 7,50 US $ hinzu.

MARIGOT

Marigot, die Hauptstadt und das wirtschaftliche Zentrum des französischen Teiles von St. Martin, kann mit guten Restaurants sowie einigen Sehenswürdigkeiten aufwarten. Auch wenn es keine große Stadt ist, besitzt Marigot zwei Zentren. Eines davon ist das Viertel um den Hafen mit dem Markt, dem Fremdenverkehrsbüro und dem Anleger für die Fähren nach Anguilla. Das zweite zieht sich um den Jachthafen Port La Royale, umgeben von einer ganzen Reihe von Restaurants und Boutiquen, die sich bis zur geschäftigen Rue du Général de Gaulle ausbreiten.

Marigot ist eine historische Stadt im Umbruch. Zwar ist noch immer eine Reihe von Bauten im westindischen Stil mit schönen Verzierungen und Balkonen im zweiten Stock zu sehen, aber viele dieser Häuser mußten bereits Neubauten weichen. Am Hafen hat man im übrigen damit begonnen, aus dem Wasser Land zu gewinnen.

PRAKTISCHE HINWEISE

Informationen: Das Fremdenverkehrsbüro an der Nordseite des Hafens ist von 8.30 bis 13.00 Uhr und von 14.30 bis 17.30 Uhr geöffnet.

Geld: Gebühren für den Umtausch und lange Wartezeiten kann man sich ersparen, wenn man die Banken meidet und sein Geld in den Wechselstuben tauscht. Dafür ist Inter Change in der Rue du Général de Gaulle von 8.00 bis 19.00 Uhr geöffnet, Change Point in der Nähe des Jachthafens von 7.30 bis 18.30 Uhr. Sonntags sind beide Wechselstuben jedoch geschlossen.

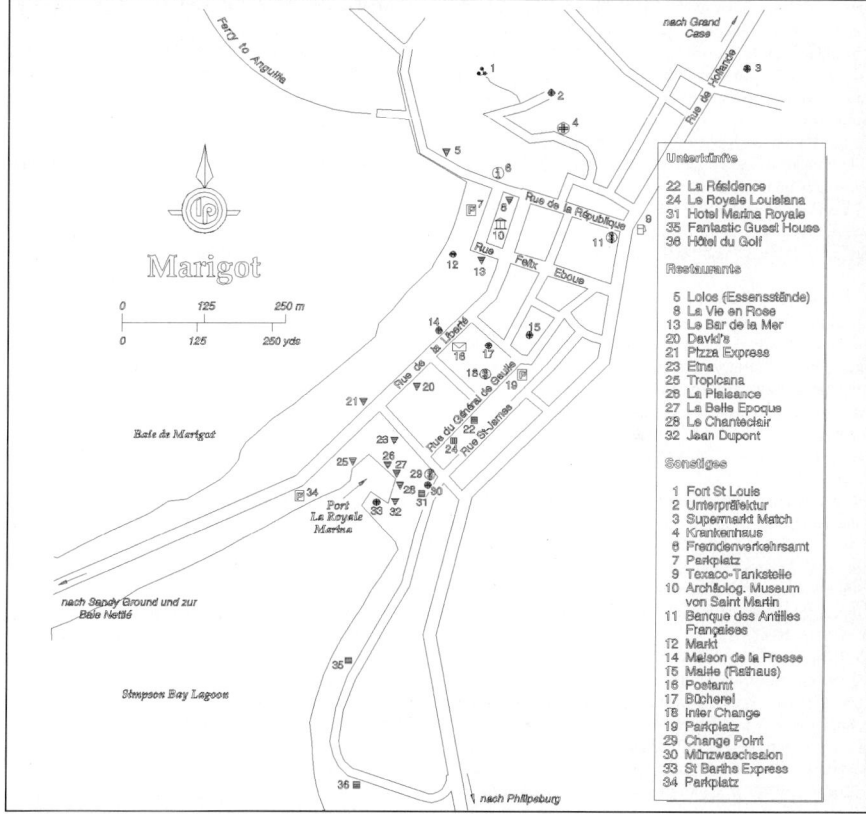

Unterkünfte
22 La Résidence
24 Le Royale Louisiana
31 Hotel Marina Royale
35 Fantastic Guest House
36 Hôtel du Golf

Restaurants
5 Lolos (Essensstände)
8 La Vie en Rose
13 La Bar de la Mer
20 David's
21 Pizza Express
23 Etna
25 Tropicana
26 La Plaisance
27 La Belle Epoque
28 Le Chanteclair
32 Jean Dupont

Sonstiges
1 Fort St Louis
2 Unterpräfektur
3 Supermarkt Match
4 Krankenhaus
6 Fremdenverkehrsamt
7 Parkplatz
9 Texaco-Tankstelle
10 Archäolog. Museum von Saint Martin
11 Banque des Antilles Françaises
12 Markt
14 Maison de la Presse
15 Mairie (Rathaus)
16 Postamt
17 Bücherei
18 Inter Change
19 Parkplatz
29 Change Point
30 Münzwaschsalon
33 St Barths Express
34 Parkplatz

Post und Telekommunikation: Das Postamt befindet sich in der Rue de la Liberté. Vor dem Postamt (in dem Telefonkarten verkauft werden) und vor dem Fremdenverkehrsbüro findet man Kartentelefone. In der Lobby des Hotels Marina Royale gibt es auch noch einen einsamen Münzfernsprecher.

Wäschereien: Einen Waschsalon können Sie in der Nähe des Hotels Marina Royale sowie im Komplex mit dem Supermarkt Match in Anspruch nehmen.

Buchhandlungen: Im Maison der la Presse gegenüber vom Postamt werden Landkarten von St. Martin, Bücher über die Karibik sowie internationale Zeitungen verkauft. Eine Bibliothek befindet sich in der Rue du Palais de Justice.

Filmen und Fotografieren: Bei Marina Photo am Port La Royale Marina können Sie Filme meistens inner-halb von einer Stunde entwickeln lassen (24 Bilder für 108 FF).

SEHENSWÜRDIGKEITEN

Fort St. Louis: Von der Festung Fort St. Louis (auch Fort de Marigot genannt) ist nicht viel mehr zu sehen als einige teils intakte Mauern sowie einige Kanonen. Die Lage oben auf dem Berg läßt jedoch einen herrlichen Blick auf Marigot und die Lagune der Simpson Bay zu.
Zu dieser Ruine gelangt man, wenn man am Krankenhaus vorbeifährt und dann bei dem großen Kreuz parkt, von dem eine Treppe hinauf zur Festungsanlage führt. Es sind ca. zwei Minuten bis nach oben. Wer vom Hafen aus zu Fuß geht, benötigt rund 15 Minuten.

Archäologisches Museum von St. Martin: Das archäologische Museum ist klein, aber ganz interessant, wobei der Schwerpunkt auf der Zeit der Arawak liegt. Ansehen kann man sich hier auch Ausstellungsstücke aus der Plantagenzeit und Fotos vom alten Marigot wie auch Muschelamulette, Knochen, Pfeilspitzen und einige Gegenstände aus Ton der altamerikanischen Bewohner der Insel. Erklärt ist alles in französischer und englischer Sprache.

Es gab Pläne, das Museum 1994 in ein anderes Gebäude zu verlegen, aber es scheint an seinem alten Ort am Wasser zu bleiben. Es ist montags bis freitags von 9.00 bis 13.00 Uhr und von 15.00 bis 16.30 Uhr sowie samstags von 9.00 bis 13.00 Uhr zugänglich. Der Eintritt beträgt für Erwachsene 3 US $ und für Kinder unter 12 Jahren 2 US $.

UNTERKUNFT

Das Fantastic Guest House (Tel. 87 71 09) liegt über einem Laden für Autoersatzteile einige Minuten vom Jachthafen entfernt. Vermietet werden hier ein Zimmer mit einem Doppelbett für 42 US $ sowie ein Zimmer mit zwei Einzelbetten für 52 US $ und ein größerer Raum mit Küchenzeile für 75 US $. Alle Zimmer sind mit eigenem Bad, Fernsehgerät, Klimaanlage und einem Kühlschrank ausgestattet.

24 kleine, aber ausreichende Zimmer mit Klimaanlage, Telefon und Fernsehgerät stehen im Hôtel du Golf (Tel. 87 92 08, Fax 87 83 92) zur Verfügung. Die Lage neben einem Wohnkomplex und Bürogebäuden ist vielleicht ein kleiner Nachteil. Im Sommer zahlt man hier für eine Übernachtung allein 56 US $ und zu zweit 74 US $, im Winter 66 bzw. 90 US $.

Das Marina Royale am Jachthafen (Tel. 87 52 46, Fax 87 92 88) hat 62 gut geschnittene Zimmer zu bieten, die zwar nicht besonders elegant, aber mit einer Küchenzeile, Klimaanlage, Fernsehgerät und Telefon sowie überwiegend auch mit einem Balkon ausgestattet sind. Für ein Standardzimmer zahlt man hier allein 80 US $ und zu zweit 90 US $, während die größeren Unterkünfte, in denen im Wohnzimmer noch ein drittes Bett vorhanden ist, mit Frühstück als Einzelzimmer 90 US $, als Doppelzimmer 98 US $ und als Dreibettzimmer 115 US $ kosten. Im Sommer kann man im allgemeinen einen Rabatt von ca. 10 % aushandeln, wenn man einige Tage oder länger bleibt.

Im La Résidence in der Stadtmitte in der Rue du Général de Gaulle (Tel. 87 70 37, Fax 87 90 44) werden 21 Zimmer vermietet. Das Haus ist ein wenig verwohnt, aber akzeptabel. Die Zimmer sind recht groß und mit Fernsehgerät, Klimaanlage, Zimmersafe, Balkon und Minibar ausgestattet. Im Sommer zahlt man hier einschließlich Frühstück allein 74 US $ und zu zweit 92 US $, im Winter 96 bzw. 112 US $. Gelegentlich kann es vorkommen, daß die Sommerpreise auch im Winter gelten.

Das Le Royale Louisiana in der Rue du Général de Gaulle (Tel. und Fax 87 86 51) ist ein schon älteres Haus in der Stadtmitte. Die Zimmer sind zwar teils ein wenig dunkel, jedoch mit Klimaanlage, Fernsehgerät sowie Telefon ausgestattet und kosten mit Frühstück im Sommer zur Alleinbenutzung nur 45 US $ und bei Belegung mit zwei Gästen nur 63 US $, im Winter 58 bzw. 80 US $. Wer lärmempfindlich ist, sollte sich in diesem Haus jedoch kein Zimmer zur Straße geben lassen.

ESSEN

Jachthafen: Die Port La Royale Marina ist von Restaurants gesäumt, die von Pizza und Burgern bis Fisch und Nouvelle Cuisine so gut wie alles bieten. Hier herrscht ein harter Konkurrenzkampf, so daß die Preise auf den Speisekarten recht niedrig sind und auf Tafeln auch noch zahlreiche Tagesgerichte angeboten werden. Am besten ist es, sich zunächst ein wenig umzusehen und sich dann zu entscheiden.

Ein Lokal mit gutem Preis-Leistungsverhältnis ist das Le Chanteclair, ein Familienbetrieb, in dem mittags Omelettes und Burger mit Pommes Frites und Salat für 5 bis 7 US $ auf der Speisekarte stehen. Abends wird ein Menü für 19 US $ serviert, wobei zahlreiche französische Vorspeisen und Hauptgerichte zur Wahl stehen. Montags ist Ruhetag. La Belle Epoque und La Plaisance sind zwei große, immer gut besuchte Restaurants mit eher konventioneller Küche bei einer vielfältigen Speisekarte mit Fisch, Pasta und Pizza ab ca. 45 Francs.

Das etwas förmlichere Jean Dupont steht in dem Ruf, das beste Restaurant am Jachthafen zu sein, ist jedoch recht unpersönlich. Netter ist die Atmosphäre im Tropicana, einem Lokal mit guter Küche und nur acht Tischen. In beiden Restaurants wird klassische französische Küche geboten, wobei man für ein Abendessen für zwei Personen mit Wein bis ca. 100 US $ zahlt.

Für eine Nachspeise können Sie im Etna in der Straße am Jachthafen einkehren, in dem man ausgesprochen gute italienische Eiscreme in tropischen Sorten erhält.

Andere Gegenden in der Stadt: Eine ganze Reihe von *lolos* (Grillständen) findet man zwischen dem Anleger der Fähre nach Anguilla sowie dem Fremdenverkehrsbüro, an denen Grillhähnchen, Rippchen oder Fisch mit Kartoffelsalat und Reis sowie Erbsen für 7 US $ verkauft werden. Beim rot-weißen Transporter vor Pizza au Feu de Bois, der abends gegenüber vom Hotel Le Royale Louisiana parkt, holen sich viele Einheimische Pizza zum Preis zwischen 25 und 50 FF. In dem kleinen, mobilen Pizza-Wagen befindet sich tatsächlich ein mit Holz befeuerter Ofen. Wer die Pizza lieber an die Tür gebracht bekommt, kann sie bei Pizza Express (Tel. 87 87 72) ab 44 F bestellen. Beim David's in der Rue de la Liberté handelt es sich um einen schönen englischen Pub mit Dartbrettern und Bier der Marke Fosters. Auf der Speisekarte finden Sie Pasta-, Fleisch- und Fischgerichte ab 10 US $ sowie die Spezialität des Hauses, Beef Wellington, für 19 US $. Geöffnet ist das Lokal zum Essen an Werktagen mittags von 11.30 bis 14.30 Uhr und abends von 18.00 bis 22.00

Uhr, während Getränke bis 24.00 Uhr erhältlich sind. Täglich zwischen 17.00 und 18.30 Uhr werden zwei Getränke zum Preis von einem ausgeschenkt, wozu kostenlos kleine Barimbisse gereicht werden. Sonntags gibt es um diese Zeit Dollar-Bier.

Le Bar de la Mer in der Nähe des Hafens wird vorwiegend von französischsprachigen Gästen besucht, die hier etwas trinken. Es werden jedoch auch Salate und Pizzen zu vernünftigen Preisen sowie einige wenige Fisch- und Fleischgerichte angeboten. Allabendlich von 20.30 bis 0.30 Uhr kann man sich hier Live-Musik anhören.

Das La Vie en Rose ist ein französisches Restaurant gegenüber vom Hafen mit einem sehr guten Ruf. Mittags ist das ein Straßencafé mit Fisch- und Fleischgerichten, deren Preise zwischen 70 und 100 FF liegen. Abends sitzt man im förmlicheren Speiseraum mit einem kleinen Balkon, von dem sich ein romantischer Blick bietet und auf dem normalerweise Zweiertische stehen. Auf der Speisekarte findet man ein Dutzend Hauptgerichte, darunter auch Hummer-Medallions und Entenbrust, die zwischen 170 und 195 FF kosten. Das Restaurant ist täglich am Morgen und Abend geöffnet, täglich außer sonntags auch mittags.

Zum Match, dem großen, modernen Supermarkt an der Nordseite von Marigot, gehören auch eine relativ gute Delikatessenabteilung, ein ebensolches Weinsortiment und eine Bäckerei. Er ist sonntags von 9.00 bis 12.00 Uhr und an den anderen Tagen bis 20.00 Uhr geöffnet. Wer eine Bäckerei in der Stadtmitte sucht, trifft mit Délifrance in der Nähe des Rathauses eine gute Wahl.

WEITERE ORTE IM FRANZÖSISCHEN TEIL VON ST. MARTIN

SANDY GROUND UND BAIE NETTLÉ

Sandy Ground ist ein schmaler und geschwungener Landstreifen, der sich von Marigot nach Westen zieht und an dem die Baie Nettlé auf der einen Seite sowie die Lagune Simpson Bay auf der anderen Seite liegen. Das erste Hotel wurde hier vor nur einem Jahrzehnt erbaut, aber heute sind hier bereits mehrere Hotels, Restaurants und kleine Einkaufszentren zu sehen, die sich aneinanderreihen.

Auch ist Sandy Ground kein besonders interessantes Ziel, denn der Strand zum Meer hin ist winzig und nicht gepflegt und das Wasser der Lagune ein wenig trübe zum Schwimmen. Sandy Ground ist jedoch ein günstiger Ausgangspunkt, wenn man ein preiswertes Hotel sucht, zumal einige der schönsten Strände von St. Martin nur ein kleines Stück weiter die Straße hinunter liegen.

UNTERKUNFT

Das Hotel mit dem besten Preis-Leistungsverhältnis in Sandy Ground ist das Hôtel Marine mit 119 Zimmern (Tel. 87 54 54, Fax 87 92 11, BP 172, Baie Nettlé). Die Zimmer sind komfortabel und mit Deckenventilatoren, Klimaanlage, Fernsehgerät, Telefon, einer Küchenzeile sowie einem großen Balkon ausgestattet, teils mit Blick über die Lagune Simpson Bay. Zur Anlage gehören auch ein schöner Swimming Pool, Tennisplätze und eine Tauchschule. Im Preis inbegriffen ist ein Frühstücksbuffet. Für ein Standardzimmer zahlt man hier im Sommer 106 US $ und im Winter 136 US $, als Einzelperson 10 US $ weniger und in der Hochsaison um Weihnachten 20 US $ mehr. Außerhalb der Saison werden gelegentlich Sonderpreise für ca. 70 US $ angeboten.

Ebenfalls in der mittleren Preisklasse angesiedelt sind der Nettlé Bay Beach Club (Tel. 87 97 04), ein durchschnittlicher Komplex an der Bucht mit Zimmern im Sommer ab 95 US $ und im Winter ab 155 US $, sowie das Hôtel Dom (Tel. 87 04 03), gelegen gleich östlich vom Hotel Marine, in dem Zimmer im Sommer ab 72 US $ und im Winter 87 US $ sowie Apartments ab 135 bzw. 163 US $ kosten. Wenn man mindestens eine Woche bleibt, werden Preisnachlässe eingeräumt.

Das La Belle Créole (Tel. 87 66 00, Fax 87 56 66), ein Hotel der Kette von Hilton, liegt auf einem Landvorsprung an der Westspitze der Baie Nettlè. Der Strand an dieser Stelle ist nicht besonders gut und die Hotelanlage ein wenig weitläufig, aber man erhält hier die üblichen Annehmlichkeiten eines Hotels der Spitzenklasse. Für ein Zimmer zum Hof hin zahlt man im Sommer 165 US $ und im Winter 295 US $, mit Blick zum Meer 40 US $ mehr und für Suiten ab 310 bzw. 450 US $. Auch im Hilton werden häufig Sonderangebote offeriert, die preiswerter sind.

ESSEN

Das La Mouette Rieuse (Tel. 87 87 55), ein freundliches Restaurant am Meer, bietet französische und kreolische Küche. Abends spielt der Eigentümer Gitarre und singt französische Lieder aus den sechziger Jahren. Auf der Speisekarte findet man eine Reihe von fantasievollen

433

ST. MARTIN

Salaten für ca. 10 US $, während die Hauptgerichte zwischen 13 US $ (Kebabs oder Ziegen-Colombo) und 22 US $ (Hummer) kosten. Daneben wird auch noch ein Tagesgericht mit Wein und Nachtisch für 20 US $ angeboten. Das Lokal ist sonntags nur am Abend geöffnet, an den übrigen Tagen der Woche aber auch mittags. Um hierherzukommen, müssen Sie gegenüber vom Stadion (beim Schild des Restaurants Seaview) nach rechts abbiegen, und zwar kurz vor der Brücke von Marigot nach Sandy Ground.

Im Bach Lien hinter dem Hotel Laguna gibt es eine große Auswahl an thailändischen und vietnamesischen Gerichten, die überwiegend zwischen 55 und 75 FF kosten. Man kann entweder im Lokal essen oder das Essen mitnehmen. Geöffnet ist täglich von 18.30 bis 22.00 Uhr sowie täglich außer montags von 11.30 bis 13.15 Uhr.

Das La Fayette (Tel. 87 92 89), eines der besseren Restaurants an der Baie Nettlé, bietet ein Menü mit drei Gängen für 94 FF an. Die Hauptgerichte kosten zwischen 80 FF (roter Schnäpper) und 110 FF (Beef Tenderloin mit grüner Pfeffersoße). Das Restaurant liegt am Strand am Westende des Nettlé Bay Beach Club und ist täglich ab 18.00 Uhr geöffnet.

Im La Belle Creole erhält man für 8,50 US $ ein Frühstücksbuffet, zu dem auch frisches Obst und Brötchen mit Frischkäse gehören.

BAIE ROUGE

In der Baie Rouge, einen Kilometer westlich von Sandy Ground, gibt es einen schönen Sandstrand mit guten Möglichkeiten zum Schnorcheln. Auch wenn dieser weiße Sandstrand nur 150 m von der Hauptstraße entfernt verläuft, ist er angenehm wenig bebaut. Die besten Möglichkeiten zum Schnorcheln findet man, wenn man in die Richtung des Felsvorsprungs und des Bogen schwimmt. Die unbefestigte Straße, die zum Strand führt, zweigt im rechten Winkel von der Straße zwischen Sandy Ground und Mullet Bay ab. Man muß also praktisch anhalten, um die Kurve zu bewältigen, und kann sich kaum verfahren.

BAIE AUX PRUNES (PFLAUMENBUCHT)

Die abgelegene und unberührte Baie aux Prunes ist eine sanft geschwungene Bucht mit glatten, an Muscheln erinnernden goldenen Sandkörnern. Der Strand ist zum Baden und Sonnenbaden beliebt und von einem kleinen Wald weißer Zedern mit pinkfarbenen Blüten gesäumt, die Kolibris anlocken. Man erreicht diese Bucht, indem man 1,3 km südlich der Baie Rouge nach rechts fährt und dann direkt wieder die ausgeschilderte Abzweigung nach links nimmt. Nach 2 km erreicht man eine T-Kreuzung.

Fahren Sie hier nach rechts und folgen Sie dann der Straße ca. 200 m, bis Sie einen Parkplatz erreichen und von dort nur noch einen kurzen Fußweg zum Strand zurücklegen müssen.

BAIE LONGUE (LANGE BUCHT)

Die Baie Longue ist ein 2 km langer und scheinbar endloser weißer Sandstrand. Das einzige Gebäude an der Küste ist das Hotel La Samanna an der äußersten Südspitze. Der Strand ist sehr groß und abgelegen - ein großartiges Ziel für Spaziergänge und ruhige Sonnenuntergänge. Frauen sollten wegen der Abgeschiedenheit des Strandes jedoch vorsichtig sein.

Man erreicht die Bucht, wenn man von der Baie aux Prunes weiter nach Süden fährt oder die Abzweigung zum La Samanna von der Hauptstraße nimmt und dann einige Kilometer bis hinter das Hotel fährt. Dort gelangt man zu einem Parkplatz vor dem mit Ketten verbundenen Zaun und ist nach einem kurzen Fußweg am Strand.

UNTERKUNFT

Das La Samanna (Tel. 87 51 22, Fax 87 87 86) ist für ein Hotel der Spitzenklasse eine gute Wahl. Diese exklusive Anlage besteht aus 85 Zimmern, jedes mit Klimaanlage, Deckenventilator, Telefon, Minibar und Balkon oder Terrasse mit Blick auf das Meer, sowie einem Swimming Pool.

Außerdem wird den Gästen kostenlos Unterricht im Windsurfen erteilt.

Die Übernachtungspreise liegen zwischen 275 US $ im Sommer sowie 440 US $ im Winter und 850 bzw. 1250 US $ für eine Suite mit einem Schlafzimmer, die über zwei Ebenen angelegt ist.

FRIAR'S BAY

Friar's Bay, 2 km nördlich der Stadtmitte von Marigot, ist eine geschützte Bucht mit einem schönen Strand, der bei den Einheimischen beliebt zum Baden ist. Er liegt direkt hinter dem Wohngebiet St. Louis. Der Weg dorthin ist ausgeschildert. Von 12.00 bis 16.00 Uhr kann man an Kali's Beach Bar, einem netten Imbiß im Rastafari-Stil direkt am Strand, Grillhähnchen (2 US $) und Rippchen (4 US $) bestellen.

COLOMBIER

Wer auf St. Martin eine Fahrt auf das Land unternehmen will, sollte auf der Straße fahren, die zum 2 km landeinwärts gelegenen Dorf Colombier führt. Dieser kurze, schöne Abstecher kann einen kleinen Einblick in das ländliche Leben auf der Insel vermitteln, das sonst schon überall auf St. Martin einem moderneren Lebensstil gewichen ist. Die Landschaft am Weg ist mit Mauern, die als Zäune dienen, großen Mangobäumen sowie einer alten Plantage mit Kokospalmen und Weiden am Hang, auf denen Rinder grasen, ausgesprochen schön.

Die Straße nach Colombier beginnt 350 m nördlich der Abzweigung zur Friar's Bay.

PIC DU PARADIS

Der Pic du Paradis, der höchste Berg der Insel, bietet eine gute Aussicht und hervorragende Wandermöglichkeiten. Auf seinem Gipfel befindet sich ein Fernmeldeturm. Eine nicht besonders gut instandgehaltene Straße, die gleichzeitig als Wanderweg dient, führt bis oben auf den Berg. Im allgemeinen kann man bis zum letzten Haus fahren und dann die letzten Kilometer bis zur Spitze zu Fuß zurücklegen. In der Bergregion fällt mehr Regen als auf der übrigen Insel, so daß der Wald hier mit vielen Luftwurzeln recht dicht ist und farbenprächtigen Waldvögeln Lebensraum bietet. Wenn man zehn Minuten bergauf zurückgelegt hat, weist ein Schild kurz vor dem Turm links zum besten Aussichtspunkt. Folgen Sie dem Pfad ca. 75 m und gehen Sie dann nach links, wo sich der Weg gabelt. Anschließend kommen Sie zu einer Klippe, die einen weiten Blick über die Ostseite der Insel zuläßt. Sie können von hier aus den Orient Salt Pond und den weiten Etang de Poissons im Osten sehen, während das Dorf Orleans unter Ihnen liegt und Philipsburg im Süden zu sehen ist.

Um einen guten Blick über die Westseite der Insel zu bekommen, müssen Sie auf den Hauptweg zurückkehren und dann hinter dem Fernmeldeturm weiter bergauf wandern. Von dem Felsen direkt dahinter blickt man auf Marigot, die Lagune Simpson Bay und die Baie Nettlé. Wer lieber eine richtige Wanderung unternehmen möchte, dem steht ein Netz von Wegen von der Gegend um den Pic du Paradis bis zur Orient Bay, nach Orleans und zur niederländischen Seite der Insel zur Verfügung. Die Landkarte von Flash Media von St. Martin enthält auch diese Wanderwege und ist in den Fremdenverkehrsbüros kostenlos erhältlich.

Die Straße zum Pic du Paradis beginnt 500 m nördlich der Straße nach Colombier. Nehmen Sie zunächst die Straße landeinwärts und biegen Sie an der Gabelung nach links ab, um noch weitere 500 m bis zum letzten Haus zu fahren.

GRAND CASE

Der kleine Strandort Grand Case trägt den Spitznamen „Gourmet-Hauptstadt von St. Martin". Die Strandpromenade ist von einer ganzen Reihe von Restaurants, Imbissen usw. gesäumt. Das reicht von den westindischen *lolos* (Grillständen) bis zu Spitzenrestaurants mit französischer und italienischer Küche. Einige der Lokale sind auch mittags geöffnet, aber am lebendigsten geht es hier abends zu.

Grand Case ist zur Hälfte ein touristischer Ort und zur Hälfte von den Einheimischen geprägt. Auch wenn hier einige schöne Bauten zu sehen sind, sind die wichtigsten Anziehungspunkte von Grand Case doch die Restaurants. An der Ostseite des Ortes liegt der Flughafen Espérance, gesäumt von Salzseen, an denen sich Wasservögel tummeln.

Was den Strand betrifft, so ist er nicht unbedingt schlecht, aber er gehört auch nicht zu den besten Stränden der Insel. Der Strand vor der Ortsmitte ist überwiegend schmal, insbesondere bei Hochwasser, wird jedoch an der Nordseite breiter und ist dort schöner.

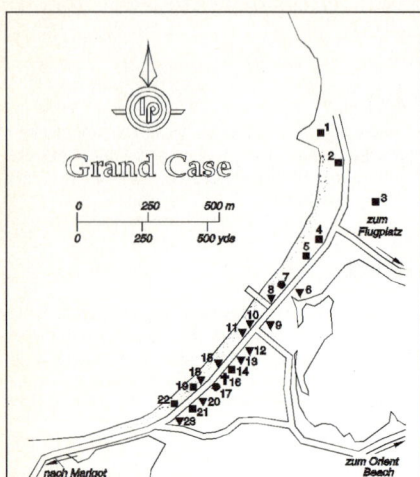

UNTERKUNFT

Im Hévéa (Tel. 87 56 85, Fax 87 83 88), das zum gleichnamigen Restaurant gehört, werden fünf preisgünstige klimatisierte Zimmer im Kolonialstil vermietet. Für ein Standardzimmer zahlt man hier im Sommer allein 36 US $ und zu zweit 48 US $ sowie für ein Zimmer mit Kochnische 66 bzw. 78 US $. Im Winter sind die Preise ca. 50 % höher.

Das Ma Chance Guest House (Tel. 87 50 45) besteht aus zwei einfachen, nicht besonders hübschen Zimmern in einem Privathaus. Sie sind mit Klimaanlage sowie einem Kühlschrank ausgestattet und kosten für eine bis zwei Personen 40 US $.

Das Motel Les Alizés (Tel. 87 95 38) ist vielleicht nicht ganz so gut gepflegt, aber die neun kleinen Studios liegen direkt am Strand und bieten jeweils eine Kochgelegenheit und eine Klimaanlage. Für eines der Standardzimmer muß man im Sommer 45 US $ und im Winter 60 US $ bezahlen, für ein Zimmer mit Blick auf das Meer 50 bzw. 80 US $.

Das Grand Case Beach Motel (Tel. 87 87 75) ist ein älteres Hotel am Strand mit Linoleumböden, Plastikblumen und altmodischer Einrichtung. Die sechs Unterkünfte in diesem Haus sind jedoch mit Ventilator, Klimaanlage, Küchenzeile und kleiner Terrasse ausgestattet. Übernachten kann man hier im Sommer für 40 US $ und im Winter für 80 US $ zuzüglich 10 % für Bedienung und 5 US $ für die Nutzung der Klimaanlage.

Im Chez Martine (Tel. 87 51 59, Fax 87 87 30) werden sechs kleine klimatisierte Zimmer im gleichen Haus angeboten, in dem auch ein Restaurant untergebracht ist, in denen man im Sommer allein für 56 US $ und zu zweit für 65 US $ sowie im Winter für 78 bzw. 96 US $ unterkommt.

Die Flamboyant Beach Villas (Tel. 87 50 98, Fax 87 81 04), ein kleiner Komplex mit zweistöckigen Gebäuden, liegen am Strand neben dem Grand Case Beach Club. Die Quartiere sind einfach mit Möbeln im Stil von Strandhütten, einem oder zwei Schlafräumen kombiniert mit einer Küche, einem Wohnzimmer und einem Eßzimmer ausgestattet. Auf allen Seiten gibt es Fenster, die gegen Mücken geschützt sind, so daß man die Räume gut belüftet halten kann. Für eine Unterkunft mit einem Schlafzimmer werden im Sommer 60 US $ und im Winter 96 US $ berechnet, für eine Unterkunft mit zwei Schlafräumen 102 bzw. 156 US $.

Im Hôtel Atlantide (Tel. 87 09 80, Fax 87 37 42), einem neuen Komplex am Strand, werden ein halbes Dutzend chicke, komfortable Apartments mit kompletter Küche, Wohnzimmer, einem großen Balkon mit Blick auf das Meer, auf dem man essen kann, einen Fernsehgerät, Telefon, Klimaanlage, einem Bad mit Badewanne und Marmorfußböden vermietet. Hier beginnen die Preise für ein Quartier mit einem Schlafraum im Sommer bei 85 US $ und im Winter bei 110 US $, während die teuersten Unterkünfte mit zwei Schlafräumen 175 bzw. 220 US $ kosten.

Der Grand Case Beach Club am ruhigeren Nordostende des Strandes (Tel. 87 51 87, Fax 87 59 93) hat 74 schöne Unterkünfte im Apartmentstil mit Klimaanlage, kompletter Küche und Balkon zu bieten. Die Studios sind mit zwei Doppelbetten und einem kleinen Eßtisch ausgestattet, während die geräumigen Wohnungen mit einem Schlafzimmer auch einen separaten Wohnraum aufweisen. Für ein Studio mit Blick auf den Garten zahlt man im Sommer 95 US $, im Winter 210 US $ sowie im Frühling und Herbst 120 US $. Quartiere mit einem Schlafzimmer werden im Sommer für 110 US $, im Winter für 260 US $ und im Herbst für 155 US $ vermietet. Vorhanden sind zudem Wohnungen mit zwei Schlafräumen und zwei Bädern. Kinder unter 12 Jahren können außer in den Studios kostenlos mit übernachten. Zur Anlage gehören ferner ein Swimming Pool und ein Tennisplatz. Im den Preisen ist auch ein kontinentales Frühstück enthalten. Von Anfang September bis Mitte Oktober ist die Anlage allerdings geschlossen.

Das Hôtel L'Esplanade (Tel. 87 06 55, Fax 87 29 15), ein neues Hotel am Hang, liegt am Nordostrand des Ortes. Es besteht aus 24 Studios und Ferienwohnungen mit einem Schlafraum, die jeweils mit Küchenzeile, Klimaanlage, Fernsehgerät, Telefon, Zimmersafe und Terrasse mit Blick auf das Meer vermietet werden. Die Unterkünfte mit einem Schlafraum sind mit einem King-Size-Bett ausgestattet. Im Wohnraum befindet sich zudem ein Sofabett. Sie kosten für zwei Personen im Sommer 125 US $ und im Winter 220 US $ zuzüglich 25 US $ für jede weitere Person. Die Studios werden an Einzelpersonen im Sommer für 90 US $ und im Winter für 125 US $ sowie an zwei Gäste für 105 bzw. 150 US $ vermietet. Zusätzlich werden 10 % für Bedienung berechnet.

ESSEN

Abends spielt sich an der Straße am Strand ein Ritual ab, bei dem in den verschiedenen Restaurants auf Schiefertafeln mit Kreide die Tageskarte geschrieben wird. Die Tafeln werden dann an der Straße aufgestellt, so daß, wer zu Abend essen möchte, an den Tafeln entlangspaziert, bis er etwas gefunden hat, was ihm zusagt. Talk of the Town heißt das erste in einer Reihe von baufälligen, aber sehr beliebten lolos am Strand in der

Nähe des Kais. Für unter 10 US $ können Sie hier am Strand an einem Picknicktisch am Wasser sitzen und sich über Hähnchenbeine, Rippchen und Kartoffelsalat hermachen, die sich alle nach der Speisekarte bestellen lassen. Beim Surf Club South handelt es sich um eine nette, witzige Strandbar mit Happy Hour täglich zwischen 16.30 und 18.00 Uhr (zwei Getränke zum Preis von einem). Morgens bekommt man hier Eier, Pommes Frites und Kaffee sowie die üblichen Frühstücksangebote für 4 bis 5 US $. Die Sandwiches und Burger kosten etwa das gleiche.

Das California Pizza, ein schönes Restaurant mit einer guten Lage am Meer, bietet Pizzen, Pasta und Salate ab ca. 8 US $ an.

Zu empfehlen ist auch das L'Alabama, ein hübsches und nettes Lokal mit ansprechend angerichtetem französischem Essen und guten Preisen. Für leckeres Jumbo-Garnelen-Sautée in Ananasmarinade oder verschiedene andere Gerichte von Hähnchen bis Hummer zahlt man zwischen 11 und 18 US $. Die Vorspeisen, Salate und Weine sind ebenfalls wirklich nicht zu teuer. Geöffnet ist täglich außer montags von 18.00 bis 22.30 Uhr.

Im Cha Cha Cha tragen die Bedienungen traditionelle kreolische Kleidung. Auf der Speisekarte findet man hier sowohl französische als auch mexikanische und kreolische Gerichte. Man bekommt in diesem Lokal ferner gutes Gazpacho und Schwarzbohnensuppe (5,50 US $), aber auch Hauptgerichte wie einen ausgezeichneten geschwärzten Thunfisch (16 US $), der außen dunkel ist und innen an Sashimi erinnert. Zwischen 18.00 und 19.00 Uhr wird ein Spezialangebot für 15 US $ mit einer Suppe oder einem Salat und einem Hauptgang serviert, von den drei zur Auswahl stehen. Nach hinten geht es zudem zu einem Garten hinaus, in dem Getränke und leichte Imbisse (tapas) angeboten werden. Das Lokal ist montags bis samstags am Abend geöffnet.

Ebenfalls einen Besuch wert sind das Bye Bar Brasil mit traditioneller brasilianischer Küche, das im Trend liegende Café Les Arts mit Musik am Sonntag abend, das Jungle Café mit einfachem, aber gut zubereitetem Essen und einer witzigen Dschungeleinrichtung sowie die beiden nobleren französischen Restaurants Le Tastevin und Le Fish Pot.

ANSE MARCEL

An der Anse Marcel, einer tiefen Bucht mit ruhigem, geschütztem Wasser und einem langen Sandstrand, liegt die größte Hotelanlage des französischen Teils von St. Martin.
In der Bucht befindet sich auch ein schöner Jachthafen mit einigen Bootsvermietern wie ATM und Nautor's Swan Charters. Daneben gibt es hier einige elegante Boutiquen und Schmuckgeschäfte, einen kleinen Laden mit Spiri-

tuosen und ausländischen Zeitungen, ein Wassersportzentrum und ein Geschäft, das Seekarten und Grundbedarf für Bootsbesitzer führt. Wer mit einem Boot anreist, kann sich Post im Hafenbüro senden lassen.

UNTERKUNFT

Am Strand gelegen ist das Le Méridien L'Habitation (Tel. 87 33 33, Fax 87 30 38), ein Hotel mit 410 Zimmern und viel Betrieb, allen Annehmlichkeiten eines Clubs, in dem in den Preisen alles enthalten ist, und Standardzimmern der 1. Klasse. Die Preise beginnen hier mit Frühstück im Sommer bei 169 US $ und im Winter bei 255 US $. Zu empfehlen ist das Hôtel Privilège (Tel. 87 37 38, Fax 87 33 75) mit einem freundlichen Manager und einem Dutzend geräumiger Unterkünfte oberhalb eines Ladens am Hafen. Die sind mit viel Holz, Fernsehgerät, einer Badewanne im Bad und einem großen Balkon mit Hängematten recht ansprechend. Die Gäste des Hauses können den Swimming Pool und die Tennisplätze vom Le Méridien mitbenutzen. Für ein Studio zahlt man hier allein 109 US $ und zu zweit 142 US $ sowie für ein Apartment mit zwei Zimmern und einem Sofabett im Wohnraum 164 US $. Für eine Ferienwohnung mit zwei Schlafräumen und einer Küchenzeile werden bei zwei Personen 193 US $ und bei vier Personen 254 US $ berechnet. In den Preisen inbegriffen ist jeweils auch ein kontinentales Frühstück.

In diesem Haus gelten das ganze Jahr über einheitliche Preise mit Ausnahme der Zeit vom 15. Dezember bis zum 15. Januar, in der die Preise um 50 % erhöht werden.

ESSEN

Das beste Restaurant an der Anse Marcel ist das La Louisiane am Hafen, das täglich zwischen 7.00 und ca. 23. 00 Uhr geöffnet ist. Hier sind Salate und Omelette für ca. 40 FF, Sandwiches, Burger und Pasta-Gerichte ab 45 FF sowie Fleisch- und Fischgerichte für ca. das Doppelte erhältlich. An der Bar wird von 18.00 bis 19.30 Uhr ein Planters Punsch für 1 US $ ausgeschenkt.

Das Niveau der Küche im teuren Restaurant Privilège ist unterschiedlich, aber die Lage am Hang ist malerisch. Dieses Lokal ist ein schönes Ziel, um einen Cocktail zu trinken. Vom Restaurant zum Jachthafen besteht ein kostenloser Pendelverkehr.

FRANZÖSISCH CUL-DE-SAC

Französisch Cul-de-Sac ist ein kleiner Ort am Meer gleich nördlich der Orient Bay. Es gibt hier zwar keinen nennenswerten Strand, aber einheimische Fischer pendeln den ganzen Tag mit ihren Booten zwischen dem Ort und den schönen weißen Sandstränden der nahegelegenen Îlet Pinel.

SEHENSWÜRDIGKEITEN

Îlet Pinel: Pinel, die am häufigsten besuchte Insel vor der Küste dieser Region, liegt nur einige Kilometer von Französisch Cul-de-Sac entfernt. Auf der Insel lebt eine niederländische Familie. In der Nähe ankern auch immer einige Jachten, aber ansonsten ist Pinel vor allem ein Ziel von Tagesausflüglern. Sie ist groß genug, um ein wenig hier spazierenzugehen, und bietet die Möglichkeit, in der Umgebung zu schnorcheln, etwas zu essen und Wassersportausrüstungen zu mieten.

Es ist nicht schwer, zur Insel zu gelangen. Es genügt, einfach zum Anlegeplatz am Ende der Straße in Französisch Cul-de-Sac zu gehen, wo man mit einem kleinen Boot zum Sandstrand auf der Ostseite der Insel übersetzen kann. Für die dreiminütige Überfahrt zahlt man hin und zurück 5 US $. Es fahren auch Boote vom Orient Beach zur Îlet Pinel.

UNTERKUNFT

Das Jardins de Chevrise (Tel. 87 37 79, Fax 87 38 03) gehört weder zu den neuesten noch zu den chickesten Hotels, aber der Preis ist in Ordnung, und man ist in ca. 10 Minuten zu Fuß am Strand. Der zweistöckige Komplex besteht aus 29 Apartments und einem Swimming Pool. Man zahlt hier im Sommer allein 63 US $ und zu zweit 66 US $ sowie im Winter 96 bzw. 100 US $.

Das Hotel Sunrise (Tel. 87 42 24, Fax 87 39 28, Cul-de-Sac), ein gemütliches Haus mit 10 Zimmern, wird von einem freundlichen jungen französischen Ehepaar geführt. Die Zimmer sind modern und komfortabel und werden mit einer kompletten Küche, Klimaanlage, Fernsehgerät, Telefon, Zimmersafe sowie eigener Terrasse vermietet. Den Gästen stehen auch ein Swimming Pool, eine Eismaschine, eine Sammlung französischer und englischer Bücher sowie eine Abstellraum zur Verfügung, in dem man, wenn man einige Tage nicht anwesend ist, Gepäck deponieren kann.

Außerhalb der Saison muß man für eine Übernachtung in diesem Hotel 80 US $ und in der Hochsaison 120 US $ bezahlen. Kinder unter 12 Jahren werden ohne Zusatzkosten mit untergebracht. Für einen dritten Erwachsenen kommen noch 20 US $ hinzu. Wer ein Zimmer für eine ganze Woche mietet, braucht es nur für sechs Tage zu bezahlen.

Das Hôtel Mont Vernon (Tel. 87 62 00, Fax 87 37 27) ist ein weitläufiger Komplex am Hang mit 394 Zimmern, die auf einer Anhöhe am Nordende der Orient Bay liegen. Das Hotel hat sich vorwiegend auf Pauschaltouristen eingestellt und bietet die üblichen Standardzimmer mit Balkon. Die Preise für ein Zimmer mit Frühstück beginnen im Sommer für eine Person bei 95 US $ und für zwei Personen bei 125 US $ sowie im Winter bei 180 bzw. 207 US $. Wer ein Zimmer mit Blick auf das Meer wünscht, muß etwa 25 % mehr bezahlen. Als Teilnehmer an einer Pauschalreise erhält man im allgemeinen erhebliche Preisnachlässe.

Zur Anlage gehören auch ein Swimming Pool, Tennisplätze, ein Wassersportzentrum und einige Restaurants.

ESSEN

Die folgenden Restaurants liegen an der Hauptstraße des Dorfes. Beim Drew's Deli handelt es sich um ein Imbißlokal wie in Manhattan, das von einem freundlichen Amerikaner aus Madison in Wisconsin geführt wird. Hier herrscht immer eine unkomplizierte Atmosphäre. Man sitzt an einigen wenigen Tischen auf einer Veranda und kann Sandwiches ab 5 US $, Salate für 3 US $ und warme Gerichte wie Lasagne oder Grillrippchen für 9 US $ bestellen. Drew's Deli ist täglich außer samstags sowie freitags am Abend von 11.00 bis 15.00 Uhr und von 19.00 bis 21.30 Uhr geöffnet.

Das Mark's Place hat wegen seiner guten kreolischen Küche einen guten Ruf. Man bekommt hier Hähnchen-Colombo, Muschelragout oder Tintenfischragout für 11 bis 13 US $ und Vorspeisen wie Accras oder Krabben-Farci für weniger als 5 US $. Essen kann man in diesem Lokal mittags von 12.30 bis 14.30 Uhr sowie abends außer montags von 18.30 bis 21.30 Uhr.

Das Hoa Mai ist ein indochinesisches Restaurant, auf dessen Speisekarte mittags und abends Rindfleisch-, Hähnchen- und Fischgerichte für 60 bis 80 FF stehen. Gleich daneben kommt man zu einem Lebensmittelladen mit zollfreien Spirituosen und Grillhähnchen. Einen Mini-Markt finden Sie in der Texaco-Tankstelle.

ORIENT BEACH

Vor dem Orient Beach, einem wunderschönen, leicht geschwungenen weißen Sandstrand, ist das Wasser leuchtend türkis. Am gesamten, 2 km langen Strand ist FKK möglich, obligatorisch jedoch nur am südlichen Ende, wo sich der Club Orient, ein Ferienclub von FKK-Anhängern, befindet. Vor einem Jahrzehnt war dieser Club das einzige Hotel in diesem Gebiet. In den vergangenen Jahren wurde jedoch eine Reihe von Anlagen im Stil von Ferienhäusern in der Umgebung der Strandmitte errichtet, aber keine direkt ans Strand. Zudem handelt es sich dabei um kleinere Anlagen.

Die Bucht ist ein Meeresschutzgebiet und das Wasser im allgemeinen ruhig, so daß man gut schwimmen, aber auch Wassersport wie Segeln oder Jet-Skiing betreiben kann.

Der öffentliche Zugang zum Strand, der am einfachsten zu erreichen ist und zu den belebtesten auf St. Martin gehört, grenzt an die Nordseite vom Club Orient. An diesem Teil des Orient Beach kann man nachmittags an einem Musikpavillon Calypso- und Reggae-Musik hören, sich an preiswerten Essensständen verpflegen und den Verkäufern von T-Shirts, Badeanzügen und Batik-Pareos (Sarongs) etwas abkaufen. Wenn am meisten los ist, kann es zu einer Karnevalsatmosphäre kommen, die einige Voyeure mit Kameras anzieht, aber meistens handelt es sich nur um ein bunt gemischtes Völkchen, das sich am Strand seines Lebens erfreut.

PRAKTISCHE HINWEISE

Am Orient Beach gibt es zahlreiche Wassersportzentren, die meisten davon an der Nordseite vom Club Orient. Robert's Watersports vor dem Musikpavillon vermietet Schnorchelsets für 10 US $ sowie Liegestühle mit Sonnenschirmen für 5 US $ pro Tag und veranstaltet Schnellboottouren nach Green Cay (8 US $ pro Person hin und zurück), zur Îlet Pinel (12 US $) sowie zur Insel Tintamarre (20 US $).

Hinter dem Pavillon befinden sich Duschen (1 US $) sowie Toiletten (0,50 US $). Taxis warten am Ende der Zufahrt. Ihre Fahrer verlangen 15 US $ (pro Taxi) für eine Fahrt nach Marigot oder Philipsburg.

Weiter nördlich, in der ruhigeren Mitte des Strandes, kommt man zu fünf weiteren Wassersportzentren, je eines vor jedem Strandrestaurant. Eines davon, Bikini Watersport, bietet Bootsfahrten zu den Inseln vor der Küste zu gleichen Preis wie Robert's an.

CAYE VERTE

Caye Verte ist ein kleines Inselchen 500 m vor dem Orient Beach mit einer schönen Sandbank am südlichen Ende und relativ guten Möglichkeiten zum Schnorcheln. Man kann mit einem der Wassersportzentren ausmachen, sich übersetzen und zu einem bestimmten Zeitpunkt wieder abholen zu lassen. Es gibt hier jedoch keinen Schatten oder irgendwelche Infrastruktur, so daß Sie einen Sonnenschirm und etwas zu trinken mitbringen sollten. Versuchen Sie nicht, bei den Bäumen am steinigen Ende des Strandes Schutz vor Sonne oder Regen zu finden, da das giftige Manzanillo-Bäume sind. Auf den Felsen leben zahlreiche kleine Anolis-Eidechsen, deren Männchen eine interessante Show bieten. Sie blähen orangefarbene Kehlsäcke unter ihrem Hals auf, um ein Warnzeichen zu geben, damit potentielle Eindringlinge davon abgehalten werden, in ihr Territorium einzudringen.

UNTERKUNFT

Das La Plantation (Tel. 87 32 04, Fax 87 35 76) gehört zu den preisgünstigsten Hotels. Vorhanden sind 14 Ferienhäuser im Stil der alten Plantagenhäuser, je einer Ferienwohnung mit einem Schlafraum und zwei Studios. Alle Unterkünfte sind groß und mit hohen, schrägen Decken, Klimaanlage, Deckenventilatoren, Kabelfernsehgerät, Zimmersafe, Küche und eigener Veranda mit Blick auf den Ozean ganz hübsch. In den Studios kann man im Sommer allein für 60 US $ und zu zweit für 75 US $ sowie im Winter für 80 bzw. 105 US $ übernachten. In den Ferienwohnungen mit einem separaten Wohnzimmer zahlt man allein im Sommer 85 US $ sowie im Winter

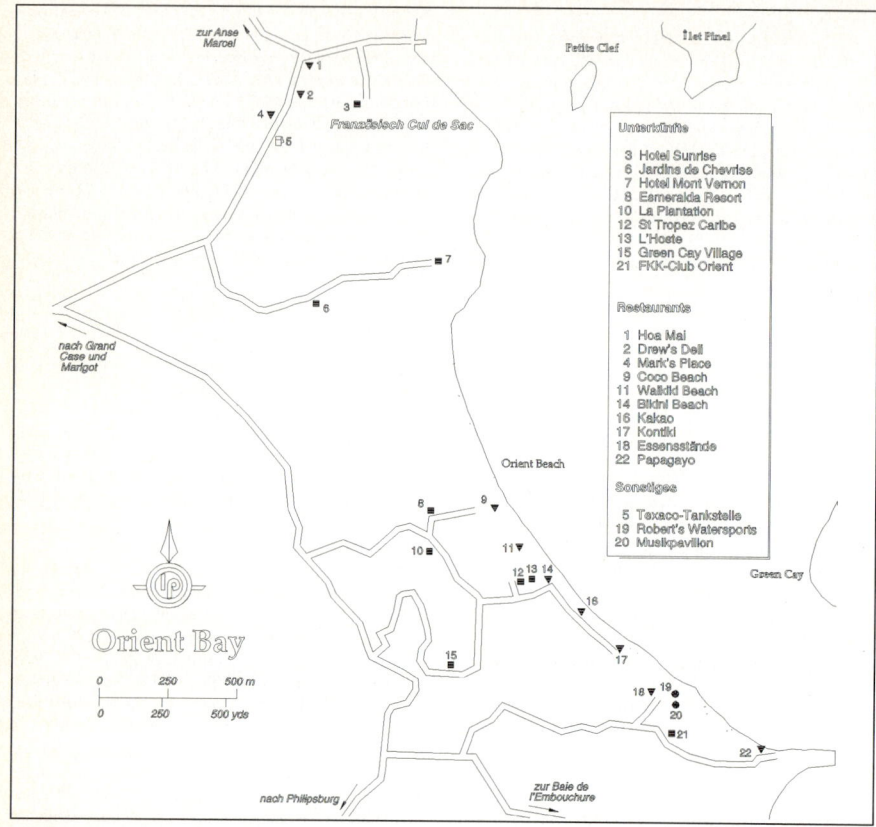

zur Anse Marcel

Petite Clef

Îlet Pinel

Französisch Cul de Sac

Unterkünfte

3 Hotel Sunrise
6 Jardins de Chevrise
7 Hotel Mont Vernon
8 Esmeralda Resort
10 La Plantation
12 St Tropez Caribe
13 L'Hoste
15 Green Cay Village
21 FKK-Club Orient

Restaurants

1 Hoa Mai
2 Drew's Dell
4 Mark's Place
9 Coco Beach
11 Waikiki Beach
14 Bikini Beach
16 Kakao
17 Kontiki
18 Essensstände
22 Papagayo

Sonstiges

5 Texaco-Tankstelle
19 Robert's Watersports
20 Musikpavilion

nach Grand Case und Marigot

Orient Beach

Green Cay

Orient Bay

0   250   500 m
0   250   500 yds

nach Phillipsburg

zur Baie de l'Embouchure

115 US $, zu zweit 115 bzw. 145 US $. Für eine dritte Person kommen 25 US $ Zuschlag hinzu. Von hier aus sind es ca. fünf Minuten zu Fuß zum Strand.

Das St. Tropez Caribe (Tel. 87 42 01, Fax 87 41 69) ist ein neuer Komplex mit 84 Unterkünften unmittelbar hinter dem Strand. Die Zimmer befinden sich in dreistöckigen Gebäuden im mediterranen Stil und besitzen einen Eßbereich sowie eine Terrasse oder einen Balkon. Sie sind mit einer zentralen Klimaanlage, Fernsehgerät, Kühlschrank, Zimmersafe und Telefon ausgestattet. Vorhanden sind entweder ein King-Size-Bett oder zwei Einzelbetten. Der Manager stammt aus Nordamerika, und auch die Gäste sind vorwiegend US-Bürger. Man zahlt hier im Sommer zwischen 90 und 110 US $ und im Winter zwischen 120 und 150 US $, wobei die Räume im Erdgeschoß preiswerter sind als die oberen Zimmer.

Das L'Hoste (Tel. 87 42 08, Fax 87 39 96) mit 287 Unterkünften, die mit jenen im benachbarten St. Tropez Caribe identisch sind, wird von Franzosen geführt. Hier steigen vorwiegend europäische Gäste ab. Die Preise liegen außerhalb der Saison bei 120 bis 135 US $, während im Winter 175 bis 190 US $ berechnet werden.

Das Club Orient Naturist Resort (Tel. 87 33 85, Fax 87 33 76) ist der einzige Club in der östlichen Karibik, in dem FKK möglich ist. Alle Aktivitäten, darunter auch Abendessen, Wassersport, Tennisspiele und Segeltouren finden unbekleidet statt. Die Gäste wohnen in 62 Ferienhäusern aus finnischem Kiefernholz, die mit einem Etagenbett, einem Sofa, einem Schreibtisch und einem Stuhl sowie mit einer Dusche, einem Deckenventilator und einer Küchenzeile mit Backofen, Kühlschrank, Kaffeemaschine und Toaster rustikal ausgestattet sind. Für ein Studio (je zwei in einem Haus) zahlt man für zwei Personen im Sommer 135 US $ und im Winter 195 US $. Daneben stehen auch Ferienhäuschen mit einem Schlafraum und einem Wohnbereich für 165 US $ im Sommer und 265

US $ im Winter zur Verfügung. Als Einzelperson zahlt man ca. 15 % weniger.

Das teurere Esmeralda Resort (Tel. 87 36 36, Fax 87 35 18) besteht aus 15 Gebäuden im Landhausstil mit jeweils einigen Ferienapartments und Ferienwohnungen. Die Apartments mit einer Kochgelegenheit, Fernsehgerät und Zimmersafe werden im Sommer für 165 US $ und im Winter für 250 US $ vermietet, die Wohnungen mit einem separaten Wohnzimmer und einem Kochbereich im Sommer ab 250 US $ und im Winter ab 350 US $. Zu jedem Haus gehört auch ein eigenes Schwimmbecken.

Das Green Cay Village (Tel. 87 38 63, Fax 87 39 27) besteht aus zwanzig edlen neuen Landhäuschen mit Küche, Schlafzimmer mit King-Size-Bett, Stereo-CD-Player, Kabelfernsehgerät mit Videorekorder, einem Wohnraum, der auf eine Terrasse mit Blick auf das Meer weist, sowie einem eigenen Schwimmbad. Das Ganze wird abgerundet von Tennisplätzen. Gäste des Hauses werden vom Flughafen abgeholt und dorthin zurückgebracht. Im Sommer zahlt man hier pro Woche 1450 US $ für eine Unterkunft mit einem Schlafraum und 2100 US $ für ein Häuschen mit zwei Schlafzimmern. Im Winter liegen die Wochenpreise bei 2100 bzw. 3200 US $.

ESSEN

An der Nordseite vom Club Orient gibt es einige Dutzend Essensstände, an denen man vom Hot Dog für 1 US $ und Bier bis zu Crêpes, Eis oder Hummer für 20 US $ bekommt.

Im (nicht sehr förmlichen) Restaurant Papagayo im Club Orient stehen Omelettes, Salate, Sandwiches und Burger zu Preisen zwischen 6 und 10 US $ sowie Fisch- und Fleischgerichte zur Wahl, die mit Kartoffeln oder Pasta für ca. 20 US $ serviert werden. Es ist den ganzen Tag über geöffnet.

In der Mitte des Strandes gibt es fünf einfache Open-Air-Restaurants, die vor allem mittags besucht werden, auch wenn einige davon abends ebenfalls geöffnet sind. Man kann dort für ca. 10 bis 15 US $ essen. In der Reihenfolge von Süden nach Norden handelt es sich um das Kontiki mit gutem Grillfisch und Hummer, das Kakao mit Pizzen und Pasta, das Bikini Beach mit einer Speisekarte im Tapas-Stil, aber einer glanzlosen Küche, das Waikiki Beach, das von einem Amerikaner geführt wird und in dem Sandwiches sowie Fisch und andere Meeresfrüchte zu haben sind, darunter auch rohe Meeresfrüchte, sowie das Coco Beach mit traditionelleren französischen und kreolischen Gerichten.

OYSTER POND

Die Grenze zwischen dem niederländischen und französischen Teil der Insel verläuft genau durch Oyster Pond, ein überwiegend ländliches Gebiet, in dem zunehmend kleine Anlagen mit Ferienwohnungen sowie Hotels und Pensionen entstehen. Auf der französischen Seite liegen der Jachthafen und die meisten Hotels, während sich der schönste Strand (Dawn Beach) auf der niederländischen Seite erstreckt (vgl. das Ende dieses Kapitels).

Oyster Pond ist kein Teich, sondern eine Bucht, auch wenn sie geschützt ist. Ihre Form erinnert an eine Auster. Einen schönen Blick über die Bucht hat man, wenn man einen kurzen, von Kakteen gesäumten Pfad an der Nordostseite der Bucht hinaufgeht.

Der Jachthafen Captain Oliver kann mit 100 Liegeplätzen, den üblichen Einrichtungen eines Jachthafens, ein paar Restaurants, in denen man sich über verschiedene Mög-

lichkeiten zur Freizeitgestaltung informieren kann, sowie einigen Läden und Büros aufwarten, z. B. die von The Moorings und Sun Yacht Charters.

UNTERKUNFT

Das Coralita Beach Hotel (Tel. 87 31 81, Fax 87 31 20, BP 175, Marigot) liegt an der Baie Lucas, von Oyster Pond einem Strand weiter nördlich. Dieses schlichte, zweistöckige Haus hat den Charakter eines altmodischen französischen Hotels in einem Badeort am Meer. Die 24 Studios sind nicht mehr ganz neu, jedoch groß und mit einer Küchenzeile und einem Ventilator ausgestattet. Sie verfügen auch über einen kleinen Balkon mit Blick auf das Meer. Hier liegen die Übernachtungspreise im Sommer für eine Person bei 60 US $ und für zwei Personen bei 75 US $ sowie im Winter bei 110 bzw. 135 US $. Vorhanden sind auch ein Swimming Pool, ein Tennisplatz, ein Restaurant und eine Bar mit gemäßigten Preisen. Außerdem kann man sich als Gast kostenlos eine Schnorchelausrüstung ausleihen.

Ein gutes Preis-Leistungsverhältnis bietet der Copacabana Club (Tel. 87 42 52, Fax 87 39 85), ein neuer Komplex mit 19 schönen Unterkünften im Apartmentstil ca. fünf Minuten zu Fuß vom Jachthafen entfernt. Jedes Quartier besitzt einen separaten Schlafraum, Fernsehgerät, Telefon, Küchenzeile und eine Terrasse oder einen Balkon. Die Preise belaufen sich im Sommer für eine Person auf 75 US $, für zwei Personen auf 85 US $ und für drei Personen auf 100 US $ sowie im Winter auf 110, 120 bzw. 135 US $. Frühstück im Captain Oliver's ist im Preis inbegriffen. Wer möchte, kann sich jedoch mit der Geschäftsführung einigen und auf das Frühstück verzichten und braucht dann 10 US $ pro Person weniger zu bezahlen.

Im nicht weit entfernten Hotel Blue Beach (Tel. 87 33 44, Fax 87 42 13, 26 Oyster Pond) werden 42 kleine, moderne Zimmer mit Küchenzeile, Klimaanlage, Fernsehgerät, zwei Einzelbetten oder zwei Doppelbetten und Terrasse oder Balkon vermietet. Von einigen Zimmern schaut man auf das Meer, aber die kosten auch nicht mehr als die anderen. Im Sommer muß man hier allein 70 US $ und zu zweit 85 US $ bezahlen, im Winter 85 bzw. 120 US $. Zur Verfügung stehen ferner vier größere Zimmer mit einer Galerie und Platz für bis zu vier Personen zum Preis von 110 US $ im Sommer und von 150 US $ im Winter. Man kann ein Zimmer ohne Blick auf das Meer auch für 900 US $ pro Monat zuzüglich Nebenkosten mieten. Zur Anlage gehören zudem ein Swimming Pool, eine Bar und ein Restaurant.

Das Captain Oliver's (Tel. 87 40 26, Fax 87 40 84, BP 645, Oyster Pond), das der Pullmann-Kette angeschlossen ist, liegt am Jachthafen. Hier werden 50 Zimmer mit Küchenzeile, Telefon, Fernsehgerät, Zimmersafe, Klimaanlage und Balkon sowie einem Swimming Pool vermietet, in denen man im Sommer allein für 95 US $ und zu zweit für 105 US $ sowie im Winter für 168 bzw. 210 US $ übernachten kann.

ESSEN

Im Dinghy Dock vom Captain Oliver's am Jachthafen, einem Imbißlokal mit Picknicktischen, erhält man für 6 US $ Sandwiches, Chilli-Würstchen, Croissants und Fosters vom Faß. Daneben befindet sich der Ship Shop, ein kleiner Laden mit Lebensmitteln, Spirituosen und verschiedenen anderen Waren, der bis 19.00 Uhr geöffnet ist.

Das Captain Oliver's ist ein beliebtes Gartenlokal am Anleger, in dem täglich von 7.00 bis 10.00 Uhr ein Frühstücksbuffet angeboten wird. Mittags und abends können Sie hier einen Salat aus Avocados, Hummer und Garnelen für 10 US $ bestellen. Frischer Fisch und Fleischgerichte kosten zwischen 16 und 20 US $.

Das Frog's im Hotel Blue Beach ist ein nettes und legeres französisches Restaurant auf einer Dachterrasse mit einer wechselnden Tageskarte und Ausblick auf das Meer, wenn auch nicht gerade mit einem umwerfenden Ausblick. Zu den Standardgerichten zählen Froschschenkel, Cornish-Hühnchen und gegrilltes Fleisch für ca. 12 US $. Das Lokal ist täglich von 18.00 bis ca. 24.00 Uhr geöffnet.

PHILIPSBURG

Philipsburg, die Hauptstadt des niederländischen Teiles von Sint Maarten, liegt an einem langen, schmalen Landstreifen, der den Großen Salzsee (Great Salt Pond) von der Großen Bucht (Great Bay) trennt. In der Stadt stehen einige ältere Gebäude und auch neuere Bauten, aber alles in allem ist Philipsburg mit kommerzieller als anheimelnd. Am meisten Betrieb ist in der Frontstreet, der Straße, die der Bucht folgt und von Boutiquen, Schmuckläden, Restaurants, Hotels, Kasinos und Läden mit zollfreien Waren, in denen von dänischem Porzellan bis hin zu japanischen Kameras und Elektronik aus Nippon alles verkauft wird, gesäumt ist.

Am Wathey Square, den man als Stadtmitte bezeichnen kann, sieht man einen Informationskiosk des Fremdenverkehrsamtes, einen kleinen Anleger, an dem die Kreuzfahrtschiffe festmachen, und den alten Gerichtshof aus dem Jahre 1793.

Verkäufer auf dem Platz bieten den herumschlendernden Touristen Andenken, Kokosnußmilch und frisch gepreßten Zuckerrohrsaft an.

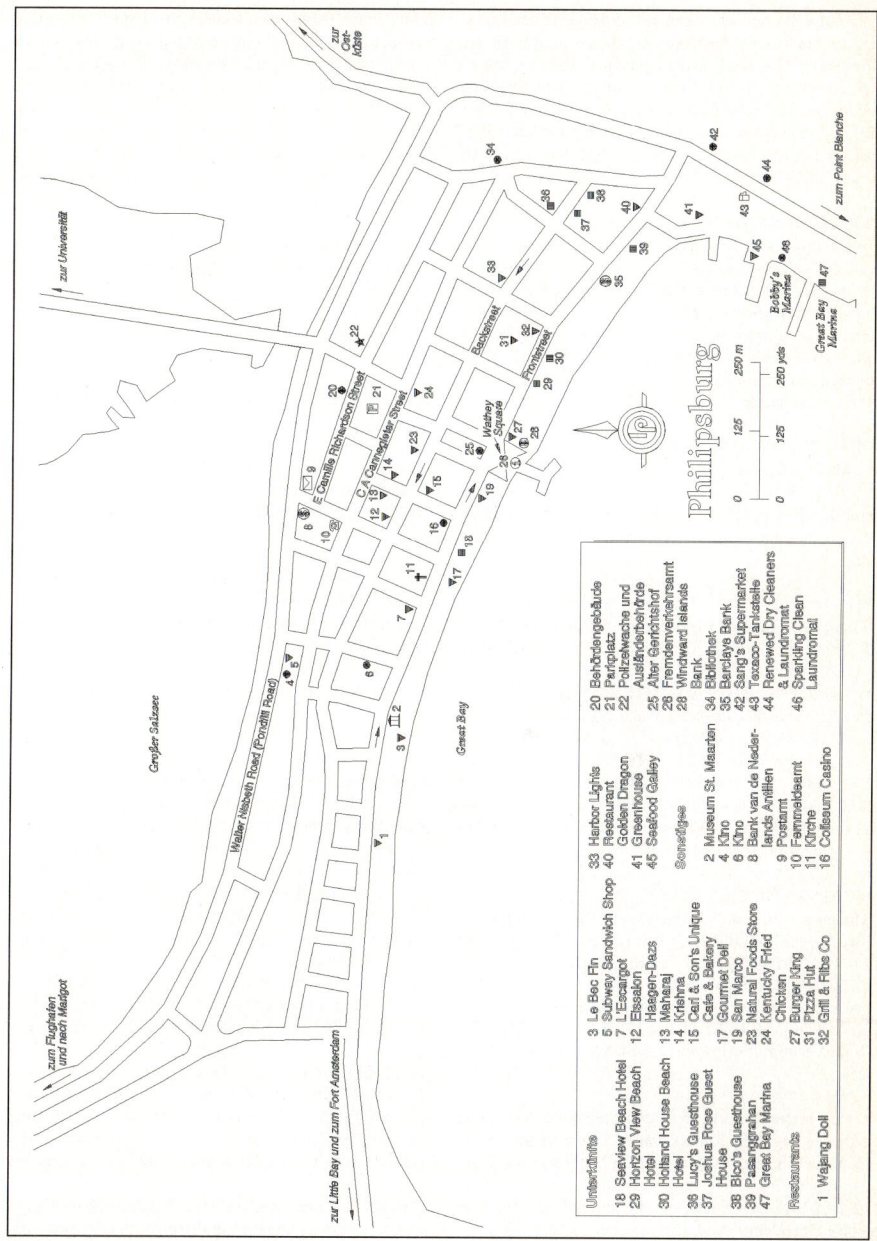

ST. MARTIN

Der Great Bay Beach grenzt auf seiner gesamten Länge an die Stadt, aber die Vorderseiten der Häuser an der Frontstreet sind landeinwärts gebaut worden, so daß es leicht möglich ist, entlang dieser Straße zu gehen, ohne überhaupt den Strand zu bemerken. Auch wenn Great Bay sicher nicht zu den unberührtesten Stränden auf St. Maarten gehört, ist das Wasser hier ruhig. Man sieht auch Leute, die hier baden.

ORIENTIERUNG
Vier Straßen verlaufen in ost-westlicher Richtung, und zahlreiche Gassen (genannt *steegjes*) verbinden diese in nord-südlicher Richtung. Die Frontstreet ist nur in Richtung Osten befahrbar, die Backstreet in Richtung Westen. Einen Bus können Sie an der Backstreet besteigen. Die Nordseite von Philipsburg wird gelegentlich auch Pondfill genannt, da ein großer Teil davon durch Landgewinnung geschaffen wurde.

PRAKTISCHE HINWEISE
Geld: Es gibt eine Reihe von Banken in Philipsburg, darunter auch die Barclays Bank in der Frontstreet 19 und die Windward Islands Bank am Wathey Square, die montags bis freitags von 8.30 bis 15.30 Uhr geöffnet ist.

Post: Das Postamt befindet sich am Westende der Camille Richardson Road und ist montags bis donnerstags von 7.30 bis 17.00 Uhr sowie freitags bis 16.30 Uhr zugänglich.

Wäschereien: Bei Sparkling Clean Laundromat am Jachthafen können Sie eine Ladung Wäsche für 7,50 US $ waschen, trocknen und falten lassen. Die Wäscherei ist sonntags von 8.00 bis 12.00 Uhr und an den anderen Tagen bis 18.00 Uhr geöffnet. Eine Alternative ist es, im Renewed Dry Cleaners & Laundromat gegenüber der Texaco-Tankstelle selbst zu waschen, wo man allerdings fast genauso viel bezahlen muß.

SEHENSWÜRDIGKEITEN
Museum von Sint Maarten: Im bescheidenen kleinen Museum in der Frontstreet 119 werden Ausstellungsstücke zur Geschichte der Insel gezeigt, z. B. Fotos aus der Kolonialzeit, alte Flaschen, eine Sammlung von Steinen und ähnliches. Es ist montags bis freitags von 10.00 bis 16.00 Uhr und samstags bis 12.00 Uhr geöffnet. Der Eintritt beträgt für Erwachsene 1 US $ und ist für Kinder frei.

Fort Amsterdam: 1631 bauten die Niederländer ihre erste Festung in der Karibik, das Fort Amsterdam, auf der Halbinsel, die die Great Bay und die Little Bay voneinander trennt. Sie fiel bei einer Invasion der Spanier, die die Festung zwei Jahre später eroberten und sie ausbauten sowie eine kleine Kirche hinzufügten.

Trotz ihrer historischen Bedeutung wurde die Anlage vernachlässigt und läßt heute wenig mehr erkennen als zerfallende Mauern und einige wenige Kanonen. Man hat jedoch von hier aus einen recht schönen Blick über die Bucht nach Philipsburg. Um zur Festung zu gelangen, können Sie zur Little Bay fahren und in der Nähe der Tennisplätze des Little Bay Beach Resort parken. Die Festungsanlage ist dann ca. 10 Minuten weiter bergauf im Süden zu erreichen.

Zoo und Botanischer Garten von Sint Maarten: An der Nordseite des Großen Salzsees kann man sich einen recht kleinen Zoo mit Hähnchen, Kaninchen und Truthähnen sowie einigen weniger domestizierten Tieren wie Pavianen und Kaimanen ansehen. Der Zoo liegt neben den Schüsseln für den Empfang von Fernsehprogrammen über Satelliten am Berg in der Arch Road in Madame Estates. Der Eintritt beträgt für Erwachsene 4 US $ und für Kinder 2 US $. Montags und dienstags ist die Anlage geschlossen.

Umgebung des Jachthafens: An der Great Bay und Bobby's Jachthafen an der Südostseite von Philipsburg findet man einige Restaurants, einen kleinen Lebensmittelladen sowie Autovermietungen, eine Tauchschule und verschiedene Läden für Bootsbedarf. Informationen über Jobs auf Schiffen, zum Verkauf stehende Boote usw. lassen sich den Schwarzen Brettern im Laden für Bootsbedarf Island Water World (hier gibt es auch Seekarten) und im Hotel Great Bay Marina entnehmen. Die Boote nach St. Barts fahren täglich von diesem Jachthafen ab.

UNTERKUNFT
Stadtmitte: Das Joshua Rose Guest House (Tel. 2 43 17, Fax 3 00 80, PO Box 1033, Philipsburg, Backstreet 7) ist eine empfehlenswerte Pension mit einer freundlichen Leitung. Die 14 Zimmer hier sind nicht besonders elegant, aber sauber sowie gut ausgestattet und besitzen ein eigenes Bad, eine Klimaanlage, Telefon, Fernsehgerät, Minikühlschrank und Zimmersafe. Für ein Standardzimmer mit einem Doppelbett und einem Einzelbett zahlt man im Sommer allein 43 US $ und zu zweit 53 US $ sowie im Winter 48 bzw. 68 US $. Die größeren Zimmer mit einer Galerie und hohen Decken sowie zwei Doppelbetten kosten 10 US $ mehr. Kinder werden für 10 US $ untergebracht.

Das nahegelegene Lucy's Guesthouse in der Backstreet 10 (Tel. 2 29 95) ist mit kleinen, kargen Zimmern recht einfach, die mit 50 US $ zu teuer vermietet werden. Eine bessere Wahl trifft man mit Bico's Guesthouse in der Backstreet 3 (Tel. 2 22 94), in dem die Zimmer genauso viel kosten.

Das Seaview Beach Hotel (Tel. 2 23 23, Fax 2 43 56, PO Box 65, Philipsburg) ist ein zweistöckiges Hotel am

Strand über einem Kasino. Die Zimmer sind klein und mit einem Schreibtisch sowie einem Stuhl, Fernsehgerät, Klimaanlage und eigenem Bad recht schlicht eingerichtet. Im Sommer muß man hier für eine Übernachtung allein 46 US $ und zu zweit 55 US $ sowie im Winter 79 bzw. 99 US $ bezahlen. Für ein Zimmer mit Blick auf das Meer werden im Sommer 10 US $ und im Winter 20 US $ mehr berechnet. Die bekanntesten Kreditkarten werden akzeptiert. Für Kinder unter 12 Jahren muß nichts bezahlt werden.

Im Great Bay Marina (Tel. 2 21 67, Fax 2 49 40, PO Box 277, Philipsburg) stehen sieben einfache, aber ausreichende Zimmer im zweiten Stock mit Klimaanlage und eigenem Bad, einem kleinen Kühlschrank, Kaffeemaschine, Kabelfernsehgerät und Balkon mit Blick auf den Hafen zur Verfügung. Wer sich auf dem Weg nach St. Barts befindet, wohnt hier recht praktisch, da man sich dann fast aus dem Bett auf das Boot rollen lassen kann. Allein oder zweit kommt man hier im Sommer für 50 US $ und im Winter für 70 US $ unter. Für eine dritte Person muß man 10 US $ mehr bezahlen.

The Passanggrahan (Tel. 2 35 88, Fax 2 28 85, PO Box 151, Philipsburg) ist ein Hotel mit 30 Zimmern am Strand in der Frontstreet. Das Restaurant und die Lobby befindet sich in einem früheren Gouverneurshaus, aber die meisten Zimmer in Nebengebäuden ohne Charakter. Die Standardzimmer, die im Sommer 68 US $ und im Winter 114 US $ kosten, sind einfach und klein und teilen sich einen Balkon mit Blick auf das Meer. Die größeren Luxuszimmer besitzen jeweils einen eigenen Balkon und kosten im Sommer 88 US $ sowie im Winter 148 US $. Alle Zimmer sind mit Deckenventilatoren, Klimaanlage und eigenem Bad ausgestattet. Neben den üblichen 5 % Steuern und 10 % für Bedienung werden in diesem Hotel ärgerliche zusätzliche Gebühren erhoben: 5 % für den Energieverbrauch sowie 10 US $ pro Tag, wenn man die Klimaanlage benutzt. Kreditkarten werden nicht akzeptiert, und Kinder unter 12 Jahren sind nicht erwünscht.

Das Holland House Beach Hotel (Tel. 2 25 72, Fax 2 46 73, PO Box 393, Philipsburg), ein Hotel in niederländischer Hand, ist zentral am Strand gelegen. Hier werden 54 geräumige Zimmer angeboten. Alles in allem ist es das hübscheste Hotel in Philipsburg mit Dielenböden, Badewannen im Bad, Balkonen, Kabelfernsehgeräten, Telefonen, Klimaanlage und in den meisten Zimmern einer Küchenzeile. Die Preise beginnen im Sommer für eine Person bei 80 US $ und für zwei Personen bei 87 US $ sowie im Winter bei 110 bzw. 125 US $. Die vor kurzem renovierten besseren Zimmer kosten zwischen 10 und 20 US $ mehr.

Das Horizon View Beach Hotel in der Frontstreet (Tel. 3 21 21, Fax 3 21 23, PO Box 105, Philipsburg) ist ein neuer Komplex im Apartmentstil mit 30 Unterkünften. In den Studios, die teils auch über einen Balkon verfügen, findet man ein Doppelbett und eine Küchenzeile vor. Sie

kosten im Sommer 90 US $. Die Ferienwohnungen zum Strand hin bieten einen separaten Schlafraum, ein Bad mit Badewanne, eine Küche sowie ein geräumiges Wohnzimmer mit großen Fenstern, die einen herrlichen Blick über die Bucht zulassen, und kosten 139 US $. Im Winter liegen die Preise 35 % höher. Alle Unterkünfte sind zudem klimatisiert und mit Kabelfernsehgerät sowie Telefon ausgestattet.

Umgebung von Philipsburg: Das Defiance Haven Hotel (Tel. 2 31 45, Fax 2 27 13, PO Box 933, Philipsburg) liegt auf halbem Weg zwischen Philipsburg und Dawn Beach - ein bißchen abgelegen, aber in zehn Minuten mit einem Wagen zu erreichen. Das einfache, dreistöckige Hotel im Stil eines Motels ist bei Urlaubern aus der Karibik beliebt. Die 50 Zimmer sind mit Telefon, Fernsehgerät und Klimaanlage ausgestattet. Ein Swimming Pool ist ebenfalls vorhanden. Hier muß man das ganze Jahr über für ein Einzelzimmer 50 US $ und für ein Doppelzimmer 60 US $ bezahlen, wobei ein kontinentales Frühstück im Preis enthalten ist. Kinder unter 12 Jahren werden ohne Zusatzkosten mit aufgenommen.

Ebenfalls preiswert ist das Hotel Rama am Point Blance (Tel. 2 25 82, Fax 2 25 82), 2 km südöstlich von Philipsburg, in dem man in einem der 16 Apartments allein ab 40 US $ und zu zweit ab 45 US $ unterkommt.

ESSEN

Preiswerte Restaurants: Carl & Son's Unique Cafe & Bakery ist eine gute Adresse in Philipsburg, um Croissants und andere leckere Backwaren zu kaufen. Das ist eine Pâtisserie mit Café, die täglich außer sonntags von 7.30 bis 23.00 Uhr geöffnet ist. Ebenfalls früh am Morgen öffnet Burger King am Wathey Square, wo man täglich von 7.00 bis 22.00 Uhr etwas essen kann.

Das Gourmet Deli in der Frontstreet 75 ist ein gutes, kleines Strandcafé, in dem man von 8.00 bis 12.00 Uhr zu vernünftigen Preisen mit Croissants und Eiergerichten frühstücken kann. Von 11.00 bis 18.00 Uhr bekommt man hier Sandwiches, Burger, Salate und eine niederländische Fleischplatte für ca. 5 US $, während für warme Gerichte wie Hähnchen-Curry oder frischer Fisch mit Reis und Salat 6,50 US $ zu entrichten sind. Sonntags ist Ruhetag.

Das Restaurant Golden Dragon in der Frontstreet 4 bietet eine große Bandbreite chinesischer Standardgerichte, die um die 10 US $ kosten, sowie täglich ein Mittagsgericht für 7 US $, das bis 15.00 Uhr serviert wird. Daneben gibt es noch einen Außenverkauf vorn am Restaurant, in dem Tellergerichte für 5 US $ erhältlich sind und vor dem einige einfache Tische stehen, an die man sich setzen kann.

Das Krishna in der Backstreet 66 ist ein winziger Imbiß, der sich auf die Gemeinschaft der Inder auf St. Martin eingestellt hat. Die Tageskarte auf der schwarzen Schiefertafel ist auf Hindi geschrieben. Angeboten wird etwa ein halbes Dutzend Standardgerichte der indischen Küche, die zwischen 5 und 7 US $ kosten. Es gibt in der Stadt aber auch noch ein weiteres indischen Restaurant, das Maharaj im 2. Stock des Gebäudes auf der gegenüberliegenden Straßenseite.

Einen Block westlich in der Backstreet liegt der Eissalon Haagen-Dazs mit über 30 Sorten Eis für 1,75 US $ pro Kugel, sowie Eis am Stil, Sundaes, Sodas und Heineken-Bier für 1 US $. Er ist täglich von 11.00 bis 23.00 Uhr geöffnet. Das Pizza Hut im Einkaufszentrum Old Street bietet mittags ein Tagesgericht an, eine sogenannte „persönliche Pfannenpizza" mit einer Pepsi für 3 US $ oder mit einem Heineken-Bier für 0,50 US $ mehr.

Mittelklasserestaurants: Das Harbour Lights, ein alteingesessenes und immer gut besuchtes Restaurant, ist vor kurzem in die Backstreet umgezogen. Man kann jetzt zwar nicht länger auf den Hafen blicken, aber das nette Restaurant besitzt einen Balkon zur Straße hin und bietet gute einheimische Küche zu vernünftigen Preisen. Lekkeres Ziegenfleisch, Fisch und Muschel-Curry mit Reis und Bohnen sowie ein kleiner Salat kosten 10 US $. Dieselben Gewürze wie im Curry kommen auch bei den Rotis zum Einsatz, die mit Füllungen von Kichererbsen (3 US $) bis zu Hummer (7 US $) angeboten werden. Auf der Speisekarte finden Sie zudem Salate, Fish & Chips sowie Pilau im Stil von Trinidad. Das Restaurant ist mittags und abends geöffnet. Das Grill & Ribs Co im Einkaufszentrum Old Street ist ein beliebtes Freiluftrestaurant im 2. Stock, in dem man z. B. für 11 US $ so viele kleine Rippchen essen kann, wie man will. Die Rippchen schmecken gut, aber wer kein Schweinefleisch mag, kann auch eine großzügig bemessene Hähnchen-Fajita für 9 US $ bestellen. Bis 16.00 Uhr bekommt man hier Burger und Sandwiches mit Grillhähnchen und Pommes Frites für 5 US $. Geöffnet ist täglich von 11.00 bis 22.00 Uhr. Mit Kreditkarten kann man hier allerdings nicht bezahlen. Das Greenhouse am Nordende des Jachthafens ist ein Lokal mit viel Betrieb und vor allem für seine Happy Hour von 16.30 bis 19.00 Uhr bekannt, in der man zwei Getränke zum Preis von einem bestellen kann und dazu kostenlos kleine Imbisse erhält. Es ist montags bis freitags von 11.00 bis 2.00 Uhr sowie samstags und sonntags von

16.00 bis 1.00 Uhr geöffnet. Mittags bekommt man hier Burger, Sandwiches, Satays und Gado Gado für ca. 6 US $, während abends von 17.00 bis 22.00 Uhr die Fleisch- und Fischgerichte auf der Speisekarte zwischen 11 und 16 US $ kosten. Es gibt hier zudem Billardtische, Dartbretter, Fernsehschirme und einen Diskjockey, der ab 22.00 Uhr für Musik zum Tanzen sorgt.

Teure Restaurants: In der Seafood Galley am Kai des Jachthafens Bobby ist die Einrichtung im Stil Neuenglands gehalten. Es gibt hier eine Theke mit rohen Meeresfrüchten wie Austern und Venusmuscheln auf der halben Schale. Von 11.00 bis 15.00 Uhr können Sie in diesem Lokal ein spanisches Omelette, Fischburger oder Roastbeef-Sandwich mit Pommes Frites für 7 US $ bestellen. Salate und Fischgerichte kosten einige Dollar mehr. Abends, zwischen 18.00 und 22.30 Uhr, finden Sie auf der Speisekarte z. B. Fisch vom Tag für 13 US $ und Hummer-Curry für 18 US $. Sonntags ist das Lokal geschlossen. Werfen Sie hier einmal einen Blick auf die riesige Meeräsche, die am Kai herumschwimmt. Wer einen besonderen Anlaß hat, kann abends z. B. ins Le Bec Fin (Tel. 2 29 676) im Haus mit dem Museum gehen. Das ist ein elegantes französisches Restaurant mit gutem Essen und einem herrlichen Blick auf das Meer. Die Vorspeisen umfassen Melonensuppe, Krebsravioli und Muscheln in Fenchelsoße. Die Hauptgerichten reichen von Fisch des Tages für 16 US $ bis zu Hummer in Cognac flambiert für 31 US $. Im allgemeinen wird auch ein festes Tagesmenü angeboten. Das Wajang Doll in der Frontstreet 237 (Tel. 2 26 87) ist für seine Rijstafel bekannt, ein traditionelles indonesisches Gericht. Es kostet mit 14 verschiedenen Speisen 19 US $ und mit 19 Speisen 25 US $. Das kann man montags bis samstags von 18.45 bis 22.00 Uhr probieren. Kleinkinder haben allerdings keinen Zutritt. In der Frontstreet gibt es noch eine ganze Reihe weiterer Restaurants in dieser Preisklasse. Zwei von den schöneren sind das San Marco, ein italienisches Restaurant mit Tischen am Meer, und das L'Escargot, ein französisches Restaurant in einem farbenprächtigen französischen Haus aus dem 19. Jahrhundert, das sich auf verschiedene Schneckengerichte spezialisiert hat.

WEITERE ORTE IM HOLLÄNDISCHEN TEIL VON ST. MAARTEN

SIMPSON BAY

Simpson Bay nennt man auch den schmalen Landstreifen, der die Simpson Bay von der Lagune Simpson Bay trennt.

Über einen Kanal zwischen den beiden Gewässern führt eine Zugbrücke, die viermal täglich geöffnet wird, um die

Boote von einer Seite zur anderen passieren zu lassen.

Westlich der Zugbrücke liegt ein Sandstrand mit Pensionen der mittleren Preisklasse, aber auf der gesamten Länge des Strandes verläuft parallel die Start- und Landebahn des Flughafens in nur wenigen hundert Metern Entfernung. Trotz der Nähe zum Flughafen ist die Lage nicht sehr praktisch, um Taxifahrten oder die Kosten für einen Mietwagen zu vermeiden, da man um die Start- und Landebahn herumgehen muß, um zu den Pensionen zu kommen, was gut 20 Minuten Fußweg entlang einer stark befahrenen Straße bedeutet. Der Flugzeuglärm sollte allerdings Frühaufsteher nicht unbedingt stören, da zwischen 21.00 und 7.00 Uhr keine Starts und Landungen stattfinden.

Östlich der Zugbrücke liegen einige kleine Bootshäfen, eine Reihe von Bars und Restaurants sowie mehrere Komplexe mit Kasinos und große Hotels.

UNTERKUNFT

Die drei ersten hier genannten Häuser erreicht man, wenn man auf der Houtman Road am Ostende der Start- und Landebahn nach Süden geht. Nach ca. 100 m auf der Houtman Road kommt man zum Calypso Guest House (Tel. 4 42 33), das am preiswertesten und am nächsten am Flughafen gelegen ist. Die Zimmer im 2. Stock über einem mexikanischen Restaurant sind recht schlicht und mit einer Küchenzeile, Tisch und Stühlen, Klimaanlage sowie Fernsehgerät ausgestattet. Im Sommer zahlt man hier allein 50 US $ und zu zweit 60 US $, im Winter 60 bzw. 80 US $. Von diesem Haus sind es nur wenige Minuten zu Fuß zum Strand.

Rund 750 m weiter liegt am Strand das Mary's Boon (Tel. 5 42 35, Fax 5 33 16, PO Box 2078), das aus 12 Studios mit Küchenzeile und Balkon besteht. Hier herrscht eine angenehme westindische Atmosphäre, auch wenn angesichts eines fehlenden Telefons und einer fehlenden Klimaanlage Komfort nicht sehr groß geschrieben wird. Im Sommer werden in dieser Anlage 75 US $, im April und November 90 US $ und im Winter 150 US $ berechnet. Kinder unter 16 Jahren können hier nicht übernachten. Es werden auch keine Kreditkarten akzeptiert. Im Sommer gilt eine Mindestmietdauer von drei Tagen, im Winter von einer Woche. Auf die Rechnung werden 15 % für Bedienung aufgeschlagen.

Das La Chatelaine (Tel. 5 42 69, Fax 5 31 95, PO Box 2056) ist ein neuerer Komplex kurz vor dem Mary's Boon. Hier werden den Gästen ein Swimming Pool und 17 Unterkünfte mit Küchenzeile und Terrasse am Strand geboten. Im Sommer kosten die Studios 75 US $ und im Winter 115 US $, während die Apartments mit einem Schlafraum an bis zu zwei Personen im Sommer für 135 US $ sowie im Winter für 235 US $ vermietet werden. Für eine dritte Person kommen im Sommer noch 20 US $ und im Winter 30 US $ hinzu. Kinder unter sieben Jahren werden hier nicht aufgenommen.

Das Pelican Resort & Casino (Tel. 4 25 03, Fax 4 21 33, PO Box 431, Philipsburg) liegt an einem Strand an der Ostseite der Simpson Bay. Der weitläufige Komplex umfaßt 654 Unterkünfte von Studios bis zu Ferienwohnungen mit zwei Schlafräumen, mehrere Restaurants, Swimming Pools, Tennisplätze, ein Kasino und eine Ladenzeile. Die Zimmer entsprechen dem Standard von Spitzenhotels und werden im Sommer ab 115 US $ und im Winter ab 205 US $ vermietet.

ESSEN

Im Don Carlos, einem mexikanischen Restaurant mit moderaten Preisen unterhalb vom Calypso Guest House, bekommt man Tostadas oder Enchiladas mit Reis und Bohnen für 12 US $ und die üblichen Gerichte zum Frühstück für 5 bis 8 US $.

An der Hauptstraße kommt man zu einer Pizza Hut mit einem besonderen Angebot zur Mittagszeit, nämlich einem Grill & Ribs Co mit recht guten Fajita, Grillhähnchen und Ribs für ca. 10 US $. Dort kann man auch von einem Burger King Gebrauch machen, der bis Mitternacht geöffnet ist.

Unmittelbar gegenüber vom Flughafen befindet sich der Lebensmittelladen Stop & Shop mit einem Nobelimbiß sowie einem kleinen Café mit Blick über die Lagune an der Rückseite. Erhältlich sind hier Salate, Cheeseburger und Pommes Frites sowie Rotis mit Hähnchenfleisch ohne Knochen für 5 bis 7 US $, aber auch die üblichen Gerichte zum Frühstück für etwa die Hälfte davon. Der Laden ist täglich von 7.30 bis 20.00 Uhr geöffnet (sonntags bis 18.30 Uhr). Es gibt noch einen weiteren Stop & Shop sowie einige Restaurants am Simpson Bay Yacht Club an der Ostseite der Zugbrücke.

MAHO BAY UND MULLET BAY

Die Maho Bay und die Mullet Bay sind zwei aneinander grenzende Feriengebiete an der Südwestküste. Wenn man die Gegend mit der Maho Bay erreicht, hat man das Gefühl, sich plötzlich mitten in Las Vegas zu befinden. Obwohl wenig mehr als einen Block lang, ist das Gebiet dicht bebaut mit mehrstöckigen Gebäuden, in denen sich exklusive Juweliergeschäfte, Boutiquen, Kunstgalerien,

Restaurants, eine riesiges Hotelanlage und ein Kasino angesiedelt haben. Es ist fast unmöglich, an der Straße zu parken, so daß man am besten bis zum Maho Beach fährt, wo man für 2 US $ bis zu 12 Stunden parken darf.

Die Maho Bay kann mit einem ganz ansprechenden Strand aufwarten, auch wenn er am äußersten Ende der Start- und Landebahn liegt. Es wurde sogar ein Schild

angebracht, das Strandgänger davor warnt, daß durch die Abgase landender und startender Flugzeuge eine Gefahr für die Gesundheit entstehen kann.

Die Mullet Bay ist durch eine einzige Hotelanlage mit einem Golfplatz geprägt, der an einen herrlichen weißen Sandstrand grenzt. Der Zugang zum Nordende des Strandes ist zwar durch das Hotel versperrt, aber es gibt einen öffentlichen Parkplatz am Südende des Golfplatzes.

Die wichtigste Straße über St. Martin von Süden nach Norden führt quer durch den Golfplatz, so daß einige Vorkehrungen zur Straßenberuhigung getroffen wurden, die dazu geeignet sind, an Wagen mit tiefliegender Karosserie Beulen entstehen zu lassen.

UNTERKUNFT

Das Maho Beach Hotel (Tel. 5 21 15, Fax 5 31 80) besteht aus 650 klimatisierten Zimmern, jeweils mit eigenem Balkon, die als Einzelzimmer im Sommer für 140 US $ und im Winter für 195 US $ sowie als Doppelzimmer für 155 bzw. 215 US $ bewohnt werden können. Ein Hotelflügel liegt zum Maho Beach hin, der andere zum Einkaufszentrum. Zur Anlage gehören auch Swimming Pools, Tennisplätze, eine Diskothek und ein Kasino.

Das Mullet Bay Resort (Tel. 5 28 01, Fax 5 42 81) ist eine weitläufige Ferienanlage mit 600 Unterkünften, die so

groß ist, daß ein eigener Pendelbus die Gäste innerhalb der Geländes befördert. Es gibt hier zahlreiche Einrichtungen wie Restaurants, Swimming Pools, eine Tennisanlage mit mehreren Plätzen, einen Golfplatz und ein Kasino. Die Zimmer bieten den Standard von Ferienclubs. Für eine Übernachtung muß man hier im Sommer ab 150 US $ und im Winter 240 US $ bezahlen, wobei zu bedenken ist, daß einige Zimmer recht weit vom Strand entfernt sind.

ESSEN

Cheri's Café, ein großes Open-Air-Restaurant mit Bar neben dem Casino Royale, gehört zu den Lokalen auf der Insel, in denen am meisten los ist. Die Speisekarte enthält Salate, Sandwiches und Burger für unter 7 US $, Fisch vom Grill für ungefähr das Doppelte und Kindergerichte für 4 US $. Das Lokal ist täglich von 11.00 bis 24.00 Uhr geöffnet. Live-Musik wird ab 20.00 Uhr geboten. Kreditkarten werden jedoch nicht akzeptiert.

Im West Indies Yogurt Co neben dem Cheri's erhält man Eis von Haagen-Dazs und gefrorenen Joghurt von Colombo.

In der Pizzeria Trattoria, einer kleinen, einfachen Pizzeria in der Gasse hinter dem Cheri's, werden Pasta-Gerichte und recht lecker aussehende Pizzen für ca. 9 US $ sowie preiswertere Sandwiches angeboten.

Das La Rosa in der Nähe ist ein beliebtes italienisches Restaurant, in dem man ganz angenehm bei Kerzenlicht zu Abend essen kann. Die Pasta-Gerichte kosten hier ca. 17 US $, während Fleisch- und Geflügelgerichte für 23 US $ serviert werden. Dienstags ist Ruhetag.

Ebenfalls in diesem Gebiet liegt das Fountain of Health Natural Foods, in dem abgepackte Naturkostwaren, Trockenfrüchte und Vitamine verkauft werden. Im Mullet Bay Resort findet man gleich mehrere Restaurants, darunter das Bamboo Garden, ein elegantes chinesisches Restaurant mit hohen Preisen, die von 17 US $ für Schweinefleisch süß-sauer bis 45 US $ für Peking-Ente reichen.

CUPECOY BAY

Wer nach einem Strand Ausschau hält, der ruhig, aber nicht völlig abgelegen ist, trifft mit der Cupecoy Bay eine gute Wahl. Der wunderschöne weiße Sandstrand erstreckt sich vor niedrigen Sandsteinfelsen, die durch Erosion die Form einer kleinen, halb geschlossenen Bucht bekommen haben. An der Nordseite des Ocean Club in Cupecoy wurde ein Parkplatz für Strandbesucher angelegt.

DAWN BEACH

Der Dawn Beach an der Ostküste in der Nähe der französisch-niederländischen Grenze ist ein ganz hübscher weißer Sandstrand mit einer unauffälligen Hotelanlage. Die Möglichkeiten zum Baden und zum Schnorcheln hier sind, wenn das Meer ruhig ist, ganz gut. Schnorchler können am Südende des Strandes mit ihrem Hobby beginnen und der Strömung folgen, die in Richtung Norden nach Oyster Pond verläuft. An einer Strandhütte lassen sich Schnorchelausrüstungen für 8 US $ pro Stunde oder zum Preis von 15 US $ für vier Stunden mieten, während für Kajaks 10 US $ pro Stunde verlangt werden. Eine Dusche kann man direkt hinter der Hütte benutzen.

Zu erreichen ist der Dawn Beach von der französischen Seite von Oyster Pond aus, wenn man gleich nach dem Betreten des niederländischen Teil nach links abbiegt und dann die 1,5 km bis zum Dawn Beach Hotel fährt. Einen Besucherparkplatz findet man bei den Tennisplätzen des Hotels. Der Strand ist von dort nur noch zwei Minuten zu Fuß entfernt.

UNTERKUNFT UND ESSEN

Das Dawn Beach Hotel (Tel. 2 29 29, Fax 2 44 21, PO Box 389, Philipsburg) ist ein ganz ansprechendes flaches Hotel. Die 155 klimatisierten Zimmer sind im tropischen Stil mit Rattanmöbeln eingerichtet und in Pastellfarben gehalten sowie mit Deckenventilatoren, mückengeschützten Fenstern, Balkon oder Terrasse, einer Küchenzeile und einem Fernsehgerät ausgestattet. Die Preise liegen im Sommer bei recht vernünftigen 95 US $ für ein Doppelzimmer und beginnen im Winter bei 200 US $. Am schönsten (und teuersten) sind die Bungalows direkt am Meer, bei denen man, wenn man einen Fuß vor die Tür setzt, sofort am Strand ist. Kinder bis 16 Jahre werden kostenlos aufgenommen. Zum Hotel gehört ein Restaurant mit annehmbaren Preisen zwischen dem Strand und dem Swimming Pool. Mittags kann man hier von 12.00 bis 14.30 Uhr Sandwiches, Burger und Salate für ca. 7 US $ sowie gegrillten Fisch mit Salat und Pommes Frites für 10 US $ verzehren. Die Abendkarte ist mit Gerichten zu Preisen um die 18 US $ vielfältiger, auf der man aber auch preiswerte Kindergerichte findet. Donnerstags am Abend kann man hier Limbo-Tanz mit Feuer sehen, Steelband-Musik hören und an einem Barbecue teilnehmen. Der Eissalon mit Eis von Haagen-Dazs unter dem Restaurant ist von 12.00 bis 21.00 Uhr geöffnet.

ST. VINCENT UND DIE GRENADINEN

St. Vincent und die Grenadinen sind ein Staat aus zahlreichen Inseln, der bei überwinternden Besatzungen von Segelbooten gut bekannt, aber für die meisten anderen Besucher der Region zu abgelegen ist. Die nördlichste der Inseln, St. Vincent, ist das wirtschaftliche und politische Zentrum des Staates. Die Insel macht nicht nur 90 % der gesamten Landfläche der Nation aus, sondern hier leben auch 90 % der Bevölkerung. Es ist eine grüne und fruchtbare Insel mit Kokospalmen und Pfeilwurz sowie einer bergigen Mitte, deren höchster Gipfel der La Soufrière mit 1234 m ist, ein immer noch aktiver Vulkan. Trotzdem ist St. Vincent keine moderne Insel und hat sich nicht richtig auf Touristen eingestellt.

Es gibt hier keine großen Hotelanlagen, der Flughafen ist nicht groß genug für größere Maschinen aus dem Ausland, und die Strände von St. Vincent können es mit jenen der schöneren Hälfte des Landes, den südlichen Grenadinen, nicht aufnehmen. Auch wenn die Insel manche Besucher enttäuschen mag, werden andere ihre rauhere Küste und ihre herbere Schönheit erfrischend finden.

Auf der anderen Seite gehören die Grenadinen zu den beliebtesten Zielen von Kreuzfahrten in der Karibik. Die kleinen Inseln, die an einen Weg aus Steinen zwischen St. Vincent und Grenada erinnern, sind von Korallenriffen und klarem blauen Wasser umgeben, das ideale Möglichkeiten zum Schnorcheln und Bootsfahren bietet. Die Inseln sind nur dünn besiedelt und angenehm unaufdringlich bebaut. Auch wenn einige der Grenadinen wie Mustique und Palm Island auf reiche und berühmte Persönlichkeiten abzielen, besitzen andere wie Bequia und Union Island Jachthäfen, die ein internationales Publikum anziehen, und haben verschiedene Hotels und Restaurants mit relativ vernünftigen Preisen zu bieten.

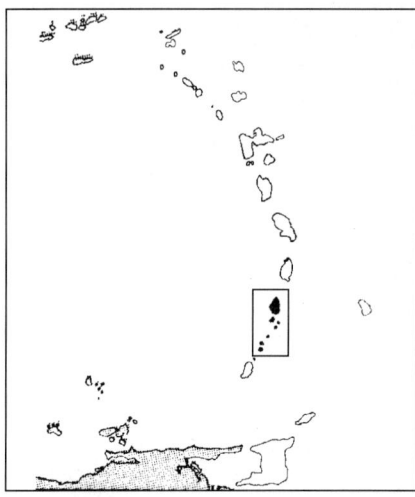

ORIENTIERUNG

Der Flughafen von St. Vincent liegt 2 km südöstlich von Kingstown und 2 km nordwestlich der bedeutendsten Hotelanlagen der Insel in Villa. Der Windward Highway zieht sich den ganzen Weg die Ostküste hinauf nach Fancy an der Nordspitze der Insel, der Leeward Highway jedoch nur drei Viertel der Strecke entlang der Westküste. Wer beide Küsten abfahren möchte, muß nach Kingstown zurückkehren.Die wichtigsten Inseln der Grenadinen sind mit Ausnahme von Mustique mit Fähren von Kingstown aus zu erreichen. Bequia, Union Island, Canouan und Mustique besitzen auch Flugplätze.

EINFÜHRUNG

GESCHICHTE

Als die Spanier auf ihren Erkundungsfahrten St. Vincent sichteten, war die Insel von Kariben-Indianern dicht besiedelt. Die hatten die früher hier lebenden Arawak vertrieben. Der erbitterte Widerstand der Kariben hielt

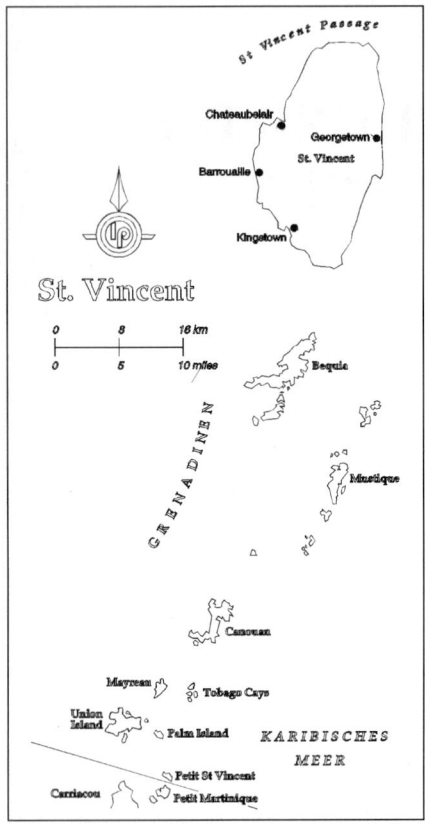

europäische Siedler länger als von den meisten anderen karibischen Inseln fern.

Eines der bezeichnendsten Ereignisse in der Geschichte des ausländischen Einflusses auf der Insel fand im Jahre 1675 statt, als ein niederländisches Schiff mit Sklaven im Kanal zwischen St. Vincent und dem benachbarten Bequia sank. Während kein Mitglied der europäischen Besatzung überlebte, konnte sich eine recht große Zahl von Afrikanern bis zur Küste durchschlagen. Die Sklaven wurden von den Kariben akzeptiert und durften ihre Frauen heiraten. Ihre Nachfahren sind als „Schwarze Kariben" bekannt, die sich von den reinen „Gelben Kariben" unterscheiden. Mit der Zeit kam es jedoch zu Auseinandersetzungen zwischen den beiden Gruppen, insbesondere als die Zahl der Schwarzen Kariben zu steigen begann.

Die Kariben waren im allgemeinen gegenüber Europäern feindlich eingestellt, aber alles in allem mochten sie die Briten, die ihr Land als königliche Schenkung beanspruchten, noch weniger als die Franzosen. Die Kariben gestatteten daher den Franzosen, Anfang des 18. Jahrhunderts die erste europäische Siedlung auf St. Vincent zu gründen.

1783, ein Jahrhundert nach Beginn des Streites zwischen Briten und Franzosen um den Anspruch auf St. Vincent, wurde die Insel durch den Vertrag von Paris der britischen Krone unterstellt, woraufhin es zu mehreren offenen Rebellionen kam. 1795 stürmten nach Anstachelungen durch die Franzosen Schwarze und Gelbe Kariben über die Insel, zündeten die Plantagen an und brachten die englischen Siedler um. Sie trafen sich am Dorsetshire Hill, wo Häuptling Chattawae der Schwarzen Kariben, getragen vom Erfolg seiner Überfälle, den britischen Kommandanten Alexander Leith zu einem Duell mit dem Schwert herausgefordert haben soll. Zum Leid seiner Anhänger verlor Chattawae jedoch schnell sein Leben an Leith, einen ausgezeichneten Fechter.

Im folgenden Jahr wurde ein Kontingent britischer Truppen auf der Insel stationiert, um die Aufständischen zu besiegen, die bis auf einige wenige kleine Gruppen, die sich in den Bergen versteckt hielten, nach Roatan verschifft wurden, einer Insel vor der Küste von Honduras. Alles in allem wurden dabei ca. 5000 Kariben zwangsweise umgesiedelt. Eine kleine Zahl Gelber Kariben, die nicht in die Unruhen verwickelt gewesen waren, wurden in Sandy Bay an der Nordostseite der Insel erneut angesiedelt. Nachdem es keinen Widerstand der Einheimischen mehr gab, konnten die Plantagenbesitzer für kurze Zeit die Stabilität und den Erfolg verzeichnen, der ihnen vorher verwehrt worden war. 1812 wurde jedoch bei einem großen Ausbruch des La Soufrière Asche über den Norden von St. Vincent geschleudert, durch die der überwiegende Teil der Kaffee- und Kakaosträucher zerstört wurde. Der Ausbruch richtete auch schweren Schaden an der Karibensiedlung in Sandy Bay an.

Ungefähr zur selben Zeit gewann die britische Bewegung gegen Sklaverei politisch an Gewicht und Rückhalt in der Bevölkerung in London. Als die Sklaverei 1834 verboten wurde, mußten die Plantagenbesitzer mehr als 18 000 Sklaven freilassen. Als sich die Möglichkeit ergab, verließen die Schwarzen die Plantagen, was zur Folge hatte, daß die Pflanzer begannen, ausländische Arbeitskräfte ins Land zu holen. Die ersten, die kamen, waren Portugiesen aus Madeira, denen später indische Vertragsarbeiter folgten. Nach Naturkatastrophen wie dem Hurrikan im Jahre 1898, der die Kakaosträucher verwüstete, und dem Ausbruch des La Soufrière im Jahre 1902, bei dem die Zuckerrohrfelder vernichtet wurden, blieb nicht mehr viel von der Plantagenwirtschaft.

1969 wurde St. Vincent zu einem Gebiet mit Selbstverwaltung im Vereinten Königreich und am 27. Oktober 1979 als St. Vincent und die Grenadinen völlig unabhängig sowie Mitglied im Commonwealth.

DAS LAND

St. Vincent ist eine hohe Insel vulkanischen Ursprungs. Sie ist die Nordspitze eines Vulkankamms, der sich von Grenada im Süden durch die Grenadinen zieht. Von den 389 km², die St. Vincent und die Grenadinen ausmachen, entfallen auf St. Vincent 345 km². Die übrigen 44 km² verteilen sich auf ca. 30 einzelne Inseln und Inselchen, von denen weniger als ein Dutzend bewohnt ist. Die größten dieser Inseln sind Bequia, Canouan, Mustique, Mayreau und Union Island. Der höchste Berg auf St. Vincent ist der La Soufrière, ein aktiver Vulkan, der eine Höhe von 1234 m erreicht. Am 7. Mai 1902 kam es zu einem gewaltigen Ausbruch, bei dem die Ernte auf der Nordhälfte der Insel zerstört wurde und ca. 2000 Menschen den Tod fanden. Bei einem Ausbruch in jüngerer Vergangenheit am 13. April 1979 wurde ein Teppich aus Asche über einen Großteil der Insel geschleudert. Dabei mußten in den nördlichen Dörfern 20 000 Menschen evakuiert werden. Auch wenn der Schaden an der Ernte erheblich war, kam jedoch glücklicherweise niemand zu Tode.

Die größeren Insel der Grenadinen sind gebirgig, aber relativ tief liegend und verfügen überwiegend über keine andere Süßwasserquelle als den Regen. Alle können aber mit herrlichen weißen Sandstränden aufwarten.

KLIMA

Im Januar beträgt die tägliche Höchsttemperatur 29° C, während die durchschnittliche Tiefsttemperatur bei 22° C liegt. Im Juli liegt die Höchsttemperatur bei 30° C und die Tiefsttemperatur bei 24° C.

Januar bis Mai sind die trockensten Monate, wobei die relative Luftfeuchtigkeit ca. 76 % ausmacht. Den Rest des Jahres über beläuft sich die Luftfeuchtigkeit auf ca. 80 %. Im Juli, dem feuchtesten Monat, fällt an durchschnittlich 26 Tagen meßbarer Niederschlag, im April, dem trockensten Monat, ist dies durchschnittlich an sechs Tagen der Fall. Alle genannten statistischen Werte gelten für Kingstown, denn die Grenadinen-Inseln im Süden sind trockener.

FLORA UND FAUNA

Die Mitte von St. Vincent ist mit tropischem Regenwald bedeckt, während man im Tiefland dicht an dicht Kokospalmen und Bananenplantagen vorfindet. Das Mesopotamia Valley nordöstlich von Kingstown ist außerordentlich fruchtbares Ackerland und landschaftlich sehr schön. Der Nationalvogel des Inselstaates ist der bedrohte St.-Vincent-Papagei, eine schöne, vielfarbige Amazone, die wie zahlreiche andere Tropenvögel im Regenwald im Innern von St. Vincent beheimatet ist. Der Wald ist auch Lebensraum des Opossums (das hier *manicou* genannt wird) sowie des Aguti, eines kurzhaarigen, an ein Kaninchen erinnernden Nagetieres. Auf St. Vincent kommen auch drei Schlangenarten vor: die Kongo-Schlange, die sich um Baumstämme wickelt, sowie zwei am Boden lebenden Arten, nämlich die schwarze und die weiße Schlange. Alle drei sind harmlos.

Kokosnüsse

STAAT UND VERWALTUNG

St. Vincent und die Grenadinen sind ein unabhängiger Staat im Commonwealth. Die britische Monarchie wird hier durch einen Generalgouverneur vertreten, während die Exekutive in den Händen des Premierministers und des Kabinetts liegt. Das Parlament besteht aus einer Kammer mit 13 Abgeordneten, die für jeweils fünf Jahre gewählt sind. Der derzeitige Premierminister James (Son) Mitchell, der Führer der die Mehrheit besitzenden New Democratic Party, hatte dieses Amt seit der Unabhängigkeit fast ununterbrochen inne.

WIRTSCHAFT

Auf St. Vincent ist die Landwirtschaft bis heute der wichtigste Wirtschaftszweig, auf den über die Hälfte aller Arbeitsplätze entfällt. Bananen sind das wichtigste Exportgut, gefolgt von Pfeilwurz, Kokosnüssen, Kakao und Gewürzen. Die Regierung unterstützt eine Diversifikation der Landwirtschaft. Versuche im Jahre 1981, die Herstellung von Zucker zu einem neuen Aufschwung zu verhelfen, insbesondere für eine einheimische Rumproduktion, scheiterten und wurden 1985 eingestellt. Mehr Erfolg zeigten Versuche im Bereich der Zucht von Schnittblumen mit Anthurien und Helikonien sowie eine Steigerung der Gemüseproduktion in kleinen Einheiten, teils aufgrund einer staatlichen Landreform, bei der Plantagenland in kleine Farmen im Familienbesitz aufgeteilt wurde.

Pfeilwurz

St. Vincent ist der weltweit bedeutendste Produzent von Pfeilwurz. Der Name geht auf die frühere Verwendung der Pflanze als Medikament bei der Behandlung von Wunden, die durch vergiftete Pfeile verursacht wurden, zurück. Der Wurzelstock der Pflanze ergibt eine sehr nahrhafte und leicht verdauliche Stärke, die früher überall als Mittel zum Andicken von Soßen usw. verwendet wurde. Sie wurde dafür inzwischen weitgehend durch das weniger teure Weizenmehl ersetzt, aber Pfeilwurz wird heute bei der Beschichtung von Computerpapier verwendet.

Auf den äußeren Inseln sind der Tourismus und die Fischerei die wichtigsten Wirtschaftszweige.

DIE MENSCHEN

Auf St. Vincent und den Grenadinen leben über 108 000 Menschen. Über 90 % der Einwohner sind auf St. Vincent beheimatet, davon 30 000 in Kingstown und Umgebung. Rund 75 % der Inselbewohner sind rein afrikanischer, ca. 15 % gemischter Herkunft, davon etwa 1000 Schwarze Kariben.

Auf Bequia und St. Vincent leben auch größere Gemeinden schottischer Abstammung, wo häufig noch die schottische Mundart zu hören ist. Daneben sind in St. Vincent und den Grenadinen auch Menschen englischer, französischer und asiatischer Herkunft zu Hause.

KUNST UND KULTUR

Reggae, Calypso und Musik von Steelbands sind populäre Spiegel der Inselkultur. Die wichtigsten Sportarten sind Kricket und Fußball.

Auf einigen Inseln der Grenadinen, insbesondere auf Bequia, war die Lebensgrundlage lange Zeit das Meer. Daher ist dort der Bau von Schiffen und Modellschiffen

ohne jeden Zweifel dem Kunsthandwerk zuzurechnen.

Kleidung: Leichte Baumwollkleidung ist für fast jede Gelegenheit passend, auch zum Abendessen in den exklusiveren Ferienclubs auf den Grenadinen.

RELIGION

Die Mehrheit der Inselbewohner besteht aus Protestanten, wobei die Anglikaner die größte Gruppe bilden. Daneben sind im Land Methodisten, Adventisten,

Baptisten und Anhänger des Baha'i-Glaubens vertreten. Rund 20 % der Bevölkerung von St. Vincent sind Katholiken.

SPRACHE

Englisch ist offizielle Staatssprache, es gibt jedoch auch

Familien, die ein französisches Idiom sprechen.

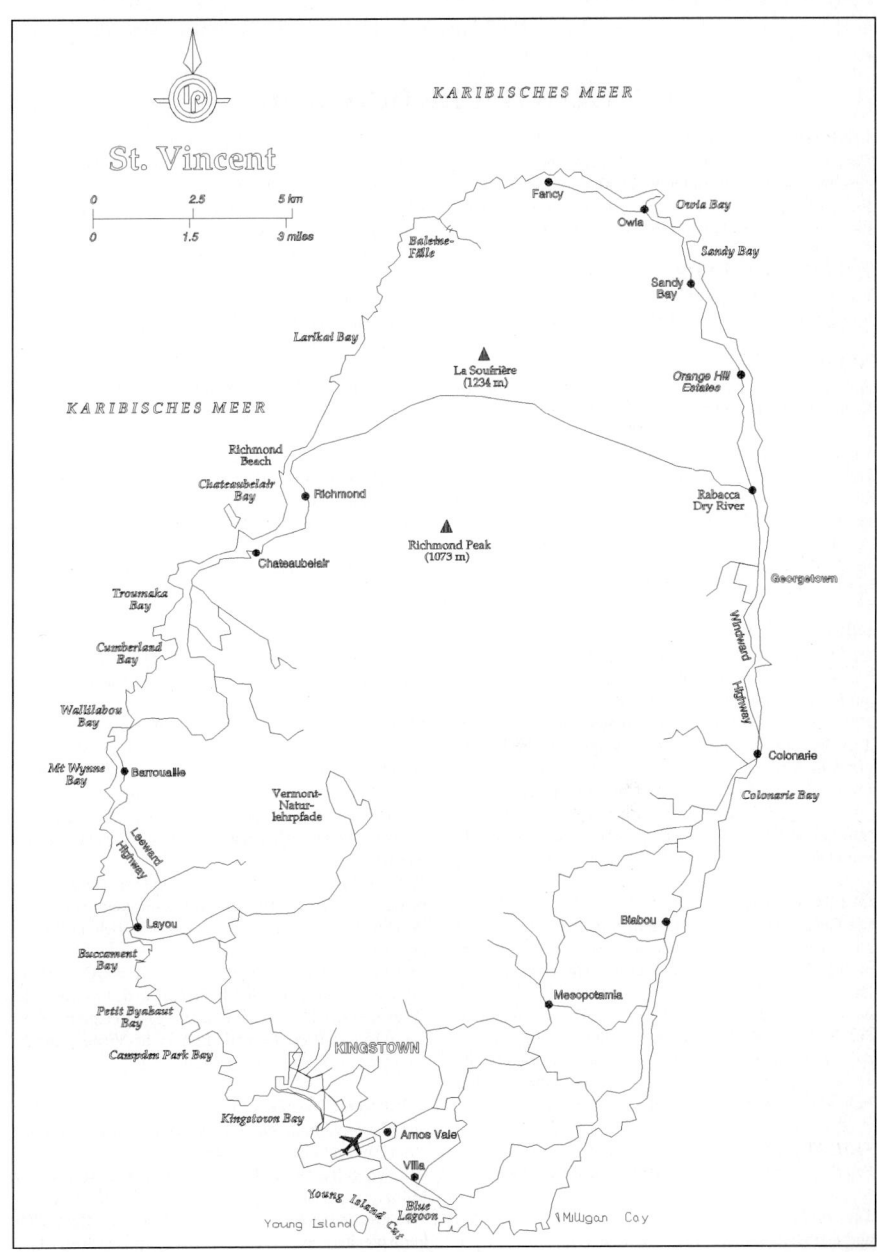

PRAKTISCHE HINWEISE

EINREISEBESTIMMUNGEN

Für die Einreise ist bei Deutschen, Österreichern, Schweizern und Bürgern fast aller anderen Länder ein gültiger Reisepaß erforderlich. Jeder Einreisende muß außerdem im Besitz eines Tickets für die Ausreise sein.

ZOLLBESTIMMUNGEN

Zollfrei dürfen bis zu einem viertel Liter Wein oder Spirituosen und 200 Zigaretten eingeführt werden.

GELD

Auf St. Vincent und den Grenadinen ist der Ostkaribische Dollar (EC $) das gültige Zahlungsmittel, wobei ein US-Dollar 2,70 EC $ entspricht.

Die bedeutendsten Kreditkarten werden in den meisten Hotels, Autovermietungen und Tauchschulen ebenfalls akzeptiert, wenn auch ihre Verwendung nicht so verbreitet ist wie auf anderen Inseln.

Auf die meisten Rechnungen in Restaurants werden 10 % für die Bedienung aufgeschlagen. In solchen Fällen ist es nicht nötig, auch noch ein Trinkgeld zu geben.

INFORMATIONEN

Die Hauptstelle des Fremdenverkehrsamtes von St. Vincent und den Grenadinen befindet sich in Kingstown auf St. Vincent (Tel. 4 57 15 02, Fax 4 57 28 80).

Daneben gibt es einen Informationsstand im Flughafen E. T. Joshua auf St. Vincent sowie Zweigstellen auf Bequia und Union Island.

Im Ausland ist das Fremdenverkehrsamt in Deutschland (Wurmbergstr. 26, 71063 Sindelfingen, Tel. 07031/80 62 60) und auf Barbados am Flughafen (Tel. 4 28 09 61) vertreten, wo man sich zu den Abflugzeiten informieren kann.

ÖFFNUNGSZEITEN

Die Geschäfte sind im allgemeinen montags bis freitags zwischen 8.00 und 16.00 Uhr sowie samstags von 8.00 bis 12.00 Uhr geöffnet, die Supermärkte häufig länger. Die meisten Behörden sind montags bis freitags von 8.00 bis 12.00 Uhr und von 13.00 bis 16.15 Uhr zu erreichen. Die Banken sind im allgemeinen montags bis donnerstags von 8.00 und 13.00 Uhr sowie freitags von 8.00 bis 13.00 Uhr und von 15.00 bis 17.00 Uhr für den Publikumsverkehr zugänglich.

FEIERTAGE

Feiertage in St. Vincent und den Grenadinen sind:

Neujahr	1. Januar
Tag von St. Vincent und den Grenadinen	22. Januar
Karfreitag	Freitag von Ostern
Ostermontag	Ende März/Anfang April
Tag der Arbeit	1. Mai
Pfingstmontag	achter Montag nach Ostern
Caricom Day	zweiter Montag im Juli
Karnevalsdienstag	im allgemeinen zweiter Dienstag Mitte Juli
August-Montag	erster Montag im August
Unabhängigkeitstag	27. Oktober
Weihnachten	25. und 26. Dezember

KULTURELLE VERANSTALTUNGEN

Wichtigstes Ereignis des Jahres ist der Karneval, der Vincy Mas genannt wird. Er findet im allgemeinen in den beiden ersten Wochen im Juli statt und wird 12 Tage lang mit Calypso und Musik von Steelbands, farbenprächtigen Kostümparaden sowie viel Tanz und anderen Aktivitäten gefeiert. Die meisten der Veranstaltungen finden dabei in Kingstown statt.

Auf Bequia wird über das Osterwochenende eine große Regatta veranstaltet.

POST

Das Hauptpostamt befindet sich in der Halifax Street in Kingstown. Filialen findet man in den größeren Städten und Dörfern.

Man zahlt 0,45 EC $, um eine Postkarte an Empfänger innerhalb der Karibik sowie in den USA und Kanada zu verschicken, während eine Postkarte in andere Länder 0,55 EC $ Porto kostet. Ein Brief mit einem Gewicht von bis zu einer halben Unze kann innerhalb der Karibik für 0,50 EC $ und nach Europa für 0,75 EC $ Porto verschickt werden.

Post in das Ausland wird über andere Karibikinseln geleitet, so daß ein Brief nach Großbritannien ca. eine Woche benötigt, in andere Länder jedoch leicht das Doppelte. Wer an ein Hotel usw. auf St. Vincent oder den Grenadinen schreibt, sollte dem Geschäftsnamen den Namen des Ortes und der Insel folgen lassen. Ein Beispiel: Julie's Guest House, Port Elizabeth, Bequia, St. Vincent und die Grenadinen, Westindische Inseln.

TELEKOMMUNIKATION

Die Telefonnummern auf St. Vincent sind siebenstellig. Vom Ausland gilt der Vorwahl 809.

Auf den größeren Insel gibt es sowohl Karten- als auch Münzfernsprecher. Telefonkarten sind bei Cable & Wireless und in den Läden in der Nähe von öffentlichen Fernsprechern erhältlich. Ein Ortsgespräch kostet 0,25

EC $. Weitere Informationen über Kartentelefone und Auslandsgespräche können Sie dem Abschnitt über Telekommunikation im Einführungsteil dieses Buches entnehmen.

STROM
Die Stromspannung auf St. Vincent und den Grenadinen beträgt 220 Volt bei einer Frequenz von 50 Hertz.

MASSE UND GEWICHTE
Überwiegend gilt das imperiale System mit Entfernungsangaben in Meilen, auch wenn sich in Autos häufig Kilometerzähler befinden.

BÜCHER UND LANDKARTEN
Die Landkarte von Ordnance Survey im Maßstab 1:50 000 ist die detaillierteste von St. Vincent, die erhältlich ist. Man kann sie in der Buchhandlung Wayfarer in der Upper Bay Street in Kingstown für 26 EC $ kaufen.

MEDIEN
Es gibt auf St. Vincent zwei Fernsehsender, einen Radiosender (705 AM) sowie zwei einheimische Lokalzeitungen, die *Vincentian* und die *The News*.
Im Fremdenverkehrsamt sind zwei kostenlose und nützliche Broschüren erhältlich. Beim *Escape Tourist Guide* handelt es sich um eine Broschüre auf Hochglanzpapier von ca. 100 Seiten Umfang mit allgemeinen touristischen Informationen, einer Hotel- und Restaurantliste sowie Reklame und einigen wenigen Artikeln. *Discover St. Vincent & the Grenadines* hat Taschenbuchformat und einen vergleichbaren Inhalt.

GESUNDHEIT
Das Hauptkrankenhaus (Tel. 4 56 11 85), ein relativ neues Krankenhaus mit 200 Betten, befindet sich in Kingstown. Ein Krankenhaus gibt es auch in Port Elizabeth auf Bequia (Tel. 4 58 32 94) sowie weitere Kliniken auf mehreren anderen Inseln. Apotheken findet man in Kingstown und Port Elizabeth. Weitere allgemeine Informationen können Sie dem Abschnitt über die Gesundheit am Anfang dieses Buches entnehmen.

GEFAHREN UND ÄRGERNISSE
Auf St. Vincent können die Männer, die einem ihre Dienste als Gepäckträger am Anleger oder Führer anbieten, ein wenig lästig werden. Wer nicht an ihren Diensten interessiert ist, sollte dies höflich, aber deutlich zum Ausdruck bringen.
Auf den Grenadinen, auf denen es entspannter zugeht, sind Belästigungen selten.

NOTFÄLLE
Die Notrufnummer für die Feuerwehr, Polizei und Küstenwache lautet 999.

FREIZEITBESCHÄFTIGUNGEN
Strände und Schwimmen: Auf praktisch allen Inseln der Grenadinen gibt es ausgesprochen schöne Strände mit weißem Sand. Einige braune und schwarze Sandstrände findet man auf St. Vincent. Einzelheiten können Sie den Abschnitten über die jeweilige Insel entnehmen.

Tauchen und Schnorcheln: Vor praktisch allen Inseln bestehen ausgezeichnete Möglichkeiten zum Tauchen. Die Sicht unter Wasser ist sehr gut, so daß man die ausgedehnten Korallenriffe hervorragend erkunden kann. Taucher können sich hier farbenprächtige Schwämme, weiche Korallen, große Stände an Elchhornkorallen, Gorgonien und schwarzen Korallen sowie einige versunkene Wracks ansehen. Geboten wird etwas für alle Taucher ungeachtet ihrer Vorkenntnisse, denn die Möglichkeiten reichen vom Tauchen in seichtem Wasser bis zum Tauchen an Unterwasserwänden. Es ist allerdings verboten, Fische mit Speeren und Harpunen zu jagen.
Tauchschulen auf vier Inseln haben sich zusammengeschlossen. Dive St. Vincent, Dive Bequia, Dive Canouan und Grenadines Dive bieten ein „Pick-and-mix"-Pauschalangebot mit zehn Tauchgängen für 420 US $ an, bei dem sich die Kunden Tauchgänge der vier Schulen selbst zusammenstellen können.
Sonst zahlt man im allgemeinen um die 50 US $ für einen Tauchgang mit einer Flasche Preßluft, 90 US $ für einen Tauchgang mit zwei Flaschen Preßluft und 60 US $ für einen nächtlichen Tauchgang.
Viele Tauchläden bieten zudem komplette Kurse mit Zertifikat an. Dive St. Vincent, eine der Tauchschulen mit dem besten Ruf auf St. Vincent, berechnet 400 US $ für einen Tauchkurs mit PADI-, NAUI- oder CMAS-Zertifikat. Wer den theoretischen Teil zu Hause beendet, kann den praktischen Teil auf St. Vincent für 220 US $ absolvieren.
Auf St. Vincent und den Grenadinen sind folgende Tauchschulen vertreten:
Dive St. Vincent , PO Box 864, Young Island Dock, St. Vincent (Tel. 4 57 47 14, Fax 4 57 49 48),
Dive Bequia, PO Box 16, Plantation House, Bequia (Tel. 4 58 35 04, Fax 4 58 38 86),

ST. VINCENT UND DIE GRENADINEN

Dive Canouan, Canouan Beach Hotel, Canouan (Tel. 4 58 86 48, Fax 4 58 88 75),

Grenadines Dive, Hotel Sunny Grenadines, Union Island (Tel. 4 58 81 38, Fax 4 58 81 22),

St. Vincent Dive Experience, Underwater Unlimited, PO Box 1554, Blue Lagoon, Ratho Mill, St. Vincent (Tel. 4 56 97 41, Fax 4 57 27 68),

Dive Anchorage, Anchorage Yacht Club, Union Island (Tel. 4 58 82 21),

Caribe Divers, Wallilabou Anchorage, St. Vincent (Tel. 4 58 72 70),

Petit Byahaut, St. Vincent (Tel. 4 57 70 08),

Bequia Dive Resort, Bequia Beach Club, Friendship Bay, Bequia (Tel. 4 58 32 48),

Sunsports, Gingerbread House, PO Box 1, Bequia (Tel. 4 58 35 77, Fax 4 57 30 31), und

Mustique Watersports, PO Box 349, Mustique (Tel. 4 58 46 21, Fax 4 56 45 65).

Andere Wassersportarten: Die Passatwinde wehen ungehindert über die Inseln, so daß teils recht gute Bedingungen zum Windsurfen herrschen. In vielen Hotels steht Gästen kostenlos eine Surfausstattung zur Verfügung. Zudem gibt es an vielen der belebteren Strände Hütten, an denen man Windsurfbretter mieten kann. An einigen hat man auch die Möglichkeit, Schnorchelausrüstungen und kleine Segelboote zu mieten. Nähere Informationen darüber finden Sie in den Abschnitten über die einzelnen Inseln.

Wandern: Die größte Herausforderung für Wanderer ist auf St. Vincent der Weg hoch auf den Vulkan La Soufrière. Die Route führt vorbei an Bananenplantagen und Regen-wald, über die Baumgrenze hinaus und hoch zum kargen Gipfel, wo man bei gutem Wetter mit einem Blick hinunter in den Krater und über ganz St. Vincent belohnt wird. Am einfachsten ist der Aufstieg von der Ostseite, aber selbst dabei handelt es sich noch um eine anstrengende Wanderung von jeweils 11 km hin und zurück. Da der Anfang des Weges einige Kilometer westlich vom Windward Highway und damit auch ein Stück von der nächsten Bushaltestelle entfernt liegt, schließt man sich am besten einer Gruppe an.

Zwei Veranstalter bieten Besteigungen des Vulkans an: Paradise Tours (Tel. 4 58 55 45) und Sam's Taxi Tours (Tel. 4 58 36 86).

Die Vermont-Naturlehrpfade, eine Reihe von kurzen Wanderwegen, ziehen sich vom Leeward Highway 5,5 km weit landeinwärts. Einzelheiten dazu finden Sie im Abschnitt über den Leeward Highway.

HÖHEPUNKTE

Auf St. Vincent sollten Sie unbedingt den Botanischen Garten besichtigen, der zu den schönsten in der Karibik gehört. Es macht zudem Spaß, mit einem Minibus eine preiswerte Fahrt an der Westküste entlang zu unternehmen. Dabei kann man irgendwo aussteigen, sich in den Küstenorten umsehen und an einem schwarzen Sandstrand schwimmen gehen, um die Fahrt bei einem Wasserfall zu beenden.

Auf den Grenadinen sollten Sie einen Tagesausflug zu den unbewohnten Tobago Cays nicht versäumen. Der beste Ausgangspunkt dafür ist Union Island. Für Freunde des Meeres ist Bequia, ein Treffpunkt für Jachten mit einer Geschichte als Walfängerinsel und Schiffsbau-zentrum, ein besonderes Ziel.

UNTERKUNFT

Es gibt auf St. Vincent und den Grenadinen eine Handvoll exklusiver Ferienzentren. In allen geht es zwanglos zu, denn sie wurden an abgelegenen Stränden errichtet und sind nicht förmlich. Im übrigen sind die Hotels aller Kategorien klein. Vorhanden ist nur rund eine Handvoll Häuser mit mehr als einem Dutzend Zimmern, wobei auch das größte Hotel über nur 43 Zimmer verfügt.

Auf St. Vincent werden in vielen Hotels das ganze Jahr über dieselben Preise verlangt. Bei den in diesem Kapitel angegebenen Preisen sind die 5 % Hotelsteuer und die 10 % für Bedienung noch nicht enthalten.

Richtige Campingplätze gibt es auf St. Vincent und den Grenadinen nicht. Darüber hinaus wird das Zelten auch nicht gern gesehen.

ESSEN

Der Boden auf St. Vincent besteht aus fruchtbarer Vulkanerde. Daher wird auf dieser Insel der Großteil des Obstes und des Gemüses angebaut, der auf den Grenadinen verkauft wird. Die süßen und saftigen Orangen von St. Vincent haben auch reif eine grüne Farbe und kosten ca. einen halben Dollar.

In den größeren Orten findet man Märkte, auf denen man Obst und Gemüse am besten einkauft. Meeres-früchte gibt es in Hülle und Fülle, darunter Muscheln, Fisch, Garnelen, Wellhornschnecken und Hummer, die man auch auf vielen Speisekarten der Restaurants findet.

Zu den am meisten verbreiteten und bei den Einheimi-schen beliebtesten westindischen Gerichten gehören Callaloo-Suppe, Pimpkin-Suppe, Salzfisch und mehrere Arten von Speisen mit Brotfrucht.

GETRÄNKE

Das Leitungswasser auf St. Vincent kommt aus Reservoirs in den Bergen, ist gechlort und kann getrunken werden.

Auf den Grenadinen wird das Wasser von Privatpersonen aufgefangen und sollte deshalb vor dem Genuß abge-kocht oder auf andere Art aufbereitet werden. Auf allen Inseln bekommt man aber auch in Flaschen abgefülltes Trinkwasser.

Die Brauerei St. Vincent Kingstown produziert nicht nur das lokale Hairoun Lager, sondern auch das Guinness-Bier der Region.

UNTERHALTUNG

In Kingstown kann man das Attic besuchen, einen schönen Jazzclub im 2. Stock eines alten Steinhauses in der Melville Street, der montags bis samstags ab 20.00 Uhr geöffnet ist.

In der Gegend des Villa Beach ist das Beachcombers ein angenehmes Lokal, in dem täglich von 17.00 bis 18.30 Uhr Happy Hour ist. Freitags ist hier ab 20.00 Uhr Klaviermusik live zu hören, während samstags ein Gitarrist Jazz, Rock, Blues und Calypso spielt.

Das Young Island Resort veranstaltet donnerstags im Fort Duvernette um 18.30 eine Cocktailparty, die für die Öffentlichkeit gegen 15 US $ Eintritt zugänglich ist.

Informationen über Unterhaltungsmöglichkeiten am Abend auf den Grenadinen finden Sie in den Abschnitten über die einzelnen Inseln.

EINKÄUFE

In Kingstown führt das St. Vincent Handicrafts Centre in der Nähe der Universität vor Ort gefertigte Strohtaschen, Tonwaren, Holzschüsseln und westindische Puppen. Wunderschönes Kunsthandwerk ist zudem in Noah's Arkade in der Upper Bay Street erhältlich. Auf Bequia, Mustique und Union Island kann man ebenfalls in guten Boutiquen und Geschenkartikelläden Souvenirs einkaufen.

ANREISE

FLUG

Langstreckenflüge nach St. Vincent und den Grenadinen gibt es nicht. Wer aus Europa anreist, muß über eine der Nachbarinseln, wie z. B. Barbados, fliegen und dann den letzten Teil der Reise in einem Propellerflugzeug zurücklegen.

LIAT (Reservierung Tel. 4 58 18 21, Flughafen Tel. 2 04 58 48 41) bietet wenigstens sechs Flüge täglich von Barbados nach St. Vincent an. Der Flugpreis beträgt für einen einfachen Flug 110 US $ sowie hin und zurück mit einem Ticket zum Ausflugstarif für 30 Tage 145 US $. Mindestens drei Flüge täglich nach St. Vincent finden von Trinidad (124 US $), von St. Lucia (82 US $) und von Grenada (64 US $) statt. Für einen Hin- und Rückflug zahlt man genau das Doppelte der genannten Preise für einfache Flüge. Die meisten Flüge von LIAT von anderen Orten in der Karibik führen über eine der aufgeführten Inseln.

Airlines of Carriacou, eine Tochtergesellschaft von LIAT, für deren Verbindungen man Reservierungen bei LIAT vornehmen kann, fliegt für 64 US $ (einfacher Flug) bzw. 100 US $ (hin und zurück) von Grenada nach Bequia und St. Vincent.

Mustique Airways (Tel. 4 58 43 80) setzt täglich Flugzeuge für Flüge von Barbados nach St. Vincent (80 US $), Mustique (85 US $), Bequia (85 US $), Canouan (110 US $) und Union Island (110 US $) ein. Ein Hin- und Rückflug kostet jeweils das Doppelte der genannten Preise.

Die Flüge bieten Anschluß an internationale Verbindungen von und nach Barbados, wobei die Maschinen in Barbados im Sommer gegen 15.00 Uhr und im Winter gegen 16.00 Uhr abfliegen sowie im Sommer gegen 12.00 Uhr und im Winter gegen 13.00 Uhr von St. Vincent, Mustique, Bequia, Canouan und Union Island nach Barbados zurückkehren.

ST. VINCENT UND DIE GRENADINEN

Air Martinique (Tel. 4 58 45 28) fliegt täglich für 245 US $ von Martinique nach St. Vincent und zurück. Informationen über Flüge zwischen den Inseln von St. Vincent und den Grenadinen finden Sie im Abschnitt über das Reisen auf St. Vincent und den Grenadinen weiter unten.

Flughafeninformation: Der Flughafen E. T. Joshua in Arnos Vale ist eine moderne Anlage mit Schaltern von LIAT und Air Martinique, einer Wechselstube, einer kleinen Bar, einem Geschenkartikelladen sowie Münz- und Kartentelefonen. Die Einrichtungen der Flugplätze auf den äußeren Inseln sind dagegen minimal.

Flughafentransfer: Auf St. Vincent ist es, wenn man mit sehr wenig Gepäck reist, möglich, von der Hauptstraße vor dem Flughafen mit einem Minibus nach Kingstown oder Villa Beach zu fahren. Zudem warten Taxis am Flughafen, wenn eine Maschine landet. Für eine Taxifahrt vom Flughafen nach Kingstown oder Villa muß man 20 EC $ bezahlen.

SCHIFF

Das Passagier- und Frachtschiff *Windward* verkehrt zwischen Barbados, St. Lucia, Trinidad und Venezuela. Einzelheiten hierzu können Sie dem Abschnitt über das Reisen in der östlichen Karibik am Anfang dieses Buches entnehmen.

Informationen über die Fährverbindung zwischen Carriacou (Grenada) und Union Island finden Sie im Abschnitt über Union Island.

Segelboot: Auf St. Vincent muß, wer mit einem Segelboot einreist, entweder in Kingstown oder in der Wallilabou Bay die Paßkontrolle und die Zollabfertigung vornehmen lassen. In Wallilabou ist täglich von 16.00 bis 18.00 Uhr ein Zollbeamter im Dienst. Außerhalb dieser Zeiten kann man sich an die Polizeiwache des Dorfes Barrouallie unmittelbar südlich der Bucht wenden. Viele Jachtbesitzer ziehen es vor, hier die Zollformalitäten zu erledigen und sich den Ärger und die gelegentlichen Warteschlangen in Kingstown zu ersparen. Beim Wallilabou Anchorage (Tel. 4 58 72 70) kann man von Liegeplätzen, Flutlicht bei Nacht, Trinkwasser, Eis und einen Postservice Gebrauch machen. Weitere beliebte Ankerplätze auf St. Vincent sind die abgelegene Petit Byahaut Bay nördlich von Kingstown sowie Young Island Cut und die Blue Lagoon im Süden, die von mehr Schiffen angelaufen werden.

In der Blue Lagoon (Tel. 4 58 43 08) gibt es einen kleinen Bootshafen, eine palmengesäumte Bucht, ein Hotel mit 19 Zimmern und ein Büro von Barefoot Yacht Charters. Auf den äußeren Inseln werden Zoll- und Paßkontrollen in der Admiralty Bay auf Bequia, in der Britannia Bay auf Mustique und in Clifton auf Union Island vorgenommen. ATM Yacht Charters ist auf Union Island vertreten. Hafengebühren werden auf St. Vincent und den Grenadinen nicht erhoben. Das Speerfischen ist in diesem Land verboten.

Kreuzfahrt: Kreuzfahrtschiffe legen am Tiefwasserdock in Kingstown Harbour an der Südseite der Stadtmitte an. Einige kleinere Kreuzfahrtschiffe laufen auch verschiedene Grenadinen-Inseln an, wobei Bequia, Mayreau und Union Island die beliebtesten Ziele sind.

AUSFLUGSFAHRTEN

Informationen über Ausflugsfahrten von Barbados auf die Grenadinen finden Sie im Abschnitt über Ausflugsfahrten des Kapitels über Barbados.

AUSREISE AUS ST. VINCENT

Bei der Ausreise aus St. Vincent sind 20 EC $ zu bezahlen.

REISEN AUF ST. VINCENT UND DEN GRENADINEN

FLUG

Airlines of Carriacou fliegt von Grenada nach St. Vincent mit Unterbrechungen auf Carriacou, Union Island und Bequia. Diese Flüge finden mehrere Male pro Tag statt.

Der Preis für einen einfachen Flug beträgt von Grenada nach Carriacou 34 US $, von Carriacou nach Union Island 43 US $, von Union Island nach Bequia 19 US $, von Bequia nach St. Vincent 19 US $ sowie von Union Island nach St. Vincent 30 US $.

LIAT verbindet täglich Grenada mit St. Vincent, wobei Flugunterbrechungen auf Carriacou und Union Island eingelegt werden. Die Preise für die einzelnen Flugabschnitte entsprechen denen von Airlines of Carriacou. Auf der Strecke zwischen Grenada und St. Vincent ist aber auch eine kostenlose Flugunterbrechung auf Union Island oder Carriacou erlaubt.

Mustique Airways fliegt zweimal täglich von St. Vincent nach Bequia. Die Maschine verläßt St. Vincent um 8.00 sowie 17.00 Uhr und fliegt in Bequia um 8.30 sowie 17.30 Uhr zurück. Ein einfacher Flug kostet 17 US $. Sonntags fliegt die Maschine weiter nach Mustique, wobei sie Bequia um 8.20 und 17.20 Uhr verläßt. Für einen einfachen Flug zwischen St. Vincent und Mustique muß man 23 US $ bezahlen und für einen Flug von Bequia nach Mustique 15 US $. Darüber hinaus ist gelegentlich ein Platz bei einem der Charterflüge von Mustique Airways frei, die über Union Island führen. Für den Flug von Union Island nach Bequia oder Mustique werden 45 US $ berechnet.

Helenair, eine Chartergesellschaft, hat zudem probeweise Passagierflüge zwischen Union Island und Carriacou aufgenommen (55 US $ für einen einfachen Flug).

BUS

Bei den Bussen auf St. Vincent handelt es sich um private Minitransporter, in die gut 20 Personen gepreßt werden können. Das Fahrtziel ist im allgemeinen auf der Windschutzscheibe zu lesen. Es fährt auch ein „Schaffner" im Bus mit, der die Sitzordnung festlegt und den Fahrpreis kassiert. Man zahlt, wenn man aussteigt. Viele der Busse verfügen auch über eine Anlage, aus der Reggae-Musik dröhnt, und solange man nicht unter Platzangst leidet, sind die Busse keine schlechte Wahl, um mit den Einheimischen in Kontakt zu kommen und preiswert sein Ziel zu erreichen.

Für eine Fahrt innerhalb von Kingstown muß man 1 EC $ bezahlen. Von Kingstown nach Villa sind es 1,50 EC $, nach Layou 2 EC $, nach Barrouallie 3 EC $, nach Georgetown 4 EC $ und bis Sandy Bay 5 EC $. Die Busse verkehren am häufigsten morgens sowie am mittleren bis späten Nachmittag, wenn sie voller Schüler und Pendler nach und von Kingstown sind. Es ist jedoch den ganzen Tag über nicht sehr schwer, einen Bus auf der Hauptstrecke zwischen Villa und Kingstown zu besteigen. Als allgemeine Regel kann man sagen, daß die Busverbindungen immer schlechter werden, je weiter man sich von Kingstown entfernt.

Auch auf Bequia und Union Island verkehren Busse. Einzelheiten hierzu finden Sie in den Abschnitten über die beiden Inseln.

Busbahnhof: Der zentrale Busbahnhof von Kingstown befindet sich neben Little Tokyo, dem Fischmarkt der Stadt. Hier herrscht immer viel Betrieb, der jedoch erstaunlich ordentlich abgewickelt wird. Die Busse sind deutlich beschriftet, und zwar je nach Ziel mit Leeward, Windward oder Kingstown, so daß es nicht schwer ist, den richtigen Bus zu finden.

TAXI

Auf St. Vincent bekommt man Taxis problemlos am Flughafen und im Großraum Kingstown. Man kann zudem vom Hotel aus ein Taxi rufen, eines an der Straße anhalten oder zur Taxihaltestelle an der Südseite des Gerichtshofes von Kingstown gehen. Informationen über Taxis auf den Grenadinen finden Sie in entsprechenden Abschnitten über die einzelnen Inseln.

AUTO UND MOTORRAD

Verkehrsregeln: Man fährt auf St. Vincent und den Grenadinen an der linken Seite. Dabei ist ein einheimischer Führerschein obligatorisch, um Kraftfahrzeuge benutzen zu können. Er kostet happige 40 US $ und wird in Kingstown in der Verkehrsabteilung (Traffic Branch)

gegenüber der Hauptwache der Polizei montags bis freitags zwischen 8.00 und 17.00 Uhr ausgestellt. Sie können einen Führerschein aber auch in der Führerscheinstelle (Licensing Authority) in der Halifax Street bekommen, jedoch sind dort die Schlangen länger und die Öffnungszeiten kürzer.

Die Straßen auf St. Vincent sind teils recht schmal und Schlaglöcher keine Seltenheit. Die Hauptstraßen sind jedoch im allgemeinen in relativ gutem Zustand, auch wenn man als Regel davon ausgehen kann, daß sie um so schlechter werden, je weiter man nach Norden kommt. Seien Sie jedoch überall vorsichtig, denn die Fahrer der Minibusse fahren auf der Straßenseite, auf der die wenigsten Schlaglöcher sind, und einige Fahrer haben eine Neigung dazu, so wenig Zwischenraum wie nur irgend möglich zu lassen.

Die nördlichsten Tankstellen auf St. Vincent befinden sich in Georgetown am Windward Highway und in Chateaubelair am Leeward Highway.

Mietwagen: Zur Zeit sind keine internationalen Autovermietungen auf St. Vincent vertreten. Zwei einheimische Firmen in der Nähe des Flughafens sind Sunshine Auto Rentals (Tel. 4 56 53 80) und Unico Auto Rentals (Tel. 4 56 57 44), die beide Standardwagen sowie Fahrzeuge mit Allradantrieb vermieten. Sie bringen ihren Kunden den Wagen zum Hotel. Daneben gibt es noch Star Garage (Tel. 4 56 17 43) und Kim's Rentals (Tel. 4 56 18 84), beide in der Grenville Street in Kingstown, sowie David's Auto Clinic (Tel. 4 56 40 26), Sion Hill, Johnson's U-Drive Rental (Tel. 4 58 48 64), Arnos Vale, und Lucky Car Rental (Tel. 4 57 19 13), Kingstown.

Die Preise beginnen bei ca. 40 US $ pro Tag für Personenwagen und bei rund 50 US $ für Jeeps. Häufig werden dabei zwischen 60 oder 75 freie Meilen eingeräumt und 1 EC $ für jede weitere Meile erhoben.

Auf den meisten Grenadinen gibt es keine Autovermietungen (auf einigen auch keine Straßen!), auch wenn man auf einigen der größeren Inseln zu hohen Preisen über die Hotels ein Auto mieten kann.

SCHIFF

Informationen über die wichtigsten Fährverbindungen zwischen Bequia und Kingstown finden Sie im Abschnitt über Bequia.

Das Postboot *Snapper* bringt dreimal wöchentlich Passagiere und Fracht von St. Vincent nach Bequia, Canouan, Mayreau und Union Island. Das Boot fährt montags, donnerstags und samstags um 9.30 Uhr von St. Vincent ab und erreicht Union Island gegen 16.00 Uhr. Auf dem Weg legt es in Bequia, Canouan und Mayreau an. Dienstags und freitags legt das Boot auf Union Island früh am Morgen ab, mit den gleichen Zwischenstopps in nördliche Richtung nach St. Vincent zurückzufahren. Samstags fährt die *Snapper* gegen 17.30 Uhr auf Union

ST. VINCENT UND DIE GRENADINEN

Island ab und im allgemeinen ohne Zwischenstopp direkt nach St. Vincent, wo sie gegen 22.30 Uhr ankommt.

Von St. Vincent zahlt man bis nach Bequia 10 EC $ (an den Wochenenden 12 EC $), nach Canouan 13 EC $, nach Mayreau 15 EC $ und nach Union Island 20 EC $.

Auch wenn die Abfahrtzeiten davon abhängig sind, wie lange man für das Be- und Entladen des Schiffes benötigt, kann man davon ausgehen, daß man von St. Vincent nach Bequia eine Stunde, von Bequia nach Canouan zwei Stunden, von Canouan nach Mayreau ebenfalls eine Stunde und von Mayreau nach Union Island 20 Minuten benötigt.

AUSFLUGSFAHRTEN

Die beliebtesten Ausflüge auf St. Vincent sind die Bootsfahrten zu den Baleine-Fällen (vgl. Abschnitt über den Leeward Highway) und die Wanderungen zum Rand des Kraters des Vulkans (vgl. Abschnitt über Freizeitbeschäftigungen weiter oben).

KINGSTOWN

Kingstown, die Hauptstadt und das wirtschaftliche Zentrum von St. Vincent und den Grenadinen, ist eine geschäftige Stadt mit 30 000 Einwohnern.

Die Innenstadt besteht aus einem Dutzend Blocks, die man in wenigen Stunden erkunden kann. Zu sehen sind dabei einige schöne alte Straßen mit Kopfsteinpflaster und im Zentrum Bögen und Kolonialbauten aus Steinblöcken. Einen Blick wert sind die Gebäude, die die Melville Street säumen, die Kirchen, der Gerichtshof und die Polizeiwache. Dennoch sind diese Bauten nicht gerade großartigen Gebäude. Alles in allem ist Kingstown eher wegen seiner Atmosphäre als wegen besonderer Sehenswürdigkeiten einen Besuch wert. Die Inselbewohner verkaufen hier an der Bay Street und an der Bedford Street ihre Waren. Sie und die zahlreichen Menschen auf dem Fischmarkt sowie die Rumläden am Busbahnhof sind es, die der Stadt ihren Reiz geben.

In dem kleinen dreieckigen Park vor dem Gerichtshof steht ein Ehrenmal für die Teilnehmer am Ersten Weltkrieg, das gleichzeitig die Taxihaltestelle markiert. Fähren von den Grenadinen legen am Pier gleich südlich der Stadtmitte an. Mittwochs, wenn die Bananenboote beladen werden, ist der Hafen voller Leben, weil dann mit Bananenstauden beladene Lastwagen die Straßen am Kai säumen.

Wer mit der Fähre von Bequia nach St. Vincent kommt, wird häufig von einer Barriere aus Taxifahrern und zahlreichen umhereilenden Menschen empfangen. So kann der erste Eindruck von Kingstown ein wenig hektisch wirken und in einem scharfen Kontrast zu der ruhigen Atmosphäre der Grenadinen stehen.

Hat man jedoch erst einmal den Kai hinter sich gelassen und ist man bis zum Kern der Stadt vorgedrungen, dann wird dieser Eindruck abgeschwächt.

PRAKTISCHE HINWEISE

Informationen: Das Fremdenverkehrsamt (Tel. 4 57 15 02) ist im Erdgeschoß des neuen Behördengebäudes in der Upper Bay Street untergebracht. Es soll eigentlich montags bis freitags von 8.15 bis 16.15 Uhr geöffnet sein, ist aber gelegentlich zwischen 12.00 und 13.00 Uhr geschlossen.

Geld: Geld kann man in der Barclays Bank in der Halifax Street, gegenüber vom Büro von LIAT, sowie in der Scotiabank einen Block westlich der Halifax Street wechseln.

Post und Telekommunikation: Das Hauptpostamt in der Halifax Street ist montags bis freitags von 8.30 bis 15.00 Uhr und samstags bis 11.30 Uhr geöffnet.

Im Büro von Cable & Wireless in der Halifax Street kann man montags bis samstags zwischen 7.00 und 19.00 Uhr sowie sonntags zwischen 8.00 und 10.00 Uhr und zwischen 18.00 und 20.00 Uhr Auslandsgespräche führen (entweder mit Telefonkarte oder gegen Barzahlung) und Faxmitteilungen, Telexe sowie Telegramme aufgeben.

Wäschereien: In der Lower Bay Street können Sie montags bis freitags zwischen 7.30 und 17.00 Uhr sowie samstags bis 14.00 Uhr Ihre Wäsche waschen und trocknen.

SEHENSWÜRDIGKEITEN

Botanischer Garten: Der Botanische Garten von St. Vincent ist der älteste der Westindischen Inseln. Er wurde 1765 angelegt, um Gewürz- und medizinische Heilpflanzen zu ziehen. Heute umfaßt er einen gut gestalteten acht Hektar großen Park mit zahlreichen blühenden Büschen und hohen Bäumen.

Im Park gibt es auch eine kleine Voliere mit ca. 20 der verbliebenen 500 St.-Vincent-Papageien. Die meisten Vögel wurden hier ausgebrütet, weil man hoffte, dadurch der Ausrottung der Vögel entgegenzuwirken.

Nur 10 m von der Voliere weiter bergauf steht ein Brotfruchtbaum, der aus einem der Samen gezogen wurde, die Captain Bligh 1793 aus Tahiti hierhergebracht hatte, um diese Baumart einzuführen. Der unglückliche Kapitän tat

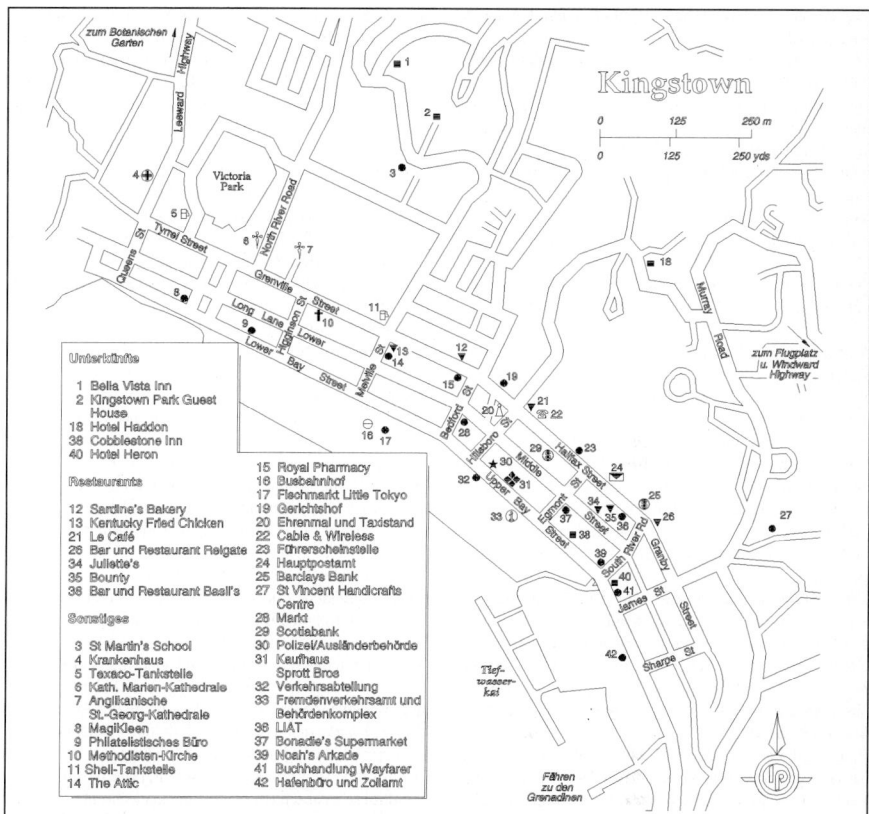

Kingstown

| 0 | 125 | 250 m |
| 0 | 125 | 250 yds |

Unterkünfte

1 Bella Vista Inn
2 Kingstown Park Guest House
18 Hotel Haddon
38 Cobblestone Inn
40 Hotel Heron

Restaurants

12 Sardine's Bakery
13 Kentucky Fried Chicken
21 Le Café
26 Bar und Restaurant Reigate
34 Juliette's
35 Bounty
38 Bar und Restaurant Basil's

Sonstiges

3 St Martin's School
4 Krankenhaus
5 Texaco-Tankstelle
6 Kath. Marien-Kathedrale
7 Anglikanische St.-Georg-Kathedrale
8 MagiKleen
9 Philatelistisches Büro
10 Methodisten-Kirche
11 Shell-Tankstelle
14 The Attic

15 Royal Pharmacy
16 Busbahnhof
17 Flohmarkt Little Tokyo
19 Gerichtshof
20 Ehrenmal und Taxistand
22 Cable & Wireless
23 Führerscheinstelle
24 Hauptpostamt
25 Barclays Bank
27 St Vincent Handicrafts Centre
28 Markt
29 Scotiabank
30 Polizei/Ausländerbehörde
31 Kaufhaus Sprott Bros
32 Verkehrsabteilung
33 Fremdenverkehrsamt und Behördenkomplex
36 LIAT
37 Bonadie's Supermarket
39 Noah's Arkade
41 Buchhandlung Wayfarer
42 Hafenbüro und Zollamt

dies, weil die großen, stärkehaltigen Früchte ein preiswertes Nahrungsmittel für die Sklaven auf den Plantagen werden sollten.

Ebenfalls auf diesem Gelände steht das Nationalmuseum von St. Vincent mit zahlreichen präkolumbianischen Steininschriften und Tongegenständen der frühen altamerikanischen Siedler. Der Kurator des Museums, Dr. Earle Kirby, ist ein kanadischer Tierarzt, der sich der Geschichte von St. Vincent und den Grenadinen zugewandt und die Gründung des Museums im Jahre 1979 mit initiiert hat. Das Museum ist zu unterschiedlichen Zeiten geöffnet. Erkundigen Sie sich danach am besten im Fremdenverkehrsamt.

Der Botanische Garten ist zehn Minuten zu Fuß vom Krankenhaus in Richtung Norden gelegen, wenn man dem Leeward Highway folgt. Auch wenn der Eintritt kostenlos ist, werden Ihnen wahrscheinlich am Eingangstor Führer ihre Dienste gegen ein Entgelt von 3 US $ pro Person anbieten. Einige der Führer haben recht umfassende Kenntnisse, es bereitet jedoch auch Freude, in Ruhe allein durch die Gartenanlage zu spazieren.

Kirchen: Die drei interessanten Kirchen der Stadt liegen alle in der Grenville Street. Die katholische Marien-Kathedrale ist wegen ihres eklektischen Baustils einen Blick wert. Erstmals wurde hier 1823 ein Gotteshaus errichtet, der überwiegende Teil des heutigen Bauwerks stammt jedoch aus den dreißiger Jahren und wurde unter der Leitung von Dom Charles Verbeke, einem belgischen Priester, erbaut. Das graue Steingebäude ist eine kühne Mischung aus einer Reihe von architektonischen Stilrichtungen mit romanischen Bögen und Säulen, gotischen Turmspitzen und maurischen Ornamenten.

Die anglikanische Kathedrale St. Georg, ein Bauwerk aus dem Jahre 1820, ist im späten georgianischen Stil gehalten. Innen sind ein traditioneller Altar und die Buntglasfenster einer typischen anglikanischen Kirche zu sehen, aber die Mauern sind in leuchtendem Gelb und Türkis gestrichen. Vorhanden sind hier zudem einige interessante Marmorplatten. Achten Sie einmal auf die Steininschrift im Fußboden, die an den britischen Kommandanten Alexander Leith (1771-1798) erinnert. Der hatte den Häuptling der Kariben Chattawae getötet, nur um nach dem Kampf an „großer Müdigkeit" ebenfalls zu sterben.

Von außen ist die Methodistenkirche ein recht weltlich wirkendes Bauwerk, das man für ein Kaufhaus halten könnte. Sie sollten sich jedoch, wenn die Kirche offen ist, die Innenräume ansehen, die hell und farbenfroh sind und nur wenig mit dem Äußeren gemein haben.

Fort Charlotte: Fort Charlotte auf einem 201 m hohen Bergkamm nördlich der Stadt ist eine eher bescheidene Festung, die jedoch einen schönen Blick auf Kingstown und die Grenadinen im Süden ermöglicht. Man kann hier auch durch die alten Offiziersquartiere wandern, die mit Gemälden aus der Geschichte der Schwarzen Kariben verziert und mit Schildern versehen sind, auf denen Interessantes darüber zu erfahren ist. Der überwiegende Teil der Festung aus dem 18. Jahrhundert ist allerdings nicht zugänglich und dient heute zum Teil als Frauengefängnis.

Die Festungsanlage ist etwa eine Stunde zu Fuß vom Zentrum entfernt. Wer dorthin mit einem Bus fahren möchte, kann am Busbahnhof einen der roten Nissan-Kleintransporter nehmen, auf denen „Mad Dog" zu lesen ist. Der Fahrer wird Sie kurz unterhalb der Festung absetzen, von wo aus es noch ca. zehn Minuten Fußweg bergauf sind.

Eine Taxifahrt von der Festung zum Ehrenmal in der Mitte von Kingstown kostet 10 EC $. Wer nur einen kurzen Blick auf die Anlage werfen will, kann vielleicht bei einer zehnminütigen Wartezeit an der Festung einen Preis für die Hin- und Rückfahrt von ungefähr 15 EC $ ausmachen.

UNTERKUNFT
Stadtmitte: Das Kingstown Park Guest House (Tel. 4 56 15 32, PO Box 41, Kingstown) bietet das beste Preis-Leistungsverhältnis unter den billigen Hotels. Die Leitung ist freundlich und das Haus schön an einem Hang gelegen. In dem historischen Hauptgebäude, das 250 Jahre alt ist, residierte einst der erste französische Gouverneur der Insel. Die Zimmer sind einfach und schlicht sowie auf drei Gebäude verteilt. Sie kosten mit Badbenutzung für eine Person 12 US $ und als Doppelzimmer 17 US $ sowie mit eigenem Bad als Einzelzimmer 20 US $ und als Doppelzimmer 23 US $. Das Hauptgebäude bietet einen Speisesaal mit angenehmer Atmosphäre und dicken Steinmauern, in dem man frühstücken (15 EC $) oder ein kräftiges Mittagessen nach Hausmacherart für

20 EC $ zu sich nehmen kann. Das Gästehaus liegt ca. zehn Minuten zu Fuß von der Stadtmitte entfernt und ist zu erreichen, indem man den steilen Fußweg benutzt, der gegenüber der St.-Martin-Schule direkt nach oben führt.

Einigen Minuten zu Fuß weiter nordwestlich vom Kingstown Park Guest House liegt das Bella Vista Inn (Tel. 4 57 27 57), in dem man übernachten kann, wenn alle Stricke reißen. Das ist ein Privathaus mit sechs sehr einfachen Zimmern im Stil der Insel, jedes mit zwei Einzelbetten (ohne Ventilator). Vorhanden sind ferner eine Reihe von Toiletten, die sich die Gäste teilen, sowie Duschen, die von der Eingangshalle abgehen. Hier muß man für ein Zimmer allein 15 US $ und zu zweit 21 US $ bezahlen.

Das Hotel Haddon (Tel. 4 56 18 97, Fax 4 56 27 26, PO Box 144, Kingstown) ist gleich nördlich der High School und nur einige Minuten zu Fuß vom geschäftigen Stadtzentrum entfernt ruhig gelegen. In diesem Hotel werden 18 einfache, klimatisierte Zimmer vermietet, die sich hinsichtlich ihrer Größe sehr unterscheiden, aber alle ein eigenes Bad besitzen. Einige der Zimmer sind schon ein wenig abgewohnt, aber die Mitarbeiter sind herzlich und hilfsbereit. Hier muß man normalerweise für ein Einzelzimmer 42 US $ und für ein Doppelzimmer 50 US $ bezahlen, aber gelegentlich werden einige der kleineren Zimmer auch für 26 US $ vermietet.

Das Cobblestone Inn in der Upper Bay Street (Tel. 4 56 19 37, PO Box 867, Kingstown) ist ein hübsches Hotel in einem renovierten Lagerhaus aus dem Jahre 1814, das aus Pflastersteinen erbaut wurde. Die 19 klimatisierten Zimmer sind ganz hübsch und vermitteln mit Dielenfußböden und Badewanne im Bad die Atmosphäre der Alten Welt. Viele Wände innen sind ebenfalls aus Pflastersteinen. Das Hotel, bei Geschäftsleuten beliebt, ist eines der komfortabelsten und sichersten Unterkünfte, um in der Stadtmitte zu übernachten. Es liegt in Gehwegentfernung zum Fähranleger. Hier werden das ganze Jahr über einschließlich Frühstück für ein Einzelzimmer 54 US $ und für ein Doppelzimmer 70 US $ berechnet.

Das Hotel Heron in der Upper Bay Street (Tel. 4 57 16 31, Fax 4 57 11 89, PO Box 226, Kingstown), einen Block südlich des Cobblestone Inn, besteht aus 18 einfachen Zimmern mit eigener Dusche, Klimaanlage und Telefon. Wenn Sie hier übernachten wollen, dann meiden Sie vielleicht die Zimmer zur Straße hin, da es in denen ein wenig laut sein kann. Einschließlich Frühstück muß man in diesem Haus das ganze Jahr über für ein Einzelzimmer 40 US $ und für ein Doppelzimmer 57 US $ bezahlen.

Andere Gegenden: Das Petit Byahaut an der Petit Byahaut Bay (Tel. 4 57 70 08) ist in einem abgelegenen Tal ca. 5 km nördlich von Kingstown gelegen. Zur Verfügung steht hier eine Handvoll Zelte in Zimmergröße mit mückengeschützten Fenstern und einem oder zwei Betten. Zur Anlage gehören Hängematten, Solarduschen,

Toiletten und Gartenwege, die von Kerosinlampen beleuchtet werden. Das Petit Byahaut zielt auf Gäste ab, die sich ein Wochenende lang zurückziehen wollen und denen es nichts ausmacht, für eine Übernachtung in einer einfachen, natürlichen Umgebung allein 125 US $ und zu zweit 210 US $ zu zahlen. Im Preis enthalten sind drei gesunde Mahlzeiten pro Tag und die Benutzung von Schnorchelausrüstungen und Booten. Man kann zudem Tiefseetauchgänge unternehmen, wobei die Möglichkeiten dafür in dieser Gegend sehr gut sind, oder an Tagesausflügen teilnehmen. Die einzige Möglichkeit, um in das Tal zu gelangen, ist es, mit einem Boot anzureisen. Wer hier weniger als drei Tage bleibt, muß für die Anfahrt mit dem Boot 25 US $ zusätzlich bezahlen.

ESSEN

Das Reigate Bar & Restaurant in der Halifax Street ist ein geräumiges, nettes Eßlokal im 2. Stock eines Hauses mit den besten Hähnchen-Rotis von Kingstown. Das ist ein sättigendes Mittagessen für nicht mehr als 5 EC $. Im Reigate erhält man zudem preiswerte Sandwiches, Pizzen und Grillhähnchen. Es ist täglich außer montags, wenn es bereits um 17.00 Uhr geschlossen wird, von 11.00 bis 22.00 Uhr geöffnet.

Das Bounty in der Halifax Street ist ein einfaches Restaurant mit recht ordentlichen Burgern, Rotis, Omelettes und Makkaroni-Käse-Pie für 5 EC $ oder weniger. Hier bestellt man, bezahlt dann an der Kasse und gibt seinen Bon dem Mitarbeiter an der Theke. Das Bounty ist montags bis freitags von 8.00 bis 17.00 Uhr und samstags bis 13.30 Uhr geöffnet.

Im Juliette's, einem kleinen Imbißlokal, essen mittags viele die Büroangestellten von Kingstown. Angeboten wird ein festes, täglich wechselndes Tagesgericht, bei dem es sich häufig um Fisch oder Hähnchen mit Reis, Plantanen und Gemüse handelt. Am besten ist, früh hierherzukommen, da das Essen verkauft wird, bis nichts mehr da ist, was im allgemeinen gegen 13.00 Uhr der Fall ist. Verzehren kann man sein Essen in einem kleinen Speiseraum, aber man kann es auch mitnehmen, wie es die meisten Gäste machen. Auf das Juliette's wird durch ein Schild nicht hingewiesen. Es befindet sich in der Middle Street über vom Familiy Store. Wenn Sie dorthin wollen, dann nehmen Sie die Gasse und gehen Sie dann die Treppe in den 2. Stock hoch. Es ist die letzte Tür neben dem Büro von Youth for Christ.

Im Kentucky Fried Chicken an der Ecke der Melville Street und der Grenville Street kosten zwei Stücke Hähnchen mit einem Keks 7,60 EC $ und mit Pommes Frites 10,50 EC $. Es ist montags bis samstags von 10.00 bis 23.00 Uhr und sonntags von 11.00 bis 22.00 Uhr geöffnet.

Sardine's Bakery in der Grenville Street ist ein gutes Ziel, um Brot und Gebäck zu kaufen, darunter auch leckere Zimtrollen, die pro Stück nur 0,50 EC $ kosten. In dieser Bäckerei kann man montags bis freitags von 6.00 bis 17.00 Uhr und samstags bis 13.00 Uhr einkaufen.

Bonadie's Supermarket in der Egmont Street ist ein moderner Lebensmittelladen, der montags bis donnerstags von 8.00 bis 17.00 Uhr und freitags bis 18.00 Uhr sowie samstags von 7.00 bis 14.00 Uhr geöffnet ist. Wem eine Kochgelegenheit zur Verfügung steht, der kann frischen Fisch auf dem neuen Fischmarkt Little Tokyo neben dem Busbahnhof in der Lower Bay Street (geöffnet montags bis samstags ab 7.00 Uhr) und andere Lebensmittel von den Verkäufern an der Bedford Street kaufen. Am Busbahnhof gibt es zudem eine Reihe von Rumläden, Popcorn-Ständen und Verkäufern an der Straße, die gerösteten Mais am Kolben und Kokosnußmilch für 1 EC $ anbieten.

Das Le Café oben in der Marcole Plaza an der Halifax Street ist ein chickes Café im Stil des Art Deco, das täglich von 9.00 bis 21.00 Uhr geöffnet ist. Hier erhält man einige phantasievolle Gerichte wie Garnelen-Sautée mit Knoblauch und Schalotten auf Reis für 25 EC $ oder gebratenen Fisch und Tomaten mit Papaya-Salsa und Zwiebelringen für 18 EC $. Für einen Obstteller oder eine Quiche zahlt man 15 EC $. Der Kaffee hier wird vor dem Aufbrühen frisch gemahlen. Im Erdgeschoß der Marcole Plaza gibt es einen weiteren Laden, in dem gefrorener Joghurt von Colombo für 2 EC $ verkauft wird.

Das Basil's Bar & Restaurant in der Upper Bay Street neben dem Cobblestone Inn strahlt noch einen leicht kolonialen Charakter aus und ist zentral gelegen, was es bei Angestellten in dieser Gegend mittags beliebt macht. Für einen Burger mit Pommes Frites oder ein Omelette zahlt man hier 14 EC $, für einen Chefsalat 20 EC $, für frischen Fisch oder ein Mittagsbuffet 30 EC $. Das Buffet, das montags bis samstags von 12.00 bis 14.00 Uhr angeboten wird, ist zwar klein, aber gut und umfaßt im allgemeinen Fisch, Hähnchen und Rindfleisch, wie auch Gemüse, Salat und Nachtisch. Das Basil's ist ein Ableger des berühmten Basil's auf Mustique und täglich von 10.00 bis ca. 22.00 Uhr geöffnet.

Im Cobblestone Inn gibt es ein Restaurant auf der Dachterrasse mit Imbissen, die zwischen 7 und 15 EC $ kosten. Es ist montags bis samstags von 7.30 bis 15.00 Uhr geöffnet.

WEITERE ORTE AUF ST. VINCENT

VILLA BEACH UND INDIAN BAY

Das wichtigste „Ferienzentrum" von St. Vincent ist Villa, einige Kilometer südöstlich von Kingstown. Es beginnt beim Villa Point und erstreckt sich entlang der Indian Bay und des Villa Beach, wo es Young Island Cut einschließt, einen schmalen Kanal, der St. Vincent von Young Island trennt. Das Gebiet ist ein relativ wohlhabender Vorort mit etwa einem Dutzend kleiner Hotels und Herbergen. Während Villa eine schöne Wohngegend sein mag, ist es jedoch nicht unbedingt der Ort, an den man bei Ferien in der Karibik denkt.

Villa ist relativ dicht besiedelt, was zur Folge hat, daß die Strände nicht gerade unberührt sind. Indian Bay Beach, ein körniger, goldfarbener Sandstrand, ist zwar im allgemeinen relativ sauber, aber am Villa Beach endet eine Reihe von Kanalisationsrohren, so daß es hier relativ schmutzig ist.

Die meisten Dienstleistungsbetriebe, darunter auch Wassertaxis, Landtaxis, Dive St. Vincent und die größte Konzentration an Restaurants usw., findet man in der Nähe des Young Island Cut.

SEHENSWÜRDIGKEITEN

Young Island: Young Island, eine kleine Insel in Privatbesitz, liegt ca. 200 m vor dem Villa Beach. Auf ihr ist ein exklusives Ferienzentrum errichtet worden. Man erreicht es mit der *African Queen*, einer kleinen Fähre, mit der die Gäste und die Mitarbeiter zwischen Young Island und dem Anleger von Villa Beach befördert werden. Dort, wo die Fähre auf Young Island anlegt, gibt es einen schönen, goldenen Sandstrand, wo das Wasser sauberer ist als auf der anderen Seite des Kanals.

Vom Anleger für die Fähre am Villa Beach, mit der Gäste zum Abendessen im Restaurant übergesetzt werden, besteht eine kostenlose Telefonverbindung direkt zum Hotel, mit der die Gäste die Fähre rufen können. Gelegentlich können auch Besucher mitfahren, um sich die Insel anzusehen, ohne am Abendessen teilzunehmen, aber nicht immer, wobei die Entscheidung willkürlich zu fallen scheint.

Fort Duvernette: Unmittelbar südlich von Young Island liegt eine hohe, felsige, an einen Gummitropfen erinnernde Insel, die die Briten nach einem Aufstand der Kariben Ende der neunziger Jahre des 18. Jahrhunderts zu einer Festung ausbauten. Rund 250 Stufen ziehen sich vom Anleger bis zum höchsten Punkt von Fort Duvernette

hinauf, wo man alte Kanonen begutachten und den herrlichen Blick auf die Grenadinen genießen kann. Man erreicht Fort Duvernette mit einem der Wassertaxis am Anleger vor dem Young Island Cut.

UNTERKUNFT

Einfache Unterkünfte: Das Ocean View Inn (Tel. 4 57 43 32, PO Box 176, Villa Point), eine Minute zu Fuß vom Grand View Beach Hotel entfernt, ist ein geräumiges Privathaus mit fünf kleinen, aber hübschen Zimmern, jedes mit Ventilator und eigenem Bad. Das ist ein nettes und ausgesprochen sauberes Haus. Im Preis von 35 US $ für ein Einzelzimmer und 45 US $ für ein Doppelzimmer sind ein kontinentales Frühstück mit frischem Obst sowie die Steuer bereits enthalten. Der Geschäftsführer ist hilfsbereit und organisiert auch Tagesausflüge zu vernünftigen Preisen. Das Hotel liegt ca. fünf Minuten zu Fuß vom Indian Bay Beach entfernt.

Zu den Umbrella Beach Apartments (Tel. 4 58 46 51, Fax 4 57 49 48, PO Box 530, Villa Beach) gehören neun einfache Unterkünfte mit Deckenventilator, eigenem Bad und Küche, für die man allein 38 US $ und zu zweit 48 US $ bezahlen muß. Wenn man niemanden in den Apartments antrifft, kann man zum französischen Restaurant nebenan gehen, das unter der gleichen Leitung steht. In den Tranquillity Apartments (Tel. und Fax 4 58 40 21, PO Box 71, Indian Bay), einem leuchtend blauen Gebäude gleich oberhalb des Indian Bay Beach, werden sieben Studios vermietet. Die Zimmer sind sicher nicht elegant, aber mit einer kompletten Küche, Fernsehgerät und eigenem Bad ausgestattet. Die Geschäftsleitung ist zudem recht freundlich. Man hat von hier aus einen herrlichen Blick über Young Island und die anderen der Küste vorgelagerten Inseln. Allein zahlt man hier für eine Übernachtung 40 US $ und zu zweit 50 US $.

Ewiger Blick

Zwischen der Indian Bay und dem Villa Beach gibt es eine Reihe kleiner Felseninseln. Auf einer von ihnen steht ein großes weißes Kreuz. Neben dem Kreuz befindet sich in aufrechter Position die Körper eines einheimischen Landbesitzers, dem einst ein großer Teil der Küste von Villa gehörte. Er wollte aufrecht bestattet werden, um jeden Tag sehen zu können, wie die Sonne untergeht.

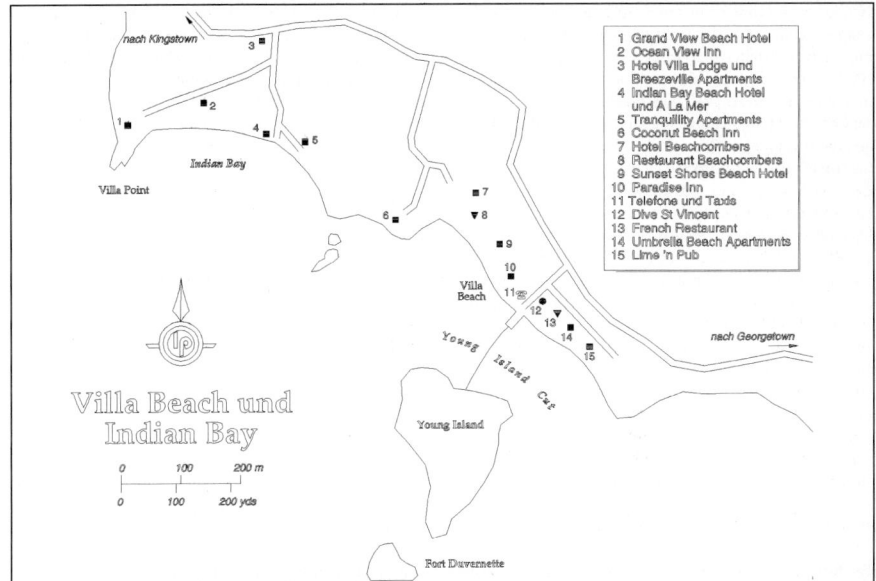

Karte: Villa Beach und Indian Bay

Legende:
1 Grand View Beach Hotel
2 Ocean View Inn
3 Hotel Villa Lodge und Breezeville Apartments
4 Indian Bay Beach Hotel und A La Mer
5 Tranquillity Apartments
6 Coconut Beach Inn
7 Hotel Beachcombers
8 Restaurant Beachcombers
9 Sunset Shores Beach Hotel
10 Paradise Inn
11 Telefone und Taxis
12 Dive St Vincent
13 French Restaurant
14 Umbrella Beach Apartments
15 Lime 'n Pub

nach Kingstown

Indian Bay

Villa Point

Villa Beach

Young Island Cut

nach Georgetown

Young Island

Fort Duvernette

0   100   200 m
0   100   200 yds

Das Coconut Beach Inn (Tel. 4 58 42 31, PO Box 355, Indian Bay) ist ganz hübsch am Strand in einer Wohngegend gelegen. Es ist ein Stück von den anderen Hotels und Restaurants an der Indian Bay und etwa 10 Minuten zu Fuß von der Hauptstraße oder dem Young Island Cut entfernt. Die acht Zimmer, die teils im Haupthaus und teils in einem Nebengebäude liegen, sind einfach und sauber. Alle sind mit einem Ventilator sowie Moskitodraht ausgestattet und verfügen über ein eigenes Bad. Die Preise hängen von der Größe des Zimmers sowie der Zahl der Betten darin ab und reichen von 45 bis 75 US $, wobei bei den teureren Zimmern das Frühstück inbegriffen ist. Man kann im Haus mittags und abends zu vernünftigen Preisen auch essen. Vermietet werden ferner einige Zimmer im Lime 'n Pub (Tel. 4 58 42 27), die in einem Anbau neben dem Restaurant liegen. Für eine schöne, großzügig geschnittene Ferienwohnung mit einem Schlafraum mit separater Küche sowie einem großen Wohnzimmer mit Blick auf Young Island zahlt man 50 US $ (bei einem längeren Aufenthalt bis auf 40 US $ senkbar). Vorhanden sind zudem zwei kleine Schlafräume mit eigener Dusche und zwei Einzelbetten für jeweils 30 US $, bei denen jedoch die Toiletten nur durch einen Vorhang von den Schlafräumen getrennt sind. Die Zimmer kosten für einen Gast oder zwei Gäste dasselbe. Durch den Ventilator und die Fenster kommt Luft in die Zimmer. Es bestehen zudem Pläne, Klimaanlagen einzubauen und Telefonanschlüsse legen zu lassen.

Das Paradise Inn (Tel. 4 57 47 95, PO Box 1286, Villa Beach) bietet eine Reihe von angenehmen Ferienwohnungen mit zwei Schlafräumen, komplett ausgestatteter Küche, Wohnraum, Ventilator und Balkon zum Meer hin. Das Linoleum blättert ein wenig ab, und die Vorhänge sind schon ein wenig vernachlässigt, aber die Wohnungen sind im Prinzip schön und die Mitarbeiter freundlich. Angeboten werden außerdem einige sehr kleine Zimmer mit eigenem Bad, jedoch ohne Küche. Sie kosten als Einzelzimmer 40 US $ und als Doppelzimmer 60 US $, während man für die Wohnungen zwischen 60 und 80 US $ bezahlen muß.

Das Sea Breeze Guest House (Tel. 4 58 49 69, Arnos Vale) ist ca. 1,5 km östlich des Flughafens an einer stark befahrenen Ecke an der Straße zwischen dem Flughafen und Villa Beach gelegen. Während die Lage nicht unbedingt ideal ist, sind die Preise für die sechs einfachen Gästezimmer mit eigenem Bad mit 15 bis 22 US $ günstig. Zudem liegt das Haus unmittelbar an einer Busstrecke. Vorhanden sind auch eine Gemeinschaftsküche und ein Fernsehraum. Daneben kann man im Hotel preiswerte Touren über die Insel buchen.

Mittelklassehotels: Das Hotel Beachcombers (Tel. 4 58 42 83, Fax 4 58 43 85, PO Box 126, Villa Beach), gelegen an der Westseite des Villa Beach, ist ein freundliches Haus im Familienbetrieb mit einem Dutzend moderner, schlichter Zimmer, die sich ein wenig hinsichtlich der

ST. VINCENT UND DIE GRENADINEN

Größe und der Einrichtung unterschieden. In Zimmer Nr. 1 stehen einige Antiquitäten, während die Zimmer Nr. 3 und Nr. 6 am größten und einige Zimmer klimatisiert sind. Alle besitzen auch ein eigenes Bad, Deckenventilatoren und eine Terrasse. Auf den Gelände wachsen einige schöne alte Mangobäume, und außerdem liegt das Hotel an einem wunderschönen Strand. Mit Frühstück werden hier für ein Einzelzimmer 50 US $ und für ein Doppelzimmer 75 US $ berechnet. Für 12 EC $ pro Tag kann man ein Fernsehgerät mieten.

Das Indian Bay Beach Hotel (Tel. 4 58 40 01, Fax 4 57 47 77, PO Box 538, Indian Bay) hat 12 moderne Zimmer, eine schöne Lage am Strand und eine herrliche Veranda im 2. Stock zu bieten, von der aus man auf Bequia und Young Island blickt. Alle Zimmer sind klimatisiert und zudem überwiegend mit einer Küchenzeile ausgestattet. Bei einer Reservierung sollten Sie sicherstellen, daß Sie ein Zimmer mit Küchenzeile erhalten, da auch einige kleinere Zimmer ohne Küchenzeile zu den gleichen Preisen vermietet werden, die bei Alleinbenutzung 55 US $ und bei Belegung zu zweit 65 US $ betragen. Daneben stehen auch noch einige geräumige Ferienwohnungen mit zwei Schlafzimmern zur Verfügung, die für bis zu vier Personen 80 US $ kosten. Das Hotel liegt ca. fünf Minuten zu Fuß von der Hauptstraße entfernt.

Die Breezeville Apartments (Tel. 4 58 40 04, Fax 4 57 44 68, PO Box 222, Villa Point) sind dem Hotel Villa Lodge angeschlossen, so daß die Gäste den Swimming Pool des Hotels mitbenutzen können. Angeboten werden in diesem Haus acht akzeptable, wenn auch nicht sehr schöne Apartments mit einem Schlafraum und kompletter Küche, Fernsehgerät, Telefon, Klimaanlage und Möbeln im Stil der fünfziger Jahre. Im Winter muß man in diesem Haus für ein Einzelzimmer 85 US $ und für ein Doppelzimmer 95 US $ bezahlen, im Sommer 10 US $ weniger. Wer etwas länger im Ort bleiben möchte, kann auch die Ridgeview Terrace Apartments in Rath Mill, gleich östlich von Villa, in Betracht ziehen (Tel. 4 56 16 15, PO Box 176). Hier kann man in fünf Apartments mit Küche, Wohnraum, separatem Schlafzimmer mit Klimaanlage und Balkon übernachten, die für einen Wochenpreis von 240 US $ (ein Schlafzimmer) bzw. 290 US $ (zwei Schlafzimmer) vermietet werden. Vorhanden ist zudem ein Studio, das 175 US $ pro Woche kostet.

Luxushotels: Im Hotel Villa Lodge (Tel. 4 58 46 41, Fax 4 57 44 68, PO Box 1191, Indian Bay) werden zehn Zimmer mit Bad (Badewanne), Fernsehgerät, Klimaanlage, Minikühlschrank und Telefon angeboten. Zum Haus gehören zudem ein Swimming Pool, ein angenehm kühler Aufenthaltsraum und ein kleines Restaurant mit nicht zu hohen Preisen. Das Hotel ist bei Caricom-Politikern auf Besuch und Geschäftsleuten beliebt. Für ein Zimmer zahlt man hier allein 95 US $ und zu zweit 105 US $.

Das Sunset Shores Beach Hotel (Tel. 4 58 44 11, Fax 4 57 48 00, PO Box 849, Villa Beach) kann mit 31 einfachen Zimmer mit Klimaanlage, Fernsehgerät, Bad mit Badewanne und Telefon, einem Swimming Pool und einem Restaurant aufwarten. Das Hotel ist keine schlechte Wahl, aber für den Preis nichts Besonderes, zumal der Strand vor der Anlage erheblich gepflegter sein könnte. Im Sommer werden für ein Einzelzimmer 85 US $ und für ein Doppelzimmer 110 US $ berechnet, im Winter 110 bzw. 130 US $.

Das Grand View Beach Hotel (Tel. 4 58 48 11, Fax 4 58 41 74, PO Box 173, Villa Point) wurde in einem alten Plantagenhaus auf einem Berg in malerischer Umgebung eingerichtet. Die Zimmer sind groß, besitzen Dielenfußböden und ermöglichen teilweise einen herrlichen Blick auf das Meer, auch wenn die Einrichtung eher einfach ist und es an einer Klimaanlage sowie an Mückengittern vor dem Fenster in dieser Gegend mit vielen Moskitos fehlt. Den Gästen stehen ein Fitness-Raum, Tennisplätze und ein Schwimmbecken zur Verfügung. Die Atmosphäre hier ist entspannt und in mancherlei Hinsicht angenehm von Understatement geprägt, aber man ist auch ein wenig zu nachlässig, so daß man das Haus bei einem Preis von 150 US $ für ein Einzelzimmer und 210 US $ für ein Doppelzimmer (einschließlich Frühstück) nur schwer empfehlen kann.

Das Young Island Resort (Tel. 4 58 48 26, Fax 4 57 45 67, PO Box 211) ist eine exklusive Ferienanlage auf der zehn Hektar großen Young Island, die sich im Privatbesitz befindet. Die Gäste werden in rustikalen Steinbungalows unterbracht, die in einer Gartenanlage liegen. Die Fenster der Zimmer sind geschützt, und Terrassen sowie Duschen unter freiem Himmel sind ebenfalls vorhanden. Die Anlage ist angenehm natürlich und die Ausstattung einfach. In jedem Zimmer gibt es jedoch einen Deckenventilator und einen Kühlschrank. Außerdem füllt täglich jemand das Obst nach und bringt frische Blumen in die Bungalows. Für Halbpension, also mit Frühstück und Abendessen, zahlt man hier zu zweit im Sommer ab 245 US $ und im Winter ab 410 US $, als Einzelperson 90 US $ weniger.

ESSEN

Das Coconut Beach Inn am Meer (Tel. 4 58 42 31) ist ein zwangloses und freundliches Restaurant mit gutem preiswerten Essen und einen schönen Blick auf Young Island. Für französischen Toast oder ein Frühstück mit Omelette und Kaffee zahlt man hier 13 EC $. Mittags stehen Rotis, Suppen und Sandwiches für 8 EC $ auf der Speisekarte. Für Hähnchen oder Fisch mit Pommes Frites zahlt man 13 EC $. Bei vorheriger Anmeldung kann man in diesem Restaurant auch zu Abend essen.

Das Freiluftrestaurant Beachcombers mit seiner schönen Lage oberhalb des Villa Beach und Sandwiches, Hähnchen-Rotis sowie Muschelpfannkuchen zu vernünftigen Preisen zu bieten. Man hat sich hier insbesondere auf

Meeresfrüchte spezialisiert. Die reichen von gutem frischen Fisch für 25 EC $ bis hin zu Garnelen für 40 US $.

Bob und Sue, das kanadisch-bequianische Ehepaar, das das Restaurant führt, bereitet zudem eine ganz ordentliche Pizza zu.

Im gut besuchte Lime 'n Pub sitzt man draußen am Villa Beach. Auf der Mittagskarte, von der man den ganzen Tag über bestellen kann (vom Pub aus ab 18.00 Uhr) stehen Rotis und Sandwiches für 10 bis 20 EC $ sowie Hai und Pommes Frites oder Lasagne und Salat für ca. 30 EC $.

Auf der Abendkarte bewegen sich die Preise für Fisch und Schalentiere, Ziegen-Curry, gebratene Ente und gegrillte Rippchen überwiegend zwischen 35 und 50 EC $. Das Essen ist im allgemeinen recht gut, wenn auch sehr schlicht. Der Pub ist täglich von 11.00 bis 23.00 Uhr geöffnet.

Das Restaurant Grand View im Grand View Beach Hotel am Villa Point bietet ein kontinentales Frühstück für 16 EC $ und ein komplettes Frühstück für 26 EC $ an. Mittags bekommt man hier Sandwiches, Salate und Omelettes für ca. 10 bis 25 EC $. Abends steht ein festes Menü mit zwei Hauptgängen (im allgemeinen Fleisch, Fisch oder Garnelen), einer Suppe, einem Nachtisch und Kaffee für 48 EC $ zur Auswahl, wofür man sich allerdings vorher anmelden muß.

Zum Indian Bay Beach Hotel gehört das À La Mer, ein Freiluftrestaurant, in dem Rotis, Salate und Sandwiches zu vernünftigen Preisen auf der Speisekarte stehen. Wer so etwas jedoch abends bestellt, sollte nicht erstaunt sein, wenn der Ober aus der Küche zurückkommt und mitteilt, daß alles leider ausgegangen sei, und statt dessen ein teures Gericht vorschlägt („Der Hummer ist heute besonders gut!"). Eine gute Alternative ist der frische Fisch mit

Pommes Frites, der mit einem kleinen Salat serviert wird und 18 EC $ kostet. Die größeren Gerichte auf der Abendkarte, die zwischen 32 und 50 EC $ kosten, sind nicht so hervorragend, daß sie den jeweiligen Preis rechtfertigen würden.

Das French Restaurant am Villa Beach (Tel. 4 58 49 72) steht in dem Ruf, gut und teuer zu sein. Die Küche ist französisch mit westindischen Akzenten. Für eine Vorspeise zahlt man ab 16 EC $ für Zwiebelsuppe bis 30 EC $ für Meeresfrüchtesalat, während man für die Hauptgerichte, wie gebackenen Fisch mit Basilikumsoße und Ente in Orangensoße, um die 45 EC $ ausgeben muß. Serviert werden auch mehrere Hummergerichte, wie z. B. Hummer in Cognac-Soße flambiert. Die Hummer werden vor der Zubereitung lebend aus dem eigenen Becken des Restaurants geholt. Das French Restaurant ist täglich von 7.00 bis 11.00 Uhr zum Frühstück, von 12.00 bis 14.00 Uhr zum Mittagessen (kleine Imbisse für um die 15 EC $) sowie von 19.00 bis 21.30 Uhr zum Abendessen geöffnet.

Eine andere Atmosphäre herrscht im Young Island Resort (Tel. 4 58 48 26). Hier wird zwischen 19.30 und 21.30 Uhr ein Menü mit drei Gängen für 35 US $ angeboten. Häufig hat man die Wahl zwischen Hummer sowie Kalbfleisch oder Hähnchen als Hauptgang, die mit einer Vorspeise, einer Suppe, einem Salat und einem einfachen Nachtisch serviert werden. Dienstags und samstags wird statt dessen ein Buffet für 40 US $ angeboten. Mittags können Sie hier zwischen 12.30 und 14.30 Uhr für 13 US $ essen. Einige der Tische stehen draußen unter einzelnen Strohdächern, was recht romantisch sein kann. Wenn man hier speisen will, sollte man sowohl für ein Mittagessen als auch für ein Abendessen einen Tisch reservieren lassen.

WINDWARD HIGHWAY

Die Ostküste von St. Vincent ist auch die Luvseite der Insel. Das ist eine rauhe, zerklüftete Landschaft mit einem von Urwald bedeckten Innern und einer von hoher Brandung gekennzeichneten Küste. Der Windward Highway windet sich die Ostküste hoch, vorbei an schwarzen Sandstränden, Bananenplantagen am Straßenrand und tiefen Tälern, die dicht mit Kokospalmen bepflanzt sind. Auf der Straße kommt man an einer Reihe von kleinen Dörfern vorbei, in denen sich alte Holzhütten und Betonbauten abwechseln.

Die Straße ist voller Schlaglöcher sowie hier und da eng, aber nach den Maßstäben auf der Insel in relativ gutem Zustand. Das letzte Stück zwischen Owia und Fancy ist teils zementiert und teils unbefestigt. Sie sollten mindestens eine Stunde einkalkulieren, um von Kingstown nach Georgetown zu gelangen. Für die gesamte Strecke von Kingstown zum Ende der Straße in Fancy (56 km) braucht man gut zwei Stunden pro Strecke ohne die Zeit, die man benötigt, um sich etwas anzuschauen.

Busse von Kingstown nach Georgetown verkehren in regelmäßigen Abständen (außer sonntags). Eine Fahrt kostet 4 EC $. Wer von Georgetown aus weiter in Richtung Norden fahren möchte, sollte sich vorher am Busbahnhof von Kingstown nach möglichen Verbindungen erkundigen.

GEORGETOWN

Georgetown ist eine relativ große, aber arme Stadt, die einst das Zentrum der Zuckerindustrie der Insel war. Heute ist es nur noch ein Schatten seiner selbst. Die Hauptstraße mit Gehsteigen aus Kopfsteinpflaster ist noch immer von zweistöckigen Gebäuden mit überhängenden Balkonen gesäumt, die einst stilgerecht waren, sich jetzt jedoch in verschiedenen Stadien des Verfalls befinden und teilweise bereits ganz aufgegeben sind.

Nur wenige Touristen kommen hierher, zumal in Georgetown keine Sehenswürdigkeiten an sich zu besichtigen sind. Die beiden Kirchen, eine methodistische und eine anglikanische, stehen Seite an Seite an der Hauptstraße und müßten eigentlich restauriert werden, sind jedoch für Besucher offen.

Essen: Im Restaurant und in der Bar Footsteps im zweiten Stock des Hauses über dem Lebensmittelladen an der Hauptstraße in der Ortsmitte (Tel. 4 58 64 33) kann man gut essen. Man bekommt hier ein gutes Frühstück für um die 10 EC $ und ein herzhaftes westindisches Mittag- oder Abendessen für 15 bis 25 EC $. Der Besitzer des Hauses, Ferdie Tones, vermietet auch mehrere Zimmer.

DAS GEBIET NÖRDLICH VON GEORGETOWN

Je weiter man nach Norden kommt, desto rauher wird die Landschaft. Die Täler werden tiefer und die Dörfer einfacher. Wenn man der Straße weiter folgt, ist der aktive Vulkan La Soufrière weiter landeinwärts zu sehen und beherrscht die Landschaft.

Etwa 2 km nördlich von Georgetown führt die Straße über einen erkalteten Lavastrom, der man Rabacca Dry River nennt. Früher gab es an dieser Stelle einen Fluß, der sich während des großen Ausbruches des La Soufrière im Jahre 1902 mit Lava füllte. Heute fließt der Fuß durch ein Schotterbett neben der Lava. Bei heftigen Regenfällen überschwemmt er jedoch teilweise die Lava, wodurch die Straße an dieser Stelle gefährlich oder unpassierbar wird. Nördlich des Trockenflusses führt eine für Fahrzeuge mit Allradantrieb passierbare Straße landeinwärts 2 km durch Kokosnuß- und Bananenplantagen zum La Soufrière und dem Beginn eines 5,25 km langen Wanderweges, der bis zum Kraterrand führt. Weitere Informationen über die Wanderung finden Sie im Abschnitt über Freizeitbeschäftigungen weiter oben in diesem Kapitel.

Wenn man der Straße weiter in Richtung Norden folgt, zieht sich der Windward Highway vorbei an den Orange Hill Estates, wo eine 1280 Hektar große Kokospalmenplantage, einst die größte der Welt, im Rahmen einer Landreform in kleine Parzellen aufgeteilt wurde, die an Farmer abgegeben wurden. Neben Kokospalmen werden auf Orange Hill heute Bananen, Zitrusfrüchte, Gewürzpflanzen und Gemüse angebaut.

Einige Kilometer weiter gelangt man nach Sandy Bay, einem größeren Dorf mit der größten Gemeinde der Schwarzen Kariben. Das ist ein stolzes Volk mit einer bewegten Geschichte, die sich von den anderen Bewohnern von St. Vincent durch ihren gedrungenen Körperbau und ihre hohen Backenknochen unterscheiden.

Nördlich von Sandy Bay liegen die Owia Bay und das Dorf Owia. Wenn Sie von der Hauptstraße im Dorf bei der Polizeiwache nach Osten abbiegen, dann kommen Sie zu einem Salzsee an der Küste. Hier sind auch gezeitenabhängige Seen zu sehen, die durch ein großes Steinschild vor der Brandung des Atlantiks geschützt werden. Das ist eine beliebte Stelle zum Baden mit einigen Schutzhütten, Picknicktischen und einem kleinen Garten, von dem aus man auf St. Lucia im Norden blicken kann. Bei Hochwasser sollten Sie in dieser Gegend jedoch vorsichtig sein, weil die Wellen über die Felsen schlagen können. Zudem sollten Sie auf die gelben Seeanemonen achten, die stechen können. In Owia gibt es auch eine alte Pfeilwurzmühle sowie einige Kirchen, die besichtigt werden können.

Wem eine schlechte Straße nichts ausmacht, der kann weiter nach Fancy fahren, wo die Straße im abgelegensten Dorf von St. Vincent endet, bei dem es sich um eine eher rudimentäre Siedlung ohne Strom und Telefonanschluß handelt. Vorhanden sind eine alte Pfeilwurzmühle mit einem rostenden Mühlrad, die heute als Krankenstation dient, eine Schule und zwei einfache Geschäfte, die Lebensmittel und andere Waren des täglichen Bedarfs führen.

LEEWARD HIGHWAY

Der Leeward Highway verläuft von Kingstown in Richtung Norden entlang der Westküste von St. Vincent auf ca. 40 km Länge und endet am Richmond Beach. Die Landschaft an der Westküste ist lieblicher als die an der Ostküste. Wenn man Kingstown verläßt, zieht sich die Straße über Berge und durch Täler mit Kokospalmenplantagen, durch Fischerdörfer und an Buchten vorbei, die von schwarzen Sandstränden gesäumt sind.

Für die Strecke von Kingstown zum Richmond Beach benötigt man ohne Fahrtunterbrechung ca. 1½ Stunden. Gleich nördlich von Kingstown kommt man zu einigen schmalen Stellen, an denen Randbefestigungen fehlen, der Belag bröckelt und man, wenn man nicht aufpaßt, über die Klippen nach unten stürzt. Davon abgesehen ist die Straße bis Barrouallie in gutem Zustand, wenn auch eng und kurvenreich. Nördlich von Barrouallie gibt es allerdings auf einigen Strecken relativ viele Schlaglöcher. Werktags sind die Busverbindungen zwischen Kingstown und Barrouallie (45 Minuten, 3 EC $) relativ gut. Die Busse verkehren jedoch im allgemeinen am Abend nicht mehr. Gehen Sie davon aus, daß Sie gegen 17.00 Uhr einen Bus von Barrouallie zurück nach Kingstown besteigen müssen, um auf Nummer Sicher zu gehen. Es sind ca. 15 Minuten zu Fuß von der letzten Bushaltestelle in Barrouallie bis zur Wallilabou Bay, auch wenn die Busfahrer Besucher vielleicht bis für einige Dollar mehr ebenfalls bis nach Wallilabou bringen. Im allgemeinen verkehren vier Busse täglich zwischen Barrouallie und Richmond (zwei am Morgen und zwei am Nachmittag).

VERMONT-NATURLEHRPFADE

Rund 15 Minuten Fahrzeit nördlich von Kingstown weist ein Schild am Leeward Highway den Weg zu den Vermont-Naturlehrpfaden, 5,5 km vom Highway landeinwärts. Der Pfad zur Beobachtung von Papageien, ein 2,75 km langer Rundweg, führt durch die Westspitze des Papageienschutzgebietes von St. Vincent. Das Forstamt der Insel hat das Schutzgebiet in Zusammenarbeit mit dem Worldwide Fund for Nature 1987 gegründet, um die bedrohten St.-Vincent-Papageien vor dem Aussterben zu schützen, von dem nur noch ca. 500 Exemplare in freier Wildnis leben.

Der Pfad zieht sich 150 m hinauf in einen tropischen Mischwald mit hohen einheimischen Edelhölzern, grünen Farnen, Bromelien, Helikonien, aufgegebenen Kakaosträuchern und Hainen von auf die Insel eingeführten Eukalyptusbäumen. Die Wanderung dauert rund zwei Stunden. Richten Sie sich dabei auf Nässe ein, da hier mehr als 500 cm Niederschlag pro Jahr fallen, und bringen Sie ein Mittel gegen Insektenstiche mit. Sie sollten zudem langärmelige Oberbekleidung und Hosen als Vorsichtsmaßname gegen eine Milbenart tragen, die hier recht lästig sein kann.

In der Nähe des Anfangs vom Weg kommt man zu einer Tafel, auf der die Wanderer willkommen geheißen werden und auf der einige Informationen sowie eine Karte zu finden sind. Am Pfad selbst wurden ca. zwanzig weitere Tafeln mit Erklärungen der Flora und Fauna aufgestellt.

Die beste Zeit, um einen Papageien zu Gesicht zu bekommen, sind im allgemeinen der frühe Morgen und der späte Nachmittag. Auch wenn Sie keinen Papageien sehen, können Sie wahrscheinlich ihr lautes Geschrei hören, wenn die Vögel sich von Baum zu Baum fortbewegen. Andere Vögel, die man gelegentlich am Naturlehrpfad beobachten kann, sind die pfeifende Grasmücken, schwarz-weiße Vögel mit Augenringen, der hier beheimatet und vom Aussterben bedroht sind, sowie die farbenprächtige Kapuzen-Tanager, Kolibris, Falken mit breiten Flügeln sowie die gemeinen schwarzen Falken.

LAYOU

Der Leeward Highway trifft das erste Mal beim schwarzen Sandstrand der Buccament Bay auf die Küste. Kurz danach zieht sich die Straße durch die Küstenberge, die einen herrlichen Blick aus der Vogelperspektive auf das Fischerdorf Layou zulassen, bevor man hinunter zur Layou Bay fährt. Das Dorf ist mit seiner Mischung aus alten, einfachen Holzhäusern und in leuchtenden Farben gestrichenen Betonbauten ganz hübsch.

An der Westküste von St. Vincent kann man sich auch einige Petroglyphen ansehen. Am bekanntesten sind jene von Layou, ein kurzes Stück zu Fuß vom Fluß entfernt in der Nähe vom Bible Camp an der Hauptstraße am Nordende

des Ortes. Da sie sich jedoch auf einem Privatgrundstück befinden, muß man sich, wenn man sie besichtigen möchte, erst an den Eigentümer Victor Hendrickson wenden (Tel. 4 58 72 43), der im allgemeinen 5 EC $ dafür kassiert.

Hinter Layou führt die Straße landeinwärts, bevor sie an der Nordseite der Mount Wynne Bay mit einem schönen schwarzen Sandstrand, der von Kokospalmen gesäumt ist, wieder die Küste erreicht. Bei einigen der Ausflugsfahrten zu den Baleine-Fällen wird an diesem unbebauten Strand eine Pause für ein Picknick eingelegt.

BARROUALLIE

Wie Layou ist auch Barrouallie ein typisches Fischerdorf auf St. Vincent. Die Dorfbewohner sind wahrscheinlich vor allem durch den Fang von Pilotwalen bekannt, die auf der Insel Blackfisch (Schwarzfisch) heißen.

Im Dorf gibt es einige interessante ältere, reich verzierte Gebäude, und auf der Schulhof der Sekundarschule des Ortes kann man weitere Petroglyphen sehen.

WALLILABOU UND DIE WASSERFÄLLE

Wallilabou ist eine ruhige, kleine Bucht, die von einem schwarzen Sandstrand gesäumt und von hohen Klippen umgeben ist. Ein malerischer kleiner Felsbogen am Nordende der Bucht rundet das Bild ab. Das Meer ist hier im allgemeinen ruhig, so daß man am Südrand der Bucht schnorcheln kann.

Wallilabou ist ein Hafen, in dem man nach St. Vincent einreisen darf und wo eine kleine Flotte mit jungen Männern, die Proviant usw. und Botengänge anbieten, häufig zu den Jachten rudert, wenn die in die Bucht kommen.

Ein beliebtes Ausflugsziel sind die vier Meter hohen Wallilabou-Fälle, die in ein Badebecken mit taillenhohem Wasser stürzen. Die Fälle findet man in der Nähe der Inlandseite der Hauptstraße ca. 1,5 km nördlich der Wallilabou Bay. Wenn man die Brücke über den Fluß Wallilabou überquert hat, sind es noch ca. zehn Minuten zu Fuß.

Unterkunft und Essen: Zum Wallilabou Anchorage (Tel. 4 58 72 70, VHF Kanal 68 und 86, PO Box 851, Wallilabou), das hier die Liegeplätze vergibt, gehört auch ein hübsches Restaurant mit Bar an der Bucht, das zu allen drei Mahlzeiten am Tag geöffnet ist. Eine gute Wahl trifft man mit dem kreolischen Fisch für 20 EC $. Die Sandwiches kosten ab 6 EC $, während für Hühnchen-Curry oder Fish & Chips 15 EC $ zu bezahlen sind. Die Fischburger sind allerdings nicht sehr gut, denn die enthalten eine seltsame mit Minze gewürzte Fischpastete. Ein kleines Hotel mit einfachen Zimmern mit eigenem Bad und Blick zum Meer wird zur Zeit gebaut.

ST. VINCENT UND DIE GRENADINEN

DAS GEBIET NÖRDLICH VON WALLILABOU

Nördlich von Wallilabou ist der nächste Strand in der Cumberland Bay zu finden, einem hübschen kleinen Ankerplatz vor Kokospalmen und grünen Bergen. Am Highway liegt das Stephens Hideout (Tel. 4 58 23 25, VHF Kanal 16), ein Restaurant mit mittleren Preisen und westindischen Fischgerichten.

Die Straße führt anschließend vorbei an einigen kleinen Ansiedlungen, darunter auch Chateaubelair, bevor sie am Richmond Beach endet. Dieser lange, schwarze Sandstrand ist von tropischen Mandelbäumen gesäumt und ein beliebter Ort zum Baden sowie Picknicken. Sie sollten allerdings nicht in der Nähe der Flußmündung an der Nordseite des Strandes schwimmen gehen, da dort starke Unterströmungen vorkommen können.

Östlich von Richmond beginnt der Weg zu den Trinity-Fällen, einer abgelegenen Dreierkaskade mit einem 12 m hohen Wasserfall und kleinen Seen, die tief genug zum Baden sind. Die Fälle sind ca. 5 km landeinwärts an der Straße gelegen, die an der Richmond Vale Academy beginnt. Wer ein Fahrzeug mit Allradantrieb besitzt, sollte die Hälfte der Strecke mit dem Wagen zurücklegen können und dann den Weg über einen zerklüfteten Wanderweg zu Fuß fortsetzen.

Ebenfalls von Richmond aus ist es möglich, bis zum Krater des La Soufrière zu wandern. Dieser Pfad ist jedoch weit härter als der auf der Luvseite der Insel und ohne einheimischen Führer nicht zu bewältigen. Die Wanderung nimmt etwa einen ganzen Tag in Anspruch.

BALEINE-FÄLLE

Die 18 m hohen Baleine-Fälle an der einsamen Nordwestspitze der Insel sind über eine Straße nicht zu erreichen. Man gelangt jedoch mit einem Boot von Kingstown dorthin.

Die Fälle, die sich in Kaskaden über eine von Farnen bewachsene Felswand in einen kleinen See ergießen, der tief genug ist, um darin schwimmen zu können, sind einige Minuten zu Fuß vom Ankerplatz der Boote entfernt.

In den meisten Hotels und Pensionen werden für die Gäste Anmeldungen für Touren zu den Fällen entgegengenommen. Einige wenige, wie zum Beispiel das Beachcombers am Villa Beach, besitzen sogar eigene Boote für Fahrten

hierher. Das Beachcombers und die meisten Tauchschulen benutzen Schnellboote, mit denen man die Fälle innerhalb von einer Stunde erreicht.

Mit einem Segelboot ist man langsamer und benötigt im allgemeinen mehrere Stunden für jede Strecke, hat jedoch auch häufiger Gelegenheit, Delphine auf dem Weg zu beobachten. Sea Breeze Boat Service (Tel. 4 58 49 69) ist der preiswerteste Anbieter mit 25 US $, während die meisten anderen 40 US $ verlangen. Die Fahrt mit einer 11 m langen Schaluppe beginnt um 8.00 Uhr und endet gegen 17.00 Uhr. Eine Unterbrechung der Fahrt zum Schnorcheln ist inbegriffen. Mittagessen muß man sich selbst mitbringen.

BEQUIA

Mit einem Schiff nur eine Stunde südlich von St. Vincent liegt Bequia, die nördlichste, die größte (18 km²) und die am dichtesten besiedelte (5000 Menschen) Insel der Grenadinen. Bequia ist eine schöne Insel, sauber, gebirgig und grün mit zahlreichen blühenden Büschen und einigen herrlichen goldenen Sandstränden. Sie blickt auf eine reiche Seefahrertradition zurück, die den Schiffbau, den Walfang und die Seefahrt einschließt. Heutzutage werden vor allem Modellschiffe auf der Insel gebaut, denn über 90 % der Boote, die im Hafen liegen, sind Jachten von Besuchern der Insel. Bequia ist der wichtigste Bootshafen der Grenadinen geworden, was zur Folge hat, daß in der Hochsaison die Admiralty Bay, die tiefe, geschützte Bucht vor den Toren von Port Elizabeth, mit Jachten dicht gefüllt ist. Es gibt auf der Insel eine Reihe von guten Restaurants und einige nette Pensionen und Hotels. Alles in allem ist Bequia ein schönes Ziel, wenn man von Insel zu Insel reist.

FREIZEITBESCHÄFTIGUNGEN

In der Admiralty Bay, in der Friendship Bay und bei Paget Farm sind die Möglichkeiten zum Windsurfen gut. Fortgeschrittene können sich auch am Industry Beach und in der Spring Bay versuchen.

Paradise Windsurfing vermietet Bretter an allen genannten Stränden und bietet daneben auch Unterricht im Windsurfen in der Admiralty Bay und der Friendship Bay an.

Sunsports (Tel. 4 58 35 77), eine Tauchschule im Erdgeschoß des Hauses, in dem sich in Port Elizabeth das Restaurant Gingerbread befindet, bietet 1½stündige Schnorcheltouren für 10 US $ an, vermietet Segelboote und organisiert Tagesausflüge mit Booten. Informationen über die Tauchmöglichkeiten finden Sie im Abschnitt über Freizeitbeschäftigungen am Anfang dieses Kapitels.

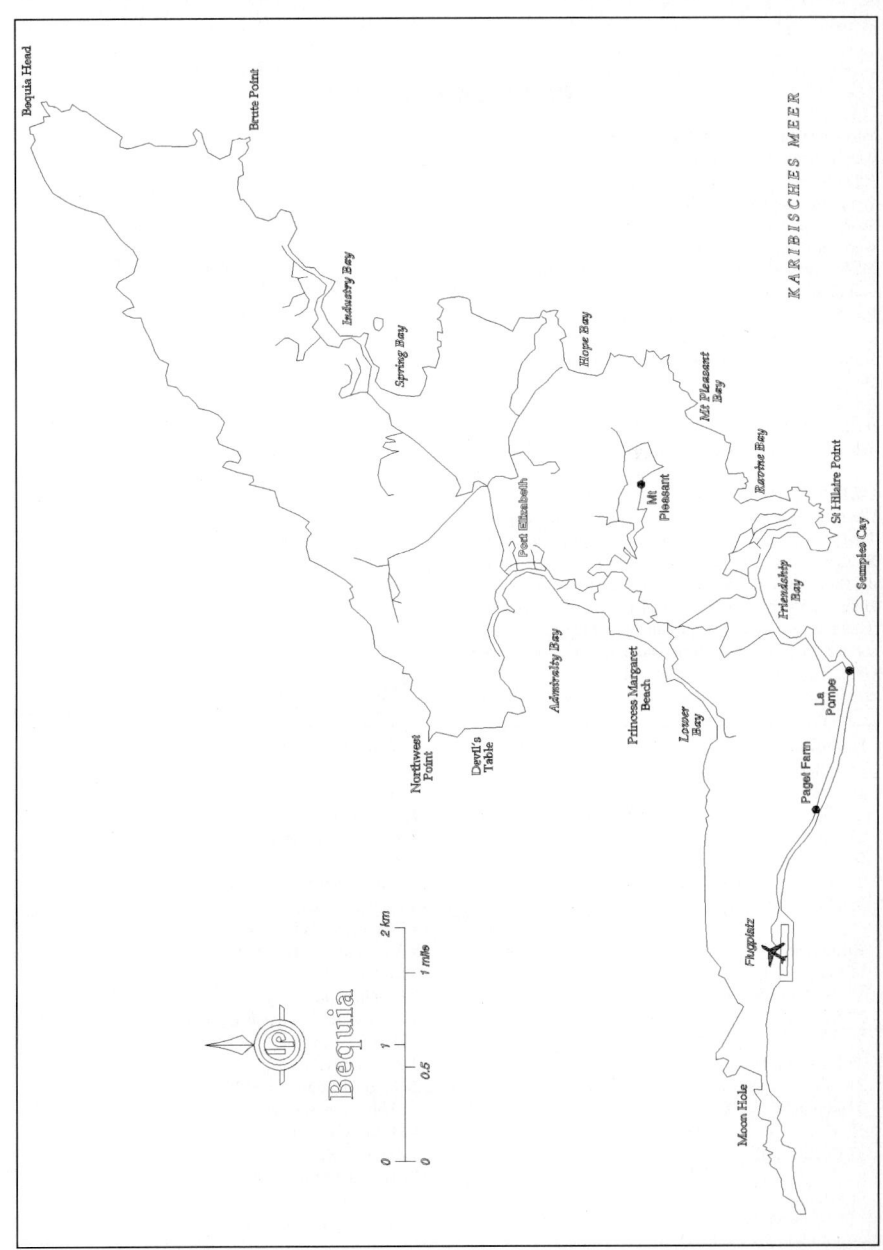

PORT ELIZABETH

Port Elizabeth, das wirtschaftliche Zentrum der Insel, ist eine ansprechende Ortschaft, die sich entlang der Admiralty Bay erstreckt.

Es ist eine internationale Stadt mit einer recht großen Zahl an Restaurants und Läden, die von Ausländern betrieben werden. Dabei handelt es sich überwiegend um Segler, die hierhergekommen waren, um die Insel zu besuchen, und dann blieben.

Port Elizabeth verfügt über ein ganz angenehmes Gleichgewicht aus eigenem Charakter und Annehmlichkeiten. Viele der Geschäfte am Meer haben sich auf die Bootsbesatzungen eingestellt, die hier anlegen, und bieten eine große Bandbreite von Dienstleistungen an. Das reicht von Läden, in denen man Eis bekommt, über Waschsalons bis hin zu guten Bars und Restaurants.

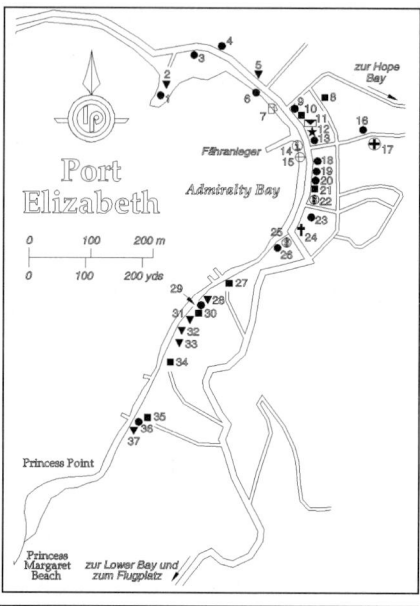

ORIENTIERUNG

Die meisten Restaurants und anderen Einrichtungen für Touristen erreicht man über einen schmalen Fußweg am Wasser an der Südseite von Port Elizabeth. Er beginnt bei der Barclays Bank und zieht sich weiter bis zum Plantation House in 500 m Entfernung. Ein Teil des Weges kann ein wenig gefährlich werden, wenn die Wellen bei Hochwasser über den Damm spritzen. Dann muß man schon etwas Glück haben, um trockenen Fußes durchzukommen. Wenn es hier auch kaum einen Strand gibt, nennt man den

---

Unterkünfte
 8 Julie's Guest House
10 Julie's Guest House
21 Papa Mitch
27 Hotel Frangipani
30 Gingerbread Apartments
34 Old Fig Tree Guest House
35 Plantation House

Restaurants
 2 Harpoon Salon
 5 Doris Fresh Food
27 Restaurant und Bar Frangipani
28 Whaleboner
30 Restaurant Gingerbread
31 Café Gingebread
32 Maranne's Ice Cream
33 Mac's Pizzeria & Bakeshop
37 Coco's Grill

Sonstiges
 1 Bequia Marina

 3 S&W Supermarket
 4 Sargeant Bros Model Boat Shop
 6 Markt
 7 Tankstelle
 9 Knights Supermarket
11 Postamt
12 Polizeiwache und Zollamt
13 Bayshore Mall
14 Fremdenverkehrsamt
15 Bus- und Taxihaltestelle
16 Bibliothek
17 Krankenhaus
18 Grenadines Yachts & Equipment
19 Handy Andy's
20 Bequia Bookshop
22 National Commercial Bank
23 Lighthouse Service
24 St. Mary's Church
25 Barclays Bank
26 Shoreline Mini-Mart
29 Sunsports
36 Dive Bequia und Paradise Windsurfing

südlichen Teil von Port Elizabeth gelegentlich auch Belmont Beach.

Der Weg an der Küste ist zwar der wichtigste Zugang zu den Geschäften und Restaurants usw. am Belmont Beach, aber die Hotels erreicht man über lange Zufahrten von der Straße zwischen Port Elizabeth und Paget Farm.

PRAKTISCHE HINWEISE

Informationen: Das Fremdenverkehrsbüro am Fähranleger (Tel. 4 58 32 86) ist täglich von 9.00 bis 12.30 Uhr sowie täglich außer samstags von 13.30 bis 16.00 Uhr geöffnet.

Geld: Die Barclays Bank am Nordende des Gehwegs an der Küste ist montags bis donnerstags von 8.00 bis 13.00 Uhr sowie freitags von 8.00 bis 13.00 Uhr und von 15.00 bis 17.00 Uhr für den Publikumsverkehr geöffnet. Das gilt auch für die Caribbean Banking Corporation in der Bayshore Mall gegenüber vom Fähranleger und die National Commercial Bank einige Minuten zu Fuß im Süden.

Post und Telekommunikation: Das Postamt von Port Elizabeth befindet sich gegenüber vom Fähranleger. Es ist montags bis freitags von 9.00 bis 12.00 Uhr und von 13.00 bis 15.00 Uhr sowie samstags von 9.00 bis 11.30 Uhr zu erreichen.

Karten- und Münztelefone findet man vor dem Fremdenverkehrsbüro.

Buchhandlungen: Der Bequia Bookshop in Port Elizabeth gehört zu den besten Buchhandlungen in der östlichen Karibik. Man erhält hier von Seekarten über topographi-

sche Karten und Bücher über das Segeln sowie Reiseführer bis hin zu Büchern über die Flora und Fauna so gut wie alles. Angeboten wird daneben eine kleine, aber gute Auswahl westindischer Literatur. Bezahlen kann man auch mit Kreditkarten.

Wäschereien: Im Lighthouse Service hinter der St Mary's Church (Tel. 4 58 30 84, VHF Kanal 68) werden für das Waschen von Wäsche 20 EC $ pro Maschine berechnet. Es gibt hier auch heiße Duschen, die man für 5 EC $ benutzen kann, sowie verschiedene andere Dienstleistungen für Segler usw.

SEHENSWÜRDIGKEITEN

Princess Margaret Beach: Der schönste Strand im Gebiet von Port Elizabeth ist der Princess Margaret Beach, ein abgelegener, goldener Sandstrand in einer schönen, grünen Umgebung. Zu erreichen ist er, wenn man dem Küstenweg nach Süden am Plantation House vorbei folgt. Von hier aus führt ein Pfad über die Küstenberge, der nach ca. 10 Minuten am Strand endet. Der Pfad, der vorbei an Agaven, Yucca und anderen Pflanzen führt, ist zwar ein wenig steil, aber nicht allzu anstrengend und ermöglicht einen schönen Blick auf die Admiralty Bay.

UNTERKUNFT

Bei Papa Mitch oberhalb vom Bequia Bookshop (Tel. 4 58 33 70) wird eine Handvoll spartanischer Zimmer im Stil der Insel mit wenig mehr als einem Bett, einer durchgelegenen Matratze und einer nackten Glühlampe an der Decke sowie Toiletten- und Duschbenutzung vermietet. Vor den Fenstern sind zwar Jalousien vorhanden, jedoch in den zwei Räumen, die wir uns angeschaut

---

Modellschiffe

Die Tradition des Schiffsbaus auf Bequia lebt bei den einheimischen Kunsthandwerkern fort, die nun Modelle von traditionellen Schonern und Walfangbooten aus Holz anfertigen. Die Modelle entsprechen in ihren Proportionen exakt den früheren Schiffen und werden in den traditionellen Farben bemalt sowie mit Segeln und Tauwerk versehen.

Einige Werkstätten, in denen solche Modellschiffe hergestellt werden, gibt es am Meer an der Nordseite von Port Elizabeth. Am bekanntesten ist der Sargeant Bros Model Boat Shop in der Nähe des Jachthafens von Bequia, in dem Besucher bei der Fertigung der Schiffe zusehen können. Hier kann man auch Auftragsarbeiten, wie z.B. Repliken eigener Boote, aufgeben. Eines der bekanntesten Arbeiten aus der Werkstatt ist die Nachbildung der königlichen Jacht *Britannia* gewesen, die Königin Elizabeth II. bei ihrem Besuch im Jahre 1985 überreicht wurde.

Die etwas einfacheren Modellschiffe kosten ab 100 US $, überwiegend liegen die Preise jedoch zwischen 400 und 1000 US $. Für die schönsten Boote muß man bis zu 2500 US $ zahlen. Viele der Modelle werden exportiert und weltweit an Sammler verkauft.

ST. VINCENT UND DIE GRENADINEN

haben, weder Mückengitter noch Moskitonetze noch Ventilatoren, so daß man entweder schwitzen oder sich stechen lassen muß. Auf der Plusseite des Hotels sind die Lage im Zentrum und der Preis von 12 US $ für ein Einzelzimmer sowie 19 US $ für ein Doppelzimmer zu nennen. Julie's Guest House (Tel. 4 58 33 04, Fax 4 58 38 12), ein altes Holzhaus, ist eine Pension, die einer Novelle von Somerset Maugham entsprungen sein könnte. Im 1. Stock befinden sich eine Bar und ein Restaurant, während im 2. Stock die einfachen, sauberen Zimmer mit Dusche (kaltes Wasser) und Toilette liegen, die vom Schlafbereich nur durch einen Vorhang getrennt ist. Die dünnen Holzwände zwischen den Zimmern bieten keinen Schutz gegen Lärm, so daß man sich am besten ein Eckzimmer mit nur einer Wand zu einem Nebenraum geben läßt. Die Fenster mit Jalousien sind zwar nicht mit Mückengittern versehen, aber über den Betten sind Moskitonetze aufgespannt. Wem Komfort (warmes Wasser in der Dusche) wichtiger ist als Charakter, kann auch ein Zimmer in dem neuen Zementbau gegenüber vom Meer mieten, nur einige Minuten zu Fuß entfernt. Einschließlich eines ganz ordentlichen westindischen Abendessens mit drei Gängen zahlt man hier allein 30 US $ und zu zweit 49 US $. Zum Bezahlen werden auch Kreditkarten angenommen.

Im langsam vom Zahn der Zeit gezeichneten Old Fig Tree Guest House am Meer (Tel. 4 58 32 01) stehen sechs sehr einfache und nicht sehr saubere Zimmer über einem gleichnamigen Restaurant ohne Mückengitter und Moskitonetzen, aber mit Ventilatoren zur Verfügung. Mit Badbenutzung kosten ein Einzelzimmer 13 US $ und ein Doppelzimmer 25 US $, mit eigenem Bad 30 US $.

Das Hotel Frangipani (Tel. 4 58 38 24, Fax 4 58 38 24, PO Box 1, Port Elizabeth) ist eine ganz hübsches und sehr beliebte Pension mit 15 Zimmern am Meer und eigenem Dinghy-Anleger. Sie gehört der Familie des jetzigen Premierministers, der hier im Zimmer Nr. 1 geboren wurde. Vor zwei Jahrzehnten wurde das Haus der Familie in eine Pension umgewandelt. Angeboten werden einige einfache Zimmer im 2. Stock des alten Hauptgebäudes aus Holz wie auch neuere „Gartenunterkünfte" mit Natursteinwänden, eigenem Bad und Sonnenterrasse. Für die Zimmer im Haupthaus mit Badbenutzung zahlt man im Sommer als Einzelperson 25 US $ und zu zweit 40 US $, im Winter 35 bzw. 50 US $, mit eigenem Bad im Sommer 40 bzw. 60 US $ und im Winter 50 bzw. 80 US $. Die Unterkünfte im Garten kosten im Sommer als Einzelzimmer 60 US $ sowie als Doppelzimmer 80 US $ und im Winter 80 bzw. 120 US $.

Die Gingerbread Apartments (Tel. 4 58 38 00, Fax 4 58 39 70, PO Box 1, Port Elizabeth) bestehen aus drei winzigen Apartments, eines davon neben dem Restaurant Gingerbread und zwei dahinter. Die Unterkünfte unterscheiden sich vom Schnitt her, besitzen jedoch jeweils eine Kochgelegenheit, ein Bad und eine Veranda. Die größte Wohnung besteht aus einem geräumigen Wohnzimmer,

einem Hauptschlafzimmer sowie einem kleineren Schlafraum, der hinter dem eigentlichen Schlafzimmer liegt, so daß sie sich am besten für Familien eignet. Hier müssen zwei Personen im Sommer 65 US $ und im Winter 90 US $ bezahlen und eine dritte Person, wenn es sich um ein Kind handelt, 10 US $ sowie als Erwachsener 20 US $ bezahlen. Daneben wird weder eine Steuer noch ein Zuschlag für Bedienung erhoben.

Das Plantation House (Tel. 4 58 34 25, Fax 4 58 36 12, PO Box 16, Belmont) ist eine wunderschöne Anlage mit pfirsichfarbenen Ferienhäuschen aus Holz. Die Häuschen sind eigentlich recht einfach, aber mit einem Deckenventilator, Mückengittern vor den Fenstern, naturbelassenen Holzfußböden, Moskitonetzen über den Betten, einem kleinen Kühlschrank und einer Veranda ausgestattet. Zum Haus gehören auch ein Swimming Pool und ein Tennisplatz. Der einzige Nachteil ist der Preis von 210 US $ für eine Person und von 295 US $ für zwei Personen im Winter und 135 bzw. 180 US $ im übrigen Jahr, wobei Frühstück und Mittagessen aber schon inbegriffen sind.

Die Village Apartments bestehen aus fünf Apartments für Selbstversorger an der Straße nach Paget Farm, zehn Minuten zu Fuß bergauf von der Ortsmitte von St. Elizabeth. Die modernen Unterkünfte besitzen eine Veranda, rote Fliesen auf den Böden sowie einfache Möbel aus PVC. Ein Studio kostet hier pro Woche im Sommer 140 US $ und im Winter 240 US $, eine Ferienwohnung mit einem Schlafzimmer 200 bzw. 300 US $ pro Woche und ein Ferienhäuschen mit zwei Schlafräumen 300 bzw. 450 US $. Reservieren kann man über Val oder George Whitney jr. (Tel. 4 56 29 60, Fax 4 56 23 44, PO Box 1621, Kingstown) vornehmen.

ESSEN

Küstenpromenade: Maranne's Ice Cream, ein kleiner Kiosk unmittelbar nördlich von Mac's Pizzeria, führt gutes, hausgemachtes Eis, Sorbets und gefrorenen Joghurt in verschiedenen tropischen Sorten. Für ein kleines Hörnchen zahlt man 2 EC $. Dieser Eissalon ist täglich von 11.00 bis 18.30 Uhr geöffnet.

Zu Mac's Pizzeria & Bakeshop gehört eine Gartenterrasse mit Blick über die Admiralty Bay. Die Pizzeria ist eines der beliebtesten Restaurants an der Promenade und hat eine breite Auswahl an Pizzen zu bieten, die von einer neun Inch großen Pizza mit grünen Oliven für 19 EC $ bis zu einer 15 Inch großen Pizza mit Hummer für 75 US $ reicht. Man kann hier auch Sandwiches aus Vollweizen oder Pitabrot für 7 EC $ sowie MacNuggets mit Muscheln, als leckere Vorspeise, für 10 EC $ bestellen. Daneben erhält man in diesem Lokal Quiche, Chowder (eine Mischung aus Fisch, Muscheln und anderen Zutaten), Lasagne und Samosas. Probieren Sie unbedingt auch einmal das Brot mit Rum, Rosinen und Bananen, von dem eine große Scheibe 2 EC $ kostet. Das Mac's ist täglich von 11.00 bis 22.00 Uhr geöffnet.

Das Restaurant und die Bar Frangipani befindet sich im Untergeschoß des alten Mitchell-Hauses, das einst als Lagerraum für die 40 m lange *Gloria Colita*, den größten Schoner, der je auf Bequia gebaut wurde, diente. (Das Boot verschwand 1940 und wurde später im Bermuda-Dreieck treibend ohne jede Spur der Besatzung gefunden.) Heute befindet sich der Hauptankerplatz für Jachten vor dem Frangipani, was zur Folge hat, daß die Bar am Meer der beliebteste Treffpunkt der Seeleute und der auf der Insel lebenden Ausländer ist. Bis 18.00 Uhr werden hier Sandwiches, Burger, Salate und Omelette für 8 bis 20 EC $ sowie frischer Fisch für 25 EC $ serviert. Zum Abendessen wird ein Spezialmenü mit drei Gängen für 36 EC $ angeboten, während die übrigen Hauptgerichte zwischen 30 und 60 EC $ kosten. Geöffnet ist das Restaurant täglich von 7.30 bis 21.00 Uhr.

Das Restaurant Gingerbread im 2. Stock ist ein sehr beliebtes Abendlokal mit hohen Decken, zahlreichen Verzierungen und einem herrlichen Blick auf den Hafen. Mittags erhält man hier preiswerte Sandwiches und Omelettes sowie verschiedene Pasta-Gerichte zu Preisen von 10 bis 20 EC $. Abends stehen Fischgerichte zu Preisen von 30 bis 48 EC $ auf der Speisekarte. Mittwochs, freitags und sonntags ist Musik der Band De Real Ting zu hören. Frühstücken können Sie hier zwischen 8.00 und 10.30 Uhr. Happy Hour ist werktags von 17.00 bis 18.00 Uhr, in der im allgemeinen zwei Rumpunschs zum Preis von einem ausgeschenkt werden. Mit diesem Lokal trifft man eine gute Wahl zum Abendessen, muß in der Hochsaison jedoch häufig bereits früh am Tag einen Tisch reservieren lassen.

Das Café Gingerbread an der Südseite des Restaurants bietet verschiedene Kuchen für 3 EC $ pro Stück sowie Kaffee, Espresso und Cappuccino an. Es ist täglich von 7.30 bis 18.30 Uhr geöffnet. Hier wird täglich am Mittag auch ein Barbecue mit Grillhähnchen, Kebabs und Fisch veranstaltet, die draußen von 12.00 bis 15.00 Uhr verkauft werden.

Im Plantation House kann man draußen auf der großen Veranda eines Nachbaus eines Plantagenhauses im Stil der Kolonialzeit sitzen (der Originalbau brannte 1988 nieder). Die Abendkarte wechselt täglich, typische Gerichte sind jedoch Callaloo-Suppe für 10 EC $, geräucherte Austern für 15 EC $, gegrillter Fisch vom Tag oder geröstete Ente für 50 EC $ und ein etwas preiswerteres Pasta-Gericht. Das Lokal ist täglich von 6.30 bis 22.00 Uhr geöffnet. Ebenfalls auf dem Gelände des Hotels Plantation House befindet sich der Coco's Grill, eine nette

Bar mit Sandwiches ab 16 EC $, gegrilltem Fisch für 28 EC $ und dienstags am Abend Live-Musik und Tanz.

Spuren der Walfängergeschichte von Bequia findet man im Whaleboner, einem Lokal mit einer Bar aus einem riesigen Stück Walknochen und Barhockern, bei denen Wirbelsäulen von Walen verarbeitet wurden.

Andere Stadtteile in Port Elizabeth: Der Harpoon Saloon beim Jachthafen von Bequia an der Nordseite der Bucht ist ein großes Restaurant mit Bar unter freiem Himmel. Beim Grill am Kai ist die Luft angenehm und die Atmosphäre bei Bier vom Faß für 4 EC $, Burgern mit Pommes Frites für 16 EC $ und Hauptgerichten wie Hähnchenbrust in Ingwermarinade oder Fisch vom Tag für 22 EC $ ungezwungen. Jeden Samstag von 21.00 Uhr findet auch ein Jump-up statt, bei dem mindestens 10 EC $ verzehrt werden müssen.

Julie's Guest House in der Ortsmitte besitzt einen Speiseraum für Hausgäste, der aber auch für andere Gäste zugänglich ist. Für ein einfaches, aber bekömmliches westindisches Abendessen, das man zwischen 19.00 und 21.00 Uhr bekommen kann, zahlt man zwischen 35 und 40 EC $. Das ist ein festes Gericht, häufig mit einer Christophene-Suppe als Vorspeise, grünem Salat, Hähnchen oder Fisch, Gemüse von der Insel, Reis, einem Nachtisch sowie Kaffee oder Tee. Frühstücken kann man hier mit Obst, Saft, Kaffee und entweder französischem Toast, Pfannkuchen oder Eiern für 12,50 EC $.

Der Markt von Port Elizabeth gleich westlich des Kais ist der beste Ort, um frisches Obst und Gemüse zu kaufen. Lebensmittel bekommt man in einigen Supermärkten an der Promenade.

Bei Doris Fresh Food gegenüber vom Markt wird herzhaftes Vollweizenbrot frisch vom Tag angeboten, das noch warm aus dem Ofen verkauft wird.

EINKÄUFE

In Port Elizabeth gibt es zahlreiche Boutiquen, in denen wunderschöne Batik- und Seidenkleidung, handbemalte T-Shirts, Weidenkörbe und andere Kunstgewerbegegenstände von der Insel zum Verkauf stehen. Verkäufer bieten am Strand des Ortes Taschenbücher aus Flaschenkürbis, bemalte T-Shirts und einige andere Waren an.

Die Bayshore Mall gegenüber vom Fähranleger besteht aus einer Apotheke, einem Reisebüro sowie Läden, die Kleidung, Andenken und verschiedene andere Waren führen.

LOWER BAY

Lower Bay ist ein kleiner, ruhiger Ort am Südende der Admiralty Bay, der an einen goldenen Sandstrand grenzt, vor dem das Meer türkisblau schimmert. Das ist einer der

schönsten Strände der Insel, der gute Möglichkeiten zum Baden bietet. In Lower Bay findet man zwar einige Pensionen, aber der Ort liegt ein wenig abseits des

ST. VINCENT UND DIE GRENADINEN

Tourismustrubels, was zu seinem Reiz beiträgt. Er ist ein schönes Ziel, um sich auszuruhen und Strandball zu spielen.

Von der Straße zwischen Port Elizabeth und Paget Farm, wo sich die nächste Bushaltestelle befindet, sind es zehn bis fünfzehn Minuten zu Fuß nach Lower Bay. Zudem führt ein Fußweg vom Princess Margaret Beach nach Lower Bay.

Hüten Sie sich vor den Manzanillo-Bäumen, die an einigen Stellen des Strandes von Lower Bay wachsen. Sie sehen einladend aus, als würden sie Schatten spenden, aber das Öl, das von ihren Blättern tropft, kann einen ernsten Hautausschlag verursachen. Einige der Bäume wurden vom Bequia Sailing Club gekennzeichnet.

UNTERKUNFT

Im Keegan's Guest House (Tel. 4 58 35 30), einer Pension mit 11 Zimmern, wohnt man direkt gegenüber vom Strand von Lower Bay. Die schönsten Zimmer sind die mit den Nummern 8 und 9, die groß und gut eingerichtet sind und sich einen Balkon mit Blick über das Meer teilen. Alle Zimmer sind mit eigenem Bad, einem Ventilator und bequemen Betten mit Moskitonetz ausgestattet. Die Zimmer im älteren Flügel sind kleiner, jedoch im Vergleich mit den meisten anderen Hotels in Port Elizabeth immer noch preiswert. Man zahlt hier einschließlich Frühstück und Abendessen mit drei Gängen allein 41 US $ und zu zweit 55 US $.

Im Lower Bay Guest House (Tel. 4 58 36 75), eine Minute zu Fuß vom Strand hoch, gibt es acht kleine, einfache Zimmer mit Waschbecken, Jalousien vor den Fenstern und Badbenutzung. Für eine Person werden hier 20 US $ und für zwei Personen 28 US $ pro Übernachtung berechnet.

Die De Reef Apartments (Tel. 4 58 34 84) bestehen aus fünf neuen, separaten Apartments ein kleines Stück landeinwärts vom Restaurant De Reef. Vermietet werden Unterkünfte in der Form eines A mit einem Schlafraum und einer Küche oben sowie einem kleinen Wohnraum und einem Bad unten im Sommer für 200 US $ und im Winter für 280 US $. Die Ferienwohnungen mit zwei Schlafräumen und Wohn-/Eßbereich sowie kompletter Küchenausstattung kosten pro Woche im Sommer 400 US $ und im Winter 500 US $. Sie werden von Deckenventilatoren gekühlt. Dreimal wöchentlich kommt ein Zimmermädchen.

ESSEN

Im Keegan's gegenüber vom Strand in Lower Bay kann man täglich frühstücken (8.00 bis 9.30 Uhr) sowie zu Mittag (11.00 bis 14.00 Uhr) und zu Abend essen. Mittags lassen sich Sandwiches für ca. 6 EC $ sowie Hähnchen oder Fisch und Pommes Frites mit Salat für 18 EC $ bestellen. Abends ist eine Reservierung erforderlich, wobei zum Abendessen meistens frischer Fisch serviert wird. Zum Restaurant gehört auch eine kleine Bar.

Im De Reef am Strand können Sie täglich zwischen 10.00 und 22.00 Uhr essen. Mittags stehen z. B. Callaloo-Suppe und Kokosrollen für 8 EC $ sowie kreolische Muscheln mit Reis und gebratenen Plantanen für 24 EC $ auf der Speisekarte. Abends werden ein westindisches Menü zu einem Festpreis und eine Reihe von verschiedenen Hauptgerichten wie Fisch oder gebackener Hummer für 45 bis 60 EC $ angeboten.

Am Ostende des Strandes liegt das Theresa's, ein einfaches kleines Häuschen aus Beton mit einer Handvoll Tische. Abends wird hier ein Buffet für 42 EC $ aufgebaut, bei dem im allgemeinen westindische Gerichte zur Auswahl stehen. Mittags erhält man einfache Imbisse zu Preisen ab 10 EC $. In Dawn's Creole Garden an der Straße hinter dem Theresa's, einem weiteren kleinen Restaurant, wird ebenfalls westindisch gekocht. Frisches Brot bekommt man in Nando's Bake Shop, einer kleinen Dorfbäckerei, die montags bis samstags von 6.00 bis 12.00 Uhr und von 15.00 bis 17.00 Uhr geöffnet ist.

FRIENDSHIP BAY

Die Friendship Bay ist eine tiefe, schöne Bucht mit einem herrlichen goldenen Sandstrand und guten Möglichkeiten zum Baden sowie Windsurfen. Die Gegend ist ruhig, und man zielt hier eher auf Touristen, insbesondere Europäer, als auf Segler ab. Das Meer ist nur einige Minuten zu Fuß von der Straße zwischen Port Elizabeth und Paget Farm entfernt. Es ist nicht schwer, von Port Elizabeth mit einem Sammeltaxi (einem „Dollar Cab") hierherzufahren.

SEHENSWÜRDIGKEITEN

Walfangmuseum: In Athenal's Private Petite Museum im Haus von Athenal Ollivierre, einem inzwischen alt gewordenen Abkömmling des ersten Walfängern von Bequia, sind Ausstellungsstücke über den Walfang sehen. Das Handwerk des Walfangs wurde vom Vater an den Sohn weitergeben, allerdings ist Athenal, heute in den Siebzigern, der letzte Harpunierer der Insel.

Aufgrund der jahrhundertelangen Tradition wurde Bequia von der Internationalen Walfangstiftung ein gesonderter Status und eine jährliche Fangquote von drei Walen zugebilligt. Athenal, der noch immer ein aktiver Walfänger ist, fing 1992 einen 12 m langen Buckelwal, seinen ersten derartigen Fang innerhalb von vier Jahren.

Das Museum befindet sich in La Pompe an der landeinwärts liegenden Straße zwischen der Friendship Bay und dem Flughafen. Man kann es leicht an dem Walkieferknochen erkennen, der einen Bogen über dem Weg zum Museum bildet. Der Eintritt kostet 2 US $. Das Museum ist montags bis samstags von 10.00 bis 17.00 Uhr sowie sonntags von 9.00 bis 19.00 Uhr geöffnet.

Petit Nevis: Auf der unbewohnten Insel Petit Nevis, die ca. 1½ km südlich der Friendship Bay gelegen ist, befindet sich eine inzwischen verlassene Walfangstation mit einigen wenigen rostenden Trypots (großen Eisenketten, die dafür verwendet wurden, den Speck von Walfischen auszulassen) und Stapeln von Walknochen. Die Insel ist ein beliebtes Ziel für Tagesausflüge und bietet gute Möglichkeiten zum Schnorcheln, auch wenn die Strömung manchmal stark sein kann.

UNTERKUNFT

Im Hotel Blue Tropic an der Hauptstraße (Tel. 4 58 35 73), unmittelbar oberhalb der Friendship Bay, werden zehn recht einfache Zimmer mit Küchenzeile, Dusche, Deckenventilator und Balkon mit Blick auf einen Teil der Bucht vermietet. Hier muß man mit Frühstück für eine Übernachtung im Sommer allein 46 US $ und zu zweit 72 US $ sowie im Winter 66 bzw. 92 US $ ausgeben.

Der Bequia Beach Club (Tel. 4 58 32 48, Fax 4 58 36 89) an einem wunderschönen Abschnitt des Strandes in der Friendship Bay umfaßt zehn schöne Bungalows am Strand mit Deckenventilatoren, mückengeschützten Fenstern, Minikühlschrank und Radio. Er wird von einem jungen deutschen Geschäftsführer geleitet und ist häufig von deutschen Reisegruppen belegt. Wenn Platz vorhanden ist, zahlt man mit Halbpension für ein Einzelzimmer 80 US $ und für ein Doppelzimmer 140 US $. Paradise Windsurfing und Bequia Dive haben sich am Strand vor dem Hotel angesiedelt.

Das Hotel Friendship Bay (Tel. 4 58 32 22, Fax 4 58 38 40, PO Box 9, Friendship Bay) ist ein schönes Strandhotel mit 27 Zimmern und einer schwedischen Geschäftsführung. In den Zimmern mit Bildern an der Wand sind Deckenventilatoren und Balkone mit Blick auf das Meer vorhanden. Den schönsten Blick hat man von den Zimmern Nr. 7 und 8. Im Sommer kostet ein Zimmer hier zur Alleinbenutzung 55 US $ und bei Belegung mit zwei Gästen 70 US $, während man im Winter 95 bzw. 115 US $ bezahlen muß. Vermietet werden zudem Zimmer mit Meerblick direkt am Strand, die jedoch erheblich teurer sind, zumal keines der Zimmer des Hotels mehr als 100 m vom Ozean entfernt liegt. Zur Anlage gehören auch ein Tennisplatz, eine Tauchschule und ein Anleger. Tagesausflüge mit einem Boot zu anderen Inseln können vom Hotel aus organisiert werden.

ESSEN

Zum Hotel Friendship Bay gehört eine Strandhütte mit Bar, in der Burger, Sandwiches und Salate für 12 bis 18 EC $ verkauft werden. Es gibt hier daneben ein vornehmeres Restaurant mit einem großartigen Blick über das Meer, in dem für Hauptgerichte, wie z. B. Fisch vom Tag, um die 40 EC $ und für ein komplettes Menü mit Suppe und Nachtisch 50 EC $ berechnet werden.

Dem Bequia Beach Club ist ein Restaurant am Strand mit Bar mit preiswerten Suppen und Sandwiches zur Mittagszeit sowie umfangreicheren, auch deutschen Gerichten am Abend angeschlossen.

AN- UND WEITERREISE

Flug: Der Flugplatz von Bequia liegt in der Nähe von Paget Farm am südwestlichen Ende der Insel. Tägliche Flugverbindungen bestehen zwischen Bequia und den anderen Grenadinen. Einzelheiten dazu finden Sie am Anfang dieses Kapitels.

Schiff: Eine Fahrt mit der Fähre zwischen Bequia und St. Vincent ist nicht nur preiswerter als ein Flug, sondern auch praktischer. Die Anleger befinden sich im Zentrum von Kingstown und Port Elizabeth. Die Fähre ist meistens pünktlich und braucht für eine Überfahrt nur eine Stunde. Wer schnell seekrank wird, sollte jedoch daran denken, daß die Passage in der Mitte der Strecke zwischen den beiden Inseln recht stürmisch werden kann. An ruhigen Tagen ist es nicht so schlimm, aber sonst sollte man vielleicht besser eine Kleinigkeit essen, bevor man an Bord geht. Die Fahrkarten werden auf den Schiffen verkauft. Sie kosten für Fahrten tagsüber 10 EC $ und für Fahrten abends sowie an Wochenenden 12 EC $.

Die Fähren legen auf Bequia montags bis freitags um 6.30, 7.30, 14.00 und 17.00 Uhr, samstags um 6.30 und 17.00 Uhr sowie sonntags von 7.00 und 16.00 Uhr ab. St. Vincent verlassen die Fähren montags bis freitags um 9.00, 10.30, 12.30, 16.30 und 19.00 Uhr, samstags um 12.30 und 19.00 Uhr sowie sonntags um 9.00 und 17.30 Uhr. Einzelheiten über die Personen- und Frachtfähre *Snapper*, die zwischen St. Vincent und Union Island verkehrt, können Sie dem Abschnitt über das Reisen auf St. Vincent und den Grenadinen am Anfang dieses Kapitels entnehmen.

Segelboot: Port Elizabeth ist ein Einreisehafen für St. Vincent und die Grenadinen. Das Zollbüro und die Paßkontrolle befinden sich gegenüber vom Fähranleger und sind von 9.00 bis 15.00 Uhr geöffnet. Es gibt im Ort eine Reihe von gut ausgestatteten Läden, in denen Wasser, Treibstoff, Gas in Flaschen, Eis und Seekarten problemlos erhältlich sind.

Wer kein eigenes Boot hat, kann versuchen, hier jemanden zu finden, der ihn gegen ein Entgelt oder gegen Arbeitsleistung auf dem Schiff mitnimmt. Gut geeignete Anknüpfungspunkte sind der Jachthafen von Bequia und die Bar im Hotel Frangipani. In Mac's Pizzeria befindet sich ferner ein Schwarzes Brett, auf dem häufig zu lesen ist, daß jemand einen Passagier sucht.

ST. VINCENT UND DIE GRENADINEN

NAHVERKEHR

Die Insel ist klein, so daß von Port Elizabeth viele Orte zu Fuß zu erreichen sind. Es sind ca. 45 Minuten zu Fuß zu den drei besten Stränden der Insel: Lower Bay, Friendship Bay und Hope Bay.

Bus: Das System des Nahverkehrs beruht auf privaten „Dollar Cabs", bei denen es sich um Sammeltaxis handelt, in denen man für kurze Strecken 1 EC $ und für längere 2 EC $ bezahlt. Die meisten Taxis verkehren auf der Strecke von Port Elizabeth nach Paget Farm. Tagsüber sind die Sammeltaxis zuverlässige Verkehrsmittel.

Taxi: Bei den Taxis auf Bequia handelt es sich üblicherweise um Kleintransporter mit Sitzbänken im hinteren Teil. Man kann sie von den Sammeltaxis durch Schilder mit der Aufschrift „Taxi Service" unterscheiden. Die Fahrpreise sind festgelegt und betragen von Port Elizabeth bis zur Friendship Bay 15 EC $ und zum Flugplatz 26 EC $. Im allgemeinen wartet bereits eine Reihe von Taxis am Flugplatz, wenn eine Maschine landet.

Motorrad und Fahrrad: Bei Handy Andy's am Meer in Port Elizabeth (Tel. 4 58 37 22) können Sie Motorräder und Fahrräder mieten.

Ausflugsfahrten: Es gibt eine Handvoll von Bootsbesitzern, die Fahrten entlang der Grenadinen anbieten. Neben den im folgenden genannten Veranstaltern gehören dazu im allgemeinen auch einige Bootsbesitzer, die ihre Angebote am Schwarzen Brett in Mac's Pizzeria aushängen und über die man im Fremdenverkehrsamt Bescheid weiß.

Zu den interessanten Booten gehört die *Friendship Rose* (Tel. 4 58 32 44 und 4 58 32 55), ein auf Bequia gebauter Schoner, der bis vor kurzem noch als Postboot zwischen Bequia und St. Vincent pendelte. Dienstags und freitags können Sie mit diesem Schiff von Bequia nach Mustique und Petit Nevis fahren (50 US $). Donnerstags fährt der Schoner zu den Tobago Cays und nach Union Island. Diese Fahrt kostet einschließlich Rückflug nach Bequia 65 US $. Mittwochs bringt die *Friendship Rose* Passagiere nach St. Vincent. Man kann diese Fahrt einschließlich einer Führung auf St. Vincent buchen oder auch ohne.

Mit dem 13 m langen Segelboot *Prospect of Whitby* (Tel. 4 58 32 44, VHF Kanal 68) lassen sich Tagesausflüge nach Mustique für 50 US $ und Fahrten zu den Tobago Cays für 60 US $ unternehmen. Vergleichbare Touren werden auch mit dem 18 m langen Katamaran *Passion* (Tel. 4 58 38 84) angeboten.

Die *Pelangi* (Tel. 4 58 32 55), ein 13 m langer Kutter mit zwei Doppelkabinen für Gäste, kann von Privatpersonen gechartert werden. Tagesausflüge damit kosten bei einer Mindestteilnehmerzahl von vier Personen 50 US $ pro Person. Für eine Dreitagestour mit zwei Übernachtungen zahlt man zu zweit 800 US $ und für vier Personen 1000 US $ (einschließlich der meisten Mahlzeiten).

MUSTIQUE

Mustique, 12 km südöstlich von Bequia, ist eine Insel in Privatbesitz, die zu einem Ziel von reichen und berühmten Persönlichkeiten gemacht wurde. Wie die anderen Grenadinen ist die 8 km lange Insel trocken und gebirgig. Rund 800 Menschen wohnen hier. Ihre Arbeitsplätze hängen überwiegend direkt oder indirekt mit den Urlaubern zusammen.

Colin Tennant, ein leicht exzentrischer Schotte, kaufte die Insel 1958. In den sechziger Jahren waren auf ihr ca. 100 Hektar Land mit Baumwolle bepflanzt, aber Tennant wollte die Insel vor allem zu einem Ferienziel machen, das seinen aristokratischen Freunden gefallen würde. Tennant brachte die frei herumstreunenden Ziegen und Rinder unter Kontrolle und pflanzte Kokospalmen und Zitrusfrüchte. 1960 schenkte er Prinzessin Margaret ein vier Hektar großes Grundstück zwischen der Gelliceaux Bay und der Deep Bay zur Hochzeit. Heute stehen 72 Privatvillen auf der Insel, die verschiedenen Berühmtheiten wie der Prinzessin, Mick Jagger und David Bowie gehören. Mustique hat sich zu großen Teilen zu dem exklusiven Ferienziel entwickelt, das Tennant plante, auch wenn die Insel heute der Verwaltung der Mustique Company untersteht. Diese Gesellschaft ist vom Betrieb einer Klinik und einer Entsalzungsanlage bis hin zur Bereitstellung von Unterkünften für die Fischer der Britannia Bay, die noch immer auf Mustique leben, für alles verantwortlich.

Die Insel ist von einer unregelmäßig verlaufenden Küste mit zahlreichen Buchten gekennzeichnet, von denen die meisten von schönen Sandstränden gesäumt sind. Es gibt zwar keine Städte auf Mustique, aber die Britannia Bay bildet eine Art Zentrum mit den Anleger von Mustique, einem Laden und einer Handvoll von Boutiquen. Der Flugplatz liegt ca. einen Kilometer nordöstlich des Anlegers. Das Postamt, Telefonzellen und eine Wechselstube sowie die Mustique Company finden Sie gegenüber vom Flughafengebäude. An der Westküste, darunter in der Britannia Bay, bestehen gute Möglichkeiten zum Baden und zum Schnorcheln. Schnorchler können bei Basil's Bar ins Wasser gehen und in nördliche Richtung schwimmen. Beim Basil's besteht auch die Möglichkeit, Wassersportausrüstungen zu mieten, während Ausritte und Tauchfahrten von der Mustique Company organisiert werden.

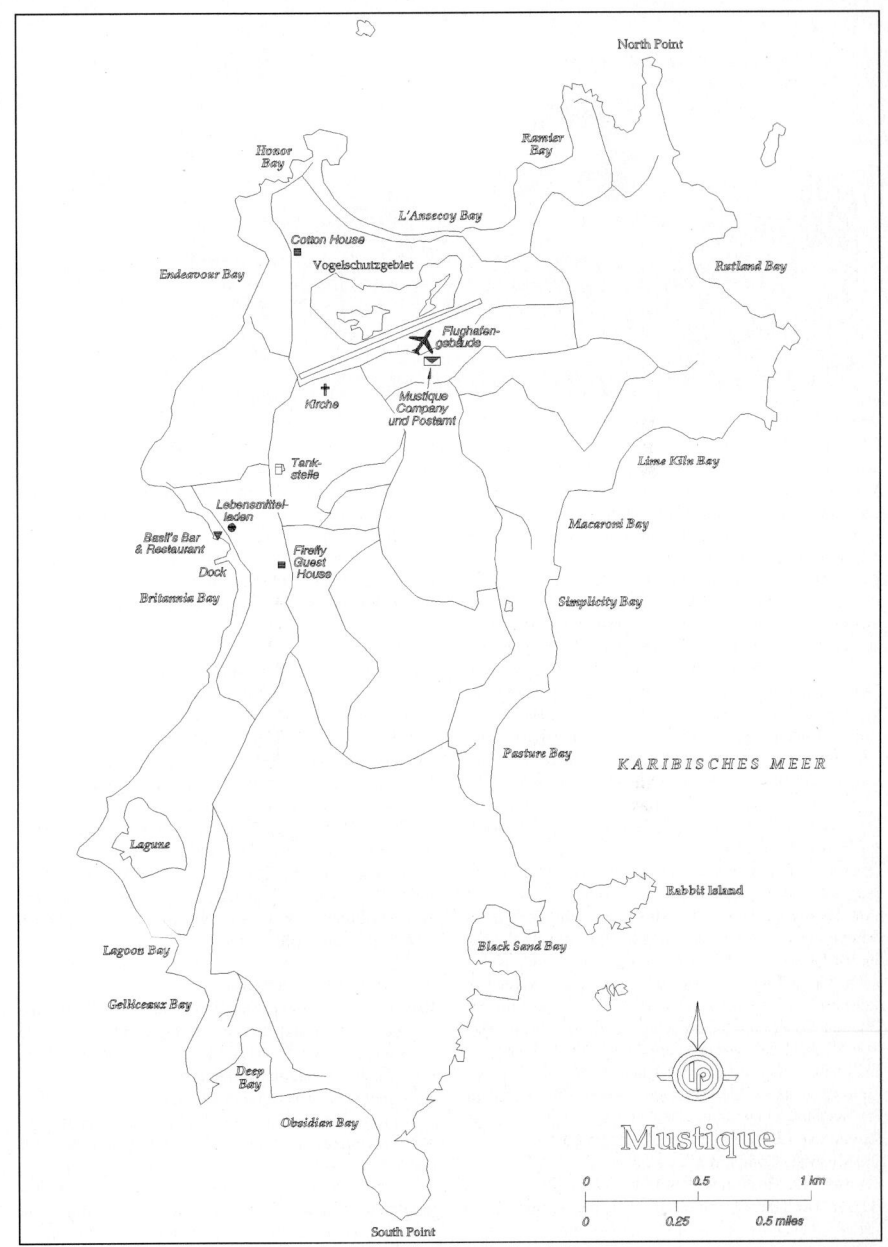

North Point

Ramier Bay

Honor Bay

L'Ansecoy Bay

Cotton House

Vogelschutzgebiet

Endeavour Bay

Rutland Bay

Flughafen-gebäude

Kirche

Mustique Company und Postamt

Lime Kiln Bay

Tank-stelle

Lebensmittel-laden

Macaroni Bay

Basil's Bar & Restaurant

Dock

Firefly Guest House

Britannia Bay

Simplicity Bay

Pasture Bay

KARIBISCHES MEER

Lagune

Rabbit Island

Lagoon Bay

Black Sand Bay

Gelliceaux Bay

Deep Bay

Mustique

Obsidian Bay

| 0 | 0.5 | 1 km |
| 0 | 0.25 | 0.5 miles |

South Point

UNTERKUNFT

Das Cotton House (Tel. 4 56 47 77, PO Box 349, Mustique) ist das einzige richtige Hotel der Insel, zu dem ein renoviertes Lagerhaus für Baumwolle aus dem 18. Jahrhundert gehört, das aus Steinen und Korallen erbaut wurde. Auf dem Gelände befinden sich zudem eine alte Zuckermühle aus Stein und einige Bungalows. Die 24 Zimmer des Hotels sind mit Deckenventilatoren und Möbeln im schönen Understatementstil von Plantagenhäusern ausgestattet und besitzen jeweils auch eine Veranda. Den Gästen stehen zudem Tennisplätze, ein Swimming Pool, Windsurfbretter und Segelboote zur Verfügung. Ein Sandstrand an der Endeavour Bay ist nur einige Minuten zu Fuß entfernt. Für ein Doppelzimmer mit Frühstück, Nachmittagstee und Abendessen zahlt man hier im Herbst 325 US $ und im Rest des Jahres 550 US $. Einzelpersonen werden für 100 US $ weniger untergebracht. Für weitere 65 US $ wird ein Mietwagen zur Verfügung gestellt.

Das Firefly Guest House (Tel. 4 58 46 21, PO Box 349, Mustique) wird von Billy Mitchell geführt, der seit Beginn der siebziger Jahre auf Mustique wohnt. Vermietet werden in dieser Pension an den Klippen mit Blick über die Britannia Bay vier Gästezimmer mit Bad, Kühlschrank und Terrasse. Außerhalb der Saison werden in diesem Haus für ein Einzelzimmer 50 US $ und für ein Doppelzimmer 65 US $ berechnet, in der Hochsaison 65 bzw. 80 US $, und zwar einschließlich Frühstück. Weitere 5 US $ muß man entrichten, wenn man ein klimatisiertes Zimmer wünscht. Bei längeren Aufenthalten wird ein Preisnachlaß eingeräumt. Das Firefly ist nur ca. fünf Minuten von Basil's Bar & Restaurant entfernt.

Die Mustique Company (Tel. 4 58 46 21, Fax 4 56 45 65, PO Box 349, Mustique) vermittelt auch ca. 40 exklusive Häuser. Die Häuser sind alle in Privatbesitz und unterscheiden sind hinsichtlich des Mobiliars und der Ausstat-

tung. Vorhanden sind jedoch in jedem Fall ein Koch oder eine Haushälterin und bei etwa der Hälfte der Häuser auch ein Schwimmbad. Im Winter liegen die Wochenpreise für ein Haus mit zwei Schlafzimmern, das ca. vier Personen Platz bietet, bei ca. 3500 US $ und für eine Villa mit fünf Schlafzimmern bei rund 13 000 US $. Im Sommer sind die Preise ca. 20 % niedriger. Im Preis inbegriffen sind die Bereitstellung eines Jeeps oder eines ähnlichen Fahrzeugs.

ESSEN

Das Basil's Bar & Restaurant (Tel. 4 58 46 21, VHF Kanal 68), ein schönes Gartenrestaurant mit Strohdächern und Bambus, das in die Britannia Bay hineinragt, ist das Lokal zum Essen (und Trinken) auf Mustique. Man kann sich kaum eine romantischere Lage vorstellen. Die Preise für Frühstück oder Mittagessen sind nicht hoch, während abends Fisch, Hummer und westindische Gerichte für durchschnittlich 50 bis 70 EC $ auf der Speisekarte stehen. Mittwochs findet am Abend im Basil's ein Jump-up mit viel Leben, einer Steelband und einem Barbecue-Buffet statt. Beim Cotton House kann man am Swimming Pool ebenfalls zu Mittag essen. Lebensmittel lassen sich im Laden nicht weit vom Basil's kaufen.

AN- UND WEITERREISE

Britannia Bay ist ein Einreisehafen nach St. Vincent und den Grenadinen und der einzige für Jachten geeignete Ankerplatz an der Insel. Die Zoll- und Paßformalitäten lassen sich am Flugplatz erledigen. Regelmäßige Fährverbindungen nach Mustique bestehen nicht. Linienflüge finden von Barbados und Bequia aus statt. Einzelheiten dazu finden Sie in den Abschnitten über die Anreise nach St. Vincent und den Grenadinen sowie über das Reisen auf St. Vincent und den Grenadinen am Anfang dieses Kapitels. Tagesausflüge nach Mustique sind in den Abschnitten über Bequia und Barbados behandelt.

CANOUAN

Canouan inmitten der Kette der Grenadinen ist eine unberührte Insel mit trockenen, von Büschen bewachsenen Bergen und einsamen Stränden. Sie erstreckt sich über eine Länge von 5,5 km, ist mit ihrer Form eines Ankers jedoch teilweise so schmal, daß man innerhalb weniger Minuten von einer Seite zur anderen gelangt. Rund 700 Menschen leben auf Canouan sowie wenigstens genauso viele Ziegen. Noch im Planungsstadium befindet sich ein großes, neues Ferienzentrum an der Nordseite der Insel, so daß sich der ländliche Charakter Canouans vielleicht bald ändern wird.

Die größte Sehenswürdigkeit von Canouan sind ihre schönen Sandstrände, die teils durch Riffe geschützt sind und gute Möglichkeiten zum Schwimmen und Schnorcheln bieten. Davon abgesehen eignet sich die Insel für lange Spaziergänge, unter anderem zu der schönen alten anglikanischen Steinkirche, die in einem aufgegebenen Dorf steht, das 1921 von einem Hurrikan zerstört wurde. Der wichtigste Ankerplatz von Canouan ist die Grand Bay, wo sich der Anleger befindet. Der Flugplatz liegt ca. einen Kilometer weiter westlich. Tauchfahrten kann man über Dive Canouan im Canouan Beach Hotel buchen.

UNTERKUNFT

Das Anchor Inn Guest House (Tel. 4 58 85 68, Grand Bay) besteht aus drei einfachen Zimmern in dem zweistöckigen Haus von George und Yvonne de Roché. Hier muß man für eine Übernachtung mit Halbpension (Frühstück und Abendessen) allein 60 US $ und zu zweit 74 US $ bezahlen. Bis zum Strand sind es nur einige Minuten zu Fuß.

Im Crystal Sands Beach Hotel (Tel. und Fax 4 58 83 09, Grand Bay Beach, Canouan) werden zehn Zimmer in fünf einfachen Doppelbungalows am Strand an der Grand Bay vermietet. Zur Anlage gehören auch ein Restaurant und eine Bar. Als Einzelperson zahlt man hier im Sommer und Winter 80 US $ und zu zweit 140 US $.

Die Villa Le Bijou (Tel. 4 58 80 25, Friendship, Canouan) ist eine einfache Pension mit 10 Zimmern zehn Minuten vom Hauptkai und von Strand entfernt. Sie liegt am Hang und ermöglicht einen herrlichen Blick auf die Grenadinen von den Tobago Cays bis nach Petit St. Vincent. Einschließlich Frühstück und Abendessen werden in diesem Haus für ein Einzelzimmer 100 US $ und für ein Doppelzimmer 140 US $ verlangt.

Das Canouan Beach Hotel (Tel. 4 58 88 88, Fax 4 58 88 75, PO Box 530, Canouan) ist ein Haus mit 48 Zimmern in französischer Hand. Es liegt auf einer schmalen Landzunge mit Blick auf das Meer von beiden Seiten aus und an einem schönen Sandstrand an der South Glossy Bay. Im Preis inbegriffen sind alle Mahlzeiten, Getränke, Sportmöglichkeiten und täglich eine Fahrt mit einem Katamaran zu mehreren Inseln der Grenadinen. Die Anlage hat auch Tennisplätze, Ausrüstungen zum Tauchen, Windsurfbretter und Segelboote zu bieten. Die Zimmer sind in kleinen Ferienhäuschen untergebracht, klimatisiert und besitzen eine Terrasse. Für die Unterbringung in einem Standardzimmer zahlt man im Sommer allein 136 US $ und zu zweit 272 US $ sowie im Winter 256 bzw. 340 US $.

ESSEN

Das Anchor Inn Guest House (Tel. 4 58 85 68), gelegen südöstlich des Kais an der Grand Bay, hat westindische Gerichte zu nicht zu hohen Preisen zu bieten.
In der Villa Le Bijou hat man sich auf Fischgerichte im kreolischen Stil spezialisiert. Dort ist das Restaurant täglich von 8.00 bis 22.00 Uhr geöffnet. Die Preise liegen bei 30 bis 85 EC $. Abends ist eine vorherige Reservierung erforderlich.
Im Crystal Sands Beach Hotel können Sie für 40 bis 60 EC $ zu Abend essen. Zu den Hauptgerichten gehören Hähnchen, Fisch, Muscheln und gegrillter Hummer. Sie werden mit Pigeon Peas serviert. Als Vorspeise kann man Callaloo- oder Pumpkin-Suppe bestellen. Eine vorherige Tischreservierung ist ratsam. Kreditkarten werden nicht akzeptiert.

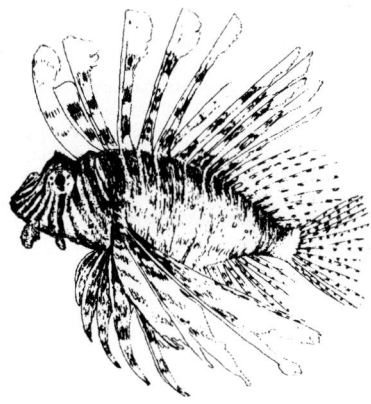

Engelsfisch

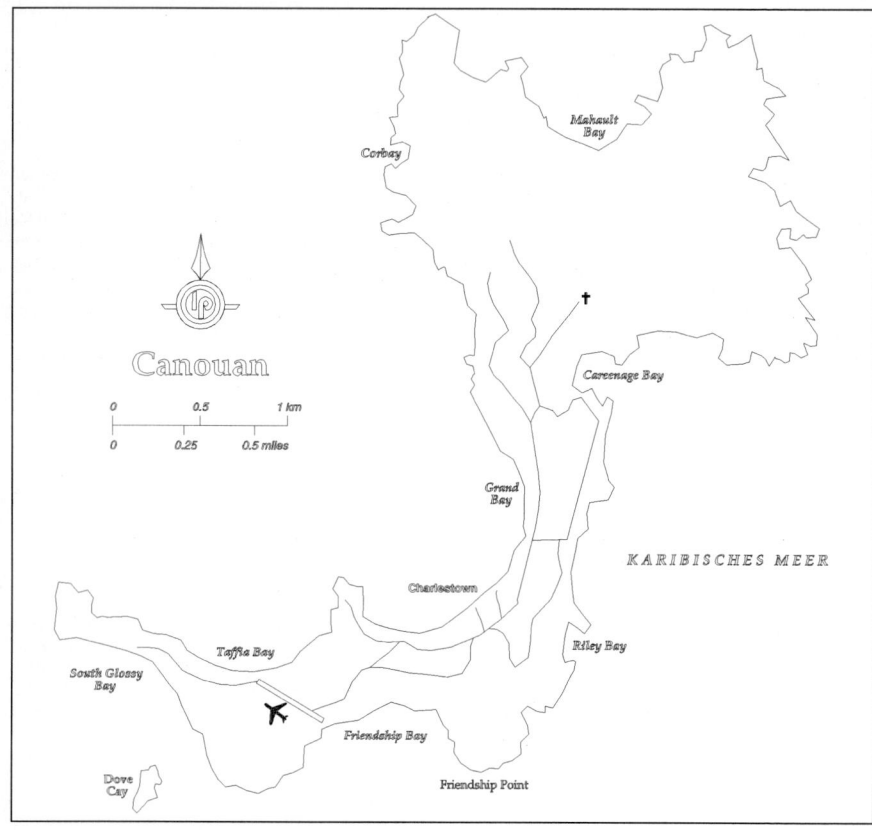

Im Canouan Beach Hotel besteht von 7.30 bis 9.30 Uhr die Möglichkeit zu frühstücken. Mittags ist von 12.30 bis 14.00 Uhr geöffnet und abends von 19.30 bis 21.00 Uhr. Der französische Koch bereitet europäische und westindische Speisen zu, wobei der Schwerpunkt auf Fischgerichten liegt. Ein paarmal wöchentlich finden hier auch Barbecues statt. Außerdem spielt einmal pro Woche eine Steelband. Zum Restaurant gehört auch eine schöne Bar. Die Preise für die Hauptgerichte auf der Abendkarte liegen zwischen 40 und 85 EC $.

AN- UND WEITERREISE

Mustique Airways fliegt täglich von Barbados nach Canouan. In der Vergangenheit fanden auch Linienflüge mit Air Martinique von Martinique nach Canouan mit einer Zwischenlandung auf St. Vincent statt, aber diese wurden, wie es scheint, zumindest vorübergehend eingestellt. Informationen über die *Snapper*, das Postboot, das zwischen Canouan und den anderen Inseln der Grenadinen verkehrt, finden Sie im Abschnitt über das Reisen auf St. Vincent und den Grenadinen am Anfang dieses Kapitels.

MAYREAU

Mayreau ist eine kleine Insel von lediglich 2,5 km Länge mit nur 200 Einwohnern. Einen Flugplatz gibt es auf ihr nicht und auch nur eine kurze Straße, die vom Anleger in der Saline Bay in der Mitte der Westküste hoch zum einzigen Dorf auf der Insel führt, aber auch kein Stück weiter.

Mayreau liegt nur einige Kilometer westlich der Tobago Cays und wird häufig von Kreuzfahrtschiffen angelaufen, die die Cays mit einem kurzen Abstecher zur Salt Whistle Bay, einer tiefen, u-förmigen Bucht an der Nordspitze der Insel, verbinden.

Die Salt Whistle Bay ist vor den Brechern des Atlantiks durch eine lange, schmale Landzunge geschützt, die teilweise nur einige Meter breit ist. Das Wasser in der wunderschönen Bucht ist klar und plätschert an schöne weiße Sandstrände. Das Meer hier ist ruhig genug zum Schwimmen. Vorhanden ist auch ein geschützter Ankerplatz für Jachten. Der kleine Salt Whistle Bay Beach Club ein Stückchen vom Strand entfernt hinter den Palmen betreibt ein Strandrestaurant und eine Bar, die täglich für Besucher geöffnet sind. Hüten Sie sich jedoch vor den Manzanillo-Bäumen insbesondere in der Nähe vom Südende des Strandes.

Eine Straßenverbindung von der Salt Whistle Bay besteht nicht, aber ein Pfad führt in südliche Richtung zu dem Dorf, das ca. 20 Minuten entfernt ist. Er beginnt an dem Holztor am südlichen Ende des Strandes. Der Weg ist teils verwittert, wenn man weiter bergauf gelangt, aber er ist trocken und nicht schwer zu erkennen. (Sollten Sie Zweifel haben, halten Sie sich rechts.) Er führt an Kakteen sowie zahlreichen Singvögeln vorbei und bietet in der Nähe des Bergkammes an mehreren Stellen herrliche Ausblicke. Ganz besonders schön ist die Aussicht bei der Steinkirche oben auf dem Berg an der Nordseite des Dorfes.

Die Saline Bay, wo das Postboot *Snapper* einige Male pro Woche anlegt, wird gelegentlich auch von kleinen Kreuzfahrtschiffen angelaufen. Es sind ca. fünf Minuten bergauf vom Anleger bis zur Ortsmitte. An der Bucht gibt es auch einen Sandstrand. Einsame Strände sind leicht zu Fuß zu erreichen, wenn man zur Ostseite der Insel geht.

UNTERKUNFT

Im Dennis' Hideaway (Tel. 4 58 85 94, VHF Kanal 68, Saline Bay) stehen drei Zimmer mit eigenem Bad über einem Lebensmittelladen in der Ortsmitte zur Verfügung. Allein zahlt man hier das ganze Jahr über einschließlich Frühstück für eine Übernachtung 35 US $ und zu zweit 70 US $.

Den Salt Whistle Bay Club (Tel. 4 93 96 09, VHF Kanal 16 und 68) kann man als einen Ferienclub mit minimalem Komfort und einfachen, aber geräumigen Steinbungalows mit Jalousien vor den Fenstern beschreiben. Die Zimmer unterscheiden sich voneinander, besitzen aber alle Deckenventilatoren sowie eine Terrasse und sind überwiegend mit King-Size-Betten ausgestattet. Die Gäste des Clubs werden am Flugplatz von Union Island abgeholt und dann mit einem Boot nach Mayreau gebracht (30 Minuten). Die Preise für eine Übernachtung beginnen im

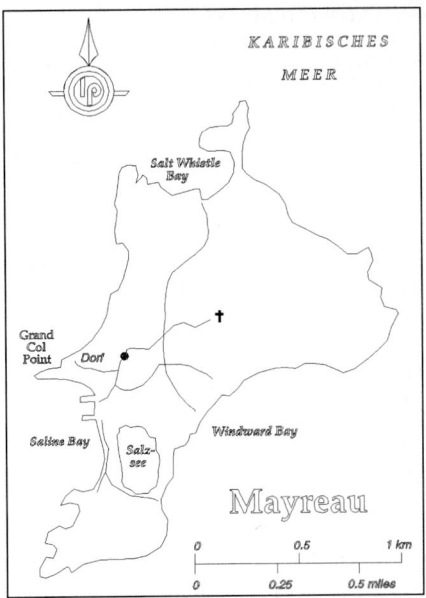

Sommer in einem Einzelzimmer bei 190 US $ und in einem Doppelzimmer bei 280 US $ sowie im Winter bei 280 bzw. 420 US $, allerdings einschließlich Frühstück und Abendessen. Vorhanden ist auch eine Boutique, in der sogar ausländische Zeitungen verkauft werden.

ESSEN

Dennis' Hideaway ist täglich von ca. 7.00 Uhr an geöffnet. Man kann hier preiswert frühstücken und zu Mittag essen. Für ein Sandwich bezahlt man rund 8 EC $. Abends stehen neben Suppen und Salaten verschiedene Hauptgänge zu unterschiedlichen Preisen auf der Speisekarte. Für Muscheln werden dann 40 EC $ berechnet, während Fisch 45 EC $, Garnelen 50 EC $ und Hummer 55 EC $ kosten. Dieses Lokal ist ein beliebtes Ziel, um sich bei einem kalten Bier zu entspannen.

Dennis, ein liebenswerter früherer Seemann, spielt in diesem Lokal mittwochs und samstags am Abend auf seiner Gitarre.

Das Freiluftrestaurant des Salt Whistle Bay Club bietet von 8.00 bis 10.30 Uhr ein komplettes Frühstück für 30 EC $ an. Mittags können Sie hier zwischen 12.00 und 14.30 Uhr Sandwiches und Salate für 15 bis 25 EC $ bekommen oder Fisch vom Tag für 32 EC $. Abends erhält man von 19.00 bis 21.00 Uhr ein Tagesmenü mit drei Gängen für 65 EC $, bei dem man zwischen Fisch und Fleisch als Hauptgang wählen kann.

AN- UND WEITERREISE

Informationen über die *Snapper*, das Postboot, das zwischen Mayreau und den anderen Inseln der Grenadinen pendelt, finden Sie im Abschnitt über das Reisen auf St. Vincent und den Grenadinen weiter oben in diesem Kapitel.

Außerdem kann man sich bei den Katamaranfahrten von Captain Yannis von Union Island nach Mayreau bringen und am nächsten Tag dort wieder abholen lassen, ohne mehr bezahlen zu müssen als den normalen Preis für einen Tagesausflug.

UNION ISLAND

Union Island, die südlichste Insel, über die eine Einreise nach St. Vincent und den Grenadinen möglich ist, ist hoch, felsig, und trocken. Sie ist ca. 5 km lang und etwa halb so breit und zu großen Teilen mit Dornbüschen und Kakteen bewachsen, was die Folge der streunenden Ziegen ist, die hier seit Jahrzehnten frei weiden. 1900 Menschen leben auf Union Island.

Der höchste Berg auf der Westseite der Insel ist der 305 m hohe Mount Tabor. Das Wahrzeichen von Union Island ist jedoch der Pinnacle, ein 225 m hoher unbewachsener Felsen, der sich abrupt in der Inselmitte zwischen Clifton

und Ashton, den beiden wichtigsten Dörfern von Union Island, erhebt.

Auch wenn die Landschaft nicht übermäßig interessant ist, gibt es auf Union Island doch einige recht hübsche Strände. Die meisten Besucher kommen jedoch nicht auf die Insel, um sich Union Island anzusehen, sondern um von dort aus zu den unbewohnten Tobago Cays und anderen Nachbarinseln zu fahren.

Wer über Clifton hinauswandert, wird eine ganz und gar inseltypische Atmosphäre vorfinden, die praktisch unberührt vom Tourismus ist.

CLIFTON

Clifton ist das Wirtschaftszentrum der Insel. Hier finden Sie praktisch alle Einrichtungen für Touristen, die die

Insel zu bieten hat, darunter den Jachthafen, den Flugplatz, Läden und Restaurants. Clifton ist allerdings eher

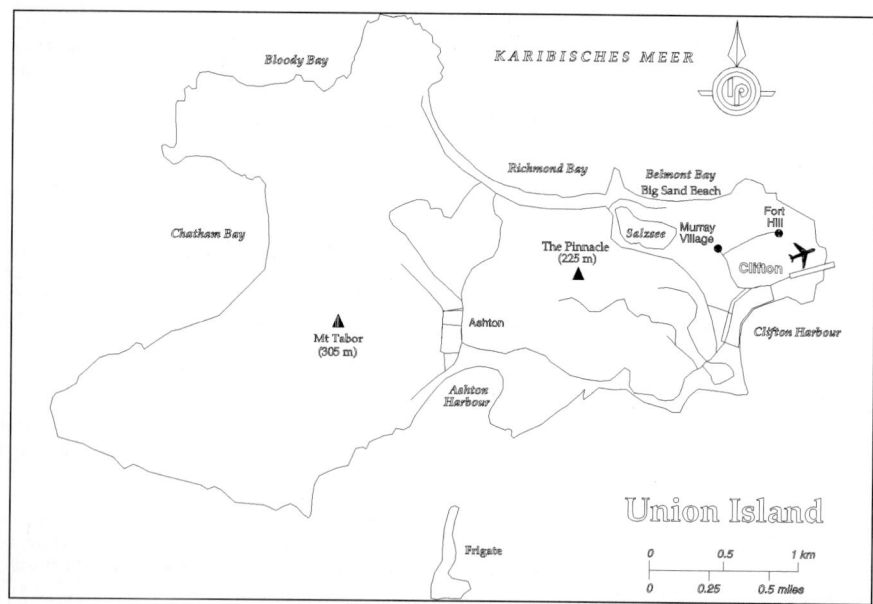

funktionell als ansprechend und hat richtige Sehenswürdigkeiten nicht zu bieten.
Es ist das Zentrum des blühenden Geschäftes der Insel mit Ausflügen. Jeden Morgen fliegen Reisegruppen aus Barbados, Martinique und von anderen karibischen Inseln ein, fahren mit einem Bus zum Anleger in der Ortsmitte und dann mit einem Katamaran zu den Tobago Cays. Am späten Nachmittag kehren sie in die Bucht zurück und setzen dann die Rückreise mit Bussen und Charterflugzeugen fort. Auch wenn diese Besucher nur wenig von Clifton sehen, machen sie die Hälfte der Besucher der Insel aus. Bei den übrigen Urlaubern handelt es sich überwiegend um die Besatzungen von Segelbooten, die Union Island als Ausgangspunkt benutzen, um die Umgebung der Insel zu erkunden.

PRAKTISCHE HINWEISE

Das Fremdenverkehrsamt von Union Island gleich südlich des Postamtes ist täglich von 9.00 bis 12.00 Uhr und von 13.00 bis 16.00 Uhr geöffnet (Tel. 4 58 83 50).
Die National Commercial Bank, die einzige Bank der Insel, ist für den Publikumsverkehr montags bis donnerstags von 8.00 bis 13.00 Uhr und freitags von 8.00 bis 13.00 Uhr sowie von 15.00 bis 17.00 Uhr zugänglich.
Die Boutique beim Anchorage Yacht Club führt auch den *Daily Telegraph*, die *International Herald Tribune*, den *Le Figaro* und die *Libération*.

Außerdem gibt es eine Reihe von Geschenkartikelläden im Ort, darunter auch Chic Unique, in denen man eine gute Auswahl an Büchern, einige qualitativ hochwertige T-Shirts und verschiedene andere Waren findet, die sich gut als Andenken eignen.

SEHENSWÜRDIGKEITEN

Spaziergänge: Von Clifton aus läßt sich eine Reihe von kürzeren Spaziergängen unternehmen, die mit schönen Ausblicken über die Küste belohnt werden. Am einfachsten ist der Weg zur Klinik oben auf dem Berg an der Westseite von Clifton, von wo aus man einen recht guten (wenn auch teils verdeckten) Blick über den Hafen hat. Östlich des Ortes gelangt man nach zehn Minuten landeinwärts von der Park East Bar oben auf eine Anhöhe in Murray Village. Wenn man oben angelangt ist, kann man sowohl auf beide Seiten von Union Island als auch relativ gut auf Clifton, Petit St. Vincent und Palm Island blicken. Auf der rechten Seite, unmittelbar vor dem letzten Haus, führt ein Wanderweg, der eine halbe Stunde in Anspruch nimmt, nach Osten hoch zum Fort Hill, wo sich einige unbedeutende Ruinen befinden, man jedoch eine gute Aussicht hat.

UNTERKUNFT

Das Clifton Beach Hotel (Tel. 4 58 82 35) ist ein freundliches Haus, dessen Zimmer zwar nicht elegant sind, das jedoch im Ort am preiswertesten ist. Vermietet werden

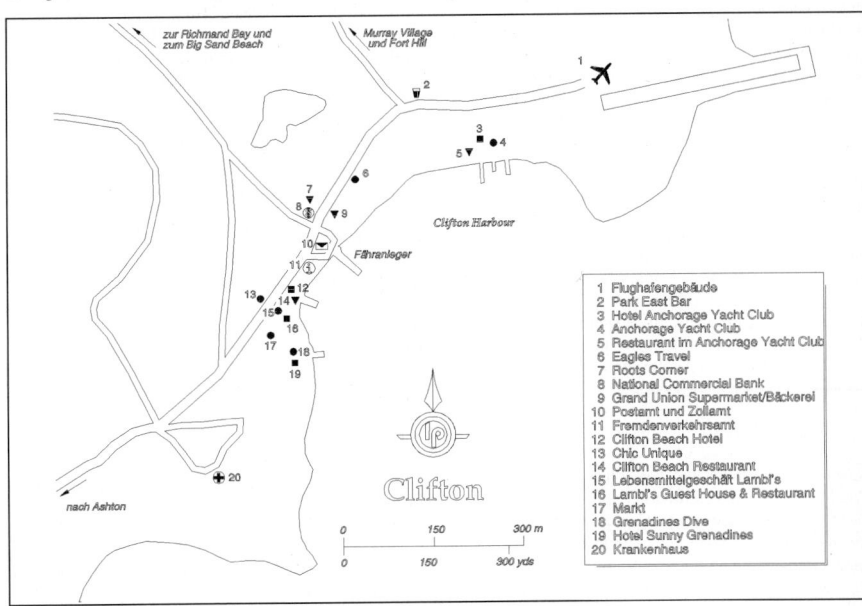

1 Flughafengebäude
2 Park East Bar
3 Hotel Anchorage Yacht Club
4 Anchorage Yacht Club
5 Restaurant im Anchorage Yacht Club
6 Eagles Travel
7 Roots Corner
8 National Commercial Bank
9 Grand Union Supermarket/Bäckerei
10 Postamt und Zollamt
11 Fremdenverkehrsamt
12 Clifton Beach Hotel
13 Chic Unique
14 Clifton Beach Restaurant
15 Lebensmittelgeschäft Lambl's
16 Lambl's Guest House & Restaurant
17 Markt
18 Grenadines Dive
19 Hotel Sunny Grenadines
20 Krankenhaus

hier 25 Unterkünfte in vier Gebäuden. Zwei der Häuser liegen einander gegenüber in der Ortsmitte von Clifton, während einige Zimmer über dem Grand Union Supermarket ganz in der Nähe und einige weitere Apartments in einem Haus am Meer fünf Minuten zu Fuß nördlich des Ortes eingerichtet wurden. Die Zimmer im Hauptgebäude sind einfach, aber ausreichend, und ermöglichen teilweise einen Blick auf das Meer. Letzteres gilt auch für die Zimmer über dem Supermarkt. Die Apartments in dem Haus am Strand lassen einen herrlichen Blick über die Nachbarinseln zu und sind zudem schön sowie ruhig. Für eine Übernachtung in den Zimmern mit Ventilator muß man im Sommer allein 16 US $ und zu zweit 29 US $ sowie im Winter 20 bzw. 33 US $ bezahlen. Wer ein klimatisiertes Zimmer wünscht, dem werden 15 US $ mehr berechnet. Die Preise für die Apartments sind unterschiedlich, jedoch nicht sehr hoch. Man kann über das Hotel auch ein Ferienhäuschen für 115 bis 200 US $ pro Woche bzw. 250 bis 550 US $ pro Monat mieten.

Zu Lambi's Guest House (Tel. 4 58 85 49) über dem Lebensmittelgeschäft und Restaurant Lambi's gehört ungefähr ein Dutzend einfache Zimmer im Stil der Insel, die im wesentlichen nur aus einem Platz zum Schlafen und einer Dusche bestehen. Man zahlt hier 23 US $ für ein Zimmer mit Ventilator, Doppelbett und Dusche, während ein Zimmer mit zwei Einzelbetten und Badbenutzung 16 US $ kostet. Die Preise gelten pro Zimmer, in denen bis zu drei Personen übernachten können.

Im Hotel Sunny Grenadines in der Ortsmitte von Clifton (Tel. 4 58 83 27) stehen 18 recht durchschnittliche Zimmer mit je zwei Einzelbetten zur Verfügung. Das ist jedoch kein besonders freundliches Haus. Für eine Person werden hier pro Tag 55 US $ und für zwei Personen 85 US $ berechnet.

Der Anchorage Yacht Club am Meer und nicht weit vom Flugplatz entfernt (Tel. 4 58 82 21, Fax 4 58 83 65) ist das Hotel der oberen Preisklasse auf Union Island. Es hat sich auf französische Touristen und Besatzungen von Segelbooten eingestellt. Die Zimmer sind komfortabel, bieten einen Balkon zum Meer, Klimaanlage und Telefon und kosten im Sommer 90 US $ sowie im Winter 110 US $. Vermietet werden zudem einige sogenannte Cabanas, bei denen es sich um etwas größere und schönere Räume handelt, die jedoch mit 170 US $ im Sommer und 220 US $ im Winter sehr teuer sind. In den Preisen ist Frühstück inbegriffen.

ESSEN

Hinten im Grand Union Supermarket gibt es eine Bäckerei, die täglich außer sonntags um 8.00 Uhr geöffnet wird. Hier kann man gut und preiswert frühstücken. Wenn man früh kommt, erhält man noch warme Kokosbrötchen, eine Scheibe Bananenbrot und Kaffee. Man kann zudem Rotis für 4 EC $ und Gemüsekuchen sowie Würstchenrollen für 2 EC $ bestellen.

Im Clifton Beach Restaurant kosten großzügig bemessene Club-Sandwiches 11 EC $ sowie frischer Fisch und Muschelgerichte zwischen 25 und 30 EC $. Hier ißt man draußen am Meer hinter dem Clifton Beach Hotel.

Das Lambi's Waterfront, ein großes Restaurant am Meer, befindet sich in der Ortsmitte. Es ist nach seinem freundlichen Besitzer Lambert Baptiste und den Muschel-(Lambi-)Schalen, die die Wände zieren, benannt. Mittags und abends werden hier Hähnchen, frischer Fisch und Muschelgerichte für ca. 30 EC $ serviert.

Das Roots Corner ist ein kleiner Rastafari-Stand mit einfachem Essen und vegetarischen Gerichten auf Reisbasis, die in Schalen aus Flaschenkürbissen serviert werden und zwischen 7 und 10 EC $ kosten. Wenn Sie dieses Lokal suchen, dann halten Sie Ausschau nach dem Baum bei der Bank, der in rot, gelb und grün bemalt worden ist.

Im Anchorage Yacht Club gibt es ein schönes Restaurant mit einer Bar unter freiem Himmel am Meer. Für die Vorspeisen zahlt man zwischen 12 EC $ (Callaloo-Suppe) bis 25 EC $ (Räucherfisch). Die Hauptgerichte kosten zwischen 30 EC $ für Grillhähnchen und 70 EC $ für Hummer. Montags und freitags wird ab 19.30 Uhr ein Buffet mit Musik einer Steelband für 100 EC $ angeboten. Am Nachmittag bekommt man an der Bar Baguette-Sandwiches ab 10 EC $, Backwaren und Croissants zu vernünftigen Preisen und kann Pizza bestellen.

In jedem dritten Haus in Clifton befindet sich ein Lebensmittelladen, der in leuchtenden Farben bemalt und mit Namen wie Kash & Karry, Pay & Take oder Determination Bar & Grocery bezeichnet ist. Der Grand Union Supermarket sowie Lambi's sind die beiden größten Supermärkte. Praktisch alle Waren sind allerdings von anderen Inseln angeliefert worden, so daß die Preise hoch sind.

ASHTON

Ashton ist ein ruhiger Ort vor hohen Bergen, der vom Tourismus noch unberührt ist. Er lohnt einen Besuch, wenn man kennenlernen möchte, wie die traditionellere westindische Seite von Union Island aussieht. Ansehen lassen sich hier einige ältere Häuser mit verwitterten Verzierungen und zahlreiche in leuchtenden Farben gestrichene Häuser und Läden, aber keine eigentlichen Sehenswürdigkeiten. Im allgemeinen sind die Menschen in diesem Ort freundlicher und weniger in Hetze als in Clifton.

Wer ein wenig die Gegend erkunden möchte, findet einige Wanderwege, die in die Berge oberhalb von Ashton führen. Eine der weniger anstrengenden Wanderungen beginnt an der oberen Straße an der Nordwestseite des Dorfes.

ESSEN

Ein kleines Lokal im Familienbetrieb wurde im Haus von Claire Adams neben der Versammlungshalle der Zeugen Jehovas und dem Postamt eingerichtet. Von Montag bis Sonntag bekommt man hier gebackenes Hähnchen mit Reis, Salat und anderen Zutaten sowie abends ein Barbecue mit Brotfruchtsalat. Eine komplette Mahlzeit kostet in diesem Haus 12 EC $. Es gibt zudem im Dorf einige Lebensmittelläden.

RICHMOND BAY UND BELMONT BAY

An der unbebauten Nordseite der Insel erstrecken sich zwei einsame Strände: die Belmont Bay und die Richmond Bay. Sie sind durch eine Landzunge voneinander getrennt und zeichnen sich durch türkisfarbenes Wasser sowie pudrige weiße Sandstrände aus.

Vom Big Sand, dem Strand an der Belmont Bay, hat man einen wunderschönen Blick auf Mayreau und die Tobago Cays, einige wenige Kühe, die zwischen den Büschen faulenzen, sowie Seeschwalben und Pelikane, die an der Küste fischen. Bis vor kurzem stammte aus Big Sand der überwiegende Teil des Sandes, der für den Häuserbau auf der Insel genutzt wurde. Der Abbau ist jetzt jedoch durch ein Regierungsdekret gestoppt worden. Die Richmond Bay ist zwar nicht so schön wie die Belmont Bay, jedoch geschützter und besser zum Baden geeignet.

Von Clifton aus sind es ca. 25 Minuten zu Fuß bis zur Richmond Bay. Beginnen Sie bei der unbefestigten Straße, die von der Bank aus nach Norden führt. Nach ca. fünf Minuten kommt man an einem Stromkraftwerk vorbei. Ungefähr auf halbem Weg zieht sich die Straße um einen großen Salzsee mit zahlreichen Vögeln. Wenn Sie an der Westseite des Salzsees entlanggehen, dann sehen Sie nach ca. zehn Minuten die Richmond Bay auf der linken Seite. Um zur Big Sand Bay zu gelangen, müssen Sie die Straße nehmen, die nach rechts abzweigt, und dieser ca. fünf Minuten folgen.

Von der Richmond Bay aus ist es möglich, auf der unbefestigten Küstenstraße in Richtung Südwesten nach Ashton zu gehen. Man benötigt ca. 35 Minuten für den Weg.

AN- UND WEITERREISE

FLUG

LIAT, Airlines of Carriacou und Mustique Airways bieten Linienflüge nach Union Island an. Einzelheiten finden Sie in den Abschnitten über die Anreise sowie das Reisen auf St. Vincent und den Grenadinen am Anfang dieses Kapitels.

SCHIFF

Einzelheiten über die *Snapper*, die zwischen Union Island sowie St. Vincent und den größeren Grenadinen pendelt, können Sie dem Abschnitt über das Reisen auf St. Vincent und den Grenadinen weiter oben in diesem Kapitel entnehmen. Zwei sehr kleine Segelboote aus Holz, die *Wisdom* und die *Jasper*, verkehren montags und donnerstags zwischen Ashton und Hillsborough auf Carriacou. Die Schiffe legen am Anleger in der Nähe von Waterfront Trading in Ashton gegen 7.30 Uhr ab, löschen ihre Ladung in Carriacou und kehren gegen Mittag zurück. Passagiere können für 10 EC $ pro Strecke mitfahren, sollten sich jedoch, da sie durch ein anderen Land reisen, zeitig genug zuvor bei der Ausländerbehörde nach den Formalitäten erkundigen.

Segelboot: Der Einreisehafen für Jachten ist Clifton. Der Zoll ist am Hauptanleger vertreten, während die Paßkontrolle am Flugplatz erledigt werden kann. Der Anchorage Yacht Club auf halbem Weg zwischen dem Flugplatz und der Ortsmitte von Clifton (VHF Kanal 16 und 68) hat Liegeplätze für 24 Boote, Eis, Wasser, Treibstoff, Duschen, eine Waschküche, ein Trockendock und einen kleinen elektrischen Minibus zu bieten, mit dem Besatzungen von Segelbooten in den Ort gelangen können, um dort Proviant einzukaufen.

Weitere beliebte Ankerplätze sind die Chatham Bay an der Westküste von Union Island sowie die Westseiten von Frigate Island und Palm Island.

REISEN AUF DER INSEL

Die Insel ist so klein, daß man sie zu Fuß erkunden kann. Es sind weniger als zehn Minuten von Flugplatz zur Ortsmitte von Clifton und auch nur 30 Minuten von Clifton bis nach Ashton. Es verkehren aber auch einige Kleintransporter mit zwei Bankreihen als Busse zwischen Clifton und Ashton (2 EC $). Wer ein Zimmer reserviert hat, kann sich häufig durch einen Vertreter seines Hotels vom Flugplatz abholen lassen. Für die Fahrt mit einem Taxi vom Flugplatz bis zur Ortsmitte von Clifton zahlt man 10 EC $.

ST. VINCENT UND DIE GRENADINEN

AUSFLUGSFAHRTEN

Captain Yannis (Tel. 4 35 84 51) besitzt drei 18 m lange Boote, den Katamaran *Cyclone*, den Katamaran *Typhoon* und den Trimaran *Searose*, die für den überwiegenden Teil der Tagesfahrten von Union Island aus eingesetzt werden. Die Besatzungen sind freundlich und bieten ihren Passagieren ein gutes Mittagsbuffet mit Garnelen, Hähnchen-Curry, Salat, Käse und Wein sowie den ganzen Tag über Rumpunsch und Bier an. Normalerweise stehen ein Zwischenstopp auf Palm Island, einige Stunden für die Tobago Cays am Mittag sowie Zeit zum Schnorcheln und rund eine Stunde auf Mayreau auf dem Programm, bevor es am späten Nachmittag zurück nach Union Island geht. Man kann sich zu den Fahrten im Clifton Beach Hotel und in den Reisebüros im Ort anmelden. Die Boote verlassen Clifton im allgemeinen gegen 8.30 Uhr, wobei die genaue Uhrzeit von der Ankunft der Charterflüge abhängt, da die meisten Gäste erst nach Union Island fliegen, um an einer solchen Fahrt teilzunehmen. Der Preis ist mit 100 EC $ sehr niedrig.

WEITERE INSELN

TOBAGO CAYS

Häufig hört man, die Tobago Cays seien die Kronjuwelen der Grenadinen. Es handelt sich um eine kleine Zahl unbewohnter Inseln, die von Korallenriffen und wunderbar klarem, türkisfarbenem Wasser umgeben sind. Die Inseln, die felsig und von Kakteen bewachsen sind, besitzen winzige Buchten mit pudrigen weißen Sandstränden.

Die Tobago Cays sind zum Nationalpark erklärt worden, woraufhin man Maßnahmen zu ihrem Schutz getroffen hat. Dazu gehören die Anlage von Ankerplätzen und das Verbot, Tiere oder Pflanzen aus dem Meer zu entnehmen. Die größte Gefahr für die Cays ist wahrscheinlich ihre Beliebtheit, da auf ihnen zeitweise recht viele Jachten mit zahlreichen Besuchern anlegen.

Die Tobago Cays können mit einigen sehr schönen Stellen zum Schnorcheln aufwarten, auch wenn man bei den Ausflugsfahrten mit den Katamaranen nicht immer dorthin gelangt, weil bei denen ein Ausgleich zwischen den Teilnehmern, die schnorcheln und denen, die am Strand liegen möchten, geschaffen werden muß. Es weht zudem genug Wind, so daß auch die Möglichkeiten zum Windsurfen nicht schlecht sind.

Informationen über Tagesausflüge zu den Tobago Cays finden Sie im Abschnitt über Union Island.

PALM ISLAND

Palm Island, ca. zehn Minuten mit einem Boot von Union Island entfernt, ist eine kleine, walförmige Insel mit einem Ferienclub, die von einem Privatmann gepachtet wurde.

Der Strand war lange ein beliebter Ankerplatz bei Seglern, aber heute machen hier zahlreiche Boote mit Tagesausflüglern auf der Fahrt von Union Island zu den Tobago Cays oder zurück eine Pause.

Auf der von Sandstränden gesäumten Insel von 52 Hektar Größe gibt es zwei Dutzend Hütten, geführt vom Texaner John Caldwell, der Mitte der sechziger Jahre mit der Regierung einen Pachtvertrag über 99 Jahre abschloß. Daraufhin wurden die Sümpfe auf der Insel trockengelegt, Palmen zwischen die schattenspendenden Kasuarinen gepflanzt, die am Strand wuchsen, und der Name der Insel von Prune Island (Pflaumeninsel) in das vielversprechendere Palm Island (Palmeninsel) geändert.

An der Westseite der Insel, an der die Schiffe anlegen, erstreckt sich wie in einem Bilderbuch der Casuarina Beach, dessen Sand aus kleinen weißen Muschelstücken und rosafarbenen Korallen besteht.

Unterkunft und Essen: Der Palm Island Beach Club (Tel. und Fax 4 58 88 04) besteht aus 24 Bungalows aus Holz und Stein mit jeweils zwei Einzelbetten oder einem großen Doppelbett, einem Bad und einem Kühlschrank. Die Zimmer sind geräumig und vor den Fenstern mit Jalousien sowie Mückengittern, an der Decke mit einem Ventilator und Schiebetüren aus Glas zur einer Terrasse hinaus versehen. Vom 15. Dezember bis zum 31. März muß man in diesem Quartier für eine Übernachtung allein 200 US $ sowie zu zweit 320 US $ und das übrige Jahr 135 bzw. 210 US $ bezahlen. Im Preis sind alle Mahlzeiten sowie die Benutzung der Tennisplätze, der Ausrüstungen zum Windsurfen und der Segelboote enthalten. Bei Scuba Shack auf der Insel kann man zudem an zusätzlich zu bezahlenden Tauchgängen teilnehmen. Über den Beach Club besteht ferner die Möglichkeit, einige Ferienhäuser und Ferienwohnungen auf der Insel zu mieten. Tagesausflüglern steht ein Strandrestaurant zur Verfügung, das täglich von 8.30 Uhr an geöffnet ist und in dem man als Verpflegung nicht zu teure Sandwiches und Burger bekommt.

PETIT ST. VINCENT

Petit St. Vincent , häufig PSV abgekürzt, ist die kleinste und südlichste der Inseln von St. Vincent und den Grenadinen. Das 45 Hektar große Eiland ist von weißen Sandstränden, Korallenriffen und klarem Wasser gesäumt. Petit St. Vincent hat sich zu einem Zufluchtsort mit einer einzigen Hotelanlage entwickelt. Wie nach Palm Island ist die Anreise nur über Union Island möglich. Am Flugplatz von Union Island werden die Gäste von Hotelmitarbeitern abgeholt und mit einem Motorboot nach PSV gebracht. Die Überfahrt dauert ca. eine halbe Stunde.

Einige Jachten legen zwar auf PSV an, aber Tagesgäste machen hier selten Halt, so daß die Insel ruhiger erscheint als ihre Nachbarn im Norden. Fremde Segelboote können vor der Südwestküste der Insel vor Anker gehen. Direkt unterhalb des Restaurants gibt es einen Dinghy-Anleger.

Unterkunft: Das Petit St. Vincent Resort (Tel. 4 58 88 01, Fax 4 58 84 28) besteht aus 22 Ferienwohnungen in Steinbungalows, die über die Insel verstreut liegen und ein Maximum an Privatsphäre ermöglichen. Die Bungalows sind mit einem Schlafzimmer mit zwei breiten Einzelbetten, Ventilatoren, einem Wohnraum mit Möbeln im tropischen Stil sowie einer schönen Sonnenterrasse ausgestattet. Fernsehen, Klimaanlage oder ähnliche unpassende „Annehmlichkeiten" sucht man dagegen vergebens. Statt eines Telefons befindet sich an jedem Bungalow eine Flagge, mit der man den Zimmerservice „rufen" kann. Die Anlage ist von dem US-Amerikaner Haze Richardson geschaffen worden und gilt als die konsequenteste Wahl, wenn man sich von der Welt eine Zeit lang zurückziehen will. Die Preise hier sind mit 340 US $ für ein Einzelzimmer und 430 US $ für ein Doppelzimmer im Sommer und 525 bzw. 680 US $ im Winter einschließlich Verpflegung sowie Benutzung des Tennisplatzes, der Surfbretter und der Segelboote vergleichsweise gar nicht zu teuer. Kreditkarten werden allerdings nicht angenommen. Außerdem ist der Club im September und Oktober geschlossen.

TRINIDAD UND TOBAGO

Trinidad und Tobago sind die südlichsten Inseln in der Karibik und liegen nur 11 km vor der Küste von Venezuela. Erstaunlicherweise ist der südamerikanische Einfluß hier sehr gering, statt dessen ist das britische, afrikanische und indische Erbe weit stärker spürbar.

Trinidad, der dominierende Partner in der Nation mit zwei Inseln, ist die größte und gleichzeitig am dichtesten besiedelte Insel der östlichen Karibik. Man findet hier eine Mischung aus urbanen Siedlungen, von Regenwald bedeckten Bergen und kleinen Bauerngemeinden.

Trotz ihrer Größe ist Trinidad eine der am seltensten von Touristen besuchten Inseln in der Karibik. Es gibt hier keine der Strände, die Urlauber anziehen, und die Hauptstadt, Port of Spain, ist sicher eher hektisch und laut als daß sie Charme ausstrahlt. Die Insel bietet jedoch einige der besten Möglichkeiten, karibische Vögel zu beobachten. Das reicht von Schwärmen mit Scharlachroten Ibissen, die in den Mangrovensümpfen nisten, bis hin zu den farbenprächtigen Waldvögeln im Dschungel in der Mitte der Insel. Auf Trinidad findet auch der schönste Karneval in der Karibik statt. Dann findet in ganz Port of Spain eine einzige riesige Straßenparty statt, bei der Feiernde aus aller Welt zu Gast sind.

Tobago, die „kleine Schwester" von Trinidad, auf der nur 4 % des Landes leben und die nur 6 % der Gesamtfläche des Staates ausmacht, bildet einen scharfen Kontrast zu Trinidad. Tobago ist angenehm ruhig und kann mit schönen Stränden, durch Riffe geschütztes Meer und netten Hotels aufwarten. Auch hier bietet der Regenwald gute Möglichkeiten zur Vogelobachtung, und daneben kann man auf Tobago auch gut schnorcheln und tauchen.

Manchmal hört man, daß Daniel Defoe Tobago vor Augen hatte, als er sein Buch *Robinson Crusoe* schrieb. Wer heute Tobago besucht, hält die Insel vielleicht für einen der letzten unentdeckten Edelsteine der Karibik, und dafür spricht sicher vieles.

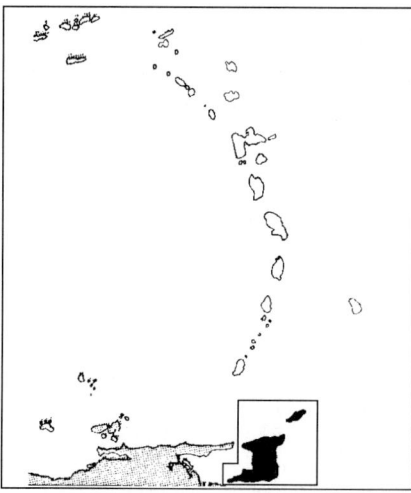

Trinidad und Tobago wird häufig mit T&T abgekürzt und Port of Spain mit POS. Das kann auch für Schilder an den Landstraßen gelten. Die Bewohner der Insel, die hier geboren worden sind, nennt man häufig auch Trinis.

ORIENTIERUNG

Trinidad ist eine große Insel, aber nur wenige Besucher kommen hierher. Die meisten Sehenswürdigkeiten - Port of Spain, die Berge der Northern Range und das Vogelschutzgebiet Caroni - liegen im Nordwesten der Insel und sind nicht mehr als eine Stunde mit einem Wagen vom Flughafen entfernt.

Der Flughafen von Tobago liegt inmitten des Feriengebietes an der Südwestspitze der Insel. Das übrige Tobago können Sie leicht innerhalb eines Tages erkunden.

EINFÜHRUNG

GESCHICHTE

Bei den Indianern hatte Trinidad den Namen Lere („Land der Kolibris"). Kolumbus sichtete die Insel 1498 und benannte sie La Isla de la Trinidad nach der heiligen Dreifaltigkeit. Die Spanier, die Kolumbus folgten, ver-

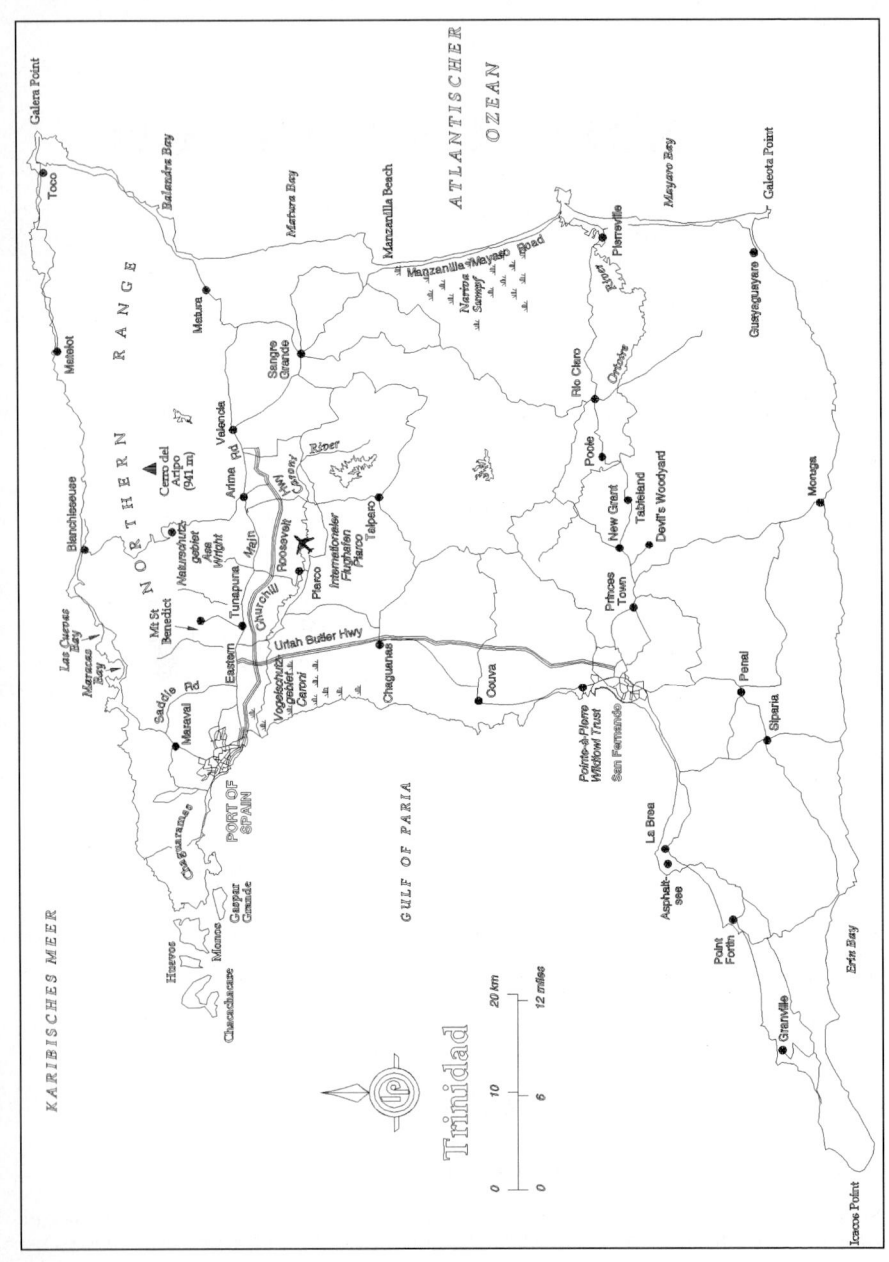

sklavten zahlreiche der indianischen Bewohner der Insel und brachten sie in die neuen Kolonien in Südamerika. In ihrem Goldrausch zollten die Spanier Trinidad, dem es an Edelmetallen fehlte, nur wenig Beachtung. Schließlich gründeten die Spanier 1592 doch eine Siedlung, nämlich San Josef unmittelbar östlich der heutigen Hauptstadt Port of Spain.

In den nächsten zwei Jahrhunderten versuchten spanische Siedler vergebens, Tabak- und Kakaopflanzungen anzulegen, aber durch Ernteausfälle bedingt und die mangelnde Unterstützung durch Spanien blieb die Insel nur dünn besiedelt.

1783 sorgten sich die Spanier, daß die Insel von den Briten eingenommen werden könnte, wenn sie noch länger kaum besiedelt bliebe, so daß sie eine Cedula in Kraft setzen, ein Dekret, das katholischen Siedlern von anderen Inseln erhebliche Landschenkungen sowie andere Anreize gewährte, wenn sie sich auf der Insel niederließen. Daraufhin kamen insbesondere von den französischen Inseln zahlreiche Siedler nach Trinidad.

Die neuen Siedler brachten Sklaven aus Afrika mit und legten Zuckerrohr- sowie Baumwollplantagen an. Der französische Einfluß auf der Insel wurde deutlich sichtbar, aber die neuen Siedler konnten nicht verhindern, daß die Briten die Insel 1797 den Spaniern abnahmen.

1807 verboten die Briten den Sklavenhandel und erklärten 1830 die Sklaverei für illegal. Nun wurden von 1830 bis Anfang des 20. Jahrhunderts Tausende von Vertragsarbeitern, überwiegend aus Indien, nach Trinidad gebracht, um sie auf den Zuckerrohrfeldern als Arbeitskräfte einzusetzen.

Die Geschichte von Tobago unterscheidet sich von der der Nachbarinsel. Sie wurde ebenfalls von Kolumbus gesichtet. Daraufhin beanspruchten die Spanier zwar auch Tobago, versuchten jedoch nicht, es zu besiedeln. 1628 entschied Charles I. von England, die Insel dem Earl of Pembroke zu überlassen, woraufhin sofort mehrere Nationen Interesse an der Kolonisierung von Tobago anmeldeten. Engländer, Niederländer, Franzosen und Kurländer (die heutigen Letten) rangen um die Herrschaft, wobei es gleichzeitig zu erbittertem Widerstand seitens der einheimischen Indianer und der Spanier von der Nachbarinsel Trinidad kam. Im 17. Jahrhundert fiel die Insel mehrere Male verschiedenen Kolonialmächten zu, wobei von Zeit zu Zeit ganze Siedlungen niedergebrannt wurden.

1704 wurde Tobago bei dem Versuch, die Kämpfe zu beenden, zu einem neutralen Territorium erklärt. Als Resultat begannen Piraten die Insel als Basis zu nutzen, um Schiffe in der östlichen Karibik anzugreifen. 1763, nach dem Vertrag von Paris, richteten die Briten schließlich eine Kolonialverwaltung auf Tobago ein. Innerhalb von zwei Jahrzehnten wurden 10 000 afrikanische Sklaven auf die Insel gebracht und Zuckerrohr-, Baumwollsowie Indigo-Plantagen angelegt. Die Franzosen gewannen in den folgenden Jahrzehnten einige Male die Kon-

trolle über die Insel, aber Anfang des 19. Jahrhunderts kam Tobago endgültig in die Hand der Briten.

Die Plantagenwirtschaft auf Tobago nahm nach dem Verbot der Sklaverei ihren Niedergang, aber man produzierte weiter Rum und Zucker, bis 1884 die Londoner Firma, die die Finanzen der Plantagenbesitzer verwaltete, bankrott ging. Die Plantagenbesitzer waren nun nicht mehr in der Lage, ihren Zucker oder Rum zu verkaufen, so daß sie bald ihr Land verkauften oder verließen. Während die Wirtschaft Tobagos in Scherben lag, gelangte auf diese Weise fast jeder Inselbewohner an ein Stück Land. Wer kein Geld hatte, eine Parzelle zu kaufen, der besetzte einfach eine. 1889 schlossen die Briten Tobago, das bis dahin noch eine eigene Gesetzgebung hatte, der Nachbarinsel Trinidad an.

Die Wirtschaftskrise der dreißiger Jahre führte zu einer Reihe von Streiks und Aufständen sowie dem Anwachsen der Arbeiterbewegung auf den Inseln. Als Konsequenz daraus gewährten die Briten den Bürgern der Inseln das allgemeine Wahlrecht, das 1946 in Kraft trat, und unternahmen Maßnahmen, um Trinidad und Tobago ein gewisses Maß an Selbstverwaltung zuzubilligen. 1956 wurde die Nationale Volksbewegung (People's National Movement - PNM) unter Dr. Eric Williams, der in Oxford studiert hatte, die erste Partei, die genügend Anhänger hatte, um ein Kabinett zu stellen. Als am 31. August 1962 die Unabhängigkeit erlangt wurde, sollte Dr. Williams der erste Premierminister des Inselstaates werden und dies bis zu seinem Tod im Jahre 1981 bleiben.

Ein Ölboom Ende der siebziger Jahre brachte der Nation Wohlstand und half der PNM, an der Macht zu bleiben, obwohl sie immer mehr mit Korruption in Verbindung gebracht wurde und es nicht schaffte, den Interessen der indischen Gemeinde gerecht zu werden. 1986 wurde die PNM in Folge einer Wirtschaftskrise von der Koalition der Nationalen Allianz für Wiederaufbau (NAR) deutlich geschlagen. 1989 traten nach einem Zerwürfnis mit der NAR drei indische Minister des Kabinetts zurück, was zum Vorwurf des Rassismus in der NAR führte.

Am 27. Juli 1990 kam es zu einem Putschversuch der Jamaat al Muslimeen, einer muslimischen Minderheit unter Führung von Yasin Abu Bakr. Die Aufständischen stürmten das Parlament und nahmen 45 Geiseln, darunter auch Premierminister A. N. R. Robinson, und besetzten den Fernsehsender sowie das Polizeipräsidium. Bakr verlangte den Rücktritt von Robinson, Neuwahlen innerhalb von 90 Tagen und eine Amnestie für die Teilnehmer an dem Putsch.

Der Premierminister, dem man in ein Bein schoß, nachdem er seinen Rücktritt abgelehnt hatte, wurde am 31. Juli freigelassen, um ärztlich versorgt werden zu können. Am 1. August ergaben sich die Rebellen, nachdem ihnen der Senatspräsident in seiner Funktion als Staatsoberhaupt eine Amnestie angeboten hatte, um die Krise zu beenden. Insgesamt starben 30 Personen bei dem Putschversuch, während weitere 500 dabei und bei den Straßenkämpfen, die anschließend in der Hauptstadt ausbrachen, verletzt wurden.

Die Regierung erklärte die Amnestie mit der Begründung, daß sie unter Druck zugestanden worden sei, sofort für ungültig und ließ verlauten, daß sie die 114 in den Putsch verwickelten Personen verurteilen wolle. Daraufhin wurden zahlreiche Eingaben, darunter auch beim Privy Council in London und beim Obersten Gerichtshof von Trinidad und Tobago, für die Amnestie und gegen die Regierung eingebracht.

DAS LAND

Die Fläche von Trinidad beträgt 4828 km², während Tobago 300 km² groß ist. Geographisch war die bootsförmige Insel Trinidad einst Teil des südamerikanischen Festlandes. Mit der Zeit entstand jedoch ein Kanal, der Trinidad von Venezuela trennte. Die Verbindung mit Südamerika ist an der hohen Northern Range, einem Ausläufer der Anden, sowie an den reichen Öl- und Gasvorkommen zu erkennen, die vor allem an der Südwestseite der Insel gegenüber dem ölreichen Venezuela gefunden wurden.

Die Northern Range erstreckt sich von Osten nach Westen und bildet einen schönen Hintergrund für Port of Spain. In der Mitte der Bergkette oberhalb von Arima erhebt sich der 941 m hohe Cerro del Aripo, der höchste Berg des Landes. Die übrige Insel ist überwiegend flach und von sanften Hügeln sowie Mangrovensümpfen gekennzeichnet. Zu den zahlreichen Flüssen auf Trinidad gehören auch der Ortoire River, der zur Südostküste fließt und ca. 50 km lang ist, sowie der 40 km lange Caroni River, der in den Caroni-Sumpf mündet.

Auf Tobago, 20 km östlich von Trinidad, erreicht die mittlere Gebirgskette an ihrem höchsten Punkt 620 m. Tiefe, fruchtbare Täler ziehen sich vom Bergkamm hinunter zur Küste mit ihren Buchten und Sandstränden.

KLIMA

Aufgrund der südlichen Lage kennt man auf Trinidad keine erheblichen Temperaturunterschiede im Verlauf des Jahres. Die durchschnittliche Tageshöchsttemperatur in Port of Spain beträgt sowohl im Januar als auch im Juli 31°C, während die durchschnittliche Tiefsttemperatur im Juli bei 22°C liegt und im Januar nur einen Grad niedriger ist.

Februar bis Mai sind die trockensten Monate mit einer relativen Luftfeuchtigkeit von 74 %. Den Rest des Jahres über liegt die Luftfeuchtigkeit zwischen 78 und 83 %.

Von Juni bis August, den feuchtesten Monaten, fallen durchschnittlich 250 cm Regen und regnet es an 23 Tagen im Monat.

Im März sind es dagegen nur 34 cm Niederschlag, wobei an durchschnittlich neun Tagen meßbarer Regen fällt.

Die Insel liegt außerhalb des zentralen Hurrikangürtels und wird im allgemeinen nicht von den schweren Stürmen heimgesucht, die die nördlicheren karibischen Inseln treffen.

Lederschildkröten

An einigen Stränden von Trinidads Nordostküste sowie an der Leeseite von Tobago legen Lederschildkröten ihre Eier ab. Die Lederschildkröte ist die größte Meeresschildkröte und kann ein Gewicht von mehr als 700 kg sowie eine Länge von bis zu zwei Metern erreichen.

Die Zeit der Eiablage dauert etwa von März bis Juli. Zwischen der Abend- und der Morgendämmerung kommen dann Weibchen an den Strand, benutzen ihre Flossen, um ein Loch zu graben, und legen dort zwischen 80 und 125 weiche, weiße Eier ab, bedecken das Loch wieder mit Sand und kehren ins Meer zurück. Nach zwei Monaten schlüpfen die jungen Schildkröten, tauchen aus dem Sand auf, beginnen ein Rennen zum Meer und schwimmen davon. Nur einige wenige von ihnen werden überleben und die Geschlechtsreife erlangen. Die Weibchen, die dies schaffen, legen dann wiederum ihre Eier am gleichen Strand ab, an dem sie selbst geschlüpft sind.

Während der Zeit der Eiablage organisieren das Grafton Beach Resort und das Hotel Turtle Beach in Tobago nächtliche Beobachtungsausflüge an ihren Stränden. Vom Wildvogelschutzgebiet Pointe-à-Pierre werden Ausflüge zum Beobachten der Schildkröten an den Stränden von Trinidad unternommen.

Da die Schildkröten bei der Eiablage leicht gestört werden können und noch vor dem Abschluß ins Meer zurückkehren, wenn dies geschieht, sollte bei der Beobachtung ein Abstand von mindestens 15 Metern eingehalten werden, bis die Schildkröten mit der Eiablage beginnen. Außerdem sind völlige Stille notwendig und helles Licht zu vermeiden. Die Schildkröten, die Eier und die Nester dürfen auch nicht berührt werden.

FLORA UND FAUNA

Aufgrund der Nähe zum südamerikanischen Kontinent gibt es auf Trinidad und Tobago die größte Vielfalt an Pflanzen und Tieren in der gesamten östlichen Karibik.

Man zählt mehr als 400 Vogelarten, 600 Arten von Schmetterlingen, 50 Reptilienarten und 100 Arten von Säugetieren, darunter auch rote Brüllaffen, Ameisenbären, Agutis und Gürteltiere.

Auf Tobago kommen weniger Tierarten als auf Trinidad vor, aber Papageien und andere farbenprächtige Tropenvögel sind trotz allem im gebirgen Inland der Insel in reicher Zahl vorhanden. An den Küsten Tobagos kann man Pelikane, Austernfischer und Fregattvögel beobachten.

Gleichermaßen vielfältig ist die Fauna, wobei man bisher mehr als 700 Orchideenarten und 1600 weitere Arten von blühenden Pflanzen gezählt hat. Auf beiden Inseln kommt zudem dichter Regenwald vor, auf Trinidad auch Zwergwald, Savanne sowie Süßwasser- und Mangrovensümpfe.

Gürteltier

STAAT UND VERWALTUNG

Trinidad und Tobago sind eine unabhängige Republik im Commonwealth. Staatsoberhaupt ist der Präsident, auch wenn die politische Macht im Amt des Premierministers konzentriert ist. Die Legislative besteht aus einem Repräsentantenhaus, dessen 36 Mitglieder alle fünf Jahre von den Bürgern gewählt werden, sowie aus einem Senat mit 31 Mitgliedern, ernannt vom Präsidenten auf Vorschlag des Premierministers und des Führers der Oppositionspartei.

Die politischen Parteien sind weitgehend nach ethnischer Zugehörigkeit ausgerichtet, wobei die PNM vorwiegend die Bürger Trinidads afrikanischer Herkunft und die UNC die Interessen der Leute indischer Abstammung vertritt. Der derzeitige Präsident ist Noor Mohammed Hassanali, der Premierminister Patrick Manning, zugleich Vorsitzender der PNM. Im übrigen sind Trinidad und Tobago verwaltungsmäßig in drei Städte, acht Kreise und die

TRINIDAD UND TOBAGO

Insel Tobago unterteilt. Tobago besitzt eine eigene gesetzgebende Versammlung und hat 1987 ein größeres Maß an Selbstverwaltung erhalten, um sich vor den dominanteren politischen Kräften auf Trinidad zu schützen.

WIRTSCHAFT

Trinidad besitzt Öl- und Gasvorkommen größeren Umfangs. Die Exporte sind der wichtigste Pfeiler der Wirtschaft und machen ca. 50 % der Staatseinnahmen aus. Die Abhängigkeit von den Ölpreisen auf dem Weltmarkt hat jedoch zu einem ungleichmäßigen Wirtschaftswachstum geführt, so daß die Regierung nun versucht, die Wirtschaft auf eine breitere Grundlage zu stellen. Auf Trinidad gibt es Asphalt, Kohle, Eisenerz und Kalkstein. Industrien sind in den Bereichen Nahrungsmittel-verarbeitung, Dünger, Zement, Stahl und Elektronik vorhanden. Die wichtigsten landwirtschaftlichen Produkte sind Zucker, Reis, Kakao, Zitrusfrüchte und Kaffee.

Das Land ist weit weniger vom Tourismus abhängig als andere Staaten der Karibik, auch wenn Versuche unternommen werden, für Tobago als Urlaubsziel zu werben. Der Tourismus, die Fischerei und der Öffentliche Dienst sind die wichtigsten Arbeitgeber auf Tobago. Die Arbeitslosenquote wird auf 23 % geschätzt.

DIE MENSCHEN

Die Bevölkerung beläuft sich auf 1 253 000 Menschen. Nur 50 300 davon leben auf Tobago, die übrigen auf Trinidad. Die Bevölkerung von Trinidad gehört von ihrer Herkunft zur vielfältigsten in der Karibik, was ein Erbe aus der Kolonialzeit ist. Die größte Gruppe stellen die Bürger afrikanischer Abstammung (43 %), gefolgt von jenen indischer Herkunft (36 %). Die meisten anderen Inselbewohner sind gemischter Herkunft, aber es gibt auch größere europäische, chinesische, syrische und libanesische Minderheiten. Daneben leben noch einige Hundert indianische Kariben in der Gegend von Arima.

KUNST UND KULTUR

Den schönsten Karneval feiert man in Trinidad. Hier sieht man die aufwendigsten Kostüme und die schönsten Feiern in der gesamten Karibik. Untrennbar mit dem Karneval verbunden sind die Steel Drums oder Pans, die Trommeln, die auf Trinidad erfunden wurden und bei denen man die bereits ausgeformten Enden alter Ölfässer verwendet. Panyards, wo Steelbands abends spielen, gibt es in der Hauptstadt in Hülle und Fülle. Das gilt insbesondere in den Wochen vor dem Karneval.

Der Calypso, ein Medium für politische Satire und Sozialkritik, hat seinen Ursprung ebenfalls auf Trinidad. Er geht auf die Zeit zurück, als die Sklaven sich im französischen Patois über ihre Kolonialherren lustig machten. Mighty Sparrow, ein langjähriger König des Calypso, stammt aus Trinidad, wie zahlreiche andere der Calypso-Stars der Karibik ebenfalls.

Aus Trinidad stammen auch ‚mehrere international bekannte Schriftsteller, darunter V. S. Naipaul, Samual Selvon und C. L. R. James. Derek Walcott, der Schriftsteller aus St. Lucia, der 1992 den Literaturnobelpreis erhielt, verbrachte einen Großteil seines Lebens als Erwachsener ebenfalls auf Trinidad und ist ein aktiver Förderer von Theaterprojekten vor Ort. Die beliebteste Sportart ist Kricket.

Kleidung: Die Kleidung ist auf Tobago und Trinidad lässig, aber das Tragen knapper Bekleidung sollte auf den Strand begrenzt bleiben.

RELIGION

Ungefähr ein Drittel aller Inselbewohner ist katholisch, während 25 % Hindus und 15 % Anglikaner sind, 13 % anderen protestantischen Glaubensgemeinschaften anhängen und sich 6 % als Muslime bezeichnen.

SPRACHE

Offizielle Landessprache ist Englisch. In den einzelnen Bevölkerungsgruppen werden zudem je nach Herkunft Hindi, Kreolisch, Spanisch oder Chinesisch gesprochen.

PRAKTISCHE HINWEISE

EINREISEBESTIMMUNGEN

Für die Einreise nach Trinidad und Tobago ist in jedem Fall ein gültiger Reisepaß notwendig. Bürger der meisten europäischen Staaten, darunter auch Deutsche, Österreicher und Schweizer, benötigen darüber hinaus für einen Aufenthalt von bis zu drei Monaten ein Visum nicht.

Ausländische Botschaften in Trinidad und Tobago: Die folgenden Länder haben im Land diplomatische Vertretungen eingerichtet:

Deutschland (Botschaft)
    Marli Street 7-9, Port of Spain, Tel. 6 28 16 30,
Österreich (Honorarkonsulat)
    Frederick Street 27, Port of Spain, Tel. 6 23 59 12,
Schweiz (Honorarkonsulat)
    c/o Nestle Trinidad & Tobago Ltd., Churchill-Roosevelt Highway, Valsayn, Tel. 6 63 68 32,
Venezuela (Botschaft)
    Mary Street 6, St. Clair, Port of Spain, Tel. 6 22 24 68.

Mit Botschaften oder Konsulaten sind auch Argentinien, Barbados, Brasilien, Indien, Jamaika, Japan, Kolumbien, Korea, Nigeria und Peru vertreten. In den gelben Seiten des Telefonbuches finden Sie ihre Adressen und Telefonnummern.

ZOLLBESTIMMUNGEN

Besucher der Inseln können bis zu einem Viertel Liter Spirituosen, 200 Zigaretten und Geschenke bis zum Wert von 50 TT $ zollfrei einführen.

GELD

Die offizielle Währung ist der Trinidad- und Tobago-Dollar (TT $). Kreditkarten von Visa und Eurocard/Mastercard werden in den meisten Restaurants, Hotels und Pensionen der mittleren Preisklasse ebenfalls akzeptiert. In einigen wenigen Restaurants werden auf den Rechnungsbetrag 10 % für Bedienung aufgeschlagen. Ist dies nicht der Fall, sind 10 % Trinkgeld üblich.

Landeswährung: Ein Trinidad- und Tobago-Dollar besteht aus 100 Cents. Im Umlauf sind Münzen über einen, 5, 25 und 50 Cents. Die farbenprächtigen Banknoten mit Vögeln, Pan-Trommeln, Öltürmen und dem Finanzzentrum mit seinen zwei Türmen, lauten auf einen (rot), 5 (grün), 10 (grau), 20 (purpur) und 100 (blau) Dollar.

Wechselkurse: 1993 wurde der Trinidad- und Tobago-Dollar, der lange an den Wechselkurs von 4,25 TT $ für einen US-Dollar gebunden war, auf dem Weltmarkt zum Floaten freigegeben. Der Wechselkurs ändert sich nun häufig. Den aktuellen Kurs finden Sie auf Seite 3 des *Daily Express*, der größten Zeitung des Landes. Als dieses Buch gedruckt wurde, lag er bei 5,68 TT $ für einen US-Dollar.

INFORMATIONEN

Fremdenverkehrsbüros gibt es an den Flughäfen von Trinidad und Tobago, in der Frederick Street in Port of Spain sowie im Zentrum von Scarborough. Die Büros an den Flughäfen sind im allgemeinen am besten ausgestattet sowie am hilfreichsten. Nehmen Sie auf jeden Fall den *Discover Trinidad & Tobago* mit, ein nützliches, 64 Seiten dickes Magazin, in dem Sie allgemeine Informationen für Touristen und Anzeigen finden.

Wer schriftlich Informationen anfordern will, kann sich an die Trinidad & Tobago Tourism Development Authority, 134 Frederick Street, Port of Spain, Trinidad, Westindische Inseln (Tel. 6 23 19 32, Fax 6 23 38 48), wenden. Allgemeine Touristeninformationen kann man auch telefonisch einholen (Tel. 623-INFO auf Trinidad und Tel. 630-INFO auf Tobago), und zwar von 6.00 bis 22.00 Uhr.

ÖFFNUNGSZEITEN

Behörden und andere Büros sind im allgemeinen montags bis freitags von 8.00 bis 16.00 Uhr geöffnet. In den meisten Geschäften kann man montags bis freitags von 8.00 bis 17.00 Uhr und samstags von 8.00 bis 12.00 Uhr einkaufen.

Die Banken sind überwiegend montags bis donnerstags zwischen 9.00 und 14.00 Uhr sowie freitags von 9.00 bis 12.00 Uhr und von 15.00 bis 17.00 Uhr für den Publikumsverkehr zugänglich.

FEIERTAGE

Auf Trinidad und Tobago werden folgende Feiertage begangen:

Neujahr	1. Januar
Karfreitag	Freitag von Ostern
Ostermontag	Ende März/Anfang April
Pfingstmontag	achter Montag nach Ostern
Fronleichnam	neunter Donnerstag nach Ostern
Tag der Arbeit	1. Mai
Tag der Abschaffung der Sklaverei	1. August
Unabhängigkeitstag	31. August
Tag der Republik	24. September
Weihnachten	25. und 26. Dezember

Karnevalsmontag und Karnevalsdienstag sind im Prinzip ebenfalls Feiertage, an denen die meisten Banken und Geschäfte geschlossen bleiben.

Karneval

Der König des karibischen Karnevals ist unzweifelhaft der von Trinidad. Viele der Inselbewohner bereiten sich mit einer schon fast abgöttischen Hingabe auf den Karneval vor. Vom Neujahrstag an erreichen die Aktivitäten ihr volles Ausmaß. Die Mas Camps arbeiten dann bis spät in die Nacht, um die Kostüme zu fertigen, die Panyards sind voller Musiker von Steelbands, die ihre Rhythmen schlagen, und Calypso-Musik dröhnt bei Feiern vor dem Karneval durch die Nacht. Eine Woche vor Karneval nehmen die Vorentscheidungen für die Wahl des Karnevalskönigs und der Karnevalskönigin ihren Lauf.

Die eigentlichen Feierlichkeiten beginnen am Montag morgen zwei Tage vor Aschermittwoch mit dem J'Ouvert-Umzug noch vor der Morgendämmerung durch die Stadtmitte. Im Laufe des Tages ziehen kostümierte „Bands" durch die Stadt, wobei die Mitglieder identische Kostüme tragen. Zehntausende von Feiernden ziehen und tanzen in Umzügen die ganze Nacht durch, wobei das Ganze den Charakter einer riesigen Straßenparty annimmt. Am Dienstag gipfelt der Karneval im Wettbewerb um den Titel der Band des Jahres, nach dem um Mitternacht der Karneval offiziell vorüber ist.

Die größeren Veranstaltungen des Karnevals finden überwiegend im Queen's Park Savannah in der Stadtmitte von Port of Spain statt. Das gilt auch für die wichtigsten Wettbewerbe der Steelband- und Calypso-Musiker.

Informationen über die kommenden Karnevalsfeste erhalten Sie bei der National Carnival Commission, Frederick Street 92, Port of Spain (Tel. 6 23 88 67). Wer bereits in Trinidad ist, kann sich auch unter der Telefonnummer 651-4MAS über den aktuellen Stand informieren.

KULTURELLE VERANSTALTUNGEN

Neben dem Karneval, dem wichtigsten Fest auf Trinidad, gibt es noch eine Reihe kleinerer Feste. Beim Pan Jazz Festival im November kommen Trommler und Jazzmusiker zu einem drei Tage dauernden Konzert zusammen.

Die Zeitpunkte für die indischen Feste richten sich nach dem Mondkalender. Das größte Fest der Hindus ist Divali (im allgemeinen im November), gefolgt vom Phagwa (im allgemeinen März) und Ramleela (September oder Oktober). Muslimische Feste sind das Eid El-Fitr (meistens im März) und Hosay (üblicherweise im Juli).

Auf Tobago wird nun auch ein sogenanntes „Festival des Erbes" begangen, bei dem es um zwei Wochen dauernde Festlichkeiten im traditionellen Stil handelt, die Ende Juli beginnen. Deutlich lokalen Charakter hat das große Ziegenrennen im Ort Buccoo am Donnerstag nach Ostern.

POST

Eine Postkarte in andere Länder der Karibik zu senden kostet 1 TT $ und nach Europa 2 TT $. Für Briefe bis zu 20 Gramm zahlt man in andere Länder der Karibik ebenfalls 1 TT $ Porto und nach Europa 2,50 TT $.

Auf Sendungen nach Trinidad sollten nach dem Namen des Adressaten folgende Angaben folgen: Straße oder Postfach, Ort, Trinidad und Tobago, Westindische Inseln.

TELEKOMMUNIKATION

Die Vorwahlnummer für Trinidad und Tobago beim Telefonieren aus dem Ausland lautet 809. Die Telefonnummern der Anschlüsse sind siebenstellig.

Verwendet werden sowohl Münz- als auch Kartentelefone. Telefonkarten gibt es im Wert von 15 TT $, 30 TT $ und 60 TT $. Sie sind an den Flughäfen sowie in Einkaufszonen und an anderen öffentlichen Stellen erhältlich.

Weitere Informationen über das Telefonieren können Sie dem Abschnitt über Telekommunikation im Einführungsteil dieses Buches entnehmen.

STROM

Auf Trinidad und Tobago sind Anschlüsse mit einer Spannung von 110 Volt und andere mit einer Spannung von 220 Volt Wechselstrom bei einer Frequenz von 60 Hertz üblich. Erkundigen Sie sich daher nach der Spannung, bevor Sie ein elektrisches Gerät anschließen.

MASSE UND GEWICHTE

Auf Trinidad und Tobago hat man sich vor kurzem auf das metrische System umgestellt. Die Beschilderung der größeren Landstraßen bezieht sich nun auf Kilometer, und in den Autos sind Kilometerzähler eingebaut. Bei Markierungen an kleineren Straßen sind jedoch häufig noch Meilen gemeint, und häufiger wird man, wenn man nach dem Weg fragt, die Entfernung in Meilen hören.

BÜCHER

Einen Einblick in die multikulturelle Gesellschaft des Landes geben die Bücher des Schriftstellers V. S. Naipaul. Sein Buch *Ein Haus für Mr. Biswas* ist ein lebendiges Porträt des Lebens als Inder auf Trinidad.

Der frühere Premierminister Eric Williams ist der Autor des englischsprachigen Buches *From Columbus to Castro*, einer der zuverlässigsten Darstellungen der Geschichte der Karibik.

Für Vogelkundler gibt es neben dem bekannten *Birds of the West Indies* von James Bond auch noch das umfassende Werk *A Guide to the Birds of Trinidad and Tobago* von Richard Ffrench und *A Birder's Guide to Trinidad and Tobago* (125 Seiten) von William L. Murphy.

Der *Trinidad and Tobago Field Naturalists Club Trail Guide* beschreibt Wanderwege auf den Inseln und enthält einige gröbere Landkarten.

LANDKARTEN
Die beste Straßenkarten von Tobago, Trinidad und Port of Spain sind von der staatlichen Land & Surveys Division herausgegeben worden. Sie werden in den Fremdenverkehrsbüros an den Flughäfen einige Dollar billiger als in den Buchhandlungen in der Stadt verkauft.

MEDIEN
Der *Trinidad Guardian* und der *Daily Express* sind die beiden wichtigsten Tageszeitungen. Sie erscheinen beide frühmorgens. Daneben werden zwei kleinere Abendzeitungen veröffentlicht, die *Evening News* und die *The Sun*.

Den staatlichen Radiosender National Broadcasting Service (NBS) kann man auf den Frequenzen 610 AM und 100 FM empfangen. Daneben sendet noch ein halbes Dutzend privater Radiostationen.

Fernsehsendungen strahlt ein staatlich finanziertes Netz auf Kanal 2 und Kanal 13 mit Programmen verschiedener Sender aus, darunter auch von CNN. AVM (Kanal 4) ist ein privater Fernsehsender, der die ABC-Nachrichten aus den USA zeigt. CCN (Kanal 6 und 18) füllt sein Programm häufig mit Sendungen von CBS. In allen Sendern sind amerikanische Programme stark vertreten.

GESUNDHEIT
Auf Trinidad befindet sich das allgemeine Krankenhaus in der Charlotte Street 169 in Port of Spain (Tel. 6 23 29 51). Daneben gibt es noch kleinere Krankenhäuser in San Fernando und Mt. Hope. Auf Tobago kann man im Notfall ein Krankenhaus mit 98 Betten in Fort King George in Scarborough (Tel. 6 39 25 51) in Anspruch nehmen. Die Bhaggan's Pharmacy am Independence Square von Port of Spain (Tel. 6 27 55 41) ist montags bis freitags bis 23.00 Uhr und an den Wochenenden bis 21.00 Uhr geöffnet.

GEFAHREN UND ÄRGERNISSE
Diebstahl kann ein Problem auf Trinidad und Tobago sein, so daß Sie mit Ihren Wertsachen vorsichtig sein sollten. Abends und nachts empfiehlt es sich, nicht durch schlecht beleuchtete Gegenden zu spazieren, insbesondere nicht in Port of Spain. Denken Sie auch daran, daß Schmuggel an der Nordküste von Trinidad nicht unbekannt ist und gelegentlich Militärsperren und Autodurchsuchungen an der Straße zur Maracas Bay vorkommen. An einigen Stränden von Tobago wachsen die giftigen Manzanillo-Bäume. Auf Trinidad kommen zudem die giftige Buschmeisterschlange, die Lanzenotter und die Korallenschlange vor, allerdings sind Schlangenbisse selten. Auf Tobago leben keine Giftschlangen.

NOTFÄLLE
Wählen Sie die Telefonnummer 999, um die Polizei zu rufen, und die Rufnummer 990, wenn Sie die Feuerwehr und den Notarzt benötigen.

FREIZEITBESCHÄFTIGUNGEN
Strände und Schwimmen: Auf Tobago gibt es einige schöne Sandstrände, die sich mit denen vieler bekannterer Urlaubsziele in der Karibik messen können. In der Store Bay und bei Pigeon Point erstrecken sich herrliche weiße Sandstrände. Daneben finden Sie zahlreiche geschützte Buchten auf Tobago, teils mit Fischerdörfern, teils einsam und menschenleer.
Trinidad ist nicht wegen seiner Strände bekannt geworden. Der einzige ansprechende Strand auf der Insel befindet sich an der Maracas Bay, einer schönen Bucht nördlich von Port of Spain. Darüber hinaus gibt es einige unbebaute Strände an der Ostküste von Trinidad, aber die Küste dort ist ungeschützt, so daß, wer an diesen Stellen schwimmt, sich in Gefahr begibt.

Tauchen: Vor Tobago verlaufen ausgedehnte Korallenriffe mit einer großen Vielfalt an Meerestieren und einigen hervorragenden Plätzen zum Tauchen. Die größte Konzentration an guten Tauchrevieren findet man um die Inselchen vor der Nordküste von Tobago. An der Ostseite von Goat Island läßt sich ebenfalls gut tauchen. Unterwasserfelsen und einen Canyon finden Sie vor St. Giles und ein Gebiet mit Mantarochen vor Little Tobago. Daneben bestehen gute Möglichkeiten zum Tauchen auch bei Arnos Vale und Wasp Shoal vor Crown Point.
Auf Tobago sind folgende Tauchschulen vertreten: Tobago Marine Sport im Blue Waters Inn in Speyside (Tel. 6 60 43 41, Fax 6 60 51 95) und im Crown Point Beach Hotel (Tel. 6 39 87 81, Fax 6 39 44 16), Man Friday Diving in Charlotteville (Tel. und Fax 6 60 46 76), Dive Tobago in Pigeon Point (Tel. 6 39 02 02, Fax 6 39 27 27) und Viking Dive in Crown Point (Tel. 6 39 92 02).
Für einen Tauchgang mit einer Flasche Preßluft zahlt man ca. 50 US $ einschließlich Ausrüstung und 40 US $, wenn man seine eigene Ausrüstung mitbringt. Daneben werden Kombinationen für mehrere Tauchgänge angeboten, die etwas preiswerter sind. Für einen Tauchkurs mit PADI-Zertifikat im offenen Meer werden 375 US $ und für einen Ferienkurs 75 US $ berechnet. Viking Dive, eine relativ neue Tauchbasis, unterbietet gelegentlich die Preise der anderen Tauchschulen.

Schnorcheln: Neben der Standardtour zum Buccoo-Riff bestehen gute Möglichkeiten zum Schnorcheln in der Pirate's Bay und an der Nordseite von Charlotteville auf Tobago, beim Angel-Riff vor Goat Island und in der Arnos Vale Bay.

Windsurfen: Bretter usw. zum Windsurfen können Sie auf Tobago beim Hotel Turtle Beach (Tel. 6 39 28 51) für 12 US $ pro Stunde und beim Grafton Beach Resort (Tel. 6 39 40 08) für 25 US $ pro Tag mieten.

Wandern: Es gibt mehrere Wanderwege auf Trinidad, darunter auch zu den Wasserfällen, aber Raubüberfälle und Angriffe auf Wanderer sind nicht unbekannt. Der Weg zum Wasserfall Blue Basin in der Northern Range ist sogar richtig unsicher, wenn man nicht in einer Gruppe mit Führung dorthin unterwegs ist.

Eine gute Möglichkeit, auch die Natur der Inseln kennenzulernen, ist es, sich einer der monatlichen Wanderungen des Trinidad & Tobago Field Naturalists Club (Tel. 6 63 13 34 und 6 63 20 46) anzuschließen, die häufig am letzten Sonntag in jedem Monat unternommen werden, oder an einer der häufigeren Wanderungen vom Naturschutzgebiet Asa Wright aus (Tel. 6 67 46 55, Fax 6 67 04 93) teilzunehmen.

Beobachtung von Vögeln: Sowohl auf Trinidad als auch auf Tobago ist eine reiche Vogelwelt vertreten, die gute Möglichkeiten zur Beobachtung bietet.

Auf Trinidad gibt es dafür drei bekannte Stellen: das Vogelschutzgebiet Caroni, das Wildvögelschutzgebiet Pointe-à-Pierre sowie das Naturschutzgebiet Asa Wright. Alle drei sind im Abschnitt über Trinidad detailliert behandelt.

Auf Tobago konzentriert sich die Beobachtung von Vögeln auf den Norden der Insel, wo einige kleine Schutzgebiete eingerichtet wurden, die auf Vogelkundler zugeschnitten sind. Little Tobago, die Insel vor Speyside, ist das Vogelschutzgebiet mit den meisten Besuchern.

Tennis: Zu einigen der größeren Hotels gehören Tennisplätze, darunter zum Hotel Hilton in Port of Spain sowie auf Tobago zum Hotel Mt. Irvine Bay, zum Crown Point Beach Hotel und zum Blue Waters Inn. Öffentliche Tennisplätze (eine Stunde 5 TT $) gibt es auf den Princes Building Grounds in der Upper Frederick Street in Port of Spain (Tel. 6 23 11 21).

Golf: Der St. Andrew's Golf Club in Maraval auf Trinidad (Tel. 6 29 23 14) verfügt über einen Platz mit 18 Löchern (par 72). Gleiches gilt für den Mt. Irvine Bay Golf Club auf Tobago (Tel. 6 39 88 71). Auf beiden können Wagen und Schläger gemietet werden. Ebenfalls auf Trinidad wurden der Platz des Chaguaramas Public Golf Club in Chaguaramas mit neun Löchern (Tel. 6 43 43 49) und die Plätze in Pointe-à-Pierre sowie La Brea angelegt.

Weitere Freizeitbeschäftigungen: Auf Trinidad werden im Queen's Park Savannah von Port of Spain und im Arima Race Club an 28 Tagen im Jahr Pferderennen veranstaltet, wobei die bedeutendsten Veranstaltungen um Neujahr und von April bis Juni stattfinden. Der wichtigste Austragungsort für Kricketspiele ist der Queen's Park Oval einige Blocks westlich des Queen's Park Savannah in der St. Clair Avenue in Port of Spain.

HÖHEPUNKTE

Trinidad kann mit zwei besonderen Anziehungspunkten aufwarten: dem Karneval und den Möglichkeiten zur Beobachtung von Vögeln. Wer Port of Spain in den Wochen vor Karneval besucht, sollte unbedingt einige der Panyards besuchen, wo Steelbands abends üben, und sich in den Mas Camps umsehen, in denen die Karnevalisten ihre Kostüme fertigen. In der Zeit der Scharlachroten Ibisse sollten Sie auf keinen Fall eine Bootsfahrt bei Sonnenuntergang im Vogelschutzgebiet Caroni versäumen.

Auf Tobago unternehmen die meisten Besucher eine Fahrt mit einem Glasbodenboot zum Buccoo-Riff. Wer gern schnorchelt, sollte dies im Pirate's Bay bei Charlotteville und beim Angel-Riff vor Goat Island tun. Für Geschichtsinteressierte ist die Festung King George in Scarborough zu empfehlen und für Liebhaber von weißen Sandstränden Pigeon Point.

UNTERKUNFT

Sowohl auf Trinidad als auch auf Tobago kann man gut in preiswerten Pensionen und kleinen Hotels übernachten, die ihr Geld wert sind.

Wer ohne Reservierung anreist, findet an beiden Flughäfen Fremdenverkehrsbüros vor, in denen man hilfsbereit ist und bei der Buchung von Zimmern aller Preisklassen Unterstützung leistet. Es ist kein Problem, auf Tobago ein Zimmer zu finden, aber wer während der Karnevalszeit nach Trinidad reist, sollte lange im voraus ein Zimmer reservieren. Auf die Preise für Übernachtungen werden im allgemeinen 15 % Mehrwertsteuer und 10 % für Bedienung aufgeschlagen. In Pensionen und Apartments ohne Zimmerreinigung werden jedoch meistens keine Zuschläge für die Bedienung berechnet, auch wenn dies nicht immer der Fall ist.

In vielen einfacheren Pensionen und Apartments muß man im übrigen ein eigenes Handtuch mitbringen, weil so etwas nicht gestellt wird.

In zahlreichen, wenn auch nicht in allen Hotels übernachten Kinder bis zu 12 Jahren kostenlos. Wer mit Kindern reist, sollte sich daher vor dem Bezug eines Zimmers nach der jeweiligen Regelung erkundigen.

ESSEN

Auf Trinidad und Tobago kann man in den Restaurants westindische, kreolische, chinesische und europäische Gerichte essen. Indische Einflüsse sind an den allgegenwärtigen Rotis zu erkennen, die aus Trinidad stammen und sich von dort über die ganze Karibik ausgebreitet haben. Das gilt auch für einen vergleichbaren Schnellimbiß namens Doubles, eine Art Sandwich mit Chickpeas-Curry, das in ein weiches, flaches Brot gewickelt wird und gar nicht schlecht schmeckt.

Fleisch-Curries und Fisch sind beliebte Hauptgerichte. Sie werden häufig mit Pelau, einer Mischung aus Reis und Erbsen, Fleisch und Kokos serviert.

Ebenfalls ein beliebtes Schnellgericht auf Trinidad ist Shark & Bake. Dabei handelt es sich um ein Sandwich mit einer Scheibe frischen Hais und braun geröstetem Brot, das ein Standardangebot in den Imbissen am Strand ist.

Gebratener Fliegender Fisch und Pommes Frites sind ebenfalls ein preiswerter Imbiß, der fast überall zu finden ist.

Angesichts der großen indischen Bevölkerungsgruppe und einer großen Zahl an Adventisten ist es gar nicht so schwer, auf Trinidad und Tobago auch vegetarische Gerichte zu bekommen, wenn man Fleischspeisen nicht mag.

Etikett vom Carib-Bier

GETRÄNKE

Das Leitungswasser auf Trinidad und Tobago ist trinkbar. Das Premium-Bier Carib der östlichen Karibik stammt aus Trinidad, und außerdem wird hier eine Reihe von Rumsorten, wie Vat 19 und Royal Oak, gebrannt.

UNTERHALTUNG

Das ganze Jahr über kann man in Port of Spain im Amoco Renegades Pan Theatre in der Charlotte Street Panmusik hören, wo freitags um 18.00 Uhr Steelbands auftreten. Daneben spielt meistens eine Steelband an den Wochenenden in einem der Hotels in Port of Spain und Crown Point.

Es gibt im Land auch eine Reihe von Kinos, darunter fünf in Port of Spain und eines in Tobago. Am beliebtesten sind Hollywoodfilme. Zudem werden in den Kinos Kung-Fu-Filme aus Hongkong und rührselige Filme aus Indien gezeigt.

EINKÄUFE

Eine Aufnahme mit Steelband- oder Calypso-Musik ist ein wunderschönes Andenken. Die neuesten Aufnahmen bekommt man in den Rhyner's Record Shops mit Filia-

len im Komplex für die Kreuzfahrtschiffe und in der Prince Street 54 in Port of Spain sowie am Flughafen Piarco.

ANREISE

Nun folgen Details über internationale Verkehrsverbindungen nach Trinidad und Tobago. Informationen über Verkehrsverbindungen zwischen Trinidad und Tobago finden Sie in Abschnitt über das Reisen innerhalb von Trinidad und Tobago weiter unten in diesem Kapitel.

FLUG

Fluggesellschaften: Die meisten Fluggesellschaften unterhalten Büros in der Nähe des Independence Square in Port of Spain. Das Büro von LIAT findet man allerdings in der Frederick Street, südlich des Queen's Park Savannah.

TRINIDAD UND TOBAGO

Die Telefonnummern für die Reservierung von Plätzen bei den in Trinidad und Tobago vertretenen Fluggesellschaften lauten:

Aeropostal	Tel. 6 23 65 22,
Air Canada	Tel. 6 64 40 65,
ALM	Tel. 6 52 17 19,
American Airlines	Tel. 6 64 46 61,
British Airways	Tel. 6 25 18 11,
BWIA	Tel. 6 27 29 42,
KLM	Tel. 6 25 17 19,
LIAT	
auf Trinidad	Tel. 6 23 18 37,
auf Tobago	Tel. 6 39 04 84.

Von Europa: BWIA fliegt montags und freitags von Frankfurt nach Port of Spain, montags mit einer Zwischenlandung auf Tobago. Der Flugpreis für einen Hin- und Rückflug beträgt je nach Saison 1300 bis 1450 DM (Ticketgültigkeit 5 Wochen). Darin ist auch die Anreise vom Wohnort nach Frankfurt mit der Eisenbahn und wieder zurück zum Wohnort enthalten.

Mit British Airways kommt man dienstags und freitags von allen Flughäfen in Deutschland, Österreich und der Schweiz über London und Barbados nach Trinidad. Für diese Verbindung muß man hin und zurück je nach Saison zwischen 1300 und 1500 DM bezahlen und kann sich für den Rückflug bis zu drei Monate Zeit lassen.

Auch American Airlines fliegt nach Port of Spain, und zwar von Düsseldorf und Frankfurt über Chicago oder Miami. Für diese Verbindung muß man hin und zurück mit einem Flugpreis von rund 1700 DM rechnen (Ticketgültigkeit ein halbes Jahr).

Alle diese Flüge kann man allerdings nicht bei der jeweiligen Fluggesellschaft und auch nicht in jedem Reisebüro buchen. Die Flugscheine sind jedoch zu günstigen Preisen bei unserer Schwesterfirma Walther-Weltreisen Udo Schwark in Bonn (Hirschberger Straße 30, D-53119 Bonn) erhältlich. Dort sind in einer Datenbank Zehntausende von Flugmöglichkeiten mit allen Einzelheiten (Saisonzeiten, Gültigkeit der Flugscheine, Flugtage usw.) gespeichert, aus der Sie gegen einen großen, frankierten Rückumschlag eine aktuelle Preisliste für alle Flüge nach Trinidad und Tobago anfordern und sich daraus die für Sie passende Verbindung heraussuchen können.

In der Schweiz wendet man sich wegen eines preiswerten Fluges nach Trinidad und Tobago am besten an den Globetrotter Travel Service, Rennweg 35, 8001 Zürich, Tel. (01) 2 11 77 80 (mit weiteren Büros in Baden, Basel, Bern, Luzern, St. Gallen und Winterthur), und in Österreich an den Reiseladen, Dominikanerbastei 4, 1010 Wien, Tel. (01) 5 13 89 36.

Wer risikobereit ist, kann auch versuchen, kurzfristig einen Platz in einem Flugzeug nach Trinidad und Tobago zu buchen und dabei einige hundert Mark zu sparen. Denn frei gebliebene Plätze werden etwa eine Woche vor Abflug mit deutlicher Ermäßigung verkauft. Solche „Restplätze" bietet u.a. L'Tur an. Ob gerade freie Plätze zum Discountpreis in einem Flugzeug nach Trinidad oder Tobago zu haben sind, kann man telefonisch unter den Telefonnummern (0211) 1 97 06, (030) 1 97 06, (040) 1 97 06, (07221) 1 97 01 und (089) 1 97 02 erfahren. Man kann Last-Minute-Angebote von L'Tur auch mit einem Faxgerät abrufen, indem man es auf Abruf einstellt und dann die Rufnummer (0190) 57 57 07 wählt.

Von Südamerika: BWIA fliegt täglich von Caracas nach Trinidad. Auf dieser Strecke kosten ein einfacher Flug 114 US $ und ein Hin- und Rückflug zum Ausflugstarif mit einer Ticketgültigkeit von 21 Tagen 140 US $. In Gegenrichtung muß man für einen einfachen Flug von Trinidad nach Caracas 98 US $ sowie für einen Hin- und Rückflug zum Ausflugstarif mit einer Ticketgültigkeit von 7 Tagen 100 US $, von 15 Tagen 120 US $ und 21 Tagen 160 US $ bezahlen.

Mit BWIA kommt man auch täglich von Georgetown in Guyana nach Trinidad. Für diese Verbindung werden pro einfachen Flug 156 US $ und pro Hin- und Rückflug zum Ausflugstarif mit einer Ticketgültigkeit von 30 Tagen 184 US $ berechnet.

Von anderen Karibikinseln: LIAT fliegt von Grenada, Barbados, St. Lucia und St. Vincent nonstop nach Trinidad. Zu diesen Abflughäfen bestehen Anschlußflüge von den übrigen Zielen von LIAT in der Karibik. Ein einfacher Flug von Grenada nach Trinidad kostet 80 US $ (hin und zurück 104 US $), von Barbados 123 US $ (hin und zurück 155 US $) und von St. Lucia 132 US $.

Auf vielen Flügen innerhalb der Karibik kann beim Ziel Trinidad eine Flugunterbrechung auf Tobago eingelegt werden. Wer von Tobago ohne Zwischenlandung auf Trinidad zu seinem Ziel fliegt, zahlt etwas weniger als für einen Flug über Trinidad.

LIAT bietet auch preiswerte Langstreckenflüge zu einem besonderen Tarif (YD) zwischen Trinidad und einigen der entfernteren karibischen Inseln an. Anders als die normalen Flugtarife bietet der YD-Tarif die Möglichkeit, beliebig viele Flugunterbrechungen einzulegen. Für einen einfachen Flug zum YD-Tarif zwischen Trinidad und St. Kitts zahlt man 160 US $ sowie zwischen Trinidad und St. Martin 171 US $. Für einen einfachen Flug von Trinidad nach St. Kitts zum Normaltarif werden 265 US $ und nach St. Martin 285 US $ berechnet.

BWIA hat vor kurzem ihre Preise für Flüge von Trinidad, wo die Gesellschaft ihren Sitz hat, um 20 % gesenkt. Tägliche Flugverbindungen bestehen von Trinidad nach Barbados, für die ein einfacher Flug 105 US $ und ein Hin- und Rückflug zum Ausflugstarif (Ticketgültigkeit 7 Tage) 191 US $ kosten. Für einen einfachen Flug nach Grenada zahlt man 78 US $ sowie einen Hin- und

Rückflug zum Ausflugstarif (Ticketgültigkeit 7 Tage) 89 US $, nach Antigua 199 bzw. 198 US $, nach St. Lucia 112 bzw. 141 US $ (Ticketgültigkeit 30 Tage).

Die Flugscheine zum Ausflugstarif für einen Aufenthalt von bis zu sieben Tagen können nur auf Trinidad gekauft werden. Wer ein Ticket für einen Flug von Trinidad nach Barbados außerhalb Trinidads kauft, muß 123 US $ bezahlen. British Airways fliegt zweimal wöchentlich zwischen Trinidad nach Barbados. Bei dieser Gesellschaft werden für ein Ticket zum Ausflugstarif mit einer Gültigkeit von einem Jahr 107 US $ verlangt.

ALM unterhält montags und donnerstags Flugverbindungen zwischen Trinidad und Curacao. Ein Flugschein für einen Hin- und Rückflug zum Ausflugstarif für diese Verbindung kostet in beiden Richtungen 276 US $ (Aufenthalt bis zu acht Tage) bzw. 316 US $ (Aufenthalt bis zu 21 Tage).

Flughafeninformation: Der einzige Flughafen von Trinidad, der Piarco International Airport, liegt 23 km östlich von Port of Spain. Dort gibt es ein Fremdenverkehrsbüro, Läden mit zollfreien Waren, in denen man Spirituosen, Uhren und Parfüm erhält, Stände der Autovermietungen und eine Wechselstube, die täglich von 6.00 bis 20.00 Uhr geöffnet ist. Zwischen der Ausländerbehörde und dem Zollbüro ist ein Telefon installiert, von dem aus man kostenlos eine Reihe von Hotels und Pensionen anrufen kann. Außerdem sind in der Nähe der Wartehalle für Inlandsflüge ein einfaches Café sowie im Obergeschoß ein richtiges Restaurant vorhanden.

Der Crown Point International Airport auf Tobago ist nicht groß, aber auch dort kann man ein Telefon für kostenlose Gespräche zu mehreren Hotels und Autovermietungen, eine Boutique und einen Geschenkartikelladen sowie einen Imbiß, einen Schalter des Fremdenverkehrsbüros und eine Bank mit begrenzten Öffnungszeiten in Anspruch nehmen. Die Flughafengebühr beim Abflug ist im zweiten Stock zu bezahlen.

Flughafentransfer: Es ist kein Problem, am Flughafen Piarco von Trinidad ein Taxi zu bekommen. Die Taxifahrer dürfen sogar durch die Zollkontrolle und gehen bis zur Ankunftszone, um dort auf mögliche Kunden zu warten. Für eine Taxifahrt vom Flughafen bis nach Port of Spain

muß man 85 TT $ und nach Maraval 100 TT $ bezahlen. Weitere Informationen über Taxis finden Sie im Abschnitt über das Reisen auf Trinidad und Tobago. Von 5.00 bis 23.00 Uhr besteht stündlich eine Busverbindung zwischen dem Flughafen und Port of Spain. Der Bus hält beim Unterstand in der Nähe des Parkplatzes der Autovermietungen. Die Fahrkarte muß man im voraus bei der Gepäckaufbewahrung kaufen. In Port of Spain fährt der Bus zum Flughafen vom Busbahnhof South Quay ab.

Informationen über Verbindungen mit Taxis und Bussen vom Flughafen Crown Point auf Tobago können Sie dem Abschnitt über das Reisen auf Tobago am Ende dieses Kapitels entnehmen.

SCHIFF
Windward Lines Limited unterhält eine Verbindung mit einem Passagier- und Frachtschiff zwischen Trinidad, St. Lucia, Barbados, St. Vincent und Guiria in Venezuela zu akzeptablen Preisen. Informationen hierzu sind im Abschnitt über das Reisen in der östlichen Karibik im Einführungsteil enthalten.

Segelboot: Trinidad und Tobago sind sicher keine typischen Ziele von Seglern, aber auf Trinidad gibt es in der Nähe von Carenage und Chaguaramas dennoch einige Einrichtungen für Segelboote.
Der Trinidad & Tobago Yacht Club in Bayshore (Tel. 6 37 42 60) verfügt über 50 Ankerplätze, Wasser, Strom und ein Restaurant. Trinity Yacht Facilities in Carenage an der Chaguaramas Bay (Tel. 6 34 43 03, Fax 6 27 03 91, PO Box 3163) bietet eine Slipanlage und Lagermöglichkeiten.

Kreuzfahrt: Kreuzfahrtschiffe legen an der Südseite von Port of Spain an, wo ein großer Komplex für diese Schiffe errichtet wurde. Er umfaßt eine Zollhalle, einige Läden für Geschenkartikel und Bekleidung, eine Autovermietung, eine Taxihaltestelle, eine kleine Buchhandlung und eine Reihe von Imbißlokalen und Restaurants. In Scarborough auf Tobago besteht ebenfalls eine, allerdings bescheidenere Anlage für Kreuzfahrtschiffe.

AUSREISE AUS TRINIDAD UND TOBAGO
Beim Verlassen des Landes ist eine Ausreisegebühr von 75 TT $ in Landeswährung zu bezahlen. Bei Flügen zwischen Trinidad und Tobago fallen jedoch keine Gebühren an.

REISEN AUF TRINIDAD UND TOBAGO

Informationen über Verkehrsmittel auf Tobago finden Sie am Ende des Abschnittes über Tobago in diesem Kapitel.

FLUG
Air Caribbean (auf Trinidad Tel. 6 69 25 00 und auf Toba-

go Tel. 6 39 82 38) ist die wichtigste Fluggesellschaft für Verbindungen zwischen Tobago und Trinidad. Sie fliegt mehrmals täglich die 15 Minuten in Anspruch nehmende Strecke zwischen den beiden Inseln. Auch LIAT bietet täglich eine Flugverbindung zwischen Trinidad und

TRINIDAD UND TOBAGO

Tobago an, während BWIA die meisten Flüge zwischen den beiden Inseln eingestellt hat und nur noch einmal wöchentlich die Strecke befliegt. Bei allen Gesellschaften muß man 20 US $ für einen einfachen Flug sowie 40 US $ für einen Hin- und Rückflug bezahlen, für Kinder unter 13 Jahren aber nur die Hälfte.

BUS

Auf Trinidad werden zwei Arten von öffentlichen Bussen eingesetzt. Davon sind die normalen blauen oder weißen Busse jedoch nicht sehr zuverlässig. Die Verbindungen mit ihnen sind morgens, wenn die Kinder damit zur Schule und die Berufstätigen in die Stadt fahren, am besten.

Die Schnellbusse dagegen sind relativ zuverlässig und bieten werktags gute Verbindungen zwischen den größten Orten auf der Insel. Diese klimatisierten Busse sind rot, schwarz oder weiß. Die Fahrkarten müssen, bevor man in einen solchen Bus einsteigt, an einem Kiosk oder in einem Laden in der Nähe der Haltestelle gekauft werden.

Von Port of Spain fahren Schnellbusse über die Landstraße nach San Fernando (5 TT $) sowie über die wichtigste Busstrecke nach Arima (3 TT $). Die Haltestelle befindet sich am Broadway in der Nähe von Kentucky Fried Chicken. Die Fahrkarten sind in der Bhaggan's Pharmacy in der Nähe erhältlich.

TAXI

Taxis, die von den Einheimischen „Touristentaxis" genannt werden, kann man am Flughafen, bei der Anlage für Kreuzfahrtschiffe sowie an Hotels besteigen. Taxameter sind in ihnen nicht vorhanden, aber die Fahrpreise sind staatlich festgesetzt. In den Hotels und im Fremdenverkehrsbüro am Flughafen sind Preislisten erhältlich. Danach sind für eine Taxifahrt von Port of Spain bis zum Maracas Beach 120 TT $ zu entrichten. Nach 21.00 Uhr gilt ein um 50 % höherer Tarif. Man kann ein Taxi in Port of Spain auch unter den Rufnummern 6 24 35 60 und 6 22 55 88 herbeirufen.

Streckentaxi: Die am häufigsten benutzten Verkehrsmittel innerhalb von Port of Spain sind die Streckentaxis, von denen man zwei Arten unterscheidet. Eine davon besteht aus Sammeltaxis, die auf einer bestimmten Strecke verkehren. Man bezahlt ca. 2 bis 3 TT $, um darin bis zu einem beliebigen Ziel an der Strecke mitzufahren.

Daneben gibt es noch die am häufigsten benutzten Maxi-Taxis, bei denen es sich um Kleintransporter handelt, die auf einer bestimmten Teilstrecke einer Busroute verkehren. Maxi-Taxis, die innerhalb von Port of Spain verkehren, sind an gelben Streifen zu erkennen, während sie an der Ostküste mit roten Streifen, an der Südküste mit grünen Streifen und im Raum San Fernando mit braunen

Streifen gekennzeichnet sind. Die Preise richten sich nach der Entfernung. Für eine Fahrt von der Stadtmitte von Port of Spain bis nach Maraval zahlt man 1,50 TT $ und nach Chaguaramas 3 TT $, nach Arima oder zur Maracas Bay ebenfalls, wobei die Verbindungen zu den letztgenannten Zielen nicht regelmäßig bestehen, und nach San Fernando 5 TT $. Wer zu einer Pension in Maraval möchte, die ein Stück von der Hauptstraße entfernt liegt, kann sich, wenn er den doppelten Preis bezahlt, im allgemeinen bis zur Tür bringen lassen.

In Port of Spain fahren viele Streckentaxis beim Independence Square ab. Die Streckentaxis nach Maraval halten an der Ecke der Duke Street und der Henry Street. Wer in Richtung Osten fahren möchte, muß zur Ecke des Independence Square South und der Charlotte Street gehen. Die Taxis nach St. Ann's (Hotel Normandie, Alicia's House) beginnen ihre Fahrt an der Südseite des Woodford Square, die zur Westseite der Stadt an der Ecke der Park Street und der St. Vincent Street.

Außerhalb der Stadt kann man Streckentaxis an der Straße anhalten. Alle Taxis, auch die Streckentaxis, sind am Buchstaben H auf den Nummernschildern erkennen.

AUTO UND MOTORRAD

Verkehrsregeln: Auf Trinidad und Tobago wird an der linken Seite gefahren. Nationale Führerscheine aus den USA, Kanada, Großbritannien, Frankreich und Deutschland sowie internationale Führerscheine gelten auf Trinidad und Tobago bei Aufenthalten von bis zu drei Monaten. Alle Tankstellen gehören der National (NP), einer staatlichen Organisation. Benzin wird auf ganz Trinidad und Tobago zum Festpreis von 1,96 TT $ pro Liter verkauft.

Mietwagen: Auf Trinidad ist eine Reihe von kleinen Autovermietungen vertreten. Die Mietpreise sind im allgemeinen hoch und liegen bei ca. 70 US $ pro Tag einschließlich Versicherung und unbegrenzter Kilometerzahl. Wer sich an ein Unternehmen wendet, das nicht am Flughafen vertreten ist, muß mit recht unregelmäßigen Öffnungszeiten auch an Werktagen rechnen.

AR Auto Rentals, ein Autovermieter, der am Flughafen (Tel. 6 69 22 77) und im Komplex für die Kreuzfahrtschiffe (Tel. 6 24 86 87) vertreten ist, bietet relativ günstige Tarife an, die bei ca. 50 US $ pro Tag mit Versicherung beginnen. Für eine Woche braucht man nur den Preis für sechs Tage zu bezahlen.

Ebenfalls Büros am Flughafen unterhalten Singh's Auto Rentals (Tel. 6 64 54 17), Kalloo's Auto Rentals (Tel. 6 69 56 73) und Himarj Taxi and Rental Services (Tel. 6 69 82 94).

TRAMPEN

Auch Inselbewohner fahren häufiger per Anhalter, insbesondere Kinder, die auf diese Weise ihren Schulweg zurücklegen, und Arbeitnehmer, die abends versuchen, durch Trampen nach Hause zu gelangen. Es ist jedoch für Touristen keine sichere Art zu reisen.

Beim Mitnehmen von Trampern sollten Sie sich bewußt sein, daß junge Männer in der Nähe von touristischen Zielen häufig trampen, um im Auto ihre Dienste als Führer anbieten zu können.

SCHIFF

Täglich verkehren Fähren zwischen Port of Spain auf Trinidad und Scarborough auf Tobago. Die Überfahrt dauert ca. fünf Stunden und kostet pro Strecke 30 TT $, für Kinder von drei bis zwölf Jahren die Hälfte und für Kinder unter drei Jahren gar nichts. Für eine Kabine zahlt man 80 TT $.

Die Abfahrtszeiten wechseln. Aktuelle Informationen darüber können Sie in den Hafenverwaltungen (Port Authority) auf Trinidad (Tel. 6 25 30 55) und auf Tobago (Tel. 6 39 24 17) erhalten.

AUSFLUGSFAHRTEN

Ausflüge auf den beiden Inseln kann man mit einzelnen Taxifahrern vereinbaren. Für eine ganztägige Inselrundfahrt zahlt man dann im allgemeinen 160 US $. Vielleicht gelingt es Ihnen aber, den Preis um 25 % herunterzuhandeln.

Trinidad & Tobago Sightseeing Tours in der Western Main Road 12 in St. James in Port of Spain (Tel. 6 28 10 51) bietet eine siebenstündige Inselrundfahrt, eine 5½stündige Tour an die Nordwestküste sowie zum Naturschutzgebiet Asa Wright und eine 5½stündige Fahrt zum Asphaltsee sowie zum Wildvögelschutzgebiet Pointe-à-Pierre an. Der Preis beträgt jeweils 45 US $ pro Person. Weitere Veranstalter von Ausflugsfahrten in Port of Spain sind Legacy Tours in der Wrightson Road 7 (Tel. 6 23 01 50), The Travel Centre in der Edward Street 44 (Tel. 6 23 50 96) und Travel Trinidad & Tobago Independence Square 69 (Tel. 6 25 22 01).

PORT OF SPAIN

Port of Spain, die Hauptstadt des Landes und das Wirtschaftszentrum, ist eine geschäftige Metropole und ein Verkehrsknotenpunkt mit ca. 300 000 Einwohnern. Es ist jedoch keine Stadt für Touristen, denn die Handvoll vorhandener Hotels hat sich auf Geschäftsreisende eingestellt, und viele Sehenswürdigkeiten lassen sich ebenfalls nicht besichtigen.

Im Zentrum findet man eine Mischung aus modernen Bürogebäuden, alten Hütten mit Wellblech und Bauten aus dem 19. Jahrhundert im Kolonialstil, von denen einige einen Blick wert sind, man aber nur wenige wirklich gesehen haben muß.

Das Südende der Frederick Street ist das wichtigste Geschäftsviertel, voller Leben und Gedränge mit labyrinthartigen Fußgängerarkaden und klimatisierten Einkaufszentren. An der Straße bieten Händler zwischen den Polizeipatrouillen Obst und Schmuck an. Das Viertel zieht sich bis zum Independence Square, allerdings nicht über den ganzen Platz, aber ungefähr über zwei Straßen, die an den großen Parkplatz grenzen. Am Independence Square halten die Streckentaxis. Hier findet man auch Reisebüros, Banken und preiswerte Imbißlokale sowie Restaurants. Wer tagsüber durch Port of Spain wandert, wird wahrscheinlich von Bettlern angesprochen werden, von denen einige bewegende Geschichten zu erzählen haben. Im übrigen ist es abends und nachts nicht sicher, in manchen Gegenden spazierenzugehen. Trotz allem ist Port of Spain keine unfreundliche Stadt und kann ganz interessant sein, sie ein wenig zu erkunden.

Viele Besucher der Hauptstadt suchen sich ein Zimmer im ruhigeren Norden von Port of Spain, wo sich die meisten Hotels angesiedelt haben, oder in Maraval, einem recht hübschen Vorort einige Kilometer weiter nördlich, wo man in einigen Pensionen übernachten kann.

PRAKTISCHE HINWEISE

Informationen: Das Fremdenverkehrsbüro in der Frederick Street 134 ist montags bis freitags von 8.00 bis 16.00 Uhr geöffnet.

Geld: Die Citibank am Independence Square North nimmt Reiseschecks gebührenfrei an und ist montags bis donnerstags von 9.00 bis 14.00 Uhr sowie freitags von 9.00 bis 12.00 Uhr und von 15.00 bis 17.00 Uhr geöffnet. Die Bank of Commerce ganz in der Nähe der Citibank ist ab 8.00 Uhr zugänglich. Weitere Banken gibt es in der Frederick Street und der Park Street.

Post: Das Hauptpostamt in der Wrightson Road gegenüber vom Holiday Inn ist montags bis freitags von 7.00 bis 17.00 Uhr geöffnet. Postlagernde Sendungen können am Schalter mit der Aufschrift „Enquiry" zwischen 8.00 und 16.00 Uhr abgeholt werden.

Wäschereien: Im Shoppes of Maraval in der Saddle Road in Maraval gibt es eine Wäscherei, bei der man für das Waschen und Trocknen einer Ladung Wäsche 5 US $ bezahlen muß.

Buchhandlungen: Landkarten und Bücher über die Region sind bei Trinidad Book World (RIK Services) in der Queen Street 73 und bei Metropolitan Book Suppliers

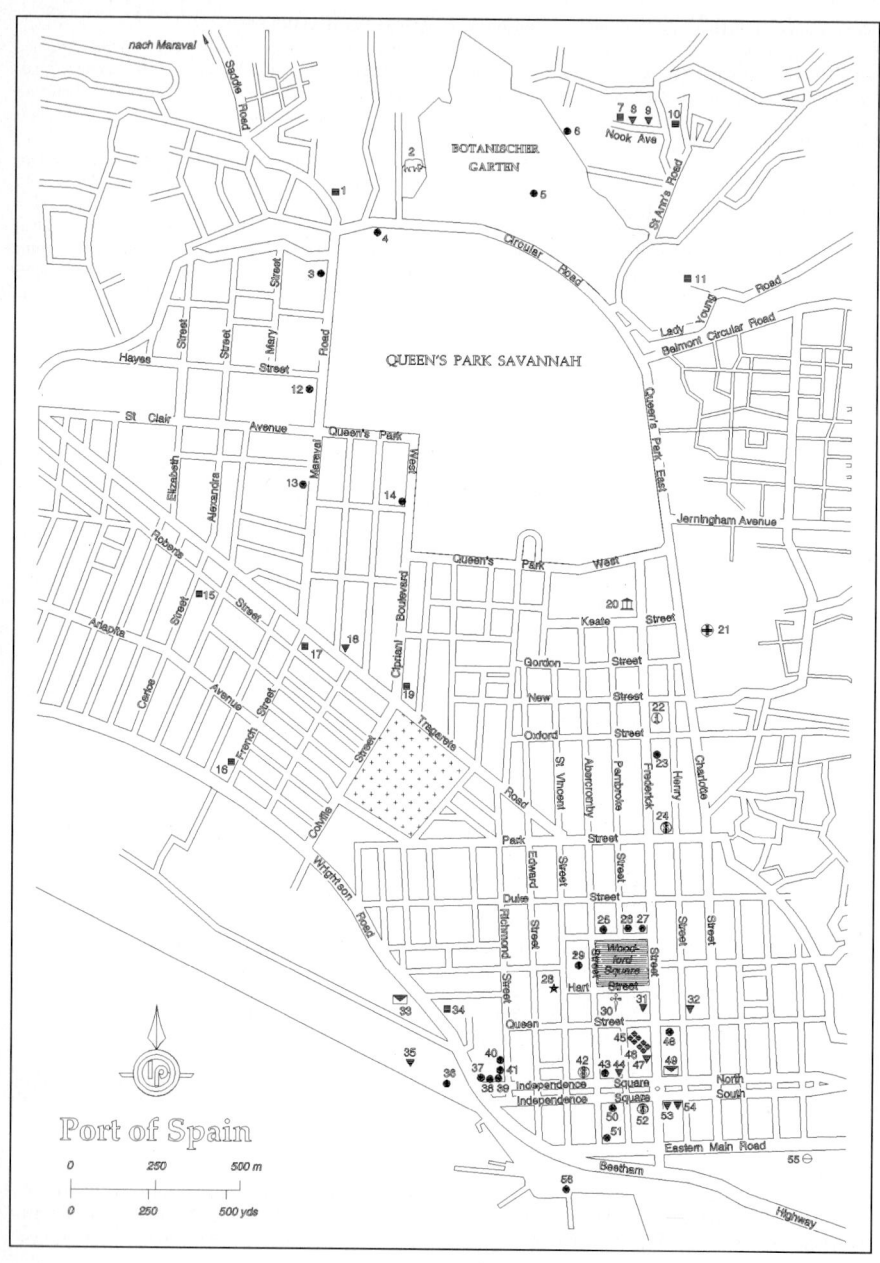

Port of Spain

Unterkünfte
1 Hotel Kapok
7 Hotel Normandie
10 Alicia's House
11 Hilton Trinidad
15 Kestours Sports Villa
16 Five Star Guest House
17 La Calypso
19 YWCA
34 Holiday Inn

Restaurants
1 Tiki Village und Café Savanna
8 La Fantasie
9 Solimar
11 Restaurant Terrace Garden und La Boucan
18 Monsoon
31 Pizza Boys und Burger Boys
32 Kentucky Fried Chicken
34 Restaurant Garden und La Ronde
35 Breakfast Shed
44 Vie de France
47 Dairy Bar
53 Kentucky Fried Chicken
54 Mario's Pizzeria

Sonstiges
2 Emperor Valley Zoo
3 White Hall
4 Rock Gardens
5 Residenz des Präsidenten
6 Residenz des Premierministers
12 Queen's Royal Cottage
13 Französische Botschaft
14 Botschaft der USA
20 Nationalmuseum und Kunstgalerie
21 Krankenhaus
22 Fremdenverkehrsamt
23 LIAT
24 Banken
25 Justizgebäude
26 Bibliothek
27 Rathaus
28 Polizeipräsidium
29 Red House (Parlament)
30 Holy Trinity Cathedral
33 Hauptpostamt
36 Komplex für Kreuzfahrtschiffe
37 Air Canada
38 British Airways
39 Britisches Hochkommissariat
40 KLM
41 Constellation Tours
42 Citibank
43 Supermarkt
45 Town Centre Mall
46 Colsort Mall
48 Trinidad Book World
49 Zweigpostamt
50 American Airlines
51 Kanadische Botschaft
52 Banken
55 Busbahnhof South Quai

oben in der Colsort Mall in der Frederick Street erhältlich.

Reisebüros: Wer ein Reisebüro in Anspruch nehmen will, kann sich an Constellation Tours in der Richmond Street 1 (Tel. 6 23 92 69) wenden. Hier ist man hilfsbereit und hat aktuelle Informationen über die jüngsten Sonderangebote und Flugpreise zum Ausflugstarif zu den Nachbarinseln zur Hand.

SEHENSWÜRDIGKEITEN
Nationalmuseum und Kunstgalerie: Das Nationalmuseum und die Kunstgalerie sind in einem klassischen Gebäude aus der Kolonialzeit an der Ecke der Frederick Street und der Keate Street untergebracht. Dort sind Gesteine, Fossilien und Muscheln, Dokumente über die Landwirtschaft in der Kolonialzeit sowie die Ölförderung, Karnevalskostüme und Gemälde des Malers Michel Jean Cazabon ausgestellt, der im 19. Jahrhundert lebte und aus Trinidad stammt. Die Art, wie die Ausstellungsstücke präsentiert werden, ist nicht sehr

glücklich, aber dafür ist der Eintritt frei. Das Museum ist dienstags bis samstags von 10.00 bis 18.00 Uhr geöffnet. An der Tür werden Taschen kontrolliert.

Woodford Square: Der Woodford Square ist ein öffentlicher Park mit Bänken, Tauben und Gospelpredigern, der von relativ vielen Leuten bevölkert wird. Um den Park herum stehen einige interessante Gebäude, darunter auch das Red House, das beeindruckende rote Parlamentsgebäude, das 1906 im Stil der Renaissance erbaut wurde, das zeitgenössische Justizgebäude aus Stahl und Beton sowie die alte Bibliothek. Hinter dem Red House ist noch das Gerippe des Polizeipräsidiums zu sehen, das bei dem Putschversuch von 1990 niedergebrannt wurde. Eine kleine Ecke am Ende der Hart Street wird von der Polizei noch immer genutzt.

Holy Trinity Cathedral: Die majestätisch wirkende anglikanische Kathedrale der Heilgen Dreifaltigkeit an der Südseite des Woodford Square stammt aus dem Jahre 1818, bietet 1200 Gläubigen Platz und wurde im gotischen

Stil erbaut. Ihre eindrucksvolle Decke wird von einem komplizierten System aus Mahagonipfeilern getragen, die ihr Vorbild in der Londoner Westminster Hall haben sollen. Die Buntglasfenster können geöffnet werden, um frische Luft hereinzulassen. Ein Denkmal aus Marmor erinnert an Sir Ralph Woodford, den britischen Gouverneur, auf den der Bau der Kirche zurückgeht.

Queen's Park Savannah: Der Queen's Park Savannah, einst Teil einer Zuckerrohrplantage, ist heute ein öffentlicher Park mit einer Rennbahn. Der Park selbst, bei dem es sich im großen und ganzen um eine riesige Wiese handelt, ist nicht besonders interessant, aber es gibt einiges in seiner Umgebung, was man sich ansehen kann. In der Nordwestecke des Parks befindet sich ein kleiner Steingarten mit einem nicht sehr großen Teich und Sitzbänken. Die Straße, die sich um den Park zieht, ist nur in einer Richtung als Einbahnstraße befahrbar (im Uhrzeigersinn).

Magnificent Seven: An der Westseite des Queen's Park Savannah stehen die Magnificent Seven, die „Sieben Großartigen", eine Reihe von sieben schönen Bauten aus der Zeit der Jahrhundertwende. Von Süden nach Norden handelt es sich um das Queen's Royal Cottage (Landhaus der Königin) im Stil der deutschen Renaissance, den Hayes Court, die Residenz des anglikanischen Bischofs, zwei Privathäuser, die Residenz des katholischen Erzbischofs, die staatliche White Hall, das Büro des Premierministers, sowie Stollmeyer's Castle, das einem schottischen Schloß nachempfunden wurde und sogar Türmchen aufweist.

Zoo Emperor Valley: Gleich nördlich des Queen's Park Savannah kommt man zum Zoo Emperor Valley, in dem Tiere der Gegend zu sehen sind, darunter Ozelots, Affen, Scharlachrote Ibisse, Rotwild und mehrere Schlangenarten sowie einige wenige große Exoten wie Tiger und Löwen. Der Park ist täglich von 9.30 bis 17.30 Uhr geöffnet. Der Eintritt beträgt für Erwachsene 3 TT $ und für Kinder von 3 bis 12 Jahren 1,50 TT $.

Botanischer Garten: Östlich des Zoos liegt der Botanische Garten aus dem Jahre 1820 mit großen Bäumen und ganz hübschen Spazierwegen (nach Anbruch der Dunkelheit nicht sicher). Das Präsidentenhaus, eine Villa, die 1875 erbaut wurde und ursprünglich als Residenz des Gouverneur diente, grenzt an den Garten und wird heute als Residenz des Premierministers genutzt.

Blick über die Stadt: Vom Hotel Hilton aus hat man einen recht guten Blick über die Stadt. Wer einen höheren Aussichtspunkt sucht, kann hinauf bis zu der früheren britischen Signalstation Fort George fahren, gelegen 4 km nordwestlich der Stadt am Ende der Fort George Road.

UNTERKUNFT
Einfache Unterkünfte in der Stadtmitte: Das YWCA am Cipriani Boulevard 8 (Tel. 6 27 63 88), einige Blocks südlich des Queen's Park Savannah, liegt zentral und hat einfache Doppelzimmer nur für Frauen zum Preis von 15 US $ pro Person zu bieten.

In der Kestours Sports Villa in der Carlos Street 58 (Tel. 6 28 40 28, Fax 6 28 37 92) hat man sich auf Kricket- und Fahrradmannschaften eingestellt. Das Haus ist jedoch, wenn Platz vorhanden ist, auch für Einzelreisende offen. Man ist hier freundlich, allerdings erinnert die Atmosphäre mit einer Gemeinschaftsküche und einem großen Aufenthaltsraum mit Fernsehgerät ein wenig an eine Jugendherberge. Die zehn Zimmer sind einfach, aber klimatisiert und mit eigenem Bad ausgestattet. Für eine Übernachtung muß man hier allein 17 US $ und zu zweit 30 US $ bezahlen. Damit bietet die Sports Villa das beste Preis-Leistungsverhältnis bei den Pensionen in der Stadtmitte.

Im La Calypso in der French Street 46 (Tel. 6 22 40 77) werden 12 Zimmer vermietet, von denen einige wenige klimatisiert sind. Sie sind klein und abgewohnt. Hinzu kommt, daß die Mitarbeiter im Haus ziemlich gleichgültig sind. Bei diesen Gegebenheiten werden mit Badbenutzung für ein Einzelzimmer 18 US $ und für ein Doppelzimmer 26 US $ berechnet, mit eigenem Bad 20 bzw. 38 US $.

Im Five Star Guest House in der French Street 7 (Tel. und Fax 6 23 40 06) stehen 16 einfache, aber saubere Zimmer mit Waschbecken zur Verfügung. Die Bäder liegen außerhalb der Zimmer und gehen von der Eingangshalle ab. Hier kosten ein Einzelzimmer 20 US $ und ein Doppelzimmer 30 US $. Vermietet wird zudem noch eine Reihe von Zimmern mit Klimaanlage, Fernsehgerät und eigenem Bad als Einzelzimmer für 40 US $ und als Doppelzimmer für 50 US $, die man jedoch nicht mit den Zimmern für den gleichen Preis in den Pensionen im Norden der Stadt vergleichen kann.

Bei Alicia's House in den Colentz Gardens 7 (Tel. 6 23 28 02, Fax 6 23 85 60) handelt es sich um eine neue Pension mit 14 Zimmern in einem Wohnviertel nördlich vom Hilton und ca. zehn Minuten zu Fuß vom Queen's Park Savannah entfernt. Die Zimmer sind mit Deckenventilatoren, Klimaanlage, Telefon, Fernsehgerät und eigenem Bad mit Badewanne ausgestattet. Zur Anlage gehören auch ein Swimming Pool und ein Jacuzzi nach hinten. Alles in allem ist es ein ruhiges Haus, wenn auch nicht so persönlich wie die kleinen Pensionen im Familienbetrieb. Die Preise beginnen bei 25 US $ für ein Einzelzimmer und 40 US $ für ein Doppelzimmer, zu denen noch 5 US $ pro Person hinzukommen, wenn man auch Frühstück wünscht.

Luxushotels in der Stadtmitte: Das Hotel Kapok am Cotton Hill 16 (Tel. 6 22 64 41, Fax 6 22 96 77), ein Hotel vor allem für Geschäftsleute, liegt am südlichen Ende der Saddle Road. Die 71 Zimmer sind mit Rattanmöbeln hübsch möbliert und mit Fernsehgerät für den Empfang von Satellitenprogrammen, Telefon und Klimaanlage ausgestattet. Für ein Zimmer mit oder ohne Küchenzeile werden hier von Alleinreisenden 67 US $ und von Paaren 79 US $ verlangt. Zum Hotel gehören auch ein Swimming Pool, ein Restaurant, ein Parkplatz und ein Computerraum. Im Hotel Normandie in der Nook Avenue 10 (Tel. 6 24 18 11), einem Haus mit 54 Zimmern, wohnt man angenehm im Stil der alten Zeit. Die Zimmer sind hübsch, wenn auch ein wenig teuer, und liegen überwiegend zu einem Hof mit Schwimmbad hin. Zur Ausstattung der Standardzimmer gehören Klimaanlage und Telefon, während die teureren Zimmern auch noch ein Fernsehgerät und etwas mehr Platz bieten. Für eine Übernachtung in einem der Standardzimmer muß man allein 60 US $ und zu zweit 70 US $, für eines der besseren Zimmer 70 bzw. 80 US $ und für eines der besten Zimmer oben 85 bzw. 95 US $ bezahlen.

Das vor kurzem renovierte Holiday Inn in der Wrightson Road (Tel. 6 25 33 66, Fax 6 25 41 66) liegt zentral in der Stadtmitte gegenüber vom Komplex für die Kreuzfahrtschiffe. Übernachten kann man hier in 235 großen, modernen Zimmern mit Balkon und den üblichen Annehmlichkeiten wie auch einem Kabelfernsehgerät mit Filmkanal. Vorhanden sind ferner ein Swimming Pool, ein Fitness-Raum, einige Restaurants sowie ein Parkplatz. Gelegentlich werden Sonderangebote offeriert, nach denen man sich vor Ort erkundigen muß. Dann zahlt man für ein Doppelzimmer 79 US $. Sonst kosten die Standardzimmer, in denen man entweder ein großes Doppelbett oder zwei Einzelbetten vorfindet, 95 US $.

Das Hilton Trinidad in der Lady Young Road (Tel. 6 24 32 11, Fax 6 24 44 85, PO Box 422) ist Trinidads größtes und luxuriösestes Hotel. Es ist am Hang gelegen und ermöglicht einen weiten Blick über den Queen's Park Savannah. Das Hotel ist ein aufwendiges Bauwerk mit viel Glas, einem riesigen Swimming Pool und einer Reihe von Restaurants. Die Zimmer sind groß sowie modern und besitzen überwiegend auch einen Balkon mit herrlichen Ausblicken. Die Übernachtungspreise beginnen für ein Einzelzimmer bei 135 US $ und für ein Doppelzimmer bei 150 US $.

Wer ganz in der Nähe des Flughafens übernachten möchte, kann eines der 58 Zimmer im Hotel Bel Air International Airport (Tel. 6 64 47 71, Fax 6 64 47 71) beziehen, das einen halben Kilometer vom Flughafen entfernt liegt. Die Zimmer sind einfach und nicht sehr ansprechend, aber klimatisiert, mit Telefon und zwei Einzelbetten sowie eigenem Bad ausgestattet. Geboten werden hier auch ein Restaurant, ein Swimming Pool sowie ein kostenloser Transfer vom Flughafen und dorthin. Die Preise für eine Übernachtung in einem Einzelzimmer beginnen bei 55 US $ und in einem Doppelzimmer bei 68 US $.

Maraval: In Monique's Guest House in der Saddle Road 114 in Maraval (Tel. 6 28 33 34, Tel 6 22 32 32) werden elf große, schöne Zimmer mit entweder zwei Einzel- oder zwei Doppelbetten, eigenem Bad, Klimaanlage sowie Telefon und Radio angeboten, die als Einzelzimmer für 40 US $, als Doppelzimmer für 45 US $ und als Dreibettzimmer 50 US $ kosten. Während des Karnevals gilt ein Tarif für fünf Tage von 450 US $ für eine oder zwei Personen in einem Zimmer. In einem Zimmer stehen auch verschiedene Einrichtungen für Körperbehinderte zur Verfügung. Zum Haus gehören daneben ein Fernseh- und ein Speiseraum. Diese moderne Pension liegt direkt an der Saddle Road, und zwar 3 km nördlich vom Queen's Park Savannah.

Das Carnetta's House in der Scotland Terrace 28 in Maraval (Tel. 6 28 27 32, Fax 6 28 77 17) besteht aus fünf komfortablen Zimmern im Haus von Winston und Carnetta Borrell. Die oberen Räume sind am größten, auch wenn alle Zimmer ausreichend bemessen, sehr sauber und mit eigenem Bad, Klimaanlage sowie Telefon ausgestattet sind. Allein muß man hier für eine Übernachtung 40 US $ und zu zweit 45 US $ bezahlen, für ein Zimmer mit Küchenzeile 10 US $ mehr. Die Pension liegt in einem ruhigen Viertel ein wenig abseits der Saddle Road nicht weit vom Monique's entfernt. Man kann hier auch frühstücken (5 US $) und preiswerte Sandwiches sowie kalte Getränke erhalten. Winston, ein Reservekommandeur der Streitkräfte und früher Direktor des Fremdenverkehrsamtes, hilft Gästen gern bei der Planung ihrer Aufenthaltstage.

Das Hotel Tropical, ein Haus mit 16 Zimmern in der Rookery Nook 6 in Maraval (Tel. 6 22 58 15, Fax 6 28 31 74), ist ein schönes Steinhaus im Kolonialstil in einer besseren Wohngegend und liegt einen Kilometer nördlich des Savannah. Die Zimmer sind schlicht, aber groß und mit eigenem Bad, Klimaanlage sowie Telefon ausreichend ausgestattet. Als Einzelperson zahlt man hier für eine Übernachtung 40 US $ und zu zweit 50 US $. Allerdings gilt eine Mindestaufenthaltsdauer von drei Tagen. Zum Hotel gehören auch ein Swimming Pool und ein Restaurant. Außerdem sind vom Hotel aus zu Fuß mehrere andere Restaurants zu erreichen.

Das Hotel Royal Palm Suite in der Saddle Road 7 in Maraval (Tel. 6 28 60 42) liegt mit seinen 68 Unterkünften an der Rückseite eines Einkaufszentrums und einen halben Kilometer nördlich von Kentucky Fried Chicken. Es ist ein modernes, wenn auch ein wenig unpersönliches Haus mit großen, dem üblichen Standard entsprechenden Zimmern und zwei mittelgroßen Doppelbett, einer Küche sowie einem Eßbereich für 75 US $ als Einzelzimmer und 82 US $ als Doppelzimmer. Vorhanden sind zudem einige Zimmer ohne Küche, in denen man allein für 65 US $ und zu zweit für 72 US $ übernachten kann. Anders als bei den meisten der übrigen Hotels gelten in diesem Haus zur Karnevalszeit dieselben Preise.

511

TRINIDAD UND TOBAGO

ESSEN

Preiswerte Verpflegungsmöglichkeiten: Kleintransporter, die bis oben mit gekühlten Kokosnüssen zum Trinken der Milch (2 TT $) beladen sind, stehen an der Straße, die um den Queen's Park Savannah führt, sowie in der Nähe vom Südende der Frederick Street. Am Independence Square North findet man zudem einen Supermarkt.

Wer westliche Schnellimbisse mag, dem stehen einige Filialen von Kentucky Fried Chicken im Süden der Stadt zur Auswahl, eines an der Henry Street und ein zweites zwei Blocks weiter südwestlich am Independence Square. Bei Vie de France, einer Bäckerei am Independence Square, bekommt man gute Rotis zum Mitnehmen (4 bis 8 TT $), Pasteten mit Fisch und Backwaren. Es gibt noch einige vergleichbare Bäckereien in der Stadt, darunter eine im selben Block.

In der Town Centre Mall in der Frederick Street 20 findet man im 2. Stock einen sauberen Innenhof mit ca. einem Dutzend Fast-Food-Ständen und einem Bereich in der Mitte zum Essen. Das D'Bocas ist recht beliebt wegen seiner Salate und der einheimischen Küche, und im Lisa's Indian Cuisine sind gute indische Rotis erhältlich. Daneben lassen sich chinesische Gerichte sowie kreolische Tacos und Burger verspeisen. Man kann hier problemlos für weniger als 15 TT $ herzhaft essen. Der Hof ist montags bis freitags von 7.00 bis 18.00 Uhr geöffnet und wird samstags um 16.00 Uhr geschlossen. Im Untergeschoß der nahegelegenen Colsort Mall bestehen ebenfalls einige einfache und preiswerte Möglichkeiten, etwas zu essen. In der Frederick Street 27 finden Sie Pizza Boys und daneben Burger Boys mit Burgern und Pizza zu vernünftigen Preisen, Fish & Chips sowie vegetarischen Sandwiches. Die Preise für die Pizzen liegen zwischen 9 TT $ für eine kleine Käsepizza und 31 TT $ für eine große Pizza mit zwei Arten von Belag.

In der Dairy Bar, ebenfalls in der Frederick Street, bekommt man gefrorenen Joghurt von Colombo (5 TT $), Eiscreme, Salate und Sandwiches.

Im Restaurant Shingho in der Long Circular Mall an der Westseite der Stadt wird in einer nicht gerade armen Gegend gut chinesisch gekocht. Man kann hier die üblichen chinesischen Fisch-, Rindfleisch- und Hähnchengerichte für 15 bis 25 TT $ verzehren. Mittwochs am Abend besteht die Möglichkeit, sich an einem chinesischen Buffet für 60 TT $ zu bedienen. Das Restaurant ist täglich von 11.00 bis 23.00 Uhr geöffnet.

Ebenfalls in der Long Circular Mall befindet sich Mario's Pizzeria, ein nettes Restaurant einer auf ganz Trinidad verbreiteten Kette mit guten, nicht zu teuren Pizzen.

Mehrere Restaurants in Port of Spain, darunter Mario's, Pizza Boys und Kentucky Fried Chicken, bringen ihr Essen auch in die Pension oder das Hotel.

Das Breakfast Shed, ein Schuppen im wahrsten Sinne des Wortes an der Westseite des Komplexes für die Kreuzfahrtschiffe, ist ein gutes Ziel, um Einheimische zu treffen. Für ein großzügig bemessenes Gericht aus der Küche von Trinidad mit Fisch, Dasheen (Taro), Plantanen und Reis, das zwischen 10.30 und 15.00 Uhr serviert wird, zahlt man 15 TT $. Am besten ist es, man kommt vor 14.00 Uhr dort an, weil manchmal schon früh alles ausverkauft ist. Man kann hier zudem ab 6.00 Uhr ein Frühstück mit Fisch für 10 TT $ bekommen. Sonntags ist allerdings Ruhetag.

Ebenfalls im Komplex für die Kreuzfahrtschiffe liegt das Coconut Village, ein Lokal, um draußen zu sitzen, in dem die Schiffsbesatzungen gern einkehren, um etwas zu trinken. Zwischen 11.00 und 14.00 Uhr wird hier ein mit 15 TT $ nicht zu teures gutes Tagesgericht serviert.

Solide und preiswert ißt man auch im Monsoon an der Ecke der Tragerete Road und der Picton Street, einem Restaurant mit indischer Küche von Warmhaltetabletts, wobei jedoch darauf geachtet wird, daß insbesondere mittags das Essen immer frisch ist. Das beliebteste Gericht ist eine Auswahl aus drei Gemüsesorten und Kartoffel-Curry, Garnelen oder Hähnchen, entweder in ein Roti aus Dhal gewickelt oder auf einem Teller mit Reis serviert für 16 TT $. Trinken sollte man dazu ein hausgemachtes Getränk aus Sauerampfer. Das Essen ist recht gut und auch der Speiseraum nicht häßlich. Man kann sich die Gerichte aber auch mitnehmen. Das Restaurant ist montags bis sonntags von 11.00 bis 22.00 Uhr geöffnet.

Teure Restaurants: Im Tiki Village im obersten Stockwerk des Hotels Kapok hat man einen herrlichen Blick über die Stadt und kann dort montags bis donnerstags für 32 TT $ sowie freitags für 40 TT $ mittags am Buffet teilnehmen. Abends finden sich auf der Speisekarte mehrere chinesische Gerichte mit Fisch und Fleischspeisen für 30 bis 40 TT $ sowie eine Reihe von Platten mit verschiedenen Zutaten in derselben Preisklasse. Auch wenn das Restaurant beliebt ist, kann das Essen nur als eher durchschnittlich bezeichnet werden. An den Wochenenden wird hier mittags ein Menü mit Dim Sum angeboten.

Ebenfalls im Hotel Kapok befindet sich das Café Savanna mit guter Callaloo-Suppe, Sandwiches mit Salat und Pommes Frites für ca. 25 TT $ auf der Mittagskarte und dem üblichen Angebot an Fisch- und Fleischgerichten am Abend, die hier zwischen 40 und 70 TT $ kosten.

Im La Fantasie neben dem Hotel Normandie wird „nouvelle (cuisine) Creole" angeboten. Man sitzt hier im leuchtend gestrichenen Speiseraum oder draußen auf der Terrasse. Werktags werden ein Mittagessen für Geschäftsleute von Suppe bis Dessert für 39 TT $, aber auch Sandwiches, Pasta-Gerichte und Salate angeboten, die nicht zu teuer sind. Abends können Sie à la carte bestellen und Vorspeisen wie Callaloo-Suppe oder Krebsrücken, die zwischen 8 und 15 TT $ kosten, und einer Reihe von Hauptgängen mit Fleisch oder Fisch für 40 bis 80 TT $ wählen. Das

Restaurant ist von 12.00 bis 14.00 Uhr und von 18.00 bis 21.45 Uhr geöffnet.

Das Solimar in der Nook Avenue 6 (Tel. 6 24 62 67), gelegen in der Nähe des Hotels Normandie, ist ein interessantes Restaurant, das von dem Engländer Joe Brown geführt wird, dem vielgereisten früheren Chefkoch der Hilton-Kette. Geboten wird eine wechselnde Speisekarte mit internationalen Gerichten, die zwischen 50 und 100 TT $ kosten, wobei koreanische, indische, hawaiianische oder italienische Gerichte vertreten sein können. Daneben stehen Meeresfrüchte-Pasta und orientalische Nudelgerichte zur Wahl, die mit Salat gereicht werden und weniger als 40 TT $ kosten. In diesem Restaurant läßt sich dienstags bis samstags ab 18.30 Uhr essen.

Im Restaurant Garden vom Holiday Inn zahlt man für einen großen Chefsalat mit frischem Gemüse und großen Hähnchenstückchen, Schinken sowie Käse 28 TT $. Auf der vielfältigen Speisekarte stehen zudem Fisch vom Tag und Grillhähnchen mit Salat und Pommes Frites für 40 TT $. Sonntags am Abend kann man an einem Buffet mit Filet Mignon, Shish Kebab, gegrilltem Fisch, verschiedenen Salaten, frischem Obst und einem Tisch mit Nachspeisen für 94 TT $ teilnehmen. Zum Holiday Inn gehört auch ein sich drehendes Restaurant im obersten Stock, das La Ronde, in dem Gerichte der gehobenen französischen und westindischen Küche bei einem Blick von 360 ° über die Stadt serviert werden.

Im Restaurant Terrace Garden vom Hilton Trinidad kann man sich von einem ganz ordentlichen, wenn auch nicht besonders interessanten Frühstücksbuffet mit Obst, Muffins, Croissants, Omelette usw. für 42 TT $ bedienen. Eine bessere Wahl trifft man werktags mit dem Mittagsbuffet im Hotel La Boucan für 61 TT $, das ebenfalls einen schönen Blick bietet.

Restaurants in Maraval: Im Chaconia Inn in der Saddle Road 106, gelegen in Fußwegentfernung von Monique's Guest House und Carnetta's House, kann man täglich von 6.00 bis 23.30 Uhr essen. Die Bar ist sogar bis 2.00 Uhr morgens geöffnet. Für ein Sandwich zahlt man hier zwischen 10 und 20 TT $.

Im Michael's in der Long Circular Road 143 (Tel. 6 28 04 45) wird gutes italienisches Essen in recht eleganter Umgebung mit Dielenfußboden und Stühlen mit hohen Lehnen serviert. Unter den Vorspeisen befinden sich zahlreiche Standardgerichte wie Minestrone, Cäsar-Salat und marinierte Muscheln. Für ein Pasta-Gericht als Hauptgang zahlt man um die 40 TT $, während Hähnchen, Garnelen, Filet Mignon und Hummer zwischen 45 und 95 TT $ kosten. In diesem Restaurant läßt sich montags bis samstags von 18.00 bis 22.30 Uhr essen.

WEITERE ORTE AUF TRINIDAD

MARACAS BAY

Die Maracas Bay, der beliebteste Strand von Trinidad, eignet sich für einen Ausflug von Port of Spain aus. Hier ist nicht nur der Strand recht ansprechend, sondern zudem hat man bereits während der sehr schönen Anfahrt, die von der Hauptstadt nur 40 Minuten in Anspruch nimmt, häufig herrliche Ausblicke.

Die North Coast Road, die nördlich von Maraval beginnt, zieht sich über die Berge durch leuchtend grünen tropischen Wald mit hohen Bäumen, Farnen und Bambus. Wenn man die Nordküste erreicht, bietet sich ein großartiger Blick über die Klippen, bevor man zur Küste hinunterfährt.

An der Maracas Bay erstrecken sich ein breiter Sandstrand mit einem kleinen Fischerort an der einen Seite und im Hintergrund dicht bewachsene Berge. Das Wasser kann hier im Sommer flach sein, aber sonst findet man im allgemeinen gute Wellen zum Bodysurfen vor. Am Strand befinden sich eine Lebensrettungsstation, Umkleidekabinen und klotzige Picknick-Unterstände. An den Wochenenden ist es hier recht voll, während man an den übrigen Tagen kaum eine Menschenseele trifft.

Die Tyrico Bay gleich östlich der Maracas Bay ist ruhiger und weniger erschlossen, aber auch sehr schmutzig. Bei Las Cuevas, 8 km östlich der Maracas Bay, handelt es sich um eine Bucht in der Form eines U mit Surfmöglichkeiten am Westende und ruhigerem Wasser in der Mitte. Hier gibt es einen schönen braunen Sandstrand und Umkleidekabinen.

Von Las Cuevas ist es möglich, weiter über die Berge nach Arima zu gelangen, jedoch nur auf einer langen, einsamen Straße. Man spart Zeit, wenn man zurück nach Port of Spain fährt und dort den Highway nach Arima nimmt.

ESSEN

Am Strand befindet sich ein Dutzend in leuchtenden Farben gestrichener Essenstände, an denen Shark & Bake verkauft wird. Am besten ist das Vilma, wo man *bake* (geröstetes Brot) und Shark für 5 TT $ bestellen kann. Aloo Pie (Kartoffel-Pie) und Limonaden kosten 2 TT $. Wer sich beim Essen setzen möchte, kann dies in Uncle Sam's Bar einige hundert Meter westlich des Strandes neben der Tankstelle.

CHAGUARAMAS

Chaguaramas am Nordwestende der Insel war während des Zweiten Weltkrieges der Sitz einer großen Militärstützpunktes der USA. Heute findet man hier einen kleinen Golfplatz und einige wenige, unbedeutendere Sehenswürdigkeiten. Es sind ca. 30 Minuten Fahrt mit einem Wagen von der Hauptstadt bis nach Chaguaramas.

Auf Gasper Grande, einer Insel an der Südseite der Chaguaramas Bay, gibt es einige Badestrände und eine Höhle mit Stalaktiten sowie Stalagmiten, die man täglich zwischen 9.00 und 15.00 Uhr besichtigen kann (5 TT $).

Am Anleger von Island Homeowners an der Westseite von Chaguaramas können Sie ein Boot für die Fahrt dorthin mieten, die um die 25 TT $ pro Person kosten wird.

ESSEN

Eine gute Wahl, um Meeresfrüchte und Fisch zu vernünftigen Preisen zu essen oder auch nur etwas zu trinken, ist das Anchorage in der Point Gaurde Road mit einer ganz angenehmen Atmosphäre und einer hübschen Lage am Meer.

MOUNT ST. BENEDICT

Am Hang nördlich von Tunapuna liegt ein Benediktinerkloster mit einem abgelegenen Gästehaus in herrlicher Umgebung im Wald.

Das Kloster selbst ist eigentlich keine Sehenswürdigkeit. Am interessantesten ist die Gegend für Leute, die im Gästehaus etwas essen oder dort übernachten wollen.

Über die dicht bewaldeten Berge hinter dem Kloster, die Habichten, Eulen und zahlreichen farbenprächtigen Waldvögeln wie auch einigen Affen einen Lebensraum bieten, führen einige Wege. Zu den beliebtesten Wanderwegen gehört der eine Stunde in Anspruch nehmende Weg zum Feuerturm, der bereits vom Kloster aus zu sehen ist.

Von Tunapuna aus erreichen Sie das Kloster, wenn Sie die St. John's Road nördlich vom Kilometerstein 3,3 von der Eastern Main Road aus nehmen. Tagsüber bestehen auch Busverbindungen zum Kloster. Die Busse fahren ungefähr alle 30 Minuten von der Ecke der Eastern Main Road und der St. John's Road ab.

UNTERKUNFT UND ESSEN

Das Mount St. Benedict (Pax) Guest House (Tel. 6 62 40 84, Fax 6 62 52 86, Tunapuna) ist ein altes Haus, das dem Kloster gehört, und ein angenehm ruhiges Quartier, das überwiegend von Vogelfreunden in Anspruch genommen wird. Zur Verfügung stehen hier 15 spartanische Zimmer mit Teakholzfußböden, zwei Einzelbetten, Waschbecken und wunderschönem Ausblick. Die Badezimmer müssen sich die Gäste teilen. Einschließlich Frühstück und Abendessen muß man pro Tag allein 50 US $ und zu zweit 100 US $ bezahlen. Da die Geschäftsleitung wechseln wird, ist es möglich, daß sich auch die Preise ändern. Vorhanden ist auch ein großer Aufenthaltsraum. Zudem hat man von diesem Haus einen wundervollen Blick über die unten liegende Caroni-Ebene.

Andere als Hausgäste können hier für 15 TT $ frühstücken und für 25 TT $ zu Mittag essen. Wenn das Haus nicht gerade stark frequentiert ist, kann man einfach vorbeikommen und ein Zimmer beziehen, aber offiziell soll man vorher anrufen und ein Quartier reservieren.

NATURSCHUTZGEBIET ASA WRIGHT

Das Naturschutzgebiet Asa Wright wurde auf dem Gebiet einer früheren Kakao- und Kaffeeplantage gegründet, die in ein 80 Hektar großes Reservat umgewandelt wurde. Es liegt inmitten des Regenwaldes in der Northern Range. Seit seiner Gründung sind Gruppen von Naturfreunden und Naturkundlern aus aller Welt hierhergereist. Vorhanden sind eine Unterkunft, in der man sich auf solche Reisegruppen eingestellt hat, eine Forschungsstation für Biologen und eine Reihe von Wanderwegen auf dem Gelände.

Mehr als 100 Vogelarten leben in diesem Gebiet, darunter Blaukronen-Motmots, Kastanienspechte, Palmen-

Tanager, Kanalschnabel-Tukane, Kolibris und Weißbart-Manakins. Im Naturschutzgebiet befindet sich auch die Dunston Cave, eine Schlucht mit Nistplätzen der scheuen Guacharo.

Führungen zum Beobachten der Vögel auf den Wanderwegen des Schutzgebietes werden um 10.30 und 13.30 Uhr angeboten, dauern 1½ Stunden und kosten 6 US $. Eine Anmeldung sollte wenigstens 24 Stunden vorher vorgenommen werden. Daneben wird eine Reihe von Seminaren und Feldtouren angeboten, die überwiegend auf Gäste der Herberge im Reservat ausgerichtet sind.

Das Naturschutzgebiet Asa Wright ist ca. 1½ Stunden mit einem Auto von Port of Spain entfernt. Um dorthin zu gelangen, kann man in Arima der Blanchisseuse Road 12 km in Richtung Norden folgen und dann bei der Meilenmarkierung 7½ nach links zum Reservat abbiegen.

UNTERKUNFT UND ESSEN

Das Asa Wright Natur Centre und Lodge (Tel. 6 67 46 55, Fax 6 67 04 93, PO Box 4710, Arima) verfügt über 23 Doppelzimmer, von denen sich einige im verwitterten Haupthaus und andere in Bungalows befinden. Sie sind alle recht spartanisch, jedoch mit eigenem Bad ausgestattet. Im Sommer zahlt man hier für eine Übernachtung allein 106 US $ und zu zweit 160 US $, im Winter 139 bzw. 210 US $, und zwar einschließlich Vollpension, Steuern und Bedienung.

Für weitere 40 US $ kann man sich vom Flughafen abholen und wieder zurückbringen lassen.

Andere als Hausgäste können in der Herberge ebenfalls essen, müssen sich dafür jedoch 48 Stunden vorher anmelden.

OSTKÜSTE

Trinidads Ostküste ist wild und ländlich - eine Mischung aus einsamen Stränden, rauher atlantischer See, Mangrovensümpfen und Kokospalmenplantagen. Die Ostküste kann man gut im Rahmen einer Inselrundfahrt erkunden. Sie eignet sich auch für einen Tagesausflug, ist jedoch sicher kein Muß. Wahrscheinlich werden Sie auf der gesamten Strecke keinen anderen Touristen treffen.

Um von Port of Spain zur Ostküste zu gelangen, sollten Sie den Churchill Roosevelt Highway in östliche Richtung nehmen (nicht die Eastern Main Road zwischen Port of Spain und Arima, eine fürchterlich stark befahrene Straße). Bei Waller Field trifft der Highway auf die Eastern Main Road. Schilder werden Ihnen den Weg durch den Ort Sangre Grande in Richtung Süden nach Manzanilla weisen.

Die Manzanilla Mayaro Road, die entlang der Ostküste verläuft, ist schmal, wird aber auch nur selten befahren. Wenn man von gelegentlichen Schlaglöchern und einigen recht instabil erscheinenden Holzbrücken absieht, ist der Zustand der Straße nicht allzu schlecht. Während der Fahrt sieht man grasende Kühe und Wasserbüffel, und es ist auch nicht schwer, am Weg Geier und Reiher zu Gesicht zu bekommen. An einigen Stellen ist die Straße von Kokospalmen und orangefarbenen Helikonien gesäumt.

Der wichtigste Strand an der Ostküste, Manzanilla Beach, ist ein brauner Sandstrand mit Palmen und weißen Strandwinden. Häufig weht hier ein starker Wind, der das Meer aufwühlt.

Imbisse und Getränke erhält man bei Junio's, einer Strandbar neben dem Parkplatz.

Die Straße zieht sich weiter nach Süden, verläuft ein längeres Stück an einem Süßwassersumpf entlang und führt mehrmals über den Nariva Ricer, der in zahlreichen Windungen fließt.

Nachdem man den Ortoire, den längsten Fluß Trinidads, überquert hat, gelangt man zu einer Reihe von Siedlungen mit einfachen Holzhäusern auf Pfählen, um schließlich Pierreville zu erreichen, wo ein Schild den Weg zum 56 km entfernten San Fernando im Westen weist.

SÜDLICHE MITTE VON TRINIDAD

Die Region der südlichen Mitte von Trinidad ist dicht besiedelt. Hier leben vor allem die Nachfahren der Inder, die nach Abschaffung der Sklaverei zur Arbeit auf den Plantagen auf die Insel gebracht wurden. Mit der Zeit gelangten die Arbeiter in den Besitz eines Großteils des Landes. Heute haben die Orte ein indisches Aussehen, das vom Stil der Häuser bis zu den Tempeln und Moscheen am Straßenrand bestimmt wird.

Die Landschaft ist durch sanfte Hügel geprägt. Hier wachsen Zitrusfrüchte, Kaffee, Kakao und Bananen. In Rio Claro gibt es eine Moschee, eine Reihe von Bäckereien, einen Markt und an der Hauptstraße einen hinduistischen Tempel. Je weiter man von Rio Claro nach Westen fährt, desto schlechter und holpriger wird die Straße, aber das ist kein Problem, wenn man langsam fährt.

Wer sich dafür interessiert, kann sich Devil's Woodyard ansehen, einen des Dutzends von „Schlammvulkanen", wo durch Gas, das aus der Erde tritt, kleine Hügel aus Schlamm aufgeworfen wurden. Die Hindustan Road, ein schmales Gäßchen, führt rund 3,5 km in Richtung Süden vom Highway zum Devil's Woodyard. Die Abzweigung 1,5 km westlich von New Grant ist ausgeschildert.

Der Highway führt weiter nach Princes Town, einer großen Stadt inmitten eines Gebietes, in dem Zuckerrohr angebaut wird.

Die Verkehrsführung in der Stadt kann ein wenig verwirrend sein, aber solange man sich in Richtung Westen hält, sei es auf der Naparima Road im Norden oder der Manahambre Road im Süden, gelangt man schließlich nach San Fernando.

SAN FERNANDO

San Fernando, die zweitgrößte Stadt auf Trinidad, ist das Zentrum der Gas- und Ölindustrie der Insel. Das Bild der Stadt wird vom San Fernando Hill beherrscht, der einst den Indianern heilig war. Die Form des Berges ist recht ungewöhnlich, da an ihm bereits seit langem Gestein abgetragen wird. Westlich der Stadt befindet sich ein Golfplatz, aber der Ort selbst bietet nur wenig Interessantes für Touristen, so daß die meisten Besucher sich hier nur auf der Durchreise zum 1,5 km weiter südlich gelegenen Asphaltsee befinden.

ESSEN

Es gibt in San Fernando einige Roti-Stände, darunter den Karamath's Roti Shop in der Coffee Street 157 und Steve's Roti Shop in der Independence Avenue, aber auch eine Pizzeria und einen kleinen Markt in der Stadtmitte.

Wer sich beim Essen setzen möchte, kann dies in Soong's Great Wall in der Circular Road 97 an der Ostseite vom San Fernando Hill, einem beliebten Lokal mit einer Reihe chinesischer Gerichte, die um 20 TT $ kosten, sowie einem Mittagsbuffet mit einer einfachen Salatbar für 49 TT $.

ASPHALTSEE

Der Asphaltsee (Pitch Lake) ist vielleicht die größte Sehenswürdigkeit von Trinidad. Der 40 Hektar große See ist in seiner Mitte 90 m tief, wo heißes Bitumen kontinuierlich aus einer unterirdischen Erdfalte strömt. Der See ist die größte einzelne natürliche Bitumenquelle, an der 300 Tonnen täglich ausgestoßen werden.

Die Oberfläche des Asphaltsees ist von einem runzeligen, an Elefantenhaut erinnernden Aussehen geprägt. An vielen Stellen ist sie so hart, daß man darauf laufen kann. Da es sich bei dem See jedoch im wesentlichen um ein riesiges Teerfeld handelt, das an einen Parkplatz erinnert, finden viele Besucher es nach einer zweistündigen Fahrt von Port of Spain aus enttäuschend.

Der Asphaltsee liegt an der Westseite des Highway gleich südlich von La Brea. Von Port of Spain aus können Sie dorthin einen Schnellbus oder einen Maxi-Taxi nach San Fernando nehmen und dann mit einem Maxi-Taxi weiter bis zum Asphaltsee fahren.

Rechnen Sie damit, daß junge Männer ihre Dienste als Führer anbieten werden. Vom Fremdenverkehrsbüro wurde ein Versuch unternommen, die Führer zu organisieren und für die Führungen Festpreise vorzugeben. Dieser Versuch war jedoch nicht erfolgreich, so daß man jetzt bei Interesse auf eigene Faust verhandeln muß. Sie können jedoch die Feilscherei mit einzelnen Führern umgehen, wenn sie eine Tour über die Lake Asphalt Company (Tel. 6 48 75 55) buchen, die sich in der Nähe des Asphaltsees angesiedelt hat und die montags bis freitags von 7.00 bis 16.00 Uhr geöffnet ist.

> ### Asphaltsee
> Nach einer Legende befand sich an der Stelle des heutigen Asphaltsees einst ein wohlhabendes Dorf der Chiman-Indianer. Es soll von Gärten und Obstplantagen umgeben gewesen sein, zu denen Vögelschwärme angezogen wurden. Die Chiman verärgerten die Götter, weil sie die heiligen Kolibris fingen, die in die Gärten flogen. Eines Nachts, als die Dorfbewohner schliefen, versanken ihre Häuser in der Erde. Statt dessen bildete sich ein See aus Teer. Von diesem Augenblick an galt der Asphaltsee als Eingang zur Unterwelt.

VOGELSCHUTZGEBIET CARONI

Das Vogelschutzgebiet Caroni ist der Schlafplatz von Tausenden des Scharlachroten Ibisses, des Nationalvogels von Trinidad und Tobago. Bei Sonnenuntergang fliegen die Vögel zum Rasten in die Sumpfmangroven, was die Bäume erscheinen läßt, als würden sie blühen und glänzende, scharlachrote Blüten tragen. Selbst wenn man kein begeisterter Vogelfreund ist, sollte man es sich nicht entgehen lassen, die Ibisse über die Sümpfe fliegen zu sehen, wenn sie in letzten Strahlen der Abendsonne ein fast schon fluoreszierendes Rot annehmen.

Lange Motorboote mit flachem Boden, die ca. 30 Personen aufnehmen können, bahnen sich langsam einen Weg durch die Sümpfe. Auf dem Weg weisen Führer auf verschiedene Tiere und Pflanzen hin - eine Abgottschlange (*Boa constrictor*), die auf dem Ast eines Baumes schläft, oder einen Schlammspringer, der an einen Alligator erinnernd mit seinen kleinen, runden Augen über dem Wasser seine Runden zieht. Das Boot hält dann tief in der Mitte des Sumpfes, wo man einen guten Blick auf die Flugbewegungen der Ibisse hat. Um die Vögel nicht zu stören, bleiben die Boote in größerer Entfernung von den

Schlafplätzen, so daß ein Fernglas zu empfehlen ist, auch wenn man die Vögel mit bloßem Auge durchaus erkennen kann. Man wird hier auch zahlreiche Reiher zu Gesicht bekommen, die unter den 150 Vogelarten in den Sümpfen dominieren.

Die Zeit, in der die Ibisse im Schutzgebiet nisten, dauert nur von März bis Juli. Von dieser Zeit abgesehen sieht man hier nur sehr wenige Ibisse. Die Boote legen täglich zwischen 16.00 und 16.15 Uhr ab. Eine Reservierung wird empfohlen, wer jedoch ohne Anmeldung ankommt, hat im allgemeinen ebenfalls keine Probleme. Die Preise scheinen ein wenig willkürlich zu sein. Wer vorher anruft, sollte im allgemeinen für 30 TT $ Platz im Boot reservieren können, während man sonst mit 40 TT $ rechnen muß. In jedem Fall ist das nicht viel! Nanan Tours (Tel. 6 54 13 05) bietet gute Fahrten an und ist zuverlässig. Der zweite große Veranstalter ist David Ramsahai (Tel. 6 63 22 07).

Das Vogelschutzgebiet liegt nicht weit vom Uria Butler Highway entfernt, und zwar 14 km südlich von Port of Spain. Um dorthin zu gelangen, muß man beim Schild vom Highway abfahren, das den Weg zum Schutzgebiet weist, und kann dann beim LPG-Gaswerk gegenüber vom Bootsanleger parken.

Wer kein eigenes Fahrzeug zur Verfügung hat, kann eine Besichtigung mit Hin- und Rückfahrt über Veranstalter wie Trinidad & Tobago Sightseeing Tours (Tel. 6 28 10 51) buchen, die für 28 US $ von Port of Spain zum Vogelschutzgebiet fahren. Auch wenn es möglich ist, sich von einem der Taxis, die in Richtung Süden fahren, in der Nähe absetzen zu lassen, kann es auf dem Rückweg zu Problemen kommen, weil man dann zu Fuß zum Highway zurückgehen und versuchen muß, in der Dunkelheit eines der schnell vorbeifahrenden Autos anzuhalten. Es ist dann sicher besser, vorher einen Termin auszumachen, um sich von einem Taxifahrer abholen zu lassen.

Zum Fotografieren ist das Licht am frühen Morgen am besten. Nanan Tours bietet daher auch Fahrten am Morgen um 4.30 Uhr an.

WILDVÖGELSCHUTZGEBIET POINT-À-PIERRE

Das Wildvögelschutzgebiet Pointe-à-Pierre (Tel. 6 37 51 45 und 6 22 40 40) ist eine besondere Gegend. Obwohl dieses Feuchtgebietreservat inmitten der weiträumigen Ölraffinerien des Landes liegt, leben in diesem kleinen (nur 26 Hektar großen) Gebiet zahlreiche Vogelarten. Man hat ca. 90 von ihnen gezählt, die teils frei und teils in Käfigen leben, darunter auch gefährdete Wasservögel, farbenprächtige Singvögel und Ibisse, Reiher sowie andere Watvögel. Hier führen mehrere Pfade um einen See und in den Wald, auf denen man während eines Spaziergangs von rund zwanzig Minuten leicht ein Dutzend verschiedene Vögel zu Gesicht bekommt. Die gemeinnützige Einrichtung ist ein Zentrum für die Aufzucht von Vögeln gefährdeter Arten und veranstaltet gleichzeitig Bildungsprogramme zum Thema Umwelt. Im Besucherzentrum findet man auch eine kleine Ausstellung und einen Geschenkartikelladen.

Wer das Gebiet besuchen möchte, sollte sich einen Tag oder zwei Tage zuvor anmelden, da die Mitarbeiter versuchen, die Zahl der Besucher nicht zu stark ansteigen zu lassen. Ohne vorherige Anmeldung werden Sie wahrscheinlich nicht am Wächter beim Eingang zur Raffinerie vorbeikommen. Das Schutzgebiet ist montags bis freitags von 9.00 bis 17.00 Uhr und an den Wochenenden von 10.00 bis 18.00 Uhr geöffnet. Der Eintritt kostet für Erwachsene 3 TT $ und für Kinder unter 12 Jahren 2 TT $. Um zum Reservat zu gelangen, geht man am besten durch das Tor der Raffinerie Tirntoc Oil an der Ostseite der Old Southern Main Road zwischen San Fernando und Pointe-à-Pierre. Dort ist man noch ca. 2 km vom Tor zum Schutzgebiet entfernt.

TOBAGO

Tobago ist eine angenehm ruhige und noch weitgehend unberührte Insel, die Besuchern viel zu bieten hat. Es gibt hier gute Strände, intakte Unterwasserlandschaften zum Schnorcheln und Tauchen, ausgezeichnete Möglichkeiten zum Beobachten von Vögeln und gerade genug Tourismus, um einen Besuch von Tobago unkompliziert verlaufen zu lassen, aber nicht so viel Tourismus, daß es hier überlaufen wäre.

Die weißen Sandstrände und die touristischen Einrichtungen befinden sich vorwiegend im Süden. Sie beginnen bei Crown Point an der Südwestspitze der Insel und ziehen sich entlang einer Reihe von Buchten bis nach Arnos Vale.

Die Tiefebene, die den Süden dominiert, erstreckt sich bis nach Scarborough, der einzigen größeren Stadt.

An der Küste nördlich von Scarborough liegen vereinzelte kleine Fischerdörfer, während die Inselmitte gebirgig und von dichtem Regenwald bedeckt ist. Dieses Gebiet ist der Lebensraum von Papageien und anderen tropischen Vögeln. Damit wird für einen Ökotourismus geworben,

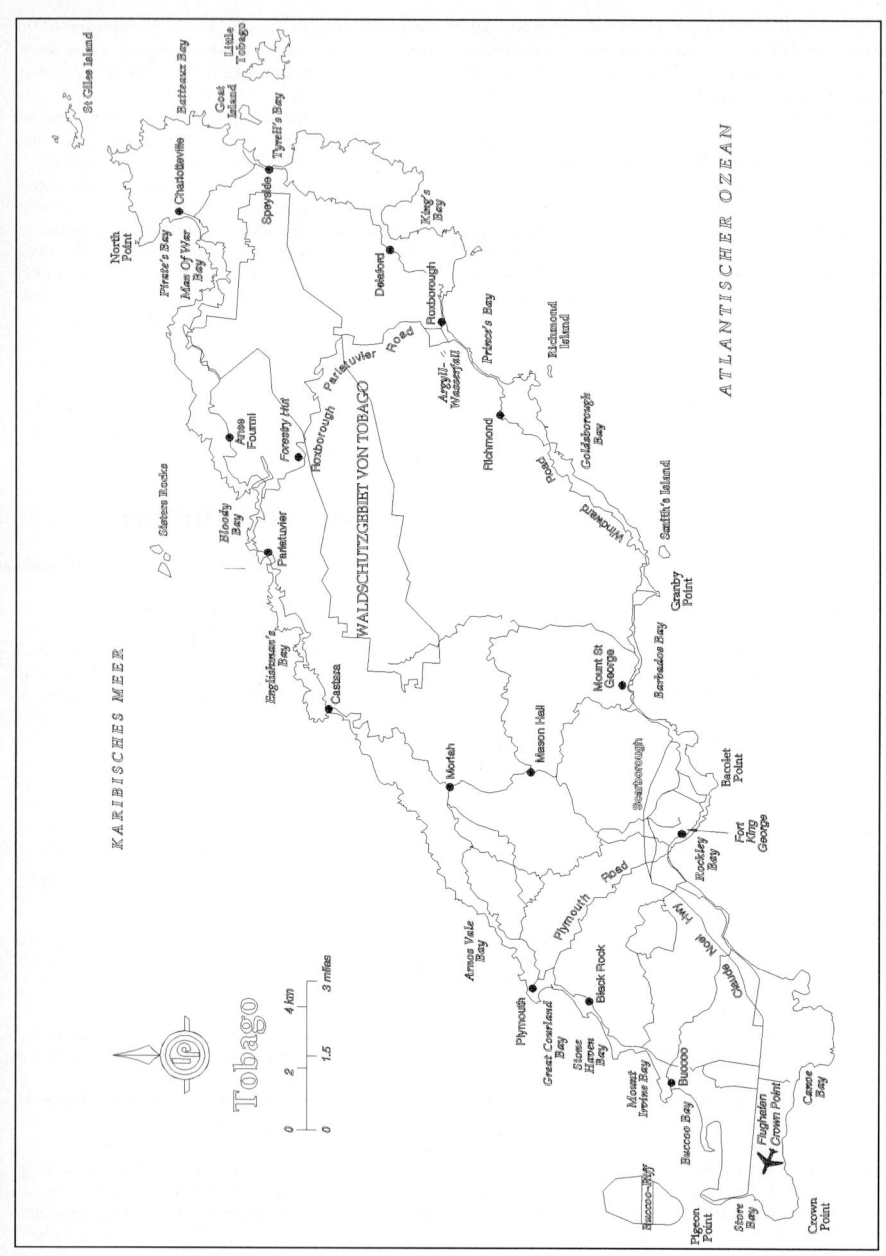

wobei die Aktivitäten sich überwiegend auf die nördlichen Dörfer Speyside und Charlotteville konzentrieren. Die nahegelegenen unbewohnten Inseln Little Tobago, Goat Island und St. Giles Island sind Naturschutzgebiete mit einer ausgesprochen reichen Vogel- und Meereswelt.

Informationen über das Tauchen und andere Wassersportarten finden Sie im Einführungsteil weiter oben in diesem Kapitel.

Tobago ist seit langem ein Ziel von Urlaubern aus Trinidad, blieb jedoch bis Ende der achtziger Jahre von Ausländern weitgehend unbeachtet, bis BWIA Direktflüge von Stockholm, Zürich und Frankfurt nach Tobago aufnahm. Es kamen seither immerhin so viele zusätzliche Touristen auf die Insel, daß viele Inselbewohner in Erwartung zukünftiger Urlauberströme kleine Pensionen und Hotels mit Ferienwohnungen gebaut haben.

Die Flugverbindungen von und nach Europa erwiesen sich jedoch als nicht profitabel für die Fluggesellschaft, so daß BWIA sich gezwungen sah, einen Teil davon 1993 wieder einzustellen. Aus diesem Grund besteht auf Tobago trotz des bescheidenen Ausmaßes der touristischen Infrastruktur eine geringe Überkapazität, so daß viele Zimmer weit weniger kosten, als ursprünglich vorgesehen. Selbst die Handvoll von teuren Ferienclubs im Gebiet der Mount Irvine Bay räumt inmitten der Wintersaison drastisch gesenkte Preise ein. Solange die Situation so bleibt, gehört Tobago sicherlich zu den Zielen mit dem besten Preis-Leistungsverhältnis in der Karibik.

CROWN POINT

Der Flughafen Crown Point liegt inmitten des wichtigsten Feriengebietes auf der Insel. Die Hotels, Restaurants und der Strand sind alle innerhalb weniger Minuten vom Flughafen aus zu Fuß zu erreichen.

In Crown Point hat man eine gute Auswahl an preiswerten Hotels und Pensionen. Die Urlauber sind hier jünger als auf den meisten anderen karibischen Inseln und stammen ungefähr zu je einem Drittel aus Europa, Nordamerika und Trinidad.

An der Store Bay an der Westseite von Crown Point findet man einen weißen Sandstrand, einen Rettungsdienst sowie das ganze Jahr über gute Möglichkeiten zum Schwimmen vor. Es finden am Strand alle möglichen Aktivitäten statt, die von Verkäufern, die Andenken anbieten, bis zu den Werbern für Fahrten mit Glasbodenbooten zum Buccoo-Riff reichen, aber im allgemeinen geht es dennoch entspannt und nicht sehr hektisch zu.

Die Ruinen der kleinen Küstenfestung Fort Milford, die 1777 von den Briten erbaut wurde, erreicht man nach fünf Minuten, wenn man der Straße von der Store Bay aus in Richtung Südwesten folgt. Das Gelände wurde zu einer Art Park umgewandelt, in dem noch einige Mauerreste und ein halbes Dutzend Kanonen zu sehen sind.

Pigeon Point, 1,5 km nördlich der Store Bay, ist ein schöner, von Palmen gesäumter Strand mit pudrigem weißen Sand sowie klarem und türkisfarbenem Wasser. Der Zugang zum Strand liegt an der Milford Road Extension. Man gelangt kostenlos zum Strand, wenn man am Meer entlanggeht, oder muß 10 TT $ (5 TT $ für Kinder) bezahlen, wenn man die Straße nimmt, und hat dann Zugang zu den Einrichtungen am Strand wie Umkleidekabinen und strohgedeckten Sonnenschutzvorrichtungen.

Vorhanden sind zudem ein kleines Restaurant und eine kleine Hütte, an der man Wassersportausrüstungen mieten kann.

PRAKTISCHE HINWEISE
Informationen: Das Fremdenverkehrsbüro am Flughafen ist normalerweise täglich von 6.00 bis 22.00 Uhr geöffnet. Man bekommt hier Broschüren sowie Antworten auf allgemeine Fragen und kann von hier aus in einigen Privathäusern auf der Insel Doppelzimmer für rund 100 TT $ buchen.

Geld: Die Republic Bank am Flughafen Crown Point ist montags bis donnerstags von 8.00 bis 11.00 Uhr und von 12.00 bis 14.00 Uhr sowie freitags von 8.00 bis 12.00 Uhr und von 15.00 bis 17.00 Uhr geöffnet.

UNTERKUNFT
Einfache Unterkünfte: Die folgenden preiswerten Hotels erheben entweder keine Steuern und Abgaben für die Bedienung oder haben sie bereits in die Preise einbezogen. Alle Zimmer sind mit einem eigenen Bad ausgestattet.

Im Wood's Castle (Tel. 6 39 08 03), einem Restaurant mit Bar in der Milford Road zwischen Flughafen und Jimmy's Holiday Resort, werden neun saubere, einfache Zimmer mit Deckenventilator, Klimaanlage und festen Matratzen vermietet. Handtücher muß man jedoch selbst mitbringen. Eine Übernachtung in einem Doppelzimmer kostet hier für eine oder zwei Personen 30 US $.

Mike's Holiday Resort (Tel. 6 39 80 50) ist eine neue Pension mit acht Ferienwohnungen für Selbstversorger. Sie sind alle recht modern und zur einen Hälfte mit Klimaanlage sowie zur anderen Hälfte mit Ventilatoren ausgestattet. Man zahlt hier das ganze Jahr über für ein Doppelzimmer 35 US $. Zu erreichen ist das weiße, zweistöckige Gebäude mit roten Verzierungen in zwei Minuten vom Flughafen aus, wenn man an der ersten Kreuzung nach rechts abbiegt. Wer Mike (Familienname Roberts) zu Hause nicht antrifft, kann sich am Flughafen an den Schalter von BWIA wenden, wo er arbeitet.

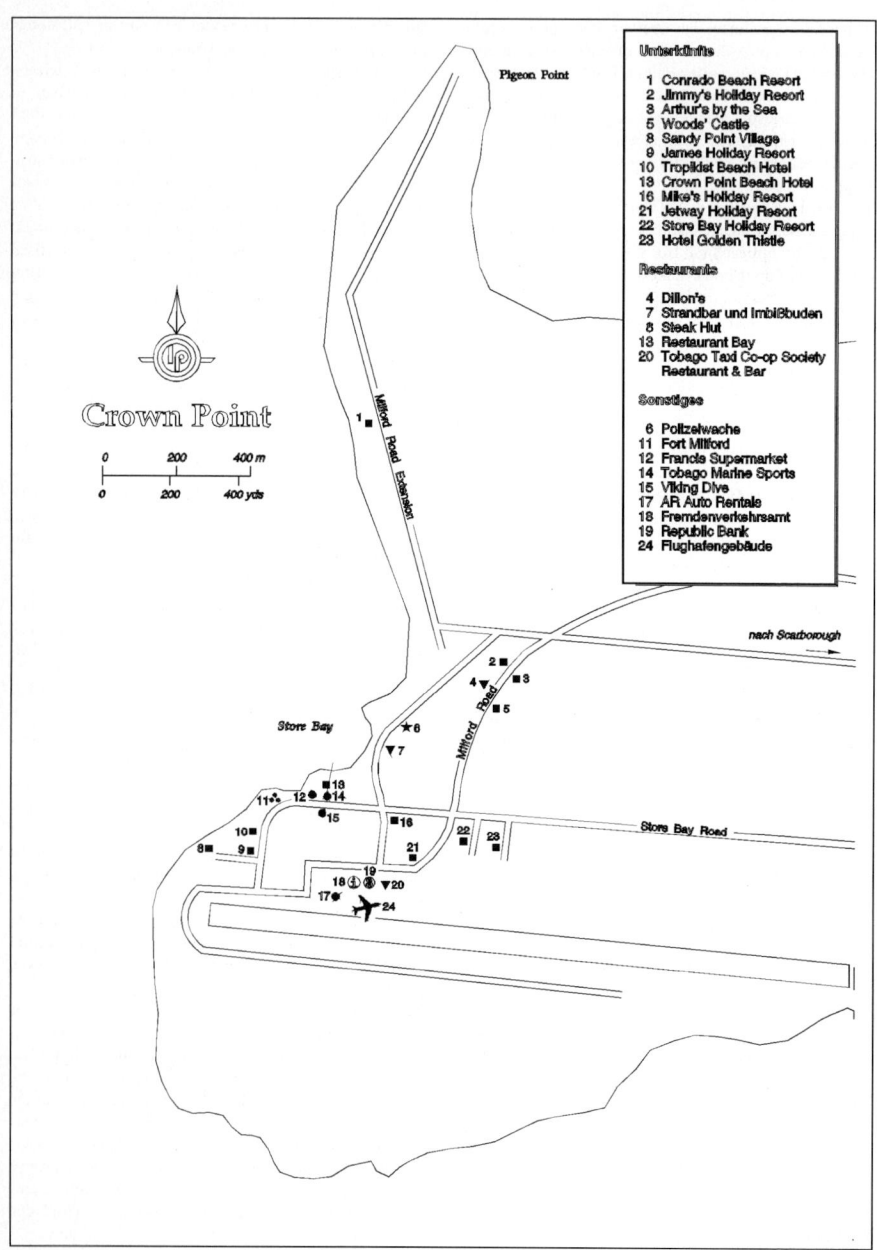

Pigeon Point

Unterkünfte

1 Conrado Beach Resort
2 Jimmy's Holiday Resort
3 Arthur's by the Sea
5 Woods' Castle
8 Sandy Point Village
9 James Holiday Resort
10 Tropikist Beach Hotel
13 Crown Point Beach Hotel
16 Mike's Holiday Resort
21 Jetway Holiday Resort
22 Store Bay Holiday Resort
23 Hotel Golden Thistle

Restaurants

4 Dillon's
7 Strandbar und Imbißbuden
8 Steak Hut
13 Restaurant Bay
20 Tobago Taxi Co-op Society
   Restaurant & Bar

Sonstiges

6 Polizeiwache
11 Fort Milford
12 Francis Supermarket
14 Tobago Marine Sports
15 Viking Dive
17 AR Auto Rentals
18 Fremdenverkehrsamt
19 Republic Bank
24 Flughafengebäude

Crown Point

0   200   400 m
0   200   400 yds

Milford Road Extension

nach Scarborough

Store Bay

Milford Road

Store Bay Road

Das Jetway Holiday Resort (Tel. 6 24 49 00) liegt an der Straße, die am Flughafen vorbeiführt, und zwar ca. zwei Minuten zu Fuß östlich des Flughafengebäudes. Der Besitzer, Clyde Chapman, ist ein freundlicher Mensch, dessen Dutzend Ferienwohnungen für Selbstversorger im Sommer 35 US $ und im Winter 45 US $ kosten, wenn man sie zu zweit bewohnt, und 20 bzw. 25 US $ für Einzelpersonen. Es bestehen zwar kleine Unterschiede zwischen den Wohnungen, sie sind jedoch alle einfach, aber sauber. Man muß in ihnen allerdings mit etwas Fluglärm rechnen. Die erste Maschine startet gegen 7.00 Uhr, die letzte gegen 21.00 Uhr.

Das Store Bay Holiday Resort (Tel. und Fax 6 39 88 10), fünf Minuten zu Fuß östlich des Flughafens, ist zu empfehlen. Es besteht aus einem zweistöckigen Gebäude mit 15 Unterkünften unter der Leitung von Wilfred Best, eines gastfreundlichen früheren Angestellten der Ölgesellschaft, der nun Rentner ist. Die Apartments mit Küche, Wohnzimmer und Klimaanlage kosten im Sommer 25 US $ und im Winter 35 US $. Daneben werden eine Luxuswohnung mit einem kleinen Balkon, Bad mit Badewanne und einem Fernsehgerät, die für 36 US $ im Sommer und 50 US $ im Winter recht geräumig und hübsch ist, sowie eine riesige Wohnung für bis zu acht Personen zum Preis von 90 US $ im Sommer und 100 US $ im Winter vermietet. Auf diese Preise werden 15 % Steuern sowie 5 % bei Zahlung mit einer Kreditkarte aufgeschlagen. Zum Haus gehört auch ein kleines Schwimmbecken.

Das Arthur's by the Sea (Tel. 6 39 01 96, Fax 6 39 41 22) liegt trotz seines Namens fünf Minuten zu Fuß vom Strand entfernt. Es ist jedoch preiswert, solange man ohne Voranmeldung 40 US $ für ein Doppelzimmer bezahlt, denn in der Hotelliste stehen 60 US $. Die einzelnen Quartiere sind mit unterschiedlichen Betten ausgestattet, bieten aber alle bis zu vier Personen Platz und sind klimatisiert. Am schönsten sind die Räume im zweiten Stock, die hohe Holzdecken besitzen. Dieses Hotel kann ebenfalls mit einem kleinen Swimming Pool aufwarten.

Das Hotel Golden Thistle (Tel. 6 39 85 21), ein Stück von der Bay Road zurückgelegen, ist ein gut gebuchtes, unauffälliges Hotel mit 26 sauberen, schlichten Studios, die jeweils mit kompletter Küche, Klimaanlage und Fernsehgerät sowie überwiegend mit großen Doppelbetten ausgestattet sind. Dieses Hotel hat auch einen Swimming Pool und ein kleines Restaurant mit einer Bar zu bieten. Im Winter zahlt man hier für eine Übernachtung allein 40 US $ und zu zweit 50 US $, im Sommer 35 bzw. 40 US $, allerdings zuzüglich 25 % für Steuern und Bedienung.

Das James Holiday Resort (Tel. und Fax 6 39 80 84, PO Box 109, Scarborough), zehn Minuten vom Flughafen und vom Store Bay Beach entfernt, ist ein neues, zweistöckiges Apartmenthotel mit kleinen Standardzimmern für 45 US $ sowie geräumigen Apartments mit einem Schlafraum, komplett ausgestatteter Küche und

einem großen Balkon für 52 US $. Die Räume sind klimatisiert und zudem mit einem Fernsehgerät ausgestattet. Im zweiten Stock sind die Decken sehr hoch und aus Holz. Wer einige Tage bleibt, kann möglicherweise den Preis um 10 bis 20 % herunterhandeln.

Das Schwesterhotel vom James Holiday Resort ist das Jimmy's Holiday Resort (Tel. 6 39 82 92, Fax 6 39 31 00, PO Box 109, Scarborough) und liegt zehn Minuten zu Fuß nördlich des Flughafens. Hier stehen 18 schlichte Wohnungen mit zwei Schlafräumen, Klimaanlage, Fernsehgerät, Telefon, Küche und großem Wohnzimmer mit einem Eßtisch, an den sechs Stühle passen, zur Verfügung. Die oberen Wohnungen besitzen auch einen kleinen Balkon. Wer mit der Familie oder einer kleinen Gruppe unterwegs ist, wohnt im Jimmy's bei einem Preis von 60 US $ für bis zu sechs Personen nicht teuer. In der Nebensaison (Ende April bis Juni sowie September und Oktober) kann man auf einen Schlafraum verzichten und braucht dann nur 36 US $ zu bezahlen.

Luxushotels: Das Tropikist Beach Hotel (Tel. 6 39 85 12, Fax 6 39 11 10), gelegen rund zehn Minuten zu Fuß westlich des Flughafens, ist ein modernes Hotel am Strand mit 25 komfortablen Zimmern. Die Räume sind klimatisiert und mit Fernsehgerät, Telefon, Balkon sowie einem kleinen Kühlschrank ausgestattet, jedoch nicht mit einer Kochgelegenheit. Man zahlt hier das ganze Jahr über 60 US $ für ein Doppelzimmer.

Das Conrado Beach Resort an der Verlängerung der Milford Road (Tel. 6 39 01 45, Fax 6 39 07 55) liegt an einem schmalen weißen Sandstrand fünf Minuten zu Fuß vom Pigeon Point entfernt. Das ältere Hotel im Familienbetrieb besteht aus 31 schön renovierten Zimmern, die sich von der Größe her ein wenig unterscheiden, jedoch alle mit Klimaanlage, Ventilator, Fernsehgerät und Telefon ausgestattet sind. Im Winter muß man ab 65 US $ für ein Zimmer mit Blick landeinwärts entrichten, es lohnt sich jedoch, die 10 US $ mehr für ein Zimmer mit Blick auf den Ozean und Sonnenterrasse zu bezahlen, von der aus man über den Strand blickt. Im Sommer sind die Zimmer 20 US $ billiger.

Das größte Hotel im Ort, das Crown Point Beach Hotel (Tel. 6 39 87 81, Fax 6 39 87 31, PO Box 223, Scarborough) ist schön auf einem Landvorsprung am Ende der Store Bay gelegen. Hier stehen 77 Unterkünfte für Selbstversorger, ein Swimming Pool und Tennisplätze zur Verfügung. Im Sommer kostet ein kleines Studio für zwei Personen 50 US $ und im Winter 60 US $, während man für eine Cabana 60 bzw. 70 US $ für ein Apartment mit einem Schlafraum 75 bzw. 85 US $ bezahlen muß. Das Sandy Point Village am Strand an der Nordwestseite der Rollbahn (Tel. 6 39 85 33) ist eine relativ große Anlage (42 Unterkünfte) auf der Basis von Time-Sharing, in der Studios an zwei Personen im Sommer für 35 US $ und im Winter für 60 US $ vermietet werden. Für jede weitere

TRINIDAD UND TOBAGO

Person kommen 10 US $ hinzu. Die Wohnungen sind recht bequem, jedoch nicht sehr gepflegt und mit einem Doppelbett sowie drei Einzelbetten, die an Kojen erinnern, einer Küche, Fernsehgerät, Telefon und einem kleinen Wohnbereich ausgestattet. Zur Anlage gehört ferner ein Swimming Pool.

ESSEN

Im überdachten Picknickbereich gegenüber vom Strand an der Store Bay gibt es einige kleine, einfache Imbisse.

Am Imbiß draußen werden Hai, Fliegender Fisch und Hähnchen mit Pommes Frites für 15 TT $ sowie verschiedene Sandwiches, z. B. aus heißem Haifisch und Bake für 7 TT $, verkauft. Vorhanden ist auch eine Reihe von kleinen Ständen, an denen einheimische Gerichte wie Krabben und Klöße, Pelau mit Ziegenfleisch, Makaroni-Pie und Callaloo-Suppe angeboten werden. Die Preise für die Tellergerichte liegen bei 20 TT $, wobei aber die Qualität nicht gleichbleibend gut ist. Miss Trim ist der beste von diesen Ständen.

Im Tobago Taxi Co-op Society Restaurant & Bar am Flughafen wird preiswertes Fast-Food wie Shark & Bake für 7 TT $ serviert, während Hähnchen mit Pommes Frites oder Cheeseburger 9 TT $ kosten.

Im Restaurant Bay vom Crown Point Beach Hotel läßt sich zu vernünftigen Preisen frühstücken. Man erhält hier auch ein komplettes westliches Frühstück mit frischem Obst oder ein ortstypisches Frühstück mit Fliegendem Fisch für 25 TT $. Mittags zahlt man für Hähnchen oder Fliegenden Fisch und Pommes Frites 18 TT $. Die Sandwiches kosten teils nur die Hälfte davon. Abends wird ein westindisches Tagesgericht angebote, das aus einer Suppe, drei Hauptgängen zur Wahl, einem Nachtisch sowie Kaffee besteht und 80 TT $ kostet.

Im Steak Hut am Strand im Sandy Point Village zahlt man für ein kontinentales oder ein amerikanisches Frühstück zwischen 15 und 27 TT $. Von 11.00 bis 16.00 Uhr kann man hier Fliegenden Fisch oder Hamburger mit Pommes Frites und Salat für 22 TT $ verzehren. Abends wird ein festes Menü für ca. 65 TT $ angeboten, darüber hinaus können Sie auch à la carte bestellen, wobei die Gerichte auf der Speisekarte in der gleichen Preislage liegen. Mittwoch abends spielen hier die Muskateers alte Calypso-Lieder, zu denen man indische Curry-Gerichte verspeisen kann, während freitags im allgemeinen eine Steelband spielt und der Rum kostenlos ausgeschenkt wird.

Das Conrado Beach Resort an der Straße zum Pigeon Point ist schön am Strand gelegen und bietet einen Hof, in dem man draußen sitzen kann. Für ein Standardfrühstück mit Saft und Kaffee werden hier 30 TT $ berechnet, während die Sandwiches zur Mittagszeit weniger als 20 TT $ kosten. Abends zahlt man für ein komplettes Menü vom Salat bis zum Nachtisch zwischen 65 TT $ für Hähnchen und 90 US $ für Hummer.

Das Dillon's ist in der Nähe vom Jimmy's an der Nordseite von Crown Point (Tel. 6 39 87 65) ist ein beliebtes besseres Abendrestaurant, in dem man sich auf Fisch spezialisiert hat. Die Preise auf der Speisekarte liegen zwischen 60 TT $ für Fliegenden Fisch und 135 TT $ für Hummer. Das Dillon's ist täglich außer montags ab 18.00 Uhr geöffnet.

Den Francis Supermarket, einen mittelgroßen Lebensmittelladen, finden Sie beim Crown Point Beach Hotel.

Daneben gibt es einen kleinen Minimarkt mit vernünftigen Preisen im Jimmy's Holiday Resort, der täglich von 7.00 bis 23.00 Uhr geöffnet ist.

BUCCOO

Buccoo ist ein kleines Dorf, das von nur wenigen Touristen besucht wird. Der braune Sandstrand der Buccoo Bay ist zwar nicht mit den weißen Sandstränden der Store Bay zu vergleichen, aber das Meer ist hier dennoch sehr schön.

AUSFLUGSFAHRTEN ZUM BUCCOO-RIFF

Eine Handvoll von Schiffen mit Glasboden unternimmt Fahrten zu den ausgedehnten Riffen zwischen Buccoo und dem Pigeon Point. Die Boote fahren über das Riff, das zu großen Teilen nur einen oder zwei Meter unter der Wasseroberfläche beginnt, machen zum Schnorcheln halt und beenden die Tour mit einer Pause zum Schwimmen im Nylon Pool, einem ruhigen und seichten Gebiet mit sandigem Untergrund sowie klarem und türkisfarbenem Wasser.

Johnson & Sons (Tel. 6 39 85 19) bieten schöne Fahrten an. Anders als die meisten übrigen Boote, die täglich um 11.00 Uhr ablegen, fährt das von Johnson bei niedrigem Wasserstand los (wenn die besten Bedingungen zum Schnorcheln herrschen), was zwischen 9.00 und 14.30 Uhr der Fall sein kann. Man trifft ihn immer am Ende des Anlegers am Buccoo Beach. Wenn man ein begeisterter Schnorchler ist, sollte man ihm das mitteilen, dann hält er in etwas tieferen Gebieten, wo man noch unberührte Korallen findet. Normalerweise beschränkt sich die Tour auf die seichteren Stellen. Die Fahrten dauern ca. 3½ Stunden und kosten 30 TT $.

Es werden auch einige Boote eingesetzt, die von der Store Bay und Pigeon Point ablegen. Die Preise sind jedoch gleich.

UNTERKUNFT

In Buccoo gibt es einige wenige Pensionen, in denen man

in einfachen Zimmern preiswert übernachten kann. Ein gutes Preis-Leistungsverhältnis bietet das Aunty Flo's in der Battery Street (Tel. 6 39 91 92). Das ist das dritte Haus auf der rechten Seite, wenn man den Berg vom Anleger der Glasbodenboote hinaufgeht.

Bei Aunty Flo werden fünf einfache, aber saubere Zimmer mit Dusche und Toilette (durch einen Duschvorhang aus Plastik vom Zimmer getrennt) für 50 TT $ pro Person ohne Verpflegung und für 70 TT $ mit Frühstück und Abendessen vermietet, das im allgemeinen aus frischem Fisch besteht, einer Spezialität von Aunty Flo, die auch einen Essensstand am Strand betreibt.

Sie können ferner versuchen, in Miller's Guesthouse (Tel. 6 39 03 68) unterzukommen, einem zweistöckigen weißen Zementbau mit blauen Verzierungen gleich hinter dem Anleger der Glasbodenboote.

ESSEN

Am Strand stehen einige Essensstände, an denen Bake and Fish (7 TT) und einige weitere Kleinigkeiten verkauft werden. Es gibt auch eine Reihe von einfachen Cafés, das Joy's und das Vicky's mit einheimischer Küche an der Hauptstraße gleich östlich des Strandes, in denen man preiswert essen kann. Das Joy's ist zu allen drei Mahlzeiten am Tag geöffnet, das Vicky's mittags und abends.

Recht ordentliche Pizzen zum Mitnehmen erhält man täglich von 15.00 bis 21.30 Uhr im Teaside Pizza in einem Wohngebiet 200 m nördlich des Strandes. Dort beginnen die Preise bei 20 TT $ für eine kleine Käsepizza.

Das La Tartaruga gegenüber vom Strand (Tel. 6 39 09 40) hat gute, original italienische Küche zu moderaten Preisen zu bieten. Davon kann man sich dienstags bis samstags von 12.00 bis 14.00 Uhr und abends von 19.00 bis 23.00 Uhr überzeugen.

VON DER MOUNT IRVINE BAY ZUR GREAT COURLAND BAY

Die Region zwischen der Mount Irvine Bay und der Great Courland Bay ist ein recht exklusiver Küstenstreifen. Hier findet man den einzigen Golfplatz von Tobago und drei Hotels, die jeweils in einer anderen Bucht liegen: das Hotel Mt. Irvine Bay an der Mount Irvine Bay, das Grafton Beach Resort an der Stone Haven Bay und das Hotel Turtle Beach an der Great Courland Bay.

An der Straße liegt ein öffentlicher Strand, der Mount Irvine Beach, und zwar 200 m nördlich vom Hotel Mt. Irvine Bay, an dem sich überdachte Picknicktische und ein Imbiß befinden. Dort lassen sich Rotis, Sandwiches und andere einfach Gerichte kaufen. Die Möglichkeiten zum Surfen können hier zeitweise recht gut sein, wobei der Meeresgrund aus Sand und Felsen besteht.

Auf einer steinigen Anhöhe an der Nordseite der Stone Haven Bay liegt Fort Bennett. Nur wenig erinnert noch an die Festung, wenn man von einigen Kanonen absieht, aber man hat von hier aus einen herrlichen Blick über die Küste. Die Abzweigung zur früheren Festung, die ca. 500 m von der Hauptstraße entfernt liegt, ist deutlich ausgeschildert.

UNTERKUNFT

Das Old Grange Inn (Tel. 6 39 02 75, PO Box 297, Scarborough) liegt am Südende des Golfplatzes, und zwar weniger als einen Kilometer östlich von Buccoo. Das ist eine kleine Anlage mit 15 Unterkünften ein Stück von der Straße entfernt und dadurch vom Verkehrslärm verschont. Die Standardzimmer mit hohen Holzdecken, Klimaanlage, Deckenventilator und eigenem Bad sind bei einem Preis von 30 US $ für ein Einzelzimmer und von 35 US $ für ein Doppelzimmer nicht zu teuer. Vermietet werden zudem einige neu möblierte luxuriösere Zimmer mit Fernsehgerät und Telefon, die zur Alleinbenutzung 50

US $ und bei Belegung zu zweit 60 US $ kosten. Für weitere 25 US $ pro Person kann man hier auch Halbpension erhalten.

An der Kreuzung neben dem Old Grange Inn liegen die Golf View Apartments (Tel. 6 39 09 79, PO Box 354, Scarborough), wo ein Dutzend schlichter Apartments für Selbstversorger zur Verfügung steht, die das ganze Jahr über für 35 bis 55 US $ vermietet werden.

Das Hotel Mt. Irvine Bay (Tel. 6 39 88 71, Fax 6 39 88 00, PO Box 222, Scarborough) ist ein Haus mit 105 Zimmern zwischen der Mount Irvine Bay und dem Golfplatz des Hotels mit 18 Löchern. Die Zimmer in dem zweistöckigen Hauptgebäude enthalten jeweils eine Klimaanlage, einen Balkon und die üblichen Annehmlichkeiten von Ferienclubs. Im Sommer zahlt man hier für eine Übernachtung allein 130 US $ und zu zweit 150 US $, im Winter 205 bzw. 215 US $. Vorhanden sind zudem geräumigere Ferienbungalows (ohne Kochgelegenheit), die im Sommer 275 US $ und im Winter 360 US $ kosten. Zur Anlage gehören Tennisplätze, ein Swimming Pool und ein Strand.

Das Grafton Beach Resort (Tel. 6 39 01 91, Fax 6 39 00 30, Black Rock) ist ein modernes, exklusiveres Hotel, das wunderschön am Strand gelegen ist. Die 112 Zimmer sind mit Klimaanlage und Deckenventilator, Fernsehgerät, Minibar, einer Terrasse oder einem Balkon und in den meisten Fällen mit zwei sehr breiten Einzelbetten ausgestattet. Zur Anlage gehören auch Squash-Plätze und ein Schwimmbecken. Den Gästen stehen außerdem kostenlos Kajaks, Katamarane, Surfbretter und Windsurfbretter zur Verfügung. Der Standardpreis für eine Übernachtung beträgt 215 US $. Vor kurzem wurde jedoch ein Sonderangebot für Besucher aus Trinidad offeriert, bei dem bei direkter Buchung für ein Zimmer mit Blick auf das Meer nur 67 US $ berechnet wurden. Das ist, wenn das Angebot noch gilt, sicher ausgesprochen günstig.

Das Hotel Turtle Beach (Tel. 6 39 28 51, Fax 6 39 14 95, PO Box 201, Scarborough) ist mit 125 Zimmern in zwei- und dreistöckigen Gebäuden, die an einem langen Strand liegen, das größte Hotel auf Tobago. Die Zimmer sind nicht so exklusiv wie die in den anderen beiden Hotels dieser Gegend, aber sie besitzen einen Balkon mit Blick auf das Meer, sind klimatisiert und mit Telefon und Radio ausgestattet. Im Sommer zahlt man hier für eine oder zwei Personen im Doppelzimmer 68 US $, im Januar 92 US $, um Weihnachten herum 162 US $ und den übrigen Winter lang 120 US $.

ESSEN

Das Restaurant Papillon am Old Grange Inn (Tel. 6 39 02 75) wird von seinem Besitzer Jakob Straessle, einem Schweitzer, geführt. Das Essen hier ist besser und preiswerter als in den Restaurants der benachbarten Hotels. Man kann hier im klimatisierten Speiseraum oder auch auf der Terrasse essen. Angeboten wird ein komplettes Tagesmenü mit Suppe und Dessert für 60 TT $. Auf der Speisekarte finden Sie darüber hinaus auch eine vegetarische Platte für 45 TT $, in Zitrone und Rum marinier-

ten Baby-Hai für 50 TT $ und Hummer Thermidor oder Boeuf Chez Jacques für 95 TT $, die alle mit Tagessuppe (oder auf Wunsch Callaloo-Suppe), Reis und Salat serviert werden.

Das Restaurant Sugar Mill im Hotel Mt. Irvine Bay (Tel. 6 39 88 71) ist ein Open-Air-Restaurant am Swimming Pool, bei dessen Bau die Ruinen der alten Zuckermühle einbezogen wurden. Serviert wird hier ein Tagesgericht (Anmeldung erforderlich), das aus Vorspeise, Suppe, Salat und wahlweise Fisch oder Fleisch sowie einem Nachtisch und Kaffee für 30 US $ besteht. Das Essen ist jedoch nicht besonders. Mittags lassen sich in diesem Restaurant Salate zu moderaten Preisen, Sandwiches sowie mehrere warme Gerichte verspeisen.

Im Restaurant im Hotel Turtle Beach erhält man zu teures Frühstück sowie mittags Pizzen und Burger für 35 TT $. An Sonntagen wird mittags ein Buffet für 55 TT $ pro Person aufgebaut. Samstags am Abend wird ebenfalls ein Buffet mit Musik einer Steelband und Barbecue für 145 TT $ geboten. An den anderen Tagen können Sie hier Steaks und Fischgerichte zu Preisen ab 75 TT $ bestellen.

Zum Grafton Beach Resort gehören eine Strandbar mit Imbissen, ein Fischrestaurant mit mittleren Preisen und ein teures Abendrestaurant mit schönem Blick über das Meer.

PLYMOUTH

Plymouth, die größte Stadt an der Westküste, ist kein bedeutendes touristisches Ziel, bietet jedoch einige wenige Sehenswürdigkeiten im Westteil des Ortes. Gleich gegenüber vom Fremdenverkehrsbüro an der Shelbourne Street (geöffnet von 8.00 bis 18.00 Uhr) befindet sich der mysteriöse Grabstein für Betty Stiven, die 1783 wahrscheinlich bei der Niederkunft starb. Ihr Grabstein liest sich recht geheimnisvoll: „Sie war eine Mutter, ohne es zu wissen, und eine Ehefrau, ohne daß sie es ihrem Ehemann wissen ließ, außer durch ihre sanfte Nachgiebigkeit ihm gegenüber."

Fort James, 200 m westlich des Fremdenverkehrsbüros, ist eine kleine Küstenfestung auf einer Anhöhe mit Blick über die Great Courland Bay. Die von den Briten erbaute Anlage aus dem Jahre 1768 ist noch weitgehend intakt, wobei vier ihrer Kanonen noch an ihrem ursprünglichen Platz sind.

Wenn Sie von Fort James zurückkommen, müssen Sie hinter dem Fremdenverkehrsstand nach rechts abbiegen und erreichen nach weiteren 150 m das Great Courland Bay Monument, ein seltsames Denkmal aus Beton, durch das die frühen Siedler aus Kurland geehrt werden, die sich in diesem Gebiet im 17. Jahrhundert niederließen.

UNTERKUNFT UND ESSEN

Im Cocrico Inn in der Commissoner Street in der Mitte von Plymouth (Tel. 6 39 29 61, Fax 6 39 65 65, PO Box

287) werden 16 schlichte Zimmer mit Klimaanlage und eigener Dusche angeboten. Die oberen Zimmer besitzen auch einen kleinen Balkon. Zur Anlage gehört ferner ein schöner kleiner Swimming Pool. Die Zimmer sind nicht dafür konzipiert, daß man sich in ihnen einen großen Teil des Tages aufhält, sondern recht klein, aber sauber. Allein muß man hier im Sommer 40 US $ und zu zweit 45 US $ bezahlen, im Winter 50 bzw. 60 US $. Weitere 6 US $ werden für jedes der beiden Zimmer mit Küchenzeile berechnet. Vom Hotel aus erreicht man den Strand zu Fuß ist innerhalb von 10 Minuten mit einem Wagen an der Mount Irvine Bay oder an der Buccoo Bay.

Zum Cocrico Inn gehört auch ein Restaurant mit nicht zu hohen Preisen, in dem man frühstücken sowie zu Mittag und zu Abend essen kann. Für ein komplettes Frühstück oder mittags Fliegenden Fisch mit Pommes Frites, Krebse und Dumplings oder Oil Down mit Brotfrucht zahlt man um die 25 TT $. Auf der Abendkarte findet man Hähnchen und frischen Fisch vom Tag für 45 TT $, während man für Hummerschwanz 89 TT $ bezahlen muß. Ausgeschenkt werden auch einige Weine der mittleren Preisklasse. Zu jeder Tageszeit erhält man hier zudem preiswerte Sandwiches.

Das Hotel Arnos Vale an der abgelegenen Arnos Vale Bay (Tel. 6 39 28 81, Fax 6 39 46 29, PO Box 208, Scarborough), gelegen 2 km nördlich von Plymouth, ist ein ganz hübsches Haus in einer dschungelartigen Umgebung, in dem vor allem italienische Touristen wohnen. Die 30 Zimmer, die in Bungalows und kleinen zweistöckigen Blocks am Hang liegen, sind mit Fußböden aus Holz oder Fliesen, Korbmöbeln und Klimaanlage ausgestattet. Geboten werden ferner ein Swimming Pool und ein teures Restaurant mit kreolischer und italienischer Küche am Strand (Frühstück 15 US $, Mittagessen oder Abendessen 40 US $). An der kleinen Bucht bestehen am Sandstrand gute Möglichkeiten zum Schnorcheln und Schwimmen. Man zahlt in diesem Haus für eine Übernachtung im Sommer allein 100 US $ und zu zweit 140 US $, während im Winter 120 bzw. 180 US $ berechnet werden.

SCARBOROUGH

Scarborough, das Verwaltungszentrum der Insel, ist eine geschäftige Stadt mit Einbahnstraßen und Verkehrsstaus. Hier stehen zwar noch einige einfache Holzhäuser auf Pfählen an den Straßen sowie einige ältere Bauten im Zentrum, aber der Charakter des Ortes ist überwiegend kommerziell geprägt. Wenn man von einem Besuch der Festung King George im Ostteil der Stadt absieht, läßt sich hier nicht viel unternehmen oder besichtigen.

Beim Botanischen Garten zwischen der Landstraße und der Ortsmitte handelt es sich um wenig mehr als einen öffentlichen Park mit einigen gekennzeichneten Bäumen. Er ist nur einen Besuch wert, wenn man gerade auf dem Weg daran vorbei kommt. Das Schild mit der Aufschrift „Botanic Gardens Layby" weist die Ausfahrt vom Highway.

Die Kais für die Kreuzfahrtschiffe, Fähren und Jachten liegen in einer Reihe zusammen mit dem Zollbüro in der Stadtmitte. Der Markt ist von dort nur einige Minuten zu Fuß weiter nördlich in der Wilson Road gelegen. Den Busbahnhof finden Sie gleich nordöstlich des Marktes an der Ecke der Post Office Street und der Greenside Road.

PRAKTISCHE HINWEISE
Die Royal Bank hat ihren Sitz an der Ecke der Main Street und der Bacolet Street. Das Hauptpostamt von Tobago befindet sich nördlich des Marktes in der Post Office Street. Das Fremdenverkehrsamt (Tel. 6 39 21 25), das werktags von 8.00 bis 16.00 Uhr geöffnet ist, kann man gleich östlich vom Postamt aufsuchen.

Im Cotton House in der Bacolet Street, 1,5 km südlich der Main Street, werden gute T-Shirts und hübsche Baumwollsachen angeboten. Es ist montags bis freitags von 8.00 bis 17.00 Uhr und samstags bis 12.00 Uhr geöffnet.

SEHENSWÜRDIGKEITEN
Fort King George: Die Festung King George liegt auf einer Anhöhe am Ende der Fort Street einen Kilometer von der Main Street entfernt. Die von den Briten erbaute Anlage ist die einzige größere Festung, die heute noch auf Tobago zu sehen ist, und sowohl aufgrund ihrer geschichtlichen Bedeutung als auch wegen des herrlichen Blicks, der sich von ihr aus bietet, einen Besuch wert. Der Zutritt zum Gelände ist kostenlos.

1781, zwei Jahre nach dem Bau der Festung, nahmen die Franzosen Tobago ein und konnten es bis zur britischen Rückeroberung im Jahre 1793 halten. 1790, während der Französischen Revolution, meuterten französische Soldaten, die hier stationiert waren, und töteten ihre Offiziere. In den folgenden Kämpfen wurde Scarborough, das bei den Franzosen Port Louis hieß, bis auf die Grundmauern niedergebrannt.

Kanonen säumen die alten Steinmauern der Festung. Einige der historischen Gebäude wurden inzwischen restauriert. Das alte Krankenhaus beherbergt heute ein schönes Kunstzentrum mit wechselnden Ausstellungen von Werken, die auf der Insel entstanden sind. In einem weiteren Gebäude befindet sich ein kleines Museum (3 TT $) mit indianischen Artefakten und Ausstellungsstücken zur Kolonialgeschichte Tobagos. Im alten Munitionshaus ist heute der Surprise Tea Shop untergebracht, in dem dienstags bis freitags ab 10.00 Uhr Tee, Säfte und Gebäck sowie Kunsthandwerk von der Insel erhältlich sind.

Der Leuchtturm der Festung ist mit besonderen Linsen ausgestattet, die dafür sorgen, daß Licht von nur 3000 Watt 50 km weit auf dem Meer zu sehen ist. Wer sich für diese beeindruckenden Prismen interessiert, die fast überall in der Welt abgeschafft wurden, dem zeigt der nette Leuchtturmwärter vielleicht kurz die Apparatur.

UNTERKUNFT
Das Sandy's Bed & Breakfast an der Rückseite des Restaurants Blue Crab in der Robinson Street (Tel. 6 39 27 37) besteht aus zwei Zimmern im Haus von Ken und Alison Ardinha, einem liebenswerten Ehepaar, das auch das Restaurant führt. Die Zimmer liegen ein wenig abseits der privaten Räume und sind angenehm einfach, und zwar wie bei einer altmodischen Pension mit Fußböden aus Kiefernholz, Deckenventilatoren und eigenem Bad. Von einem der beiden Zimmer kann man ein wenig auf die Bucht blicken, während auf Wunsch der Gäste in beide ein Fernsehgerät gestellt werden kann. Im Preis von 30 US $ für ein Einzelzimmer und 35 US $ für ein Doppelzimmer ist das Frühstück inbegriffen. Man gelangt vom Haus aus zu Fuß zum Busbahnhof und zum Fort King George.

Das Della Mira Guest House (Tel. 6 39 25 31, PO Box 203, Scarborough) liegt an der Bacolet Street im ruhigen Südteil der Stadt, rund einen Kilometer vom Zentrum entfernt. Die 14 Zimmer sind einfach und schon etwas abgewohnt. Am besten sind die sechs Zimmer zum Meer hin, die klimatisiert sind und einen herrlichen Blick auf die Bucht ermöglichen. Die Zimmer, die landeinwärts hin liegen, sind relativ einfach mit Deckenventilatoren ausgestattet, besitzen Zementfußböden, wobei die Dusche und die Toilette nur durch einen einfachen Duschvorhang vom Rest des jeweiligen Zimmers getrennt sind. Zur Anlage gehören ein Swimming Pool und ein Nachtclub im Nebengebäude. In den Standardzimmern zahlt man für eine Übernachtung allein 25 US $ und zu zweit 31 US $, in den Zimmern mit Blick auf das Meer 35 bzw. 45 US $.

ESSEN

Im Restaurant East Ocean in der Milford Road, einen Kilometer westlich des Kais für die Kreuzfahrtschiffe, einem kleinen, schlichten Restaurant, findet man auf der Speisekarte ein große Auswahl preiswerter chinesischer Gerichte. Angeboten werden auch einige Menüs für 20 TT $. Man kann die Gerichte an Ort und Stelle verzehren, das Essen aber auch mitnehmen. Das Restaurant ist montags bis samstags von 11.00 bis 23.00 Uhr und sonntags von 16.00 bis 22.00 Uhr geöffnet.

Beim Restaurant Blue Crab im Osten der Stadt an der Ecke der Main Street und der Robinson Street handelt es sich um einen Familienbetrieb, in dem man schön draußen sitzen kann. Die westindische Küche ist gut, aber nicht billig. Die Speisekarte wechselt täglich. Mittags werden einige Hauptgerichte wie kreolisches Hähnchen und Fliegender Fisch mit Reis und Gemüse von der Insel für 32 TT $ serviert, während die Gerichte auf der Abendkarte ungefähr das Doppelte kosten. Angeboten werden auch verschiedene vegetarische Speisen. Mittags ist hier von 11.00 bis 15.00 Uhr geöffnet, abends ab 19.00 Uhr (Reservierung erforderlich). Samstags ist Ruhetag.

Das Rouselle's einen Kilometer südlich der Stadtmitte in der Bacolet Street ist ein gut besuchtes Restaurant mit Bar, das montags bis samstags geöffnet ist. Die Preise für die Gerichte auf der Abendkarte liegen zwischen 65 TT $ für Hähnchen und 145 TT $ für Hummer.

Im Old Donkey Cart House, einem Kolonialhaus 750 m hinter dem Rouselle's, sitzt man draußen in einem Garten. Abends läßt sich hier zwischen würziger Pasta für 45 TT $, frischem Fisch für 60 TT $ und Tenderloin für einige Dollar mehr wählen. Werktags kann man in diesem Lokal von 12.00 bis 15.00 Uhr Sandwiches für ca. 20 TT $ essen. Im Restaurant wird auch eine breite Auswahl an deutschen Weinen angeboten.

WINDWARD ROAD

Gleich östlich von Scarborough wird die Landschaft schnell bergig und ländlich. Dort trifft die Windward Road zwischen Scarborough und Speyside immer wieder auf die Küste, führt aber auch vorbei an vereinzelten Dörfern, von Urwald bewachsenen Tälern und einzelnen brauen Sandstränden. Je weiter man nach Osten kommt, desto rauher und schöner wird die Gegend. Auch wenn ein großer Teil der Straße recht schmal und kurvenreich ist, läßt sie sich problemlos in einem normalen Fahrzeug befahren. Ohne Pause benötigt man ca. 1½ Stunden für eine Fahrt von Scarborough nach Speyside.

Rund 8 km östlich von Scarborough liegt Granby Point, eine Landzunge, die die Barbados Bay von der Pinfold Bay trennt. 1764 gründeten die Briten eine provisorische Hauptstadt an der Ostseite der Barbados Bay und errichteten Fort Granby an der Spitze der Anlage. Es sind nur einige Minuten zu Fuß vom Parkplatz bis zum Standort der früheren Festung, von der nur wenig mehr übriggeblieben ist als der Grabstein für den Soldaten James Clark, der 1772 verstarb. Oben auf der Anhöhe stehen einige Picknicktische. Man hat von hier aus einen herrlichen Blick über die nahegelegene Insel Smith's Island. Daneben gibt es hier einen braunen Sandstrand, Umkleidekabinen und das Restaurant Dry Dock mit preiswerten heißen Würstchen, Grillhähnchen sowie Fish & Chips. An der Nordseite der Windward Road stürzt gleich westlich von Roxborough der Argyll-Waterfall in die Tiefe. Das ist ein dreistufiger Wasserfall des Flusses Argyll.

Führer warten am Straßenrand. Sie verlangen zwischen 15 und 20 TT $, um Besucher zu den ca. 20 Minuten zu Fuß entfernten Wasserfällen zu bringen. Roxborough selbst ist ein größeres Dorf mit einem Postamt, einer Tankstelle und einigen Geschäften, in denen man auch Imbisse kaufen kann.

Etwa 5 km östlich von Roxborough erstreckt sich die King's Bay, eine tiefe und schöne Bucht mit pudrigem, dunklem Sand und verschiedenen Einrichtungen. Vom Strand ein Stück landeinwärts weist ein Schild den Weg zum King's Bay Waterfall. Die Fälle sind jedoch durch den letzten Erdrutsch stark verkleinert worden. Hinter der King's Bay zieht sich die Straße in Kurven über die Berge bis nach Speyside.

UNTERKUNFT UND ESSEN

Das Richmond Great House (Tel. 6 60 44 67, Belle Garden) ist ein kleiner Gasthof in einem restaurierten Plantagenhaus am Rand des Regenwaldes. Vermietet werden hier fünf einfach möblierte Zimmer mit eigenem Bad, die einschließlich Frühstück im Sommer als Einzelzimmer 55 US $ und als Doppelzimmer 65 US $ und im Winter 65 bzw. 75 US $ kosten. Ein Swimming Pool ist ebenfalls vorhanden. Außerdem hat man vom Berg einen schönen Blick. Der Besitzer, Hollis Lynch, ist Dozent für die Geschichte Afrikas an der Colombia University von New York und hat daher einige der Gemeinschaftsräume mit afrikanischem Kunstgewerbe geschmückt.

Andere als Hausgäste können hier ebenfalls frühstücken (25 TT $) sowie von 12.00 bis 15.00 Uhr zu Mittag (50 TT $) und von 18.30 bis 21.00 Uhr zu Abend essen (75 TT $). Dafür wird eine vorherige Anmeldung gern gesehen. Der Gasthof liegt 150 m nördlich der Hauptstraße, wohin man ca. 750 m hinter dem Ortseingang von Richmond die ausgeschilderte Zufahrt benutzen muß.

Der Parkförster Hubert „Renson" Jack hat das neue Stella Flora Nature Retreat (Tel. 6 60 51 75) eröffnet, eine Pension mit vier Zimmern im Regenwald, und zwar einige Kilometer nordöstlich von Roxborough im Bezirk Delaford. Renson, der naturkundliche Führungen leitet, verlangt ca. 50 US $ für ein Doppelzimmer mit Frühstück.

SPEYSIDE

Speyside, ein kleines Fischerdorf an der Tyrrel's Bay, ist der Ausgangspunkt für Ausflüge zu der unbewohnten Insel Little Tobago, einem Vogelschutzgebiet 2 km vor der Küste. Es gibt hier verschiedene Einrichtungen am Strand sowie einen kleinen Obst- und Gemüsemarkt am Südende des Strandes, wo die Windward Road zum ersten Mal die Bucht erreicht.

Das Wasser in der Tyrrel's Bay ist geschützt, insbesondere durch einige Riffe, die sich zum Schnorcheln eignen. Vorsichtiger muß man beim Schwimmen bei den vorgelagerten Inseln sein, da zwischen Goat Island und Little Tobago gefährliche Strömungen auftreten.

UNTERKUNFT

Der Kanadier Peter Rickwood, ein früherer Journalist beim *Toronto Star*, und seine Frau Donna Yawching führen das neue Speyside Inn mit vier Zimmern in der Windward Road gegenüber vom Restaurant Jemma's (Tel. 6 60 48 52). Die drei Zimmer im oberen Stock sind ganz hübsch und haben hohe Decken, rotgekachelte Fußböden sowie ein eigenes Bad. Geteilte Türen führen zu kleinen Balkonen, von denen frische Luft ins Zimmer kommt und die herrliche Ausblicke über Goat Island bis nach Litte Tobago ermöglichen. Die Preise für ein Zimmer einschließlich Frühstück betragen bei Alleinbelegung 55 US $ und bei Belegung mit zwei Gästen 65 US $. Daneben wird eine kleine Ferienwohnung im Untergeschoß vermietet, die 50 US $ kostet. Einige weitere Zimmer sind geplant.

Das Blue Waters Inn an der Batteaux Bay (Tel. 6 60 43 41, Fax 6 60 51 95) zielt vor allem auf Naturliebhaber und Taucher ab. Das Hotel mit 28 Zimmern ist abgelegen und besitzt seinen eigenen braunen Sandstrand in einer kleinen Bucht rund einen Kilometer nördlich von Speyside. Hinter dem Hotel beginnen Wege in den Regenwald.

Zudem gibt es hier eine Tauchstation und einen Tennisplatz. Die Zimmer befinden sich in modernen Bungalows und kleinen, zweistöckigen Gebäuden. Für ein Standardzimmer, die entweder mit zwei Einzel- oder einem großen Doppelbett, eigenem Bad und Deckenventilator ausgestattet sind, zahlt man im Sommer allein 48 US $ und zu zweit 56 US $, im Winter 80 bzw. 90 US $. Vermietet wird zudem eine Handvoll von Ferienwohnungen für Selbstversorger, die im Sommer ab 72 US $ und im Winter ab 123 US $ kosten. Sie bieten Platz für Familien mit bis zu vier Personen.

ESSEN

Das Jemma's in der Mitte der Tyrrel's Bay an der Windward Road (Tel. 6 60 40 66) ist ein einfaches Restaurant am Meer mit ausgezeichneter einheimischer Küche, darunter gegrilltem Fisch, Garnelen, Lammfleisch und vegetarischen Gerichten. Hier bekommt man ein gutes, solides Mittagessen für 25 TT $, während man abends für ein Gericht ca. 35 TT $ bezahlen muß, wobei man draußen an der Rückseite des Hauses in einem Baumhaus sitzt. Das Restaurant ist zum Frühstück, Mittagessen und Abendessen geöffnet. Samstags ist Ruhetag, und freitags wird, wenn keine Anmeldung zum Abendessen vorliegt, um 18.00 Uhr geschlossen.

Im Blue Waters Inn am Strand ist die Küche ebenfalls gut. Von 8.00 bis 10.00 Uhr erhält man hier ein kontinentales Frühstück für 19 TT $ oder ein amerikanisches Frühstück für 37 TT $. Von 12.00 bis 14.00 Uhr stehen Sandwiches, Burger und Obstteller für 15 bis 35 TT $ zur Auswahl.

Für ein komplettes Abendessen mit einer Auswahl an Hauptgerichten, zu denen im allgemeinen auch frischer Fisch gehört, muß man mit 95 TT $ rechnen, für ein vegetarisches Gericht mit 60 TT $.

LITTLE TOBAGO

Little Tobago, auch Paradiesvogelinsel genannt, blickt auf eine interessante Geschichte zurück. 1909 brachte der Engländer Sir William Ingram 50 Große Paradiesvögel von der Insel Aru vor Neuguinea nach Little Tobago und richtete auf der Insel ein Vogelschutzgebiet ein, um diese

Vogelart zu schützen, die von der Ausrottung bedroht war. Der Hurrikan „Flora" verwüstete jedoch im Jahre 1963 ihren Lebensraum, was zur Folge hatte, daß man seit mehr als einem Jahrzehnt Paradiesvögel hier nicht mehr gesehen hat.

Little Tobago, das heute staatlich verwaltet wird, ist jedoch trotz allem weiterhin ein bedeutendes Schutzgebiet für Seevögel. Rotschnabel-Tropenvögel, Rotfuß- und Braunfußtölpel, Audubon-Sturmvögel, Rauchschwalben und Seeschwalben sind einige der Arten, die auf der Insel vorkommen. Die bergige, trockene Insel, deren Breite ca. 1,5 km mißt, ist von zahlreichen Pfaden überzogen. Wenn Sie die Insel besuchen wollen, dann bringen Sie unbedingt etwas zu trinken mit, da es auf ihr keine Möglichkeit gibt, etwas zu kaufen. Ein Wächter leistet tagsüber auf der Insel Dienst.

AN- UND WEITERREISE

Eine Möglichkeit, nach Litte Tobago zu gelangen, besteht darin, einfach zum Strand zu gehen, wo im allgemeinen eine Reihe von Bootsführern darauf wartet, Touristen überzusetzen. Die Fahrt dauert ca. 15 Minuten. Man zahlt im allgemeinen 30 TT $ pro Person, teils mit Führung auf der Insel, wobei meistens ein wenig Verhandlungsspielraum besteht.

Wer im voraus über einen der drei Naturführer, die alle über ein großes Wissen über die Ökologie der Insel verfügen, eine Tour bucht, erfährt sicher mehr als sonst. Es handelt sich um Renson Jack (Tel. 6 60 51 75), Pat Turpin (Tel. 6 60 43 27) und David Rooks (Tel. 6 39 42 76).

Daneben gibt es noch die *Fear Not,* ein Glasbodenboot, mit dem Schnorcheltouren in die Umgebung der Inseln veranstaltet werden und das im allgemeinen vor dem Restaurant Jemma's liegt. Fragen Sie bei Interesse nach Roberts. Das Jemma's ist ohnehin ein guter Treffpunkt, um Leute zu kennenzulernen.

CHARLOTTEVILLE

Es sind vier malerische Kilometer über die Berge von Speyside nach Charlotteville. Auf dem Gipfel, bevor die Straße sich hinunter nach Charlotteville zieht, führt eine Schotterstraße in Richtung Norden zum Flagstaff Hill. Wer dieser rauhen Nebenstraße einige Kilometer folgt, wird mit schönem Dschungel und der Möglichkeit, einen Schwarm Papageien zu sehen oder wenigstens zu hören, belohnt.

Charlotteville ist ein schönes, kleines Fischerdorf. Es ist verschlafen und abgelegen und zeichnet sich durch eine fröhliche Einfachheit aus. Es erinnert an einen lange vergessenen Außenposten. Im Winter leuchten die Hügel hinter dem Dorf voller orangefarbener Blüten des „Unsterblichen Baumes", der in der Kolonialzeit aus Martinique eingeführt wurde, um den Kakaopflanzen Schatten zu spenden.

An der Kriegerbucht, einer langen, an ein Hufeisen erinnernden Bucht vor dem Dorf, erstreckt sich ein palmengesäumter brauner Sandstrand. Das Meer hier ist gut zum Baden geeignet. Ein ausgezeichnetes Gebiet zum Schnorcheln befindet sich in der Pirate's Bay zehn Minuten zu Fuß über die Spitze an der Nordseite von Charlotteville. Gut sind die Möglichkeiten zum Schnorcheln auch in der Umgebung von Booby Island südlich des Dorfes.

Wer sich eher für die Erkundung der Umgebung interessiert, kann zum früheren Standort der alten Festung Campbelton wandern, die an der Westseite der Bucht gelegen ist und einen herrlichen Blick auf die Küste bietet, oder eine längere Wanderung den Flagstaff Hill hinauf unternehmen.

Es kommen fast nur Taucher, Schnorchler und Vogelfreunde nach Charlotteville. Im Ort gibt es eine Tauchschule mit dem Namen Man Friday Diving, die unter dänischer Leitung steht.

UNTERKUNFT

Es gibt eine Reihe von kleinen, nicht offiziell als solche anerkannten Pensionen in Charlotteville, von denen man von Mund zu Mund erfährt. Probleme, ein Zimmer zu finden, sind daher selten.

Eine gute Wahl trifft man mit den Belle-Air Cottages am Berg am Nordrand des Ortes, und zwar 100 m hinter dem Beginn der Pirate's Bay Road. Das neue, zweistöckige Gebäude besteht aus fünf einfachen Zimmern mit je zwei Betten und einem Kleiderschrank. Die Bäder gehen von der Eingangshalle ab. Zudem stehen den Gästen eine Küche, ein Wohnzimmer und eine Waschmaschine zur Verfügung. Der Übernachtungspreis beträgt in den unteren Zimmer 50 TT $ und in den oberen Zimmern, in denen auch Teppichboden verlegt ist und Balkone vorhanden sind, 60 TT $t. Ein Telefonanschluß fehlt allerdings. Wenn niemand anzutreffen ist, fragen Sie am besten im Haus gegenüber nach Margaret.

Die Man-O-War Bay Cottages (Tel. 6 60 43 27, Fax 6 60 43 28, Charlotteville Estate) liegen am Strand ca. fünf Minuten von Fuß vom Dorf in Richtung Süden. Die Anlage

---

Piratenbucht

Die Piratenbucht (Pirate's Bay) hat ihren Namen aufgrund eines versteckten Hafens erhalten, der die marodierenden Seeräubern Schutz gab, die hier vor drei Jahrhunderten einen Stützpunkt eingerichtet hatten. Die Insel war ein Zuschlupf von Piraten, bis Tobago, das der ewigen Kämpfe müde war, sich zu Niemandsland erklärte. Dadurch wurde Tobago ein Ziel für Angriffe sowohl auf mit Schätzen beladene Schiffe der Spanier, die von Südamerika kamen, als auch auf britische Schiffe in den Grenadinen. Es sollen immer noch Schätze in der Umgebung der Bucht vergraben sein.

erinnert an einen kleinen botanischen Garten mit zahlreichen Farnen, Bäumen und blühenden Pflanzen. Vermietet werden hier sechs einfache Bungalows mit eigenem Bad, Küche und Fenstern mit Jalousien, die man öffnen kann, um die Luft und das Geräusch der Brandung hereinzulassen. Für eine Unterkunft mit einem Schlafraum und Doppelbett zahlt man hier ab 45 US $, mit zwei Schlafräumen und vier Betten 55 US $ sowie mit drei Schlafräumen und insgesamt sechs Betten 85 US $. Für einen Bungalow mit vier Schlafräumen und zehn Betten werden 130 US $ berechnet. Die Bungalows gehören Pat Turpin, der naturkundliche Führungen auf Tobago anbietet, so daß zu seinen Gästen eine recht große Zahl von „Ökotouristen" gehört.

ESSEN

Das Restaurant Pheb's Ville View gegenüber der Bücherei ist ein wunderschönes kleines Open-Air-Restaurant mit fünf Tischen, von denen man über das Dorf blickt. Die Küche ist eine der besten auf Tobago. Für ein Tellergericht zahlt man hier mittags 20 TT $. Abends werden mit Suppe 25 TT $ berechnet. Die Portionen sind reichlich gemessen, und im allgemeinen hat man die Wahl zwischen einem vegetarischen Hauptgang oder Hähnchen oder Fisch. Dazu kann man frischen Obstsaft für 3 TT $ bestellen. Das Restaurant ist montags bis samstags von 12.00 bis 21.00 Uhr geöffnet.
Im Ort gibt es auch einige kleine Läden, in denen man Proviant kaufen kann.

WALDSCHUTZGEBIET TOBAGO

Die Roxborough Parlatuvier Road, die von Roxborough quer über die Insel zur Bloody Bay führt, ist zwar relativ schmal und kurvenreich, aber neu asphaltiert und gehört zu den besten Straßen auf der Insel. Es ist eine schöne, dreißigminütige Fahrt auf ihr durch unberührten Dschungel ohne menschliche Ansiedlungen und mit herrlichen Ausblicken über die Täler und Berge.

Die Straße führt am Waldschutzgebiet Tobago vorbei, das 1765 eingerichtet wurde und das damit das älteste Waldschutzgebiet der Karibik ist. Von der Hauptstraße zweigt eine Reihe von Pfaden ab, auf denen man einen Abstecher in den Dschungel unternehmen kann.

Die Gegend bietet ausgezeichnete Möglichkeiten zur Beobachtung von Vögeln, so daß es ist nicht ungewöhnlich ist, hier Papageien, Kolibris, Motmots, Cocoricos, Spechte und andere Vögel zu sehen und zu hören.

Nach drei Vierteln des Weges erreicht man eine Waldhütte am Straßenrand, von der aus man einen malerischen Blick über die Bloody Bay und die Sisters Rocks vor der Küste hat. Von hier sind es nur fünf Minuten hinunter zur Bloody Bay, die ihren Namen einer erbitterten Schlacht zwischen Niederländern, Franzosen und Briten im 17. Jahrhundert verdankt.

Wenn man die Bloody Bay erreicht hat, ist es rund eine Stunde Fahrt in Richtung Süden bis nach Plymouth. Hier

kommt man an einer Reihe von schönen Stränden und Dörfern am Weg sowie ruhigen Stellen vorbei, an denen Kinder auf der Straße Kricket spielen. Gleich westlich der Bloody Bay liegt Parlatuvier, ein winziger Fischerort an einer ausgesprochen schönen, runden Bucht. Castara weiter im Süden ist ein ganz hübsches Dorf an einer Bucht mit einem guten Badestrand unmittelbar im Ort.

AN- UND WEITERREISE

Zwischen Tobago und Port of Spain bestehen Fähr- und Flugverbindungen. Einzelheiten darüber können Sie dem Abschnitt über das Reisen auf Trinidad und Tobago am Anfang dieses Kapitels entnehmen.

REISEN AUF TOBAGO

BUS

Zwischen dem Flughafen Crown Point und Scarborough verkehren von 6.30 bis 20.00 Uhr halbstündlich Busse. Die Fahrkarten dafür lassen sich an einem Kiosk beim

Flughafen kaufen und kosten pro Person und Fahrt 0,75 TT $. Von Scarborough sind in erheblich größeren Abständen Busse nach Charlotteville unterwegs (2 TT $). Im allgemeinen fährt montags bis freitags in Scarborough ein Bus um 10.00 Uhr ab sowie ein weiterer um 12.00 Uhr. Auf dem Rückweg muß man in Charlotteville den Bus um 16.00 Uhr besteigen. Sie sollten sich jedoch bei einem Busfahrer oder im Fremdenverkehrsbüro über den aktuellen Stand der Dinge informieren. Für eine Fahrt von Scarborough nach Plymouth oder zur Mount Irvine Bay zahlt man 0,75 TT $.

TAXI

Taxis warten am Flughafen Crown Point, mit denen man für 20 TT $ zu den Hotels in Crown Point, für 40 TT $ nach Scarborough, für 50 TT $ zur Mount Irvine Bay oder Buccoo und für ca. 200 TT $ nach Charlotteville gelangen kann.

Streckentaxi: Neben den Bussen werden auch Streckentaxis eingesetzt, die man am Buchstaben H auf den Nummernschildern erkennt. Ihre Fahrer nehmen 5 TT $ für eine Fahrt von Crown Point nach Scarborough und 10 TT $ von Scarborough nach Charlotteville.

AUTO UND MOTORRAD

Es gibt vereinzelt einige Tankstellen auf der Insel, aber es empfiehlt sich, vor einer ausgedehnten Rundfahrt vollzu-

tanken, da die Öffnungszeiten unregelmäßig sein können und gelegentlich der Sprit ausverkauft ist. Die entfernteste Tankstelle in Charlotteville ist sonntags geschlossen. Bei AR Auto Rentals am Flughafen (Tel. 6 39 06 44) können Sie offene Mini Mokes (Wagen von Nissan, die man abgeändert hat, indem man das Oberteil entfernt hat) sowie kleine Autos für 167 TT $ pro Tag einschließlich Kaskoversicherung und Mehrwertsteuer (VAT) mieten. Die Mokes sind gelegentlich 20 % billiger. AR ist täglich von 6.30 bis 20.30 Uhr geöffnet. Auch wenn es Spaß machen kann, auf Tobago ein Mini Moke zu mieten, sollten Sie daran denken, daß sie keinen Schutz vor der Sonne bieten und man in ihnen bei einem der Regengüsse klitschnaß wird. Außerdem ist zu berücksichtigen, daß man auf die jungen Männer stößt, die trampen und im allgemeinen versuchen, Touristen auf der Straße anzuhalten und einfach aufspringen, ob man nun Begleitung will oder nicht.

Einen Wagen kann man ferner bei Singh's Auto Rentals im Grafton Beach Resort (Tel. 6 39 01 91), George's Auto Rentals (Tel. 6 39 82 95), Jordan's Car Rental (Tel. 6 39 10 32) und über die meisten Hotels und Pensionen mieten. Die Preise liegen im allgemeinen zwischen 160 und 210 TT $ zuzüglich einer Kaskoversicherung in Höhe von ca. 30 TT $. Motorroller vermieten für ca. 70 TT $ unter anderem Tropikist (Tel. 6 39 85 21) und das Hotel Golden Thistle (Tel. 6 39 85 21).

GLOSSAR

Aguti - ein kurzhaariges, an ein Kaninchen erinnerndes Nagetier mit kurzen Ohren, das eine Vorliebe für Zuckerrohr hat und ein wenig einem Meerschweinchen mit Riesenfüßen ähnelt

Biguine (auch **Beguine**) - afro-französische Tanzmusik mit einem Bolero-Rhythmus, die sich in den dreißiger Jahren auf Martinique entwickelte

Calypso - populäre karibische Musik, die für den Karneval unerläßlich ist

Chattel-Häuser - eine Art von einfachen Holzhäusern, die auf einem Zementfundament oder Steinblöcken errichtet sowie schnell ab- und an anderer Stelle wieder aufgebaut werden können, häufig auf gepachtetem Land

Dasheen - eine Art Süßkartoffel, deren Blätter *Callaloo* heißen und ähnlich wie Spinat- und Rübenblätter zubereitet werden, während man die stärkehaltigen Knollenwurzeln kocht und wie Kartoffeln ißt

Dophin - sowohl ein Meeressäugetier, das man in der Karibik findet, als auch Name eines weit verbreiteten Fisches mit weißem Fleisch (auch *Mahimami* genannt), wobei Delphine und die Fische nichts miteinander gemein haben und auf Speisekarten immer der Fisch gemeint ist

Ital - natürliche, vegetarische Küche, wie sie von den Rastafaris praktiziert wird

Jump-up - eine Art abendliche Straßenparty, im allgemeinen mit Tanz und viel Rum

Karneval - wichtigstes karibisches Fest, das seinen Ursprung in den Feierlichkeiten vor der Fastenzeit hat, heute aber zu unterschiedlichen Zeiten im Jahr auf mehreren Karibikinseln gefeiert wird

Kreole - Person gemischt afrikanisch-europäischer Herkunft

kreolisch - ein in der Karibik verbreiteter Dialekt, vorwiegend mit einer Kombination aus französischen und afrikanischen Wörtern, und eine Kochrichtung, die sich durch würzige, aromareiche Soßen sowie viel grünen Pfeffer und Zwiebeln auszeichnet

lime (auch **limin'**) - herumhängen, sich ausruhen

lolo - Essensstand an einer Straße, an dem Fleisch gegrillt und verkauft wird

mairie - Rathaus in Französisch Westindien

Manicou - Oppossum, ein kleines Beuteltier

Manzanillo-Baum - verbreiteter Baum an den Stränden der östlichen Karibik, dessen Saft einen Hautausschlag hervorrufen kann

mas camps - Werkstätten, in denen Karnevalskostüme angefertigt werden (*mas* stammt von „Maskerade")

obeah - eine Glaubensrichtung, die auf Magie zurückgeht

panyard - Ort, an dem Steelbands in den Monaten vor dem Karneval üben

pareo - eine Art Wickelrock, der an den Stränden in der Karibik verkauft wird

pitt - in Französisch Westindien Austragungsort von Hahnenkämpfen

Planters Punch oder **Planteur Punch** - ein Punsch aus Rum und Fruchtsaft

sorrel juice - ein etwas säuerliches, leuchtend rotes Getränk, das reich an Vitamin C ist und aus den Blüten des Sauerampfers gewonnen wird

souse - ein Gericht aus eingelegtem Schweinskopf und Schweinebauch mit Gewürzen und einigen Gemüsesorten

Zouk - populäre Musik in Französisch Westindien, die sich vom Biguine ableitet und Bebop-Einfluß sowie Einflüsse anderer französisch-karibischer Musikrichtungen erkennen läßt

REGISTER